Organizações:
teoria e projetos

11ª ed.

Richard L. Daft
VANDERBILT UNIVERSITY

Dados Internacionais de Catalogação na Publicação (CIP)
(Câmara Brasileira do Livro, SP, Brasil)

```
Daft, Richard L.
    Organizações: teoria e projetos / Richard L. Daft;
[tradução Ez2 Translate; revisão técnica Veronica Favato
Brugugnoli]. -- São Paulo: Cengage Learning, 2015.
1ª reimpressão da 3ª edição de 2015.

Título original: Understanding the theory &
design of organizations
11. ed. norte-americana.
Bibliografia.
ISBN 978-85-221-1556-3

1. Organizações 2. Sociologia organizacional -
Estudo de casos I. Título.
```

14-01730   CDD-658.4

Índices para catálogo sistemático:
  1. Gerenciamento de projetos: Administração
     executiva   658.4

Organizações: teoria e projetos

Tradução da 11ª edição norte-americana

Richard L. Daft
VANDERBILT UNIVERSITY

Tradução
Ez2 Translate

Revisão técnica
Verônica Favato Brugugnoli

Possui graduação em Economia pela Universidade Federal de Uberlândia (2001) e graduação em Ciência da Computação pelo Centro Universitário do Triângulo (2001). É mestre em Administração de Empresas (Finanças) pela Universidade Federal de Uberlândia (UFU) e doutora em Finanças na Fundação Getúlio Vargas/SP, no curso de Administração de Empresas.

CENGAGE Learning

Austrália • Brasil • Japão • Coreia • México • Cingapura • Espanha • Reino Unido • Estados Unidos

CENGAGE Learning

Organizações: teoria e projetos – Tradução da 11ª edição norte-americana
3ª edição brasileira
Richard L. Daft

Gerente editorial: Noelma Brocanelli

Supervisora de produção gráfica: Fabiana Alencar Albuquerque

Título original: Understanding the theory & design of organizations – 11th edition

(ISBN 10: 1-111-82662-5; ISBN 13: 978-1-111-82662-8)

Tradução: Ez2Translate

Revisão técnica: Veronica Favato Brugugnoli

Copidesque: Daniel Plascak

Revisão: Cintia da Silva Leitão e Rosângela Ramos da Silva

Diagramação: Alfredo Carracedo Castillo

Indexação: Casa Editorial Maluhy

Capa: Sérgio Bergocce

Analista de conteúdo e pesquisa: Javier Muniain

Editora de direitos de aquisição e iconografia: Vivian Rosa

© 2010, 2013 Cengage Learning
© 2015 Cengage Learning Edições Ltda.

Todos os direitos reservados. Nenhuma parte deste livro poderá ser reproduzida, sejam quais forem os meios empregados, sem a permissão por escrito da Editora. Aos infratores aplicam-se as sanções previstas nos artigos 102, 104, 106, 107 da Lei nº 9.610, de 19 de fevereiro de 1998.

Esta editora empenhou-se em contatar os responsáveis pelos direitos autorais de todas as imagens e de outros materiais utilizados neste livro. Se porventura for constatada a omissão involuntária na identificação de algum deles, dispomo-nos a efetuar, futuramente, os possíveis acertos.

A Editora não se responsabiliza pelo funcionamento dos links contidos neste livro que possam estar suspensos.

> Para informações sobre nossos produtos, entre em contato pelo telefone
> **0800 11 19 39**
> Para permissão de uso de material desta obra, envie seu pedido para direitosautorais@cengage.com

© 2015 Cengage Learning. Todos os direitos reservados.

ISBN 13: 978-85-221-1556-3
ISBN 10: 85-221-1556-7

Cengage Learning
Condomínio E-Business Park
Rua Werner Siemens, 111 – Prédio 11 – Torre A – Conjunto 12
Lapa de Baixo – CEP 05069-900 – São Paulo – SP
Tel.: (11) 3665-9900 Fax: 3665-9901
SAC: 0800 11 19 39
Para suas soluções de curso e aprendizado, visite
www.cengage.com.br

Impresso no Brasil.
Printed in Brazil.
1 2 3   16 15 14

Sobre o autor

Richard L. Daft, Ph.D., é titular da cadeira Brownlee O. Currey Jr., Professor de Administração na Owen Graduate School of Management da Vanderbilt University e é especializado no estudo na teoria organizacional e da liderança. É membro da *Academy of Management* e trabalhou nos conselhos editoriais do *Academy of Management Journal*, do *Administrative Science Quarterly* e do *Journal of Management Education*. Foi editor-chefe associado do *Organization Science* e trabalhou por três anos como editor associado do *Administrative Science Quarterly*.

Daft é autor ou coautor de 13 livros, entre os quais *O Executivo e o elefante: Um guia de liderança para atingir a excelência interior* (Jossey-Bass 2010), *Administração* (Cengage/South-Western, 2012), *The leadership experience* (Cengage/South-Western, 2011) e *What to study: generating and developing research questions* (Sage, 1982). Ele recentemente publicou *Fusion leadership: unlocking the subtle forces that change people and organizations* (Berrett-Koehler, 2000) com Robert Lengel. É autor de dezenas de artigos acadêmicos, ensaios e capítulos. Seu trabalho foi publicado no *Administrative Science Quaterly*, no *Academy of Management Journal*, na *Academy of Management Review*, no *Organizational Dynamics*, na *Strategic Management Journal*, no *Journal of Management*, nas *Accounting Organizations and Society*, na *Management Science*, no *MIS Quaterly*, na *California Management Review* e na *Organizational Behavior Teaching Review*. Daft recebeu diversas bolsas de pesquisa do governo para conduzir estudos nas áreas de projeto organizacional, mudança e inovação organizacional, implementação de estratégias e processamento de informação organizacional.

Richard Daft é também professor e consultor. Ele ensina administração, liderança, mudança organizacional, teoria organizacional e comportamento organizacional e esteve envolvido em projetos de desenvolvimento administrativo e consultoria de diversas empresas e órgãos governamentais, entre os quais Allstate Insurance, American Banking Association, Bell Canada, Bridgestone, National Transportation Research Board, NL Baroid, Nortel, TVA, Pratt & Whitney, State Farm Insurance, Tenneco, Tennessee Emergency Pediatric Services, Força Aérea Norte-americana, Forças Armadas Norte-americanas, J. C. Bradford & Co., Central Parking System, USAA, United Methodist Church, Entergy Sales and Service, Bristol-Myers Squibb, First American National Bank e Vanderbilt University Medical Center.

Sumário

Prefácio xi

PARTE 1 Introdução às organizações: teoria e projetos 1

Capítulo 1: Introdução às organizações 2

Teoria organizacional em ação 7
O que é uma organização? 12
Dimensões do projeto organizacional 17
A evolução da teoria e projetos organizacionais 24
Um exemplo de configuração organizacional 28
Projetos orgânicos e mecanicistas 30

Ideias de projeto contemporâneo 32
Estrutura do livro 34
Fundamentos do projeto 37
Estudo de caso 1.0 50
Estudo de caso 2.0 62

PARTE 2 Estratégia organizacional e estrutura 67

Capítulo 2: Fundamentos da estrutura organizacional 68

Estrutura organizacional 70
Perspectiva do compartilhamento de informação na estrutura 72
Projetos organizacionais alternativos 82
Projetos funcionais, divisionais e geográficos 85

Estrutura horizontal 96
Redes virtuais e terceirização 100
Estrutura híbrida 103
Aplicações de projeto estrutural 104
Fundamentos do projeto 107

Capítulo 3: Estratégia e eficácia 118

O papel da direção estratégica no projeto organizacional 120
Propósito organizacional 122
Uma estrutura para a seleção do projeto e da estratégia 127
Avaliando a eficácia organizacional 137

Quatro abordagens da eficácia 139
Um modelo integrado de eficácia 144
Fundamentos do projeto 148
Estudo de caso 3.0 157
Estudo de caso 4.0 162

PARTE 3 Fatores externos e design 167

Capítulo 4: Relações entre organizações 168

Ecossistemas organizacionais 170
Dependência de recursos 175
Redes de colaboração 178
Ecologia populacional 183
Institucionalismo 187
Fundamentos do projeto 192

Capítulo 5: Projeto organizacional global 202

Entrando no cenário global 204
Projetando a estrutura para se ajustar à estratégia global 211
Construindo capacidades globais 220
Diferenças culturais na coordenação e controle 228
Modelo transnacional de organização 232
Fundamentos do projeto 234

Capítulo 6: O impacto no meio ambiente 246

O ambiente de uma organização 248
O ambiente em transformação 252
Adaptando-se a um ambiente em transformação 257
Estruturas para respostas à mudança ambiental 264
Dependência de recursos externos 264
Influenciando recursos externos 266
Fundamentos do projeto 273
Estudo de caso 5.0 281
Estudo de caso 6.0 285

PARTE 4 Gerenciando os processos organizacionais 297

Capítulo 7: Conflito, poder e política 298

Conflito entre departamentos nas organizações 300
Poder e organizações 308
Processos políticos nas organizações 319
Usando o poder flexível e a política 321
Fundamentos do projeto 327

Capítulo 8: Processos de tomada de decisão 336

Tipos de decisões 338
Tomada de decisão individual 340
Tomada de decisão organizacional 348
Mudança e decisões organizacionais 356
Quadro contingencial de tomada de decisão 362
Circunstâncias de decisões especiais 365
Fundamentos do projeto 370

Capítulo 9: Cultura organizacional e valores éticos 378

Cultura organizacional 380
Projeto organizacional e cultura 386
Cultura organizacional, aprendizagem e desempenho 392
Valores éticos e responsabilidade social 394
Como os administradores moldam a cultura e a ética 399
Cultura corporativa e ética em um ambiente global 404
Fundamentos do projeto 405

Capítulo 10: Inovação e mudança 414

O papel estratégico da mudança 416
Elementos para uma mudança bem-sucedida 420
Mudança tecnológica 422
Novos produtos e serviços 429
Estratégia e mudança estrutural 434
Mudança cultural 438
Estratégias para implementação da mudança 441
Fundamentos do projeto 445
Estudo de caso 7.0 457
Estudo de caso 8.0 463
Estudo de caso 9.0 471

PARTE 5 Fatores internos e projetos 475

Capítulo 11: Informação e controle de processos 476

Evolução da tecnologia da informação 478
Informação para a tomada de decisões e o controle 480
O nível e foco dos sistemas de controle 486
Abordagem estratégica I: reforçando a coordenação e eficiência de funcionários 492
Abordagem estratégica II: reforçando a coordenação e eficiência de funcionários 497
Projeto da organização de *e-business* 500
Impacto da TI sobre o projeto da organização 503
Fundamentos do projeto 505

Capítulo 12: Tamanho da organização e ciclo de vida 514

Tamanho da organização: maior é melhor? 516
Ciclo de vida organizacional 522
Tamanho, burocracia e controle organizacional 528
Burocracia em um mundo em constante mudança 532
Burocracia *versus* outras formas de controle 535
Declínio organizacional e *downsizing* 539
Fundamentos do projeto 544

Capítulo 13: Tecnologia e projeto do ambiente de trabalho 554

Tecnologia núcleo de produção da organização 558
Aplicações contemporâneas 561
Tecnologia núcleo da indústria de serviços 568
Tecnologia departamental não núcleo 574
Projeto departamental 576
Interdependência do fluxo de trabalho entre departamentos 578

Impacto da tecnologia no projeto de cargos 584
Fundamentos do projeto 587
Estudo de caso 10.0 597
Estudo de caso 11.0 601
Estudo de caso 12.0 605

Glossário 615

Índice remissivo 627

Prefácio

Meu objetivo para a 11ª edição do *Organizações: teoria e projetos* foi integrar os problemas atuais de projetos organizacionais com as ideias e as teorias significativas e uma maneira que fosse interessante e agradável para os estudantes. Há uma média de 39 novas citações por capítulo para novas descobertas e exemplos que tornam a 11ª edição atual e aplicável aos estudantes. Além disso, elementos significativos desta edição incluem os quadros "Gestão por perguntas de projeto" e "Como você se encaixa no projeto?", juntamente com atualizações para cada capítulo que incorporam as ideias mais recentes, novos exemplos de casos, novas resenhas de livros e novos estudos de caso. A pesquisa e as teorias no campo de estudos de organização são ricas e esclarecedoras e ajudarão estudantes e gerentes a entender seu mundo organizacional e a resolver problemas da vida cotidiana. Minha missão consiste em combinar conceitos e modelos da teoria organizacional com eventos transformados no mundo real para fornecer a mais atualizada visão disponível de projeto organizacional.

Novas características desta edição

Em um curso típico de teoria organizacional, muitos estudantes não possuem uma larga experiência de trabalho, especialmente nos níveis médio e superior, em que a teoria organizacional mais se aplica. Ademais, informações da área mostram que atualmente muitos estudantes frequentemente não leem os exemplos de abertura do capítulo ou os exemplos dos quadros, preferindo, em vez disso, concentrar-se no conteúdo do capítulo. Para envolver os estudantes no mundo das organizações, esta edição utiliza o quadro "Gestão por perguntas do projeto" no início de cada capítulo. Essas questões imediatamente envolvem os estudantes no pensamento e expressão de suas crenças e opiniões a respeito dos conceitos de projeto da organização. Outro recurso do capítulo, "Como você se encaixa no projeto?", envolve os estudantes no modo como seu estilo e abordagem pessoais se ajustarão a uma organização. Outras atividades experimentais do estudante que o envolve na aplicação dos conceitos do capítulo incluem novas "Dicas de livro", novos exemplos "Na prática" e novos casos integrativos para análise do estudante. O conjunto total de recursos expande e aumenta substancialmente o conteúdo e a acessibilidade do livro. Essas múltiplas ferramentas pedagógicas são utilizadas para aumentar o envolvimento dos estudantes com os recursos do texto.

Como você se encaixa no projeto? O recurso "Como você se encaixa no projeto?" apresenta um breve questionário em cada capítulo sobre o estilo e preferências pessoais dos estudantes a fim de fornecer um *feedback* rápido a respeito de como eles se ajustam a determinadas organizações ou situações. Por exemplo, os tópicos dos questionários incluem "Sua força estratégica", "Você está pronto para preencher um papel internacional?" "Preferência cultural corporativa", "A definição de metas faz o seu estilo?" "Tomando decisões importantes" e "Redes pessoais". Esses breves questionários de *feedback* conectam as preferências pessoais do estudante ao material do capítulo para aumentar o interesse e mostrar a relevância dos conceitos.

Gestão por perguntas de projeto Cada capítulo é aberto com três perguntas breves de opinião que envolvem os estudantes na clarificação de seus pensamentos com relação ao material e conceitos que estão por vir. Essas perguntas baseiam-se na ideia de que, quando os estudantes expressam suas opiniões primeiro, eles ficam mais receptivos e interessados em receber materiais relevantes às perguntas. Perguntas de exemplo, que solicitam que os estudantes concordem ou discordem, incluem:

> *As melhores medidas de desempenho empresarial são financeiras.*
> *Gestores de organizações empresariais não devem se envolver em atividades políticas. A prioridade principal do CEO é ter certeza de que a organização é projetada corretamente.*
> *Um gestor deve enfatizar os valores compartilhados, a confiança e o compromisso para com a missão da organização como o meio principal de controlar o comportamento do funcionário.*

Acompanhando as três perguntas "Gestão por perguntas de projeto", cada capítulo contém três inserções "Avalie sua resposta", que permitem que os estudantes comparem suas opiniões originais com as respostas "corretas" ou mais apropriadas com base nos conceitos do capítulo. Os estudantes aprendem se seus modelos mentais e crenças sobre as organizações se alinham com o mundo das organizações.

Dica de livro "Dica de livro", recurso exclusivo deste livro, representa resenhas de livros que refletem as questões atuais de interesse para gerentes que trabalham em organizações reais. Elas descrevem as diversas maneiras pelas quais as empresas lidam com os desafios no ambiente em atual transformação. As novas "Dicas de livro" desta edição incluem *Good Strategy, Bad Strategy: The Difference and Why It Matters*; *The Checklist Manifesto: How to Get Things Right*; *Delivering Happiness: A Path to Profits, Passion, and Purpose*; e *Little Bets: How Breakthrough Ideas Emerge from Small Discoveries*.

Na prática Esta edição contém muitos novos exemplos "Na prática", que ilustram conceitos teóricos em ambientes organizacionais. Muitos exemplos são internacionais e todos estão baseados em organizações reais. Os novos casos "Na prática" usados nos capítulos incluem Deutsche Lufthansa, Acer, Inc., Netflix, Huawei Technologies, Disney/Pixar, Anheuser-Busch InBev, Sealy, Shizugawa Evacuation Center, Mimeo, Seattle Children's Hospital, SAS, Meliá Hotels International (Sol Meliá), Cognizant, Menlo Innovations, Facebook, CitiMortgage, *The Atlantic*, Cisco Systems, Every Child Succeeds, Fukushima Daiichi (Toyko Power Company), KFC (Yum Brands), Southwest Airlines, Corning Inc., Sandberg Furniture, GlaxoSmithKline, Washington, D.C. Metropolitan Police, Volvo, Barnes & Noble, Johns Hopkins Medicine, Nokia, W. L. Gore, Sony, *The New York Times*, Smart Balance, Service Employees International Union, BP/Transocean, Kaplan/*The Washington Post*, Toyota Motor, Borders Group e Google.

Anotações Localizadas nas margens laterais dos capítulos, elas mostram aos estudantes como utilizar os conceitos para analisar casos e gerenciar organizações.

Figuras São utilizadas com frequência para ajudar os estudantes a visualizar as relações organizacionais. As ilustrações foram refeitas para transmitir os conceitos de uma maneira mais clara.

Fundamentos do projeto Esta seção de resumo e interpretação mostra aos estudantes como os pontos do capítulo são importantes no contexto mais amplo da teoria organizacional.

Caso para análise Estes casos são adaptados aos conceitos do capítulo e fornecem uma oportunidade para os estudantes colocarem em prática a análise e a discussão. Novos casos para análise incluem "Covington Corrugated Parts & Services," "Por que a cooperação é tão difícil?" "Alguém está ouvindo?" e "The New Haven Institute."

Estudos de caso Os estudos de caso ao final do livro foram expandidos significativamente e posicionados para estimular a discussão e o envolvimento dos estudantes. Os novos casos incluem First Union: Um escritório sem paredes; Perdue Farms Inc.; Desenvolvendo equipes globais para superar os desafios do século XXI na W. L. Gore & Associates; Iniciativas enxutas e crescimento na Orlando Metering Company; IKEA: estilo escandinavo; Cisco Systems: Evolução da estrutura; e Costco: Junte-se ao clube. Casos anteriores que foram retidos incluem Royce Consulting; Custom Chip Inc.; Plaza Inn; Donor Services Department; e Hartland Memorial Hospital.

Novos conceitos

Muitos conceitos foram adicionados ou ampliados nesta edição. Foram adicionados novos materiais com relação a projetos orgânicos e mecanicistas; o papel dos fatores contingenciais; sistemas abertos; sustentabilidade; eficácia organizacional como um produto social; a abordagem dos constituintes estratégicos para avaliar a eficácia; o modelo dos valores concorrentes; coordenação relacional; os países BRIC, especialmente a China, como um aspecto crescente do ambiente internacional; inovação reversa (*trickle-up*); gestão de processos de produção (MPM); a tendência para serviços enxutos; abordagens de mudança para o projeto de *e-business*; redes sociais e outras ferramentas de mídia social; alternativas de *downsizing*; o modelo do valor compartilhado; diferenças entre mudança episódica, mudança contínua e mudança disruptiva; técnicas de baixo para cima (*bottom-up*) para estimular a mudança tecnológica; inovação de gestão e a abordagem de núcleo dual; a curva de mudança; utilização do poder brando e as táticas políticas; e reciprocidade como uma influência tática. Além disso, o Capítulo 5 examina exaustivamente como enfrentar a complexidade do ambiente global dos tempos de hoje.

Organização do capítulo

Cada capítulo é altamente focado e organizado dentro de uma estrutura lógica de trabalho. Muitos livros de teoria da organização tratam o assunto de forma sequencial, como "Aqui está a visão A, aqui está a visão B, aqui está a visão C" e assim por diante. *Organização: teoria e projetos* mostra como elas são aplicadas nas organizações. Além disso, cada capítulo atém-se ao ponto principal. Os estudantes não são apresentados a elementos alheios ou a disputas metodológicas confusas que ocorrem entre os pesquisadores organizacionais. O corpo da pesquisa, na maioria das áreas, aponta para uma tendência importante aqui relatada. Vários capítulos desenvolvem uma estrutura de trabalho que organiza as principais ideias em um esquema geral.

Este livro foi bastante testado com os estudantes. O retorno por parte deles e dos professores foi utilizado na revisão. A combinação de conceitos de teoria da organização, resenha de livros, exemplos de organizações líderes, questionários de autopercepção, ilustrações de casos, exercícios experimentais e outros recursos do ensino são concebidos para irem ao encontro das necessidades de aprendizado dos estudantes, que têm respondido de maneira favorável.

Agradecimentos

Escrever um livro é um empreendimento em equipe. A nova edição integrou ideias e o trabalho árduo de muitas pessoas às quais sou muito grato. Revisores e participantes de grupo de foco contribuíram de uma maneira especial. Eles elogiaram muitas características, foram críticos em tópicos que não funcionaram bem e deram sugestões valiosas.

David Ackerman
University of Alaska, Southeast

Kristin Backhaus
SUNY New Paltz

Michael Bourke
Houston Baptist University

Suzanne Clinton
Cameron University

Pat Driscoll
Texas Woman's University

Jo Anne Duffy
Sam Houston State University

Cheryl Duvall
Mercer University

Allen D. Engle, Sr.
Eastern Kentucky University

Patricia Feltes
Missouri State University

Robert Girling
Sonoma State University

Yezdi H. Godiwalla
University of Wisconsin-Whitewater

John A. Gould
University of Maryland

George Griffin
Spring Arbor University

Leda McIntyre Hall
Indiana University, South Bend

Ralph Hanke
Pennsylvania State University

Bruce J. Hanson
Pepperdine University

Patricia Holahan
Stevens Institute of Technology

Jon Kalinowski
Minnesota State University, Mankato

Guiseppe Labianca
Tulane University

Jane Lemaster
University of Texas–Pan American

Kim Lukaszewski
SUNY New Paltz

Steven Maranville
University of Saint Thomas

Prefácio

Rick Martinez *Baylor University*	W. Scott Sherman *Pepperdine University*
Ann Marie Nagye *Mountain State University*	Marjorie Smith *Mountain State University*
Janet Near *Indiana University*	R. Stephen Smith *Virginia Commonwealth University*
Julie Newcomer *Texas Woman's University*	Thomas Terrell *Coppin State College*
Asbjorn Osland *George Fox University*	Jack Tucci *Southeastern Louisiana University*
Laynie Pizzolatto *Nicholls State University*	Isaiah Ugboro *North Carolina A&T State University*
Samantha Rice *Abilene Christian University*	Richard Weiss *University of Delaware*
Richard Saaverda *University of Michigan*	Judith White *Santa Clara University*
W. Robert Sampson *University of Wisconsin, Eau Claire*	Jan Zahrly *University of North Dakota*
Amy Sevier *University of Southern Mississippi*	

Entre meus colegas de profissão, sou grato aos meus amigos e colegas da Vanderbilt's Owen School – Bruce Barry, Neta Moye, Rich Oliver, David Owens, Ranga Ramanujam e Bart Victor – por seu estímulo intelectual e *feedback*. Também tenho uma dívida especial para com Dean Jim Bradford e o associado Dean Ray Friedman por disponibilizarem tempo e recursos para que eu permanecesse atualizado com relação à literatura de projetos e desenvolvesse as resenhas para o livro.

Quero apresentar meus agradecimentos especiais a minha associada editorial, Pat Lane. Ela habilmente desenvolveu materiais escritos sobre uma variedade de tópicos e recursos especiais, encontrou recursos e realizou um trabalho excepcional com o manuscrito editado e provas de página. O entusiasmo pessoal de Pat e seu zelo com o conteúdo deste livro possibilitou que a 11ª Edição desse continuidade ao seu elevado nível de excelência. Também agradeço DeeGee Lester por seu trabalho elaborando novos casos de final de capítulo e casos integrativos para esta edição. As habilidades de escrita criativa de DeeGee trouxeram à vida questões organizacionais chave que os estudantes gostarão de discutir e solucionar.

A equipe da South-Western também merece uma menção especial. Scott Person fez um excelente trabalho, desenhando o projeto e oferecendo ideias para melhorá-lo. Erin Guendelsberger foi magnífica em sua atuação como editora de desenvolvimento, mantendo as pessoas e o projeto dentro da programação e, ao mesmo tempo, resolvendo os problemas de forma rápida e criativa. Pooja Khurana, gerente de projeto, ofereceu uma magnífica coordenação de projeto e usou sua criatividade e habilidade de gerenciamento para facilitar a finalização do livro no prazo. Jon Monahan, gerente de marketing, proporcionou suporte adicional, criatividade e conhecimentos de mercado valiosos.

Finalmente, quero agradecer o amor e as contribuições de minha esposa, Dorothy Marcic. Dorothy tem dado grande apoio aos meus projetos de livros acadêmicos e criou um ambiente no qual podemos crescer juntos. Ela ajudou o livro a dar um imenso passo adiante com a criação dos exercícios do *Workbook* e *Workshop*. Também quero reconhecer o amor e suporte de minhas filhas, Danielle, Amy, Roxanne, Solange e Elizabeth, que tornam minha vida especial durante nosso precioso tempo juntos.

Richard L. Daft
Nashville, Tennessee
janeiro de 2012

Parte 1
Introdução às organizações: teoria e projetos

Capítulo 1 Introdução às organizações

Capítulo 1

Introdução às organizações

Objetivos de aprendizagem
Após a leitura deste capítulo, você estará apto a:
1. Definir uma organização e a importância das organizações na sociedade.
2. Identificar os desafios atuais das organizações.
3. Compreender como se aplicam os conceitos de projeto de organização nas principais empresas, como a Xerox.
4. Reconhecer as dimensões estruturais das organizações e as contingências que influenciam sua estrutura.
5. Compreender a eficiência e a eficácia, e a abordagem do investidor para medir a eficiência.
6. Explicar as perspectivas históricas das organizações.
7. Descrever as cinco partes básicas de uma organização elaboradas por Mintzberg.
8. Explicar as diferenças entre os projetos de organização orgânica e mecanicista e os fatores de contingências geralmente associados a cada um.

Teoria organizacional em ação
  Tópicos · Desafios atuais · Objetivos deste capítulo
O que é uma organização?
  Definição · De multinacionais à sem fins lucrativos · A importância das organizações
Dimensões do projeto organizacional
  Dimensões estruturais · Fatores de contingências · Resultado de desempenho e eficácia
A evolução da teoria e dos projetos organizacionais
  Perspectivas históricas · Tudo depende: Possibilidades principais
Um exemplo de ideias de projeto contemporâneo da configuração organizacional de projetos orgânicos e mecanicistas
  Sistemas abertos · Teoria do Caos
Estrutura do livro
  Níveis de análise · Plano do livro · Plano de cada capítulo
Fundamentos do projeto

Antes de ler este capítulo, verifique se você concorda ou discorda com cada uma das seguintes declarações:

GESTÃO POR PERGUNTAS DE PROJETO

1 Primeiramente, uma organização pode ser compreendida entendendo as pessoas que fazem parte dela.

CONCORDO _____   DISCORDO _____

2 O papel principal dos administradores nas organizações de negócio é atingir a eficiência máxima.

CONCORDO _____   DISCORDO _____

3 A prioridade principal do CEO é ter certeza de que a organização é estruturada corretamente.

CONCORDO _____   DISCORDO _____

UM OLHAR PARA DENTRO | XEROX CORPORATION

No início do século XXI, a Xerox Corporation parecia estar no topo do mundo, com rendimentos que aumentavam rapidamente, o valor das ações nas alturas e uma nova linha de copiadoras e impressoras computadorizadas tecnologicamente superiores aos produtos dos concorrentes. No entanto, menos de dois anos depois, muitos consideravam a Xerox algo do passado, destinada a desaparecer na história. Considere os seguintes acontecimentos:

- As vendas e o lucro despencaram à medida que os concorrentes alcançaram as máquinas digitais de ponta da Xerox, oferecendo produtos compatíveis a preços menores.
- As perdas da Xerox em 2001 atingiam US$ 384 milhões e a empresa continuava no vermelho. As dívidas subiram para US$ 18 bilhões.
- As ações caíram de US$ 64 para menos de US$ 4, em meio a temores de que a empresa pediria concordata ao governo federal. Durante um período de 18 meses a Xerox perdeu US$ 38 bilhões em valor de mercado.
- Vinte e dois mil trabalhadores da Xerox perderam o emprego, o que diminuiu ainda mais o moral e a fidelidade dos funcionários remanescentes. Clientes importantes também foram transferidos por uma reestruturação que jogou os representantes de vendas em territórios desconhecidos e deu nó no sistema de faturamento, o que levou a uma confusão em massa e a erros nas faturas.
- A empresa foi multada de forma estrondosa em US$ 10 milhões por irregularidades contábeis e por alegação de fraudes na contabilidade pela Comissão de Valores Mobiliários (Securities and Exchange Commission – SEC).

O que deu errado com a Xerox? A deterioração da empresa é uma história clássica de declínio organizacional. Embora a Xerox pareça ter declinado quase da noite para o dia, os problemas da organização foram ligados a uma série de erros crassos ao longo de muitos anos.

"BUROX" ASSUME O CONTROLE

A Xerox foi fundada em 1906 como Haloid Company, um estabelecimento de suprimentos fotográficos que criou a primeira copiadora xerográfica do mundo, lançada em 1959. Sem dúvida, a copiadora "914" era uma máquina de fazer dinheiro. Na época em que foi aposentada, no início dos anos 1970, era o produto industrializado mais vendido de todos os tempos e o novo nome da empresa, Xerox, de acordo com o dicionário era sinônimo de fotocópia. Contudo, como muitas organizações lucrativas, a Xerox tornou-se vítima de seu próprio sucesso. Sem dúvida, os dirigentes sabiam que a empresa precisava ir além das copiadoras para sustentar seu crescimento, mas pareceu-lhes difícil ver além das margens de lucro bruto de 70% da copiadora "914".

O Centro de Pesquisa Xerox de Palo Alto (PARC), fundado em 1970, ficou conhecido ao redor do mundo graças a sua inovação: muitas das tecnologias mais revolucionárias na indústria de computadores, entre as quais computadores pessoais, interface gráfica de usuário, Ethernet e impressoras a laser, foram criadas dentro dele. No entanto, a burocracia da copiadora, ou Burox, como ficou conhecida, cegou os dirigentes da Xerox para o enorme potencial dessas inovações. Enquanto a Xerox arrastava-se nas vendas de máquinas copiadoras, empresas mais jovens, menores e mais ávidas estavam transformando as tecnologias desenvolvidas no PARC em produtos extraordinários e serviços muito lucrativos.

Os perigos do Burox tornaram-se radicalmente visíveis nos anos de 1970, quando as patentes de xerografia da empresa começaram a expirar. De repente, concorrentes japonesas, como a Canon e a Ricoh, estavam vendendo copiadoras pelo preço de custo da Xerox. A participação de mercado declinou de 95% para 13% em 1982. Sem novos produtos para compensar a diferença, a empresa teve de lutar muito para cortar custos e recuperar a participação de mercado, comprometendo-se com as técnicas de estilo japonês e de gestão da qualidade total. Por meio da força de sua liderança, o CEO Kearns conseguiu mobilizar o grupo e rejuvenescer a empresa em 1990. No entanto, ele também colocou a Xerox a caminho de um futuro desastre. Diante da necessidade de diversificar, Kearns levou a empresa para os serviços financeiros e de seguros em larga escala. Quando ele passou a liderança para Paul Allaire, em 1990, o balanço patrimonial da Xerox carregava um ônus de bilhões de dólares de responsabilidades com seguros.

ESTREIA NA ERA DIGITAL

De maneira sábia, Allaire iniciou um metódico plano para tirar a Xerox do ramo dos serviços financeiros e de seguros. Ao mesmo tempo, ele iniciou uma estratégia mista de corte de custos e introdução de novos produtos para fazer que a empresa morosa voltasse a andar novamente. A Xerox foi bem-sucedida uma linha de impressoras digitais e novas copiadoras digitais de alta velocidade, mas, de novo, se desequilibrou ao subestimar a ameaça da impressora de mesa. Quando a Xerox apresentou sua própria linha de impressoras de janto de tinta, o jogo já estava no fim.

As impressoras de mesa e o aumento no uso da internet e de e-mail diminuíram em muito as vendas de copiadoras da Xerox. As pessoas não precisavam mais fazer tantas fotocópias, mas ainda precisavam de maneiras eficazes para criar e compartilhar documentos. Reposicionando a marca Xerox como "A Empresa de Documentos", Allaire avançou na era digital, esperando refazer a Xerox à imagem da rejuvenescida IBM, oferecendo não somente "caixas (máquinas)", mas soluções completas de gerenciamento de documentos.

Como parte dessa estratégia, Allaire contratou Richard Thoman, que na época era o braço direito e sucessor de Louis Gerstner na IBM.

Thoman veio como presidente para a Xerox, chefe executivo de operações (COO) e finalmente como CEO, diante da alta expectativa de que a empresa pudesse recuperar a importância de seus anos de glória. Apenas 13 meses mais tarde, enquanto a receita e o preço das ações continuavam patinando, ele foi despedido por Allaire, que havia permanecido como chairman da Xerox.

UMA CULTURA DISFUNCIONAL

Allaire e Thoman culparam um ao outro pela falha ao tentarem implementar com sucesso a estratégia digital. Já as pessoas de fora acreditam que a falha vem mais da cultura disfuncional da Xerox. A cultura já era lenta para adaptar-se e, segundo algumas pessoas, na gestão de Allaire foi totalmente paralisada pela política. Thoman chegou para dar um chacoalhão, mas, quando tentou, a velha guarda se rebelou. Houve uma batalha gerencial, com o intruso Thoman e alguns poucos aliados de um lado contra Allaire e seu grupo de *insiders* que estavam acostumados a fazer as coisas da maneira "Xerox". Reconhecido por seu conhecimento, experiência de negócios e intensidade, Thoman também foi, de algum modo, considerado arrogante e inacessível. Ele nunca conseguiu exercer influência importante junto a administradores e funcionários-chave, nem conquistar o apoio dos membros da diretoria, que continuavam a se reunir pelas costas de Allaire.

O fracasso na sucessão do CEO mostra o enorme desafio de reinventar uma empresa de quase 100 anos de idade. Quando Thoman chegou, a Xerox já havia passado por várias etapas de reestruturação, corte de custos, rejuvenescimento e reinvenção durante quase duas décadas, mas pouca coisa havia realmente mudado. Alguns observadores duvidaram de que alguém pudesse dar um jeito na Xerox, pois sua cultura tinha se tornado muito disfuncional e politizada. "Havia sempre gente entrando e saindo", era o que dizia um ex-executivo. "Eles mudavam de galho, mas quando você olhava mais de perto, eram os mesmos macacos velhos sentados nas árvores."

UM AGENTE INTERNO PARA TRANSFORMAR A ORGANIZAÇÃO

Em agosto de 2001, Allaire passou as rédeas de CEO para a veterana popular de 24 anos, Anne Mulcahy, que havia começado na Xerox como vendedora de copiadoras e tinha subido de posição na hierarquia. Apesar de seu *status* de *insider*, Mulcahy diz que está mais do que disposta a desafiar o *status quo*. Ela surpreendeu os analistas céticos, acionistas e funcionários projetando uma das mudanças de negócio mais extraordinárias nos últimos anos.

Como ela fez isso? Algumas pessoas pensaram que a Mulcahy tomaria medidas difíceis e necessárias para a Xerox sobreviver, mas ela se mostrou com uma forte tomadora de decisões. Ela rapidamente lançou um plano de mudanças que incluíram um corte massivo de custos e o fechamento de diversas operações que causavam perda de dinheiro, incluindo a divisão que ela previamente liderou. Ela foi brutalmente honesta sobre as situações "boas, ruins e feias" da empresa, como um funcionário colocou, mas ela também mostrou que se preocupava com o que aconteceria aos funcionários e proporcionou-lhes esperança por um futuro melhor. As pessoas sabiam que ela estava trabalhando duro pra salvar a empresa. Após as principais demissões temporárias, Mulcahy caminhou pela empresa para dizer às pessoas que ela sentia muito e deixou desabafar a raiva deles. Ela negociou pessoalmente um acordo para uma investigação sobre práticas contábeis fraudulentas que se arrastou por anos, insistindo que seu envolvimento pessoal era necessário para sinalizar um novo compromisso com práticas de negócios eticamente corretas. Ela apelou diretamente para os credores, pedindo para que não encerrassem tudo até que uma nova equipe de gestores fizesse as mudanças.

Mulcahy transferiu muitas partes da produção para os contratantes externos e focou a Xerox em inovação e serviços novamente. Além de introduzir novos produtos, a Xerox se mudou para áreas de alto crescimento, como serviços de gestão de documentos, consultoria de TI e tecnologia de impressão digital. Uma série de pequenas aquisições habilitou a empresa a entrar em novos mercados e expandir a base de clientes de negócios de pequeno e médio porte.

UMA NOVA ERA NA XEROX

Mulcahy também pensou com cuidado sobre os planos de sucessão e, em 2009, ela passou o cargo para a segunda no comando, Ursula Burns, que se tornou a primeira mulher afrodescendente americana que liderou a empresa Fortune 500. Burns, assim como Mulcahy, passou décadas subindo de posto na Xerox, na verdade, começando a carreira dela como estagiária antes de conseguir o mestrado em engenharia pela Columbia University. Com alguns dias para ser nomeada como CEO, Burns já estava no plano e fez um *tour* de 30 dias para se encontrar com a equipe e discutir maneiras de aumentar as vendas. Apenas algumas semanas depois de assumir o comando, ela anunciou a maior aquisição na história da empresa – a compra da empresa de controle acionário de terceirização Affiliated Computer Services. Como resultado da aquisição, a Xerox alavancou a receita de serviços de 23% a 50% em um ano. Isso sinalizou o início do novo curso de Burns focado em se tornar em um recurso de tecnologia de ponta que outros homens de negócios dependessem para operar mais eficientemente. Além de oferecer *hardware*, a Xerox, agora, proporciona tudo desde a impressão móvel até serviços de nuvem para a terceirização dos processos de negócio. Burns está enfatizando a colaboração com outras organizações, como a Cisco, que faz parceria com a empresa para fornecer ferramentas de impressão gerenciadas, impressão móvel e serviços de terceirização de TI em nuvem. Ela também formou diversas parcerias com organizações menores tanto nos Estados Unidos quanto fora do país para oferecer produtos e serviços.

A Xerox ganhou elogios pelo comprometimento dos líderes com relação ao comportamento ético e socialmente responsável. Foi reconhecida como uma das empresas mais éticas do mundo pela *Ethisphere Institute*; votada como a empresa mais admirada no mundo na indústria de computadores pela pesquisa da revista *Fortune*, nomeada como uma das 100 melhores cidadãs corporativas pela revista *Corporate Responsibility Officer* e ficou em primeiro lugar na lista *Green Outsourcing Survey*. Além disso, a Xerox é reconhecida pelo comprometimento com a diversidade e é considerada como um dos melhores lugares para se trabalhar para mulheres e menoridades.

Uma década depois deste ícone americano quase ter quebrado, a Xerox é, novamente, admirada no mundo corporativo. A "tempestade perfeita" de problemas substituiu a "bonança perfeita"? Burns e sua equipe top de gestão acreditam que a Xerox está posicionada para ser resiliente frente à desaceleração econômica atual, mas em um mundo de mudanças rápidas das organizações, nada mais é certo.

Bem-vindo ao mundo real da teoria e estruturação organizacionais. A sorte inconstante da Xerox mostra a teoria organizacional em ação. Os administradores da Xerox estavam profundamente envolvidos em teoria e estruturação organizacionais a cada dia de trabalho em suas vidas, mas nunca perceberam. Os administradores da empresa não entendiam como a teoria organizacional estava relacionada com o meio ambiente ou como ela deveria funcionar internamente. Os conceitos de teoria organizacional habilitaram Anne Mulcahy e Ursula Burns a analisarem e diagnosticarem o que estava acontecendo e as mudanças necessárias para ajudar a Xerox a manter o ritmo em um mundo com mudanças rápidas. A teoria organizacional nos fornece as ferramentas para explicar o declínio da Xerox, entender a mudança de Mulcahy, além de reconhecer algumas decisões que Burns pode tomar para manter a Xerox competitiva.

Problemas semelhantes desafiam diversas organizações. A American Airlines, por exemplo, foi uma das maiores companhias aéreas dos Estados Unidos, e os administradores se esforçaram na última década para encontrar a fórmula certa para manter a empresa competitiva. A empresa organizadora americana, a AMR Corporation, acumulou US$ 11,6 bilhões em perdas de 2001 a 2011 e não teve um ano rentável desde 2007.[2] Ou considere os dramáticos passos falsos organizacionais ilustrados pelas crises de 2008 na indústria de hipotecas e o setor financeiro nos Estados Unidos. Bear Stearns desapareceu e a Lehman Brothers entrou com pedido de falência. A American International Group (AIG) procurou uma salvação de emergência do governo americano. Outro ícone, a Merrill Lynch, foi salvo por se tornar parte da Bank of America, que já lutou pelo credor hipotecário da Countrywide Financial Corporation.[3] A crise de 2008 no setor financeiro dos Estados Unidos representou mudanças e incertezas em uma escala sem precedente e, de algum modo, afetaria os administradores de todos os tipos de organizações e indústrias por todo o mundo nos próximos anos.

Teoria organizacional em ação

A teoria e o projeto organizacionais nos proporcionam ferramentas para avaliar e compreender como uma empresa grande e poderosa, como a Lehman Brothers, quebraria e uma empresa como a Bank of America emergiria praticamente da noite para o dia como uma gigante na indústria. Ela nos permite compreender como uma banda como a Rolling Stones, que opera como uma organização de negócios globais altamente sofisticada, pode curtir o sucesso fenomenal por quase meio século, enquanto algumas bandas com talento igual ou superior não sobrevivem com mais de duas músicas. A teoria organizacional nos ajuda a explicar o que aconteceu no passado, assim como o que pode acontecer no futuro, para que possamos gerenciar as organizações de maneira mais eficaz.

Tópicos

Cada um dos casos tratados neste livro está ilustrado no caso Xerox. Na verdade, os administradores das organizações como a Xerox, Lehman Brothers, American Airlines e até mesmo a Rolling Stones enfrentam continuamente uma quantidade de desafios. Por exemplo:

- Como uma organização adapta ou controla tais elementos externos como concorrentes, clientes, governo e credores em ambiente acelerado?
- Quais mudanças estratégicas e estruturais são necessárias para ajudar a organização a conquistar eficácia?
- Como a organização pode evitar os deslizes étnicos de gestão que podem ameaçar a viabilidade?
- Como os administradores podem lidar com os grandes problemas e a burocracia?
- Qual é o uso apropriado de poder e política entre os administradores?
- Como os conflitos internos e a coordenação entre as unidades de trabalho devem ser gerenciados?
- Qual tipo de cultura corporativa é necessário e como os administradores se moldam àquela cultura?
- Quanto e qual tipo de inovação e mudança são necessários?

> **ANOTAÇÕES**
>
> **Como administrador de uma organização, lembre-se:**
>
> Não ignore o ambiente externo ou proteja a organização disso. Em razão de o ambiente ser imprevisível, não espere atingir um pedido completo ou racionalidade dentro da organização. Esforçar-se para um equilíbrio entre pedido e flexibilidade.

Estes são os tópicos com os quais a teoria e o projeto organizacionais estão relacionados. Os conceitos de teoria organizacional englobam todos os tipos de organizações em todas as indústrias.

Os administradores da Hyundai, por exemplo, transformaram a montadora de automóveis coreana, uma vez conhecida por produzir carros baratos, "sem frescuras" e com baixa reputação, na quinta maior montadora de automóveis do mundo, focando implacavelmente em qualidade, controle de custo e satisfação do cliente. Bob Iger e sua equipe top de gestão revitalizaram a Walt Disney Company gerenciando com eficiência os conflitos internos e aprimorando a coordenação tanto da empresa quanto dos parceiros externos. Os administradores na empresa de cosméticos de ponta Estée Lauder responsabilizaram-se pela principal reorganização para aprimorar as vendas em uma economia fraca.[4] Todas essas empresas estão utilizando os conceitos com base na teoria e projeto organizacionais. A teoria organizacional também pode ser aplicada às organizações sem fins lucrativos, como United Way, American Humane Association, organizações locais de artes, faculdades e universidades e Make-a Wish Foundation, que realiza desejos de crianças doentes em estado terminal.

A teoria e o projeto organizacionais tiram lições de organizações como a Xerox, a Walt Disney Company e a United Way e faz com que as lições estejam disponíveis para estudantes e administradores. Como o nosso exemplo aberto Xerox mostra, mesmo as organizações grandes e bem-sucedidas são vulneráveis, as lições não são aprendidas automaticamente e as organizações são tão poderosas quanto seus tomadores de decisão. As organizações não são estáticas, elas estão em contínua adaptação às mudanças no ambiente externo. Atualmente muitas empresas enfrentam a necessidade de transformarem-se em organizações radicalmente diferentes por causa dos novos desafios no ambiente.

Desafios atuais

A pesquisa sobre centenas de organizações fornece a base do conhecimento para tornar mais eficientes a Xerox e outras organizações. Os desafios que atualmente as organizações enfrentam são bem diferentes daqueles do passado e, por isso, os conceitos de organizações e projeto organizacional estão evoluindo. O mundo está mudando mais rapidamente do que antes e os administradores são responsáveis pelo posicionamento das organizações para se adaptar às novas necessidades. Alguns desafios específicos que os administradores e as organizações de hoje enfrentam são a globalização, competição intensa, exame ético detalhado e rigoroso, a necessidade de rápida resposta, adaptando para um mundo digital e uma aceitação da diversidade.

Globalização. O clichê de que o mundo está se tornando menor é totalmente verdadeiro para as organizações atuais. Com os rápidos avanços em tecnologia e comunicações, o tempo necessário para exercer influência ao redor do mundo, desde os lugares mais remotos, foi reduzido de anos para alguns segundos. Os mercados, a tecnologia e as organizações estão se tornando cada vez mais interconectadas.[5] As organizações de sucesso de hoje se sentem "em casa" em qualquer parte do mundo. As empresas podem colocar as diferentes partes da organização onde quer que tenha mais sentido do ponto de vista dos negócios: alta administração num país, competências técnicas e produção em outros locais.

As marcas relacionadas são terceirizadas globais, ou contratadas para algumas funções nas organizações em outros países, e a parceria estratégica com as empresas estrangeiras para ganhar uma vantagem global. Aquisições que atravessam fronteiras e o desenvolvimento de relações eficazes de negócios em outros países são vitais para o sucesso de muitas organizações. As grandes corporações multinacionais estão procurando ativamente administradores com forte experiência internacional e a habilidade para se adaptar facilmente às culturas. Uma pesquisa feita pela Association of Executive Search Consultants descobriu que China, Índia e Brasil são os

Capítulo 1: Introdução às organizações

três países nas quais as empresas querem grandes talentos, refletindo o aumento de investimentos em empresas dessas regiões.[6]

Competição intensa. Esta interdependência global de crescimento cria novas vantagens, mas também significa que o ambiente para as empresas está se tornando cada vez mais competitivo. Somente 24% dos administradores que responderam à nova pesquisa global de Ferramentas de Gestão e Marcas da Bain & Company acreditam que os líderes de mercado de hoje ainda permanecerão por mais sete anos no cargo.[7] Os clientes querem preços baixos com mercadorias e serviços de qualidade e as organizações que podem atender a essa demanda ganharão. As empresas terceirizadas em países com baixos salários podem frequentemente fazer trabalhos por 50% a 60% menos do que as empresas americanas, por exemplo: então as empresas americanas que proporcionam serviços semelhantes tem que procurar novas maneiras de competir ou ir para novas linhas de negócios.[8] Uma empresa com um novo tipo de bateria para notebook está fabricando em Shenzhen, China. Ela queria produzir nos Estados Unidos, mas os fabricantes americanos querem milhões de dólares com antecedência, uma exigência não feita por nenhum dos fabricantes que ela encontrou na China.[9]

Na economia fraca de hoje, as empresas estão sentindo a pressão em reduzir os custos e manter os preços baixos, e ainda ao mesmo tempo são forçadas a investirem em pesquisas e desenvolvimento ou ficarão para trás na direção global por inovação. Considere o McDonald's. Mesmo os administradores que procuram meios para expandir o menu e envolver novos clientes, os laboratórios do McDonald's estavam testando como cortar os custos de itens básicos no Menu Dólar. Com o preço de ingredientes como queijo, carne e pão aumentando, o McDonald's teve que cortar custos internos ou perder dinheiro nos produtos do Menu Dólar.[10] As seguradoras de automóveis pesquisaram novas maneiras de competição à medida que os motoristas perceberam o aumento do preço da gasolina e procuraram por meios para cortar os custos de transporte.[11] Restaurantes comuns lutaram para atrair clientes à medida que as pessoas deixavam de comer fora. As lojas de conveniência também sentiram o problema. Frente aos custos de transporte mais altos, os administradores da Supervalu aumentaram os preços, mas as vendas e os lucros caíram drasticamente. Eles ajustaram a estratégia para promover marcas de loja mais baratas, trabalhar com fabricantes para projetar promoções inovadoras e cupons, além de introduzir novas linhas de produtos com preços baixos.[12]

Ética e sustentabilidade. Os administradores de hoje se depararão com uma pressão enorme por parte do governo e do público para incutir nas organizações e funcionários altos padrões éticos e profissionais. Após os frequentes deslizes morais e escândalos financeiros corporativos, as organizações estão sob observação como nunca visto antes. Cada década parece ter sua parcela de culpa, mas a propagação de deslizes éticos durante a primeira década deste século é espantosa. Uma pesquisa feita com 20.000 pessoas em 19 países, conduzida pela empresa de pesquisa de mercado GfK para *The Wall Street Journal*, descobriu que 55% dos entrevistados acreditam que as fraudes nos negócios é mais comum hoje do que 10 anos atrás.[13] Outra pesquisa feita pela The Ethics Resource Center revelou que mais da metade dos funcionários americanos observaram pelo menos um tipo de delito ético (por exemplo, roubo, mentira) por ano nas organizações.[14]

Além de padrões éticos mais altos, as pessoas estão exigindo responsabilidade maior pelas organizações para responsabilidade social, particularmente com relação à proteção do meio ambiente. Tornar-se sustentável tem se tornado um novo negócio imperativo, conduzido por mudanças nas atitudes sociais, novas políticas governamentais, mudanças climáticas e tecnologia de informação que espalha rapidamente as novidades de um impacto negativo da empresa no ambiente. Muitas empresas estão abraçando a filosofia de **sustentabilidade**, que se refere ao desenvolvimento econômico que gera riqueza e atende às necessidades da geração atual enquanto salva o ambiente, assim as futuras gerações também podem atender às suas necessidades.[15] Walmart torna-se a surpresa do movimento de sustentabilidade com a implementação de frotas de caminhão energicamente eficientes, o crescente uso de materiais sustentáveis nas construções e a iniciativa de desperdício zero que tem o objetivo de eliminar todos os resíduos de aterro da empresa até 2025. Além disso, o Walmart está empurrando essas iniciativas para os fornecedores, o que teria um enorme impacto.[16]

Velocidade e resposta. Um quarto desafio importante para as organizações está em responder rápida e decisivamente às mudanças ambientais, às crises organizacionais ou às mudanças nas expectativas dos clientes. Ao longo de boa parte do século XX, as organizações operaram em um ambiente relativamente estável e, dessa maneira, os administradores podiam se concentrar no projeto de estruturas e sistemas que pudessem fazer com que a organização operasse com tranquilidade e eficiência. Havia pouca necessidade de buscar novos caminhos para enfrentar a concorrência crescente, as voláteis alterações ambientais ou as mudanças nas demandas dos clientes. Atualmente, a globalização e o avanço tecnológico aceleraram o passo com que as organizações de todos os ramos precisam dar para produzir novos produtos e serviços a fim de que continuarem competitivas. Os clientes de hoje também querem produtos e serviços adequados as suas reais necessidades e agora eles querem para já. As empresas que confiam na produção em massa e em técnicas de distribuição precisam estar preparadas com novos sistemas orientados por computador que possam produzir peças individualizadas e sistemas enxutos de distribuição que disponibilizem mercadorias diretamente do produtor para o consumidor. As empresas de serviços também estão pesquisando por novas maneiras de gerar valor. A Allstate Insurance, por exemplo, aprimorou a resposta aos clientes com o programa Your Choice Auto, que proporciona aos motoristas a oportunidade de escolher a vantagem de seguro desejada. Os administradores da Allstate reconhecem que o que atrai os motoristas pode modificar rapidamente como a mudança do preço da gasolina.[17]

Considerando a agitação e o fluxo inerente ao mundo atual, a mentalidade necessária aos líderes organizacionais está em esperar o inesperado e estar preparado para a mudança rápida e a crise potencial. A administração de crises veio para a linha de frente à luz da devastação dos desastres naturais e atentados terroristas ao redor do mundo; uma economia global fraca, as crises de dívida soberana, o crescimento do desemprego e o enfraquecimento da confiança do consumidor, de escândalos éticos generalizados e, em geral, de um ambiente que pode ser modificado a qualquer momento.

O mundo digital. O domínio de hoje da internet, das redes sociais, dos blogs, da colaboração on-line, das comunidades de internet, do podcast, dos dispositivos móveis, do Twitter, do Facebook, do YouTube, do Skype é radicalmente diferente do que muitos administradores mundiais estão familiarizados e confortáveis.[18] A revolução digital modificou tudo – não somente de como nos comunicamos com o outro, encontramos informações e compartilhamos ideias, mas também como as organizações são projetadas e gerenciadas, como os negócios operam e como os funcionários executam seus trabalhos.

As novas e emergentes ferramentas digitais permitem que muitos funcionários desempenhem boa parte de suas tarefas em computadores e possam trabalhar em equipes virtuais conectadas eletronicamente aos colegas ao redor do mundo. Além disso, em vez de competir como entidades independentes, as organizações estão rompendo barreiras e colaborando com outras organizações e pessoas para proporcionar produtos e serviços inovadores.[19] Procter & Gamble duplicou a taxa de sucesso com a apresentação de novos produtos utilizando uma abordagem "de inovação aberta" em vez de inventar e produzir tudo internamente.[20] Mesmo o FBI está com uma abordagem mais aberta e colaborativa. Em 2011, o FBI publicou na internet duas notas escritas em código que foram encontradas em um bolso de uma vítima de assassinato, em Missouri em 1999, pedindo a ajuda do público para descodificá-las, pois os investigadores não conseguiram decifrar a mensagem.[21] Esses avanços significam que os administradores da organização não precisam somente ser tecnologicamente espertos, mas também responsáveis por gerenciar a internet de relações que vão além dos limites da organização física, construindo ligações flexíveis entre a empresa e os funcionários, fornecedores, parceiros contratuais e clientes.[22]

Diversidade. À medida que as organizações operam cada vez mais em um campo de jogo global, a força de trabalho, assim como a base de clientes, cresce de modo diversificado. Muitas das principais organizações possuem uma interface internacional. Observe a composição da empresa de consultoria McKinsey & Co. Nos anos 1970, a maioria dos consultores era norte-americana, porém com a virada do século, o principal sócio era um estrangeiro (Rajat Gupta, da Índia), apenas 40% dos consultores eram norte-americanos e os consultores estrangeiros da empresa vinham de 40 países diferentes.[23] A PepsiCo é atualmente dirigida pela Indra Nooyi, uma indiana, e a Coca-Cola pela turca americana Muhtar Kent.

Além de lidar com a diversidade global, os administradores nos Estados Unidos perceberam que a população doméstica da nação está mudando drasticamente. Aproximadamente 1/3 do crescimento da população atual nos Estados Unidos é em razão da imigração, e é esperada que a imigração continue sendo um elemento positivo no decorrer das décadas.[24] É esperada que a quantidade de hispânicos na mão de obra americana aumente para 7,3 milhões entre 2008 e 2018, e 17,6% da mão de obra será de hispânicos até 2018.[25] Além da maior diversidade racial e cultural no local de trabalho, pela primeira vez, as mulheres se tornaram a maioria da mão de obra na história americana em 2010.[26] Ursula Burns, a CEO da Xerox, pensou como o tempo mudou desde que ela se formou em 1980: "Tenho certeza de que ninguém, no início da minha carreira, diria que eu seria uma CEO. *Mulheres* presentes de grandes empresas globais eram inexistentes. Era inimaginável mulheres *negras* serem presidentes de grandes empresas."[27] A diversidade crescente dentro da organização traz vitalidade e muitos benefícios, mas também diversos desafios, como manter uma sólida cultura corporativa enquanto a diversidade é estimulada, equilibrar os interesses profissionais com os interesses familiares e lidar com o conflito trazido à tona pela variedade de estilos culturais.

Objetivo deste capítulo

O objetivo deste capítulo é explorar a natureza das organizações e a teoria organizacional atual. A teoria organizacional foi desenvolvida a partir do estudo sistemático de acadêmicos sobre as organizações. Os conceitos são obtidos de organizações vivas e em funcionamento. A teoria organizacional tem aplicação prática, conforme mostramos no caso da Xerox. Ela ajuda os administradores a entenderem, diagnosticarem e responderem às necessidades e aos problemas organizacionais emergentes.

A próxima seção começa com uma definição formal de organização e explora os conceitos introdutórios para descrever e analisar as organizações, incluindo diversas dimensões estruturais e fatores de contingências. Introduzimos os conceitos de eficácia e eficiência e descrevemos a abordagem do investidor, que considera o que os grupos diferentes querem da organização. As seções seguintes examinam a história da teoria e o projeto organizacionais, a estrutura de trabalho para compreender a configuração organizacional, a distinção entre projetos mecanicistas e orgânicos, organizações como sistemas abertos e como a teoria organizacional ajuda as pessoas a gerenciarem organizações complexas em um mundo de rápidas mudanças. O capítulo se encerra com uma breve visão geral dos temas que serão tratados ao longo do livro.

O que é uma organização?

É difícil enxergar as organizações. Podemos ver os sinais externos, como altos edifícios, uma estação de computador ou um funcionário educado, mas a organização como um todo é vaga e abstrata e pode estar espalhada em diversas localidades, até mesmo ao redor do mundo. Sabemos que as organizações estão ali porque elas afetam a todos, todos os dias. Na verdade, elas são tão comuns que as tomamos por algo que sempre esteve ali. Mal percebemos que nascemos num hospital, somos registrados em um cartório, estudamos em escolas e universidades, crescemos com alimentos produzidos em fazendas corporativas, somos assistidos por médicos integrantes de uma equipe, compramos uma casa construída por uma construtora e vendida por uma imobiliária, pegamos dinheiro emprestado de um banco, recorremos à polícia e aos bombeiros quando estamos com problemas, usamos empresas de transportes para fazer a mudança de casa, recebemos benefícios de órgãos do governo.[28] A maioria de nós passa muitas horas trabalhando numa organização de um tipo ou de outro.

Definição

As organizações diversas como o banco, uma fazenda corporativa, uma agência governamental e a Xerox Corporation têm características em comum. A definição empregada neste livro para descrever organizações é: **organizações** são (1) entidades sociais, (2) orientadas por metas, (3) projetadas como sistemas de atividade deliberadamente estruturadas e coordenadas e (4) ligadas ao ambiente externo.

Uma organização não é um edifício ou um conjunto de políticas e procedimentos; organizações são constituídas de pessoas e de relacionamentos recíprocos. Uma organização existe quando as pessoas interagem entre si para desempenhar funções essenciais que ajudem a alcançar as metas. Uma organização é um meio para um fim. Podemos pensar em uma organização como uma ferramenta ou um instrumento utilizado pelos donos ou administradores para cumprir uma proposta específica. A proposta variará, mas o aspecto central de uma organização é a coordenação de pessoas e recursos para cumprir coletivamente as finalidades desejadas.[29] Os administradores estruturam e coordenam deliberadamente os recursos organizacionais para alcançar a finalidade da organização. No entanto, mesmo que o trabalho possa estar estruturado em departamentos separados ou grupos de atividades, atualmente a maioria das organizações se empenha em obter maior coordenação horizontal das atividades de trabalho, utilizando, muitas vezes, equipes de funcionários de diferentes áreas funcionais para trabalharem juntos nos projetos. As divisões entre os departamentos, assim como aquelas entre organizações, estão se tornando mais flexíveis e difusas à medida que as empresas se deparam com a necessidade de responder mais rapidamente às mudanças no ambiente externo. Uma organização não pode existir sem interagir com os clientes, fornecedores, concorrentes e outros elementos do ambiente externo. Atualmente, algumas empresas estão até mesmo cooperando com seus concorrentes, compartilhando informações e tecnologia em prol do benefício mútuo.

De multinacionais a organizações sem fins lucrativos

Algumas organizações são grandes, corporações multinacionais, outras são menores, empresas familiares e ainda há outras que são sem fins lucrativos ou agências governamentais. Algumas fabricam produtos, como automóveis, televisões de tela plana ou lâmpadas, enquanto outras proporcionam serviços como representação legal, internet e serviços de telecomunicação, recursos de saúde mental, ou reparo de carros. Caberá ao Capítulo 7 olhar as distinções entre produção e tecnologias de serviços. O Capítulo 9 discute o porte e o ciclo de vida, além de descrever algumas diferenças existentes entre organizações pequenas e grandes.

Outra distinção importante está entre negócios com fins lucrativos e *organizações sem fins lucrativos*. Todos os tópicos deste texto são voltados às organizações sem fins lucrativos, como o Exército da Salvação, o World Wildlife Fund (WWF), a Save the Children Foundation e o La Rabida Hospital de Chicago, que se dedica a servir aos pobres, do mesmo modo que se aplicam a negócios como Xerox, GameSpot, Sirius XM Radio e Dunkin' Donuts. No entanto, existe algumas diferenças que é preciso ter em mente. A primeira diferença está no fato de que os administradores de negócios direcionam suas atividades para que a empresa ganhe dinheiro, ao passo que os administradores de organizações sem fins lucrativos direcionam seus esforços na geração de algum tipo de impacto social. As características e as necessidades ímpares das organizações sem fins lucrativos apresentam desafios singulares para os líderes organizacionais.[30]

Os recursos financeiros de organizações sem fins lucrativos vêm normalmente de dotações orçamentais do governo, subsídios e doações, mais do que da venda de produtos ou serviços a clientes. Nos negócios, os administradores se concentram na melhoria dos produtos e serviços a fim de aumentar a receita de vendas. Entretanto, nas organizações sem fins lucrativos, os serviços são normalmente fornecidos a clientes não pagantes e um dos principais problemas para muitas organizações está em garantir um fluxo constante de fundos para continuar a operar. Administradores de organizações sem fins lucrativos, comprometidos com o atendimento a clientes com fundos limitados, têm de se concentrar em manter os custos organizacionais mais baixos possíveis e apresentar um uso bastante eficiente dos recursos. Além disso, as empresas com fins lucrativos competem com as sem fins lucrativos pelos próprios esforços de arrecadação de fundos filantrópicos.[31] Outro problema é que, desde que as organizações sem fins lucrativos não tenham uma "linha de fundo" convencional, os administradores frequentemente lutam com a questão do que constitui a eficácia organizacional. É fácil medir dólares e centavos, mas as organizações sem fins lucrativos têm que medir metas intangíveis como "melhoria na saúde pública", "fazer a diferença na vida daqueles privados de direitos" ou "melhorar a apreciação por artes".

Os administradores em organizações sem fins lucrativos também lidam com muitos investidores diferentes e precisam apregoar seus serviços para atrair não só clientes (fregueses), mas também voluntários e doadores. Às vezes, isso pode criar um conflito e disputas de poder entre organizações, como o ilustrado pela Make-a-Wish Foundation, que entrou em desacordo com pequenos grupos locais que realizam desejos à medida que se expande por diversas cidades dos Estados Unidos. Quanto mais crianças um grupo puder enumerar como tendo sido ajudadas por ele, ficará mais fácil arrecadar fundos. Os grupos locais não querem que a Make-a-Wish invada o território deles, particularmente no momento em que as doações caridosas em geral têm caído junto com o declínio econômico. Pequenos grupos têm acusado a Make-a-Wish de abusar do poder da presença nacional para sufocar ou absorver os grupos menores. "Não deveríamos ter de competir por crianças ou dinheiro", diz o diretor do Children's Wish Fund, de Indiana. "Eles (Make-a-Wish) utilizam toda a sua força e dinheiro para conseguir o que querem."[32]

Desse modo, os conceitos de projeto organizacional discutidos ao longo deste livro, como estabelecer metas e medir a eficácia, lidar com a incerteza ambiental, implementar mecanismos eficazes de controle, satisfazer múltiplos investidores e lidar com questões de poder e conflito, aplicam-se às organizações sem fins lucrativos como a Indiana Children's Wish Fund, do mesmo jeito que fazem negócios como a Xerox. Esses conceitos e teorias são adaptados e revisados de acordo com a necessidade para ajustarem as carências e problemas de diversas organizações pequenas, grandes, com e sem fins lucrativos.

ANOTAÇÕES

Como administrador de uma organização, tenha esta diretriz em mente:

Considere as necessidades e interesses de todos os investidores ao ajustar metas e projetar a organização para atingir a eficácia.

A importância das organizações

Pode parecer difícil de acreditar hoje em dia, mas as organizações, tal como as conhecemos, são relativamente recentes na história da humanidade. Até o final do século XIX, havia poucas organizações de qualquer porte ou importância — não havia sindicatos ou associações de comércio e poucos grandes negócios, organizações sem fins lucrativos ou agências governamentais. Quanta mudança ocorreu desde então! O desenvolvimento de grandes organizações transformou a sociedade como um todo e, na verdade, a moderna corporação pode ser a invenção mais importante dos últimos 100 anos.[33] A seção "Tópicos especiais" deste capítulo examina o aumento da corporação e o seu significado para a nossa sociedade.

As organizações estão por toda parte a nossa volta e moldam nossas vidas de diversas maneiras. Mas quais são as contribuições que elas dão? Por que elas são importantes? A Figura 1.1 indica as sete razões pelas quais as organizações são importantes para você e para a sociedade. Primeiro, lembramos que uma organização é um meio para um fim.

As organizações reúnem os recursos para se atingir metas específicas. Um bom exemplo é a Northrup Grumman Newport News (ex-Newport News Shipbuilding), que constrói porta-aviões da classe Nimitz movidos à energia nuclear. Construir um porta-aviões é um trabalho inacreditavelmente complexo que envolve 47 mil toneladas de aço soldado com precisão, mais de 1 milhão de peças distintas, 1.450 quilômetros de fios e cabos e mais de sete anos de trabalho árduo dos 17,8 mil funcionários

FIGURA 1.1
A importância das organizações

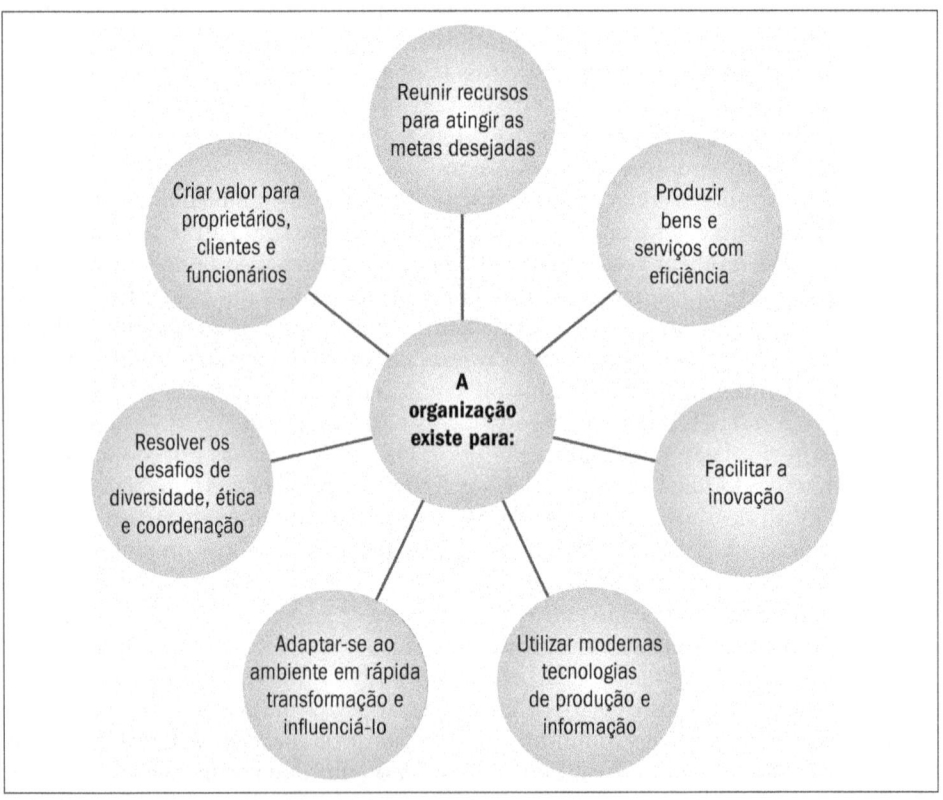

A organização existe para:
- Reunir recursos para atingir as metas desejadas
- Produzir bens e serviços com eficiência
- Facilitar a inovação
- Utilizar modernas tecnologias de produção e informação
- Adaptar-se ao ambiente em rápida transformação e influenciá-lo
- Resolver os desafios de diversidade, ética e coordenação
- Criar valor para proprietários, clientes e funcionários

© Cengage Learning 2013

DICA DE LIVRO
1.0 VOCÊ JÁ LEU ESTE LIVRO?

The Company: um relato de uma ideia revolucionária
Por John Micklethwait e Adrian Wooldridge

"A sociedade anônima é a maior descoberta isolada dos tempos modernos." Trata-se de uma conclusão do conciso e agradável livro, *The Company: a short history of a revolutionary idea*, de John Micklethwait e Adrian Wooldridge. Hoje em dia as empresas são tão onipresentes que nós as tomamos algo natural e assim pode parecer surpreendente o fato de que a empresa, tal como a conhecemos, seja uma inovação relativamente recente. Embora as pessoas tenham se reunido em grupos com fins comerciais desde a Grécia e a Roma antiga, a empresa moderna possui suas raízes no século XIX. A ideia de que uma sociedade anônima seja legalmente uma "pessoa artificial" teve início com o Joint Stock Companies Act, decretado pelo London Board of Trade em 1856. Atualmente, a companhia é vista como a "organização mais importante no mundo". Eis algumas razões para isso:

- A corporação foi a primeira instituição social e legal autônoma que estava inserida na sociedade ainda que fosse independente do governo central.
- O conceito de uma sociedade anônima livrou os empresários de angariar dinheiro via financiamento porque os investidores poderiam perder somente o que se tinha investido. O aumento do fundo de capital empresarial estimulou a inovação e geralmente enriqueceu a sociedade nas quais as empresas operavam.
- A empresa é a criadora mais eficiente de bens e serviços que o mundo já conheceu. Sem a empresa para controlar os recursos e organizar as atividades, o preço para os consumidores para quase qualquer produto que conhecemos hoje seria impraticável.
- Em termos históricos, a corporação tem sido o impulso para o comportamento civilizado, oferecendo às pessoas atividades úteis, identidade e comunidade, além de um salário.
- A Virginia Company, uma precursora da corporação de responsabilidade limitada, ajudou a introduzir o revolucionário conceito de democracia nas colônias norte-americanas.
- A moderna corporação multinacional teve início na Grã-Bretanha na segunda metade do século XIX com as estradas de ferro que construíram redes ferroviárias ao longo de toda a Europa, encaminhando para cada país administradores, materiais, mão de obra e equipamentos necessários.

Durante os últimos anos, tem-se a impressão de que as grandes corporações têm divergido cada vez mais com os interesses da sociedade. Ainda que grandes empresas tenham sido insultadas ao longo da história moderna (considere os barões da borracha ladrões do início do século XX), os autores sugerem que os abusos recentes são relativamente moderados quando comparados com alguns dos incidentes da história. Todo mundo sabe que as corporações podem ser vilãs, mas de modo geral, argumentam Micklethwait e Wooldridge, seu impulso têm sido predominantemente para o acúmulo de bens sociais e econômicos.

The Company: a short history of a revolutionary idea, de John Micklethwait e Adrian Wooldridge, é publicado pela The Modern Library.

---

da organização.[34] Como tal trabalho pode ser realizado sem uma organização para adquirir e coordenar esses diversos recursos?

As organizações também produzem bens e serviços que os clientes desejam a preços competitivos. As empresas procuram formas inovadoras para produzir e distribuir bens e serviços desejáveis com maior eficiência. Duas delas se dão por meio do *e-business* e da utilização de tecnologias de produção digital. Por exemplo, os administradores da Sandberg Furniture, com base em Vernon, Califórnia, souberam manter uma antiga empresa familiar de 122 anos competitiva contra a forte concorrência estrangeira utilizando tecnologia avançada.

Sandberg Furniture

NA PRÁTICA

De uma só vez, a indústria de móveis do sul da Califórnia era um negócio de US$ 1,3 bilhão anual com mais de 60.000 trabalhadores. Hoje, no entanto, os móveis com preços menores importados da China colocaram muitas empresas prósperas fora dos negócios. Como os administradores mantiveram a Sandberg Furniture? "Tivemos que ser muito eficientes", diz o CEO John Sandberg, bisneto do fundador. Os administradores iniciaram alguns dos maiores desafios após descobrirem que os varejistas importariam os produtos finalizados por um custo menor do que o da Sandberg. "Sabia que estávamos com problemas", dizia Sandberg.

Hoje, a Sandberg Furniture é líder em tecnologia na fabricação do papel laminado, móveis laminados de quarto com preço moderado. As duas serras da marca austríaca Schelling fazem cortes macios e programados em madeira laminada e desperdiçam o menos possível. A outra máquina corta, faz curva e cola uma peça de laminado, que elimina a necessidade de mais máquinas (e pessoas) para juntar quatro ou cinco peças separadas. A empresa também criou uma tecnologia de acabamento particular que não fabrica somente móveis resistentes a riscos, batidas e produtos químicos, mas também faz com que um acabamento de peça de madeira laminada e leve pareça um bloco pesado de mármore.

A Sandberg pode fazer o mesmo trabalho que antes fazia com 450 pessoas, mas agora faz com 150 pessoas em razão da tecnologia avançada e do treinamento de trabalhadores.[35]

Frente à competição acirrada, os regulamentos ambientais rígidos na Califórnia, e outros desafios, investir em tecnologia avançada para aumentar a eficiência era a única maneira da Sandberg Furniture sobreviver. Reprojetar estruturas organizacionais e práticas administrativas também pode contribuir para o aumento da eficiência. As organizações criam um impulso para inovar, mais do que uma dependência de produtos comuns e abordagens ultrapassadas para a gestão e o projeto organizacional.

As organizações se adaptam e influenciam um ambiente em rápida transformação. Considerando o Facebook, que continua se adaptando e se envolvendo junto com a internet e o ambiente de mídia social. Em julho de 2011, a empresa introduziu uma característica de videoconferência para os 750.000 membros ao redor do mundo. O fundador e o CEO Mark Zuckerberg quer administradores que não tenham medo de romper barreiras para fazer o melhor. A equipe de administração do Facebook incentiva a cultura destemida, ajudando a empresa a ganhar o topo na lista das 50 empresas mais inovadoras do mundo da *Fast Company* em 2010 (caiu para o número 3 em 2011, atrás da Apple e do Twitter). Mesmo durante os tempos econômicos desagradáveis, o Facebook aumentou a equipe de engenharia, investiu em novas ideias, e empurrou as pessoas para se arriscarem para o futuro.[36] Muitas organizações têm departamentos inteiros encarregados de monitorar o ambiente externo e descobrir maneiras para adaptar ou influenciar aquele ambiente.

Por meio de todas essas atividades as organizações criam valor para seus proprietários, clientes e funcionários. Administradores analisam quais são as partes da operação que criam valor e quais não; uma empresa somente é considerada lucrativa quando o valor que ela cria é maior do que o custo dos recursos. Por exemplo, Vizio Inc., que pareceu dar certo para se tornar o vendedor Número 1 de HDTVs de tela plana nos Estados Unidos, cria valores utilizando a tecnologia existente de LCD e o desenvolvimento de uma parceria de capital com o fabricante de contrato em vez de produzir televisões internamente. Mantendo os custos baixos, a empresa com base na Califórnia é hábil na venda de HDTVs de tela plana pela metade do custo daquelas vendidas nos principais fabricantes de eletrônicos.[37]

Finalmente, as organizações devem enfrentar e acomodar os desafios atuais da diversidade da força de trabalho e a preocupação crescente com a ética e a responsabilidade social, assim como encontrar meios eficazes para motivar os funcionários a trabalhar juntos na consecução das metas organizacionais.

Dimensões do projeto organizacional

As organizações dão forma a nossas vidas, e administradores bem informados podem moldá-las. O primeiro passo para compreender as organizações é observar as características específicas do projeto organizacional. Essas características descrevem as organizações assim como os traços físicos e de personalidade descrevem as pessoas.

A Figura 1.2 ilustra dois tipos de características interativas das organizações: dimensões estruturais e fatores de contingências. As **dimensões estruturais** fornecem rótulos para descrever as características internas de uma organização. Elas criam a base para mensurar e comparar as organizações. Já os **fatores de contingência** abrangem os elementos maiores que influenciam nas dimensões estruturais, incluindo o porte, a tecnologia, o ambiente, a cultura e as metas da organização. Esses fatores descrevem o ambiente organizacional que influencia e dá forma as dimensões estruturais. Os fatores de contingência podem ser confusos porque representam tanto a organização quanto o ambiente. Esses fatores podem ser previstos como um conjunto de elementos de sobreposição que molda a estrutura e os processos de trabalho da organização, conforme ilustrado na Figura 1.2. Para compreender e avaliar as organizações, a pessoa deve examinar tanto as dimensões estruturais quanto os fatores de contingência.[38] Essas características do projeto de organização interagem com outras e podem ser ajustadas para cumprir as propostas listadas anteriormente na Figura 1.1.

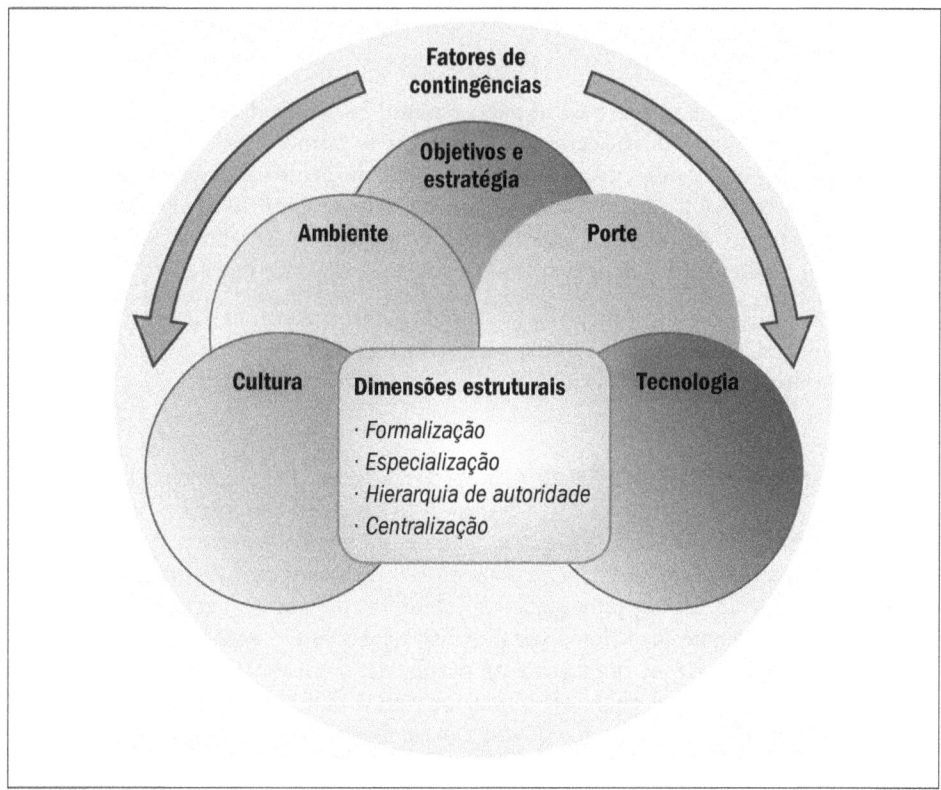

FIGURA 1.2
Interação das dimensões estruturais de projeto e fatores de contingências

Dimensões estruturais

As principais dimensões estruturais das organizações incluem: formalização, especialização, hierarquia de autoridade e centralização.

1. A *formalização* diz respeito à quantidade de documentação escrita na organização. A documentação inclui procedimentos, descrições de trabalho, regulamentações e manuais de políticas. Esses documentos escritos descrevem comportamentos e atividades. Muitas vezes, a formalização é medida pela simples contagem do número de páginas de documentação dentro de uma organização. Universidades de grande porte, por exemplo, tendem a possuir um alto nível de formalização, porque possuem muitos volumes de normas escritas como matrículas, corte e acréscimo de aulas, associações de alunos, controle de dormitórios e auxílio financeiro. Ao contrário, um pequeno negócio familiar pode não ter normas escritas e ser considerado informal.
2. A *especialização* é o grau em que as tarefas organizacionais estão subdivididas em trabalhos separados. Se a especialização for alta, cada funcionário desempenhará somente uma variedade restrita de tarefas. Se a especialização for baixa, os funcionários desempenharão uma ampla variedade de tarefas em seu trabalho. Às vezes, a especialização é chamada de *divisão do trabalho*.
3. A *hierarquia de autoridade* descreve quem se reporta a quem e a amplitude de controle de cada gerente. A hierarquia é retratada por linhas verticais no organograma de uma organização, conforme ilustrado na Figura 1.3. A hierarquia está relacionada com a amplitude de controle (o número de funcionários reportando-se a um supervisor). Quando a amplitude de controle é estreita, a hierarquia tende a ser alta. Quando a amplitude é ampla, a tendência é que a hierarquia de autoridade seja mais baixa.
4. A *centralização* refere-se ao nível hierárquico que possui poder para tomar uma decisão. Quando a tomada de decisão é mantida no nível alto, a organização é centralizada. Quando as decisões são delegadas para os níveis mais baixos da organização, ela é descentralizada. Exemplos de decisões organizacionais que podem ser centralizadas ou descentralizadas são a compra de equipamentos, o estabelecimento de metas, a escolha de fornecedores, a definição de preços, a contratação de funcionários e a decisão sobre campos de marketing.

Para compreender a importância de prestar atenção nas dimensões estruturais do projeto de organização, pense sobre o que aconteceu com a plataforma de petróleo Deepwater Horizon da Transocean-BP.

Plataforma de Petróleo Deepwater Horizon da Transocean-British Petroleum (BP)

NA PRÁTICA

Na primavera de 2010, a perfuração de um poço em uma plataforma de petróleo da Transocean chamada Deepwater Horizon para a gigante petrolífera British Petroleum explodiu no Golfo do México, matando 11 membros da tripulação e desencadeando um desastre ambiental. Deixando de lado a questão sobre a causa da explosão em primeiro lugar, uma vez que isso aconteceu, a estrutura organizacional externa à plataforma agravou a situação. As atividades foram tão vagamente organizadas que ninguém pareceu saber quem era o responsável ou qual o nível de autoridade e responsabilidade de cada um. Quando ocorreu a explosão, a confusão tomou conta. Andrea Fleytas, de 23 anos, emitiu um pedido de socorro via rádio, ela fez o que ninguém tinha feito, mas ela foi castigada por passar por cima de autoridades. Um administrador disse que ele não havia pedido ajuda porque ele não tinha certeza se tinha autorização para isso. Ainda assim, outra pessoa disse que tentou chamar a base terrestre, mas foi dito que a ordem precisava vir de outra pessoa. Os membros da tripulação sabiam que o desligamento emergencial precisava ser acionado, mas houve uma confusão de quem tinha autoridade para dar o OK. À medida que o fogo se espalhava, passaram-se muitos minutos antes das pessoas receberem as instruções para evacuação.

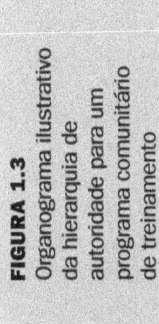

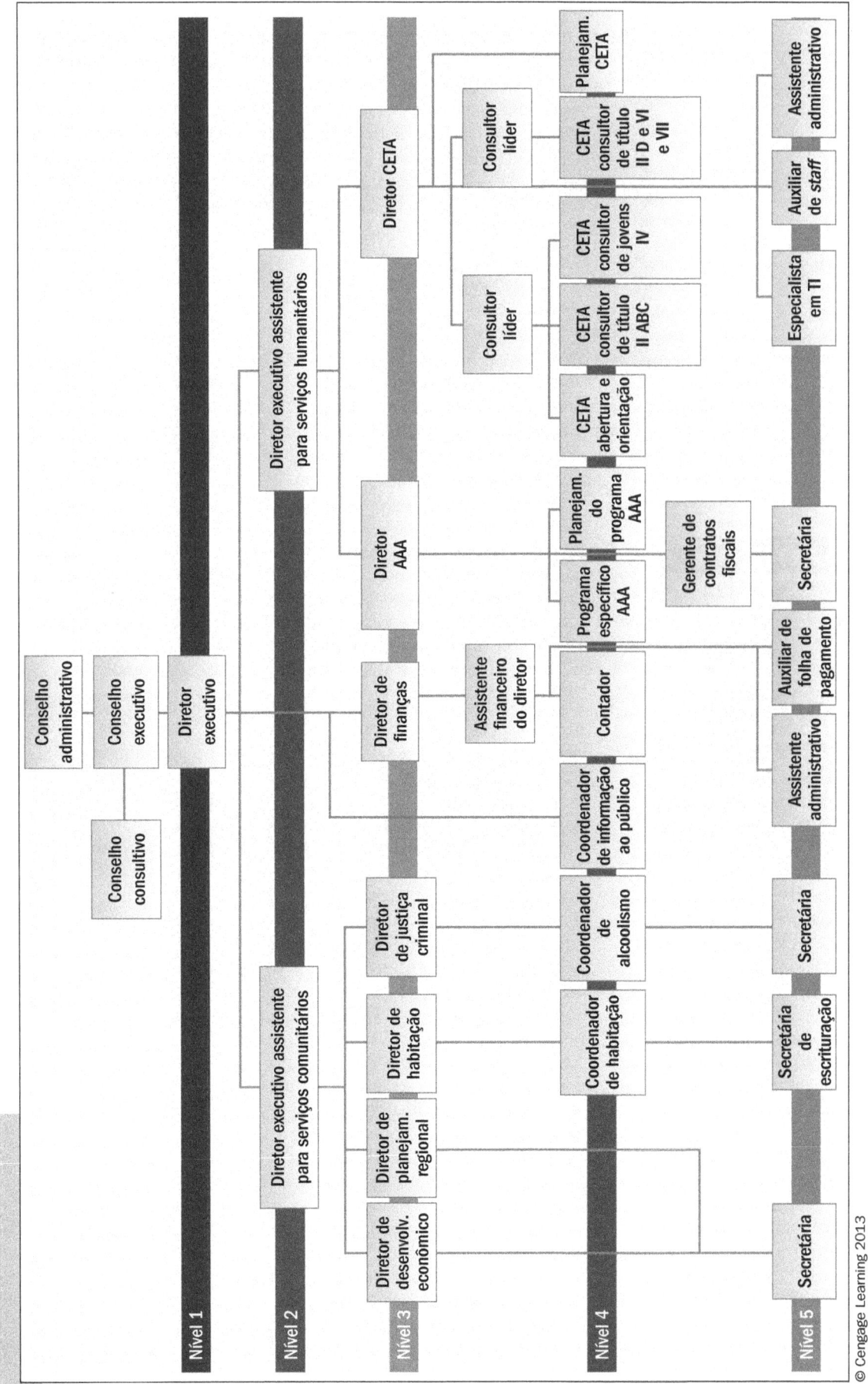

Capítulo 1: Introdução às organizações

FIGURA 1.3
Organograma ilustrativo da hierarquia de autoridade para um programa comunitário de treinamento

Nível 1
- Conselho administrativo
- Conselho consultivo
- Conselho executivo
- Diretor executivo

Nível 2
- Diretor executivo assistente para serviços comunitários
- Diretor executivo assistente para serviços humanitários

Nível 3
- Diretor de desenvolv. econômico
- Diretor de planejam. regional
- Diretor de habitação
- Diretor de justiça criminal
- Diretor de finanças
- Diretor AAA
- Diretor CETA

Nível 4
- Coordenador de habitação
- Coordenador de alcoolismo
- Coordenador de informação ao público
- Assistente financeiro do diretor
- Contador
- Programa específico AAA
- Planejam. do programa AAA
- Gerente de contratos fiscais
- CETA abertura e orientação
- Consultor líder
  - CETA consultor de título II ABC
  - CETA consultor de jovens IV
- Consultor líder
  - CETA consultor de título II D e VI e VII
- Planejam. CETA

Nível 5
- Secretária
- Secretária de escrituração
- Secretária
- Assistente administrativo
- Auxiliar de folha de pagamento
- Secretária
- Especialista em TI
- Auxiliar de staff
- Assistente administrativo

© Cengage Learning 2013

Novamente, a assustada senhora Fleytas, responsável por soar o alarme, acionou o sistema de endereço público e anunciou que a tripulação estava abandonando a plataforma. "A cena era muito caótica", disse o trabalhador Carlos Ramos. "Não havia cadeia de comando. Ninguém estava no comando."

Nas consequências da explosão e do vazamento de óleo, diversas agências federais também estavam na saia justa em razão do descuido da supervisão e da confusão sobre a responsabilidade que levou a atrasos e desacordos que prolongaram o sofrimento das comunidades locais. Uma lei federal, estabelecida após o vazamento de óleo Exxon Valdez em 1989, exige planos nacionais e regionais com linhas claras de autoridade e responsabilidade para todos os envolvidos caso ocorra algum evento. No entanto, os planos estavam confusos, com falhas ou eram inadequados quando realmente aconteceu. Por exemplo, semanas antes da plataforma afundar, o óleo estava vazando para o pântano ao redor da Grande Ilha, Louisiana, mas os barcos que deveriam reter o óleo foram agrupados no lado errado da baía. Ninguém sabia quem tinha autoridade para movê-los para a área correta. No Senado, após sete semanas da explosão ter iniciado toda a confusão, Billy Nungesser, o presidente da Plaquemines Parish, Louisiana, disse, "Eu ainda não sei quem está no comando. É a British Petroleum? É a Guarda Costeira?" O senador Bill Nelson de Flórida capturou o problema do projeto de estrutura fraca quando disse "As informações não estão fluindo. As decisões não são oportunas. Os recursos não são produzidos. E como resultado, você está em uma grande bagunça."[39]

Fatores de contingências

Compreender as dimensões estruturais como um todo não nos ajuda a compreender ou a projetar as organizações adequadamente. É necessário também procurar pelos fatores de contingências, incluindo porte, tecnologia organizacional, o ambiente externo, os objetivos e a estratégia e a cultura organizacional.

1. O *porte* pode ser medido para a organização como um todo ou para componentes específicos, como uma instalação ou divisão. Como a organização é um sistema social, o porte normalmente é medido pelo número de funcionários. Outras medidas, como o total de vendas ou o total de ativos, também refletem a magnitude, mas não mostram o porte da parte humana do sistema.
2. A *tecnologia organizacional* refere-se às ferramentas, técnicas e ações utilizadas para transformar entradas em saídas. Esta diz respeito ao modo como a organização realmente gera os produtos e serviços que fornece aos clientes e envolve produção flexível, sistemas de informação avançados e internet. Uma linha de montagem automotiva, uma sala de aula e um sistema de entrega de encomendas em 24 horas são tecnologias, apesar de diferentes entre si.
3. O *ambiente* inclui todos os elementos externos aos limites da organização. Entre os elementos-chave estão a indústria, o governo, os clientes, os fornecedores e a comunidade financeira. Com frequência, os elementos ambientais que mais afetam uma organização são outras organizações.
4. As *metas e a estratégia* de uma organização definem o propósito e as técnicas competitivas que a separam de outras organizações. Com frequência as metas são escritas como uma declaração perene dos propósitos da empresa. A estratégia é o plano de ação que descreve a alocação de recursos e atividades para lidar com o ambiente e para alcançar as metas da organização. As metas e as estratégias definem o alcance das operações e o relacionamento com os funcionários, os clientes e os concorrentes.
5. A *cultura* de uma organização é o conjunto subjacente de valores-chave, crenças, entendimentos e normas compartilhados pelos funcionários. Esses valores subjacentes e as normas podem dizer respeito ao comportamento ético, ao compromisso com os funcionários, à eficiência ou ao atendimento ao cliente e fornecem o alicerce que une os membros da organização. A cultura de uma organização não é escrita, mas pode ser observada em sua história, *slogans*, cerimônias, vestuário ou *layout* do escritório.

ANOTAÇÕES

Como administrador de uma organização, tenha essas diretrizes em mente:

Pense na organização como um meio para o fim. É uma maneira de organizar pessoas e recursos para cumprir uma proposta específica. Descrever a organização de acordo com o grau de formalização, especialização, centralização e hierarquia. Procure pelos fatores de contingência de porte, tecnologia, o ambiente, objetivos e estratégias e a cultura organizacional.

As quatro dimensões estruturais e os cinco fatores de contingência discutidos aqui são interdependentes. Alguns fatores de contingência influenciarão no grau apropriado de especialização, na formalização e assim por diante para a organização. Por exemplo, o grande porte de uma organização, uma tecnologia rotineira e um ambiente estável tendem juntos a criar uma organização com mais formalização, especialização e centralização. Mais relações detalhadas entre os fatores de contingência e dimensões estruturais são explorados por todo o livro.

> **1** **Primeiramente, uma organização pode ser compreendida entendendo as pessoas que fazem parte dela.**
>
> **RESPOSTA:** *Discordo.* Uma organização tem características distintas que são independentes da natureza das pessoas que a compõem. Todas as pessoas podem ser substituídas no decorrer do tempo, enquanto as dimensões estruturais da organização e os fatores de contingência permaneceriam semelhantes.

AVALIE SUA RESPOSTA

As características organizacionais ilustradas na Figura 1.2 fornecem uma base para medição e análise das características que não podem ser vistas pelo observador casual e revelam informações importantes sobre a organização. Considere, por exemplo, as dimensões de Ternary Software comparadas àquelas do Walmart e da agência governamental.

NA PRÁTICA

Ternary Software Inc.

Brian Robertson é um dos fundadores da Ternary Software e mantém o cargo de CEO. Esqueça sobre o poder e a autoridade geralmente concedidos ao executivo principal. Considere uma reunião de estratégia recente onde um programador criticou o plano de Robertson para substituir o programa de participação nos lucros da empresa com um sistema bônus (sistema de ganho adicional) *ad hoc* com base no desempenho. Após muita discussão, o plano do CEO foi completamente rejeitado a favor de manter o programa de participação nos lucros e utilizando os incentivos mensais de bônus.

Na Ternary, uma empresa que desenvolve software por contrato para outras organizações, todos têm voz para tomar decisões importantes. Uma equipe com sete membros, define questões políticas, é composta de dois trabalhadores da linha de frente eleitos por consultores parceiros junto com outras equipes por toda a empresa, dão basicamente a cada funcionário a chance de participar na tomada de decisão. As reuniões são altamente informais e as pessoas são convidadas para compartilhar seus sentimentos assim como as ideias de negócios. A qualquer momento que um novo item da agenda entra em pauta, cada pessoa é perguntada para saber qual é a opinião sobre o assunto. Então, as pessoas respondem, oferecendo ideias alternativas, retrabalham as propostas e talvez descartem as sugestões e os planos dos administradores.

Contrastando a abordagem da Ternary com a do Walmart, que alcança a vantagem competitiva por eficiência de custo interno. Uma fórmula-padrão é empregada para construir cada loja, com *displays* e mercadorias padronizados. As despesas administrativas do Walmart são os menores de qualquer cadeia. O sistema de distribuição é maravilhosamente eficiente. As mercadorias podem ser entregues para qualquer loja em menos de dois dias após a emissão do pedido. As lojas são controladas desde os cargos superiores, embora os administradores da loja tenham alguma liberdade para se adaptar às condições locais. Os funcionários seguem os procedimentos-padrão ajustados pela administração e participam pouco das tomadas de decisões. No entanto, o desempenho é geralmente alto, e a maioria dos funcionários considera que a empresa os trata corretamente.

Um contraste ainda maior pode ser observado em órgãos governamentais ou em organizações sem fins lucrativos que dependem totalmente de fundos públicos. A maior parte das agências estatais de artes e humanidades, por exemplo, conta com um pequeno número de funcionários altamente treinados, mas são inundadas com normas e regulamentações e estão atoladas em trabalho burocrático. Os funcionários são responsáveis por implementar mudanças nas normas, muitas vezes, não têm tempo de ler o fluxo contínuo de memorandos e ainda manter o trabalho do dia a dia. Eles precisam solicitar relatórios longos de seus clientes para prepararem relatórios constantes para uma variedade de fontes federais e estaduais de financiamento.[40]

A Figura 1.4 mostra várias dimensões estruturais e fatores de contingência de Ternary Software, Walmart e de uma agência estatal de artes. A Ternary é uma organização pequena que tem uma classificação muito baixa com relação à formalização e à centralização além de ter um grau médio de especialização. A colaboração horizontal para servir os clientes com produtos inovadores é enfatizada além da hierarquia vertical. O Walmart é muito mais formalizada, especializada e centralizada, com forte hierarquia vertical. Como a eficiência é mais importante do que os novos produtos e serviços, a maioria das atividades é orientada por regulamentos-padrão. A agência de artes, ao contrário das outras organizações, reflete seu *status* como uma pequena parte de uma grande burocracia governamental. A agência encontra-se atolada de normas e procedimentos-padrão. As regras são ditadas de cargos superiores e a comunicação é repassada por uma forte cadeia vertical de comandos.

As dimensões estruturais e os fatores de contingência podem dizer muito sobre uma organização e sobre as diferenças entre as organizações. Essas diversas características de projeto organizacional são examinadas com mais detalhes nos capítulos posteriores para determinar o nível de prioridade de cada dimensão estrutural necessária para realizar efetivamente com base nos diversos fatores de contingência.

FIGURA 1.4 Diferenciação das características de três organizações

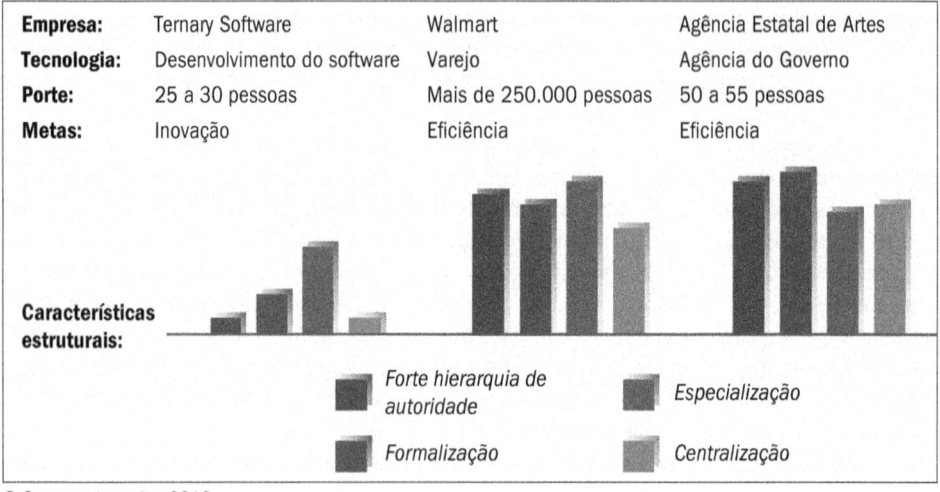

Empresa:	Ternary Software	Walmart	Agência Estatal de Artes
Tecnologia:	Desenvolvimento do software	Varejo	Agência do Governo
Porte:	25 a 30 pessoas	Mais de 250.000 pessoas	50 a 55 pessoas
Metas:	Inovação	Eficiência	Eficiência

Características estruturais: Forte hierarquia de autoridade, Formalização, Especialização, Centralização

© Cengage Learning 2013

Resultado de desempenho e eficácia

A grande razão para entender as dimensões estruturais e os fatores de contingência é projetar a organização de modo que ela alcance alto desempenho e eficácia. Os administradores ajustam diversos aspectos da organização para transformar as entradas e saídas de modo mais eficiente e eficaz, além de fornecer valor. A **eficiência** refere-se à quantidade de recursos utilizados para atingir os objetivos da organização. Tem como base a quantidade de matéria-prima, dinheiro e funcionários necessários para produzir um dado nível de saída. A **eficácia** é um termo mais amplo e significa o grau em que uma organização alcança seus objetivos.

Para serem eficazes, as organizações precisam de objetivos focados e claros e de estratégias adequadas para que seja possível alcançá-los. O conceito de eficácia, incluindo metas e estratégias e diversas abordagens para medi-la, será discutido com detalhes no Capítulo 2. Muitas organizações aplicam novas tecnologias para aprimorar a eficiência e a eficácia. Para aumentar a eficiência durante a recente recessão, a Deloitte LLP cortou os orçamentos de viagens para consultores e começou a utilizar a internet e a videoconferência para reuniões que não envolvem clientes.[41] O escritório de um médico na Filadélfia cresceu com eficiência utilizando a tecnologia da informação, para reduzir a papelada, e os procedimentos de modernização, habilitando a prática para tratar mais pacientes com três funcionários a menos no escritório. O novo sistema aprimorou também a eficácia. O grupo pode localizar informações mais rapidamente e cometer poucos erros, tendo uma qualidade maior de cuidado e melhores serviços ao cliente.[42]

Alcançar a eficácia nem sempre é considerada uma tarefa fácil, uma vez que pessoas têm interesses diferentes na organização. Para os clientes, a principal preocupação está em obter produtos e serviços de alta qualidade a preços razoáveis, enquanto os funcionários estão principalmente preocupados com o pagamento em dia, boas condições de trabalho e satisfação no trabalho. Os administradores ponderam cuidadosamente os interesses dos diversos agentes *investidores* (*stakeholders*) ao estabelecer objetivos e lutar pela eficácia. Isso é conhecido como a **abordagem dos agentes**, a qual integra diversas atividades organizacionais, considerando os diversos investidores da organização e o que eles esperam dela. Um agente é qualquer grupo dentro ou fora da organização que esteja interessado no desempenho da organização. O índice de satisfação de cada grupo pode ser usado como uma indicação de desempenho e eficácia da organização.[43]

2 O papel principal dos administradores nas organizações de negócio é atingir a eficiência máxima.

RESPOSTA: *Discordo*. Eficiência é importante, mas as organizações devem responder a uma variedade de agentes que querem diferentes interesses da organização. Os administradores buscam por eficiência e eficácia na tentativa de atender às necessidades e interesses dos investidores. A eficácia é frequentemente considerada mais importante do que a eficiência.

AVALIE SUA RESPOSTA

A Figura 1.5 mostra vários agentes e o que cada grupo deseja da organização. Às vezes há conflitos nos interesses dos agentes e é difícil que as organizações satisfaçam simultaneamente as demandas de todos os grupos. Um negócio pode ter um alto índice de satisfação dos clientes, mas a organização pode encontrar dificuldades com os credores ou o relacionamento com os fornecedores pode ser desfavorável.

FIGURA 1.5
Principais grupos de investidores e o que eles esperam

PROPRIETÁRIOS E INVESTIDORES
- Retorno financeiro

INVESTIDORES
- Satisfação
- Pagamento
- Supervisão

CLIENTES
- Produtos e serviços de alta qualidade
- Serviço
- Valor

FORNECEDORES
- Transações satisfatórias
- Receita das compras

ORGANIZAÇÃO

CREDORES
- Capacidade de financiamento
- Responsabilidade fiscal

COMUNIDADE
- Bom cidadão corporativo
- Contribuição aos assuntos comunitários

UNIÃO
- Pagamento do trabalhador
- Benefícios

GOVERNO
- Obediência às leis e aos regulamentos
- Concorrência leal

GESTÃO
- Eficiência
- Eficácia

© Cengage Learning 2013

Considere o Walmart, os clientes adoram sua eficiência e seus preços baixos, mas a ênfase em baixos custos que a empresa utiliza com os fornecedores causou atrito. Alguns grupos ativistas argumentam que as táticas empregadas no Walmart são consideradas antiéticas, pois obrigam os fornecedores a despedir trabalhadores, fechar fábricas e a terceirizar a produção para países com baixos salários. Um dos fornecedores informou que o vestuário no Walmart é vendido tão barato que muitas empresas norte-americanas não conseguem competir, mesmo que não paguem nada a seus trabalhadores. Os desafios de administrar uma organização tão grande também causaram estremecimentos na relação com funcionários e outros investidores, como ficou evidente num recente processo por discriminação sexual e reclamações sobre baixos salários e poucos benefícios.[44] O exemplo do Walmart fornece o reflexo de quão difícil pode ser para os administradores para atender aos diversos agentes. Em todas as organizações, os administradores precisam avaliar as preocupações dos agentes e estabelecer objetivos que possam satisfazer pelo menos minimamente as principais partes interessadas.

A evolução da teoria e projetos organizacionais

A teoria organizacional não é uma coleção de fatos, é uma maneira de pensar sobre as organizações e como as pessoas e os recursos são organizados para atingir coletivamente uma proposta específica.[45] A teoria organizacional é uma maneira de ver e analisar as organizações, mais precisa e profundamente de outra forma. A maneira de ver e pensar sobre as organizações tem como base os padrões e os regulamentos no projeto organizacional e o comportamento. Os estudiosos da organização procuram por essas regularidades, as definem, medem e as tornam disponíveis. Os fatos que resultam da pesquisa não são tão importantes quanto os padrões gerais e os *insights* no funcionamento organizacional alcançado de um estudo comparativo de organizações. Os *insights* da pesquisa de projeto organizacional podem ajudar os administradores a melhorarem a eficiência e a eficácia organizacional, assim como reforçar a qualidade da vida organizacional.[46] Uma área de *insight* é como o projeto organizacional e as práticas gerenciais são variadas durante o tempo em resposta às mudanças em uma sociedade maior.

Perspectivas históricas

Você deve se recordar, a partir de um curso anterior de administração, de que a era moderna da teoria da administração teve início com a perspectiva clássica de administração no final do século XIX e início do século XX. O surgimento do sistema fabril durante a Revolução Industrial trouxe problemas que as organizações mais antigas não enfrentaram. À medida que o trabalho era desempenhado em uma escala muito maior por um número maior de trabalhadores, as pessoas começaram a pensar sobre como projetar e gerenciar o trabalho para aumentar a produtividade e ajudar as organizações a conseguirem o máximo de eficiência. A perspectiva clássica, a qual procurou fazer com que as organizações funcionassem como eficientes máquinas bem-lubrificadas, está associada com o desenvolvimento de organizações hierárquicas e burocráticas e permanece como a base de boa parte da teoria e da prática da administração moderna. Nesta seção, examinaremos a perspectiva clássica, com sua ênfase em eficiência e organização, assim como outras perspectivas que surgiram para dar conta de novas preocupações, como as necessidades dos funcionários e o papel do ambiente. Os elementos de cada perspectiva ainda são utilizados no projeto organizacional, embora eles tenham sido adaptados e revisados para atender às necessidades em transformação. Essas diferentes perspectivas podem ser associadas às diferentes maneiras os quais os administradores pensam e visualizam a organização, chamado estrutura de referência de administrador. Finalize o questionário na caixa "Como você se encaixa no projeto?" na página 26 para compreender sua estrutura de referência.

Eficiência é tudo. Promovida por Frederick Winslow Taylor, a **administração científica** enfatiza cientificamente os trabalhos determinados e as práticas de administração para aprimorar a eficiência e a produtividade de trabalho. Taylor propôs que os trabalhadores "fossem equipados com novas ferramentas, como máquinas, utensílios físicos e mentais recalibrados para melhor produtividade."[47] Ele insistiu que a administração por si teria que mudar e enfatizou que as decisões com base em regras práticas e na tradição devem ser substituídas por procedimentos precisos desenvolvidos após um estudo cuidadoso de situações individuais.[48] Para utilizar essa abordagem, os administradores desenvolvem procedimentos precisos e padrão para realizar cada trabalho, selecionam trabalhadores com habilidades apropriadas, são treinados com procedimentos-padrão, planejam o trabalho com cuidado e fornecem incentivos no salário para aumentar o rendimento.

A abordagem de Taylor é ilustrada pelo descarregamento de ferro dos vagões e pelo carregamento de aço acabado para a planta Bethlehem Steel, em 1898. Taylor calculou que com a sequência, ferramentas e movimentos corretos cada homem seria capaz de carregar por dia 47,5, em vez das 12,5 toneladas habituais. Ele também elaborou um sistema de incentivo que pagava US$ 1,85 por dia a cada homem pelo cumprimento do novo padrão; um aumento de US$ 1,15 em relação ao valor anterior. A produtividade na Bethlehem Steel disparou da noite para o dia. Essas descobertas ajudaram a estabelecer suposições de que o papel da administração é manter a estabilidade e a eficiência, com os gerentes realizando o trabalho mental e os trabalhadores cumprindo as ordens.

Como você se encaixa no projeto?

EVOLUÇÃO DO ESTILO

Este questionário existe para você fazer uma descrição de si mesmo. Para cada item, dê o número "4" para a frase que melhor descreve você, "3" para o item que descreve de modo próximo e "1" para o item que se parece menos com você.

1. Minhas habilidades mais fortes são:
   ___ a. Habilidades analíticas
   ___ b. Habilidades interpessoais
   ___ c. Competência política
   ___ d. Talento para o drama

2. O que me descreve melhor é:
   ___ a. Especialidade técnica
   ___ b. Bom ouvinte
   ___ c. Negociador habilidoso
   ___ d. Líder inspirativo

3. O que tem me ajudado a ser bem-sucedido é a minha habilidade em:
   ___ a. Tomar boas decisões
   ___ b. Treinar e desenvolver pessoas
   ___ c. Construir fortes alianças e uma base poderosa
   ___ d. Inspirar e entusiasmar os outros

4. O que as pessoas provavelmente notarão em mim é minha:
   ___ a. Atenção a detalhes
   ___ b. Preocupação com as pessoas
   ___ c. Habilidade para substituir frente a conflitos e oposições
   ___ d. Carisma

5. Meu trato de liderança mais importante é:
   ___ a. Pensamento limpo e lógico
   ___ b. Importando-se e apoiando os outros
   ___ c. Dureza e agressividade
   ___ d. Imaginação e criatividade

6. Eu me descrevo melhor como:
   ___ a. Um analista
   ___ b. Um humanista
   ___ c. Um político
   ___ d. Um visionário

Pontuação: Calcule a sua pontuação de acordo com o seguinte padrão: a pontuação mais alta representa a sua maneira de ver a organização e influenciará no seu estilo de gerenciamento.

Estrutura = 1a + 2a + 3a + 4a + 5a + 6a = _____
Recursos humanos = 1b + 2b + 3b + 4b + 5b + 6b = _____
Político = 1c + 2c + 3c + 4c + 5c + 6c = _____
Simbólico = 1d + 2d + 3d + 4d + 5d + 6d = _____

Interpretação: Os administradores da organização geralmente visualizarão o mundo por pelo menos uma estrutura de referência mental. (1) A *estrutura referencial* vê a organização como uma máquina que pode ser economicamente eficiente com a hierarquia vertical e tarefas de rotina que dão ao administrador a autoridade formal para atingir as metas. Esse pensamento administrativo pode se tornar forte durante a era de administração científica quando a eficiência era tudo. (2) A estrutura de *recursos humanos* vê a organização como seu povo, com a ênfase de gerentes no suporte, na autorização e nos pertences. A maneira de pensar desse administrador ganhou importância após os estudos de Hawthorne. (3) A *estrutura política* vê a organização como uma competição para recursos escassos para atingir as metas, com a ênfase do administrador em fazer acordos entre os diversos grupos. Essa estrutura de referência reflete a necessidade por organizações para compartilhar informações, ter uma estratégia colaborativa, além de ter todas as partes trabalhando juntas. (4) A *estrutura simbólica* vê a organização como teatro, com ênfase do administrador em símbolos, visão, cultura e inspiração. Essa estrutura referencial é importante para administrar uma cultura adaptativa em uma organização em aprendizado.

Qual estrutura reflete a sua maneira de visualizar o mundo? As duas primeiras estruturas de referência – recursos estruturais e humano – são importantes para os administradores mais novos em níveis mais baixos e médios de uma organização. Essas duas estruturas geralmente são estruturadas antes. À medida que os administradores ganham experiência e elevam a organização, eles devem adquirir habilidades políticas e colaborativas (Capítulo 13) além de aprenderem a utilizar símbolos para moldar os valores culturais (Capítulo 10). É importante para os administradores não serem presos em somente uma visão da organização porque seu progresso pode ser limitado.

Fonte: Roy G. Williams e Terrence E. Deal, *When Opposites Dance: Balancing the Manager and Leader Within* (Palo Alto, CA: Davies Black, 2003), pp. 24–28. Reproduzido mediante autorização.

As ideias de criação de um sistema com eficiência máxima e trabalho organizacional para produtividade máxima são profundamente integradas em nossas organizações. Um artigo da *Harvard Business Review* discutindo as inovações que modelaram a administração moderna coloca a administração científica no topo da lista das 12 maiores inovações influentes.[49]

Como se organizar. Outro subcampo da perspectiva clássica adotou uma visão mais ampla da organização. Enquanto a administração científica focava principalmente o núcleo técnico – o trabalho realizado no chão da fábrica – os **princípios administrativos** enxergavam o projeto e o funcionamento da organização como um todo. Henri Fayol, por exemplo, propôs 14 princípios de administração, como "cada subordinado recebe ordens de apenas um superior" (unidade de comando) e "atividades similares numa organização devem estar agrupadas sob um gerente" (unidade de direção). Esses princípios constituíram a base para a prática administrativa e o projeto organizacional modernos.

A administração científica e os princípios administrativos eram abordagens poderosas e deram às organizações novas ideias, fundamentais para estabelecer a alta produtividade e aumentar a prosperidade. Em particular, os princípios administrativos contribuíram para o desenvolvimento de **organizações burocráticas**, que enfatizavam o projeto e o gerenciamento das organizações numa base impessoal e racional, por meio de elementos como autoridade e responsabilidade claramente definidos, manutenção formal de registros e a aplicação uniforme de normas-padrão. Embora o termo *burocracia* tenha assumido uma conotação negativa nas organizações de hoje em dia, as características burocráticas funcionaram muito bem para as necessidades da Era Industrial. Um problema que há com a perspectiva clássica, porém, é que ela deixou de considerar o contexto social e as necessidades humanas.

Como ficam as pessoas? Os primeiros trabalhos em psicologia industrial e relações humanas receberam pouca atenção por causa da proeminência da administração científica. Entretanto, houve um avanço muito importante com uma série de experimentos em uma companhia elétrica de Chicago, que se tornaram conhecidos como os **estudos de Hawthorne**. Na época, as interpretações desses estudos concluíam que o tratamento positivo dado aos funcionários aumentava a motivação e a produtividade. A publicação dessas descobertas levou a uma revolução no tratamento dado aos trabalhadores e lançou as bases para trabalhos subsequentes sobre esse tema, liderança, motivação e gestão de recursos humanos. Essas abordagens de relações humanas e comportamentais acrescentaram novas e importantes contribuições para o estudo da administração e das organizações.

Contudo, as abordagens dos sistemas hierárquico e burocrático que se desenvolveram durante a Revolução Industrial permaneceram como a principal abordagem para o projeto e o funcionamento organizacional até os anos 1970 e 1980. Em geral, essa abordagem funcionou para a maioria das organizações até as últimas décadas. Durante os anos de 1980, no entanto, começou a causar problemas. A competição aumentou, especialmente em escala global, modificou o campo de atuação.[50] As empresas norte-americanas tiveram que encontrar uma maneira melhor.

As burocracias podem ser flexíveis? A década de 1980 gerou novas culturas corporativas que valorizavam equipes de pessoal enxutas, flexibilidade e aprendizado, resposta rápida ao cliente, funcionários engajados e produtos de qualidade. As organizações começaram a experimentar com as equipes, hierarquias achatadas e abordagens participativas de administração. Por exemplo, em 1983, a instalação da DuPont em Martinsville, Virgínia, cortou a administração em camadas de oito para quatro e começou a usar equipes de funcionários de produção para resolver os problemas e assumir as tarefas de administração. O novo projeto conduziu à qualidade aprimorada, diminuição de custos e inovação aprimorada, ajudando a instalação a ser mais competitiva em ambiente modificado.[51] Em vez de depender

ANOTAÇÕES

Como administrador de uma organização, tenha essas diretrizes em mente:
Tenha cuidado ao aplicar algo que funciona de uma situação para outra situação. Nem todos os sistemas organizacionais são os mesmos. Utilize a teoria organizacional para identificar a estrutura e os sistemas de administração corretos para cada organização.

das regras rígidas e da hierarquia, os administradores começaram a olhar para o sistema organizacional como um todo, incluindo o ambiente externo.

Desde os anos 1980, as organizações sofreram mudanças ainda mais profundas e de longo alcance. As abordagens flexíveis para o projeto organizacional se tornaram relevantes. Influências recentes na mudança do projeto organizacional incluem a internet e outros avanços nas comunicações e tecnologias de informação, globalização e aumento de interconexão de organizações, o aumento do nível educacional dos funcionários, o aumento da expectativa de qualidade de vida e o crescimento de conhecimento e trabalho com base em informações como atividades organizacionais primárias.[52]

Tudo depende: contingências principais

Muitos problemas ocorrem quando todas as organizações são tratadas como similares, como foi o caso da administração científica e dos princípios administrativos que tentaram projetar todas as organizações da mesma forma. As estruturas e os sistemas que funcionam numa divisão varejista de um conglomerado não serão suficientes para a divisão de produção. Os organogramas e procedimentos financeiros, que são os melhores para uma empresa empreendedora que atua na internet como o Twitter, não funcionarão para uma grande instalação de processamento de comida na Kraft ou em uma grande organização sem fins lucrativos como a United Way.

A premissa básica deste texto é que um projeto eficaz de organização significa compreender diversas contingências e como as organizações podem ser projetadas para se ajustarem aos fatores de contingências. **Contingência** significa que uma coisa depende de outra coisa e para as organizações serem eficazes deve haver uma "generosidade de ajuste" entre a estrutura e os diversos fatores de contingência.[53] O que funciona em um ajuste pode não funcionar em outro ajuste. Não existe "um caminho perfeito". A teoria da contingência diz que "depende". Por exemplo, uma agência governamental pode vivenciar um determinado ambiente, usar uma tecnologia rotineira e buscar a eficiência. Nessa situação, a abordagem de administração que utiliza procedimentos burocráticos de controle, uma estrutura hierárquica e uma comunicação formalizada seria adequada. Do mesmo modo, o projeto e os processos de administração mais livres funcionam melhor em empresas de alta tecnologia que se deparam com ambientes incertos sem uma tecnologia não rotineira. A abordagem correta é contingente à situação na organização. Posteriormente neste capítulo, examinaremos duas abordagens fundamentais para o projeto da organização, junto com os fatores típicos de contingência com cada abordagem.

Um exemplo de configuração organizacional

Um importante *insight* dos pesquisadores de projeto organizacional é como as organizações são arranjadas – ou seja, quais partes compõem uma organização e como as diversas partes se ajustam? Um projeto ou configuração da organização refletirá nos fatores de contingência junto com os padrões reconhecíveis. Uma estrutura de trabalho proposta por Henry Mintzberg sugere que as organizações têm cinco partes.[54] Entre esses elementos, ilustrados na Figura 1.6, estão o núcleo técnico, a alta administração, a média gerência, o suporte técnico e o suporte administrativo.

Núcleo técnico. Fazem parte do núcleo técnico as pessoas que realizam o trabalho básico da organização. Esta parte, na verdade, fabrica o produto e fornece resultados de serviços. É onde ocorre a transformação primária de entrada às saídas. O núcleo técnico é o departamento de produção em uma fábrica, os professores e as salas em uma universidade, e as atividades médicas em um hospital.

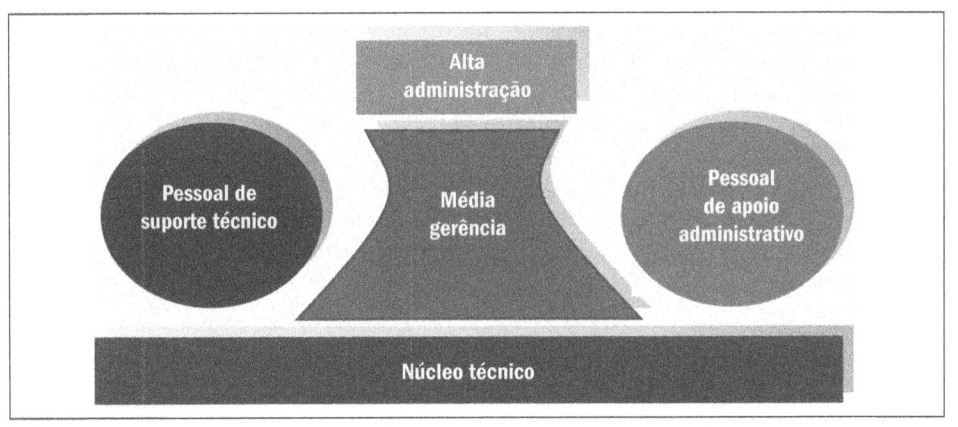

Capítulo 1: Introdução às organizações

FIGURA 1.6
Cinco partes básicas de uma organização

Fonte: Com base em Henry Mintzberg, *The Structuring of Organizations* (Englewood Cliffs, N.J.: Prentice-Hall, 1979), 215–297; e Henry Mintzberg, "Organization Design: Fashion or Fit?" *Harvard Business Review* 59 (Janeiro a fevereiro de 1981), 103–116.

Suporte técnico. A função de suporte técnico auxilia a organização a se adaptar ao ambiente. Os funcionários do suporte técnico, como engenheiros e pesquisadores, e os profissionais de tecnologia da informação analisam o ambiente em busca de problemas, oportunidades e desenvolvimentos tecnológicos. Esse suporte técnico é responsável pela criação de inovações no núcleo técnico e ajuda a organização a mudar e a se adaptar.

Suporte administrativo. A função de suporte administrativo é ser responsável pelo andamento da operação e conservação da organização, inclusive seus elementos físicos e humanos. Isso envolve atividades de recursos humanos como recrutamento e seleção, estabelecimento de compensações e benefícios, além de treinamento e desenvolvimento de pessoal, bem como atividades de manutenção, como limpeza de edifícios e revisão e conserto de máquinas.

Administração. A administração é uma função distinta, responsável pelo direcionamento e pela coordenação das outras partes da organização. A alta administração fornece a direção, o planejamento, a estratégia, as metas e as políticas para a organização como um todo ou para as principais divisões. A administração de nível médio é responsável pela implementação e coordenação no nível dos departamentos. Em organizações tradicionais, a média administração é responsável pela mediação entre a alta administração e o núcleo técnico, como a implementação de regras e a transmissão de informação para cima e para baixo na hierarquia.

ANOTAÇÕES

Como administrador de uma organização, tenha essas diretrizes em mente:
Ao projetar uma organização, considere as cinco partes básicas – núcleo técnico, suporte técnico, suporte administrativo, alta administração e média administração – e como eles trabalham juntos para a eficácia máxima organizacional.

3 **A prioridade principal do CEO é ter certeza de que a organização é projetada corretamente.**

RESPOSTA: *Concordo.* Os altos administradores têm muitas responsabilidades, mas uma das mais importantes é ter certeza de que a organização está corretamente projetada. O projeto organizacional organiza e foca o trabalho das pessoas e modela as responsabilidades para os clientes e outros investidores. Os gerentes consideram tanto as dimensões estruturais quanto os fatores de contingência, assim como para ter certeza de que as diversas partes da organização trabalham juntas para alcançar metas importantes.

AVALIE SUA RESPOSTA

ANOTAÇÕES

Como administrador de uma organização, tenha essas diretrizes em mente:

Pense se a organização tem que ter um projeto principalmente mecanicista (associado ao grande porte, estratégia de eficiência, um ambiente estável, uma cultura rígida, e uma tecnologia de fabricação) ou um projeto principalmente orgânico (associado ao pequeno porte, estratégia de inovação, um ambiente em mudança, uma cultura adaptativa e um serviço de tecnologia).

O porte e a interação dessas cinco partes podem variar amplamente entre as organizações. Uma organização deve ter uma ampla equipe de suporte técnico e uma pequena equipe de suporte administrativo, considerando que o inverso pode ser verdadeiro para outra empresa. Nas organizações da vida real, as cinco partes estão inter-relacionadas e com frequência se prestam a mais de uma função. Os gerentes, por exemplo, coordenam e dirigem partes da organização, mas também podem estar envolvidos no suporte técnico e apoio administrativo. O ponto é que compreender essas cinco partes proporcionam uma maneira de pensar sobre os diversos componentes humanos que compõem uma organização.

Projetos orgânicos e mecanicistas

As organizações também podem ser categorizadas junto com uma extensão contínua de um projeto mecanicista a um projeto orgânico. Tom Burns e G.M. Stalker, primeiramente, utilizaram os termos orgânico e mecanicista para descrever dois projetos extremos de organização após a observação das empresas industriais na Inglaterra.[55] No geral, um projeto **mecanicista** significa que a organização é caracterizada pelas regras e procedimentos-padrão como máquinas e uma clara hierarquia de autoridade. As organizações são altamente formalizadas, além de centralizadas, com a maior parte das decisões tomadas na alta administração. Um projeto **orgânico** significa que a organização é mais solta, de fluxo livre e adaptativa. Com frequência, as normas e as regulamentações não estavam escritas ou, se estavam, eram aplicadas flexivelmente. As pessoas poderiam encontrar o próprio caminho pelo sistema para entender o que fazer. A hierarquia de autoridade era solta e confusa. A autoridade para a tomada de decisão é descentralizada.

Diversos fatores de contingência influenciarão se uma organização é mais eficiente com um projeto principalmente mecanicista ou orgânico. A Figura 1.7 resume as diferenças nos projetos orgânicos e mecanicistas com base em cinco elementos: estrutura, tarefas, formalização, comunicação e hierarquia. A figura também lista os típicos fatores de contingência associados a cada tipo de projeto.

- *Estrutura centralizada vs. descentralizada*. A centralização e a descentralização pertencem ao nível hierárquico em que as decisões são tomadas. No projeto mecanicista, a estrutura é centralizada, enquanto que o projeto orgânico utiliza a tomada de decisão descentralizada. A **centralização** significa que a autoridade de decisão está localizada próxima ao topo da hierarquia organizacional. Conhecimento e controle de atividades são centralizados na parte superior da organização e é esperado dos funcionários que façam o que tem que ser feito. Com a **descentralização**, a autoridade de tomada de decisão é empurrada para os níveis organizacionais mais baixos. Em uma organização altamente orgânica, o conhecimento e o controle de atividades estão com os funcionários em vez de supervisores ou executivos superiores. As pessoas são incentivadas a cuidar dos problemas trabalhando juntas entre si e com os clientes utilizando o discernimento para a tomada de decisões.
- *Tarefas especializadas vs. atribuição de papéis (empowerment)*. Uma **tarefa** é um pedaço de trabalho estreitamente definido atribuído a uma pessoa. Com o projeto mecanicista, as tarefas são discriminadas em partes especializada e separada, como na máquina, com cada funcionário executando as atividades de acordo com a descrição específica do trabalho. Um **papel**, ao contrário, é um componente num sistema social dinâmico. Ele pressupõe arbítrio e responsabilidade, permitindo que a pessoa use seu arbítrio e habilidade para conseguir um resultado ou atingir uma meta. Em uma organização com projeto orgânico, os funcionários desempenham um papel na equipe ou departamento e os papéis podem ser continuamente redefinidos ou adaptados.

FIGURA 1.7
Projetos orgânico e mecanista

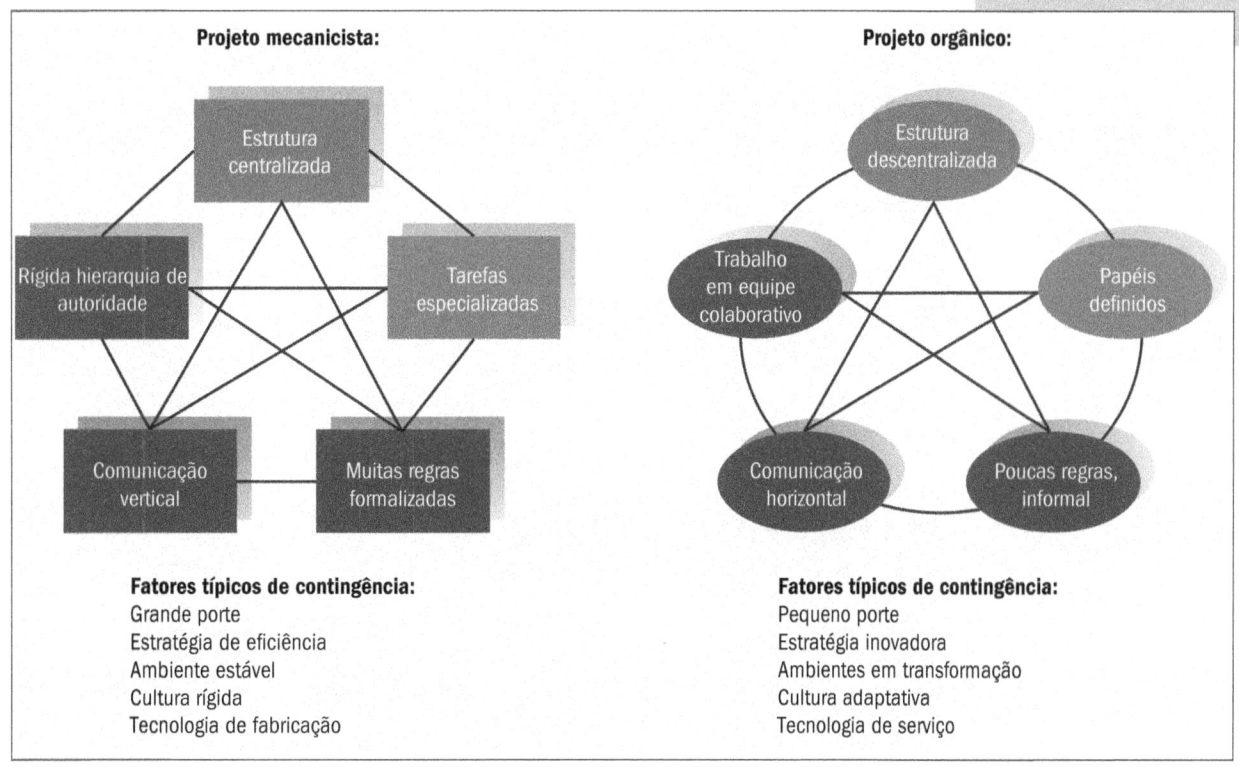

Projeto mecanicista:
- Estrutura centralizada
- Rígida hierarquia de autoridade
- Tarefas especializadas
- Comunicação vertical
- Muitas regras formalizadas

Fatores típicos de contingência:
Grande porte
Estratégia de eficiência
Ambiente estável
Cultura rígida
Tecnologia de fabricação

Projeto orgânico:
- Estrutura descentralizada
- Trabalho em equipe colaborativo
- Papéis definidos
- Comunicação horizontal
- Poucas regras, informal

Fatores típicos de contingência:
Pequeno porte
Estratégia inovadora
Ambientes em transformação
Cultura adaptativa
Tecnologia de serviço

© Cengage Learning 2013

- *Sistemas formal vs. informal.* Com um projeto mecanicista, existe uma quantidade de regras, regulamentos e procedimentos-padrão. Os sistemas formais estão no lugar para administrar as informações, guiar a comunicação e detectar desvios dos padrões e metas estabelecidos. Com um projeto orgânico, por outro lado, existem poucas regras ou sistemas de controle formal. A comunicação e o compartilhamento de informações é informal.
- *Comunicação vertical vs. horizontal.* As organizações mecanicistas enfatizam a comunicação vertical acima e abaixo da hierarquia. Os altos gerentes passam as informações para os funcionários sobre as metas e as estratégias, instruções de trabalho, procedimentos, e assim por diante, e em troca pede para que os funcionários forneçam informações para a hierarquia sobre os problemas preocupantes, relatórios de desempenho, informações financeiras, sugestões e ideias etc. Em uma organização orgânica, existe uma grande ênfase na comunicação horizontal, com informações fluindo em todas as direções e cruzando os departamentos e os níveis hierárquicos. O amplo compartilhamento de informações habilita todos os funcionários a terem informações completas sobre a empresa e pode agir rapidamente. Além disso, as organizações em aprendizagem mantêm linhas de comunicação abertas com os clientes, fornecedores e até mesmo com os concorrentes para intensificar a capacidade de aprendizado.
- *Hierarquia de autoridade vs. equipe de trabalho colaborativa.* Em organizações com projeto mecanicista, existe uma baixa aderência à hierarquia vertical e à cadeia formal de comando. As atividades de trabalho são geralmente organizadas pelas funções comuns da parte inferior à superior da organização e existe pouca colaboração pelos departamentos funcionais. A organização como um todo é controlada pela hierarquia vertical. Um projeto orgânico, por outro lado,

enfatiza a equipe de trabalho colaborativa em de vez da hierarquia. A estrutura é criada em torno dos fluxos de trabalho ou processos horizontais em vez de funções em departamentos, com pessoas trabalhando entre departamentos e através de limites organizacionais para resolver problemas. A hierarquia vertical é radicalmente achatada, com poucos executivos seniores em funções tradicionais de suporte como finanças ou recursos humanos. Equipes autodirigidas são a unidade fundamental de trabalho nas organizações altamente orgânicas.

Ideias de projeto contemporâneo

De certa forma, as organizações ainda são marcadas com a abordagem hierárquica, formalizada, mecanicista que vem do século XIX com Frederick Taylor. Ainda que os desafios atuais exijam uma flexibilidade maior para a maioria das organizações. A Cisco Systems proporciona um exemplo de uma organização em que administradores mudaram de um projeto mecanicista a orgânico para atender às novas contingências.

Cisco Systems

NA PRÁTICA

A Cisco Systems começou como uma organização tipicamente hierárquica com mentalidade de comando e de controle. A maioria das decisões era tomada por altos administradores e era esperado que os funcionários realizassem os trabalhos conforme dito, obedecendo às regras e seguindo os procedimentos formais. Tudo mudou após a bolha da internet, no início de 2000, e as ações da Cisco caíram 86% virtualmente da noite para o dia.

O CEO John Chambers acreditou que a empresa precisava de novas abordagens de administração e projetos de organização se quisesse sobreviver. Ele sabia que a equipe de trabalho colaborativa seria necessária para fazer com que a empresa crescesse novamente. Além disso, Chambers achou que os funcionários poderiam ser mais criativos, mais produtivos e mais comprometidos com a reconstrução da organização se tivessem mais autonomia e poucas limitações. Então, ele basicamente jogou fora as estruturas e controle antigos. Agora, em vez de ter propostas e sugestões enviadas para a alta administração para aprovação, uma rede de conselhos e diretos que cruzavam as linhas funcionais, departamentais e hierárquicas tinham autorização para lançar novos negócios. Um conselho feito de voluntários auto identificados como "loucos por esportes" construíram um produto chamado StadiumVision, que permite que os proprietários dos locais publiquem vídeos e conteúdo digital, como propaganda, para os fãs no estádio. Agora, um negócio multibilionário, a StadiumVision formou-se em menos de quatro meses, sem o CEO nunca ser envolvido nas decisões.

Comando e controle são coisas do passado, Chambers avaliou, com o futuro pertencendo às empresas que constroem a liderança por toda a organização e têm uma abordagem mais flexível e orgânica para projetos. A abordagem orgânica ajudou a Cisco a desenvolver a crise ponto com mais rentável e a empresa, a partir desse ponto, ultrapassou muitas tecnologias rivais.[56]

No entanto, nem todas as organizações têm melhor desenvolvimento com um forte projeto orgânico. Às vezes, os procedimentos-padrão, regras formais e uma abordagem mais mecanicistas têm uma função importante. Conforme a figura, após as áreas devastadas pelo terremoto e tsunami no Japão na primavera de 2011, as regras formais, os sistemas organizados e os procedimentos burocráticos foram fundamentais para uma operação suave de centros de evacuação. Não foi somente essa abordagem mecanicista que manteve os centros funcionando de maneira organizada, mas também as regras, os procedimentos e a comunicação de cargos superiores para inferiores, que deram às pessoas a sensação de normalidade e tranquilidade, ajudando a reduzir o estresse psicológico e físico.[57] De modo semelhante, um porta-aviões nuclear a bordo da organização segue uma abordagem mecanicista, com regras formais, uma cadeira restrita de comando e procedimentos de operação-padrão. Se as pessoas e as atividades não forem bem-orientadas, muitas coisas podem rapidamente dar errado nas decolagens e aterrissagens de aviões de uma plataforma de petróleo no meio do oceano. Assim, as características mecanicistas podem ser altamente eficientes nas situações certas. Em geral, no entanto, a maioria das organizações muda para um projeto mais orgânico em razão da turbulência do ambiente externo e a necessidade de inovação, adaptabilidade e uma resposta rápida para clientes.[58] As organizações têm que mudar conforme o ambiente muda, porque as organizações são sistemas abertos.

Sistemas abertos

A distinção entre os sistemas abertos e fechados foi um desenvolvimento significante no estudo das organizações.[59] Um **sistema fechado** não dependeria da interação com o ambiente. Seria autônomo, fechado e selado do mundo afora. Embora não exista um sistema verdadeiramente fechado, os conceitos precoces de administração e de projeto organizacional, como a administração científica, tiveram uma abordagem de sistema fechado com foco no aprimoramento da eficiência pelas modificações de sistemas internos. Ainda que para entender completamente as organizações necessita-se de uma visualização delas como sistemas abertos. Um **sistema aberto** deve interagir com o ambiente para sobreviver. Os sistemas abertos não podem ser "isolados" e devem ser continuamente adaptados ao ambiente.

Para ter êxito, uma organização deve ser administrada como um sistema aberto. A organização tem que encontrar e obter os recursos necessários, interpretar e atuar sobre as ameaças e oportunidades ambientais, distribuir produtos e serviços, além de controlar e coordenar as atividades internas diante de mudanças externas e da incerteza.

O termo **sistema** significa um conjunto de partes inter-relacionadas que funcionam como um todo para atingir uma proposta em comum.[60] Essas partes inter-relacionadas de um sistema chamam-se **subsistemas**. As mudanças em uma parte do sistema podem afetar as outras partes, e os administradores precisam entender a organização como um todo em vez que entendê-la como elementos separados.[61] Os subsistemas na organização desempenham funções específicas necessárias para a sobrevivência organizacional, como produção, limite de abrangência, manutenção, adaptação e administração. Os sistemas de abrangência, por exemplo, são responsáveis por mudanças no ambiente externo. Eles incluem atividades como compra de suprimentos, comercialização de produtos e de serviços e inteligência competitiva. Essas diversas funções do subsistema são realizadas pelas cinco partes organizacionais básicas descritas anteriormente e ilustradas na Figura 1.6.

Teoria do caos

Na maior parte do século XIX e início do século XX, predominaram os projetos mecanicistas e o pensamento de sistema fechado. A ciência newtoniana, que sugere que o mundo funcione como uma máquina bem-ordenada, continuou guiando os pensamentos dos administradores sobre as organizações.[62] O ambiente foi percebido como ordenado e previsível, e o papel dos administradores era de manter a estabilidade. As organizações tornaram-se grandes e complexas e as fronteiras entre os departamentos funcionais e entre as organizações eram distintas. As estruturas internas tornaram-se mais complexas, verticais e burocráticas. A liderança tinha como base os sólidos princípios de administração e tendia a ser autocrática; a comunicação dava-se principalmente por meio de memorandos formais, cartas e relatórios. Os gerentes realizavam todo o planejamento e "trabalho mental", enquanto os funcionários realizavam o trabalho manual em troca de salários e outras compensações. Essa abordagem mecanicista funcionou muito bem para a Era Industrial.[63]

ANOTAÇÕES

Como administrador de uma organização, tenha essas diretrizes em mente:

Lembre-se de que as organizações são sistemas abertos feitos de diversos subsistemas que realizam funções, como produção, limite de abrangência, manutenção, adaptação e administração. Não faça mudanças em um subsistema da organização sem considerar como as mudanças afetarão outros subsistemas.

No ambiente das empresas atuais, porém, tudo é menos estável. Com a turbulência dos últimos anos, os gerentes não podem mais manter a ilusão de ordem e previsibilidade. A ciência da **teoria do caos** sugere que os relacionamentos em sistemas complexos e abertos – incluindo as organizações – sejam não lineares e constituídos por inúmeras interconexões e escolhas divergentes que criam efeitos não intencionais e tornam o universo imprevisível.[64] O mundo está cheio de incertezas, caracterizadas pela surpresa, mudança rápida e confusão. Os gerentes não podem medir, prever ou controlar de forma tradicional o drama que se desdobra dentro ou fora da organização. Contudo, a teoria do caos também reconhece que o aleatório e a desordem ocorrem dentro de certos padrões de ordem. As ideias da teoria do caos sugerem que as organizações devam ser vistas mais como sistemas naturais do que como máquinas previsíveis bem-lubrificadas, conduzindo a um aumento no uso de abordagens de projeto orgânica.

Estrutura do livro

Como um curso sobre administração ou um comportamento organizacional diferem de um curso sobre teoria organizacional? A resposta está relacionada a um conceito denominado *nível de análise*.

Níveis de análise

Conforme descrito, cada organização é um sistema composto de diversos subsistemas. Os sistemas organizacionais estão acomodados dentro de sistemas e um **nível de análise** tem de ser escolhido como o foco principal. Geralmente, quatro níveis de análises caracterizam as organizações, conforme ilustradas na Figura 1.8. O ser humano individual é o bloco básico de construção das organizações. O ser humano é, para a organização, o que a célula é para um sistema biológico. O próximo nível mais elevado de sistema é o grupo ou departamento. Esses são conjuntos de indivíduos que trabalham juntos para desempenhar tarefas em grupo.

FIGURA 1.8
Níveis de análise em organizações

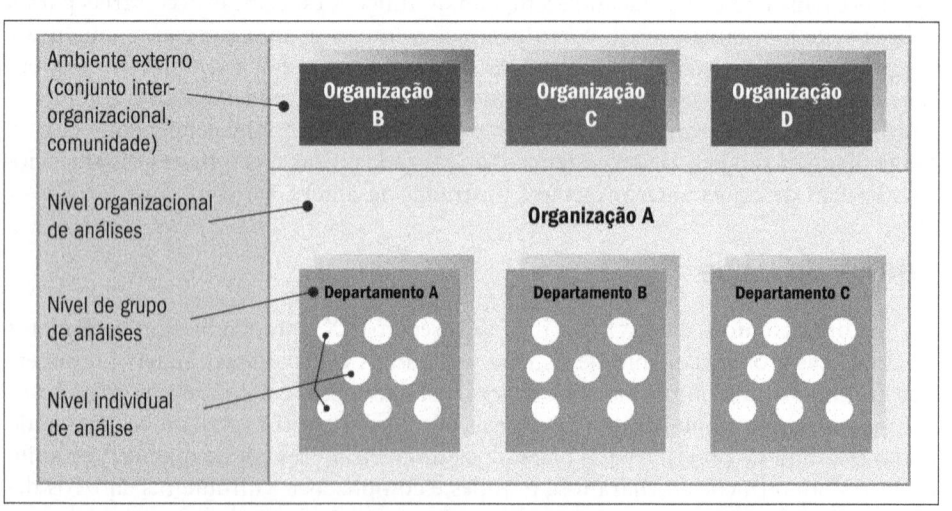

Fonte: Com base em Andrew H. Van De Ven e Diane L. Ferry, *Measuring and Assessing Performance* (New York: Wiley, 1980), 8; e Richard L. Daft and Richard M. Steers, *Organizations: A Micro/Macro Approach* (Glenview, IL: Scott, Foresman, 1986), 8.

O próximo nível de análise é a própria organização. Uma organização é um conjunto de grupos ou departamentos que se combinam na organização total.

As próprias organizações podem ser agrupadas num nível mais elevado de análise, que é o cenário interorganizacional e a comunidade. O cenário interorganizacional é o grupo de organizações com o qual uma única organização interage. Outras organizações na comunidade constituem uma parte importante do ambiente de uma organização.

A teoria da organização enfoca o nível organizacional de análise, mas com ênfase nos grupos e no ambiente. Para explicar a organização, deve-se olhar não só para as suas características, mas também para as características do ambiente, dos departamentos e dos grupos que constituem a organização. O foco deste livro está em ajudá-lo a entender as organizações examinando suas características específicas, a natureza e as relações entre os grupos e departamentos que constituem a organização e o conjunto de organizações que fazem parte do ambiente.

Os indivíduos estão incluídos na teoria organizacional? A teoria organizacional considera o comportamento dos indivíduos, mas de forma agregada. As pessoas são importantes, mas não são o principal foco de análise. A teoria organizacional é diferente do comportamento organizacional.

O **comportamento organizacional** é a microabordagem das organizações porque enfoca os indivíduos dentro das organizações como unidades relevantes de análise. Ele examina conceitos como motivação, estilo de liderança e personalidade e interessa-se pelas diferenças emocionais e cognitivas entre as pessoas dentro das organizações.

A **teoria organizacional** é um macroexame das organizações, uma vez que analisa toda a organização como uma unidade. Ela se interessa pelas pessoas agregadas em departamentos e organizações e pelas diferenças em estrutura e comportamento no nível de análise da organização. A teoria organizacional é a sociologia das organizações, enquanto o comportamento organizacional é a psicologia das organizações.

A teoria organizacional é diretamente relevante para os interesses da média administração e para a alta administração, e parcialmente relevante para a administração dos níveis mais inferiores. Os altos administradores são responsáveis pela organização como um todo e precisam estabelecer objetividade, desenvolver estratégias, interpretar o ambiente externo e decidir a estrutura e o projeto organizacional. A média administração ocupa-se dos principais departamentos, como os de marketing ou de pesquisa, e deve decidir como o departamento relaciona-se com o restante da organização. A média gerência precisa projetar seus departamentos para se ajustar à tecnologia da unidade de trabalho, lidar com questões de poder e políticas, conflitos intergrupais e sistemas de controle e informação, cada um dos quais é parte da teoria organizacional. A teoria organizacional ocupa-se apenas da baixa administração, pois esse nível de supervisão está relacionado com os funcionários que operam as máquinas, criam os serviços ou vendem mercadorias. A teoria organizacional ocupa-se da organização como um todo e dos principais departamentos.

> **ANOTAÇÕES**
>
> **Como administrador de uma organização, tenha esta diretriz em mente:**
>
> Torne-se um administrador competente e influenciador, utilizando as estruturas de trabalho que a teoria organizacional fornece para interpretar e compreender a organização ao seu redor.

Plano do livro

Os tópicos dentro do campo da teoria e do projeto organizacional estão inter-relacionados. Os capítulos são apresentados de modo que as principais ideias sejam desdobradas em uma sequência lógica. A figura de referência que orienta a organização do livro é mostrado na Figura 1.9. A Parte 1 apresenta a ideia básica das organizações como sistemas sociais e os conceitos essenciais da teoria e do projeto organizacionais.

Essa discussão lança as bases de trabalho para a Parte 2, que trata do gerenciamento estratégico, das metas e da eficácia e dos fundamentos da estrutura organizacional. Essa seção analisa como os gerentes podem contribuir para a organização atingir seu propósito, incluindo o projeto de uma estrutura adequada, como uma estrutura funcional, divisional, matricial ou horizontal. A Parte 3 considera os vários elementos do sistema aberto que influenciam a estrutura e o projeto organizacional,

FIGURA 1.9
Estrutura do livro

Parte 1 Introdução à teoria das organizações e projeto

CAPÍTULO 1
Introdução às organizações

▼

Parte 2 Estrutura e estratégia organizacional

CAPÍTULO 2
Projeto estrutural das organizações
CAPÍTULO 3
Estratégia e eficácia

▼

Parte 3 Fatores externos e projeto

CAPÍTULO 4
A relação entre as organizações
CAPÍTULO 5
O projeto global organizacional
CAPÍTULO 6
O impacto do meio ambiente

Parte 4 Gerenciando os processos organizacionais

CAPÍTULO 7
Políticas e conflitos organizacionais
CAPÍTULO 8
Processos de tomada de decisões
CAPÍTULO 9
Cultura organizacional e valores éticos
CAPÍTULO 10
Inovação organizacional

▼

Parte 5: Fatores internos do projeto

CAPÍTULO 11
Informações e controles de processos
CAPÍTULO 12
Tamanho organizacional e ciclo vital
CAPÍTULO 13
Projeto de tecnologia no local de trabalho

© Cengage Learning 2013

incluindo o ambiente externo, os relacionamentos interorganizacionais e o ambiente numa escala global.

As Partes 4 e 5 analisam os processos dentro da organização. A Parte 4 apresenta os processos dinâmicos internos entre os principais departamentos organizacionais e inclui tópicos tais como inovações e mudanças, valores éticos e culturais, processos de tomada de decisões, administração de conflitos intergrupais, poder e política. A Parte 5 descreve como o desenho organizacional está relacionado com fatores de contingência de fabricação e serviços tecnológicos, o tamanho e o ciclo de vida organizacionais.

Plano de cada capítulo

Cada capítulo começa com questões de abertura para empenho imediato do estudante no conteúdo do capítulo. Os conceitos teóricos são apresentados e explicados no corpo do capítulo. Muitas seções *Na prática* estão incluídas em cada capítulo para ilustrar os conceitos e demonstrar como eles se aplicam às organizações reais. Cada capítulo contém o questionário "*Como você se encaixa projeto?*" que leva os estudantes a um aprofundamento de um tópico em particular e os capacita para vivenciar as questões de projeto organizacional de maneira pessoal. Uma *Dica de livro* está inclusa em cada capítulo para apresentar as questões organizacionais que os administradores de hoje se deparam no mundo real. Essas curtas resenhas de livros discutem os conceitos atuais e as aplicações para aprofundar e enriquecer o estudante com a compreensão de organizações. Os exemplos e as resenhas de livros ilustram as transformações dramáticas que ocorrem na prática e no pensamento da administração. Os pontos-chave para projetar e administrar organizações são salientados nos itens *Anotações* ao longo do capítulo. Cada capítulo termina com uma seção "*Fundamentos do projeto*" que revê e explica importantes conceitos teóricos.

Fundamentos do projeto

- A teoria organizacional fornece as ferramentas para compreender, projetar e gerenciar organizações mais eficientemente, incluindo questões de como se adaptar a mudanças no ambiente, lidar com o aumento de porte e sua complexidade, administrar conflitos internos e coordenar, além de modelar o tipo certo de cultura para atingir as metas.
- Os gerentes de hoje enfrentam novos desafios, incluindo a globalização, a competição intensa, a avaliação ética rigorosa e a demanda por sustentabilidade, a necessidade de rápida resposta, adaptação para um mundo digital e o aumento da diversidade.
- As organizações são altamente importantes, e os gerentes são responsáveis pela modelagem das organizações para executar e atender às necessidades da sociedade. As dimensões estruturais de formalização, especialização, hierarquia de autoridade e centralização, além dos fatores de contingência de porte, tecnologia organizacional, ambiente, metas, estratégia e cultura fornecem os rótulos para medir e analisar organizações.
- Essas características variam muito de uma organização para outra. Os capítulos subsequentes fornecem estruturas para analisar as organizações com esses conceitos.
- Há muitos tipos de organização. Há uma distinção importante entre empresas com fins lucrativos, nas quais os administradores direcionam suas atividades para ganhar dinheiro para a empresa, e organizações sem fins lucrativos, nas quais os administradores direcionam seus esforços para gerar algum tipo de impacto social. Os administradores esforçam-se para projetar organizações a fim de alcançar eficiência e eficácia. A eficácia é complexa porque diferentes interessados possuem diferentes expectativas e necessidades que desejam que a organização satisfaça.

- As perspectivas do projeto organizacional variam com o tempo. Os administradores podem compreender melhor as organizações adquirindo uma perspectiva histórica e compreendendo as bases da configuração organizacional. As cinco partes da organização são o núcleo técnico, a alta administração, a administração de nível médio, o suporte técnico e o apoio administrativo. As diferentes configurações dessas partes ajudam as organizações a atenderem necessidades diferentes.
- Os projetos organizacionais caem na extensão de escala do mecanicista ao orgânico.
- O projeto mecanicista é caracterizado pela estrutura centralizada, tarefas especializadas, sistemas formais, comunicação vertical e hierarquia rígida de autoridade. Um projeto orgânico é caracterizado pela estrutura descentralizada, atribuição de papéis, sistemas informais, comunicação horizontal e equipe colaborativa de trabalho. Os desafios do ambiente de hoje estão fazendo com que muitas organizações mudem para projetos mais orgânicos, embora as características mecanicistas ainda estejam disponíveis para algumas situações.
- As organizações são sistemas abertos que devem interagir com o ambiente. Um sistema é um conjunto de elementos ou partes inter-relacionadas que funcionam como um todo para alcançar uma proposta comum. As partes inter-relacionadas de um sistema são chamadas de subsistemas. Os subsistemas realizam funções específicas, como produção, limite de abrangência, manutenção, adaptação e administração.
- A maioria dos conceitos na teoria organizacional é relativa aos níveis da organização de alta administração e à média administração. Este livro se preocupa mais com os tópicos daqueles níveis do que com os de nível operacional de supervisão e motivação dos funcionários, que serão discutidos no comportamento organizacional.

Conceitos-chave

agentes (*stakeholders*)
abordagem dos investidores
centralização
comportamento organizacional
contingência
descentralização
dimensões estruturais
eficácia
eficiência
Estudos de Hawthorne

fatores de contingência
gestão científica
investidor
mecanicista
nível de análise
orgânico
organizações
organizações burocráticas
papel
princípios administrativos

sistema
sistema aberto
sistema fechado
subsistemas
sustentabilidade
tarefa
teoria do caos
teoria organizacional

Questões para discussão

1. Qual é a definição de *organização*? Explique sucintamente cada parte da definição que você entendeu.
2. Descreva algumas maneiras de como o mundo digital tem influenciado ou afetado a organização com que você está familiarizado, como universidade, um varejo local ou restaurante, uma organização voluntária, um clube para o qual você pertence ou até mesmo a sua família. Você pode identificar os aspectos tanto positivos quanto negativos desta influência?
3. Explique como as cinco partes básicas de Mintzberg da organização (Figura 1.6) se ajustam para realizar as funções necessárias. Se uma organização tivesse que abrir mão de uma dessas cinco partes, como durante uma rígida redução de efetivos, qual organização poderia sobreviver por mais tempo sem isso? Discuta sobre isso.
4. Um grupo de empresas presentes na lista das 500 da *Fortune* possui mais de 100 anos, o que é uma raridade. Quais são as características organizacionais que podem explicar uma longevidade de 100 anos?

5. Uma organização pode ser eficiente sem ser eficaz? Uma organização ineficiente ainda pode ser eficaz? Explique suas respostas.
6. Qual é a diferença entre formalização e especialização? Na sua opinião, uma organização bem dotada em uma dimensão também seria na outra? Discuta sobre isso.
7. O que significa *contingência*? Quais são as implicações das teorias de contingência para os administradores?
8. Quais são as diferenças primárias entre um projeto organizacional orgânico e mecanicista? Qual tipo de organização, na sua opinião, seria mais fácil de administrar? Discuta sobre isso.
9. Explique a diferença entre um sistema aberto e um sistema fechado. Você pode dar um exemplo de sistema fechado? Como uma abordagem de investidor está relacionada ao conceito de sistemas aberto e fechado?
10. Quais são algumas das diferenças que se pode esperar entre as expectativas dos investidores em organizações sem fins lucrativos *versus* aquelas em organizações com fins lucrativos? Na sua opinião, os administradores de organizações sem fins lucrativos têm de estar mais atentos aos investidores que os administradores de empresas? Discuta sobre isso.
11. Os primeiros teóricos da administração acreditavam que as organizações deveriam empenhar-se em ser lógicas e racionais, com um lugar para cada coisa e cada coisa em seu lugar. Discuta os prós e os contras dessa abordagem para as organizações atuais.

Capítulo 1 Caderno de exercícios — Medição das dimensões da organização[65]

Analise duas organizações segundo as dimensões mostradas a seguir. Indique onde você acha que cada organização se encaixaria em cada escala. Use um "X" para indicar a primeira organização e um "*" para a segunda.

Você pode escolher duas organizações com as quais esteja familiarizado, como a de seu local de trabalho, a universidade, uma entidade estudantil, sua igreja ou sinagoga ou sua família.

Formalização
Muitas regras escritas   1 2 3 4 5 6 7 8 9 10   Poucas regras

Especialização
Tarefas e papéis separados   1 2 3 4 5 6 7 8 9 10   Tarefas sobrepostas

Hierarquia
Hierarquia de autoridade   1 2 3 4 5 6 7 8 9 10   Hierarquia estável de autoridade

Tecnologia
Produto   1 2 3 4 5 6 7 8 9 10   Serviço

Ambiente externo
Estável   1 2 3 4 5 6 7 8 9 10   Instável

Cultura
Normas e valores claros   1 2 3 4 5 6 7 8 9 10   Normas e valores ambíguos

Metas
Metas bem-definidas   1 2 3 4 5 6 7 8 9 10   Metas indefinidas

Porte
Pequena   1 2 3 4 5 6 7 8 9 10   Grande

Quadro mental organizacional
Sistema mecanicista   1 2 3 4 5 6 7 8 9 10   Sistema orgânico

Perguntas

1. Quais são as principais diferenças entre as organizações que você avaliou?

2. Você recomendaria que uma ou ambas as organizações tivessem posicionamentos diferentes em algumas das escalas? Por quê?

CASO PARA ANÁLISE   Rondell Data Corporation[66]

"Que droga, de novo!" Frank Forbus deixou a pilha de impressões e especificações na mesa por desgosto. O modulador de banda larga modelo 802, liberado para produção na última quinta, acabou de voltar para o Departamento de Serviços de Engenharia do Frank com uma nota cáustica que começou com "Este não pode ser produzido...". Era a quarta vez que a produção devolveu o projeto.

Geralmente, Frank Forbus, diretor de engenharia da Rondell Data Corporation, é um homem quieto. Mas o modelo 802 estava muito exigindo da sua paciência; começou do mesmo jeito que outros novos produtos que se depararam com atrasos e problemas na transição de projeto para produção, durante oito meses que o Frank trabalhou duro para a Rondell. Esses problemas não eram nada novos na antiga fábrica Rondell; o predecessor de Frank na engenharia ia contra eles também, e finalmente foi demitido por protestar veemente sobre os outros departamentos. Mas o modelo 802 será diferente. Frank encontrou-se dois meses antes (3 de julho de 1998) com o presidente da empresa, Bill Hunt, e com o superintendente da fábrica, Dave Schwab, para acertar o novo projeto do modulador. Ele pensou em voltar para a reunião...

"Agora todos sabem que tem um prazo final apertado para o 802", Bill Hunt disse, "e Frank fez bem em pedir para conversar sobre esta apresentação. Estou contando com vocês para descobrir qualquer empecilho oculto no sistema e para trabalhar junto para conseguir a primeira produção que terá o prazo de 2 de outubro. Vocês podem fazer isso?".

"Podemos fazer isso em produção se conseguirmos um projeto claro em até duas semanas a partir de hoje, conforme programado", respondeu Dave Schwab, o superintendente grisalho da fábrica. "Eu e Frank já conversamos sobre isso, claro. Estou reservando um tempo na oficina de usinagem e estaremos prontos. Se o projeto passar do tempo programado, terei que preencher com outras execuções e isso nos custará muito dinheiro para tornar o 802 utilizável. Como está na engenharia, Frank?"

"Eu acabei de revisar o projeto pela segunda vez", respondeu Frank. "Se Ron Porter conseguir manter o vendedor longe de nós e evitar qualquer mudança de última hora, teremos uma chance. Tirei o desenhista técnico de três trabalhos atrasados para escapar de mais este atraso. Mas, Dave, isso significa que não podemos liberar os engenheiros para conferir com a sua equipe de produção sobre os problemas de fabricação."

"Bem, Frank, a maioria dos seus problemas são causados pelos engenheiros e precisamos deles para resolver os nossos problemas. Todos concordamos que os erros de produção vêm de nos submetermos às pressões de vendas e colocando os equipamentos em produção antes dos projetos estarem realmente prontos. E é justamente isso que estamos tentando evitar no 802. Mas eu não posso ter 500 pessoas sentadas esperando por uma resposta da sua equipe. Teremos que ter algum suporte de engenharia."

Bill Hunt começou a se mexer. "Enquanto vocês dois conversam com calma sobre o problema, estou confiante de que vocês podem resolvê-lo. É um alívio, Frank, ouvir a maneira como você encara isso. Com Kilmann (o diretor anterior da engenharia) esta conversa seria um jogo de gritos. Certo, Dave?" Dave acenou com a cabeça e sorriu.

"Agora tem outra coisa de que você deve estar ciente", continuou Hunt. "Doc Reeves e eu conversamos na última noite sobre uma nova técnica de filtro, que aprimoraria a relação de sinal de ruído do 802 por um fator de dois. Existe a chance de Doc chegar com ele antes da produção do 802 e, se possível, gostaria de utilizar os novos filtros. Isso nos daria um salto real na competição."

Quatro dias depois da reunião, Frank descobriu que duas pessoas da sua equipe principal no projeto 802 foram chamadas para a produção de uma consulta emergencial de um erro descoberto na montagem final: duas metades de uma nova interface de transmissão de dados não se encaixariam juntas porque as recentes mudanças na extremidade dianteira exigiu um projeto diferente de chassi para a extremidade traseira.

Uma semana depois, Doc Reeves andou até o escritório de Frank, orgulhoso como um "novo" pai, com o novo projeto de filtro. "Este não afetará muito os outros módulos do 802," disse Doc. "Olhe, terá somente alguns conectores, algumas mudanças no chicote de fiação e algumas blindagens e só."

Frank tentou resistir às mudanças de última hora no projeto, mas Bill Hunt permaneceu firme. Com um monte de horas extras dos engenheiros e desenhistas técnicos, os serviços de engenharia ainda tem que finalizar a impressão a tempo.

Dois engenheiros e três desenhistas fizeram turnos de 12 horas de trabalho para ter o 802 pronto, mas as impressões estavam cinco dias atrasadas para Dave Schwab. Dois dias depois, as impressões voltaram para Frank, com muitas anotações em vermelho. Schwab trabalhou todo o sábado para revisar o trabalho e encontrou dezenas de discrepâncias nas impressões – a maioria delas causada pelo novo projeto de filtro e tempo insuficiente de verificação antes da liberação. A correção daquelas falhas de projeto trouxe uma nova geração de discrepâncias; a nota de capa do Schwab no segundo retorno das impressões indicou que ele teria que liberar a capacidade da máquina da qual estava segurando para o 802. Na terceira interação, Schwab comprometeu a sua imagem e falhas para outro trabalho apressado. O 802 entraria em produção com um mês de atraso. Ron Porter, o vice-presidente de vendas, estava furioso. O cliente dele precisou de 100 unidades para ONTEM, disse ele. Rondell era o único fornecedor atrasado do cliente.

"Aqui vamos nós novamente," pensou Frank Forbus.

História da empresa

Rondell Data Corporation traçou a linhagem pelas diversas gerações de tecnologia eletrônica. O fundador original, Bob Rondell, estabeleceu a empresa em 1939 como "Rondell Equipment Company" para fabricar diversos dispositivos de teste eletrônico que ele inventou como um membro da faculdade de engenharia de uma grande universidade. A empresa se dividiu em equipamento de transmissão de rádio em 1947 e em equipamentos de transmissão de dados nos últimos anos da década de 1960. Um corpo bem-estabelecido de vendedores diretos, a maioria engenheiros, contando com contas industriais, científicas e governamentais, mas concentrados decisivamente nos fabricantes de equipamento original. Nesse mercado, Rondell teve uma reputação de longa data como fonte de alta qualidade e projetos inovadores. Os vendedores da empresa alimentaram um fluxo contínuo de problemas desafiantes no Departamento de Engenharia, onde gênios criativos de Ed "Doc" Reeves e diversos outros engenheiros "convertendo problemas em soluções" (como a brochura de vendas ostentava). O projeto do produto formou a ponta de lança do crescimento de Rondell.

Em 1998, Rondell ofereceu uma ampla gama de produtos nas duas linhas principais. Agora, as vendas de equipamento de transmissão e telecomunicações contabilizaram mais da metade das vendas das empresas. No campo de transmissão de dados, um número crescente na quantidade de pedidos por especificações exclusivas, desde painéis de mostrador especializados a projetos totalmente não testados.

A empresa cresceu de algumas dezenas de funcionários nos primeiros anos até para mais de 800 em 1998. (A Figura 1.10 mostra o gráfico da organização com os funcionários principais em 1998.) Bill Hunt, que estava na empresa desde 1972, presidiu muito do crescimento e tinha muito orgulho em servir o "espírito de família" da antiga organização. As relações informais entre os funcionários veteranos de Rondell formaram a espinha dorsal das operações diárias da empresa; todos os gerentes confiaram no contato pessoal e Hunt insistiu que a falta da burocracia era o fator principal no recrutamento de talentos excepcionais de engenharia. A abordagem de administração pessoal se estendeu por toda a fábrica. Todos os funcionários isentos eram pagos com salário em ordem mais uma divisão dos lucros. Rondell se gabou com um grupo extremamente leal de funcionários seniores e com pouca rotatividade em praticamente todas as áreas da empresa.

O cargo de mais alta rotatividade na empresa era o de Frank. Frank se juntou ao Rondell em janeiro de 1998, substituindo Jim Kilmann, que foi diretor de engenharia por somente 10 meses. Kilmann, por sua vez, substituiu Tom MacLeod, um engenheiro talentoso que teve um início promissor, mas começou a beber muito depois de um ano no cargo. O predecessor de MacLeod tinha sido um veterano genial que se aposentou aos 70 anos após 30 anos ocupando o cargo na engenharia. (Doc Reeves recusou a diretoria em cada uma das mudanças recentes, dizendo "Maldito, isso não é promoção para um homem encarregado de montagem como eu. Não sou administrador.")

Por diversos anos, a empresa vivenciou um número regularmente crescente de disputas entre pesquisa, engenharia, vendas e produção: pessoas geralmente disputam centradas no problema da apresentação de novos produtos. A quantidade de brigas entre departamentos se tornou mais numerosa sob MacLeod, Kilmann e Forbus. Alguns administradores associaram aquelas disputas com um declínio recente da empresa em lucro – um declínio que, além de vendas e rendimento bruto mais altos, estava começando a aborrecer as pessoas em 1998. O presidente Bill Hunt comentou:

Tenho certeza de que com uma cooperação melhor aumentaria o nosso rendimento de 5% a 10%. Esperaria que Kilmann resolvesse os problemas, mas é óbvio que ele é muito novo, muito arrogante. Pessoas como ele – tipo de personalidade de conflito – me incomodam. Eu não gosto de brigas, e com ele parecia que eu passava todo o meu tempo suavizando os argumentos. Kilmann tentou dizer a todos como executar os departamentos sem ter a própria casa em ordem. Aquela abordagem simplesmente não funcionaria na Rondell. Agora, Frank Forbus parece estar mais sintonizado com o nosso estilo de organização. Agora estou esperançoso.

Ainda assim, temos tantos problemas agora quando tínhamos no último ano. Talvez até mais. Espero que Frank possa trabalhar nos serviços de engenharia logo...

O departamento de engenharia: pesquisa

De acordo com o organograma (consulte o Anexo 1), Frank Forbus era responsável tanto pela pesquisa (função de desenvolvimento de produto) quanto pelos serviços de engenharia (que forneceu suporte à engenharia). Para Forbus, no entanto, a relação com pesquisa não era tão clara:

Doc Reeves é uma das pessoas mais singulares do mundo e ninguém de nós teria de outro modo. Ele é um gênio criativo. Claro, o gráfico diz que ele trabalha para mim, mas

FIGURA 1.10
Organograma da Rondell Data Corporation 1998

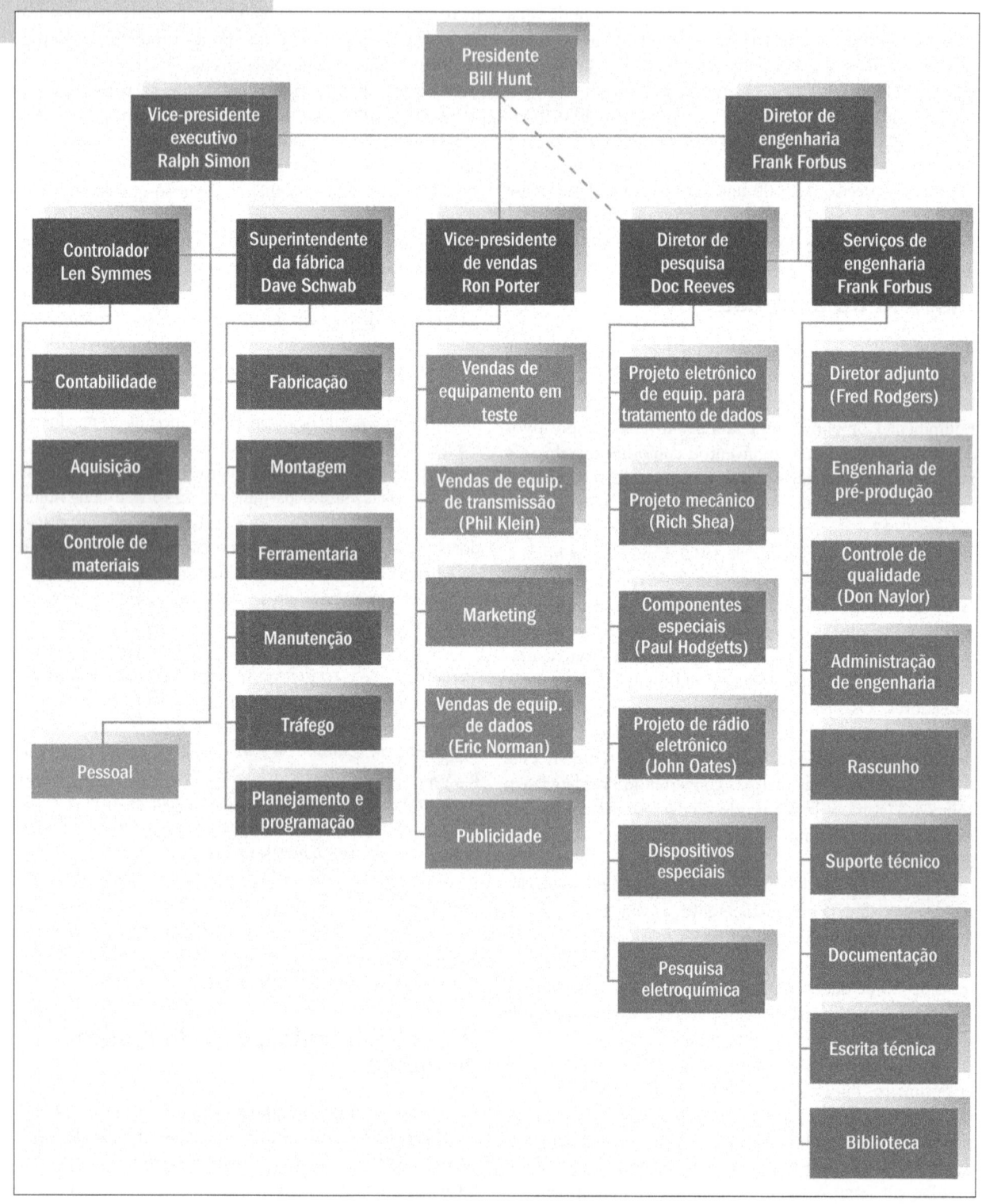

- **Presidente** — Bill Hunt
  - **Vice-presidente executivo** — Ralph Simon
    - **Controlador** — Len Symmes
      - Contabilidade
      - Aquisição
      - Controle de materiais
      - Pessoal
    - **Superintendente da fábrica** — Dave Schwab
      - Fabricação
      - Montagem
      - Ferramentaria
      - Manutenção
      - Tráfego
      - Planejamento e programação
    - **Vice-presidente de vendas** — Ron Porter
      - Vendas de equipamento em teste
      - Vendas de equip. de transmissão (Phil Klein)
      - Marketing
      - Vendas de equip. de dados (Eric Norman)
      - Publicidade
  - **Diretor de engenharia** — Frank Forbus
    - **Diretor de pesquisa** — Doc Reeves
      - Projeto eletrônico de equip. para tratamento de dados
      - Projeto mecânico (Rich Shea)
      - Componentes especiais (Paul Hodgetts)
      - Projeto de rádio eletrônico (John Oates)
      - Dispositivos especiais
      - Pesquisa eletroquímica
    - **Serviços de engenharia** — Frank Forbus
      - Diretor adjunto (Fred Rodgers)
      - Engenharia de pré-produção
      - Controle de qualidade (Don Naylor)
      - Administração de engenharia
      - Rascunho
      - Suporte técnico
      - Documentação
      - Escrita técnica
      - Biblioteca

todos sabemos que Doc faz as próprias coisas. Ele não é pouco interessado nas rotinas de administração e não posso contar com ele para ter qualquer responsabilidade na programação de projetos ou verificação de orçamentos ou o que você tiver. Mas enquanto Doc for o diretor de pesquisa, você pode apostar que esta empresa manterá a liderança no campo. Ele tem mais ideias por hora do que a maioria das pessoas por ano, além de manter toda a equipe de engenharia a todo vapor. Todo mundo gosta de Doc – e eu também. Por um lado, ele trabalha para mim, claro. Mas isso não é importante.

Doc Reeves – calmo, contemplativo, casual e franco – derrubou o banco contra a parede do cubículo de pesquisa e conversou sobre o que era importante:

Engenharia de desenvolvimento. É onde o futuro da empresa está. Ou temos ou não temos.

Não estamos brincando que somos tudo, mas somos um grupo da Rube Goldbergs. E é aí de onde vem os maiores chutes – de resolver problemas de desenvolvimento, de sonhar com novas maneiras de fazer as coisas.

É por isso que estamos ansiosos pelos contratos especiais que estamos nos envolvendo. Nós os aceitamos não pela receita que representa, mas porque subsidiamos o trabalho de desenvolvimento básico que entra em todos os nossos produtos básicos.

Este é um lugar fantástico para se trabalhar. Tenho uma ótima equipe e eles podem realmente cumprir prazos mesmo em momentos críticos. Porque Bill Hunt e eu (ele fez um gesto em direção ao cubículo vizinho, onde o nome do presidente está pendurado na porta) estamos mais suscetíveis a encontrar tantas pessoas aqui no trabalho tanto às 22h quanto às 15h da tarde. O importante aqui são as relações entre as pessoas, elas têm como base o respeito mútuo, não políticas e procedimentos. A burocracia administrativa é dolorida. Tira o tempo de desenvolvimento.

Problemas? Claro, existem problemas agora e depois. Existem interesses de poder na produção, onde às vezes resistem às mudanças. Mas não sou briguento, você sabe. Acho que se fosse eu, eu pisaria em outras pessoas. Mas sou engenheiro e posso fazer mais pela Rondell sentado aqui ou trabalhando com a minha equipe. É isso que os resultados trazem.

Outros membros do Departamento de Pesquisa ecoaram os pontos de vista de Doc e adicionaram alguns recursos de satisfação com o trabalho. Eles eram orgulhosos dos contatos pessoais que construíram com a equipe técnica de clientes – contatos que viajam cada vez mais envolvidos aos locais dos clientes para servir como especialistas na preparação de especificações gerais de projeto de sistema. Os engenheiros também ficam encantados com o apoio do departamento de desenvolvimento pessoal, educação contínua e independência no trabalho.

Mas também existem problemas. Rick Shea, da seção de projeto mecânico, anotou:

Antes, eu realmente gostava do trabalho – e das pessoas com quem eu trabalhava. Mas agora é muito irritante. Eu não gosto de pessoas respirando no meu pescoço. Você pode ser apressado colocando o projeto em risco.

John Oates, chefe da seção de projetos eletrônicos, era o outro desenhista com pontos de vista definidos:

A engenharia de produção é quase inexistente nesta empresa. Muito pouco é feito pela seção de pré-produção nos serviços de engenharia. Frank Forbus estava tentando ter uma visão geral da pré-produção, mas ele não obteve sucesso por que não poderia iniciar de uma posição ambígua. Houve três diretores de engenharia em três anos. Frank não poderia fazer razoavelmente bem contra os outros na empresa, Kilmann era muito agressivo. Talvez nem que houvesse contato ele teria sucesso.

Paul Hodgetts era chefe de componentes especiais no departamento de pesquisa e desenvolvimento. Como no resto do departamento, ele valorizou o trabalho em bancada. Mas ele reclamou dos serviços de engenharia:

Os serviços não fazem o que queremos que façam. Em vez disso, eles nos dizem o que eles farão. Talvez devesse conversar com o Frank, mas eu não posso tomar decisões lá. Sei que tenho que passar para Frank, mas isso segura as situações, então vou direto.

O departamento de engenharia: serviços de engenharia

O Departamento de Serviços de Engenharia proporcionou serviços auxiliares para P&D e serviu como contato entre o departamento de engenharia e outros departamentos da Rondell. Entre as principais funções estão desenho, gestão de conjunto central de técnicos, agendamento e expedição dos produtos de engenharia, documentação e publicação de listas de peças e pedidos de engenharia, pré-produção de engenharia (consistindo de integração final de componentes de projeto individual para pacotes mecanicamente compatíveis) e controle de qualidade (que incluiu a inspeção de peças recebidas e materiais e inspeção final de submontagens e equipamentos finalizados). A descrição de alta administração de departamentos incluiu a linha, "O Departamento de Engenharia é responsável pela manutenção da cooperação com outros departamentos, fornecendo serviços para o desenvolvimento de engenheiros e desocupando mais pessoas disponíveis em P&D de atividades essenciais que são desvios e sob a competência principal."

Muitos dos 75 funcionários de Frank Forbus estavam localizados em outros departamentos. As pessoas do controle de qualidade se dispersaram pelas áreas de fabricação e recepção e os técnicos trabalhavam principalmente nas áreas de pesquisa ou da sala de fabricação de protótipos.

A equipe do Departamento de Engenharia restante foi determinada para cada parte das seções de produção ou engenharia.

Frank Forbus descreveu o cargo dele:

O meu maior problema é conseguir a aceitação das pessoas com quem trabalho. Mudei vagarosamente em vez do antagonismo de risco. Vi o que aconteceu com Kilmann, e quero evitar isso. Embora a ação precipitada dele tenha ganhado poucas pessoas novas de P&D, ele certamente não teve o apoio do departamento. Claro, foi o ressentimento de outros departamentos que eventualmente causaram a licença dele. As pessoas têm sido lentas na minha aceitação aqui. Não há nada claro, mas tive uma reação negativa das minhas ideias.

Meu papel na empresa nunca foi muito bem-definido. É complicado pelo cargo exclusivo de Doc, claro, e também pelo fato do tipo de crescimento do Departamento de Engenharia durante os anos, à medida que os engenheiros de projeto se concentravam mais e mais nas peças criativas de desenvolvimento de produto. Gostaria de ser mais envolvido no lado técnico. Essa era a minha formação, e é muito divertido. Mas na nossa configuração, o lado técnico é o mínimo necessário para eu estar envolvido.

É difícil conviver com o Schwab (chefe de produção). Antes de vir e após a saída do Kilmann, houve um tempo intermediário, de seis meses, quando ninguém estava fazendo a programação. Nenhuma carga de trabalho foi calculada e foram feitas promessas irreais sobre os lançamentos. Isso nos coloca em situações desconfortáveis. Programamos a nossa agenda muito além da nossa capacidade de fabricação ou engenharia.

Algumas pessoas de dentro do P&D – por exemplo, John Oates, chefe da seção de projeto eletrônico – entende bem a nossa programação e atende aos prazos do projeto, mas isso geralmente não é uma verdade para o resto do departamento de P&D, especialmente com os engenheiros mecânicos que não querem se comprometer. A maioria das reclamações vem dos chefes dos departamentos de vendas e de produção relacionados aos itens – como o 802 – que vão para a produção antes de serem totalmente desenvolvidos, sob pressão das vendas para esgotar a unidade e isso atrapalha todo o processo. De algum modo, os serviços de engenharia deveriam ser capazes de intervir e resolver essas reclamações, mas eu não contribui muito para o progresso até agora. Deveria procurar o Hunt para pedir ajuda, mas na maior parte do tempo ele está muito ocupado, e o principal interesse dele é o projeto de engenharia, onde ele tem o próprio início. Às vezes ele conversa como se ele fosse o diretor de engenharia ou mesmo o presidente. Tenho que colocar os pés no chão: existem problemas aqui que o serviço de atendimento ao cliente não entende.

Foi observado que frequentemente os vendedores levavam os problemas deles diretamente para os desenhistas, enquanto a produção frequentemente jogava de volta para P&D, reclamando que não poderiam ter produzido e demandando atenção imediata de engenheiro de projeto. Esses problemas foram observados frequentemente em conferência com os supervisores de produção no andar de montagem. Frank passou:

Os desenhistas pareciam sentir que estavam perdendo algo quando um dos nós tentávamos ajudar. Eles sentem um reflexo que tinha alguém assumindo o controle do que estavam fazendo. Pareciam que queriam realizar um projeto indo direto para os estágios finais, particularmente com a equipe mecânica. Consequentemente, os serviços de engenharia são utilizados abaixo da capacidade de contribuição e o nosso departamento tem as funções negadas que deveriam ser realizadas. Não há muito uso dos serviços de engenharia como deveria haver.

O supervisor técnico, Frank Forbus, adicionou os comentários:

A produção escolhe o engenheiro que será o "funcionário do mês". Eles escolhem cada detalhe em vez de utilizar os chefes e fazer as mudanças pequenas que devem ser feitas. As pessoas de 15 a 20 anos não devem ter que provar as habilidades, mas passam quatro horas defendendo-se e quatro horas para ter o serviço feito. Não tenho ninguém para recorrer quando preciso de ajuda. Frank Forbus está com medo. Tento ajudá-lo, mas ele não pode me ajudar agora. Sou responsável por 50 pessoas e tenho que ajudá-las.

Fred Rodgers, a quem Frank tinha trazido para a empresa como assistente, deu outro ponto de vista da situação: *Eu tento que as pessoas na pré-produção tenham responsabilidades, mas não estão acostumadas a isso e as pessoas de outros departamentos geralmente não as veem como melhores qualificadas para resolver o problema. Existe uma barreira real para o recém-contratado. É difícil ganhar a confiança das pessoas. E ainda mais, fico me perguntando se realmente tem um trabalho para mim aqui.*

(Rodgers deixou a Rondell no último mês.) Outro subordinado de Forbus deu o seguinte ponto de vista:

Se Doc conseguir uma nova ideia de produto, você não pode contra-argumentar. Mas ele é muito otimista. Ele avalia que os outros podem fazer o que ele faz – mas existe somente um Doc Reeves. Temos mais de 900 pedidos de alteração de produção este ano – eles mudaram 2.500 rascunhos. Se eu estivesse no lugar de Frank, eu colocaria os pés no chão com todos os novos desenvolvimentos. Eu olharia para o retrabalho que estamos tendo e ajustaria a produção da maneira de que eu gostaria. Kilmann foi demitido quando estava fazendo um bom trabalho. Ele estava obtendo alguns sistemas nas operações da empresa. Claro, isso machucou algumas pessoas. Não tem como negar que Doc é a pessoa mais importante na empresa. O que passou dos limites é que Hunt fica em segundo plano, não apenas politicamente, mas em termos do que ele contribui tecnicamente nas relações com os clientes.

Este subordinado explicou que ele, às vezes, saía do departamento de produção e Schwab, o chefe de produção, ficava ressentido. A equipe de produção disse que Kilmann falhou em mostrar respeito aos veteranos e sempre foi de se intrometer nos negócios de outros departamentos. Este é o motivo pelo qual foi demitido, eles afirmavam.

Don Taylor era o responsável pelo controle de qualidade. Ele comentou:

Agora estou muito mais preocupado com a administração do que com o trabalho. É um dos males que você adquire. Existem muitos detalhes neste trabalho. Ouço a opinião de todos. Todos são importantes. Não deveria haver diferenças – diferenças entre as pessoas. Não tenho certeza se Frank tem que ser um foguete como o Kilmann. Acho que a questão real é se Frank está fazendo o seu trabalho. Sei que meu trabalho é essencial. Quero fornecer serviços para as pessoas mais talentosas e proporcionar-lhes informações para que possam aprimorar seus trabalhos.

O departamento de vendas

Ron Porter estava bravo. O trabalho era basicamente vender, ele disse, mas, em vez disso, transformou-se em resolução de conflitos dentro da empresa e de desculpas para os clientes em espera. Ele apontou o dedo em direção à mesa dele:

Você vê aquele telefone? Hoje tenho medo de escutá-lo tocar. Das cinco vezes que toca, três serão de clientes que dirão que estão chateados com porque falhamos na entrega programada. E as outras duas ligações serão da produção ou do Departamento de Engenharia dizendo que algumas programações "patinaram" novamente.

O modelo 802 é típico. Absolutamente típico. Nós exageramos a data de entrega em seis semanas, para permitir contingências. Dentro de dois meses, o afrouxamento já foi embora. Agora parece que termos sorte para enviá-lo antes do natal. (Agora é 28 de novembro.) Estamos arruinando a nossa reputação no mercado. Porque, justo na última semana do nosso melhor cliente – pessoas que trabalharam por 15 anos –, tentou se prender a uma cláusula de penalidade no último pedido.

Não deveríamos estar depois dos engenheiros o tempo todo. Eles deveriam ser capazes de ver quais problemas foram criados sem nos dizer nada.

Phil Klein, chefe das vendas de transmissão sob Porter, notou que muitas decisões de vendas eram tomadas pela alta administração. As vendas estavam com carência de pessoal e nunca conseguiram realmente estarem no topo do trabalho.

Crescemos cada vez mais da engenharia. O diretor de engenharia não passa as informações que demos a ele. Precisamos ter melhores relações aqui. É muito difícil conversar com os clientes sobre os problemas de desenvolvimento sem nossa ajuda técnica. Precisamos um do outro. Toda equipe de engenharia é, agora, isolada do mundo externo. A moral do Departamento de Engenharia está muito baixa. Eles estão em um local ruim – não são bem-organizados.

As pessoas aqui não aceitam muito o não enturmado. Grande parte disso acontece porque é construída uma expectativa pela alta administração de que os trabalhos sejam preenchidos desde a parte inferior. Então, é muito difícil quando um não enturmado como Frank entre na empresa.

Eric Norman, coordenador de pedidos e preços dos equipamentos de dados, conversou sobre a própria relação como Departamento de Produção:

Na verdade, me dou muito bem com eles. Claro que as coisas seriam melhores se, no geral, cooperassem mais. Sempre parecem dizer "estamos jogando de acordo com as minhas regras". As pessoas têm medo de uma produção frenética, tem muita energia lá dentro. Mas você precisa entender que a produção tem o seu conjunto de problemas. E ninguém na Rondell está trabalhando mais arduamente que Dave Schwab para tentar endireitar as situações.

O departamento de produção

Dave Schwab juntou-se ao Rondell logo depois da Guerra do Vietnã, na qual viu a responsabilidade de combate e a responsabilidade inteligente. As duas experiências foram úteis no primeiro ano do emprego civil na Rondell. O superintendente da fábrica e diversos médios administradores foram, aparentemente, cedendo em negócios laterais altamente questionáveis com os fornecedores da Rondell. Dave Schwab coletou evidências, revelou a situação para Bill Hunt e ficou ao lado do presidente na situação desagradável que se seguiu. Sete meses após se juntar à empresa, Dave foi nomeado como superintendente da fábrica.

A primeira ação foi de substituir os gerentes em queda com uma nova equipe externa. Este grupo não compartilhou a ênfase tradicional da Rondell em informalidade e relações amigavelmente pessoais e tiveram que trabalhar por muito tempo e arduamente para instalar os métodos e procedimentos sistemáticos de fabricação. Antes da reorganização, a produção havia controlado as compras, o controle de estoque e o controle final de qualidade (onde era realizada a montagem final de produtos em gabinetes). Em razão das guerras, a administração decidiu por um sistema de controle e equilíbrio da organização e removeu três departamentos da jurisdição de produção. Os novos administradores de produção sentiram que foram injustamente penalizados pela organização, particularmente desde que tinham descoberto de que o comportamento era prejudicial para a empresa em primeiro lugar.

Em 1998, o departamento de produção cresceu para 500 funcionários, 60% dos quais trabalharam na área de montagem – um ambiente excepcionalmente agradável que foi elogiado pela revista *Factory* pela decoração colorida, limpeza e baixo nível de ruído. Um adicional de 30% da força de trabalho, principalmente de mecânicos habilitados, promoveu o departamento de acabamento e fabricação. Aproximadamente outros 60 executaram a responsabilidade de agendamento, de supervisão e de manutenção. Os trabalhadores da produção eram desunidos, pagos por hora e participaram tanto no programa de divisão liberal de lucros quanto nos planos de compra de ação. A moral na produção era tradicionalmente alta, e a rotatividade era extremamente baixa.

Dave Schwab comentou:

Para ser eficiente, a produção precisaria ser um departamento independente. Temos o controle do que entra e do que sai no departamento. É por isso que compras, controle de inventário e qualidade devem ser extintas nesta empresa. Eliminaríamos muitos problemas com o melhor controle. Porque, mesmo Don Taylor no CQ trabalharia para mim em vez do Departamento de Engenharia; ele disse para si mesmo. Compreendemos melhor os problemas dele.

Os outros departamentos também deveriam ser independentes. Por isso que sempre evito subordinados e vou direto para o chefe de departamento para quaisquer questões. Vou direto.

Tenho que proteger minha equipe de distúrbios externos. Olhe o que acontece se eu deixo projetos incompletos, feitos pela metade aqui – seria um caos. Os erros devem ser descobertos antes do rascunho para entrar em produção, e parece que sou aquele que tem que encontrá-los. Olhe para o 802, por exemplo. (Dave passou a maior parte do dia de Ação de Graças excluindo os últimos conjuntos de impressão.) O Departamento de Serviço de Engenharia deve ter descoberto cada uma das discrepâncias. Eles não verificaram os rascunhos apropriadamente. Eles mudam muitas das coisas que marquei, mas falharam em não continuar com as mudanças no resto do rascunho. Não deveria ter feito aquilo. E alguns engenheiros são "loucos tolerantes". Querem tudo a um milionésimo de polegada. Sou o único na empresa que vivenciou a usinagem de modo muito detalhado. Temos que ter certeza de que o que os engenheiros dizem nos rascunhos, na verdade, precisa ser daquele jeito e se isso é possível para o tipo de material comprado.

Aquela não deveria ser a responsabilidade da produção, mas tenho que fazer isso. Aceitar impressões ruins não fará com que o pedido saia mais rápido. Só faríamos um monte de lixo que precisaria ser retrabalhado. E isso tomaria muito mais tempo.

Dessa maneira, sou conhecido como um cara ruim, mas acho que esta é apenas uma parte do trabalho. (Ele parou para um sorriso irônico.) Claro, o que realmente pega é que eu não tenho diploma universitário.

Dave teve uma conversa franca com o Departamento de Vendas porque, ele disse, que eles confiavam nele.

Quando informamos uma data de envio ao Ron Porter, ele sabia que o equipamento seria enviado.

Você tem que reconhecer, apesar disso, que todos os nossos problemas com novos produtos derivam de vendas com comprometimentos absurdos no equipamento que não foram totalmente desenvolvidos. Isso sempre significará problemas. Infelizmente, Hunt sempre apoia as vendas, mesmo quando estão errados. Ele sempre os favorece.

Ralph Simon, 65 anos, vice-presidente executivo da empresa, tem responsabilidade direta com o departamento de produção de Rondell. Ele disse:

Não tem que haver divisão de departamentos entre as altas administrações na empresa. O presidente dever ser soberano. A equipe de produção pede para fazer algo por eles, e eu realmente não posso. Esta atenção especial que eles [P&D] conseguem de Bill cria uma sensação ruim entre engenharia e produção. Mas Hunt gosta de se envolver no projeto. Schwab sente que a produção é tratada como uma relação fraca.

O conselho executivo

Na reunião do conselho executivo, em 6 de dezembro, foi devidamente registrado que Dave Schwab aceitou as impressões e as especificações para o modulador modelo 802 e ajustou para sexta, dia 29 de dezembro, como data de envio das dez primeiras peças. Bill Hunt, no papel de presidente, balançou a cabeça e mudou de assunto rapidamente quando Frank tentou abrir a agenda para uma discussão de coordenação interdepartamental.

O conselho executivo era uma ideia original do controlador da Rondell, Len Symmes, que estava ciente das disputas que aborreciam a empresa. Symmes convenceu Bill Hunt e Ralph Simon a se encontrarem a cada duas semanas com os chefes de departamento e as reuniões eram formalizadas com Hunt, Simon, Ron Porter, Dave Schwab, Frank Forbus, Doc Reeves, Symmes e o diretor da equipe de atendimento. Symmes explicou a intenção e os resultados:

Fazendo as coisas coletiva e informalmente não funciona tão bem como deveria. As coisas ficaram piores nos últimos dois anos. Tivemos que pensar em termos de relações formais de organização. Fiz o primeiro organograma e o conselho executivo teve a mesma ideia – mas nenhuma das ideias contribui muito, estou com medo. A alta administração teve que fazê-la. O restante não pode fazer muita coisa diferente até que os superiores vejam a nossa necessidade de mudar.

Esperava que o conselho ajudasse os gerentes de departamentos a obter um processo de planejamento construtivo. Não funcionou daquele jeito porque o Sr. Hunt verdadeiramente não via a necessidade disso. Ele utilizada as reuniões como oportunidade para transmitir as informações de rotina.

Feliz Natal

"Frank, eu não saberia se lhe diria agora ou depois do feriado." Era sexta-feira, 22 de dezembro, e Frank Forbus estava desajeitadamente em pé em frente à mesa de Bill Hunt.

"Mas eu esperava que você trabalhasse bem no dia de natal se não tivéssemos esta conversa e isso não seria justo com você. Não entendo por que tivemos tão pouca sorte no trabalho de diretor de engenharia recentemente. E não acho que a culpa seja só sua. Mas..."

Frank ouviu somente metade das palavras de Hunt e não respondeu nada. Ele receberia pagamento até o dia 28 de fevereiro... Ele deveria ter aproveitado o tempo para pesquisar... Hunt ajudaria em tudo que pudesse.... Jim Kilmann tinha que fazer tão bem quanto fazia no novo trabalho e poderia precisar de mais ajuda...

Frank limpou a mesa e foi para casa entorpecidamente. O carrilhão eletrônico próximo à casa dele estava tocando música de Natal. Frank pensou novamente nos argumentos de Hunt: Conflito ainda incomodando a Rondell – e Frank ainda não tinha esquecido. Talvez alguém pudesse fazê-lo.

"E o que o Papai Noel lhe trouxe, Frankie?" perguntou para si mesmo.

"Um saco. Apenas um saco vazio."

Notas

1. This case is based on Anthony Bianco and Pamela L. Moore, "Downfall: The Inside Story of the Management Fiasco at Xerox," *BusinessWeek* (March 5, 2001), 82–92; Robert J. Grossman, "HR Woes at Xerox," *HR Magazine* (May 2001), 34–45; Jeremy Kahn, "The Paper Jam from Hell," *Fortune* (November 13, 2000), 141–146; Pamela L. Moore, "She's Here to Fix the Xerox," *BusinessWeek* (August 6, 2001), 47–48; Claudia H. Deutsch, "At Xerox, the Chief Earns (Grudging) Respect," *The New York Times* (June 2, 2002), section 3, 1, 12; Olga Kharif, "Anne Mulcahy Has Xerox by the Horns," *BusinessWeek Online* (May 29, 2003); Amy Yee, "Xerox Comeback Continues to Thrive," *Financial Times* January 26, 2005, 30; George Anders, "Corporate News; Business: At Xerox, Jettisoning Dividend Helped Company Out of a Crisis," *The Asian Wall Street Journal* (November 28, 2007), 6; Andrew Davidson, "Xerox Saviour in the Spotlight," *Sunday Times* (June 1, 2008), 6; Betsy Morris, "The Accidental CEO," *Fortune* (June 23, 2003), 58–67; Matt Hartley, "Copy That: Xerox Tries Again to Rebound," *The Globe and Mail* (January 7, 2008), B1; Nanette Byrnes and Roger O. Crockett, "An Historic Succession at Xerox," *BusinessWeek* (June 8, 2009), 18–22; William M. Bulkeley, "Xerox Names Burns Chief as Mulcahy Retires Early," *The Wall Street Journal* (May 22, 2009), B1; Geoff Colvin, "C-Suite Strategies: Ursula Burns Launches Xerox Into the Future," Fortune (April 22, 2010), http://money.cnn.com/2010/04/22/news/companies/xerox_ursula_burns.fortune/ (accessed July 1, 2011); Kelley Damore, "Burns: Blazing a New Trail," CRN (May 1, 2011), 48; Dana Mattioli, "Xerox Makes Push for Faster Services Growth," *The Wall Street Journal Online* (May 10, 2011), http://online.wsj.com/article/SB10001424052748703730804576315431127121172.html (accessed July 1, 2011); Scott Campbell, "Xerox: Channeling New Energy," CRN (May 1, 2011), 3; "Ethisphere Announces 2010 World's Most Ethical Companies," *Business Wire* (March 22, 2010); and "Xerox Recognized for Commitment to Citizenship: Awards Focus on Corporate Reputation, Ethics and Governance, Sustainability, Diversity, and a Commitment to Work-Life Balance," *Business Wire* (June 24, 2009).
2. Susan Carey and Timothy W. Martin, "American Air Strains for Lift," *The Wall Street Journal* (July 2, 2011), B1.
3. Matthew Karnitschnig, Carrick Mollenkamp, and Dan Fitzpatrick, "Bank of America Eyes Merrill," *The Wall Street Journal* (September 15, 2008), A1; Carrick Mollenkamp and Mark Whitehouse, "Old-School Banks Emerge Atop New World of Finance," *The Wall Street Journal* (September 16, 2008), A1, A10.
4. Mike Ramsey and Evan Ramstad, "Once a Global Also-Ran, Hyundai Zooms Forward," *The Wall Street Journal* (July 30, 2011), A1; Richard Siklos, "Bob Iger Rocks Disney," *Fortune* (January 19, 2009), 80–86; Ellen Byron, "Lauder Touts Beauty Bargains," *The Wall Street Journal* (May 5, 2009).
5. Harry G. Barkema, Joel A.!C. Baum, and Elizabeth A. Mannix, "Management Challenges in a New Time," *Academy of Management Journal* 45, no. 5 (2002), 916–930.
6. Joann S. Lublin, "Hunt Is On for Fresh Executive Talent–Cultural Flexibility in Demand," *The Wall Street Journal* (April 11, 2011), B1.
7. Darrell Rigby and Barbara Bilodeau, "Management Tools and Trends 2009," Bain & Company (May 22, 2009), http://www.bain.com/publications/articles/management-tools-andtrends-2009.aspx (accessed July 5, 2011).
8. Keith H. Hammonds, "The New Face of Global Competition," *Fast Company* (February 2003), 90–97; and Pete Engardio, Aaron Bernstein, and Manjeet Kripalani, "Is Your Job Next?" *BusinessWeek* (February 3, 2003), 50–60.
9. Pete Engardio, "Can the U.S. Bring Jobs Back from China?" *BusinessWeek* (June 30, 2008), 38ff.
10. Janet Adamy, "McDonald's Tests Changes in $1 Burger As Costs Rise," *The Wall Street Journal* (August 4, 2008), B1.
11. Lavonne Kuykendall, "Auto Insurers Paying Up to Compete for Drivers," *The Wall Street Journal* (April 9, 2008), B5.
12. Chris Serres, "As Shoppers Cut Back, Grocers Feel the Squeeze," *Star Tribune* (July 23, 2008), D1.
13. Adam Cohen, "Who Cheats? Our Survey on Deceit," *The Wall Street Journal* (June 27, 2008).
14. Survey results reported in Don Hellriegel and John W. Slocum Jr., Organizational Behavior, 13th ed. (Cincinnati, OH: South-Western/Cengage Learning, 2011), 37.
15. This definition is based on Marc J. Epstein and Marie-Josée Roy, "Improving Sustainability Performance: Specifying, Implementing and Measuring Key Principles," *Journal of General Management* 29, no. 1 (Autumn 2003), 15–31; World Commission on Economic Development, Our Common Future (Oxford: Oxford University Press, 1987); and Marc Gunther, "Tree Huggers, Soy Lovers, and Profits," *Fortune* (June 23, 2003), 98–104.
16. Ann Zimmerman, "Retailer's Image Moves from Demon to Darling," *The Wall Street Journal Online* (July 16, 2009),

http://online.wsj.com/article/SB124770244854748495.html?KEYWORDS=%22Retailer%E2%80%99s+Image+Moves+from+Demon+to+Darling%22 (accessed July 24, 2009); Samuel Fromartz, "The Mini-Cases: 5 Companies, 5 Strategies, 5 Transformations," *MIT Sloan Management Review* (Fall 2009), 41–45; and Ram Nidumolu, C.!K. Prahalad, and M.!R. Rangaswami, "Why Sustainability Is Now the Key Driver of Innovation," *Harvard Business Review* (September 2009), 57–64.
17. Kuykendall, "Auto Insurers Paying Up to Compete."
18. This section is based partly on Fahri Karakas, "Welcome to World 2.0: The New Digital Ecosystem," *Journal of Business Strategy* 30, no. 4 (2009), 23–30.
19. S. Nambisan and M. Sawhney, *The Global Brain: Your Roadmap for Innovating Faster and Smarter in a Networked World* (Philadelphia, PA: Wharton School Publishing, 2007); and Karakas, "Welcome to World 2.0."
20. Karakas, "Welcome to World 2.0."
21. "Help Solve an Open Murder Case," FBI website (March 29, 2011), http://www.fbi.gov/news/stories/2011/march/cryptanalysis_032911 (accessed July 7, 2011).
22. Andy Reinhardt, "From Gearhead to Grand High Pooh-Bah," *BusinessWeek* (August 28, 2000), 129–130.
23. G. Pascal Zachary, "Mighty Is the Mongrel," *Fast Company* (July 2000), 270–284.
24. Jennifer Cheeseman Day, "National Population Projections," Population Profile of the United States, U.S. Census Bureau, http://www.census.gov/population/www/pop-profile/natproj.html (accessed May 6, 2011); and Laura B. Shrestha and Elayne J. Heisler, "The Changing Demographic Profile of the United States," *Congressional Research Service* (March 31, 2011), http://www.fas.org/sgp/crs/misc/RL32701.pdf (accessed May 6, 2011).
25. "Employment Projections: 2008–2018 Summary," U.S. Department of Labor, Bureau of Labor Statistics (December 10, 2009), http://www.bls.gov/news.release/ecopro.nr0.htm (accessed September 21, 2010).
26. Hanna Rosin, "The End of Men," *The Atlantic Monthly* (July–August 2010), http://www.theatlantic.com/magazine/archive/2010/07/the-end-of-men/8135/ (accessed December 25, 2010).
27. Ursula M. Burns, "Lead with Values; Make the Worst the Best of Times," *Leadership Excellence* (February 2010), 7.
28. Howard Aldrich, *Organizations and Environments* (Englewood Cliffs, N.J.: Prentice-Hall, 1979), 3.
29. Royston Greenwood and Danny Miller, "Tackling Design Anew: Getting Back to the Heart of Organizational Theory," *Academy of Management Perspectives* (November 2010), 78.-88.
30. This section is based on Peter F. Drucker, *Managing the Non-Profit Organization: Principles and Practices* (New York: HarperBusiness, 1992); Thomas Wolf, *Managing a Nonprofit Organization* (New York: Fireside/Simon & Schuster, 1990); and Jean Crawford, "Profiling the Non-Profit Leader of Tomorrow," *Ivey Business Journal* (May–June 2010).
31. Christine W. Letts, William P. Ryan, and Allen Grossman, *High Performance Nonprofit Organizations* (New York: John Wiley & Sons, Inc., 1999), 30–35; Crawford, "Profiling the Non-Profit Leader of Tomorrow."
32. Lisa Bannon, "Dream Works: As Make-a-Wish Expands Its Turf, Local Groups Fume," *The Wall Street Journal* (July 8, 2002), A1, A8.
33. Robert N. Stern and Stephen R. Barley, "Organizations and Social Systems: Organization Theory's Neglected Mandate," *Administrative Science Quarterly* 41 (1996), 146–162.
34. Philip Siekman, "Build to Order: One Aircraft Carrier," *Fortune* (July 22, 2002), 180[B]–180[J].
35. Ronald D. White, "Efficiency Helps Vernon Furniture Factory Keep Its Edge," *The Los Angeles Times* (May 1, 2011), http://articles.latimes.com/2011/may/01/business/la-fi-madein-california-furniture-20110501 (accessed July 8, 2011).
36. Art Wittmann, "How Skype/Facebook Will Kill the Phone Network," *InformationWeek* (July 7, 2011), http://www.informationweek.com/news/telecom/unified_communications/231001171 (accessed July 8, 2011); Ellen McGirt, "1: Facebook," *Fast Company* (March 2010), 54–57, 110 (part of the section "The World's 50 Most Innovative Companies"); and "The World's Most Innovative Companies 2011," *Fast Company*, http://www.fastcompany.com/mostinnovative-companies/2011/ (accessed September 29, 2011).
37. Christopher Lawton, Yukari Iwatani Kane, and Jason Dean, "Picture Shift: U.S. Upstart Takes on TV Giants in Price War," *The Wall Street Journal* (April 15, 2008), A1; and "Consumers Make Vizio the #1 LCD HDTV in North America," Vizio Website, http://www.vizio.com/news/ConsumersMake VIZIOthe1FlatPanelHDTVinNorthAmerica/ (accessed July 6, 2011).
38. The discussion of structural dimensions and contingency factors was heavily influenced by Richard H. Hall, *Organizations: Structures, Processes, and Outcomes* (Englewood Cliffs, N.J.: Prentice-Hall, 1991); D.!S. Pugh, "The Measurement of Organization Structures: Does Context Determine Form?" *Organizational Dynamics* 1 (Spring 1973), 19–34; and D.!S. Pugh, D.!J. Hickson, C.!R. Hinings, and C. Turner, "Dimensions of Organization Structure," *Administrative Science Quarterly* 13 (1968), 65–91.
39. Ian Urbina, "In Gulf, It Was Unclear Who Was in Charge of Oil Rig," *The New York Times*, June 5, 2010; Douglas A. Blackmon, Vanessa O'Connell, Alexandra Berzon, and Ana Campoy, "There Was 'Nobody in Charge,'" *The Wall Street Journal*, May 27, 2010; Campbell Robertson, "Efforts to Repel Gulf Oil Spill Are Described as Chaotic," *The New York Times*, June 14, 2010.
40. Jaclyne Badal, "Can a Company Be Run As a Democracy? *The Wall Street Journal* (April 23, 2007), B1; "An Interview with Brian Robertson, President of Ternary Software, Inc.," http://integralesforum.org/fileadmin/user_upload/FACHGRUPPEN/FG_imove/downloads/Interview_with_Brian_Robertson_2006-02-08_v2_01.pdf (accessed July 6, 2011); and John Huey, "Wal-Mart: Will It Take Over the World?" Fortune (January 30, 1989), 52–61.
41. Dana Mattioli, "CEOs Fight to Prevent Discretionary Spending from Creeping Back Up," *The Wall Street Journal* (July 42. Steve Lohr, "Who Pays for Efficiency?" The New York Times (June 11, 2007), H1.
42. T. Donaldson and L.!E. Preston, "The Stakeholder Theory of the Corporation: Concepts, Evidence, and Implications," *Academy of Management Review* 20 (1995), 65–91; Anne S.
43. Tusi, "A Multiple-Constituency Model of Effectiveness: An Empirical Examination at the Human Resource Subunit Level," *Administrative Science Quarterly* 35 (1990), 458–483; Charles Fombrun and Mark Shanley, "What's in a Name? Reputation Building and Corporate Strategy," *Academy of Management Journal* 33 (1990), 233–258; and Terry Connolly, Edward J. Conlon, and Stuart Jay Deutsch, "Organizational Effectiveness: A Multiple-Constituency Approach," *Academy of Management Review* 5 (1980), 211–217.
44. Charles Fishman, "The Wal-Mart You Don't Know – Why Low Prices Have a High Cost," *Fast Company* (December 2003), 68–80.
45. Greenwood and Miller, "Tackling Design Anew."

46. Greenwood and Miller, "Tackling Design Anew;" and Roger L.!M. Dunbar and William H. Starbuck, "Learning to Design Organizations and Learning from Designing Them," *Organization Science* 17, no. 2 (March–April 2006), 171-178.
47. Quoted in Cynthia Crossen, "Early Industry Expert Soon Realized a Staff Has Its Own Efficiency," *The Wall Street Journal* (November 6, 2006), B1.
48. Robert Kanigel, *The One Best Way: Frederick Winslow Taylor and the Enigma of Efficiency* (New York: Viking, 1997); Alan Farnham, "The Man Who Changed Work Forever," *Fortune* (July 21, 1997), 114; and Charles D. Wrege and Ann Marie Stoka, "Cooke Creates a Classic: The Story Behind F.!W. Taylor's Principles of Scientific Management," *Academy of Management Review* (October 1978), 736-749. For a discussion of the impact of scientific management on American industry, government, and nonprofit organizations, also see Mauro F. Guillèn, "Scientific Management's Lost Aesthetic: Architecture, Organization, and the Taylorized Beauty of the Mechanical," *Administrative Science Quarterly* 42 (1997), 682-715.
49. Gary Hamel, "The Why, What, and How of Management Innovation," *Harvard Business Review* (February 2006), 72-84.
50. Amanda Bennett, *The Death of the Organization Man* (New York: William Morrow, 1990).
51. Ralph Sink, "My Unfashionable Legacy," *Strategy + Business* (Autumn 2007), http://www.strategy-business.com/press/enewsarticle/enews122007?pg=0 (accessed August 7, 2008).
52. Dunbar and Starbuck, "Learning to Design Organizations."
53. Johannes M. Pennings, "Structural Contingency Theory: A Reappraisal," *Research in Organizational Behavior* 14 (1992), 267-309.
54. Henry Mintzberg, *The Structuring of Organizations: The Synthesis of the Research* (Englewood Cliffs, N.J.: Prentice-Hall, 1979), 215-297; Henry Mintzberg, "Organization Design: Fashion or Fit?" *Harvard Business Review* 59 (January–February 1981), 103-116; and Henry Mintzberg, *Mintzberg on Management: Inside Our Strange World of Organizations* (New York: The Free Press, 1989).
55. Tom Burns and G.!M. Stalker, *The Management of Innovation* (London: Tavistock, 1961).
56. Jena McGregor, "There Is No More Normal,'" *BusinessWeek* (March 23 & 30, 2009), 30–34; and Ellen McGirt, "Revolution in San Jose," *Fast Company* (January 2009), 88–94, 134–136.
57. Daisuke Wakabayashi and Toko Sekiguchi, "Disaster in Japan: Evacuees Set Rules to Create Sense of Normalcy," *The Wall Street Journal* (March 26, 2011), A1.
58. Niels Billou, Mary Crossan, and Gerard Seijts, "Coping with Complexity," *Ivey Business Journal* (May–June 2010), http://www.iveybusinessjournal.com/topics/leadership/coping-withcomplexity (accessed May 10, 2010).
59. James D. Thompson, *Organizations in Action* (New York: McGraw-Hill, 1967), 4–13.
60. Ludwig von Bertalanffy, Carl G. Hempel, Robert E. Bass, and Hans Jonas, "General Systems Theory: A New Approach to Unity of Science," *Human Biology* 23 (December 1951), 302–361; and Kenneth E. Boulding, "General Systems Theory –The Skeleton of Science," *Management Science* 2 (April 1956), 197–208.
61. This discussion is based on Peter M. Senge, *The Fifth Discipline: The Art and Practice of the Learning Organization* (New York: Doubleday, 1990); John D. Sterman, "Systems Dynamics Modeling: Tools for Learning in a Complex World," *California Management Review* 43, no. 4 (Summer, 2001), 8–25; and Ron Zemke, "Systems Thinking," *Training* (February 2001), 40–46.
62. This discussion is based in part on Toby J. Tetenbaum, "Shifting Paradigms: From Newton to Chaos," *Organizational Dynamics* (Spring 1998), 21–32.
63. William Bergquist, *The Postmodern Organization* (San Francisco: Jossey-Bass, 1993).
64. Based on Tetenbaum, "Shifting Paradigms: From Newton!to Chaos"; and Richard T. Pascale, "Surfing the Edge of Chaos," *Sloan Management Review* (Spring 1999), 83–94.
65. Copyright 1996 by Dorothy Marcic. All rights reserved.
66. John A. Seeger, Professor of Management, Bentley College.
67. Reprinted with permission.

ESTUDO DE CASO 1.0
Desenvolvendo Times Globais para Atender os Desafios do Século XXI na W. L. Gore & Associates*

Em 2008, a W. L. Gore & Associates celebrou seus 50 anos no mundo dos negócios. Durante as quatro primeiras décadas de sua existência, Gore tornou-se famosa pelos seus produtos e pela utilização de equipes administrativas localizadas em uma única instalação. Para facilitar o desenvolvimento dos times, as instalações corporativas mantinham somente 200 colaboradores ou menos. Devido aos desafios de um mercado global, as equipes administrativas já não ficavam mais em uma única instalação. Agora, elas estão espalhadas por todos os três continentes. Os produtos são vendidos em seis continentes e utilizados em todos os sete, assim como sob o oceano e no espaço. O desafio de manter uma presença global envolve ter equipes virtuais para permitir um alto grau de coordenação no desenvolvimento, produção e comercialização de produtos para clientes em todo o mundo. Como dito anteriormente, as equipes são definidas principalmente pelo produto, não mais por instalação. Os membros da equipe são agora separados por vários quilômetros, fusos-horários diferentes e uma variedade de idiomas e culturas. O crescimento e a globalização são desafios significativos para a W. L. Gore enquanto luta para manter uma cultura empresarial com um ambiente familiar. De acordo com Terri Kelly, o presidente da Gore e um colaborador de 25 anos[1]:

Nos primeiros dias, nosso negócio foi em grande parte realizado em nível local. Nós realizamos operações globais, mas a maioria dos relacionamentos foram construídos regionalmente e a maioria das decisões foram tomadas também em nível regional. Esta situação evoluiu dramaticamente nos últimos 20 anos, as empresas não podem mais ser definidas como ambientes físicos. Atualmente, a maior parte dos times está espalhada entre regiões e continentes. Portanto, o processo de tomada de decisão é muito mais global e virtual por natureza e há uma necessidade crescente de construir relacionamentos fortes por meio das fronteiras geográficas. A globalização dos nossos negócios foi uma das maiores mudanças vistas nos últimos 25 anos.

Os elementos da cultura da Gore são demonstradas na Imagem 1. A principal crença na necessidade de se ter visão no longo prazo em situações de negócios, e para criar e manter compromissos e cooperação entre os indivíduos e as equipes pequenas. Esta opinião é corroborada por práticas essenciais que substituem a estrutura hierárquica tradicional com relacionamentos flexíveis e uma sensação de que todos os trabalhadores estão na mesma situação. O foco principal é capacitar colaboradores talentosos para oferecer produtos altamente inovadores.

Apesar do crescimento substancial, os valores fundamentais não mudaram na Gore. O objetivo da empresa, "fazer dinheiro e se divertir", criado pelo fundador Wilbert (Bill) Gore ainda faz parte da cultura da Gore. Colaboradores em todo o mundo foram convidados a seguir os quatro princípios de orientação da empresa:

1. Tente ser justo.
2. Encoraje, auxilie e permita que outros colaboradores aumentem seus conhecimentos, habilidades e competências nas atividades e responsabilidade.
3. Crie seus próprios compromissos e os mantenha.
4. Consulte outros colaboradores antes de tomar ações que possam estar "abaixo da linha de flutuação".

Os quatro princípios são conhecido como *equidade, liberdade, compromisso* e *linha de flutuação*. O princípio da linha de flutuação vem de uma analogia náutica. Se alguém abrir um furo em um barco acima da linha de flutuação, o perigo para o barco será relativamente pequeno. Entretanto, se alguém abrir um buraco abaixo da linha de flutuação, o barco estará em perigo imediato de afundar. Espera-se que situações "na linha de flutuação" sejam discutidas entre as equipes, unidades e continentes antes das decisões serem tomadas. Este princípio é enfatizado até mesmo para os membros de uma equipe que precisam compartilhar o processo de tomada de decisão, mas que estão espalhados por todo o globo.

O compromisso é mencionado frequentemente na Gore. O princípio primário do compromisso enfatiza a liberdade dos associados para criar seus próprios compromissos em vez de receberem projetos ou tarefas atribuídos por outras pessoas. Mas ele pode também ser visto como um compromisso mútuo entre os colaboradores e a empresa. Os colaboradores em todo o mundo se comprometem fazer contribuições para o sucesso da empresa. Em retorno, a empresa está empenhada em oferecer uma oportunidade rica em um ambiente desafiador, um trabalho que corresponda às necessidades e preocupações dos colaboradores.

---

*Desenvolvendo Times Globais para Atender os Desafios do Século XXI na W. L. Gore & Associates", por Frank Shipper, Charles Manz e Greg L. Stewart. Copyrighted © 2009 pelos autores do caso.

[1] Este caso foi preparado por Frank Shipper, Professor de Gerenciamento, Franklin P. Perdue School of Business; Charles C. Manz, Nirenberg Professor de Liderança, Isenberg School of Management e Greg L. Stewart, Professor & Pesquisador da Tippie, Tippie College of Business. Muitas fontes foram úteis no fornecimento de material para este caso, em particular os colaboradores da Gore que generosamente compartilharam seu tempo e pontos de vista sobre a empresa para ajudar a garantir que o caso refletisse com precisão as práticas e a cultura da empresa. Eles forneceram muitos recursos, incluindo documentos e histórias de suas experiências pessoais internas. Direitos Autorais © 2009 pelos autores do caso.

Estudo de caso

FIGURA 1
Cultura da W. L. Gore & Associates

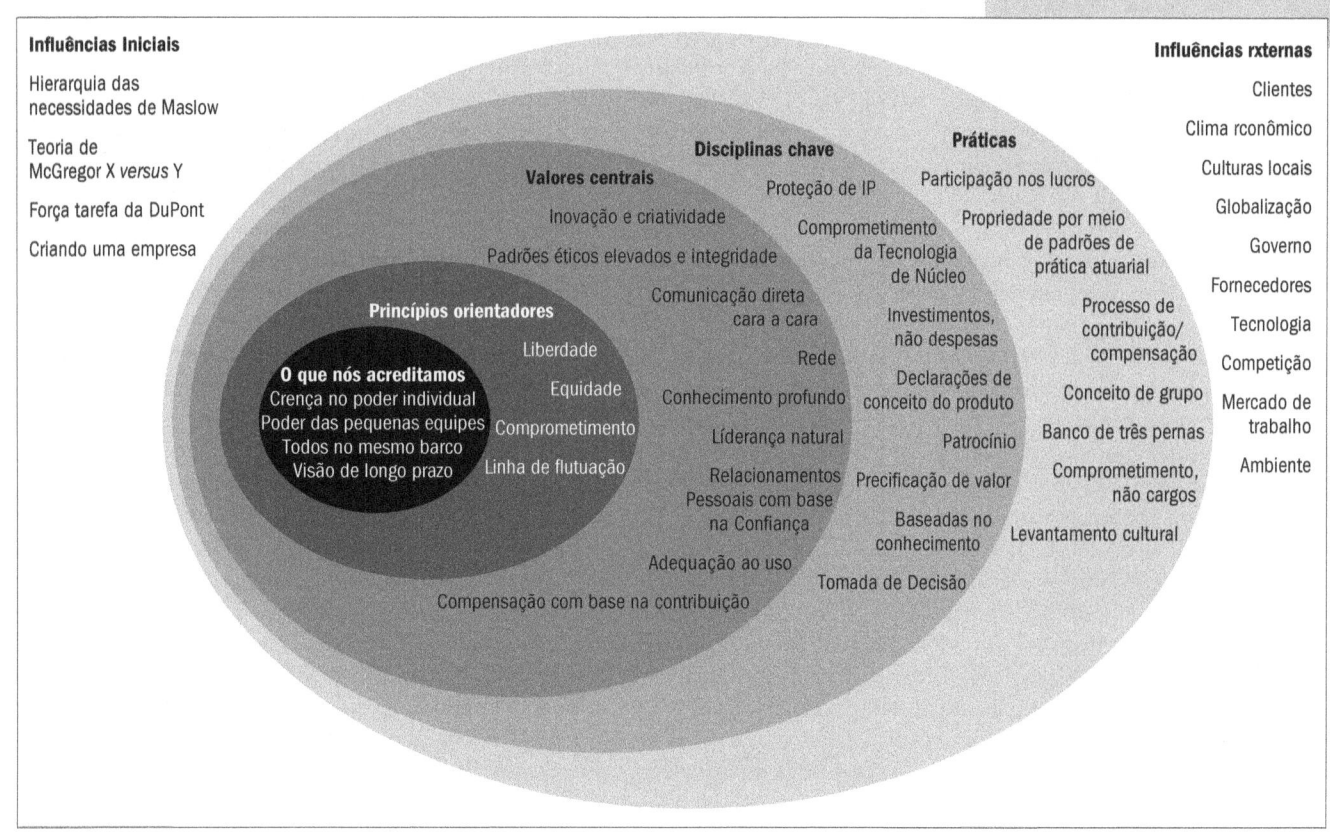

Influências Iniciais
- Hierarquia das necessidades de Maslow
- Teoria de McGregor X versus Y
- Força tarefa da DuPont
- Criando uma empresa

Influências rxternas
- Clientes
- Clima rconômico
- Culturas locais
- Globalização
- Governo
- Fornecedores
- Tecnologia
- Competição
- Mercado de trabalho
- Ambiente

O que nós acreditamos
- Crença no poder individual
- Poder das pequenas equipes
- Todos no mesmo barco
- Visão de longo prazo

Princípios orientadores
- Liberdade
- Equidade
- Comprometimento
- Linha de flutuação

Valores centrais
- Inovação e criatividade
- Padrões éticos elevados e integridade
- Comunicação direta cara a cara
- Rede
- Conhecimento profundo
- Líderança natural
- Relacionamentos Pessoais com base na Confiança
- Adequação ao uso
- Compensação com base na contribuição

Disciplinas chave
- Proteção de IP
- Comprometimento da Tecnologia de Núcleo
- Investimentos, não despesas
- Declarações de conceito do produto
- Patrocínio
- Precificação de valor
- Baseadas no conhecimento
- Tomada de Decisão

Práticas
- Participação nos lucros
- Propriedade por meio de padrões de prática atuarial
- Processo de contribuição/ compensação
- Conceito de grupo
- Banco de três pernas
- Comprometimento, não cargos
- Levantamento cultural

Histórico

Gore foi fundada por Wilbert L. "Bill" Gore e sua esposa em 1958. A ideia da empresa surgiu das experiências organizacionais, técnicas e pessoais na E. I. du Pont de Nemours & Co. e, em particular, o seu envolvimento na caracterização de um composto químico com propriedades únicas. O composto, chamado de politetrafluoretileno (PTFE), é agora comercializado pela DuPont sob o nome Teflon. Bill viu uma grande variedade de aplicações potenciais para este novo material exclusivo e quando a DuPont mostrou pouco interesse em perseguir a maioria delas diretamente, ele decidiu criar sua própria empresa e começar a seguir estes conceitos. Assim, a Gore tornou-se a primeira cliente da DuPont para este novo material.

Desde então, a Gore evoluiu para uma empresa global, com uma receita anual de mais de $2,5 bilhões, apoiado por mais de 8.500 colaboradores em todo o mundo. Isto colocou a Gore na posição n°. 180 da lista da Forbes de 2008 das 500 maiores empresas privadas nos Estados Unidos. As práticas de liderança únicas e a cultura famosa da empresa ajudaram a Gore a se tornar parte de um grupo seleto de empresas a aparecer em todos os *rankings* dos Estados Unidos das "100 Melhores Companhias Para Trabalhar" desde sua apresentação em 1984.

Bill Gore nasceu em Meridian, Idaho, em 1912. Aos seis anos, de acordo com seu próprio relato, ele era um alpinista ávido em Utah. Mais tarde, em um acampamento da igreja, em 1935, ele conheceu Genevieve (Vieve), sua futura esposa. A seu ver, o casamento era uma parceria. Ele preparava o café da manhã e Vieve, como todos a chamavam, cuidava do almoço. Esta parceria durou uma vida inteira.

Bill Gore estudou na Universidade de Utah e se formou em engenharia química em 1933, e tornou-se mestre em físico-química em 1935. Ele iniciou sua carreira profissional na American Smelting and Refining em 1936, depois foi para a Remington Arms, uma subsidiária da DuPont, em 1941 e então trabalhou na sede da DuPont em 1945. ELE ocupou os cargos de supervisor de pesquisa e chefe de pesquisa operacional. Enquanto trabalhava na DuPont, ele sentiu-se animado, comprometido, cheio de realização pessoal e autodirigido ao trabalhar com uma força-tarefa para desenvolver aplicativos para o Politetrafluoretileno (PTFE, ou teflon).

Tendo acompanhado o desenvolvimento da indústria eletrônica, ele percebeu que o PTFE tinha características de isolamento ideais para o uso com tais equipamentos. Ele tentou de várias formas criar um cabo *flat* revestido com PTFE, mas não obteve sucesso até uma revolução no laboratório no porão de casa. Uma noite, enquanto Bill estava explicando o problema para seu filho de 19 anos, Bob, o filho mais novo viu a fita selante PTFE e perguntou para seu pai, "Por que você não tenta com essa fita?" Bill explicou que não era possível ligar o PTFE a ele mesmo. Depois de Bob ter ido dormir, Bill permaneceu no seu laboratório e começou a testar o que a sabedoria convencional disse que não poderia ser feito. Por volta das 5:00 Bill acordou Bob, balançando um pequeno pedaço de cabo e dizendo "Deu certo, deu certo". Na próxima noite, pai e filho voltaram para o laboratório no porão para criar um cabo *flat* isolado com PTFE. Como a ideia veio do Bob, a patente para o cabo foi emitida com o nome dele.

Depois de um tempo, Bill Gore percebeu que a DuPont pretendia permanecer como fornecedor de matéria prima para compradores industriais e não fabricar produtos de alta tecnologia para mercados de usuário final. Bill e Vieve começaram a discutir a possibilidade de iniciar seu próprio negócio de cabo e fios isolados. Em 1 de janeiro de 1958, em seu aniversário de casamento, eles fundaram a Gore. O porão de sua casa serviu como sua primeira instalação. Depois de terminarem o café da manhã, Vieve virou para seu marido por 23 anos e disse, "Bem, vamos lavar essa louça, descer e começar a trabalhar".

Quando Bill Gore (com 45 anos e 5 filhos para criar) saiu da DuPont, ele deixou uma carreira de 17 anos e um salário bom e estável. Para financiar os dois primeiros anos de seu novo negócio, ele e Vieve hipotecaram a casa e retiraram $4.000 da poupança. Todos os seus amigos os advertiram contra um risco financeiro tão grande.

Os primeiros anos foram desafiadores. Alguns dos jovens colaboradores aceitaram ações da companhia no lugar dos salários. Membros da família que vieram para ajudar a família também viviam na casa. Em um certo momento, 11 colaboradores viviam e trabalhavam sob o mesmo teto. Uma tarde, enquanto peneirava o pó PTFE, Vieve recebeu uma ligação do Departamento de Águas da cidade de Denver. O autor da chamada queria perguntar algumas questões técnicas sobre o cabo flat e pediu para falar com o gerente de produto. Vieve explicou que ele não estava no momento. (Bill e outros dois principais colaboradores estavam fora da cidade). Ele pediu então para falar com o gerente de vendas e, em então, com o presidente. Vieve explicou que "eles" também não estavam. O autor da chamada finalmente gritou, "Que tipo de empresa é essa?" Com um pouco de diplomacia os Gores conseguiram um contrato com o Departamento de Águas de Denver de quase $100.000. Este contrato tirou a empresa de uma posição de esforço inicial e a colocou em posição de base rentável. As vendas começaram a decolar.

Durante as décadas seguintes, a Gore desenvolveu inúmeros produtos derivados do PTFE, sendo o mais conhecido o tecido GORE-TEX®. O desenvolvimento do tecido GORE TEX®, um dos vários novos produtos que seguiram a descoberta essencial de Bob Gore, é um exemplo do poder da inovação. Em 1969, o Departamento de Cabos e Fios da Gore enfrentava o aumento da concorrência. Bill Gore começou a procurar por uma forma de expandir o PTFE: "Percebi que se conseguíssemos desdobrar as moléculas, fazer com que elas se esticassem, teríamos um tremendo novo tipo de material". O novo material de PTFE teria mais volume por quilo de matéria-prima, sem qualquer efeito adverso sobre o desempenho. Logo, os custos de fabricação seriam reduzidos e as margens de lucro aumentariam. Bob Gore assumiu o projeto. Ele aqueceu as barras de PTFE a diversas temperaturas e, em seguida, estendeu-as lentamente. Independentemente da temperatura ou o cuidado com que ele as estendia, as barras ainda quebravam. Trabalhando sozinho tarde da noite depois de inúmeras falhas, Bob, frustrado, estendeu uma das barras com violência. Para sua surpresa, ela não a quebrou. Ele testou a barra várias vezes e obteve o mesmo resultado. Na manhã seguinte, Bill Gore disse, "Bob queria me surpreender, então ele pegou uma barra e a esticou lentamente. Naturalmente, ela quebrou. Então ele fingiu ficar bravo. Ele pegou outra barra e disse, 'Ah, pro inferno com isso' e puxou. E a barra não quebrou – ele conseguiu". O novo arranjo de moléculas não só alterou a Divisão de Fios e Cabos, como também levou ao desenvolvimento do tecido GORE-TEX® e muitos outros produtos.

Em 1986, Bill Gore morreu fazendo trilha nas Montanhas Wind River em Wyoming. Vieve Gore continuou a se envolver ativamente na empresa e atuou no conselho de administração, até sua morte aos 91, em 2005.

A empresa Gore teve somente quatro presidentes em seus 50 anos. Bill Gore atuou como presidente a partir da fundação da empresa, em 1958, até 1976. Nesse ponto, seu filho Bob tornou-se presidente e CEO. Bob tem sido um membro ativo da empresa a partir do momento de sua fundação, mais recentemente como presidente do conselho de administração. Ele atuou como presidente até 2000, quando Chuck Carroll foi escolhido como o terceiro presidente. Em 2005, Terri Kelly assumiu seu lugar. Tal como todos os presidentes após Bill Gore, ela é uma funcionária de longa data. Ela estava na Gore por 22 anos antes de se tornar presidente.

A família Gore criou uma cultura única que continua a ser uma inspiração para os associados. Por exemplo, Dave Gioconda, atual especialista de produto, relatou seu encontro com Bob Gore pela primeira vez - uma experiência que reforçou a cultura igualitária da Gore:

> Duas semanas depois que eu entrei na Gore, eu viajei para Phoenix para um treinamento... Eu disse ao rapaz ao meu lado no avião onde eu trabalhava e ele disse: "Eu trabalho para a Gore também." "Está brincando?" Eu perguntei. "Onde você trabalha?" Ele disse, "Ah, Eu trabalho na unidade de Cherry Hill"...
>
> Eu passei duas horas e meia no avião tendo uma conversa com este senhor que se descreveu como um especialista em tecnologia e compartilhou algumas de suas experiências. Quando saí do avião, eu apertei sua mão e disse: "Eu sou Dave Gioconda, prazer em conhecê-lo". Ele respondeu, "Oh, Eu sou Bob Gore". Essa experiência teve uma profunda influência sobre as decisões que eu tomo.

Devido à liderança de Bill, Vieve, Bob, e muitos outros, a Gore foi selecionada como uma das "100 Melhores Empresas para Trabalhar" nos Estados Unidos em 2009 pela revista Fortune, pelo décimo segundo ano consecutivo. Além disso, a Gore foi incluída em todas os três livros de

Estudo de caso

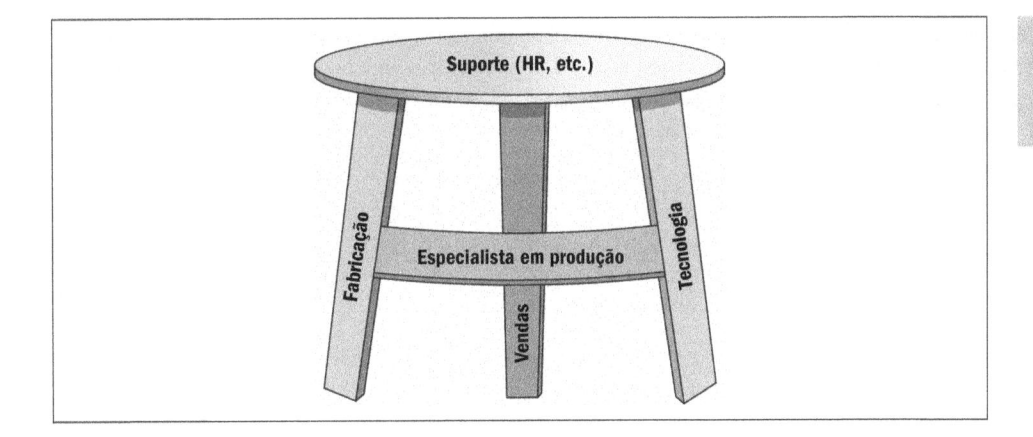

FIGURA 2
Tecnologia de Coordenação, Manufatura e Vendas na Gore

[Figura: banquinho com tampo "Suporte (HR, etc.)", travessa "Especialista em produção" e três pernas rotuladas "Fabricação", "Vendas" e "Tecnologia"]

100 Melhores Empresas para Trabalhar na América (1984, 1985 e 1993). Ela é uma das poucas empresas selecionadas que aparecem em todas as 15 listas. A Gore foi escolhida também como uma das melhores empresas para se trabalhar na França, Alemanha, Itália, Espanha, Suécia e Reino Unido.

Como uma empresa de capital fechado, a Gore não torna público os seus resultados financeiros. No entanto, ela compartilha os resultados financeiros com todos os colaboradores em uma base mensal. Em 2008, a revista *Fortune* informou que as vendas da Gore cresceram um pouco mais de 7% em 2006, o último ano para o qual os dados estavam disponíveis.

Estratégia Competitiva na W. L. Gore

Para o gerenciamento de produto, a Gore está agora separada em quatro divisões: Eletrônica, Tecidos, Industrial e Médica. A Divisão de Produtos Eletrônicos (EPD) desenvolve e fabrica cabos e conjuntos de alto desempenho, bem como materiais especiais para dispositivos eletrônicos. A divisão de tecidos desenvolve e fornece tecidos para a indústria de vestuário para atividades ao ar livre, bem como para os militares, policiais e as indústrias de proteção contra incêndios. Os tecidos Gore, comercializados sobre os nomes GORE-TEX®, WINDSTOPPER®, CROSSTECH®, e GORE® CHEMPAK® fornecem proteção e conforto ao usuário. A Divisão de Produtos Industriais (DPI) faz a filtração, selantes e outros produtos. Estes produtos atendem contaminações diversificadas e os desafios do processo em muitas indústrias. A Divisão de Produtos Médicos da Gore (MPD) fornece produtos como enxertos vasculares sintéticos, dispositivos endovasculares intervencionistas, endopróteses, adesivos cirúrgicos para correção de hérnia, e suturas para uso em cirurgia vascular, cardíaca, geral e nos procedimentos orais. Apesar de serem reconhecidas como divisões separadas, elas frequentemente trabalham juntas.

Uma vez que possui quatro divisões que servem diferentes indústrias, a Gore pode ser vista como um conglomerado diversificado. Bob Winterling, um colaborador financeiro, descreveu como as quatro divisões trabalham juntas financeiramente:

> *O que eu mais gosto na Gore é que nós temos quatro divisões bem diferentes. Durante o meu tempo aqui, tenho notado que quando uma ou duas divisões estão em baixa, sempre há uma, duas ou três que estão em alta. Eu as chamo de cilindros. Às vezes, os quatro cilindros estão funcionando muito bem, porém não o tempo todo. Normalmente são duas ou três, mas isso é o luxo que podemos ter. Quando uma está em baixa, é bom saber que a outra está bem.*

No final de 2007, todas as quatro divisões tiveram um bom desempenho. As quatro divisões diversificadas não só protegem contra oscilações em qualquer indústria, mas também oferecem várias oportunidades de investimento. Em 2008, a Gore estava investindo em um grande número de áreas, sendo a área de maior investimento a Divisão de Produtos Médicos. Esta foi uma escolha consciente, pois essas oportunidades foram consideradas a maior interseção entre as capacidades únicas da Gore e as grandes e atraentes necessidades do mercado. Como Brad Jones, líder da empresa, disse: "Todas as oportunidades não são criadas iguais e há uma enorme quantidade de oportunidades gritando por recursos na área médica". Ao mesmo tempo, a liderança na Gore analisa grandes investimentos, para que projetos, chamados por Brad Jones de "grandes queimas" não sejam realizados, a menos que exista uma expectativa razoável de recompensa.

Desenvolvendo Produtos de Qualidade e Protegendo a Tecnologia de Núcleo

O objetivo competitivo da Gore é a utilização da *core technology* derivada de PTFE para criar produtos altamente diferenciados e exclusivos. Em cada linha de produtos, o objetivo não é produzir os mais baixos custos de mercadorias, mas sim criar os produtos da mais alta qualidade que atendam e superem as necessidades dos clientes. É claro que a Gore trabalha arduamente para manter os preços competitivos, mas a fonte de vantagem competitiva é claramente a qualidade e a diferenciação. A Gore é uma empresa construída sobre inovações tecnológicas.

Os líderes da Gore muitas vezes se referem a um banquinho de três pernas para explicar como as operações se integram. Como mostrado na Figura 2, as três pernas do banquinho são a tecnologia, produção e vendas. Para cada produto, as pernas do banquinho são unidas por um especialista do produto. Por exemplo, um especialista de produto pode coordenar esforços para projetar, fazer e vender um enxerto vascular. Outro especialista de produto coordenaria os esforços relacionados com a criação e comercialização de tecidos para uso em parcas de inverno. As funções de apoio, como recursos humanos, tecnologia da informação e finanças também ajudam a unir vários aspectos de tecnologia, manufatura e vendas.

A Divisão de Tecidos da Gore pratica o marketing cooperativo com os usuários de seus tecidos. Na maioria dos casos, a Gore não cria produtos a partir de seus tecidos, mas sim, fornece os tecidos para fabricantes como North Face, Marmot, L. L. Bean, Salomon, Adidas e Puma. Em cada peça de vestuário há uma marca indicando que esta é feita utilizando o tecido GORE-TEX®. De acordo com o ex-presidente da Cotton Inc., a Gore é uma empresa líder na criação de marcas secundárias. Por exemplo, um vendedor de uma loja de golfe relatou como ele inicialmente tentou explicar que ele tinha roupas para chuva feitas por vários fabricantes que utilizavam o tecido GORE-TEX®. Depois de perceber que seus clientes não se importavam com quem era o fabricante, mais sim se o produto era feito a partir do tecido GORE-TEX®, ele desistiu e agora simplesmente leva os clientes até as roupas produzidas com o GORE-TEX®.

Devido ao seu compromisso com a produção de bens superiores, a Gore enfatiza a integridade do produto. Por exemplo, apenas os fabricantes certificados e licenciados são fornecidos com tecidos da Gore. A Gore mantém ambientes climatizados para testar os novos modelos de vestuários. Os sapatos com o tecido GORE-TEX® são testados na água cerca de 300.000 vezes, para garantir que eles são à prova d'água.

Depois de todas as medidas preventivas, a Gore está por trás de seus produtos, independentemente de quem é o fabricante e até mesmo se o defeito é meramente cosmético. Susan Bartley, uma colaboradora da área de fabricação, disse:

Uma falha cosmética, não uma falha de adequação para uso, foi detectada em um vestuário finalizado, então nós (a Gore) compramos de volta as peças do fabricante, porque não queríamos roupas assim no mercado.

Isto ocorreu pois falhas, cosméticas ou de adequação para o uso, não são frequentes. Um colaborador estimou que a última aconteceu há 10 anos atrás. A Gore é, no entanto, comprometida com a qualidade de seus produtos e irá protegê-los.

Os vendedores de tecidos da Gore e associados de marketing acreditam que experiências de compra positivas com um produto GORE-TEX® (por exemplo, uma jaqueta de esqui) levam à compra de outros produtos GORE-TEX® (luvas, calças, capas de chuva, botas e jaquetas). Além disso, eles acreditam que as experiências positivas com seus produtos serão compartilhadas entre os clientes e potenciais clientes, levando a mais vendas.

O compartilhamento e o aumento do conhecimento são vistos como a chave para o desenvolvimento de produtos atuais e futuros. Uma grande ênfase é colocada sobre o compartilhamento de conhecimento. De acordo com Terri Kelly,

Há uma verdadeira vontade e abertura para compartilhar o conhecimento. Isso é algo que eu experimentei há 25 anos e não mudou até hoje. É algo muito saudável. Queremos garantir que as pessoas compreendam a necessidade de conectar mais pontos na rede.

Os colaboradores fazem um esforço consciente para compartilhar o conhecimento técnico. Por exemplo, uma equipe de liderança central composto por oito colaboradores técnicos se reúne a cada dois meses, analisa os planos de cada um, e olha para as conexões entre os próximos produtos. De acordo com Jack Kramer, um líder empresarial, "Nós colocamos muito esforço para tentar garantir que nos conectamos informalmente e formalmente através de uma série de limites". Uma maneira pela qual os colaboradores se conectam formalmente para compartilhar conhecimentos é por meio das reuniões técnicas mensais. Nas reuniões mensais, os cientistas e engenheiros de diferentes divisões apresentam informações para outros colaboradores e colegas. Frequentadas regularmente pela maioria dos colaboradores técnicos na área, estas apresentações são usualmente descritas como "passionais" e "empolgantes".

Ainda que a Gore partilhe o conhecimento dentro da organização, muito do seu grande conhecimento técnico deve ser protegido por razões competitivas. Em um ambiente global, a proteção do conhecimento especializado é um desafio. Parte da tecnologia é protegida por patentes. De fato, alguns dos produtos são protegidos por uma gama de patentes. Normalmente, sob a lei dos EUA, as patentes expiram em 20 anos a partir da data de apresentação alegada. Logo, as patentes originais do tecido GORE-TEX® e alguns outros produtos já expiraram. Em termos globais, os procedimentos de patentes, proteção e aplicação variam. Ambos os produtos e os processos são patenteáveis. Para proteger a sua base de conhecimento, a Gore buscou e obteve mais de 2.000 patentes em todo o mundo em todas as áreas em que compete, inclusive eletrônicos, dispositivos médicos e de processamento de polímeros. No entanto, as patentes podem às vezes ser difíceis ou caras, especialmente em nível mundial. Portanto, parte da tecnologia é protegida internamente. Tal conhecimento é comumente referido como *proprietário*.

Dentro da Gore, o conhecimento proprietário é compartilhado em uma base de necessidade essencial. Os colaboradores são incentivados a proteger tais informações. Este princípio pode conduzir a momentos difíceis. Terri Kelly estava visitando uma fábrica em Shenzhen[2], na China e estava curiosa sobre um novo laminado que estava sendo comercializado. O líder da engenharia de desenvolvimento continuou se esquivando de suas perguntas. Finalmente ele sorriu e disse, "Terri. Você necessita saber disso?".

[2] Região fabril na China. (NRT)

Estudo de caso

FIGURA 3
Localização das Instalações Mundiais da Gore

W.L Gore & Associates – Locais em todo o mundo

Como Terri falou sobre o incidente, "Ele agiu exatamente da forma como deveria, ou seja, não compartilhar com as pessoas, mesmo que seja um CEO, algo que elas não têm necessidade de saber". Quando o incidente aconteceu, ela riu e disse: "Você está certo. Eu estou sendo intrometida".

Terri continuou: "E todo mundo", eu podia ver em seus olhos, eles estava pensando, 'Será que ele vai ser demitido?' Ele tinha assumido um grande risco pessoal, certamente para a cultura local. Nós rimos e brincamos, e na semana seguinte, o incidente já tinha virado piada". Por meio de histórias como esta a cultura é compartilhada com os outros na Gore.

O compartilhamento e o aumento de sua tecnologia trouxeram o reconhecimento de muitas fontes. Do Reino Unido, a Gore recebeu o reconhecimento de Redução da Poluição Prêmio de Tecnologia em 1989 e o Prêmio Príncipe Philip de Polímeros no Serviço da Humanidade em 1985. Além disso, a Gore recebeu ou compartilhou o recebimento do prestigioso Prêmio Plunkett da DuPont – para usos inovadores de fluorpolímeros da DuPont – nove vezes entre 1988 e 2006. Bill e Vieve Gore, bem como Bob Gore, receberam inúmeras homenagens tanto pelos seus negócios quanto por sua liderança técnica.

Globalização contínua e crescimento deliberado

Desde que a companhia foi fundada, a Gore reconheceu a necessidade de globalização. A Gore estabeleceu a sua primeira aventura internacional em 1964, apenas seis anos após a sua fundação. Em 2008, ela tinha instalações em duas dezenas de países e fábricas em seis países distribuídos por quatro continentes (Ver figura 3). Um exemplo do alcance global da Gore é o fato de que ela é a fornecedora dominante de enxertos vasculares artificiais para a comunidade médica global. A Divisão de Tecidos da Gore também gera a maior parte das vendas no exterior.

Em adição à globalização, a Gore também tem uma estratégia de crescimento contínuo. O crescimento deverá vir de duas fontes. Uma fonte são os colaboradores da Gore contribuindo com ideias inovadoras. A cultura da Gore é projetada para promover essa inovação e permitir que as ideias sejam energicamente perseguidas, desenvolvidas e avaliadas. Essas ideias irão levar a novos produtos e processos. Dentro da Gore esta forma de crescimento é conhecida como orgânica. A Gore encoraja tanto os novos produtos e extensões quanto os produtos existentes. Para incentivar a inovação, todos os colaboradores são encorajados a pedir e receber as matérias primas para testar suas ideias. Por meio deste processo, múltiplos produtos foram criados de áreas inesperadas. Por exemplo, a ideia do fio dental veio da Divisão Industrial e não da Médica. Dois associados estavam fabricando trajes espaciais e utilizaram os fiapos para limpar os dentes. Assim, o fio dental da Gore altamente bem-sucedido, o fio GLIDE®, foi criado. Os cabos de moto GORE™ RIDE ON® vieram de um casal apaixonado por *mountain bikers* na Divisão Médica. As cordas da guitarra ELIXIR® também vieram da Divisão Médica de um associado que também era um músico. Em função do histórico de desenvolvimento de produtos inovadores da Gore, a revista *Fast Company* a chamou de "libra por libra, a empresa mais inovadora dos EUA".

Uma segunda fonte de crescimento, mas muito menos significativa, pode vir de aquisições externas. A Gore avalia oportunidades de aquisição de tecnologias, e até mesmo empresas, com base em se elas oferecem uma capacidade única que pode complementar um negócio de sucesso existente. A liderança na Gore considera esta estratégia uma forma de empilhar o baralho da probabilidade em seu favor, indo para espaços de mercado que os seus associados já conhecem muito bem. Para facilitar esta estratégia de crescimento, a Gore possui alguns colaboradores que avaliam as oportunidades de aquisição a nível empresarial. Eles não fazem isso isoladamente, mas em conjunto com os líderes de cada divisão.

Para o padrão corporativo multibilionário, as aquisições feitas pela Gore são poucas. Até o momento, a maior empresa adquirida contava com cerca de 100 pessoas. Outro atributo destas aquisições é que não ocorre a troca de ações (*swaps*). Uma vez que a Gore é uma empresa privada, a troca de ações não é uma opção. As aquisições são feitas em dinheiro.

Uma questão clara para qualquer aquisição que a Gore considera é a compatibilidade cultural. A Gore considera o estilo de liderança em uma empresa adquirida. De acordo com Brad Jones: "Se você está adquirindo um par de patentes e, talvez, um inventor, não é um grande problema, mas se ele é um inventor egocêntrico, será um problema". Ao adquirir uma empresa, a cultura que a tornou bem-sucedida é examinada rigorosamente. Questões relativas à integração da cultura da empresa adquirida pela Gore, se a cultura da Gore irá agregar valor à empresa adquirida, são apenas algumas das muitas considerações culturais. A Gore quer ser capaz de expandir-se, quando necessário, pela compra de organizações complementares e suas tecnologias associadas, mas não às custas da sua cultura de 50 anos.

Ocasionalmente, a Gore precisa se desfazer de um produto. Um exemplo é fio dental GLIDE®. O produto desenvolvido pela Gore foi bem-recebido pelos consumidores, devido à sua textura suave, a resistência e a capacidade para deslizar facilmente entre os dentes. Para atender a demanda quando o produto decolou, os líderes cuidavam dos cartões de crédito, os colaboradores de recursos humanos e os contadores foram para a área de fabricação para embalar o fio GLIDE®, e todo o resto dos colaboradores na instalação contribuíram para que o produto fosse enviado. Um associado observou que, ao arregaçarem as mangas e contribuírem no trabalho, os líderes construíram credibilidade com outros associados.

Não muito tempo depois de seu lançamento, o fio dental GLIDE sabor menta tornou-se o fio dental mais vendido. Isso atraiu a atenção de fabricantes tradicionais de fio dental. Eventualmente, a, Procter & Gamble (P&G) e a Gore entraram em um acordo onde a P&G comprou os direitos para comercializar o fio dental GLIDE®, enquanto a Gore continuou com a fabricação.

A Gore fez este acordo no entendimento de que ninguém seria demitido. O anúncio de que o acordo havia sido feito, foi comunicado na quinta-feira para todos os membros da equipe do fio dental GLIDE®. Tal anúncio foi um choque para muitos. Na segunda-feira, entretanto, os mesmos membros da equipe estavam trabalhado em um plano de transição. Os colaboradores que não eram mais necessários para a fabricação e venda do fio dental GLIDE® foram absorvidos em outras áreas de crescimento rápido dos negócios da Gore. Além disso, todos na empresa receberam uma parte do lucro da compra feita pela P&G.

Liderança na Gore

A estratégia competitiva na Gore é apoiada por uma abordagem única para a liderança. Muitas pessoas tomam a iniciativa e assumem uma variedade de papéis de liderança, mas esses papéis não são parte de uma estrutura hierárquica e a autoridade tradicional não é atribuída a esses papéis. A liderança é um processo dinâmico e fluido, onde os líderes são definidos por "seguidores". Futuros líderes surgem porque ganham credibilidade com outros associados. A Gore refere-se a esse processo como "Liderança Inata". A credibilidade é adquirida através da demonstração de conhecimentos especiais, habilidade ou experiência que auxilie os objetivos comerciais, uma série de sucessos e a capacidade de envolver outros em decisões importantes.

Os colaboradores tomam a iniciativa para liderar quando possuem a experiência para tal. Dentro da Gore esta prática é conhecida como *tomada de decisão com base no conhecimento*. Com base nesta prática, as decisões são "... feitas pela pessoa mais experiente, não pelo responsável," de acordo com Terri Kelly.

Esta forma de tomada de decisão flui naturalmente a partir dos quatro princípios orientadores estabelecidos por Bill Gore.

As responsabilidades de liderança podem assumir muitas formas na Gore. Em um memorando interno Bill Gore descreveu os seguintes tipos de líderes e suas funções:

1. *O Colaborador que é reconhecido por uma equipe como tendo um conhecimento ou experiência especial* (por exemplo, pode ser um químico, um especialista em computador, um operador de máquina, um vendedor, um engenheiro, um advogado). Este tipo de líder *orienta a equipe em uma área especial*.
2. *O Colaborador que a equipe procura para a coordenação das atividades individuais, a fim de alcançar o acordo sobre os objetivos da equipe*. O papel deste líder é persuadir os membros da equipe a *fazer os*

compromissos necessários para o sucesso (buscador de compromisso).
3. *O Colaborador que propõe os objetivos e atividades necessárias e busca acordo e consenso da equipe sobre os objetivos*. Este líder é visto por todos os membros da equipe como detentor de uma boa compreensão sobre como os objetivos da equipe se encaixam com os objetivos mais amplos da empresa. Este tipo de líder muitas vezes também é um líder "buscador de compromisso".
4. *O líder que avalia a contribuição relativa dos membros da equipe (após uma consulta com outros patrocinadores) e relata essas avaliações para um comitê de remuneração*. Esse líder também pode participar do comitê de remuneração em contribuição relativa e pagamento e *informar mudanças na remuneração* dos colaboradores individuais. Então, este líder também é um patrocinador remunerador.
5. O líder que coordena a pesquisa, fabricação e comercialização de um tipo de produto dentro de uma empresa, interagindo com os líderes de equipe e colaboradores individuais que têm compromissos com o tipo de produto. Esses líderes são geralmente chamados de *especialistas de produto*. Eles são respeitados por seu conhecimento e dedicação aos seus produtos.
6. Os *líderes de unidade* que ajudam a coordenar as atividades dos colaboradores dentro da instalação.
7. Os *líderes de negócios* que ajudam a coordenar as atividades dos colaboradores em um negócio.
8. *Líderes funcionais* que ajudam a coordenar as atividades de pessoas em uma área funcional.
9. *Líderes empresariais* que ajudam a coordenar as atividades de pessoas em diferentes empresas e funções e que tentam promover a comunicação e cooperação entre todos os colaboradores.
10. *Colaboradores entre empreendimentos que organizam os novos times* para novos negócios, novos produtos, novos processos, novos dispositivos, novos esforços de mercado, novos ou melhores métodos de todos os tipos. Esses líderes convidam outros colaboradores a se "juntar" aos seus projetos.

Desenvolver uma estrutura de liderança flexível e única

A estrutura de liderança na Gore pode ter a menor pirâmide organizacional do mundo para uma companhia de seu tamanho. A Gore é uma empresa em grande parte sem títulos, organogramas hierárquicos, ou qualquer outro arranjo estrutural convencional normalmente empregado por empresas com bilhões de dólares em receitas de vendas e milhares de funcionários.

Há poucas posições na Gore com títulos formais apresentados ao público. Devido às leis de incorporação, a empresa tem uma presidente, Terri Kelly, que também funciona como uma CEO. Terri é um dos quatro membros da Equipe Multifuncional de Liderança da Empresa, a equipe responsável pela saúde geral e crescimento da empresa.

A verdadeira chave para a cultura igualitária da Gore é a utilização de uma estrutura única em vez de uma estrutura hierárquica (Ver Figura 4). As características da estrutura de rede da Gore incluem o seguinte:

1. Linhas diretas de comunicação – pessoa a pessoa - sem intermediários.
2. Sem autoridade fixa ou designada.
3. Patrocinadores, não chefes.
4. A liderança inata como evidenciado pela disponibilidade dos outros a seguirem.
5. Objetivos definidos por aqueles que "fazem acontecer".
6. Tarefas e funções organizadas por compromissos.

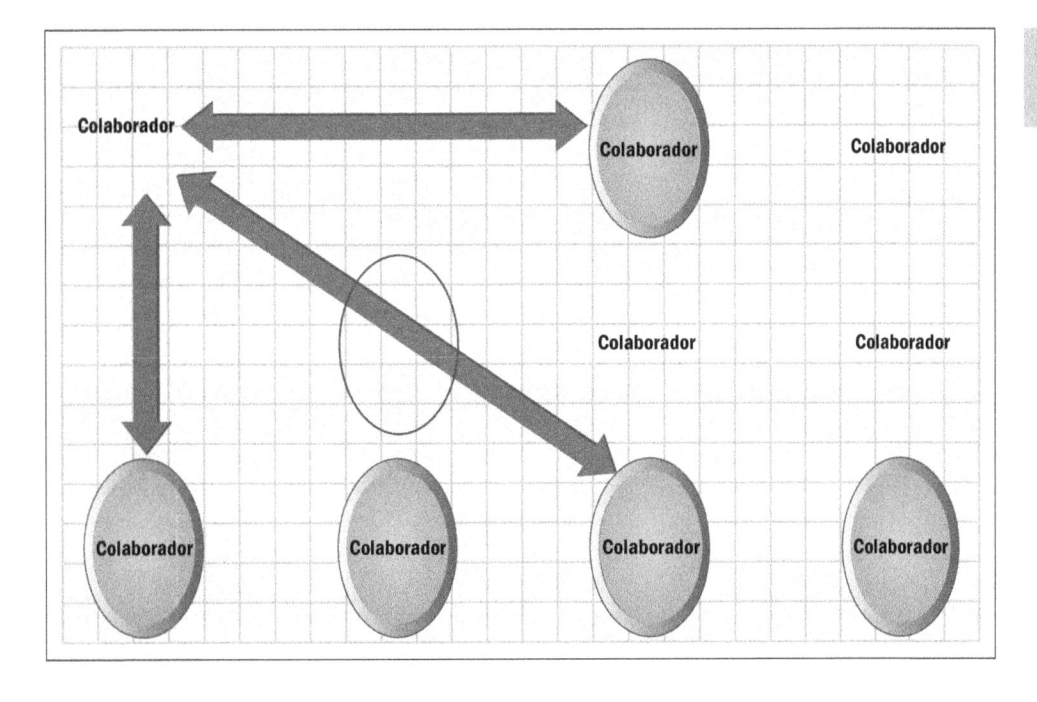

FIGURA 4
Estrutura de rede de Gore

A estrutura de rede, como descrito pelas pessoas que trabalham lá na Gore, é complexa e depende de interações interpessoais, auto compromisso com as responsabilidades conhecidas do grupo, liderança natural e disciplina imposta pelo grupo. De acordo com Bill Gore, "Toda organização bem-sucedida tem uma estrutura de rede. É onde a notícia se espalha como um relâmpago, onde as pessoas podem organizar para realizar as coisas".

Uma desvantagem potencial de tal estrutura de rede pode ser uma falta de tempo de resposta rápida e de ação decisiva. Os colaboradores da Gore dizem categoricamente que esse não é o caso e eles fazem distinção entre dois tipos de decisões. Em primeiro lugar, para decisões urgentes, eles sustentam que a estrutura de rede é mais rápida na resposta de estruturas tradicionais, porque a interação não é prejudicada pela burocracia. O líder que tem a responsabilidade de montar uma equipe baseada no conhecimento para analisar e resolver o problema. Os membros da equipe podem ser recrutados pelo líder de qualquer área da empresa, se sua experiência for necessária. Uma vez que o problema for resolvido, a equipe deixa de existir e os seus membros voltam para suas respectivas áreas. O colaborador Bob Winterling afirmou: "Nós não temos nenhuma dificuldade em tomar decisões críticas e fazemos isso rapidamente".

A outra resposta é para questões cruciais que terão um impacto significativo nas operações em longo prazo da empresa. Os colaboradores admitem que tais decisões às vezes podem demorar um pouco mais do que gostariam. Chrissy Lyness, outro colaborador financeiro, afirmou,

Nós preferimos a adesão em vez de criar e implantar a solução e colocar algo em prática que não vai funcionar pra todos. Isso pode ser frustrante para os novos colaboradores, pois eles estão acostumados com um grupo de pessoas colocando suas cabeças juntas, dizendo: "Isto é o que vamos fazer. Esta é a solução". Este não é jeito que a Gore trabalha.

Aqui, gastamos boa parte do tempo no início do processo de tomada de decisão obtendo feedbacks, de modo que quando saímos deste processo, temos algo que vai funcionar e a implantação será bem tranquila.

Os colaboradores na Gore acreditam que o tempo gasto no começo, aproveitando as melhores ideias e ganhando consenso, uma compensa na hora da implementação. Eles acreditam que uma tomada de decisão autoritária pode ganhar tempo inicialmente, mas a qualidade desta decisão não será tão boa quanto uma que foi tomada em consenso.

Além disso, eles acreditam que as decisões autoritárias demoram mais tempo para serem executadas do que as feitas por consenso.

A cultura igualitária também é apoiada informalmente. Por exemplo, todos os colaboradores são tratados por seus primeiros nomes. E isto ocorre tanto com o presidente quanto com qualquer outro colaborador.

Os líderes de Gore acreditam que a sua estrutura de organização e cultura únicas provaram ser importantes contribuintes para a satisfação e retenção do colaborador.

A revista *Fortune* relata uma taxa de rotatividade de 5% na Gore. Além disso, ele relatou 19.108 candidatos para 276 novos postos de trabalho em 2008. Em outras palavras, é mais difícil conseguir um emprego na Gore do que ser aceito em uma universidade de elite.

Práticas de recursos humanos mundiais

A estratégia competitiva de usar a tecnologia de ponta, equipes autônomas e liderança colaborativa para criar produtos de alta qualidade é suportada por uma série de práticas de recursos humanos inovadores (RH) em nível mundial. Muitas iniciativas de RH são projetadas para apoiar o conceito de que todos os colaboradores são acionistas na empresa e dividem a responsabilidade de seu sucesso. Os estacionamentos não possuem vagas reservadas para os líderes. Os refeitórios – um em cada unidade – são configurados como pontos focais para a interação dos colaboradores. Como um colaborador em Arizona explicou, "O projeto não é acidental. O refeitório em Flagstaff tem uma lareira no meio. Nós queremos que as pessoas gostem de ficar aqui". A localização de uma unidade também não é um acidente. Locais são selecionados com base no acesso por transporte público, universidades próximas, belos cenários e apelo climático. Para preservar a beleza natural do local em que uma unidade de produção foi construída em 1982, Vieve Gore insistiu que as árvores de grande porte fossem preservadas, para o desespero das equipes de construção. Um colaborador em Arizona explicou a ênfase da empresa em selecionar locais de unidades interativas, começando, "A expansão não é cara no longo prazo. As perdas são causadas por você mesmo, frustrando as pessoas e colocando-as em uma caixa". Tais iniciativas são praticadas nas instalações da Gore em todo o mundo.

Colocando as pessoas certas

A Gore recebe inúmeros candidatos para cada posição. Inicialmente, os candidatos a emprego na Gore são selecionados por especialistas de pessoal. Em seguida, cada candidato, que passa a triagem inicial é entrevistado por um grupo de associados da equipe em que a pessoa vai trabalhar. Finalmente, os especialistas de pessoal entram em contato com várias referências antes de preencher uma oferta de emprego. O recrutamento é descrito por Donna Frey, a líder da função de recursos humanos globais, e um dos quatro membros da Equipe de Liderança da Empresa (ELT), como um processo de mão dupla. Ela explica:

Nosso processo de recrutamento envolve muito em conhecer os candidatos e deixar que eles nos conheçam. Somos muito abertos e honestos sobre quem somos, o tipo de organização que temos, o tipo de compromissos que desejamos e se achamos que os valores do candidato são parecidos com os nossos. Os candidatos falam com um número de pessoas com quem vão trabalhar diretamente, caso sejam contratados. Nós trabalhamos muito no processo de recrutamento para realmente construir um relacionamento, conhecer as pessoas e ter certeza de que nós estamos trazendo as pessoas certas pra empresa.

Estudo de caso

Quando alguém é contratado pela Gore, um colaborador experiente assume o compromisso de ser o patrocinador do candidato. O papel do patrocinador é ter um interesse pessoal nas contribuições, interesses e objetivos do novo colaborador, atuando como um treinador e um defensor. O patrocinador monitora o progresso do novo colaborador, oferece ajuda e encorajamento, aponta pontos fracos e sugere formas de corrigi-lo e se concentra em como o associado pode fazer melhor uso de seus pontos fortes. O patrocínio não é um compromisso de curto prazo. Quando os indivíduos são contratados inicialmente, eles são suscetíveis a ter um patrocinador em sua área de trabalho. Conforme os compromissos dos colaboradores mudam ou aumentam, é normal que eles mudem de patrocinadores, ou em alguns casos, se acrescente um segundo patrocinador. Por exemplo, se eles mudarem para um novo emprego em outra área da empresa, podem ganhar um novo patrocinador e, em seguida, decidir se querem manter o seu antigo patrocinador ou não. Porque o patrocínio é construído sobre a relação pessoal entre duas pessoas, a relação na maioria das vezes continua mesmo se o papel oficial de patrocinador acabar.

Novos associados devem se concentrar na construção de relacionamentos durante os primeiros três a seis meses de suas carreiras. Donna Frey descreveu os primeiros meses de um novo colaborador na Gore da seguinte forma:

Quando os novos colaboradores juntam-se a empresa, eles participam de um programa de orientação. Em seguida, cada novo colaborador trabalha com um patrocinador para começar a se acostumar e construir relacionamentos dentro da Gore. O patrocinador inicial fornece ao novo contratado uma lista dos principais associados com quem irá se reunir durante os próximos meses.

Nós encorajamos o novo contratado a se reunir com estes associados pessoalmente. Não uma conversa por telefone, mas sim um encontro cara a cara para poder conhecê-los. Este processo ajuda a demonstrar a importância dos relacionamentos. Quando você está contratando pessoas realmente boas, eles querem resultados rápidos e fazer contribuições e construir relacionamentos sem um objetivo claro pode ser difícil. Muitas vezes, os novos associados vão dizer: "Eu não sinto que estou contribuindo. Passei três meses só conhecendo pessoas". Entretanto, depois de um ano eles começam a perceber como este processo foi importante.

Para garantir que os novos colaboradores não estão estupefatos com o que é, provavelmente, a sua primeira experiência em uma organização não hierárquica, a Gore tem um programa de orientação de dois dias que chama Criando os Melhores. Novos colaboradores são trazidos juntamente com outros, depois de dois ou três meses, para participar do programa, que aborda muitos dos principais conceitos da Gore, quem é a Gore e como a empresa funciona. O programa inclui atividades em grupo e apresentações interativas feitas por dirigentes e outros colaboradores mais antigos.

Auxiliando colaboradores a construir e manter relacionamentos

A Gore reconhece a necessidade de manter relacionamentos iniciais, desenvolver continuamente novos e consolidar relacionamentos atuais. Uma maneira de promover os relacionamentos é por meio de um correio de voz digital chamado Gorecom. De acordo com Terri Kelly, "A Gorecom é a mídia perfeita se você quer uma resposta rápida". Uma cultura oral é promovida porque incentiva a comunicação direta.

Para promover ainda mais a cultura oral, os membros da equipe e os líderes devem se reunir pessoalmente com regularidade. Para os membros da equipe, especialmente os líderes, isso significa muitas viagens. Como um associado técnico brincou: "Provavelmente, nos últimos 12 anos, passei três anos viajando internacionalmente, algumas semanas por vez".

Outra forma pela qual a Gore facilita o desenvolvimento de equipes e de indivíduos é por meio do treinamento. Um colaborador em Newark afirma que a Gore "trabalha com colaboradores que querem crescer e desenvolver seus talentos". O colaboradores recebem uma variedade de oportunidades de treinamento interno, não apenas em áreas técnicas e de engenharia, mas também no desenvolvimento de liderança. Além disso, a empresa criou programas de ensino cooperativo com universidades e outros fornecedores externos.

De muitas maneiras, a Gore pode vista ser como uma família para os seus colaboradores e as comunidades em que vivem. Com base em seus próprios interesses e iniciativas, os colaboradores retribuem às suas comunidades por meio de escolas, clubes desportivos, universidades e outras organizações locais. Recentemente, a Gore tem encorajados atividades comunitárias de seus colaboradores dos EUA, fornecendo até oito horas de tempo pago por seus esforços. Por meio deste programa, os colaboradores trabalham cerca de 7.800 horas em organizações sem fins lucrativos no último ano fiscal da Gore. Na verdade, os colaboradores da Gore se voluntariam mais em seu tempo pessoal. Os colaboradores, individualmente ou em equipes, decidem sobre a forma de comprometer o seu tempo e para quais organizações.

Recompensando colaboradores por contribuições

A compensação na Gore possui componentes de compartilhamento de patrimônio de curto prazo e de longo prazo. Seu objetivo é a compensação para garantir a equidade interna e competitividade externa. Para garantir a equidade, os colaboradores são convidados a classificar os membros da equipe a cada ano, a fim de contribuir para a empresa. Além disso, os membros da equipe são convidados a comentar a sua razão para tal classificação, bem como os pontos fortes ou potenciais áreas de melhoria para os colaboradores. Para garantir a competitividade, a cada ano a Gore compara o salário de seus associados contra uma variedade de funções e papéis de colaboradores com posições semelhantes em outras empresas.

Gore utiliza também a participação nos lucros como forma de remuneração de curto prazo. Os lucros remanescentes depois que as necessidades empresariais são atendidas são distribuídos entre os associados, como uma participação nos lucros. A participação nos lucros é distribuída quando os objetivos financeiros estabelecidos são alcançados. Todos os meses os objetivos financeiros são revisados com os colaboradores e estes sabem se estão no caminho certo para alcançar as previsões. A primeira participação nos lucros ocorreu em 1960, apenas dois anos após a fundação da empresa.

Além partilha patrimonial de curto prazo, a Gore tem um programa de participação acionária (ASOP: Actual Standards of Practice). A cada ano, a Gore contribui em até 12% para pagar uma conta que adquire ações da Gore para os colaboradores que têm mais de um ano de serviço. Os colaboradores têm a propriedade da conta depois de três anos de serviço, quando se tornam investidores por completo. A Gore também possui um Plano 401(K). Ele fornece uma contribuição de até 3% para pagar as contas de investimento pessoal de cada colaborador. Os colaboradores são elegíveis após um mês de serviço. Os colaboradores são empossados 100% imediatamente.

Uma área específica onde as práticas da Gore diferem das práticas tradicionais em outras organizações está na forma como a maioria da força de vendas é compensada. Os colaboradores não são pagos por comissão, mas sim com salário, ações por meio de Padrões de Prática Atuarial e participação nos lucros com todos os outros colaboradores.[2] Quando um colaborador de vendas foi convidado a explicar esta prática, ele respondeu da seguinte forma:

As pessoas que estão apenas preocupadas em aumentar seus números de vendas em outras empresas costumam ter problemas quando eles vêm para Gore. Nós encorajamos as pessoas a ajudar os outros. Por exemplo, quando nós contratamos novos colaboradores de vendas, pedimos que colaboradores mais experientes passem algum tempo ajudando-os a se acostumar com a Gore e como fazemos as coisas. Em outras empresas onde eu trabalhei, isso teria sido visto como algo que prejudicaria o potencial de aumentar suas vendas, então provavelmente não te pediriam a fazer uma coisa dessas.

Em outras palavras, eles veem as comissões de vendas individuais como prejudiciais tanto para a orientação como para compartilhar o que está no cerne da cultura Gore.

Todo o pacote de benefícios se estende para além dos pagamentos monetários diretos. Tal como acontece com a maioria das empresas, os associados recebem uma série de benefícios, tais como assistência médica e odontológica. Outro benefício estendido aos associados é uma creche no local. Além disso, em 2008, na reportagem da revista *Fortune* sobre Gore ser uma das "100 Melhores Empresas para Trabalhar", academias no local eram listadas como benefícios. A Gore tem esses benefícios, mas estes não são conduzidos de cima para baixo. A Gore dá suporte a vários programas de bem-estar, mas não é um programa para toda a empresa. De acordo com os princípios e filosofia da Gore, ela procura um colaborador ou um grupo de colaboradores para iniciar um programa. Por exemplo, um colaborador na Divisão de Tecidos que é um corredor comprometido vai treinar um grupo na hora do almoço. A Gore irá apoiar essas atividades com academias, campos de softball, quadras de vôlei e pistas de corrida. Grupos de colaboradores em toda a Gore buscam essas e outras atividades de bem-estar.

GORE™ RIDE ON® cabos de motos: um exemplo de estratégia, liderança e RH em ação

Um bom exemplo de estratégia, liderança e implementação eficaz de talento é ilustrado pelo desenvolvimento de um produto chamado cabos de moto GORE™ RIDE ON®. Inicialmente, os cabos eram para câmbios e freios de motos trail. Eles foram desenvolvidos por alguns fãs de motos trail nas instalações médicas em Flagstaff, Arizona em 1990. Quando o mercado de motos trail diminuiu, o produto foi retirado do mercado. Em 2006, jovens engenheiros conversaram com Jack Kramer, um líder técnico na Gore, e disseram que queriam saber o que é preciso para desenvolver um novo produto, revivendo os cabos. Sua resposta foi: "Você precisa de alguém que tenha alguma experiência antes de tentar fazer isso".

Um dos jovens engenheiros abordou Lois Mabon, um especialista de produto, que tinha cerca de 16 anos de experiência na Gore e trabalhou no mesmo local, e pediu-lhe para ser treinador do grupo. Lois procurou Jack de novo e falou com ele. Ele ainda não acreditava na ideia, mas ele permitiu que Lois descobrisse o que havia acontecido com os cabos de motos e explorasse com o grupo o que seria necessário para trazer um novo produto no mercado. Dentro da Gore, os colaboradores são incentivados a reservar algum tempo pra *relaxar*. O tempo pra relaxar é quando as pessoas têm a liberdade pra desenvolver novos produtos e avaliar sua viabilidade. Depois de algumas pesquisas sobre o que aconteceu com os cabos, Lois liderou um grupo que fez uma apresentação para o Jack e outros na empresa, e mesmo incertos sobre o projeto, eles disseram: "Tudo bem, continue trabalhando nisso."

Após cerca de 10 meses explorando a possibilidade, uma equipe de colaboradores animados e apaixonados desenvolveu um conjunto de produtos GORE™ RIDE ON®. Em sua pesquisa, a equipe descobriu que o mercado de motos esportivos é maior do que o mercado de motos trail, e pode, potencialmente, ser um produto para o mercado de corridas.

A apresentação ficou conhecida como na Gore como "Real Merecedora de Valor", foi preparada e apresentada para a equipe líder da Divisão de Produtos Industriais (DPI). A "Real Merecedora de Valor" é uma disciplina rigorosa que a Gore utiliza para ajudar a aprimorar as novas oportunidades mais promissoras. As três questões que devem

---

[2] Os Padrões de Prática Atuarial da Gore é semelhante legalmente a um plano de participação acionária dos empregados (ESOP). Novamente, a Gore nunca permitiu a palavra funcionário em qualquer parte de sua documentação.

ser consideradas na "Real Merecedora de Valor" são as seguintes: A ideia é realista ? A Gore pode ganhar o mercado? E vale a pena prosseguir? Depois de ouvir e questionar os apresentadores, a equipe líder da DPI respondeu: "Sabe de uma coisa? Vocês realmente têm boas ideias. Vamos estudar isso. Vamos ver se o mercado está interessado".

Algumas amostras do novo produto foram feitas e levadas para 200 principais lojas de motos nos Estados Unidos. Elas foram entregues aos lojistas e estes foram convidados a preencher um inquérito. A pesquisa foi focada em três questões: É um produto que você compraria? É um produto que você recomendaria para os seus clientes? Como você compararia este produto aos outros no mercado?

Uma análise das pesquisas mostrou que 65 a 75% de todos os entrevistados definitivamente comprariam o produto ou estavam interessados nele. Com base nesses resultados, a equipe concluiu que as pessoas realmente querem comprar o produto.

Assim, com esses dados em mãos, outra apresentação foi feita para a equipe líder da DPI em agosto de 2006. A resposta foi, "Certo, vamos lançar". A equipe de produto teve 12 meses para melhorar os cabos de *mountain bike*, desenvolver os novos cabos, redesenhar a embalagem, redesenhar o logotipo, preparar a produção e fazer tudo o que está associado com uma introdução de novos produtos.

Todas as divisões da Gore se envolveram na produção dos cabos. O produto é supervisionado por uma equipe da Divisão de Produtos Industriais. A equipe de produto GORE BIKE WEAR™ na Divisão de Tecidos serve como a equipe de vendas. A Divisão de Produtos Médicos produz um componente que se insere nos cabos. E a Divisão de Produtos Eletrônicos reveste-os.

Em setembro de 2007, o produto foi oficialmente lançado em duas exposições de moto. A primeira foi na Euro-Bike no Dia do Trabalho e a outra foi na Interbike em Las Vegas no fim de setembro. Os cem principais consumidores e vendedores dos produtos 100 GORE BIKE WEAR™ foram convidadas para essas exposições.

Em menos de três meses a Gore tinha vendido aproximadamente 8.000 pares de cabos. Além disso, a Gore tinha uma parceria com um dos maiores fabricantes de alavancas de câmbio para comercializar os seus produtos. Os produtores de alavancas de câmbio utilizam os cabos da Gore na sua linha de alavancas de câmbio mais vendidas, introduzidas em novembro de 2007.

Encarando o futuro juntos

Os colaboradores na Gore acreditam que a sua cultura organizacional única permite que a empresa continue a maximização do potencial do indivíduo enquanto a cultiva um ambiente onde a criatividade pode florescer. A cultura original resulta em um compromisso inabalável com o uso de tecnologia de ponta para o desenvolvimento de produtos de alta qualidade. Esta estratégia é realizada por meio de uma abordagem única para a liderança e gestão de recursos humanos. O histórico de sucesso é demonstrado não só pela elevada rentabilidade financeira, mas também pela criação de um ambiente de trabalho altamente desejável. Contudo, o sucesso no passado não pode ser visto como garantia de sucesso no futuro. Como o Brad Jones da Equipe de Liderança da Empresa disse:

Há vinte ou trinta anos, os mercados em diferentes partes do mundo ainda eram um pouco diferentes e isolados uns dos outros. Naquele tempo, poderíamos ter praticamente toda a equipe administrativa global para um determinado nicho de mercado localizado em um prédio. Hoje, os nossos mercados se tornam mais globais por natureza, estamos vendo cada vez mais a necessidade de apoiar os nossos clientes com equipes globais virtuais. Como nossos paradigmas e práticas têm de mudar para acomodar essas novas realidades? Essas são discussões ativas que se aplicam a estas muitas empresas diferentes.

A resposta de como a Gore irá evoluir para enfrentar esses desafios não é algo que será decidido por um CEO isolado ou um grupo de elite de executivos. Decisões críticas, aquelas abaixo da linha de flutuação, nunca foram feitas dessa maneira e não será agora que isso irá mudar.

ESTUDO DE CASO 2.0
O Departamento de Serviços de Doadores*

Joanna Reed estava caminhando para casa através das flores de árvores que floresciam na Cidade da Guatemala. Hoje, no entanto, seu pensamento estava mais em seu trabalho do que na beleza natural em volta dela. Ela abriu o portão de sua casa estilo colonial e sentou-se na varanda, cercada por crianças barulhentas, animais e plantas, para refletir sobre as recomendações que ela iria fazer para Sam Wilson. A decisão principal que ela precisava tomar sobre o seu Departamento de Serviços aos Doadores estava relacionada com quem deveria administrar o departamento e como o trabalho deveria ser estruturado.

Joanna havia trabalhado para a agência de patrocínio envolvida no trabalho de desenvolvimento internacional com pessoas pobres por seis anos. Ela e seu marido se mudaram de país em país, criando novas agências. Em cada país, eles precisaram projetar como o trabalho deveria ser feito, considerando a força de trabalho e condições locais.

Depois de um ano na Guatemala, Joanna, feliz por estar grávida de seu terceiro filho, tinha acabado de criar o Departamento de Serviços de Doadores para a agência e estava trabalhando apenas meio período em um projeto de pesquisa. Um amigo que dirigia uma agência "concorrente" de desenvolvimento a abordou para que fizesse um projeto de consultoria para ele. Sam Wilson, um norte-americano, era o representante nacional de uma agência dos Estados Unidos que tinha escritórios em todo o mundo. Sam queria Joanna analisasse seu Departamento de Serviços de Doadores, porque ele tinha recebido queixas da matriz sobre a sua eficiência. Desde que ele foi informado de que o seu escritório precisava dobrar de tamanho no próximo ano, ele queria ter todos os defeitos resolvidos previamente. Joanna concordou em passar um mês coletando informações e elaborando um relatório sobre este departamento.

Agências de patrocínio, com orçamentos multimilionários, são financiadas por indivíduos e grupos em países desenvolvidos que contribuem para programas de desenvolvimento nos países menos desenvolvidos (LDCs). Os doadores contribuem com aproximadamente $20,00 por mês, mais presentes especiais opcionais. As agências usam esse dinheiro para financiar educação, saúde, desenvolvimento comunitário e projetos de produção de renda para pessoas pobres filiadas com sua agência em várias comunidades. Aos olhos da maioria dos doadores, o benefício específico fornecido pelas agências de patrocínio é a relação pessoal entre um doador e uma criança e sua família no LDC. Os doadores e as crianças escrevem para cá e para lá, e a agência envia fotos da criança e da família para os doadores. Alguns doadores nunca escrevem para a família que patrocinam, outros escrevem semanalmente e visitam a família em suas férias. A eficiência de um Departamento de Serviços de Doadores e a qualidade de suas traduções são ingredientes fundamentais para manter doadores e atrair novos. Bons departamentos também nunca perdem de vista o fato de que as agências de patrocínio servem um duplo eleitorado – as pessoas locais que estão tentando ajudar a desenvolver e os patrocinadores que tornam essa ajuda possível através de suas doações.

O que é um departamento de doações em uma agência de patrocínio?

O trabalho de um Departamento de Doações consiste em, além da tradução de cartas, elaborar relatórios de progresso anuais sobre as famílias e responder a perguntas dos doadores direcionadas à agência. Também lida com a extensa, interminável papelada vez mais associada a inscrição de novas famílias e atribuí-las aos doadores, remanejamentos ou quando o doador ou a família deixa de participar, e os dons especiais do dinheiro enviado (e notas de agradecimento para eles). Possuir números precisos sobre as inscrições é fundamental porque o dinheiro que a agência recebe da sede se baseie nestes números, que afetam o planejamento.

O chefe de departamento

Joanna enfrentava o desafio de analisar o departamento falando primeiramente com o chefe do departamento (ver o organograma na Figura 1). José Barriga, um homem carismático e dinâmico com seus quarenta anos, foi chefe tanto das Doações quanto dos Serviços Comunitários. Na realidade, ele não passou praticamente tempo algum no Departamento de Doações e não era bilíngue. "Meu maior prazer é trabalhar com os líderes comunitários e desenvolver programas que terão sucessos. Eu prefiro muito mais estar em campo, dirigindo de vila para vila conversando com as pessoas, a supervisionar papéis. Não estou exatamente certo sobre o que faz o Departamento de Doações, mas Elena, a supervisora, é muito responsável. Eu sugeri visitar o departamento uma vez por semana e cumprimentar a todos, e eu verifico os números de sua produção diariamente."

O elenco de personagens do departamento

Assim como José, Sam também estava mais interessado em trabalhar com as comunidades em projetos que em se envolver nos detalhes dos departamentos mais administrativos. Em parte, Sam contratou Joanna porque ele estava verdadeiramente preocupado que as Doações não recebessem a atenção que mereciam de José, que era mais articulado e extrovertido, mas raramente tinha tempo para avaliar qualquer coisa além de estudos de caso. José nunca se envolveu nas questões internas do departamento. Embora

---
*Joyce S. Osland, San Jose State University.

Estudo de caso

ele não fosse considerado um recurso valioso para eles, e era admirado e respeitado pela equipe do Departamento de Doações, e eles nunca reclamavam dele.

O supervisor

Este não foi o caso com o supervisor que José promoveu internamente. Elena ocupava o cargo de supervisora de departamento, mas ela tinha pouca autoridade. Uma mulher franzina e solteira em seus trinta anos, Elena trabalhava para a organização desde sua fundação, dez anos antes. Ela era organizada, meticulosa, confiável, e trabalhadora. Mas ela era uma mulher quieta, submissa, e nervosa, que podia ser tudo menos proativa. Ao ser indagada sobre quais mudanças ela faria como chefe do departamento, ela se esquivou da pergunta respondendo, "É difícil ter uma opinião sobre este assunto. Eu acho que o chefe pode ver as mudanças necessárias com mais clareza."

Elena não apreciava seu papel como supervisora, o que se devia parcialmente à oposição que encontrava de um pequeno grupo de tradutores mais antigos. Na opinião deste subgrupo, tinha três falhas contra ela. Primeiramente, diferentemente de seus subordinados, ela não era bilíngue. "Como ela pode ser a supervisora se ela não fala inglês muito bem? Um de nós seria um melhor supervisor." Secretárias bilíngues na Guatemala se veem como um grupo superior a outras secretárias. Este grupo menosprezava Elena como menos qualificada e educada que elas, embora ela fosse uma excelente funcionária. Em segundo lugar, Elena pertencia a uma religião diferente que a própria organização e quase todos os outros empregados. Isto não fazia diferença para Sam e José, mas parecia ser importante para o grupo que podia ser ouvido fazendo comentários pejorativos sobre a religião de Elena.

A terceira falha contra Elena era sua falta de autoridade. Ninguém nunca esclareceu quanta autoridade ela realmente possuía, e ela mesma não fez qualquer esforço para assumir o controle do departamento. "Minhas instruções são de informar Don José Barriga sobre as infrações na minha produção diária. Eu não preciso confrontar as pessoas diretamente quando alguma infração ocorre, embora pudesse ser mais fácil corrigir os problemas se eu o fizesse." ("Don" é um título latino-americano usado antes do primeiro nome para denotar respeito).

Este subgrupo mostrou seu desprezo e falta de respeito por Elena tratando-a com vários níveis de descortesia e ignorando seus pedidos. Eles a viam como um cão de guarda, uma atitude alimentada por José, que às vezes anunciava, "Nós (diretoria) não vamos estar aqui amanhã, por isso

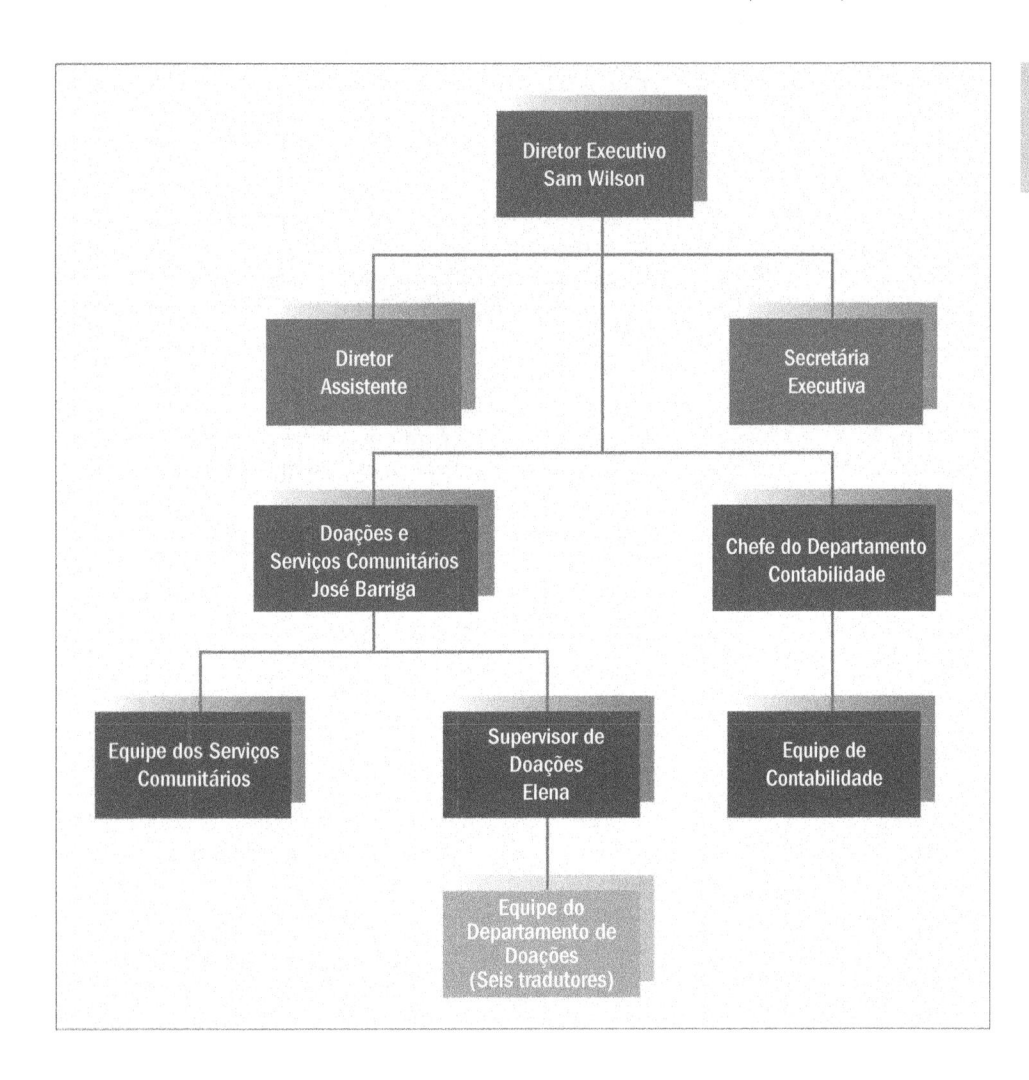

FIGURA 1
Organograma – departamento de doações

comporte-se bem porque a Elena estará observando vocês." Quando Sam e José deixavam o escritório, o grupo geralmente parava de trabalhar para socializar. Eles podiam ver Elena com o canto dos olhos, sabendo que ela não os reprimiria. "Eu gostava do meu trabalho antes de me tornar uma supervisora," diz Elena. "Desde então, algumas das meninas se ressentiram, e eu não estou confortável tentando mantê-las na linha. Porque elas simplesmente não fazem seu trabalho sem necessidade de que eu aja como um policial? A única coisa que me impede de desistir é a lealdade que sinto pela agência e por Don José."

Os trabalhadores

Além do grupo mencionado anteriormente, havia três outras tradutoras no departamento. Todos os tradutores, menos um, tinham o mesmo perfil: em seus vinte anos, de origem assalariada, e formandos em escolas de secretariado bilíngue, com habilidades médias em inglês. (Como já foi mencionado, na América Latina, ser uma secretária bilíngue é uma ocupação relativamente prestigiosa para uma mulher.) A exceção neste grupo era a melhor tradutora, Madalena, formada e recém-contratada com mais de trinta anos que tinha uma origem privilegiada. Ela trabalhava, não porque precisava do dinheiro, mas porque acreditava a missão da agência. "Este trabalho me faz viver minhas crenças religiosas e ajudar as pessoas menos favorecidas que eu." Magdalena era mais profissional e madura que os outros tradutores. Embora todos os empregados estivessem orgulhosos da agência e de sua missão religiosa, os membros do grupo passavam muito tempo socializando e passeando com outros empregados dentro e fora do departamento.

Os três tradutores que não trabalhavam em plena capacidade eram muito amigos. A líder deste grupo, Juana, era uma mulher energética e inteligente com boas habilidades de inglês e um agradável senso de humor. Amiga de longa data de Barriga, Juana traduzia para visitantes que falavam inglês que chegavam para visitar as instalações do programa em todo o país. Os outros tradutores, presos a suas mesas, viam isto como um grande privilégio. Juana era a líder das ocasionais rebeliões contra Elena e em conflitos com outros departamentos. Elena relutava em reclamar de Juana para Barriga, devido à amizade ente eles. Talvez ela temia que Juana a faria sentir ainda pior.

As duas amigas de Juana (*compañeras*) no departamento também estavam há muitos anos na agência. Elas adotaram o hábito de ajudar umas às outras nas raras situações em que tinham quantidades excessivas de trabalho. Quando elas estavam desocupadas, simplesmente queriam aliviar o tédio de seus empregos, então elas socializavam e fofocavam. Juana era especialmente conhecida pelo sarcasmo letal e piadas mal intencionadas sobre as pessoas de quem não gostava. Este grupo não recebia muito bem os membros mais novos do departamento. Magdalena simplesmente sorria para elas, mas mantinha sua distância, e os dois tradutores mais jovens mantinham uma atitude discreta para evitar qualquer desfavorecimento. Como um deles afirmou, "Não vale a pena ganhar a antipatia de Juana."

Como muitos outros pequenos escritórios na América Latina, a agência estava localizada em uma casa antiga espaçosa. O Departamento de Doações estava instalado na área da sala de estar com 40 x 30 pés. As mesas das mulheres estavam localizadas em dois quartos, com a mesa de Elena no canto do fundo da sala. Uma vez que os escritórios tanto de Wilson quanto de Barriga estavam localizados nos antigos quartos do fundo, todos que os visitavam tinham que passar pelo departamento, cumprimentando e parando para conversar com os empregados mais antigos (Elena, Juana, e suas duas amigas). Os numerosos visitantes de Elena também passavam um bom período de tempo no departamento procurando sua mesa, contribuindo ainda mais para a quantidade de socialização que ocorria no departamento.

Elena era a única pessoa no departamento que recebia visitantes "oficiais" uma vez que ela era a pessoa em contato com os representantes do programa e a responsável por monitorar as inscrições. Os tradutores recebiam um processo de trabalho cada um. Por exemplo, Marisol preparava histórias de caso sobre novas crianças e suas famílias para potenciais doadores enquanto Juana processava donativos. Um dos tradutores mais novos preparava arquivos de crianças recém-inscritas e fazia todo o arquivamento para o departamento inteiro (uma tarefa intimidadora). A maioria dos trabalhos eram principalmente administrativos e exigiam pouco ou nenhum inglês. As traduções de cartas eram terceirizadas para tradutores externos em um esquema peça-por-trabalho e supervisionadas por Magdalena. O seu trabalho era o único que envolvia extensas traduções; na maior parte dos casos, no entanto, ela traduzia mensagens simples (como cartões de agradecimento) que estavam bem abaixo de seu nível de proficiência no idioma. As traduções mais complicadas, como as indagações de doadores em outros países, ainda eram feitas pela secretária executiva de Wilson.

Vários tradutores reclamaram que, "Não temos oportunidade suficiente para usar nossas habilidades com o inglês no trabalho. Nem só não estamos melhorando nosso inglês, estamos provavelmente perdendo nossa proficiência porque a maioria do nosso trabalho é apenas administrativo. Executamos tarefas simples, entediantes continuamente, todos os dias. Por que eles contratam secretárias bilíngues para estes trabalhos afinal?"

Outro problema óbvio era a distribuição desigual de trabalho no escritório. As mesas de Magdalena e dos novos tradutores estava literalmente transbordando com vários meses de trabalho acumulado enquanto Juana e suas duas amigas tinham tempo para desperdiçar. Ninguém, incluindo Elena, fez qualquer esforço para equilibrar as atividades ou ajudar aqueles que estavam sobrecarregados. O assunto nunca tinha sido abordado.

A agência estava crescendo em um ritmo rápido, e havia pilhas de papéis aguardando processamento. Joanna passou três semanas fazendo com que cada membro do departamento explicasse seu trabalho (em grande detalhe),

Estudo de caso

desenhando fluxogramas de como cada tipo de documentação era abordada, e como os seus arquivos eram analisados. Ela encontrou muitos passos desnecessários que resultavam em tempos baixos de retorno para vários processos. Relatórios de rendimento diários eram submetidos ao Senhor Barriga, mas nenhuma estatística era mantida durante o período de tempo de duração para responder aos pedidos de informações ou processar a documentação. Nenhum dado era compartilhado com os tradutores, então eles não tinham ideia de como o departamento estava taxando e pouca noção da urgência de seu trabalho. O único objetivo era cumprir a cota mensal de histórias de casos, o que afetava somente Marisol. Tentar ficar em dia com o que se acumulava em suas mesas concentrava todo o foco dos empregados.

Joanna encontrou muitos exemplos de erros e baixa qualidade, nem tanto devido à falta de cuidado, mas por falta de treinamento e supervisão. Tanto Barriga quanto Wilson revisaram as histórias de casos, mas Joanna ficou impressionada ao descobrir que nenhum deles avaliou o trabalho feito pelo departamento. Joanna descobriu que os empregados eram muito amáveis quando solicitados a explicar suas tarefas e muito conscientes sobre seu trabalho (se não as horas dedicadas a ele). Ela também descobriu, porém, que os empregados raramente eram capazes de explicar porque as coisas eram feitas de uma certa forma, porque eles receberam pouco treinamento para seus trabalhos e entendiam apenas uma pequena parte do departamento. A moral era obviamente baixa, e todos os empregados pareciam frustrados com a situação no departamento. Com exceção de Magdalena, que tinha experiência em outros escritórios, eles tinham poucas ideias para Joanna sobre como o departamento poderia ser melhorado.

Parte 2
Estratégia organizacional e estrutura

Capítulo 2 Fundamentos da estrutura organizacional
Capítulo 3 Estratégia e eficácia

Capítulo 2

Fundamentos da estrutura organizacional

Objetivos de aprendizagem

Após a leitura deste capítulo, você estará apto a:

1. Definir os três componentes-chave na definição da estrutura organizacional.
2. Explicar os conceitos horizontais e verticais do compartilhamento das informações.
3. Entender o papel das forças-tarefa e das equipes na estrutura organizacional.
4. Identificar as opções de agrupamento de departamentos, como funcional, divisional e matricial.
5. Entender os pontos fortes e fracos das diversas formas estruturais.
6. Explicar novas formas estruturais da rede horizontal e virtual.
7. Descrever os sintomas da deficiência estrutural dentro de uma organização.

Estrutura organizacional
Perspectiva do compartilhamento de informação na estrutura
  Compartilhamento de informações verticais • Compartilhamento e coordenação de informações horizontais • Coordenação relacional
Projetos organizacionais alternativos
  • Atividades de trabalho necessárias • Relações de subordinação • Opções de agrupamento departamental
Projetos funcionais, divisionais e geográficos
  • Estrutura funcional • A estrutura funcional com conexões horizontais • Estrutura divisional • Estrutura geográfica • Condições para a matriz • Pontos fortes e fracos
Estrutura horizontal
  • Características • Pontos fortes e fracos
Redes virtuais e terceirização
  • Como a estrutura funciona • Pontos fortes e fracos
Estrutura híbrida
Aplicações de projeto estrutural
  • Alinhamento estrutural • Sintomas da deficiência de estrutura
Fundamentos do projeto

Antes de ler este capítulo, verifique se você concorda ou discorda com cada uma das seguintes declarações:

GESTÃO POR PERGUNTAS DE PROJETO

1. **Uma forma popular de organização é fazer com que os funcionários trabalhem no que eles queiram, seja qual for o departamento, de modo que a motivação e o entusiasmo permaneçam altos:**

   CONCORDO _____   DISCORDO _____

2. **Os comitês e as forças-tarefa cujos membros são de diferentes departamentos geralmente são inúteis para realizar as tarefas.**

   CONCORDO _____   DISCORDO _____

3. **Os gerentes superiores são inteligentes para manter o controle organizacional sobre as atividades das principais unidades de trabalho em vez de contratar algumas tarefas de unidades de trabalho de outras empresas.**

   CONCORDO _____   DISCORDO _____

A farmacêutica Wyeth produz e vende alguns medicamentos bastante poderosos, incluindo Effexor para depressão, Zosyn para tratar doenças infecciosas e Telazol, um combinado de anestésico/tranquilizante para animais. Mas a Wyeth não gerencia mais os testes clínicos de novos medicamentos ou vacinas. Ultrajante? Chocante? Não, apenas uma nova realidade. Há muitos anos atrás, a Wyeth formou uma aliança empresarial com a Accenture chamada Alliance for Clinical Data Excellence. A parceria foi designada para "unir o melhor das duas empresas" para gerenciar toda a operação de testes clínicos da Wyeth – da criação do protocolo para o recrutamento do paciente para o monitoramento *in loco*.[1] Tudo faz parte do direcionamento da Wyeth para melhorar a qualidade, eficiência, velocidade e inovação ao terceirizar algumas de suas operações para as empresas que podem lidar com elas melhor e mais rápido.

Agora, você pode imaginar como a Accenture opera. Digamos que mesmo o CEO Bill Green não tem uma mesa permanente. A Accenture não tem uma sede formal, nenhuma filial oficial, nenhum escritório permanente. O tecnólogo-chefe da empresa está situado na Alemanha, seu líder de recursos humanos está em Chicago, o líder do escritório financeiro está em Silicon Valley, e a maioria de seus consultores se muda constantemente.[2]

Sem dúvida alguma, muitas organizações são mais complexas e amorfas do que costumavam ser. A Wyeth e a Accenture refletem a tendência estrutural entre todas as organizações de hoje para a terceirização, as alianças e a rede virtual. As empresas de hoje também usam outras inovações estruturais, como as equipes e os projetos matriciais, para atingir a flexibilidade de que eles precisam. As equipes, por exemplo, fazem parte da estratégia utilizada pelo FBI (Federal Bureau of Investigation) para combater o terrorismo. Como outras organizações, o FBI deve encontrar maneiras de realizar mais com recursos limitados. Uma inovação foi a criação da Flying Squads, que são equipes de agentes voluntários e equipes de apoio de diversos escritórios que estão prontas para entrar em ação quando os escritórios da FBI com equipes menores ao redor do mundo precisam de ajuda.[3] Outras empresas ainda continuam a ser bem-sucedidas com estruturas funcionais tradicionais que são coordenadas e controladas pela hierarquia vertical. As organizações usam uma grande variedade de alternativas estruturais para ajudá-las a atingir seus propósitos e metas, e quase todas as empresas precisam ser submetidas à reorganização em algum ponto para ajudá-las a conquistar novos desafios. São necessárias mudanças estruturais para refletir novas estratégias ou responder às mudanças em outros fatores contingenciais introduzidos no Capítulo 1: ambiente, tecnologia, tamanho e ciclo de vida e cultura.

Objetivos do capítulo

Este capítulo introduz os conceitos básicos de estrutura organizacional e mostra como projetar a estrutura tal como ela aparece no organograma da organização. Inicialmente, definimos e fornecemos uma visão geral do projeto de estrutura. Em seguida, uma perspectiva de compartilhamento de informações explica como projetar ligações verticais e horizontais para oferecer o fluxo e a coordenação das informações necessárias. O capítulo, então, apresenta as opções para o projeto básico, seguidas das estratégias para agrupar as atividades organizacionais em estruturas funcionais, divisionais, matriciais, horizontais, redes virtuais e híbridas. A seção final examina como a aplicação de estruturas básicas depende da situação da organização (várias contingências) e descreve os sintomas de um mau alinhamento de estrutura.

Estrutura organizacional

Definir os três componentes-chave da estrutura organizacional:

1. A estrutura organizacional designa as relações formais de subordinação, incluindo o número de níveis na hierarquia e a amplitude de controle de gerentes e supervisores.
2. A estrutura organizacional identifica o agrupamento de indivíduos em departamentos e de departamentos na organização.
3. A estrutura da organização inclui a criação de sistemas para garantir comunicação, coordenação e integração eficazes dos esforços pelos departamentos.[4]

Esses três elementos da estrutura pertencem aos aspectos vertical e horizontal da organização. Por exemplo, os primeiros dois elementos são o *quadro estrutural*, que é a hierarquia vertical.[5] O terceiro elemento pertence ao padrão de *interações* dentre os funcionários organizacionais. Uma estrutura ideal incentiva os funcionários a fornecer informação e coordenação horizontais onde e quando necessárias.

A estrutura organizacional reflete no organograma da organização. Não é possível ver a estrutura interna de uma organização da mesma forma que podemos ver suas ferramentas de produção, escritórios, sites ou produtos. Embora seja possível ver os funcionários assumirem suas responsabilidades, executarem diferentes tarefas e trabalhar em locais distintos, a única maneira de vermos realmente a estrutura subjacente a toda essa atividade é por meio do organograma da organização. O organograma é uma representação visual de todo um conjunto de atividades e processos subjacentes em uma organização. A Figura 2.1 mostra um organograma simples para uma organização tradicional. O organograma pode ser de grande utilidade para entender como a empresa funciona. Ele mostra as várias partes de uma organização, como elas estão inter-relacionadas e como cada cargo e departamento se adaptam ao todo.

O conceito de organograma, que mostra os cargos existentes, da forma como estão agrupados e quem está subordinado a quem, existe há séculos.[6] Por exemplo, os diagramas que destacam a hierarquia da igreja podem ser encontrados nas igrejas medievais da Espanha. No entanto, o uso de organogramas para negócios originou-se em grande parte na Revolução Industrial. Como discutimos no Capítulo 1, à medida que o trabalho tornava-se mais complexo e era realizado por um número cada vez maior de trabalhadores, havia uma necessidade urgente de desenvolver meios de gerenciar e controlar as organizações. O crescimento das estradas de ferro traz um exemplo.

ANOTAÇÕES

Como gerente de uma organização, lembre-se:

Desenvolva organogramas que descrevam as responsabilidades das tarefas, as relações de subordinação e o agrupamento de indivíduos em departamentos. Forneça documentação suficiente de forma que todos na organização saibam quem se reporta a quem e o posicionamento de cada um no quadro geral da organização.

FIGURA 2.1 Um organograma amostral

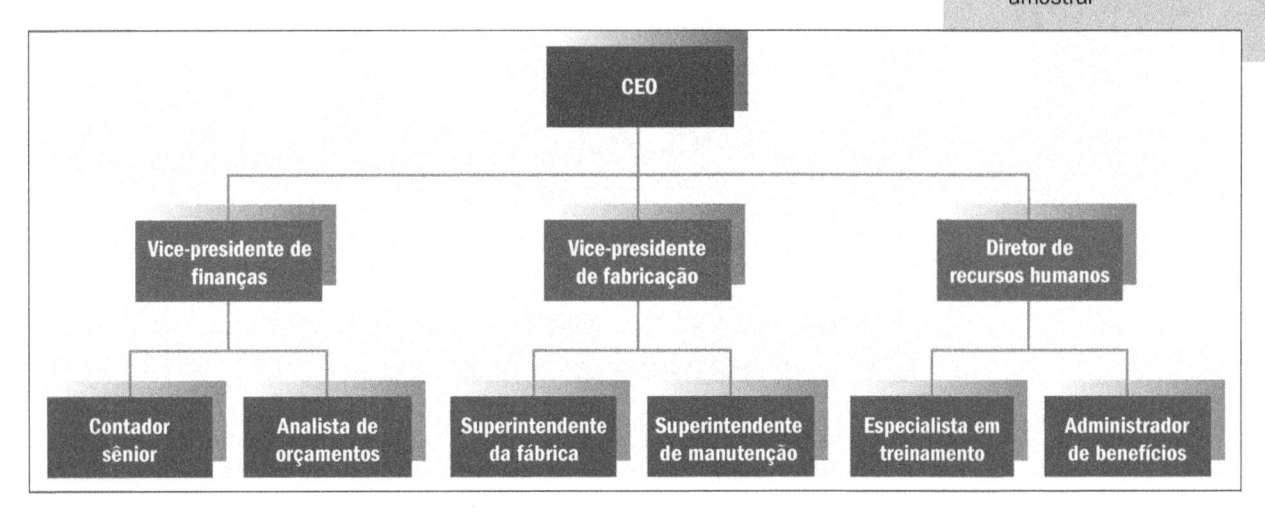

Após a colisão de dois trens de passageiros em Massachusetts, em 1841, o público exigiu um melhor controle operacional. Como resultado, o Conselho de Diretores da Western Railroad tomou medidas para definir "responsabilidades claras para cada fase dos negócios da empresa, estabelecendo sólidas linhas de autoridade e comando para a administração da ferrovia, manutenção e operação".[7]

A Figura 2.2 é um exemplo interessante de um organograma inicial criado por Daniel McCallum para Erie Railroad em 1855. Encarado com esforço financeiro e produtividade em queda, McCallum criou gráficos para explicar as operações da ferrovia para os investidores e para mostrar a divisão das responsabilidades para os superintendentes ao longo de centenas de milhas de linhas férreas. McCallum dividiu a ferrovia em divisões geográficas de tamanho gerenciável com cada divisão liderada por um superintendente.[8]

No tipo de estrutura organizacional que despontou desses esforços do final do século XIX e início do século XX, o presidente foi colocado no topo e todos os demais foram distribuídos em camadas abaixo dele, como mostra a Figura 2.1. Pensar e tomar decisões são tarefas pertinentes àqueles que estão no topo; o trabalho físico é feito pelos funcionários que estão alocados em funções departamentais distintas. Essa estrutura era muito satisfatória e se fortaleceu nas empresas, organizações sem fins lucrativos e organizações militares durante boa parte do século XX. Contudo, esse tipo de estrutura vertical não é sempre eficaz, particularmente em ambientes em rápida transformação. Ao longo dos anos as organizações desenvolveram outros projetos estruturais, muitos dos quais voltados para crescente coordenação e comunicação horizontais e para o incentivo para a adaptação às mudanças externas. A Dica de livro deste capítulo sugere que novas abordagens para organizar e gerenciar pessoas são cruciais para atingir vantagens competitivas duráveis no século XXI.

FIGURA 2.2 Organograma para a Erie Railroad, 1855

Fonte: Erie Railroad Organization Chart of 1855. Library of Congress, Haer, N.Y.

AVALIE SUA RESPOSTA

1 Uma forma popular de organização é fazer com que os funcionários trabalhem no que eles queiram, seja qual for o departamento, de modo que a motivação e o entusiasmo fiquem altos.

RESPOSTA: *Discordo.* Um pequeno número de empresas tentou esta abordagem com algum sucesso, mas uma organização típica precisa estruturar suas atividades de trabalho, cargos e departamentos de uma forma que garanta que o trabalho seja realizado e coordenado para atender as metas organizacionais. Muitos gerentes tentam dar alguma consideração para as escolhas dos empregados como forma de manter o entusiasmo alto.

Perspectiva do compartilhamento de informação na estrutura

A organização deve ser projetada para fornecer um fluxo de informações horizontal e vertical, de acordo com as necessidades para o alcance das metas gerais da organização. Se a estrutura não se adapta aos requisitos de informação da organização, as pessoas ou terão pouca informação, ou despenderão muito tempo no processamento de informação que não é vital para suas tarefas, reduzindo, assim, a eficácia.[9] Entretanto, há uma tensão inerente entre os mecanismos verticais e horizontais em uma organização. Enquanto as conexões verticais são projetadas, a princípio, para o controle, as horizontais são projetadas para a coordenação e a colaboração, o que normalmente é uma forma de redução de controle.

As organizações podem escolher se desejam se orientar para um projeto organizacional tradicional, voltado para a eficiência, que enfatiza a comunicação vertical e o controle (um projeto mecanicista, conforme descrito no Capítulo 1), ou para uma organização de aprendizagem contemporânea, que dá ênfase à comunicação horizontal e à coordenação (um projeto orgânico). A Figura 2.3 compara as organizações projetadas para a eficiência com as projetadas para a aprendizagem e a adaptação. Uma ênfase na eficiência e no controle está associada com tarefas especializadas, hierarquia de autoridade, normas e regulamentações, sistemas formais de subordinação, poucas equipes ou forças-tarefa e tomada de decisão **centralizada**, o que significa que a solução de problemas e as decisões encontram-se afuniladas nos níveis mais altos da hierarquia. A ênfase no aprendizado e adaptação está associada com as tarefas compartilhadas; uma hierarquia relaxada; poucas regras, comunicação presencial; muitas equipes e forças-tarefa; e tomada de decisão informal e **descentralizada**. A tomada de decisão descentralizada significa que a autoridade na tomada de decisão é empurrada para níveis organizacionais mais baixos.

As organizações podem ter que experimentar para encontrar o grau correto de centralização ou descentralização que atenda as suas necessidades. Por exemplo, um estudo de William Ouchi descobriu que três grandes distritos escolares que mudaram para uma estrutura mais flexível e descentralizada, dando aos diretores das escolas mais autonomia, responsabilidade e controle sobre os recursos, tiveram um melhor desempenho do que os grandes distritos que eram altamente centralizados.[10] Em Los Angeles, o prefeito Antonio Villaraigosa iniciou um programa para transformar um sistema escolar público problemático ao empurrar a autoridade para os diretores em vez de ter todas as decisões principais tomadas ao nível do distrito. A iniciativa Partnership for L.A. Schools atualmente afeta apenas 10 escolas onde pais e professores votavam para participar, porém os líderes esperam expandi-la rapidamente, uma vez que os resultados positivos são evidentes. A iniciativa ainda luta para ganhar mais apoio, mas as escolas envolvidas, algumas com os desempenhos mais baixos do distrito, já estão vendo melhoras nas pontuações do teste. Um professor disse que antes da mudança "todos os anos haveria uma reforma geral voltada para nós do distrito. Foi como se o sistema fosse dado como não responsivo".[11]

DICA DE LIVRO 2.0 — VOCÊ JÁ LEU ESTE LIVRO?

O futuro da gestão
Por Gary Hamel com Bill Breen

Os avanços na gestão como os princípios da gestão científica, a estrutura da organização em divisões e o uso de gestores de marca para a coordenação horizontal criaram mais vantagem competitiva sustentada do que qualquer novo produto ou inovação do serviço, diz Gary Hamel em *The Future of Management*, escrito com Bill Breen. Espere um pouco – essas ideias já não existiam desde – bem, sempre? Exatamente, disse Hamel. Na verdade, ele apontou que muitos gestores de hoje estão gerenciando organizações do século XXI usando ideias, práticas e mecanismos estruturais inventados um século ou mais anteriormente. Naquele momento, os princípios da hierarquia vertical, da especialização, do controle burocrático e da centralização forte foram novas abordagens radicais desenvolvidas para solucionar o problema da ineficiência. Eles são mais estáticos, regimentados e vinculados hoje, quando o ritmo da mudança continua a acelerar. As organizações de hoje, argumenta Hamel, tornaram-se "tão estrategicamente adaptáveis como operacionalmente eficientes".

ALGUNS INOVADORES ESTRUTURAIS
Hamel sugere que a prática da gestão deva passar por uma transformação parecida com aquela que ocorreu com a Revolução Industrial e o advento da gestão científica. Aqui, do *The Future of Management*, estão alguns exemplos que oferecem relances do que é possível quando os gerentes constroem a estrutura em torno dos princípios de comunidade, criatividade e compartilhamento de informações em vez da hierarquia estrita.

- *Whole Foods Market*. As equipes são unidades organizacionais básicas na Whole Foods, e têm um grau de autonomia quase sem precedente no setor varejista. Cada loja é composta por oito ou mais equipes de autogestão que supervisionam os departamentos como produtos frescos, alimentos preparados, produtos lácteos ou *checkout*[1]. As equipes são responsáveis por todas as principais decisões de operação, incluindo precificação, pedidos, contratação e promoções na loja.

- *W. L. Gore*. A inovação de W. L. Gore foi organizar o trabalho de forma que coisas boas acontecessem, independentemente de os gerentes estarem ou não "no controle". Gore, mais conhecido pelo tecido Gore-Tex, deixava os funcionários decidirem o que eles queriam fazer. Não há camadas de gestão, somente algumas posições e sem organogramas. Como na Whole Foods, as unidades de operação centrais são equipes pequenas, mas na Gore as pessoas podem escolher quais equipes trabalhar e dizer não para solicitações de qualquer um. A Gore também constrói uma forte responsabilidade – as pessoas são avaliadas por pelo menos 20 de seus colegas todos os anos.

- *Visa*. Todo mundo já ouviu falar da Visa, mas poucas pessoas sabem algo sobre a organização por trás da marca. A Visa é a primeira empresa do mundo quase inteiramente virtual. No início dos anos 1970, um grupo de bancos formou um consórcio que hoje cresceu em uma rede global de 21.000 instituições financeiras e mais de 1,3 bilhão de proprietários de cartões. A organização é altamente auto organizada e continua evoluindo conforme as condições mudam.

COMO SER UM GESTOR INOVADOR
A maioria das empresas tem um sistema para inovação do produto, porém Hamel observa que algumas têm um processo bem afinado para inovação da gestão. *The Future of Management* proporciona as etapas detalhadas que os gerentes podem realizar para aumentar as chances de um avanço no pensamento gerencial. Hamel considera a ascensão da gestão moderna e projeto organizacional a inovação mais importante do século XX. Agora é a hora, no entanto, para as ideias do século XX.

The Future of Management, por Gary Hamel com Bill Breen, é publicado pela Harvard Business School Press.

[1] Processo de verificação logística, checagem de itens do estoque. (N.R.T.)

Por outro lado, empresas descentralizadas às vezes precisam se estruturar em sistemas mais centralizados de comunicação e controle para manter essas grandes corporações globais funcionando com eficiência. Considere as decisões estruturais que ajudaram o CEO Lewis Campbell a restaurar a Textron Inc., um conglomerado industrial de $12 bilhões com sua sede localizada em Providence, Rhode Island.

FIGURA 2.3
A relação do projeto organizacional para a eficiência *versus* para resultados de aprendizagem

Organização vertical projetada para a eficiência (mecanicista)

Organização horizontal projetada para a aprendizagem (orgânica)

Abordagem de estrutura dominante

A estrutura horizontal é dominante
· Tarefas compartilhadas, capacitação
· Hierarquia relaxada, poucas regras
· Comunicação horizontal, presencial
· Muitas equipes e forças-tarefa
· Tomada de decisão descentralizada

A estrutura vertical é dominante
· Tarefas especializadas
· Hierarquia rigorosa, muitas regras
· Comunicação vertical e sistemas de relatório
· Poucas equipes, forças-tarefa ou integradores
· Tomada de decisão centralizada

© Cengage Learning 2013

Textron Inc.

NA PRÁTICA

O CEO Lewis Campbell da Textron acreditava piamente na descentralização, mas, em 2001, ele deu uma olhada na situação da empresa e sabia que uma mudança deveria ser feita. "Estávamos à deriva", disse Campbell. "Estávamos fazendo todas as coisas que costumávamos fazer, mas não tínhamos bons resultados". Uma recessão econômica, combinada com um declínio íngreme nos mercados industrial e de aviação dos quais a Textron derivou mais de seus lucros, deixou a Textron em uma queda livre. Em um período de dois anos, os lucros caíram 75%.

Fazer com que a empresa operasse em uma eficiência elevada exigiu algumas mudanças dramáticas. Na época, muitas unidades comerciais da Textron operavam de modo autônomo, com cada unidade lidando com suas próprias funções administrativas e gerentes tomando decisões com foco em atender as suas próprias metas da divisão. Muitos gerentes da divisão nem sabiam o que as outras unidades da empresa faziam. Na conferência gerencial anual, Campbell decretou que seria necessário que as diversas unidades cooperassem e compartilhassem recursos. O novo foco seria no que a empresa como um todo estava fazendo, e os bônus foram ligados à empresa como um todo, em vez do desempenho da divisão. Para melhorar a eficiência, mais de 1.500 sistemas da folha de pagamento foram cortados para apenas três, inúmeros planos de saúde por todas as divisões diferentes foram reduzidos a apenas um, e mais de 100 centros de dados foram consolidados em um conglomerado. Os gerentes que estavam acostumados a tomar todas as suas próprias decisões perderam um pouco de sua autonomia com relação às decisões de toda a empresa, assim como o programa de melhoria da qualidade Seis Sigma, estavam centralizados ao nível das matrizes e foram implantados no geral.

Tirar a Textron de suas raízes como uma organização descentralizada para uma com uma visão única e uma tomada de decisão mais centralizada não a levou ao sucesso da noite para o dia, contudo as eficiências logo começaram a se acumular. Em alguns anos, a saúde econômica da Textron melhorou significativamente, e Campbell estava sendo saudado como um mestre da reviravolta.[12]

Não deve ter sido fácil trazer a centralização para uma empresa que tinha prosperado na descentralização por toda sua existência, mas Campbell acreditou ser necessário para a situação que a empresa encarava. Os gerentes sempre procuram a melhor combinação de controle vertical e colaboração horizontal, de centralização e descentralização, para cada situação.[13]

Compartilhamento de informações verticais

O projeto organizacional deve facilitar a comunicação entre funcionários e departamentos que sejam necessários para realizar a tarefa geral da organização. Os gerentes criam *links de informações* para facilitar a comunicação e a coordenação entre os elementos organizacionais. As **conexões verticais** são usadas para coordenar as atividades entre o topo e a base de uma organização e são projetadas, principalmente, para o controle da organização. Os funcionários nos níveis mais baixos devem desenvolver atividades compatíveis com as metas do nível alto e os altos executivos devem ser informados das atividades e realizações dos níveis mais baixos. As organizações podem fazer uso de uma variedade de dispositivos de estrutura para atingir a conexão vertical, incluindo submissão hierárquica, normas, planos e sistemas formais de gerenciamento de informações.[14]

Referência hierárquica. O primeiro dispositivo vertical é a hierarquia ou cadeia, que está ilustrada pelas linhas verticais na Figura 2.1. Caso haja um problema que os funcionários não saibam resolver, ele pode ser submetido ao próximo nível da hierarquia. Quando o problema é solucionado, a resposta é passada de volta para os níveis mais baixos. As linhas do organograma funcionam como canais de comunicação.

Regras e planos. O próximo dispositivo de conexão é o uso de regras e planos. Na medida em que os problemas e as decisões são repetitivos, há a possibilidade de uma norma ou de um procedimento serem estabelecidos para que os funcionários saibam como responder, sem se comunicar diretamente com seus gerentes. As normas e os procedimentos fornecem uma fonte padronizada de informação, o que permite que os funcionários estejam coordenados sem, na verdade, comunicar-se a cada tarefa. Na empresa de biscoitos Gemesa da PepsiCo, situada no México, por exemplo, os gerentes fazem um *briefing* cuidadoso para os funcionários da produção sobre metas, processos e procedimentos, de modo que os próprios funcionários façam a maior parte do trabalho de manter o processo de produção correndo suavemente, o que possibilita que as fábricas operem com menos gerentes.[15] Os planos também fornecem informações padronizadas para os funcionários. O plano mais utilizado é o orçamento. Com orçamentos cuidadosamente projetados e comunicados, os funcionários nos níveis mais baixos podem, por conta própria, desenvolver atividades dentro de sua alocação de recursos.

Sistemas verticais de informação. Um sistema de informação vertical é outra estratégia para aumentar a capacidade vertical de informação. Entre os sistemas verticais de informação estão relatórios periódicos, informação escrita e comunicações baseadas em computador, distribuídas aos gerentes. Os sistemas de informação tornam a comunicação para cima e para baixo na hierarquia mais eficiente.

No mundo de escândalos financeiros corporativos e de objeções éticas de hoje em dia, muitos executivos estão considerando o fortalecimento das conexões para a informação e o controle vertical em suas organizações. A outra grande questão na organização está em fornecer conexões horizontais adequadas para a coordenação e a colaboração.

Compartilhamento e coordenação de informações horizontais

A comunicação horizontal ultrapassa as barreiras interdepartamentais e oferece oportunidades de coordenação entre funcionários para alcançar a unidade de esforços e objetivos organizacionais. **Conexão horizontal** refere-se à comunicação e coordenação horizontais entre os departamentos organizacionais. Sua importância foi destacada por comentários feitos por Lee Iacocca quando ele assumiu a Chrysler Corporation nos anos 1980.

ANOTAÇÕES

Como gerente de uma organização, lembre-se:

Forneça conexões verticais e horizontais de informações para integrar diversos departamentos num todo coerente. Alcance a conexão vertical por meio de hierarquia, normas e planos, além de um sistema vertical de informação. Alcance conexões horizontais por meio de um sistema de informação interfuncional, contato direto, forças-tarefa, integradores em tempo integral e equipes.

O que eu encontrei na Chrysler foram 25 vice-presidentes, cada um com seu espaço... Não podia acreditar, por exemplo, que o cara que dirigia o departamento de engenharia não estivesse em contato constante com sua contraparte na produção. Mas era assim. Todos trabalhavam de maneira independente. Dei uma olhada naquele sistema e quase vomitei. Isso foi quando eu soube que estava realmente encrencado... Ninguém na Chrysler parecia entender que a interação entre as três diferentes funções em uma empresa é absolutamente fundamental. As pessoas na engenharia e fabricação devem quase que dormir juntas. Aqueles caras não estavam nem flertando![16]

Durante sua administração na Chrysler, Iacocca empurrou a coordenação horizontal para um nível elevado. Todos os que estavam trabalhando em um projeto de veículo específico – projetistas, engenheiros, pessoal de produção, assim como representantes de marketing, finanças, compras e até mesmo fornecedores externos – trabalhavam juntos em um mesmo andar, de forma que pudessem comunicar-se facilmente.

Os mecanismos de conexão horizontal, apesar de não estarem frequentemente desenhados no organograma, são uma parte vital da estrutura organizacional. Pequenas organizações normalmente têm um alto nível de interação entre todos os funcionários, mas em uma grande organização, que fornece mecanismos para garantir o compartilhamento das informações horizontais, é essencial para a coordenação eficaz, compartilhamento de conhecimento e tomada de decisão.[17] Por exemplo, a coordenação ruim e a falta de compartilhamento de informação foram culpadas por atrasar as decisões da Toyota e o tempo de resposta para as questões de qualidade e segurança relacionadas a aceleradores pegajosos, freios defeituosos e outros problemas.[18] Os seguintes dispositivos são alternativas estruturais que podem melhorar a coordenação horizontal e o fluxo de informações.[19] Cada dispositivo possibilita que as pessoas troquem informações.

Sistemas de informação. Um método significativo que oferece conexão horizontal nas organizações atuais é o uso de sistemas de informação cruzada entre as funções. Os sistemas de informação computadorizados podem permitir que os gerentes ou trabalhadores na linha de frente, em toda a organização, troquem informações sobre problemas, oportunidades, atividades ou decisões no dia a dia. Por exemplo, nos hospitais Veterans Administration (VA) ao redor do país, um sistema sofisticado chamado Vista permite que as pessoas por toda a organização acessem as informações completas do paciente e forneçam um melhor cuidado. Ao possibilitar a coordenação e colaboração próximas, a tecnologia transformou o VA, uma vez considerado pífio, em um dos prestadores de cuidado médico de melhor qualidade e maior custo/benefício nos Estados Unidos.[20]

Algumas organizações também estimulam os funcionários a utilizar os sistemas de informação da empresa para construir relacionamentos por toda a organização, visando apoiar e melhorar a coordenação horizontal em andamento entre projetos e fronteiras geográficas. A Care International, uma das maiores organizações internacionais privadas de auxílio, aprimorou seu banco de dados de pessoal a fim de que as pessoas encontrem com facilidade outras que tenham interesses, preocupações ou necessidades comuns. Cada pessoa na base de dados listou as responsabilidades anteriores e atuais, experiência, proficiência em idiomas, conhecimento de países estrangeiros, experiências de emergência, habilidades e competência, e interesses externos. A base de dados torna mais fácil para que as pessoas trabalhem em outros locais em busca uns dos outros, compartilhar ideais e informações, e construir conexões horizontais duradouras.[21]

Papel de contato. Um nível mais elevado de conexão horizontal é o contato direto entre os gerentes ou funcionários afetados por um problema. Uma das maneiras de promover o contato direto consiste em criar um **papel de ligação** especial. Uma pessoa está localizada em um departamento, mas fica responsável por comunicar e estabelecer a coordenação com outro departamento. Há, com frequência, ligação entre os departamentos de engenharia e de produção, porque a engenharia precisa desenvolver e testar produtos que se ajustem às limitações das instalações de produção. Um escritório de engenharia pode estar na área de fabricação, logo a engenharia está prontamente disponível para discussões com os supervisores de fabricação sobre os problemas de engenharia com os produtos manufaturados. Uma pessoa de pesquisa e desenvolvimento pode ir às reuniões de vendas e coordenar o desenvolvimento de um novo produto com o que as pessoas de vendas acham que os clientes querem.[22]

Forças-tarefa. Papéis de ligação normalmente conectam dois departamentos. Quando as conexões envolvem vários departamentos, é necessário um arranjo mais complexo, como as forças-tarefa. Uma **força-tarefa** é um comitê temporário composto por representantes de cada unidade organizacional afetada por um problema.[23] Cada membro representa o interesse de um departamento ou divisão e pode levar informações da reunião para o departamento.

As forças-tarefa são um dispositivo eficaz de conexão horizontal para problemas temporários. Elas resolvem problemas pela coordenação horizontal direta e reduzem a carga de informação na estrutura hierárquica vertical. De modo geral, elas são desfeitas depois que as tarefas são realizadas. As organizações têm usado as forças-tarefa para tudo, desde organizar o piquenique anual da empresa até resolver problemas complexos e caros de produção. Um exemplo vem da Escola Preparatória Georgetown em North Bethesda, Maryland, que usou uma força-tarefa composta por professores, administradores, treinadores, equipe de apoio e consultores externos para desenvolver um plano de preparação contra a gripe. Quando a gripe H_1N_1 ameaçou surgir há muitos anos, a Georgetown estava muito mais equipada do que a maioria das instituições educacionais para lidar com a crise porque eles já tinham um plano elaborado.[24]

Integrador em tempo integral. Um dispositivo mais poderoso de conexão horizontal é criar um cargo ou departamento em tempo integral exclusivamente com vistas à coordenação. Um **integrador** em tempo integral possui, muitas vezes, um título, como gerente de produção, gerente de projeto, gerente de programa ou gerente de marca. Ao contrário da pessoa de ligação descrita anteriormente, o integrador não se subordina a um dos departamentos funcionais que estão sendo coordenados. Sua posição encontra-se fora desses departamentos e cabe a ele a responsabilidade por coordenar diversos departamentos. O gerente de marca para a Planters Peanuts, por exemplo, coordena vendas, distribuição e publicidade para aquele produto.

Cabe também ao integrador a responsabilidade por uma inovação ou projeto de mudança, por exemplo, ao coordenar o projeto, o financiamento e o marketing de um novo produto. Um organograma que mostra a localização de gerentes de projeto para o desenvolvimento de um novo produto pode ser visto na Figura 2.4. Os gerentes de projeto estão dispostos ao lado para indicar sua separação dos demais departamentos. As setas indicam os membros do projeto alocados para o desenvolvimento do produto. O novo produto A, por exemplo, tem uma contabilidade financeira atribuída para acompanhar os custos e orçamentos. O membro de engenharia aconselha no projeto, e os membros de compras e de fabricação representam suas áreas. O gerente

---

2 Os comitês e as forças-tarefa cujos membros são de diferentes departamentos geralmente são inúteis para realizar as tarefas.

RESPOSTA: *Discordo.* O ponto dos comitês interfuncionais e forças-tarefa é compartilhar as informações para coordenar suas atividades departamentais. Reunir-se, conversar e discordar é o trabalho do comitê. Esses grupos não devem tentar "fazer as coisas" no sentido de ser eficiente.

AVALIE SUA RESPOSTA

de projeto é responsável por todo o projeto. Ele garante que o novo produto será concluído no prazo, apresentado no mercado e atingirá as demais metas do projeto. As linhas horizontais na Figura 2.4 assinalam que os gerentes de projeto não têm autoridade formal sobre os membros da equipe quanto a aumentos salariais, contratações ou demissões. A autoridade formal permanece com os gerentes de departamentos funcionais, que possuem autoridade formal sobre seus subordinados.

Os integradores precisam ter excelentes habilidades pessoais. Na maioria das empresas eles têm muita responsabilidade, mas pouca autoridade. O integrador tem que usar a experiência e a persuasão para obter a coordenação. Ele extrapola os limites entre os departamentos e tem de conseguir juntar pessoas, manter sua confiança, confrontar problemas e resolver conflitos e disputas em prol da organização.[25]

Equipes. Equipes de projeto tendem a ser o mais poderoso mecanismo de conexão horizontal. **Equipes** são forças-tarefa permanentes, frequentemente utilizadas em conjunto com um integrador em tempo integral. Quando as atividades interdepartamentais requerem forte coordenação durante um longo período, uma equipe interfuncional muitas vezes é a solução. Equipes de projetos especiais podem ser utilizadas quando a organização possui um projeto em larga escala, uma inovação importante ou uma nova linha de produto. A JetBlue Airways reuniu uma equipe de projeto especial composta por agendadores de tripulação, operadores de sistema, expedidores, agentes de reservas e outros funcionários para revisar como a companhia aérea lida e se recupera das "operações irregulares", como o mau tempo. Quanto efetivamente as companhias aéreas gerenciam e recuperam-se desses eventos que afetam de maneira dramática o desempenho e a satisfação do cliente, porém a eficácia exige a coordenação próxima. Na reunião da primeira equipe, os líderes apresentaram uma emergência simulada e pediram para equipe mapear como eles

FIGURA 2.4
Posição do gerente de projeto na estrutura

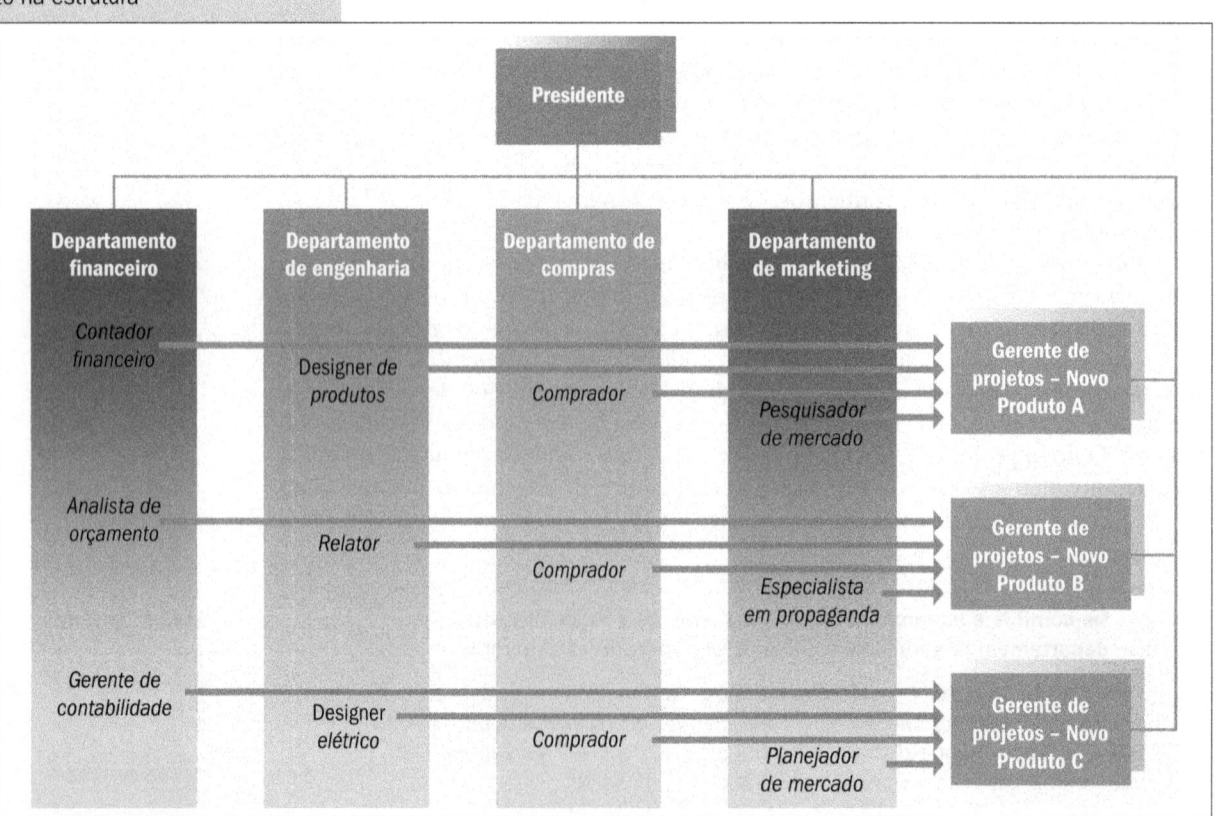

responderiam. Como os membros da equipe começaram pelo processo, eles começaram a apontar os problemas. A meta da equipe é trabalhar as soluções para ajudar a JetBlue a melhorar o desempenho regular no prazo e seu tempo de recuperação de eventos maiores.[26]

Muitas das empresas de hoje usam *equipes virtuais interfuncionais*. Uma equipe virtual é composta por membros dispersos na organização ou em termos geográficos que, a princípio, estão conectados mediante avançadas tecnologias de informação e comunicação. Os membros, muitas vezes, utilizam a internet e software colaborativo para trabalhar juntos em vez de se encontrar pessoalmente.[27] As equipes virtuais da IBM, por exemplo, colaboram principalmente por sites internos utilizando a tecnologia Wiki.[28] Na Nokia, os membros da equipe virtual trabalham de muitos países com fusos horários e culturas diferentes e têm um espaço de trabalho virtual que eles podem acessar 24 horas por dia. Além disso, a Nokia fornece um recurso on-line em que os funcionários virtuais são encorajados a postar fotos e compartilhar informações pessoais.[29]

Um exemplo de como as equipes produzem uma forte coordenação horizontal pode ser visto na Figura 2.5. A Wizard Software Company desenvolve e comercializa software para diversos aplicativos da web, estações de trabalho e aplicativos móveis,

FIGURA 2.5
Equipes usadas para a coordenação horizontal na Wizard Software Company

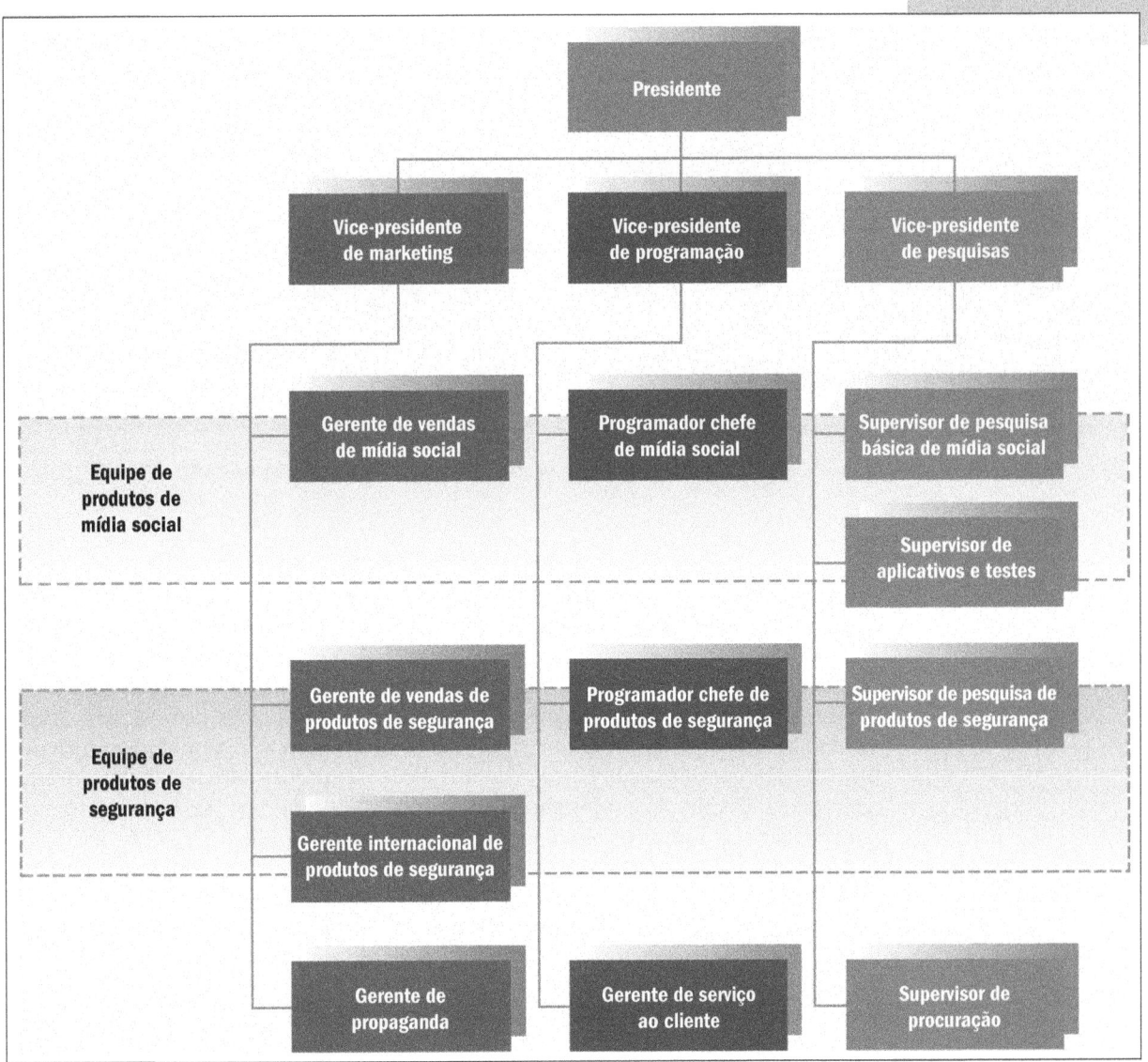

© Cengage Learning 2013

Como você se encaixa no projeto?

O PRAZER/A DOR DE TRABALHAR EM UMA EQUIPE

Sua abordagem em relação ao seu emprego ou trabalho escolar pode indicar se você é bem-sucedido em uma equipe. Responda as seguintes perguntas sobre suas preferências de trabalho. Responda se cada item é Verdadeiro ou Falso.

	V	F
1. Prefiro trabalhar em equipe em vez de realizar tarefas individuais.	__	__
2. Se eu tiver escolha, tento trabalhar sozinho em vez de enfrentar as dificuldades de trabalhar em grupo.	__	__
3. Gosto da interação pessoal quando trabalho com outras pessoas.	__	__
4. Prefiro fazer meu trabalho e deixar que os outros façam o deles.	__	__
5. Fico mais satisfeito com uma vitória em grupo do que com uma vitória individual.	__	__
6. O trabalho em equipe não vale a pena quando as pessoas não fazem a sua parte.	__	__
7. Sinto-me bem quando trabalho com outras pessoas, mesmo quando discordamos.	__	__
8. Prefiro confiar em mim mesmo em vez de outras pessoas para fazer um trabalho ou realizar uma tarefa.	__	__

Pontuação: atribua um ponto para cada item ímpar que você marcou como Verdadeiro e um ponto para cada item par que você marcou como Falso. Sua pontuação indica sua preferência por trabalho em equipe ou trabalho individual. Se você pontuou 2 ou menos pontos, você definitivamente prefere o trabalho individual. Uma pontuação de 7 ou mais sugere que você prefere trabalhar em equipes. Uma pontuação de 3–6 indica conforto em trabalhar sozinho e em equipe.

Interpretação. O trabalho em equipe pode ser frustrante ou motivador, dependendo da sua preferência. Em uma equipe você perderá um pouco de autonomia, terá que confiar em outras pessoas que podem ser menos comprometidas que você. Em uma equipe você tem que trabalhar através de outras pessoas e possivelmente perderá o controle dos procedimentos e resultados do trabalho. Por outro lado, as equipes podem realizar tarefas além das quais um indivíduo pode fazer, e trabalhar com outros pode ser uma grande fonte de satisfação. Se você definitivamente preferir o trabalho individual, então é possível que você se ajuste melhor em uma estrutura funcional dentro de uma hierarquia vertical ou na função de um contribuinte individual. Se você preferir o trabalho em equipe, então você está adequado para trabalhar na função de um vínculo horizontal, como em uma força-tarefa ou como um integrador, e se daria bem em uma estrutura organizacional horizontal ou matricial.

Fonte: Baseado em Jason D. Shaw, Michelle K. Duffy, and Eric M. Stark, "Interdependence and Preference for Group Work: Main and Congruence Effects on the Satisfaction and Performance of Group Members," *Journal of Management* 26, no. 2 (2000), 259–279.

desde videogames e produtos de mídia social até serviços financeiros. Ela utiliza equipes para coordenar a linha de produtos e envolve os departamentos de pesquisa, programação e marketing, como é ilustrado nas linhas pontilhadas e áreas sombreadas da Figura 2.5. Os membros de cada equipe se reúnem no início de cada dia, conforme o necessário, para resolver problemas relativos às necessidades dos clientes, tarefas atrasadas, mudanças de programação, conflitos de programação e qualquer outro problema relacionado com a linha de produtos. Você está pronto para o trabalho em equipe horizontal? Complete o questionário no quadro "Como você se encaixa projeto?" para avaliar seus sentimentos sobre o trabalho em uma equipe.

A Figura 2.6 faz um resumo dos mecanismos para alcançar as conexões horizontais. Esses dispositivos representam alternativas que os gerentes podem selecionar para aumentar a coordenação horizontal em qualquer organização. Os dispositivos de mais alto nível fornecem maior capacidade de informação horizontal, embora o custo para a organização em termos de tempo e recursos humanos seja maior. Se a comunicação horizontal for insuficiente, os departamentos se sentirão fora de sincronia e não contribuirão para as metas gerais da organização. Quando a quan-

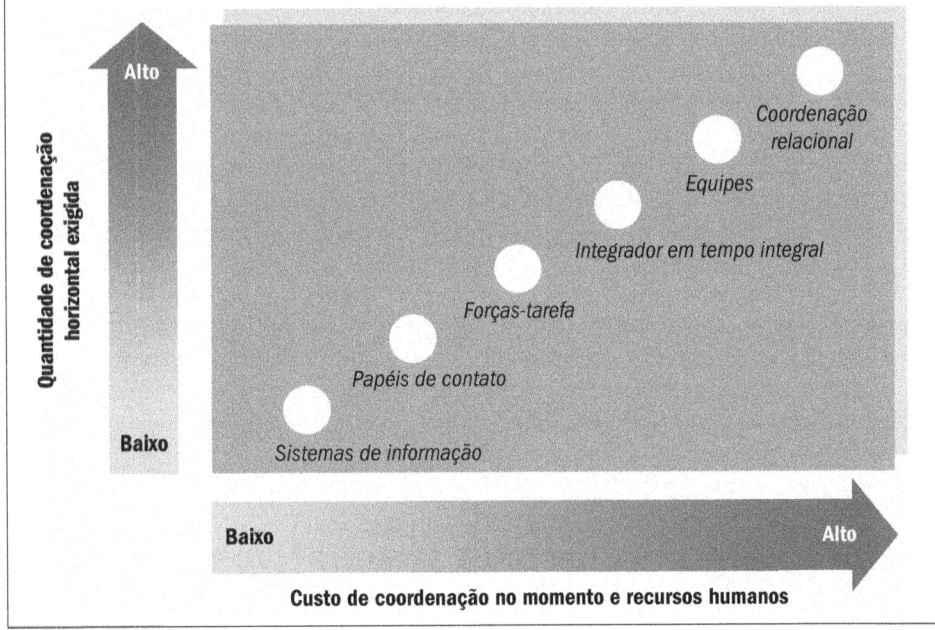

FIGURA 2.6
Escada de mecanismos para o vínculo e a coordenação horizontal

[Figura 2.6: Gráfico mostrando a escada de mecanismos de coordenação horizontal. Eixo vertical: Quantidade de coordenação horizontal exigida (Baixo a Alto). Eixo horizontal: Custo de coordenação no momento e recursos humanos (Baixo a Alto). Do menor para o maior: Sistemas de informação, Papéis de contato, Forças-tarefa, Integrador em tempo integral, Equipes, Coordenação relacional.]

© Cengage Learning 2013

tidade de coordenação horizontal requerida for alta, os gerentes deverão selecionar mecanismos de nível mais alto.

Coordenação relacional

O nível mais alto da coordenação horizontal ilustrado na Figura 2.6 é a coordenação relacional. A **coordenação relacional** refere-se à "comunicação frequente, oportuna e solucionadora de problemas feita por meio das relações de metas compartilhadas, conhecimento compartilhado e respeito mútuo".[30] A coordenação relacional não é um dispositivo ou mecanismo como os outros elementos listados na Figura 2.6, mas faz parte da própria fábrica e cultura da organização. Em uma organização com alto nível de coordenação relacional, as pessoas compartilham informações livremente pelos limites departamentais e interagem em uma base contínua para compartilhar conhecimento e solucionar problemas. A coordenação é feita por meio de uma rede de relações positivas contínuas em vez de ser a causa dos papéis ou mecanismos de coordenação formal.[31] Os funcionários coordenam diretamente uns aos outros pelas unidades.

Construir a coordenação relacional na fábrica da empresa exige o papel ativo dos gestores. Os gestores investem no treinamento de pessoas com habilidades necessárias para interagir entre si e resolver conflitos interfuncionais, construir confiança e confidencialidade ao mostrar que eles se importam com os funcionários, e intencionalmente fomentam as relações com base nas metas compartilhadas em vez de enfatizar as metas dos departamentos separados. As pessoas ficam livres das regras rigorosas de trabalho, de modo que elas têm a flexibilidade de interagir e contribuir sempre que fossem necessárias, e as recompensas são fundamentadas nos esforços e conquistas da equipe. Os supervisores da linha de frente têm pequenos intervalos de controle para que eles possam desenvolver relações de trabalho próximas com os subordinados e treinar e supervisionar os funcionários. Os gestores também criam papéis interfuncionais específicos que promovem coordenação pelos limites. Na Southwest Airlines, por exemplo, os agentes de operações abrangem os limites por diversos departamentos para coordenar as inúmeras funções envolvidas com as partidas dos voos.[32] Quando a coordenação relacional é alta, as pessoas compartilham informações e coordenam suas atividades tendo que ter chefes ou mecanismos formais para dizer-lhes o que fazer.

ANOTAÇÕES

Como gerente de uma organização, lembre-se:

Reconhecer que os mecanismos mais fortes de vínculo horizontal custam mais em termos de tempo e recursos humanos, mas são necessários quando a organização precisa de um degrau alto de coordenação horizontal para atingir suas metas. Quando níveis muito altos de coordenação e compartilhamento de conhecimento são necessários, construa a coordenação relacional na cultura da organização.

O Tenente-general norte-americano David M. Rodriguez, o primeiro comandante do Comando Conjunto da Força Internacional de Assistência para Segurança (IJC) e vice-comandante das forças do Afeganistão, fomentou a coordenação relacional entre os líderes militares dos Estados Unidos e do Afeganistão, assim como com os comandantes de baixo escalão, líderes civis e outros. Seu centro de operações parecia uma redação, em que as pessoas avidamente conversavam umas com as outras e compartilhavam seu conhecimento. As diretrizes dos oficiais de alto escalão ganhariam um refinamento desde o princípio de capitães e sargentos. Rodriguez entendeu que as pessoas devem "trabalhar juntas e descobrir como maximizar a eficácia da equipe". Ele trabalhou duro para construir relações com base na confiança mútua, respeito, metas compartilhadas e comprometimentos. "Pedimos para que eles nos responsabilizassem e tentamos dar a eles em um tipo de responsabilidade compartilhada", disse Rodriguez em uma entrevista.[33] Seja no exército, seja nos negócios, a confiança cresce e o conhecimento e a colaboração resultam quando os líderes constroem relações sólidas.

Projetos organizacionais alternativos

O projeto geral da estrutura organizacional indica três coisas — atividades de trabalho necessárias, relações de subordinação e agrupamentos departamentais.

Atividades de trabalho necessárias

Os departamentos são criados para executar tarefas consideradas estrategicamente importantes para a empresa. Por exemplo, em uma típica empresa manufatureira, as atividades de trabalho são um conjunto de funções que ajudam a organização a atingir suas metas, como um departamento de recursos humanos que recruta e treina funcionários, um departamento de compras que obtém suprimentos e matérias-primas, um departamento de produção que fabrica produtos, um departamento de vendas que vende produtos e assim por diante. À medida que as organizações crescem e se tornam mais complexas, há a necessidade de cada vez mais funções serem executadas. As organizações geralmente definem novos departamentos ou divisões como um meio de atender as tarefas consideradas valiosas pela organização. Por exemplo, a gigante petrolífera britânica BP somou agora uma nova divisão de segurança no despertar para o derramamento de petróleo da Deepwater Horizon.

BP NA PRÁTICA

Por muitos anos, a estratégia de crescimento da BP foi baseada em ser uma líder em ultrapassar fronteiras da indústria petrolífera, como perfurar os poços mais profundos do mundo, em busca de petróleo no Ártico, e outros esforços agressivos. Pegar atalhos e forçar o risco ao limite estava incutido na cultura corporativa. O ex-CEO, John Browne, construiu a empresa ao assumir outras petrolíferas e, então, impiedosamente cortou custos, muitas vezes, despedindo alguns dos engenheiros mais experientes. Seu sucessor, Tony Hayward, continuou o estilo agressivo. A abordagem foi bem-sucedida – em um ponto. A BP aumentou estavelmente a produção e ultrapassou a Royal Dutch Shell PLC na capitalização de mercado em 2010. Alguns meses depois, no entanto, o desastre abateu a plataforma Deepwater Horizon da BP, apresentando uma crise que será difícil para a BP superar e que exige uma nova abordagem para a gigante petrolífera.

O novo CEO, Robert Dudley, que assumiu em setembro de 2010, está fazendo inúmeras mudanças voltadas para a troca do modo como a empresa opera e para a reconstrução da confiança. Seus primeiros movimentos, que ele chamou de "as primeiras e mais urgentes etapas", foram estruturais. Antes mesmo de ter se tornado oficialmente CEO, Dudley anunciou que dividiria a divisão de exploração e produção da empresa em três partes para obter mais vigilância. Além disso, ele criou uma nova divisão de segurança global com energia ampla para desafiar as decisões da gestão caso as considere muito arriscadas. A divisão também revisará o modo como a empresa gerencia os contratos com as contratadas terceirizadas. A criação de uma nova divisão concentrada na segurança e no risco operacional reflete como a empresa deve operar agora, afirma Dudley, "com a segurança e a gestão de risco como nossas prioridades urgentes".[34]

Relações de subordinação

A partir do momento em que as atividades de trabalho necessárias e os departamentos estão definidos, a próxima questão consiste em saber como essas atividades e departamentos devem se adequar em conjunto na hierarquia organizacional. As relações de subordinação, muitas vezes chamadas de *cadeia de comando*, são representadas em um organograma por linhas verticais. A rede de comando deve ser uma linha de autoridade sem quebras que conecta todas as pessoas em uma organização e mostra quem está subordinado a quem. Em uma grande organização, como a General Electric, BP, L'Oreal ou Microsoft, 100 ou mais gráficos podem ser necessários para identificar as relações relatadas dentre milhares de funcionários. A definição dos departamentos e o desenho das relações de subordinação definem como os funcionários serão agrupados em departamentos.

Opções de agrupamento departamental

As opções para o agrupamento departamental, incluindo agrupamento funcional, agrupamento divisional, agrupamento multifocado, agrupamento horizontal e agrupamento de rede virtual, são ilustradas na Figura 2.7. O **agrupamento departamental** afeta os funcionários porque eles compartilham um supervisor e recursos comuns, são conjuntamente responsáveis pelo desempenho e tendem a se identificar e a colaborar entre si.[35]

O **agrupamento funcional** reúne funcionários que executam funções ou processos de trabalho similares ou que demonstram conhecimentos e habilidades afins. Por exemplo, todas as pessoas de marketing trabalham juntas sob uma mesma supervisão, da mesma forma como é feito pelos funcionários de fabricação, as pessoas dos recursos humanos e os engenheiros. Para uma empresa on-line, todas as pessoas associadas à manutenção do site podem ser agrupadas em um departamento. Em uma empresa de pesquisa científica, todos os químicos podem estar agrupados em um departamento diferente dos biólogos porque eles representam disciplinas diferentes.

O **agrupamento divisional** significa que as pessoas estão organizadas de acordo com aquilo que a empresa produz. Todas as pessoas necessárias para produzir pasta de dente – incluindo pessoal de marketing, produção e vendas – estão agrupadas coletivamente sob um mesmo executivo. Em corporações enormes, como a Time Warner Corporation, algumas linhas de produtos e serviços podem representar negócios independentes, como a Warner Brothers Entertainment (filmes e vídeos), Time Inc. (editora de revistas como a Sports Illustrated, Time e People) e Turner Broadcasting (redes de televisão a cabo).

O **agrupamento multifocado** significa uma organização que engloba duas ou mais alternativas de agrupamento estrutural simultaneamente. Essas formas estruturais são geralmente chamadas matrizes ou híbridos. Elas serão discutidas em detalhes mais adiante neste capítulo. Uma organização pode ser agrupada por uma divisão de função e de produtos simultaneamente ou pode combinar características de diversas opções estruturais.

O **agrupamento horizontal** significa os funcionários organizados ao redor de processos centrais de trabalho, trabalho ponta a ponta, informações e fluxos de materiais que agregam valor diretamente aos clientes. Todas as pessoas que trabalham

Parte 2: Estratégia organizacional e estrutura

FIGURA 2.7
Design estrutural –
opções para agrupamento
de funcionário nos
departamentos

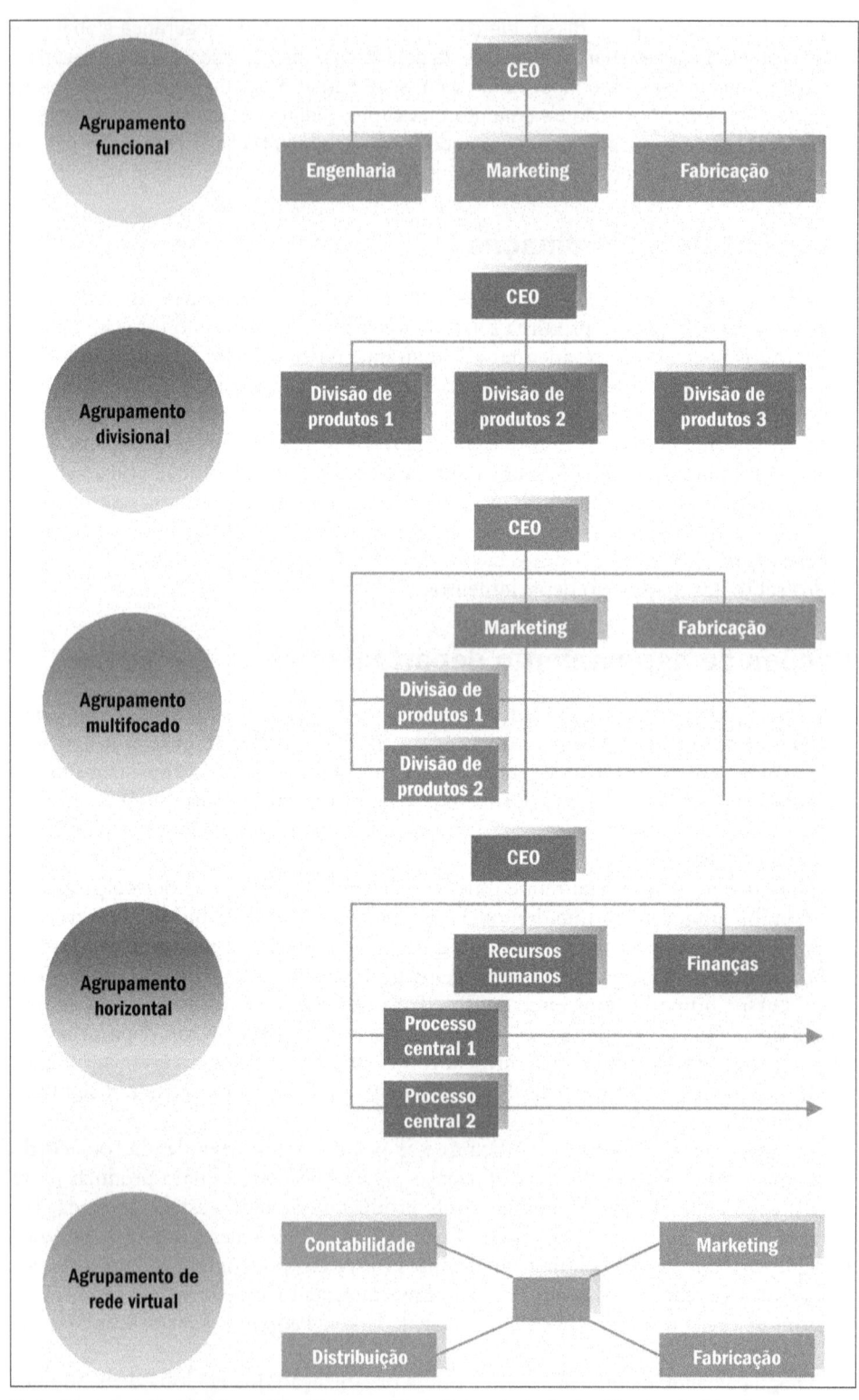

Agrupamento funcional

- CEO
  - Engenharia
  - Marketing
  - Fabricação

Agrupamento divisional

- CEO
  - Divisão de produtos 1
  - Divisão de produtos 2
  - Divisão de produtos 3

Agrupamento multifocado

- CEO
  - Marketing
  - Fabricação
  - Divisão de produtos 1
  - Divisão de produtos 2

Agrupamento horizontal

- CEO
  - Recursos humanos
  - Finanças
  - Processo central 1
  - Processo central 2

Agrupamento de rede virtual

- Contabilidade
- Marketing
- Distribuição
- Fabricação

Fonte: Adaptado de David Nadler e Michael Tushman, *Strategic Organization Design* (Glenview, IL: Scott Foresman, 1988), 68.

em um processo central são reunidas em um grupo, em vez de pertencerem a departamentos funcionais separados. Nos escritórios de campo da U.S. Occupational Safety and Health Administration, por exemplo, as equipes de trabalhadores que representam várias funções respondem às queixas dos trabalhadores norte-americanos com relação a questões de saúde e segurança, em vez de ter o trabalho dividido entre trabalhadores especializados.[36]

A **estrutura de rede virtual** é a mais recente abordagem para o agrupamento departamental. Com esse agrupamento, a organização é vagamente conectada em um aglomerado de componentes separados. De modo geral, os departamentos são organizações separadas, conectadas eletronicamente para o compartilhamento de informação e a execução de tarefas. Eles podem estar espalhados por todo o mundo em vez de estarem localizados juntos em um ponto geográfico.

As formas organizacionais descritas na Figura 2.7 fornecem opções gerais dentro das quais é colocado o organograma e projetada a estrutura detalhada. Cada alternativa de projeto estrutural apresenta pontos fortes e fracos significativos, os quais serão vistos agora.

Projetos funcionais, divisionais e geográficos

Os agrupamentos funcional e divisional representam as duas abordagens mais comuns para o projeto de estrutura.

Estrutura funcional

Em uma **estrutura funcional**, também chamada de forma U (unitária), as atividades estão agrupadas juntamente com funções comuns dos níveis mais baixos para os mais altos na organização.[37] Todos os engenheiros estão alocados no departamento de engenharia e o vice-presidente de engenharia é responsável por todas as atividades de engenharia. O mesmo é válido no marketing, P&D e produção. Um exemplo de estrutura organizacional funcional foi mostrado anteriormente na Figura 2.1.

Com uma estrutura funcional, todo conhecimento humano e habilidades com relação às atividades específicas estão reunidos, oferecendo uma valiosa profundidade de conhecimento para a organização. Essa estrutura é mais eficaz quando um conhecimento a fundo é crítico para alcançar as metas organizacionais, quando a organização precisa ser controlada e coordenada por meio da hierarquia vertical e quando a eficiência é importante. A estrutura poderá ser bastante eficaz se houver pouca necessidade de coordenação horizontal. A Figura 2.8 faz um resumo dos pontos fortes e fracos da estrutura funcional.

Pontos fortes	Pontos fracos
1. Permite economias de escala nos departamentos funcionais	1. O tempo de resposta para mudanças ambientais é lento
2. Permite o desenvolvimento de habilidades e conhecimento a fundo	2. Pode causar o acúmulo de decisões no topo, sobrecarregando a hierarquia
3. Permite que a organização realize suas metas funcionais	3. Conduz a uma coordenação horizontal deficiente entre departamentos
4. Funciona melhor com apenas um ou poucos produtos	4. Resulta em menos inovação
	5. Envolve uma visão restrita das metas organizacionais

FIGURA 2.8
Pontos fortes e fracos da estrutura organizacional funcional

Fonte: Baseado em Robert Duncan, "What Is the Right Organization Structure?" *Organizational Dynamics* (Winter 1979), 59–80.

Dentre os pontos fortes da estrutura funcional destaca-se o fato de que ela promove a economia de escala dentro das funções. A economia de escala aparece quando todos os funcionários estão localizados num mesmo lugar e podem compartilhar os mesmos recursos. Produzir todos os produtos em uma única planta, por exemplo, permite que esta adquira o maquinário mais recente. Construir apenas uma instalação, em vez de instalações separadas para cada linha de produtos, reduz a duplicidade e o desperdício. A estrutura funcional também promove o desenvolvimento da habilidade profunda dos funcionários. Os funcionários são expostos a uma variedade de atividades funcionais dentro de seu próprio departamento.[38]

O principal ponto fraco da estrutura funcional é uma lenta resposta às mudanças ambientais que exigem coordenação entre departamentos. A hierarquia vertical torna-se sobrecarregada. As decisões se amontoam e a alta administração não responde suficientemente rápido. Entre outras desvantagens da estrutura funcional estão o fato de a inovação ser lenta por causa de uma coordenação deficiente e cada funcionário possuir uma visão restrita das metas gerais.

Algumas organizações desempenham com muita eficiência uma estrutura funcional. Considere o caso da Blue Bell Creameries, Inc.

Blue Bell Creameries, Inc.

NA PRÁTICA

É a terceira marca de sorvete que mais vende nos Estados Unidos, porém muitos norte-americanos nunca ouviram falar dela porque a Blue Bell Creameries, com sua sede em Brenham, Texas, vende seus sorvetes em apenas 20 estados, sobretudo no sul. Ela recentemente se mudou para o Colorado para atender apenas os mercados dentro de um raio de 100 milhas de Denver. Manter a distribuição limitada "permite que nosso foco seja fazer e vender sorvete", diz o CEO e presidente, Paul Kruse, a quarta geração dos Kruse a dirigir a Blue Bell. Ou, como diz o ditado popular, "De grão em grão a galinha enche o papo".

A "pequena sorveteria de Brenham", autodenominação de marketing da empresa, é obcecada pelo controle de qualidade e não deixa nenhuma pessoa de fora da empresa tocar em seus produtos entre a fábrica e o freezer. "Nós fazemos tudo, entregamos tudo em nossos próprios caminhões e mantemos todo o estoque em freezers de varejistas", conta o presidente Ed Kruse. Em um dado momento, a empresa tinha cerca de 30 a 40 sabores disponíveis. A Blue Bell comanda uma grande porcentagem do mercado de sorvete no Texas, Louisiana e Alabama. As pessoas fora da região geralmente pagam $89 para ter dez litros de sorvete embalados em gelo seco e despachados para elas. Apesar da demanda, a administração recusa-se a comprometer a qualidade em prol de uma expansão às regiões onde não possa atender de maneira satisfatória ou a crescer tão rápido que ela não possa treinar os funcionários adequadamente na arte de fazer sorvete.

Os principais departamentos da Blue Bell são vendas, controle de qualidade, produção, manutenção e distribuição. Há também um departamento de contabilidade e um pequeno grupo de pesquisa e desenvolvimento. A maioria dos funcionários está na empresa há anos e possui uma rica experiência na produção de sorvetes de qualidade. O ambiente é estável. A base de clientes está bem estabelecida. A única mudança tem sido o aumento na demanda por sorvetes da Blue Bell.[39]

A estrutura funcional é a ideal para a Blue Bell Creameries. Foi dela a escolha de permanecer num tamanho médio e concentrar-se na produção de um único produto – sorvetes de qualidade. No entanto, à medida que a Blue Bell se expande, ela poderá defrontar-se com problemas de coordenação entre os departamentos, o que requer mecanismos mais fortes.

A estrutura funcional com conexões horizontais

Organizar por funções ainda é a abordagem prevalente para o projeto organizacional.[40] Entretanto, no mundo em constante mudança, pouquíssimas empresas podem ser bem-sucedidas com uma estrutura estritamente funcional. Por exemplo, o sistema operacional Vista da Microsoft levou cinco anos para ser lançado no mercado, e mesmo assim muitos dos recursos do software não estavam prontos no momento em que o produto foi enviado pela primeira vez. O maior problema foi que o grupo de desenvolvimento do Vista trabalhava em silos funcionais (ou ilhas funcionais), cada um lidando com um único recurso e detalhe específico, e houve pouca comunicação entre as inúmeras pessoas que trabalhavam no projeto. Os gestores da Microsoft reconheceram a necessidade por uma coordenação e colaboração horizontal maior no desenvolvimento do Windows 7.[41]

As organizações compensam a hierarquia funcional vertical ao introduzir conexões horizontais, como foi descrito anteriormente neste capítulo. Os gerentes melhoram a coordenação horizontal com a utilização de sistemas de informação, papéis de contato, integradores em tempo integral ou gerentes de projeto (ilustrado na Figura 2.4), forças-tarefa ou equipes (ilustrado na Figura 2.5), e ao criar condições que encorajem a coordenação relacional. Um emprego interessante de conexões horizontais ocorreu no Hospital Karolinska, em Estocolmo, Suécia, onde havia 47 departamentos funcionais. Mesmo depois que a alta direção reduziu esse número para 11, a coordenação ainda era inadequada. A equipe formada de altos executivos reorganizou o fluxo de trabalho no hospital em torno do atendimento ao paciente. Em vez de o paciente pular de um departamento para outro, o Karolinska agora encara o período entre a doença e a recuperação como um processo, com "paradas estratégicas" na admissão, no raio-X, na cirurgia e assim por diante. O aspecto mais interessante da abordagem é o novo cargo de coordenador de enfermaria. Os coordenadores de enfermaria agem como integradores em tempo integral, resolvendo problemas dentro ou entre departamentos. A coordenação horizontal aperfeiçoada aumentou drasticamente a produtividade e o atendimento ao paciente no Karolinska.[42] O hospital está utilizando conexões horizontais com eficácia para superar algumas das desvantagens da estrutura funcional.

Estrutura divisional

Com a **estrutura divisional**, também chamada de forma M (multidivisional), ou forma descentralizada, as divisões podem ser organizadas de acordo com produtos individuais, serviços, grupos de produtos, grandes projetos ou programas, divisões, negócios ou centros de lucro.[43] Essa estrutura, às vezes, é chamada de estrutura de produtos ou estrutura da unidade comercial estratégica. O recurso distinto de uma estrutura divisional é que o agrupamento é fundamentado por saídas organizacionais. Por exemplo, a United Technologies Corporation (UTC), que está entre as 50 maiores empresas industriais dos Estados Unidos, tem inúmeras divisões, incluindo Carrier (ar-condicionado e aquecedores), Otis (elevadores e escadas rolantes), Pratt & Whitney (motores de aeronaves) e Sikorsky (helicópteros).[44] A empresa de comércio on-line chinesa Taobao está dividida em três divisões que oferecem três tipos diferentes de serviços: conectar os compradores e vendedores individuais; um mercado para os varejistas venderem para os consumidores; e um serviço para as pessoas procurarem por sites chineses de compras.[45]

A diferença entre a estrutura divisional e a estrutura funcional é mostrada na Figura 2.9. A estrutura funcional pode ser reformulada em grupos de produto separados, e cada grupo pode conter departamentos funcionais de pesquisa e desenvolvimento, produção, contabilidade e marketing. A coordenação por meio dos departamentos funcionais dentro de cada grupo de produto é maximizada. A estrutura divisional, por sua vez, promove a flexibilidade e a mudança porque cada unidade é menor e pode adaptar-se às necessidades de seu ambiente. Além disso, ela descentraliza

ANOTAÇÕES

Como gerente de uma organização, lembre-se:

Quando for projetar a estrutura organizacional geral, escolha uma estrutura funcional quando a eficiência for importante, quando o conhecimento e a experiência a fundo forem críticos para atingir as metas organizacionais e quando a organização necessitar ser controlada e coordenada mediante uma hierarquia vertical. Use uma estrutura divisional em uma grande empresa com múltiplas linhas de produtos quando quiser dar prioridade às metas de produto e à coordenação entre funções.

FIGURA 2.9
Reorganização de uma estrutura funcional para uma estrutura divisional na Info-Tech

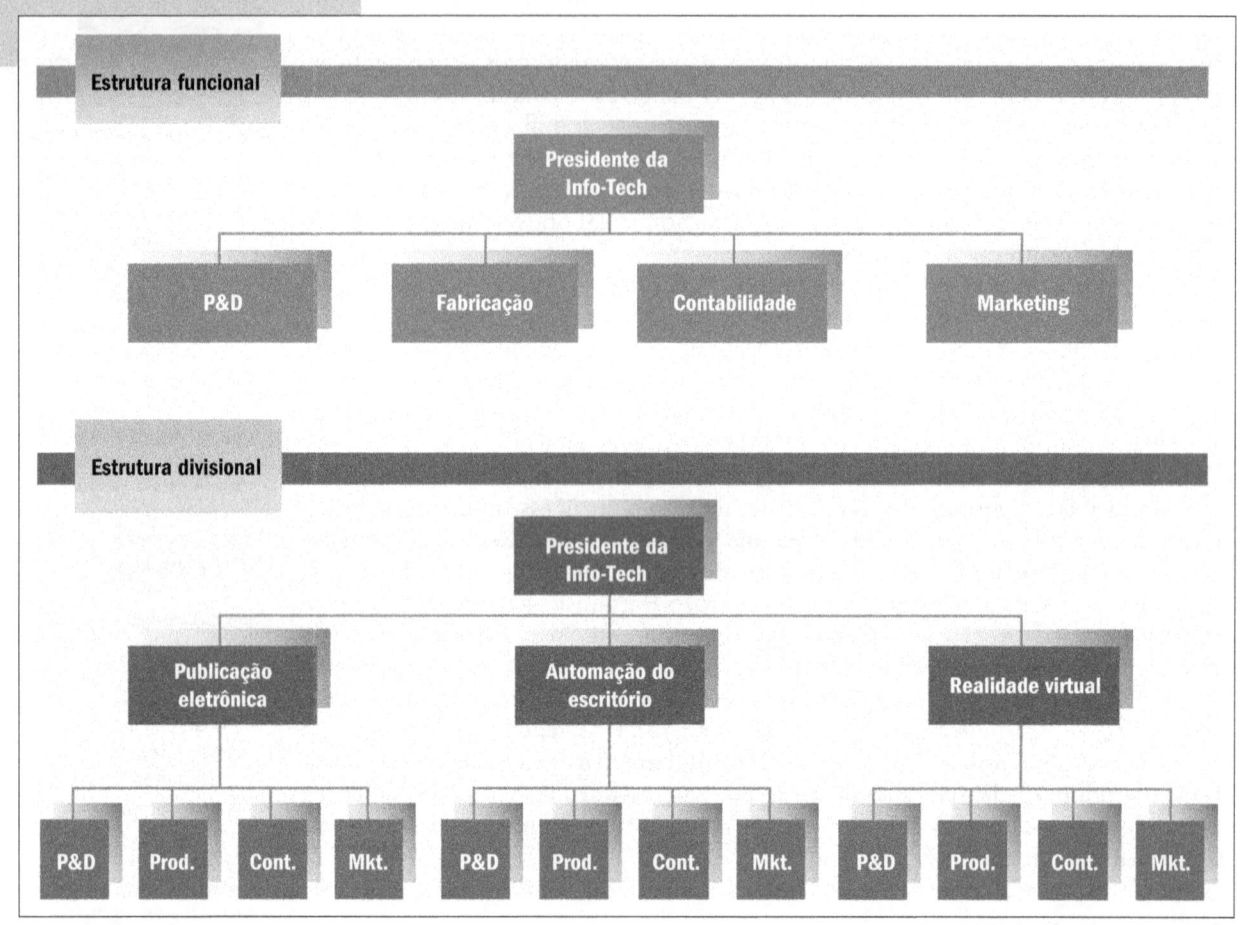

Estrutura funcional

- Presidente da Info-Tech
  - P&D
  - Fabricação
  - Contabilidade
  - Marketing

Estrutura divisional

- Presidente da Info-Tech
  - Publicação eletrônica
    - P&D | Prod. | Cont. | Mkt.
  - Automação do escritório
    - P&D | Prod. | Cont. | Mkt.
  - Realidade virtual
    - P&D | Prod. | Cont. | Mkt.

© Cengage Learning 2013

Legenda: Prod. = Manufatura ou produção; Cont. = Contabilidade; Mkt. = Marketing

a tomada de decisão, uma vez que as linhas de autoridade convergem para um nível mais baixo na hierarquia. A estrutura funcional, ao contrário, é *centralizada* porque força as decisões em direção ao topo antes que um problema que envolve diversas funções possa ser solucionado.

Os pontos fracos e fortes da estrutura divisional podem ser encontrados resumidamente na Figura 2.10. A estrutura divisional da organização é excelente para obter a coordenação entre departamentos funcionais. Ela funciona quando as organizações não podem mais ser suficientemente controladas por meio da hierarquia vertical tradicional e quando as metas são orientadas à adaptação e à mudança. As organizações complexas e gigantescas como a General Electric, a Nestlé e a Johnson & Johnson são subdivididas em uma série de organizações menores autocontidas para melhor controle e coordenação. Nessas grandes empresas, as unidades são, às vezes, chamadas de divisões, negócios ou unidades estratégicas de negócios. A Johnson & Johnson é organizada em três divisões principais: produtos de consumo, instrumentos e diagnósticos médicos e farmacêuticos.[46] Algumas das organizações governamentais norte-americanas também usam uma estrutura divisional para melhor servir ao público. Um exemplo é o Internal Revenue Service (Receita Federal), cujo desejo estar voltada ao contribuinte. A agência mudou seu foco para informar, educar e servir o público por meio de quatro divisões separadas para atender grupos

Pontos fortes	Pontos fracos
1. Ajustado à mudança rápida no ambiente instável	1. Elimina as economias de escala nos departamentos funcionais
2. Leva à satisfação do cliente porque a responsabilidade do produto e os pontos de contato estão claros	2. Leva à coordenação ruim através das linhas de produtos
3. Envolve as funções através da alta coordenação	3. Elimina a competência profunda e a especialização técnica
4. Permite que as unidades se adaptem às diferenças nos produtos, regiões, clientes	4. Torna a integração e a padronização através das linhas de produtos difícil
5. Melhor em grandes organizações com diversos produtos	
6. Descentraliza a tomada de decisão	

FIGURA 2.10
Pontos fortes e fracos da estrutura organizacional divisional

Fonte: Baseado em Robert Duncan, "What Is the Right Organization Structure?" *Organizational Dynamics* (Winter 1979).

de contribuintes diferentes: contribuintes individuais, pequenos negócios, grandes negócios e organizações isentas de tributos. Cada divisão possui seu próprio orçamento, pessoal, política e equipes de planejamento, e é focada no que é melhor para cada segmento particular de contribuinte.[47]

A estrutura divisional tem diversos pontos fortes.[48] Ela é adequada para mudanças rápidas em um ambiente instável e oferece alta visibilidade para produtos ou serviços. Como cada linha de produtos possui sua própria divisão separada, os clientes podem contatar a divisão correta e obter satisfação. A coordenação entre as funções é excelente. Cada produto pode adaptar-se às necessidades de regiões ou clientes individuais. A estrutura divisional geralmente funciona melhor em organizações que possuem múltiplos produtos ou serviços, e pessoal suficiente para preencher as diversas unidades funcionais. A tomada de decisão é deixada para as divisões. Cada divisão é suficientemente pequena para ser ligeira sozinha e responder rapidamente às mudanças no mercado.

Uma desvantagem no uso da estrutura divisional é que a organização perde economia de escala. Em vez de 50 engenheiros compartilhando uma instalação comum em uma estrutura funcional, 10 deles podem ser designados para cada uma das cinco divisões de produtos. A massa crítica requerida para a pesquisa a fundo é perdida e as instalações físicas têm de ser duplicadas para cada linha de produto. Outro problema é que as linhas de produto tornam-se separadas umas das outras e a coordenação entre elas pode ficar difícil. Como disse um executivo da Johnson & Johnson, "temos de ficar nos lembrando de que trabalhamos para a mesma empresa".[49]

Algumas empresas que têm um grande número de divisões tiveram problemas reais com a coordenação entre unidades. A Sony perdeu o mercado de *players* de música digital para a Apple parcialmente por causa da coordenação ruim. Com a introdução do iPod, a Apple rapidamente captou 60% do mercado norte-americano contra 10% da Sony. O mercado de música digital depende da coordenação perfeita. O Walkman da Sony nem mesmo reconheceu alguns dos *sets* de música que poderiam ser feitos com o software SonicStage da empresa e, dessa forma, não se deu bem com a divisão vendendo *downloads* de música.[50] A menos que os mecanismos horizontais efetivos estejam no lugar, uma estrutura divisional pode ferir o desempenho geral. Uma divisão pode produzir produtos ou programas que sejam incompatíveis com os vendidos por outra divisão, como na Sony. Os clientes podem se sentir frustrados quando um representante de vendas de uma divisão desconhece o desenvolvimento de outras divisões. Forças-tarefa e outras formas de conexão horizontal são necessárias para coordenar as divisões. A falta de especialização técnica também é um problema em uma estrutura divisional. Os funcionários se identificam com uma linha de produto, e não com uma especialidade funcional. A equipe de pesquisa e desenvolvimento, por exemplo, tende a realizar pesquisa aplicada em benefício da linha de produto, ao invés de pesquisa básica para beneficiar toda a organização.

Estrutura geográfica

Outra base para o agrupamento de estrutura são os usuários ou clientes da organização. A estrutura geográfica é a mais comum nessa categoria. Cada região do país pode ter gostos e necessidades distintos. Cada unidade geográfica inclui todas as funções requeridas para produzir e comercializar produtos ou serviços naquela região. Grandes organizações sem fins lucrativos, como as Girl Scouts of the USA, o Habitat for Humanity, a Make-a-Wish Foundation e a United Way of America usam, com frequência, um tipo de estrutura geográfica, com uma sede central e unidades locais semiautônomas. A organização nacional fornece o reconhecimento da marca, coordena os serviços de obtenção de fundos e desenvolve algumas funções administrativas compartilhadas, enquanto o controle do dia a dia e a tomada de decisões são descentralizados para as unidades locais ou regionais.[51]

Para empresas multinacionais, são criadas unidades autocontidas para diferentes países e partes do mundo. A Figura 2.11 mostra um exemplo de uma estrutura geográfica para uma empresa de cosméticos. Essa estrutura concentra-se nos gerentes e funcionários com objetivos específicos das regiões geográficas para clientes e vendas. As lojas Walmart estão organizadas por regiões geográficas, como Walmart Japão, Walmart Índia, Walmart Brasil, Walmart China, Walmart Ásia e assim por diante. Até recentemente, as operações norte-americanas foram organizadas na maior parte por função, mas os gestores reestruturaram essas operações em três divisões geográficas (oeste, sul e norte) tornando a organização dos Estados Unidos mais como o Walmart opera internacionalmente. Usar uma estrutura geográfica ajuda a empresa a expandir para novos mercados e usar recursos de maneira mais eficiente.[52]

Os pontos fortes e fracos de uma estrutura divisional geográfica são similares aos da organização divisional apresentados na Figura 2.10. A organização pode adaptar-se às necessidades específicas de sua própria região, e os funcionários podem identificar-se com as metas regionais em vez das metas nacionais. A coordenação

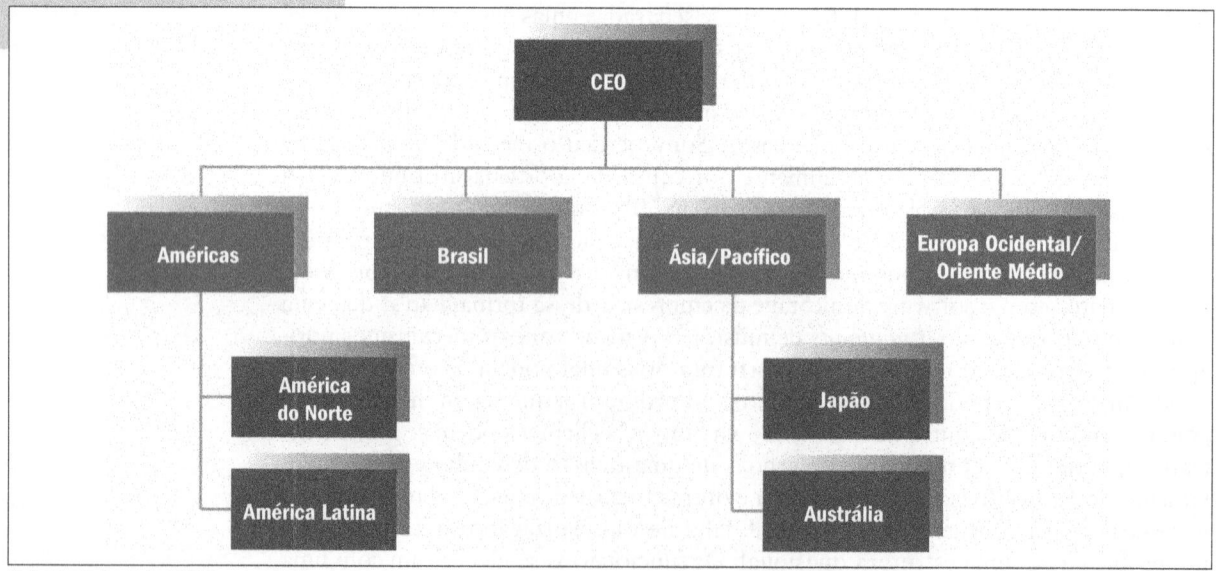

FIGURA 2.11
Estrutura geográfica para a empresa de cosméticos

horizontal dentro de uma região é enfatizada em vez das conexões pelas regiões ou escritório nacional.

Estrutura matricial

Às vezes, a estrutura organizacional precisa ser multifocada tanto em produto quanto em função, ou em produto e em geografia, de modo que ambos sejam enfatizados ao mesmo tempo. Uma forma de atingir isso é por meio da **estrutura matricial**.[53] A matriz pode ser usada quando tanto o conhecimento técnico quanto a inovação de produto e mudança são importantes para alcançar as metas organizacionais. Com frequência, a estrutura matricial é a resposta quando a organização percebe que as estruturas funcional, divisional e geográfica, combinadas com mecanismos de conexão horizontal, não vão funcionar.

A matriz é uma forma forte de conexão horizontal. A característica distintiva da organização matricial é que tanto a divisão por produto quanto as estruturas funcionais (horizontal e vertical) são implantadas simultaneamente, como mostra a Figura 2.12. Os gerentes de produto e os gerentes funcionais possuem autoridade similar na organização e os funcionários se reportam a ambos. A estrutura matricial é similar à utilização de integradores em tempo integral ou gerentes de produto descritos anteriormente neste capítulo (Figura 2.4), a não ser que na estrutura matricial seja dada a mesma autoridade formal aos gerentes de produto (horizontal) que aos gerentes funcionais (vertical).

FIGURA 2.12
Estrutura de autoridade dual em uma organização matricial

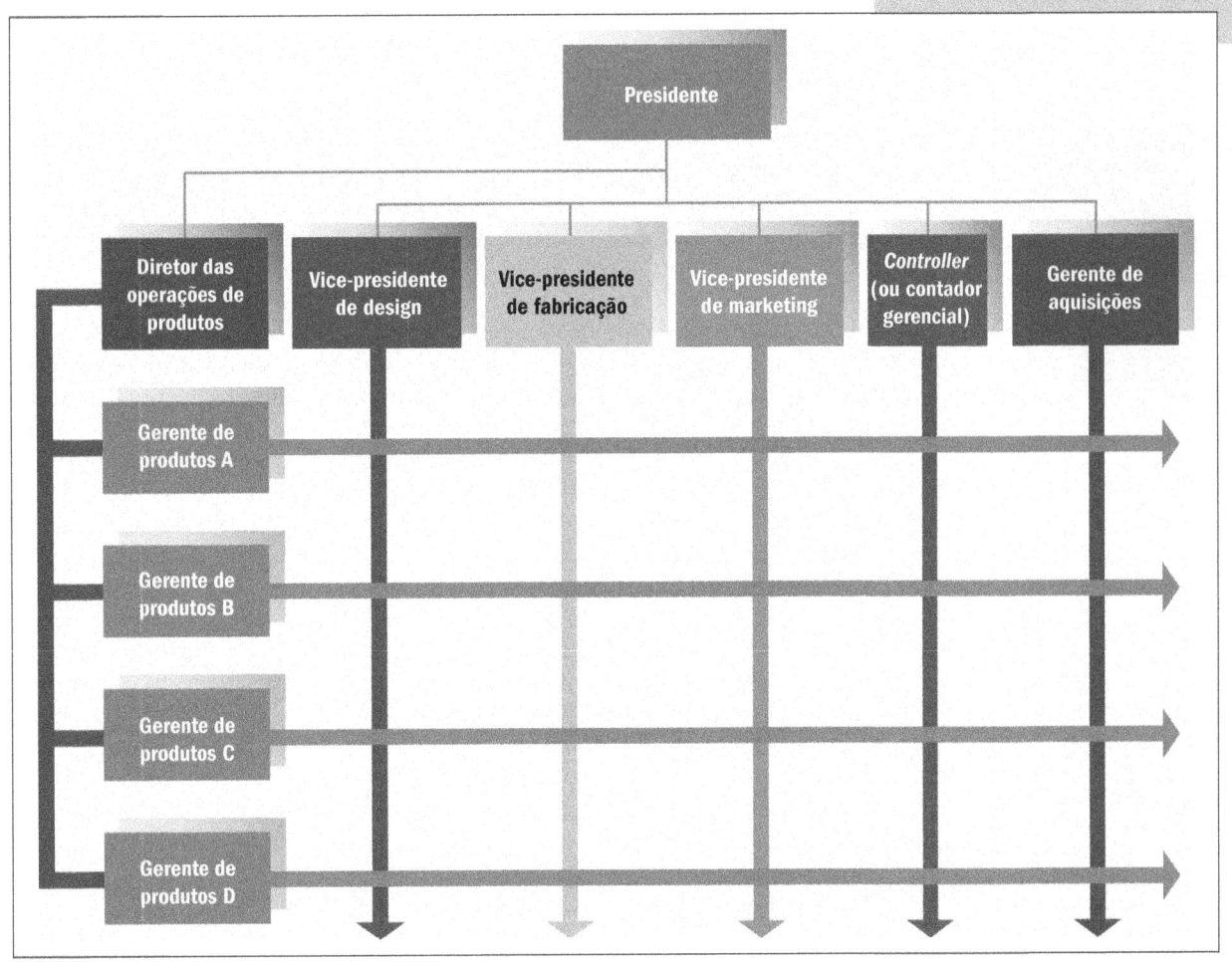

© Cengage Learning 2013

Condições para a matriz

Uma hierarquia dupla pode ser uma maneira incomum de projetar uma organização, mas a matriz é a estrutura correta quando as condições a seguir são encontradas:[54]

- *Condição 1.* Há pressão em compartilhar recursos escassos entre as linhas de produto. De modo geral, a organização é de porte médio e possui um número moderado de linhas de produto. Ela se sente pressionada pelo uso compartilhado e flexível de pessoas e equipamentos entre aqueles produtos. Por exemplo, a organização não é grande o suficiente para designar engenheiros em tempo integral para cada linha de produto, de forma que os engenheiros são alocados em tempo parcial para vários produtos e projetos.
- *Condição 2.* Há pressão ambiental para dois ou mais resultados críticos, como conhecimento técnico a fundo (estrutura funcional) e novos produtos frequentes (estrutura divisional). Essa pressão dupla significa que é necessário equilibrar o lado funcional e o lado de produtos na organização, além de ser preciso uma estrutura de autoridade dupla para manter o equilíbrio.
- *Condição 3.* O domínio ambiental da organização é complexo e incerto. Frequentes mudanças externas e alta interdependência entre departamentos requerem um grande volume de coordenação e processamento de informação em ambas as direções, vertical e horizontal.

Sob essas três condições, as linhas de autoridade vertical e horizontal devem receber o mesmo reconhecimento. Uma estrutura de autoridade dupla é criada de forma que o poder esteja equilibrado igualmente entre elas.

Consultando novamente a Figura 2.12, presume-se que a estrutura matricial seja para um fabricante de roupas. O produto A são calçados, o produto B são agasalhos, o produto C são pijamas, e assim por diante. Cada linha de produto é útil para diferentes mercados e clientes. Como uma organização de porte médio, a empresa precisa usar com eficácia o pessoal de produção, design e marketing para trabalhar em cada linha de produto. Não há projetistas suficientes para garantir um departamento de projeto para cada linha de produto, o que faz com que os projetistas sejam compartilhados pelas linhas de produtos. Além disso, ao manter as funções de produção, design e marketing intactas, os funcionários podem desenvolver um conhecimento mais a fundo para servir com eficiência às linhas de produtos.

A matriz formaliza as equipes horizontais com hierarquias verticais tradicionais e tenta dar igual equilíbrio a ambas. Entretanto, a matriz pode modificar-se de uma forma ou de outra. Muitas empresas acharam que uma matriz equilibrada é difícil de ser implantada e mantida porque há o predomínio frequente de um dos lados da estrutura de autoridade. Como consequência, há o desenvolvimento de duas variações de estruturas matriciais – a **matriz funcional** e a **matriz de produtos**. Em uma matriz funcional, os chefes funcionais detêm a autoridade primária e os gerentes de produto ou de projeto simplesmente coordenam as atividades de produto. Em uma matriz de produtos, ao contrário, os gerentes de projeto ou de produto detêm a autoridade primária e os gerentes funcionais simplesmente alocam projetos para o pessoal técnico e fornecem consultoria especializada à medida que é necessária. Para muitas organizações, uma dessas abordagens trabalha melhor que a matriz equilibrada com linhas duplas de autoridade.[55]

Todos os tipos de organizações já experimentaram as matrizes, entre as quais hospitais, empresas de consultoria, bancos, companhias de seguro, agências governamentais e muitos tipos de empresas industriais.[56] Essa estrutura tem sido usada com sucesso por grandes organizações globais, como Procter & Gamble, Unilever e Dow Chemical, que ajustaram as matrizes as suas culturas e metas específicas.

ANOTAÇÕES

Como gerente de uma organização, lembre-se:

Considere uma estrutura matricial quando a organização necessita dar a mesma prioridade para produtos e funções por causa da pressão dupla dos clientes. Utilize tanto uma matriz funcional quanto uma matriz de produtos se a matriz equilibrada com linha de autoridade dupla não for apropriada para sua organização.

Pontos fortes e pontos fracos

A estrutura matricial é considerada melhor quando a mudança ambiental é alta e as metas refletem uma dupla necessidade, como metas para produto e metas funcionais. A estrutura de autoridade dual facilita a comunicação e a coordenação para encarar rápidas mudanças ambientais e permite um equilíbrio entre os gerentes de produto e funcionais. A matriz facilita a discussão e a adaptação a problemas inesperados. Ela tende a funcionar melhor em organizações de porte moderado, com poucas linhas de produtos. Não é necessária a matriz para somente uma linha de produto, e muitas linhas de produtos a tornam difícil de coordenar em ambas as direções ao mesmo tempo. A Figura 2.13 traz um resumo com os pontos fortes e fracos da estrutura matricial com base no que conhecemos das organizações que fazem uso dela.[57]

O ponto forte da matriz é que ela permite que uma organização atenda à dupla demanda dos clientes e do ambiente. Os recursos (pessoal, equipamentos) podem ser alocados com flexibilidade para os diferentes produtos, e a organização pode adaptar-se às necessidades de mudanças externas.[58] Essa estrutura também possibilita que os funcionários tenham a oportunidade de adquirir habilidades gerenciais gerais ou funcionais, dependendo de seus interesses.

Como desvantagem da matriz, alguns funcionários experimentam autoridade dupla, subordinando-se a dois chefes e, às vezes, tendo de equilibrar demandas conflitantes. Isso poderá ser frustrante e confuso, especialmente se os papéis e as responsabilidades não estiverem claramente definidos pela alta administração.[59] Os funcionários que trabalham em uma matriz necessitam de excelentes habilidades interpessoais e de resolução de conflitos, o que pode exigir treinamento especial em relações humanas. A matriz também força os gerentes a despender com reuniões boa parte do tempo.[60]

Se os gerentes não se adaptarem ao compartilhamento de informação e poder exigido pela matriz, o sistema não funcionará. Os gerentes também precisam colaborar uns com os outros, em vez de deixar a tomada de decisão para a autoridade vertical. A implantação bem-sucedida de uma estrutura matricial ocorreu em uma empresa de aço da Grã-Bretanha.

Pontos fortes	Pontos fracos
1. Atinge a coordenação necessária para atender as demandas dos clientes	1. Faz com que os participantes experimentem a autoridade dupla, que pode ser frustrante e confusa
2. Compartilhamento flexível dos recursos humanos pelos produtos	2. Significa que os participantes precisam de boas habilidades interpessoais e um extensivo treinamento
3. Adequado para as decisões complexas e mudanças frequentes no ambiente instável	3. Leva tempo; envolve reuniões frequentes e sessões de resolução de conflitos
4. Oferece oportunidade para o desenvolvimento funcional e de habilidade dos produtos	4. Não funcionará a menos que os participantes compreendam e adotem as relações do tipo amigável em vez do vertical
5. Melhor nas organizações de tamanho médio com diversos produtos	5. Requer um grande esforço para manter o poder equilibrado

FIGURA 2.13
Pontos fortes e fracos da estrutura organizacional matricial

Fonte: Baseado em Robert Duncan, "What Is the Right Organization Structure? Decision tree analysis provides the answer, *Organizational Dynamics*, p. 429, inverno 1979.

Englander Steel

NA PRÁTICA

Há alguns anos, a indústria de aço na Inglaterra era estável e segura. Então, nos anos 1980 e 1990, o excesso de capacidade europeia de aço, uma recessão econômica, o surgimento de miniusinas com fornos de arco elétrico e a competição dos produtores de aço da Alemanha e do Japão mudaram a indústria de aço inglesa para sempre. Na virada do século, usinas de aço tradicionais nos Estados Unidos, como a Bethlehem Steel Corp. e a LTV Corp. corriam o risco de entrar em falência. A Mittal Steel, na Ásia, e a líder europeia na fabricação de aço, Arcelor, começaram a adquirir empresas siderúrgicas para se tornarem gigantes no mundo do aço (as duas fundiram-se em 2006 para se tornar ArcelorMittal). A esperança de sobrevivência dos pequenos produtores tradicionais era vender produtos especializados. Uma pequena empresa poderia comercializar agressivamente produtos especiais e adaptar-se com rapidez às necessidades dos clientes. Condições de operação e de ajuste do complexo processo tinham de ser rapidamente alterados para cada pedido de cliente – uma dificuldade inesperada para os gigantes.

A Englander Steel empregava 2,9 mil pessoas, produzia 400 mil toneladas de aço por ano (cerca de 1% da produção da Arcelor) e tinha 180 anos de idade. Durante 160 anos, a estrutura funcional serviu perfeitamente. À medida que o ambiente se tornava turbulento e competitivo, no entanto, os gerentes da Englander Steel perceberam que não estavam dando conta do recado. Cerca de 50% dos pedidos da Englander estavam atrasados. Os lucros estavam sendo corroídos por aumentos nos custos de mão de obra, materiais e energia. A participação de mercado declinara.

Em consulta com os especialistas externos, o presidente da Englander Steel viu que a empresa tinha que andar na corda bamba. Ela tinha que se especializar em alguns produtos de alto valor agregado adaptados para mercados separados, enquanto mantinha as economias de escala e a tecnologia sofisticada dentro dos departamentos funcionais. A pressão dupla levou a uma solução para a empresa de aço: uma estrutura matricial.

A Englander Steel tinha quatro linhas de produtos: forjamento livre, produtos de laminadora, rodas e eixos e chapas de aço. Um gerente comercial recebeu a responsabilidade e autoridade para cada linha, o que incluiu preparar um plano comercial e desenvolver metas para os custos de produção, estoques de produtos, datas de envio e lucro bruto. Os gestores receberam autoridade para atender essas metas e para tornar suas linhas rentáveis. Os vice-presidentes funcionais foram responsáveis para as decisões técnicas. Esperava-se que os gestores funcionais ficassem a par das últimas técnicas em suas áreas e mantivessem seu pessoal treinado em novas tecnologias que poderiam aplicar às linhas de produtos. Com 20.000 receitas para os aços especiais e muitas centenas de novas receitas pedidas todos os meses, o pessoal funcional tinha que ficar atualizado. Dois departamentos funcionais – vendas de campo e relações industriais – não estavam inclusos na matriz porque eles trabalhavam de maneira independente. O design final foi uma estrutura matricial híbrida com as relações matriciais e funcionais, conforme ilustrado na Figura 2.14.

A implantação da matriz foi lenta. A média gerência estava confusa. As reuniões para coordenar os pedidos através dos departamentos funcionais pareciam ser feitas todos os dias. Após quase um ano de treinamento pelos consultores externos, a Englander Steel estava no caminho certo. Cerca de 90% dos pedidos foram entregues a tempo e a participação de mercado foi recuperada. Tanto a produtividade quanto a rentabilidade aumentaram constantemente. Os gestores tiveram sucesso no envolvimento matricial. As reuniões para coordenar os produtos e as decisões funcionais deram uma experiência para o crescimento. Os gestores intermediários começaram a incluir os gestores mais novos nas discussões matriciais como treinamento para a futura responsabilidade gerencial.[61]

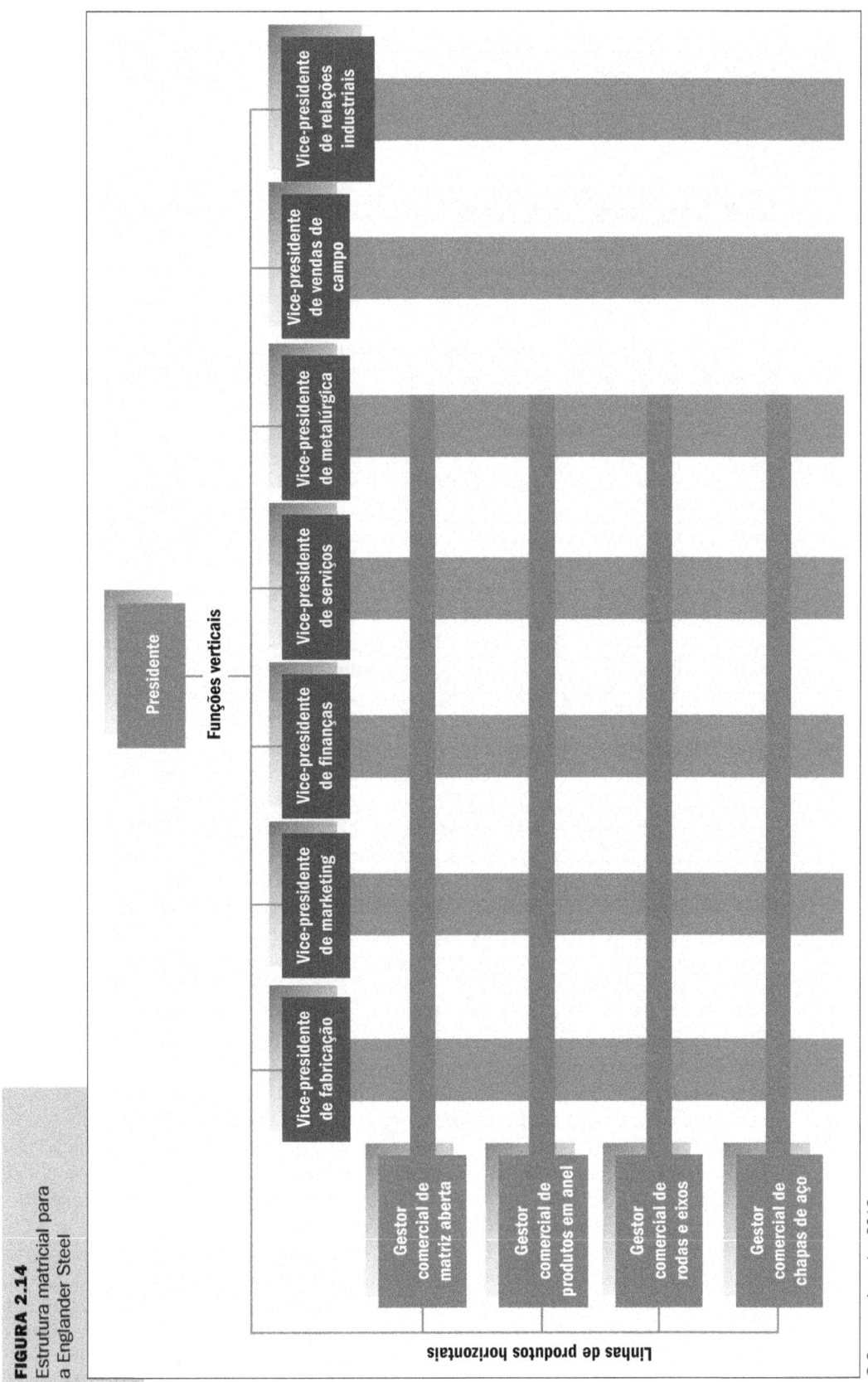

Capítulo 2: Fundamentos da estrutura organizacional

FIGURA 2.14
Estrutura matricial para a Englander Steel

Presidente

Funções verticais:
- Vice-presidente de fabricação
- Vice-presidente de marketing
- Vice-presidente de finanças
- Vice-presidente de serviços
- Vice-presidente de metalúrgica
- Vice-presidente de vendas de campo
- Vice-presidente de relações industriais

Linhas de produtos horizontais:
- Gestor comercial de matriz aberta
- Gestor comercial de produtos em anel
- Gestor comercial de rodas e eixos
- Gestor comercial de chapas de aço

© Cengage Learning 2013

Este exemplo mostra a correta utilização de uma estrutura matricial. A pressão dupla para manter a economia de escala e para comercializar quatro linhas de produto deu a mesma ênfase às hierarquias funcional e de produto. Por meio de contínuas reuniões de coordenação, a Englander Steel alcançou tanto a economia de escala quanto a flexibilidade.

Estrutura horizontal

Com uma recente abordagem para a organização, temos a **estrutura horizontal**, que organiza os funcionários em torno de processos centrais. As organizações normalmente mudam em direção a uma estrutura horizontal durante um processo chamado reengenharia. **Reengenharia**, ou reengenharia do processo de negócios, significa basicamente a reformulação de uma organização vertical em fluxos de trabalho e processos horizontais. Um **processo** refere-se a um grupo organizado de tarefas e atividades relacionadas, que funcionam juntas para transformar as entradas em saídas que criem valor para os clientes.[62] Entre os exemplos de processos estão o atendimento de pedidos, o desenvolvimento de produtos e o atendimento ao cliente. A reengenharia muda a maneira dos gerentes pensarem sobre como o trabalho é feito. Em vez de se concentrarem em estruturas de trabalho estreitas de diferentes departamentos funcionais, eles enfatizam os processos centrais que atravessam uma organização no sentido horizontal e envolvem equipes de funcionários que trabalham juntos para atender o cliente.

Um bom exemplo do processo pode ser dado pela condução das reclamações de seguro na Progressive Casualty Insurance Company. Antigamente, quando um cliente comunicava um acidente para um agente, este passava a informação a um representante de atendimento ao cliente que, por sua vez, repassava a informação a um gerente de reclamações. Esse gerente juntava o pedido a outros do mesmo território e os alocava a um perito de inspeção, que agendava uma data para vistoriar o estrago no veículo. Atualmente, os peritos estão organizados em equipes que se encarregam do processo de reclamações de sinistros do início ao fim. Um membro lida com as ligações de reclamações no escritório enquanto outros ficam alocados no campo. Quando a pessoa responsável pela adequação recebe uma chamada, ela faz o possível ao telefone. Se uma inspeção for necessária, o perito contatará um membro da equipe no campo e agendará uma visita imediatamente. A Progressive agora mede o tempo da chamada à inspeção em horas em vez dos sete aos dez dias que anteriormente levava.[63]

Quando uma empresa que passou pela reengenharia é transformada em uma estrutura horizontal, todas as pessoas da organização que trabalham em um processo específico (como processamento de reclamações ou atendimento de pedidos) têm fácil acesso às demais, de forma que possam comunicar e coordenar seus esforços. A estrutura horizontal praticamente elimina tanto a hierarquia vertical quanto os antigos limites departamentais. Essa abordagem estrutural é, em grande medida, uma resposta às profundas mudanças que ocorreram no ambiente de trabalho e no ambiente de negócios nos últimos 15 a 20 anos. O progresso tecnológico enfatiza a integração e a coordenação baseadas em computador e na internet. Os clientes esperam serviços mais rápidos e melhores e os funcionários esperam por oportunidades que permitam usar suas mentes, aprender novas habilidades e assumir mais responsabilidades. As organizações atoladas em uma mentalidade vertical têm muita dificuldade para encarar esses desafios. Assim, numerosas organizações experimentaram mecanismos horizontais, como equipes interfuncionais para alcançar a coordenação pelos departamentos ou forças-tarefa para dar conta de projetos temporários. De modo crescente, as organizações estão abandonando as estruturas hierárquicas baseadas em funções para estruturas baseadas no processo horizontal.

ANOTAÇÕES

Como gerente de uma organização, lembre-se:

Considere uma estrutura horizontal quando as necessidades do cliente e as demandas mudarem rapidamente e quando o aprendizado e a inovação forem críticos para o sucesso da organização. Identifique cuidadosamente os processos centrais e treine gerentes e funcionários para que trabalhem em uma estrutura horizontal.

Características

Um exemplo de empresa que sofreu reengenharia para uma estrutura horizontal pode ser visto na Figura 2.15. Essa organização possui as seguintes características:[64]

- A estrutura é criada em torno de processos centrais interfuncionais em vez de tarefas, funções ou geografia. Dessa maneira, os limites interdepartamentais são eliminados. A Divisão de Atendimento ao Cliente da Ford Motor Company, por exemplo, possui grupos de processos centrais para o desenvolvimento de negócios, suprimento de peças e logística, serviços e programas a veículos e suporte técnico.
- Equipes autodirigidas, e não indivíduos, são a base do projeto e do desempenho organizacional. Schwa, um restaurante em Chicago que serve refeições variadas e elaboradas, é dirigido por uma equipe. Os membros mudam de funções, de modo que todos possam eventualmente ser o chef, o lavador de pratos, o garçom, ou a pessoa que atende ao telefone, faz reservas ou recepciona os clientes na porta.[65]
- Os donos dos processos têm responsabilidade total sobre cada processo central. No processo de suprimento de peças e logística da Ford, por exemplo, há certo número de equipes que podem trabalhar em tarefas como análise de peças, compras, fluxo de material e distribuição, mas cabe ao dono do processo a responsabilidade pela coordenação de todo o processo.
- São oferecidas às pessoas das equipes habilidades, ferramentas, motivação e autoridade para tomar decisões centrais para o desempenho da equipe. Os membros da equipe são treinados para realizar as tarefas dos demais, e as habilidades combinadas são suficientes para completar uma grande tarefa organizacional.
- As equipes têm a liberdade para pensar de maneira criativa e responder com flexibilidade aos novos desafios que surgem.

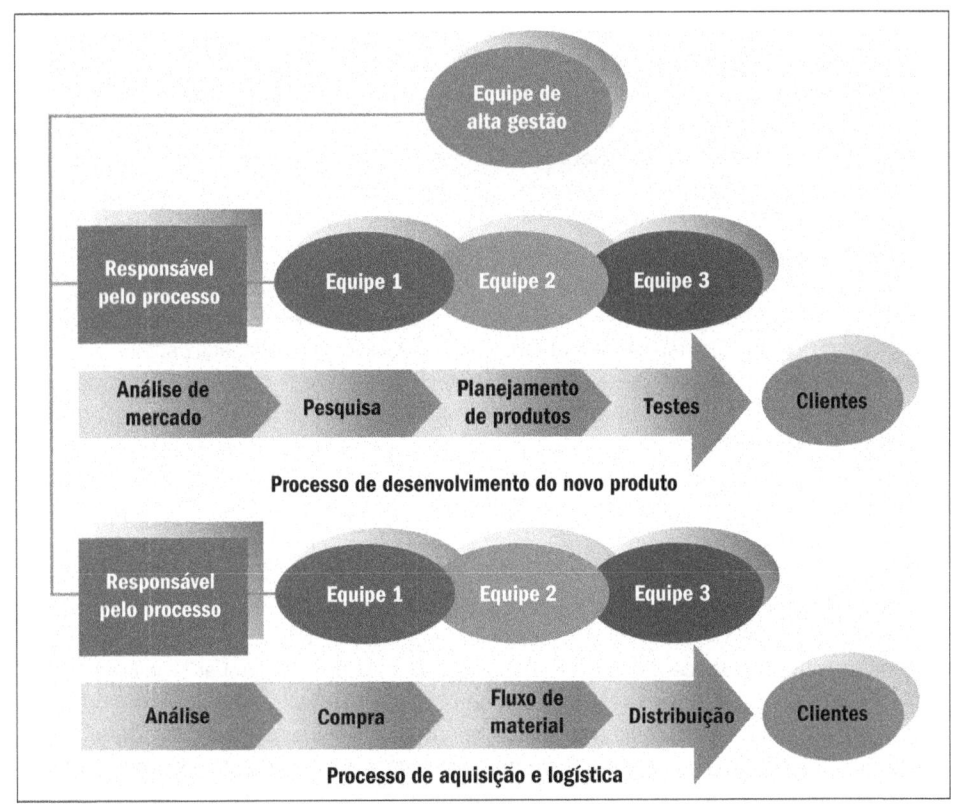

FIGURA 2.15
Uma estrutura horizontal

Fonte: Baseado em Frank Ostroff, The Horizontal Organization (New York: Oxford University Press, 1999); John A. Byrne, "The Horizontal Corporation," *BusinessWeek* (December 20, 1993), 76–81; e Thomas A. Stewart, "The Search for the Organization of Tomorrow," *Fortune* (May 18, 1992), 92–98.

- Os clientes impulsionam as corporações horizontais. A eficácia é medida pelo alcance de objetivos no final do processo (baseada na meta de fornecer valor ao cliente), assim como a satisfação do cliente, a satisfação do funcionário e a contribuição financeira.
- A cultura é de abertura, de confiança e de colaboração, focada em melhorias contínuas. Ela valoriza o fortalecimento, a responsabilidade e o bem-estar dos funcionários.

A fábrica da General Electric de Salisbury, na Carolina do Norte, mudou para uma estrutura horizontal para melhorar a flexibilidade e o atendimento ao cliente.

GE Salisbury

NA PRÁTICA

A fábrica da General Electric em Salisbury, Carolina do Norte, que produz painéis para iluminação elétrica para fins industriais e comerciais, costumava se organizar funcional e verticalmente. Como não há dois clientes da GE com necessidades idênticas, cada painel tem de ser configurado e feito por encomenda, o que muitas vezes cria gargalos no processo normal de produção. Em meados dos anos 1980, deparando-se com altos custos na linha de produção, inconsistência no atendimento ao cliente e participação de mercado em declínio, os gerentes começaram a explorar novas formas de organização que enfatizassem o trabalho em equipe, a responsabilidade, a melhoria contínua, o fortalecimento e o compromisso com o cliente.

No início dos anos 1990, a GE Salisbury fez a transição para uma estrutura horizontal que envolvia uma série de equipes com múltiplas habilidades que eram responsáveis por todo o processo do pedido até o produto final. A nova estrutura está baseada na meta da produção de painéis para iluminação "da mais alta qualidade possível, no menor ciclo de tempo possível, a um preço competitivo, com o melhor serviço possível". O processo consiste em quatro equipes conectadas, cada uma composta por 10 a 15 membros, o que representa uma variedade de habilidades e funções. Uma equipe de controle de produção atua como responsável pelo processo (como pode ser ilustrado na Figura 2.15) e é responsável pelo recebimento de pedidos, planejamento, coordenação da produção, compras, trabalho com fornecedores e clientes, acompanhamento de estoque e manutenção de todas as equipes focadas para atingir os objetivos. A equipe de produção corta, monta, solda e pinta as várias partes que compõem a caixa de metal que acomodará os componentes elétricos do painel, o qual é montado e testado pela equipe de componentes elétricos, esta equipe também cuida da expedição dos produtos. A equipe de manutenção cuida da manutenção dos equipamentos pesados que não pode ser executada como parte do processo regular de produção. Os gerentes tornaram-se *consultores associados* que servem como guias e conselheiros e trazem sua experiência para as equipes, de acordo com a necessidade.

A chave para o sucesso da estrutura horizontal é que todas as equipes operacionais trabalhem coordenadas entre si e tenham acesso à informação necessária para alcançar as metas da equipe e do processo. Às equipes são passadas informações sobre vendas, tarefas acumuladas, inventário, necessidades do pessoal, produtividade, custos, qualidade e outros dados, e cada equipe compartilha regularmente informações sobre sua parte no processo – do pedido ao produto final – com as demais equipes. Reuniões de articulação da produção, rotação de cargos e treinamento entre funcionários são alguns dos mecanismos que ajudam a assegurar uma integração sem problemas. As equipes conectadas assumem a responsabilidade para estabelecer seus próprios objetivos de produção, determinar o agendamento da produção, designar encargos e identificar e solucionar problemas.

A produtividade e o desempenho melhoraram radicalmente com a estrutura horizontal. Os gargalos no fluxo de trabalho, que antes minavam a programação da produção, foram praticamente eliminados. Um período de seis semanas foi cortado para dois dias e meio. Mais sutil, porém de igual importância, foi o aumento na satisfação de funcionários e clientes que a GE Salisbury conseguiu desde que implantou sua estrutura nova.[66]

Pontos fortes e pontos fracos

Como com todas as estruturas, a estrutura horizontal tem pontos fortes e fracos, conforme listado na Figura 2.16.

O ponto forte mais significativo da estrutura horizontal é a possibilidade de aumentar radicalmente a flexibilidade e a resposta da empresa às mudanças nas necessidades dos clientes graças a uma melhor coordenação. A estrutura dirige a atenção de todos para o cliente, o que leva à maior satisfação do cliente, assim como a melhorias na produtividade, na velocidade e na eficiência. Além disso, devido à inexistência de limites entre os departamentos funcionais, os funcionários assumem uma visão mais ampla das metas organizacionais em vez de estarem focados em metas de um único departamento. A estrutura horizontal promove uma ênfase no trabalho em equipe e na cooperação, de forma que os membros da equipe compartilhem um compromisso de alcançar objetivos comuns. Finalmente, ela pode melhorar a qualidade de vida dos funcionários dando-lhes oportunidades de compartilhar responsabilidades, tomar decisões e contribuir de maneira significativa para a organização.

Um ponto fraco da estrutura horizontal é que ela pode prejudicar, em vez de ajudar, o desempenho organizacional, a menos que os gerentes determinem cuidadosamente quais são os processos centrais críticos para trazer valor ao cliente. A simples definição do processo em torno do qual deve se organizar pode ser difícil. Além disso, a mudança para uma estrutura horizontal é complicada e despende tempo porque exige mudanças significativas na cultura, no projeto de cargos, na filosofia gerencial e nos sistemas de informação e recompensa. Os gerentes tradicionais podem ser um obstáculo quando tiverem de abrir mão do poder e da autoridade para servir como conselheiros e facilitadores de equipe. Os funcionários têm de ser treinados para trabalhar com eficácia em um ambiente de equipe. Finalmente, devido à natureza funcional entre trabalhos, uma estrutura horizontal pode limitar o conhecimento a fundo e o desenvolvimento de habilidades, a menos que sejam tomadas medidas para dar oportunidades aos funcionários de manter e formar conhecimento técnico.

Pontos fortes	Pontos fracos
1. Promove a flexibilidade e rápida resposta às mudanças nas necessidades dos clientes	1. Determinar o processo central é difícil e leva tempo
2. Dirige a atenção de todos para a produção e a entrega de valor ao cliente	2. Requer mudanças na cultura, projeto de cargos, filosofia gerencial e sistemas de informação e recompensa
3. Cada funcionário possui uma ampla visão das metas organizacionais	3. Os gerentes tradicionais podem reagir de forma negativa quando tiverem de abrir mão do poder e da autoridade
4. Promove o foco no trabalho em equipe e na colaboração	4. Requer bastante treinamento de funcionários para trabalhar com eficácia em uma abordagem de equipe horizontal
5. Melhora a qualidade de vida dos funcionários ao oferecer-lhes a oportunidade de compartilhar responsabilidades, tomar decisões e ser medidos pelos resultados	5. Pode limitar o desenvolvimento a fundo de habilidades

FIGURA 2.16
Pontos fortes e fracos da estrutura horizontal

Fonte: Baseado em Frank Ostroff, *The horizontal organization: what the horizontal organization of the future looks like and how it delivers value to customers*. Nova York: Oxford University Press, 1999; e Richard L. Daft, *Organization theory and design*. 6. ed. Cincinnati, Ohio: South-Western, 1998, p. 253.

Redes virtuais e terceirização

Os desenvolvimentos recentes no projeto da organização estende o conceito da coordenação e colaboração horizontais além dos limites da organização tradicional. A tendência do projeto mais disseminada nos últimos anos foi a terceirização das diversas partes da organização para os parceiros externos.[67] A **terceirização** significa contratar certas tarefas ou funções, como fabricação, recursos humanos, ou processamento de crédito, para outras empresas.

Todos os tipos de organizações estão aderindo à onda da terceirização. A cidade de Manwood, Califórnia, decidiu terceirizar tudo, desde a fiscalização do estacionamento e a manutenção da rua até o policiamento e a segurança pública. O orçamento para o departamento de polícia costumava estar em torno de $8 milhões. Agora, a cidade paga por volta de metade do valor ao Departamento do Xerife de Los Angeles, e os moradores dizem que o serviço melhorou.[68] O exército dos EUA também está cada vez mais utilizando empresas militares privadas para lidar com quase tudo, exceto com a atividade central de combates e assegurando posições defensivas. Kellogg Brown & Root, uma subsidiária da Halliburton Corporation, por exemplo, constrói e mantém bases militares e oferece serviços de alimentação e limpeza. No mundo comercial, a Hitachi já fez seus próprios televisores com componentes produzidos pela Hitachi, porém a empresa agora terceiriza a fabricação e obtém os principais componentes de fornecedores externos. A Wachovia Corporation transferiu a administração de seus programas de recursos humanos para a Hewitt Associates, e a varejista alimentícia britânica J. Sainsbury's deixa a Accenture cuidar de todo seu departamento de tecnologia da informação. Cerca de 20% do trabalho químico do fabricante de medicamentos Eli Lilly & Company é feito na China por laboratórios de iniciação como a Chem-Explorer; e empresas como a Wipro da Índia, a S.R. Teleperformance da França e a Convergys, localizadas com base nos Estados Unidos, gerenciam as operações de *call center* e de suporte técnico para grandes empresas de computação e telefonia ao redor do mundo.[69] A empresa farmacêutica Pfizer está usando uma abordagem inovadora que deixa alguns funcionários interromperem certas partes de suas funções para uma empresa de terceirização na Índia com um clique de um botão. Em vez de trocar todas suas funções para as contratadas, essa abordagem de "terceirização pessoal" permite que as pessoas troquem apenas certas tarefas tediosas e que consomem tempo para serem lidadas pela parceira de terceirização enquanto elas focam no trabalho de valor mais alto.[70]

Uma vez que as unidades de operação da empresa "ou estavam na organização e 'profundamente conectada' ou estavam fora da organização e não conectada em tudo", como um observador expressou.[71] Hoje em dia, as linhas estão tão interligadas que pode ser difícil dizer qual faz da parte da organização e qual não é. A IBM lida com operações de *back-office* para muitas empresas grandes, porém também terceiriza algumas de suas próprias atividades para outras empresas que, por sua vez, podem arrendar algumas de suas funções para ainda outras organizações.[72]

Algumas organizações levam a terceirização ao extremo e criam uma estrutura de rede virtual. Com uma **estrutura de rede virtual**, algumas vezes chamada de *estrutura modular*, a empresa subcontrata muitos ou a maior parte de seus processos para empresas separadas e coordena suas atividades a partir de uma pequena organização central.[73]

Como a estrutura funciona

A organização em rede virtual pode ser vista como uma instalação central cercada por uma rede de especialistas externos. Por exemplo, Philip Rosedale gerencia a LoveMachine de sua casa e das cafeterias em São Francisco. A LoveMachine faz um software que deixa os funcionários enviarem mensagens via Twitter para dizer "Obrigado" ou "Bom trabalho!". Quando a mensagem é enviada, todos na empresa obtêm uma cópia, que constrói confiança, e o software básico é livre para as empresas

---

ANOTAÇÕES

Como gerente de uma organização, lembre-se:

Use uma estrutura da rede virtual para extrema flexibilidade e resposta rápida para mudar as condições de mercado. Concentre-se nas principais atividades que dão à organização sua vantagem competitiva e terceiriza outras atividades para os parceiros cuidadosamente selecionados.

que querem utilizá-lo. A LoveMachine não tem equipe de desenvolvimento em tempo integral, mas trabalha com uma rede de *freelancers* que apostam em trabalhos para criar novos recursos, consertar falhas técnicas e assim por diante. O senhor Rosedale também contrata tarefas como pagamento e outras tarefas administrativas.[74]

Com uma estrutura de rede, em vez de se localizarem sob um mesmo teto, ou dentro de uma mesma organização, serviços como contabilidade, projeto, produção, marketing e distribuição são terceirizados por empresas separadas, conectadas eletronicamente a um escritório central. Parceiros organizacionais localizados em diferentes partes do mundo podem usar computadores em rede ou a internet para trocar dados e informações tão rápido e tranquilamente que uma rede levemente conectada de fornecedores, fabricantes e distribuidores fazem a empresa parecer única, sem costuras. A forma de rede virtual incorpora um estilo de mercado livre para substituir a tradicional hierarquia vertical. Subcontratados podem entrar ou sair do sistema, conforme a necessidade, para cumprir as necessidades de mudanças.

Com a estrutura em rede, a organização central detém o controle sobre processos que requerem competências internacionais ou difíceis de serem copiadas e transfere outras atividades – juntamente com o controle e a tomada de decisão sobre elas – para outras organizações. Essas organizações parceiras organizam e realizam seu trabalho usando suas próprias ideias, ativos e ferramentas.[75] A ideia é que a empresa possa se concentrar naquilo que faz melhor e contratar externamente tudo o que outras empresas possuam competência destacada naquelas áreas específicas, permitindo que a organização faça mais com menos.[76] A empresa de alimentos saudáveis para o coração Smart Balance estava apta para inovar e expandir rapidamente ao mudar uma abordagem da rede virtual.

NA PRÁTICA — Smart Balance

A Smart Balance tem aproximadamente 67 funcionários, mas quase 400 pessoas trabalham para a empresa. A Smart Balance começou a fazer uma pasta amanteigada e agora tem uma linha de pastas, todos produtos de manteiga de amendoim natural, leite realçado com nutrientes, queijo, creme azedo, pipoca e outros produtos. Os gestores acreditam na abordagem da rede virtual para ajudar a empresa a inovar e expandir rapidamente.

A Smart Balance mantém o desenvolvimento de produtos e marketing interno, mas usa as contratadas para fazer quase tudo, incluindo fabricação, distribuição, vendas, serviços de tecnologia de informação, pesquisa e testes. A forma que a empresa entrou no negócio de laticínios mostra como a estrutura da rede aumenta a velocidade e a flexibilidade. Peter Dray, vice-presidente do desenvolvimento de produtos, pode conseguir a ajuda de que ele precisava para aperfeiçoar o produto das contratadas. Os cientistas externos e os consultores de pesquisa e desenvolvimento trabalharam na fórmula. A empresa contou com o processador de produtos lácteos para realizar os testes e gerenciar a produção de testes. Um laboratório externo avaliou as reivindicações nutricionais e outra empresa gerenciou os testes de paladar do cliente.

Todas as manhãs, os funcionários de período integral e funcionários virtuais trocam uma enxurrada de mensagens por e-mail e chamadas telefônicas para atualizar uns aos outros sobre o que aconteceu no dia anterior e o que precisa ser feito no dia. Os executivos passam boa parte de seu tempo gerenciando relacionamentos. Duas vezes por ano eles realizam reuniões gerais que incluem a equipe permanente e as contratadas. As informações são compartilhadas, e os gestores reconhecem as contribuições das contratadas para o sucesso da empresa, ajudando a criar um senso de unidade e comprometimento.[77]

Com uma estrutura de rede como aquela usada na Smart Balance, fica difícil responder a pergunta "Onde está a organização?" nos termos tradicionais. As diferentes partes organizacionais são extraídas contratualmente e coordenadas eletronicamente, criando uma nova forma de organização. Assim como blocos de construção, as partes da rede podem ser acrescentadas ou removidas para atender às necessidades de mudança.[78] A Figura 2.17 ilustra uma estrutura de rede simplificada para a Smart Balance, mostrando algumas das funções que são terceirizadas para outras empresas.

Pontos fortes e pontos fracos

A Figura 2.18 resume os pontos fortes e fracos da estrutura de rede virtual.[79] Um dos principais pontos fortes é que a organização, independentemente do quão pequena seja, pode ser realmente global ao valer-se de recursos em qualquer lugar do mundo para atingir a melhor qualidade e preço e, então, vender produtos ou serviços em

FIGURA 2.17 Exemplo de uma estrutura de rede virtual

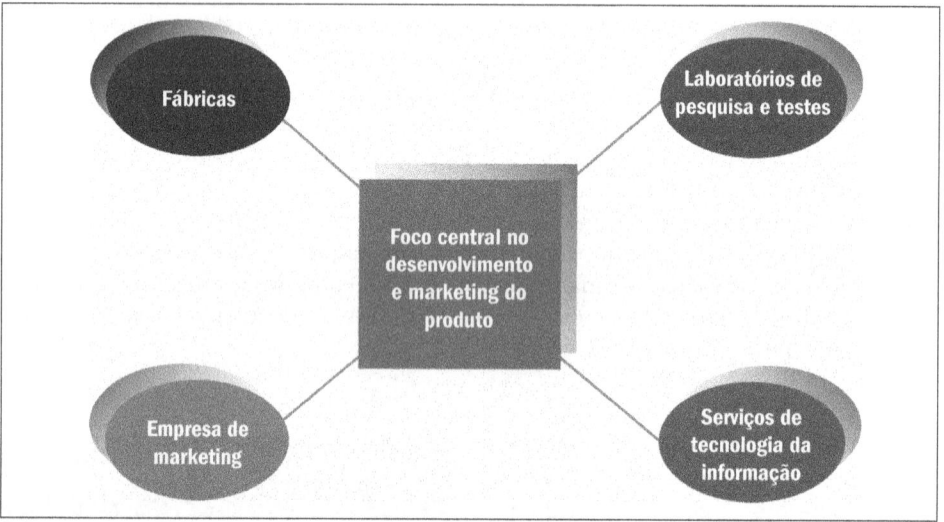

- Fábricas
- Laboratórios de pesquisa e testes
- Foco central no desenvolvimento e marketing do produto
- Empresa de marketing
- Serviços de tecnologia da informação

© Cengage Learning 2013

FIGURA 2.18 Pontos fortes e pontos fracos da estrutura de rede virtual

Pontos fortes	Pontos fracos
1. Permite que mesmo pequenas organizações obtenham talentos e recursos em todo o mundo	1. Os gerentes não possuem em suas mãos o controle sobre muitas atividades e funcionários
2. Fornece a uma empresa escala imediata sem grandes investimentos em fábricas, equipamentos ou instalações para distribuição	2. Requer uma grande quantidade de tempo para gerenciar as relações e os potenciais conflitos com os parceiros contratados
3. Permite que a organização seja altamente flexível e responsiva às mudanças de necessidades	3. Há um risco de falha organizacional se um parceiro falha nas entregas ou se retira do negócio
4. Reduz os custos fixos administrativos	4. A lealdade dos funcionários e a cultura corporativa podem ser fracas porque os funcionários têm a impressão de que podem ser substituídos por serviços contratados

Fontes: Baseado em R.E. Miles and C.C. Snow, "The New Network Firm: A Spherical Structure Built on a Human Investment Philosophy," *Organizational Dynamics* (Spring 1995), 5–18; Gregory G. Dess, Abdul M. A. Rasheed, Kevin J. McLaughlin, and Richard L. Priem, "The New Corporate Architecture," Academy of Management Executive 9, no. 3 (1995), 7–20; N. Anand and R.L. Daft, "What Is the Right Organization Design?" Organizational Dynamics 36, no. 4 (2007), 329–344; and H.W. Chesbrough and D.J. Teece, "Organizing for Innovation: When Is Virtual Virtuous?" Harvard Business Review (August 2002), 127–134.

todo o mundo com facilidade por meio de subcontratados. A estrutura em rede também permite que uma empresa nova ou pequena como a TiVo desenvolva produtos ou serviços e os coloque rapidamente no mercado sem grandes investimentos em fábricas, equipamentos, depósitos ou instalações para distribuição. A capacidade de arranjar e rearranjar recursos para fazer face às mudanças de necessidades e melhor atender o cliente dá flexibilidade e resposta rápida à estrutura em rede. Há a possibilidade de novas tecnologias serem desenvolvidas rapidamente pelo contato com uma rede mundial de especialistas. A organização pode continuamente redefinir a si própria para fazer frente às oportunidades das mudanças de produto ou mercado. Um último ponto forte é a redução do custo administrativo. Não são necessárias grandes equipes de especialistas e administradores. Os talentos técnicos e gerenciais podem focar atividades-chave que fornecem vantagens competitivas, enquanto outras tarefas podem ser terceirizadas.

A estrutura em rede virtual também possui alguns pontos fracos. O primeiro é a falta de controle. A estrutura em rede leva à descentralização ao extremo. Os gerentes não têm todas as operações sob sua jurisdição e precisam confiar nas contratações, na coordenação e nas negociações para manter as coisas em ordem. Isso também significa aumento do tempo despendido no gerenciamento das relações com parceiros e na solução de conflitos.

> **3** Os gerentes são inteligentes para manter o controle organizacional sobre as atividades das principais unidades de trabalho em vez de contratar algumas tarefas da unidade de trabalho para outras empresas.
>
> **RESPOSTA:** *Discordo.* As redes virtuais e as formas de projeto organizacional de terceirização tornaram-se populares porque elas oferecem maior flexibilidade e resposta mais rápida em um ambiente de mudança dinâmico. Os departamentos terceirizados podem ser acrescentados ou removidos conforme as condições mudam. Manter controle sobre todas as atividades internas pode ser confortável para alguns gestores, mas desencoraja a flexibilidade.
>
> **AVALIE SUA RESPOSTA**

Um problema de igual importância é o risco de falha se uma organização parceira deixar de entregar, se houver incêndio em uma fábrica ou abandonar o negócio. Os gerentes na sede da organização precisam agir rapidamente para atacar o problema e encontrar novos arranjos. Finalmente, em uma perspectiva de recursos humanos, a lealdade dos funcionários pode ser fraca em uma organização em rede por conta da insegurança do emprego. Os funcionários têm a impressão de que podem ser substituídos por serviços contratados. Além disso, é mais difícil desenvolver uma cultura corporativa coesa. A rotatividade pode ser alta porque o compromisso emocional existente entre a organização e os funcionários é baixo. Com mudanças em produtos, mercados e parceiros, pode ser necessário que a organização realoque os funcionários a qualquer momento para obter a correta combinação de habilidades e capacidades.

Estrutura híbrida

Na prática, muitas estruturas no mundo real não existem nas formas puras delineadas neste capítulo. As maiores organizações, muitas vezes, usam uma **estrutura híbrida** que combina características de várias abordagens moldadas as suas necessidades estratégicas específicas. A maioria das empresas combina características das estruturas funcional, divisional, geográfica, horizontal ou em rede para tirar vantagem dos pontos fortes das várias estruturas e evitar alguns de seus pontos fracos. As estruturas híbridas tendem a ser utilizadas em ambientes em rápida transformação porque oferecem grande flexibilidade à organização.

Uma estrutura híbrida frequentemente utilizada é a que combina características das estruturas funcional e divisional. Quando uma empresa cresce e possui vários produtos ou mercados, ela está normalmente organizada em divisões autocontidas de algum tipo. As funções importantes para cada produto ou mercado estão descentralizadas nas unidades autocontidas. Apesar disso, algumas funções relativamente estáveis, que requerem uma economia de escala e que são altamente especializadas, permanecem centralizadas na matriz. Por exemplo, a Starbucks tem inúmeras divisões geográficas, mas as funções como marketing, jurídico e operações da rede de fornecimento são centralizadas.[80] A Sun Petroleum Products Corporation (SPPC) reorganizou-se em uma estrutura híbrida para ser mais responsiva ao mudar os mercados. A estrutura organizacional híbrida adotada pela SPPC é mostrada na parte 1 da Figura 2.19. Foram criadas três grandes divisões de produto – combustíveis, lubrificantes e químicos –, cada uma servindo a um mercado diferente e exigindo uma estratégia e um estilo de gerenciamento diferentes. Cada vice-presidente de linha de produto fica agora encarregado de todas as funções para esse produto, como marketing, planejamento, suprimentos e distribuição, além de produção. Entretanto, atividades como recursos humanos, assessoria jurídica, tecnologia e finanças são centralizadas como departamentos funcionais na matriz para alcançar economias de escala. Cada um desses departamentos fornece serviços para toda a organização.[81]

Uma segunda abordagem híbrida que está sendo crescentemente utilizada na atualidade combina as características das estruturas funcional, divisional e horizontal. A divisão de atendimento ao cliente da Ford Motor Company, uma operação que envolve 12 mil funcionários prestando serviço a quase 15 mil revendedores, oferece um exemplo desse tipo de híbrido. Em 1995, quando a Ford lançou a "Ford 2000", uma iniciativa para tornar-se a líder mundial do setor automotivo no século XXI, os altos executivos desenvolveram crescentes preocupações com as reclamações em relação ao atendimento ao cliente. Eles decidiram que o modelo horizontal oferecia a melhor chance de obter uma abordagem rápida, mais eficiente e integrada para o atendimento ao cliente. A parte 2 da Figura 2.19 mostra uma parte da estrutura híbrida da divisão de atendimento ao cliente da Ford. Vários grupos alinhados em sentido horizontal, compostos de equipes de múltiplas habilidades, se concentram em um processo central, como suprimento de peças e logística (adquirindo peças e disponibilizando-as rápida e eficientemente para os revendedores), programas e consertos de veículos (coletando e disseminando informações sobre problemas de reparos) e suporte técnico (assegurando que cada departamento de serviços receba informação técnica atualizada). Cada grupo possui um líder do processo que é responsável por assegurar que a equipe atinja seus objetivos gerais. A divisão de atendimento ao cliente da Ford manteve uma estrutura funcional de departamentos para finanças, estratégia e comunicação e recursos humanos. Cada um desses departamentos fornece serviços para toda a divisão.[82]

Em uma organização gigantesca como a Ford, os gerentes utilizam uma variedade de características estruturais para atingir as necessidades de toda a organização. Como ocorre com muitas grandes organizações, a Ford terceiriza algumas atividades consideradas não essenciais. Uma estrutura híbrida é geralmente preferida a uma estrutura puramente funcional, divisional, horizontal ou em rede virtual, porque pode suprir algumas das vantagens de cada uma e evitar algumas das desvantagens.

ANOTAÇÕES

Como gerente de uma organização, lembre-se:

Implemente uma estrutura híbrida, quando necessário, para combinar características das estruturas funcional, divisional e horizontal. Utilize uma estrutura híbrida em ambientes complexos para tirar vantagem dos pontos fortes de várias características estruturais e evitar alguns de seus pontos fracos.

Aplicações de projeto estrutural

Cada tipo de estrutura serve a diferentes situações para atender a diferentes necessidades. Ao descrever as várias estruturas, tocamos brevemente em condições, como estabilidade ambiental ou mudança e tamanho organizacional, que estão relacionadas à estrutura. Cada forma de estrutura – funcional, divisional, matricial, horizontal, em

Capítulo 2: Fundamentos da estrutura organizacional

FIGURA 2.19
Duas estruturas híbridas

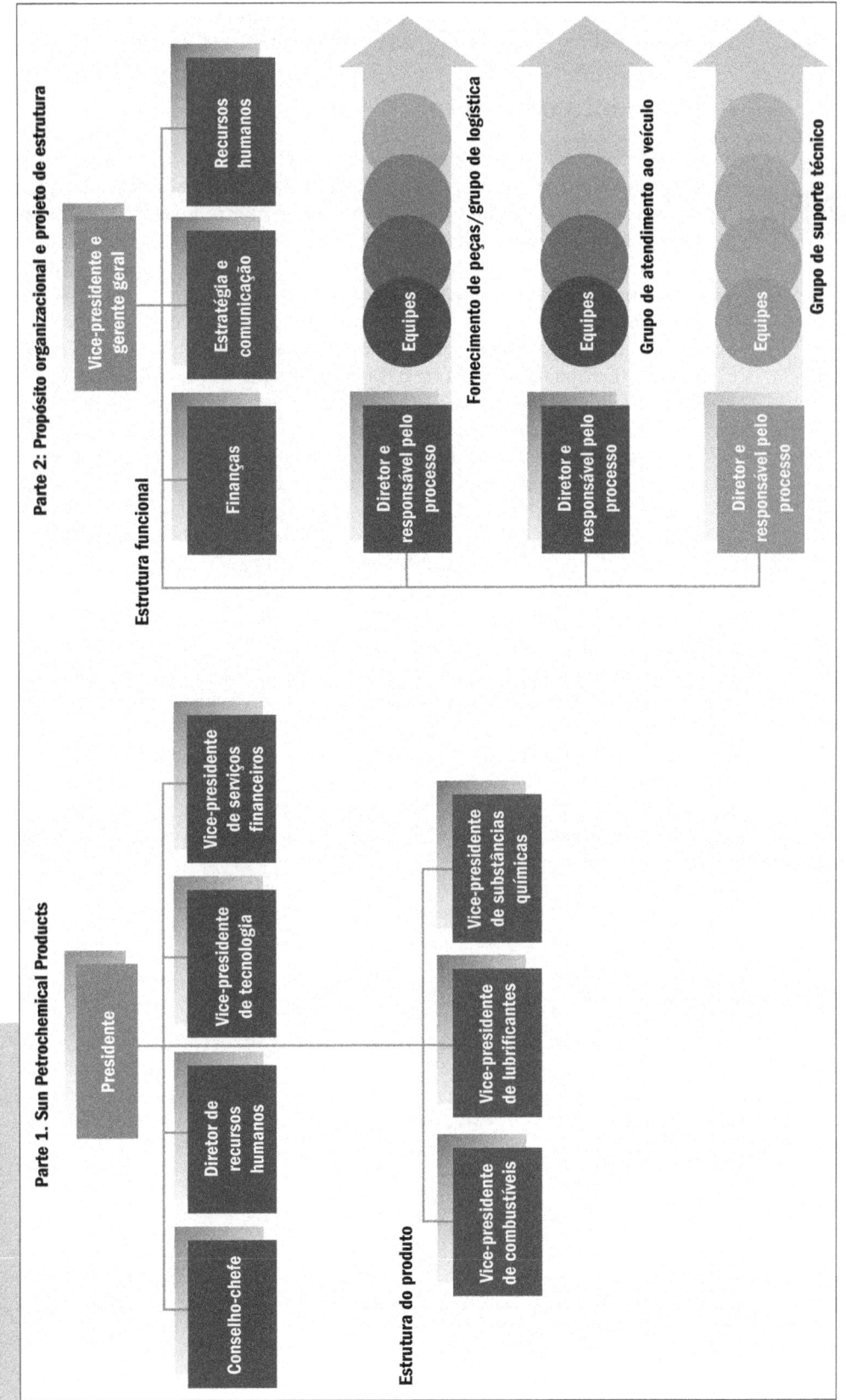

Parte 1. Sun Petrochemical Products

Presidente
- Conselho-chefe
- Diretor de recursos humanos
- Vice-presidente de tecnologia
- Vice-presidente de serviços financeiros
- Vice-presidente de combustíveis
- Vice-presidente de lubrificantes
- Vice-presidente de substâncias químicas

Estrutura do produto

Parte 2: Propósito organizacional e projeto de estrutura

Vice-presidente e gerente geral
- Finanças
- Estratégia e comunicação
- Recursos humanos

Estrutura funcional

- Diretor e responsável pelo processo → Equipes — Fornecimento de peças/grupo de logística
- Diretor e responsável pelo processo → Equipes — Grupo de atendimento ao veículo
- Diretor e responsável pelo processo → Equipes — Grupo de suporte técnico

Fonte: Baseado em Linda S. Ackerman, "Transition Management: An In-Depth Look at Managing Complex Change," *Organizational Dynamics* (Summer 1982), 46–66; and Frank Ostroff, *The Horizontal Organization* (New York: Oxford University Press, 1999), Figure 2.1, p.34.

rede, híbrida – representa a ferramenta que pode ajudar os gerentes a tornar a organização mais eficaz, dependendo das demandas de sua situação.

Alinhamento estrutural

Enfim, a decisão mais importante que os gestores tomam sobre o projeto estrutural é encontrar o equilíbrio correto entre o controle vertical e a coordenação horizontal, dependendo das necessidades da organização. O controle vertical está associado às metas de eficiência e estabilidade, ao passo que a coordenação horizontal está associada ao aprendizado, inovação e flexibilidade. A Figura 2.20 mostra um processo contínuo simplificado que ilustra como as abordagens estruturais estão associadas ao controle vertical *versus* a coordenação horizontal. A estrutura funcional é apropriada quando a organização precisa ser coordenada por meio da hierarquia vertical e quando a eficiência é importante para atingir as metas organizacionais. A estrutura funcional usa a especialização de tarefas e uma restrita cadeia de comando para obter o uso eficiente de recursos escassos, mas isso não permite que a organização seja flexível e inovadora. Na ponta oposta da escala, a estrutura horizontal é apropriada quando a organização possui grande necessidade de coordenação entre as funções para alcançar a inovação e promover o aprendizado. A estrutura horizontal permite que as organizações se diferenciem e respondam rapidamente às mudanças, mas à custa do uso eficiente de recursos. A estrutura de rede virtual oferece uma flexibilidade ainda maior e um potencial para respostas rápidas, ao possibilitar que a organização adicione ou subtraia peças conforme o necessário para se adaptar e atender às mudanças nas necessidades do ambiente e do mercado. A Figura 2.20 também mostra como outros tipos de estrutura definidos neste capítulo – funcional com conexões horizontais, divisional e matricial – que representam passos intermediários da organização no caminho da eficiência ou inovação e aprendizado. A figura não inclui todas as estruturas possíveis, mas ilustra como as organizações tentam equilibrar as necessidades da eficiência e do controle vertical com a inovação e a coordenação horizontal. Além disso, como foi descrito neste capítulo, muitas organizações utilizam uma estrutura híbrida para combinar características desses tipos de estruturas.

ANOTAÇÕES

Como gerente de uma organização, lembre-se:

Encontre o equilíbrio perfeito entre o controle vertical e a coordenação horizontal para ir ao encontro das necessidades da organização. Considere a reorganização quando são observados os sintomas de deficiência de estrutura.

FIGURA 2.20
Relação da estrutura com a necessidade da organização de eficiência *versus* aprendizado

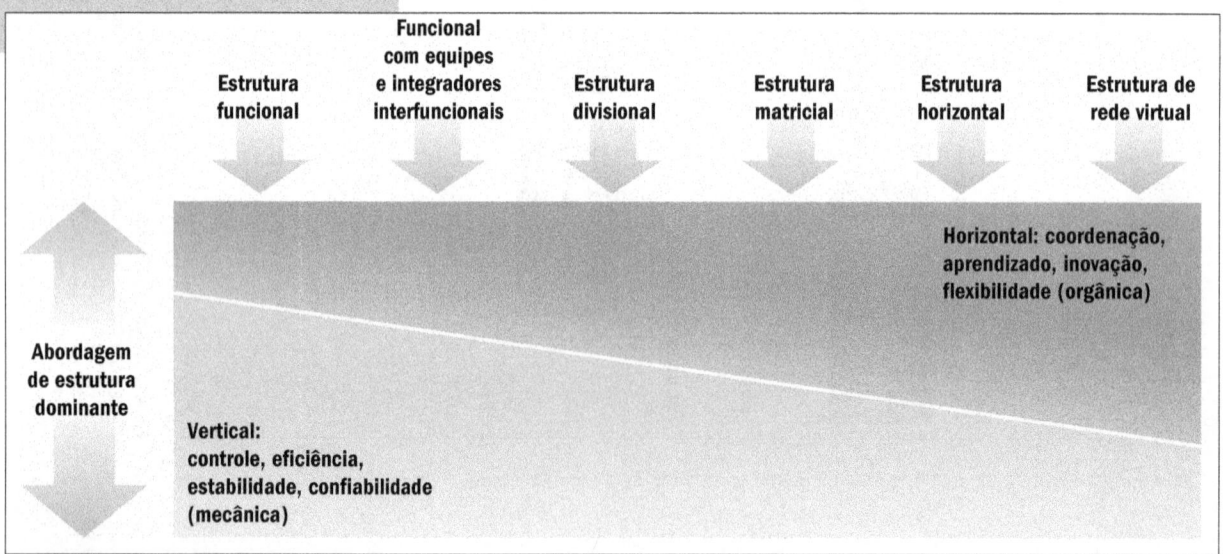

Estrutura funcional | Funcional com equipes e integradores interfuncionais | Estrutura divisional | Estrutura matricial | Estrutura horizontal | Estrutura de rede virtual

Abordagem de estrutura dominante

Vertical: controle, eficiência, estabilidade, confiabilidade (mecânica)

Horizontal: coordenação, aprendizado, inovação, flexibilidade (orgânica)

© Cengage Learning 2013

Sintomas da deficiência de estrutura

A alta administração avalia periodicamente a estrutura organizacional a fim de determinar se ela é apropriada às necessidades de mudanças. Os gestores tentam conseguir o melhor encaixe entre as relações de relatório interno e as necessidades do ambiente externo. Como norma, quando a estrutura organizacional está mal alinhada com as necessidades da organização, há o surgimento de um ou mais **sintomas de deficiência de estrutura** a seguir.[83]

- *Tomada de decisão postergada ou com falta de qualidade.* Os tomadores de decisão podem estar sobrecarregados porque a hierarquia afunila muitos problemas e decisões para eles. A delegação para níveis mais baixos pode ser insuficiente. Outra causa de decisões de pouca qualidade é que a informação pode chegar até pessoas corretas. As conexões de informação tanto na direção vertical quanto na horizontal podem ser inadequadas para assegurar a qualidade da decisão.
- *A organização não responde em termos inovadores a um ambiente em transformação.* Uma razão para a falta de inovação é que os departamentos não estão coordenados no sentido horizontal. A identificação das necessidades do cliente pelo departamento de marketing e a identificação de desenvolvimento tecnológico no departamento de pesquisas têm de ser coordenadas. A estrutura organizacional também precisa especificar as responsabilidades departamentais que incluem a observação do ambiente e da inovação.
- O *desempenho do funcionário cai e as metas não são atendidas.* O desempenho dos funcionários pode declinar porque a estrutura não fornece metas claras, responsabilidades e mecanismos para a coordenação. A estrutura deve refletir a complexidade do ambiente mercadológico e ser suficientemente simples para que os funcionários possam trabalhar com eficácia.
- *Evidência de muito conflito.* A estrutura organizacional deve permitir que metas departamentais conflitantes combinem-se em um único conjunto de metas para toda a organização. Quando os departamentos agem com finalidades divergentes, ou se encontram sob pressão para atingir as metas departamentais à custa das metas organizacionais, com frequência a estrutura será comprometida. Os mecanismos de conexão horizontal não estão adequados.

Fundamentos do projeto

- A estrutura organizacional deve dar conta de duas coisas para a organização. Ela deve fornecer uma estrutura para as responsabilidades, as relações de subordinação e os agrupamentos, além de fornecer mecanismos para conectar e coordenar elementos organizacionais em um todo coerente. A estrutura se reflete em um organograma. Para conectar a organização em um todo coerente, além do organograma é necessário o emprego de sistemas de informação e mecanismos de conexão.
- A estrutura organizacional pode ser projetada para fornecer conexões para informação vertical e horizontal com base no processamento de informação necessário para atingir as metas gerais da organização. Os gerentes podem escolher entre a orientação na direção de uma organização tradicional projetada para a eficiência, com ênfase nas conexões verticais, como hierarquia, normas e planos e sistemas formais de informação, ou na direção de uma organização contemporânea de aprendizado, que dá ênfase à comunicação e à coordenação horizontal. As conexões verticais não são suficientes para a maioria das organizações atuais. As organizações oferecem vínculos horizontais pelos sistemas de informação interfuncionais, papéis de contato, forças-tarefas temporárias, integradores em período integral e equipes, e ao criar as condições para permitir a coordenação relacional.

- Entre as alternativas para o agrupamento de funcionários e departamentos no projeto de estrutura geral estão: agrupamento funcional, divisional, multifocado, horizontal e em rede. A escolha entre as estruturas funcional, divisional e horizontal determina onde a coordenação e a integração serão maiores. Com as estruturas funcional e divisional, os gerentes também utilizam mecanismos de conexão horizontal para complementar a dimensão vertical e alcançar a integração de departamentos e níveis num todo organizacional. Com uma estrutura horizontal, as atividades são organizadas horizontalmente ao redor de processos centrais de trabalho.
- Uma estrutura de rede virtual estende o conceito de coordenação e colaboração horizontal para além dos limites da organização. As atividades vitais são desempenhadas por um núcleo central enquanto outras funções e atividades são terceirizadas para parceiros contratados.
- A estrutura matricial tenta encontrar um equilíbrio entre as dimensões vertical e horizontal da estrutura. A maioria das organizações não existe nessas formas puras, utilizando em seu lugar uma estrutura híbrida que incorpora as características de dois ou mais tipos de estrutura.
- Os gerentes, enfim, tentam encontrar o correto equilíbrio entre o controle vertical e a coordenação horizontal. Sinais do mau alinhamento estrutural incluem a tomada de decisão atrasada, falta de inovação, desempenho ruim do funcionário e conflito excessivo.
- Por fim, um organograma é apenas um monte de linhas e quadros em um pedaço de papel. A finalidade do organograma é encorajar e direcionar os funcionários nas atividades e comunicações que possibilita que a organização alcance suas metas. O organograma oferece a estrutura, mas os funcionários fornecem o comportamento. O gráfico é uma diretriz para encorajar as pessoas a trabalharem juntas, mas a gestão devem implantar a estrutura e realizá-la.

Conceitos-chave

agrupamento departamental
agrupamento divisional
agrupamento em rede virtual
agrupamento funcional
agrupamento horizontal
agrupamento multifocado
centralizada
conexões verticais
coordenação relacional
descentralizada

equipes
equipe virtual
estrutura divisional
estrutura em rede virtual
estrutura funcional
estrutura híbrida
estrutura horizontal
estrutura matricial
estrutura organizacional
força-tarefa

integrador
matriz de produtos
matriz funcional
vínculo horizontal
papel de contato
processo
reengenharia
sintomas da deficiência de estrutura
sistemas verticais de informação
terceirização

Questões para discussão

1. Qual é a definição de estrutura organizacional? A estrutura organizacional aparece no organograma? Explique.
2. Quando uma estrutura funcional é preferível a uma estrutura divisional?
3. Grandes corporações tendem a utilizar estruturas híbridas. Por quê?
4. Qual é a diferença principal na estrutura entre uma organização tradicional projetada para a eficiência e uma organização orgânica, mais contemporânea, projetada para o aprendizado?
5. Qual a diferença entre uma força-tarefa e uma equipe? E entre um papel de contato e um papel integrante? Qual desses fornece a maior quantidade de coordenação horizontal?
6. Como um gestor, você criaria uma organização com um alto grau de coordenação relacional?
7. Quais são as condições que normalmente devem estar presentes antes que uma organização possa adotar a estrutura matricial?

Capítulo 2: Fundamentos da estrutura organizacional

8. O gerente de uma empresa de produtos de consumo disse "utilizamos a posição de gerente de marca para treinar futuros executivos". Por que você acha que a posição do gerente de marca é uma boa base para treinamento? Discuta.
9. Por que as empresas que utilizam uma estrutura horizontal têm culturas que enfatizam a abertura, o fortalecimento e a responsabilidade? Na sua opinião, qual deveria ser a tarefa de um gerente em uma empresa organizada horizontalmente?
10. Descreva a estrutura de rede virtual. Quais são as vantagens e desvantagens de utilizar essa estrutura em comparação com a realização de todas as atividades internas de uma organização?

Capítulo 2 Caderno de exercícios — Você e estrutura organizacional[84]

Para melhor compreensão da estrutura organizacional na sua vida, realize a tarefa descrita.

Selecione uma das situações a seguir para organizar:

- Uma loja que faz publicações e impressão
- Uma agência de viagens
- Uma locadora de material esportivo (como *jet skis*) em um local de veraneio
- Uma padaria

Histórico

A organização é uma forma de ganhar algum poder contra o ambiente instável. O ambiente fornece à organização entradas que podem incluir matérias-primas, recursos humanos e recursos financeiros. Há um serviço ou produto a ser realizado e que envolve tecnologia. A produção vai para os clientes, um grupo que precisa ser alimentado. As complexidades do ambiente e da tecnologia determinam a complexidade da organização.

Planejando sua organização

1. Escreva a missão e a finalidade da organização em poucas sentenças.
2. Quais são as tarefas específicas a serem cumpridas para que a missão seja realizada?
3. Com base nas metas específicas observadas no item 2, desenvolva um organograma. Cada cargo na figura desempenhará uma tarefa específica ou será responsável por certo resultado.
4. Você está no seu terceiro ano de operação e seu negócio tem sido muito bem-sucedido. Você quer adicionar uma segunda instalação a alguns quilômetros de distância. Com quais questões você vai se deparar para tocar o negócio em dois lugares? Desenhe um organograma que inclua as duas instalações.
5. Cinco anos se passaram e o negócio aumentou para cinco instalações em duas cidades. Como você se mantém em contato com todas? Quais são as questões sobre controle e coordenação que surgiram? Desenhe um organograma atualizado e explique seu raciocínio para ele.
6. Após 25 anos você possui 75 localizações de negócios em cinco estados. Quais são as questões e problemas que devem ser enfrentados pela estrutura organizacional? Desenhe um organograma para essa organização indicando fatores como quem é responsável pela satisfação do cliente, como você vai saber que as necessidades do cliente são atendidas e como a informação flui dentro da organização.

CASO PARA ANÁLISE — C&C Grocery Stores, Inc.[85]

A primeira loja de conveniência C&C abriu suas portas em 1947 com Doug Cummins e seu irmão Bob. Ambos eram veteranos de guerra que queriam ter seu próprio negócio. Então, eles usaram suas economias para pôr em funcionamento uma pequena mercearia em Charlotte, na Carolina do Norte. A loja foi um sucesso imediato. A localização era boa e Doug Cummins possuía uma personalidade vencedora. Os funcionários da loja adotaram o estilo informal de Doug e a atitude de "atender o cliente". O ciclo crescente de clientes da C&C aprovou a abundância de boas carnes e produtos.

Em 1997, a C&C tinha mais de 200 lojas. Um layout físico padrão era utilizado para novas lojas. A sede da empresa mudou-se de Charlotte para Atlanta em 1985. O organograma para a C&C é mostrado na Figura 2.21. Os escritórios centrais em Atlanta cuidaram do pessoal, da propaganda, do financeiro, das compras, do imobiliário e dos trâmites legais para toda a rede. A gerência de lojas individuais da organização estava dividida em regiões. As regiões sul, sudeste e nordeste tinham cada uma cerca de 70 lojas. Cada região era dividida em cinco distritos com 10 a 15 lojas cada. Cabia ao diretor de distrito a responsabilidade de supervisionar e coordenar atividades para as 10 a 15 lojas do distrito.

Cada distrito foi dividido em quatro linhas de autoridade com base na especialidade funcional. Três dessas linhas foram alcançadas nas lojas. O gerente do departamento de hortifrutigranjeiros em cada loja estava subordinado ao especialista de hortifrutigranjeiros da divisão, e isso valia para o gerente do departamento de carnes que se reportava diretamente ao especialista de carnes do distrito. Os gerentes de carnes e hortifrutigranjeiros eram responsáveis por todas as ativida-

FIGURA 2.21
Estrutura organizacional para C&C Grocery Stores, Inc.

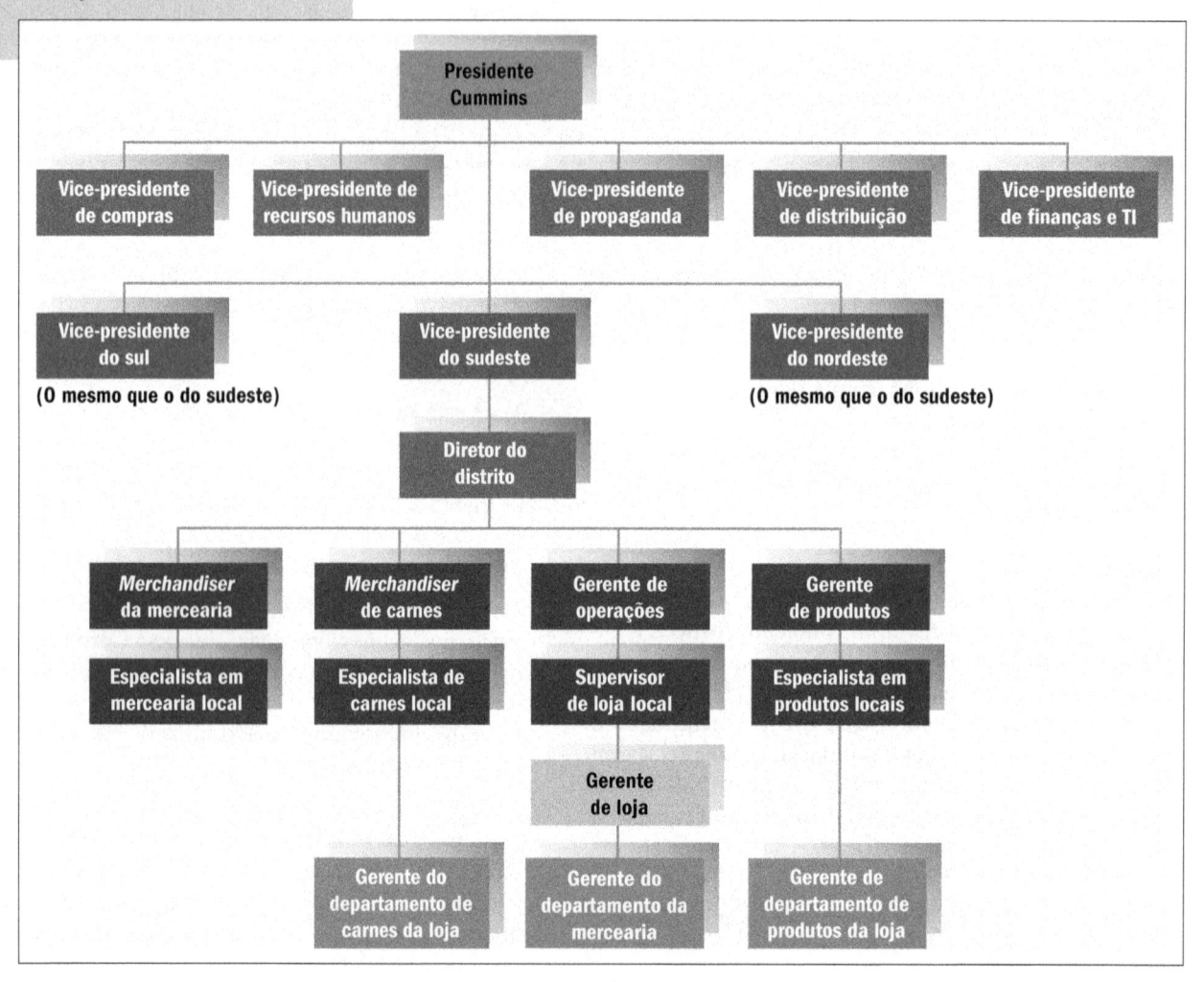

```
                            Presidente
                             Cummins
    ┌──────────────┬──────────────┼──────────────┬──────────────┐
Vice-presidente Vice-presidente Vice-presidente Vice-presidente Vice-presidente
 de compras    de recursos     de propaganda   de distribuição  de finanças e TI
                 humanos

    ┌──────────────┬──────────────┐
Vice-presidente Vice-presidente Vice-presidente
   do sul         do sudeste       do nordeste
(O mesmo que                      (O mesmo que
 o do sudeste)                     o do sudeste)
                    │
                Diretor do
                 distrito
    ┌──────────────┬──────────────┬──────────────┐
Merchandiser  Merchandiser   Gerente de     Gerente
da mercearia  de carnes      operações      de produtos
    │              │              │              │
Especialista  Especialista   Supervisor    Especialista
em mercearia  de carnes      de loja       em produtos
local         local          local         locais

                    Gerente
                    de loja
    ┌──────────────┬──────────────┐
Gerente do    Gerente do     Gerente de
departamento  departamento   departamento
de carnes     da mercearia   de produtos
da loja                      da loja
```

des ligadas à aquisição e venda de produtos perecíveis. A responsabilidade do gerente da loja incluía a linha de mercearia, os departamentos da frente da loja e as operações na loja. O gerente de loja era responsável pela aparência do pessoal, limpeza, serviço de caixa adequado e precisão dos preços. Um gerente da mercearia reportava ao gerente de loja, cuidava dos inventários e fazia a reposição dos itens nas prateleiras. O escritório de propaganda do distrito era responsável por campanhas promocionais, circulares de anúncios, anúncios no distrito e por atrair os clientes para as lojas. Os gerentes de produtos de mercearia deveriam coordenar suas atividades com cada loja do distrito.

Os negócios da rede C&C caíram em todas as regiões nos últimos anos – em parte por causa de um declínio na economia, mas muito pelo crescimento da competição dos grandes varejistas de desconto como Wal-Mart, Target e Costco Wholesale. Quando esses grandes varejistas entraram no negócio de supermercados, trouxeram um nível de competição como a C&C nunca tinha visto antes. A C&C havia conseguido lidar com a competição colocada pelas grandes redes de supermercados, mas agora até mesmo as grandes redes estavam sendo espremidas pela Wal-Mart, que se tornou a número 1 em vendas de mercearia em 2001. Os gerentes da C&C estavam cientes de que não podiam competir em preço, mas estavam considerando de que forma poderiam utilizar avançadas tecnologias de informação para melhorar o serviço e a satisfação do cliente e diferenciar a loja dos grandes varejistas de desconto.

No entanto, o problema mais urgente era como aumentar os negócios com os recursos e as lojas que eles já possuíam. Uma equipe de consultoria de uma grande universidade foi contratada para investigar a estrutura e as operações da loja. Os consultores visitaram várias lojas em cada região e conversaram com aproximadamente 50 gerentes e funcionários. Eles fizeram um relatório no qual apontaram quatro áreas de problemas a serem considerados pelos executivos de loja.

1. *A rede demorou em se adaptar à mudança*. O layout e a estrutura das lojas continuavam como tinham sido projetados há 15 anos. Cada loja fazia as coisas do mesmo jeito, mesmo com o fato de algumas lojas estarem em áreas de baixa renda e outras em áreas nobres. Foi desenvolvido um novo sistema computadorizado de gerenciamento da cadeia de suprimento para pedidos e estoque, mas após

Capítulo 2: Fundamentos da estrutura organizacional

dois anos ele tinha sido implementado apenas parcialmente nas lojas. Outras iniciativas de tecnologia da informação (TI) propostas estavam ainda "em aquecimento", nem mesmo ainda no estágio de desenvolvimento.

2. *Os papéis do supervisor distrital de loja e do gerente de loja estavam causando insatisfação.* Os gerentes de loja queriam aprender habilidades gerenciais mais amplas para promoção potencial a cargos de gerência distrital ou regional. No entanto, suas tarefas foram restritas às atividades operacionais e eles aprendiam pouco sobre comercialização, carne e hortifrutigranjeiros. Além disso, os supervisores distritais aproveitavam as visitas às lojas para inspecionar a limpeza e a adesão aos padrões operacionais, em vez de treinar os gerentes de loja e auxiliar a coordenar as operações com o departamento de produtos perecíveis. A supervisão minuciosa dos detalhes operacionais tornara-se o foco da gerência de operações no lugar de desenvolvimento, treinamento e coordenação.

3. *A cooperação nas lojas estava baixa e a moral estava ruim. A atmosfera informal e amigável originalmente criada por Doug Cummins tinha acabado.* Um exemplo desse problema ocorreu quando o promotor comercial de produtos de mercearia e o gerente de uma loja da Louisiana decidiram vender a Coca-Cola e a Coca-Cola Diet abaixo do preço de custo como chamariz. Milhares de embalagens de Coca-Cola foram colocadas à venda, mas o estoque não estava preparado e não havia espaço. O gerente de loja queria usar a área para as carnes e as seções de produtos para exibir as caixas de Coca-Cola, mas aqueles gerentes se recusaram. O gerente do departamento de produtos disse que a Coca-Cola Diet não ajudou suas vendas e estava bem para ele se não houvesse promoção nenhuma.

4. *O crescimento no longo prazo e o desenvolvimento da rede de lojas iriam, provavelmente, exigir uma avaliação da estratégia de longo prazo.* A porcentagem da participação de mercado que ia para as lojas tradicionais de mercearia estava declinando em rede nacional devido à competição das grandes superlojas e dos varejistas de desconto. Em um futuro próximo, a C&C pode precisar introduzir itens não alimentícios nas lojas para compras no balcão, acrescentar especialidades ou seções gourmet nas lojas, e investigar como a nova tecnologia poderia ajudar a distinguir a empresa, como através do marketing direcionado e promoção, fornecendo um serviço e conveniência superiores, e oferecendo a seus clientes a melhor variedade e disponibilidade de produtos.

Para resolver os primeiros problemas, os consultores recomendaram reorganizar o distrito e a estrutura da loja, conforme ilustrado na Figura 2.22. Com essa reorganização, os

FIGURA 2.22
Reorganização proposta para a C&C Grocery Stores, Inc.

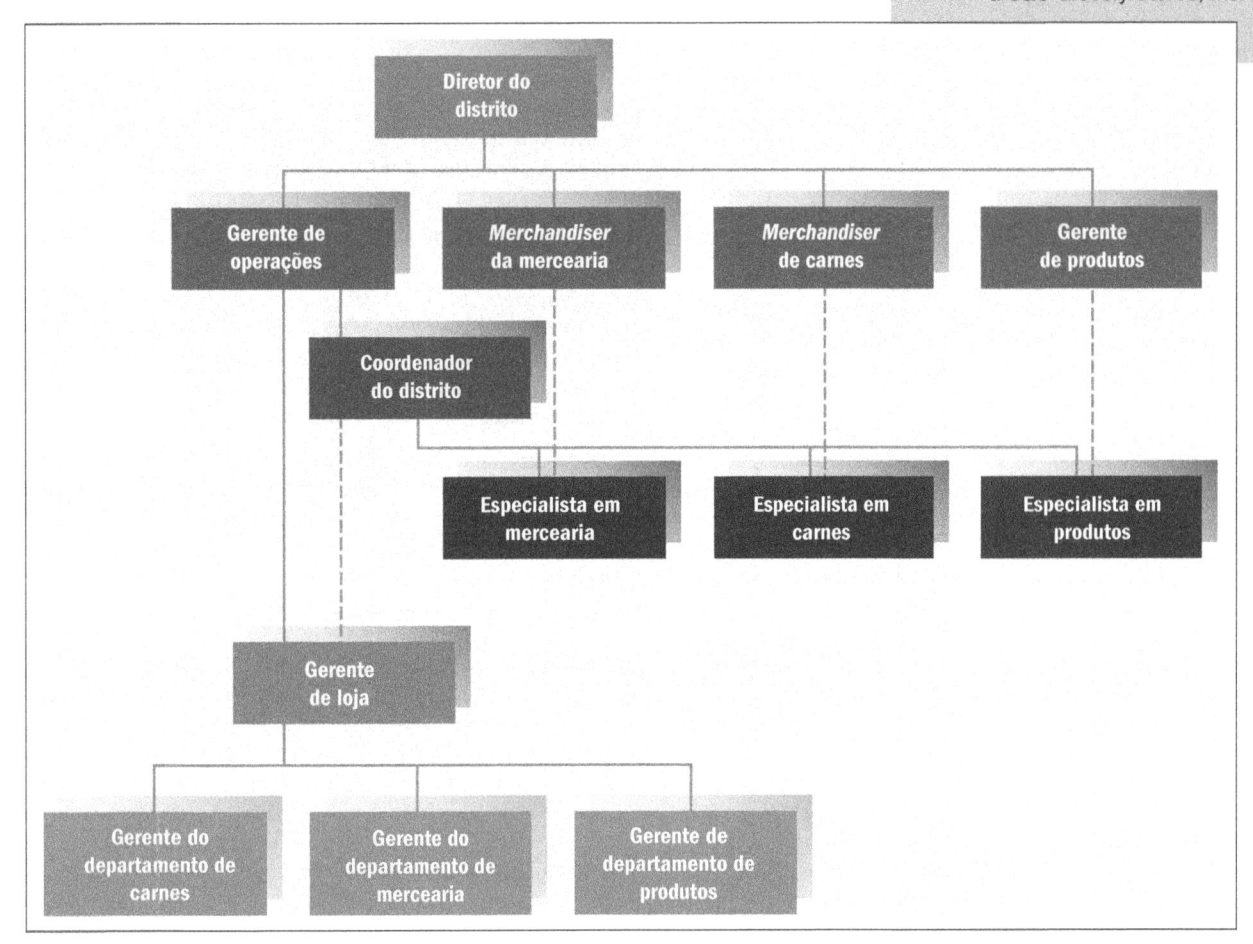

gerentes dos departamentos de carnes, mercearia e produtos reportam tudo para o gerente de loja. O gerente de loja teria controle completo da loja e seria responsável pela coordenação de todas as atividades da loja. O papel de supervisor do distrito mudaria da supervisão para treinamento e desenvolvimento. O supervisor do distrito lideraria uma equipe com ele próprio e diversos especialistas em carnes, produtos e propaganda que visitariam as lojas da região como uma equipe para dar conselhos e auxílio para os gerentes da loja e os outros funcionários. A equipe iria agir em uma capacidade de contato entre os especialistas do distrito e as lojas.

Os consultores ficaram animados com a estrutura proposta. Com a remoção de um nível de supervisão operacional do distrito, os gerentes de loja teriam mais liberdade e responsabilidades. A equipe de contato do distrito estabeleceria uma abordagem cooperativa da equipe para a gerência que poderia ser adotada nas lojas. O foco na responsabilidade da loja em um único gerente encorajaria a coordenação nas lojas e adaptação nas condições locais. Também ofereceria um foco da responsabilidade para as mudanças administrativas em todas as lojas.

Os consultores também acreditavam que a estrutura proposta poderia ser expandida para acomodar as linhas de outros produtos que não os da mercearia, e unidades gourmet se esses estivessem inclusos nos planos futuros da C&C. Dentro de cada loja, um novo gerente de departamento poderia ser acrescentado para os itens de farmácia, gourmet/especialidades ou outros departamentos melhores. A equipe de distrito poderia ser expandida para incluir especialistas nessas linhas, bem como um coordenador de tecnologia de informação para agir como contato para as lojas no distrito.

CASO PARA ANÁLISE Aquarius Advertising Agency[86]

A Aquarius Advertising Agency é uma empresa de porte médio que oferece dois serviços básicos para seus clientes: planos personalizados para o conteúdo de uma campanha publicitária (por exemplo, slogans e layout) e planos completos para a mídia (como rádio, TV, jornais, quadros de anúncios e internet). Entre os serviços adicionais estão o auxílio em marketing e a distribuição de produtos e pesquisa de marketing para testar a eficácia da publicidade.

Suas atividades foram organizadas de um modo tradicional. O organograma é mostrado na Figura 2.23. Cada departamento incluía funções similares.

Cada conta de cliente era coordenada por um executivo de contas que agia como um contato entre o cliente e os diversos especialistas na equipe profissional das operações e divisões de marketing. O número de comunicações diretas e contatos entre os clientes e os especialistas da Aquarius, os clientes e os executivos de contas, e os especialistas a Aquarius e os executivos de contas, é indicado na Figura 2.24. Esses dados sociométricos foram reunidos por um consultor que conduziu um estudo do padrão de comunicação formal e informal. Cada célula na intersecção do pessoal da Aquarius e dos clientes traz uma indicação dos contatos diretos entre eles.

Embora um executivo de contas fosse encarregado de ser o elo entre o cliente e os especialistas dentro da agência, as comunicações ocorriam, muitas vezes, diretamente entre clientes e especialistas, passando longe do executivo de contas. Esses contatos diretos envolviam uma ampla variedade de interações, como reuniões, chamadas telefônicas, e-mails e assim por diante. Havia um grande número de comunicações diretas entre especialistas da agência e suas contrapartes na organização-cliente. Por exemplo, um especialista em arte, ao trabalhar como membro de uma equipe em uma conta específica de cliente, poderia ser contatado muitas vezes diretamente pelo especialista em arte do cliente, e o pessoal de pesquisa da agência tinha comunicação direta com o pessoal da empresa-cliente. Além disso, alguns contatos não estruturados muitas vezes conduziam a mais reuniões formais com os clientes, nas quais o pessoal da agência fazia apresentações, interpretava e defendia políticas da agência e comprometia a agência com certos cursos de ação.

Ambos os sistemas, hierárquico e profissional, eram utilizados nos departamentos das divisões de operações e marketing. Cada departamento era organizado hierarquicamente com um diretor, um assistente de diretor e diversos níveis de autoridade. As comunicações profissionais eram amplas e, principalmente, sobre o compartilhamento de conhecimento e técnicas, avaliação técnica do trabalho e desenvolvimento de interesses profissionais. O controle em cada departamento era exercido principalmente por meio do controle de promoções e da supervisão dos trabalhos feita pelos subordinados. Muitos executivos de conta, entretanto, sentiam a necessidade de maior influência, e um deles fez o seguinte comentário:

Criatividade e arte. Isso é tudo o que eu ouço por aqui. É um inferno gerenciar de maneira eficaz cinco ou seis pessoas que acham que têm de fazer suas próprias coisas. Cada um deles tenta vender sua ideia para o cliente, e a maior parte do tempo eu não sei o que está acontecendo até uma semana depois. Se eu fosse um autoritário, eu faria todos eles conseguirem aprovação comigo primeiro. As coisas certamente mudariam por aqui.

A necessidade de reorganização ficou mais aguçada com as mudanças ambientais. Em pouco tempo houve uma rápida rotatividade na maioria das contas mantidas pela agência. Era normal para as agências de publicidade ganhar ou perder clientes rapidamente, quase sempre sem aviso prévio, devido às mudanças comportamentais e do estilo de vida dos clientes e ao aparecimento de inovações em produtos.

A reorganização da agência era uma solução proposta pela alta administração a fim de aumentar a flexibilidade nesse ambiente imprevisível. A reorganização deveria voltar-se para a redução do tempo de resposta da agência às mudanças ambientais e para o aumento da cooperação e da comunicação entre os especialistas dos vários departamentos. A alta administração não tem certeza sobre o tipo de reorganização apropriado. Ela quer sua ajuda para analisar o contexto e a estrutura atual e sua orientação para propor uma nova estrutura seria bem-vinda.

Capítulo 2: Fundamentos da estrutura organizacional

FIGURA 2.23
Organograma da Aquarius Advertising Agency

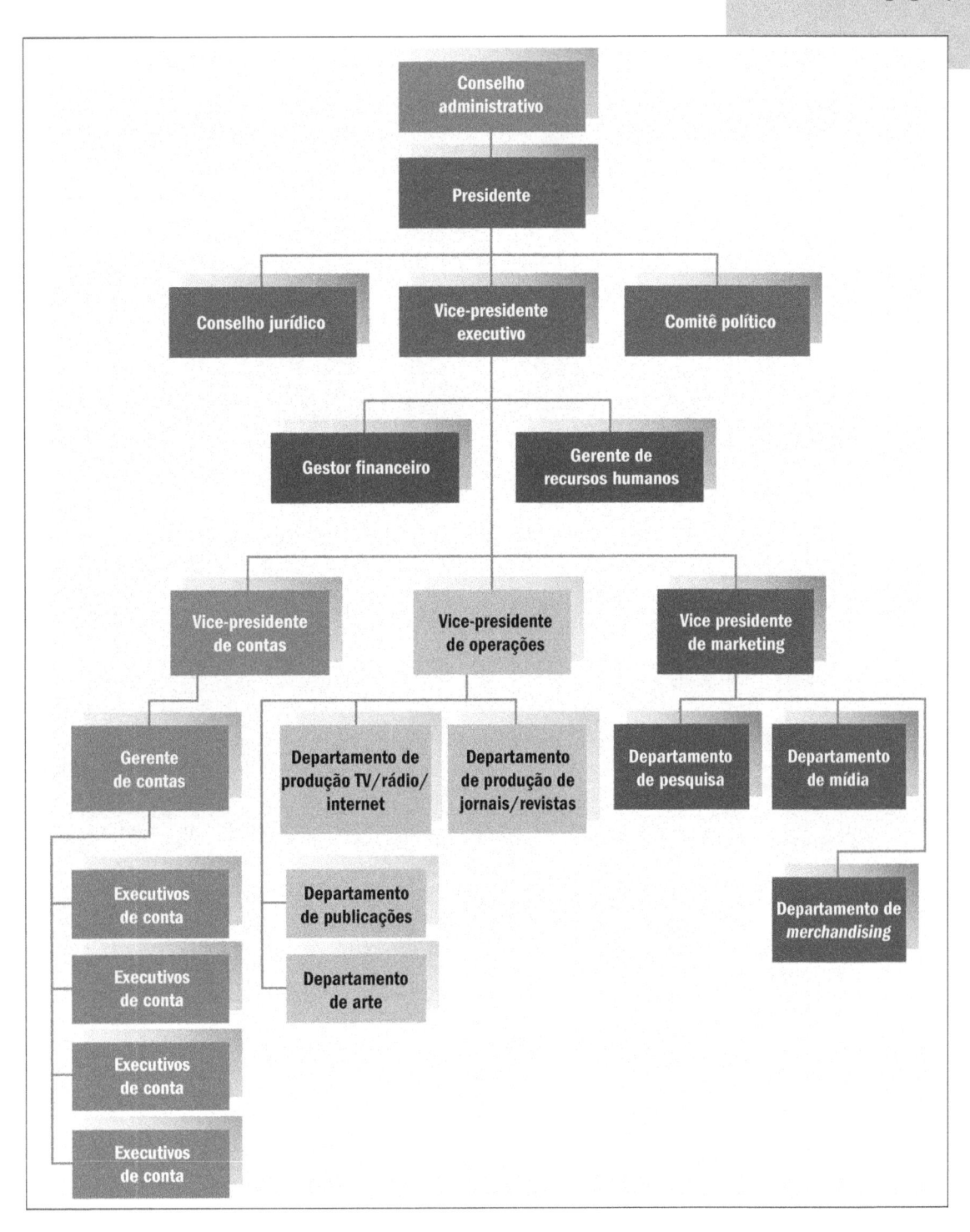

```
                          Conselho
                       administrativo
                             │
                         Presidente
                             │
        ┌────────────────────┼────────────────────┐
   Conselho jurídico   Vice-presidente        Comitê político
                         executivo
                             │
                   ┌─────────┴─────────┐
            Gestor financeiro    Gerente de
                                recursos humanos
                             │
        ┌────────────────────┼────────────────────┐
   Vice-presidente     Vice-presidente       Vice presidente
     de contas          de operações          de marketing
        │                    │                     │
   Gerente       ┌───────────┴──────────┐     ┌────┴─────┐
   de contas   Departamento de    Departamento   Departamento   Departamento
               produção TV/rádio/  de produção    de pesquisa    de mídia
               internet           de jornais/
                                  revistas
                                                                    │
   Executivos    Departamento                                Departamento de
   de conta      de publicações                              merchandising

   Executivos    Departamento
   de conta      de arte

   Executivos
   de conta

   Executivos
   de conta
```

FIGURA 2.24
Índice sociométrico do pessoal e clientes da Aquarius
F = Frequente – diário
O = Ocasional – uma ou duas vezes por projeto
N = Nenhum

	Clientes	Gerente de conta	Executivos de conta	Especialistas em TV/rádio	Especialistas em jornal/revista	Especialistas em publicações	Especialistas em arte	Especialistas em promoção comercial	Especialistas em mídia	Especialistas em pesquisa
Clientes	X	F	F	N	N	O	O	O	O	O
Gerente de conta		X	F	N	N	N	N	N	N	N
Executivos de conta			X	F	F	F	F	F	F	F
Especialistas em TV/rádio				X	N	O	O	N	N	O
Especialistas em jornal/revista					X	O	O	N	O	O
Especialistas em publicações						X	N	O	O	O
Especialistas em arte							X	O	O	O
Especialistas em promoção comercial								X	F	F
Especialistas em mídia									X	F
Especialistas em pesquisa										X

Notas

1. Pete Engardio with Michael Arndt and Dean Foust, "The Future of Outsourcing," *BusinessWeek* (January 30, 2006), 50–58; "Working with Wyeth to Establish a High-Performance Drug Discovery Capability," Accenture website, http://www.accenture.com/SiteCollectionDocuments/PDF/wyeth (accessed July 18, 2011); and Ira Spector, "Industry Partnerships: Changing the Way R&D Is Conducted," *Applied Clinical Trials Online* (March 1, 2006), http:// appliedclinicaltrialsonline.findpharma.com/appliedclinicaltrials/article/articleDetail.jsp?id=310807 (accessed July 18, 2011).
2. Carol Hymowitz, "Have Advice, Will Travel; Lacking Permanent Offices, Accenture's Executives Run 'Virtual' Company on the Fly," *The Wall Street Journal* (June 5, 2006), B1.
3. Dan Carrison, "Borrowing Expertise from the FBI," *Industrial Management* (May–June 2009), 23–26.
4. John Child, Organization (New York: Harper & Row, 1984).
5. Stuart Ranson, Bob Hinings, and Royston Greenwood, "The Structuring of Organizational Structures," *Administrative Science Quarterly* 25 (1980), 1–17; and Hugh Willmott, "The Structuring of Organizational Structures: A Note," *Administrative Science Quarterly* 26 (1981), 470–474.
6. This section is based on Frank Ostroff, *The Horizontal Organization: What the Organization of the Future Looks Like and How It Delivers Value to Customers* (New York: Oxford University Press, 1999).
7. Stephen Salsbury, *The State, the Investor, and the Railroad: The Boston & Albany*, 1825–1867 (Cambridge: Harvard University Press, 1967), 186–187.
8. "The Cases of Daniel McCallum and Gustavus Swift," Willamette University, http://www.willamette.edu/~fthompso/MgmtCon/McCallum.htm (accessed July 29, 2011); "TheRise of the Professional Manager in America," Management-Guru.com, http://www.mgmtguru.com/mgt301/301_Lecture1Page7.htm (accessed July 29, 2011); and Alfred D.Chandler, *Strategy and Structure: Chapters in the History of the American Industrial Enterprise* (Cambridge, MA: Massachusetts Institute of Technology Press, 1962).
9. David Nadler and Michael Tushman, *Strategic Organization Design* (Glenview, IL.: Scott Foresman, 1988).
10. William C. Ouchi, "Power to the Principals: Decentralization in Three Large School Districts," *Organization Science* 17, no. 2 (March–April 2006), 298–307.
11. Gabriel Kahn, "Los Angeles Sets School-Rescue Program," *The Wall Street Journal* (September 2, 2008), A3; and "L.A. Mayor Antonio Villaraigosa Receives Award, Discusses Education at 18th Annual Charter Schools Conference," California Charter Schools Association (March 9, 2011), http://www.calcharters.org/blog/2011/03/la-mayor-antoniovillaraigosa-receives-award-discusses-education-at-18thannual-charter-schools-conf.html (accessed July 20, 2011).
12. Brian Hindo, "Making the Elephant Dance," *BusinessWeek* (May 1, 2006), 88–90.
13. "Country Managers: From Baron to Hotelier," *The Economist* (May 11, 2002), 55–56.
14. Based on Jay R. Galbraith, Designing Complex Organizations (Reading, MA: Addison-Wesley, 1973), and *Organization Design* (Reading, MA: Addison-Wesley, 1977), 81–127.
15. George Anders, "Ove rseeing More Employees—With Fewer Managers," *The Wall Street Journal* (March 24, 2008), B6.
16. Lee Iacocca with William Novak, *Iacocca: An Autobiography* (New York: Phantom Books, 1984), 152–153.
17. Kirsten Foss and Waymond Rodgers, "Enhancing Information Usefulness by Line Managers' Involvement in Cross-Unit Activities," *Organization Studies* 32, no. 5 (2011), 683–703; M. Casson, *Information and Organization*, (Oxford: Oxford University Press, 1997); Justin J. P. Jansen, Michiel P. Tempelaar, Frans A."J. van den Bosch, and Henk W. Volberda, "Structural Differentiation and Ambidexterity: The Mediating Role of Integration Mechanisms," *Organization Science 20*, no. 4 (July–August 2009), 797–811; and Galbraith, *Designing Complex Organizations*.
18. "Panel Says Toyota Failed to Listen to Outsiders," *USA Today* (May 23, 2011), http://content.usatoday.com/communities/driveon/post/2011/05/toyota-panel-calls-forsingle-us-chief-paying-heed-to-criticism/1 (accessed July 20, 2011).
19. These are based in part on Galbraith, *Designing Complex Organizations*.
20. David Stires, "How the VA Healed Itself," *Fortune* (May 15, 2006), 130–136.
21. Jay Galbraith, Diane Downey, and Amy Kates, "How Networks Undergird the Lateral Capability of an Organization–Where the Work Gets Done," *Journal of Organizational Excellence* (Spring 2002), 67–78.
22. Amy Barrett, "Staying on Top," *BusinessWeek* (May 5, 2003), 60–68.
23. Walter Kiechel III, "The Art of the Corporate Task Force," *Fortune* (January 28, 1991), 104–105; and William J. Altier, "Task Forces: An Effective Management Tool," *Management Review* (February 1987), 52–57.
24. Margaret Frazier, "Flu Prep," *The Wall Street Journal* (March 25–26, 2006), A8.
25. Paul R. Lawrence and Jay W. Lorsch, "New Managerial Job: The Integrator," *Harvard Business Review* (November–December 1967), 142–151.
26. Dan Heath and Chip Heath, "Blowing the Baton Pass," *Fast Company* (July–August 2010), 46–48.
27. Anthony M. Townsend, Samuel M. DeMarie, and Anthony R. Hendrickson, "Virtual Teams: Technology and the Workplace of the Future," *Academy of Management Executive* 12, no. 3 (August 1998), 17–29.
28. Erin White, "How a Company Made Everyone a Team Player," *The Wall Street Journal* (August 13, 2007), B1.
29. Pete Engardio, "A Guide for Multinationals: One of the Greatest Challenges for a Multinational Is Learning How to Build a Productive Global Team," *BusinessWeek* (August 20, 2007), 48–51; and Lynda Gratton, "Working Together. . . . When Apart," *The Wall Street Journal*, June 18, 2007.
30. Jody Hoffer Gittell, *The Southwest Airlines Way: Using the Power of Relationships to Achieve High Performance* (New York: McGraw-Hill, 2003).
31. This discussion is based on Jody Hoffer Gittell, "Coordinating Mechanisms in Care Provider Groups: Relational Coordination as a Mediator and Input Uncertainty as a Moderator of Performance Effects," *Management Science* 48, no. 11 (November 2002), 1408–1426; J."H. Gittell, "The Power of Relationships," *Sloan Management Review* (Winter 2004),16–17; and J."H. Gittell, *The Southwest Airlines Way*.
32. Gittell, *The Southwest Airlines Way*.
33. "Transcript of Stripes Interview with Lt. Gen. David M. Rodriguez," *Stars and Stripes* (December 31, 2009), http://www.stripes.com/news/transcript-of-stripes-interview-with-lt-gendavid-m-rodriguez-1.97669# (accessed July 21, 2011); and Robert D. Kaplan, "Man Versus Afghanistan," *The Atlantic* (April 2010), 60–71. Note: Rodriguez was scheduled to leave Afghanistan in late July 2011.

34. Guy Chazan, "BP's Worsening Spill Crisis Undermines CEO's Reforms," *The Wall Street Journal*, May 3, 2010, A1; Guy Chazan, "BP's New Chief Puts Stress on Safety," *The Wall Street Journal*, September 30, 2010, B1; and Joe Nocera, "BP Ignored the Omens of Disaster," *The New York Times*, June 18, 2010, B1.
35. Henry Mintzberg, *The Structuring of Organizations* (Englewood Cliffs, N.J.: Prentice-Hall, 1979).
36. Frank Ostroff, "Stovepipe Stomper," *Government Executive* (April 1999), 70.
37. Raymond E. Miles, Charles C. Snow, Øystein D. Fjeldstad, Grant Miles, and Christopher Lettl, "Designing Organizations to Meet 21st-Century Opportunities and Challenges," *Organizational Dynamics* 39, no. 2 (2010), 93–103.
38. Based on Robert Duncan, "What Is the Right Organization Structure?" *Organizational Dynamics* (Winter 1979), 59–80; and W. Alan Randolph and Gregory G. Dess, "The Congruence Perspective of Organization Design: A Conceptual Model and Multivariate Research Approach," *Academy of Management Review* 9 (1984), 114–127.
39. R."W. Apple, Jr., "Making Texas Cows Proud," *The New York Times* (May 31, 2006), F1; Lynn Cook, "How Sweet It Is," Forbes (March 1, 2004), 90ff; David Kaplan, "Cool Commander; Brenham's Little Creamery Gets New Leader in Low-Key Switch," *Houston Chronicle* (May 1, 2004), 1; Toni Mack, "The Ice Cream Man Cometh," *Forbes* (January 22, 1990), 52–56; David Abdalla, J. Doehring, and Ann Windhager, "Blue Bell Creameries, Inc.: Case and Analysis" (unpublished manuscript, Texas A&M University, 1981); Jorjanna Price, "Creamery Churns Its Ice Cream into Cool Millions," *Parade* (February 21, 1982), 18–22; Art Chapman, "Lone Star Scoop—Blue Bell Ice Cream Is a Part of State's Culture," http://www.bluebell.com/press/FtWorthStar-july2002.htm; Javier A. Flores, "Bringing Smiles to Faces," *San Antonio Express-News*, July 22, 2010, CX1; and Bill Radford, "The Taste of Blue Bell Is Coming to Colorado Springs," *The Gazette*, February 11, 2011.
40. Survey reported in Timothy Galpin, Rod Hilpirt, and Bruce Evans, "The Connected Enterprise: Beyond Division of Labor," *Journal of Business Strategy* 28, no. 2 (2007), 38–47.
41. Nick Wingfield, "To Rebuild Windows, Microsoft Razed Some Walls," *The Wall Street Journal Asia*, October 21, 2009, 16.
42. Rahul Jacob, "The Struggle to Create an Organization for the 21st Century," *Fortune* (April 3, 1995), 90–99.
43. R."E. Miles et al., "Designing Organizations to Meet 21st Century Opportunities and Challenges."
44. N. Anand and Richard L. Daft, "What Is the Right Organization Design?" *Organizational Dynamics* 36, no. 4 (2007), 329–344.
45. Loretta Chao, "Alibaba Breaks Up E-Commerce Unit," *The Wall Street Journal*, June 17, 2011, B2.
46. Geoff Colvin and Jessica Shambora, "J&J: Secrets of Success," *Fortune* (May 4, 2009), 117–121.
47. Eliza Newlin Carney, "Calm in the Storm," Government Executive (October 2003), 57–63; and Brian Friel, "Hierarchies and Networks," *Government Executive* (April 2002), 31–39.
48. Based on Duncan, "What Is the Right Organization Structure?"
49. Joseph Weber, "A Big Company That Works," *Business-Week* (May 4, 1992), 124.
50. Phred Dvorak and Merissa Marr, "Stung by iPod, Sony Addresses a Digital Lag," *The Wall Street Journal* (December 30, 2004), B1.
51. Maisie O'Flanagan and Lynn K. Taliento, "Nonprofits: Ensuring That Bigger Is Better," *McKinsey Quarterly*, Issue 2 (2004), 112ff.
52. Mae Anderson, "Wal-Mart Reorganizes U.S. Operations to Help Spur Growth," *USA Today* (January 28, 2010), http://www.usatoday.com/money/industries/retail/2010-01-28-walmart-reorganization_N.htm (accessed July 21, 2011); and "Organizational Chart of Wal-Mart Stores," *The Official Board.com*, http://www.theofficialboard.com/org-chart/walmart-stores (accessed July 21, 2011).
53. Jay R. Galbraith, "The Multi-Dimensional and Reconfigurable Organization," *Organizational Dynamics* 39, no. 2 (2010), 115–125; and Stanley M. Davis and Paul R. Lawrence, *Matrix* (Reading, MA: Addison-Wesley, 1977), 11–24.
54. Davis and Lawrence, *Matrix*.
55. Steven H. Appelbaum, David Nadeau, and Michael Cyr, "Performance Evaluation in a Matrix Organization: A Case Study (Part One)," *Industrial and Commercial Training* 40, no. 5 (2008), 236–241; Erik W. Larson and David H. Gobeli, "Matrix Management: Contradictions and Insight," *California Management Review* 29 (Summer 1987), 126–138; and T. Sy and L."S. D'Annunzio, "Challenges and Strategies of Matrix Organizations: Top-Level and Mid-Level Managers' Perspectives, HR," *Human Resources Planning* 28, no. 1 (2005), 39–48.
56. Davis and Lawrence, *Matrix*, 155–180.
57. Robert C. Ford and W. Alan Randolph, "Cross-Functional Structures: A Review and Integration of Matrix Organizations and Project Management," *Journal of Management* 18 (June 1992), 267–294; and Duncan, "What Is the Right Organization Structure?"
58. Lawton R. Burns, "Matrix Management in Hospitals: Testing Theories of Matrix Structure and Development," *Administrative Science Quarterly* 34 (1989), 349–368; and Sy and D'Annunzio, "Challenges and Strategies of Matrix Organizations."
59. Carol Hymowitz, "Managers Suddenly Have to Answer to a Crowd of Bosses" (In the Lead column), *The Wall Street Journal* (August 12, 2003), B1; and Michael Goold and Andrew Campbell, "Making Matrix Structures Work: Creating Clarity on Unit Roles and Responsibilities," *European Management Journal* 21, no. 3 (June 2003), 351–363.
60. Christopher A. Bartlett and Sumantra Ghoshal, "Matrix Management: Not a Structure, a Frame of Mind," *Harvard Business Review* (July–August 1990), 138–145.
61. This case was inspired by John E. Fogerty, "Integrative Management at Standard Steel" (unpublished manuscript, Latrobe, Pennsylvania, 1980); Stanley Reed with Adam Aston, "Steel: The Mergers Aren't Over Yet," *BusinessWeek* (February 21, 2005), 6; Michael Arndt, "Melting Away Steel's Costs," BusinessWeek (November 8, 2004), 48; and "Steeling for a Fight," *The Economist* (June 4, 1994), 63.
62. Michael Hammer, "Process Management and the Future of Six Sigma," *Sloan Management Review* (Winter 2002), 26–32; and Michael Hammer and Steve Stanton, "How Process Enterprises Really Work," *Harvard Business Review* 77 (November–December 1999), 108–118.
63. Hammer, "Process Management and the Future of Six Sigma."
64. Based on Ostroff, *The Horizontal Organization*; and Anand and Daft, "What Is the Right Organization Design?"
65. Julia Moskin, "Your Waiter Tonight. . . . Will Be the Chef," *The New York Times* (March 12, 2008), F1.
66. Frank Ostroff, *The Horizontal Organization*, 102–114.
67. See Anand and Daft, "What Is the Right Organization Design?"; Pete Engardio, "The Future of Outsourcing," *BusinessWeek* (January 30, 2006), 50–58; Jane C. Linder, "Transformational Outsourcing," *MIT Sloan Management Review* (Winter 2004), 52–58; and Denis Chamberland, "Is It Core or Strategic? Outsourcing as a Strategic Management Tool," *Ivey Business Journal* (July–August 2003), 1–5.
68. David Streitfeld, "A City Outsources Everything. California's Sky Doesn't Fall," *The New York Times*, July 20, 2010, A1.
69. Anand and Daft, "What Is the Right Organization Design?"; Yuzo Yamaguchi and Daisuke Wakabayashi, "Hitachi to Outsource TV Manufacture," *The Wall Street Journal*

Online (July 10, 2009), http://online.wsj.com/article/SB124714255400717925.html (accessed July 17, 2009); Engardio, "The Future of Outsourcing"; Chamberland, "Is It Core or Strategic?"; and Keith H. Hammonds, "Smart, Determined, Ambitious, Cheap: The New Face of Global Competition," *Fast Company* (February 2003), 91–97.
70. Jena McGregor, "The Chore Goes Offshore," BusinessWeek (March 23 & 30, 2009), 50–51.
71. David Nadler, quoted in "Partners in Wealth: The Ins and Outs of Collaboration," *The Economist* (January 21–27, 2006), 16–17.
72. Ranjay Gulati, "Silo Busting: How to Execute on the Promise of Customer Focus," *Harvard Business Review* (May 2007), 98–108.
73. The discussion of virtual networks is based on Anand and Daft, "What Is the Right Organization Design?"; Melissa A. Schilling and H. Kevin Steensma, "The Use of Modular Organizational Forms: An Industry-Level Analysis," *Academy of Management Journal* 44, no. 6 (2001), 1149–1168; Raymond E. Miles and Charles C. Snow, "The New Network Firm: A Spherical Structure Built on a Human Investment Philosophy," *Organizational Dynamics* (Spring 1995), 5–18; and R."E. Miles, C."C. Snow, J."A. Matthews, G. Miles, and H."J. Coleman Jr., "Organizing in the Knowledge Age: Anticipating the Cellular Form," *Academy of Management Executive* 11, no. 4 (1997), 7–24.
74. Darren Dahl, "Want a Job? Let the Bidding Begin; A Radical Take on the Virtual Company," *Inc.* (March 2011), 93–96.
75. Paul Engle, "You Can Outsource Strategic Processes," *Industrial Management* (January–February 2002), 13–18.
76. Don Tapscott, "Rethinking Strategy in a Networked World," *Strategy & Business* 24 (Third Quarter, 2001), 34–41.
77. Joann S. Lublin, "Smart Balance Keeps Tight Focus on Creativity" (Theory & Practice column), *The Wall Street Journal*, June 8, 2009; and Rebecca Reisner, "A Smart Balance of Staff and Contractors," *BusinessWeek Online* (June 16, 2009), http://www.businessweek.com/managing/content/jun2009/ca20090616_217232.htm (accessed April 30, 2010).
78. Gregory G. Dess, Abdul M."A. Rasheed, Kevin J. McLaughlin, and Richard L. Priem, "The New Corporate Architecture," *Academy of Management Executive* 9, no. 3 (1995), 7–20.
79. This discussion of strengths and weaknesses is based on Miles and Snow, "The New Network Firm"; Dess, et al., "The New Corporate Architecture"; Anand and Daft, "What Is the Right Organization Design?"; Henry W. Chesbrough and David J. Teece, "Organizing for Innovation: When Is Virtual Virtuous?" *Harvard Business Review* (August 2002), 127–134; Cecily A. Raiborn, Janet B. Butler, and Marc F. Massoud, "Outsourcing Support Functions: Identifying and Managing the Good, the Bad, and the Ugly," *Business Horizons* 52 (2009), 347–356; and M. Lynne Markus, Brook Manville, and Carole E. Agres, "What Makes a Virtual Organization Work?" *Sloan Management Review* (Fall 2000), 13–26.
80. "Organization Chart for Starbucks," The Official Board.com, http://www.theofficialboard.com/org-chart/starbucks (accessed July 21, 2011).
81. Linda S. Ackerman, "Transition Management: An In-depth Look at Managing Complex Change," *Organizational Dynamics* (Summer 1982), 46–66.
82. Based on Ostroff, *The Horizontal Organization*, 29–44.
83. Based on Child, *Organization*, Ch. 1; and Jonathan D. Day, Emily Lawson, and Keith Leslie, "When Reorganization Works," *The McKinsey Quarterly*, 2003 Special Edition: The Value in Organization, 21–29.
84. Adapted by Dorothy Marcic from "Organizing," in Donald D. White and H. William Vroman, *Action in Organizations*, 2nd ed. (Boston: Allyn & Bacon, 1982), 154, and Cheryl Harvey and Kim Morouney, "Organization Structure and Design: The Club Ed Exercise," *Journal of Management Education* (June 1985), 425–429.
85. Prepared by Richard L. Daft, from Richard L. Daft and Richard Steers, *Organizations: A Micro/Macro Approach* (Glenview, IL: Scott Foresman, 1986). Reprinted with permission.
86. Adapted from John F. Veiga and John N. Yanouzas, " Aquarius Advertising Agency," *The Dynamics of Organization Theory* (St. Paul, Minn.: West, 1984), 212–217, with permission.

Capítulo 3

Estratégia e eficácia

Objetivos de aprendizagem
Após a leitura deste capítulo, você estará apto a:
1. Descrever a importância da estratégia e do processo estratégico.
2. Entender o propósito estratégico e as metas de operação.
3. Conhecer o modelo estratégico de Porter e Miles e a tipologia estratégica de Snow.
4. Explicar como a estratégia afeta o projeto da organização.
5. Discutir o objetivo, recurso, processo interno, e abordagens estratégicas para a eficácia da medição.
6. Explicar o modelo de valores competitivos e como ele se relaciona com a eficácia.

O papel da direção estratégica no projeto organizacional objetivo organizacional
 Intenção estratégica • Metas operativas • A importância das metas

Uma estrutura para a seleção do projeto e da estratégia
 • As estratégias competitivas de Porter • A tipologia de estratégia de Miles e Snow • Como as estratégias afetam o projeto organizacional • Outros fatores contingenciais que afetam o projeto organizacional

Avaliando a eficácia organizacional
 Definição • Quem decide?

Quatro abordagens da eficácia
 Abordagem de metas • Abordagem baseada em recursos • Abordagem do processo interno • Abordagem dos componentes estratégicos

Um modelo integrado de eficácia

Fundamentos do projeto

> **GESTÃO POR PERGUNTAS DE PROJETO**
>
> Antes de ler este capítulo, verifique se você concorda ou discorda com cada uma das seguintes declarações:
>
> **1** A intenção ou direção estratégica de uma empresa reflete a análise sistemática dos administradores dos fatores ambientais e organizacionais.
>
> CONCORDO _____   DISCORDO _____
>
> **2** A melhor estratégia de negócios é fabricar produtos e serviços os mais diferenciados possíveis para ganhar espaço no mercado.
>
> CONCORDO _____   DISCORDO _____
>
> **3** As melhores medidas de desempenho empresarial são financeiras.
>
> CONCORDO _____   DISCORDO _____

Uma das responsabilidades principais dos administradores é posicionar suas organizações para o sucesso estabelecendo metas e estratégias que podem manter a organização competitiva. Considere a situação do eBay. Há uma década, o eBay era considerado imbatível. Em um momento onde quase cada empresa on-line estava no vermelho, regredindo, ou falindo, o eBay estava prosperando. Mas os clientes ficaram cansados de leilões on-line, o núcleo dos negócios do eBay. Muitas pessoas passaram a preferir a simplicidade de comprar produtos diretamente das lojas de varejo on-line como Amazon.com. O eBay estava perdendo a preferência dos clientes.

John Donahoe, o atual CEO do eBay, gastou os últimos anos tentando mudar a direção estratégica da empresa oferecendo uma gama mais ampla de bens e desenvolvendo serviços que fazia do eBay um local mais atrativo para que grandes comerciantes oferecessem seus novos produtos. Para colocar essa estratégia em ação, ele completou recentemente uma aquisição de US$ 2,4 bilhões da GSI Commerce, uma empresa que oferece serviços de marketing, de gestão de pedidos, de empacotamento e de envio para classes de varejistas. "O eBay está claramente indo para o ataque," afirma David Spitz, presidente da ChannelAdvisor Corporation, uma empresa parceira que ajuda os comerciantes a vender no eBay. A empresa continua a se afastar de suas raízes como um local para indivíduos e pequenos comerciantes oferecerem itens exclusivos e usados por meio de leilões, mas Donahoe sabe que a empresa pode ficar competitiva somente modificando a direção estratégica como o e-commerce continua a evoluir.[1]

Objetivo deste capítulo

A alta administração dá sentido às organizações. Ela define metas e desenvolve planos para suas organizações alcancem. O objetivo deste capítulo é ajudá-lo a entender quais são os tipos de metas que a organização persegue e algumas das estratégias competitivas que os administradores utilizam para alcançar aquelas meta. Nós oferecemos uma visão geral da gestão estratégica, examinamos duas perspectivas significativas para determinar a ação estratégica, e avaliamos como as estratégias afetam o projeto da organização. O capítulo também descreve as abordagens mais populares para medir a eficácia dos esforços organizacionais. Para administrar as organizações, administradores precisam de uma forma clara de medir o quão eficaz é a organização ao alcançar suas metas.

O papel da direção estratégica no projeto organizacional

A escolha das metas e da estratégia influencia o modo como uma organização deve ser projetada. Uma **meta organizacional** é um objetivo de coisas que a organização tenta alcançar.[2] Uma meta representa um resultado ou o ponto final no qual os esforços organizacionais são direcionados.

Os altos executivos decidem o objetivo final da organização e determinam a direção que ela deve seguir. São o propósito e a direção que dão a forma como a organização será projetada e gerenciada. Na verdade, *a primeira responsabilidade da alta administração será determinar as metas, a estratégia e o projeto organizacional e, desse modo, adaptar a organização a um ambiente em transformação.*[3] Administradores medianos fazem a mesma coisa para departamentos grandes dentro das diretrizes fornecidas pela alta administração. A Figura 3.1 ilustra os relacionamentos pelos quais a alta administração oferece direção e, então, projeto.

O processo para estabelecer o direcionamento começa com uma avaliação das ameaças e oportunidades no ambiente externo, o que inclui o grau de mudanças, incertezas e disponibilidade de recursos, que discutiremos com mais detalhes no Capítulo 6. A alta administração também avalia os pontos fortes internos as fraquezas para definir a competência distintiva da empresa, comparada com outras empresas na indústria. Essa análise competitiva dos ambientes internos e externos é um dos conceitos centrais na gestão estratégica.[4]

FIGURA 3.1
O papel da alta administração na direção, projeto, e eficácia da organização

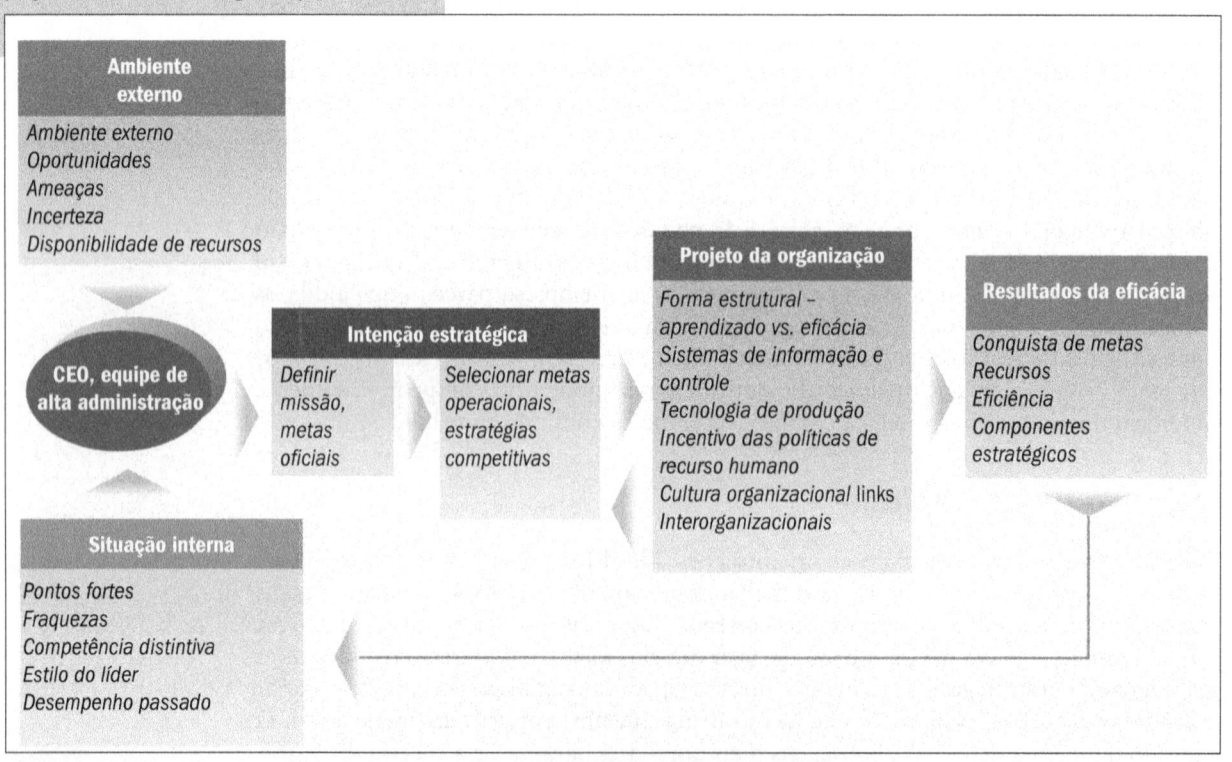

Ambiente externo
- Ambiente externo
- Oportunidades
- Ameaças
- Incerteza
- Disponibilidade de recursos

CEO, equipe de alta administração

Intenção estratégica
- Definir missão, metas oficiais
- Selecionar metas operacionais, estratégias competitivas

Projeto da organização
- Forma estrutural – aprendizado vs. eficácia
- Sistemas de informação e controle
- Tecnologia de produção
- Incentivo das políticas de recurso humano
- Cultura organizacional links Interorganizacionais

Resultados da eficácia
- Conquista de metas
- Recursos
- Eficiência
- Componentes estratégicos

Situação interna
- Pontos fortes
- Fraquezas
- Competência distintiva
- Estilo do líder
- Desempenho passado

Fonte: Adaptado de Arie Y. Lewin e Carroll U. Stephens, "Individual Properties of the CEO as Determinants of Organization Design," unpublished manuscript, Duke University, 1990; e Arie Y. Lewin e Carroll U. Stephens, "CEO Attributes as Determinants of Organization Design: An Integrated Model," *Organization Studies* 15, no. 2 (1994), 183–212.

> **1** Uma forma popular de organização é fazer com que os funcionários trabalhem no que eles querem, seja qual for o departamento, de modo que a motivação e o entusiasmo fiquem altos.
>
> **RESPOSTA:** *Concordo*. As melhores estratégias surgem da análise sistemática dos pontos fortes e fraquezas organizacionais combinadas com a análise das oportunidades e ameaças no ambiente. O estudo cuidadoso combinado com a experiência permite à alta administração decidir as metas e estratégias específicas.

AVALIE SUA RESPOSTA

O próximo passo é definir e articular a intenção estratégica da organização, que inclui a definição de uma missão geral e das metas oficiais com base na relação correta entre oportunidades externas e pontos fortes internos. Líderes formulam metas operacionais específicas que definem como a organização irá alcançar sua missão geral. Na Figura 3.1, o projeto da organização reflete a forma como as metas e estratégias são implementadas para que a atenção e os recursos da organização estejam consistentemente focados na direção ao alcance dos objetivos e da missão.

Ele inclui a administração e a execução do plano estratégico. Administradores tomam decisões sobre sua forma estrutural, incluindo se a organização será projetada primeiramente para o aprendizado e a inovação (uma abordagem orgânica) ou para alcançar a eficácia (uma abordagem mecanicista), conforme discutido no Capítulo 1. Outras escolhas são feitas sobre os sistemas de informação e controle, o tipo de tecnologia de produção, as políticas de recursos humanos, cultura e as relações com outras organizações. As mudanças na estrutura, a tecnologia, as políticas de recursos humanos, a cultura e as relações interorganizacionais serão abordadas em capítulos subsequentes. Observe também, na Figura 3.1, a seta que parte do projeto organizacional e volta para a intenção estratégica. Isso significa que as estratégias são, muitas vezes, elaboradas a partir da estrutura atual da organização, de modo que o projeto atual reprima ou limite as metas e as estratégias. Com frequência, entretanto, as novas metas e estratégias são selecionadas com base nas necessidades ambientais, como no caso do eBay, descrito no exemplo introdutório, então, a alta administração tenta redesenhar a organização para alcançar aqueles objetivos.

Finalmente, a Figura 3.1 ilustra como os administradores avaliam a eficácia dos esforços organizacionais, ou seja, a extensão na qual a organização concretiza suas metas. Esse gráfico reflete as formas mais populares de se medir o desempenho, cada qual será discutida mais tarde neste capítulo. É importante notar que as medições de desempenho alimentam o ambiente interno para que o desempenho passado da organização seja avaliado pela alta administração para a definição de novas metas e da direção estratégica para o futuro.

O papel da alta administração é importante porque os administradores podem interpretar o ambiente de formas diversas e desenvolver diferentes metas. Pense sobre como a alta administração da Kodak falhou em reconhecer a fotografia digital como uma ameaça a seu negócio de filme fotográfico, enquanto os administradores na rival japonesa Fuji davam os primeiros passos para redefinir sua organização como uma empresa de tecnologia digital.[5] As escolhas que os altos executivos fazem em relação a metas, estratégias e projeto organizacional têm um enorme impacto na eficácia organizacional. Lembre-se de que metas e estratégia não são imutáveis ou outorgadas. Alta e média administração devem selecionar metas para suas respectivas unidades, e a capacidade de fazer boas escolhas determina significativamente o sucesso de uma empresa. O projeto da organização é usado para implementar metas e estratégia e também determina o sucesso da organização.

ANOTAÇÕES

Como administrador de uma organização, tenha essas diretrizes em mente:

Estabeleça e comunique a missão e as metas organizacionais. Comunique as metas oficiais por meio de uma declaração da missão da organização para os interessados externos. Comunique as metas operacionais para fornecer direcionamento interno, orientações e padrões de desempenho para os agentes internos.

Propósito organizacional

Todas as organizações, incluindo a Fuji, eBay, Philips Electronics, Google, Harvard University, a Igreja Católica, o Departamento de Agricultura Americano, a lavanderia do bairro e a doçaria da vizinhança, têm uma finalidade. Essa finalidade pode ser referida a meta geral ou missão. Diferentes partes da organização estabelecem suas próprias metas e objetivos para ajudar a atingir a meta global, a missão ou o propósito organizacional.

Intenção estratégica

Há muitos tipos de metas em uma organização, e cada um desempenha uma função diferente. Para alcançar o sucesso, no entanto, as metas e estratégias organizacionais estão focadas na **intenção estratégica**. A intenção estratégica significa que as energias e os recursos da organização são direcionados para uma meta geral obrigatória, unificadora e focada.[6] Exemplos de metas ambiciosas que demonstram intenção estratégica incluem a meta da Microsoft de "Colocar um computador em cada mesa de cada residência", o slogan da Komatsu, "Cercar a Caterpillar," e a meta da Coca-Cola de "Colocar uma coca ao alcance das mãos de cada consumidor do mundo".[7] A intenção estratégica oferece um foco para a ação gerencial. Três aspectos que estão relacionados à intenção estratégica são a missão, a competência principal e a vantagem competitiva.

Missão. A meta geral de uma organização é na maioria das vezes chamada de **missão** – a razão da existência da organização. A missão descreve a visão da organização, suas crenças e valores compartilhados e o motivo de sua existência. Algumas vezes ela é referida como **metas oficiais**, as quais se relacionam com a definição formalmente estabelecida do escopo dos negócios e dos resultados que a organização tenta alcançar. A declaração da meta oficial define, normalmente, as operações dos negócios e pode estar focada em valores, mercados e clientes que diferenciam a organização. Seja chamando-a de declaração da missão ou de metas oficiais, as declarações genéricas dos propósitos e da filosofia da organização são, em geral, escritas em um manual de diretrizes ou no relatório anual. A Figura 3.2 mostra a missão do banco Machias Savings. Observe como a missão geral, os valores e as metas estão todas definidas.

Um dos objetivos principais da missão é servir como uma ferramenta de comunicação.[8] A *missão comunica* aos atuais e potenciais empregados, clientes, investidores, fornecedores e concorrentes atuais e em perspectiva o que é a organização e o que ela tenta alcançar. Uma missão transmite legitimidade para partes interessadas internas e externas, que podem se unir ou se comprometer com a organização porque elas se identificam com o objetivo e visão declarados. A maioria dos altos líderes quer que empregados, clientes, competidores, fornecedores, investidores, e a comunidade local vejam a organização de forma positiva, e o conceito de legitimidade tem um papel fundamental. Considere o dano que foi feito à reputação legítima da News Corporation quando seus competidores revelaram que os repórteres para a divisão britânica da empresa invadiram as linhas telefônicas de várias celebridades, políticos e famílias de vítimas de assassinatos. Rupert Murdoch e outros membros da alta administração ainda tentam restaurar a legitimidade da empresa aos olhos do público. No mundo corporativo de hoje de confiança enfraquecida, regulamentação elevada e preocupação com o meio ambiente, muitas organizações enfrentam a necessidade de redefinir sua missão para enfatizar o objetivo da empresa em termos mais que financeiros.[9] As empresas em que a administração é realmente orientada pelas declarações da missão que enfocam seus propósitos sociais, como a da Medtronic: "Restituir pessoas à saúde e à plena vida", ou a da Liberty Mutual: "Ajudando pessoas a viver com segurança, vidas mais seguras", costumam atrair melhores funcionários, possuem melhores relações com agentes externos, além de melhor desempenho no mercado no longo prazo.[10]

FIGURA 3.2
Missão para o banco Machias Savings

Missão
Ser excepcional em cada relacionamento, em cada produto desenvolvido, em cada serviço oferecido e cada promessa feita.

Visão
Fornecer a experiência bancária mais excepcional no estado de Maine.

Princípios

Conduzido para ser o melhor
Para ser o melhor, devemos olhar através das lentes do cliente para entregar os melhores produtos e serviços com um bom custo/benefício.

Construir uma cultura de desempenho vencedora
Para criar uma cultura de desempenho vencedora, precisamos primeiro operar com os mais altos padrões de integridade.

Agir como um
Juntos, iremos ficar em um desempenho financeiro forte durante os tempos bons e ruins.

Fonte: "Banking Today," Vol. 6, Edição 1, Banco Machias Savings.

Vantagem competitiva. O objetivo geral da intenção estratégica é ajudar a organização a alcançar uma vantagem competitiva sustentável. Vantagem competitiva se refere ao que destaca a organização além das demais e proporciona a esta uma vantagem distinta por atender às necessidades do cliente no mercado. A estratégia necessariamente muda com o tempo para se adaptar às condições ambientais, e bons administradores prestam muita atenção às tendências que podem exigir mudanças em como a empresa opera. Administradores analisam competidores e os ambientes interno e externo para encontrar potenciais aberturas competitivas e aprender quais novas capacidades a organização precisa ganhar vantagem com relação às outras empresas na indústria.[11] O seguinte exemplo ilustra como a empresa de impressão Mimeo encontrou uma abertura competitiva em uma indústria madura.

NA PRÁTICA — Mimeo

Como você ganha uma vantagem competitiva nos negócios de rotina de impressão de catálogos, manuais e materiais de marketing? John Delbridge, David Uyttendaele e Jeff Stewart sabiam que a maioria dos funcionários de escritório preferia fazer pedidos de tais materiais on-line e deixar que outras pessoas fizessem o trabalho ao invés de passar horas na Kinko's ou brigando com a copiadora do escritório. Eles também sabiam que a maioria dos negócios imprimia a maior parte de seus materiais no último minuto no mundo acelerado e de alta pressão de hoje.

Para competir com os estabelecimentos locais, a Mimeo começou um turno noturno e passou a aceitar pedidos à noite e a oferecer aos clientes a opção de entrega de um dia para o outro. A Mimeo garantia a entrega do trabalho onde fosse necessário na manhã seguinte, e ocasionalmente apelou para medidas extremas para cumprir com a promessa. Quando um pedido internacional de última hora perdeu o limite de horário para entregas da FedEx, a Mimeo mandou dois funcionários para uma viagem rápida a Londres para entregar 14 caixas de manuais de recursos humanos. Em outra ocasião, os funcionários do escritório de Memphis estavam correndo depois que um cliente ligou tarde perguntando se a Mimeo poderia imprimir materiais e entregá-los em Houston para uma conferência de analistas financeiros às oito horas da manhã do dia seguinte. O problema era que o conteúdo para os materiais não estava pronto até aproximadamente às onze horas daquela noite. Incapaz de concluir esse complexo trabalho a tempo de entregá-lo por FedEx, a Mimeo contratou um avião particular e entregou as apresentações a tempo.

A capacidade de lidar calmamente com trabalhos de última hora deu a Mimeo uma vantagem definitiva sobre as outras empresas, e não faltam negócios que precisam de "serviços de emergência". A Mimeo ultrapassa as expectativas para cada pedido, grande ou pequeno, mesmo que isto signifique um prejuízo ocasional. A empresa gastou, certa vez, US$ 600,00 para entregar um pedido no valor de US$300,00 ao cliente no horário, por exemplo. Os administradores acreditam que vale a pena manter os clientes felizes e fazê-los voltar.[12]

A Mimeo facilita a entrega rápida porque a empresa possui as qualidades, as capacidades e as ferramentas para realizar o trabalho. Por exemplo, localiza suas instalações o mais próximo possível das unidades do FedEx para que os funcionários tenham mais tempo para concluir pedidos de última hora. Um software próprio prioriza pedidos com base no prazo de entrega, tamanho do pedido, capacidade atual e outros fatores. A empresa também desenvolveu relacionamentos próximos com outros estabelecimentos do ramo para que possa terceirizar o trabalho quando os próprios recursos da Mimeo estiverem sobrecarregados.

Competência principal. A **competência principal** (ou competência núcleo) de uma empresa é algo que a organização faz especialmente bem em comparação a suas concorrentes. Uma competência principal pode ser na área de pesquisa e desenvolvimento avançados, know-how tecnológico especializado, eficácia de processo, ou atendimento excepcional ao cliente.[13] A Mimeo, por exemplo, prospera com competências básicas de excelente atendimento ao cliente e a aplicação de tecnologia para assegurar a eficácia do processo interno. Na Apple, a estratégia fica no design superior e nas capacidades de marketing. A Robinson Helicopter obteve sucesso através de know-how tecnológico para a construção de helicópteros pequenos, para dois passageiros, que são usados desde patrulhas policiais em Los Angeles até o pastoreio de gado na Austrália.[14] Em cada caso, administradores identificaram o que a sua empresa fazia especialmente bem e construíram sua estratégia ao redor dela.

Metas operacionais

A missão da organização e as metas gerais oferecem uma base para o desenvolvimento de metas operacionais mais específicas. As **metas operacionais** designam os fins buscados por meio dos procedimentos operacionais da organização e explicam o que a organização está realmente tentando fazer.[15]

As metas operacionais que descrevem resultados mensuráveis específicos estão frequentemente relacionadas ao curto prazo. Metas operacionais dizem respeito tipicamente às tarefas principais que a organização deve desempenhar.[16] Metas específicas para cada tarefa principal fornece a direção para decisões e atividades diárias dentro dos departamentos. Metas operacionais típicas que definem o que uma organização tenta alcançar incluem metas de desempenho, metas de recursos, metas de mercado, metas de desenvolvimento de pessoal, metas de produtividade, e metas para inovação e mudança, como ilustra a Figura 3.3.

Desempenho geral. A lucratividade mostra o desempenho geral das organizações voltadas para o lucro. A lucratividade pode ser expressa em função da receita líquida, dos lucros por ação ou do retorno sobre o investimento. Outras metas de desempenho geral são o crescimento e o volume de rendimento. O crescimento está ligado ao aumento nas vendas ou lucros no decorrer do tempo. O volume está ligado às vendas totais ou à quantidade de produtos ou serviços entregues. Por exemplo, a Toyota Motor Corporation definiu metas de desempenho para a venda de 10 milhões de veículos e alcançar US$ 12 bilhões em lucros operacionais até a metade da década. A empresa tentou alcançar uma meta de vendas de 10 milhões de veículos em 2009, mas ficou atrás devido à recessão global e aos recalls excessivos que prejudicaram a reputação da empresa.[17]

O governo e as organizações sem fins lucrativos, como as agências de serviço social ou os sindicatos, não possuem metas de lucratividade, mas metas que os levam a especificar a disponibilidade de serviços aos clientes ou membros dentro de níveis específicos de despesas. A Internal Revenue Service (IRS – Receita Federal norte-americana) possui como meta responder com precisão a 85% dos questionamentos dos contribuintes sobre as novas leis tributárias. Metas de crescimento e de volume também podem ser indicadoras do desempenho global em organizações sem fins lucrativos. Expandir seus serviços a novos clientes é uma meta primária de muitas agências de serviço social, por exemplo.

Recursos. As metas de recursos pertencem à aquisição de recursos materiais e financeiros do ambiente. Elas podem envolver a obtenção de financiamento para a construção de novas plantas, a busca de fontes mais baratas de fornecimento de matérias-primas ou a contratação dos melhores recém-formados em tecnologia. A Starbucks recentemente formou uma aliança com o Tata Group da Índia para obter os grãos de café Premium Arábica para usar em suas lojas. Eventualmente, a aliança também permitirá que o Starbucks encontre locais privilegiados para lojas na Índia, que também poderiam ser considerados recursos valiosos.[18] Metas de recursos para o New England Patriots incluem recrutar jogadores de alta qualidade e atrair treinadores de qualidade. Para organizações não governamentais, as metas de recursos incluem o recrutamento de voluntários dedicados e a expansão da base de doadores da organização.

Mercado. As metas de mercado relacionam-se com a participação de mercado ou a posição de mercado desejada pela organização. As metas de mercado são de responsabilidade principalmente dos departamentos de marketing, vendas e publicidade da organização. A L'Oreal S.A., a maior empresa de cosméticos do mundo, tem uma meta de dobrar seu número de clientes atuais, adicionando um bilhão de clientes até 2020. Como um passo para alcançar essa meta, os administradores estão fazendo escolhas sobre abordagens de marketing e vendas projetadas para conquistar mais clientes no Brasil. Aqui, mulheres são algumas das maiores consumidoras de produtos de beleza, mas a L'Oreal teve dificuldade em se adaptar ao mercado brasileiro.[19] As metas de mercado também podem se aplicar a organizações não governamentais. O Centro Médico Infantil de Cincinnati, não satisfeito com um limitado papel regional na saúde, conquistou uma parcela crescente do mercado

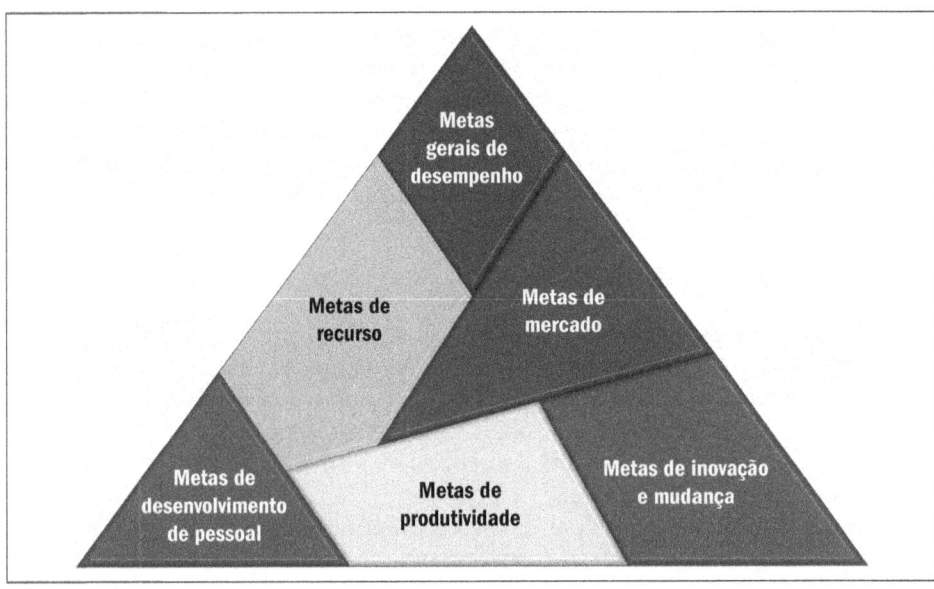

FIGURA 3.3
Metas operacionais típicas para uma organização

nacional desenvolvendo competências no setor de tratamento de condições raras e complexas e focando incessantemente na qualidade.[20]

Desenvolvimento de pessoal. O desenvolvimento de pessoal diz respeito ao treinamento, à promoção, à segurança e ao crescimento dos funcionários. Isso inclui tanto administradores quanto trabalhadores. As metas ambiciosas de desenvolvimento de pessoal são características comuns às organizações que aparecem regularmente na lista das "100 melhores empresas para se trabalhar", da Fortune. Por exemplo, a empresa familiar Wegmans Food Markets, que apareceu na lista todos os anos desde sua criação e foi a Número 3 em 2011, possui metas ambiciosas de desenvolvimento de pessoal. A empresa investe mais de 40 horas por ano em treinamento de pessoal e oferece aos empregados bolsas de estudo e outras oportunidades de crescimento. Uma das exigências de administradores é orientar empregados e ajudar as pessoas a desenvolver todo o seu potencial.[21]

Produtividade. As metas de produtividade referem-se à quantidade de resultados obtidos a partir dos recursos disponíveis. Normalmente, elas descrevem o volume de recursos de entrada requeridos para atingir uma saída desejada e são estabelecidas em termos de "custo por unidade de produção", "unidades produzidas por funcionário" ou "custo do recurso por funcionário". A Illumination Entertainment, a empresa de produção por trás do filme "Hop", possui metas de produtividade que ajudam a empresa a produzir animações por cerca de metade do custo daquelas feitas pelos grandes estúdios. O CEO Christopher Meledandri acredita que o controle restrito de custos e os filmes de animação bem-sucedidos não são mutuamente excludentes, mas significa que os aproximadamente 30 empregados da Illumination devem ser altamente produtivos.[22]

Inovação e mudança. As metas de inovação relacionam-se com a flexibilidade e a prontidão interna para se adaptar às mudanças ambientais inesperadas. As metas de inovação são muitas vezes definidas com relação ao desenvolvimento de novos serviços específicos, produtos ou processos de produção. A Procter & Gamble iniciou um programa chamado Conectar + Desenvolver em 2001, com uma meta de obter 50% da inovação da empresa através da colaboração com pessoas e organizações fora da empresa até 2010. A meta representou um aumento de aproximadamente 35% em 2004 e somente 10% em 2000. A meta ambiciosa foi alcançada e excedida, resultando em inovações, como o Swiffer Dusters, Olay Regenerist, e o Mr. Clean Magic Eraser.[23]

As organizações bem-sucedidas utilizam com cautela um conjunto equilibrado de metas operacionais. Embora as metas de lucratividade sejam importantes, algumas das melhores empresas da atualidade reconhecem que um foco cego nos lucros finais pode não ser a melhor maneira para alcançar um alto desempenho. As metas de inovação e mudança são cada vez mais importantes, embora possam inicialmente causar uma redução nos lucros. As metas de desenvolvimento de pessoal são críticas para ajudar a manter a força de trabalho motivada e comprometida.

A importância das metas

As metas oficiais e as metas operativas são igualmente importantes para a organização, mas servem para propósitos diferentes. As metas oficiais e as declarações da missão descrevem um sistema de valores para a organização e definem um propósito e uma missão geral; as metas operacionais representam as tarefas primárias da organização. As metas oficiais legitimam a organização, ao passo que as metas operativas são mais explícitas e bem definidas.

As metas operativas servem para diversos propósitos específicos, como pode ser mostrado na Figura 3.3. As metas fornecem um senso de direção aos funcionários, de forma que eles saibam para que estão trabalhando. Isso pode ajudar a motivar os

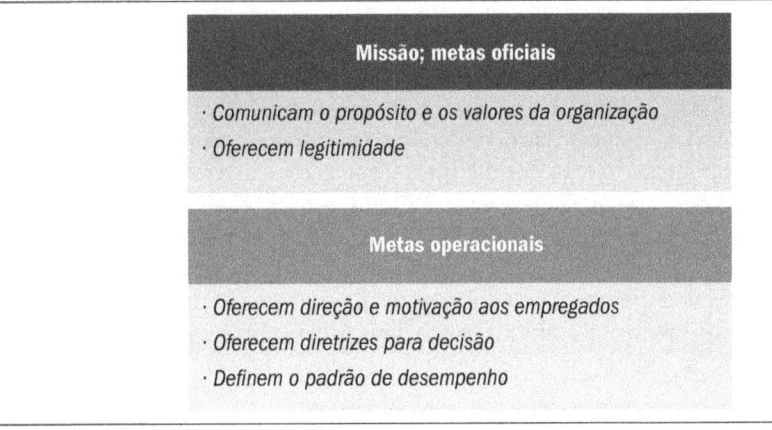

FIGURA 3.4
Tipos e propósitos das metas

Missão; metas oficiais
- Comunicam o propósito e os valores da organização
- Oferecem legitimidade

Metas operacionais
- Oferecem direção e motivação aos empregados
- Oferecem diretrizes para decisão
- Definem o padrão de desempenho

© Cengage Learning 2013

empregados para metas específicas e resultados importantes. Inúmeros estudos mostraram que metas específicas importantes aumentam significativamente o desempenho do pessoal.[24] As pessoas gostam de ter um foco para suas atividades e esforços. Considere o Guitar Center, o maior varejista de instrumentos musicais nos Estados Unidos. Os administradores estabelecem metas claras e específicas para as equipes de vendas em cada loja da Guitar Center a cada manhã, e os empregados fazem o que for preciso, menos perder dinheiro da empresa, para alcançar suas metas. O mantra da Guitar Center de "aceitar o acordo" significa que os vendedores são treinados para fazer qualquer acordo lucrativo, mesmo que a margens minúsculas, para alcançar suas metas diárias de vendas.[25]

Outro propósito importante das metas é atuar como diretrizes para o comportamento dos funcionários e para a tomada de decisões. Metas apropriadas podem atuar como um conjunto de restrições das ações e do comportamento individual, de modo que os funcionários ajam dentro dos limites aceitáveis para a organização e para a sociedade.[26] Elas ajudam a definir as decisões adequadas a respeito da estrutura da organização, inovação, bem-estar do pessoal, ou crescimento. Finalmente, as metas oferecem um padrão para avaliação. O nível de desempenho da organização, tanto em termos de lucro, unidades produzidas, grau de satisfação dos funcionários, nível de inovação ou número de reclamação de clientes, necessita de uma base para avaliação. As metas operacionais oferecem este padrão para mensuração.

Uma estrutura para a seleção do projeto e da estratégia

Para apoiar e alcançar a intenção estratégica e manter as pessoas focadas na direção determinada pela missão organizacional, pela visão e pelas metas operacionais, os administradores devem selecionar estratégias específicas e opções de projeto que ajudarão a organização a atingir seus propósitos e suas metas dentro do ambiente competitivo. Nesta seção examinaremos duas abordagens práticas para selecionar o projeto e a estratégia. O questionário no quadro "Como você se encaixa no projeto?" deste capítulo dá a você algumas ideias sobre as suas próprias competências estratégicas de gestão.

Uma **estratégia** é um plano para interagir com o ambiente competitivo, a fim de atingir as metas organizacionais. Alguns administradores pensam em metas e estratégias como se fossem a mesma coisa, mas para nossos propósitos as *metas* definem onde a organização quer ir e as *estratégias* definem como ela vai chegar lá. Por exemplo, alcançar um crescimento anual de vendas de 15% pode ser considerado uma

ANOTAÇÕES

Como administrador de uma organização, tenha essas diretrizes em mente:

Após a definição das metas, selecione as estratégias para alcançá-las. Defina estratégias específicas com base nas estratégias competitivas de Porter ou na tipologia de estratégia de Miles e Snow.

---

meta; as estratégias para alcançar essa meta podem incluir propaganda agressiva para atrair novos consumidores, motivação do pessoal de vendas para aumentar o tamanho da compra média dos clientes e aquisição de outros negócios que produzem produtos similares. As estratégias podem incluir qualquer número de técnicas para alcançar a meta. A essência da formulação de estratégias está em descobrir se a organização desempenhará atividades distintas de seus concorrentes ou se executará atividades semelhantes com mais eficiência que seus concorrentes.[27]

Há duas abordagens para a formulação de estratégias: o modelo de estratégias competitivas de Porter e a tipologia de estratégia de Miles e Snow. Cada uma fornece um quadro de referência para a ação competitiva. Depois de descrever as duas abordagens, discutiremos como a escolha de estratégias afeta o projeto organizacional.

As estratégias competitivas de Porter

Michael E. Porter estudou inúmeras organizações comerciais e propôs que os administradores podem deixar a organização mais lucrativa e menos vulnerável adotando uma estratégia de diferenciação ou uma estratégia de liderança de baixo custo.[28] Utilizar uma estratégia de liderança de baixo custo significa que os administradores optam por competir por meio de custos mais baixos, enquanto que, com uma estratégia de diferenciação, a organização compete por meio da capacidade de oferecer produtos e serviços únicos e distintos que podem demandar um preço mais alto. Essas duas estratégias básicas são ilustradas na Figura 3.5. Entretanto, cada estratégia pode variar em escopo de ampla para limitada.

Diferenciação. Em uma **estratégia de diferenciação**, a organização procura distinguir seus produtos ou serviços de outros na indústria. Administradores podem usar propaganda, características diferenciais dos produtos, serviços excepcionais ou novas tecnologias para que seu produto seja percebido como único. Como essa estratégia normalmente se encontra focada nos consumidores que não estão particularmente preocupados com preço, ela pode ser bastante lucrativa.

FIGURA 3.5
As estratégias competitivas de Porter

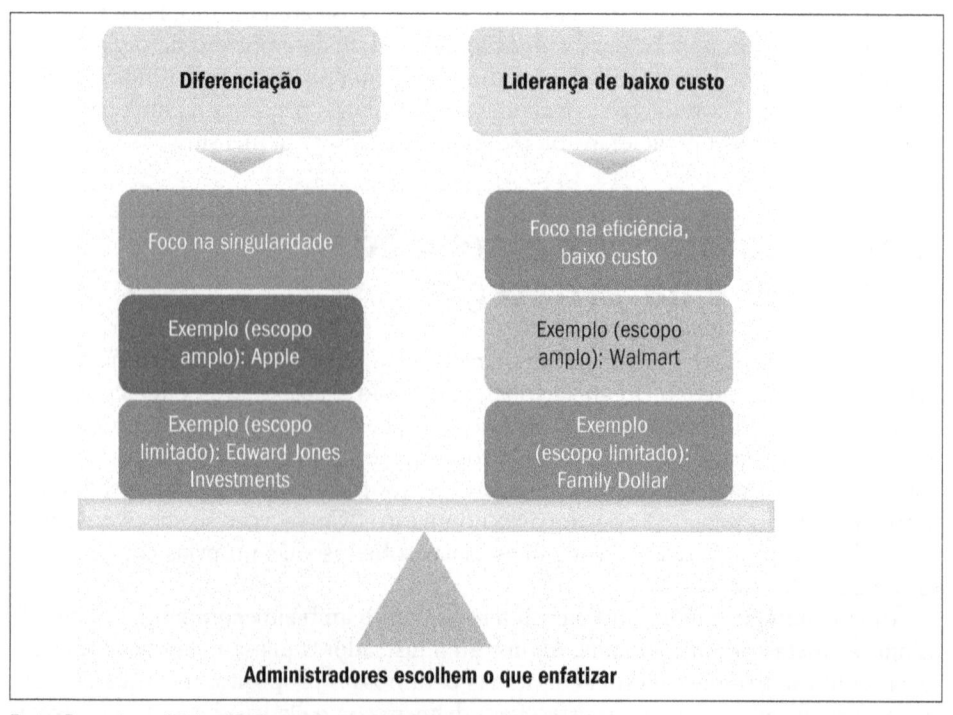

Diferenciação	Liderança de baixo custo
Foco na singularidade	Foco na eficiência, baixo custo
Exemplo (escopo amplo): Apple	Exemplo (escopo amplo): Walmart
Exemplo (escopo limitado): Edward Jones Investments	Exemplo (escopo limitado): Family Dollar

Administradores escolhem o que enfatizar

Fonte: Baseado em Michael E. Porter, *Competitive Advantage: Creating and Sustaining Superior Performance* (Nova Iorque: The Free Press, 1988).

Uma estratégia de diferenciação pode diminuir a rivalidade com os competidores e evitar a ameaça da substituição de produtos porque os consumidores são fiéis à marca da empresa. No entanto, as empresas devem se lembrar de que as estratégias

Como você se encaixa no projeto?

SUA ESTRATÉGIA/CAPACIDADE DE DESEMPENHO

Como um gerente em potencial, quais são seus pontos fortes com relação à formulação e implementação de estratégias? Para descobrir, pense sobre como lidar com seus desafios e questões na sua escola ou trabalho. Então, circule *a* ou *b* para cada um dos seguintes itens dependendo de qual descreve melhor o seu comportamento. Não há respostas certas ou erradas. Responda a cada item como melhor ele descreve a forma como você responde a situações no trabalho.

1. Ao manter registros, eu tendo a
   a. ser cuidadoso sobre a documentação.
   b. ser mais casual sobre a documentação.
2. Se eu chefio um grupo ou projeto, eu
   a. tenho a ideia geral e deixo que outros descubram como realizar as tarefas.
   b. tento descobrir as metas específicas, prazos e resultados esperados.
3. Meu estilo de raciocínio poderia ser descrito mais precisamente como
   a. pensamento linear, indo de A para B para C.
   b. pensamento de gafanhoto, pulando de uma ideia para outra.
4. Em meu escritório ou na minha casa, as coisas estão
   a. aqui e ali em várias pilhas.
   b. dispostas de forma organizada ou pelo menos em uma ordem razoável.
5. Eu me orgulho em desenvolver
   a. formas de superar uma barreira a uma solução.
   b. novas hipóteses sobre a causa por trás de um problema.
6. Eu posso ajudar melhor a estratégia garantindo que haja
   a. abertura a uma ampla variedade de suposições e ideias.
   b. profundidade ao implementar novas ideias.
7. Um dos meus pontos fortes é o
   a. compromisso para fazer com que as coisas funcionarem.
   b. compromisso com um sonho para o futuro.
8. Eu sou mais eficiente quando eu enfatizo
   a. a invenção de soluções originais.
   b. a realização de melhorias práticas.

Pontuação: para a capacidade de formulador estratégico, ganhe um ponto para cada reposta "a" circulada para as perguntas 2, 4, 6, e 8, e para cada resposta "b" circulada para as perguntas 1, 3, 5, e 7. Para a capacidade de implementador estratégico, ganhe um ponto para cada resposta "b" circulada para as perguntas 2, 4, 6, e 8, e para cada resposta "a" circulada para as perguntas 1, 3, 5, e 7. Qual das duas pontuações é maior e por quanto? A pontuação mais alta indica sua capacidade estratégia.

Interpretação: formulador e implementador são duas maneiras importantes de administradores adicionarem valor à gestão e eficácia estratégica. Os administradores com capacidades de implementador tendem a trabalhar em metas operacionais e de desempenho para deixar as coisas mais eficientes e confiáveis. Já os administradores com a capacidade de formulador estimulam estratégias originais e gostam de pensar sobre a missão, visão e inovações dramáticas. Ambos os estilos são essenciais para a gestão estratégica e a eficácia organizacional. Formuladores estratégicos sempre utilizam suas habilidades para criar estratégias e abordagens completamente novas, e implementadores estratégicos sempre trabalham com melhorias estratégicas, implementação e mensuração.

Se a diferença entre suas duas pontuações é 2 ou menos, você tem um estilo equilibrado entre formulador/implementador e trabalha bem em ambas as arenas. Se a diferença é de 4–5, você tem um estilo moderadamente forte e provavelmente trabalha melhor na área de seu ponto forte. E se a diferença for de 7–8, você possui uma capacidade distinta e quase certamente iria querer contribuir na área de seu ponto forte ao invés do domínio oposto.

Fonte: Adaptado de Dorothy Marcic e Joe Seltzer, Organizational Behavior: Experiences and Cases (South-Western, 1998), 284–287, e William Miller, Innovation Styles (Global Creativity Corporation, 1997).

bem-sucedidas de diferenciação requerem atividades dispendiosas, como pesquisa de produto, design e propaganda. As empresas que adotam a estratégia de diferenciação necessitam de fortes habilidades de marketing e funcionários criativos aos quais sejam dados tempo e recursos em busca de inovações. Uma boa ilustração de uma empresa que se beneficia de uma estratégia de diferenciação é a Apple. A Apple nunca tentou competir quanto ao preço e gosta de ser percebida como uma marca de "elite". Seus computadores pessoais, por exemplo, podem demandar preços significativamente mais altos que outros PCs devido a sua característica distinta. A empresa construiu uma base leal de clientes oferecendo produtos inovadores e de estilo e criando uma imagem de prestígio.

As empresas de serviço também podem usar uma estratégia de diferenciação. O Banco Umpqua, com base em Portland, Oregon, por exemplo, quer se tornar uma "marca de estilo de vida," ao invés de apenas uma instituição financeira. Muitas unidades têm acesso wi-fi, áreas espaçosas de espera com televisões de tela ampla, e café da marca Umpqua. A empresa lançou recentemente seu primeiro CD – não um "certificado de depósito", mas o tipo de CD que contém música. O banco trabalhou com a empresa de marketing musical Rumblefish para desenvolver uma coleção de músicas de artistas novos ou anônimos nos mercados onde a Umpqua opera. No decorrer dos últimos 12 anos, a estratégia de diferenciação da Umpqua contribuiu com o crescimento de aproximadamente US$ 150 milhões em depósitos para mais de US$ 7 bilhões.[29]

Liderança de baixo custo. A **estratégia de liderança de baixo custo** tenta incrementar a participação de mercado ao enfatizar o baixo custo quando comparado com os concorrentes. Com uma estratégia de liderança de baixo custo, a organização busca a eficiência de maneira dinâmica, persegue a redução de custos e faz uso de controles rígidos para oferecer produtos ou serviços com mais eficiência que seus concorrentes. O baixo custo não significa necessariamente um preço baixo, mas, em muitos casos, as empresas líderes em custo baixo oferecem bens e serviços aos clientes a preços mais baixos. Por exemplo, o CEO da companhia aérea irlandesa Ryanair comentou sobre a estratégia da empresa: "É a fórmula mais antiga e simples: Tenha um grande número de consumidores e venda barato... Queremos ser o Walmart dos negócios de companhias aéreas. Não seremos superados no quesito preços. NUNCA". A Ryanair consegue oferecer preços tão baixos porque mantém os custos baixíssimos, menores que qualquer outra companhia na Europa. A palavra de ordem da empresa é passagem barata, não o atendimento ao cliente ou os serviços diferenciados.[30]

A estratégia de liderança de baixo custo está preocupada principalmente com a estabilidade, e não com o fato de assumir riscos ou buscar novas oportunidades para a inovação e o crescimento. Uma posição de baixo custo significa que uma empresa pode alcançar lucros mais altos que seus concorrentes devido a sua eficiência e aos custos operacionais mais baixos. Os líderes em baixo custo como a Ryanair podem minar os preços dos concorrentes e ainda assim obter um lucro razoável. Além disso, se produtos substitutos ou novos concorrentes potenciais entrarem em cena, o produtor de baixo custo estará em melhor posição para se proteger contra a perda de participação de mercado. Considere como a Acer Inc. se tornou o segundo maior fabricante de computadores com uma estratégia de liderança com preço baixo.

Acer, Inc.

NA PRÁTICA

Em 2004, a Acer tinha menos de 5% do mercado de computadores pessoais, comparados aos 15% da Hewlett-Packard e aos quase 20% da Dell. Seis anos depois, a empresa baseada em Taiwan ultrapassou a Dell e estava se aproximando da HP. Como isso aconteceu? Os administradores, liderados pelo antigo CEO Gianfranco Lanci, usaram uma estratégia baseada na exploração das competências principais da empresa de operações extremamente enxutas combinadas a uma resposta rápida às tendências mutáveis de consumo.

A Acer tem uma estrutura de custos esquelética. Ao contrário de empresas rivais, ela vende por meio de varejistas, e a empresa terceiriza toda a fabricação e montagem a uma rede de parceiros. Isso ajudou a manter as elevadas despesas da Acer em cerca de 8% das vendas, comparados a aproximadamente 14 a 15% nas empresas rivais. A economia de custos é repassada aos clientes, com um laptop ultrafino de alta qualidade sendo vendido a aproximadamente US$ 650, comparado a US$ 1.800 para um modelo semelhante da HP e US$ 2.000 para um ultrafino da Dell. Ademais, os administradores da Acer perceberam a tendência em direção a dispositivos menores e foram capazes de mover rapidamente para introduzir uma ampla seleção de netbooks baratos.

A Acer introduziu seu primeiro smartphone em 2009 e desde então adicionou inúmeros outros modelos. Este é um dos setores que cresce mais rapidamente na indústria. Com a estrutura de baixo custo da Acer, ela pode oferecer aos clientes *smartphones* de qualidade a preços baixos e ainda obter margens de lucro na faixa de 15 a 20%.[31]

Porter descobriu que uma empresa que não adota conscientemente uma estratégia de baixo custo, de diferenciação ou de foco, por exemplo, obtém lucros abaixo da média quando comparada àquelas que adotam uma das três estratégias. Muitas empresas de internet falharam porque seus administradores não desenvolveram estratégias competitivas que poderiam distingui-las no mercado.[32] Por outro lado, o Google obteve grande sucesso com uma estratégia de diferenciação coerente que o distinguiu de outras ferramentas de busca.

> **2** A melhor estratégia de negócios é fabricar produtos e serviços os mais diferenciados possíveis para ganhar espaço no mercado.
>
> **RESPOSTA:** *Discordo.* A diferenciação, fazer com que os produtos ou serviços da empresa sejam distintos dos outros no mercado, é uma abordagem estratégica eficaz. Uma abordagem de liderança de baixo custo pode ser igualmente ou até mesmo mais eficaz dependendo dos pontos fortes da organização e da natureza da concorrência na indústria.

AVALIE SUA RESPOSTA

O escopo competitivo pode ser amplo ou limitado. Com qualquer uma das estratégias, o escopo da ação competitiva pode ser tanto amplo quanto limitado. Isto é, uma organização pode escolher competir em muitos mercados e segmentos de consumo ou focar em um mercado específico ou grupo de compradores. Por exemplo, tanto o Walmart quanto o Family Dollar usam uma estratégia de liderança de baixo custo, mas o Walmart compete em um mercado amplo enquanto que o Family Dollar se concentra em um mercado limitado. As lojas do Family Dollar oferecem preços na maioria das marcas, como Tide ou Colgate, que são 20 a 40% mais baixos que os encontrados na maioria dos supermercados. A empresa localiza suas lojas em imóveis econômicos, sem muita sofisticação e promove seus produtos para pessoas que ganham menos de US$ 35.000 por ano, ao invés de tentar conquistar uma base de clientes mais extensa.[33] Um exemplo de uma estratégia de diferenciação com foco mais limitado é da empresa Edward Jones Investments, uma corretora baseada em St. Louis. A empresa se concentrou em construir seu negócio nas áreas rurais de pequenas cidades norte-americanas, dando aos investidores opções conservadoras de investimento de longo prazo. O pesquisador e consultor em gestão, Peter Drucker, afirmou certa vez que a orientação distinta que prioriza a segurança significa que a Edward Jones entrega um produto "que nenhuma corretora de Wall Street já vendeu: paz de espírito".[34]

A tipologia de estratégia de Miles e Snow

Outra tipologia estratégica foi desenvolvida a partir do estudo de estratégias de negócios de Raymond Miles e Charles Snow.[35] A tipologia de Miles e Snow está baseada na ideia de que administradores buscam formular estratégias que sejam congruentes com o ambiente externo. As organizações se esforçam para encontrar uma adequação entre suas características internas, a estratégia e o ambiente externo. As quatro estratégias que podem ser desenvolvidas são: a prospectora, a defensiva, a analítica e a reativa.

Prospectora. A estratégia prospectora é voltada para inovar, assumir riscos, buscar novas oportunidades e crescer. Essa estratégia é adequada para um ambiente dinâmico em crescimento, em que a criatividade é mais importante que a eficiência. A Nike, que inova tanto em produtos e processos internos, exemplifica a estratégia prospectora. Por exemplo, a empresa introduziu uma nova linha de calçados baseada em designs que podem ser produzidos com materiais reciclados e quantidades limitadas de colas com base de químicos tóxicos.[36] O Zhejiang Geely Holding Group da China está implementando uma estratégia prospectora para a Volvo Car Corporation depois de adquirir a montadora global da Ford Motor Company em 2010.

Volvo Car Corporation

NA PRÁTICA

Por muitos anos, a Volvo se concentrou na estabilidade, buscando focar nos consumidores que apreciam a reputação da marca quanto a segurança e confiabilidade de veículos familiares. Mas a Li Shufu, o novo proprietário chinês linha dura da empresa, está definindo um novo rumo para a empresa, com o objetivo de ampliar sua atuação de forma agressiva no mercado de carros de luxo e competir de igual para igual com marcas como a BMW e a Mercedes. A empresa de Li, Zhejiang Geely Holding Group, adquiriu a Volvo da Ford em uma negociação histórica em 2010.

Li bateu de frente com o CEO da Volvo europeia, Stefan Jacoby, que quer se distanciar mais lentamente da tradição de modéstia da empresa, mas os dois eventualmente concordaram quanto a um plano ambicioso de transformação que envolve US$ 10 bilhões em investimentos durante um período de cinco anos e uma meta de dobrar as vendas mundiais para 800.000 veículos até 2020. O plano de construir três novas fábricas na China foi reduzido a uma, programada para iniciar a produção em 2013, mas Li ainda queria construir mais, o mais breve possível.

Em abril de 2011, a Volvo introduziu o Concept Universe, um veículo de alto padrão que reflete o objetivo de migrar para os modelos mais luxuosos. A ideia fundamental por trás do carro, chamada de SPA, para "arquitetura de plataforma escalável," foi desenvolvida para ser capaz de acomodar um carro maior no futuro. A classe emergente de ricos consumidores na chineses "se comportam de forma escandalosa," segundo Li, e ele quer que a Volvo ofereça projetos inovadores, empolgantes, que chamem a atenção e ganhem os consumidores. As vendas na China são uma parte cada vez mais significativa do mercado automobilístico, e Li diz que a Volvo não terá futuro a menos que apele para as preferências mais chamativas dos ricos consumidores emergentes naquele país.[37]

Li e Jacoby continuam contornando suas visões e estilos de gestão divergentes, mas a estratégia prospectora de evoluir a linha de produtos e expandir os negócios agressivamente está em curso. Empresas on-line, como Facebook, Google, e Zynga, cujo lema é "Conectar o Mundo Através dos Jogos," também refletem uma estratégia prospectora prospectora.

Defensiva. A estratégia defensiva é, em grande parte, o oposto da prospectora. Em vez de assumir riscos e buscar novas oportunidades, ela está comprometida com a estabilidade ou até mesmo com a restrição de despesas. Essa estratégia busca manter os clientes existentes, mas não procura inovar, nem crescer. A estratégia defensiva está relacionada principalmente à eficiência interna e ao controle para produzir produtos confiáveis e de alta qualidade para clientes estáveis. Essa estratégia pode ser bem-sucedida quando a organização está numa indústria em declínio ou em um ambiente estável. A Paramount Pictures tem usado uma estratégia defensiva por vários anos.[38] A Paramount desenvolve uma série de produções bem-sucedidas, mas poucos sucessos de bilheteria. Os administradores evitam riscos e, às vezes, descartam filmes com alto potencial para manter os custos sob controle. Isso fez com que a empresa permanecesse altamente lucrativa enquanto outros estúdios possuíam baixo retorno ou, na verdade, perdiam dinheiro.

Analítica. A estratégia analítica tenta manter o negócio estável enquanto inova na margem. A impressão que se tem é que ela fica no meio caminho entre a prospectora e a defensiva. Alguns produtos serão focados num ambiente estável, no qual uma estratégia de eficiência será projetada para manter os clientes atuais. Outros serão colocados na direção de ambientes novos e mais dinâmicos, onde o crescimento é possível. A estratégia analítica procura equilibrar a eficiência da produção da linha atual, com o desenvolvimento criativo de novas linhas de produto. A Amazon.com oferece um exemplo. A estratégia atual da empresa é defender seu negócio central de venda de livros e outros bens físicos na internet, mas também construir um negócio em mídia digital, incluindo iniciativas como um serviço de livros digitais, um negócio de aluguel de filmes on-line e uma loja de música digital para competir com o iTunes da Apple.[39]

Reativa. A estratégia reativa não uma estratégia. Ao contrário, a estratégia reativa responde às ameaças ambientais e às oportunidades. Com uma estratégia reativa, como a alta administração não define um plano de longo prazo ou dá à organização uma missão ou meta explícitas, a organização toma qualquer rumo que pareça atender às necessidades do momento. Embora a estratégia reativa possa, às vezes, ser bem-sucedida, ela pode também levar as empresas a falhar. Algumas empresas grandes, altamente bem-sucedidas no passado, estão se debatendo porque a administração falhou em adotar uma estratégia consistente com as tendências do consumidor. Em anos recentes, a gerência da Dell, um dos maiores e mais bem-sucedidos fabricantes de computadores pessoais no mundo, tem sofrido para encontrar a estratégia apropriada. A Dell teve uma série de lucros trimestrais decepcionantes à medida que a empresa alcançou o limite de sua estratégia de "fabricar PCs baratos e construí-los sob encomenda". Competidores a alcançaram, e a Dell falhou em identificar novas direções estratégicas que poderiam criar uma nova vantagem.[40]

A tipologia de Miles e Snow tem sido amplamente empregada e os pesquisadores têm testado sua validade em organizações variadas, entre as quais hospitais, faculdades, instituições bancárias, empresas de produtos industriais e companhias de seguros de vida. Em geral, os pesquisadores encontraram um apoio expressivo para a eficácia dessa tipologia para administradores de organizações em situações do mundo real.[41]

A habilidade dos administradores em planejar e manter uma estratégia competitiva clara é um dos fatores decisivos do sucesso de uma organização, mas muitos administradores têm dificuldade em assumir essa responsabilidade fundamental. A "Dica de livro" deste capítulo descreve como administradores podem aprender a construir estratégias valiosas ao entender o que diferencia uma boa estratégia de uma ruim.

Como as estratégias afetam o projeto organizacional

A escolha da estratégia influi nas características internas da organização. Essas precisam oferecer apoio à abordagem competitiva da empresa. Por exemplo, uma empresa que quer crescer e inventar novos produtos parece e "sente-se" diferente de uma empresa cujo foco está na manutenção da participação de mercado para um produto

---

ANOTAÇÕES

Como administrador de uma organização, tenha essas diretrizes em mente:

Projete a organização para dar apoio à estratégia competitiva da empresa. Com uma liderança de baixo custo ou uma estratégia defensiva, selecione as características do projeto associadas com uma orientação voltada para a eficiência. Para uma estratégia de diferenciação ou prospectora, por outro lado, escolha características que incentivem a aprendizagem, a inovação e a adaptação. Utilize uma mistura equilibrada para uma estratégia analítica.

DICA DE LIVRO
3.0 VOCÊ JÁ LEU ESTE LIVRO?

Estratégia boa, estratégia ruim: qual a diferença e por que importa?
Por Richard Rumelt

Richard Rumelt, diretor de Negócios e Sociedade Harry, e Elsa Kunin, da Escola de Administração da UCLA, apontam que "divagar não é uma estratégia". Líderes corporativos estão sempre falando em estratégia, mas Rumelt diz que muitos deles estão apenas divagando sobre ela. "Muitos líderes organizacionais dizem que eles possuem uma estratégia quando na verdade não a têm", escreve Rumelt em *Estratégia boa, estratégia ruim: qual a diferença e por que importa*. Em vez disso, ele explica, eles se tornaram presas da "propagação limitadora da estratégia ruim."

COMO DIFERENCIAR UMA BOA ESTRATÉGIA DE UMA ESTRATÉGIA RUIM
Algumas estratégias cuidadosamente pensadas prosperaram ou falharam devido aos erros de cálculo ou decisões incorretas de administradores, mas o que Rumelt chama de estratégia ruim é algo completamente diferente e pode ser identificado por meio de várias características. Em primeiro lugar, muitos executivos confundem metas com estratégia. Você já ouviu um CEO proclamar que a estratégia de sua empresa é "crescer 20% ao ano" ou "aumentar os lucros em 15%"? Esses resultados desejados, enfatiza Rumelt, não são uma estratégia. As metas definem onde você quer que a organização chegue, enquanto que "estratégia é a forma como você vai fazê-la chegar lá". A seguir, estão três formas de diferenciar uma estratégia ruim de uma estratégia boa.

- *Ela falha em definir o problema*. "Uma boa estratégia faz mais que nos impulsionar em direção a uma meta ou visão; ela reconhece honestamente os desafios que enfrentamos e oferece uma abordagem para superá-los", Rumelt escreve. Administradores não podem elaborar uma boa estratégia a menos que eles definam claramente o desafio ou o problema. Se os administradores falharam em identificar e analisar os obstáculos que estão dispostos a superar, então eles têm uma estratégia ruim.

- *Ela está fundamentada em objetivos fracos ou confusos*. Uma boa estratégia é focada. Administradores devem selecionar cuidadosamente algumas metas claramente definidas a alcançar, o que significa que outras metas devem ser deixadas de lado. Uma estratégia ruim ocorre quando administradores perseguem o que Rumelt chama de "uma bagunça de metas" – uma longa lista de desejos, objetivos e coisas a fazer. Outro problema que ocorre com muitos administradores é a "meta céu azul." Esse tipo de objetivo grandioso inspira uma estratégia conduzida por um desejo que "ignora o inconveniente fato de que ninguém faz ideia de como chegar lá."

- *Ela é principalmente um equívoco*. Esta estratégia representa uma "reafirmação superficial do óbvio combinada a alguns chavões generosos". Uma boa estratégia é claramente definida, baseada em uma análise cuidadosa dos problemas, oportunidades, e as fontes dos pontos fortes e fraquezas, e foca em objetivos realizáveis. Ela constrói uma ponte entre o estado atual das coisas e o resultado desejado com ações estratégicas específicas. "Uma besteira elaborada para mascarar a ausência de pensamento" é um sinal claro de uma estratégia ruim.

TRÊS ELEMENTOS DE UMA BOA ESTRATÉGIA
Veja a seguir um resumo dos elementos de uma boa estratégia:

- *Diagnóstico*. Em primeiro lugar, uma análise cuidadosa dos desafios e problemas que a organização enfrenta. Para conduzir esta análise, administradores definem questões fundamentais específicas no ambiente para simplificar a complexidade da situação.

- *Uma política orientadora*. Esta é uma abordagem geral pela qual administradores optam para a forma como a organização irá lidar com ou superar os desafios. A política orientadora é projetada para dar à organização uma vantagem distinta sobre os concorrentes.

- *Etapas coerentes de ação*. Uma boa estratégia sempre especifica como a organização irá alcançar as metas estratégicas. A execução é sempre a parte mais difícil e inclui etapas de ação que são coordenadas para facilitar o desenvolvimento de uma política orientadora.

O livro *Estratégia boa, estratégia ruim* é instigante e prazeroso de se ler. Com exemplos que vão da derrota do numeroso exército de Hannibal em Canaé em 216 a.C. ao resgate da Apple por Steve Jobs no final do século XX e início do século XXI, Rumelt nos mostra o que é uma boa estratégia – e como ela pode fazer a diferença entre sucesso e fracasso.

Estratégia boa, estratégia ruim: qual a diferença e por que importa, por Richard Rumelt, é publicado nos Estados Unidos pela Crown Business.

bem estabelecido em uma indústria estável. A Figura 3.6 resume as características do projeto organizacional associadas com as estratégias de Porter e de Miles e Snow.

Com uma estratégia de liderança de baixo custo, administradores adotam uma abordagem eficiente e principalmente mecanicista para o projeto organizacional, enquanto uma estratégia de diferenciação pede uma abordagem de aprendizagem, mas orgânica. Lembre-se do Capítulo 1, de que as organizações mecanicistas projetadas para a eficiência possuem características diferentes daquelas organizações orgânicas projetadas para a aprendizagem. Uma estratégia de liderança de baixo custo (eficiência) está associada com autoridade firme e centralizada e controles rígidos, procedimentos operacionais padronizados e ênfase em sistemas eficientes de compra e distribuição. Os funcionários geralmente desenvolvem atividades rotineiras sob estrita supervisão e controle e não têm poder para tomar decisões ou agir por si só. Uma estratégia de diferenciação, por outro lado, requer que os funcionários estejam em constante experiência e aprendizado. A estrutura é instável e flexível, com forte coordenação horizontal. Funcionários com capacitação trabalham diretamente com os clientes e são premiados pela criatividade e por assumir riscos. A organização valoriza a pesquisa, a criatividade e a inovação, em vez da eficiência e dos procedimentos padronizados.

A estratégia prospectora requer características similares à estratégia de diferenciação, enquanto a estratégia defensiva adota uma abordagem de eficiência similar à da liderança de baixo custo. Como a estratégia analítica procura equilibrar a eficiência para a linha de produtos estabilizados com a flexibilidade e a aprendizagem para novos produtos, ela está associada a uma mistura de características, como as enumeradas na Figura 3.6. Com uma estratégia reativa, os administradores deixam a organização sem direção e sem uma abordagem clara para o projeto.

Outros fatores contingenciais que afetam o projeto organizacional

A estratégia é um importante fator que afeta o projeto organizacional. Finalmente, entretanto, o projeto organizacional é o resultado de numerosas contingências que serão discutidas ao longo deste livro. A ênfase dada à eficiência e ao controle *versus* aprendizagem e flexibilidade é determinada pelas contingências da estratégia, do ambiente, do tamanho e ciclo de vida, da tecnologia e da cultura organizacional. A organização é projetada para "se adaptar" aos fatores de contingência, conforme ilustra a Figura 3.7.

Em um ambiente estável, a organização pode ter uma estrutura mecânica tradicional que enfatize controle vertical, eficiência, especialização, procedimentos padronizados e uma tomada de decisão centralizada. Entretanto, um ambiente em rápida transformação pode necessitar de uma estrutura mais flexível, com forte colaboração e coordenação horizontal por meio de equipes ou outros mecanismos. O ambiente será discutido em detalhe nos Capítulos 4 e 6. Em termos de tamanho e ciclo de vida, as organizações pequenas e jovens são, em geral, informais e possuem pequena divisão do trabalho, poucas regras e regulamentações e sistemas de desempenho e orçamento. Grandes organizações, como a Coca-Cola, a Sony ou a General Electric, por sua vez, possuem extensa divisão de trabalho, inúmeras normas, regulamentações e procedimentos padronizados e sistemas para orçamento, controle, premiação e inovação. O tamanho e os estágios do ciclo de vida serão discutidos no Capítulo 12.

O projeto também tem de se adequar ao processo tecnológico da organização. Por exemplo, com uma tecnologia de produção em massa, como a tradicional linha de montagem da indústria automobilística, as funções organizacionais melhoram com a ênfase em eficiência, formalização, especialização, tomada de decisão centralizada e controle rígido. Um comércio eletrônico, por outro lado, teria que ser mais informal e flexível. O impacto da tecnologia sobre o projeto será discutido em detalhe nos Capítulos 11 e 13. Uma contingência final que afeta o projeto da organização é a cultura corporativa. Uma cultura organizacional que valoriza o trabalho em equipe, a colaboração, a criatividade e a comunicação aberta, por exemplo, poderá não

FIGURA 3.6
Projeto da organização e resultados da estratégia

As estratégias competitivas de Porter	A tipologia estratégica de Miles e Snow
Estratégia: Diferenciação **Projeto da organização:** • Orientação para a aprendizagem; age de forma flexível, sem controle rígido e com forte coordenação horizontal • Fortes competências em pesquisa • Valoriza e constrói mecanismos para conhecimento do consumidor • Reconhece a criatividade dos funcionários, a tomada de risco, e a inovação **Estratégia:** liderança de baixo custo **Projeto da organização:** • Orientação para a eficiência; forte autoridade central; firme controle de custos, com relatórios de controle frequentes e detalhados • Procedimentos operacionais padronizados • Sistemas de distribuição e compra altamente eficientes • Supervisão intensa; tarefas de rotina; capacitação limitada dos funcionários	**Estratégia:** Prospectora **Projeto da organização:** • Orientação para a aprendizagem; estrutura fluida, flexível e descentralizada • Fortes competências em pesquisa **Estratégia:** Defensora **Projeto da organização:** • Orientação para a eficiência; autoridade centralizada e firme controle de custos • Ênfase na eficiência de produção; baixo custo fixo • Supervisão intensa; tarefas de rotina; capacitação limitada dos funcionários **Estratégia:** Analítica **Projeto da organização:** • Equilibra eficiência e aprendizagem; firme controle de custos com flexibilidade e adaptabilidade • Produção eficiente para linhas de produtos estáveis; ênfase em criatividade, na pesquisa, no fato de assumir riscos para a inovação **Estratégia:** Reativa **Projeto da organização:** • Não há uma abordagem organizacional clara; as características do projeto podem mudar de maneira abrupta, dependendo das necessidades do momento

Fonte: Com base em Michael E. Porter, Competitive Strategy: Techniques for Analyzing Industries and Competitors (Nova Iorque: The Free Press, 1980); Michael Treacy e Fred Wiersema, "How Market Leaders Keep Their Edge," Fortune (6 de fevereiro, 1995), 88–98; Michael Hitt, R. Duane Ireland, e Robert E. Hoskisson, Strategic Management (St. Paul, Minn.: West, 1995), 100–113; e Raymond E. Miles, Charles C. Snow, Alan D. Meyer, e Henry J. Coleman, Jr., "Organizational Strategy, Structure, and Process," Academy of Management Review 3 (1978), 546–562.

FIGURA 3.7
Fatores contingenciais que afetam o projeto da organização

A composição certa de características de projeto se adapta aos fatores contingenciais

© Cengage Learning 2013

funcionar bem em uma estrutura vertical estreita e com regras e regulamentações restritas. O papel da cultura será abordado no Capítulo 9.

Projetar organizações que se adaptem à contingência dos fatores da estratégia, do ambiente, do tamanho e ciclo de vida, da tecnologia e da cultura é uma das responsabilidades da administração. Encontrar o ajuste certo leva à eficácia organizacional, enquanto um ajuste pobre pode conduzir ao declínio ou até fazer que a organização desapareça.

Avaliando a eficácia organizacional

Entender as estratégias e as metas organizacionais, bem como o conceito de adequação do projeto às várias contingências, é um primeiro passo para compreender a eficácia organizacional. As metas organizacionais representam a razão para o fato de uma organização existir e para os resultados que ela busca alcançar. O restante deste capítulo explora o tópico da eficácia e de como ela é medida nas organizações.

Definição

Relembre do Capítulo 1 que a eficácia organizacional é o grau com o qual as organizações atingem suas metas. *Eficácia* é um conceito amplo. Ela implica levar em consideração um espectro de variáveis tanto no nível organizacional quanto no departamental. A eficácia avalia a extensão com que múltiplas metas – tanto oficiais quanto operativas – são atingidas. A *eficiência* é um conceito mais limitado, que diz respeito às tarefas internas da organização. A eficiência organizacional é o volume de recursos utilizados para produzir uma unidade de produção.[42] Ela pode ser medida como a proporção de insumos em relação à produção.

Se uma organização pode alcançar um dado nível de produção com menos recursos que outra organização, ela seria descrita como mais eficiente.[43] Ocasionalmente, a eficiência leva à eficácia, mas em outras organizações, a eficiência e a eficácia não estão relacionadas. Uma organização pode ser altamente eficiente, mas falhar no alcance de suas metas porque fabrica um produto para o qual não há demanda. Da mesma forma, uma organização pode alcançar suas metas de lucro, mas ser ineficiente. Esforços para aumentar a eficiência, especialmente através de severos cortes de custos, ocasionalmente também podem fazer a organização menos eficaz. Por exemplo, uma cadeia regional de *fast-food* que deseja aumentar a eficiência decidiu reduzir o desperdício não fazendo nenhuma comida que não tenha sido pedida. A ação reduziu os custos da cadeia, mas também levou a um serviço mais demorado, irritou clientes e diminuiu as vendas.[44]

Em geral, é difícil medir a eficácia nas organizações. Elas são grandes, diversificadas e fragmentadas. Elas desempenham inúmeras atividades simultaneamente, perseguem múltiplas metas e geram muitos resultados, alguns intencionais e alguns não intencionais.[45] Administradores determinam quais indicadores medir, para avaliar a eficácia de suas organizações. Quatro abordagens possíveis para medir a eficácia são:

- Abordagem de metas
- Abordagem baseada em recursos
- Abordagem do processo interno
- Abordagem dos componentes estratégicos

Quem decide?

Líderes importantes na organização, como dirigentes ou membros do conselho, precisam tomar uma decisão consciente sobre como eles irão determinar a eficácia da organização. A eficácia organizacional é uma **construção social**, o que significa que ela é criada e definida por um indivíduo ou grupo, ao invés de existir independentemente no mundo exterior.⁴⁶ Uma analogia com o beisebol que esclarece o conceito é a história de três árbitros explicando como eles definem bolas e strikes. O primeiro diz, "Eu as determino como são". O segundo diz, "Eu as determino conforme as vejo". O terceiro utiliza uma abordagem de construção social e diz, "Elas não são nada até que eu as determine".⁴⁷ Da mesma forma, a eficácia organizacional não é nada até que os administradores ou as partes interessadas a determine.

Um funcionário pode considerar que a organização é eficaz se ela emite os pagamentos no dia certo e oferece os benefícios prometidos. Um cliente pode considerá-la eficaz se ela fornece um bom produto a um preço baixo. Um CEO pode considerar a organização eficaz se ela for lucrativa. A eficácia é sempre multidimensional e, por isso, as avaliações de eficácia também são tipicamente multidimensionais. Administradores em empresas geralmente usam o desempenho dos lucros e ações como indicadores de eficácia, mas ele também dão crédito a outras medidas, como a satisfação do cliente ou a lealdade do cliente.

Administradores costumam utilizar mais de um indicador das quatro abordagens (meta, recurso, processo interno, componentes estratégicos) ao medir a eficácia. A Figura 3.8 lista uma amostra de 15 indicadores que administradores de grandes organizações multinacionais relataram usar para avaliar a eficácia. À medida que você lê as descrições das quatro abordagens para medir a eficácia nas seções seguintes, tente decidir em qual abordagem cada um dos 15 indicadores se encaixa.⁴⁸

Como revelam os itens na Figura 3.8, os indicadores de eficácia são tanto quantitativos quanto qualitativos, tangíveis e intangíveis. Indicadores como o alcance das metas de vendas ou a porcentagem de participação no mercado são fáceis de medir, mas os indicadores como o envolvimento dos funcionários, qualidade, ou satisfação do cliente são menos claros e geralmente devem ser medidos de forma qualitativa.⁴⁹ Depender exclusivamente nas medições quantitativas pode oferecer aos administradores uma visão distorcida de eficácia. Foi relatado que Albert Einstein mantinha uma placa em seu escritório que dizia, "Nem tudo que conta pode ser contado, e nem tudo que pode ser contado conta".⁵⁰

FIGURA 3.8
Alguns indicadores da eficácia organizacional relatados por organizações multinacionais

1. Cumprir prazos; pronta entrega
2. Aquisição de material e equipamento oportuno
3. Qualidade do produto ou serviço
4. Satisfação/reclamações do cliente
5. Participação no mercado em comparação com os concorrentes
6. Treinamento e desenvolvimento dos funcionários (número de horas)
7. Cumprir o orçamento
8. Satisfação dos acionistas
9. Redução nos custos
10. Atrasos ou melhorias na cadeia de suprimentos
11. Produtividade; quantia gasta para cada unidade de produção
12. Envolvimento dos funcionários
13. Alcance das metas de vendas
14. Tempo do ciclo de desenvolvimento de produto (redução no tempo do ciclo)
15. Número de horas/dias/etc. para completar as tarefas

Fonte: Com base em "Table 1; Initial Items Derived from Interviews," em Cristina B. Gibson, Mary E. Zellmer-Bruhn, e Donald P. Schwab, "Team Effectiveness in Multinational Organizations: Evaluation Across Contexts," *Group & Organizational Management* 28, no. 4 (Dezembro de 2003), 444–474.

Quatro abordagens da eficácia

Em sistemas abertos, organizações trazem recursos do ambiente e esses recursos são transformados em saídas que serão entregues de volta ao ambiente, como é mostrado na Figura 3.9. Além disso, como foi discutido no Capítulo 1, organizações interagem com um número de grupos de partes interessadas dentro e fora da organização. Quatro abordagens fundamentais para medir a eficácia analisam partes diferentes da organização e medem os indicadores ligados a produção, insumos, atividades internas, ou partes interessadas fundamentais, também chamadas componentes estratégicos.[51]

Abordagem de metas

A **abordagem de metas** para a eficácia consiste na identificação das metas de produção de uma organização e na avaliação de quão bem a organização alcançou aquelas metas.[52] Essa é uma abordagem lógica porque as organizações tentam alcançar certos níveis de produção, lucro, ou satisfação do cliente. A abordagem de metas mede o progresso em direção à consecução daquelas metas.

Indicadores. As metas importantes a serem consideradas são metas operacionais, porque as metas oficiais (missão) tendem a ser abstratas e difíceis de medir. As metas operacionais refletem as atividades que a organização está efetivamente realizando.[53]

Indicadores ligados à abordagem de metas incluem:

- Lucratividade – o ganho positivo das operações comerciais ou investimentos após a subtração de despesas.
- Participação de mercado – a proporção do mercado que a empresa é capaz de capturar em comparação com os concorrentes.
- Crescimento – a capacidade da organização em aumentar suas vendas, lucros, ou base de clientes com o passar do tempo.
- Responsabilidade social – quão bem a organização serve os interesses da sociedade, assim como o dela mesma.

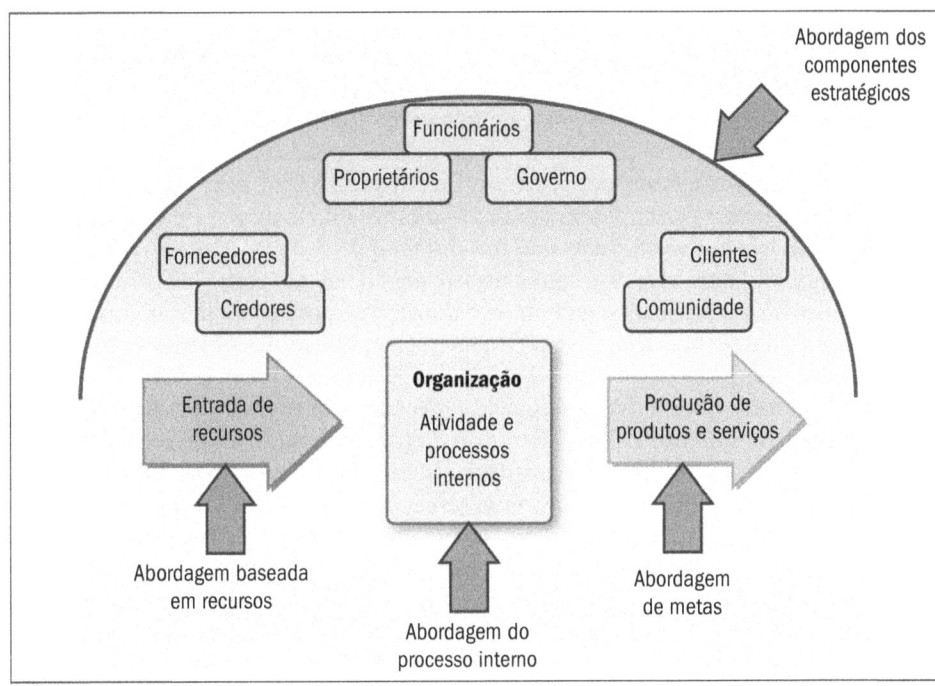

FIGURA 3.9 Quatro abordagens para medir a eficácia organizacional

© Cengage Learning 2013

- Qualidade do produto – a capacidade da organização de alcançar uma alta qualidade em seus produtos ou serviços

Utilidade. A abordagem de metas é utilizada em organizações empresariais porque as metas de resultado podem ser mensuradas de imediato. Como ilustra o exemplo a seguir, no entanto, algumas organizações não governamentais que pretendem resolver problemas sociais também consideram a abordagem de metas útil.

Every Child Succeeds

NA PRÁTICA

Com a utilização de um modelo rigoroso de medição de desempenho com algumas práticas de gestão na Procter & Gamble, a Every Child Succeeds é uma parceria público-privada financiada principalmente pela United Way, que pretende reduzir a mortalidade infantil e melhorar a saúde materna na área ao redor de Cincinnati, em Ohio. Nos sete condados de Ohio e Kentucky ao redor da cidade, 8,3 de cada 1.000 recém-nascidos morrem antes de completar o primeiro ano de vida, número equivalente a países como Lituânia e Brunei. Entre as mães participantes do programa Every Child Succeeds, esta estatística é apenas 2,8%, mais baixa que em qualquer país industrializado.

As assistentes sociais e enfermeiras de 15 organizações participantes, incluindo dois hospitais de Cincinnati e várias agências de serviço social, visitam mães em situações de risco em suas casas e as ajudam a parar de fumar, aprender a comer melhor, controlar sua diabetes ou pressão alta, e a melhorar sua saúde de outras formas. Ao contrário de muitos programas de melhoria social, o Every Child Succeeds define e mede algumas metas restritas e específicas organizadas sob sete áreas de atenção. O programa limita seu alcance a mães de primeira viagem e trabalha com as participantes da gestação até o terceiro aniversário da criança.

Os administradores colecionam conjuntos de dados que os permitem medir o que está funcionando e corrigir o que não está. Um gráfico é exposto nos escritórios da agência que lista 17 indicadores, como taxas de imunização, taxas de amamentação e satisfação do cliente, e mostra o quão bem cada uma das agências participantes está se saindo no alcance das metas. Quando o Home for Children de Cincinnati falhou em alcançar a meta de imunização de 80%, os administradores criaram um plano de ação que melhorou rapidamente o desempenho naquele indicador.[54]

Utilidade. Em empresas, assim como em organizações não governamentais como a Every Child Succeeds, identificar metas operacionais e medir a eficácia nem sempre é fácil. Há dois problemas que precisam ser resolvidos: as questões de múltiplas metas e a subjetividade dos indicadores de consecução de metas. Uma vez que organizações possuem múltiplas metas, muitas vezes conflitantes, a eficácia não pode ser avaliada por um único indicador. O resultado significativo quanto a uma meta pode significar um resultado pobre em outra. Além disso, há metas departamentais assim como metas de desempenho geral. Uma estimativa completa da eficácia deve levar em consideração várias metas ao mesmo tempo.

Outra questão para resolver com a abordagem de metas consiste em como identificar as metas operacionais para uma organização e como medir sua consecução. Para organizações empresariais, frequentemente há indicadores objetivos para certas metas, como lucro ou crescimento. O programa Every Child Succeeds também pode utilizar indicadores objetivos para algumas metas, como rastrear quantos bebês foram vacinados ou quantos clientes pararam de fumar durante a gravidez. Contudo, para outras metas, é necessária a avaliação subjetiva, como o bem-estar dos funcionários, a responsabilidade social ou a satisfação do cliente. Dirigentes e outras pessoas fundamentais na equipe de gestão precisam identificar claramente quais as metas que a organização irá medir. Percepções subjetivas de sua consecução deverão ser usadas quando os indicadores quantitativos não estiverem disponíveis. Os administradores devem confiar em informações de seus clientes, concorrentes, fornecedores e funcionários, assim como em sua própria intuição, ao considerar essas metas.

Abordagem baseada em recursos

A **abordagem baseada em recursos** busca o lado das entradas do processo de transformação mostrado na Figura 3.9. Ela supõe que organizações devem ser bem-sucedidas na obtenção e gestão de recursos valiosos para serem eficazes, porque recursos estrategicamente valiosos criam uma vantagem competitiva para a organização.[55] A partir de uma perspectiva baseada em recursos, a eficácia organizacional é definida como a capacidade da organização, tanto em termos absolutos quanto relativos, de obter recursos escassos e valiosos e integrá-los e geri-los com sucesso.[56]

Indicadores. A obtenção e o gerenciamento bem-sucedido de recursos é o critério pelo qual a eficácia organizacional é avaliada. Em um sentido mais amplo, os indicadores de eficácia, incluem as seguintes dimensões:[57]

- Poder de negociação – a capacidade da organização de obter recursos escassos e valiosos de seu ambiente, incluindo recursos tangíveis como a localização principal, financiamento, matérias-primas e funcionários de qualidade, e ativos intangíveis tais como uma marca forte ou um conhecimento elevado.
- As habilidades dos tomadores de decisão da organização em perceber e interpretar corretamente as reais propriedades do ambiente externo e forças de abastecimento.
- As habilidades dos administradores em usar recursos tangíveis (ex.: suprimentos e pessoas) e intangíveis (ex.: conhecimento e cultura corporativa) e capacidades no dia a dia ou nas atividades organizacionais para atingir um desempenho superior
- A habilidade da organização em responder às transformações ambientais

Utilidade. A abordagem baseada em recursos é valiosa quando outros indicadores de desempenho são difíceis de serem obtidos. Em muitas organizações sem fins lucrativos e de bem-estar social, por exemplo, é difícil medir metas de resultados ou a eficiência interna. O sistema do Hospital Infantil Shriners (Shriners Hospitals for Children – SHC) oferece um exemplo. Os 22 Hospitais Shriners oferecem tratamento gratuito a milhares de crianças com problemas ortopédicos, queimaduras, ferimentos na coluna espinhal e lábio leporino. Durante a maior parte de sua história, o SHC foi muito bem-sucedido em obter doações, a fonte principal de financiamento para as operações do hospital. Porém, quando o governo federal lançou um programa de seguro de saúde gratuito para crianças de famílias de baixa renda, o Shriners começou a perder pacientes para os provedores locais de saúde. Com um declínio na participação de pacientes, as doações também começaram a decair. Administradores tiveram que buscar novas formas de responder a uma maior competição e obter os recursos necessários.[58] Muitas organizações não governamentais usam uma abordagem baseada em recursos porque os recursos são críticos para o sucesso competitivo. Por exemplo, o varejista britânico Marks & Spencer avalia a sua eficácia parcialmente analisando a capacidade da empresa em obter, administrar e manter recursos valiosos como localidades privilegiadas para lojas, uma marca forte, funcionários de qualidade e relacionamentos eficazes com os fornecedores.[59]

Embora a abordagem baseada em recursos seja valiosa quando outros indicadores de eficácia não estão disponíveis, ela tem suas desvantagens. Uma delas é que essa abordagem considera apenas vagamente a relação da organização com as necessidades dos clientes. Uma habilidade superior para obter e utilizar recursos será importante apenas se os recursos e as capacidades forem utilizados para alcançar algo que vá ao encontro das necessidades de um ambiente. Os críticos têm apontado que a abordagem assume a estabilidade do mercado e falha em considerar adequadamente a mudança de valor de vários recursos quando o ambiente competitivo e as necessidades dos clientes mudam.[60]

ANOTAÇÕES

Como administrador de uma organização, tenha essas diretrizes em mente:

Utilize a abordagem de metas, a abordagem do processo interno e a abordagem baseada em recursos para obter visões específicas da eficácia organizacional nas áreas de produção, processos internos, e insumos. Avalie a satisfação dos componentes estratégicos ou use o modelo dos valores concorrentes para obter um quadro mais amplo de eficácia.

Abordagem do processo interno

Na **abordagem do processo interno** a eficácia é medida como solidez interna e eficiência organizacional. Uma organização eficaz possui um processo interno tranquilo e bem entrosado. Os funcionários sentem-se felizes e satisfeitos. As atividades departamentais se entrelaçam umas às outras para garantir alta produtividade. Essa abordagem não considera o ambiente externo. O elemento importante na eficácia é o que a organização faz com os recursos que possui, e isso pode ser avaliado pela robustez interna e pela eficiência.

Indicadores. Um indicador da eficácia do processo interno é a eficiência econômica. No entanto, os mais conhecidos proponentes de um modelo de processo interno vêm da abordagem de relações humanas nas organizações. Escritores como Chris Argyris, Warren G. Bennis, Rensis Likert e Richard Beckhard têm trabalhado exaustivamente com recursos humanos em organizações e enfatizam a conexão entre recursos humanos e eficácia.[61] Os resultados de um estudo com quase 200 escolas secundárias mostrou que tanto os recursos humanos quanto os processos orientados pelos funcionários foram importantes para explicar e promover a eficácia naquelas organizações.[62]

Indicadores de processos internos incluem:[63]

- Cultura corporativa forte e adaptativa e ambiente de trabalho positivo
- Confiança entre funcionários e gerência
- Eficiência operacional, como utilizar mínimos recursos para atingir resultados
- Comunicação vertical e horizontal sem distorções
- Crescimento e desenvolvimento de funcionários
- Coordenação entre as partes da organização, com conflitos resolvidos com base no interesse da organização como um todo

Utilidade. A abordagem do processo interno é importante porque o uso eficiente de recursos e o funcionamento interno harmonioso são caminhos para estimar a eficácia organizacional. Diante da ameaça da recessão econômica, empresas como a DuPont, Campbell Soup e UPS estão buscando novas formas de serem mais eficientes, como a utilização de tecnologia existente para alcançar mais com menos. Na Maxton da Campbell, fábrica sediada na Carolina do Norte, centenas de pequenas mudanças e melhorias, muitas delas sugeridas pelos funcionários, aumentaram a eficiência operacional para 85% do que os administradores acreditavam ser o máximo possível. Os caminhões da UPS transportam dispositivos que rastreiam quantas conversões à esquerda contra o fluxo do tráfego seus motoristas precisam fazer. Ao ajudar os motoristas a otimizar suas rotas com menos conversões à esquerda, o sistema irá poupar 1,4 milhões de galões de combustível para a UPS por ano.[64]

Hoje em dia, a maioria dos administradores acredita que funcionários comprometidos e ativamente envolvidos, além de uma cultura corporativa positiva, são importantes medidas internas de eficácia. Um bom exemplo de uma abordagem de processo interno concentrou-se nos funcionários da cadeia de hotéis Ritz Carlton. Administradores rastreiam cuidadosamente os dados de desempenho relativos ao envolvimento dos funcionários, o envolvimento dos clientes e a "manutenção da mística do Ritz-Carlton". Se seus funcionários não estão engajados, os clientes não podem ficar satisfeitos ou envolvidos, a mística da marca sofre e, assim, o desempenho financeiro irá cair. O treinamento de funcionários é contínuo, e funcionários têm acesso aos dados que os permitem ver o quão bem eles estão indo no cumprimento das suas metas de desempenho. A cultura encoraja os funcionários a fazer o que for necessário para os clientes ficarem felizes. Cada funcionário participa de uma reunião diária de pré-turno para discutir ações, eventos, questões e a filosofia do Ritz-Carlton. O ambiente de aprendizado no Ritz-Carlton, disse John Timmerman, vice-presidente de operações, "é a forma como nos mantemos ágeis em um mundo sempre em transformação".[65]

A abordagem do processo interno também tem suas limitações. A produção total e a relação da organização com o ambiente externo não são avaliados. Outro problema é que a avaliação do funcionamento e da solidez internos é, muitas vezes, subjetiva, pois muitos aspectos das entradas e dos processos internos não são quantificáveis. Os administradores devem ser cautelosos porque essa abordagem representa apenas uma visão limitada da eficácia organizacional.

Abordagem dos componentes estratégicos

A abordagem dos componentes estratégicos está relacionada à abordagem dos investidores descrita no Capítulo 1. Lembre-se da Figura 1.5, as organizações possuem uma variedade de *stakeholders* (agentes) internos e externos que podem ter reivindicações divergentes sobre o que esperam da organização. Vários grupos de investidores importantes também são exibidos na Figura 3.9.

Na verdade, não é razoável presumir que todos os grupos de partes interessadas sejam satisfeitos da mesma maneira. A **abordagem dos componentes estratégicos** mede a eficácia concentrando-se na satisfação de partes-chave interessadas, aquelas que são essenciais para a capacidade da organização de sobreviver e prosperar.

A satisfação desses componentes estratégicos pode ser avaliada como um indicador do desempenho da organização.[66]

Indicadores. O trabalho inicial para a avaliação da eficácia com base nos componentes estratégicos considerou 97 pequenas empresas e sete grupos relevantes para aquelas organizações. Membros de cada grupo foram consultados para determinar a percepção de eficácia de cada ponto de vista.[67] Cada grupo constituinte adotou um critério diferente de eficácia:

Grupo de componentes estratégicos	Critérios de eficácia
Proprietários	Retorno financeiro
Funcionários	Pagamento, boa supervisão, satisfação do trabalhador
Clientes	Qualidade dos bens e serviços
Credores	Capacidade de financiamento
Comunidade	Contribuição aos assuntos comunitários
Fornecedores	Transações satisfatórias
Governo	Obediência às leis e aos regulamentos

Se uma organização deixa de atender às necessidades de muitos grupos, é provável que ela não esteja alcançando seus objetivos com eficácia. Embora esses sete grupos reflitam componentes que quase cada organização deve satisfazer até certo grau, cada organização deve ter um conjunto diferente de componentes estratégicos. Por exemplo, desenvolvedores de software independentes são fundamentais para o sucesso do Facebook embora eles não sejam necessariamente consumidores, fornecedores ou proprietários. O CEO Mark Zuckerberg trabalha duro para ganhar esses desenvolvedores. Em uma conferência de desenvolvedores, ele revelou uma nova tecnologia que permite que sites instalem um botão "Like" do Facebook de graça. Usuários podem clicar nele para assinalar o interesse em um fragmento de conteúdo. A aprovação do usuário aparece em sua página do Facebook com um *link* de volta para o site. A tecnologia irá direcionar o tráfego do Facebook para outros sites e, em troca, levar o tráfego de volta ao Facebook.[68]

Utilidade. Pesquisas demonstram que a avaliação de múltiplos componentes é um reflexo preciso da eficácia da organização, especialmente com relação à adaptabilidade organizacional.[69] Além disso, ambas organizações com ou sem fins lucrativos cuidam de sua reputação e tentam formular percepções de seu desempenho.[70] A abordagem de componentes estratégicos adota uma visão mais ampla de eficácia e examina os fatores no ambiente, assim como dentro da organização. Ela avalia diversos critérios simultaneamente – insumos, processos internos e produção – e reconhece que não há medida de eficácia.

A abordagem de componentes estratégicos é popular porque é baseada no entendimento de que a eficácia é um conceito complexo, multidimensional e não tem uma medida única.[71] Na seção seguinte, examinaremos outra abordagem popular que adota uma abordagem multidimensional e integrada para medir a eficácia.

Um modelo integrado de eficácia

O **modelo de valores concorrentes** tenta levar em conta as várias partes da organização em vez de focalizar em apenas uma. Essa abordagem da eficácia reconhece que as organizações fazem muitas coisas e conquistam muitos resultados.[72] Ela combina diversos indicadores de eficácia em um único quadro estrutural.

O modelo baseia-se em assumir que há opiniões discordantes e concorrentes a respeito do que constitui a eficácia. Administradores, às vezes, discordam sobre quais são as metas mais importantes a perseguir e medir.

Um trágico exemplo de opiniões conflitantes e interesses concorrentes vem da Nasa. Após a morte de sete astronautas na explosão da nave espacial Columbia, em fevereiro de 2003, um comitê de investigação encontrou graves defeitos organizacionais na Nasa, entre os quais mecanismos ineficazes para incorporar opiniões divergentes entre os administradores de programação e os administradores de segurança. Pressões externas para lançar a nave espacial a tempo superou as preocupações com a segurança do lançamento da Columbia.[73] Da mesma forma, as investigações do Congresso sobre a explosão e vazamento na plataforma de petróleo de *Deepwater Horizon* em 2010 no Golfo do México descobriram que os engenheiros e administradores da British Petroleum (BP) tomaram uma série de decisões que foram contra a recomendação de fornecedores importantes, colocando as metas de controle de custos e cumprimento de prazos acima das preocupações com a segurança do poço.[74] A BP e a NASA representam o quão complexas organizações podem ser, operando não só com pontos de vistas diferentes internamente, mas também de fornecedores, representantes governamentais, do Congresso e das expectativas do povo.

O modelo de valores concorrentes considera essas complexidades. O modelo foi originalmente desenvolvido por Robert Quinn e John Rohrbaugh para combinar os diversos indicadores de desempenho usados por administradores e pesquisadores.[75] Usando uma lista abrangente de indicadores de desempenho, um painel de especialistas em eficácia organizacional classificou os indicadores com base na similaridade. A análise identificou as dimensões de critério de eficácia que representam valores gerenciais concorrentes nas organizações.

Indicadores. A primeira dimensão de valor pertence ao **foco** organizacional, que indica se valores dominantes dizem respeito a questões dominantes que são internas ou externas à empresa. O foco interno reflete a preocupação da administração com o bem-estar e a eficiência dos funcionários, enquanto o foco externo dá ênfase ao bem-estar da própria organização com relação ao ambiente. A segunda dimensão de valor relaciona-se à **estrutura** organizacional, e se a estabilidade ou a flexibilidade é a consideração estrutural dominante. A estabilidade reflete um valor gerencial com a eficiência e o controle de cima para baixo, enquanto a flexibilidade representa um valor com a aprendizagem e a mudança.

As dimensões de valor sobre estrutura e foco estão ilustrados na Figura 3.10. A combinação das dimensões dá origem a quatro abordagens para a eficácia organizacional, as quais, embora pareçam diferentes, estão intimamente relacionadas. Nas organizações reais esses valores concorrentes podem coexistir e muitas vezes o fazem. Cada abordagem reflete uma ênfase gerencial diferente quanto à estrutura e ao foco.[76]

Capítulo 3: Estratégia e eficácia

A combinação do foco externo e da estrutura flexível conduz a uma **ênfase em sistemas abertos**. Entre as metas principais da gerência estão o crescimento e a aquisição de recursos. A organização alcança essas metas por meio de submetas de flexibilidade, prontidão e uma avaliação externa positiva. O valor dominante está estabelecendo um bom relacionamento com o ambiente para adquirir recursos e crescer. Essa ênfase é similar em certos aspectos com a abordagem baseada em recursos descrita anteriormente.

A **ênfase em metas racionais** apresenta os valores gerenciais de controle da estrutura e foco externo. Entre as metas principais estão produtividade, eficiência e lucro. A organização deseja atingir as metas de desempenho de forma controlada. Entre as metas subordinadas que facilitam esses resultados estão o planejamento interno e o estabelecimento de metas, que são ferramentas da administração racional. A ênfase nas metas racionais é similar à abordagem de metas descrita anteriormente.

A **ênfase do processo interno** está na seção inferior da Figura 3.10; ela reflete os valores de foco interno e de controle estrutural. O resultado principal é um contexto organizacional estável que se mantém de forma ordenada. As organizações que se encontram bem estabelecidas no ambiente e simplesmente querem manter sua posição atual refletiriam essa ênfase. As metas subordinadas incluem mecanismos para uma comunicação eficiente, gerenciamento de informação e tomada de decisão. Embora essa parte do modelo de valores concorrentes seja, de alguma forma, similar à abordagem do processo interno descrita antes, ela dá menos ênfase aos recursos humanos do que aos outros processos internos que levam à eficiência.

A **ênfase nas relações humanas** incorpora os valores de um foco interno e de uma estrutura flexível. Aqui, o foco da gestão é no desenvolvimento de recursos humanos. Empregados recebem oportunidades de autonomia e desenvolvimento. A gerência trabalha nas metas subordinadas de coesão, moral e oportunidades de treinamento. As organizações que adotam essa ênfase estão mais preocupadas com os funcionários do que com o ambiente.

As quatro células na Figura 3.10 representam valores organizacionais opostos. Os administradores decidem quais são os valores de metas que terão prioridade na organização. A forma como duas organizações são mapeadas com base nas quatro abordagens é exibida na Figura 3.11.[77] A organização A é uma organização jovem preocupada em encontrar um nicho e se estabelecer em um ambiente externo. A ênfa-

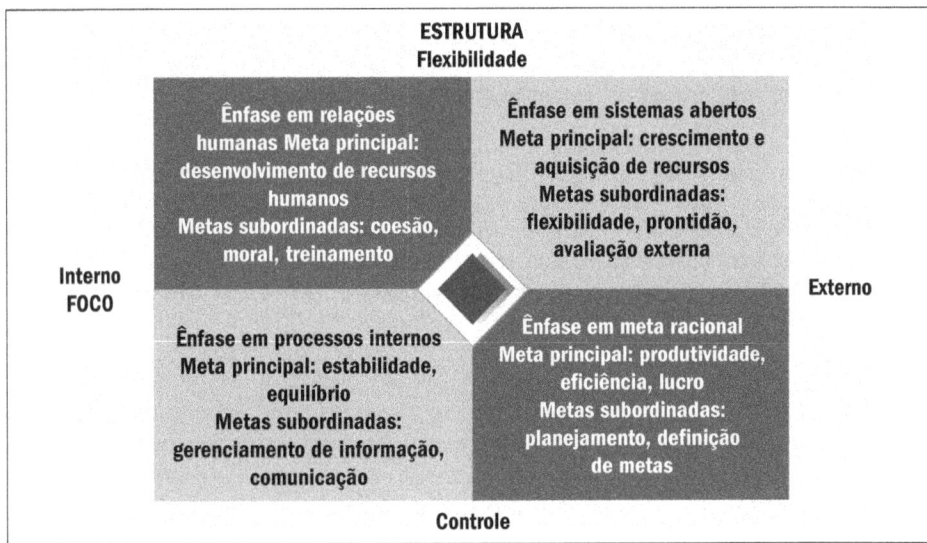

FIGURA 3.10
Quatro abordagens dos valores de eficácia

ESTRUTURA — Flexibilidade / Controle
FOCO — Interno / Externo

- **Ênfase em relações humanas** — Meta principal: desenvolvimento de recursos humanos. Metas subordinadas: coesão, moral, treinamento
- **Ênfase em sistemas abertos** — Meta principal: crescimento e aquisição de recursos. Metas subordinadas: flexibilidade, prontidão, avaliação externa
- **Ênfase em processos internos** — Meta principal: estabilidade, equilíbrio. Metas subordinadas: gerenciamento de informação, comunicação
- **Ênfase em meta racional** — Meta principal: produtividade, eficiência, lucro. Metas subordinadas: planejamento, definição de metas

Fonte: Adaptado de Robert E. Quinn e John Rohrbaugh, "A Spatial Model of Effectiveness Criteria: Toward a Competing Values Approach to Organizational Analysis," *Management Science* 29 (1983), 363–377; e Robert E. Quinn e Kim Cameron, "Organizational Life Cycles and Shifting Criteria of Effectiveness: Some Preliminary Evidence," *Management Science* 29 (1983), 33–51.

FIGURA 3.11
Valores de eficácia para duas organizações

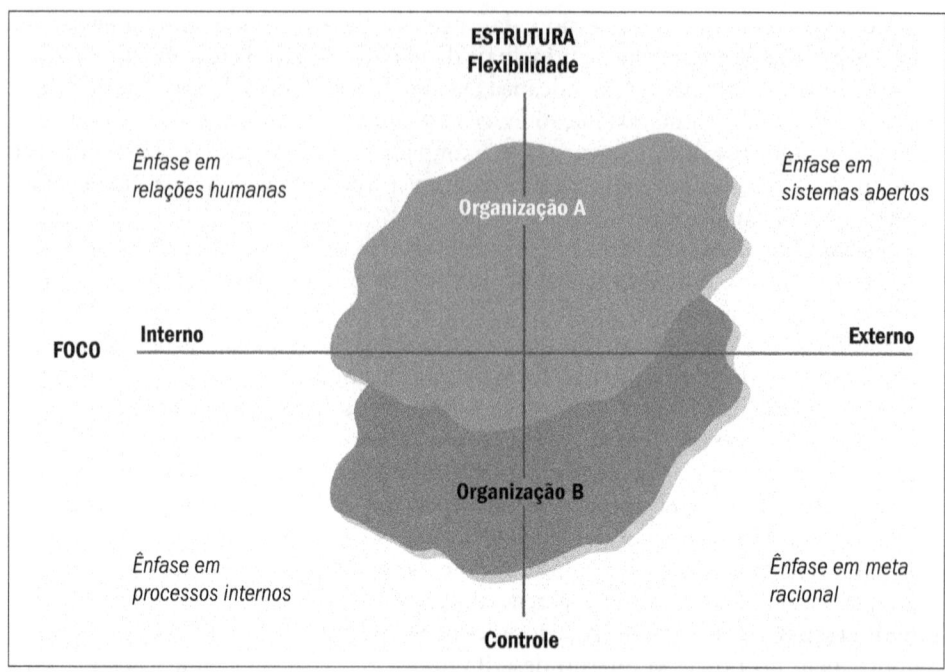

ESTRUTURA
Flexibilidade

Ênfase em relações humanas

Organização A

Ênfase em sistemas abertos

FOCO Interno — Externo

Organização B

Ênfase em processos internos

Ênfase em meta racional

Controle

© Cengage Learning 2013

se principal é dada à flexibilidade, à inovação, à aquisição de recursos do ambiente e à satisfação dos componentes externos. Essa organização dá ênfase moderada às relações humanas e menos ênfase à produtividade corrente e aos lucros. Satisfação e adaptação ao ambiente são mais importantes. A atenção dada aos sistemas abertos significa que a ênfase no processo interno é praticamente inexistente. A estabilidade e o equilíbrio representam uma preocupação menor.

A organização B, por sua vez, é um negócio estabelecido no qual o valor dominante está na produtividade e no lucro. Essa organização é caracterizada pelo planejamento e pela definição de metas. A organização B é uma grande empresa que está bem estabelecida no ambiente e sua preocupação principal é com o sucesso da produção e o lucro. A flexibilidade e os recursos humanos não são grandes preocupações. Essa organização prefere a estabilidade e o equilíbrio ao aprendizado e à inovação porque deseja maximizar o valor de seus clientes já estabelecidos.

AVALIE SUA RESPOSTA

3 As melhores medidas de desempenho empresarial são financeiras.

RESPOSTA: *Discordo*. Se você puder adotar somente um tipo de medida de desempenho do negócio, ela deve ser financeira. Mas diferentes visões de desempenho, como a utilização do modelo de valores concorrentes, provaram ser mais eficazes que modelos apenas financeiros, porque administradores são capazes de entender e controlar as ações responsáveis pela eficácia do negócio. Números apenas financeiros restringem e limitam a informação.

Utilidade. O modelo de valores concorrentes traz duas contribuições. Em primeiro lugar, ele integra diversos conceitos de eficácia em uma única perspectiva. Ele incorpora a ideia de metas de resultados, aquisição de recursos e desenvolvimento de recursos humanos, como metas que a organização tenta alcançar. Em segundo, o modelo chama a atenção para como os critérios de eficácia são construídos socialmente a partir dos valores gerencial e mostra como valores opostos podem coexistir. Os administradores devem decidir quais valores desejam enfatizar e quais valores receberão menos ênfase. Os quatro valores concorrentes existem simultaneamente, mas não terão a mesma prioridade. Por exemplo, uma nova e pequena organização, que se concentra em estabelecer-se num ambiente competitivo, dará menor ênfase ao desenvolvimento de funcionários do que ao ambiente externo.

Os valores dominantes em uma organização sempre mudam com o passar do tempo, à medida que organizações experimentam novas demandas ambientais, nova liderança, ou outras mudanças. Por exemplo, a aquisição da Pixar Animation Studios pela Walt Disney Company tem sido relativamente tranquila, e a Disney/Pixar já produziu uma série de sucessos de crítica e bilheteria como "Ratatouille" e "Toy Story 3". No entanto, administradores na Disney e aqueles na Pixar estão tendo dificuldades em definir quais valores querem perseguir – abertura arriscada e criativa ou sucesso financeiro e estabilidade garantida.

NA PRÁTICA | Disney/Pixar

Quando Bob Iger, CEO da Walt Disney Company, fechou o negócio para comprar a Pixar em 2006, algumas pessoas se preocuparam que trazer a bem-sucedida empresa de animação para a burocracia da Disney poderia significar o fim da abordagem flexível e inovadora da Pixar – e talvez o fim de sua série de sucessos de bilheteria. Afinal, um dos fundadores da Pixar, John Lasseter, já foi demitido da Disney. Mas Iger adotou uma abordagem diferente para a fusão. Ao invés de tentar integrar a Pixar à Disney, ele deu aos principais administradores da Pixar (Lasseter e o cofundador Ed Catmull) controle total dos Estúdios de Animação Walt Disney.

A abordagem tem sido um sucesso, e os filmes Disney/Pixar têm sido um sucesso financeiro, além de criativos. No entanto, os administradores da Pixar e os administradores financeiros da Disney têm opiniões diferentes sobre a melhor forma de manter e medir a eficácia da organização. Para Lasseter, trata-se de criatividade, risco e abertura. Jay Rasulo, o diretor financeiro da Disney, por outro lado, tem a mesma visão que outros administradores financeiros de grandes estúdios – ele quer fazer o que é seguro, aquilo que pode garantir um retorno financeiro. Por exemplo, a maioria dos críticos achou que o lançamento de "Carros 2" em 2011 parecia o tipo de sequência previsível, sem riscos, criada exclusivamente para aumentar as vendas de produtos Disney. Em vez de "colocar a história em primeiroa lugar", como disse Lasseter com relação à Pixar, parecia que o dinheiro estava sendo colocado em primeiro lugar.

As decisões finais sobre quais os valores que a Pixar/Disney irão perseguir e quais os que irão receber menos destaque serão discutidos por administradores em ambos os lados. Até agora, o CEO da Disney, Bob Iger, parece estar disposto a dar aos administradores da Pixar muita liberdade para fazer seu trabalho da forma que pensem ser mais adequada, acreditando que a abertura criativa e a estabilidade financeira podem coexistir.[78]

Os valores de eficácia que orientaram a Pixar Animation Studios, que era uma organização de entretenimento relativamente jovem e pequena quando foi adquirida pela Disney, reflete principalmente uma ênfase em sistemas abertos. Os administradores valorizam a flexibilidade, a capacidade de encontrar funcionários altamente criativos e dar a eles a liberdade para tomar decisões sobre ideias de histórias e a direção de projetos, sendo inovadora e oferecendo a seus clientes algo novo e inesperado. A Pixar foi criada em meados dos anos 1980 e adotou uma abordagem orgânica para o projeto da organização. Por outro lado, a Walt Disney Company começou como um pequeno estúdio de animação na década de 1920, mas quando adquiriu a Pixar era uma empresa global grande e bem estabelecida com procedimentos padronizados e uma estrutura hierárquica e mecanicista. Os valores da Disney refletem uma forte abordagem de metas. As metas principais são produtividade e lucros, e os valores de estabilidade ultrapassam a abertura e a flexibilidade. A união dessas duas organizações tem levado naturalmente a alguns conflitos de metas e valores. Lembre-se de que todas as organizações são uma combinação de ideias, metas e valores concorrentes. A ênfase em metas e valores muda com o passar do tempo.

Fundamentos do projeto

- As organizações existem com uma finalidade. A alta administração decide a intenção estratégica da organização, incluindo a missão específica a ser conquistada. A declaração da missão, ou metas oficiais, torna explícito o propósito e a direção de uma organização. As metas operacionais definem resultados específicos buscados através de procedimentos operacionais reais. Metas oficiais e operativas são elementos fundamentais nas organizações porque elas vão de encontro a essas necessidades – estabelecer legitimidade com os grupos externos, oferecer um senso de direção e motivação aos funcionários, e definir padrões de desempenho.
- Dois outros aspectos que estão relacionados à intenção estratégica são a competência principal e a vantagem competitiva. A vantagem competitiva coloca a organização além das demais e proporciona a esta uma vantagem distinta. A competência principal de uma empresa é algo que a organização faz especialmente bem em comparação a suas concorrentes. Administradores procuram por aberturas competitivas e desenvolvem estratégias em suas competências principais.
- As estratégias podem incluir qualquer número de técnicas para alcançar as metas estabelecidas. Duas abordagens para a formulação de estratégias são o modelo de estratégias competitivas de Porter e a tipologia de estratégia de Miles e Snow. O projeto da organização precisa se adaptar à abordagem competitiva da empresa para contribuir com a eficácia organizacional.
- A avaliação da eficácia organizacional reflete a complexidade das organizações como um tópico para estudo. A eficácia é uma construção social, o que significa que os critérios de eficácia são criados e julgados pelas pessoas. Pessoas diferentes terão critérios diferentes para o que faz uma organização "eficaz." Administradores precisam decidir como eles irão definir e medir a eficácia organizacional.
- Nenhuma medida fácil, simples e garantida fornecerá uma estimativa inequívoca do desempenho. As organizações devem executar diversas atividades – desde obter recursos de entradas até fornecer resultados – para serem bem-sucedidas. Quatro abordagens para medir a eficácia são a abordagem de metas, a abordagem baseada em recursos, a abordagem de processos internos e a abordagem dos componentes estratégicos. A eficácia é multidimensional, por isso administradores geralmente usam indicadores de mais de uma abordagem e adotam medições tanto qualitativas quanto quantitativas.
- Nenhuma abordagem é adequada para todas as organizações, mas cada uma oferece algumas vantagens que as outras não têm. Além disso, o modelo de valores concorrentes tenta levar em conta as várias partes da organização em vez de focar em apenas uma. Este modelo reconhece as diferentes áreas de foco (interna, externa) e estrutura (flexibilidade, estabilidade) e permite que os administradores escolham os valores que querem enfatizar.

Conceitos-chave

abordagem baseada em recursos
abordagem dos componentes estratégicos
abordagem de metas
abordagem do processo interno
analítica
competência principal
construção social
defensiva

ênfase em processos internos
ênfase em relações humanas
ênfase em sistemas abertos
ênfase meta racional
estratégia
estratégia de diferenciação
estratégia de liderança de baixo custo
estrutura
foco

intenção estratégica
meta organizacional
metas oficiais
metas operacionais
missão
modelo dos valores concorrentes
prospectora
reativa
vantagem competitiva

Questões para discussão

1. Discuta o papel da alta administração na definição do direcionamento organizacional.
2. Como as metas da empresa para o desenvolvimento dos funcionários podem estar relacionadas com suas metas de inovação e mudança? Com suas metas de produtividade? Você pode discutir como esses tipos de metas podem entrar em conflito em uma organização?
3. Qual é a meta do curso para o qual você está lendo este livro? Quem estabeleceu essa meta? Discuta como as metas afetam seu direcionamento e sua motivação.
4. Qual é a diferença entre uma meta e uma estratégia, segundo as definições do texto? Identifique uma meta e uma estratégia para o campus universitário ou uma organização comunitária com a qual você esteja envolvido.
5. Discuta as semelhanças e as diferenças nas estratégias descritas nas estratégias competitivas de Porter e nas tipologias de Miles e Snow.
6. Você acredita que as declarações de missão e metas oficiais forneçam no ambiente externo legitimidade genuína para uma organização? Discuta.
7. Suponha que você tenha de avaliar a eficácia de um departamento policial numa comunidade de médio porte. Por onde você começaria e qual seria o procedimento? Qual seria a abordagem de eficácia de sua preferência?
8. Quais são as vantagens e as desvantagens da abordagem baseada em recursos quando comparada com a abordagem de metas para a mensuração da eficácia organizacional?
9. Quais são as semelhanças e as diferenças entre avaliar a eficácia com base nos valores concorrentes quando comparada com a abordagem dos componentes estratégicos? Explique.
10. Certa vez, um reconhecido teórico da organização disse que a "eficácia organizacional pode ser qualquer coisa que a alta administração defina como sendo". Discuta.

Capítulo 3 Caderno de exercícios

Identificar os critérios de eficácia e estratégias da empresa[79]

Escolha três organizações em três indústrias diferentes, incluindo uma organização sem fins lucrativos, se possível. Procure informações sobre as empresas, incluindo relatórios anuais, na internet. Em cada organização, avalie especialmente as descrições de metas e os critérios de desempenho. Consulte a tabela com os quatro critérios de eficácia na Figura 3.9, além das estratégias competitivas de Porter na Figura 3.5.

	Critérios de eficácia da Figura 3.9 Articulados	Estratégias de Porter usadas (Figura 3.5)
Empresa nº 1		
Empresa nº 2		
Empresa nº 3		

Perguntas

1. Quais os critérios de eficácia que parecem mais importantes?
2. Procure diferenças nas metas e estratégias das três empresas e desenvolva uma explicação para aquelas diferenças.
3. Quais são as metas ou estratégias que poderiam ser modificadas? Por quê?
4. *Opcional:* compare sua tabela com as de outros alunos e encontre temas comuns. Quais são as empresas que melhor parecem articular e comunicar suas metas e estratégias?

CASO PARA ANÁLISE   O Museu de Arte da Universidade[80]

O Museu de Arte da Universidade, do qual a grande e distinta universidade se orgulhava muito, sempre era mostrado aos visitantes. Uma fotografia da bela construção neoclássica que abrigava o museu há muito tempo vinha sendo estampada nas capas de folhetos e catálogos da universidade.

O prédio e uma substancial doação foram entregues à universidade por volta de 1929 por um ex-aluno, filho do primeiro presidente da universidade, que tinha se tornado muito rico como banqueiro de investimentos. Ele também doou à universidade suas coleções pequenas, porém de alta qualidade, como uma de suas estatuetas etruscas e outra, única nos Estados Unidos, de pinturas pré-rafaelitas. Ele, então, trabalhou como diretor não remunerado do museu até sua morte. Durante seu mandato, comprou algumas coleções adicionais para o museu, principalmente de outros ex-alunos da universidade. Raramente o museu comprava qualquer coisa. Como resultado, ele abrigou várias coleções pequenas de qualidade desigual. Enquanto o fundador dirigiu o museu, nenhuma das coleções foi jamais exibida a quem quer que seja, a não ser a alguns membros da faculdade de História da Arte da universidade, que eram admitidos como convidados especiais do fundador.

Após a morte do fundador, no final dos anos 1920, a universidade tinha a intenção de trazer um diretor de museu profissional. Na verdade, isso fazia parte do acordo sob o qual o fundador havia doado o museu. Um comitê de recrutamento estava para ser nomeado, porém uma estudante de História da Arte que havia passado muitas horas ali e demonstrado interesse no museu acabou assumindo temporariamente. De início, a senhorita Kirkoff não tinha nem mesmo um título, muito menos um salário. Ela atuou como diretora do museu, e no decorrer dos 30 anos seguintes, foi promovida estágio por estágio até aquele título. Contudo, desde o primeiro dia, independentemente de seu título, ela esteve no comando. Ela imediatamente passou a transformar completamente o museu. Ela catalogou as coleções. Ela foi em busca de novos donativos, mais uma vez, principalmente pequenas coleções de ex-alunos e outros amigos da universidade. Organizou campanhas de levantamento de fundos, mas, acima de tudo, começou a integrar o museu ao trabalho da universidade.

Quando surgiu um problema de espaço devido às matrículas excessivas e à contratação de novos professores, a senhorita Kirkoff colocou à disposição o terceiro andar do museu para a faculdade de História da Arte, que mudou seus escritórios para lá. Ela remodelou o edifício para incluir salas de aula e um moderno e bem equipado auditório. Levantou fundos para construir uma das melhores bibliotecas de referência e pesquisa em história da arte no país. Ela também começou a organizar uma série de exposições especiais criadas em torno das próprias coleções do museu, complementadas com empréstimos de coleções externas. Para cada uma dessas exposições havia um catálogo escrito por um ilustre membro da faculdade de Artes da universidade. Esses catálogos tornaram-se rapidamente os textos acadêmicos líderes em suas áreas.

A senhorita Kirkoff dirigiu o Museu de Arte da Universidade por quase meio século. No entanto, aos 68 anos de idade, depois de sofrer um grave AVC, ela teve de se aposentar. Em sua carta de renúncia, apontava com orgulho para o crescimento que o museu obteve durante sua administração. "Nosso acervo", escreveu, "é agora comparável ao de museus muitas vezes maiores que o nosso. Nunca tivemos de pedir dinheiro à universidade, além da parte que nos cabia das apólices de seguro. Nossas coleções que nos dão destaque, embora pequenas, são de primeira qualidade e importância. Acima de tudo, estamos sendo usados por muito mais pessoas do que qualquer outro museu do nosso porte. Nossas séries de palestras, nas quais os membros da faculdade de História da Arte apresentam um assunto importante para um público de estudantes e professores universitários, atraem com regularidade de 300 a 500 pessoas; e, se tivéssemos capacidade para abrigar, poderíamos facilmente atrair um público maior. Nossas exposições são vistas e estudadas por muitos visitantes, a maioria deles membros da comunidade universitária, mas as exposições mais amplamente divulgadas nos maiores museus sempre atraem. Acima de tudo, os cursos e seminários oferecidos pelo museu se tornaram um dos mais populares e um recurso educacional da universidade que mais cresce. Nenhum outro museu neste país ou em qualquer outro lugar", concluiu a Srta. Kirkoff, " integrou de forma bem-sucedida a arte na vida de uma importante universidade e uma importante universidade em uma exposição de um museu.

A senhorita Kirkoff recomendou veementemente que a universidade trouxesse um diretor de museu profissional como seu sucessor. "O museu é muito grande e muito importante para ser confiado a outro amador como eu era há 45 anos", escreveu. "E ele precisa de considerações cuidadosas com relação a sua direção, sua base de apoio e seu futuro relacionamento com a universidade."

A universidade seguiu o conselho da senhorita Kirkoff. Um comitê de busca foi devidamente apontado e, depois de um ano de trabalho, produziu um candidato o qual todos aprovaram. O candidato era um formando da universidade que tinha obtido seu doutorado em História da Arte e em museologia na própria universidade. Tanto seu currículo acadêmico quanto sua experiência em administração eram sólidos e o tinham levado a dirigir um museu numa cidade de médio porte. Lá ele converteu um velho e bem conhecido museu, embora esquecido, em um ativo centro cultural voltado para a comunidade, cujas exposições eram bastante divulgadas e atraíam grandes multidões.

O novo diretor do museu assumiu o cargo em setembro de 1998 com grande festa. Menos de três anos depois ele saiu – com menos festa, mas ainda com um barulho considerável. Se ele se demitiu ou foi demitido, isso não ficou muito claro. Mas que havia ressentimentos dos dois lados era bastante óbvio.

Na sua chegada, o novo diretor tinha anunciado que ele encarava o museu como um "importante recurso da comunidade" e que pretendia "tornar os enormes recursos artísticos e acadêmicos do museu completamente disponíveis para a comunidade acadêmica, assim como para o público".

Quando ele fez essa afirmação em uma entrevista para o jornal da faculdade, todos concordaram. Logo ficou claro que o que ele queria dizer com "recurso comunitário" e o que o corpo docente e os estudantes entenderem com essas palavras não era a mesma coisa. O museu sempre esteve "aberto ao público", mas, na prática, eram os membros da comunidade universitária que usavam o museu e compareciam às palestras, exposições, e seminários frequentes.

Contudo, a primeira coisa que o novo diretor fez foi promover visitas das escolas públicas da área. Logo, ele começou a modificar a política de exposições. Em vez de organizar pequenas mostras, focalizadas em uma importante coleção do museu e criadas em torno de um catálogo acadêmico, ele começou a organizar "exposições populares" ao redor de "tópicos de interesse geral", como "As mulheres artistas através dos séculos". Divulgou com vigor essas exposições nos jornais, em entrevistas a rádios e televisão e, sobretudo, nas escolas locais. Como resultado, o que tem sido um lugar movimentado, mas silencioso, ficou logo repleto de crianças, levadas ao museu em ônibus especiais que bloqueavam as vias de acesso ao redor do museu e por todo o campus. O corpo docente, que não estava particularmente satisfeito com o barulho e a confusão, se sentiu completamente perturbado quando o decano do departamento de História da Arte foi atacado por estudantes do ensino médio que o receberam com pistolas d'água, quando ele tentava abrir caminho pela entrada principal rumo ao seu escritório.

Cada vez mais, o novo diretor não projetava as suas próprias exposições, mas trazia exposições itinerantes dos mais importantes museus, importando também seus catálogos, em vez de ter um produzido pela própria faculdade.

Os alunos, também, estavam especialmente desanimados depois de seis ou oito meses, durante os quais o novo diretor tinha sido um tipo de herói no campus. A participação nas aulas e seminários promovidos no museu de arte caiu significativamente, assim como a participação nas palestras noturnas. Quando o editor do jornal do campus entrevistou estudantes para uma história sobre o museu, repetidamente ouviu que o museu tinha se tornado muito barulhento e "sensacionalista" para que os estudantes desfrutassem das aulas ou tivessem chances de aprender.

O que trouxe tudo isso para o centro das atenções foi uma exposição de arte islâmica no final de 2000. Como o museu possuía poucos exemplares de arte islâmica, ninguém criticou a mostra da exposição itinerante, oferecida em termos bastante vantajosos com uma generosa assistência financeira de alguns governos árabes. Mas, em vez de convidar um dos membros da faculdade da própria universidade para fazer o habitual discurso de inauguração da exposição, o diretor trouxe um adido cultural de uma das embaixadas árabes de Washington. Uma semana mais tarde, o conselho da universidade decidiu nomear um comitê consultivo, composto principalmente por membros da faculdade de História, que no futuro teria de aprovar todos os planos de exposições e palestras. Logo depois, numa entrevista ao jornal do campus, o diretor atacou violentamente a faculdade, chamando-a de "elitista" e "esnobe" e por acreditar que a "arte pertence aos ricos". Seis meses mais tarde, em junho de 2001, sua renúncia foi anunciada.

Sob o regimento interno da universidade, o conselho acadêmico nomeia um comitê de recrutamento. Normalmente, esta é uma mera formalidade. O presidente do departamento apropriado submete aqueles apontados pelo departamento para o comitê que os aprova e os nomeia, habitualmente sem debate. Mas quando um comitê de busca foi solicitado ao senado acadêmico no início do semestre seguinte, as coisas ficaram longe de "normais." O reitor que presidia, sentindo os ânimos na reunião, tentou suavizar as coisas dizendo, "Cla-

ramente, selecionamos a pessoa errada da última vez. Teremos que tentar com mais afinco encontrar a pessoa certa desta vez."

Imediatamente, ele foi interrompido por um economista conhecido por seu populismo, que disse: "Eu admito que o último diretor provavelmente não era a pessoa certa. No entanto, estou convicto de que sua personalidade não estava na raiz do problema. Ele tentou fazer o que era necessário e isso lhe rendeu problemas com a faculdade. Ele procurou fazer de nosso museu um recurso comunitário, trazer a comunidade e tornar a arte acessível para amplas camadas de pessoas, para os negros e porto-riquenhos, para as crianças das escolas dos guetos e para o público leigo. E é isso do que nos ressentimos. Talvez seus métodos não fossem os mais diplomáticos — admito. Eu poderia passar sem aquelas entrevistas concedidas por ele. É melhor que nos comprometamos com a política que ele queria pôr em prática ou, caso contrário, mereceremos os ataques de 'elitistas' e 'esnobe'".

"Isso não tem sentido", interrompeu o normalmente silencioso e educado membro do conselho da faculdade de História da Arte. "Não tem o menor sentido que nosso museu se torne o tipo de recurso comunitário que nosso último diretor e meu distinto colega querem que ele seja. Em primeiro lugar, não há necessidade. A cidade possui um dos melhores e maiores museus do mundo e faz exatamente isso, e o faz muito bem. Em segundo, não possuímos os recursos artísticos nem financeiros para servir a comunidade em grande escala. Podemos fazer algo diferente, mas importante e de fato, único. Nosso museu é o único no país e, talvez, no mundo, que está totalmente integrado com a comunidade acadêmica e é uma verdadeira instituição de ensino. Estamos utilizando-o, ou pelo menos o fazíamos até esses últimos anos infelizes, como um importante recurso educacional para nossos estudantes. Nenhum outro museu no país, e até onde sei, no mundo, está trazendo os estudantes de graduação para a arte como o fazemos. Todos nós, além de nosso trabalho acadêmico e universitário, lecionamos cursos de graduação para pessoas que não serão especialistas em arte ou historiadores da arte. Trabalhamos com os estudantes de Engenharia e lhes mostramos o que fazemos em nosso trabalho de conservação e restauração. Trabalhamos com os estudantes de Arquitetura e lhes mostramos o desenvolvimento da arquitetura através dos séculos. Acima de tudo, trabalhamos com estudantes da área de Humanas, que muitas vezes não foram expostos à arte antes e que vêm aqui e desfrutam de nossos cursos exatamente por serem acadêmicos, e não uma simples "apreciação da arte". Isso é único e é o que nosso museu pode e deve fazer".

"Duvido que isso realmente seja o que o museu deveria estar fazendo", comentou o presidente do departamento de Matemática. "O museu, até onde sei, é parte da pós-graduação. Ele deve se concentrar no treinamento de historiadores da arte em seu programa de doutorado em seu trabalho acadêmico, e em sua pesquisa. Eu recomendaria veementemente que o museu fosse considerado um recurso da pós-graduação e em especial para a formação de doutores, se restringindo nisso e ficasse fora das tentativas de tornar-se 'popular', tanto no campus quanto fora dele. O orgulho do museu são os catálogos produzidos por nossa faculdade e pelos nossos alunos de doutorado, que são procurados por todo o país. Essa é a missão do museu, que apenas será prejudicada pelas tentativas de ser 'popular', seja com estudantes ou com o público."

"Esses são comentários muito interessantes e importantes", disse o diretor, ainda tentando tranquilizar. "Mas, eu acho que isso pode esperar até o momento em que saberemos quem vai ser o novo diretor. Então, deveríamos levantar essas questões junto a ele."

"Permita-me discordar, Sr. Diretor", disse um dos membros mais antigos da faculdade. "Durante os meses de verão, discuti essa questão com um velho amigo e vizinho, diretor de um dos melhores museus do país. Ele me disse: "Vocês não têm um problema de personalidade; vocês têm um problema de gerenciamento. Vocês não assumiram, como universidade, responsabilidade pela missão, direção e objetivos do museu. Até que isso seja feito, nenhum diretor será bem-sucedido. E essa decisão é de vocês. Na realidade, vocês não podem esperar recrutar um bom diretor até que seja possível dizer àquela pessoa quais são seus objetivos básicos. Se o último diretor tem alguma culpa – eu o conheço e sei que é duro – é de ter se disposto a assumir o trabalho quando vocês, a universidade, não tinham enfrentado as decisões básicas de administração. Não tem sentido falar sobre quem deve administrar até que esteja claro aquilo que deve ser gerenciado e com que finalidade.'"

Nesse momento o diretor percebeu que teria de adiar a discussão a menos que quisesse que a reunião acabasse em briga. Mas ele também percebeu que tinha de identificar as questões e possíveis decisões antes da próxima reunião do conselho, marcada para um mês mais tarde.

CASO PARA ANÁLISE   Covington Peças e Serviços de Ondulação[81]

Larisa Harrison não mostrou satisfação quando atirou os últimos rendimentos trimestrais de sua empresa sobre sua mesa. Quando a empresa Covington Peças e Serviços de Ondulação sediada em Virgínia passou a marca dos US$10 milhões há algum tempo, Larisa estava certa de que a empresa estava bem posicionada para um crescimento estável. Hoje, a Covington, que fornece peças e serviços para máquinas de precisão para a indústria doméstica de caixas e papelões ondulados, ainda desfruta de uma posição dominante no mercado, mas as vendas e lucros estão mostrando claramente os sinais de estagnação.

Há mais de duas décadas, o avô de Larisa emprestou a ela o dinheiro para abrir o negócio e, então, a entregou o celeiro no qual tinha sido a fazenda Shenandoah Valley da família para que servisse como sua primeira fábrica. Ele tem sido um pensador progressista em comparação com muitos de seus contemporâneos que zombavam da ideia de uma mulher dirigindo uma planta de peças, e ele não viu nenhum motivo porque uma jovem inteligente de 27 anos não pudesse dirigir o que quisesse. Seus amigos antiquados não zombaram mais quando Larisa se tornou uma das maiores empregadoras na área. Hoje, a Covington opera em uma fábrica de 50.000 pés localizada próximo à I-81 há apenas algumas milhas do antigo celeiro da família. O negócio permitiu a Larisa concretizar o que antigamente parecia uma meta quase impossível: ela estava ganhando bem sem ter que deixar a proximidade de sua família e suas raízes rurais. Ela também sentiu grande satisfação em empregar cerca de 150 pessoas, muitas delas da própria vizinhança. Elas estavam entre os trabalhadores mais esforçados e leais que você poderia encontrar. No entanto, muitos de seus primeiros funcionários estavam perto de se aposentar. Ela percebeu, a partir de sua experiência, de que substituir estes funcionários capacitados não seria fácil. As pessoas mais inteligentes e jovens da área estavam mais interessadas em mudar dali em busca de emprego do que estavam seus pais. Aqueles que permaneceram não pareciam ter a ética profissional que Larisa esperava de seus funcionários.

Outros problemas também estavam surgindo. A fatia de mercado da Covington, que já foi de formidáveis 70%, estava diminuindo rapidamente, devido não só ao surgimento de novos concorrentes diretos, mas também às mudanças da indústria. A indústria de caixas e papelões nunca foi especialmente resistente à recessão, com demandas flutuando com a produção industrial. A instabilidade da economia afetou toda a indústria, incluindo os maiores clientes da Covington. Além disso, produtos de embarque alternativos, como filmes flexíveis de plástico flexíveis e contêineres reaproveitáveis, estavam se tornando mais comuns. Ainda não se sabia quanto prejuízo eles causariam na demanda por caixas e papelão. Ainda mais preocupante, a consolidação na indústria aniquilou centenas de plantas pequenas nos Estados Unidos atendidas pela Covington, com muitos de seus sobreviventes decidindo operar no exterior ou se fundindo a outras corporações internacionais. Os fabricantes que sobreviveram estavam investindo em máquinas de melhor qualidade vindas da Alemanha, que quebravam com menos frequência, exigindo assim menos peças da Covington.

A Covington estava claramente em uma encruzilhada, e seus administradores estavam debatendo sobre qual direção a empresa deveria tomar. Se a Covington quisesse crescer, o negócio atual não iria ajudar. Mas ninguém parecia concordar quanto a melhor forma de alcançar o crescimento. O gerente de marketing foi pressionado a mudar para novos produtos e serviços, talvez até mesmo servindo outras indústrias, enquanto o diretor financeiro acreditava que a planta precisava ser mais eficiente, mesmo se tivesse que demitir funcionários, e oferecer aos clientes um custo mais baixo. Larisa não gostou daquela ideia porque seu foco sempre foi o que era melhor para seus funcionários. O diretor financeiro disse ainda que a eficácia e a lucratividade deveriam ser os critérios mais importantes por meio do qual a Covington deveria medir seu desempenho, enquanto que o gerente de marketing argumentava que a empresa seria eficaz somente se focasse na satisfação do cliente em um ambiente de mudança na indústria, o que significaria assumir alguns risco financeiros. "Eu sei que 'enrolado' está em nosso nome," disse ele, "mas já movemos além disso para servir outros tipos de equipamento de produção de papelão. Por que não nos tornamos um fornecedor completo, servindo qualquer fabricante que produza contêineres e materiais de embalagem, seja papel, plástico, ou outros?" Era sem dúvida uma ideia ambiciosa, mas ele estava tão animado com a ideia que já tinha investigado possíveis aquisições e oportunidades de parceria. O diretor financeiro ficou pálido. "Se alguém deveria estar procurando por fusões e aquisições, deveria ser eu, não o gerente de marketing", ela gritou na última reunião de administradores. Enquanto isso, o vice-presidente de produção apresentou um plano para expandir a fatia do mercado por meio da exportação de peças, o que instigou tanto o gerente de marketing quanto o diretor financeiro. "Por que nem ouvimos falar sobre isto até agora?" perguntou o gerente de marketing. "Não estou dizendo que discordo, mas a comunicação nesta empresa é desastrosa. Eu nunca nem recebi uma cópia do relatório financeiro mais recente." O diretor financeiro respondeu rapidamente com uma acusação de que o gerente de marketing não parecia se importar muito com lucros ou prejuízos, então por que ele precisaria de uma cópia do relatório?

À medida que Larisa considerava o caos no qual a última reunião tinha gerado, ela recordou de seu tempo de faculdade e percebeu que o projeto da organização era parte do problema. A Covington tinha sido bem-sucedida por duas décadas com uma estrutura relaxada, e até casual, porque todos pareciam focados na construção do negócio. As pessoas simplesmente fizeram o que era necessário ser feito. No entanto, a empresa havia enfrentado uma ameaça antes. "Talvez não estamos bem organizados como deveríamos para enfrentar os desafios pelos quais a Covington está passando", ela pensou. Enquanto víamos o último turno de trabalhadores caminhar para seus carros, Larisa rabiscou algumas anotações em um bloco de notas:

Como podemos decidir qual estratégia perseguir?
Quem deve ter a autoridade e a responsabilidade para fazer isto?
Como melhoramos a comunicação?
Quais critérios devemos usar para medir o desempenho e assegurar a responsabilidade?

Larisa sabia que assim que ela ou sua equipe pudesse definir algumas respostas, ela dormiria um pouco melhor.

Workshop do Capítulo 3 — Valores concorrentes e eficácia organizacional [82]

1. Divida a classe em grupos de 4 a 6 pessoas.
2. Selecione uma organização para estudar para este exercício. É preciso que seja uma organização para a qual um de vocês trabalhou, ou pode ser a universidade.
3. Utilizando a figura "Quatro abordagens para valores de eficácia" (Figura 3.9), seu grupo deve enumerar oito medidas potenciais que demonstrem uma visão de desempenho baseada nas quatro categorias de valor. Use a tabela a seguir.
4. Como a realização destas metas/valores ajudará a organização a tornar-se mais eficaz? Quais são as metas/valores que poderiam ter mais peso do que outros? Por quê?
5. Apresente seu quadro de valores concorrentes para o restante da classe. Cada grupo deve explicar por que escolheu aquelas medidas específicas e quais são os mais importantes. Esteja preparado para defender sua posição para os outros grupos, que devem ser encorajados a questionar suas escolhas.

Categoria de eficácia	Meta ou submeta	Medidor de desempenho	Como medir	Fonte de dados	O que você considera eficaz?
(Exemplo)	Equilíbrio	Índice de rotatividade	Compare as porcentagens de trabalhadores que deixaram	Arquivos HRM	25% mais baixos no primeiro ano
Sistema aberto	1.				
	2.				
Relações humanas	3.				
	4.				
Processo interno	5.				
	6.				
Meta racional	7.				
	8.				

Notas

1. Miguel Helft, "What Makes eBay Unstoppable?" *The Industry Standard* (August 6–13, 2001), 32–37; and Scott Morrison and Geoffrey A. Fowler, "eBay Pushes Into Amazon Turf," *The Wall Street Journal*, March 29, 2011.
2. Amitai Etzioni, *Modern Organizations* (Englewood Cliffs, NJ: Prentice-Hall, 1964), 6.
3. John P. Kotter, "What Effective General Managers Really Do," *Harvard Business Review* (November–December 1982), 156–167; Henry Mintzberg, *The Nature of Managerial Work* (New York: Harper & Row, 1973); and Henry Mintzberg, *Managing* (San Francisco: Berrett-Kohler Publishers, 2009).
4. Charles C. Snow and Lawrence G. Hrebiniak, "Strategy, Distinctive Competence, and Organizational Performance," *Administrative Science Quarterly* 25 (1980), 317–335; and Robert J. Allio, "Strategic Thinking: The Ten Big Ideas," *Strategy & Leadership* 34, no. 4 (2006), 4–13.
5. Dan Sabbagh, "Digital Revolt Leaves Film-Makers Exposed," *The Times*, October 9, 2004.
6. Gary Hamel and C.!K. Prahalad, "Strategic Intent," *Harvard Business Review* (July–August 2005), 148–161.
7. Ibid.
8. Barbara Bartkus, Myron Glassman, and R. Bruce McAfee, "Mission Statements: Are They Smoke and Mirrors?" *Business Horizons* (November–December 2000), 23–28; and Mark Suchman, "Managing Legitimacy: Strategic and Institutional Approaches," *Academy of Management Review* 20, no. 3 (1995), 571–610.
9. Ian Wilson, "The Agenda for Redefining Corporate Purpose: Five Key Executive Actions," *Strategy & Leadership* 32, no.!1 (2004), 21–26.
10. Bill George, "The Company's Mission is the Message," *Strategy + Business*, Issue 33 (Winter 2003), 13–14; and Jim Collins and Jerry Porras, *Built to Last: Successful Habits of Visionary Companies* (New York: Harper Business, 1994).
11. Hamel and Prahalad, *Strategic Intent*.
12. Issie Lapowsky, "Logistics; No Time to Spare; Tackling Last-Minute Jobs," *Inc.* (July–August 2011), 106, 108.
13. Arthur A. Thompson, Jr. and A.!J. Srickland III, *Strategic Management: Concepts and Cases*, 6th ed. (Homewood, IL: Irwin, 1992); and Briance Mascarenhas, Alok Baveja, and Mamnoon Jamil, "Dynamics of Core Competencies in Leading Multinational Companies," *California Management Review* 40, no. 4 (Summer 1998), 117–132.
14. Chris Woodyard, "Big Dreams for Small Choppers Paid Off," *USA Today*, September 11, 2005.
15. Charles Perrow, "The Analysis of Goals in Complex Organizations," *American Sociological Review* 26 (1961), 854–866.
16. Johannes U. Stoelwinde and Martin P. Charns, "The Task Field Model of Organization Analysis and Design," *Human Relations* 34 (1981), 743–762; and Anthony Raia, *Managing by Objectives* (Glenview, IL: Scott Foresman, 1974).
17. Chester Dawson and Yoshio Takahashi, "Toyota Hones Focus, Top Ranks; Japanese Car Maker's New Strategy Will Devote More Attention to Hybrids and Emerging Markets," *The Wall Street Journal Online* (March 10, 2011), http:// online.wsj.com/article/SB10001424052748704132204576189824246558988.html (accessed March 10, 2011).
18. Paul Beckett, Vibhuti Agarwal, and Julie Jargon, "Starbucks Brews Plan to Enter India," *The Wall Street Journal Online* (January 14, 2011), http://online.wsj.com/article/SB10001424052748703583404576079593558838756.html (accessed July 16, 2011).
19. Christina Passariello, "To L'Oreal, Brazil's Women Need Fresh Style of Shopping," *The Wall Street Journal*, January 21, 2011, B1.
20. Reed Abelson, "Managing Outcomes Helps a Children's Hospital Climb in Renown," *The New York Times*, September 15, 2007, C1.
21. "Customer Bliss' Jeanne Bliss: Wegmans Food Markets Excels by Throwing Away the Rule Book," The 1to1 Blog, http://www.1to1media.com/ weblog/2011/07/customer_bliss_jeanne_bliss_we.html (accessed July 16, 2011); Milton Moskowitz, Robert Levering, and Christopher Tkaczyk, "100 Best Companies to Work For," *Fortune* (February 7, 2011), 91–98; and Wegmans website, http://www.wegmans.com/webapp/wcs/stores/servlet/ProductDisplay?storeId=10052&partNumber=UNIVERSAL_4373 (accessed July 16, 2011).
22. Brooks Barnes, "Animation Meets Economic Reality," *The New York Times*, April 4, 2011, B1.
23. A.G. Lafley and Ram Charan, *The Game Changer: How You Can Drive Revenue and Profit Growth with Innovation* (New York: Crown Business, 2008); Larry Huston and Nabil Sakkab, "Connect and Develop; Inside Procter & Gamble's New Model for Innovation," *Harvard Business Review* (March 2006), 58–66; G. Gil Cloyd, "P&G's Secret: Innovating Innovation," *Industry Week* (December 2004), 26–34; and "P&G Sets Two New Goals for Open Innovation Partnerships," Press Release (October 28, 2010), Procter & Gamble website, http://www.pginvestor.com/phoenix.zhtml?c=104574&p=irolnewsArticle&ID=1488508 (accessed July 15, 2011).
24. Verificar estudos publicados em Gary P. Latham and Edwin A. Locke, "Enhancing the Benefits and Overcoming the Pitfalls of Goal Setting," *Organizational Dynamics* 35, no. 4 (2006), 332–340.
25. Paul Sloan, "The Sales Force That Rocks," *Business 2.0* (July 2005), 102–107.
26. James D. Thompson, *Organizations in Action* (New York: McGraw Hill, 1967), 83–98.
27. Michael E. Porter, "What Is Strategy?" *Harvard Business Review* (November–December 1996), 61–78.
28. A discussão foi baseada em Michael E. Porter, *Competitive Strategy: Techniques for Analyzing Industries and Competitors* (New York: Free Press, 1980).
29. Rob Walker, "Branching Out," *New York Times Magazine* (September 24, 2006), 21.
30. Alan Ruddock, "Keeping Up with O'Leary," *Management Today* (September 2003), 48–55; and Jane Engle, "Flying High for Pocket Change; Regional Carriers Offer Inexpensive Travel Alternative," *South Florida Sun Sentinel* (February 13, 2005), 5.
31. Bruce Einhorn, "Acer's Game-Changing PC Offensive," *BusinessWeek* (April 20, 2009), 65; Charmian Kok and Ting-I Tsai, "Acer Makes China Push from Taiwan; PC Maker's Chief Expects Best Gains in New Markets, Including Brazil, As Aims to Surpass H-P," *The Wall Street Journal*, April 1, 2010; and "Experience Will Propel Acer to Top of Smartphone Market by 2013," *Gulf News*, January 22, 2010.
32. Michael E. Porter, "Strategy and the Internet," *Harvard Business Review* (March 2001), 63–78; and John Magretta, "Why Business Models Matter," *Harvard Business Review* (May 2002), 86.
33. Suzanne Kapner, "The Mighty Dollar," *Fortune* (April 27, 2009), 65–66.
34. Richard Teitelbaum, "The Wal-Mart of Wall Street," *Fortune* (October 13, 1997), 128–130.
35. Raymond E. Miles and Charles C. Snow, *Organizational Strategy, Structure, and Process* (New York: McGraw-Hill, 1978).

36. Nicholas Casey, "New Nike Sneaker Targets Jocks, Greens, Wall Street," *The Wall Street Journal* (February 15, 2008), B1.
37. Norihiko Shirouzu, "Chinese Begin Volvo Overhaul," *The Wall Street Journal*, June 7, 2011, B1.
38. Geraldine Fabrikant, "The Paramount Team Puts Profit Over Splash," *The New York Times*, June 30, 2002, Section 3, 1, 15.
39. Mylene Mangalindan, "Slow Slog for Amazon's Digital Media–Earnings Today May Provide Data on What Works," *The Wall Street Journal*, April 23, 2008, B1.
40. Nanette Byrnes and Peter Burrows, "Where Dell Went Wrong," *BusinessWeek* (February 19, 2007), 62–63; and Cliff Edwards, "Dell's Do-Over," *BusinessWeek* (October 26, 2009), 36–40.
41. "On the Staying Power of Defenders, Analyzers, and Prospectors: Academic Commentary by Donald C. Hambrick," *Academy of Management Executive* 17, no. 4 (2003), 115–118.
42. Etzioni, Modern Organizations, 8; and Gary D. Sandefur, "Efficiency in Social Service Organizations," *Administration and Society* 14 (1983), 449–468.
43. Richard M. Steers, *Organizational Effectiveness: A Behavioral View* (Santa Monica, CA: Goodyear, 1977), 51.
44. Michael Hammer, "The 7 Deadly Sins of Performance Measurement (and How to Avoid Them)," *MIT Sloan Management Review* 48, no. 3 (Spring 2007), 19–28.
45. Karl E. Weick and Richard L. Daft, "The Effectiveness of Interpretation Systems," in Kim S. Cameron and David A. Whetten, eds., *Organizational Effectiveness: A Comparison of Multiple Models* (New York: Academic Press, 1982).
46. Estadiscussão foi baseada em Robert D. Herman and David O. Renz, "Advancing Nonprofit Organizational Effectiveness Research and Theory," *Nonprofit Management and Leadership* 18, no. 4 (Summer 2008), 399–415; Eric J. Walton and Sarah Dawson, "Managers' Perceptions of Criteria of Organizational Effectiveness," *Journal of Management Studies* 38, no. 2 (March 2001), 173–199; and K.!S. Cameron and D.!A. Whetton, "Organizational Effectiveness: One Model or Several?" in *Organizational Effectiveness: A Comparison of Multiple Models*, K.S. Cameron and D.A. Whetton, eds., (New York: Academic Press, 1983), 1–24.
47. História contada em Herman and Renz, "Advancing Nonprofit Organizational Effectiveness Research and Theory."
48. A maioria desses indicadores foram retirados de Cristina B. Gibson, Mary E. Zellmer-Bruhn, and Donald P. Schwab, "Team Effectiveness in Multinational Organizations: Evaluation Across Contexts," *Group & Organizational Management* 28, no. 4 (December 2003), 444–474.
49. Herman and Renz, "Advancing Nonprofit Organizational Effectiveness Research and Theory;" Y. Baruch and N. Ramalho, Communalities and Distinctions in the Measurement of Organizational Performance and Effectiveness Across For-Profit and Nonprofit Sectors," *Nonprofit and Voluntary Sector Quarterly* 35, no. 1 (2006), 39–65; A.!M. Parhizgari and G. Ronald Gilbert, "Measures of Organizational Effectiveness: Private and Public Sector Performance," Omega; *The International Journal of Management Science* 32 (2004), 221–229; David L. Blenkhorn and Brian Gaber, "The Use of 'Warm Fuzzies' to Assess Organizational Effectiveness," *Journal of General Management*, 21, no. 2 (Winter 1995), 40–51; and Scott Leibs, "Measuring Up," *CFO* (June 2007), 63–66.
50. Publicado em David H. Freedman, "What's Next: The Dashboard Dilemma," Inc. (November 1, 2006), http://www.inc.com/magazine/20061101/column-freedman.html (accessed July 14, 2011).
51. Kim S. Cameron, "A Study of Organizational Effectiveness and Its Predictors," *Management Science* 32 (1986), 87–112; and Joseph R. Matthews, "Assessing Organizational Effectiveness: The Role of Performance Measures," *The Library Quarterly* 81, no. 1 (2011), 83–110.
52. James L. Price, "The Study of Organizational Effectiveness," *Sociological Quarterly* 13 (1972), 3–15; and Steven Strasser, J.!D. Eveland, Gaylord Cummins, O. Lynn Deniston, and John H. Romani, "Conceptualizing the Goal and Systems Models of Organizational Effectiveness–Implications for Comparative Evaluation Research," *Journal of Management Studies* 18 (1981), 321–340.
53. Richard H. Hall and John P. Clark, "An Ineffective Effectiveness Study and Some Suggestions for Future Research," *Sociological Quarterly* 21 (1980), 119–134; Price, "The Study of Organizational Effectiveness;" and Perrow, "The Analysis of Goals in Complex Organizations."
54. Gautam Naik, "Poverty: The New Search for Solutions; Baby Steps: Cincinnati Applies a Corporate Model to Saving Infants," (Third in a Series), *The Wall Street Journal*, June 20, 2006, A1.
55. David J. Collis and Cynthia A. Montgomery, "Competing on Resources," *Harvard Business Review* (July–August 2008), 140–150.
56. Esta discussão foi baseada em parte em Michael V. Russo and Paul A. Fouts, "A Resource-Based Perspective on Corporate Environmental Performance and Profitability," *Academy of Management Journal* 40, no. 3 (June 1997), 534–559; and Jay B. Barney, J.L. "Larry" Stempert, Loren T. Gustafson, and Yolanda Sarason, "Organizational Identity within the Strategic Management Conversation: Contributions and Assumptions," in David A. Whetten and Paul C. Godfrey, eds., *Identity in Organizations: Building Theory through Conversations* (Thousand Oaks, CA: Sage Publications, 1998), 83–98.
57. Estes foram baseados em David J. Collis and Cynthia A. Montgomery, "Competing on Resources," *Harvard Business Review* (July–August 2008), 140–150; J. Barton Cunningham, "A Systems-Resource Approach for Evaluating Organizational Effectiveness," Human Relations 31 (1978), 631–656; and Ephraim Yuchtman and Stanley E. Seashore, "A System Resource Approach to Organizational Effectiveness," *Administrative Science Quarterly* 12 (1967), 377–395.
58. Roger Noble, "How Shriners Hospitals for Children Found the Formula for Performance Excellence," *Global Business and Organizational Excellence* (July–August 2009), 7–15.
59. Baseado em Collis and Montgomery, "Competing on Resources."
60. Richard I. Priem, " " Is the Resource-Based 'View' a Useful Perspective for Strategic Management Research?" *Academy of Management Review* 26, no. 1 (2001), 22–40.
61. Chris Argyris, Integrating the Individual and the Organization (New York: Wiley, 1964); Warren G. Bennis, *Changing Organizations* (New York: McGraw-Hill, 1966); Rensis Likert, *The Human Organization* (New York: McGraw-Hill, 1967); and Richard Beckhard, *Organization Development Strategies and Models* (Reading, MA: Addison-Wesley, 1969).
62. Cheri Ostroff and Neal Schmitt, "Configurations of Organizational Effectiveness and Efficiency," *Academy of Management Journal* 36 (1993), 1345–1361.
63. J. Barton Cunningham, "Approaches to the Evaluation of Organizational Effectiveness," *Academy of Management Review* 2 (1977), 463–474; and Beckhard, *Organization Development*.
64. Craig Torres and Anthony Feld, "Campbell's Quest for Productivity," *BusinessWeek* (November 24, 2010), 15–16.
65. Jennifer Robison, "How the Ritz-Carlton Manages the Mystique: The Luxury Brand Uses Hard Data on Employee and Customer Engagement to Create Its Image and Ambience," *Gallup Management Journal* (December 11, 2008).
66. Anne S. Tusi, "A Multiple Constituency Model of Effectiveness: An Empirical Examination at the Human Resource Subunit Level," *Administrative Science Quarterly* 35 (1990), 458–483; Charles Fombrun and Mark Shanley, "What's In a Name? Reputation Building and Corporate Strategy," *Academy of*

Management Journal 33(1990), 233–258; and Terry Connolly, Edward J. Conlon, and Stuart Jay Deutsch, " Organizational Effectiveness: A Multiple Constituency Approach," *Academy of Management Review* 5 (1980), 211–217.
67. Frank Friedlander and Hal Pickle, "Components of Effectiveness in Small Organizations," *Administrative Science Quarterly* 13 (1968), 289–304.
68. Jessica E. Vascellaro, "Facebook Taps Consumer Card–Social Networking Site Wants to Know More Than Just Who Your Friends Are," *The Wall Street Journal*, April 22, 2010, B2.
69. Tusi, "A Multiple Constituency Model of Effectiveness."
70. Fombrun and Shanley, "What's In a Name?"
71. Kim S. Cameron, "The Effectiveness of Ineffectiveness," in Barry M. Staw and L.!L. Cummings, eds., *Research in Organizational Behavior* (Greenwich, CT: JAI Press, 1984), 235–286; and Rosabeth Moss Kanter and Derick Brinkerhoff, "Organizational Performance: Recent Developments in Measurement," *Annual Review of Sociology* 7 (1981), 321–349.
72. Eric J. Walton and Sarah Dawson, "Managers' Perceptions of Criteria of Organizational Effectiveness," *Journal of Management Studies* 38, no. 2 (2001), 173–199.
73. Beth Dickey, "NASA's Next Step," *Government Executive* (April 15, 2004), http://www.govexec.com/features/ 0404-15/0404-15s1.htm 34 (accessed July 19, 2011).
74. Neil King Jr. and Russell Gold, "BP Crew Focused on Costs: Congress," *The Wall Street Journal Online* (June 15, 2010), http://online.wsj.com/article/SB10001424052748704324304 575306800201158346.html (accessed July 19, 2011).
75. Robert E. Quinn and John Rohrbaugh, "A Spatial Model of Effectiveness Criteria: Towards a Competing Values Approach to Organizational Analysis," *Management Science* 29, no. 3 (1983), 363–377; and Walton and Dawson, "Managers' Perceptions of Criteria of Organizational Effectiveness."
76. Regina M. O'Neill and Robert E. Quinn, "Editor's Note: Applications of the Competing Values Framework," *Human Resource Management* 32 (Spring 1993), 1–7.
77. Robert E. Quinn and Kim Cameron, "Organizational Life Cycles and Shifting Criteria of Effectiveness: Some Preliminary Evidence," *Management Science* 29 (1983), 33–51.
78. James B. Stewart, "A Collision of Creativity and Cash," *The New York Times*, July 2, 2011, B1.
79. Copyright 1996 by Dorothy Marcic. Todos os direitos reservados.
80. Drucker, *Management Cases*, 1st ed., © 1977. Reprinted and Electronically reproduzido com permissão de Pearson Education, Inc., Upper Saddle River, New Jersey.
81. Baseado em Ron Stodghill, "Boxed Out," FSB (April 2005), 69–72; "SIC 2653 Corrugated and Solid Fiber Boxes," *Reference for Business, Encyclopedia of Business*, 2nd ed., http://www.referenceforbusiness.com/industries/Paper-Allied/Corrugated-Solid-Fiber-Boxes.html (accessed November 11, 2011); "Paper and Allied Products," *U.S. Trade and Industry Outlook 2000*, 10–12 to 10–15; "Smurfit-Stone Container: Market Summary," *BusinessWeek Online* (May 4, 2006); and Bernard A. Deitzer and Karl A. Shilliff, "Incident 15," *Contemporary Management Incidents* (Columbus, Ohio: Grid, Inc., 1977), 43–46.
82. Adaptado em Dorothy Marcic from general ideas in Jennifer Howard and Larry Miller, *Team Management*, The Miller Consulting Group, 1994, 92.

ESTUDO DE CASO 3.0
Não é assim tão simples: mudança na infraestrutura na Royce Consulting*

As luzes da cidade brilhavam fora do escritório de Ken Vincent no 12º andar. Após nove anos de noites e feriados perdidos, Ken fazia parte do comitê executivo com a palavra "Sócio" em sua porta. As coisas deveriam ser mais fáceis agora, mas as mudanças propostas pela Royce Consulting foram mais desafiadoras do que o esperado. "Eu não entendo", ele pensou. "Na Royce Consulting nossos clientes, nossos funcionários e nossa reputação são o que importa, então por que eu sinto tanta tensão dos gestores sobre as mudanças que serão feitas no escritório? Temos analisado por que temos de fazer as mudanças. Caramba, nós até trouxemos uma pessoa de fora para nos ajudar. Os funcionários administrativos estão satisfeitos. Então por que os gerentes não estão entusiasmados? Todos sabemos qual decisão será tomada na reunião de amanhã – Vamos! E aí tudo acaba. Ou será que não?" Ken pensou enquanto ele acendia as luzes.

Histórico

A Royce Consulting é uma empresa de consultoria internacional, cujos clientes são grandes empresas, geralmente com contratos de longo prazo. Os funcionários da Royce passam semanas, meses e até anos de trabalho sob contrato na empresa do cliente. Os consultores da Royce são contratados por uma ampla gama de empresas, desde indústrias até as empresas de serviços. A empresa tem mais de 160 escritórios de consultoria localizados em 65 países. Neste local, os funcionários Royce, incluindo 85 funcionários, 22 gestores no local, 9 sócios, 6 funcionários administrativos, 1 profissional de recursos humanos e 1 profissional de apoio financeiro.

Normalmente, Royce Consulting contrata funcionários de nível de básico direto da faculdade e promovendo-os com o passar do tempo. Novos contratados trabalham no quadro de funcionários por cinco ou seis anos e, se forem bem, são promovidos a gestores. Os gestores são responsáveis por manter contratos com clientes e ajudar os sócios na criação de propostas de compromissos futuros. Aqueles que não foram promovidos depois de seis ou sete anos, geralmente saem da companhia em busca de outros trabalhos.

Gestores recentemente promovidos recebem um escritório, uma grande bonificação para o seu novo *status*. No ano anterior, alguns novos gestores foram obrigados a partilhar um escritório por causa das limitações de espaço. Para minimizar o problema de compartilhar um escritório, um dos gestores geralmente é atribuído a um projeto de longo prazo fora da cidade. Assim, em termos práticos, cada gestor tinha um escritório próprio.

Infraestrutura e propostas de mudança

Royce estava pensando em instituir um sistema de postos de trabalho temporários (*hoteling*), também conhecido como escritório "não territorial" ou "sem endereço". Esse sistema torna os escritórios disponíveis aos gestores por meio de reserva ou sem agendamento prévio. Os gestores não são atribuídos a um escritório permanente, em vez disso, todos os materiais e equipamentos necessários para o gestor são movidos para o escritório temporário. Estas são algumas das características e vantagens de um sistema de postos de trabalho temporários:

- Nenhum escritório permanente cheio
- Os escritórios são agendados por reservas
- Programação a longo prazo de um escritório é viável
- O espaço de armazenamento seria localizado em uma sala de arquivo separada
- Manuais padrões e suprimentos são mantidos em cada escritório
- O coordenador de *hoteling* é responsável pela manutenção de escritórios
- Uma alteração na "posse de espaço"
- Elimina dois ou mais gestores designados para o mesmo escritório
- Permite aos gestores manter o mesmo escritório, se desejarem
- Os gestores teriam que trazer todos os arquivos necessários para a sua estadia
- As informações disponíveis seriam padronizadas, independentemente do escritório
- Os gestores não precisam se preocupar com questões de gestão e manutenção de equipamentos e instalações

A outra inovação considerada foi uma atualização da tecnologia eletrônica de escritório de ponta. Todos os gestores receberiam um novo notebook com capacidade de comunicação atualizada para usar o software integrado e próprio da Royce. Além disso, como parte da tecnologia eletrônica de escritório, um sistema de arquivamento foi considerado. O sistema de arquivamento eletrônico significa que informações sobre propostas, registros de clientes e materiais promocionais estariam eletronicamente disponíveis na rede da Royce Consulting.

* Apresentado e aceito pela Society for Case Research. Todos os direitos reservados aos autores e à SCR. Este caso foi preparado por Sally Dresdow da Universidade de Wisconsin, em Green Bay e Joy Benson, da Universidade de Illinois em Springfield e está destinado a ser utilizado como base para a discussão em classe. As opiniões aqui representadas são as dos autores de casos e não necessariamente refletem os pontos de vista da SCR. As opiniões dos autores são baseadas em seus próprios julgamentos profissionais. Os nomes da organização, os indivíduos e localização foram alterados para respeitar o pedido de anonimato da organização.

O pessoal de suporte administrativo tinha uma experiência limitada com muitos dos pacotes de aplicativos usados pelos gestores. Embora utilizassem extensivamente processadores de texto, eles tinham pouca experiência com planilhas, comunicações ou pacotes gráficos. A empresa contava com um departamento gráfico e os gestores faziam a maior parte de seu próprio trabalho, de modo que o pessoal administrativo não tinha de trabalhar com aqueles pacotes de software de aplicativos.

Padrões de trabalho

A Royce Consulting era localizada em uma grande cidade do Centro-oeste norte americano. O escritório estava localizado no centro da cidade, mas era fácil de chegar. Os gestores designados para os projetos dentro da cidade muitas vezes são interrompidos por algumas horas em vários momentos do dia. Esperava-se que os gestores, que naquele momento não estivessem atribuídos a projetos de clientes, estivessem no escritório para auxiliar em projetos atuais ou para trabalhar com um sócio para desenvolver propostas para novos negócios.

Em uma empresa de consultoria, os gestores gastam uma parcela significativa de seu tempo nas empresas de clientes. Como resultado, a taxa de ocupação de escritório na Royce Consulting girava em torno de 40 a 60%. Isso significava que a empresa pagou custos de locação para escritórios que estavam vazios cerca de metade do tempo. Com o crescimento planejado para os próximos dez anos, a atribuição de escritórios permanentes para cada gestor, mesmo dividido, foi considerada economicamente desnecessária, dada a quantidade do tempo que os escritórios ficam vazios.

As mudanças propostas exigiriam que os gestores e funcionários administrativos ajustassem seus padrões de trabalho. Além disso, se um sistema de *hoteling* fosse adotado, os gestores precisariam manter seus arquivos em uma sala de arquivo centralizado.

Cultura organizacional

A Royce Consulting tinha uma forte cultura organizacional e o pessoal de gestão era altamente eficaz na comunicação com todos os funcionários.

Estabilidade da cultura

A cultura na Royce Consulting era estável. A liderança da empresa tinha uma imagem clara de quem e qual tipo de organização eles eram. A Royce Consulting tinha se posicionado como líder em todas as áreas de consultoria de grandes empresas. O CEO da Royce Consulting articulou que o compromisso da empresa devia ser com o cliente. Tudo que era feito pela Royce Consulting era por causa do cliente.

Treinamento

Os novos contratados na Royce Consulting recebiam um extensivo treinamento sobre a cultura da organização e a metodologia empregada em projetos de consultoria. Eles começaram com um programa estruturado de instrução em sala de aula e cursos auxiliados por computador abrangendo tecnologias usadas nos diversos setores nos quais a empresa estava envolvida. A Royce Consulting recrutava jovens de alto nível que eram dinâmicos e dispostos a fazer tudo o que fosse necessário para realizar o trabalho e construir um vínculo comum. Entre as novas contratações, a camaradagem é incentivada junto com um nível de competição. Esse tipo de comportamento continua a ser cultivado em todo o processo de treinamento e promoção.

Relações de trabalho

Os funcionários da Royce Consulting tinham uma perspectiva notavelmente semelhante da organização. Aceitar a cultura e normas da organização era importante para cada funcionário. As normas da Royce Consulting giravam em torno de expectativas de alto desempenho e forte envolvimento com o trabalho.

Quando as pessoas viravam gestores já estavam cientes de quais tipos de comportamentos eram aceitáveis. Os gestores recebem oficialmente a função de treinadores de jovens funcionários, moldando neles esse comportamento aceitável. As normas comportamentais incluíam quando eles entravam no escritório, até que horário eles ficavam lá e o tipo de comentários que eles faziam a respeito dos outros. Os gestores gastam uma parte do seu tempo verificando as pessoas da equipe e conversando sobre seu comportamento.

A norma para os relacionamentos era a mesma do profissionalismo. Os gestores sabiam que tinham de fazer aquilo que os sócios pediam e deveriam estar disponíveis em todos os momentos. Um levantamento sobre as normas e conversas deixaram claro que era esperado que as pessoas na Royce Consulting ajudassem umas as outras com problemas no trabalho, mas problemas pessoais ficavam fora da esfera das relações sancionadas. Os problemas pessoais não deveriam interferir com o desempenho no trabalho. Para ilustrar, as férias foram suspensas e outros tipos de compromissos foram postos de lado caso algo fosse necessário na Royce Consulting.

Valores organizacionais

Três coisas eram de suma importância para a organização: seus clientes, seu pessoal e sua reputação. Havia uma forte filosofia centrada no cliente que era comunicada e praticada. Os membros da organização procuraram atender e superar as expectativas dos clientes. Mas colocar os clientes em primeiro lugar era algo estressante. A administração da Royce Consulting ouvia seus clientes e fazia ajustes para satisfazer o cliente.

A reputação de Royce Consulting era importante para aqueles que lideram a organização. Eles a protegiam e a reforçavam focando na qualidade de serviços prestados por pessoas de qualidade. A ênfase nos clientes, no pessoal da Royce Consulting e na reputação da empresa era cultivada por meio do desenvolvimento de um grupo de funcionários altamente motivado, coeso e comprometido.

Estudo de caso

Estilo de gestão e estrutura hierárquica

A organização da empresa era caracterizada por um estilo de gestão diretivo. Os sócios tinham a palavra final em todas as questões de importância. Era comum ouvir frases como "Os gestores devem resolver problemas e fazer o que for preciso para terminar o trabalho" e "O que quer que os sócios quiserem, nós fazemos". Os sócios aceitavam e pediam *feedback* dos gestores sobre os projetos, mas, na análise final, os sócios tomavam as decisões.

Situação atual

A Royce Consulting tinha um plano de cinco anos agressivo que foi baseado em um aumento contínuo no negócio. Os aumentos dos números totais de sócios, gerentes e funcionários estavam previstos. Seria necessário um maior espaço físico para acomodar o crescimento do pessoal e isso aumentaria os custos de aluguel em um momento em que os custos fixos e variáveis da Royce estavam aumentando.

Os sócios, liderados pelo sócio-gestor Donald Gray e pelo sócio adjunto Ken Vincent, acreditavam que algo tinha de ser feito para melhorar a utilização do espaço e a produtividade dos gestores e do pessoal administrativo. Os sócios aprovaram um estudo de viabilidade das inovações e seu impacto sobre a companhia.

Os responsáveis pelas decisões finais eram o grupo de sócios que tinha o poder de aprovar os conceitos e compromissos necessários para o investimento financeiro. Um comitê de planejamento consistia em Ken Vincent, no representante dos recursos humanos, no diretor financeiro e uma consultora externa, Mary Schrean.

O estudo de viabilidade

Dentro de dois dias úteis após a reunião inicial, todos os sócios e gerentes receberam um memorando anunciando o estudo de viabilidade do sistema de *hoteling*. O memorando incluía uma breve descrição do conceito e declarava que iria acrescentar uma entrevista com os funcionários. A essa altura, os sócios e gestores já tinham ouvido falar das possíveis mudanças e sabiam que Gray estava aprendendo sobre *hoteling*.

Entrevistas com os sócios

Todos os sócios foram entrevistados. Uma semelhança nos comentários era que eles achavam que a transição para o sistema de *hoteling* era necessária, mas estavam contentes por ela não os afetar. Três sócios manifestaram a preocupação com a aceitação dos gestores sobre a mudança para um sistema de *hoteling*. A conclusão de cada sócio era que se a Royce Consulting passasse para o sistema de *hoteling*, com ou sem tecnologia eletrônica de escritório, os gestores aceitariam a mudança. A razão fornecida pelos sócios para a aceitação era que os gestores fariam o que os sócios quisessem.

Os sócios concordaram que a produtividade podia ser melhorada em todos os níveis da organização: em seu próprio trabalho, bem como entre os secretários e os gestores.

Os parceiros reconheciam que os níveis de tecnologia da informação na Royce Consulting naquele momento não suportariam a transição para o sistema de *hoteling* e que avanços na tecnologia eletrônica de escritório precisavam ser considerados.

Os sócios viram todas as questões de arquivamento como secundárias tanto para a mudança de *layout* do escritório quanto para a melhoria da tecnologia proposta. O que finalmente emergiu, no entanto, foi que a posse e controle de arquivos era uma grande preocupação e a maioria dos sócios e gestores não queria nada centralizado.

Entrevistas com os gestores

As entrevistas pessoais foram realizadas com todos os dez gestores que estavam no escritório. Durante as entrevistas, quatro dos gerentes perguntaram a Schrean se a mudança para o sistema de *hoteling* foi ideia dela. Os gestores perguntaram como uma brincadeira, no entanto, esperavam uma resposta dela. Ela afirmou que estava lá como uma conselheira, que não tinha criado a ideia e que ela não iria tomar a decisão final sobre as alterações.

Esses gestores estavam em seus cargos atuais de seis a cinco anos. Nenhum deles expressaram sentimentos positivos sobre o sistema de *hoteling* e disseram o quanto trabalharam para se tornar gestores e ganhar um escritório próprio. Oito gestores falaram sobre o *status* e que o escritório deu-lhes a comodidade de ter um lugar permanente para manter suas informações e arquivos. Dois dos gestores disseram que eles não se preocupavam muito com o *status*, mas sim com a conveniência. Um gestor disse que viria com menos frequência se não tivesse o seu próprio escritório. Os gestores acreditavam que uma mudança para o sistema *hoteling* reduziria sua produtividade. Dois gestores declararam que eles não se importavam com quanto dinheiro a Royce Consulting iria economizar em custos de locação; eles queriam manter seus escritórios.

Entretanto, para todos os comentários negativos, todos os gestores disseram que cooperariam com o que quer que os sócios decidissem fazer. Um gestor declarou que se a Royce Consulting ficar ocupada com projetos de clientes, ter um escritório permanente não era um grande problema.

Durante as entrevistas, cada gestor estava entusiasmado e apoiava as novas ferramentas de produtividade, particularmente a melhoria na tecnologia de escritório eletrônico. Eles acreditavam que os novos computadores e ferramentas de software e produtividade integradas iriam melhorar a sua produtividade. Metade dos gestores afirmaram que a tecnologia atualizada iria fazer com que a mudança para o sistema de *hoteling* fosse "um pouco menos terrível" e eles queriam que seus secretários utilizassem o mesmo software que eles.

As respostas dos gestores para a questão do arquivamento era variada. O volume de arquivos que os gestores tinham estava em proporção direta com sua permanência naquele cargo: quanto mais tempo a pessoa fosse um gestor, maior a quantidade de arquivos que ela possuía. Em todos os casos, os gestores cuidavam de seus próprios arquivos, guardando-os em seus escritórios e em qualquer gaveta de arquivo que estivesse livre.

Como parte do processo de entrevista com os gestores, seus assistentes administrativos foram questionados sobre as mudanças propostas. Cada um dos seis pensou que a atualização de escritório eletrônico beneficiaria os gestores, apesar de ficarem um pouco preocupados com o que se esperava deles. Em relação à mudança para o sistema *hoteling*, cada um disse que os gestores odiariam a mudança, mas que eles iriam concordar com isso se os sócios colocassem isso em prática.

Resultados da pesquisa

Uma pesquisa desenvolvida a partir das entrevistas foi enviada a todos os sócios e gestores duas semanas após a sua realização. A pesquisa concluída foi retornada por 6 dos 9 sócios e 16 dos 22 gestores. E isso foi o que a pesquisa mostrou.

Padrões de trabalho. Era de conhecimento geral que os gestores ficavam fora do escritório uma grande parte do tempo, mas não havia números para substanciar essa crença e, por esse motivo, foi solicitado que os participantes fornecessem dados sobre onde passavam seu tempo. Os resultados do levantamento indicavam que os sócios passavam 38% do seu tempo no escritório, 54% em clientes, 5% em casa e 3% em outros locais, tais como aeroportos. Os gestores relataram gastar 32% do seu tempo no escritório, 63% nas instalações do cliente, 4% em casa e 1% em outros lugares.

Durante 15 dias de trabalho, a equipe de planejamento também verificou visualmente cada um dos 15 escritórios dos gestores quatro vezes por dia: às 9h, às 11h, às 14h e às 16h. Esses tempos foram selecionados porque as observações iniciais indicavam que esses eram os horários de pico de ocupação. Uma média de seis escritórios (40% de todos os escritórios de gestores) ficavam vazios todo o tempo. Em outras palavras, havia uma taxa de ocupação de 60%.

Layouts alternativos de escritórios. Uma das alternativas apresentadas pelo comitê de planejamento era uma continuação da expansão e dos escritórios compartilhados. Onze dos gestores que responderam a pesquisa preferiam escritórios compartilhados a escritórios no sistema de *hoteling*. Ocasiões em que mais de um gestor estava no escritório compartilhado ao mesmo tempo não eram frequentes. Oito gerentes relataram 0 a 5 conflitos no escritório por mês, três gerentes relataram 6 a 10 conflitos no escritório por mês. Os tipos de problemas encontrados em escritórios compartilhados incluíam não se ter espaço para arquivo, problemas em direcionar chamadas telefônicas e falta de privacidade.

Os gerentes concordaram que ter um escritório atribuído de forma permanente era um pré-requisito importante. A pesquisa confirmava as informações levantadas nas entrevistas sobre as atitudes dos gestores: todos, com exceção de dois gestores, preferiram escritórios compartilhados em vez de *hoteling* e os gestores acreditavam que sua produtividade seria impactada negativamente. Os desafios enfrentados pela Royce Consulting se ela passasse para o sistema *hoteling* centralizavam-se em torno da tradição e das expectativas dos gestores, da acessibilidade e organização dos arquivos, de questões de segurança e privacidade, agendas de trabalho imprevisíveis e períodos de grande movimento.

Controle de arquivos pessoais. Por causa dos comentários feitos durante as entrevistas realizadas pessoalmente, foi solicitado que os participantes da pesquisa classificassem a importância de se ter controle pessoal de seus arquivos. Uma escala de 5 pontos foi utilizada, sendo 5 "concordo totalmente" e 1 sendo "discordo totalmente". Aqui estão as respostas.

Categoria	Número de funcionários pesquisados	Nota
Sócios	6	4,3
Gestores:		
0–1 ano	5	4,6
2–3 anos	5	3,6
4 anos	6	4,3

Tecnologia eletrônica. A Royce Consulting tinha um sistema de rede básica no escritório que não poderia acomodar os atuais sócios e gestores que trabalham em outro local. Os funcionários administrativos tinham uma rede separada e os gestores e a equipe não poderiam se comunicar eletronicamente. Dos gestores que responderam à pesquisa, 95% queriam usar a rede, mas apenas 50% realmente conseguiriam.

Análise das opções

Uma análise financeira mostrou que houve diferenças significativas de custos entre as opções em consideração:

Opção 1: manter os escritórios privados e alguns partilhados

- Alugar um andar adicional no edifício existente, com um custo anual de $ 360.000,00
- Construir um andar adicional (ou seja, construir, mobiliar e equipar escritórios e áreas de trabalho): custo único de $ 600.000,00

Opção 2: passar para o sistema de hoteling com tecnologia de escritório atualizada

- Modernizar a tecnologia eletrônica de escritório: custo único, $190.000,00

A opção 1 é cara, porque, nos termos do contrato de locação existente, a Royce teria de se comprometer com um andar inteiro se quisesse mais espaço. O sistema *hoteling* mostrou uma vantagem financeira global de $360.000,00 por ano e uma economia única de $410.000,00 sobre escritórios compartilhados ou individuais.

O desafio

Vincent se reuniu com Mary Schrean para discutir a futura reunião dos sócios e gestores, na qual eles apresentariam os resultados do estudo e uma proposta de ação. Junto ao relatório foram propostos *layouts* para escritórios compar-

Estudo de caso

tilhados e *hoteling*. Vincent e Gray estavam planejando recomendar um sistema de *hoteling*, que incluiria áreas de armazenamento, tecnologia eletrônica de escritório de ponta para gestores e para o pessoal de suporte administrativo e arquivos centralizados. A justificativa para sua decisão ressaltava o tempo que os gestores ficavam fora do escritório e o elevado custo de se manter o *status quo*, e se estabelecia com base nos seguintes pontos:

1. Os negócios da Royce são diferentes: os escritórios estão vazios de 40 a 60% do tempo.
2. Custos imobiliários continuam a crescer.
3. As projeções indicam que haverá maior necessidade de escritórios e estratégias de controle de custos a medida que a empresa se desenvolve.
4. A Royce Consulting desempenha um papel de liderança em ajudar as organizações a implementar inovações.

"Ainda está em processo", pensou Vincent enquanto ele e os outros voltavam de uma pausa na reunião. "Os valores de custo e os números do crescimento sustentam isso. É simples – ou não? A decisão é a parte fácil. O que na Royce Consulting vai ajudar ou dificultar a sua aceitação? No longo prazo, espero fortalecer nossos processos internos e não dificultar a nossa eficácia, seguindo em frente com estas mudanças simples."

ESTUDO DE CASO 4.0
O Plaza Inn*

David Bart, gerente geral do Plaza Inn, acabou de ler uma carta de Jean Dumas, presidente do prestigioso Relais & Chateaux, uma associação de hotéis francesa da qual o Plaza Inn era membro. No tom formal e educado do idioma francês, o presidente afirmou que a última inspeção determinou que os níveis de serviço do Plaza Inn não corresponderam aos padrões da Relais & Chateaux. Além disso, a carta observou que a recepção e as reservas, dois departamentos fundamentais no contato com o cliente, receberam as piores avaliações entre todas as propriedades que fazem parte da Relais & Chateaux. A carta concluiu que, a menos que a gerência do Plaza Inn submeta um plano de melhoria do atendimento ao hóspede e passe na próxima inspeção agendada para depois de seis meses, a Relais & Chateaux seria "infelizmente forçada a cancelar a adesão do Plaza Inn".

Histórico

Localizado a uma curta distância dos distritos de Country Club Plaza e Crown Center em Kansas City, o Plaza Inn é um hotel de 50 quartos inspirado nos hotéis butique da Europa. A atmosfera íntima do Inn e o serviço discreto atraem visitantes que viajam tanto para lazer quanto a negócios.

Construído nos anos 20 em estilo vitoriano clássico e meticulosamente renovado em 1985, o Inn ocupa um lugar entre o Registro Nacional de Pontos Históricos. Os quartos são decorados no melhor estilo country com móveis antigos e tapetes orientais discretamente combinados com as amenidades mais modernas para lazer e negócios. Robes luxuosos de tecido frisado e banheiras de mármore, por exemplo, aguardam por um hóspede cansado. O Plaza Inn também possui dois restaurantes gourmets: o romântico, nacionalmente aclamado St. Jacques com uma lista de vinhos premiada, e o mais casual Andre's bar e bistrô. Além dos hóspedes, os restaurantes possuem uma clientela local estabelecida.

A nostalgia incentivou Andre Bertrand e Tim Boyle, dois empresários e investidores imobiliários bem-sucedidos de Kansas City, a comprar o Plaza Inn em 1983. Eles entraram em uma sociedade com Antoine Fluri, um hoteleiro suíço que logo assumiu a posição de gerente geral do Plaza Inn. Além dos três parceiros gerais, o Inn também é propriedade de aproximadamente 20 sócios limitados.

"Um dos dez melhores novos hotéis"

Sob a carismática direção de Antoine Fluri, o Inn estabeleceu rapidamente uma reputação nacional. Em 1987, a revista Travel elegeu o Plaza Inn um dos "dez melhores novos hotéis". Uma clientela leal incluía pessoas famosas como o ex-presidente francês Valery Giscard D'Estaing, o senador Danforth e Susan Sontag, para listar alguns. Antoine Fluri também negociou a adesão do Plaza Inn na prestigiosa e internacionalmente renomada associação Relais & Chateaux. Os hotéis existentes ao redor: um Marriott, um Holiday Inn, e um Hilton proporcionaram ao Plaza Inn quase uma ausência de concorrência para o viajante mais sofisticado.

Apesar do sucesso do hotel, no início de 1989, Antoine Fluri vendeu sua parte aos outros dois sócios e deixou o hotel alegando "diferenças irreconciliáveis". Um ano depois, ele abriu seu próprio restaurante no Country Club Plaza.

Para continuar a promover a imagem europeia do Plaza Inn, os proprietários contrataram um casal francês da Normandia, Marc e Nicole Duval, para substituir Antoine Fluri. No entanto, os Duvals provaram logo que não tinham conhecimento sobre a práticas de hospitalidade europeia, bem como experiência administrativa. Eles abusaram de sua posição e poder, e em pouco tempo, conseguiram perder muitos dos clientes do hotel e a maioria de sua equipe. Sob sua gestão, o Plaza Inn se envolveu rapidamente em significativas perdas financeiras. Alarmados pelas práticas dos Duvals, os proprietários buscaram por novos gerentes para o Inn. Em dezembro de 1989, David Bart foi contratado como o novo gerente geral. Nativo do estado de Missouri, ele tinha uma sólida experiência em hotelaria na região centro-oeste, incluindo recentemente vários anos na sede de uma grande rede de hotéis.

Assim que David Bart assumiu a direção do Plaza Inn no início da década de 1990, ele enfrentou vários desafios, incluindo a queda da taxa de ocupação do hotel e da renda. Muitos clientes regulares reclamavam de que o Inn não era mais o mesmo desde a saída de Antoine Fluri. Ademais, contrário a expectativas otimistas, o Inn também estava perdendo negócios para um hotel Ritz-Carlton de alto padrão com 300 quartos que tinha sido aberto recentemente há apenas alguns quarteirões estava oferecendo tarifas promocionais de inauguração a partir de US$ 75. Finalmente, próximo ao final da década de 1990, a demanda também caiu à medida que a recessão nacional começou a chegar.

Dado o pobre desempenho do hotel, David Bart imediatamente começou a cortar despesas, o que incluiu a eliminação de vários cargos. No Departamento de Alimentos e Bebidas (Food and Beverages – F&B), dois dos três gerentes de restaurante foram dispensados. O St. Jacques e o Andre's seriam dirigidos pelo diretor de F&B com a assistência de apenas um gerente de restaurante. No Departamento de

---

* Escrito para discussão em sala de aula por Craig Lundberg, da Universidade Cornell, com base na pesquisa de campo de Monika Dubaj. Este caso não pretende ilustrar as práticas gerenciais eficazes ou ineficazes. Reproduzido mediante autorização.

Estudo de caso

quartos, Bart eliminou a posição de operador de câmbio privado (Private Branch Exchange – PBX) e transferiu a responsabilidade pelo atendimento telefônico diretamente para a recepção. Finalmente, a posição de gerente da recepção foi eliminada, e a equipe da recepção veio a ser supervisionada pelo gerente de vendas. Assim, o Plaza Inn começou a operar com uma gerência e equipes enxutas. Todos os departamentos operacionais, com exceção do F&B, eram chefiados por uma pessoa e sem suporte administrativo. Até mesmo o próprio Bart não tinha uma secretária.

A recepção

O final do primeiro ano da gestão de David Bart no Plaza Inn foi marcado pelo início da Guerra do Golfo. Durante o primeiro trimestre de 1990, a ocupação chegou a uma baixa histórica de apenas 40%. Porém, os negócios finalmente começaram a se recuperar em abril. Esse aumento na demanda foi especialmente difícil para a recepção. A área da recepção, que consistia de um antigo e elegante balcão do tipo *concierge*, era muito pequena para ser ocupada por mais de uma pessoa simultaneamente. Consequentemente, apenas uma recepcionista era escalada para cada turno. Sem o operador de PBX e sem equipe administrativa, isto significava que a recepcionista era responsável por não só a oferta do serviço de recepção, mas também pelos telefonemas, mensagens para a equipe gerencial e a reserva de quartos e mesas no restaurante. Além disso, o departamento de vendas não estava ligado ao Sistema de Gestão de Propriedade (Property Management System – PMS) e, consequentemente, as vendas e os gerentes de serviço dependiam da recepção para verificar a disponibilidade e suspender ou atualizar reservas de grupos. Da mesma forma, o departamento de limpeza não tinha sido computadorizado, e a recepção tinha que preparar a distribuição das atividades de limpeza todas as manhãs e noites, assim como rastrear e atualizar o *status* do quarto no PMS. Bart acreditava que a recepção deveria desempenhar uma função central na operação do Plaza Inn. Em vez de digitalizar a limpeza, os departamentos de vendas e serviços, e treinar os gerentes a usar o PMS, Bart preferiu que a recepção supervisionasse essas atividades. Isso, ele acreditava, permitia mais consistência e controle.

Com apenas uma pessoa escalada por turno, a recepcionista tinha que administrar o telefone, coordenar as atividades do departamento e atender as necessidades dos clientes da forma personalizada que era a marca registrada do hotel. Em dias mais movimentados, hóspedes fazendo seu check-in ou check-out eram repentinamente interrompidos pelo toque do telefone, ou então, as pessoas ao telefone eram obrigadas a esperar pelo atendimento por longos períodos de tempo enquanto a recepcionista atendia a um hóspede.

A incapacidade de atender telefonemas e atender às necessidades dos hóspedes de forma eficaz se tornou uma preocupação não apenas pela perspectiva do atendimento ao cliente, mas também em relação à potencial perda de receita. As ligações para a reserva de quartos eram geralmente cessadas pelos potenciais clientes se estes permanecessem em espera por mais de dois minutos. Além disso, sob a pressão de atender o telefone e ajudar um hóspede ao mesmo tempo, as recepcionistas frequentemente cotavam tarifas incorretamente, confundiam datas de chegada, e reservavam quartos em noites com todas as vagas esgotadas. Os pedidos de cancelamento não eram resolvidos corretamente, levando a cobrança de alguns hóspedes por reservas que eles haviam cancelado. Uma das recepcionistas comentou: "É extremamente difícil fazer a venda de um quarto quando eu tenho que pedir constantemente que o cliente espere porque estou tentando atender a outras cinco ligações ao mesmo tempo. O que é mais importante: fazer uma reserva de um quarto por US$130 por duas noites ou pegar uma mensagem para um dos gerentes?"

Reestabelecimento de um gerente de recepção

As receitas perdidas e as reclamações dos clientes sobre o serviço da recepção finalmente convenceram David Bart da necessidade de reintegrar a posição de gerente de recepção. Um gerente era necessário para monitorar a disponibilidade de quartos e garantir que nenhuma receita fosse perdida devido ao cancelamento de reservas e quartos livres não liberados, para coordenar atividades entre os departamentos e para treinar a equipe de recepcionistas e manobristas/carregadores de malas. Porém, para minimizar os custos, Bart decidiu que o gerente da recepção também trabalharia três turnos por semana como recepcionista.

Em fevereiro de 1991, Bart ofereceu a posição de gerente da recepção à Srta. Claire Ruiz, que trabalhava como recepcionista desde 1989. A promoção funcionou. Claire conhecia amplamente o trabalho e estava genuinamente interessada na administração do hotel. Ela era capaz de combinar com eficiência suas tarefas gerenciais com os três turnos na recepção.

A cooperação entre os departamentos logo aumentou de forma significativa. Claire acreditava que o Plaza Inn nunca seria capaz de manter a equipe grande e especializada de uma grande cadeia de hotéis, e por isso sua capacidade de oferecer atendimento cliente de alta qualidade dependia da cooperação mútua entre todos os empregados. Consequentemente, quando o movimento aumentava, ela fazia com que a recepção pedisse o apoio a outros departamentos. Por exemplo, se a central telefônica estava ocupada, as ligações para reservas eram transferidas da recepção para a contabilidade ou o departamento de vendas. Até mesmo o próprio gerente foi chamado para ajudar os manobristas a estacionarem os carros dos hóspedes ou ajudar com a bagagem, embora ele preferia claramente estar em seu escritório analisando relatórios e registros.

A nova posição PBX

Enquanto outros gerentes estavam dispostos a ajudar, eles também tinham suas próprias tarefas para realizar e não estavam sempre disponíveis. Já que a ocupação permaneceu intensa, Claire convenceu o gerente geral a reintegrar a posição de operador de PBX. No entanto, a ideia de Claire era ter a posição de operador de PBX como uma extensão da recepção. Uma estação de PBX seria instalada em uma área desocupada da recepção no lobby, e com a exceção do check-in e check-out de hóspedes, o operador de PBX desempenhava as mesmas tarefas e era compensado com o mesmo pagamento que as recepcionistas. Esse apoio adicional permitiu que a recepção oferecesse um serviço mais eficaz e cortês aos hóspedes do Plaza Inn e melhorasse sua capacidade de venda de quartos. Apesar da recessão e da concorrência contínua do Ritz-Carlton, 1991 provou ser um ano de recorde de ocupação e receita para o Plaza Inn.

Em agosto de 1992, Claire deixou o Plaza Inn para estudar gestão hoteleira em uma universidade do leste. David Bart acreditava que a situação na recepção estava sob controle e não planejava preencher a vaga aberta para gerente de recepção. A equipe da recepção seria novamente supervisionada pelo gerente de vendas.

Não demorou muito, porém, antes que os mesmos problemas que Claire trabalhou tão duro para resolver surgissem novamente. Com o início do ano letivo, a equipe da recepção não era mais tão flexível em termos de agendamento, e o operador de PBX era chamado para preencher turnos vagos na recepção. Com mais frequência que o esperado, havia apenas uma pessoa escalada para trabalhar na recepção e o atendimento ao cliente começou novamente a sofrer. Certo dia, por exemplo, David Bart descobriu que uma recepcionista recentemente contratada dizia frequentemente aos clientes que o hotel estava lotado porque ela estava muito ocupada para fazer uma reserva.

Bart acreditava que não havia ninguém na recepção que pudesse ser promovido para a posição de gerente da recepção. No entanto, ele também pensava que seria difícil contratar uma pessoa de fora que estaria disposta a trabalhar os três turnos como recepcionista pelo modesto salário que eles estava disposto a oferecer (a maioria dos gerentes no Plaza Inn ganhavam de US$ 5.000 a US$ 7.000 a menos que nos outros hotéis de Kansas). Assim, Bart ficou aliviado ao saber que Laura Dunbar, que já havia trabalhado no Plaza Inn como recepcionista, estava interessada na posição.

Um novo gerente de recepção

Além de sua experiência no Plaza Inn, Laura já tinha trabalhado como *concierge* em um dos hotéis de convenção no centro de Kansas City durante vários anos. Ela tinha saído do Plaza Inn por uma posição administrativa que oferecia um salário maior do que a posição de recepcionista no Inn. Porém, ela sentia falta do clima excitante e do ritmo da indústria da hospitalidade, e aceitou a posição de gerente da recepção em dezembro de 1992 com entusiasmo.

Apesar de suas amplas conexões com outros hotéis de Kansas City, assim como na Associação de *Concierges* de Kansas City, Laura logo descobriu que um de seus maiores desafios era o da contratação e da retenção de uma equipe para a recepção. A dificuldade em contratar empregados qualificados forçou Laura a trabalhar mais de três turnos na recepção. Isso a deixou com pouco tempo para o planejamento e gestão da operação de recepção. Com poucos funcionários, ela chegava a trabalhar até 30 dias seguidos sem um dia de folga. Além disso, a posição de operador de PBX ainda não tinha sido preenchida de forma regular por vários meses. Laura notou que os recepcionistas não eram muito atenciosos com os clientes e não eram capazes de satisfazer as expectativas dos hóspedes quanto a um serviço personalizado de *concierge*. As fichas de comentários dos hóspedes frequentemente incluíam observações negativas com relação à recepção; de fato, um hóspede comentou que parecia que as recepcionistas "eram responsáveis por tudo, com exceção de atender os clientes do bar e dos restaurantes".

Laura acreditava que David Bart estava relutante para contratar um operador de PBX em período integral devido às restrições orçamentárias. Ela também se sentiu pressionada a cumprir com o orçamento salarial da recepção, que tinha sido preparado por Bart e o qual ela sentiu que tinha sido largamente subestimado. Em uma reunião bimestral da equipe de gestão, Laura sugeriu ao diretor do departamento de F&B que talvez o restaurante devesse assumir a responsabilidade por gerenciar suas próprias reservas e dúvidas, com o objetivo de liberar a equipe da recepção para que pudesse vender mais quartos. Entretanto, o diretor de F&B foi rápido ao apontar que o gerente noturno do restaurante era diariamente requisitado a ajudar com questões relacionadas aos quartos e substituir o/a recepcionista para que ele/ela pudesse fazer um intervalo. Os restaurantes, afirmou ele, não poderiam criar uma posição apenas para fazer reservas e responder às perguntas de clientes.

Laura se sentiu especialmente pressionada com a gestão da operação da recepção nos finais de semana. Durante a semana, ela sentia que podia ligar para pedir ajuda a outros gerentes, fosse para estacionar um carro ou fazer uma reserva. Nos finais de semana, porém, o único gerente em serviço era o gerente do restaurante, e ele estava muito ocupado com o restaurante para ajudar com as questões de ocupação. O programa Gerente em Serviço (Manager on Duty – MOD – através do qual todos os gerentes de departamento se revezavam em plantões no Plaza Inn nas sextas-feiras e sábados à noite) que tinha sido estabelecido na primavera anterior no início da gestão de Bart, foi de grande ajuda; porém, ele foi cancelado quando o Inn enfrentou um período de verão de pouco movimento. David Bart não se encontrava no hotel os finais de semana, e Laura sentia que ele, de alguma forma, se esquecia do hotel nos fins de semana, sem falar que este estava quase sempre funcionando com ocupação total.

Na metade do outono, Bart concordou com Laura de que havia uma necessidade definitiva de se reintegrar o programa MOD, assim como a posição de operador de PBX. Porém, Bart achou que a própria Laura reduziu seu papel de gerente da recepção para aquele de recepcionista. Ela parecia se cercar de empregados que não eram bem-qualificados ou flexíveis o suficiente e, por isso, eram obrigados a

Estudo de caso

cobrir vários turnos na própria recepção. Isso não deixou a ela nenhum tempo para supervisionar a operação da recepção e assegurar que tudo estava em ordem. Ela ainda não tinha nem mesmo terminado de escrever as descrições das posições para o Inn, que havia sido solicitadas pelo gerente há dois meses. Bart indagou se os problemas na recepção resultavam da personalidade um tanto tímida de Laura, ou talvez por sua falta de experiência com gestão. Parecia que ela era incapaz de articular suas necessidades para ele ou os outros gerentes. Talvez ele precisasse tê-la direcionado melhor, no entanto, isso contradizia sua crença de que cada gerente deveria assumir a responsabilidade de definir seu próprio papel de forma consistente com os objetivos do hotel. A fraqueza que ele viu na gerente de recepção foi uma crescente preocupação para David Bart. Claramente, era um cargo-chave na operação do hotel e demandava um indivíduo competente e proativo.

Conforme ele relembrou o ultimato que havia recebido do presidente do Relais & Chateux, o gerente geral se perguntou o que deveria fazer. Talvez ele devesse procurar por um gerente com experiência para dirigir a recepção, mesmo que isso significasse pagar um salário bem maior. Talvez ele só precisasse sacudir Laura um pouco. Talvez a situação se resolvesse por si só. David Bart pegou uma cópia do organograma do hotel (Figura 1), talvez uma grande mudança estrutural fosse necessária. Talvez...

FIGURA 1
Organograma, o Plaza Inn – 1993

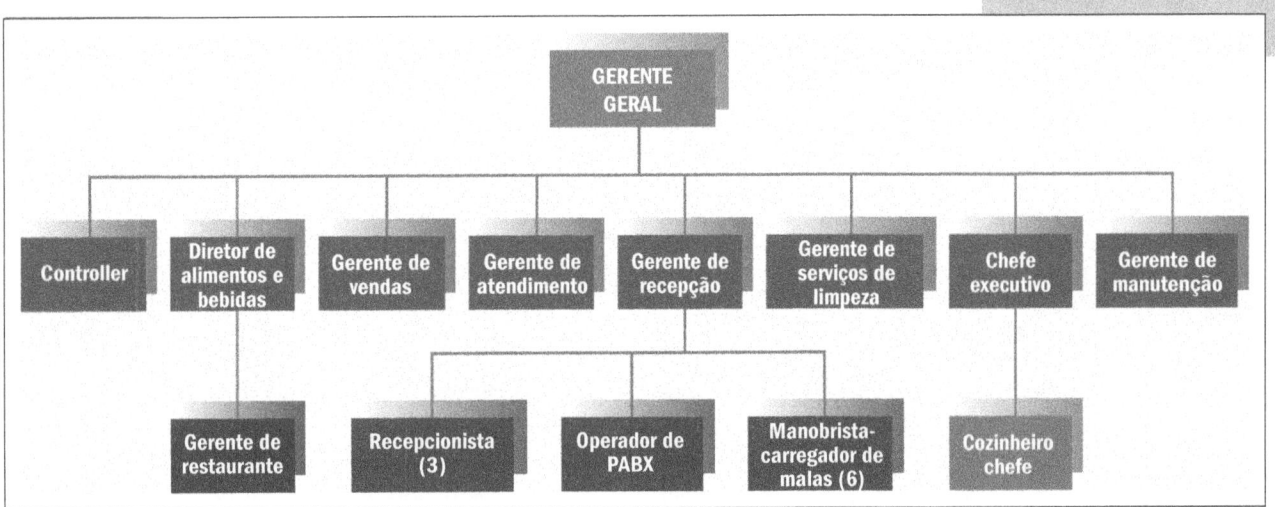

```
                              GERENTE
                               GERAL
   ┌──────┬──────────┬────────┬────────┬────────┬────────┬────────┬────────┐
Controller  Diretor de  Gerente de  Gerente de  Gerente de  Gerente de   Chefe    Gerente de
            alimentos e  vendas     atendimento  recepção   serviços de  executivo  manutenção
            bebidas                                          limpeza
                │                              │                           │
           Gerente de              ┌───────────┼───────────┐          Cozinheiro
           restaurante        Recepcionista  Operador de  Manobrista-       chefe
                                  (3)         PABX       carregador de
                                                          malas (6)
```

Parte 3
Fatores externos e design

Capítulo 4 Relações entre organizações
Capítulo 5 Projeto organizacional global
Capítulo 6 O impacto no meio ambiente

Capítulo 4

Relações entre organizações

Objetivos de aprendizagem
Após a leitura deste capítulo, você estará apto a:
1. Definir um ecossistema organizacional e a evolução do papel da concorrência.
2. Explicar a evolução do papel da concorrência nas relações interorganizacionais.
3. Discutir as implicações de poderes das relações de cadeia de suprimento.
4. Descrever o papel das redes de colaboração.
5. Explicar a mudança interorganizacional de concorrentes para sócios.
6. Compreender a perspectiva de ecologia populacional e seus conceitos principais.
7. Especificar os aspectos principais de institucionalismo.

Ecossistemas organizacionais
• A competição está morta? • A mudança do papel de administração • Estrutura interorganizacional

Dependência de recursos
Relações da cadeia de suprimentos • Implicações de poderes

Redes de colaboração
• Por que colaborar? • De adversários a parceiros

Ecologia populacional
O que é impossibilidade de adaptação? • Forma e nicho organizacional • Processo de mudança ecológica • Estratégias de sobrevivência

Institucionalismo
• A visão institucional e o projeto organizacional • Similaridade institucional

Fundamentos do projeto

Antes de ler este capítulo, verifique se você concorda ou discorda com cada uma das seguintes declarações:

GESTÃO POR PERGUNTAS DE PROJETO

1 As organizações devem se esforçar para serem independentes e autossuficientes para que os gerentes não se coloquem na posição "você não tem opinião própria."

CONCORDO _____   DISCORDO _____

2 O sucesso ou o fracasso de uma empresa start-up* é amplamente determinado pela inteligência e habilidade em administrar do empreendedor.

CONCORDO _____   DISCORDO _____

3 Os gerentes devem copiar ou pegar emprestado rapidamente as técnicas utilizadas por outras empresas de sucesso para que as próprias organizações sejam mais eficazes e mantenham a paz com os tempos de mudanças.

CONCORDO _____   DISCORDO _____

O crime eletrônico é uma das maiores ameaças nas organizações de hoje, particularmente para as empresas financeiras e outras empresas em quem as pessoas confiam para lidar com o dinheiro delas. A Poste Italiane S.p.A., que serve como um serviço postal da Itália assim como um banco, uma empresa de cartão de crédito e uma empresa de telefonia celular, criou uma das operações eletrônicas de segurança mais sofisticadas no mundo. A todo o momento, os funcionários monitoram tudo, do correio às transações em caixas eletrônicos em tempo real, rastreando a fonte de possíveis riscos, coletando dados e passando as informações para autoridades locais além de agir com velocidade e precisão para acabar com as ameaças. O problema é que não importa quão boa seja a segurança eletrônica da empresa, nunca será boa o suficiente. "Estou impressionado com a maneira que eles mudam o comportamento", disse o CEO Massimo Sarmi de crimes eletrônicos, "como eles reagem imediatamente".

Sarmi entendeu que a colaboração com outras empresas era a única maneira que a Poste Italiane poderia esperar para alcançar a segurança verdadeira dos clientes. Ele começou a estender a mão ao redor do mundo. Poste Italiane assinou um memorando de acordo com o Serviço Secreto dos EUA, por exemplo, e está se juntando à força-tarefa de crimes eletrônicos na cidade de Nova York. A empresa faz parceria com empresas, como a de software Microsoft, a de energia Enel, e Visa/MasterCard e organizações acadêmicas como a George Mason University e a University of London, para abrir um Programa de Excelência de Segurança Eletrônica Global. O centro está promovendo a cooperação internacional com relação à segurança eletrônica e estudando maneiras para tornar a internet dinamicamente mais segura pela defesa ativa. "O problema é global", diz Sarmi. "Não é nacional nem local."[1]

Ao lidar com um problema massivo e complexo, como o crime eletrônico, mesmo a organização mais sofisticada e capaz logo atingirá o limite de sua eficiência. As organizações de hoje se deparam com diversos problemas em razão da complexidade e da incerteza de ambiente. Assim, uma das tendências mais disseminadas é reduzir as fronteiras e aumentar a colaboração entre empresas, às vezes, entre concorrentes. Vários varejistas americanos, por exemplo, se juntaram a um programa cooperativo chamado

---

* É uma empresa que se inicia, está começando no mercado. (N.R.T.)

ShopRunner, oferecendo frete e devoluções em dois dias gratuitamente, para competir com a crescente força da Amazon.com. "É maravilhoso o que as pessoas fazem quando reconhecem que existe uma grande ameaça... que é competir um com outro", diz Fiona Dias, vice-presidente executiva de estratégia e marketing da GSI Commerce.[2]

Em diversas indústrias, o ambiente de negócios é tão complicado que nenhuma empresa sozinha pode desenvolver todo o conhecimento e recursos necessários para se manter competitiva. Por quê? A globalização e os rápidos avanços em tecnologia, comunicações e transportes criaram novas e extraordinárias oportunidades para as organizações, porém também elevaram o custo da realização de negócios e tornaram cada vez mais difícil para qualquer empresa tirar vantagem dessas oportunidades sozinha. Nessa nova economia estão surgindo redes de organizações. A colaboração e a parceria são as novas maneiras de fazer negócios. As organizações enxergam a si mesmas como equipes que criam valor conjuntamente, ao invés de empresas autônomas, concorrendo com todas as outras.

Objetivos

Este capítulo explora a tendência mais recente em organização, que é a teia cada vez mais densa de relacionamentos entre organizações. As empresas sempre dependeram umas das outras no que diz respeito a suprimentos, materiais e informações. A questão envolve como as relações são gerenciadas. Num dado momento, isso era uma questão de empresas grandes e poderosas exercendo pressão sobre pequenos fornecedores. Hoje em dia, uma empresa pode escolher o desenvolvimento de relações positivas com base na confiança. A noção de relações horizontais descritas no Capítulo 2 e a compreensão da incerteza ambiental no Capítulo 6 estão conduzindo ao próximo estágio na evolução organizacional, que são uma rede de relacionamentos horizontais que atravessam as organizações. As empresas podem escolher construir relacionamentos de muitas maneiras, tais como indicar fornecedores preferidos, estabelecer acordos, parcerias de negócios, empreendimentos em conjunto (*joint ventures*) ou mesmo fusões e aquisições.

A pesquisa interorganizacional deu origem a perspectivas como a dependência de recursos, as redes de colaboração, a ecologia populacional e o institucionalismo. A soma total dessas ideias pode ser assustadora, porque significa que os gerentes não podem mais acomodar-se na segurança de gerenciar uma única organização. Eles têm de vislumbrar como gerenciar todo um conjunto de relacionamentos interorganizacionais, o que é muito mais desafiador e complexo.

Ecossistemas organizacionais

As **relações interorganizacionais** são transações, fluxos e ligações de recursos relativamente duradouras, que ocorrem pelo menos entre duas organizações.[3] Tradicionalmente, essas transações e relações são vistas como um mal necessário para obter o que a organização precisa. A presunção é que o mundo é composto de distintas empresas que crescem com autonomia e competem por supremacia. Uma empresa pode ser forçada a relacionamentos interorganizacionais dependendo de suas necessidades e da instabilidade e complexidade do ambiente.

Uma nova perspectiva descrita por James Moore argumenta que as organizações estão, neste momento, evoluindo para ecossistemas de negócios. Um **ecossistema organizacional** é um sistema formado pela interação de uma comunidade de organizações e seus ambientes. Um ecossistema atravessa as linhas industriais tradicionais.[4] Um conceito semelhante é a *abordagem megacomunidade*, na qual as pessoas de negócio, governos e organizações sem fins lucrativos se juntam pelos setores e indústrias para atacar problemas grandes e persuasivos de interesse mútuo, como o desenvolvimento de energia, a fome no mundo ou o crime eletrônico.[5]

A competição está morta?

Nenhuma empresa pode enfrentar sozinha um constante ataque de concorrentes internacionais, de tecnologias em transformação e de novas regulamentações. As organizações em todo o mundo estão encravadas em complexas redes de relacionamentos que se confundem – colaborando em alguns mercados, competindo furiosamente em outros. A quantidade de alianças corporativas está aumentando na faixa de 25% por ano, e muitas delas estão entre os concorrentes.[6] Pense sobre a indústria automotiva. Ford e GM competem acirradamente, mas as duas se juntaram para desenvolver uma transmissão com seis velocidades. Hyundai, Chrysler e Mitsubishi executam juntamente a Aliança Global de Fabricantes de Motor para projetar um motor de quatro cilindros. Agora, a Volvo é dona da Zhejiang Geely Holding, mas mantém uma aliança com o dono anterior da Ford Motor para fornecer motores e outros componentes.[7]

A competição tradicional, a qual presume uma empresa distinta competindo pela sobrevivência e supremacia com outros negócios isolados, já não existe mais, porque cada organização tanto apoia como depende de outras para o sucesso e, talvez, para a sobrevivência. No entanto, a maioria dos gerentes reconhece que os riscos competitivos estão mais altos do que nunca, em um mundo onde a participação de mercado pode esfarelar-se da noite para o dia e que nenhuma indústria está imune de tornar-se obsoleta quase que instantaneamente.[8] No mundo de hoje, uma nova forma de competição está, de fato, se intensificando.[9]

Uma razão é que as empresas agora precisam coevoluir com outras no ecossistema para que todas se tornem mais fortes. Considere o lobo e o veado. Os lobos escolhem os veados mais fracos, o que fortalece o bando. Um bando forte significa que cada lobo deve se tornar mais forte. Com a coevolução, o sistema inteiro torna-se mais forte. Do mesmo modo, as empresas coevoluem pela discussão mútua, visões compartilhadas, alianças e da administração de relacionamentos complexos.

A Figura 4.1 ilustra a complexidade de um ecossistema ao mostrar a miríade de relacionamentos sobrepostos entre as empresas de alta tecnologia. Desde o momento que este gráfico foi criado, diversas empresas se fundiram, foram adquiridas ou partiram para outros negócios. Ecossistemas mudam e evoluem constantemente, com alguns relacionamentos ficando mais fortes, ao passo que outros se enfraquecem ou acabam. Os padrões mutáveis de relacionamentos e interações num ecossistema contribuem para a saúde e vitalidade do sistema integrado como um todo.[10]

Num ecossistema organizacional, o conflito e a cooperação frequentemente existem ao mesmo tempo. Por exemplo, a Google, uma das empresas de internet mais bem-sucedidas nos últimos anos, competiu mais eficazmente com a cooperação.

ANOTAÇÕES

Como administrador de uma organização, tenha essas diretrizes em mente:

Procure e desenvolva as relações com outras organizações. Não limite seus pensamentos para um tipo de indústria ou negócio único. Construa um ecossistema do qual sua organização faz parte.

Parte 3: Fatores externos e design

FIGURA 4.1
Ecossistemas organizacionais

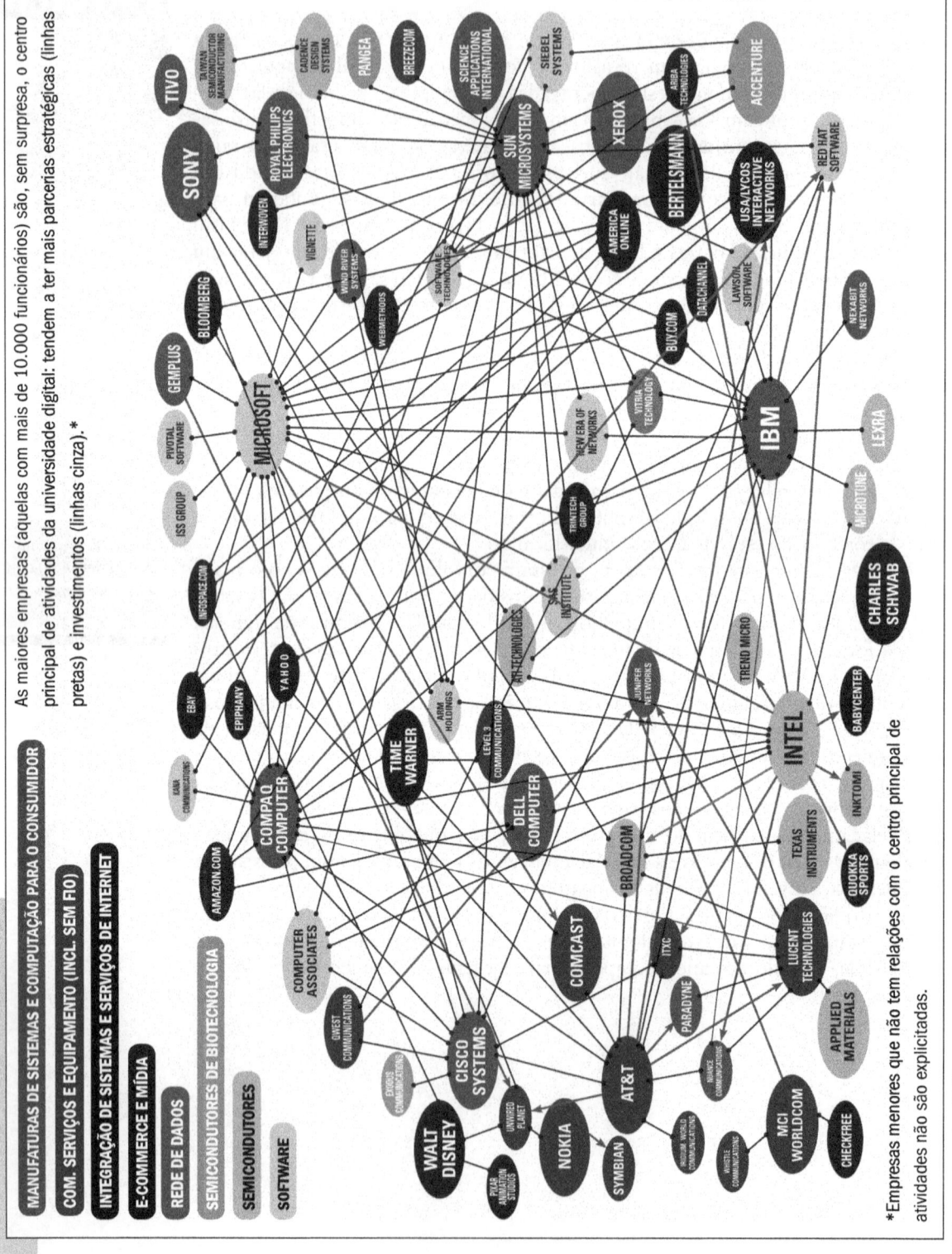

MANUFATURAS DE SISTEMAS E COMPUTAÇÃO PARA O CONSUMIDOR
COM. SERVIÇOS E EQUIPAMENTO (INCL. SEM FIO)
INTEGRAÇÃO DE SISTEMAS E SERVIÇOS DE INTERNET
E-COMMERCE E MÍDIA
REDE DE DADOS
SEMICONDUTORES DE BIOTECNOLOGIA
SEMICONDUTORES
SOFTWARE

As maiores empresas (aquelas com mais de 10.000 funcionários) são, sem surpresa, o centro principal de atividades da universidade digital: tendem a ter mais parcerias estratégicas (linhas pretas) e investimentos (linhas cinza).*

*Empresas menores que não tem relações com o centro principal de atividades não são explicitadas.

© Cengage Learning 2013

NA PRÁTICA | Google

Na Google, existe uma equipe inteira que gera negócios para as concorrentes. Se as pessoas não gostarem dos produtos da Google, como Gmail ou Google Maps, a equipe da Google facilita a transição de dados gratuitamente para o site de qualquer concorrente. A Google nunca tentou bloquear os usuários com os seus produtos, acreditando que, quando as pessoas passam mais tempo on-line, – onde quer que passem o tempo – todo mundo se beneficia. Ajudar os concorrentes a terem mais negócios pode parecer como uma estranha maneira de tocar um negócio, mas os gerentes da Google não pensam assim. Temos como exemplo o navegador do Google Chrome. É uma parcela muito pequena se comparada ao Internet Explorer da Microsoft, mas o Chrome, aos poucos, está tomando a fatia de mercado da Microsoft. Ainda que o Google Chrome seja gratuito e de código aberto, o que significa que qualquer outro navegador que queira incorporar as partes do software pode fazer isso livremente. E se a Microsoft copiar blocos inteiros do código de programação do Chrome e construir um Explorer melhor? Isso é ótimo, diz Google. De forma semelhante, a plataforma operacional do smartphone Android da Google é livre para qualquer manuseio de ajuste do fabricante que queira utilizá-la. Isso criou a primeira competição real para o iPhone, e a abordagem de código aberto significa que agora existem muitas pessoas utilizando mais Android do que iPhones. A Google acredita que a divulgação das tecnologia conduz aos avanços adicionais de internet, que não somente se ajusta à missão de aprimoramento da Google de como as pessoas conectam as informações, mas também significa que a Google consegue mais negócios – e se torna mais forte.

A colaboração, como os gerentes da Google dizem, é essencial para inovação. Considere a recente liberação do Google Body Browser, uma simulação 3D interativa do corpo humano que permite que os usuários descubram o corpo e ampliem para estudar órgãos específicos, ossos, músculos etc. Nesse momento, o Body Browser ainda é um trabalho em progresso, mas poderia ser um sucesso nas escolas de medicina assim como para outros usuários (e anunciantes). Até agora, poucos navegadores fora da versão mais recente do Chrome da Google podem suportar tal ferramenta sofisticada. Outros o alcançarão, claro, e estará bem para a Google porque estimulará ainda mais os avanços.[11]

A ênfase de cooperação da Google pode ser testada nos próximos anos à medida que se move constantemente para o mercado agora dominado pela Apple. Além de *smartphones*, a Google também está se movendo para outros negócios, como serviços de música digital, que a coloca em concorrência direta com a dura rival. "Os sistemas abertos nem sempre vencem", advertiu recentemente o falecido Steve Jobs, cofundador e ex-CEO da Apple, que sempre manteve um controle firme e vigiava de perto os produtos da empresa.[12]

No entanto, a cooperação geral tornou-se uma regra em muitas indústrias e especialmente em empresas de alta tecnologia. A imprensa especializada em negócios é cheia de artigos que abordam sobre os "amigos inimigos", refletindo a tendência em direção às empresas que são tanto amigas quanto inimigas, colaboradoras e concorrentes. Muitas empresas de longa data que se orgulham da independência mudaram para uma abordagem de ecossistema. As dependências mútuas e parcerias se tornaram um fato na vida. A competição está morta? Atualmente, as empresas podem usar sua força para ganharem em cima dos concorrentes, mas, no final, é a cooperação que vence.

A mudança do papel de administração

Dentro dos ecossistemas de negócios, os gerentes aprendem a se mover para além das responsabilidades tradicionais da estrutura corporativa e do desenho das estruturas hierárquicas e sistemas de controle. Se um alto administrador busca impor ordem e uniformidade, a empresa está perdendo oportunidades para novos relacionamentos externos em evolução[13]. Neste novo mundo, os gerentes pensam sobre os processos horizontais em vez das estruturas verticais. Iniciativas importantes não são apenas as de cima para baixo; elas atravessam as fronteiras que separam as unidades organizacionais.

Além disso, os relacionamentos horizontais agora incluem conexões com fornecedores e clientes, que se tornam parte da equipe. Os líderes de negócios devem aprender a conduzir a coevolução econômica. Os gerentes aprendem a observar e apreciar o ambiente rico de oportunidades que nasce de relacionamentos cooperativos com outros contribuintes para o ecossistema. Ao invés de obrigar os fornecedores a abaixar preços, ou os consumidores a pagar um alto preço, os gerentes lutam para fortalecer o ecossistema maior, que evolui ao redor deles, encontrando caminhos para entender o quadro mais amplo e como contribuir com ele.

Esse é um papel de liderança mais amplo do que nunca. Os gerentes encarregados de coordenar outras empresas devem aprender novas habilidades executivas. Por exemplo, as investigações federais descobriram que a inaptidão de gerentes para colaborar e comunicar com eficácia entre limites organizacionais desempenharam um papel significante na maré negra da plataforma British Petroleum (BP) Transocean Deepwater Horizon, conforme descrito no Capítulo 1. Uma questão levantada pelos investigadores causou uma discussão entre o gerente da BP e o gerente da Transocean que ocorreu na plataforma no dia da explosão. Os gerentes da BP e da agência federal também tiveram problemas na colaboração efetiva em unir esforços.[14]

Um estudo dos papéis executivos da Hay Group distinguiu entre os *papéis operacionais* e os *papéis colaborativos*. Os gerentes mais tradicionais têm habilidade em lidar com papéis operacionais, que têm uma autoridade vertical tradicional e são responsáveis pelos resultados do negócio, principalmente pelo controle direto de pessoas e recursos. Por outro lado, os papéis colaborativos não têm autoridade direta em colegas ou parceiros horizontais, mas são, todavia, responsáveis pelos resultados específicos de negócios. Os gerentes nos papéis colaborativos têm que ser altamente flexíveis e proativos. Eles atingem resultados pela comunicação pessoal e buscam assertivamente por informações e recursos necessários.[15]

A maneira antiga de gestão confiava quase exclusivamente nos papéis operacionais, defendendo os limites da organização e mantendo o controle direto dos recursos. Hoje, de qualquer forma, os papéis colaborativos estão se tornando mais importantes para o sucesso. Quando os parceiros falham, é geralmente por causa da falta de aptidão dos parceiros em desenvolverem confiança, relações colaborativas ao invés da falta de um plano sólido de negócio ou estratégia. Em alianças de sucesso, as pessoas trabalham juntas como se fossem membros da mesma organização.[16] Considere a guerra americana contra o terrorismo. Conforme discutimos na abertura deste capítulo, a colaboração interorganizacional é essencial para cuidar de problemas maiores e complexos. Para lutar contra o terrorismo, o governo americano não somente colabora com os governos de outros países, mas também com diversas empresas de segurança privada. No Centro Nacional de Comando Militar do Pentágono, os funcionários de empresas de contrato privado trabalham lado a lado com a equipe militar monitorando as crises potenciais por todo o mundo e fornecendo informações para os altos administradores. "Não realizaríamos nossa missão sem eles", disse Ronald Sanders, ex-chefe de capital humano no Escritório Nacional do Diretor de Inteligência. "Eles nos servem como nossos recursos, fornecendo flexibilidade e competência técnica que não podemos adquirir. Uma vez que estamos a bordo, nós os tratamos como se fossem parte da nossa força total."[17]

Estrutura interorganizacional

Apreciar este ecossistema mais amplo é um dos objetivos mais instigantes da teoria organizacional. Os modelos e perspectivas para o entendimento dos relacionamentos interorganizacionais ajudam, no fim das contas, os gerentes a mudarem seu papel de uma administração de cima para baixo para uma coordenação horizontal pelas organizações. A Figura 4.2 mostra a estrutura de trabalho para análise de diferentes

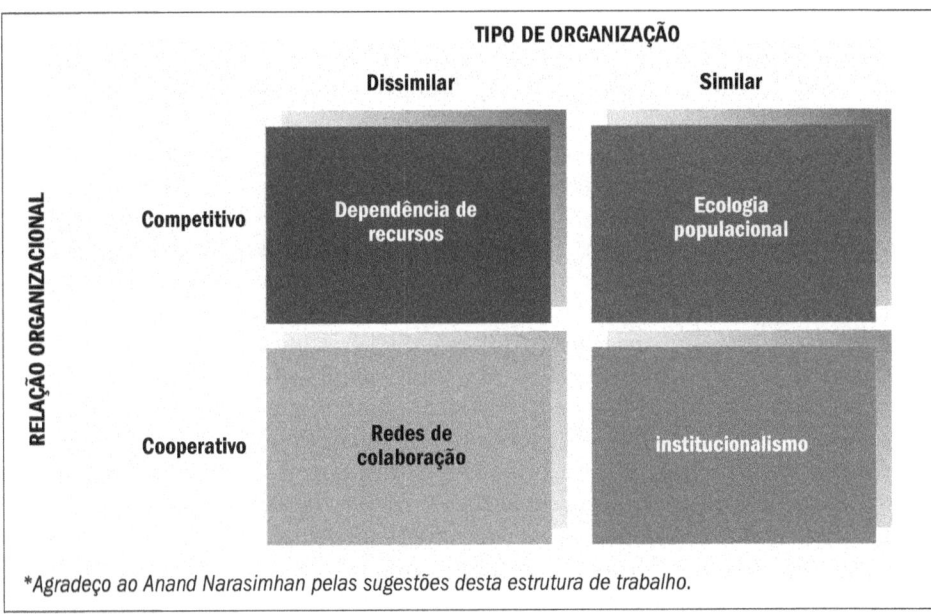

FIGURA 4.2
Uma estrutura de relacionamentos interorganizacionais*

	TIPO DE ORGANIZAÇÃO	
RELAÇÃO ORGANIZACIONAL	**Dissimilar**	**Similar**
Competitivo	Dependência de recursos	Ecologia populacional
Cooperativo	Redes de colaboração	institucionalismo

*Agradeço ao Anand Narasimhan pelas sugestões desta estrutura de trabalho.

© Cengage Learning 2013

pontos de relações interorganizacionais. Os relacionamentos entre as organizações podem ser caracterizados pela similaridade ou diferença entre as empresas e pela competitividade ou cooperação de suas relações. Ao entender essas perspectivas, os gerentes podem avaliar seu ambiente e adotar estratégias que se ajustem as suas necessidades. A primeira perspectiva é chamada de teoria da dependência de recursos. Ela descreve as maneiras racionais das organizações para lidarem uma com a outra para reduzir a dependência no ambiente. A segunda perspectiva é sobre redes de colaboração, a partir das quais as organizações podem se tornar dependentes de outras a fim de aumentar o valor e a produtividade de ambas. A terceira perspectiva é a de ecologia populacional, que examina como novas organizações preenchem os nichos deixados abertos por organizações estabelecidas e como uma rica variedade de novas formas organizacionais beneficia a sociedade. A última perspectiva é chamada de institucionalismo, que explica como e porque as organizações se legitimam no ambiente mais amplo e criam estruturas emprestando ideias umas das outras. Essas quatro abordagens para o estudo dos relacionamentos interorganizacionais estão descritas no restante deste capítulo.

Dependência de recursos

A dependência de recursos representa a perspectiva tradicional dos relacionamentos entre organizações. A **teoria de dependência de recursos** argumenta que as organizações tentam minimizar a dependência em outras organizações em relação aos recursos essenciais a tentam influenciar o ambiente para tornar esses recursos disponíveis.[18] As organizações obtêm através do esforço pela independência e autonomia. Quando ameaçadas por uma dependência maior, as organizações buscam controle sobre os recursos externos para minimizar aquela dependência.

Quando as organizações sentem restrições de recursos ou de fornecimento, a perspectiva de dependência de recursos diz que elas manobram para manter sua autonomia através de uma variedade de estratégias. Uma estratégia é adaptar ou modificar as relações interdependentes. Isso pode envolver a compra da propriedade da empresa de fornecedores, o desenvolvimento de contratos de longo prazo ou *joint ventures* para assegurar os recursos necessários, ou a construção de outros modos de relacionamentos. Por exemplo, a gigante alimentícia suíça Nestlé SA, que também é a maior vendedora de café embalado no mundo, planeja oferecer treinamento gratuito e conselhos aos fazendeiros ao redor do mundo nos próximos 10 anos, além de fornecer plantas que produzem uma quantidade maior e com mais qualidade nos grãos de café. A Nestlé não planeja travar os fazendeiros que recebem as plantas e o treinamento em contratos de longo prazo, mas os gerentes acreditam que a atenção e o comprometimento que empresa está mostrando fará com que muitos fazendeiros vendam para a Nestlé. A empresa diz que dobrará a quantidade de café comprado diretamente dos fazendeiros e mais da metade dos fazendeiros em uma das cooperativas de café Veracruz disse que venderia para a Nestlé. "Fazemos isso por uma melhor qualidade e segurança na nossa matéria-prima" disse o CEO da Nestlé Paul Bulcke. "Queremos construir uma relação em que os fazendeiros queiram vender para nós."[19]

Outras técnicas incluem interligar diretorias para incluir membros de empresas fornecedoras no conselho de administração, juntar associações comerciais para coordenar as necessidades, utilizar lobistas e atividades políticas ou se fundir com outras empresas para garantir recursos e fornecimento de materiais. As organizações que operam com a filosofia de dependência de recursos farão o que quer que seja necessário a fim de evitar a dependência excessiva no ambiente para manter o controle de recursos e, assim, reduzir a incerteza. A busca por recursos através de relações de fornecedores de longo prazo é uma das estratégias mais comuns.

Relações da cadeia de suprimentos

Para operar e produzir eficientemente os itens de alta qualidade que atendam às necessidades dos clientes, a empresa deve oferecer entregas confiáveis de alta qualidade, além de suprimentos e materiais com preço razoável. Muitas empresas desenvolvem relações próximas com os fornecedores principais para ganhar o controle sobre os recursos necessários. Como um exemplo, a SCA (Svenska Cellulosa Aktiebolaget) utiliza fibras de papel reciclado para fazer guardanapos, papéis higiênicos e papéis toalhas para restaurantes, escritórios, escolas e outras instituições. Mas o fornecimento de papel reciclado baixou nos últimos anos em razão da redução de desperdício de papel, além da competição por fibra com as empresas de papel chinesas. Para ter certeza de que SCA tem os fornecedores necessários, os gerentes desenvolvem parcerias com diversos centros de reciclagem, fornecendo suporte financeiro para atualizar o equipamento em troca de centros que vendem fibras recuperadas exclusivamente para a SCA. O centro ainda pode vender fibras com qualidade menor para outros fabricantes.[20]

A **gestão da cadeia de suprimentos** refere-se à administração da sequência de fornecedores e compradores, cobrindo todos os estágios do processamento, desde obter matéria-prima até distribuir os produtos prontos aos consumidores.[21] A Figura 4.3 ilustra o modelo básico de cadeia de suprimento. A cadeia de suprimento é uma rede de diversos negócios e pessoas conectadas pelo fluxo de produtos ou serviços.

A pesquisa indica que a formalização das relações de cadeia de suprimento colaborativas podem ajudar as organizações a obterem e utilizarem recursos mais eficientemente além de aprimorar o desenvolvimento.[22]

Muitas organizações gerenciam as relações de cadeia de suprimento utilizando a internet e outras tecnologias sofisticadas, estabelecendo ligações eletrônicas entre a organização e esses parceiros externos para o compartilhamento e troca de dados.[23] As empresas, como a Apple, Walmart, Dell, Tesco e Samsung, por exemplo, são eletronicamente conectadas aos parceiros, assim, todos, ao longo da cadeia de suprimento, têm quase todas as informações transparentes sobre vendas, pedidos, envios e outros dados. Isso significa que os fornecedores têm dados sobre pedidos, níveis de produção e materiais necessários, garantindo que os recursos estão disponíveis quando necessários. Em 2011, a Gartner Research (previamente AMR Research) classificou a Apple como a cadeia de suprimento com os melhores resultados no mundo pelo quarto ano consecutivo. Procter & Gamble ficou com a terceira posição, a Samsung Electronics com a décima, e a Nestlé com a décima oitava. A Amazon.com

---

ANOTAÇÕES

Como administrador de uma organização, tenha essas diretrizes em mente:

Alcançar e influenciar pessoas externas e organizações que ameaçam os recursos necessários. Adotar estratégias para controlar os recursos, especialmente quando sua organização é dependente e possui pouco poder. Estabelecer a influência de sua empresa quando você tiver poder e controle sobre os recursos.

FIGURA 4.3
Um modelo básico de cadeia de suprimento

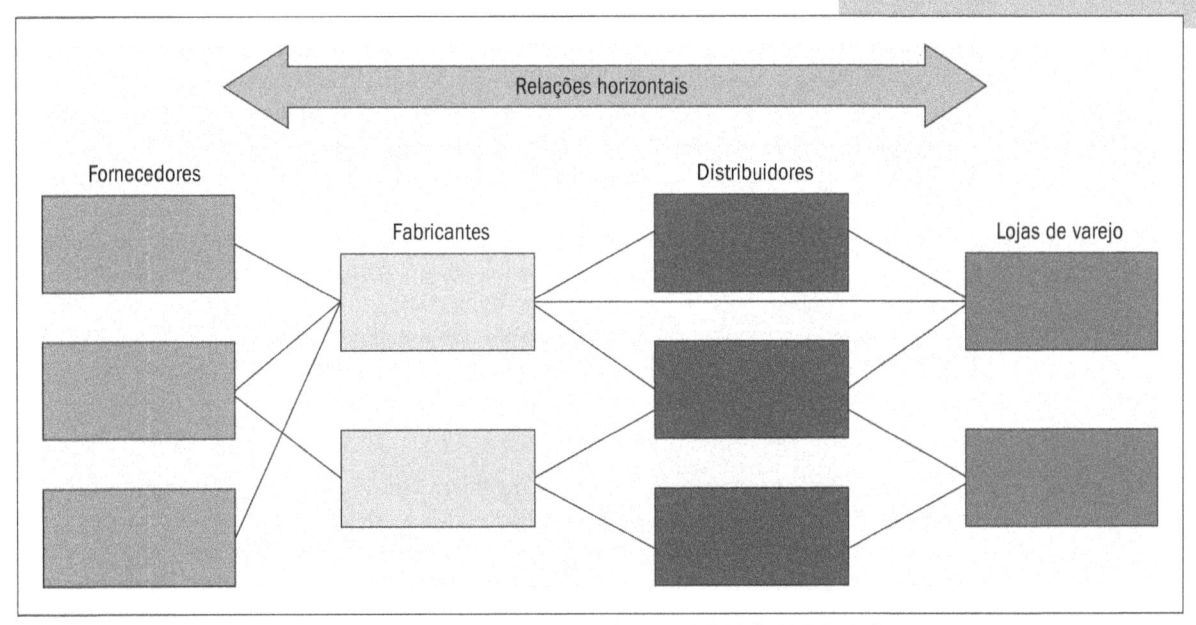

Fonte: Global Supply Chain Games Project, Delft University e a University of Maryland, R. H. Smith School of Business, http://www.gscg.org:8080/opencms/export/sites/default/gscg/images/supplychain_simple.gif (acessado em 6 de fevereiro de 2008).

participou da lista somente duas vezes em sua história, indo de décimo em 2010 para o quinto em 2011. Por outro lado, a lutadora fabricante de celulares finlandesa Nokia, que foi classificada entre as melhores por diversos anos, saiu totalmente da lista em 2011.[24]

Implicações de poderes

Na teoria de dependência de recursos, empresas grandes e independentes têm poder sobre os fornecedores pequenos. Quando uma empresa tem poder sobre outra, ela pode impor aos fornecedores que absorvam mais custos, enviem produtos eficientemente e forneçam mais serviços do que nunca, com frequência, sem um aumento de preço. Muitas vezes, os fornecedores não têm escolha a não ser concordar e aqueles que deixam de fazê-lo podem acabar por perder o negócio. Os pequenos fornecedores são atualmente resistentes a táticas e poder da Anheuser-Busch InBev, mas, até agora a grande empresa apenas ainda se sente superior.

NA PRÁTICA — Anheuser Busch InBev NV

Quando a empresa de produção de cerveja belga InBev comprou a Anheuser-Busch, criou-se um 'peso-pesado' que está exercendo um novo poder sobre os fornecedores. Os gerentes da AB InBev disseram que planejavam economizar US$ 110 milhões por ano de "escala de aprovisionamento e aquisição"* ou em custos que podem ser economizados na busca de fornecedores por ser uma empresa de grande porte.

Os gerentes da AB InBev utilizaram um estilo de cobrança difícil à medida que negociavam contratos com fornecedores de longo prazo, sendo que muitas tinham relações amigáveis

---

* Aprovisionamento e aquisição é o departamento que analisa fornecedores e cotações de preços para as compras corporativas. (N.R.T.)

com a Anheuser Busch com base nos EUA. Em janeiro de 2009, por exemplo, a empresa anunciou uma nova política mundial que proporcionaria à InBev até 120 dias para pagamento a partir do momento que obtém a fatura do fornecedor. (Períodos anteriores chamados de pagamento em menos de 30 dias.) Estender o tempo médio de pagamento libera o capital de giro para InBev, mas é ruim para fornecedores. Alguns fornecedores se uniram e incentivaram o governo belga a investigar se InBev estava usando a posição dominante para impor termos de contrato injustos. Infelizmente para fornecedores, a autoridade responsável da Bélgica disse que não encontrou nenhuma violação por parte da grande cervejaria.

Alguns fornecedores disseram que a empresa negou receber as entregas contratadas de malte ou outros suprimentos por conta da demanda reduzida de cerveja durante a retração econômica. A AB InBev insiste em dizer que não quebrou nenhum termo de contrato, mas que "negociou o alinhamento de suprimento e a realidade de demanda que estão se deparando". Apertando os fornecedores, a AB InBev apertou mais os lucros para si, mesmo com quedas nas vendas. Os gerentes diziam que a empresa comunicou que haveria aproximadamente US$ 1 bilhão em corte de custo, principalmente em razão da diminuição de porte e negociação dos termos com os fornecedores.[25]

As táticas agressivas da AB InBev mostram como uma empresa de grande porte tem poder sobre os pequenos fornecedores. Os gerentes da empresa estão fazendo o que for necessário para conseguir o suprimento de que a AB InBev precisa ao melhor custo e com os termos mais favoráveis. Beechwood Corporation, uma pequena empresa em Millington, Tennessee, saiu do negócio após a empresa não ser mais um fornecedor de barris de madeira de faia. A empresa começou a fornecer barris de madeira de faia para envelhecer a cerveja Budweiser por 62 anos.

"Era muito difícil lidar com isso, mas ainda valia a pena", disse o dono dos barris da ex-Anheuser-Busch. "Com a InBev, isso foi embora. Você não é mais família. Você é o cara que faz a oferta mais alta por cinco ou dez centavos."[26]

A dependência de recurso pode trabalhar também na direção oposta. Empresas de automóveis, como a Toyota e a General Motors, estão trabalhando para desenvolver um novo tipo de motor elétrico que não precisa de neodímio, um mineral raro que já foi quase totalmente extraído e refinado na China. Os fornecedores chineses têm poder sobre as empresas de automóveis à medida que se esforçam para criar mais veículos híbridos e elétricos e o preço do mineral ter elevado.[27] As relações de poder em diversas indústrias estão sempre mudando.

Redes de colaboração

A **perspectiva de rede colaborativa** é uma alternativa emergente para a teoria de dependência de recursos. As empresas se unem com o intuito de se tornarem mais competitivas e compartilhar recursos escassos. Grandes empresas aeroespaciais fazem parcerias entre si e com empresas menores e fornecedores para projetarem a próxima geração de jatos. Grandes organizações farmacêuticas se unem com pequenas empresas de biotecnologia para compartilhar recursos e conhecimento e estimular a inovação. As empresas de consultoria, empresas de investimento e empresas de contabilidade podem se juntar para formar uma aliança para atender às demandas do consumidor para os serviços expandidos.[28] Cinco principais grupos de médicos, que abrangem diversos estados e milhões de pacientes, se juntaram em um consórcio para compartilhar dados eletrônicos, incluindo os registros de saúde dos pacientes. A Geisinger Health System, a Kaiser Permanente, a Mayo Clinic, a Intermountain Healthcare e a Group Health Cooperative acreditam que, utilizando e compartilhando os prontuários digitalizados, podem ajudar os prestadores de assistência médica a tomarem decisões mais inteligentes e fornecer os melhores cuidados, como entregar um paciente a um especialista em outro sistema.[29] As alianças corporativas precisam de gerentes que sejam bons em construir redes pessoais além

Como você se encaixa no projeto?

NETWORK PESSOAL

Você é natural ao abordar as outras pessoas para uma rede de relacionamentos pessoal? Ter diversas fontes de informação é um elemento fundamental para parceria com pessoas em outras organizações. Para aprender algo sobre seus networks, responda às seguintes perguntas. Responda se cada item é em Verdadeiro ou Falso na sua escola ou no seu trabalho.

V   F

1. Aprendi cedo sobre as mudanças na organização e como influenciam a mim ou ao meu trabalho. ___ ___
2. Eu faço *network* tanto para ajudar outras pessoas resolverem problemas como para me ajudar. ___ ___
3. Eu me inscrevo em grupos e associações profissionais para expandir os contatos e conhecimentos. ___ ___
4. Eu conheço e converso com colegas de outras organizações. ___ ___
5. Eu sou a ponte do meu grupo de trabalho e para outros grupos de trabalho. ___ ___
6. Eu frequentemente utilizo almoços para encontrar e fazer *network* com novas pessoas. ___ ___
7. Eu participo regularmente de ações de voluntariado. ___ ___
8. Eu mantenho uma lista de amigos e colegas para quem posso encaminhar cartões de festas de fim de ano. ___ ___
9. Eu mantenho contato com as pessoas de organizações e grupos de escolas anteriores. ___ ___
10. De maneira efetiva, eu dou informações para subordinados, colegas e meu chefe. ___ ___

Pontuação: Marque um ponto para cada item marcado como Verdadeiro. Uma pontuação de pelo menos 7 sugere que seu *network* é muito ativo. Se sua pontuação for de, no máximo 3, ajudar os outros pode não ser natural de você e precisará de um esforço extra.

Interpretação: Em um mundo de relações antagônicas entre organizações, os *networks* pelos limites organizacionais não eram importantes. Em um mundo de parcerias interorganizacionais, no entanto, muitas coisas boas fluem do *network* ativo, que construirá uma rede de relações organizacionais para conseguir as coisas feitas. Se você gerenciará as relações com outras organizações, o *network* é uma parte essencial do seu trabalho. Fazer *network* de relações sociais, de trabalho e de carreira que facilitam o benefício mútuo. Pessoas com *network* amplo e ativo tendem a se juntar e contribuir com parcerias e tem um impacto maior nas relações interorganizacionais.

das fronteiras. Qual é a sua eficácia na rede? Finalize o questionário "Como você se encaixa no projeto?" para descobrir.

Por que colaborar?

Por que todo esse interesse na colaboração interorganizacional? Algumas das principais razões são compartilhar riscos ao entrar em novos mercados, montar novos programas caros e reduzir custos, além de melhorar o perfil organizacional em indústrias ou tecnologias selecionadas. A cooperação é um pré-requisito para uma inovação maior, com solução de problemas e desempenho.[30] As parcerias são um caminho importante para entrar nos mercados globais com empresas tanto de grande porte quanto de pequeno porte, desenvolvendo parcerias além das fronteiras e da América do Norte. *Joint ventures* com organizações em outros países, por exemplo, fazem uma parte substancial de investimento estrangeiro das empresas americanas e estratégias de entrada.[31]

As empresas norte-americanas tradicionalmente trabalham sozinhas, competindo com as outras e acreditando na tradição do individualismo e da autoconfiança, mas aprenderam, a partir da experiência internacional, como as relações interorganizacionais eficazes podem ser. Tanto o Japão como a Coreia possuem longa tradição de clãs corporativos ou grupos industriais que colaboram e assistem entre si. Habitualmente, os norte-americanos consideravam a interdependência como uma coisa ruim, acreditando que ela reduziria a competição. No entanto, a experiência da colaboração em outros países indica que a competição entre as empresas pode ameaçar algumas áreas, mesmo que colaborem uma com a outra. É como se irmãos e irmãs de uma família entrassem em empresas separadas e um quer superar o outro, mas se ajudam nos momentos decisivos.

AVALIE SUA RESPOSTA

1 **As organizações devem se esforçar para serem independentes e autossuficientes para que os gerentes não se coloquem na posição "você não tem opinião própria."**

RESPOSTA: *Discordo*. A tentativa de ser independente é uma forma de pensar antiga. Esta visão diz que as organizações devem minimizar sua dependência de outras empresas para que não sejam vulneráveis. Apesar disso, hoje, as empresas de sucesso consideram a colaboração como a melhor abordagem para manter o equilíbrio de poder e ter tarefas realizadas.

As conexões interorganizacionais fornecem uma espécie de rede de segurança que incentiva o investimento de longo prazo, o compartilhamento de informações e a tomada de riscos. As empresas podem alcançar níveis mais altos de inovação e desempenho, conforme aprendem a mudar de um quadro mental de adversários para um quadro de parceria.[32] Considere os seguintes exemplos:

- Sikorsky Aircraft e Lockheed Martin antes eram concorrentes na luta para construir helicópteros presidenciais, mas os dois se reuniram para a oferta de um novo contrato para uma frota de helicópteros Marine One helicopters. A parceria terá o Sikorsky construindo um helicóptero e a Lockheed Martin fornecendo uma vasta variedade de sistemas especializados para cada uso. As duas se juntaram para serem mais competitivas contra as rivais como Boeing, Bell Helicopters e Finmeccanica SpA's Agusta Westland.[33]
- A Microsoft acertou um trato com um dos maiores sites de busca da China, Baidu.com, para oferecer serviços de busca de internet em inglês. O site de busca da Microsoft foi programado para aparecer no site da Baidu no fim de 2011. A Baidu beneficiará com a capacidade de aprimorar os serviços de busca em inglês. As buscas no idioma inglês respondem por 10 milhões por dia no Baidu. Para Microsoft, é uma maneira de obter acesso à maior população de internet no mundo de mais de 470 milhões de usuários. Os resultados de busca provavelmente serão censurados pelo governo chinês, um fato que levou a Google a retirar o site de busca do continente China dois anos trás. Um porta-voz da Microsoft falou sobre a parceria com Baidu: "Operamos na China de uma maneira que se respeita a autoridade e a cultura local e esclarece que temos diferença de opiniões com as políticas oficiais de administração de conteúdo".[34]
- A montadora alemã Daimler estabeleceu uma parceria de cinco anos com a aliança existente da francesa Renault e a japonesa Nissan. Renault e Nissan são parceiras desde 1999. Com nova parceria, a Daimler e a Renault-Nissan compartilharão a tecnologia e motores de carros pequenos e colaborarão na pesquisa e desenvolvimento de tecnologia com eficiência em combustível. Logo após a aliança Daimler-Renault Nissan ter sido anunciada, a rival da Daimler, BMW AG, fechou um acordo com a PSA Peugeot Citroen para desenvolver uma gama completa de componentes para carros híbridos e software para veículos híbridos. A Peugeot Citroen tem uma parceria separada de veículos elétricos com

a Mitsubishi Motors. A demanda para atender os difíceis padrões de eficiência de combustível fez com que a montadora se apressasse no desenvolvimento de novos veículos híbridos e elétricos, e a união seria a única de maneira de fazer isso com um custo eficaz.[35]

De adversários a parceiros

As flores estão desabrochando na paisagem antes marcada pelas cicatrizes das batalhas. Na América do Norte, a colaboração entre empresas inicialmente ocorreu nos serviços sociais sem fins lucrativos e nas organizações de saúde mental em que o interesse público estava em jogo. As organizações comunitárias colaboraram para atingir uma eficácia maior e um melhor uso dos recursos escassos.[36] Com a pressão de concorrentes internacionais e de exemplos internacionais, os gerentes norte-americanos intransigentes começaram a migrar para um novo paradigma de parceria sob o qual basearam seus relacionamentos.

Um resumo dessa mudança no quadro mental está na Figura 4.4. Ao invés das organizações manterem a independência, o novo modelo terá como base a interdependência e a confiança. As medidas de desempenho para a parceria são vagamente definidas e os problemas são resolvidos por discussão e diálogo. As relações estratégicas de administração com outras empresas se tornaram uma habilidade crítica de administração, conforme discutido em Dicas deste capítulo. Na nova orientação, as pessoas tentam criar valor para ambos os lados e acreditam no compromisso, ao invés da desconfiança e competição. As empresas trabalham por lucros justos para ambos os lados em vez de ser para o próprio benefício. O novo modelo é caracterizado por lotes de informações compartilhadas, incluindo idade das conexões eletrônicas e discussões pessoais para fornecer resposta e resolver os problemas.

> **ANOTAÇÕES**
>
> **Como administrador de uma organização, tenha essas diretrizes em mente:**
>
> Busque parcerias colaborativas que possibilitem dependência mútua e melhorem o valor e o ganho para ambos os lados. Envolva-se profundamente nos negócios de seu parceiro e vice-versa para o benefício mútuo.

FIGURA 4.4
Mudanças nas características dos relacionamentos interorganizacionais

Orientação tradicional: adversárias	Nova orientação: parceria
Baixa dependência	**Alta dependência**
Suspeitas, competição	Confiança, além do valor para ambas as partes, alto compromisso
Medidas de desempenho detalhadas, monitoradas de perto	Medidas livres de desempenho; problemas discutidos
Preço, eficácia e próprios lucros	Participação, tratamento justo, lucro para ambos
Informação limitada e *feedback*	Conexões eletrônicas para compartilhar informações-chave, respostas de problemas e discussões
Resolução legal de conflitos	Mecanismos para coordenação próxima, pessoas nos locais
Envolvimento mínimo e investimento com antecedência, recursos separados	Envolvimento no projeto e produção do produto do parceiro, recursos compartilhados
Contratos de curto prazo	Contratos de longo prazo
Contrato com limites na relação	Assistência em negócios além do contrato

Fontes: Com base em Mick Marchington and Steven Vincent, "Analysing the Influence of Institutional, Organizational, and Interpersonal Forces in Shaping Inter-Organizational Relations," *Journal of Management Studies* 41, nº 6 (Setembro de 2004), 1029–1056; Jeffrey H. Dyer, "How Chrysler Created an American Keiretsu," *Harvard Business Review* (Julho – agosto de 1996), 42–56; Myron Magnet, "The New Golden Rule of Business," *Fortune* (21 de fevereiro de 1994), 60–64 e Peter Grittner, "Four Elements of Successful Sourcing Strategies," *Management Review* (Outubro de 1995), 41–45.

DICA DE LIVRO
4.0 VOCÊ JÁ LEU ESTE LIVRO?

Managing strategic relationships: the key to business success
de Leonard Greenhalgh

O que determina o sucesso organizacional no século XXI? De acordo com Leonard Greenhalgh, autor de *Managing strategic relationships: the key to business success*, é a medida com que os gerentes apoiam, nutrem e protegem os relacionamentos colaborativos – tanto dentro como fora da empresa – com sucesso. Em capítulos separados, o livro oferece estratégias para relações de gerenciamento entre pessoas e grupos dentro da empresa e com outras organizações. As relações eficazes de gerenciamento geram um senso de nação e consenso que, no final das contas, resulta em vantagem competitiva.

GERENCIANDO RELACIONAMENTOS NUMA NOVA ERA

Greenhalgh afirma que os gerentes precisam de uma nova maneira de pensar para adequar-se às realidades da nova era. Ele oferece as seguintes diretrizes:

- *Reconheça que contratos legais detalhados podem minar a confiança e a boa vontade.* Greenhalgh ressalta a necessidade de construir relacionamentos que tenham como base a honestidade, confiança, a compreensão e as metas comuns, ao invés de contratos legais estreitamente definidos que concentram naquilo que um negócio pode dar ao outro.

- *Trate os parceiros como sua própria organização.* Os membros da organização parceira precisam ser participantes ativos na experiência de aprendizado por meio de envolvimento em treinamento, reuniões de equipes e outras atividades. Dar aos empregados da organização parceira uma chance de fazer contribuições promove uniões mais profundas e um sentimento de unidade.

- *Altos administradores devem liderar a aliança.* Gerentes de ambas as organizações têm de atuar de modo a mostrar a todos dentro e fora da organização uma nova ênfase em parceria e colaboração. A utilização de cerimônias e símbolos pode ajudar a instilar um compromisso com a parceria na cultura da empresa.

UM PARADIGMA DE PARCERIA

Para vencer no ambiente atual, as práticas do velho paradigma de administração com base em poder, hierarquia e relacionamentos conflitivos devem ser trocadas por uma nova era de prática de riquezas comuns que enfatizem a colaboração e as formas compartilhadas de organização. As empresas que irão prosperar, acredita Greenhalgh, "são aquelas que realmente estejam prontas – aquelas que podem integrar de forma bem-sucedida a estrutura, os processos, os arranjos de negócios, os recursos, os sistemas e as forças de trabalho". Isso pode ser realizado, argumenta ele, apenas por meio de criação, modelação e sustento eficazes de relacionamentos estratégicos.

Leonard Greenhalgh, *Managing strategic relationships: the key to business success*, publicado por The Free Press.

Às vezes, indivíduos de outras empresas trabalham no local da empresa parceira para permitir uma coordenação muito próxima. Eles desenvolvem soluções imparciais para os conflitos, em vez de depender de relações contratuais legais. Os contratos podem estar especificados sem muitos detalhes e não é incomum que parceiros de negócios se ajudem mutuamente fora do que quer que esteja especificado no contrato.[37]

Nessa nova perspectiva de parcerias, a dependência de outra empresa é vista como forma de reduzir em vez de aumentar os riscos. Um maior valor pode ser alcançado por ambos. Por estarem entrelaçados num sistema de relacionamentos interorganizacionais, todos desempenham o seu melhor porque todos se ajudam. Isso está distante da crença de que as organizações são melhores ao serem autônomas. Este quadro mental de parceria pode ser visto em várias indústrias. Por exemplo, a British Airways, a American Airlines e a Spain's Iberia Líneas Aéreas de España S.A. formaram uma aliança que permitirá que os porta-aviões cooperem de forma mais próxima com os voos transatlânticos e sejam mais competitivos contra os concorrentes maiores.[38] As empresas automotivas formaram diversas parcerias para compartilhar os custo de desenvolvimento para novos veículos elétricos. A Bombardier Canada e seus fornecedores foram conectados praticamente como uma organização para construir jatos executivos da Continental.[39]

Rompendo limites e se envolvendo em parcerias com uma atitude de procedimento justo e adicionando valores para ambas as partes, as empresas de hoje estão mudando o conceito de como se faz uma organização.

Ecologia populacional

Esta seção introduz uma perspectiva diferente sobre os relacionamentos entre organizações. A **perspectiva de ecologia populacional** difere das outras perspectivas por causa de seu foco na diversidade organizacional e na adaptação dentro de uma população de organizações.[40] Uma **população** é um conjunto de organizações engajado em atividades semelhantes com padrões semelhantes de utilização de recursos e resultados. As organizações dentro de uma população competem por recursos e clientes similares, tal como as instituições financeiras da área de Seattle ou de concessionária de automóveis em Houston, Texas.

Dentro de uma população, a pergunta feita pelos ecologistas é sobre o grande número e a variação de organizações na sociedade. Por que novas formas organizacionais que criam essas diversidades estão constantemente aparecendo? A resposta é que a adaptação de organizações individuais é bastante limitada, comparando-se às mudanças exigidas pelo ambiente. Inovação e mudança em uma população de organizações ocorrem com o surgimento de novos tipos de organizações do que pela reforma e mudança das já existentes. De fato, as formas organizacionais são consideradas relativamente estáveis e o bem da sociedade como um todo é atendido pelo desenvolvimento de novas formas de organizações por meio de iniciativas empreendedoras. Novas organizações atendem às novas necessidades da sociedade mais do que organizações estabelecidas que são lentas para mudar.[41]

O que essa teoria quer dizer em termos práticos? Quer dizer que, muitas vezes, organizações grandes e estabelecidas tornam-se dinossauros. Considerando que entre as empresas que apareceram na primeira lista *500 da Fortune* em *1955*, somente 71 permaneceram na lista por 50 anos. Alguns foram comprados por fora ou se fundiram com outras empresas. Outras simplesmente declinaram e desapareceram. Frequentemente, as empresas maiores e estabelecidas tiveram muitas dificuldades em se adaptar ao ambiente de mudanças rápidas.

Portanto, as novas formas organizacionais que se ajustam no ambiente atual se desenvolvem, preenchem um novo nicho e com o tempo afastam os negócios das empresas estabelecidas.[42] De acordo com a visão ecologia-população, quando procuramos uma população organizacional como um todo, o ambiente em mudanças determina quais organizações sobrevivem ou não. A hipótese é que as organizações individuais sofrem com a inércia estrutural e acham difícil se adaptarem para mudanças ambientais. Assim, quando mudanças rápidas ocorrem, as velhas organizações estão propensas a declinar ou fracassar, e novas organizações que são mais bem adaptadas às necessidades do ambiente surgem.

O que impede a adaptação?

Por que organizações estabelecidas têm tanta dificuldade em se adaptar? Michael Hannan e John Freeman, criadores do modelo de ecologia populacional de organização, argumentam que existem muitas limitações na habilidade das organizações em mudar. As limitações vêm dos pesados investimentos em fábricas, equipamento e pessoal especializado, informação limitada, dos pontos de vistas estabelecidos dos tomadores de decisão, da própria história de sucesso da organização que justifica os procedimentos correntes além da dificuldade de mudar a cultura corporativa. A verdadeira transformação é um evento raro e improvável ao se deparar com essas barreiras.[43] Considere como a Netflix bate a gigante Blockbuster nos negócios de locação de filmes.

Netflix

NA PRÁTICA

Havia um tempo que ir a uma locadora era parte da vida cotidiana de muitas pessoas. A Blockbuster, o rei de locação de vídeos tradicionais, tinha holofotes falsos, pipoca e balas nos caixas além dos pôsteres de filmes nas paredes. Havia prateleiras cheias de caixas de VHS (e posteriormente DVD) e era emocionante "abocanhar" a última cópia do lançamento. Agora, você seria pressionado a encontrar uma locadora. A Netflix, que oferece filmes por e-mail ou on-line em tempo real, nem existia quando a Blockbuster ganhava rios de dinheiro em 1980 e em quase toda a década de 1990. Quando Reed Hastings fundou a Netflix em 1997, os gerentes da Blockbuster falharam em levar a empresa e o novo modelo de negócios seriamente. Mesmo com o início de queda das vendas em vídeos, a Blockbuster não começou a oferecer novas opções de locação de vídeos até 2003.

A Blockbuster teve uma grande base de clientes, um sistema de gerenciamento de inventário sofisticado e um forte reconhecimento de marca. Mas a empresa não pôde se adaptar a novas maneiras de fazer negócios. A Blockbuster era dirigida por pessoas de todos os níveis que tiveram lá por anos, quando lojas físicas eram tremendamente rentáveis. Eles simplesmente não acreditavam que esses dias iriam embora para sempre. O amplo investimento da empresa em lojas tradicionais fez com que os gerentes desacelerassem para reconhecer a importância da internet e relutar para mover-se em um território desconhecido. Em vez de encolher drasticamente o porte e quantidade de locadoras, os gerentes da Blockbuster continuaram investindo mais dinheiro. Quando eles não entraram nos jogos on-line, a Netflix ganhou uma grande vantagem. Partindo do zero, a Netflix focaria em realizar um sistema de distribuição melhor e mais eficiente. A Blockbuster, por outro lado, teve que investir muito tempo e dinheiro no desenvolvimento e integração de nova tecnologia em sistemas existentes. A Blockbuster finalmente admitiu a derrota e arquivou a falência em 2010. Enquanto isso, a Netflix expandiu a base de cliente para mais de 13 milhões e viu o preço das ações ultrapassar US$ 118.[44]

A Netflix acabou se deparando com problemas nos últimos anos. Mudanças nos preços e outras decisões equivocadas de administração deixaram os clientes bravos e o serviço começou a cair. O preço da ação sofreu com um resultado, desvalorizando cerca de 60% em um período de três meses. Os gerentes da Netflix ainda se esforçavam para se recuperarem dos danos feitos à reputação e ao desempenho da empresa. Enquanto isso, a Blockbuster foi comprada pela Dish Network e está de volta no mercado.[45] Além desses desenvolvimentos, a história de como a Netflix, sendo uma nova empresa, derrotou a gigante Blockbuster ilustra que é extremamente difícil para grandes empresas estabelecidas mudarem o jeito de fazer as coisas. Outro exemplo é a Kodak que, na verdade, inventou algumas das tecnologias mais recentes de fotografia digital, mas não aceitaria que os clientes desistiriam do filme tradicional da empresa.

A Kodak foi sucesso por um tempo e era tão grande e consolidada na maneira de fazer negócios que não conseguiu mudar substancialmente, mesmo quando os gerentes queriam.[46]

O modelo de ecologia populacional é desenvolvido a partir de teorias de seleção natural em biologia e os termos *evolução* e *seleção* são usados para referir-se aos processos comportamentais subjacentes. As teorias de evolução biológica tentam explicar porque certas formas de vida aparecem e sobrevivem, enquanto outras perecem. Algumas teorias sugerem que as formas que sobrevivem estão, geralmente, mais bem adaptadas para o ambiente imediato. O ambiente de 1940 e 1950 foi adequado para Woolworth, mas as novas formas organizacionais como Walmart e outras superlojas se tornaram as dominantes em 1980. Agora, o ambiente está mudando novamente, indicando que a era das superlojas (*big boxes*) está acabando.

Com mais pessoas comprando on-line, as lojas menores, mais uma vez, têm vantagens sobre varejistas de galpão. A Walmart está planejando abrir diversas lojas Walmart Express de menor escala em áreas urbanas. A Best Buy também está optando por lojas menores chamadas Best Buy Mobile e buscando maneiras de preencher o espaço intocado em grandes liquidações.⁴⁷ Nenhuma empresa está imune dos processos de mudança social. Nos últimos anos, a tecnologia trouxe mudanças tremendas de ambiente, levando ao declínio de muitas organizações desatualizadas e a proliferação de novas empresas, como a Amazon, o Facebook e o Twitter.

Forma e nicho organizacional

O modelo de ecologia populacional se preocupa com as formas organizacionais. A **forma organizacional** é a tecnologia, a estrutura, os produtos, as metas e o pessoal específico de uma organização, que podem ser selecionados ou rejeitados pelo ambiente. Cada nova organização tenta encontrar um **nicho** (ou seja, um domínio de recursos e necessidades ambientais exclusivos) suficientes para suportar isso. O nicho é geralmente pequeno nos primeiros estágios de uma organização, mas pode aumentar com o tempo se a organização tiver sucesso. Se a organização não encontrar um nicho apropriado, declinará e poderá perecer.

Do ponto de vista de uma empresa isolada, sorte, oportunidade e acaso têm uma participação importante na sobrevivência. Novos produtos e ideias estão sendo continuamente propostos, tanto por empreendedores como por grandes organizações.

Se essas ideias e formas organizacionais sobrevivem ou fracassam é, com frequência, uma questão de sorte – se circunstâncias externas para apoiá-las acontecem ou não. Uma mulher que começou um negócio pequeno de empreiteira elétrica em uma área de rápido crescimento como Cape Coral, Florida ou St. George, Utah (as duas cidades com maior crescimento em 2011), teria uma chance excelente de sucesso. Se a mesma mulher tivesse começado o mesmo negócio em uma comunidade decadente em outro lugar nos Estados Unidos, a chance de sucesso seria muito menor. O sucesso ou a falha de uma empresa é prognosticada tanto pelas características do ambiente quanto pelas habilidades ou estratégias utilizadas pelos gerentes da organização.

ANOTAÇÕES

Como administrador de uma organização, tenha essas diretrizes em mente:

Adapte sua organização às novas variações sendo selecionadas e retidas no ambiente externo. Se você estiver começando uma nova empresa, encontre um nicho que contenha uma forte necessidade ambiental para seu produto ou serviço, e esteja preparado para uma luta competitiva por recursos escassos.

2 O sucesso ou o fracasso de uma empresa start-up é amplamente determinado pelos espertos e pela habilidade em administração do empreendedor.

RESPOSTA: *Discordo*. A sorte também é frequentemente tão importante quanto a inteligência, pois forças maiores no ambiente, geralmente não visto por gerentes, permitem que algumas empresas tenham sucesso e outras falhem. Se um arranque acontecer no local certo no momento exato, as chances de sucesso serão muito maiores, independentemente da habilidade de administração.

AVALIE SUA RESPOSTA

Processo de mudança ecológica

O modelo de ecologia populacional presume que novas organizações estejam sempre aparecendo nas populações. Assim, as populações organizacionais estão continuamente em mudança. O processo de mudança na população ocorre em três estágios: variação, seleção e retenção, conforme resumido na Figura 4.5.

- *Variação*. **Variação** significa a aparição de formas novas e variadas numa população de organizações. Essas novas formas organizacionais são iniciadas por empreendedores estabelecidos com capital de risco fornecido por grandes corporações, ou por um governo buscando fornecer novos serviços. Algumas formas podem ser concebidas para dar conta daquilo que é percebido como necessidade do ambiente externo. Nos últimos anos, um grande número de novas empresas foi iniciado para desenvolver software de computadores, fornecer consultoria e outros serviços para grandes corporações, além de desenvolver produtos e tecnologias para o comércio pela internet. Outras novas organizações produzem produtos ou serviços tradicionais, mas ao fazer isso utilizam novas tecnologias, novos modelos de negócio ou novas técnicas de administração que fazem com que as novas empresas sejam mais capazes de sobreviver. As variações organizacionais são análogas às mutações em biologia e também acrescentam ao escopo e complexidade das formas organizacionais no ambiente.

- *Seleção*. **Seleção** diz respeito a uma nova forma organizacional ser ou não adequada ao ambiente e poder ou não sobreviver. Apenas umas poucas variantes são "selecionadas" pelo ambiente e sobrevivem no longo prazo. Algumas variantes se adequarão ao ambiente externo melhor do que outras. Algumas se mostram benéficas e, assim, estão aptas a encontrar um nicho e adquirir os recursos do ambiente necessários para sobreviver. Outras deixam de atender às necessidades do ambiente e perecem. Quando há demanda insuficiente pelo produto ou pelo serviço de uma empresa e se recursos insuficientes estão disponíveis para a organização, aquela organização será "deixada de fora".
- *Retenção*. **Retenção** é a preservação e institucionalização de formas organizacionais selecionadas. Certas tecnologias, produtos e serviços são altamente valorizados pelo ambiente. A forma organizacional retida pode tornar-se uma parte dominante do ambiente. Muitas formas de organização foram institucionalizadas, tais como o governo, escolas, igrejas e fabricantes de automóveis. O McDonald's, que detém 43% do mercado de *fast-food* e fornece o primeiro emprego para muitos adolescentes, tornou-se institucionalizado na vida norte-americana.

As organizações institucionalizadas como McDonald's parecem ter características relativamente permanentes na população de organizações, mas não são permanentes por um longo período. O ambiente está sempre em mudanças, e se as formas dominantes organizacionais não se adaptarem às mudanças externas, elas gradualmente diminuirão e serão substituídas por outras organizações.

Da perspectiva de ecologia populacional, o ambiente é o fator determinante para o sucesso ou o fracasso organizacional. A organização deve atender a uma necessidade ambiental, ou será descartada. Os processos de variação, seleção e retenção conduzem ao estabelecimento de novas formas organizacionais numa população de organizações.

Estratégias de sobrevivência

Outro princípio subjacente ao modelo de ecologia populacional é a **luta pela sobrevivência** ou competição. As organizações e as populações de organizações estão envolvidas numa batalha competitiva por recursos e cada forma organizacional está lutando para sobreviver. A batalha é mais intensa entre novas organizações, e tanto as frequências de nascimento como as de sobrevivência de novas organiza-

FIGURA 4.5
Elementos no modelo de organização de ecologia populacional

Variação	Seleção	Retenção
• Grande número de variações aparece na população das organizações	• Algumas organizações encontram um nicho e sobrevivem	• Umas poucas organizações crescem em tamanho e se tornam institucionalizadas no ambiente

© Cengage Learning 2013

ções estão relacionadas com fatores do ambiente mais amplo. Historicamente, por exemplo, fatores como o tamanho da área urbana, a porcentagem de imigrantes, a turbulência política, a taxa de crescimento industrial e a variabilidade ambiental têm influenciado o lançamento e a sobrevivência de jornais, empresas de telecomunicação, estradas de ferro, agências governamentais, sindicatos e até mesmo associações voluntárias.[48]

Na ecologia populacional, as estratégias **generalistas** e **especialistas** distinguem as formas organizacionais na luta pela sobrevivência. As organizações com um vasto nicho ou domínio – isto é, aquelas que oferecem uma ampla gama de produtos ou serviços, ou que atendem a um amplo mercado – são generalistas. As que fornecem uma gama mais estreita de bens ou serviços, ou que atendem a um mercado mais estreito, são especialistas.

No ambiente natural, uma forma especialista de flora e fauna evoluiria no isolamento protetor de um lugar como o Havaí, onde o pedaço mais próximo de terra está a 3,2 km de distância.

A flora e a fauna estão fortemente protegidas. De modo inverso, um lugar como a Costa Rica, que passou por uma onda atrás da outra de influências externas, desenvolveu um conjunto generalista de flora e fauna que possui melhor capacidade de recuperação e flexibilidade para se adaptar a uma ampla gama de ambientes. No mundo dos negócios, a Amazon.com começou com uma estratégia de especialista, vendendo livros pela internet, mas evoluiu para uma estratégia geral com livros, DVDs, eletrônicos e uma ampla gama de outras mercadorias, a criação de um leitor digital Kindle e quase recentemente a adição de serviços de vídeos em tempo real oferecendo milhares de filmes e shows de TV. Uma empresa como a Olmec Corporation, que vende bonecas afro-americanas e hispânicas, seria considerada especialista, ao passo que a Mattel é uma generalista, comercializando uma grande variedade de brinquedos para meninos e meninas de todas as idades.[49]

Os especialistas normalmente são mais competitivos que os generalistas na estreita área na qual seus domínios se sobrepõem. Contudo, a amplitude do domínio do generalista serve para protegê-lo, de algum modo, das mudanças ambientais. Embora a demanda possa diminuir para alguns dos produtos ou serviços do generalista, ao mesmo tempo ela costuma aumentar para outros. Além disso, por causa da diversidade de produtos, serviços e clientes, os generalistas estão aptos a realocar recursos internamente para se adaptar a um ambiente em transformação, ao passo que os especialistas não. No entanto, em razão de os especialistas serem frequentemente empresas menores, às vezes, podem se mover com mais rapidez e ser mais flexíveis para se adaptarem às mudanças.[50] O impacto gerencial no sucesso da empresa frequentemente vem da seleção de estratégias que conduz a empresa a um nicho aberto.

Institucionalismo

Esta perspectiva institucional fornece, ainda, outra visão das relações interorganizacionais.[51] A **perspectiva institucional** descreve como as organizações sobrevivem e obtêm êxito por meio da congruência entre uma organização e as expectativas de seu ambiente institucional. O **ambiente institucional** é composto de normas e valores dos agentes (*stakeholders*) (por exemplo, clientes, investidores, associações, conselhos, outras organizações, governo, comunidade etc.). Por isso, a visão institucional acredita que as organizações adotam estruturas e processos para agradar as pessoas de fora e essas atividades acabam por assumir um *status* de regras nas organizações O ambiente institucional reflete o que a sociedade vê como maneiras corretas de se organizar e se comportar.[52]

A legitimidade é defendida como percepção geral em que as ações de uma organização são desejadas, corretas e apropriadas dentro do sistema de normas, valores e crenças do ambiente.[53] A teoria institucional é interessante em um conjunto de normas e valores intangíveis que modelam o comportamento, ao contrário dos elementos tangenciais de tecnologia e estrutura. As organizações e as indústrias devem se encaixar dentro das expectativas cognitivas e emocionais de sua audiência.

Por exemplo, as pessoas não depositarão dinheiro num banco, a menos que este envie sinais de cumprimento das normas de uma administração financeira sensata. Considere também seu governo local e se ele poderia elevar os impostos sobre propriedade para aumentar o financiamento de escolas, caso a comunidade de residentes não aprovasse as políticas e atividades das escolas do distrito.

A maioria das organizações está preocupada com sua legitimidade, conforme a pesquisa anual da *Fortune*, que classifica as corporações com base em suas reputações e o Global RepTrak 100 anual conduzido pelo Reputation Institute. Em 2011, a Apple e a Google compartilharam o primeiro lugar em Global RepTrak e foram avaliados como nº 1 e nº 2 na lista dos mais admirados da *Fortune*.[54] Sucesso e boa reputação andam de mãos dadas. O fato de que há uma recompensa por uma boa reputação é verificado por um estudo das organizações na indústria aérea. Ter uma boa reputação foi significativamente relacionado com níveis mais altos de medidas de desempenho como o retorno sobre os ativos (ROA, *return on assets**) e a margem de lucro líquido.[55]

Muitas corporações compartilham ativamente e gerenciam suas reputações para aumentar a vantagem competitiva. No despertar da fusão da hipoteca e a falha das gigantes Bear Stearns e Lehman Brothers, por exemplo, muitas empresas da indústria financeira começaram a buscar novas maneiras de sustentar a legitimidade. Citigroup, Merrill Lynch e Wachovia dimitiram seus chefes executivos por questões relacionadas à hipoteca, parcialmente como uma maneira para sinalizar um compromisso com melhores práticas de negócio. O conselho de petróleo da gigante BP pediu para Tony Hayward renunciar ao cargo de CEO em razão de deslizes na crise de derramamento de óleo da Deepwater Horizon e trouxe um novo CEO que eles acreditaram que, com algumas etapas necessárias, restauraria a reputação da empresa.[56]

A noção de legitimidade responde a uma importante questão para o teórico institucional: por que existe tanta homogeneidade nas formas e nas práticas de organizações estabelecidas? Por exemplo, visite bancos, colégios, hospitais, repartições públicas ou empresas de negócios em indústrias similares, em qualquer parte do país, e elas parecerão surpreendentemente similares. Quando um campo organizacional está começando, como os negócios relacionados à internet, a diversidade é a norma. Novas organizações preenchem nichos emergentes. No entanto, uma vez que uma indústria se torna estabelecida, há um força invisível empurrando na direção da semelhança. *Isomorfismo* é o termo utilizado para descrever este movimento em direção à similaridade.

A visão institucional e o projeto organizacional

A visão institucional também enxerga as organizações como tendo duas dimensões essenciais – a técnica e a institucional. A dimensão técnica é o trabalho do dia a dia, tecnologia e requerimentos operacionais. A estrutura institucional é aquela parte mais visível da organização para o público externo. Além disso, a dimensão técnica é governada por normas de racionalidade e eficiência, mas a dimensão institucional é governada por expectativas do ambiente externo. Como resultado da pressão para conduzir os negócios de modo apropriado e correto, as estruturas formais de muitas organizações refletem as expectativas e os valores do ambiente em lugar da demanda das atividades de trabalho. Isso quer dizer que uma organização pode incorporar cargos ou atividades (por exemplo, divisão de e-commerce, superintendente de conformidade, diretor de mídia social) tidos como importantes pela sociedade mais ampla a fim de aumentar sua legitimidade e perspectivas de sobrevivência, mesmo que esses elementos possam diminuir a eficiência. Por exemplo, muitas pequenas empresas montaram sites, mesmo que os benefícios advindos destes sejam, às vezes,

---

* A razão entre o lucro líquido disponível aos acionistas ordinários e o ativo total da empresa. (N.R.T.)

superados pelos custos de mantê-los. Possuir um site é visto como essencial pela sociedade hoje em dia. A estrutura formal e o projeto de uma organização podem não ser racionais com relação ao fluxo de trabalho e produtos ou serviços, mas assegurará a sobrevivência no ambiente mais amplo.

As organizações se adaptam ao ambiente pela sinalização de sua congruência com as demandas e expectativas que se desprendem de normas culturais, padrões estabelecidos por profissionais, agências de financiamento e clientes. A estrutura é algo como uma fachada desconectada do trabalho técnico por meio do qual a organização obtém aprovação, legitimidade e apoio contínuo. A adoção de estruturas, portanto, pode não estar vinculada às reais necessidades de produção e pode ocorrer independentemente de os problemas específicos internos serem resolvidos ou não. Desse ponto, a estrutura formal está separada da ação técnica.[57]

Similaridade institucional

Muitos aspectos da estrutura e do funcionamento podem ser mais direcionados para a aceitação ambiental do que para a eficiência técnica interna. As relações interorganizacionais, porém, são caracterizadas pelas forças que fazem com que as organizações em populações similares se pareçam. A **similaridade institucional**, chamada de *isomorfismo institucional* na literatura acadêmica, é a emergência de estruturas e abordagens comuns entre organizações num mesmo campo. O isomorfismo é o processo que causa similaridade a uma unidade em uma população para que as outras unidades se deparem com o mesmo conjunto de condições ambientais.[58]

Como exatamente ocorre o aumento da similaridade? Como essas forças atuam? A Figura 4.6 fornece um resumo de três mecanismos para a adaptação institucional. Esses três mecanismos centrais são *forças miméticas*, que resultam das respostas à incerteza, *forças coercitivas*, que advêm da influência política e *forças normativas*, que resultam de profissionalismo e treinamento comuns.[59]

Forças miméticas. A maioria das organizações, especialmente as de negócios, enfrenta grande incerteza. Não é claro para os executivos seniores quais produtos, serviços, tecnologias ou práticas de administração alcançarão exatamente as metas desejadas e, às vezes, as próprias metas não estão claras. Diante dessa incerteza, forças miméticas, a pressão para copiar ou seguir o modelo de outras organizações, ocorrem. Os executivos observam uma inovação numa empresa geralmente considerada bem-sucedida, por isso a prática é rapidamente copiada.

O McDonald's revisou as vendas estagnadas adicionando itens de menu mais saudáveis e novos tipos de bebidas, assim outros *fast-foods* começaram a fazer a

ANOTAÇÕES

Como administrador de uma organização, tenha essas diretrizes em mente:

A busca por legitimidade com os principais investidores da sua organização no ambiente externo. Adotar estratégias, estruturas e técnicas de administração que atendam às expectativas das partes significantes, garantindo, assim, a cooperação e o acesso aos recursos.

FIGURA 4.6
Três mecanismos para a adaptação institucional

	Mimético	Coreção	Normativo
Razão para se tornar semelhante:	Incerteza	Lei política, regras e sanções	Responsabilidade, obrigação
Eventos:	Visibilidade inovadora	Dependência	Profissionalismo, certificação, credenciamento
Base social:	Culturalmente suportados	Legal	Moral
Exemplo:	Reengenharia, benchmarking	Controles de poluição, regulamentos de escolas	Padrões de contabilidade, treinamento de consultoria

Fonte: Adaptado de W. Richard Scott, *Institutions and Organizations* (Thousand Oaks, CA: Sage, 1995).

mesma coisa. "Você precisa aprender com os seus concorrentes", disse David Novak, CEO da Yum Brands, a empresa controladora da KFC, Taco Bell e Pizza Hut. SanDisk, Microsoft, Samsung e outras empresas criaram os próprios tocadores de música digital para tentar capturar alguns dos sucessos da Apple com seu iPod.[60] Muitas empresas grandes entraram em mercados estrangeiros específicos quando os gerentes viam a maior concorrente da empresa fazendo isso, mesmo que a entrada de mercado significasse um alto risco. Os gerentes não querem ter a chance de perder.[61]

Muitas vezes, esse modelo de outras organizações é seguido sem nenhuma prova clara de que o desempenho será melhorado. O processo mimético explica porque o modismo ocorre no mundo dos negócios. Uma vez que uma nova ideia começa, muitas organizações se agarram a ela, apenas para descobrir que a aplicação é difícil e que pode causar mais problemas do que soluções. Esse foi o caso da recente onda de fusão que varreu muitas indústrias. Nas últimas décadas, foi vista a maior onda de aquisições e fusões na história, mas a evidência mostra que muitas dessas fusões não produziram os ganhos financeiros esperados e outros benefícios. A enorme aceleração da tendência foi tão potente que muitas empresas escolheram a fusão por conta do aumento potencial na eficiência ou lucratividade, mas principalmente por parecer a coisa certa a se fazer.[62]

Técnicas como terceirização, equipes, programas de qualidade Seis Sigma (Six Sigma), processo criativo e um marcador de desempenho equilibrado têm sido adotados sem evidência clara de que eles melhoram a eficiência ou a eficácia. Um benefício certo é que os sentimentos de incerteza da administração serão reduzidos e será realçada a imagem da empresa, pois essa é vista utilizando as mais recentes técnicas de administração. Um estudo com 100 organizações confirmou que aquelas empresas associadas com o uso de técnicas de administração populares eram mais admiradas e obtinham classificação mais alta de qualidade de administração, mesmo que essas organizações não refletissem um desempenho econômico mais elevado.[63]

Talvez o exemplo mais claro de cópia oficial seja a técnica de avaliação comparativa que ocorre como parte do movimento total de qualidade. *Avaliação comparativa* significa identificar quem é o melhor em algo numa indústria e, então, duplicar essa técnica para a criação de excelência, talvez mesmo aperfeiçoando-a no processo. Muitas organizações, no entanto, simplesmente copiam o que o concorrente está fazendo sem compreender porque tem êxito ou como pode encaixar – ou combater – com a própria maneira da organização de fazer negócios.[64]

O processo mimético ocorre porque os gerentes se deparam com alta incerteza, estão cientes de inovações no ambiente, e essas são culturalmente suportadas, dando, assim, legitimidade aos adotantes. Este é um mecanismo forte no qual um grupo de bancos ou colégios, ou empresas de fabricação começam a olhar e agir como outra empresa.

AVALIE SUA RESPOSTA

3 Os gerentes devem copiar ou pegar emprestado rapidamente as técnicas utilizadas por outras empresas de sucesso para que as próprias organizações sejam mais eficazes e mantenham a paz com os tempos de mudanças.

RESPOSTA: *Concordo*. Os gerentes frequentemente copiam as técnicas utilizadas por outras organizações de sucesso com uma maneira de parecer legítimo e atualizado. Copiar outras empresas é uma das razões pelas quais as organizações podem começar a olhar e agir de modo semelhante nas estruturas, processos e sistemas de administração.

Forças coercitivas. Todas as empresas estão sujeitas à pressão, tanto formal, quanto informal, do governo, de agências regulamentadoras e de outras organizações importantes no ambiente, especialmente aquelas das quais a empresa é dependente. **Forças coercitivas** são as pressões externas exercidas sobre uma organização para adotar estruturas, técnicas ou comportamentos similares aos de outras organizações. Por exemplo, grandes empresas recentemente colocam pressão nos fornecedores de serviço, como empresas de contabilidade e advocacia, para aumentar os esforços de diversidade. Os gerentes dessas corporações sentem pressão para aumentar a diversidade dentro da própria organização e querem que as empresas com quem fazem negócios reflitam o comprometimento em contratar e promover mais mulheres e minoritários também.[65]

Algumas pressões podem ter força de lei, tais como as ordens do governo para a adoção de novos equipamentos de controle da poluição ou novos padrões de segurança. Os comitês de supervisão de novos regulamentos e governos estabeleceram a hipoteca e as indústrias financeiras seguindo a fusão da Wall Street. Como um exemplo, o Ato de Prestação de Contas, Responsabilidade e Divulgação de Cartão de Crédito (CARD) exige que as empresas de cartão de crédito adicionem advertências específicas sobre os pagamentos atrasados e a quantidade total de clientes interessados que farão o pagamento, e se farão somente o pagamento mínimo.

As pressões coercitivas também podem ocorrer entre organizações onde há uma diferença de poder, conforme descrito anteriormente neste capítulo, na seção de dependência de recursos. Grandes varejistas e produtores, com frequência, insistem que certas políticas, procedimentos e técnicas sejam utilizados por seus fornecedores. Como parte do novo impulso de sustentabilidade, por exemplo, a Walmart está exigindo que seus, pelo menos 100.000, fornecedores calculem o "custo total ambiental" na fabricação de produtos (como uso de água, emissão de dióxido de carbono e desperdício) e forneçam essas informações para a empresa para condensar em um sistema de classificação que os compradores verão lado a lado ao preço do item.[66]

Assim como ocorre com outras mudanças, aquelas levadas a sério por causa de forças coercitivas podem não tornar a organização mais eficaz, mas elas parecerão mais eficazes e serão aceitas como legítimas no ambiente. As mudanças organizacionais resultantes de forças coercitivas ocorrem quando uma organização é dependente de outra, quando existem fatores políticos como regras, leis e sanções envolvidas, ou quando alguma outra base contratual ou legal define o relacionamento. As organizações operando sob essas restrições adotarão as mudanças e relacionarão entre si de modo que aumente a homogeneidade e limite a diversidade.

Forças normativas. A terceira razão pela qual as organizações mudam de acordo com a visão institucional são as forças normativas. As **forças normativas** fazem pressões a fim de alcançar padrões de profissionalismo e adotar técnicas que sejam consideradas atualizadas e eficazes pela comunidade profissional. As mudanças podem estar em qualquer área, como tecnologia da informação, requerimentos contábeis, técnicas de marketing ou relacionamentos colaborativos com outras organizações.

Os profissionais compartilham um corpo de educação formal com base em diplomas universitários e redes de profissionais pelos quais as ideias são trocadas por consultores e líderes profissionais. As universidades, empresas de consultoria, associações comerciais e instituições de treinamento profissional desenvolvem normas entre os gerentes profissionais. As pessoas são expostas a treinamentos e padrões semelhantes e adotam valores compartilhados, os quais são implementados nas organizações em que eles trabalham. As escolas de administração ensinam em cursos de especialização de finanças, marketing e recursos humanos que certas técnicas são melhores do que outras, por isso usar aquelas técnicas se torna um padrão em uma área. Num estudo, por exemplo, uma estação de rádio mudou de uma estrutura funcional para uma multidivisional, porque um consultor a recomendou como um "padrão mais elevado" de se fazer negócios. Não havia provas de que essa estrutura fosse melhor, mas a estação de rádio queria legitimidade e ser percebida como totalmente profissional e atualizada em suas técnicas de administração.

ANOTAÇÕES

Como administrador de uma organização, tenha essas diretrizes em mente:

Aprimorar a legitimidade por empréstimo de boas ideias de outras empresas, estando de acordo com as leis e os regulamentos e seguindo os procedimentos considerados os melhores para a sua empresa.

As empresas aceitam as pressões normativas para se tornarem como as outras por um sentido de obrigação ou dever para com altos padrões de desempenho, com base em normas profissionais compartilhadas por gerentes e especialistas nas suas respectivas organizações. Essas normas são transportadas pela educação e qualificação profissional e têm quase uma exigência moral ou ética, com base nos mais altos padrões aceitos pela profissão naquele período. Em alguns casos, entretanto, as forças normativas que mantêm a legitimidade desmoronam, conforme o fizeram recentemente na hipoteca e nas indústrias financeiras e forças coercitivas são necessárias para trazer as organizações de volta aos padrões aceitáveis.

Uma organização pode usar qualquer ou todos os mecanismos de forças miméticas, coercitivas ou normativas para modificar-se em prol de uma maior legitimidade no ambiente institucional. As empresas tendem a utilizar os mecanismos quando agem sob condições de dependência, incerteza, metas ambíguas e confiança nas credenciais dos profissionais. O resultado desses processos é que as organizações ficam mais homogêneas do que se esperaria da diversidade natural entre gerentes e ambientes.

Fundamentos do projeto

- Este capítulo abordou a importante evolução nos relacionamentos interorganizacionais. Antigamente, as organizações consideravam a si mesmas como autônomas e separadas, com uma tentando sobressair em relação às demais. Hoje em dia, mais organizações se veem como parte de um ecossistema. A organização pode abranger diversas indústrias e estar ancorada numa densa rede de relacionamentos com outras empresas. Neste ecossistema, a colaboração é tão importante quanto a competição. Na verdade, as organizações podem competir e colaborar ao mesmo tempo, dependendo da localização e do tema. No ecossistema de negócios, o papel da administração está se modificando para incluir o desenvolvimento de relacionamentos horizontais com outras organizações.
- Quatro perspectivas foram desenvolvidas para explicar os relacionamentos entre organizações. A perspectiva de dependência de recursos é a mais tradicional, argumentando que as organizações tentam evitar a dependência excessiva em outras empresas. Nesta visão, as organizações realizam esforços consideráveis para controlar o ambiente a fim de assegurar amplos recursos, enquanto mantêm a independência. Uma abordagem principal é desenvolver relações próximas com os gerentes de cadeia de suprimento.
- A perspectiva de rede de colaboração é uma alternativa emergente para a teoria dependente de recursos. As organizações apreciam a colaboração e interdependência com outras para melhorar o valor para ambas. Muitos executivos estão mudando seus modelos de autonomia para a colaboração, muitas vezes entre ex-inimigos corporativos. A nova mentalidade de parceria enfatiza a confiança, a negociação justa e a obtenção de lucros para todas as partes num relacionamento.
- A perspectiva da ecologia populacional explica por que a diversidade organizacional aumenta continuamente com o aparecimento de novas organizações, preenchendo os nichos deixados abertos por empresas estabelecidas. Esta perspectiva afirma que empresas grandes normalmente não podem adaptar-se para atender o ambiente em transformação; como consequência, novas empresas surgem com a forma e as qualidades apropriadas para atender às novas necessidades. Pelos processos de variação, seleção e retenção, algumas organizações sobreviverão e crescerão, enquanto outras devem perecer. As empresas podem adotar uma estratégia generalista ou especialista para sobreviver numa população de organizações.
- A perspectiva institucional argumenta que os relacionamentos interorganizacionais são moldados tanto pela necessidade de legitimidade de uma empresa como pela necessidade de fornecer produtos e serviços A necessidade de legitimidade

significa que a organização adotará estruturas e atividades que sejam percebidas como válidas, corretas e atualizadas pelos agentes externos interessados. Dessa maneira, as organizações estabelecidas copiam as técnicas de outra e começam a parecer semelhantes. A emergência de estruturas e abordagens comuns no mesmo campo é chamada de similaridade institucional ou isomorfismo institucional. Existem três mecanismos centrais para explicar a crescente homogeneidade organizacional: forças miméticas, que resultam das respostas à incerteza, forças coercitivas, que advêm das diferenças de poder e influências políticas e forças normativas, que resultam de treinamento e profissionalismo comuns.

■ Cada uma das quatro perspectivas é válida. Elas representam lentes pelas quais o mundo dos relacionamentos interorganizacionais pode ser visto: as organizações experimentam uma batalha competitiva por autonomia; elas prosperam pelos relacionamentos colaborativos com outras, a lentidão para adaptar-se fornece aberturas para novas organizações florescerem; e as organizações buscam legitimidade assim como lucros do ambiente externo. O importante é que os gerentes estejam atentos aos relacionamentos interorganizacionais e conscientemente os gerenciem.

Conceitos-chave

- ambiente institucional
- ecossistemas organizacionais
- esforço pela existência
- especialista
- forças coercitivas
- forças miméticas
- forças normativas
- forma organizacional
- generalista
- gestão da cadeia de suprimentos
- legitimidade
- nicho
- perspectiva de ecologia populacional
- perspectiva de rede colaborativa
- perspectiva institucional
- população
- relações interorganizacionais
- retenção
- seleção
- similaridade institucional
- teoria de dependência de recursos
- variação

Questões para discussão

1. O conceito de ecossistemas de negócios implica que as organizações sejam mais interdependentes do que jamais foram. A partir de sua experiência profissional, você concorda? Explique.
2. Como você se sente com a perspectiva de tornar-se um gerente e ter de gerenciar um conjunto de relacionamentos com outras empresas em vez de simplesmente gerenciar sua própria empresa? Discuta.
3. Suponhamos que você é o gerente de uma pequena empresa dependente de um cliente, uma grande fabricante, que utiliza a perspectiva de dependência de recursos. Coloque-se no lugar de uma empresa de pequeno porte e descreva quais ações você tomaria para sobreviver e vencer. Quais ações você tomaria a partir da perspectiva da grande empresa?
4. Muitos gerentes atuais foram treinados sob os pressupostos de relacionamentos conflitivos com outras empresas. Você acha que operar como adversários é mais fácil ou mais difícil que operar como parceiros de outras empresas? Discuta.
5. Analise como as orientações adversárias *versus* as de parceria funcionam entre os estudantes na sala. Existe algum senso de competição por nota? É possível desenvolver uma verdadeira parceria na qual seu trabalho dependa de outros?
6. A perspectiva de ecologia populacional argumenta que é saudável para a sociedade ter novas organizações surgindo e velhas organizações morrendo à medida que o ambiente se transforma. Você concorda? Por que os países europeus aprovam leis que sustentam as organizações tradicionais e inibem o surgimento de novas?
7. Como os processos de variação, seleção e retenção podem explicar inovações que têm lugar dentro de uma organização? Justifique.
8. Você acredita que a legitimidade realmente motive uma organização grande e poderosa como o Wal-Mart? A aceitação por parte de outras pessoas também é uma motivação para os indivíduos? Explique.
9. Como o desejo por legitimidade faz com que as organizações se tornem mais similares ao longo do tempo?
10. Como as forças miméticas diferem das forças normativas? Dê um exemplo de cada.

Capítulo 4 Caderno de exercícios — Modismos gerenciais[67]

Leia um ou dois artigos sobre tendências atuais ou modismos em gerenciamento. Então, encontre um ou dois artigos sobre um modo gerencial de vários anos atrás. Finalmente, navegue na internet em busca de informação sobre as tendências atuais e as anteriores.

Perguntas

1. Como esses modismos eram usados nas organizações? Utilize exemplos reais a partir de suas leituras.
2. Por que você acha que esses modismos foram adotados? Até que ponto eles eram utilizados para verdadeiramente melhorar a produtividade e o moral *versus* o desejo da empresa em aparecer atualizada em suas técnicas gerenciais em comparação com as da concorrência?
3. Dê um exemplo no qual um modismo não funcionou como o esperado. Explique a razão pela qual ele não deu certo.

CASO PARA ANÁLISE — Por que a cooperação é tão difícil?

Armando Bronaldo imigrou para os Estados Unidos seis anos atrás após trabalhar como chefe de projetos para uma empresa italiana especializada em sistemas de som de casas. Armando com uma visão de 15 anos de experiência, fundou a própria empresa, a Technologia, como o fornecedor de componentes de som, incluindo o radiador base, *tweeter* de cúpula (para alta frequência), alto falante (para som de médio porte), terminal rosqueado (para liberação de som) e impedância de ohms (para conduzir o som pelos alto falantes). Conforme constrói a reputação pela qualidade e serviços e entregas de cadeias de suprimentos, a Technologia depende excessivamente da continuação da relação sólida com AUD, um fabricante de sistemas de sons de casa, sob o gerenciamento do CEO Audie Richards. A AUD era o primeiro parceiro contratual da empresa, atualmente contabilizando 50% de todo o negócio do pequeno fornecedor. O acordo inicial com AUD cresceu e a relação atual de negócios traz um fluxo constante de pedidos que permitiu que Bronaldo, mesmo em uma economia recessiva, adicionasse trabalhadores nos últimos três anos. Bronaldo ama a segurança de vender para AUD, mas, às vezes, ele questiona se a relação do negócio é prevalecida a favor de um fabricante poderoso.

"Acho que no início a Audie desempenhou o papel bem, sabendo que éramos uma *start-up* e tentávamos garantir uma base sólida de cliente. No meu entusiasmo de conseguir um contrato e em tentar agradar o chefe da grande empresa, eu me vi dizendo 'sim' e realizando todas as vontades e demandas", admite Bronaldo. "Como era uma empresa nova e por ele ser, de longe, nosso maior cliente, acho que ele adquiriu o hábito de presumir que o foco permaneceria em *suas* necessidades e *seus* lucros por toda relação de negócios. Mas agora, com os nossos pés sob nós como empresa, acho que é tempo de rever a relação entre duas empresas."

Richards está satisfeito com o arranjo presente que tem com a technologia e ele se vê tanto como parceiro quanto como mentor, como ele explicou recentemente para o colega. "Bronaldo veio para este país e começou a sua empresa e eu estava disposto a dar-lhe uma chance, estabelecer nossa logística e fazer o possível para que ele crescesse na empresa. Acho que deu muito certo com a AUD. E, agora, ele conversa sobre a vontade de mudar a maneira de como fazemos as coisas. Acho que sei o que ele tem em mente. Mas ele precisa mais de nós do que nós dele. Olha, sou um bom fornecedor, ele conseguiu vários negócios de nós, não vemos razão para mudar."

Embora a relação e o diálogo no nível de alta administração sejam tensos, os médios administradores em ambas as empresas realmente conversam e são ávidos para explorar e implementar um novo sistema de inventário gerenciado pelo vendedor (VMI) que constrói um relacionamento de forte interdependência e de participação. Em vez de enviar os pedidos de compra, o VMI envolve o compartilhamento de informações eletrônicas diárias sobre as vendas da AUD, então o inventário é substituído automaticamente pela Technologia. Os gerentes de nível médio Larry Stansell (AUD) e Victoria Santos (Technologia) regularmente se correspondem e se encontram para descobrir as áreas potenciais para uma cooperação próxima, compartilhamento de informações e resposta de problemas.

"Sei que Richards é suspeito, mas já é hora dos dois terem um novo olhar nas relações de negócios e como eles podem direcionar as questões que beneficiariam ambos", diz Santos. "O campo de jogo mudou. Technologia está mais forte."

"Mas a relação não mudou e não acho que mudará até que Bronaldo encontre uma maneira de reduzir a sua dependência com a AUD. Enquanto isso, a flexibilidade, o compartilhamento de informações e a reconsideração de uma faixa de opções eficientes de custo é importante", admite Stansell, "Mas temos que começar com a discussão se AUD decide o que precisa ser feito para mudar as duas organizações."

"Sim, e aquela discussão deve incluir questões logísticas", diz Santos.

"Entrega, os desacordos sobre os palhetes..." "Richards estabelece toda a iniciativa – o que funcionaria melhor para AUD", diz Santos. "Mas Bronaldo insiste que os coletores PM em vez de AM seriam melhores e que uma mudança nas empresas de páletes, de Bradley Packaging a Eastmont Packaging, cortaria os gastos por viagem pois reduziria a quilometragem. Além disso, Eastmont tem uma nova pálete personalizada que fornece a estabilização de carga maior e necessária para componentes de alta tecnologia. As economias para Technologia seriam compartilhadas com a AUD."

"Mas Bradley tem uma relação de negócios muito longa com a AUD", Stansell chama a atenção.

"Então, o que estamos dizendo aqui é que não é *somente* uma discussão sobre as duas organizações, mas a consideração de toda a cadeia de suprimentos. O custo de perda de flexibilidade, a falta de informações compartilhadas. É custoso para ambos. E os picos repentinos das solicitações de produção pela AUD, em resposta aos clientes varejistas, criam problemas desnecessários no planejamento de produção na Technologia e estresse desnecessário para a administração e trabalhadores de ambas as empresas."

"VMI seria uma ferramenta poderosa que autoriza e traz valor para ambos os lados", diz Stansell. "Por este sistema, a Technologia será capaz de criar pedidos para nós com acesso direto aos nossos pedidos e informações de demanda – necessidades de curto e longo alcance..."

"E, assim, podemos trabalhar juntos, determinando a maneira com o melhor custo-benefício para gerenciar e entregar o inventário", continua Santos. "Olharemos para toda a cadeia de suprimentos para ver aonde as mudanças e até mesmo ajustes menores podem ser feitos para diminuir os custos e fazer uma parceria forte, mas temos que dar e receber por igual."

"Flexibilidade para ambos os lado é necessária para realizar este trabalho", indica Stansell. "Isso não é uma competição. Ninguém precisa estar *certo*."

"Mas fazer a alta administração seguir este trabalho é o nosso verdadeiro desafio", diz Santos. "E temos que olhar para frente. VMI seria um degrau para o Inventário Administrado Conjuntamente (JMI), uma colaboração mais profunda, permitindo um maior planejamento tático e a integração real o ponto de sistemas de vendas da Technologia e da AUD. Isso oferecerá o compartilhamento de custo ideal e os dados de venda em tempo real, permitindo que estejamos à frente da curva no planejamento de produção assim como na logística para atender às necessidades da AUD em tempo real."

"Então, qual será nossa próxima etapa?" pergunta Stansell. "Como podemos fazer isso acontecer?"

CASO PARA ANÁLISE — Empresa Oxford Plastics[68]

A Oxford Plastics fabrica plásticos e resinas de alta qualidade para utilização numa variedade de produtos, desde ornamentos de jardim, mobiliário de pátio a automóveis. A fábrica da Oxford, localizada próxima a Beatty, uma cidade com cerca de 45 mil habitantes num estado do sudeste dos Estados Unidos, emprega por volta de três mil trabalhadores.

Ela desempenha um papel importante na economia local e, de fato, no estado inteiro, que oferece poucos trabalhos em fábrica bem pagos.

No início de 2004, Sam Henderson, o gerente de fábrica da unidade de Beatty, notificou o governador Tom Winchell que a Oxford estava pronta para anunciar planos para uma importante expansão da fabrica – um laboratório de cores de última geração e uma oficina de pinturas que possibilitaria melhor e mais rápida combinação de cores de acordo com os pedidos dos clientes. A nova oficina manteria a Oxford competitiva no acelerado mercado global de plásticos, assim como traria a fábrica de Beatty para o total cumprimento das regulamentações atualizadas da U.S. Environmental Protection Agency (EPA – Agência de Proteção Ambiental).

Os planos para a nova instalação estavam basicamente completos. A maior tarefa remanescente era identificar a melhor localização. O novo laboratório de cores e a oficina de tintas cobririam aproximadamente 25 acres, sendo necessário que a Oxford comprasse um terreno adicional adjacente a este de 75 acres para a unidade da fábrica. Henderson estava preocupado com o lugar preferido pela alta administração, o qual seria fora das redondezas da zona industrial atual e, além do mais, seria necessário destruir vários tipos de árvores frutíferas de 400 a 500 anos. O dono da propriedade, uma agência sem fins lucrativos, estava pronto para vender, ao passo que a propriedade localizada do outro lado da unidade poderia ser mais difícil de obter a tempo. A Oxford estava com o prazo apertado para concluir o projeto. Se a nova instalação não estivesse pronta e funcionando na hora certa, havia uma chance de que a EPA pudesse forçar a Oxford a parar de usar seu antigo processo – na verdade, fechando a fábrica.

O governador estava animado com a decisão da Oxford de construir uma nova fábrica em Beatty e exigiu que Henderson imediatamente começasse a trabalhar de perto com os representantes locais e estaduais para evitar quaisquer problemas potenciais. É essencial, ele enfatizou, que o projeto não seja esbarrado ou frustrado pelo conflito entre diferentes grupos de interesse, assim como era muito importante para o desenvolvimento econômico da região. O governador Winchell assinou com Beth Friedlander, diretor do Governor's Office of Economic Development, para trabalhar mais perto de Henderson no projeto. Apesar disso, Winchell não estava querendo oferecer seu compromisso para ajudar a pressionar pelo zoneamento novamente, pois ele havia sido um entusiástico defensor público das causas ambientais.

Seguindo suas conversas com o governador Winchell, Henderson sentou-se para identificar as várias pessoas e organizações que teriam um interesse no novo projeto de laboratório de cores e que precisariam colaborar para que ele prosseguisse de modo tranquilo e dentro dos prazos. Eles são os seguintes:

Plásticos Oxford

- Mark Thomas, vice-presidente das operações norte-americanas. Thomas se deslocaria da matriz da Oxford, em Michigan, para supervisionar a compra do terreno e as negociações relacionadas à expansão.
- Sam Henderson, gerente de fábrica de Beatty, que passou sua carreira inteira na instalação de Beatty, começando no chão de fábrica assim que saiu da escola secundária.
- Wayne Talbert, presidente do sindicato local. O sindicato está decididamente a favor de que a nova fábrica esteja localizada em Beatty, por causa do potencial para mais trabalhos com maiores salários.

Governo estadual

- O governador Tom Winchell pode exercer pressão nos representantes locais para apoiar o projeto.
- Beth Friedlander, diretora da Governor's Office of Economic Development.
- Manu Gottlieb, diretor do Departamento de Qualidade Ambiental do Estado.

Governo municipal

- A prefeita, Barbara Ott, uma política novata, que está no gabinete há menos de um ano e que fez campanha sobre assuntos ambientais.
- Major J. Washington, o presidente de desenvolvimento econômico local da câmara do comércio.

Público

- May Pinelas, *chairman* do Historic Beatty, argumenta de modo vociferante que o futuro da região está na preservação da natureza e no turismo.
- Tommy Tompkins, presidente da Save Our Future Foundation, uma coalizão de indivíduos particulares e representantes da universidade local que há muito tempo estão envolvidos nas questões ambientais públicas e que impediram, com sucesso, pelo menos um projeto prévio de expansão.

Henderson está sentindo-se dividido sobre como prosseguir. Ele pensa consigo: "Para seguir adiante, como vou construir uma coalizão entre essas diversas organizações e grupos? Ele compreende a necessidade de a Oxford agir rapidamente, mas quer que a Oxford tenha um bom relacionamento com as pessoas e organizações que certamente se oporão à destruição de mais áreas de beleza natural em Beatty. Henderson sempre gostou de encontrar um compromisso de ganhos para todos, mas existem tantos grupos com um interesse nesse projeto que ele não tem certeza por onde começar. Talvez devesse iniciar trabalhando estreitamente com Beth Friedlander, do gabinete do governador – não há dúvida de que é um projeto extremamente importante para o desenvolvimento econômico do estado. Por outro lado, as pessoas locais são as que serão mais afetadas e as mais envolvidas nas decisões finais. O vice-presidente da Oxford sugeriu uma conferência de imprensa para anunciar a nova oficina no final da semana, mas Henderson está preocupado com a fria receptividade que a notícia possa ter. Talvez ele deva convocar uma reunião das partes interessadas agora e deixar que todos comuniquem suas impressões abertamente? Ele sabe que os ânimos podem ficar exaltados, mas conjectura se as coisas não vão ficar muito mais feias depois, caso ele não a convoque.

Capítulo 4 Seminários — Shamatosi[69]

Instruções

1. Dividam-se em grupos de três pessoas. A metade dos grupos, em um lado da sala, é o "1º" e a outra metade "2º".
2. A 1ª é a Farmácia e a 2ª Radiologia. Leia apenas o seu papel, não o do outro.
3. Todos os estudantes que não estão em um grupo de negociação podem ser designados para observar uma reunião de negociação específica.
4. Ambos os grupos querem comprar as plantas da Shamatosi proprietária de DBR.
5. Cada grupo tem 10 minutos para preparar uma estratégia de negociação para a reunião com o outro lado.
6. Um grupo de Farmácia se encontra com um grupo de Radiologia, assim todos os grupos encontram suas contrapartes.
7. Você terá 15 minutos para tentar negociar um possível acordo para comprar as plantas Shamatosi da DBR.
8. Você deve decidir fazer um acordo para seguir em frente juntos ou se vocês concorrerão. Um contrato consideraria o preço oferecido para as plantas, como o custo que será compartilhado, onde as plantas serão entregues (qual empresa) e como as plantas serão melhor utilizadas.
9. Os grupos relatarão os resultados de negociação para a classe toda. Os observadores podem comentar as negociações, como nível de confiança e/ou divulgação e facilidades/dificuldades de conseguir um acordo entre as empresas.
10. O professor conduzirá uma discussão sobre acordos interorganizacionais, tomadas de decisão e *joint ventures*.

Papel da equipe Pharmacology, Inc.:

O Dr. Bernice Hobbs, um pesquisador biológico da Pharmacology, Inc., a principal empresa farmacêutica, monitora as preocupações de preparação dos relatórios da floresta amazônica no Brasil. Tudo a partir dos padrões climáticos mundiais para fornecer cerca de um em cada quatro ingredientes na medicina é ligada à proteção nas florestas do mundo. Mas na última década, os cientistas e as empresas farmacêuticas, junto com grupos ambientais e outros, observaram a destruição das florestas, e com eles a destruição de espécies e vidas inteiras de plantas, animais e insetos.

Como Hobbs monitora a situação, ela é particularmente preocupada com as condições de uma planta encontrada em quantidades limitadas no Rio Negro. As árvores das florestas têm raízes rasas por conta dos nutrientes principais para crescimento estarem localizados próximos à superfície. Os biólogos descobriram o crescimento de uma rara e pequena planta chamada Shamatosi integrada entre as árvores perto do Rio Negro. Por muitos anos, os pesquisadores exploraram os usos potenciais medicinais destas pequenas plantas.

O Dr. Hobbs está trabalhando com as folhas da pequena planta Shamatosi e descobriu o potencial da planta como uma droga supressora de câncer após a cirurgia de câncer de mama. Por muitos anos, a droga líder nesta categoria era a Tamoxifeno, uma droga sintética descrita como "notável" e creditada por salvar mais vidas do que qualquer outra droga oncológica pelo investigador líder para o maior grupo de pesquisa de câncer de mama. No entanto, a pesquisa também indicou que o Tamoxifeno aumenta o risco de câncer no revestimento do útero e pode produzir coágulos nos pulmões. Também existe um nível crescente de preocupação a medida que se desenvolve a resistência ao Tamoxifeno. A medicina desenvolvida por Hobbs pode evitar esses problemas e trazer um novo tratamento na lista de opções para médicos e pacientes. É necessário que sejam realizadas mais pesquisas. Hobbs precisa ter acesso a muitas folhas da planta Shamatosi.

A DBR, a empresa brasileira de madeira, tem posse de dezenas de plantas Shamatosi que foram replantadas em caixotes móveis. Sua empresa, Pharmacology, Inc., liberou US$ 1,5 milhão para a sua equipe obter as plantas. Você não pode ultrapassar este orçamento. Sua equipe atenderá a equipe da Radiology, Inc., que também quer comprar as plantas Shamatosi da DBR, sobre um possível acordo de compra e uso das plantas para pesquisa.

Papel da equipe Radiology, Inc.:
O Dr. Alberto Dominguez, um bioquímico da Radiology, Inc., é especialista em tratar a exposição à radiação e monitora a crescente preocupação dos relatórios da floresta amazônica no Brasil. Tudo a partir dos padrões climáticos mundiais para fornecer cerca de um em cada quatro ingredientes na medicina é ligada à proteção nas florestas do mundo. Mas na última década, os cientistas e as empresas farmacêuticas, junto com grupos ambientais e outros, observaram a destruição das florestas, e com eles a destruição de espécies e vidas inteiras de plantas, animais e insetos.

Como Dominguez monitora a situação, ele é particularmente preocupado com as condições de uma planta encontrada em quantidades limitadas no Rio Negro. As árvores das florestas têm raízes rasas por conta dos nutrientes principais para crescimento estarem localizados próximos à superfície. Os biólogos descobriram o crescimento de uma rara e pequena planta chamada Shamatosi integrada entre as árvores perto do Rio Negro. Por muitos anos, os pesquisadores exploraram os usos potenciais medicinais destas pequenas plantas.

O Dr. Dominguez está trabalhando com as raízes da planta Shamatosi em resposta aos incidentes que envolviam a exposição à radiação. A expansão mundial de fábricas nucleares, as lições do desastre de Chernobyl em 1986 e os casos resultantes do câncer de tireoide entre milhares de crianças e adolescentes, levaram a uma pesquisa intensa feita por Dominguez e seus colegas para providenciar uma resposta mais rápida com a medicina mais poderosa. Por anos, o iodeto de potássio (KI) foi pesquisado em estojos fornecidos pelas organizações como Centros de Controle de Doenças. No entanto, o KI foi descoberto como deficiente na proteção de muitas partes do corpo humano, como rim e intestinos. Dominguez descobriu a pequena planta Shamatosi e a pesquisa dele indicou o potencial da droga a partir da raiz desta planta para fornecer proteção adicional, mesmo para incidentes em larga escala e exposição prolongada. Em março de 2011, o terremoto Tohoku, o tsunami e a exposição resultante da radiação causada pela fusão nuclear na usina nuclear de Fukushima Daiichi aumentaram as preocupações entre os cientistas para descobrir e desenvolver uma nova droga. Dominguez precisava de muitas plantas.

A DBR, a empresa brasileira de madeira, tem posse de dezenas de plantas Shamatosi que foram replantadas em caixotes móveis. Sua empresa, Radiology, Inc., liberou US$ 1,5 milhão para a sua equipe obter as plantas. Você não pode ultrapassar este orçamento. Sua equipe atenderá a equipe da Pharmacology, Inc., que também quer comprar as plantas Shamatosi da DBR, sobre um possível acordo de compra e uso das plantas para pesquisa.

Notas

1. Fernando Napolitano, "The Megacommunity Approach to Tackling the World's Toughest Problems," *Strategy + Business* (24 de agosto de 2010), http://www.strategy-business.com/article/10305?gko=73c6d (Acesso em: 1 de agosto de 2011).
2. Geoffrey A. Fowler, "Retailers Team Up Against Amazon," *The Wall Street Journal Online* (6 de outubro de 2010), http:// online.wsj.com/article/SB10001424052748703843 80457 5534062509989530.html (Acesso em: 1 de agosto de 2011).
3. Christine Oliver, "Determinants of Interorganizational Relationships: Integration and Future Directions," *Academy of Management Review* 15 (1990), 241–265.
4. James Moore, *The Death of Competition: Leadership and Strategy in the Age of Business Ecosystems* (Nova Iorque: HarperCollins, 1996).
5. Mark Gerencser, Reginald Van Lee, Fernando Napolitano, e Christopher Kelly, *Megacommunities: How Leaders of Government, Business, and Non-profits Can Tackle Today's Global Challenges Together* (Nova York: Palgrave Macmillan, 2008).
6. Jonathan Hughes e Jeff Weiss, "Simple Rules for Making Alliances Work," *Harvard Business Review* (Novembro de 2007), 122–131; Howard Muson, "Friend? Foe? Both? The Confusing World of Corporate Alliances," *Across the Board* (março–abril 2002), 19–25; e Devi R. Gnyawali e Ravindranath Madhavan, "Cooperative Networks and Competitive Dynamics: A Structural Embeddedness Perspective," *Academy of Management Review* 26, nº 3 (2001), 431–445.
7. Katie Merx, "Automakers Interconnected Around World," *Edmonton Journal*, 6 de abril de 2007, H14; e Keith Bradsher, "Ford Agrees to Sell Volvo to a Fast-Rising Chinese Company," *The New York Times Online*" (28 de março de 2010), http://www.nytimes.com/2010/03/29/business/global/29auto.html (Acesso em: 1 de agosto de 2011).
8. Thomas Petzinger, Jr., *The New Pioneers: The Men and Women Who Are Transforming the Workplace and Market place* (Nova York: Simon & Schuster, 1999), 53–54
9. James Moore, "The Death of Competition," *Fortune* (15 de abril de 1996), 142–144.
10. Brian Goodwin, *How the Leopard Changed Its Spots: The Evolution of Complexity* (Nova York: Touchstone, 1994), 181, citado em Petzinger, *The New Pioneers*, 53.
11. Greg Ferenstein, "In a Cutthroat World, Some Web Giants Thrive by Cooperating," *The Washington Post* (19 de fevereiro de 2011), http://www.washingtonpost.com/business/in-a-cutthroat-world-some-web-giants-thrive-by cooperating/2011/02/19/ABmYSYQ_story.html (Acesso em: 19 de fevereiro de 2011); Sam Grobart, "Gadgetwise: Body Browser is a Google Earth for the Anatomy," *The New York Times*, 23 de dezembro de 2010, B7; Andrew Dowell, "The Rise of Apps, iPad, and Android," *The Wall Street Journal Online* (28 de dezembro de 2010), http://online.wsj.com/article/SB1000142

4052748704774604576035611315663944.html (acessado em 1 de agosto de 2011) e Beth Kowitt, "100 Million Android Fans Can't Be Wrong," *Fortune* (16 de junho de 2011), http://tech.fortune.cnn.com/2011/06/16/100-million-android-fans-cant be-wrong/ (Acesso em: 2 de agosto de 2011).

12. Ferenstein, "In a Cutthroat World, Some Web Giants Thrive by Cooperating;" Jessica E. Vascellaro e Yukari Iwatani Kane, "Apple, Google Rivalry Heats Up," *The Wall Street Journal*, 11 de dezembro de 2009, B1.

13. Sumantra Ghoshal e Christopher A. Bartlett, "Changing the Role of Top Management: Beyond Structure and Process," *Harvard Business Review* (janeiro – fevereiro de 1995), 86–96.

14. Ian Urbina, "In Gulf, It Was Unclear Who Was in Charge of Oil Rig," *The New York Times* (5 de junho de 2010), http://www.nytimes.com/2010/06/06/us/06rig.html (Acesso em: 5 de agosto de 2011).

15. "Toward a More Perfect Match: Building Successful Leaders by Effectively Aligning People and Roles," Hay Group Working Paper (2004); and "Making Sure the Suit Fits," *Hay Group Research Brief* (2004). Disponível em Hay Group, The McClelland Center, 116 Huntington Avenue, Boston, MA 02116, ou em http://www.haygroup.com.

16. Hughes e Weiss, "Simple Rules for Making Alliances Work."

17. Dana Priest e William M. Arkin, "Top Secret America, A *Washington Post Investigation*; Part II: National Security Inc." (20 de julho de 2010), http://projects.washingtonpost.com/top-secret-america/articles/national-security-inc/1/ (Acesso em: 28 de novembro de 2011).

18. J. Pfeffer e G. R. Salancik, *The External Control of Organizations: A Resource Dependence Perspective* (New York: Harper & Row, 1978) e Amy J. Hillman, Michael C. Withers e Brian J. Collins, "Resource Dependence Theory: A Review," *Journal of Management* 35, n. 6 (2009), 1404–1427.

19. Christina Passariello and Laurence Iliff, "Nestlé Plans Ground Attack Over Coffee Beans," *The Wall Street Journal*, 27 de agosto de 27, 2010, B1.

20. Ellen Byron, "Theory & Practice: Tight Supplies, Tight Partners," *The Wall Street Journal*, 10 de janeiro de 2011, B5.

21. Definição dom base em Steven A. Melnyk and David R. Denzler, Operations Management: A Value Driven Approach (Burr Ridge, IL: Irwin, 1996), 613.

22. Patricia J. Daugherty, R. Glenn Richey, Anthony S. Roath, Soonhong Min, Haozhe Chen, Aaron D. Arndt, and Stefan E. Gencehv, "Is Collaboration Paying Off for Firms?" *Business Horizons* 49, n. 2 (janeiro – fevereiro de 2006), 61–70.

23. Jim Turcotte, Bob Silveri, and Tom Jobson, "Are You Ready for the E-Supply Chain?" *APICS–The Performance Advantage* (agosto de 1998), 56–59.

24. "The Gartner Supply Chain Top 25 for 2011," Gartner.com (2 de junho de 2010), http://www.gartner.com/technology/supply-chain/top25.jsp (Acesso em: 1 de agosto de 2011).

25. Matthew Dalton, "Corporate News: AB InBev Suppliers Feel Squeeze–Smaller Companies Complain of Brewing Behemoth's Newfound Muscle," *The Wall Street Journal*, 17 de abril de 2009, B2; "Business Brief: Anheuser-Busch InBev SA," *The Wall Street Journal Europe*, 12 de maio de 2009, 7; e Jeremiah McWilliams, "Cost Savings Provide a Big Boost to A-B InBev; Profits Blow by Forecasts Despite Drop in Beer Sales," *St. Louis Post-Dispatch*, 14 de agosto de 2009, B1.

26. Jeremiah McWilliams, "Suggestion Backfires on A-B Supplier; InBev Took Idea of Single Firm For Beechwood, But Chose Competitor," *St. Louis Post-Dispatch*, 23 de abril de 2009, A8.

27. Mike Ramsey, "Toyota Tries to Break Reliance on China," *The Wall Street Journal*, 14 de janeiro de 2011, B1.

28. Mitchell P. Koza e Arie Y. Lewin, "The Co-Evolution of Network Alliances: A Longitudinal Analysis of an International Professional Service Network," Center for Research on New Organizational Forms, Working Paper 98–09–02; and Kathy Rebello with Richard Brandt, Peter Coy, and Mark Lewyn, "Your Digital Future," *BusinessWeek* (7 de setembro de 1992), 56–64.

29. Steve Lohr, "Big Medical Groups Begin Patient Data-Sharing Project," *The New York Times* (6 de abril de 2011), http://bits.blogs.nytimes.com/2011/04/06/big-medical-groups-begin patient-data-sharing-project/ (Acesso em: 6 de abril de 2011).

30. Christine Oliver, "Determinants of Interorganizational Relationships: Integration and Future Directions," *Academy of Management Review*, 15 (1990), 241–265; e Ken G.Smith, Stephen J. Carroll, e Susan Ashford, "Intra and Interorganizational Cooperation: Toward a Research Agenda," Academy of Management Journal 38 (1995), 7–23.

31. Paul W. Beamish e Nathaniel C. Lupton, "Managing Joint Ventures," *Academy of Management Perspectives* (maio de 2009), 75–94.

32. Timothy M. Stearns, Alan N. Hoffman, and Jan B. Heide, "Performance of Commercial Television Stations as an Outcome of Interorganizational Linkages and Environmental Conditions," *Academy of Management Journal* 30 (1987), 71–90; David A. Whetten and Thomas K. Kueng, "The Instrumental Value of Interorganizational Relations: Antecedents and Consequences of Linkage Formation," *Academy of Management Journal* 22 (1979), 325–344; G. Ahuja, "Collaboration Networks, Structural Holes, and Innovation: A Longitudinal Study," *Administrative Science Quarterly* 45 (2000), 425–455; e Corey C. Phelps, "A Longitudinal Study of the Influence of Alliance Network Structure and Composition on Firm Exploratory Innovation," *Academy of Management Journal* 53, nº 4 (2010), 890–913.

33. Peter Sanders, "Sikorsky's Business Heads Up," *The Wall Street Journal Online* (19 de abril de 2010), http://online.wsj.com/article/SB10001424052702304180804575188821353177 1html (Acesso em: 19 de abril de 2010).

34. David Barboza, "Microsoft to Provide Bing to a Chinese Search Engine," *The New York Times*, 5 de julho de 2011, B2.

35. David Jolly, "Daimler, Nissan and Renault Unveil Partner ship," *The New York Times* (7 de abril de 2010), http://www.nytimes.com/2010/04/08/business/global/08autos.html (acessado em 7 de abril de 2010); e Vanessa Fuhrmans, "Corporate News: BMW Sets Hybrid Pact with Peugeot," *The Wall Street Journal*, 3 de fevereiro de 2011, B3.

36. Keith G. Provan e H. Brinton Milward, "A Preliminary Theory of Interorganizational Network Effectiveness: A Comparative of Four Community Mental Health Systems," *Administrative Science Quarterly* 40 (1995), 1–33.

37. Peter Smith Ring and Andrew H. Van de Ven, "Developmental Processes of Corporate Interorganizational Relationships," *Academy of Management Review* 19 (1994), 90–118; Jeffrey H. Dyer, "How Chrysler Created an American Keiretsu," *Harvard Business Review* (julho – agosto de 1996), 42–56; Peter Grittner, "Four Elements of Successful Sourcing Strategies" *Management Review* (Outubro de 1995), 41–45; Myron Magnet, "The New Golden Rule of Business," *Fortune* (21 de fevereiro de 1994), 60–64; e Mick Marchington and Steven Vincent, "Analysing the Influence of Institutional, Organizational and Interpersonal Forces in Shaping Inter-Organizational Relationships," *Journal of Management Studies* 41, n°6 (Setembro de 2004), 1029–1056.

38. Daniel Michaels and Peppi Kiviniemi, "Corporate News: Looming Alliance to Boost BA," *The Wall Street Journal*, 13 de julho de 2010, B3

39. Philip Siekman, "The Snap-Together Business Jet," *Fortune* (21 de janeiro de 2002), 104[A]–104[H].

40. Esta seção tem como base Joel A. C. Baum, "Organizational Ecology," in Stewart R. Clegg, Cynthia Hardy, and Walter R.

Nord, eds., *Handbook of Organization Studies* (Thousand Oaks, CA: Sage, 1996); Jitendra V. Singh, Organizational Evolution: New Directions (Newbury Park, CA: Sage, 1990); Howard Aldrich, Bill McKelvey, and Dave Ulrich, "Design Strategy from the Population Perspective," *Journal of Management* 10 (1984), 67–86; Howard E. Aldrich, Organizations and Environments (Englewood Cliffs, NJ: Prentice Hall, 1979); Michael Hannan and John Freeman, "The Population Ecology of Organizations", *American Journal of Sociology* 82 (1977), 929–964; Dave Ulrich, "The Population Perspec tive: Review, Critique, and Relevance," *Human Relations* 40 (1987), 137–152; Jitendra V. Singh and Charles J. Lumsden, "Theory and Research in Organizational Ecology", *Annual Review of Sociology* 16 (1990), 161–195; Howard E. Aldrich, "Understanding, Not Integration: Vital Signs from Three Perspectives on Organizations," in Michael Reed and Michael D. Hughes, eds., *Rethinking Organizations: New Directions in Organizational Theory and Analysis* (London: Sage, 1992); Jitendra V. Singh, David J. Tucker, and Robert J. House, "Organizational Legitimacy and the Liability of Newness," *Administrative Science Quarterly* 31 (1986), 171–193; e Douglas R. Wholey and Jack W. Brittain, "Organizational Ecology: Findings and Implications," *Academy of Management Review* 11 (1986), 513–533.

41. Derek S. Pugh e David J. Hickson, Writers on Organiza tions (Thousand Oaks, CA: Sage, 1996); e Lex Donaldson, *American Anti-Management Theories of Organization* (New York: Cambridge University Press, 1995).

42. Jim Collins, "The Secret of Enduring Greatness," *Fortune* (5 de maio de 2008), 72–76; Julie Schlosser and Ellen Florian, "In the Beginning; Fifty years of Amazing Facts," *Fortune* (5 de abril de 2004), 152–159; and "The Fortune 500; 500 Largest U. S. Corporations," *Fortune* (23 de maio de 2011), F1–F26.

43. Hannan and Freeman, "The Population Ecology of Organizations."

44. James Surowiecki, "The Financial Page: The Next Level," *The New Yorker* (18 de outubro de 2010), 28; "Video Store Going the Way of the Milkman," (Rock Hill) Herald, 8 de março de 2010; Anthony Clark and Andrea Rumbaugh, "Did Netflix Kill the Video Store?" *Gainesville Sun*, 3 de junho de 2010; e Damon Darlin, "Always Pushing Beyond the Envelope," *The New York Times*, 8 de agosto de 2010, BU5.

45. John D. Sutter, "Netflix Whiplash Stirs Angry Mobs–Again; Stock Has Fallen About 60 Percent Since Mid-July," WGAL.com (11 de outubro de 2011), http://www.wgal.com/r/29444179/detail.html (Acesso em: 11 de outubro de 2011); e "Netflix's New Competitor: Unlimited Streaming, $10 a Month," *The MainStreet Newsletter* (23 de setembro de 2011), http://www. mainstreet.com/article/smart-spending/technology/netflix-s-new-competitor-unlimited-streaming-10-month (Acesso em: 11 de outubro de 2011).

46. Darlin, "Always Pushing Beyond the Envelope

47. Miguel Bustillo, "As Big Boxes Shrink, They Also Rethink," *The Wall Street Journal*, 3 março de 2011, B1.

48. David J. Tucker, Jitendra V. Singh, e Agnes G. Mein hard, "Organizational Form, Population Dynamics, and Institutional Change: The Founding Patterns of Voluntary Organizations", *Academy of Management Journal* 33 (1990), 151–178; Glenn R. Carroll e Michael T. Hannan, "Density Delay in the Evolution of Organizational Populations: A Model and Five Empirical Tests," *Administrative Science Quarterly* 34 (1989), 411–430; Jacques Delacroix e Glenn R. Carroll, "Organizational Foundings: An Ecological Study of the Newspaper Industries of Argentina and Ireland," *Administrative Science Quarterly* 28 (1983), 274–291; Johannes M. Pennings, "Organizational Birth Frequencies: An Empirical Investigation", *Administrative Science Quarterly* 27 (1982), 120–144; David Marple, "Technological Innovation and Organizational Survival: A Population Ecology Study of Nineteenth-Century American Railroads," *Sociological Quarterly* 23 (1982), 107–116; and Thomas G. Rundall and John O. McClain, "Environmental Selection and Physician Supply," *American Journal of Sociology* 87 (1982), 1090–1112.

49. "Amazon.com Inc.; Amazon Announces Digital Video License Agreement with NBCUniversal Domestic TV Distribution," *Computers, Networks & Communication* (11 de agosto de 2011), 93; and Maria Mallory with Stephanie Anderson Forest, "Waking Up to a Major Market," *Business Week* (23 de março de 1992), 70–73.

50. Arthur G. Bedeian and Raymond F. Zammuto, Organizations: Theory and Design (Orlando, FL: Dryden Press, 1991); and Richard L. Hall, Organizations: Structure, Process and Outcomes (Englewood Cliffs, NJ: Prentice-Hall, 1991).

51. M. Tina Dacin, Jerry Goodstein, and W. Richard Scott, "Institutional Theory and Institutional Change: Introduction to the Special Research Forum," *Academy of Management Journal* 45, nº 1 (2002), 45–47. Agradecemos à Tina Dacin pelo material e sugestões para esta seção do capítulo.

52. J. Meyer and B. Rowan, "Institutionalized Organizations: Formal Structure as Myth and Ceremony," *American Journal of Sociology* 83 (1990), 340–363; e Royston Greenwood and Danny Miller, "Tackling Design Anew: Getting Back to the Heart of Organizational Theory", *Academy of Management Perspectives* (novembro de 2010), 78–88.

53. Mark C. Suchman, "Managing Legitimacy: Strategic and Institutional Approaches," *Academy of Management Review* 20 (1995), 571–610.

54. "World's Most Admired Companies 2011; And the Winners Are...," *Fortune*, http://money.cnn.com/magazines/fortune/mostadmired/2011/index.html (Acesso em: 4 de agosto de 2011); e "Google, Apple, Disney, BMW and LEGO are the World's Most Reputable Companies According to Consumers Across 15 Countries," *PR Newswire* (8 de junho de 2011), http://www.prnewswire.com/news-releases/google-apple-disney-bmw-and lego-are-the-worlds-most-reputable-companies-according-toconsumers-across-15-countries-123454134.html (Acesso em: 4 de agosto de 2011).

55. Richard J. Martinez and Patricia M. Norman, "Whither Reputation? The Effects of Different Stakeholders," *Business Horizons* 47, n. 5 (setembro – outubro de 2004), 25–32..

56. Guy Chazan and Monica Langley, "Dudley Faces Daunting To Do List," *The Wall Street Journal Europe*, 27 de julho de 2010, 17.

57. Pamela S. Tolbert and Lynne G. Zucker, "The Institutionalization of Institutional Theory", in Stewart R. Clegg, Cynthia Hardy, and Walter R. Nord, eds., *Handbook of Organization Studies* (Thousand Oaks, CA: Sage, 1996).

58. Pugh and Hickson, Writers on Organizations; and Paul J. DiMaggio and Walter W. Powell, "The Iron Cage Revisited: Institutional Isomorphism and Collective Rationality in Organizational Fields", *American Sociological Review* 48 (1983), 147–160.

59. Esta seção é baseada principalmente em DiMaggio e Powell, "The Iron Cage Revisited;" Pugh e Hickson, *Writers on Organizations*; e W. Richard Scott, *Institutions and Organizations* (Thousand Oaks, CA: Sage, 1995).

60. Janet Adamy, "Yum Uses McDonald's as Guide in Bid to Heat Up Sales," The Wall Street Journal, 13 de dezembro de 2007, A21; Nick Wingfield and Robert A. Guth, "IPod, TheyPod: Rivals Imitate Apple's Success", *The Wall Street Journal*, 18 de setembro de 2006, B1.

61. Kai-Yu Hsieh and Freek Vermeulen, "Me Too or Not Me? The Influence of the Structure of Competition on Mimetic Market Entry", *Academy of Management Annual Meeting Proceedings* (2008), 1–6.

62. Ellen R. Auster e Mark L. Sirower, "The Dynamics of Merger and Acquisition Waves", *The Journal of Applied Behavioral Science* 38, no. 2 (junho de 2002), 216–244; e Monica Yang e Mary Anne Hyland, "Who Do Firms Imitate? A Multilevel Approach to Examining Sources of Imitation in Choice of Mergers and Acquisitions", *Journal of Management* 32, no. 3 (junho de 2006), 381–399.
63. Barry M. Staw and Lisa D. Epstein, "What Bandwagons Bring: Effects of Popular Management Techniques on Corporate Performance, Reputation, and CEO Pay", *Administrative Science Quarterly* 45, nº 3 (setembro de 2000), 523–560.
64. Jeffrey Pfeffer and Robert I. Sutton, "The Trouble with Bench marking," *Across the Board* 43, nº 4 (julho – agosto de 2006), 7–9.
65. Karen Donovan, "Pushed by Clients, Law Firms Step Up Diversity Efforts", *The New York Times*, 21 de julho de 2006, C6.
66. Miguel Bustillo, "Wal-Mart to Assign New 'Green' Ratings," *The Wall Street Journal*, 16 de julho de 2009, B1.
67. Direitos autorais 1996 por Dorothy Marcic. Todos os direitos reservados.
68. Com base em parte em "Mammoth Motors' New Paint Shop", um papel principal originalmente preparado por Arnold Howitt, diretor executivo de A. Alfred Taubman Center for State and Local Government na Escola de Governo Kennedy, Universidade University e subsequentemente editado por Gerald Cormick, o principal no CSE Group e o leitor sênior para Graduate School of Public Affairs na Univerisade de Washington.
69. Com base em Donald D. Bowen, Roy J. Lewicki, Francine S. Hall, e Douglas T. Hall, "The Ugli Orange Case", *Experiences in Management and Organizational Behavior*, 4 ed. (Chicago, IL: Wiley, 1997), 134–136; "Amazon Rainforest," BluePlanetBiomes.org, http://www.blueplanetbiomes.org/amazon.htm (Acesso em: 24 de agosto de 2011); e "Rainforest Plants,"BluePlanetBiomes.org, http://www.blueplanetbiomes.org/rnfrst_plant_page.htm (Acesso em: 24 de agosto de 2011).

Capítulo 5

Projeto organizacional global

Objetivos de aprendizagem
Após a leitura deste capítulo, você estará apto a:
1. Discutir as motivações organizacionais para entrar no cenário global.
2. Explicar os estágios de desenvolvimento internacional.
3. Compreender a globalização *versus* estratégias multidomésticas.
4. Descrever as opções de projeto estrutural para operações internacionais.
5. Reconhecer os três maiores desafios das organizações globais.
6. Identificar os principais mecanismos da coordenação global.
7. Descrever as abordagens nacionais para coordenação e controle.
8. Compreender o modelo transnacional de organização.

Entrando no cenário global
 • Motivações para a expansão global • Estágios de desenvolvimento internacional • Expansão global pelas alianças • Alianças estratégicas

Projetando a estrutura para se ajustar à estratégia global
 • Estratégias para oportunidades globais *versus* locais • Divisão internacional
 • Estrutura divisional do produto global • Estrutura de divisão geográfica global • Matriz global estrutura

Construindo capacidades globais
 O desafio de projeto organizacional global • Mecanismos globais de coordenação

Diferenças culturais na coordenação e no controle
 • Sistemas de valores nacionais • Quatro abordagens nacionais para coordenação e controle

Modelo transnacional de organização

Fundamentos do projeto

Antes de ler este capítulo, verifique se você concorda ou discorda com cada uma das seguintes declarações:

GESTÃO POR PERGUNTAS DE PROJETO

1 A única maneira de esperar imparcialmente que uma organização tenha êxito em diferentes países é personalizar os produtos e serviços para se ajustar aos interesses, preferências e valores locais de cada país.

CONCORDO _____   DISCORDO _____

2 É um desafio especialmente difícil trabalhar em uma equipe global para coordenar as próprias atividades e o conhecimento com colegas de diferentes divisões ao redor do mundo.

CONCORDO _____   DISCORDO _____

3 Se as práticas gerenciais e as técnicas de coordenação têm sucesso em uma empresa no país de origem, provavelmente também terão êxito nas divisões internacionais da empresa.

CONCORDO _____   DISCORDO _____

A corretora de imóveis japonesa Nomura Holdings Inc. está tentando há décadas se expandir internacionalmente e os gerentes se animaram quando a empresa comprou as operações internacionais da Lehman Brothers após o processo de falência da Lehman. Mas as diferenças culturais importunaram a aventura desde o início. Em uma sessão de treinamento, por exemplo, os gerentes separaram os funcionários das funcionárias e ensinaram como a mulher deve arrumar o cabelo, servir chá e escolher uma roupa. Os funcionários da Lehman, que incluíam recém-graduados da Universidade de Harvard, ficaram estarrecidos e alguns pediram demissão na Nomura.[1]

Essa é a realidade dos negócios internacionais. Quando uma organização decide realizar negócios em outro país, os gerentes enfrentam um conjunto de novos desafios e bloqueios. Às vezes, eles descobrem que a transferência internacional do sucesso doméstico exige uma abordagem totalmente diferente. Por exemplo, a gigante do mercado britânico Tesco se tornou uma "usina de força" global e rapidamente se expandiu para os países emergentes, mas brigou para conseguir uma posição segura no cobiçado mercado americano. A Deere & Company, a maior fabricante de equipamentos agrícolas no mundo, está tentando arduamente entrar no mercado de equipamentos agrícolas da Rússia, mas o governo russo aprovou uma lei excluindo a fabricação de maquinários agrícolas fora do país de financiamento, então os fabricantes não poderiam comprar da Deere. Agora, a empresa abriu uma empresa perto de Moscou, mas ainda se depara com tremendos riscos e incertezas na Rússia. A gigante varejista Walmart entrou na Coreia do Sul com muita expectativa em 1996, mas 10 anos depois venderam tudo das lojas sul coreanas para um varejista local e saiu do país. Semelhantemente, a empresa abandonou o mercado alemão após passar oito anos tentando invadir o competitivo ambiente varejista daquele país.[2] Ela não é a única empresa de sucesso que se retirou de um ou de outro mercado estrangeiro "agredida e ferida", com seus gerentes tendo dificuldades para entender o que deu errado.

Vencer numa escala global não é fácil. Os gerentes têm de tomar decisões sobre a abordagem estratégica, sobre qual a melhor maneira de se envolver nos mercados internacionais e sobre como projetar a organização para colher os benefícios da expansão internacional. Além dos desafios, os gerentes na maioria das organizações pensam que os prêmios potenciais compensam os riscos. Diversas empresas americanas montaram operações estrangeiras para produzir bens e serviços necessários aos consumidores em outros países, assim como para obter custos mais baixos ou conhecimento técnico para produção de bens e serviços que serão vendidos domesticamente. Por sua vez, as empresas do Japão, da Alemanha e do Reino Unido e de outros países, competem com empresas norte-americanas em seu próprio território, assim como no exterior. Compreender e direcionar os desafios do negócio internacional foi tão importante.

Objetivo deste capítulo

Este capítulo explora a maneira como os gerentes projetam uma organização para o ambiente internacional. Começamos considerando algumas das principais motivações para que as organizações se expandam internacionalmente, os estágios típicos de desenvolvimento internacional e a utilização de alianças estratégicas como forma de expansão internacional. Dessa forma, o capítulo examina abordagens estratégicas globais e a aplicação de vários projetos estruturais para a vantagem global. A seguir, discutiremos alguns dos desafios específicos que as organizações globais enfrentam, os mecanismos para lidar com eles e as diferenças culturais que influenciam a abordagem organizacional para projetar e gerenciar uma empresa global. Finalmente, o capítulo analisa um *modelo transnacional*, um tipo de organização global que atinge altos níveis de capacidades variadas necessárias para vencer num ambiente internacional complexo e volátil.

Entrando no cenário global

Somente há alguns anos, muitas empresas podiam dar-se ao luxo de ignorar o ambiente internacional. Hoje, não. O mundo está se desenvolvendo rapidamente em um campo global especial e cada empresa e gerente precisam pensar globalmente. Brasil, Rússia, Índia e China (frequentemente indicados como BRIC), assim como outras economias emergentes, estão crescendo rapidamente tanto como fornecedores de produtos quanto de serviços para os Estados Unidos, Canadá, Europa e outras nações desenvolvidas. Ao mesmo tempo, essas regiões estão se tornando mercados principais de produtos e serviços de empresas norte-americanas.[3] A China emerge como o maior mercado de automóveis do mundo, por exemplo. A GM vendeu mais carros na China do que nos Estados Unidos durante o primeiro semestre de 2010. A China também vendeu aproximadamente 685 milhões de assinaturas de celulares comparados ao aproximadamente 270 milhões nos Estados Unidos. Por isso a Apple está disposta a superar alguns obstáculos para vender o iPhone lá.[4] Durante as próximas décadas, os países do BRIC terão um poder de compra muito grande uma vez que aproximadamente um bilhão de pessoas farão parte da nova classe média.[5] Para as empresas de hoje, o mundo todo é uma fonte de ameaça e oportunidades de negócios. A "Dica de livro" discute algumas das fatores que contribuem para o nosso mundo cada vez mais interconectado e como esta interconexão afeta as organizações.

Motivações para a expansão global

Forças econômicas, tecnológicas e competitivas se combinaram, levando muitas empresas, que adotavam um foco doméstico, a adotar um foco global. Progressos extraordinários nas comunicações, tecnologia e transportes criaram um cenário novo e altamente competitivo.[6]

Capítulo 5: Projeto organizacional global

DICA DE LIVRO
5.0 VOCÊ JÁ LEU ESTE LIVRO?

O mundo é plano: uma breve história do século XXI
De Thomas L. Friedman

O campo global do jogo competitivo está sendo nivelado. Com que rapidez a globalização está acontecendo? O colunista da New York Times e três vezes campeão do prêmio Pulitzer, Thomas L. Friedman, começou a trabalhar na segunda edição do seu best-seller *O mundo é plano*, antes da primeira edição ter sido esgotada das editoras. No entanto, Friedman afirma que as forças que causam esta fase acelerada de globalização começaram, na verdade, a se desdobrar nos últimos anos do século XX.

O QUE FAZ O MUNDO REALMENTE PLANO?
Friedman destaca 10 forças que achatam o mundo, que ele chama de achatadores. Muitas dessas forças são direta ou indiretamente relacionadas à tecnologia avançada, incluindo:

- *Software de fluxo de trabalho.* Uma variedade de programas de software permite que os computadores se comuniquem um com outro facilmente. É isso que faz que seja possível uma empresa como o estúdio de animação Wild Brain fazer filmes com uma equipe de produção espalhada pelo mundo ou para as fábricas de avião da Boeing reabastecerem as peças automaticamente para os clientes globais. Isso significa que a empresa pode criar escritórios globais virtuais, assim como terceirizar as operações para os que fazem o melhor trabalho e de modo mais eficiente, não importando em qual país estivesse localizado.

- *Cadeia de suprimento.* O software de fluxo de trabalho também aprimora a cadeia de suprimento, a colaboração horizontal entre os fornecedores, varejistas e clientes que se tornou um fenômeno nos anos 1990. Por sua vez, por mais que a cadeia de suprimento cresça e seja lucrativa, o mundo fica mais achatado. A cadeia de suprimento força a adoção de padrões e tecnologias comuns entre as empresas para que cada ligação interaja perfeitamente.

- *Os esteroides.* Friedman refere-se a uma variedade de novas tecnologias como esteroides "pois elas se amplificam e melhoram todo os outros achatadores". Talvez o elemento mais significante seja a revolução sem fio, que permite que você "pegue tudo que foi digitalizado, transforme isso em virtual e pessoal e faça isso de qualquer lugar". Como Alan Cohen, vice-presidente sênior no espaço Aire diz: "Sua mesa vai a qualquer lugar onde você quer que esteja. E quanto mais pessoas tiveram habilidade de passar e puxar informações de um lugar para outro rapidamente, mais as barreiras para concorrência e a comunicação desaparecem".

COMO SE BENEFICIAR DE UM MUNDO PLANO
Um mundo plano e interconectado significa que funcionários e organizações podem colaborar e competir com mais êxito do que antes, não importando o tamanho e onde quer que estejam localizados. Mas os benefícios de um mundo plano não são automáticos. Friedman oferece estratégias de como as empresas podem se alinhar com a nova realidade da globalização. Ele adverte que as empresas americanas (e os funcionários) devem abraçar a ideia de que não serão mais empresas americanas ou trabalhos americanos. Em um mundo plano, as melhores empresas são os melhores colaboradores globais.

O mundo é plano, de Thomas L. Friedman, é publicado pela Farrar, Straus & Giroux.

A importância do ambiente global para as organizações contemporâneas está refletida na mudança da economia global. Como um indicador, a lista Global 500 da revista *Fortune*, sobre as 500 maiores empresas do mundo por receita, aponta que a influência econômica está sendo dispersa em escala global. A Figura 5.1 lista a quantidade de empresas na Global 500 para vários países em 2006, 2008 e 2011. Note o declínio geral na América do Norte e Europa Ocidental e o aumento em países como China, Brasil, Taiwan e Rússia. China, em particular, está se tornando mais forte. O PIB da China ultrapassou o Japão no segundo semestre de 2010, fazendo que o país fosse a segunda maior economia do mundo (apenas atrás dos Estados Unidos).[7] Observe que em 1993 a China teve somente três empresas na lista da Global 500 da *Fortune*, e agora tem 61. O Japão, por outro lado, declinou em importância, caindo de 149 empresas em 1993 para 68 em 2011.[8]

FIGURA 5.1
A mudança da economia global conforme refletida na Global 500 da *Fortune*

	Quantidade de empresas na lista Global 500		
	2006	2008	2011
Estados Unidos	170	153	133
Japão	70	64	68
China	20	29	61
França	38	39	35
Alemanha	35	37	34
Grã-Bretanha	38	34	30
Suíça	12	14	15
Coreia do Sul	12	15	14
Holanda	14	13	12
Canadá	14	14	11
Itália	10	10	10
Espanha	9	11	9
Índia	6	7	8
Taiwan	3	6	8
Austrália	8	8	8
Brasil	4	5	7
Rússia	5	5	7
México	5	5	3
Suécia	6	6	3
Cingapura	1	1	2

Fonte: Com base nos dados da "Global 500," do ranking anual das maiores empresas do mundo em 2006, 2008 e 2011 da revista *Fortune*, http://money.cnn.com/magazines/fortune/global500/ (acessado em 7 de dezembro de 2011).

Como o poder continua mudando, as organizações veem a participação em negócios globais como uma necessidade. De fato, em algumas indústrias, uma empresa pode ser bem-sucedida somente em escala global. Em geral, três fatores principais motivam as empresas a expandir internacionalmente: fatores de economias de escala, fatores de economias de escopo e fatores de produção de baixo custo.[9]

Economias de escala. Construir uma presença global expande a escala de operações de uma organização, permitindo realizar **economias de escala**. A tendência em grandes organizações foi inicialmente despertada pela Revolução Industrial, que criou em muitas indústrias uma pressão por fábricas maiores, capazes de aproveitar os benefícios das economias de escala oferecidos pelas novas tecnologias e métodos de produção. Por meio da produção de grande volume, essas gigantes industriais puderam atingir o menor custo possível por unidade de produção. No entanto, para muitas empresas, os mercados domésticos já não oferecem o alto nível de vendas necessário para manter um volume suficiente a fim de realizar economias de escala. Numa indústria como a de produção de automóveis, por exemplo, uma empresa poderia precisar de uma enorme fatia do mercado doméstico para realizar economias de escala. Desse modo, uma organização como a Ford Motors Company é obrigada a tornar-se internacional a fim de sobreviver. A indústria de filmes de Hollywood também expandiu recentemente a previsão internacional de lucro, já que as vendas de ingressos de cinema e de DVDs caíram nos EUA e aumentaram em outros países. Os estúdios estão utilizando mais estrelas internacionais e reorganizando os *scripts* para atrair a audiência internacional. Um veteranos da indústria de filmes disse "nenhum estúdio fará um grande filme caro... a menos que tenha apelo internacional. Você não pode pagar o custo de produção e o modelo doméstico sozinho."[10]

Para muitas empresas americanas os mercados domésticos estão ficando saturados e o único crescimento potencial está no exterior. Por exemplo, com as vendas nas lojas americanas caindo, a Walmart deu um impulso internacional agressivo. Recentemente, a empresa comprou a sul-africana Massmart para tentar obter uma vantagem pioneira naquele país e está procurando por oportunidades para entrar na Rússia e no Oriente Médio. A Starbucks, após o fechamento de diversas lojas de baixo desempenho nos Estados Unidos, se direcionou à Ásia para rápido crescimento internacional, planejando a abertura de diversas lojas na China, na Índia e no Vietnã.[11] As economias de escala também permitem que as empresas obtenham descontos em volume dos fornecedores, baixando o custo de produção da organização.

Economias de escopo. Um segundo fator é o potencial aumentado para explorar **economias de escopo**. Escopo refere-se ao número e à variedade de produtos e serviços que uma empresa oferece, assim como o número e variedade de regiões, países e mercados que ela serve. A DreamWorks SKG de Hollywood vendeu 50% das participações para a indiana Reliance Big Entertainment em razão da empresa estar em todas as plataformas de entretenimento. Ela pode vender os filmes da DreamWorks nos cinemas, nas redes de satélite, nas locadoras de filmes, nas estações de rádio, além dos celulares. A Big Entertainment, por sua vez, obtém o suporte para seu estúdio de filmes, o maior na Índia, e uma ótima oportunidade para vender os filmes para o público fora da Índia.[12]

As empresas que estão em diversos países ganham força de marketing e sinergia comparada às empresas do mesmo porte com presença em uma quantidade menor nos países. Por exemplo, uma agência de publicidade presente em muitos mercados globais ganha uma margem competitiva ao atender grandes empresas que abrangem o globo. Considere o caso do McDonald's, que tem de obter sachês de ketchup e molhos praticamente idênticos para os seus restaurantes ao redor do mundo. Um fornecedor que tenha presença em todos os países que o McDonald's atende possui uma vantagem porque fornece benefícios de custo, consistência e conveniência para o McDonald's, o qual não precisa lidar com muitos fornecedores locais em cada país. As economias de escopo também podem aumentar o poder de mercado de uma empresa em comparação aos seus concorrentes, pois ela desenvolve um vasto conhecimento de fatores culturais, sociais, econômicos e outros que afetam seus clientes em várias localidades e pode fornecer produtos e serviços especializados para atender àquelas necessidades.

Fatores de baixo custo de produção. A terceira principal força motivando a expansão global tem a ver com os **fatores de produção**. Uma das primeiras e ainda uma das mais fortes motivações para as empresas norte-americanas investirem no exterior é a oportunidade de obter matérias-primas, mão de obra e outros recursos ao menor custo possível. Há algum tempo, as organizações voltaram-se para o exterior para assegurar matérias-primas escassas ou que não estão disponíveis em seus países de origem. Por exemplo, no início do século XX, as empresas de pneus foram ao exterior para desenvolver plantações de seringueiras com o intuito de fornecer pneus para a crescente indústria automobilística norte-americana. Hoje em dia, fabricantes de papel, como a Weyerhaeuser e a norte-americana Paper Co., obrigadas por preocupações ambientais a buscar novas áreas florestais no exterior, estão gerenciando milhões de hectares de fazendas de árvores na Nova Zelândia e em outras áreas.[13]

Muitas empresas também se voltam para outros países como uma fonte de mão de obra barata. Os iPhones e iPads da Apple são fabricados pela maior fabricante de contratos do mundo em Shenzhen, China, por exemplo, onde os trabalhadores da linha de montagem recebem mensalmente US$ 150,00.[14] A indústria têxtil nos Estados Unidos está, agora, praticamente inexistente à medida que as empresas mudaram a maior parte da produção para Ásia, México, América Latina e Caribe, onde os custos de mão de obra e suprimentos são muito mais baixos. A fabricação de móveis sem

ANOTAÇÕES

Como administrador de uma organização, tenha essas diretrizes em mente:

Considere o desenvolvimento de uma presença internacional para realizar economias de escala, explorar as economias de escopo ou obter fatores de produção escassa ou de baixo custo, como mão de obra e matérias-primas.

estofado seguiu rapidamente o mesmo padrão, com empresas fechando fábricas nos Estados Unidos e importando móveis de madeira de alta qualidade da China, onde 30 trabalhadores podem ser contratados pelo custo de um marceneiro nos Estados Unidos.[15] Mas a tendência não é limitada à fabricação. Um número crescente de empresas de serviço na Índia grava software, executa trabalhos de consultoria e cuida do suporte técnico, contabilidade e processamento de dados para algumas das maiores empresas nos Estados Unidos. Um índice lista mais de 900 empresas de serviços de negócios na Índia que empregam aproximadamente 575.000 pessoas.[16]

Outras organizações tornaram-se internacionais em busca de custos mais baixos, fontes mais baratas de energia, restrições governamentais reduzidas ou outros fatores que diminuam os custos totais de produção. As empresas aeroespaciais constroem fábricas no México, por exemplo, não apenas por conta da mão de obra mais barata, mas também pelos regulamentos favoráveis do governo.[17] As empresas podem estabelecer as instalações sempre com o senso mais econômico em termos de educação de funcionários e níveis necessários de habilidade, custos de mão de obra e matérias-primas e outros fatores de produção. Empresas como IBM e Google, por exemplo, não conseguem encontrar a capacidade intelectual tecnológica necessária nos Estados Unidos, então eles desenvolvem pesquisas e instalações de desenvolvimento na Índia para ter vantagens de funcionários altamente habilitados.[18] As montadoras como Toyota, BMW, General Motors e Ford tem fábricas na África do Sul, no Brasil e na Tailândia, onde geralmente conseguem custos mais baixos, como terreno, água e eletricidade.[19] As empresas estrangeiras também vêm dos Estados Unidos para obter circunstâncias favoráveis. Kalexsyn, uma pequena empresa de pesquisa química no zoológico de Kalama zoo, Michigan, realiza aproximadamente 25% dos negócios com empresas de biotecnologia do ocidente que precisam de alta qualidade em vez de preço baixo.[20] As japonesas Honda e Toyota, a sul-coreana Samsung Electronics e a empresa suíça de medicamentos Novartis construíram todas as fábricas ou centros de pesquisa nos Estados Unidos para ter vantagens de incentivos fiscais, encontrar trabalhadores mais habilitados ou estar mais perto dos principais clientes e fornecedores.[21]

Estágios de desenvolvimento internacional

Nenhuma empresa pode tornar-se um gigante global do dia para a noite. Os gerentes têm de adotar conscientemente uma estratégia para o desenvolvimento e o crescimento globais. As organizações entram em mercados estrangeiros de maneiras variadas e seguem diversos caminhos. No entanto, a mudança de estágio doméstico para global ocorre geralmente pelos estágios de desenvolvimento, conforme ilustrados na Figura 5.2.[22] No primeiro estágio, o **doméstico**, a empresa está orientada domesticamente, porém os gerentes estão conscientes do ambiente global e podem querer considerar o envolvimento estrangeiro inicial para expandir o volume de produção e realizar economias de escala. O potencial de mercado é limitado e está principalmente no país natal. A estrutura da empresa é doméstica, habitualmente funcional ou divisional, e as vendas estrangeiras iniciais são conduzidas pelo departamento de exportações. Os detalhes de encaminhamento de frete, problemas alfandegários e taxas de câmbio são resolvidos por terceiros.

No segundo estágio, o **internacional**, a empresa leva as exportações a sério e começa a pensar multidomesticamente. **Multidoméstico** significa que as questões competitivas em cada país são independentes de outros países; a empresa lida com cada país individualmente. A preocupação está com o posicionamento competitivo comparado a outras empresas na indústria. Neste momento, a divisão internacional substituiu o departamento de exportações e especialistas são contratados para lidar com as vendas, serviços e armazenagem no exterior. Múltiplos países são identificados como um mercado potencial. Purafil, com sede em Doraville, Geórgia, fabrica filtros de ar que removem a poluição e limpam o ar em 60 diferentes países.[23] Primeiramente, a empresa começou exportando no início de 1990 e, agora, ganha 60% da sua renda

FIGURA 5.2
Quatro estágios da evolução internacional

	I. Empresas	II. Internacional	III. Multinacional	IV. Global
Orientação estratégica	Domesticamente orientada	Orientadas para exportação, multidoméstica	Multinacional	Global
Estágios do desenvolvimento	Envolvimento estrangeiro inicial	Posicionamento competitivo	Explosão	Global
Estrutura	Estrutura doméstica mais departamento de exportação	Estrutura doméstica mais divisão internacional	Estrutura de produtos geográficos mundial	Matriz, estrutura transnacional
Mercado potencial	Moderado, geralmente doméstico	Grande, multidoméstica	Muito grande, multinacional	Mundo todo

Fonte: Com base em Nancy J. Adler, *International dimensions of organizational behaviour*, 4. ed. (Cincinnati, Ohio: South-Western, 2002), p. 8-9; e Theodore T. Herbert, Strategy and multinational organization structure: an interorganizational relationships perspective, *Academy of Management Review* 9 (1984), p. 259-271.

no exterior. Um exemplo de serviço é a AlertDriving, uma empresa que fornece cursos on-line de treinamento para empresas com frota de veículos. A empresa deve adaptar os produtos e o marketing com relação às expectativas, conduzindo hábitos e nuances geográficas para pelo menos 20 países para onde exporta.[24]

No terceiro estágio, o **estágio multinacional**, a empresa possui experiência extensiva em vários mercados internacionais e estabeleceu instalações de marketing, produção ou pesquisa e desenvolvimento (P&D) em diversos países estrangeiros. A organização obtém uma grande porcentagem de receitas das vendas fora do país de origem. O crescimento explosivo ocorre à medida que as operações internacionais decolam e a empresa tem unidades de negócios espalhadas ao redor do mundo, juntamente com fornecedores, produtores e distribuidores. Empresas no estágio multinacional incluem a Siemens da Alemanha, a Sony do Japão e a Coca-Cola dos Estados Unidos. A Aditya Birla Group é um exemplo de uma multinacional com base na Índia. A empresa começou em 1850 como uma empresa tradicional da família Birla. Começando em 1970 no sudeste asiático, a Birla Group se estendeu ao redor do mundo, produzindo e vendendo produtos como fibra, produtos químicos, cimento, metais, fios e têxtil, vestimenta, fertilizantes e fuligem. Em 2010, aproximadamente 60% do rendimento da empresa veio de fora da Índia.[25]

O quarto e último estágio é o **global**, que significa que a empresa transcende qualquer país. O negócio não é meramente uma coleção de indústrias domésticas; em vez disso, subsidiárias são interconectadas ao ponto em que a posição competitiva em um país influencia significantemente nas atividades de outros países.[26] As **empresas verdadeiramente globais** não pensam em si tendo apenas uma sede e, de fato, são chamadas de *empresas apátridas*.[27] Isso representa uma nova e dramática evolução de empresa multinacional dos anos de 1960 e 1970. Nesse estágio, a propriedade, o controle e a alta administração tendem a ser dispersos entre diversas nacionalidades.[28] A Nestlé S.A. é um bom exemplo. A empresa obtém a maioria das vendas de fora da Suíça, e seus 280.000 funcionários estão espalhados por todo o mundo. O CEO Paul Bulcke é belga, o presidente Peter Brabeck-Letmathe nasceu na Áustria e mais da metade dos gerentes da empresa não são suíços. A Nestlé tem milhares de marcas e instalações de produção e outras operações em quase todos os países do mundo.[29]

As empresas globais operam de modo verdadeiramente global e o mundo inteiro é o seu mercado. As empresas globais como Nestlé, Royal Dutch/Shell, Unilever e Matsushita Electric podem operar em mais de uma centena de países. O problema estrutural de manter este amplo complexo de filiais espalhadas a milhares de quilômetros é imenso. A estrutura organizacional para empresas globais pode ser extremamente complexa e frequentemente evolui para um modelo matricial internacional ou transnacional, os quais serão discutidos posteriormente neste capítulo.

Expansão global pelas alianças estratégicas internacionais

Uma das maneiras mais populares para as empresas se envolverem em operações internacionais é pelas alianças estratégicas internacionais. As indústrias em rápida transformação, como as de mídia e entretenimento, farmacêuticas, de biotecnologia e de software, podem ter centenas desses relacionamentos.[30]

As alianças típicas incluem licenças, *joint ventures* e consórcios.[31] Por exemplo, ao entrar em novos mercados, particularmente no desenvolvimento de áreas do mundo, os varejistas como Saks Fifth Avenue e Barneys New York limitam os riscos licenciando os nomes para parceiros estrangeiros. Saks licenciou as lojas em Riyadh e Dubai, Arábia Saudita e no México, por exemplo, e a Barneys tem uma loja licenciada no Japão. Ambas empresas, assim como em outras lojas de departamento americanas, estão, atualmente, exercendo um forte impulso internacional, com vendas fracas e competição firme nos Estados Unidos.[32] Uma **joint venture*** é uma entidade separada, criada com pelo menos duas empresas como patrocinadoras. Essa é uma abordagem popular para compartilhar o desenvolvimento e os custos de produção e entrada em novos mercados.[33] A *joint ventures* pode ser entre clientes ou concorrentes. As empresas concorrentes como Sprint, Deutsche Telecom e Telecom France cooperam uma com a outra com diversas empresas menores em *joint venture* que servem as necessidades de telecomunicação de empresas globais em 65 países.[34] A Navistar International Corporation, localizada em Warrenville, Illinois, formou uma *joint venture* com a concorrente Mahindra & Mahindra Ltda., uma fabricante de equipamentos em rápido crescimento na Índia, para produzir caminhões e ônibus para exportação.[35] E a Walmart conseguiu um ponto de partida na Índia, um país em rápido crescimento, mas teve dificuldades no mercado varejista pela *joint venture* com a Bharti Enterprises para estabelecer a Bharti Walmart Private Limited.[36]

As empresas, muitas vezes, procuram *joint ventures* a fim de aproveitar o conhecimento de mercados locais da parceira, economizar em custos de produção pelas economias de escala, compartilhar pontos fortes tecnológicos complementares ou distribuir novos produtos e serviços por meio de canais de distribuição de outro país. Considere o caso da maior cadeia de hotel da Espanha.

ANOTAÇÕES

Como administrador de uma organização, tenha essas diretrizes em mente:

Desenvolva alianças estratégicas internacionais, tais como licenciamento, *joint ventures* e consórcios como meios rápidos e independentes de tornar-se envolvido em vendas e operações internacionais.

Meliá Hotels International (Sol Meliá)

NA PRÁTICA

Fundada em 1956, a Meliá Hotels International (conhecida por décadas como Sol Meliá) é a maior cadeia de hotéis na Espanha e uma das melhores 20 empresas de hotel no mundo. A Meliá tem mais de 350 hotéis em 35 países, incluindo China, Bulgária, Estados Unidos, Indonésia, Grécia, Croácia, Brasil, Egito e Reino Unido. Seus 35.000 funcionários vêm de 100 diferentes países e falam pelo menos 25 idiomas diferentes.

Como a empresa adaptou com sucesso os serviços, a tecnologia e a administração para tantos países que são tão diferentes em termos de preferências de consumo, estruturas políticas e legais além das condições competitivas? Uma abordagem principal foi

---

* Uma *joint venture* é um empreendimento conjunto, uma associação de parceria entre empresas, sem que elas percam suas personalidades jurídicas. O objetivo é unir forças e criar uma sinergia mútua para a realização de um empreendimento comum ou ampliar oportunidades de negócios. (N.R.T.)

utilizada em *joint ventures* e outras formas de parceria. A Meliá tem diversas parcerias com empresas nos 35 países em que opera. Um exemplo recente é uma *joint venture* com a Jin Jiang International Hotel Company, a principal hoteleira da China, para cooperar com uma estratégia de crescimento associado na China e na Europa.

Os gerentes da Meliá sabem que seria extremamente custoso – e provavelmente impossível – adquirir o *know-how* necessário para a empresa operar em tantos mercados tão diferentes por conta própria. Assim, eles estabeleceram uma parceria próxima com organizações locais que já têm conhecimento e experiência em regiões onde a Meliá quer crescer.[37]

A mudança recente de nome de Sol Meliá para Meliá Hotels International, e do slogan corporativo, "Onde tudo é possível", reflete a visão de expansão internacional ainda mais ampla da empresa. Durante o primeiro semestre de 2011, a Meliá estava somando um hotel a cada três semanas. As *joint ventures*, aluguéis e franquias contaram com mais de 85% dessas somas.[38]

Uma outra abordagem crescente é que as empresas se envolvam em **consórcios**, grupos de empresas independentes – incluindo fornecedores, clientes e mesmo concorrentes – que se unem para compartilhar habilidades, recursos, custos e acesso aos mercados uns dos outros.[39] Frequentemente, o consórcio é utilizado em outras partes do mundo, como a família *keiretsu* das empresas do Japão. Na Coreia, esses arranjos de empresas interconectadas são chamados de *chaebol*.

Projetando a estrutura para se ajustar à estratégia global

Conforme discutimos no Capítulo 2, a estrutura de uma organização deve ajustar sua situação pelo fornecimento suficiente de informações para a coordenação e controle, ao mesmo tempo em que foca os empregados em funções, regiões geográficas ou produtos específicos. O projeto organizacional para as empresas internacionais segue uma lógica similar, com especial interesse nas oportunidades estratégicas globais *versus* as locais.

Estratégias para oportunidades globais *versus* locais

Quando as organizações se arriscam no domínio internacional, os gerentes se empenham para formular uma estratégia global coerente que fornecerá uma sinergia entre as operações de abrangência mundial com o propósito de realizar metas organizacionais comuns. Um dilema que eles enfrentam é escolher entre enfatizar a **padronização** global *versus* a capacidade de resposta local. Os gerentes devem decidir se querem que cada afiliada global atue autonomamente ou se as atividades devem ser padronizadas por todos os países. Essas decisões estão refletidas na escolha entre uma estratégia de *globalização versus* uma *multidoméstica*.

A **estratégia de globalização** significa que um projeto, a fabricação e a estratégia de marketing do produto são padronizados pelo mundo.[40] Por exemplo, a Black & Decker se tornou muito mais competitiva quando padronizou a linha de ferramentas portáteis. Alguns produtos, como a Coca-Cola, são naturais para a globalização porque apenas a publicidade e o marketing necessitam ser adaptados às diferentes regiões. Em geral, os serviços são menos adequados para a globalização porque diferentes costumes e hábitos com frequência exigem uma abordagem diferente para o fornecimento de serviços. Essa é uma das razões que a Meliá Hotels International, descrita anteriormente, faz parceria com as empresas locais, por exemplo. Esta foi a parte do problema da Walmart no mercado sul-coreano. A varejista continuou utilizando os painéis e as estratégias de marketing estilo ocidental, enquanto os varejistas de sucesso sul-coreanos montavam painéis brilhantes e que chamavam a atenção, além de contratar recepcionistas para promover as mercadorias utilizando megafones e batendo palmas. De modo semelhante, a Walmart cometeu o mesmo engano na Indonésia, onde chegou as lojas após um ano. Os consumidores não gostaram das lojas altamente iluminadas e, como não se permitia qualquer pechincha, eles perceberam que as mercadorias estavam acima do preço.[41]

Outras empresas também começaram a deixar uma estratégia de estrita globalização. As mudanças econômicas e sociais, incluindo um retrocesso contra grandes empresas globais, fizeram com que os consumidores ficassem menos interessados em marcas globais e mais a favor de produtos feitos no próprio país.[42] No entanto, uma estratégia de globalização pode ajudar uma fabricante a obter eficiências de economia de escala pela padronização de projeto e fabricação de produtos, utilizando fornecedores em comum, introduzindo produtos ao redor do mundo mais rapidamente, coordenando preços e eliminando as instalações de sobreposição.[43] A empresa Ford Motor introduziu uma nova estratégia para montar um carro pequeno, com nome de Ford Focus, para mercados ao redor do mundo em vez de nomes diferentes ajustados para os gostos nacionais e regionais. Ao compartilhar tecnologia, projeto, fornecedores e padrões de fabricação ao redor do mundo numa operação automotiva global coordenada, a Ford pode economizar bilhões de dólares potencialmente. A empresa também economizará na propaganda no lançamento da campanha global de publicidade em vez de diferentes anúncios ajustados para mercados locais. De forma similar, a Gillette Company, que fabrica produtos para higiene e beleza, tais como o sistema de barbear Mach3 para homens e a Vênus para mulheres, tem grandes instalações de produção que utilizam fornecedores e processos comuns para fabricar produtos cujas especificações técnicas são padronizadas ao redor do mundo.[44]

AVALIE SUA RESPOSTA

1 A única maneira esperar imparcialmente que uma organização tenha êxito em diferentes países é personalizar os produtos e serviços para se ajustar aos interesses, preferências e valores locais de cada país.

RESPOSTA: *Discordo*. As pessoas ao redor do mundo frequentemente querem produtos e serviços ajustados para as necessidades e interesses locais, e muitas organizações têm muito êxito respondendo às demandas locais de mercado. No entanto, outras organizações internacionais alcançam vantagens competitivas utilizando o mesmo projeto e estratégias de marketing do produto em diversos países por todo o mundo.

Uma **estratégia multidoméstica** significa que a competição em cada país é tratada independentemente da competição em outros países. Desse modo, a estratégia multidoméstica incentivaria o projeto de produto, a montagem e o marketing adequados às necessidades específicas de cada país. Algumas empresas constataram que seus produtos não competem em um único mercado global. Por exemplo, pessoas em diferentes países possuem expectativas muito diferentes para os produtos de cuidado pessoal, como desodorante e pasta de dentes. Muitas pessoas em partes do México utilizam detergente para lavar roupas nas máquinas de lavar louças. Mesmo as cadeias de *fast-food* americanas, uma vez considerada como último exemplo de padronização para um mercado mundial, têm sentido a necessidade de ser mais receptivo às diferenças locais e nacionais. Considere uma das empresas de *fast-food* de maior sucesso na China, KFC, que é proprietária da Louisville, a Yum Brands em Kentucky.

KFC (Yum Brands) | **NA PRÁTICA**

Nos Estados Unidos, a KFC é como uma cozinha pobre, lutando para manter-se com o McDonald's. Apesar de que, na China, Coronel Sanders (o coronel de barba branca de longa data de Kentucky que adorna o logo da KFC) domina. "Nós o amamos", ri um estudante de 21 anos na Universidade Capital de Economia e Negócios de Beijing.

Capítulo 5: Projeto organizacional global

Na China, os clientes podem comprar um balde de frango frito, mas também podem ter massa frita para o café da manhã, uma tigela de *congee* para o almoço ou um Dragon Twister para o jantar. Yum Brands, que é dona da KFC assim como a Pizza Hut e a Taco Bell, esperava-se conseguir 36% de lucros operacionais em 2010 nos 3.700 restaurantes na China. Em um país onde as empresas ocidentais têm se esforçado muito, a Yum tem sucesso. Tem quase 40% de quota de mercado comparado aos 16% da McDonald's. A empresa também abriu recentemente uma nova cadeia que serve somente *fast-food* chinês e adquiriu uma participação de 27% em uma empresa especializada em pratos "hot-pot" mongolianos.

A chave para o sucesso da KFC e Yum na China é na adaptação precoce e de êxito tanto do produto quanto das operações. A Yum está na China há mais de 24 anos e formou parcerias com empresas locais e contratou gerentes chineses que podem fazer conexões essenciais para fazer negócios na China. Tendo gerentes locais, por exemplo, abriram-se as linhas de suprimento que deram à Yum o acesso aos locais que as concorrentes trabalhavam com gerentes do exterior não alcançariam.[45]

A KFC agora é internacionalmente bem-sucedida, particularmente na China, mas não é sempre o caso. Quando a primeira empresa expandiu para a Ásia em 1973, não conseguia vencer os consumidores locais porque tentava utilizar uma estratégia de globalização. Os 11 restaurantes abertos fecharam em dois anos. Os gerentes da Yum Brands aprenderam a lição e começaram a ajustar os negócios e o cardápio para diferentes países e regiões em que funcionavam. A empresa proporcionou aos gerentes locais o poder real da tomada de decisão e permitiu-os que oferecessem os pratos regionais que agradavam os paladares em áreas específicas do país. Além de concentrar o menu, os KFCs de diferentes regiões podem hospedar partes associadas a certa religião ou ritual cultural.

Do mesmo modo, os projetos organizacionais globais diferentes são mais adequados para as necessidades tanto da resposta de padronização global como a local. A pesquisa em mais de 100 empresas internacionais com sede na Espanha forneceu o suporte para a conexão entre a estrutura internacional e o foco estratégico.[46] O modelo na Figura 5.3 ilustra como o projeto organizacional e a estratégia internacional se ajustam às necessidades de ambiente.[47]

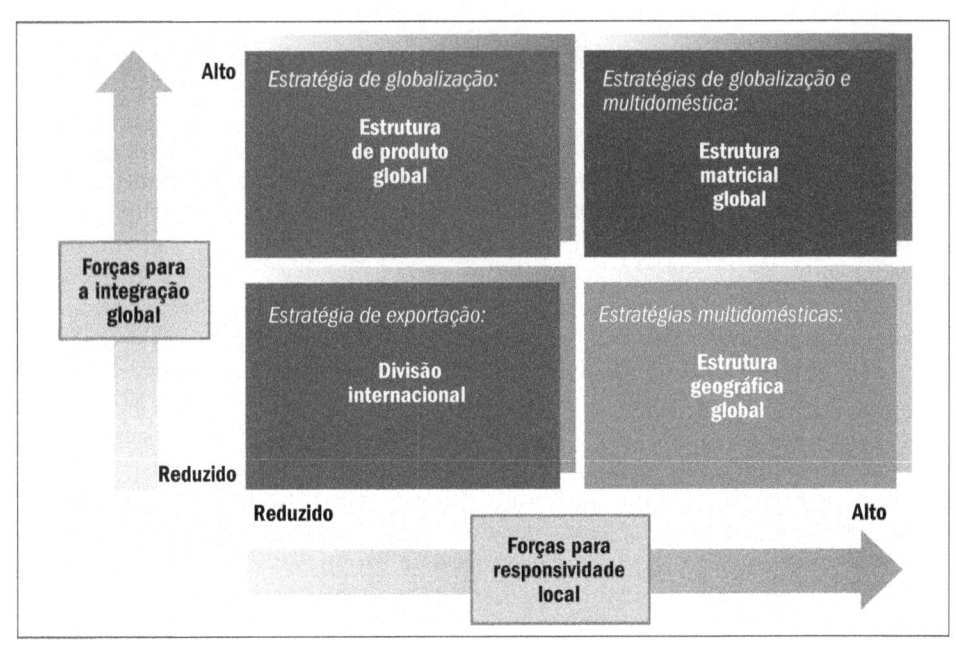

FIGURA 5.3
Modelo para ajustar a estrutura organizacional às vantagens internacionais

Forças para a integração global	Estratégia de globalização: **Estrutura de produto global**	Estratégias de globalização e multidoméstica: **Estrutura matricial global**
	Estratégia de exportação: **Divisão internacional**	Estratégias multidomésticas: **Estrutura geográfica global**

Forças para responsividade local

Fonte: Com base em Christopher A. Bartlett and Sumantra Ghoshal, *Text, Cases, and Readings in Cross-Border Management*, 3rd ed. (Nova Iorque: Irwin McGraw-Hill, 2000), 395; Roderick E. White and Thomas A. Poynter, "Organizing for Worldwide Advantage," *Business Quarterly* (Verão de 1989), 84–89. Gunnar Hedlund, "The Hypermodern MNC–A Heterarchy?" *Human Resource Management* 25, no. 1 (Primavera de 1986), 9–36; and J. M. Stopford and L. T. Wells, Jr., *Managing the Multinational Enterprise* (Nova Iorque: Basic Books, 1972).

As empresas podem ser caracterizadas pelo fato de suas linhas de produtos e serviços terem ou não potencial para a globalização, o que significa vantagens por meio da padronização mundo afora. As empresas que vendem produtos ou serviços semelhantes a muitos países possuem uma estratégia de globalização. Por outro lado, algumas empresas têm produtos e serviços apropriados para uma estratégia multidoméstica, que significa as vantagens locais do país pela diferenciação e personalização para atender às necessidades locais.

Conforme indicado na Figura 5.3, quando forças tanto de padronização global como de capacidade de resposta local em muitos países são baixas, um caminho apropriado para lidar com os negócios internacionais é simplesmente utilizar uma divisão internacional com estrutura doméstica. Para algumas indústrias, no entanto, as forças tecnológicas, sociais ou econômicas podem criar uma situação na qual vender produtos padronizados ao redor do mundo forneça uma base para a vantagem competitiva. Nesses casos, uma estrutura de produto global é adequada. Essa estrutura fornece gerentes de produtos com autoridade para lidar com suas linhas de produtos numa base global e permite que a empresa tire proveito de um mercado global unificado. Em outros casos, as empresas podem ganhar vantagens competitivas por meio da capacidade de resposta local – ao responder às necessidades únicas nos vários países em que elas realizam negócios. Para essas empresas, uma estrutura geográfica mundial é apropriada. Cada país ou região terá subsidiárias que modificam os produtos e serviços para ajustar-se àquele local. Uma boa ilustração é a agência de publicidade Ogilvy & Mather, que divide suas operações em quatro regiões geográficas principais porque as abordagens publicitárias precisam ser modificadas para se adequarem aos gostos, às preferências, aos valores culturais e às regulamentações governamentais em diferentes partes do mundo.[48] Frequentemente, as crianças são utilizadas em propagandas de produtos nos Estados Unidos, mas esta abordagem na França é contra a lei. As campanhas publicitárias com alegações sobre os produtos rivais vistas regularmente na televisão norte-americana violariam as regulamentações governamentais na Alemanha.[49]

Em muitas instâncias, as empresas precisarão responder, simultaneamente tanto às oportunidades globais como às locais e, neste caso, a estrutura matricial pode ser utilizada. Uma parte da linha de produto pode precisar ser padronizada globalmente e outras partes, adequadas às necessidades de países locais. Vamos discutir cada uma das estruturas da Figura 5.3 em mais detalhes.

Divisão internacional

À medida que as empresas começam a explorar oportunidades internacionais, elas normalmente iniciam com um departamento de exportação que passa a ser uma **divisão internacional**. A divisão internacional tem um *status* equivalente aos outros principais departamentos ou divisões dentro da empresa, como mostra a Figura 5.4. Enquanto as divisões domésticas são tipicamente organizadas ao longo de linhas funcionais ou de produtos, a divisão internacional é organizada segundo os interesses geográficos, conforme ilustrado na figura. A divisão internacional tem sua própria hierarquia para tratar de negócios (licenciamento, *joint ventures*) em vários países, vendendo os produtos e serviços criados pela divisão doméstica, abrindo fábricas subsidiárias e, em geral, introduzindo a organização em operações internacionais mais sofisticadas.

Embora as estruturas funcionais sejam frequentemente utilizadas domesticamente, são menos utilizadas para gerenciar um negócio mundial.[50] As linhas de hierarquia funcional correndo ao redor do mundo se tornariam longas demais. Assim, alguma forma de estrutura de produto ou geográfica é usada para subdividir a organização em unidades menores. As empresas habitualmente começam com um departamento internacional e, dependendo de sua estratégia, usam estruturas divisionais geográficas ou na matriz. Um estudo descobriu que 48% das organizações identificou como os líderes globais utilizam as estruturas divisionais, enquanto 28% relatou que utiliza as estruturas matriciais.[51]

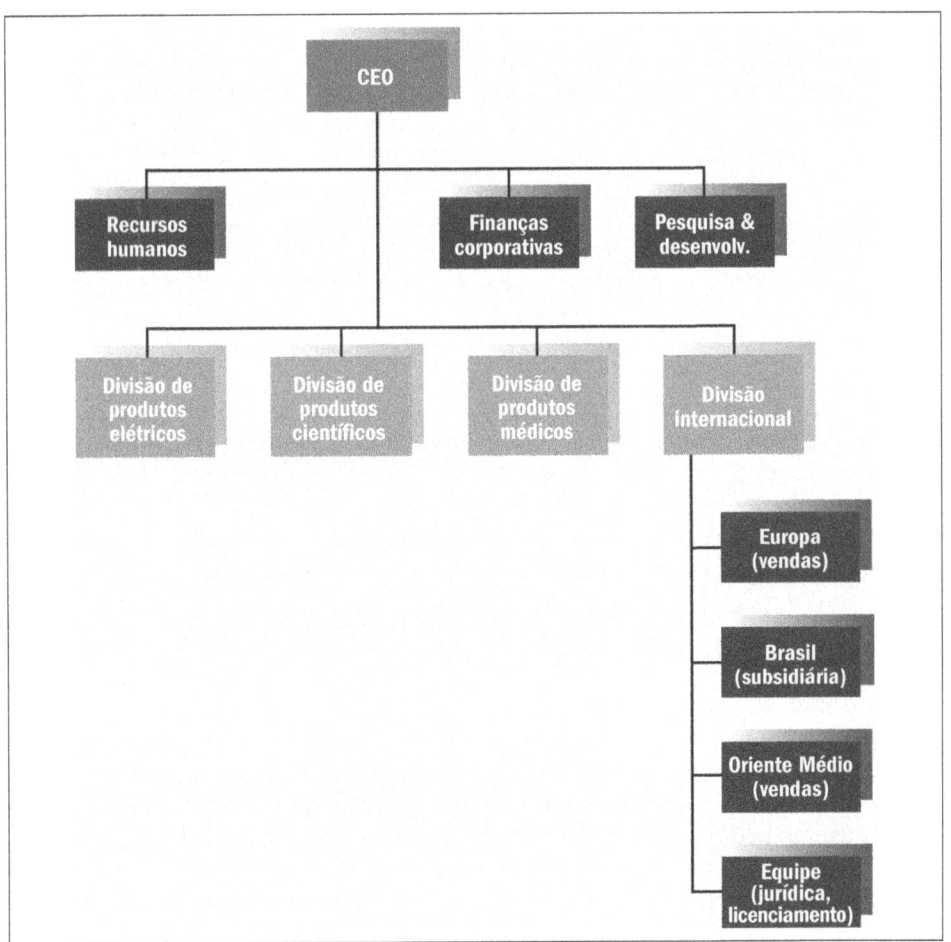

FIGURA 5.4
Estrutura híbrida doméstica com divisão internacional

Estrutura divisional do produto global

Numa **estrutura do produto global,** as divisões de produtos assumem a responsabilidade pelas operações globais em suas áreas específicas de produtos. Esta é uma das estruturas mais comuns utilizadas, por meio da qual os gerentes tentam alcançar metas globais, já que ela fornece um modo razoavelmente direto de gerenciar com eficácia uma variedade de negócios e produtos ao redor do mundo. Os gerentes de cada divisão de produto podem focar na organização para operações internacionais como eles ajustam e direcionam a energia dos funcionários em direção ao grupo exclusivo da própria divisão de problemas ou oportunidades globais.[52] Além disso, a estrutura fornece altos gerentes nas matrizes com ampla perspectiva na competição, habilitando toda corporação para responder mais rapidamente às mudanças do ambiente global.[53] As empresas de serviço também podem utilizar uma estrutura divisional. Por exemplo, o banco italiano UniCredit, com sede em Milão e com mais de 9.600 marcas em 22 países tem três divisões de produto: Família e SME (Serviços bancários de pequeno e médio porte e doméstico), Banco Corporativo e de Investimento, Banco Privado e Gestão de Bens. A empresa também tem uma divisão geográfica para focar em operações e crescimento nos países central e leste europeu.[54]

Com uma estrutura de produto global, cada gerente de divisão é responsável pelo planejamento, organização e controle de todas as funções de produção ou serviços de seus produtos em qualquer mercado do mundo. Conforme vimos na Figura 5.3, a estrutura do produto global funciona melhor se a empresa tem oportunidades para a produção mundial e venda de produtos padrões para todos os mercados, por isso fornecendo economias de escala e padronização da produção, do marketing e da publicidade.

A Eaton Corporation tem usado uma forma de estrutura de produto de abrangência mundial, como ilustrado na Figura 5.5. Nesta estrutura, os grupos de componentes automotivos, industriais etc., são responsáveis pela fabricação e venda de produtos mundiais. O vice-presidente de divisão internacional é responsável pela coordenação em cada região, incluindo um coordenador para Japão, Austrália, América do Sul e Europa setentrional.

Os coordenadores encontram maneiras de compartilhar suas instalações e aperfeiçoar a produção e a estratégia entre todas as linhas de produtos vendidas em suas regiões. Esses coordenadores preenchem a mesma função que os integradores descritos no Capítulo 2.

A estrutura de produto é ótima para a padronização da produção e das vendas ao redor do globo, mas também tem seus problemas. Muitas vezes as divisões de produtos não funcionam juntas, competindo ao invés de cooperar em alguns países; alguns países podem ser ignorados pelos gerentes de produtos. A solução de usar coordenadores de países que tenham um papel claramente definido adotada pela Eaton Corporation é uma excelente maneira de superar estes problemas.

Estrutura de divisão geográfica global

Uma organização com base regional é adequada para empresas que queiram enfatizar a adaptação às necessidades de mercado regionais ou locais pela estratégia multidoméstica conforme ilustrado na Figura 5.3. A **estrutura geográfica** global divide o mundo em regiões geográficas, onde cada uma dessas subordina-se ao CEO. Cada divisão tem controle total das atividades funcionais dentro de sua área geográfica. A Nestlé, por exemplo, com matriz na Suíça, coloca grande ênfase na autonomia dos gerentes regionais que conhecem a cultura local. A maior empresa em marca de alimentos do mundo, a Nestlé rejeita a ideia de um único mercado global e utiliza uma estrutura geográfica parcial para focar nas necessidades locais e na competição

FIGURA 5.5
Estrutura global de produtos parciais utilizados pela Eaton Corporation

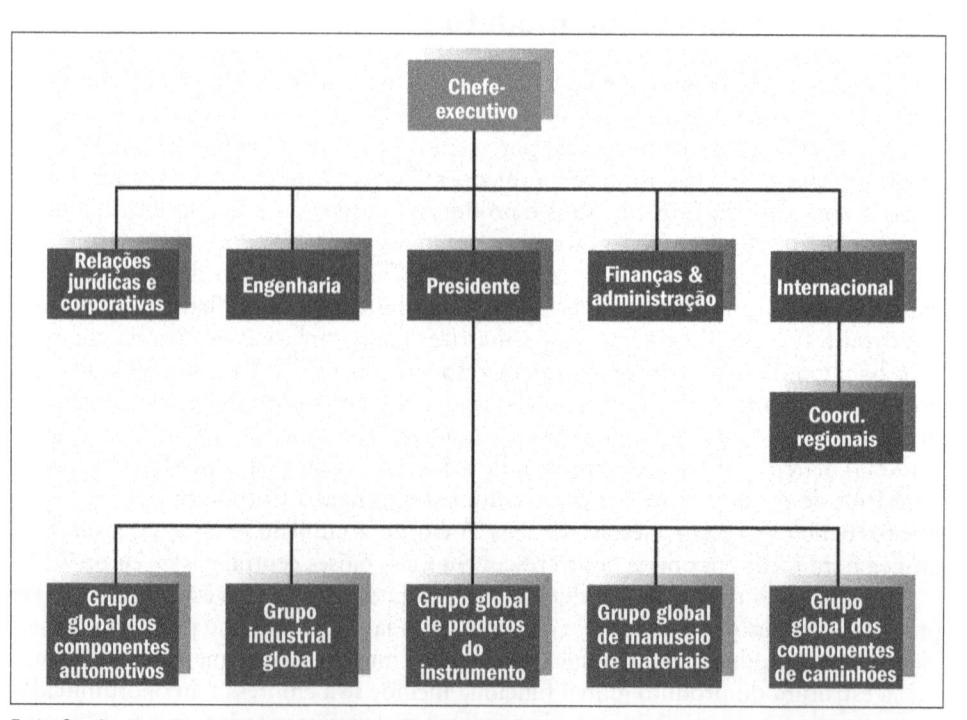

Fonte: Com base em *New Directions in Multinational Corporate Organization* (New York: Business International Corp., 1981).

Capítulo 5: Projeto organizacional global

em cada país. Os gerentes locais possuem autoridade para interferir no sabor de um produto, na embalagem, na quantidade ou em outros elementos que lhes pareçam necessários. Muitas das oito mil marcas da empresa estão registradas em apenas um único país.[55]

As empresas que usam esse tipo de estrutura normalmente têm sido aquelas com linhas de produtos mais maduras e tecnologias estáveis. Elas podem encontrar baixos custos de produção dentro dos países, assim como atender às diferentes necessidades entre os países para o marketing e as vendas. No entanto, diversos negócios e marcas organizacionais tendem a uma expansão de tipos de empresas que utilizam a estrutura geográfica global.[56] O crescimento de organizações de serviço ultrapassa a fabricação para diversos anos e os serviços pela natureza devem ocorrer em um nível local. Além disso, para dar conta de novas ameaças competitivas, muitas empresas de produção enfatizam a habilidade de personalizar seus produtos para atender às necessidades específicas, o que requer maior ênfase na capacidade de resposta local e regional. Todas as organizações estão sendo forçadas pelos desafios ambientais e competitivos atuais a desenvolver relacionamentos mais próximos com os clientes, o que pode levar as empresas a saírem de estruturas com base em produto para as baseadas em geografia. A Bupharm da Índia, uma empresa farmacêutica nova e em crescimento, criou divisões geográficas para operações de vendas, como Pacífico Asiático, América Latina e Europa, para ajudar a empresa a prestar melhores serviços nos quarenta países onde faz negócios.[57]

Os problemas encontrados pela gerência sênior usando uma estrutura geográfica global resultam da autonomia de cada divisão regional. Por exemplo, é difícil planejar numa escala global – como pesquisa e desenvolvimento de novos produtos – porque cada divisão atua para atender apenas às necessidades de sua região. Pode ser complicado transferir novas tecnologias e produtos domésticos para mercados internacionais, pois cada divisão pensa que irá desenvolver aquilo que precisa. Do mesmo modo, é difícil introduzir rapidamente produtos desenvolvidos em outra parte nos mercados domésticos e, muitas vezes, há duplicação de linha e pessoal de gerência pelas regiões. Em razão das divisões regionais agirem para atender às necessidades específicas nas próprias áreas, o rastreamento e a manutenção de controle de custos também podem ser um problema real. O seguinte exemplo ilustra como os executivos da Colgate Palmolive superaram alguns dos problemas associados à estrutura geográfica.

ANOTAÇÕES

Como administrador de uma organização, tenha essas diretrizes em mente:

Escolha uma estrutura de produto global quando a organização puder adquirir vantagens competitivas pela estratégia de globalização (integração global). Escolha uma estrutura geográfica global se a empresa tiver vantagens com uma estratégia multidoméstica (resposta local). Utilize uma divisão internacional quando a empresa for principalmente doméstica e tiver somente algumas poucas operações internacionais.

NA PRÁTICA

Colgate Palmolive Company

Por vários anos, a Colgate-Palmolive Company, que produz e comercializa produtos de higiene pessoal, domésticos e especiais, utilizou uma estrutura geográfica global da forma ilustrada na Figura 5.6. A Colgate tem longa e rica história de envolvimento internacional e vem dependendo das divisões na América do Norte, Europa, América Latina, Ásia e Pacífico Sul para permanecer na vanguarda competitiva. Bem mais da metade das vendas totais da empresa é gerada fora dos Estados Unidos.

A abordagem regional apoia os valores culturais da Colgate, que enfatizam a autonomia individual, um espírito empreendedor e a habilidade de agir localmente. Cada presidente regional subordina-se diretamente ao diretor de operações e cada divisão tem suas próprias funções de pessoal, tais como recursos humanos (RH), finanças, produção e marketing. A Colgate resolveu o problema de coordenação entre as divisões geográficas por meio da criação de um *grupo de desenvolvimento de negócios internacionais* responsável pelo planejamento de longo prazo da empresa e coordenação e comunicação de produto em nível mundial. Ela faz uso de diversos líderes de equipes de produtos, muitos dos quais eram antigos gerentes de países com experiência e conhecimento extensos Os líderes de produtos são essencialmente coordenadores e consultores para as divisões geográficas; eles não têm poder para dirigir, mas possuem habilidade e contam com o apoio organizacional necessários para exercer substancial influência.

A adição deste grupo de desenvolvimento de negócios rendeu resultados positivos em termos da introdução mais rápida de novos produtos por todos os países e melhor marketing a um custo mais baixo.

O sucesso do grupo de desenvolvimento de negócios internacionais impulsionou a alta administração da Colgate a acrescentar dois cargos adicionais de coordenação – *um vice-presidente de desenvolvimento corporativo, para focar em aquisições, e um grupo de marketing e vendas mundiais*, que coordena as vendas e iniciativas de marketing por todas as localizações geográficas. Com esses cargos de abrangência mundial acrescentados à estrutura, a Colgate mantém seu foco em cada região e atua para o planejamento geral, introduções mais rápidas de produtos e vendas e ampliar a eficiência de marketing.[58]

Estrutura matricial global

Discutimos como a Eaton usou uma estrutura de divisão de produto global e encontrou maneiras para coordenar por meio de divisões de abrangência mundial. A Colgate-Palmolive utilizou uma estrutura de divisão geográfica global e encontrou maneiras de coordenar por entre as regiões geográficas. Cada uma dessas empresas enfatizou uma única dimensão. Lembre-se do Capítulo 2, em que a estrutura matricial fornece um modo de alcançar a coordenação vertical e horizontal simultaneamente ao longo de duas dimensões. Uma **estrutura matricial global** é similar à estrutura matri-

FIGURA 5.6
Estrutura geográfica global da Colgate-Palmolive Company

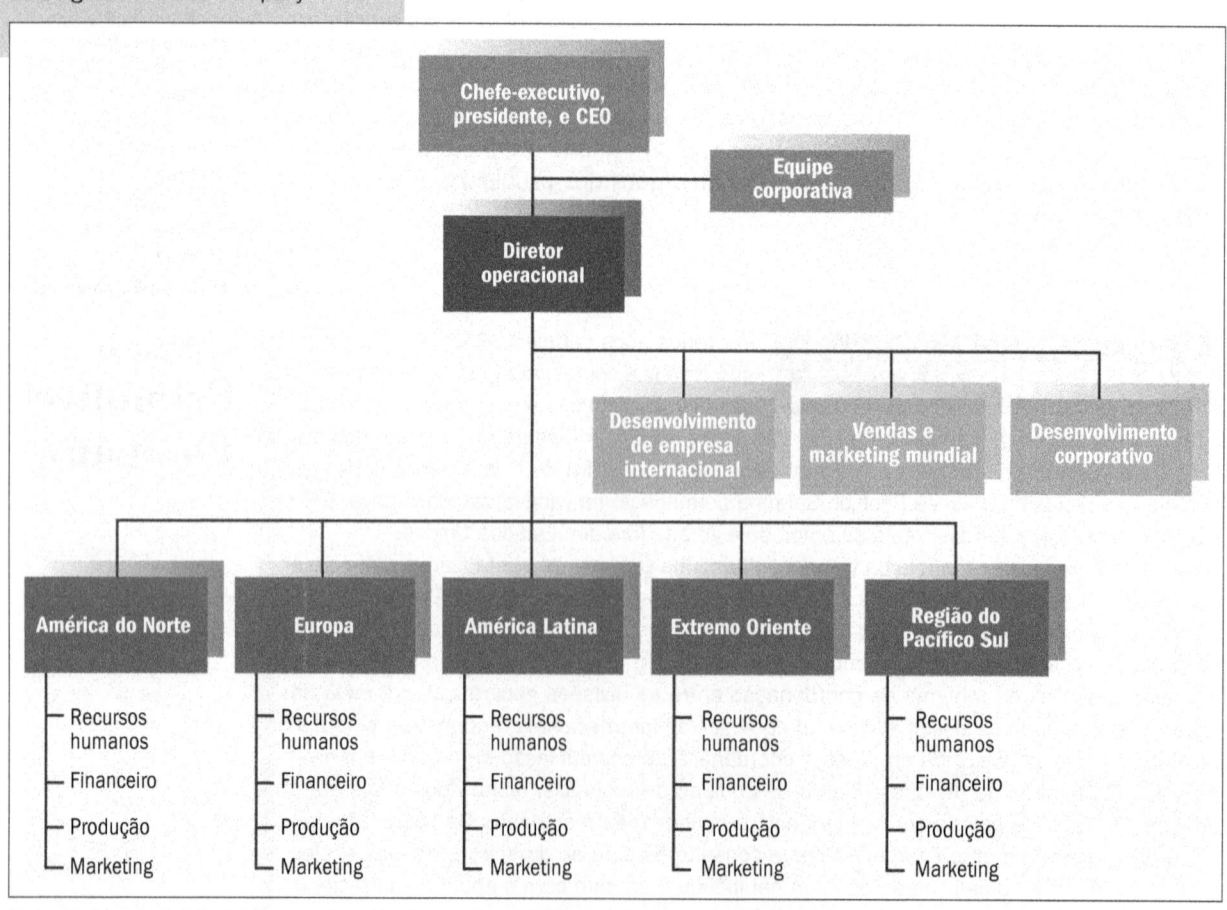

Fonte: Com base em Robert J. Kramer, *Organizing for global competitiveness: the geographic design* (Nova Iorque: The Conference Board, 1993), p. 30.

Capítulo 5: Projeto organizacional global

cial descrita no Capítulo 2, exceto que para corporações multinacionais as distâncias geográficas para a comunicação são maiores e a coordenação é mais complexa.

A estrutura matricial funciona melhor quando há pressão equilibrada por padronização de produto e localização geográfica e quando a coordenação para compartilhar recursos é importante. Por vários anos, a ABB (Asea Brown Boveri), um líder global em tecnologia de energia e automotiva, com sede em Zurique, utiliza uma estrutura matricial global que funcionava extremamente bem para coordenar uma empresa de 130.00 funcionários operando em mais de 100 países.

NA PRÁTICA — Grupo ABB

A ABB deu um novo significado à noção de "ser mundialmente local". A ABB utiliza uma complexa estrutura matricial global (ver Figura 5.7) para atingir as economias mundiais de escala combinadas com a flexibilidade local e receptividade.

No alto está o CEO e um comitê executivo de 10 altos gerentes, que frequentemente presidem reuniões por todo o mundo. De um lado da matriz estão os gerentes de divisão de produção para Produtos Elétricos, Sistemas de Energia, Automação Discreta e Movimento, Produtos de Baixa Tensão e Processo de Automação. Cada gerente de divisão é responsável por lidar com os negócios numa escala global, alocando mercados de exportação, estabelecendo padrões de custo e qualidade e criando equipes de nacionalidades mistas para solucionar problemas. Cada divisão é subdividida em pequenas unidades nas quais o gerente de divisão também tem a responsabilidade.

Do outro lado da matriz tem a estrutura regional; a ABB tem oito gerentes regionais no norte da Europa, região central da Europa, Mediterrâneo, América do Norte, América do Sul, Índia, Oriente Médio e África, norte da Ásia e sul da Ásia. Acima dos gerentes regionais estão os gerentes gerais que trabalham em empresas locais que passam pelas áreas de negócios e são responsáveis pelos balanços anuais locais, declarações de rendimento e degraus de carreira.

A estrutura matricial converge no nível das empresas locais. Os presidentes das empresas locais subordinam-se a dois chefes – o líder da divisão de produtos, que coordena em escala global, e o presidente geral, que administra a empresa da qual a organização local é uma subsidiária.

FIGURA 5.7
Estrutura matricial global

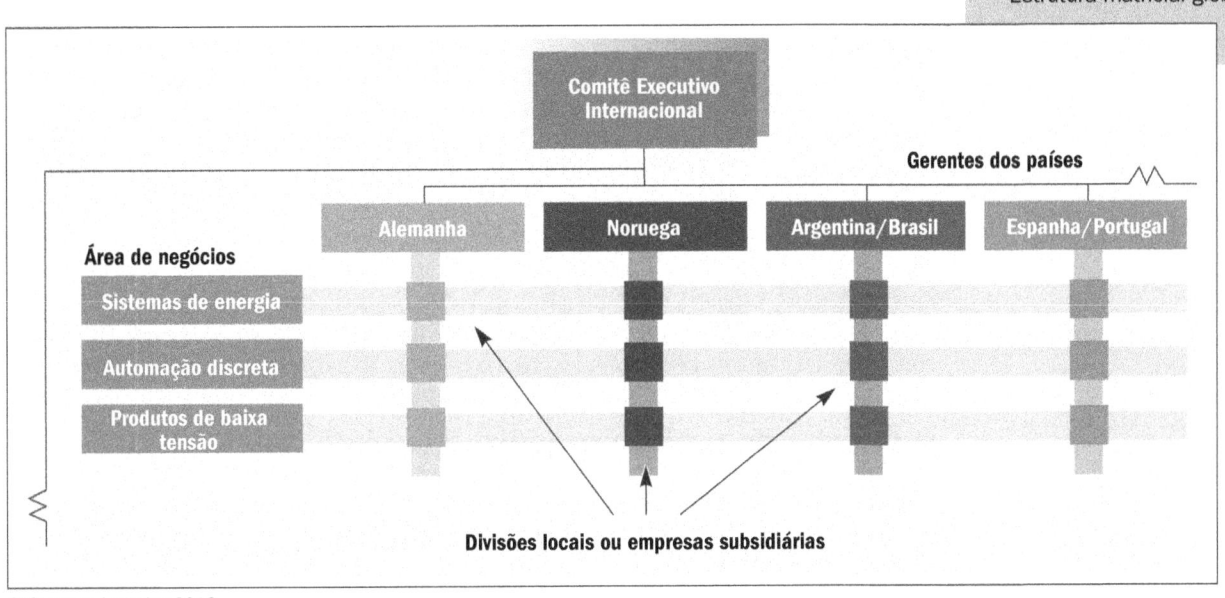

© Cengage Learning 2013

> A filosofia da ABB é descentralizar as coisas para os níveis mais baixos. Os gerentes globais são generosos, pacientes e multilíngues. Devem trabalhar em equipes compostas por diferentes nacionalidades e ser culturalmente sensíveis. Eles elaboram estratégias e avaliam o desempenho do pessoal e das subsidiárias em todo o mundo. Os gerentes de país, ao contrário, são gerentes de linha responsáveis por diversas subsidiárias de país. Eles devem cooperar com os gerentes de divisão de produtos para alcançar eficiências mundiais e a introdução de novos produtos. Finalmente, os presidentes das empresas locais têm um chefe global – o gerente de divisão de produtos – e um chefe de estado, e aprendem a coordenar as necessidades de ambos.[59]

A ABB é uma empresa grande e bem-sucedida que alcançou os benefícios tanto das organizações geográficas como de produtos pela estrutura matricial. Contudo, durante os últimos anos, à medida que a ABB tem enfrentado questões competitivas cada vez mais complexas, os líderes transformaram a empresa no sentido de uma complexa estrutura chamada *modelo transnacional*, que será discutida mais adiante neste capítulo.

No mundo real, assim como com a estrutura híbrida doméstica, muitas empresas estrangeiras como ABB, Colgate, UniCredit, Nestlé e Eaton Corporation aplicam a *estrutura híbrida global* ou *estrutura mista*, em que duas ou mais estruturas diferentes ou elementos de estruturas diferentes são utilizados. Estruturas híbridas são costumeiras em ambientes altamente voláteis. A UniCredit, por exemplo, combina elementos das divisões funcionais, geográficas e de produtos para responder às dinâmicas condições de mercado em múltiplos países onde ela opera.[60]

Organizações que operam numa escala global, frequentemente têm de fazer ajustes em suas estruturas para superar os desafios de realizar negócios num ambiente global. Nas seções seguintes, observaremos alguns desafios específicos que as organizações enfrentam no cenário global e os mecanismos para confrontá-los com sucesso.

Construindo capacidades globais

Existem muitos exemplos de empresas conhecidas que tiveram problemas para transferir ideias, produtos e serviços bem-sucedidos de seus países de origem para o domínio internacional. Nós falamos anteriormente sobre os conflitos que o Walmart enfrenta internacionalmente, porém ele não está sozinho. A PepsiCo., Inc. estabeleceu uma meta de cinco anos para triplicar suas receitas de refrigerantes e audaciosamente expandir sua presença em mercados internacionais. Ainda nos últimos cinco anos, a empresa se retirou de alguns mercados e teve uma perda de aproximadamente US$ 1 bilhão de operações médias estrangeiras.[61] Milhares de empresas americanas que viram o Vietnã como uma oportunidade internacional tremenda em meados da década de 1990 chamaram de giro do século. Diferenças políticas e culturais bloquearam a maioria desses empreendimentos, levando a perdas pesadas. Somente algumas empresas, como o negócio de equipamentos pesados da Caterpillar, tiveram sucesso naquele país, embora outras organizações, como a Starbucks mencionada anteriormente, estejam olhando para o Vietnã como oportunidades de crescimento.[62] Os gerentes das empresas estrangeiras se deparam com um tremendo desafio de como capitalizar as oportunidades incríveis que a expansão global apresenta.

O desafio de projeto organizacional global

A Figura 5.8 ilustra os três principais segmentos do desafio organizacional global: maior complexidade e diferenciação, a necessidade por integração e o problema de transferir conhecimentos e inovação através de uma empresa global. As organizações têm de aceitar um nível extremamente alto de complexidade ambiental no domínio

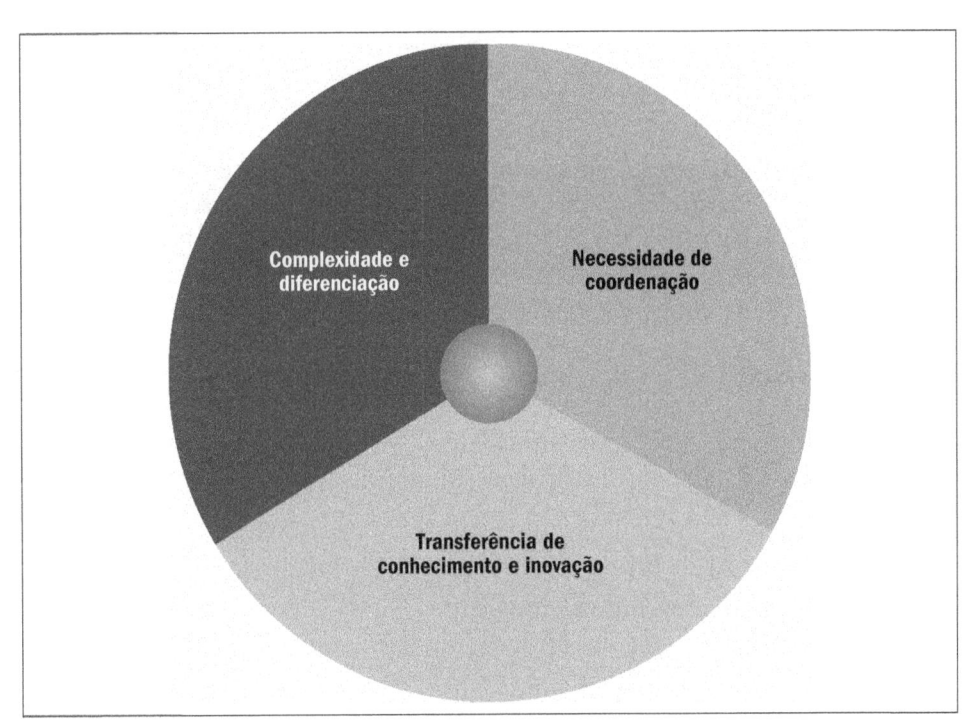

FIGURA 5.8
O desafio organizacional global

- Complexidade e diferenciação
- Necessidade de coordenação
- Transferência de conhecimento e inovação

© Cengage Learning 2013

internacional e dar conta de muitas diferenças existentes entre países. Por exemplo, cada país tem a própria história, cultura, leis e sistemas regulatórios. As pessoas comem diferentes alimentos, possuem diferentes religiões e têm atitudes diferentes, além de contribuírem para diferentes costumes sociais.[63] A complexidade de ambiente e as variações de países exigem diferenciação organizacional maior.

Ao mesmo tempo, as organizações devem encontrar maneiras para alcançar com eficácia a coordenação e a colaboração entre unidades distantes e facilitar o desenvolvimento e a transferência do conhecimento organizacional e a inovação global para a aprendizagem.[64] Apesar de muitas pequenas empresas serem envolvidas em negócios internacionais, a maioria das empresas estrangeiras cresce amplamente, criando um grande problema de coordenação. A Figura 5.9 fornece alguma compreensão sobre o porte e o impacto de empresas internacionais pela comparação da receita de diversas empresas multinacionais de grande porte com o produto interno bruto (PIB) de países selecionados.

Complexidade aumentada e diferenciação. Quando as organizações entram no cenário internacional, elas encontram um maior nível de complexidade interna e externa do que qualquer coisa experimentada no setor doméstico. As empresas têm de criar uma estrutura para operar em vários países que diferem em desenvolvimento econômico, idioma, sistemas políticos e regulamentações governamentais, normas culturais, valores, infraestrutura, instalações de transportes e comunicações. Por exemplo, a fabricante de computadores Lenovo, formada em Hong Kong, tem nove núcleos operacionais, e seus altos gerentes e funções corporativas são espalhadas ao redor do mundo. O CEO está em Cingapura, o chefe-executivo em Raleigh, Carolina do Norte, e o diretor executivo financeiro em Hong Kong. O marketing mundial é coordenado na Índia.[65]

Toda essa complexidade no ambiente internacional está espelhada numa maior complexidade organizacional interna. À medida que os ambientes se tornam mais complexos e incertos, as organizações passam a ser mais diferenciadas, com muitos cargos e departamentos especializados para lidar com setores específicos no ambiente.

FIGURA 5.9
Comparação entre empresas multinacionais líderes e países selecionados, 2008 (em dólares)

Empresa	Receita*	País	PBI anual†
Exxon Mobil	404,6 bilhões	Egito	403,9 bilhões
Walmart	378,8 bilhões	Grécia	370,2 bilhões
Royal Dutch Shell	355,8 bilhões	Malásia	355,2 bilhões
BP	291,4 bilhões	Nigéria	292,6 bilhões
Toyota	262,3 bilhões	Argélia	269,2 bilhões
ING Group	212,0 bilhões	Peru	218,8 bilhões
General Motors	181,1 bilhões	Finlândia	182,0 bilhões
General Electric	172,7 bilhões	Cazaquistão	167,6 bilhões

*Esta comparação de porte está presumindo as receitas avaliadas no equivalente de PIB.
†Produto interno bruto.

Fonte: "Count: Really Big Business," *Fast Company* (Dezembro de 2008 a janeiro de 2009), 46.

A alta administração pode, por exemplo, ter de instalar departamentos especializados para lidar com as diversas regulamentações governamentais, legais e contabilísticas em vários países. A Google tem uma equipe de advogados e outros especialistas no escritório em Nova Deli para monitorar as reclamações de usuários de internet e políticas locais sobre o conteúdo questionável nas redes sociais, Orkut, e decide como respondê-lo. A Índia é uma democracia e, em princípio, suporta a liberdade de expressão na internet assim como na mídia impressa. Ainda com uma mistura volátil de religiões e políticas éticas, o governo indiano reserva-se o direito de impor "restrições razoáveis" na liberdade de expressão para manter a ordem pública. De empresas de internet, como Google, Yahoo e Facebook, são esperadas alguma ajuda para executar alguns padrões e derrubar conteúdo considerado incendiário, mas as regras podem ser difíceis na interpretação. A Google, para sua parte, quer seguir as leis e os sentimentos locais, mas também quer exercer a discrição com relação a o que acredita que deve ser permitido.[66]

Além dos departamentos para lidar com diversas leis e regulamentos, as empresas que operam internacionalmente precisam de mais departamentos com abrangência de limites para sentir e responder a ambientes externos. Algumas empresas dispersam operações, como engenharia, projeto, fabricação, marketing e vendas ao redor do mundo. Particularmente, muitas organizações ajustaram os sistemas de desenvolvimento de produtos globais para alcançar um acesso maior para experiência internacional e projetar produtos melhores ajustados para os mercados globais. Um estudo de pesquisa da Deloitte descobriu que 48% das fabricantes norte-americanas e do ocidente pesquisadas ajustaram as operações de engenharia em outros países.[67] As organizações estrangeiras também podem implementar uma variedade de estratégias, uma variedade maior de atividades e uma quantidade muito maior de produtos e serviços em nível internacional.

Necessidade de coordenação. À medida que as organizações se tornam mais diferenciadas, com múltiplos produtos, divisões, departamentos e cargos espalhados por diversos países, os gerentes enfrentam um enorme desafio de integração. A coordenação refere-se à qualidade da colaboração entre unidades organizacionais. A questão é como alcançar a integração e a colaboração necessárias para que uma organização global colha os benefícios das economias de escala, das economias de escopo e das eficiências de mão de obra e dos custos de produção que a expansão internacional oferece. A alta diferenciação entre departamentos requer que mais tempo e que recursos sejam devotados para alcançar a coordenação, pois as atitudes dos empregados, as metas e as orientações de trabalho diferem largamente. Imagine o que deve ser para uma organização internacional, cujas unidades de operação são divididas não apenas por metas e atitudes de trabalho, mas também por distâncias geográficas, diferenças de fuso horário, valores culturais e, talvez, de idiomas. Lembre-se como a Colgate-Palmolive criou diversas unidades específicas para alcançar a coordenação e a integração entre divisões regionais. Outras empresas também devem encontrar caminhos para compartilhar informações, ideias, novos produtos e tecnologias pela organização.

Todas as organizações que trabalham globalmente se deparam com o desafio de conseguir que todas as partes trabalhem juntas da maneira certa, no momento certo e no lugar certo. Outra questão é como compartilhar conhecimentos e inovações pelas divisões globais.

Transferência de conhecimento e inovação. A terceira peça do desafio internacional é que as organizações aprendam com suas experiências internacionais por meio do compartilhamento de conhecimentos e inovações por todo o empreendimento. A diversidade do ambiente internacional oferece oportunidades extraordinárias para a aprendizagem e o desenvolvimento de capacidades diversas e surpreendendo com inovações em produtos e serviços. Alguns especialistas acreditam que uma grande porcentagem de inovações radicais virão de empresas em mercados emergentes, como China e Índia, nos próximos anos.[68] As inovações em produtos e serviços costumavam vir principalmente de países desenvolvidos e gravitavam para as áreas menos desenvolvidas do mundo, mas uma nova abordagem referiu-se como uma inovação repercutida ou inovação inversa faz com que as empresas prestem atenção ainda mais para as necessidades dos mecanismos que incentivam o compartilhamento pelo empreendimento internacional. Considere a profissão da área da saúde. A GE Healthcare tem uma presença sólida na China, mas as máquinas de ultrassom de ponta e outros produtos não atendem às necessidades dos profissionais de saúde que trabalham em hospitais ou clínicas com pouco investimento e de baixa tecnologia em vilas rurais. Preço, portabilidade e fácil uso são critérios importantes. A equipe da GE Healthcare na China criou uma máquina de ultrassom portátil vendido por menos de 15% do custo das máquinas de ultrassom de ponta da empresa. Agora, a GE vende produtos ao redor do mundo e cresceu a linha de produtos global em US$ 278 milhões em seis anos.[69] A Figura 5.10 lista alguns exemplos adicionais de inovação repercutida.

As unidades organizacionais em cada localidade adquirem habilidades e conhecimentos para dar conta dos desafios ambientais que surgem naquele lugar particular. Como tendência para inovações repercutidas, muito daquele conhecimento, que pode estar relacionado com aperfeiçoamento de produtos, eficiências operacionais, avanços tecnológicos, ou uma miríade de outras competências, é relevante para múltiplos países. Por isso, as organizações precisam de sistemas que promovam a transferência de conhecimento e inovação por todo o empreendimento global. Um clássico exemplo vem da Procter & Gamble. O *sabão em pó líquido Tide* foi um dos lançamentos de produtos mais bem-sucedidos da empresa nos anos 1980, porém ele apareceu a partir do compartilhamento de inovações desenvolvidas em diversas partes da empresa. O *sabão em pó líquido Tide* incorporava uma tecnologia para ajudar a suspender a sujeira da água vinda da matriz da P&G nos Estados Unidos. A fórmula para os seus agentes de limpeza vinha de técnicos da P&G no Japão e os ingredientes especiais para combater os sais minerais presentes em água pesada vinham dos cientistas da empresa em Bruxelas.[70]

Conseguir funcionários para transferir as ideias e conhecimentos pelos limites nacionais podem ser excessivamente desafiante. Muitas organizações exploram apenas uma fração do potencial que está disponível a partir da transferência de conhecimento

FIGURA 5.10
Exemplos de inovação repercutida

Empresa	Inovação e aplicação
Grupo Danone:	Construído em pequenas plantas em Bangladesh que produzem um centésimo da fábrica típica de iogurte da Danone produz e depois descobriram que podem operar com quase tanta eficiência quanto as fábricas maiores, estimulando a Danone a adaptar os conceitos para outros mercados
Nestlé:	Levou o macarrão instantâneo Maggi criado como uma refeição de baixo custo para o Paquistão rural e Índia e reposicionaram como um alimento saudável que cabe no bolso na Austrália e na Nova Zelândia
General Electric	Criou um eletrocardiograma portátil barato para vender na Índia, onde os profissionais médicos se deparam com oscilação de energia, falta de financiamento e espaço para grandes máquinas, alta quantidade de poeira e dificuldade em substituir peças de equipamentos caros e, agora, vende nos Estados Unidos, assim como em outros países ao redor do mundo
Hewlett-Packard	Tem uma equipe na Índia que busca maneiras para migrar as aplicações de interface de internet para celulares na Ásia e na África para desenvolver os mercados nos Estados Unidos e na Europa
John Deere	John Deere Índia desenvolveu um trator de baixo custo mas de alta qualidade para fazendeiros na Índia que, agora, estão crescendo em demanda nos Estados Unidos entre os fazendeiros que estão se recuperando da recessão e que desempenharão um forte papel na expansão da Deere na Rússia

Fontes: Esses exemplos são de Michael Fitzgerald, "As the World Turns," *Fast Company* (Março de 2009), 33–34; Reena Jana, "Inspirations from Emerging Economies," *BusinessWeek* (23 e 20 de março de 2009), 38–41; Jeffrey R. Immelt, Vijay Govindarajan, and Chris Trimble, "How GE Is Disrupting Itself," *Harvard Business Review* (Outubro de 2009), 3–11; e Navi Radjou, "Polycentric Innovation: A New Mandate for Multinationals," *The Wall Street Journal Online* (9 de novembro de 2009), http://online.wsj.com/article/SB125774328035737917.html (acessado em 13 de novembro de 2009).

e inovação interfronteiras. Às vezes, pessoas dispersas em diferentes locais ao redor do mundo têm dificuldades em construir relações de confiança. Outras razões incluem:[71]

- Barreiras e diferenças linguísticas e distâncias geográficas podem evitar que gerentes identifiquem o conhecimento e as oportunidades existentes pelas unidades gerais muito diferentes.
- Às vezes, os gerentes não apreciam o valor da integração organizacional e querem proteger os interesses da própria divisão em vez de cooperar com outras divisões.
- Às vezes, as divisões veem o conhecimento e a inovação como poder e querem barrá-los como uma maneira de ganhar uma posição influente dentro da empresa global.
- A síndrome "não foi inventado aqui" torna alguns gerentes relutantes para tocar no conhecimento específico (*expertise*) de outras unidades.
- Muito do conhecimento de uma organização está nas mentes dos empregados e não pode ser facilmente escrito e compartilhado com outras unidades.

As organizações têm que incentivar tanto o desenvolvimento como o compartilhamento de conhecimento, de implementar sistemas para tocar no conhecimento onde quer que ele exista e compartilhar as inovações a fim de atender aos desafios globais.

Mecanismos de coordenação global

Os gerentes conseguem lidar com o desafio global de coordenar a transferência de conhecimento e inovação por unidades altamente diferenciadas pela diversidade de caminhos. Alguns dos mais comuns são o uso de equipes globais, o planejamento e o controle mais decisivo na matriz e papéis específicos de coordenação.

Equipes globais. A popularidade e o sucesso de equipes na frente doméstica permitiram que os gerentes vissem em primeira-mão como este mecanismo pode alcançar forte coordenação horizontal, conforme descrito no Capítulo 2, e, assim, reconhecer a promessa que as equipes traziam para a coordenação pela empresa global. As **equipes globais**, também chamadas de equipes transnacionais, são grupos de trabalho além fronteiras compostos de membros com múltiplas habilidades e multinacionais cujas atividades abrangem diversos países.[72] Geralmente, as equipes são de dois tipos: equipes interculturais, cujos membros vêm de diferentes países e se encontram pessoalmente, e as equipes globais virtuais, cujos membros permanecem em locais separados ao redor do mundo e conduzem o trabalho eletronicamente.[73] A Heineken formou a Força-tarefa de Produção Europeia, uma equipe de 13 membros composta de funcionários multinacionais, para atender regularmente e apresentar ideias para otimizar as instalações de produção da empresa pela Europa.[74] A siderúrgica alemã ThyssenKrupp utiliza as equipes virtuais globais, aplicando redes sofisticadas de computadores e softwares para conectar e coordenar os membros da equipe que trabalham pelos continentes para executar uma operação de aço virtualmente integrada.[75]

No entanto, as equipes globais eficazes não são fáceis. As diferenças culturais e de idioma podem criar desentendimentos e ressentimentos e a desconfiança pode acometer rapidamente os esforços da equipe. Considere o que aconteceu em uma equipe virtual composta de membros da Índia, Israel, Canadá, Estados Unidos, Cingapura, Espanha, Bruxelas, Grã-Bretanha e Austrália:

> "No início... os membros da equipe eram relutantes para buscar conselhos de colegas que ainda eram estranhos, temendo que a solicitação por ajuda pudesse ser interpretada como um sinal de incompetência. Além disso, quando os colegas pediram ajuda, a assistência não era sempre comunicativa. Um membro da equipe confessou que calcula cuidadosamente quantas informações ela estava disposta a compartilhar. Ir além em nome da equipe virtual, na visão dela, vem a um preço elevado de tempo e energia, com nenhuma garantia de reciprocidade."[76]

Como este exemplo mostra, é fácil para uma mentalidade "nós contra eles" ser desenvolvida, que é justamente o oposto do que as organizações querem das equipes globais.[77] Não é surpresa quando um conselho executivo da revista Chief Information Officer CIO pediu aos CIOS globais avaliar os maiores desafios, gerenciando as equipes globais virtuais avaliadas como a questão mais urgente.[78] "Você precisa ser intensamente internacional" para ajudar as equipes globais a terem êxito, disse Greg Caltabiano, CEO* da designer de chips Teknovus Inc. (agora parte da Broadcom Corporation).[79] As organizações que utilizam as equipes globais eficientemente investem o tempo e os recursos para educar adequadamente os funcionários para encontrar maneiras de incentivar a compreensão e a confiança pela cultura. Na Teknovus, Caltabiano envia os funcionários americanos para visitas curtas para os escritórios asiáticos da empresa e exigiu que todas as novas contratações estrangeiras passassem um tempo nos EUA.[80]

---

* Chief Information Officer (CIO) ou Information Technology Director (Diretor de TI). Revista sobre tecnologia da informação. (N.R.T.)

> **AVALIE SUA RESPOSTA**
>
> **2** É um desafio especialmente difícil trabalhar em uma equipe global para coordenar as próprias atividades e o conhecimento com colegas de diferentes divisões ao redor do mundo.
>
> **RESPOSTA:** *Concordo*. Os problemas de diferentes idiomas, localizações, valores culturais e práticas de negócios fazem com que a associação de uma equipe estrangeira se torne especialmente difícil. As equipes globais podem ser eficazes somente se os membros tiverem paciência e habilidades para superar barreiras e compartilhar abertamente as informações e as ideias. As equipes globais funcionam melhor quando são compostas de membros que são culturalmente astutos e querem verdadeiramente coordenar e comunicar com seus parceiros em outros países.

Planejamento na matriz. Uma segunda abordagem para alcançar uma coordenação global mais forte é que a matriz assuma um papel ativo no planejamento, programação e controle a fim de manter as peças da organização global amplamente distribuídas, trabalhando juntas e movendo-se na mesma direção. Em uma pesquisa, 70% das empresas globais relataram que a função mais importante nas sedes corporativas era "fornecer a liderança empresarial."[81] Sem uma liderança forte, divisões altamente autônomas podem começar a agir como empresas independentes em vez de serem partes coordenadas de um todo. Para contrariar isso, a alta administração deve delegar a responsabilidade e a autoridade das tomadas de decisão em algumas áreas, como adaptação de produtos e serviços para atender às necessidades locais, enquanto mantém um forte controle pelos sistemas centralizados em outras áreas para fornecer a coordenação e a integração necessárias.[82] Planos, programas, regras e procedimentos formais podem ajudar a garantir uma comunicação maior entre as divisões e com as sedes, assim como uma cooperação adotiva e sinergia entre as vastas unidades para atingir as metas da organização com melhor custo/benefício. A alta administração pode fornecer uma clara direção estratégica, orientar operações distantes e resolver demandas concorrentes de várias unidades.

Papéis expandidos de coordenação. As organizações podem também implementar soluções estruturais para alcançar a coordenação e a colaboração.[83] Criar papéis organizacionais específicos ou cargos para a coordenação é um modo de integrar todas as peças do empreendimento a fim de alcançar uma posição competitiva mais forte. Em empresas internacionais bem-sucedidas, o papel dos altos gerentes funcionais, por exemplo, é expandido para incluir a responsabilidade pela coordenação pelos países, identificando e conectando a expertise e os recursos da organização mundialmente. Em uma organização internacional, o gerente de produção tem de estar atento e coordenar as operações de produção da empresa nas diversas partes do mundo para que ela alcance eficiência de produção e compartilhe tecnologia e ideias pelas unidades. Uma nova tecnologia desenvolvida para melhorar a eficiência das operações da empresa brasileira também pode ser valiosa para as fábricas norte-americanas ou europeias. Os gerentes de produção são responsáveis por estarem atentos aos novos desenvolvimentos onde quer que eles ocorram e por utilizarem seu conhecimento para melhorar a organização. Similarmente, os gerentes de marketing, de RH e outros gerentes funcionais em uma empresa internacional estão envolvidos não apenas em atividades para sua localidade particular, mas também em coordenação com unidades irmãs em outros países.

Enquanto os gerentes funcionais coordenam pelos países, os *gerentes de país* coordenam pelas funções. Um gerente geral para uma empresa internacional tem que coordenar todas as diversas atividades funcionais localizadas dentro do país para solucionar problemas, atender às oportunidades, às necessidades e às tendências no mercado local, permitindo que a organização atinja uma flexibilidade multinacional e rápida resposta. O gerente geral na Venezuela para uma empresa global de produtos para consumidores como a Colgate-Palmolive coordenaria tudo que acontece naquele país, da produção ao RH e marketing, para garantir que as atividades atendem aos idiomas, à cultura, ao governo e aos regulamentos legais da Venezuela. O gerente geral na Irlanda ou no Canadá faria a mesma coisa para outros países. Os gerentes de país também colaboram com a transferência de ideias, tendências, produtos e tecnologias que aparecem em um país e podem ser significativos numa escala mais ampla. Algumas organizações também fazem a *integração de negócios* para fornecer coordenação na base regional que pode fornecer diversos países. Esses gerentes estendem a mão para diversas partes da organização para resolver os problemas e coordenar as atividades pelos grupos, divisões ou países.

Outro papel é do coordenador de rede formal para coordenar informações e atividades relacionadas com contas de clientes-chave. Os coordenadores habilitariam uma organização de produção, por exemplo, para fornecer conhecimento e soluções integradas pelos múltiplos negócios, divisões e países para um grande cliente de varejo como Tesco, Walmart ou Carrefour. Os altos executivos em empresas globais bem-sucedidas também incentivam e apoiam redes informais e relacionamentos para manter a informação fluindo em todas as direções. Muitas das trocas de informação de uma organização não ocorrem por meio de sistemas ou estruturas formais, mas por canais informais e relacionamentos. Ao apoiar essas redes informais, dando às pessoas pelas fronteiras oportunidades para juntar-se e desenvolver relacionamentos, e daí maneiras de manter-se em contato próximo, os executivos melhoram a coordenação organizacional.[84]

Benefícios da coordenação. As organizações internacionais têm dificuldade em permanecer competitivas sem uma forte coordenação e colaboração entre as unidades. Aquelas empresas que estimulam e apoiam a colaboração são habitualmente mais qualificadas para nivelar capacidades e recursos dispersos a fim de colher benefícios operacionais e econômicos.[85] Benefícios que resultam da colaboração entre as unidades inclui o seguinte:

- *Economia de custos*. A colaboração pode produzir resultados reais e mensuráveis na forma de economia de custos a partir do compartilhamento das melhores práticas pelas divisões globais. Na British Petroleum, por exemplo, uma unidade central de negócios nos Estados Unidos melhorou a rotatividade do estoque e cortou o capital de giro necessário para operar postos de gasolina norte-americanos aprendendo as melhores práticas das operações da British Petroleum no Reino Unido e na Holanda.
- *Melhor tomada de decisão*. Ao compartilhar informações e conselhos pelas divisões, os gerentes podem tomar melhores decisões de negócios que apoiem sua própria unidade, assim como a organização como um todo.
- *Maiores receitas*. Ao compartilhar expertise e produtos entre as várias divisões, as organizações podem colher receitas aumentadas. Novamente a British Petroleum fornece um exemplo. Mais de 75 pessoas de várias unidades por todo o mundo voaram para a China com o objetivo de assessorar a equipe desenvolvendo a fábrica de ácido acético ali. Como resultado, a British Petroleum terminou o projeto e começou a realizar receitas antes do que os planejadores do projeto estavam esperado.
- *Inovação aumentada*. O compartilhamento de ideias e inovações tecnológicas pelas unidades estimula a criatividade e o desenvolvimento de novos produtos e serviços. O McDonald's tem uma abordagem chamada "liberdade dentro de um trabalho de estrutura" que permite que os gerentes regionais e gerais desenvolvam práticas e produtos adequados para a área local. Então, a empresa certifica-se de que os gerentes estrangeiros têm muitas maneiras formais e informais para comunicar e compartilhar ideias. O Big Tasty, uma enorme carne de hambúrguer de 160 g com muito molho barbecue e coberto com três fatias de queijo, foi criado em um dos testes de cozinha na Alemanha e lançado na Suécia, mas conforme divulgado, o sanduíche foi adotado pelos restaurantes em locais como Brasil, Itália e Portugal, onde se tornou um grande sucesso.[86]

ANOTAÇÕES

Como administrador de uma organização, tenha essas diretrizes em mente:

Utilize mecanismos como equipes globais, planejamento na matriz e papéis de coordenação específicos para fornecer a coordenação e a integração necessárias entre unidades internacionais distantes. Enfatize o compartilhamento de informação e conhecimento para ajudar a organização a aprender e melhorar numa escala global.

ANOTAÇÕES

Como administrador de uma organização, tenha essas diretrizes em mente:

Considere as diferenças de valores culturais e se esforce para usar mecanismos de coordenação que estejam afinados com os valores locais. Quando mecanismos de coordenação mais amplos forem necessários, foque na educação e na cultura corporativas como meios de conquistar compreensão e aceitação.

Diferenças culturais na coordenação e controle

Assim como os valores sociais e culturais diferem de um país para o outro, os valores de gerenciamento e as normas organizacionais de empresas internacionais tendem a variar dependendo do país de origem da organização. As normas organizacionais e valores são influenciados pelos valores da cultura nacional e estes, por sua vez, influenciam a abordagem estrutural da organização e os modos com que os gerentes coordenam e controlam a empresa internacional.

Sistemas de valores nacionais

Há estudos que tentaram determinar como os sistemas de valores nacionais influenciam o gerenciamento e a organização. Um dos mais influentes foi conduzido por Geert Hofstede, que identificou diversas dimensões de sistemas de valor nacional que variam muito em diferentes países.[87] A pesquisa mais recente pelo Projeto GLOBE (Eficácia Global de Liderança e de Comportamento Organizacional) suportou e estendeu avaliação de Hofstede. O Projeto GLOBE utilizou os dados coletados de 18.000 gerentes em 62 países para identificar nove dimensões que explicam as diferenças culturais, incluindo aqueles identificados por Hofstede.[88] Esses estudos forneceram aos gerentes a compreensão com as principais diferenças culturais que podem aprimorar a eficácia das organizações em escala global.[89] Complete o questionário na caixa "Como você se encaixa no projeto?" para ver como você está trabalhando internacionalmente.

Duas dimensões que parecem ter um forte impacto dentro das organizações são a *distância de poder* e a *aversão à incerteza*. Alta **distância de poder** significa que as pessoas aceitam as diferenças de poder entre instituições, organizações e indivíduos. Baixa distância de poder significa que as pessoas esperam igualdade de poder. Alta **aversão à incerteza** quer dizer que os membros de uma sociedade sentem-se desconfortáveis com a incerteza e a ambiguidade, e por isso apoiam crenças que prometem certeza e conformidade. Baixa aversão à incerteza mostra que as pessoas têm uma alta tolerância pelo não estruturado, pelo obscuro e pelo imprevisível.

As dimensões e *valores da distância* de poder e *aversão à incerteza* são refletidas dentro das organizações em crenças com relação à necessidade de hierarquia, tomada e controle de decisão centralizada, regras formais e procedimentos e trabalhos especializados.[90] Em países que valorizam a distância de alto poder, por exemplo, as organizações tendem a ser mais hierárquicas e centralizadas, com controle e coordenação maior dos altos níveis da organização. Por outro lado, as organizações em países que valorizam uma baixa distância de poder têm maior probabilidade de ser descentralizadas. Uma baixa tolerância à incerteza tende a ser refletida na preferência por coordenação pelas regras e procedimentos. As organizações em países onde as pessoas têm uma alta tolerância à incerteza habitualmente possuem menos regras e sistemas formais, dependendo mais das redes informais e da comunicação e coordenação pessoais.

AVALIE SUA RESPOSTA

3 Se as práticas gerenciais e as técnicas de coordenação trabalharem bem para uma empresa no país de origem, provavelmente também terão êxito nas divisões internacionais da empresa.

RESPOSTA: *Discordo.* A cultura nacional tem um impacto tremendo de como as pessoas de diferentes países sentem sobre questões de poder e controle, regras e procedimentos e cada aspecto de vida organizacional. As práticas e coordenação de administração e técnicas de controle que trabalham bem em países como Estados Unidos podem ser ineficazes e ou até mesmo ofensivas em países como Japão ou China. Os gerentes precisam estender a zona de conforto familiar para ter sucesso internacionalmente.

Embora as organizações nem sempre reflitam os valores culturais dominantes, os estudos constataram padrões claros de diferentes estruturas gerenciais quando são comparados países na Europa, na Ásia e nos Estados Unidos.

Como você se encaixa no projeto?

VOCÊ ESTÁ PRONTO PARA DESEMPENHAR UM PAPEL INTERNACIONAL?

Você está pronto para negociar um contrato de vendas com alguém de outro país? Coordenar um novo produto para uso estrangeiro? Empresas de porte grande e pequeno lidam com base global. Em que medida você mostra os comportamentos abaixo? Responda se cada item é Verdadeiro ou Falso.

Geralmente você é: V F

1. Impaciente? Você sofre de falta de atenção? Você quer partir para o próximo tópico? ___ ___
2. Um ouvinte fraco? Você se sente desconfortável com o silêncio? O que você pensa sobre o que você quer a seguir? ___ ___
3. Argumentativo? Você gosta de discutir para ser beneficiado? ___ ___
4. Não está familiarizado com as especificações culturais em outras culturas? Você tem experiência limitada em outros países? ___ ___
5. Coloca mais ênfase a curto prazo em vez de longo prazo nos seus pensamentos e planejamento? ___ ___
6. Pensa que é um desperdício de tempo conhecer alguém pessoalmente antes de discutir negócios? ___ ___
7. Legalista para ganhar o seu ponto? Segurando os outros para um acordo independentemente das mudanças de circunstâncias? ___ ___
8. Tem o pensamento de "ganhar/perder" ao negociar? Tenta ganhar o negócio às custas de outros? ___ ___

Pontuação: Marque um ponto para cada resposta como Verdadeiro. Uma pontuação de no máximo 3 pontos sugere que você possa ter estilo e percepção internacional. Uma pontuação de pelo menos 6 pontos sugere baixa presença ou percepção com relação às outras culturas.

Interpretação: Uma baixa pontuação neste exercício é boa. Os gerentes americanos frequentemente mostram ignorância cultural durante as negociações comparadas aos colegas de outros países. Os hábitos americanos podem ser perturbadores, como enfatizar áreas de desacordo sobre o acordo, entendendo mais os pontos e interesses da outra parte e adotando uma atitude adversária. Frequentemente, os americanos gostam de deixar uma negociação pensando que ganharam, que pode ser preocupante para o outro lado. Para este teste, uma baixa pontuação mostra uma presença internacional melhor. Se você respondeu "Verdadeiro" para no máximo três perguntas, considere-se pronto para ajudar com uma negociação internacional. Se você marcou pelo menos seis respostas como "Verdadeiro", é tempo de aprender mais sobre como as pessoas de negócios se comportam em outras culturas nacionais antes e participar de acordos de negócio internacional. Tente desenvolver um foco maior na necessidade de outras pessoas e uma apreciação de diferentes pontos de vista. Seja aberto para aceitar e desenvolver empatia para pessoas que são diferentes de você.

Fonte: Adaptado de Cynthia Barnum and Natasha Wolniansky, "Why Americans Fail at Overseas Negotiations," *Management Review* (Outubro de 1989), 54–57.

Quatro abordagens nacionais para coordenação e controle

Vamos olhar para as quatro abordagens de coordenação e controle representadas pelas empresas japonesas, chinesas, norte-americanas e europeias. Deve-se observar que as empresas em cada país utilizam ferramentas e técnicas de cada um dos três métodos de coordenação. No entanto, há padrões amplos e gerais que ilustram as diferenças culturais.

Coordenação centralizada em empresas japonesas. Quando se expandem internacionalmente, as empresas japonesas, em geral, têm desenvolvido mecanismos que têm como base a centralização.[91] Os altos executivos da matriz dirigem e controlam ativamente as operações no estrangeiro, cujo foco principal é implementar estratégias passadas para as outras unidades a partir da matriz. Um estudo recente sobre atividades de pesquisa e desenvolvimento em empresas de alta tecnologia no Japão e na Alemanha sustenta a ideia de que as organizações japonesas tendem a ser mais centralizadas. Enquanto as empresas alemãs tendem a dispersar os grupos de pesquisa e desenvolvimento (P&D) em diferentes regiões, as empresas japonesas tendem a manter essas atividades centralizadas no país de origem.[92] Essa abordagem centralizada permite que as empresas japonesas alavanquem o conhecimento e os recursos localizados no centro corporativo, alcançando eficiências globais e coordena as unidades para obter as sinergias e evita disputas territoriais. Os altos executivos utilizam fortes conexões estruturais para assegurar que os gerentes na matriz permaneçam atualizados e completamente envolvidos em todas as decisões estratégicas. Apesar disso, a centralização tem seus limites. À medida que as organizações se expandem e as divisões passam a ser maiores, a matriz pode ficar sobrecarregada e a tomada de decisões tornar-se lenta. A qualidade das decisões também pode sofrer na medida em que as maiores diversidades e complexidades fazem com que seja difícil para a matriz entender e responder às necessidades locais de cada região.

A forte centralização foi mencionada como um fator que causa a fraca tomada de decisão da Toyota e respostas atrasadas com relação às questões de segurança, como o furo nos pedais de aceleração. Após os escândalos de segurança mancharem a reputação de qualidade da Toyota, os executivos da empresa formaram um painel comandado pelo ex-secretário de transporte americano Rodney Slater para investigar o que houve de errado. O relatório do painel disse que a Toyota "errou muito na centralização global e precisava mudar a balança para proteger a autoridade e controle local". Quase todas as decisões na Toyota são tomadas nas matrizes. A divisão norte-americana da Toyota não tem nem mesmo um único executo no comando; em vez disso, o principal departamento conduz o relatório diretamente para as matrizes no Japão. As decisões com relação ao projeto e ao desenvolvimento, marketing, comunicações, relações públicas e *recalls* de veículos sempre foram severamente controladas pelas matrizes, que desaceleraram a resposta da empresa com questões de qualidade e de segurança.[93]

Tradição das empresas chinesas. A China é uma parte que cresce rapidamente no ambiente de negócios internacionais, e a pesquisa é cada vez mais conduzida em estruturas de administração e mecanismos de coordenação das empresas chinesas.[94] Muitas empresas chinesas ainda são relativamente pequenas e trabalham de maneira tradicionalmente familiar. Frequentemente, os funcionários principais são membros da família do fundador ou do CEO. Mesmo as empresas maiores são frequentemente pequenas redes de alianças familiares que agem como uma unidade. No entanto, de modo similar ao Japão, as organizações habitualmente refletem uma hierarquia clara de autoridade e centralização relativamente forte. Os empreendedores chineses, por exemplo, tendem a empregar um forte estilo autoritário de administração, centralizando a força neles mesmos e talvez em membros principais da família. A hierarquia desempenha um papel importante na cultura e na administração chinesa, então os funcionários se sentem obrigados a seguir ordens diretas e geralmente são fiéis não somente ao chefe, mas também às regras e às políticas da empresa. A cultura, a história e a tradição desempenham um papel significante nas organizações na China. Guardar as competências e conhecimentos especiais de uma pessoa é o aspecto central da cultura tradicional e talvez os gerentes de negócios chineses mantivessem informações sempre por perto em vez de compartilhá-las com toda a empresa. Essa tendência também pode fazer com que os gerentes relutem para fazer parceria com outras empresas. Para os chineses, leva-se muito tempo para desenvolver relações de confiança, ou *Guanxi*, tanto para a organização quanto para os estranhos. Uma rede informal e poderosa, chamada *Quanzi*, consistindo de pessoas que compartilham este tipo profundo de relação de confiança, determina as relações de poder e o padrão de compartilhamento, cooperação e colaboração de informações.

Stan Shih, que fundou a Acer (originalmente chamada de Multitech) e ajudou no crescimento de um pequeno início para uma marca global de bilhões de dólares e a segunda maior fabricante de computadores no mundo, abrangeu diversas tradições dos negócios de famílias chinesas, como o foco a longo prazo e a ênfase em coletivismo, harmonia e manutenção da boa reputação da família. No entanto, ele também evitou que algumas tradições voltassem para as empresas chinesas, como a tendência de desconfiança e a de forte autoritarismo e centralização. Shih incentivou uma abordagem, a delegação e o poder descentralizado.[95] À medida que as organizações chinesas crescem e se tornam o principal elemento do cenário global de negócios, mais conhecimentos serão adquiridos de como essas empresas lidam com a balança de coordenação e controle.

Abordagem descentralizada das empresas europeias. Uma abordagem diferente tem sido utilizada pelas empresas europeias.[96] No lugar de basear-se em forte coordenação e controle dirigidos de forma centralizada como as empresas japonesas, as unidades internacionais tendem a ter um alto nível de independência e autonomia na tomada de decisões. As empresas baseiam-se numa forte missão, em valores compartilhados e em relacionamentos informais para a coordenação. Desse modo, é colocada grande ênfase na seleção, treinamento e desenvolvimento cuidadoso de gerentes-chave por toda a organização internacional. Sistemas formais de gerenciamento e controle são utilizados, principalmente para o controle financeiro, em vez do controle técnico ou operacional. Muitos gerentes europeus não apreciam que as matrizes tomem controle de todas as questões operacionais. Quando a empresa de desenvolvimento de sistemas SAP AG* tentou avaliar um sistema de controle mais centralizado para acelerar o desenvolvimento de novos softwares e afastar a competição de crescimento, os engenheiros alemães rebelam-se na perda de autonomia. "Disseram, 'Você não nos diz o que devemos fazer – nós lhe diremos o que precisa ser feito", lembrou um ex-executivo.[97]

Com uma abordagem descentralizada, cada unidade internacional foca em seus mercados locais, permitindo à empresa exceder no atendimento de diversas necessidades. Uma desvantagem é o custo de assegurar, com treinamento e programas de desenvolvimento, que os gerentes por toda uma enorme empresa global compartilhem metas, valores e prioridades. A tomada de decisão também pode ser lenta e complexa, e discordâncias e conflitos entre as divisões são mais difíceis de resolver.

Os Estados Unidos: coordenação e controle pela formalização. Empresas com sede nos Estados Unidos, que expandiram para um cenário internacional, tiveram ainda outro sentido.[98] Normalmente, essas organizações têm delegado responsabilidade para as divisões internacionais, ainda que retido o controle geral do empreendimento pelo uso de sofisticados sistemas de controle de gerenciamento e do desenvolvimento de pessoal especializado na matriz. Sistemas formais, políticas e padrões de desempenho e um fluxo regular de informação das divisões para a matriz são os principais meios de coordenação e controle. A tomada de decisão tem como base os dados objetivos, políticas e procedimentos que possibilitam eficiência operacional e redução do conflito entre as divisões e entre estas e a matriz. No entanto, o custo de estabelecer sistemas complexos, políticas e regras para uma organização internacional pode ser muito alto. Essa abordagem também requer um maior número de pessoal na matriz para rever, interpretar e compartilhar informação, aumentando, assim, os custos fixos. Finalmente, a rotina e procedimento padrão nem sempre se ajustam às necessidades de novos problemas e situações. A flexibilidade fica limitada se os gerentes prestam tanta atenção aos sistemas-padrão que deixam de reconhecer oportunidades e ameaças no ambiente.

---

* SAP AG: empresa multinacional de origem alemã que desenvolve softwares e soluções de negócios. A sigla significa *Systemanalyse und Programmentwicklung* (Análise de Sistemas e Desenvolvimento de Programas). (NRT)

Claramente, cada uma dessas abordagens tem suas vantagens. Mas à medida que as organizações internacionais tornam-se maiores e mais complexas, as desvantagens tendem a se mostrar mais pronunciadas. Como as abordagens tradicionais têm sido inadequadas para atender às demandas de um complexo ambiente internacional em rápida transformação, muitas das grandes empresas internacionais estão se deslocando em direção a um modelo transnacional de organização, que é altamente diferenciado para direcionar o aumento da complexidade de ambiente global e ainda oferecer altos níveis de coordenação, aprendizagem e transferência do conhecimento e inovações organizacionais.

Modelo transnacional de organização

O **modelo transnacional** representa o tipo mais avançado de organização internacional. Ele reflete o máximo, tanto em complexidade organizacional, com muitas unidades diversas, como em coordenação organizacional, com mecanismos para a integração de partes variadas. O modelo transnacional é útil para grandes empresas multinacionais com subsidiárias em muitos países que tentam explorar tanto as vantagens globais como as locais, assim como os avanços tecnológicos, a rápida inovação e o compartilhamento global de aprendizagem e conhecimento. Em vez de construir capacidades principalmente em uma área, como a eficiência global, a capacidade de resposta local ou a aprendizagem global, o modelo transnacional busca alcançar os três simultaneamente. Lidar com múltiplas questões complexas e inter-relacionadas exige uma forma complexa de organização e estrutura.

O modelo transnacional representa o pensamento mais atual sobre o tipo de estrutura necessária para organizações globais altamente complexas como a Philips NV, ilustrado na Figura 5.11. Incorporada na Holanda, a Philips tem milhares de unidades operacionais por todo o mundo e é típica de empresas globais como Unilever, Matsushita ou Procter & Gamble.[99] Grandes empresas de serviços profissionais como KPMG e Pricewaterhouse Coopers também utilizam a estrutura transnacional. A Pricewaterhouse Coopers (PwC), por exemplo, tem mais de 160.000 pessoas em 757 escritórios em 151 países. A empresa fornece uma faixa amplamente diversificada de conhecimento com base em serviços que precisou ser personalizado para clientes específicos em locais específicos, então os escritórios locais precisam de discrição e autonomia. Ao mesmo tempo, a PwC precisa ser consistente com os padrões operacionais e sistemas de controle por todo o mundo.[100]

As unidades de rede organizacional transnacional, conforme ilustrado na Figura 5.11, são vastas. Alcançar coordenação, um sentido de participação e envolvimento das subsidiárias e um compartilhamento de informação, conhecimento, novas tecnologias e clientes é um grande desafio. Por exemplo, uma corporação global como Philips, Unilever ou Pricewaterhouse Coopers é tão grande que só o tamanho é um imenso problema na coordenação das operações globais. Além disso, algumas subsidiárias tornam-se tão grandes que elas não se encaixam mais num papel estratégico estreito definido pela matriz. Enquanto partes de uma grande organização, as unidades individuais necessitam de alguma autonomia para si mesmas e a capacidade de ter impacto em outras partes da organização.

O modelo transnacional direciona esses desafios pela criação de uma rede integrada de operações individuais conectadas pra atingir metas multidimensionais da organização geral.[101] A filosofia de administração tem como base a *interdependência* em vez da independência divisional total ou dependência total dessas unidades nas sedes para tomada de decisão e controle. O modelo transnacional é mais do que um gráfico organizacional. É um estado administrativo de pensamento, um conjunto de valores, um desejo compartilhado para tornar um trabalho de sistema de aprendizagem mundial e uma estrutura idealizada para administração eficaz, como um sistema. As seguintes características distinguem a organização transnacional de outras formas globais de organização, tal como a matricial, descrita anteriormente.

ANOTAÇÕES

Como administrador de uma organização, tenha essas diretrizes em mente:

Empenhe-se em direção a um modelo transnacional de organização quando a empresa tiver de responder às múltiplas forças globais simultaneamente e necessitar promover integração, aprendizagem e compartilhamento de conhecimento mundialmente.

1. *Bens e recursos estão dispersos mundialmente em operações altamente especializadas conectadas pelos relacionamentos interdependentes.* Os recursos e capacidades são amplamente distribuídos para ajudar o sentido de organização e responder aos diversos estímulos, tais como as necessidades de mercado, desenvolvimentos tecnológicos ou tendências dos consumidores, as quais surgem em diferentes partes do mundo. Para administrar essa complexidade aumentada e a diferenciação, os gerentes forjam relações interdependentes entre diversos produtos e unidades funcionais e geográficas. Os mecanismos, como equipes intersubsidiárias, por exemplo, obrigam as unidades a trabalhar juntas para o bem de sua própria unidade, assim como da organização como um todo. Em lugar de ser completamente autossuficiente, cada grupo tem de cooperar para alcançar suas próprias metas. Na Pricewaterhouse Coopers, por exemplo, o sistema de administração de cliente conecta as equipes de pessoas descritas em diversas unidades, linhas de serviço e áreas de especialidade ao redor do mundo. Tal interdependência incentiva o compartilhamento colaborativo de informações e recursos, a solução de problemas entre as unidades e a implementação coletiva exigida pelo ambiente internacional competitivo atual. Materiais, pessoal, produtos, ideias, recursos e informações estão fluindo continuamente entre as partes dispersas da rede integrada. Além disso, os gerentes ativamente modelam, gerenciam e reforçam as redes informais de informação que atravessam funções, produtos, divisões e países.
2. *As estruturas são flexíveis e em eterna transformação.* O modelo transnacional opera sobre o princípio de centralização flexível. Ele pode centralizar algumas funções num país, algumas em outro e, ainda assim, descentralizar outras funções entre suas várias operações dispersas geograficamente. Um centro de pesquisa e desenvolvimento pode estar centralizado na Holanda e o centro de compras estar localizado na Suécia, enquanto as responsabilidades de contabilidade financeira são operações descentralizadas em muitos países. Uma unidade em Hong Kong pode ser responsável pela coordenação das atividades na Ásia, enquanto as atividades para todos os outros países são coordenadas por uma grande divisão da matriz em Londres. O modelo transnacional requer que os gerentes sejam flexíveis ao determinar as necessidades estruturais baseados nos benefícios a serem ganhos. Algumas funções, produtos e regiões geográficas, por sua natureza, talvez precisem de controle e coordenação mais centralizados que outras. Além disso, os mecanismos de coordenação e controle mudarão ao longo do tempo para atender às novas necessidades ou ameaças competitivas. Algumas empresas começaram a ajustar as diversas matrizes em diferentes países à medida que organização fica maior e muito complexa para gerenciar de um lugar. Irdeto Holdings BV, por exemplo, tem as matrizes tanto em Amsterdã e em Pequim. A empresa Halliburton, sediada nos Estados Unidos, está planejando abrir uma segunda matriz em Dubai.[102]
3. *Os gerentes de subsidiárias iniciam estratégias e inovações que se tornam a estratégia para a corporação como um todo.* Em estruturas tradicionais, os gerentes têm um papel estratégico apenas para a sua divisão. Numa estrutura transnacional, vários centros e subsidiárias podem modelar a empresa de baixo para cima por meio de desenvolvimento de respostas criativas e iniciando programas em resposta às necessidades locais, difundindo, assim, aquelas inovações mundialmente. As empresas transnacionais reconhecem cada uma das unidades mundiais como fonte de capacidades e conhecimento que podem ser usados para beneficiar a organização inteira. Além disso, as demandas e oportunidades ambientais variam de país para país, além de expor toda a organização a essa ampla gama de estímulos ambientais e desencadear uma maior aprendizagem e inovação.
4. *A unificação e a coordenação são alcançadas principalmente pela cultura corporativa, do compartilhamento de visões e valores e do estilo de gerenciamento, em vez de sistemas e estruturas formais.* Um estudo da Hay Group descobriu que uma das características de definição das empresas que têm sucesso em escala

global é que elas coordenam com êxito as unidades e subsidiárias mundiais ao redor de uma visão e valores estratégicos comuns em vez de depender somente dos sistemas de coordenação formal.[103] Alcançar a unidade e a coordenação em uma organização na qual os funcionários vêm de diferentes lugares são separados pelo tempo e distância geográfica, além de terem normas culturais diferentes, é mais facilmente alcançada pela compreensão compartilhada em vez dos sistemas formais. Os altos executivos constroem um contexto de visão, valores e perspectivas compartilhados entre os gerentes que, por sua vez, difundem esses elementos por todas as partes da organização. A seleção e o treinamento de gerentes enfatizam a flexibilidade e a abertura mental. Além disso, existe frequentemente um rodízio de pessoas por meio de trabalhos, divisões e países diferentes para adquirir experiência mais ampla e socializarem-se na cultura corporativa. Alcançar a coordenação em uma organização transnacional é um processo muito mais complexo do que a simples centralização ou descentralização das tomadas de decisão. Precisa de modelagem e adaptação de crenças, cultura e valores para que todos participem do compartilhamento e aprendizado de informações.

Juntas, essas características facilitam a coordenação, a aprendizagem organizacional e o compartilhamento de informações numa ampla escala global. O modelo transnacional é realmente um modo complexo e confuso de conceituar a estrutura organizacional, mas está se tornando cada vez mais relevante para grandes empresas globais que tratam o mundo inteiro como parte de seu campo de ação e não têm apenas um país como base. A autonomia das partes organizacionais dá força para as unidades menores e permite que a empresa seja flexível em responder às mudanças rápidas e oportunidades competitivas num nível local, enquanto a ênfase na interdependência habilita eficiências globais e aprendizagem organizacional. Cada parte da empresa transnacional está consciente e estreitamente integrada com a organização como um todo, de modo que as ações locais complementem e melhorem outras partes da empresa.

Fundamentos do projeto

- Este capítulo examinou como os administradores projetam organizações para um ambiente internacional complexo. Hoje em dia, quase todas as empresas são afetadas por forças globais significativas e muitas estão desenvolvendo operações no exterior para aproveitar as vantagens dos mercados globais. As três principais motivações para a expansão global são realizar economias de escala, explorar economias de escopo e alcançar fatores escassos ou de baixos custos de produção, como mão de obra, matérias-primas ou terrenos. Uma maneira popular de tornar-se envolvido em operações internacionais é por meio de alianças estratégicas com empresas internacionais. As alianças incluem licenças, *joint ventures* e consórcios.
- As organizações normalmente evoluem por estágios, começando com uma orientação doméstica, deslocando-se para uma orientação internacional, então mudando para uma orientação multinacional e, finalmente, indo para uma orientação global que enxerga o mundo inteiro como um mercado em potencial. As organizações habitualmente utilizam um departamento de exportação, depois um departamento internacional e, por fim, desenvolvem-se em uma estrutura mundial geográfica ou de produtos.
- As estruturas geográficas são mais eficazes para organizações que podem se beneficiar de uma estratégia multidoméstica, significando que os produtos e serviços terão melhor desempenho se ajustados às necessidades e cultura locais. Uma estrutura de produtos apoia a estrutura de globalização, que significa que os produtos e serviços podem ser padronizados e vendidos mundialmente. Imensas empresas globais podem usar a estrutura matricial para responder às forças

locais e globais simultaneamente. Muitas organizações usam estruturas híbridas por meio da combinação de elementos de duas ou mais estruturas para atender às condições dinâmicas do ambiente global.

- Vencer numa escala global não é fácil. Os três aspectos do desafio de projeto organizacional global são dar conta da complexidade ambiental pela maior complexidade e diferenciação organizacionais, alcançar integração e coordenação entre unidades altamente diferenciadas, além de implementar mecanismos para a transferência de conhecimentos e inovação. Maneiras comuns de dar conta do problema de integração e transferência de conhecimento são pelas equipes globais, forte planejamento e controle por parte da matriz e papéis específicos de coordenação.

- Os gerentes também reconhecem que os diversos valores nacionais e culturais influenciam a abordagem da organização para a coordenação e o controle. Quatro abordagens nacionais diferentes são a coordenação e controle centralizados, tipicamente encontrados em muitas empresas com matriz no Japão, ênfase na tradição na China, uma abordagem descentralizada comum entre empresas europeias e a abordagem de formalização frequentemente usada pelas empresas internacionais de sede norte-americana. A maior parte das empresas, no entanto, independentemente de seu país de origem, utiliza uma combinação de elementos de cada uma dessas abordagens.

- As empresas que operam globalmente precisam de métodos de coordenação externa, e algumas estão se movendo para o modelo transnacional de organização. O modelo transnacional tem como base uma filosofia de interdependência. É altamente diferenciada ainda que ofereça níveis muito altos de coordenação, aprendizagem e transferência de conhecimento pelas vastas divisões. O modelo transnacional representa o projeto global final em termos de complexidade organizacional e de integração. Cada parte da organização transnacional está consciente e estreitamente integrada com a organização como um todo, de modo que as ações locais complementem e melhorem as outras partes.

Conceitos-chave

- aversão à incerteza
- consórcio
- distância de poder
- divisão internacional
- economias de escala
- empresas globais
- estágio doméstico
- estágio global
- estágio internacional
- estágio multinacional
- equipes globais
- estratégia de globalização
- estrutura de produto global
- estrutura geográfica global
- estrutura matricial global
- estratégia multidoméstica
- fatores de produção
- *joint venture*
- modelo transnacional
- multidoméstico
- padronização

Questões para discussão

1. Sob quais condições uma empresa deve considerar a adoção de uma estrutura geográfica global ao invés de uma estrutura de produto global?
2. Cite algumas das empresas que, segundo você, poderiam ser bem-sucedidas atualmente com uma estratégia de globalização e explique por que selecionou essas empresas. Como uma estratégia de globalização difere de uma estratégia multidoméstica?
3. Por que uma empresa gostaria de se juntar a uma aliança estratégica em vez de estar sozinha nas operações internacionais? O que você vê como vantagens e desvantagens potenciais de alianças internacionais?
4. Você acha que faz sentido para uma organização transnacional ter mais de uma matriz? Quais seriam algumas vantagens associadas a duas matrizes, cada uma responsável por diferentes situações? Você pode pensar em quaisquer inconveniências?
5. Quais são algumas das principais razões para uma empresa decidir expandir-se internacionalmente? Identifique uma empresa, nos noticiários, que tenha recentemente construído

uma nova instalação no exterior. Quais das três motivações para a expansão global descritas no capítulo você acha que melhor explica a decisão da empresa? Discuta.

6. Quando uma organização consideraria usar uma estrutura matricial? Como a estrutura matricial global difere da matricial doméstica descrita no Capítulo 2?
7. Cite alguns dos elementos que contribuem para maior complexidade das organizações internacionais. Como as organizações dão conta dessa complexidade? Você acha que esses elementos aplicam-se para empresas como a Spotify que quer expandir o *streaming* internacionalmente? Discuta.
8. Valores tradicionais no México são alta distância de poder e baixa tolerância à incerteza. Qual seria a sua previsão para uma empresa que abre uma divisão no México e tenta implementar equipes globais caracterizadas pelo compartilhamento de poder e autoridade e pela falta de diretrizes, regras e estruturas formais?
9. Você acredita que é possível para uma empresa global alcançar simultaneamente as metas para eficiência e integração global, capacidade de resposta e flexibilidade nacionais e a transferência mundial de conhecimento e inovação? Discuta.
10. Compare a descrição do modelo transnacional neste capítulo aos elementos de projetos organizacionais orgânicos *versus* mecanicistas descritos no Capítulo 1. Você acha que o modelo transnacional parece ser trabalhável para uma ampla empresa global? Discuta.

Capítulo 5 Caderno de exercícios — Feito nos E.U.A.?

Em março de 2011, a ABC World News exibiu uma série especial chamada "Feito nos E.U.A.". Na abertura do programa, os correspondentes David Muir e Sharyn Alfonsi tiraram todos os produtos feitos no exterior da cada da família Dallas, Texas, e descobriu que não havia praticamente nada quando a remoção foi finalizada. Quantos itens na sua casa são "feitos nos E.U.A."? Para este exercício, escolha três produtos de consumo diferentes da sua casa (por exemplo, uma camisa, um brinquedo ou um jogo, um telefone, um sapato, um lençol ou fronha, uma cafeteira). Tente descobrir as informações a seguir para cada produto, conforme exibidas na tabela. Para encontrar essas informações utilize sites, artigos em várias revistas e jornais de negócios e nas etiquetas dos itens ou manuais de usuário. Você também pode tentar ligar para a empresa e conversar com alguém de lá.

Produto	Os materiais vêm de qual país?	Onde foram fabricados ou montados?	Quais países fazem marketing e propaganda?	Em quais países diferentes o produto é vendido?
1.				
2.				
3.				

Com base em sua análise, o que você pode concluir sobre os produtos internacionais e a organização?

CASO PARA ANÁLISE — TopDog Software[104]

Aos 39 anos de idade, depois de trabalhar por quase 15 anos numa empresa líder de software na Costa Oeste, Ari Weiner e sua futura esposa, Mary Carpenter, venderam suas ações, tornaram líquidas todas as suas economias, aumentaram ao máximo que puderam os limites de seus cartões de crédito e começaram seu próprio negócio, dando-lhe o nome de TopDog Software, em homenagem ao seu amado cão malamute do Alasca. Os dois desenvolveram um novo pacote de software para as aplicações de Análise da Causa-Raiz* (RCA) e tiveram certeza de que eram superiores a qualquer coisa no mercado naquele momento.

O software TopDog era particularmente eficaz para uso em empresas de engenharia de projetos porque fornecia uma maneira altamente eficiente para solucionar problemas nos novos processos de fabricação digital, engenharia de software, projeto de hardware, fabricação e instalação. O software, que poderia ser utilizado sozinho ou ser facilmente integrado com outros pacotes de software, acelerou acentuadamente a identificação de problemas e ações corretivas no trabalho das empresas de engenharia de projetos. O software RCA TopDog encontraria a uma média de 30 a 50 problemas de causa-raiz e fornecer 20 a 30 ações corretivas que diminuiriam as taxas

---

* A Análise da Causa-Raiz (*Root Cause Analysis*) é um processo que identifica os eventos responsáveis pelas falhas do maquinário e define ações para evitar as falhas futuras. Tais causas podem ser físicas, técnicas, erros humanos ou procedimentos organizacionais. (N.R.T.)

de defeito em 50%, economizando alguns e, às vezes, milhões de dólares em cada aplicação.

O *timing* mostrou-se preciso. O RCA estava apenas começando a aquecer e a TopDog mostrava-se pronta para tirar vantagem da tendência como um participante no nicho de um mercado em crescimento. Weiner e Carpenter trouxeram dois antigos colegas como parceiros e logo estavam aptos a chamar a atenção de uma empresa de empreendimentos para receber financiamento adicional. Em um período de anos, a TopDog tinha 28 funcionários e as vendas tinham atingido US$ 4 milhões.

Agora, no entanto, os parceiros estão enfrentando o maior problema da empresa. A chefe de vendas da TopDog, Samantha Jenkins, ficou sabendo que uma nova empresa na Noruega está fazendo o teste beta em um novo pacote de RCA que promete ultrapassar o do TopDog – e a empresa com matriz na Noruega, FastData, tem divulgado suas aspirações globais na imprensa. "Se permanecermos focados nos Estados Unidos e eles começarem como uma empresa global, eles acabarão conosco em questão de meses!", lamentou Samantha... "Temos de criar uma estratégia internacional para lidar com esse tipo de concorrência."

Em uma série de reuniões em grupo, retiros e conversas individuais, Weiner e Carpenter reuniram as opiniões e ideias de seus parceiros, empregados, consultores e amigos. Agora eles têm de tomar uma decisão – a TopDog deve tornar-se global? Em caso afirmativo, qual abordagem seria a mais eficaz? Há um mercado crescente para RCA no exterior e novas empresas como a FastData logo estarão invadindo o mercado norte-americano da TopDog também. Samantha Jenkins não está sozinha em sua crença de que a TopDog não tem outra escolha a não ser entrar em novos mercados internacionais ou ser devorada viva. Outros, porém, estão preocupados que a TopDog não está pronta para esse passo. Os recursos da empresa já estão no limite e alguns consultores alertaram que uma rápida expansão global poderia significar um desastre. A TopDog nem mesmo está bem-estabelecida nos Estados Unidos, argumentam eles, e expandir-se internacionalmente poderia tensionar as capacidades e recursos da empresa. Outros indicaram que nenhum dos gerentes tem qualquer experiência internacional e que a empresa teria de contratar alguém com uma exposição global significativa antes de começar a pensar em novos mercados.

Embora Mary tenda a concordar que por enquanto a TopDog deveria permanecer focada na construção de seus negócios nos Estados Unidos, Ari passou a acreditar que algum tipo de expansão global é necessária. Mas se, por fim, a TopDog decidir pela expansão global, ele questiona de que maneira deveriam proceder em tal ambiente mundial enorme e complexo. Samantha, a gerente de vendas, está argumentando que a empresa deve estabelecer seus próprios pequenos escritórios estrangeiros a partir do zero e empregar principalmente pessoas locais. Construir um escritório no Reino Unido e um na Ásia, ela afirma, daria à TopDog uma base ideal para entrar nos mercados ao redor do mundo. No entanto, seria muito caro, para não mencionar as complexidades em lidar com diferenças de idioma e cultura, regulamentações legais e governamentais, e demais assuntos. Uma outra opção seria estabelecer alianças ou *joint ventures* com pequenas empresas europeias e asiáticas que pudessem beneficiar-se do acréscimo de aplicativos RCAs em seu conjunto de produtos. As empresas poderiam dividir as despesas no estabelecimento de novas instalações estrangeiras de produção e uma rede global de vendas e distribuição. Essa seria uma operação muito menos custosa e daria à TopDog o benefício da expertise de parceiros estrangeiros. Porém pode também exigir negociações prolongadas e certamente significaria abrir mão de algum controle em prol das empresas parceiras.

Um dos parceiros da TopDog está insistindo numa terceira saída, até mesmo numa abordagem de custos mais baixos, o licenciamento do software da TopDog para distribuidores estrangeiros como uma rota de expansão internacional. Ao dar direitos às empresas de software estrangeiras para produzir, comercializar e distribuir seu software CRM, a TopDog poderia construir uma identidade de marca e uma consciência do cliente, enquanto mantém rédeas curtas nas despesas. Ari gosta da abordagem de custos baixos, mas questiona se o licenciamento daria à TopDog a participação e o controle suficientes para desenvolver com sucesso sua presença internacional. Ao final de mais um dia, Weiner e Carpenter não estão mais próximos de uma decisão sobre a expansão global do que estavam quando o sol nasceu.

CASO PARA ANÁLISE   Rhodes Industries

David Javier estava revisando as mudanças propostas pela empresa de consultoria para a estrutura organizacional da Rhodes Industries (RI). À medida que Javier lia o relatório, ele se questionava se as mudanças recomendadas pelos consultores fariam mais mal do que bem à RI. Javier era presidente da empresa há 18 meses e estava muito consciente dos problemas organizacionais e de coordenação que precisavam ser corrigidos a fim de que a RI melhorasse seus lucros e crescesse em seus negócios internacionais.

Histórico da empresa

A Rhodes Industries foi fundada nos anos 1950 na parte sudeste de Ontário, no Canadá, por Robert Rhodes, um engenheiro que era um empreendedor por natureza. Ele iniciou o negócio primeiramente fazendo tubos e depois vidros para uso industrial. No entanto, assim que os negócios iniciais estavam estabelecidos, ele rapidamente entrou em novas áreas, como selantes, revestimentos e limpadores industriais e até mesmo na fabricação de componentes para a indústria de caminhões. Muito dessa expansão ocorreu por meio da aquisição de empresas pequenas no Canadá e nos Estados Unidos durante os anos 1960. A RI tinha uma estrutura de tipo conglomerado com subsidiárias bastante diversas espalhadas pela América do Norte, todas subordinando-se diretamente à matriz em Ontário. Cada subsidiária era um negócio completamente local e podia operar independentemente, desde que contribuísse para os lucros da RI.

Durante os anos 1970 e 1980, o presidente na época, Clifford Michaels, trouxe um forte foco internacional para a

RI. A estratégia dele era adquirir pequenas empresas ao redor do mundo com a crença de que elas pudessem ser reunidas numa unidade coesa que traria sinergias e lucros para a RI por meio do baixo custo de produção e pelo atendimento aos negócios em mercados internacionais. Alguns dos negócios da RI foram adquiridos simplesmente porque estavam disponíveis a um bom preço e a empresa encontrou-se em novas linhas de negócios, tais como produtos de consumo (papel e envelopes) e equipamentos elétricos (painéis de comando, lâmpadas e sistemas de segurança), além de sua linha prévia de negócios. A maioria desses produtos recebeu nomes de marcas locais ou era produzida para importantes empresas internacionais como a General Electric ou a Corning Glass.

Durante os anos 1990, um novo presidente da RI, Sean Rhodes, o neto do fundador, assumiu os negócios e adotou uma estratégia de focar a empresa em três linhas de negócios – produtos industriais, produtos de consumo e eletrônicos. Ele conduziu a aquisição de mais negócios internacionais que se encaixassem nestas três categorias e livrou-se de alguns poucos negócios que não se encaixavam. Cada uma das três divisões tinha fábricas assim como sistemas de marketing e distribuição na América do Norte, na Ásia e na Europa. A divisão de Produtos Industriais incluía tubos, vidro, selantes e revestimentos industriais, equipamento de limpeza e peças de caminhão. A divisão de eletrônicos incluía lâmpadas especiais, painéis de comando, chips de computador e resistores e capacitores para fabricantes de equipamento original. A divisão de produtos de consumo incluía louças e utensílios de vidro, papel, envelopes, lápis e canetas.

Estrutura

Em 2004, David Javier substituiu Sean Rhodes como presidente. Ele estava bastante preocupado sobre a necessidade de uma nova estrutura organizacional para a RI. A estrutura atual teve com base em três áreas geográficas principais – América do Norte, Ásia e Europa –, conforme ilustrado na Figura 5.11. As várias unidades autônomas dentro daquelas regiões subordinavam-se ao vice-presidente regional. Quando diversas unidades existiam em um único país, um dos presidentes da subsidiária também era responsável pela coordenação de vários negócios naquele país, porém a maior parte da coordenação era feita pelo vice-presidente regional. Os negócios eram bastante independentes, o que proporcionava flexibilidade e motivação para os gerentes de subsidiárias.

Os departamentos funcionais da matriz em Ontário eram bem pequenos. Os três departamentos centrais – relações corporativas e relações públicas, finanças e aquisições e jurídico e administrativo – atendiam os negócios corporativos mundialmente. Outras funções, como o gerenciamento de RH, desenvolvimento de novos produtos, marketing e produção, existiam todas dentro das subsidiárias individuais e havia pouca coordenação destas funções pelas regiões geográficas. Cada negócio planejava seu próprio caminho para desenvolver, produzir e comercializar seus produtos em seu próprio país e região.

Problemas organizacionais

Os problemas que Javier enfrentava na RI, os quais foram confirmados pelo relatório em sua mesa, recaíam sobre três

FIGURA 5.11
Organograma Rhodes Industries

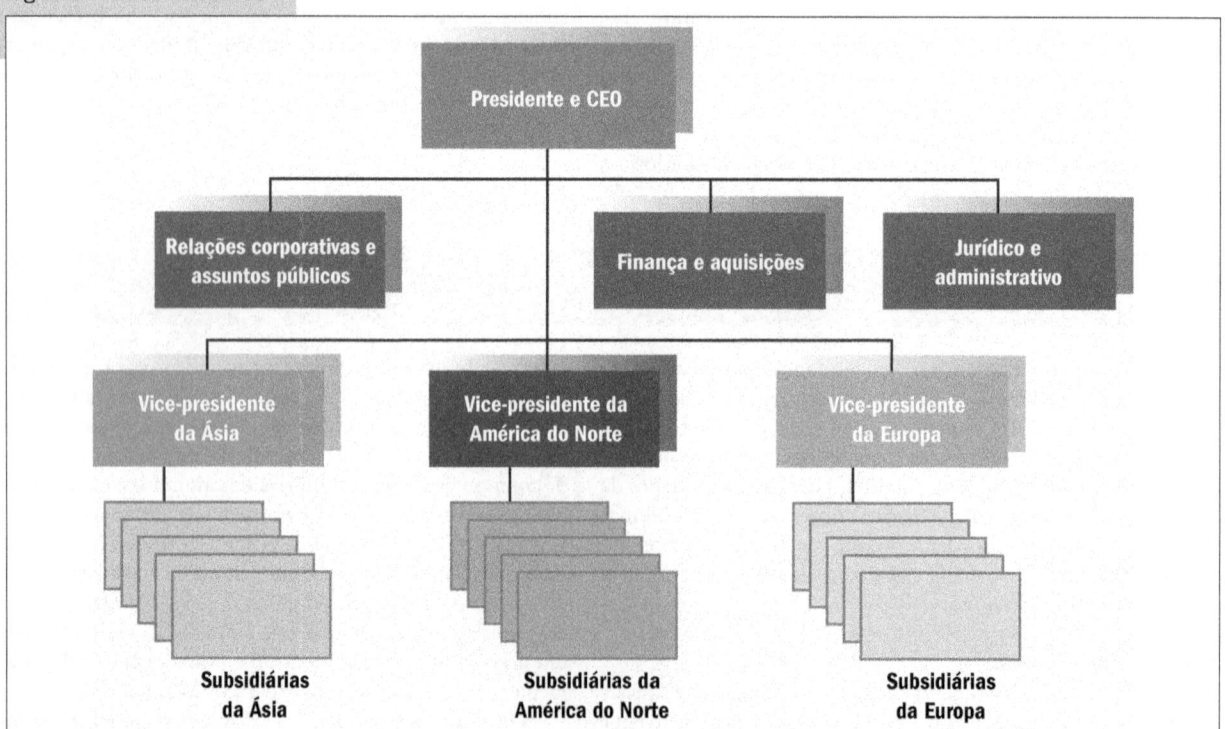

© Cengage Learning 2013

Capítulo 5: Projeto organizacional global

áreas. Primeiro, cada subsidiária agiu como um negócio independente, utilizando sistemas de relatório e trabalhando para maximizar os próprios lucros. Essa autonomia tornava cada vez mais difícil consolidar relatórios financeiros mundialmente e gerar sistemas de informação padronizados e eficientes.

Em segundo lugar, as decisões estratégicas importantes eram feitas em prol de negócios individuais ou em função dos interesses de um país ou região. Os projetos e os lucros locais recebiam mais tempo e recursos que os projetos que beneficiavam a RI mundialmente. Por exemplo, um fabricante de eletrônicos em Cingapura recusou-se a aumentar a produção de chips e capacitores para a venda no Reino Unido porque isso prejudicaria a operação de Cingapura. No entanto, as economias de escala em Cingapura iriam mais que compensar os custos de envio para o Reino Unido e habilitariam a RI a fechar instalações onerosas na Europa, aumentando a sua eficiência e lucros.

Em terceiro lugar, não houve transferência de tecnologias, de novas ideias de produtos, ou outras inovações dentro da RI. Por exemplo, uma tecnologia de economia de custos para a produção de lâmpadas no Canadá tinha sido ignorada pela Ásia e pela Europa. Uma inovação tecnológica que forneceu aos proprietários de imóveis o acesso aos sistemas de segurança da casa por celular desenvolvida na Europa foi ignorada na América do Norte. O relatório que estava na mesa de Javier ressaltou que a RI não estava conseguindo dispersar inovações importantes por toda a empresa. Essas inovações ignoradas poderiam fornecer aprimoramentos importantes tanto na fabricação quanto no marketing mundial. O relatório dizia, "Ninguém na RI compreende todos os produtos e locais de maneira que permita que a RI capitalize o aprimoramento de fabricação e as novas oportunidades de produto". O relatório também disse que uma melhor coordenação mundial reduziria os custos da RI anualmente em 7% e aumentaria o potencial de mercado em 10%. Esses números eram muito altos para serem ignorados.

Estrutura recomendada

O relatório do consultor recomendava que a RI tentasse uma de duas opções para melhorar sua estrutura. A primeira alternativa era criar um novo departamento internacional na matriz com a responsabilidade de coordenar a transferência de tecnologia e a produção e marketing de produtos mundialmente (Figura 5.12). Esse departamento teria um diretor de produto para cada linha principal de produto – industrial, consumo e eletrônicos – que teria autoridade para coordenar as atividades e inovações mundialmente. Cada diretor de produto teria uma equipe que viajaria para cada região e levaria informações sobre inovações e melhorias às subsidiárias em outras partes do mundo.

A segunda recomendação era reorganizar-se em uma estrutura de produto mundial, conforme mostrado na Figura 5.13. Todas as subsidiárias mundiais associadas à linha de produto se subordinariam ao gerente de negócios da linha de produto. O gerente de negócios e os funcionários seriam responsáveis pelo

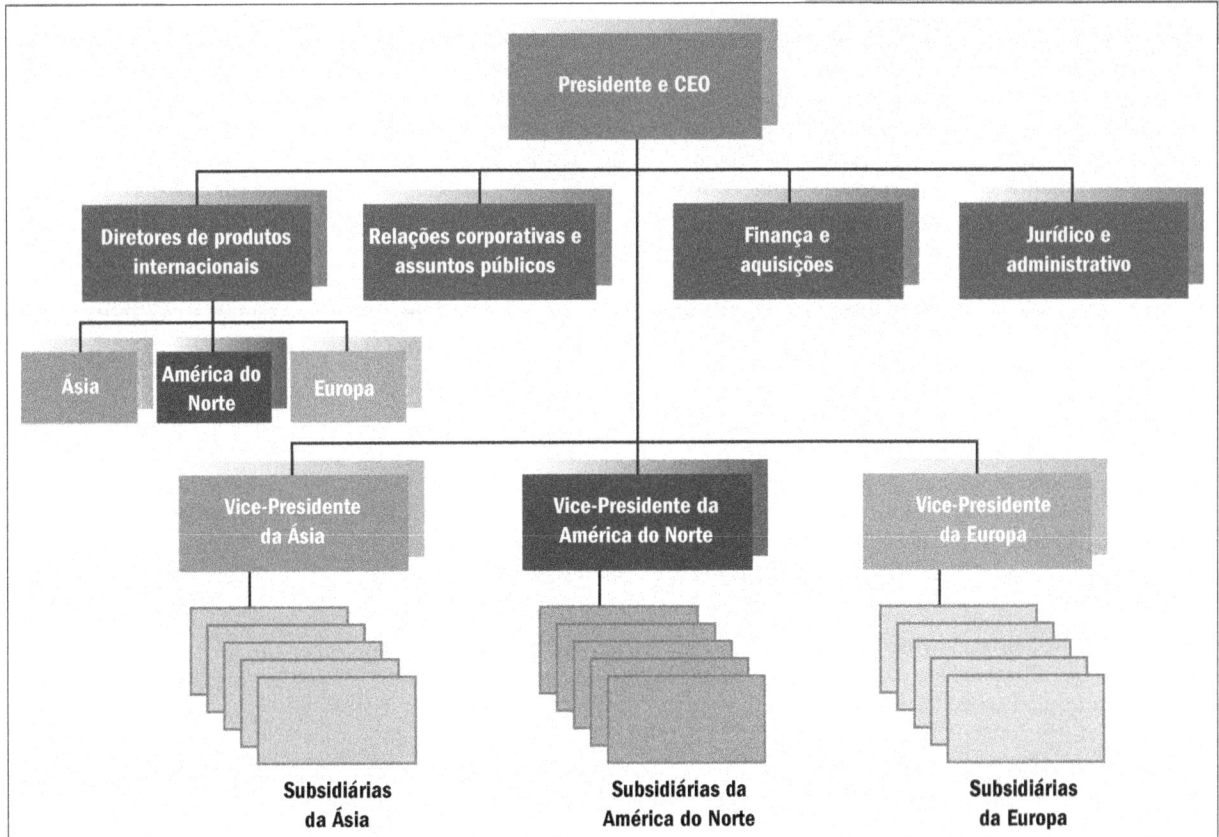

FIGURA 5.13
Estrutura proposta pelo diretor de produtos

FIGURA 5.13
Estrutura proposta pelo gerente de negócios mundiais

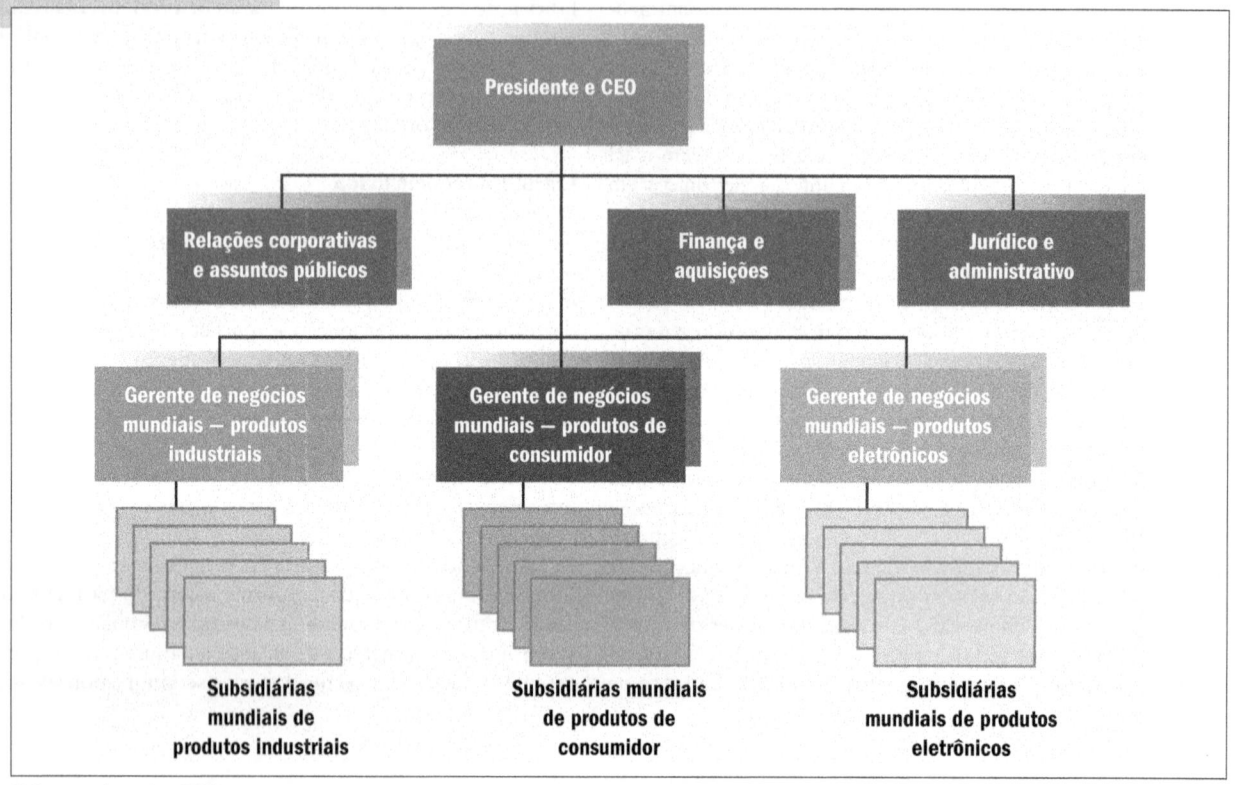

Diagrama organizacional:
- Presidente e CEO
  - Relações corporativas e assuntos públicos
  - Finança e aquisições
  - Jurídico e administrativo
  - Gerente de negócios mundiais — produtos industriais
    - Subsidiárias mundiais de produtos industriais
  - Gerente de negócios mundiais — produtos de consumidor
    - Subsidiárias mundiais de produtos de consumidor
  - Gerente de negócios mundiais — produtos eletrônicos
    - Subsidiárias mundiais de produtos eletrônicos

© Cengage Learning 2013

desenvolvimento de estratégias de negócios e pela coordenação de todas as eficiências de produção e desenvolvimentos de produto mundialmente para sua linha de produto.

Essa estrutura de produto mundial seria uma enorme mudança para a RI. Muitas perguntas vieram à mente de Javier. As subsidiárias continuariam a ser competitivas e adaptáveis aos mercados locais se fossem forçadas a coordenar com outras subsidiárias ao redor do mundo? Os gerentes de negócios seriam capazes de mudar os hábitos dos gerentes das subsidiárias em direção a um comportamento mais global? Seria melhor indicar coordenadores de diretor de produtos como um primeiro passo ou ir diretamente para o gerente de negócios da estrutura de produto? Javier tinha um pressentimento de que a mudança para a coordenação de produtos mundialmente fazia sentido, mas queria pensar em todos os problemas potenciais e como a RI implementaria as mudanças.

Capítulo 5 Caderno de exercícios — Comparação de culturas[105]

Em um grupo, alugue um filme estrangeiro (ou, alternativamente, vá ao cinema quando um filme estrangeiro estiver sendo exibido). Faça anotações à medida que você assiste ao filme, procurando quaisquer diferenças em normas culturais em comparação com as suas próprias. Por exemplo, identifique quaisquer diferenças nos seguintes itens em comparação com suas próprias normas culturais:

a. A maneira como as pessoas interagem entre si
b. A formalidade ou informalidade das relações
c. As atitudes em relação ao trabalho
d. A quantidade de tempo que as pessoas gastam no trabalho *versus* com a família
e. A conexão com a família
f. Como as pessoas se divertem

Questões

1. Quais foram as principais diferenças que você observou na cultura do filme *versus* na sua própria?
2. Quais são as vantagens e as desvantagens de utilizar filmes para entender uma outra cultura?

Notas

1. Alison Tudor, "Nomura Stumbles in New Global Push," *The Wall Street Journal* 29 de julho de 2009, A1.

2. Paul Sonne, "Tesco's CEO-to-Be Unfolds Map for Global Expansion," *The Wall Street Journal* 9 de julho de 2010, B1; Bob Tita, "Deere Enhances Focus on Russia," The Wall Street Journal (24 de março de 2011), http://online.wsj.com/article/SB10001424052748704604704576220684003808072.html (acessado em 9 de agosto de 2011); Choe Sang-Hun, "Wal-Mart Selling Stores and Leaving South Korea," *The New York Times*, 23 de maio de 2006, C5; and Miguel Bustillo, Robb Stewart, and Paul Sonne, "Wal-Mart Bids $4.6 Billion for South Africa's Massmart," *The Wall Street Journal* (28 de setembro de 2010), http://online.wsj.com/article/SB10001424052748704654004575517300108186976.html (Acesso em: 28 de setembro de 2010).

3. Michael A. Hitt e Xiaoming He, "Firm Strategies in a Changing Global Competitive Landscape," *Business Horizons* 51 (2008), 363–369.

4. Norihiko Shirouzu, "Chinese Inspire Car Makers' Designs," *The Wall Street Journal*, 28 de outubro de 2009; David Barboza and Nick Bunkley, "G.M., Eclipsed at Home, Soars to Top in China," *The New York Times*, 22 de julho de 2010, A1; and Loretta Chao, Juliet Ye, and Yukari Iwatani Kane, "Apple, Facing Competition, Readies iPhone for Launch in Giant China Market," *The Wall Street Journal*, 28 de agosto de 2009, A6.

5. Qamar Rizvi, "Going International: A Practical, Comprehensive Template for Establishing a Footprint in Foreign Markets," *Ivey Business Journal* (maio – junho de 2010), http://www.iveybusinessjournal.com/topics/global-business/goinginternational-a-practical-comprehensive-template-for-establishinga-footprint-in-foreign-markets (acessado em 9 de agosto de 2011).

6. Michael A. Hitt and Xiaoming He, "Firm Strategies in a Changing Global Competitive Landscape," *Business Horizons* 51 (2008), 363–369.

7. D. Barboza, "China Passes Japan as Second-Largest Economy," *The New York Times* (14 de agosto de 2010), http:// www.nytimes.com/2010/08/16/business/global/16yuan.html (acessado em 12 de agosto de 2011).

8. Jenny Mero, "Power Shift," *Fortune*, 21 de julho de 2008, 161; and "The Fortune Global 500," *Fortune*, http://money.cnn.com/magazines/fortune/global500/2011/ (Acesso em: 8 de agosto de 2011).

9. This discussion is based heavily on Christopher A. Bartlett and Sumantra Ghoshal, *Transnational Management: Text, Cases, and Readings in Cross-Border Management*, 3rd ed. (Boston: Irwin McGraw-Hill, 2000), 94–96; and Anil K. Gupta and Vijay Govindarajan, "Converting Global Presence into Global Competitive Advantage," *Academy of Management Executive* 15, no. 2 (2001), 45–56.

10. Lauren A.!E. Schuker, "Plot Change: Foreign Forces Transform Hollywood Films," *The Wall Street Journal*, 31 de julho de 2010, A1.

11. Bustillo et al., "Wal-Mart Bids $4.6 Billion for South Africa's Massmart;" Mariko Sanchanta, "Starbucks Plans Major China Expansion," *The Wall Street Journal* (13 de abril de 2010), http://online.wsj.com/article/SB10001424052702304604204575181490891231672.html (acessado em 16 de abril de 2010); e Paul Beckett, Vibhuti Agarwal, e Julie Jargon, "Starbucks Brews Plan to Enter India," *The Wall Street Journal* (14 de janeiro de 2011), http://online.wsj.com/article/SB10001424052748703583404576079593558838756.html (Acesso em: 16 de julho de 2011).

12. Eric Bellman, "Indian Firm Takes a Hollywood Cue, Using DreamWorks to Expand Empire," *The Wall Street Journal*, 22 de setembro de 2009, B1.

13. Jim Carlton, "Branching Out; New Zealanders Now Shear Trees Instead of Sheep," *The Wall Street Journal*, 29 de maio de 2003, A1, A10.

14. Stephanie Wong, John Liu, and Tim Culpan, "Life and Death at the iPad Factory," *BusinessWeek*, 7 de junho e 13 de junho de 2010, 35–36.

15. Dan Morse, "Cabinet Decisions; In North Carolina, Furniture Makers Try to Stay Alive," *The Wall Street Journal*, 20 de fevereiro de 2004, A1.

16. Keith H. Hammonds, "Smart, Determined, Ambitious, Cheap: The New Face of Global Competition," *Fast Company*, Fevereiro de 2003, 91–97; and W. Michael Cox and Richard Alm, "China and India: Two Paths to Economic Power," *Economic Letter*, Federal Reserve Bank of Dallas (agosto de 2008), http://www.dallasfed.org/research/eclett/2008/el0808.html (Acesso em: 14 de julho de 2010).

17. Chris Hawley, "Aircraft Makers Flock to Mexico," *USA Today* (6 de abril de 2008), http://www.usatoday.com/money/industries/manufacturing/2008-04-06-aerospace_N.htm?loc=interstitialskip (Acesso em: 7 de abril de 2008).

18. James Flanigan, "Now, High-Tech Work Is Going Abroad," *The New York Times*, 17 de novembro de 2005, C6; and Sheridan Prasso, "Google Goes to India," *Fortune*, 29 de outubro de 2007, 160–166.

19. Todd Zaun, Gregory L. White, Norihiko Shirouzu, and Scott Miller, "More Mileage: Auto Makers Look for Another Edge Farther from Home," *The Wall Street Journal*, 31 de julho de 2002, A1, A8.

20. Alison Stein Wellner, "Turning the Tables," *Inc.*, maio de 2006, 55–57.

21. Ken Belson, "Outsourcing, Turned Inside Out," *The New York Times*, 11 de abril de 2004, Section 3, 1.

22. Baseado em Nancy J. Adler, *International Dimensions of Organizational Behavior*, 4a ed. (Cincinnati, OH: South-Western, 2002); Theodore T. Herbert, "Strategy and Multinational Organizational Structure: An Interorganizational Relationships Perspective," *Academy of Management Review* 9 (1984), 259–271; and Laura K. Rickey, "International Expansion—U.S. Corporations: Strategy, Stages of Development, and Structure" (unpublished manuscript, Vanderbilt University, 1991).

23. Julia Boorstin, "Exporting Cleaner Air," segment of "Small and Global," *Fortune Small Business*, Junho de 2004, 36–48; and Purafil website, http://www.purafil.com/company/facts.aspx (Acesso em: 8 de agosto de 2011).

24. Emily Maltby, "Expanding Abroad? Avoid Cultural Gaffes," *The Wall Street Journal*, 19 de janeiro de 2010.

25. Vikas Sehgal, Ganesh Panneer, and Ann Graham, "A Family-Owned Business Goes Global," *Strategy + Business* (13 de setembro de 2010), http://www.strategy-business.com/article/00045?gko=aba49 (Acesso em: 9 de agosto de 2011).

26. Michael E. Porter, "Changing Patterns of International Competition," *California Management Review* 28 (Inverno de 1986), 9–40.

27. William J. Holstein, "The Stateless Corporation," *Business-Week*, 14 de Maio de 1990, 98–115.

28. Nancy J. Adler, *International Dimensions of Organizational Behavior*, 4 ed. (Cincinnati, OH: South-Western, 2002), 8–9; e William Holstein, Stanley Reed, Jonathan Kapstein, Todd Vogel, and Joseph Weber, "The Stateless Corporation," *BusinessWeek*, 14 de maio de 1990, 98–105.

29. Deborah Ball, "Boss Talk: Nestlé Focuses on Long Term," *The Wall Street Journal*, 2 de novembro de 2009; Transnationale website, http://www.transnationale.org/companies/nestle.php (acessado em 17 de março de 2010); Company-Analytics website, http://www.company-analytics.org/company/nestle.php (acessado em 17 de março de 2010); and Nestle website, http://www.nestle.com (Acesso em: 17 de março de 2010).

30. Debra Sparks, "Partners," *BusinessWeek, Special Report: Corporate Finance*, 25 de outubro de 1999, 106–112.

31. David Lei and John W. Slocum, Jr., "Global Strategic Alliances: Payoffs and Pitfalls," *Organizational Dynamics* (Inverno de 1991), 17–29.

32. Vanessa O'Connell, "Department Stores: Tough Sell Abroad," *The Wall Street Journal*, 22 de maio de 2008, B1.

33. Paul W. Beamish and Nathaniel C. Lupton, "Managing Joint Ventures," *Academy of Management Perspectives* (Maio 2009), 75–94; Stratford Sherman, "Are Strategic Alliances Working?" *Fortune*, 21 de setembro de 1992, 77–78; and David Lei, "Strategies for Global Competition," *Long-Range Planning* 22 (1989), 102–109.

34. Cyrus F. Freidheim, Jr., *The Trillion-Dollar Enterprise: How the Alliance Revolution Will Transform Global Business* (Nova York: Perseus Books, 1998).

35. Pete Engardio, "Emerging Giants," *BusinessWeek*, 31 de julho de 2006, 40–49.

36. Eric Bellman and Kris Hudson, "Wal-Mart to Enter India in Venture," *The Wall Street Journal*, 28 de novembro de 2006, A3.

37. Paloma Almodóvar Martínez and José Emilio Navas López, "Making Foreign Market Entry Decisions," *Global Business and Organizational Excellence* (janeiro – fevereiro de 2009), 52–59; "About Meliá Hotels International," SolMelia.com website, http://www.solmelia.com/corporate/about-sol-melia.htm (Acesso em: 8 de agosto de 2011); e "Sol Meliá and Jin Jiang Form Partnership," *Hotel News Now* (18 de fevereiro de 2011), http://www.hotelnewsnow.com/articles.aspx/4993/ Sol-Meli%C3%A1-and-Jin-Jiang-form-partnership (Acesso em: 8 de agosto de 2011).

38. "About Meliá Hotels International;" and "MELA HOTE: Meliá Hotels International Confirms the Positive Performance of the Business with an 8% Increase in Ebitda Up to June," 4-Traders.com (29 de julho de 2011), http://www.4-traders.com/MELA-HOTE-75117/news/MELA-HOTE-Meli%E1-Hotels-International-confirmsthe-positive-performance-of-the- business-with-an-8-i-13730991/ (Acesso em: 8 de agosto de 2011).

39. Sparks, "Partners."

40. Kenichi Ohmae, "Managing in a Borderless World," *Harvard Business Review* (maio – junho 1989), 152–161.

41. Choe Sang-Hun, "Wal-Mart Selling Stores and Leaving South Korea;" Constance L. Hays, "From Bentonville to Beijing and Beyond," *The New York Times*, 6 de dezembro de 2004, C6.

42. Conrad de Aenlle, "Famous Brands Can Bring Benefit, or a Backlash," *The New York Times*, 19 de outubro de 2003, Section 3, 7.

43. Cesare R. Mainardi, Martin Salva, and Muir Sanderson, "Label of Origin: Made on Earth," *Strategy + Business* 15 (Second Quarter 1999), 42–53; and Joann S. Lublin, "Place vs. Product: It's Tough to Choose a Management Model," *The Wall Street Journal*, 27 de junho de 2001, A1, A4.

44. David Kiley, "One Ford for the Whole Wide World," *BusinessWeek*, 15 de junho de 2009, 58–59; Stuart Elliott, "Ford Tries a Global Campaign for Its Global Car," *The New York Times* (24 de fereveiro de 2011), http://www.nytimes.com/2011/02/25/business/media/25adco.html (Acesso em: 9 de agosto de 2011); and Mainardi, Salva, and Sanderson, "Label of Origin."

45. Richard Gibson, "U.S. Restaurants Push Abroad" *The Wall Street Journal*, 18 de junho de 2008; and William Mellor, "Local Menu, Managers are KFC's Secret in China," *The Washington Post* (12 de fereveiro de 2011), http://www.washingtonpost.com/wp-dyn/content/article/2011/02/12/AR2011021202412.html (Acesso em: 3 de fereveiro de 2011).

46. José Pla-Barber, "From Stopford and Wells's Model to Bartlett and Ghoshal's Typology: New Empirical Evidence," *Management International Review* 42, no. 2 (2002), 141–156.

47. Sumantra Ghoshal and Nitin Nohria, "Horses for Courses: Organizational Forms for Multinational Corporations," *Sloan Management Review* (inverno de 1993), 23–35; and Roderick E. White and Thomas A. Poynter, "Organizing for Worldwide Advantage," *Business Quarterly* (verão de 1989), 84–89.

48. Robert J. Kramer, *Organizing for Global Competitiveness: The Country Subsidiary Design* (New York: The Conference Board, 1997), 12.

49. Laura B. Pincus and James A. Belohlav, "Legal Issues in Multinational Business: To Play the Game, You Have to Know the Rules," *Academy of Management Executive* 10, no. 3 (1996), 52–61.

50. John D. Daniels, Robert A. Pitts, and Marietta J. Tretter, "Strategy and Structure of U.S. Multinationals: An Exploratory Study," *Academy of Management Journal* 27 (1984), 292–307.

51. Hay Group Study, reported in Mark A. Royal and Melvyn J. Stark, "Why Some Companies Excel at Conducting Business Globally," *Journal of Organizational Excellence* (outono de 2006), 3–10.

52. Robert J. Kramer, *Organizing for Global Competitiveness: The Product Design* (New York: The Conference Board, 1994).

53. Robert J. Kramer, *Organizing for Global Competitiveness: The Business Unit Design* (New York: The Conference Board, 1995), 18–19.

54. Tina C. Ambos, Bodo B. Schlegelmilch, Björn Ambos, and Barbara Brenner, "Evolution of Organisational Structure and Capabilities in Internationalising Banks," *Long Range Planning* 42 (2009), 633–653; "Divisions," UniCredit website, http://www.unicreditgroup.eu/en/Business/Strategic_Business_Areas.htm (acessado em 10 de agosto de 2011); and "Organizational Model," UniCredit website, http://www.unicreditgroup.eu/en/Business/Organizational_structure.htm (Acesso em: 10 de agosto de 2011).

55. Carol Matlack, "Nestlé Is Starting to Slim Down at Last; But Can the World's No. 1 Food Colossus Fatten Up Its Profits As It Slashes Costs?" *BusinessWeek*, 27 de outubro de 2003, 56.

56. Robert J. Kramer, *Organizing for Global Competitiveness: The Geographic Design* (Nova York: The Conference Board, 1993).

57. Rakesh Sharma and Jyotsna Bhatnagar, "Talent Management— Competency Development: Key to Global Leadership," *Industrial and Commercial Training* 41, no 3 (2009), 118–132.

58. Kramer, *Organizing for Global Competitiveness: The Geographic Design*, 29–31.

59. "Group Structure," ABB website, http://www.abb.com/cawp/abbzh252/9c53e7b73aa42f7ec1256ae700541c35.aspx (Acesso em: 9 de agosto de 2011); William Taylor, "The Logic of Global Business: An Interview with ABB's Percy Barnevik,"

Harvard Business Review (March–April 1991), 91–105; Carla Rappaport, "A Tough Swede Invades the U.S.," *Fortune*, 29 de janeiro de 1992, 76–79; Raymond E. Miles and Charles C. Snow, "The New Network Firm: A Spherical Structure Built on a Human Investment Philosophy," *Organizational Dynamics* (primavera de 1995), 5–18; and Manfred F.!R. Kets de Vries, "Making a Giant Dance," *Across the Board* (outubro de 1994), 27–32.

60. Ambos et al., "Evolution of Organisational Structure and Capabilities in Internationalising Banks;" and " *Organizational Structure Map*," UniCredit website, http://www. nicreditgroup.eu/ucg-static/downloads/ Organizational_structure_map.pdf (acessado em 10 de agosto de 2011).

61. Gupta and Govindarajan, "Converting Global Presence into Global Competitive Advantage."

62. Robert Frank, "Withdrawal Pains: In Paddies of Vietnam, Americans Once Again Land in a Quagmire," *The Wall Street Journal*, April 21, 2000, A1, A6.

63. C.K. Prahalad and Hrishi Bhattacharyya, "Twenty Hubs and No HQ," *Strategy + Business* (26 de fevereiro 2008), http:// www.strategy-business.com/article/08102?gko=8c379 (Acesso em: 25 julho de 2009).

64. The discussion of these challenges is based on Bartlett and Ghoshal, *Transnational Management*.

65. Phred Dvorak, "Why Multiple Headquarters Multiply," *The Wall Street Journal*, 19 de novembro de 2007, B1.

66. Amol Sharma and Jessica E. Vascellaro, "Google and India Test the Limits of Liberty," *The Wall Street Journal*, 4 de janeiro de 2010, A16.

67. Peter Koudal and Gary C. Coleman, "Coordinating Operations to Enhance Innovation in the Global Corporation," *Strategy & Leadership* 33, no. 4 (2005), 20–32; and Steven D. Eppinger and Anil R. Chitkara, "The New Practice of Global Product Development," *MIT Sloan Management Review* (verão de 2006), 22–30.

68. David W. Norton, and B. Joseph Pine II, "Unique Experiences: Disruptive Innovations Offer Customers More 'Time Well Spent,'" *Strategy & Leadership* 37, no. 6 (2009), 4; and "The Power to Disrupt," *The Economist*, 17 de abril de 2010, 16.

69. Jeffrey R. Immelt, Vijay Govindarajan, and Chris Trimble, "How GE is Disrupting Itself," *Harvard Business Review* (outubro de 2009), 3–11; Daniel McGinn, "Cheap, Cheap, Cheap," *Newsweek.com* (21 de janeiro de 2010), http://www.newsweek.com/2010/01/20/cheap-cheap-cheap.html (Acesso em: 3 de setembro de 2010); and Reena Jana, "Inspiration from Emerging Economies," *BusinessWeek*, 23 e 30 de março. de 2009, 38–41.

70. P. Ingrassia, "Industry Is Shopping Abroad for Good Ideas to Apply to Products," *The Wall Street Journal*, 29 de abril de 1985, A1.

71. Baseado em Gupta and Govindarajan, "Converting Global Presence into Global Competitive Advantage;" Giancarlo Ghislanzoni, Risto Penttinen, and David Turnbull, "The Multilocal Challenge: Managing Cross-Border Functions," *The McKinsey Quarterly* (Março de 2008), http://www.mckinseyquarterly.com/The_multilocal_challenge_Managing_cross-border_functions_2116 (Acesso em: 11 agosto de 2011); and Bert Spector, Henry W. Lane, and Dennis Shaughnessy, "Developing Innovation Transfer Capacity in a Cross-National Firm," *The Journal of Applied Behavioral Science* 45, no. 2 (Junho de 2009), 261–279.

72. Vijay Govindarajan and Anil K. Gupta, "Building an Effective Global Business Team," *MIT Sloan Management Review* 42, no. 4 (verão de 2001), 63–71.

73. Charlene Marmer Solomon, "Building Teams Across Borders," *Global Workforce* (novembro de1998), 12–17.

74. Charles C. Snow, Scott A. Snell, Sue Canney Davison, and Donald C. Hambrick, "Use Transnational Teams to Globalize Your Company," *Organizational Dynamics* 24, no. 4 (primavera de 1996), 50–67.

75. Robert Guy Matthews, "Business Technology: Thyssen's High-Tech Relay–Steelmaker Uses Computer Networks to Coordinate Operations on Three Continents," *The Wall Street Journal*, 14 de dezembro de 2010, B9.

76. Benson Rosen, Stacie Furst, and Richard Blackburn, "Overcoming Barriers to Knowledge Sharing in Virtual Teams," *Organizational Dynamics* 36, no. 3 (2007), 259–273

77. Gupta and Govindarajan, "Converting Global Presence into Global Competitive Advantage;" and Nadine Heintz, "In Spanish, It's Un Equipo; In English, It's a Team; Either Way, It's Tough to Build," *Inc.*, Abril de2008, 41–42.

78. Richard Pastore, "Global Team Management: It's a Small World After All," *CIO* (23 de janeiro de 2008), http://www.cio.com/article/174750/Global_Team_Management_It_s_a_Small_World_After_All (Acesso em: 20 de maio de 2008).

79. Quoted in Phred Dvorak, "Frequent Contact Helps Bridge International Divide" (Theory & Practice column), *The Wall Street Journal*, 1 de junho de 2009, B4.

80. Tanya Mohn, "Going Global, Stateside," *The New York Times*, 9 de março de 2010, B8; and Dvorak, "Frequent Contact Helps Bridge International Divide."

81. Robert J. Kramer, *Organizing for Global Competitiveness: The Corporate Headquarters Design* (New York: The Conference Board, 1999).

82. Ghislanzoni et al., "The Multilocal Challenge."

83. Baseado em Christopher A. Bartlett and Sumantra Ghoshal, *Managing Across Borders: The Transnational Solution*, 2nd ed. (Boston: Harvard Business School Press, 1998), Chapter 11, 231–249.

84. Veja Jay Galbraith, "Building Organizations around the Global Customer," *Ivey Business Journal* (setembro – outubro de 2001), 17–24, por uma discussão de ambas formais e informais redes lateriais em companhias multinacionais.f

85. Esta seção e os exemplos BP sforam baseados em Morten T. Hansen and Nitin Nohria, "How to Build Collaborative Advantage," *MIT Sloan Management Review* (outono de 2004), 22ff.

86. Peter Gumbel, "Big Mac's Local Flavor," *Fortune*, 5 de maio de 2008, 114–121.

87. Geert Hofstede, "The Interaction between National and Organizational Value Systems," *Journal of Management Studies* 22 (1985), 347–357; and Geert Hofstede, Cultures and Organizations: Software of the Mind (London: McGraw-Hill, 1991).

88. See Mansour Javidan and Robert J. House, "Cultural Acumen for the Global Manager: Lessons from Project GLOBE," *Organizational Dynamics* 29, no. 4 (2001), 289–305; and R.J. House, M. Javidan, Paul Hanges, and Peter Dorfman, "Understanding Cultures and Implicit Leadership Theories across the Globe: An Introduction to Project GLOBE," *Journal of World Business* 37 (2002), 3–10.

89. Mansour Javidan, Peter W. Dorfman, Mary Sully de Luque, and Robert J. House, "In the Eye of the Beholder: Cross Cultural Lessons in Leadership from Project GLOBE," *Academy of Management Perspectives* (fevereiro de 2006), 67–90.

90. Esta discussão foi baseada em "Culture and Organization," Reading 2-2 in Christopher A. Bartlett and Sumantra Ghoshal, *Transnational Management*, 3 ed. (Boston: Irwin McGraw-Hill, 2000), 191–216, exceto por Susan Schneider and Jean-Louis Barsoux, *Managing Across Cultures* (London: Prentice-Hall, 1997).

91. Esta discussão é baseada em Bartlett and Ghoshal, *Managing across Borders*, 181–201.

92. Martin Hemmert, "International Organization of R&D and Technology Acquisition Performance of High-Tech Business Units," *Management International Review* 43, no. 4 (2003), 361–382.

93. "Panel Says Toyota Failed to Listen to Outsiders," USA Today (23 de maio de 2011), http://content.usatoday.com/communities/driveon/post/2011/05/toyota-panel-calls-for-single-us-chiefpaying-heed-to-criticism/1 (Acesso em: 12 de agosto de 2011).

94. Esta seção é baseada em Ming-Jer Chen and Danny Miller, "West Meets East: Toward an Ambicultural Approach to Management," *Academy of Management Perspectives* (novembro de 2010), 17–24; Eddie Liu and Timothy Porter, "Culture and KM in China," Vine 40, no. 3–4 (2010), 326–333; Vincent A. Conte and Daniel Novello, "Assessing Leadership in a Chinese Company: A Case Study," *The Journal of Management Development* 27, no. 10 (2008), 1002–1016; Jean Lee, "Culture and Management—A Study of a Small Chinese Family Business in Singapore," *Journal of Small Business Management* 34, no. 3 (julho de 1996), 63ff; Olivier Blanchard and Andrei Shleifer, "Federalism with and without Political Centralization: China versus Russia," IMF Staff Papers 48 (2001), 171ff; and Nailin Bu, Timothy J. Craig, and T.K. Peng, "Reactions to Authority," *Thunderbird International Business Review* 43, no. 6 (novembro – dezembro de 2001), 773–795.

95. Ming-Jer Chen and Danny Miller, "West Meets East: Toward an Ambicultural Approach to Management," *Academy of Management Perspectives* (novembro de 2010), 17–24.

96. Baseado em Bartlett and Ghoshal, *Managing across Borders*, 181–201.

97. Phred Dvorak and Leila Abboud, "Difficult Upgrade: SAP's Plan to Globalize Hits Cultural Barriers; Software Giant's Shift Irks German Engineers," *The Wall Street Journal*, 11 de maio de 2007, A1.

98. Baseado em Bartlett and Ghoshal, *Managing across Borders*, 181–201.

99. Sumantra Ghoshal and Christopher Bartlett, "The Multinational Corporation as an Interorganizational Network," *Academy of Management Review* 15 (1990), 603–625.

100. Royston Greenwood, Samantha Fairclough, Tim Morris, and Mehdi Boussebaa, "The Organizational Design of Transnational Professional Service Firms," *Organizational Dynamics* 39, no. 2 (2010), 173–183.

101. A descrição da organização otransacional é baseada em Bartlett and Ghoshal, *Transnational Management and Managing Across Borders*.

102. Phred Dvorak, "How Irdeto Split Headquarters—Move to Run Dutch Firm From Beijing Means Meeting Challenges," *The Wall Street Journal*, 7 de janeiro de 2008, B3; and Dvorak, "Why Multiple Headquarters Multiply."

103. Royal and Stark, "Why Some Companies Excel at Conducting Business Globally."

104. Baseado em Timo O.A. Lehtinen, Mika V. Mäntylä, and Jari Vanhanen, "Development and Evaluation of a Lightweight Root Cause Analysis Method (ARCA Method): Field Studies at Four Software Companies," *Information and Software Technology* 53 (2011), 1045–1061; and Walter Kuemmerle, "Go Global–Or No?" *Harvard Business Review* (Junho de 2001), 37–49.

105. Copyright © 2003 por Dorothy Marcic. Todos os direitos reservados.

Capítulo 6

O impacto no meio ambiente

Objetivos de aprendizagem
Após a leitura deste capítulo, você estará apto a:
1. Definir o ambiente de tarefas e seus setores-chave.
2. Definir o ambiente geral e seus setores-chave.
3. Explicar as dimensões simples-complexa e estável-instável do ambiente externo.
4. Descrever o modelo da incerteza ambiental.
5. Explicar de que modo as organizações se adaptam ao ambiente em transformação.
6. Entender como o ambiente afeta a diferenciação e integração da organização.
7. Descrever de que maneira o ambiente afeta os processos de gestão orgânica *versus* mecanicista.
8. Especificar de que forma as organizações dependem de recursos externos.
9. Reconhecer como as organizações influenciam setores ambientais chave.

O ambiente da organização
 • Ambiente de tarefas • Ambiente geral • Ambiente interno

O ambiente em transformação
 Dimensão simples-complexa • Dimensão estável-instável • Estrutura

Adaptando-se a um ambiente em transformação
 Acrescentando posições e departamentos • Construindo relacionamentos • Diferenciação e integração • Processos de gestão orgânicos *versus* mecanicista • Planejamento, previsão e capacidade de resposta

Estruturas para respostas à mudança ambiental

Dependência de recursos externos

Influenciando recursos externos
 Estabelecendo relações formais • Influenciando setores-chave • Estrutura integrativa de organização-ambiente

Fundamentos do projeto

GESTÃO POR PERGUNTAS DE PROJETO

Antes de ler este capítulo, verifique se você concorda ou discorda com cada uma das seguintes declarações:

1 A melhor forma de uma organização lidar com um ambiente complexo é desenvolver uma estrutura complexa (em vez de mantê-la simples e descomplicada).

CONCORDO _____   DISCORDO _____

2 Em um ambiente volátil em rápida transformação, atividades sérias de planejamento são uma perda de tempo e recursos.

CONCORDO _____   DISCORDO _____

3 Gestores de organizações empresariais não devem se envolver em atividades políticas.

CONCORDO _____   DISCORDO _____

O que aconteceu com o MySpace? Bem, ele ainda está por aí, mas talvez não por muito tempo. Certa época, o MySpace dominou as redes sociais. Então, veio o Facebook. Depois de várias tentativas de revitalizar a empresa outrora dominante, incluindo demissões na administração e uma mudança na direção estratégica, o MySpace nem é mais considerado um concorrente. Em janeiro de 2011, a empresa demitiu cerca de metade de seus 1.000, ou mais, funcionários. O número de usuários tinha caído para menos de 55 milhões, enquanto o Facebook relatava mais de 600 milhões de usuários. Porém, o Facebook também tem dado oportunidades para outras empresas. O Zoosk, um serviço de namoro on-line em rápida expansão, deve sua existência ao Facebook. A empresa foi originalmente lançada como um aplicativo do Facebook e passou por um rápido crescimento no número de usuários.

Mudanças no ambiente, como o surgimento de uma nova empresa como o Facebook, podem criar tanto ameaças quanto oportunidades para as organizações. "O Facebook é um grande concorrente e benfeitor aqui no Vale do Silício", disse um capitalista de risco. "Quem quer que esteja tentando atrair a atenção do jovem usuário da internet agora tem de competir com a posição dominante [do Facebook]... Por outro lado, eles criaram muitas oportunidades." Com seu amplo alcance, poderosa influência e ambições crescentes, o Facebook é considerado tanto um amigo quanto um adversário das empresas de tecnologia, incluindo o Yahoo!, o eBay, o Google e a Microsoft. Mas o ambiente externo está sempre mudando. Assim como um executivo observou ao falar a respeito do declínio do MySpace: "Muitas pessoas se perguntam se o mesmo irá acontecer com o Facebook".[1]

Todas as organizações – não só as empresas de internet como o Facebook, o Zoosk e o Google, mas também empresas tradicionais como a Toyota, a Goldman Sachs, a General Electric e a Penney – enfrentam uma tremenda incerteza ao lidar com eventos no ambiente externo e muitas vezes têm de se adaptar rapidamente ao novo concorrente, à turbulência econômica, a mudanças nos interesses dos consumidores ou a tecnologias inovadoras.

Objetivo deste capítulo

O objetivo deste capítulo é desenvolver uma estrutura para avaliar os ambientes e como as organizações podem responder a eles. Em primeiro lugar, identificamos o domínio organizacional e os setores que influenciam a organização. Em seguida, exploramos duas importantes forças ambientais na organização – a necessidade de informação e a necessidade de recursos. As organizações respondem a essas forças por meio do projeto de estrutura, sistemas de planejamento e tentativas de influenciar e adaptar-se a diversas pessoas, eventos e organizações no ambiente externo.

Ambiente de uma organização

Em um sentido amplo, o ambiente é infinito e engloba tudo aquilo que é externo à organização. No entanto, a análise aqui apresentada considera apenas os aspectos do ambiente ao qual a organização é sensível e deve responder para sobreviver. Assim, o **ambiente organizacional** é definido como tudo o que existe fora dos limites da organização e tem potencial para afetar a organização como um todo ou parte dela.

O ambiente de uma organização pode ser compreendido pela análise de seu domínio nos seus setores externos. O **domínio** de uma organização é o campo de ação ambiental escolhido. É o território que uma organização demarca para si com respeito a produtos, serviços e mercados compreendidos. Domínio define o nicho da organização e também aqueles setores externos com os quais a organização irá interagir para atingir suas metas.

O ambiente compreende vários **setores** ou subdivisões que contêm elementos semelhantes. Há 10 setores que podem ser analisados para cada organização: indústria, matérias-primas, recursos humanos, recursos financeiros, mercado, tecnologia, condições econômicas, setor governamental, sociocultural e internacional. Os setores e um domínio organizacional hipotético podem ser vistos na Figura 6.1. Para a maioria das empresas, os setores presentes nessa figura podem ser categorizados como o ambiente de tarefas ou o ambiente geral.

Ambiente de tarefas

O **ambiente de tarefas** inclui setores com os quais a organização interage diretamente e que têm um efeito direto na capacidade da organização de alcançar suas metas. O ambiente de tarefas normalmente inclui a indústria, matérias-primas, setores de mercado e, talvez, os recursos humanos e setores internacionais.

Os exemplos a seguir mostram como cada um desses setores pode afetar as organizações:

- No *setor industrial*, a Netflix tem sido uma tecnologia disruptiva na indústria de entretenimento doméstico desde que teve início em 1997. Primeiramente, ela praticamente eliminou o ramo de locação de vídeos. A maior representante das videolocadoras, a Blockbuster, foi à falência no outono de 2010. Atualmente, a Netflix está se tornando uma importante ameaça competitiva à televisão e provedores de filmes, oferecendo filmes e programas de televisão ilimitados que são transmitidos ao computador dos espectadores ou a outros dispositivos por um valor mensal baixo. A televisão a cabo controlou o entretenimento doméstico durante muito tempo, mas as assinaturas caíram pela primeira vez na história das empresas a cabo no fim de 2010.[2]
- Um exemplo histórico interessante no setor de matérias-primas diz respeito à indústria de bebidas. Os fabricantes de aço eram proprietários das indústrias de latas para bebidas até a metade dos anos 1960, quando a Reynolds Aluminum Company lançou um vasto programa de reciclagem para conseguir fontes com menores custos de matérias-primas e fazer com que as latas de alumínio sejam competitivas com as de aço em termos de preço.[3]
- No *setor de mercado*, empresas inteligentes estão mais atentas ao consumidor da "Geração C". A Geração C refere-se às pessoas nascidas após 1990, que constituirão cerca de 40% da população dos EUA, Europa, Brasil, Rússia, Índia e China até 2020 e cerca de 10% do restante do mundo.

ANOTAÇÕES

Como administrador de uma organização, tenha essas diretrizes em mente:

Para análise, organize os elementos no ambiente externo em 10 setores: indústria, matérias-primas, recursos humanos, recursos financeiros, mercado, tecnologia, condições econômicas, setor governamental, sociocultural e internacional. Concentre-se nos setores que podem experimentar mudanças significativas a qualquer momento.

Capítulo 6: O impacto no meio ambiente

FIGURA 6.1
Ambiente de uma organização

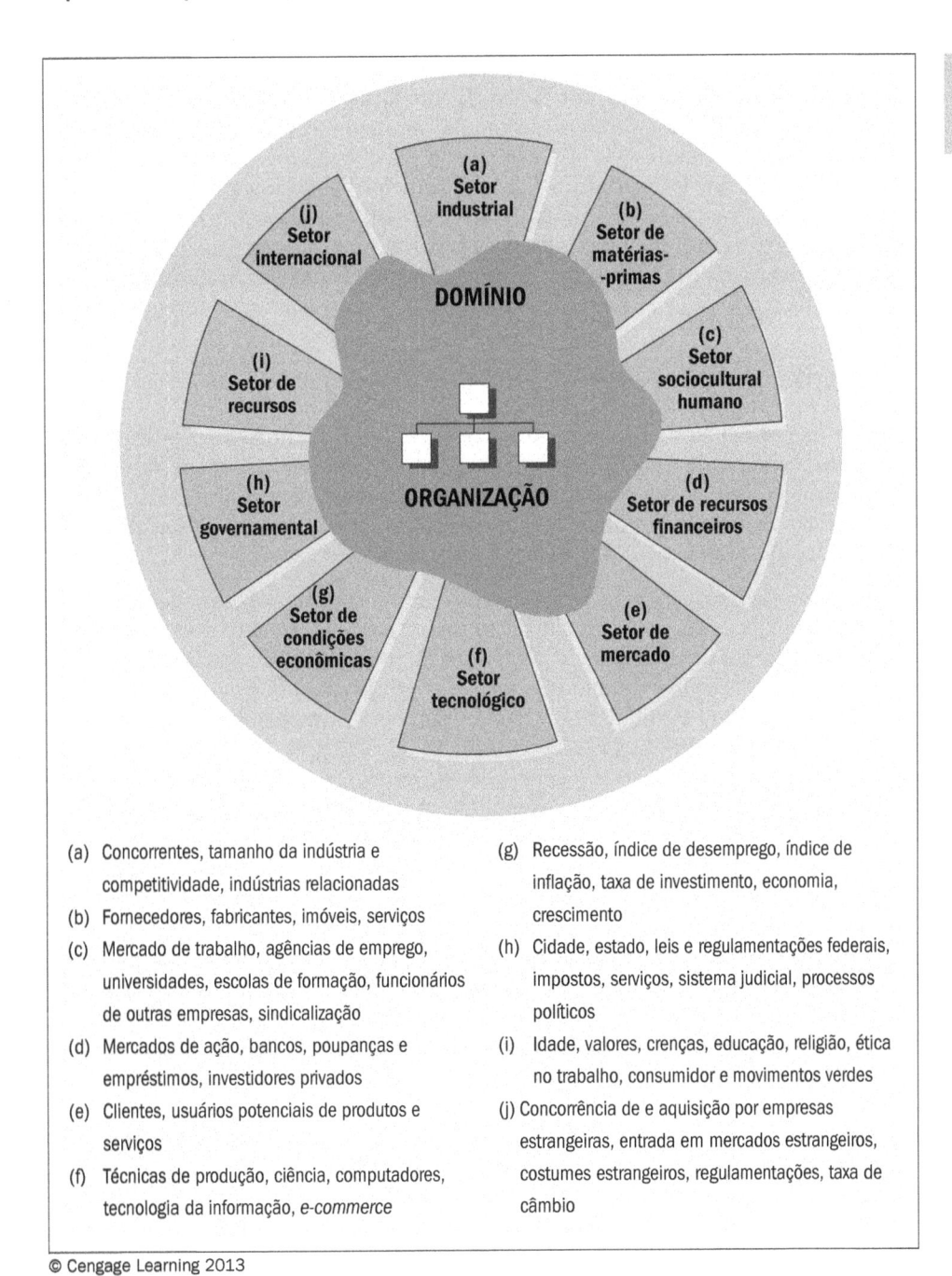

- (a) Setor industrial
- (b) Setor de matérias-primas
- (c) Setor sociocultural humano
- (d) Setor de recursos financeiros
- (e) Setor de mercado
- (f) Setor tecnológico
- (g) Setor de condições econômicas
- (h) Setor governamental
- (i) Setor de recursos
- (j) Setor internacional

DOMÍNIO / ORGANIZAÇÃO

(a) Concorrentes, tamanho da indústria e competitividade, indústrias relacionadas
(b) Fornecedores, fabricantes, imóveis, serviços
(c) Mercado de trabalho, agências de emprego, universidades, escolas de formação, funcionários de outras empresas, sindicalização
(d) Mercados de ação, bancos, poupanças e empréstimos, investidores privados
(e) Clientes, usuários potenciais de produtos e serviços
(f) Técnicas de produção, ciência, computadores, tecnologia da informação, e-commerce
(g) Recessão, índice de desemprego, índice de inflação, taxa de investimento, economia, crescimento
(h) Cidade, estado, leis e regulamentações federais, impostos, serviços, sistema judicial, processos políticos
(i) Idade, valores, crenças, educação, religião, ética no trabalho, consumidor e movimentos verdes
(j) Concorrência de e aquisição por empresas estrangeiras, entrada em mercados estrangeiros, costumes estrangeiros, regulamentações, taxa de câmbio

© Cengage Learning 2013

- Para essa geração, o mundo sempre foi definido pela internet, dispositivos móveis, redes sociais e pela conectividade contínua. Esse grande grupo de consumidores deseja uma abordagem para produtos e serviços diferente daquela desejada por seus pais e avós.[4]
- O *setor de recursos humanos* é uma preocupação importante para todos os negócios. Na China, um novo movimento trabalhista está desafiando os líderes empresariais, com grupos ativistas de trabalhadores, bem como redes de assistência e apoio jurídicos em universidades que promovem os direitos dos trabalhadores. Trabalhadores migrantes jovens estão usando a internet e telefones celulares para organizar e divulgar informações sobre más condições de trabalho. "Todo trabalhador é um advogado trabalhista por si próprio. Eles conhecem seus direitos melhor que o meu diretor de RH", disse o proprietário alemão de uma fábrica que produz conectores de cabos na China.[5]

- Atualmente, para a maioria das empresas, o *setor internacional* também faz parte do ambiente de tarefas por causa da globalização e da competição intensa. A China já é a maior produtora mundial de matérias-primas para a indústria farmacêutica e, alguns anos atrás, uma empresa chinesa foi autorizada pela Food and Drug Administration a exportar medicamentos prontos para os Estados Unidos. Empresas com sede na Índia têm exportado genéricos aos Estados Unidos há uma década, porém, especialistas acreditam que empresas em crescimento da China, beneficiadas com baixos custos e cientistas brilhantes, irão ultrapassá-las rapidamente.[6]

Ambiente geral

O **ambiente geral** engloba os setores que podem não ter um impacto direto nas operações do dia a dia de uma empresa, mas que a influenciarão de maneira indireta. Com frequência ele inclui os setores governamental e sociocultural, as condições econômicas, tecnologia e setores de recursos financeiros. Esses setores acabam afetando todas as organizações. Considere os seguintes exemplos:

- No *setor governamental*, as regulamentações influenciam cada fase da vida organizacional. Duas das mudanças mais notórias e de maior alcance dos Estados Unidos nos últimos anos foram o Patient Protection and Affordable Care Act (Lei de Proteção ao Paciente e Cuidados Acessíveis – projeto para reformular a assistência médica) e o Dodd-Frank Act (Lei Dodd-Frank – reforma regulatória financeira).[7] De modo geral, órgãos federais emitiram 43 novas regras importantes de expansão da supervisão financeira por parte do governo. De modo específico, pequenas empresas estão lutando contra o tempo e os custos necessários para cumprir as disposições das novas leis de reforma na assistência médica e financeira.
- Um elemento significativo do *setor sociocultural* é o "movimento verde". As pessoas estão preocupadas com o ambiente natural e querem organizações que façam mais para protegê-lo. A Nike começou a produzir calçados com materiais reciclados e colas ecologicamente corretas. A empresa petrolífera Valero está utilizando moinhos de vento para alimentar suas refinarias de forma mais eficiente e produzir combustíveis a base de petróleo de forma mais limpa. O Walmart introduziu uma iniciativa de energia solar na Califórnia, deu início a uma transição para uma frota de caminhões híbridos e atualmente está exigindo que seus fornecedores reduzam o uso de embalagens.[8]
- As *condições econômicas* gerais afetam com frequência o modo como uma empresa faz negócios. A recessão global afetou empresas de todos os setores. A Briggs Inc., uma pequena empresa de Nova York que faz o planejamento de eventos personalizados para corporações que desejam atrair grandes clientes ou recompensar a lealdade de funcionários e clientes, teve de instituir algumas mudanças quando começou a perder clientes. Embora imensas, corporações de elite ficaram hesitantes em gastar de forma extravagante em uma economia enfraquecida, de modo que a Briggs passou a buscar meios de poupar o dinheiro dos clientes, tais como transferir eventos para espaços menores, reduzir a decoração e adicionar itens que não aumentem o custo. As empresas podem realizar eventos elegantes e singulares em hotéis chiques em vez de locais na Quinta Avenida, por exemplo. A estratégia tem sido um fardo financeiro para a Briggs, mas ajudou a empresa a manter os clientes em longo prazo.[9]
- O *setor tecnológico* é uma área na qual houve grandes mudanças nos últimos anos, desde a *streaming* de vídeo e avanços em tecnologia móvel até a clonagem e pesquisas com células-tronco. O movimento verde mencionado anteriormente também está suscitando importantes avanços tecnológicos. Dezenas de novas empresas e centenas de acadêmicos estão utilizando a engenharia genética e outras técnicas biológicas na tentativa de criar uma "superalga" que possa ser convertida em diesel ou combustível de aviação.[10]

- Todas as empresas devem se preocupar com *recursos financeiros* e esse setor está muitas vezes em primeiro lugar nas mentes dos empreendedores. Muitos proprietários de pequenas empresas passaram a buscar redes on-line de empréstimos de pessoa para pessoa para pequenos empréstimos pelo fato de os bancos terem restringindo suas normas de concessão de crédito. Jeff Walsh, por exemplo, conseguiu um empréstimo de cerca de US$22.000 através do Prosper.com para sua lavanderia automática. Alex Kalempa precisava de US$15.000 para expandir sua empresa de desenvolvimento de sistemas de transmissão para motocicletas de corrida, mas os bancos ofereciam linhas de crédito de apenas US$500 a US$1.000. Kalempa acessou o LendingClub.com, onde conseguiu o empréstimo de US$15.000 a uma taxa de juros bem menor do que os bancos estavam oferecendo.[11]

Ambiente internacional

O setor internacional pode afetar muitas organizações diretamente e tem se tornado extremamente importante ao longo dos últimos anos. A indústria automobilística, por exemplo, tem passado por profundas mudanças em decorrência de a China ter emergido como o maior mercado de automóveis do mundo. Em resposta, as montadoras estão transferindo suas sedes internacionais para a China e desenvolvendo características que agradem o mercado chinês, incluindo assentos traseiros semelhantes aos de limusines, sistemas avançados de entretenimento e interiores de cores claras. Essas tendências, inspiradas pelo mercado chinês, refletem-se em modelos vendidos no mundo todo.[12]

Além disso, eventos internacionais também podem influenciar todos os setores domésticos do ambiente. Por exemplo, condições climáticas adversas e uma greve dos trabalhadores na África Ocidental, responsável pela produção mundial de aproximadamente dois terços dos grãos de cacau, elevaram acentuadamente os custos da matéria-prima para a Choco-Logo, uma pequena fabricante de chocolates gourmet de Buffalo, Nova Iorque.[13] Agricultores, empresas de fertilizantes e produtores e vendedores de alimentos dos Estados Unidos enfrentaram novos problemas competitivos por causa de uma inesperada escassez de grãos e do aumento nos custos relacionados a mudanças internacionais. O intenso crescimento econômico em países em desenvolvimento tornou acessível a milhões de pessoas dietas mais ricas, incluindo carne de gado alimentado por grãos, o que contribuiu diretamente para a escassez de grãos nos Estados Unidos.[14] Países e organizações em todo o mundo estão conectados como nunca e mudanças econômicas, políticas e socioculturais em uma parte do mundo acabam afetando outras áreas.

Toda organização se depara com incerteza em termos domésticos, assim como em termos globais. Pense nos desafios enfrentados por gestores na rede televisiva Univision.

NA PRÁTICA

Univision

A população latina nos Estados Unidos está crescendo a todo vapor e a Univision, a gigante da televisão em língua espanhola dos EUA, agora desafia as importantes redes CBS, NBC e Fox, especialmente em grandes cidades. A Univision conquistou a fidelidade dos públicos latinos mantendo o inglês fora de seus programas e comerciais. Sua programação no horário nobre é baseada em telenovelas do México, histórias sensuais que atraem uma vasta audiência. Estimativas da Nielsen indicam que a Univision detém 90 dentre os 100 programas em língua espanhola mais assistidos dos Estados Unidos.

No entanto, está ocorrendo uma transformação a qual os gestores da Univision até agora não conseguiram reagir: os interesses e gostos dos telespectadores estão mudando com muito mais rapidez do que os programas da Univision. Os nascimentos, e não a imigração, são atualmente a principal fonte de crescimento latino e os latinos nascidos nos EUA não estão interessados no mesmo tipo de programas que seus pais e avós apreciavam. "Considero-a [a Univision] uma empresa antiquada", disse David R. Morse, presidente e CEO da New American Dimesions, que conduziu um estudo com telespectadores latinos mais jovens. Latinos mais jovens têm uma maior probabilidade de ter o inglês como seu idioma principal, são mais instruídos que seus pais e são mais propensos a se casar com pessoas que não pertencem ao seu grupo étnico. Eles desejam uma variedade maior de programas e muitos, especialmente os adolescentes, preferem programações televisivas no idioma inglês ou bilíngues. "Eu nem consigo desenvolver uma conversa completa [em espanhol] com a minha avó", disse Esmeralda Hernandez de 18 anos.

As redes nos idiomas espanhol e inglês deixam muito a desejar no atendimento aos latinos bilíngues ou falantes de inglês de segunda e terceira gerações. Embora tenham orgulho de sua etnia, eles não acreditam que devam se autoafirmar. Eles somente querem uma programação de qualidade que aborde seus interesses. Jeff Valdez, fundador da SiTV, atualmente a única televisão no idioma inglês para a crescente população latina, afirma que latinos jovens "querem se ver na tela. Eles querem ouvir suas histórias".[15]

A Univision recentemente aumentou sua produção interna de programas a fim de tornar-se mais competitiva para as rivais em inglês e para as crescentes redes em espanhol.[16] A Univision pode transformar sua programação para satisfazer telespectadores latinos mais jovens ou está destinada a sofrer um declínio gradual à medida que mais concorrentes entrarem em cena com programas modernos que atraem o cobiçado público dos 18 aos 34 anos? A Univision ainda é uma potência e pode ser bem-sucedida por anos utilizando sua fórmula atual. No entanto, se a rede não acompanhar as demandas em transformação do ambiente, ela pode de fato acabar.

As redes de televisão não são as únicas organizações que têm de se adaptar a mudanças sutis e massivas no ambiente. Nas seções a seguir, discutiremos em mais detalhes como as empresas podem lidar e responder à incerteza e instabilidade ambientais.

O ambiente em transformação

Como o ambiente influencia a organização? Os padrões e os acontecimentos que ocorrem no ambiente podem ser descritos ao longo de várias dimensões, como se o ambiente é estável ou instável, homogêneo ou heterogêneo, simples ou complexo, a *munificência* ou o volume de recursos disponíveis para dar apoio ao crescimento da organização, se esses recursos estão concentrados ou dispersos e o grau de consenso em um ambiente quanto ao domínio pretendido da organização.[17] Essas dimensões se reduzem a duas maneiras essenciais de o ambiente influenciar as organizações: a necessidade de informação sobre o ambiente e a necessidade de recursos do ambiente. As condições ambientais de complexidade e mudança criam maior necessidade de coletar informação e de responder com base naquela informação. A organização também está preocupada com recursos materiais e financeiros escassos e com a necessidade de assegurar disponibilidade de recursos.

A incerteza ambiental diz respeito sobretudo àqueles setores ilustrados na Figura 6.1 com os quais uma organização lida regular e diariamente. Embora os setores do ambiente geral – como condições econômicas, tendências sociais ou mudanças tecnológicas – possam criar incerteza para as organizações, determinar a incerteza ambiental de uma organização normalmente significa focar os setores do ambiente de tarefas, como com quantos elementos (p. ex., pessoas, outras organizações, eventos) a organização lida com regularidade, com a rapidez que esses diversos elementos mudam e assim por diante. Para avaliar a incerteza, cada setor do ambiente de tarefas da organização pode ser analisado de acordo com dimensões como estabilidade ou instabilidade e grau de complexidade.[18] A quantia total de incerteza sentida por uma organização é a incerteza acumulada entre setores relevantes do ambiente de tarefas.

As organizações devem gerenciar e lidar com a incerteza para serem eficazes. **Incerteza** significa que os tomadores de decisão não possuem informação suficiente sobre os fatores ambientais e que têm dificuldade para prever as mudanças externas. A incerteza aumenta o risco de falha para respostas organizacionais e torna difícil calcular custos e probabilidades associados a alternativas de decisão.[19] O restante desta seção enfocará a perspectiva da informação, que diz respeito à incerteza criada pelo grau de simplicidade ou complexidade do ambiente e pelo grau de estabilidade ou instabilidade dos eventos. Mais adiante neste capítulo, discutiremos como as organizações influenciam o ambiente para adquirir os recursos necessários.

Dimensão simples-complexa

A **dimensão simples-complexa** diz respeito à complexidade ambiental, que se refere à heterogeneidade ou ao número e dissimilaridade dos elementos externos (p. ex., concorrentes, fornecedores, transformações na indústria, regulamentações governamentais) que afetam as operações de uma organização. Quanto maior o número de fatores externos que influenciem a organização e maior o número de empresas no domínio em uma organização, maior é a complexidade. Um ambiente complexo é aquele no qual a organização interage e é influenciada por inúmeros elementos externos diversos. Em um ambiente simples, a organização interage e é influenciada apenas por uns poucos elementos externos similares.

Por exemplo, uma loja de ferragens de propriedade familiar, numa comunidade de subúrbio, está em um ambiente simples. A loja não tem de lidar com tecnologias complexas ou regulamentações governamentais extensivas e as mudanças sociais e culturais têm pouco impacto nela. Recursos humanos não são um problema, pois a loja é dirigida por membros da família e por funcionários temporários. Os únicos elementos externos de importância real são uns poucos concorrentes, fornecedores e clientes. Por outro lado, empresas petrolíferas como a BP, a Exxon Mobil e a Royal Dutch Shell operam em um ambiente altamente complexo. Elas utilizam tecnologias múltiplas e complexas, lidam com várias regulamentações governamentais que estão sempre mudando, são significativamente afetadas por eventos internacionais, competem por recursos financeiros escassos e engenheiros altamente treinados, interagem com inúmeros fornecedores, clientes, empresas contratadas e parceiros, reagem a valores sociais em transformação e lidam com sistemas jurídicos e financeiros complexos em vários países. Esse número elevado de elementos externos no domínio de uma empresa petrolífera cria um ambiente complexo.

Dimensão estável-instável

A **dimensão estável-instável** refere-se ao fato de o ambiente no qual a organização opera ser ou não dinâmico. Um domínio ambiental é estável se permanece essencialmente o mesmo por um período de meses ou anos. Em condições instáveis, os elementos ambientais mudam rapidamente. Pense no que está ocorrendo no ambiente para fabricantes de consoles de videogame.

NA PRÁTICA

Sony Corporation, Nintendo, Microsoft

As vendas de videogames estão em grande expansão, mas isso não está ajudando o PlayStation. O PlayStation da Sony Corporation e o Sega Saturn, com seus drives de CD e gráficos 3D, já representaram o que havia de melhor e mais moderno quando o assunto era videogame. A Nintendo obteve certa vantagem com o DS, um console de videogame portátil e teve um acerto inegável com o Wii. Contudo, consoles de videogame como esses e outros estão se tornando cada vez mais insignificantes. Alguém ao menos se lembra da Atari, uma das primeiras gigantes da indústria? A Sega, que já foi a terceira maior vendedora de consoles atrás da Sony e da

Nintendo, deixou o ramo de consoles completamente e está tendo sucesso no desenvolvimento de software e jogos para PCs e dispositivos sem fio, bem como para plataformas da Sony, Nintendo e Microsoft.

Atualmente, mais pessoas estão jogando jogos em seus *smartphones* e computadores ou em sites de redes sociais como o Facebook. Espera-se que a prática de jogos em redes sociais cresça 46% e, em *smartphones*, ela crescerá 19% anualmente nos próximos anos, ao passo que é previsto que os gastos com jogos para consoles caiam 6% ao ano. Existem cerca de 85.000 títulos de jogos disponíveis apenas para o iPhone e o iPad da Apple. Por que pagar US$ 40 por um jogo quando você pode baixar um para o seu *smartphone* por menos de cinco dólares? O poder dos consoles para jogar jogos interativos não é tão importante no novo mundo digital. "Os caras dos videogames tradicionais perderam participação de mercado, de procura e popularidade", disse o analista de mercado J. T. Taylor. Uma empresa iniciante chamada OnLive está testando um serviço para permitir que pessoas joguem jogos através de uma conexão de banda larga da mesma forma que a Netflix permite que filmes sejam assistidos por *streaming*.

Apesar das mudanças na indústria, a Sony desenvolveu o novo PlayStation 4 assim como a Microsoft desenvolveu um novo Xbox. Ambas as empresas estão buscando produzir novas versões de dispositivos de entretenimento tudo em um e não apenas caixas de jogos. A desaceleração nas vendas do Wii e do DS da Nintendo fizeram a empresa anunciar lucros mais baixos pela primeira vez em seis anos. Tanto a Sony quanto a Microsoft lançaram produtos aprimorados que impactaram negativamente as vendas da Nintendo. À medida que a concorrência cresce e a indústria se torna mais fragmentada, a Sony, a Microsoft e a Nintendo, os três grandes nomes do ramo de consoles, estão na briga por uma fatia cada vez menor do mercado de jogos.[20]

Como esse exemplo mostra, a instabilidade muitas vezes ocorre quando os interesses do consumidor mudam, novas tecnologias são introduzidas ou os concorrentes reagem com movimentos e contramovimentos agressivos com relação à publicidade e novos produtos e serviços. Às vezes, eventos específicos e imprevisíveis – tais como relatos de tinta contaminada com chumbo em brinquedos da Mattel produzidos na China, a tentativa do governo paquistanês de bloquear o acesso para determinados vídeos no YouTube, ou a descoberta de problemas cardíacos relacionados a medicamentos para dor como o Vioxx e o Celebrex – criam condições instáveis para as organizações. Hoje, blogueiros independentes, tuiteiros e "youtubers" são uma tremenda fonte de instabilidade para inúmeras empresas. Por exemplo, quando a United Airlines se recusou a indenizar um músico por quebrar seu violão de US$ 3.500, ele compôs uma música e postou um clipe depreciativo sobre suas longas negociações com a empresa no YouTube. O assunto se espalhou rapidamente pela internet e a United respondeu com a mesma rapidez com uma oferta de acordo.[21] De forma semelhante, os administradores da Domino's Pizza tiveram de agir rápido após duas pessoas mal-intencionadas postarem um vídeo de funcionários sujando uma pizza a caminho da entrega. A Domino's respondeu com um vídeo próprio. O presidente da empresa se desculpou e agradeceu a comunidade on-line por levar a questão ao seu conhecimento. Ele prometeu que os infratores seriam processados e descreveu as medidas que a Domino's estava tomando para garantir que o episódio jamais se repetisse. Ao envolver-se em uma conversa on-line sobre a crise, a Domino's demonstrou preocupação com seus clientes e conteve mais rumores e receios.[22]

Os domínios do ambiente estão cada vez mais instáveis para a maioria das organizações.[23] A "Dica de livro" deste capítulo examina a natureza volátil do mundo dos negócios atual e dá algumas dicas para a gestão em um ambiente que passa por rápidas transformações. Embora os ambientes estejam mais instáveis para a maioria das organizações na atualidade, um exemplo de um ambiente tradicionalmente estável é uma companhia de serviço público.[24] No Centro-oeste rural norte-americano, os fatores de oferta e demanda para uma companhia de serviço público são estáveis. Um aumento gradual na demanda pode ocorrer, o que é facilmente previsto ao longo

DICA DE LIVRO 6.0 — VOCÊ JÁ LEU ESTE LIVRO?

Confronting reality: doing what matters to get things right
De Lawrence A. Bossidy e Ram Charan

O mundo dos negócios está se transformando em um ritmo cada vez mais rápido. Esta é a realidade que impeliu Larry Bossidy, *chairman* e CEO aposentado da Honeywell International, e Ram Charan, um célebre autor, orador e consultor de negócios, a escrever *Confronting reality: doing what matters to get things right*. Muitos gerentes, segundo eles, se sentem tentados a esconder a cabeça na areia em questões financeiras, em vez de enfrentar a confusão e a complexidade do ambiente organizacional.

LIÇÕES PARA ENFRENTAR A REALIDADE
Para muitas empresas, o ambiente atual é caracterizado por uma hipercompetição global, por preços em declínio e pelo poder crescente dos consumidores. Bossidy e Charan oferecem algumas lições aos líderes para navegar em um mundo em rápida transformação.

- *Compreenda o ambiente como ele é agora e como provavelmente será, em vez de como ele era.* Confiar no passado e na sabedoria convencional pode levar ao desastre. O Kmart, por exemplo, ficou preso a sua velha fórmula enquanto o Walmart tomava seus clientes e estabelecia um novo modelo de negócios. Por exemplo, em 1990, poucos poderiam ter previsto que o Walmart seria agora o maior vendedor de gêneros alimentícios dos Estados Unidos.

- *Saia em busca e dê boas-vindas às ideias não ortodoxas.* Os gerentes precisam ser proativos e ter a mente aberta para conversar com funcionários, fornecedores, clientes, colegas e qualquer pessoa com quem eles venham a ter contato. O que as pessoas estão pensando? Que mudanças e oportunidades elas veem? Quais são suas preocupações para com o futuro?

- *Evite as causas comuns de falha do gestor em confrontar a realidade: informações filtradas, escuta seletiva, pensamento ilusório, medo, superinvestimento emocional em um curso de ação falho e expectativas irrealistas.* Por exemplo, quando as vendas e os lucros caíram de um pico na gigante armazenadora de dados EMC, os gerentes demonstraram parcialidade de só escutar as boas notícias e acreditaram que a empresa estava apenas experimentando uma ligeira perturbação na curva de crescimento. Quando John Tucci foi nomeado CEO, no entanto, estava determinado a descobrir se a queda era temporária. Conversando diretamente com líderes do alto escalão nas organizações de seus clientes, Tucci pôde enfrentar a realidade de que o modelo de negócios existente da EMC, baseado numa tecnologia de alto custo, estava morto. Ele implementou um novo modelo de negócios para ajustar-se àquela realidade.

- *Avalie sua organização impiedosamente.* Entender o ambiente interno é igualmente importante. Os gerentes precisam avaliar se a empresa possui o talento, o comprometimento e a atitude necessários para conduzir as importantes mudanças. Na EMC, Tucci percebeu que sua força de vendas precisava de uma mudança de atitude para vender softwares, serviços e soluções de negócios em vez de apenas hardware caro. A tática arrogante de vendas agressivas do passado tinha de ser substituída por uma abordagem mais leve e orientada ao cliente.

PERMANECENDO VIVO
Permanecer vivo no ambiente de negócios atual exige que os gerentes fiquem atentos. Os gerentes devem sempre olhar para seus concorrentes, para as tendências mais amplas da indústria, as mudanças tecnológicas, as políticas governamentais em mudança, as forças de mercado em mudança e os desenvolvimentos econômicos. Ao mesmo tempo, eles trabalham arduamente para manter contato com aquilo que seus clientes realmente pensam e desejam. Ao fazer isso, os líderes podem confrontar a realidade e estar preparados para a mudança.

Confronting reality: doing what matters to get things right, de Lawrence A. Bossidy e Ram Charan, é publicado por Crown Business Publishing.

---

do tempo. Empresas de brinquedos, ao contrário, têm um ambiente instável. Novos brinquedos da moda são difíceis de prever, um problema composto pelo fato de que as crianças estão perdendo o interesse pelos brinquedos mais cedo, com seu interesse sendo capturado por videogames e jogos de computadores, por eletrônicos e pela internet. Somando-se à instabilidade dos fabricantes de brinquedo está o mercado de varejo em retração, com grandes varejistas de brinquedos retirando-se dos negócios, desistindo de competir com lojas que propõem descontos como o Walmart. Fabricantes de brinquedos estão tentando atrair mais clientes em mercados em desenvolvimento como a China, a Polônia, o Brasil e a Índia para compensar o declínio do mercado norte-americano, porém, acertar o alvo nesses países provou ser um desafio. Empresas como a Fisher-Price, de propriedade da Mattel, podem encontrar seus produtos definhando nas prateleiras visto que os compradores se voltam a brinquedos mais baratos produzidos internamente em países onde a consciência de marca não desempenha um papel importante. Como disse um analista de brinquedos, "As crianças chinesas vêm crescendo há 5.000 anos sem os benefícios da Fisher-Price".[25]

Estrutura

As dimensões simples-complexa e estável-instável estão combinadas em uma estrutura na Figura 6.2 para avaliar a incerteza ambiental. No ambiente simples e estável a incerteza é baixa. Existem apenas alguns elementos externos em um número limitado de setores ambientais (p. ex., fornecedores, clientes) a serem enfrentados e eles tendem a permanecer estáveis. O ambiente *complexo* e *estável* representa uma

FIGURA 6.2
Estrutura para avaliar a incerteza ambiental

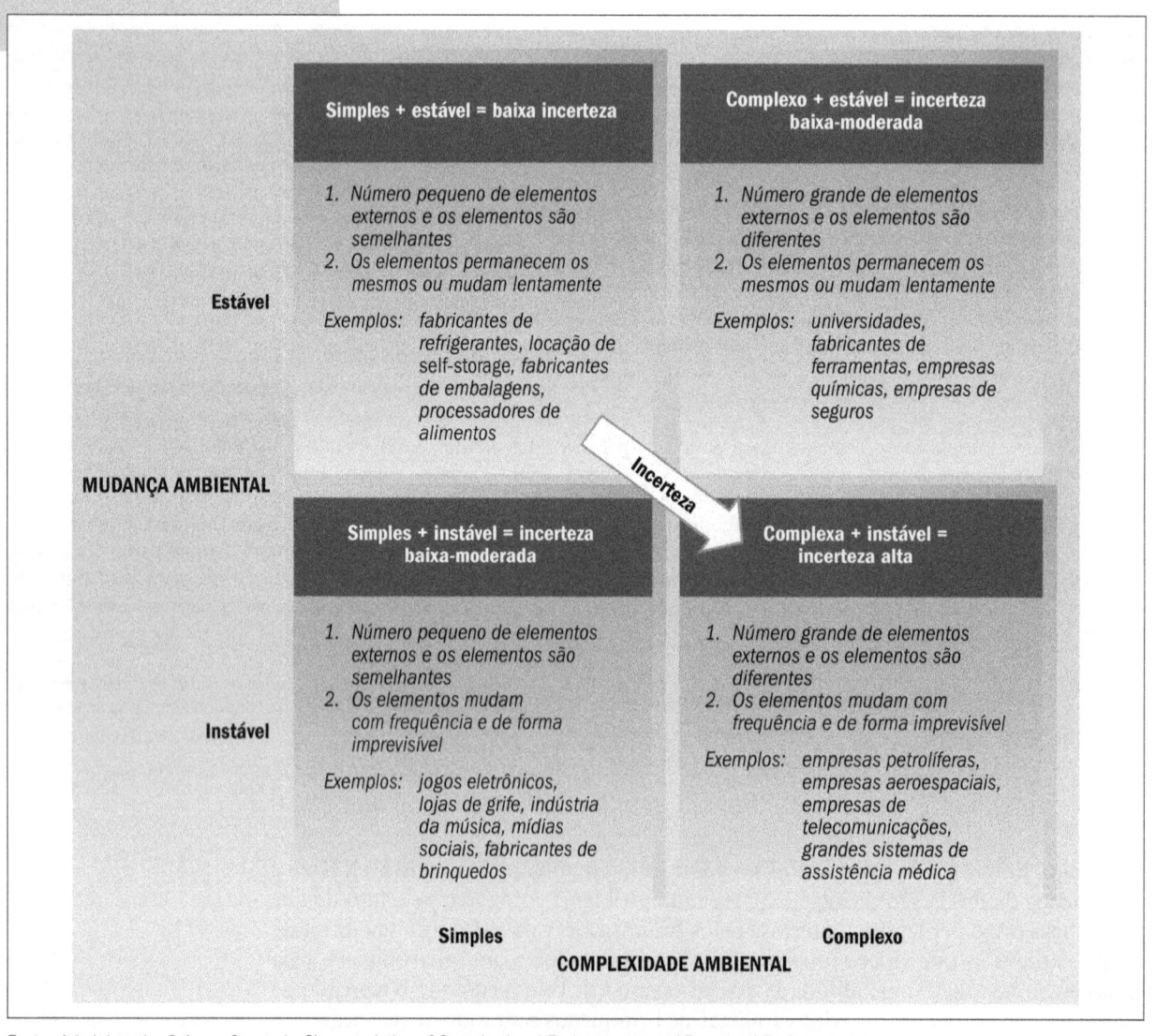

	Simples	Complexo
Estável	**Simples + estável = baixa incerteza** 1. Número pequeno de elementos externos e os elementos são semelhantes 2. Os elementos permanecem os mesmos ou mudam lentamente *Exemplos:* fabricantes de refrigerantes, locação de self-storage, fabricantes de embalagens, processadores de alimentos	**Complexo + estável = incerteza baixa-moderada** 1. Número grande de elementos externos e os elementos são diferentes 2. Os elementos permanecem os mesmos ou mudam lentamente *Exemplos:* universidades, fabricantes de ferramentas, empresas químicas, empresas de seguros
Instável	**Simples + instável = incerteza baixa-moderada** 1. Número pequeno de elementos externos e os elementos são semelhantes 2. Os elementos mudam com frequência e de forma imprevisível *Exemplos:* jogos eletrônicos, lojas de grife, indústria da música, mídias sociais, fabricantes de brinquedos	**Complexa + instável = incerteza alta** 1. Número grande de elementos externos e os elementos são diferentes 2. Os elementos mudam com frequência e de forma imprevisível *Exemplos:* empresas petrolíferas, empresas aeroespaciais, empresas de telecomunicações, grandes sistemas de assistência médica

MUDANÇA AMBIENTAL (eixo vertical) — COMPLEXIDADE AMBIENTAL (eixo horizontal) — Incerteza aumenta em direção ao quadrante Complexa + instável.

Fonte: *Administrative Science Quarterly*, Characteristics of Organizational Environments and Perceived Environments Uncertainty de Robert Duncan vol. 17, pp. 313–327, Setembro de 1972. Reimpresso com permissão da SAGE Publications.

incerteza um pouco maior. Um grande número de elementos (p. ex., fornecedores, clientes, regulamentações governamentais, mudanças na indústria, sindicatos, condições econômicas) deve ser verificado, analisado e posto em prática para que a organização tenha um bom desempenho. Elementos externos não mudam rápida ou inesperadamente nesse ambiente. Uma incerteza ainda maior é sentida no ambiente *simples e instável*.[26] A rápida mudança cria incerteza para os gestores. Mesmo que a organização tenha poucos desses elementos externos, esses são difíceis de prever (tais como tendências sociais e interesses do cliente em transformação) e reagem de maneira inesperada às iniciativas organizacionais. Para uma organização, a maior incerteza ocorre no ambiente complexo e instável. Um grande número de elementos em numerosos setores ambientais influencia a organização e muda com frequência ou reage de modo veemente às iniciativas organizacionais. Quando muitos setores mudam simultaneamente, o ambiente torna-se turbulento.[27]

Um distribuidor de refrigerante funciona em um ambiente simples e estável. A demanda muda apenas gradualmente. O distribuidor possui uma rota de entrega estabelecida e os fornecimentos de refrigerantes chegam no horário. Universidades estaduais, fabricantes de ferramentas e companhias de seguro estão em um ambiente um tanto estável e complexo. Uma grande quantidade de elementos externos está presente e, apesar das mudanças, são graduais e previsíveis.

Os fabricantes de brinquedo estão em um ambiente simples e instável. As empresas que projetam, fabricam e vendem brinquedos, assim como as que produzem jogos eletrônicos ou estão envolvidas com vestuário ou indústria fonográfica, enfrentam mudanças no fornecimento e na demanda. A empresa de vestuário Zara lança cerca de 11.000 novos produtos anualmente na tentativa de atender aos gostos dos clientes em constante transformação, por exemplo.[28] Embora haja poucos elementos a serem enfrentados – p. ex., fornecedores, clientes, concorrentes – eles são difíceis de prever e mudam abrupta e inesperadamente.

As empresas de telecomunicações e a indústria petrolífera enfrentam ambientes complexos e instáveis. Muitos setores externos estão mudando simultaneamente. No caso das companhias aéreas, em apenas alguns anos as maiores transportadoras se defrontaram com a diminuição do número de controladores do tráfego aéreo, envelhecimento das frotas de aviões, agitação trabalhista, aumento nos preços do combustível, entrada de novos concorrentes de baixo custo, uma série de desastres aéreos importantes e um drástico declínio na demanda de clientes. Entre 2001 e 2008, quatro grandes companhias aéreas e muitas menores foram à falência e as linhas aéreas coletivamente demitiram 170.000 funcionários.[29]

Adaptando-se a um ambiente em transformação

A partir do momento em que você observa como os ambientes diferem com relação à mudança e complexidade, a próxima pergunta é: "Como as organizações se adaptam a cada nível de incerteza ambiental?". A incerteza ambiental representa uma contingência importante para a estrutura organizacional e comportamentos internos. Lembre-se do Capítulo 5, em que as organizações que enfrentam a incerteza utilizam geralmente mecanismos estruturais que incentivam a comunicação horizontal e a colaboração para ajudar a empresa a se adaptar às mudanças no ambiente. Nesta seção vamos discutir em detalhes como o ambiente afeta as organizações. Uma organização que opera em um ambiente de certeza será administrada e controlada de maneira diferente de outra organização que está em um ambiente incerto. Essas diferenças ocorrerão com relação aos cargos e departamentos, diferenciação organizacional e integração, processos de controle e planejamento e previsão. As organizações precisam ter o ajuste correto entre a estrutura interna e o ambiente externo.

Acrescentando posições e departamentos

À medida que aumenta a complexidade e a incerteza no ambiente externo, aumentam também os cargos e os departamentos dentro da organização, levando ao aumento na complexidade interna. Essa relação faz parte de um sistema aberto. Cada setor no ambiente externo requer que um funcionário ou departamento lide com ele. O departamento de recursos humanos lida com pessoas desempregadas que desejam trabalhar para a empresa. O departamento de marketing encontra clientes. Funcionários de compras obtêm matérias-primas de centenas de fornecedores. O grupo financeiro lida com banqueiros. O departamento jurídico trabalha com os tribunais e órgãos governamentais. Os departamentos de e-business lidam com o comércio eletrônico e departamentos de tecnologia da informação lidam com a crescente complexidade da informação computadorizada e sistemas de gerenciamento do conhecimento. Por exemplo, o presidente dos EUA, Barack Obama, adicionou um cargo de Diretor de Tecnologia (CTO) e um de Diretor de Informação (CIO) ao governo norte-americano. Muitas organizações norte-americanas acrescentaram cargos de Diretor de Conformidade (CCO) ou de Diretor de Governança (CGO) para tratar das complexidades associadas à Lei Sarbannes-Oxley de 2002, frequentemente chamado SOX. A SOX exigiu diversos tipos de reformas na governança corporativa, incluindo melhor monitoramento interno a fim de reduzir o risco de fraude, certificação de resultados financeiros por altos executivos, medidas aperfeiçoadas para auditoria interna e aprimoramento da divulgação das finanças públicas. Acrescentar novos cargos e departamentos é uma forma comum de as organizações adaptarem-se às crescentes complexidade e incerteza ambientais.

Construindo relacionamentos

A abordagem tradicional para lidar com a incerteza ambiental consistia em estabelecer departamentos de amortecimento. O propósito dos **papéis de amortecimento** é absorver a incerteza do ambiente.[30] O núcleo técnico desempenha a atividade de produção primária de uma organização. Os departamentos de amortecimento circundam o núcleo técnico e trocam materiais, recursos e dinheiro entre o ambiente e a organização. Eles ajudam o núcleo técnico a funcionar com eficiência. O departamento de compras amortece o núcleo técnico estocando suprimentos e matérias-primas. O departamento de recursos humanos amortece o núcleo técnico ao lidar com a incerteza associada a encontrar, contratar e treinar os funcionários da produção.

As organizações estão tentando, em uma abordagem mais recente, deixar o departamento de amortecimento de lado e expor o núcleo técnico à incerteza do ambiente. Essas organizações não mais criam amortecimentos porque acreditam que o fato de estar conectadas aos clientes e fornecedores é mais importante que a eficiência interna. Ambientes altamente incertos exigem a rápida transferência de informações e conhecimentos de modo que a organização possa se adaptar rapidamente. As equipes, como descrito no Capítulo 5, muitas vezes trabalham diretamente com clientes e outras partes fora da organização.[31] Na Total Attorneys, uma empresa sediada em Chicago que fornece software e presta serviços para pequenas empresas de advocacia, equipes interfuncionais trabalham com clientes que testam e fornecem *feedback* sobre produtos à medida que estes são desenvolvidos.[32] Abrir a organização para o ambiente construindo relações mais próximas com partes externas a torna mais fluída e adaptável.

Os **papéis de transposição de fronteiras** conectam e coordenam uma organização com elementos-chave no ambiente externo. A coordenação de fronteira diz respeito principalmente à troca de informações para detectar e trazer para a organização informações sobre mudanças no ambiente e enviar informações para o ambiente que apresentem a organização de modo favorável.[33]

As organizações precisam estar a par do que está acontecendo no ambiente externo, para que os gerentes possam responder às mudanças no mercado e a outros desenvolvimentos. Um estudo feito por empresas de alta tecnologia constatou que 97% das falhas competitivas foram resultantes da falta de atenção às mudanças no mercado ou da falha na atuação sobre informação vital.[34] Para detectar e trazer informações importantes para a organização, a equipe de fronteira analisa o ambiente. Por exemplo, um departamento de pesquisa de mercado examina e monitora tendências quanto às preferências do consumidor. A equipe de administração de fronteiras dos departamentos de engenharia e de pesquisa e desenvolvimento examina novos desenvolvimentos tecnológicos, inovações e matérias-primas. A equipe de administração de fronteira evita que a organização fique estagnada ao manter a alta administração informada sobre as mudanças ambientais. Quanto maior a incerteza no ambiente, maior a importância da equipe de administração de fronteira.[35]

Uma abordagem para a administração de fronteira é a **inteligência de negócios**, que diz respeito à análise usando alta tecnologia de grandes volumes de dados internos e externos para localizar parceiros e relacionamentos que possam ser significativos. Por exemplo, a Verizon utiliza a inteligência de negócios para monitorar ativamente as interações do cliente de modo que seja possível detectar os problemas e corrigi-los de forma quase imediata.[36] Ferramentas para automatizar o processo são uma área de software importante, com empresas gastando bilhões em software de inteligência de negócios nos últimos anos.[37]

A inteligência de negócios está relacionada com outra área importante da administração de fronteira, conhecida como *inteligência competitiva* (IC). A inteligência competitiva fornece aos altos executivos uma maneira sistemática de coletar e analisar informações públicas sobre os rivais e usá-las para tomar melhores decisões.[38] Utilizando técnicas que variam desde navegar na internet até vasculhar latas de lixo, os profissionais da inteligência garimpam informações sobre novos produtos, custos de produção ou métodos de treinamento dos concorrentes e as compartilham com os líderes de alto escalão. As **equipes de inteligência** são a mais nova tendência das atividades de IC. Uma equipe de inteligência é um grupo interfuncional de gerentes e funcionários, normalmente liderada por um profissional de inteligência competitiva, que trabalha em conjunto para obter uma compreensão profunda de uma questão de negócios específica, com o objetivo de apresentar suas visões, possibilidades e recomendações aos altos líderes.[39] As equipes de inteligência podem oferecer *insights* que possibilitam aos gerentes tomar decisões mais embasadas sobre metas, bem como elaborar planos e cenários relacionados a questões competitivas importantes.

A tarefa de fronteira de enviar informações para o ambiente a fim de representar a organização é utilizada para influenciar a percepção de outras pessoas sobre a organização. No departamento de marketing, a equipe de vendas e propaganda representa a organização junto aos clientes. Os compradores podem visitar os fornecedores e descrever as necessidades de compra. O departamento jurídico informa os lobistas e os representantes eleitos sobre as necessidades ou visões da organização sobre questões políticas. Muitas empresas desenvolvem páginas na web e *blogs* para apresentar a organização sob uma visão favorável.

ANOTAÇÕES

Como administrador de uma organização, tenha essas diretrizes em mente:

Examine o ambiente externo em busca de ameaças, mudanças e oportunidades. Utilize os papéis de administração de fronteira, como os departamentos de pesquisa de mercado e equipes de inteligência, a fim de trazer para a organização informações sobre mudanças no ambiente. Aperfeiçoe as capacidades de administração de fronteira quando o ambiente for incerto.

---

1 A melhor forma de uma organização lidar com um ambiente complexo é desenvolver uma estrutura complexa (em vez de mantê-la simples e descomplicada).

RESPOSTA: *Concordo.* À medida que o ambiente de uma organização se torna mais complexo, esta tem de acrescentar funções, departamentos e papéis de administração de fronteira para lidar com todos os elementos no ambiente. Quando os setores ambientais são complexos, não há como uma organização permanecer simples e descomplicada e continuar sendo eficaz.

AVALIE SUA RESPOSTA

Diferenciação e integração

Outra resposta para a incerteza ambiental é a quantidade de diferenciação e integração entre os departamentos. A **diferenciação** organizacional refere-se às "diferenças nas orientações cognitivas e emocionais entre gestores em diferentes departamentos funcionais e à diferença na estrutura formal entre esses departamentos".[40] Quando o ambiente externo é complexo e se transforma rapidamente, os departamentos organizacionais tornam-se altamente especializados para lidar com a incerteza naquela parte do ambiente externo com a qual o departamento trabalha. O sucesso em cada setor ambiental (recursos humanos, tecnologia, governo e assim por diante) requer conhecimentos e comportamento especiais. Dessa maneira, funcionários pertencentes ao departamento de pesquisa e desenvolvimento têm atitudes, valores, metas e educação típicos que os tornam diferentes dos funcionários dos departamentos de produção ou vendas.

Um estudo de Paul Lawrence e Jay Lorsch examinou três departamentos organizacionais – produção, pesquisa e vendas – em 10 corporações.[41] Esse estudo constatou que cada departamento evoluiu para uma orientação e estrutura diferentes a fim de lidar com partes especializadas do ambiente externo. Os subambientes de mercado, científico e de produção, identificados por Lawrence e Lorsch, são mostrados na Figura 6.3. Como mostrado na figura, cada departamento interagiu com grupos externos diferentes. As diferenças que se desenvolveram entre os departamentos dentro das organizações estão assinaladas na Figura 6.4. Para trabalhar com eficiência com o subambiente científico, o departamento de pesquisa e desenvolvimento possuía uma meta de trabalho de qualidade, um horizonte de longo prazo (até cinco anos), uma estrutura informal e funcionários orientados a tarefas. O departamento de vendas estava no extremo oposto. Possuía uma meta de satisfação do cliente, estava orientado para o curto prazo (em torno de duas semanas), tinha uma estrutura bastante formal e era socialmente orientado.

Como resultado da alta diferenciação, tem-se que a coordenação entre departamentos se torna difícil. Mais tempo e recursos devem ser dedicados para alcançar a coordenação quando orientações de atitudes, metas e trabalho diferem de maneira tão ampla. **Integração** é a qualidade de colaboração entre os departamentos.[42]

FIGURA 6.3
Departamentos organizacionais se diferenciam para atender às necessidades dos subambientes

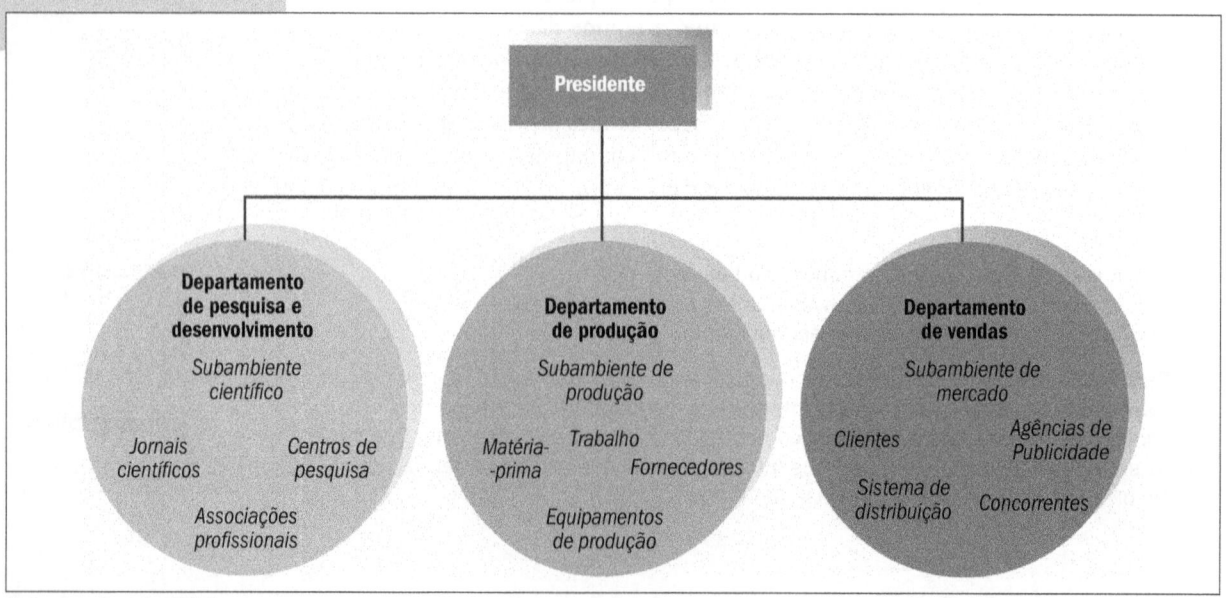

Integradores formais são muitas vezes necessários para coordenar departamentos. Quando o ambiente é altamente incerto, mudanças frequentes requerem maior processamento de informações para alcançar a coordenação horizontal, de modo que os integradores passam a ser uma adição necessária à estrutura organizacional. Às vezes, os integradores são chamados de equipe de ligação, gerentes de projeto, gerentes de marca ou coordenadores. Como está ilustrado na Figura 6.5, organizações com ambientes altamente incertos e com estrutura altamente diferenciada alocam cerca de 22% da equipe de gerenciamento a atividades de integração, como participar de comitês, forças-tarefa ou papéis de ligação.[43] Em organizações caracterizadas por ambientes estáveis e bastante simples, praticamente nenhum gestor é atribuído a papéis de integração. A Figura 6.5 mostra que, à medida que a incerteza ambiental aumenta, cresce também a diferenciação entre departamentos; consequentemente a organização deve alocar maior porcentagem de gerentes para papéis de coordenação.

A pesquisa de Lawrence e Lorsch concluiu que as organizações têm melhor desempenho quando os níveis de integração e diferenciação correspondem ao nível de incerteza no ambiente. Organizações dotadas de bom desempenho em ambientes incertos tinham níveis altos tanto de diferenciação quanto de integração, enquanto aquelas com bom desempenho em ambientes menos incertos tinham níveis mais baixos de integração e diferenciação.

Processos de gestão orgânica *versus* mecanicista

Recorde nossa discussão sobre projetos orgânicos e mecanicistas do Capítulo 1. O grau de incerteza no ambiente externo é uma contingência primária que molda se uma organização funcionará melhor com um projeto orgânico ou mecanicista. Tom Burns e G.M. Stalker observaram 20 empresas industriais na Inglaterra e descobriram que processos gerenciais internos estavam relacionados ao ambiente externo.[44] Quando o ambiente externo estava estável, a organização interna era caracterizada

FIGURA 6.4
Diferenças em metas e orientações entre departamentos organizacionais

Característica	Departamento de pesquisa e desenvolvimento	Departamento de produção	Departamento de vendas
Metas	Novos desenvolvimentos, qualidade	Produção eficiente	Satisfação do cliente
Horizonte de tempo	Longo	Curto	Curto
Orientação interpessoal	Sobretudo tarefa	Tarefa	Social
Formalidade de estrutura	Reduzido	Alto	Alto

Fonte: Baseado em Paul R. Lawrence e Jay W. Lorsch, *Organization and Environment*. (Homewood, IL: Irwin, 1969), 23-29.

FIGURA 6.5
Incerteza ambiental e integradores organizacionais

Indústria	Plástico	Alimentos	Embalagens
Incerteza ambiental	Alta	Moderada	Baixa
Diferenciação departamental	Alta	Moderada	Baixa
Porcentagem de gerentes em papéis de integração	22%	17%	0%

Fonte: Baseado em Paul R. Lawrence e Jay W. Lorsch, Environmental factors and organizational integration, *Organizational planning: cases and concepts*. Homewood, Ill.: Inwin e Dorsey, 1972),[45].

ANOTAÇÕES

Como administrador de uma organização, tenha essas diretrizes em mente:

Adapte a estrutura interna da organização ao ambiente externo. Se o ambiente externo for complexo, faça a estrutura organizacional complexa. Associe um ambiente estável a uma estrutura mecanicista e um ambiente instável a uma estrutura orgânica. Se o ambiente externo for tanto complexo quanto mutável, torne a organização altamente diferenciada e orgânica e utilize mecanismos para obter coordenação por todos os departamentos.

---

por regras-padrão, procedimentos, uma clara hierarquia de autoridade, formalização e centralização. Burns e Stalker chamaram esse sistema organizacional de **mecanicista**, conforme descrito no Capítulo 1 e ilustrado na Figura 1.7.

Em ambientes de rápida transformação, a organização interna era muito mais frouxa, com fluxo livre e adaptável, com uma hierarquia mais aberta e tomada de decisão descentralizada. Burns e Stalker empregaram o termo **orgânico** para caracterizar esse tipo de organização. Responda o questionário no quadro "Como você se encaixa no projeto?" para compreender se você está mais apto a trabalhar em uma organização orgânica ou mecanicista.

À medida que a incerteza ambiental aumenta, as organizações tendem a se tornar mais orgânicas, o que significa descentralizar a autoridade e a responsabilidade para níveis mais baixos, incentivando os funcionários a cuidar dos problemas ao trabalharem diretamente uns com os outros, estimulando o trabalho em equipe e adotando uma abordagem informal para atribuir tarefas e responsabilidades. Portanto, a organização é mais fluída e é capaz de se adaptar continuamente a mudanças no ambiente externo.[45] A Guiltless Gourmet, que comercializa *tortillas* com baixo teor de gordura e outros salgadinhos de alta qualidade, é um exemplo. Quando grandes empresas, como a Frito Lay, entraram no mercado de salgadinhos com baixo teor de gordura, a Guiltless Gourmet passou para uma estrutura de rede flexível a fim de permanecer competitiva. A empresa reformulou-se para se tornar, basicamente, uma organização de marketing em tempo integral, enquanto as atividades de produção e outras foram terceirizadas. Uma planta de 1.700 m² em Austin foi fechada e a força de trabalho passou de 125 para cerca de 10 pessoas centrais que lidam com as promoções de marketing e de vendas. A estrutura flexível permite que a Guiltless Gourmet se adapte rapidamente às mudanças nas condições do mercado.[46]

Planejamento, previsão e capacidade de resposta

O motivo para aumentar a integração interna e mudar para um processo mais orgânico é a melhoria da capacidade da organização para responder rapidamente às mudanças repentinas em um ambiente incerto. Pode-se ter a impressão de que em um ambiente onde tudo está se transformando o tempo inteiro o planejamento seja inútil. No entanto, em ambientes incertos, o planejamento e a previsão ambiental se tornam, na verdade, *mais* importantes como forma de manter a organização engrenada para uma resposta rápida e coordenada. Quando o ambiente é estável, a organização pode concentrar-se nos problemas operacionais atuais e na eficiência do dia a dia. O planejamento de longo alcance e a previsão não são necessários porque as demandas ambientais no futuro serão praticamente as mesmas de hoje.

Com a crescente incerteza ambiental, o planejamento e a previsão tornaram-se necessários.[47] De fato, levantamentos de corporações multinacionais constataram que à medida que os ambientes tornam-se mais turbulentos, os gerentes aumentam suas atividades de planejamento, especialmente em termos de exercícios de planejamento que incentivam a aprendizagem, a adaptação contínua e a inovação.[48] Por exemplo, na sequência dos atentados terroristas de 11 de setembro de 2001 nos Estados Unidos, houve um pico no uso de planejamento de cenários e de contingência como forma de gerenciar a incerteza. Embora sua popularidade tenha diminuído durante vários anos, essas abordagens retornaram em decorrência da crescente turbulência ambiental e da recente crise financeira global. Um levantamento da *McKinsey Quarterly* constatou que 50% dos participantes disseram que o planejamento do cenário desempenhava um papel maior no planejamento ou que tinha sido adicionado recentemente ao processo de planejamento em 2009 em comparação ao ano anterior, refletindo a maior preocupação dos gerentes com a incerteza na gestão.[49]

Com o planejamento do cenário, os gerentes ensaiam mentalmente cenários diferentes, baseados na previsão de várias mudanças que poderiam afetar a organização. Cenários são como histórias que oferecem quadros alternativos nítidos daquilo que será o futuro e como os gerentes responderão a isso. A Royal Dutch/Shell Oil utiliza

Como você se encaixa no projeto?

MENTE E AMBIENTE

Sua mente se ajusta melhor a uma organização em um ambiente certo ou incerto? Relembre como você pensava ou se comportava como estudante, funcionário ou em uma posição de liderança formal ou informal. Responda se cada item a seguir era *Em maior parte verdadeiro* ou *Em maior parte falso* para você.

	Em maior parte Verdadeiro	Em maior parte falso
1. Sempre fiz comentários sobre minha interpretação de dados ou problemas.	___	___
2. Apreciava pontos de vista incomuns dos outros mesmo se estivéssemos trabalhando sob pressão.	___	___
3. Fazia questão de comparecer a feiras do setor e eventos da empresa (escola).	___	___
4. Encorajava os outros explicitamente a expressar ideias e argumentos opostos.	___	___
5. Fazia perguntas "bobas".	___	___
6. Gostava de ouvir novas ideias mesmo ao trabalhar com prazos.	___	___
7. Expressava uma opinião controversa a chefes e colegas.	___	___
8. Sugeria formas de aperfeiçoar a maneira como eu e os outros faziam as coisas.	___	___

Pontuação: Marque um ponto para cada item marcado como *Em maior parte verdadeiro*. Se você fez menos de 5 pontos, seu nível de consciência pode ser adequado a uma organização em um ambiente estável em vez de instável. Uma pontuação de 5 ou mais sugere um nível mais elevado de consciência e uma adequação melhor a uma organização em um ambiente incerto.

Interpretação: Em uma organização em um ambiente altamente incerto, tudo parece estar se transformando. Nesse caso, uma qualidade importante para um funcionário ou gerente inclui as qualidades de ter a mente aberta e ser um pensador independente. Em um ambiente estável, uma organização será mais "mecanicista" e um gerente sem essas características pode ter um desempenho satisfatório pelo fato de muito trabalho ser feito da forma tradicional. Em um ambiente incerto, todos precisam facilitar o novo pensamento, novas ideias e novas maneiras de se trabalhar. Uma alta pontuação nesse exercício sugere uma maior consciência e uma melhor adequação a uma organização "orgânica" em um ambiente incerto.

Fonte: Essas perguntas têm como base ideias de R.L. Daft e Lengel, *Fusion Leadership*, Capítulo 4 (São Francisco, CA: Berrett Koehler, 2000); B. Bass e B. Avolio, *Multifactor Leadership Questionnaire*, 2ª ed. (Menlo Park, CA: Mind Garden, Inc); e Karl E. Weick e Kathleen M. Sutcliffe, *Managing the Unexpected: Assuring High Performance in an Age of Complexity* (São Francisco, CA: Jossey-Bass, 2001).

---

o planejamento de cenário há algum tempo e tem sido a líder em respostas rápidas às grandes mudanças, o que outras organizações não percebem até que seja tarde demais.[50] O planejamento pode amortecer o impacto adverso de mudanças externas. Organizações que têm um ambiente instável muitas vezes estabelecem um departamento de planejamento à parte. Em um ambiente imprevisível, os planejadores examinam os elementos do ambiente e analisam os movimentos e contramovimentos de outras organizações.

O planejamento, no entanto, não pode substituir outras ações, como uma administração de fronteira eficaz e adequada integração e coordenação internas. As organizações mais bem-sucedidas em ambientes externos são que mantêm todos em contato próximo com o ambiente, para que possam reconhecer ameaças e oportunidades, o que permite que a organização responda de forma imediata.

AVALIE SUA RESPOSTA

2 Em um ambiente volátil em rápida transformação, atividades sérias de planejamento são uma perda de tempo e recursos.

RESPOSTA: *Discordo*. O General Colin Powell certa vez disse, "Nenhum plano de batalha sobrevive ao contato com o inimigo".[51] Porém, nenhum general sábio iria para a batalha sem um. O planejamento sério torna-se mais importante em um ambiente turbulento, embora um plano não dure muito. O planejamento e a previsão ambiental ajudam os gerentes a antecipar mudanças e a estar preparados para reagir a elas. A falta de planejamento faz mais sentido em um ambiente estável e facilmente previsível.

Estruturas para respostas à mudança ambiental

Os modos com que a incerteza ambiental influencia as características organizacionais estão resumidos na Figura 6.6. As dimensões de mudança e complexidade são combinadas e ilustradas em quatro níveis de incerteza. O ambiente de baixa incerteza é simples e estável. Nesse ambiente, as organizações podem ter poucos departamentos e um projeto mecanicista. Em um ambiente de incerteza baixa-moderada, há necessidade de mais departamentos, com mais papéis integradores para coordenar os departamentos. Algum planejamento pode ocorrer. Ambientes com incerteza alta-moderada são instáveis, apesar de simples. O projeto da organização é orgânico e descentralizado. O planejamento é enfatizado e os gerentes são rápidos em fazer mudanças internas conforme necessário. O ambiente de alta incerteza é complexo e instável e é o ambiente mais difícil em termos de gestão. As organizações são grandes e possuem muitos departamentos, mas também são orgânicas. Um grande número de pessoal de gerenciamento é designado para integração e coordenação e a organização faz uso da administração de fronteira, do planejamento e da previsão para possibilitar uma alta velocidade de respostas às mudanças ambientais.

Dependência de recursos externos

Até este momento, este capítulo descreveu diversas maneiras pelas quais as organizações se adaptam à falta de informação e à incerteza causada pela complexidade e pela mudança ambiental. Voltaremos agora para a terceira característica da relação organização–ambiente que afeta as organizações: a necessidade de recursos materiais e financeiros. O ambiente é a fonte de recursos escassos e valiosos, essenciais para a sobrevivência da organização. A pesquisa nessa área é chamada de *perspectiva da dependência de recursos*. A **dependência de recursos** significa que as organizações dependem do ambiente, mas lutam para adquirir controle sobre recursos a fim de minimizar sua dependência.[52] As organizações são vulneráveis se os recursos vitais forem controlados por outras organizações, portanto, elas tentam ser tão independentes quanto possível. As organizações não querem tornar-se muito vulneráveis às outras organizações por causa dos efeitos negativos no desempenho.

Embora as empresas gostem de minimizar sua dependência, quando os custos e os riscos são altos elas também se juntam para compartilhar recursos escassos e serem mais competitivas em uma base global. Relacionamentos formais com outras organizações representam um dilema para os gerentes. As organizações procuram minimizar a vulnerabilidade com relação aos recursos ao desenvolver conexões com outras organizações, embora também gostem de maximizar sua própria autonomia e independência. As conexões organizacionais requerem coordenação[53] e reduzem a liberdade de cada organização de tomar decisões sem levar em consideração as

FIGURA 6.6
Estrutura de contingência para a incerteza ambiental e respostas organizacionais

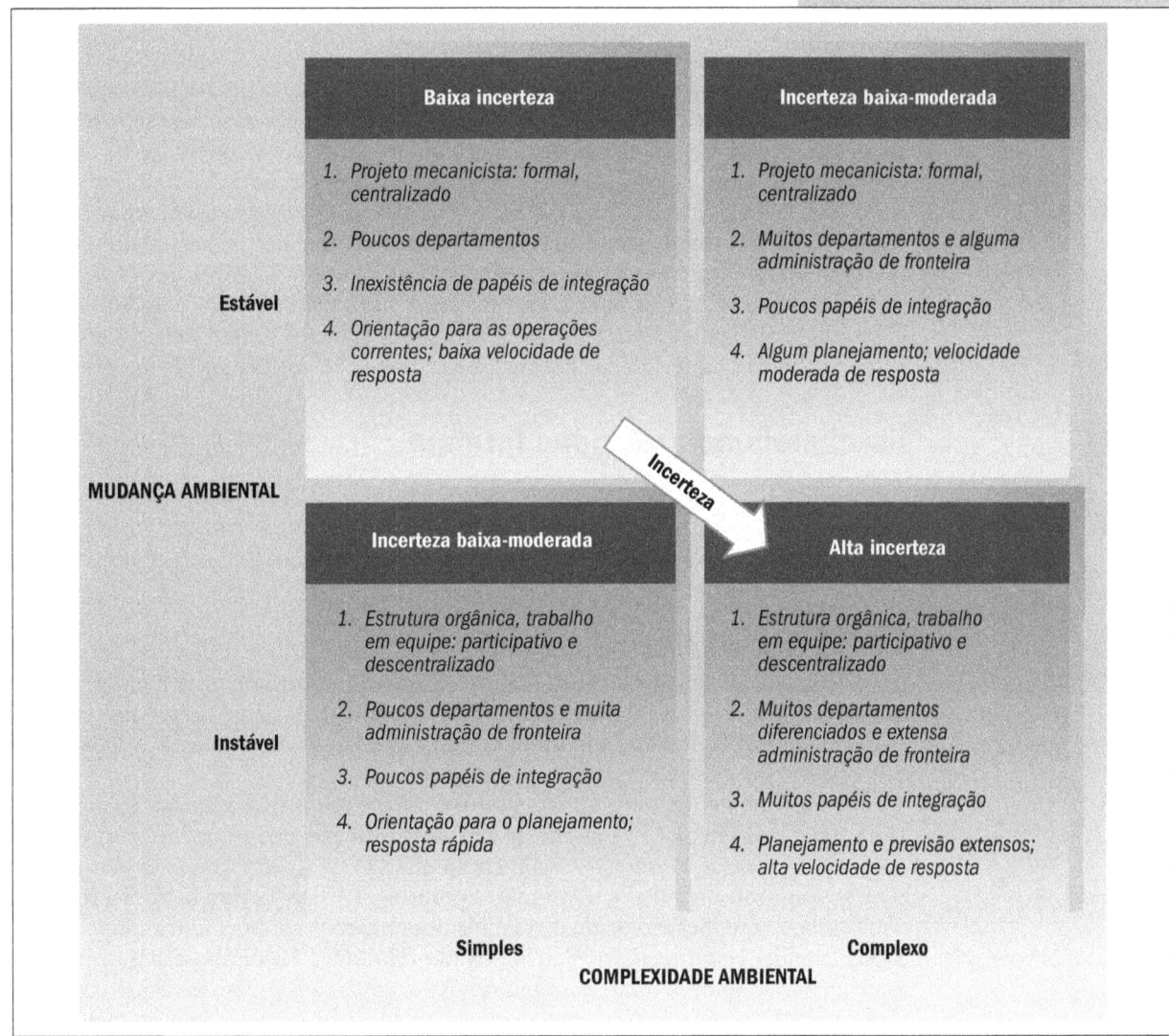

MUDANÇA AMBIENTAL

Estável

Baixa incerteza
1. Projeto mecanicista: formal, centralizado
2. Poucos departamentos
3. Inexistência de papéis de integração
4. Orientação para as operações correntes; baixa velocidade de resposta

Incerteza baixa-moderada
1. Projeto mecanicista: formal, centralizado
2. Muitos departamentos e alguma administração de fronteira
3. Poucos papéis de integração
4. Algum planejamento; velocidade moderada de resposta

Instável

Incerteza baixa-moderada
1. Estrutura orgânica, trabalho em equipe: participativo e descentralizado
2. Poucos departamentos e muita administração de fronteira
3. Poucos papéis de integração
4. Orientação para o planejamento; resposta rápida

Alta incerteza
1. Estrutura orgânica, trabalho em equipe: participativo e descentralizado
2. Muitos departamentos diferenciados e extensa administração de fronteira
3. Muitos papéis de integração
4. Planejamento e previsão extensos; alta velocidade de resposta

COMPLEXIDADE AMBIENTAL: Simples — Complexo

© Cengage Learning 2013

---

necessidades e as metas de outras organizações. Dessa maneira, os relacionamentos interorganizacionais representam um compromisso entre recursos e autonomia. Para manter a autonomia, as organizações que já dispõem de recursos abundantes tenderão a não estabelecer novas conexões. As organizações que precisam de recursos abrirão mão de sua independência para adquirir aqueles recursos. Por exemplo, a DHL, a unidade de entrega expressa da alemã Deutsche Post AG, perdeu bilhões de dólares tentando dominar o mercado de entrega de encomendas dos EUA. Em 2008, a empresa tinha entrado em uma parceria com a UPS para fazê-la tratar das encomendas da DHL nos Estados Unidos. As duas organizações continuam a competir em mercados estrangeiros. Diante dos três bilhões em perdas, da dificuldade de se criar uma equipe de gestão local nos Estados Unidos e de problemas de manutenção nas instalações de manuseio de encomendas dos EUA, o CEO da Deutsche Post, Frank Appel, classificou a parceria como "uma estratégia pragmática e realista" para as operações norte-americanas de sua empresa.[54] A dependência de recursos será discutida mais detalhadamente no próximo capítulo.

Influenciando recursos externos

Em resposta à necessidade de recursos, as organizações tentam manter um equilíbrio entre depender de outras organizações e preservar sua própria independência. As organizações mantêm seu equilíbrio por meio de tentativas de modificar, manipular ou controlar elementos do ambiente externo (tais como outras organizações ou órgãos reguladores do governo) para atender as suas necessidades.[55] Para sobreviver, a organização focal muitas vezes tenta alcançar e mudar ou controlar seu ambiente. Duas estratégias podem ser adotadas para influenciar recursos no ambiente externo: estabelecer relações favoráveis com outras organizações e moldar o ambiente da organização.[56] Técnicas para realizar cada uma dessas estratégias estão resumidas na Figura 6.7. Como regra, quando as organizações percebem que recursos valiosos estão escassos, elas utilizam as estratégias presentes na Figura 6.7 em vez de prosseguirem sozinhas. Observe até que ponto essas estratégias são diferentes das respostas à complexidade e às mudanças ambientais descritas na Figura 6.6. Isso reflete a diferença entre responder à necessidade de recursos e responder à necessidade de informações.

Estabelecendo relações formais

Construir relações formais inclui técnicas como aquisição da propriedade, estabelecimento de *joint ventures* e parcerias, desenvolvimento de conexões com pessoas importantes no ambiente, recrutamento de pessoas-chave e uso de publicidade e relações públicas.

Adquirir uma participação acionária. As empresas utilizam diversas formas de propriedade para reduzir a incerteza em uma área importante para a empresa que adquire. Por exemplo, uma empresa pode comprar uma parte de ou uma participação do controle de outra empresa, dando a ela acesso à tecnologia, produtos ou outros recursos que ela não possui atualmente.

É possível obter maior grau de posse e controle por meio da aquisição ou fusão. Uma *aquisição* envolve a compra de uma organização por outra de modo que o comprador assuma o controle, assim como quando o Google comprou o YouTube, o eBay comprou o PayPal e o Walmart comprou o ASDA Group da Grã-Bretanha. Uma *fusão* é a unificação de duas ou mais organizações em uma única unidade.[57] A Sirius Satellite Radio e a XM Satellite Radio Holdings fundiram-se para tornar-se a Sirius XM Radio. A fusão possibilitou às companhias combinar recursos e compartilhar riscos a fim de tornarem-se mais competitivas em relação a provedores de música digital e outros tipos emergentes de distribuição de música. Ao longo dos últimos anos, tem havido uma enorme onda de aquisição e fusão no setor de telecomunicações, o que reflete como essas empresas lidam com a tremenda incerteza que elas enfrentam. A assistência médica é outro setor no qual as empresas utilizam a propriedade para lidar com um ambiente incerto.

FIGURA 6.7
Organizando estratégias para controlar o ambiente externo

Estabelecendo relações formais	Influenciando setores-chave
1. Adquirir uma participação acionária	1. Mudar o local onde faz negócios (seu domínio)
2. Formar *joint ventures* e parcerias	2. Utilizar atividade política, regulamentação
3. Manter na corporação os principais agentes	3. Aderir a associações comerciais
4. Recrutar executivos	4. Evitar atividades ilegítimas
5. Utilizar publicidade e relações públicas	

© Cengage Learning 2013

NA PRÁTICA

Johns Hopkins Medicine

O Johns Hopkins Hospital em Bethesda, Maryland, pertence a Johns Hopkins Medicine. Assim como o Howard County General Hospital em Columbia, Maryland, o Suburban Hospital em Bethesda, Maryland e o Sibley Hospital, localizado em um dos bairros mais ricos do Distrito de Columbia.

Uma onda de fusões está atingindo a indústria de assistência médica norte-americana, em parte por causa da incerteza associada à nova lei de reforma na assistência médica. Parte da legislação exige "organizações de contabilidade" que serão pagas pela Medicare para atender todos os inscritos em determinada área de serviços e terão participação nos rendimentos do hospital se atingirem as metas e reduzirem os custos. Além disso, os pagamentos tanto do governo quanto das seguradoras privadas provavelmente serão mais restritivos nos termos da lei. Muitas pessoas no setor de assistência médica acreditam que fundir-se a outras organizações a fim de criar grandes sistemas integrados será necessário para cumprir o desafio desse ambiente em transformação. "É justo dizer que hospitais [independentes] estão conversando com todos, sentindo que não quererem ser os últimos a se adaptar", disse Steven Thompson, vice-presidente sênior da Johns Hopkins Medicine.

Sistemas de grande porte têm uma melhor chance de conseguir capital financeiro para novos serviços ou equipamentos, negociar melhores acordos com fornecedores e perceber outras eficiências, além de contratar os melhores médicos visando doenças críticas. Por causa de mudanças no setor, uma maior quantidade de médicos prefere trabalhar em hospitais em vez de ter seus próprios consultórios particulares, por exemplo, mas a maioria dos hospitais independentes acha uma ideia assustadora contratar grupos de médicos.[58]

Formar *joint ventures* e parcerias. Quando há um alto nível de complementaridade entre as linhas de negócios, posições geográficas ou competência de duas empresas, elas com frequência utilizam a via da aliança estratégica em vez da posse por meio da fusão ou aquisição.[59] Tais alianças são formadas por meio de contratos e *joint ventures*.

Os contratos e as *joint ventures* reduzem a incerteza por meio de uma relação de natureza jurídica com uma outra empresa. Os contratos são feitos na forma de *acordos de licença* que envolvem a compra do direito de utilização de um bem (tal como uma nova tecnologia) por um tempo específico e na forma de *acordos de fornecimento*, que regem a venda dos produtos de uma empresa para outra. Eles podem dar segurança a longo prazo por vincular clientes e fornecedores a quantidades e preços específicos. Por exemplo, a grife italiana Versace fez uma negociação para licenciar seu bem primário – seu nome – para uma linha de óculos de grife.[60]

Joint ventures resultam na criação de uma nova organização que é formalmente independente das controladoras, embora essas tenham algum controle.[61] A FON, uma nova empresa do segmento de tecnologia com sede em Madrid, formou uma *joint venture* com a operadora de telefonia BT para instalar a tecnologia wi-fi da FON nos modems de quase dois milhões de clientes da BT. A Office Depot e a Reliance Retail Limited, uma divisão da maior empregadora do setor privado da Índia, entraram em uma *joint venture* para fornecer produtos e serviços de escritório para clientes empresariais na Índia. A corporação alimentícia e agrícola Cargill Inc. possui um grande número de *joint ventures* em todo o mundo, como aquela com a cooperativa espanhola Hojiblanca para obter, comercializar e fornecer a marca própria e azeite a clientes de todo o mundo. Conforme evidenciado por esses breves exemplos, muitas *joint ventures* são empreendidas para repartir os riscos quando as empresas estão fazendo negócios em outros países ou em escala global.

Manter os principais intervenientes. Há **cooptação** quando dirigentes de setores importantes do ambiente fazem parte de uma organização. Isso ocorre, por exemplo, quando clientes ou fornecedores influentes são indicados para o conselho de diretores, como quando um executivo sênior de um banco ocupa o conselho de uma

> **ANOTAÇÕES**
>
> **Como administrador de uma organização, tenha essas diretrizes em mente:**
>
> Identifique e controle setores externos que ameacem os recursos necessários. Influencie o domínio envolvendo-se na atividade política, aderindo a associações comerciais e estabelecendo relações favoráveis. Estabeleça relações por meio da propriedade, *joint ventures* e parcerias estratégicas, cooptação, diretorias interligadas e recrutamento de executivos. Reduza a quantidade de mudanças ou ameaças do ambiente externo de modo que a organização não tenha de mudar internamente.

empresa fabricante de algum bem. Como membro do conselho, o banqueiro pode tornar-se psicologicamente cooptado aos interesses da empresa de fabricação.

Uma **diretoria interligada** é uma conexão formal que ocorre quando um membro do conselho de diretores de uma empresa ocupa uma cadeira no conselho de diretores de outra empresa. O indivíduo é um elo de comunicação entre as empresas e pode influenciar políticas e decisões. Quando um indivíduo é o elo entre duas empresas, isso costuma ser chamado de **interligação direta**. Uma **interligação indireta** ocorre quando um diretor da empresa A e o diretor da empresa B são diretores da empresa C. Eles têm acesso um ao outro, mas não têm influência direta sobre suas respectivas empresas.[62] Pesquisas demonstram que, à medida que o desempenho financeiro de uma empresa entra em declínio, aumentam as interligações diretas com as instituições financeiras. A incerteza financeira enfrentada por uma indústria também tem sido associada a maiores interligações diretas entre empresas concorrentes.[63] No entanto, durante a turbulência econômica dos últimos anos, algumas empresas, incluindo a Apple e o Google, depararam-se com uma lei federal norte-americana de longa data que proíbe interligações diretas entre empresas concorrentes. Arthur Levinson, presidente da Genentech da Roche Holding AG, por exemplo, demitiu-se do conselho do Google após a Comissão Federal de Comércio começar a investigar sua participação nos conselhos do Google e da Apple. De modo semelhante, Eric Schmidt, Presidente Executivo e antigo CEO do Google, demitiu-se do conselho da Apple pela mesma razão, já que as duas empresas competem em um crescente número de atividades.[64]

Empresas importantes e líderes comunitários também podem ser indicados para outros comitês organizacionais ou forças-tarefa. Atuando em comitês ou conselhos consultivos, essas pessoas influentes aprendem sobre as necessidades da empresa e ficam mais propensas a incluir os interesses dela em suas tomadas de decisões. Hoje, muitas empresas enfrentam a incerteza de grupos de pressão ambiental e, por conseguinte, as organizações estão tentando trazer líderes desse setor, como quando a DuPont indicou ambientalistas para o seu conselho consultivo de biotecnologia.[65]

Recrute executivos. A transferência ou troca de executivos também oferece um método para estabelecer conexões favoráveis com organizações externas. Por exemplo, a empresa comercial de alta frequência Getco LLC contratou um antigo diretor associado da Securities and Exchange Commission's Division of Trading and Markets (divisão de comércio e mercados da comissão de valores mobiliários e câmbio*) para fazer parte de sua equipe de regulamentação e conformidade.[66] A indústria aeroespacial muitas vezes contrata generais e executivos do Departamento de Defesa. Esses generais possuem amigos pessoais no departamento e, desse modo, as empresas aeroespaciais podem obter melhores informações sobre especificações técnicas, preços e dados para novos sistemas de armamentos. Elas podem aprender sobre as necessidades do Departamento de Defesa e estão aptas a apresentar suas propostas para contratos com ele de um modo mais eficaz. Para as empresas que não possuem contatos pessoais é praticamente impossível conseguir firmar um contrato com o departamento. Dispor de canais de influência e comunicação entre organizações reduz a incerteza financeira e a dependência de uma organização.

Obtenha seu lado da história. Uma forma tradicional de estabelecer relacionamentos favoráveis é por meio da publicidade. As organizações gastam elevadas quantias de dinheiro para influenciar os gostos e opiniões dos consumidores. A publicidade é especialmente importante em indústrias altamente competitivas e naquelas que experimentam uma demanda variável. Por exemplo, desde que a U.S. Food and Drug Administration afrouxou os regulamentos para permitir a publicidade de medicamentos controlados nos Estados Unidos, as maiores empresas farmacêuticas gastaram quase cinco bilhões de dólares anualmente em campanhas, tais como o

---

* A SEC (Securities and Exchange Commission) é o órgão que regula o Mercado de Capitais norte-americano. É semelhante à Comissão de Valores Mobiliários (CVM) no Brasil. (N.R.T.)

desenho animado da abelha bonitinha pressionando o *spray* do Nasonex para alergia ou sobreviventes de ataques cardíacos promovendo os benefícios do Lipitor que combate o colesterol.[67]

As relações públicas são similares à publicidade, a não ser pelo fato de que muitas vezes as matérias são publicadas gratuitamente e direcionadas a influenciar a opinião pública. As pessoas da área de relações públicas apresentam a organização de modo favorável em discursos, sites, artigos na imprensa e na televisão. As relações públicas procuram moldar a imagem da empresa na mente dos consumidores, fornecedores, representantes do governo e do público em geral. A utilização de *blogs*, Twitter e redes sociais tornou-se um importante componente das atividades de relações públicas para muitas empresas atualmente.[68] A General Motors lançou uma campanha on-line de relações publicas para reconstruir a confiança com as concessionárias e com os clientes após sair da concordata. Parte da campanha inclui o *blog* "Fastlane" da GM, desenvolvido para dar uma visão mais transparente do funcionamento da montadora.[69]

Influenciando setores-chave

Além de buscar estabelecer conexões favoráveis, muitas vezes as organizações tentam modificar o ambiente. Há quatro técnicas para influenciar ou modificar o ambiente de uma empresa.

Mudar o local onde se faz negócios. Anteriormente neste capítulo, falamos sobre o domínio da organização e os 10 setores do ambiente. O domínio da organização não é fixo. Os gerentes tomam decisões acerca de qual negócio praticar, em quais mercados entrar e os fornecedores, bancos, funcionários e localização a serem usados e esse domínio pode ser mudado se necessário a fim de manter a organização competitiva.[70] O Walmart, que durante muito tempo se concentrou na construção de grandes lojas em áreas suburbanas, agora está planejando abrir dezenas de lojas menores em cidades dos EUA. Expandir seu domínio para as cidades é uma forma de o Walmart lidar com o aumento da concorrência das cadeias de lojas de variedades e outros concorrentes de baixo custo que estão tomando alguns dos clientes dos gigantes varejistas.[71]

Uma organização pode buscar novas relações ambientais e abandonar as antigas. Os gerentes podem tentar encontrar um domínio onde existe pouca concorrência, nenhuma regulamentação governamental, fornecedores em abundância, consumidores de alto poder aquisitivo e barreiras para manter a concorrência a distância. Aquisição e redução de ativos são duas técnicas para alterar o domínio. Por exemplo, o Google adquiriu uma série de empresas para expandir seu domínio além da busca na internet, incluindo o Android (plataforma de telefonia móvel), a Applied Semantics (busca de soluções de publicidade), a Slide (jogos sociais), o DoubleClick (tecnologias para publicidade) e o On2 (Compressão de vídeos para uploads em sites).[72] Uma redução de ativos ocorreu quando a JC Penney vendeu sua cadeia de drogarias Eckerd a fim de concentrar os recursos na loja de departamentos e quando a Deutsche Telekom vendeu a T-Mobile USA para a AT&T a fim de deixar o mercado norte-americano de telefonia móvel. A Barnes & Noble está alterando seu domínio à medida que mais leitores passam de livros impressos para e-books.

NA PRÁTICA

Barnes & Noble

A Barnes & Noble, que dominou o setor de varejo de livros por quatro décadas, possui uma nova superloja em Upper East Side, em Manhattan. Mas, dependendo de qual direção você observa a loja, você pode ter dificuldades em encontrar um livro. Uma grande parte do espaço das prateleiras é dedicado a relógios Art Deco em formato de avião, cobertores para bebês, jogos para adultos e outras mercadorias variadas.

A revolução digital está mudando todas as regras do setor de varejo de livros. Os *e-books* ainda estão "engatinhando", mas estão chegando com força e compelindo os varejistas (bem como outros no setor) a mudar. Leonard Riggio, presidente da Barnes & Noble, e outros gestores estão tentando transformar a empresa em uma varejista mais diversificada, ao vender uma variedade de mercadorias, bem como ao apresentar o e-reader da empresa, o Nook, e produtos para livros digitais. Alguns analistas duvidam que quaisquer vendedores de livros tradicionais possam sobreviver. O Borders Group, outrora a segunda maior cadeia de livros do país, entrou em falência em meados de 2011 e passou a vender todos os seus ativos e a fechar suas 399 lojas restantes. Aquelas que já foram livrarias prósperas em shopping centers praticamente desapareceram e o número de pequenos varejistas de livros independentes continua a diminuir.

A Barnes & Noble cometeu um erro crasso há alguns anos quando parou de investir em leitura digital. A empresa foi uma das primeiras a investir em livros digitais, investindo em um leitor de *e-book*, um dispositivo portátil chamado Rocket, em 1998. Contudo, os gestores não persistiram durante a turbulência e incerteza do novo negócio e o deixou em 2003. Quando a Barnes & Noble apresentou o Nook em 2009, o mercado era praticamente dominado pelo Kindle da Amazon, que detém cerca de 80% do setor de livros digitais. Entretanto, a Barnes & Noble está fazendo um grande investimento em software e tecnologia para vender mais downloads digitais. A empresa demitiu a maior parte de seus compradores de livros e está contratando cerca de 20 engenheiros de software e tecnologia para substituí-los.[73]

Alterar seu domínio é a única forma de a Barnes & Noble poder ter uma esperança de sobreviver. O investidor bilionário Ron Burkle recentemente aumentou sua participação na empresa, alegando que acredita que a marca ainda tem muita força. O tempo dirá. "Eu diria que não há nada que não levamos em consideração", disse o presidente Leonard Riggio.[74]

Politize-se. A atividade política inclui técnicas para influenciar a legislação e a regulamentação governamental. A estratégia política pode ser um meio para usar barreiras legais contra novos concorrentes ou para superar uma legislação desfavorável. As corporações também tentam influenciar a indicação de pessoas para agências reguladoras que estejam solidárias por suas necessidades.

Empresas de planos de saúde estão tentando fortemente influenciar autoridades federais e estaduais a fim de tentar abrandar a regulamentação rigorosa de prêmios de seguro e lucros da empresa nos termos da nova legislação para a assistência médica. Grandes empresas de varejo como o Walmart e a Target estão fazendo pressão a fim de alterar a legislação de modo que a Amazon.com seja obrigada a recolher impostos sobre as vendas. E o Facebook possui um escritório em Washington com uma equipe de oito pessoas que pressiona os legisladores sobretudo com relação a restrições de privacidade mais rígidas em empresas on-line.[75]

Muitos CEOs acreditam que devem participar diretamente no *lobby*. Eles possuem um acesso mais fácil que os lobistas e podem ser especialmente eficazes quando fazem politicagem. A atividade política é tão importante que o "lobista informal" é uma parte verbal da descrição do cargo de quase todos os CEOs.[76] Altos executivos da Amerlink Telecom Corporation fizeram uma politicagem séria quando tentaram abrir o mercado norte-americano para equipamentos de telecomunicações fabricados pela chinesa Huawei Technologies Company.

Huawei Technologies | NA PRÁTICA

A Huawei Technologies tem tentado há anos ingressar no mercado norte-americano, porém, preocupações com a segurança frustraram suas ambições. Supostos vínculos com o governo e as forças armadas da China preocuparam as autoridades norte-americanas em relação à hipótese de a permissão de equipamentos da empresa poder perturbar ou interceptar comunicações cruciais dos EUA.

Capítulo 6: O impacto no meio ambiente

Em seu esforço mais recente nos Estados Unidos, uma proposta multibilionária para uma atualização de rede da Sprint Nextel, a Huawei fez uma parceria com a empresa de consultoria norte-americana Amerlink, empresa fundada por William Owens, antigo vice-presidente dos Chefes Adjuntos do Estado-Maior sob a presidência de Bill Clinton. Owens e outros altos executivos imediatamente lançaram uma ampla campanha de *lobby*, em reunião com várias autoridades do Congresso e da administração Obama. Além disso, a empresa recrutou várias ex-autoridades do governo para auxiliar no *lobby*, incluindo o ex-líder do Congresso, Richard Gebhardt, Gordon England, que atuou como secretário adjunto de defesa e segurança nacional sob a presidência de George W. Bush, e o ex-presidente do Banco Mundial James Wolfensohn.

Independentemente dos intensos esforços do *lobby*, a proposta conjunta da Huawei com a Amerlink foi rejeitada pela Sprint após autoridades do governo supostamente terem expressado aos gestores da Sprint sérias preocupações com riscos à segurança. Ademais, os legisladores norte-americanos aprovaram recentemente uma disposição para a Lei de Autorização de Defesa Nacional do Senado que concede a órgãos militares o poder de forçar os vendedores de tecnologia como a Sprint a excluir fornecedores e subcontratadas considerados de risco pelo governo dos EUA.[77]

Apesar do fracasso dos esforços de *lobby* pela Amerlink, esse exemplo mostra como as empresas utilizam a atividade política para tentar influenciar a opinião do governo e a legislação que afeta o sucesso da organização. Os executivos da Huawei negam firmemente que tenham qualquer vínculo com as forças armadas chinesas e continuarão com sua campanha para ingressar no mercado norte-americano. Alguns analistas acreditam que eles acabarão tendo êxito. A Huawei já é uma fornecedora tradicional de equipamentos de telecomunicações na Europa e na Ásia e foi recentemente selecionada pela indiana Bharti Airtel Ltd. como uma das fornecedoras para sua rede sem fio de terceira geração.[78]

> **3** Gestores de organizações empresariais não devem se envolver em atividades políticas.
>
> **RESPOSTA:** *Discordo*. Gestores empresariais inteligentes envolvem-se na prática de *lobby* e outras atividades políticas na tentativa de assegurar que as consequências de novas leis e regulamentações são sobretudo positivas para suas próprias empresas. As empresas pagam enormes quantias a associações e lobistas para se certificar que as ações do governo atuem em seu favor.

AVALIE SUA RESPOSTA

Una-se aos outros. Grande parte do trabalho voltado para influenciar o ambiente externo é realizado conjuntamente com outras organizações que tenham interesses similares. A maioria das grandes empresas farmacêuticas, por exemplo, pertence a Pharmaceutical Research and Manufacturers of America (PhRMA). As empresas fabricantes fazem parte da National Association of Manufacturers (NAM) e os varejistas, da Retail Industry Leaders Association (RILA). O American Petroleum Institute é o grupo comercial líder para as empresas de óleo e gás. Reunindo recursos, essas organizações podem pagar pessoas para desempenhar atividades como fazer *lobby* junto aos legisladores, influenciar novas regulamentações, desenvolver campanhas de relações públicas e realizar campanhas de contribuições. A Primerica* está utilizando os recursos e a influência do American Council of Life Insurers (conselho americano de seguradoras de vida) para suscitar mudanças em exames estaduais de licenciamento, os quais a empresa acredita colocar as minorias em desvantagem. A

---

* O objetivo da Primerica é fazer que o Conselho de Seguros facilite o sistema de aprovação (licenciamento) de seguros, para que o sistema seja menos exigente na seleção dos segurados. Assim, a Primerica pode ganhar mais clientes dentro da classe média. (N.R.T.)

Primerica, diferentemente da maioria das empresas de seguros, enfoca na venda de seguros de vida básicos e depende quase exclusivamente de consumidores de média renda em vez de vender apólices mais caras. Os gestores de empresas dizem que a maneira como as questões do teste são formuladas limita sua capacidade de expandir seu corpo de agentes minoritários que poderia servir melhor às comunidades minoritárias.[79]

Não caia em atividades ilegais. As atividades ilegais representam a última técnica que as empresas às vezes utilizam para controlar seu domínio ambiental, mas essa técnica normalmente produz efeitos negativos. Condições como baixos lucros, pressão de gestores seniores ou recursos ambientais escassos podem levar os gestores a adotar comportamentos considerados ilegais.[80] Um estudo constatou que empresas em setores com baixa demanda, com escassez de recursos e com greves eram mais propensas a ser condenadas por atividades ilegais, sugerindo que atos ilegais são uma tentativa de lidar com esses problemas. Algumas organizações sem fins lucrativos foram descobertas na prática de atividades ilegais ou ilegítimas para promover sua visibilidade e reputação enquanto competem com outras organizações por doações e fundos escassos, por exemplo.[81]

Tipos de atividades ilegais incluem pagamentos a governos estrangeiros, contribuições políticas ilegais, presentes promocionais e grampo telefônico. O suborno é um dos tipos mais frequentes de atividade ilegal, particularmente em empresas que operam globalmente. Empresas de energia enfrentam uma grande incerteza, por exemplo, e necessitam de governos estrangeiros para aprovar investimentos gigantes e autorizar projetos arriscados. Sob pressão para obter contratos na Nigéria, Albert "Jack" Stanley, um ex-executivo da KBR (então, uma divisão da Halliburton Company), admite que orquestrou um total de cerca de $ 182 milhões em subornos para fazer com que autoridades nigerianas aprovassem a construção de uma usina de gás natural liquefeito naquele país. Stanley pode pegar até sete anos de prisão e ter de pagar uma multa elevada após se declarar culpado.[82] Na Alemanha, executivos da Siemens e da Volkswagen foram acusados de subornar representantes dos trabalhadores em conselhos de fiscalização das empresas. A legislação alemã exige que as empresas ofereçam até metade de seus assentos no conselho de fiscalização a representantes dos trabalhadores. Os executivos precisam do apoio do conselho para executar seus planos e estratégias para a empresa e alguns recorrem ao suborno a fim de obter a cooperação de que precisam.[83]

Estrutura integrativa de organização-ambiente

As relações apresentadas na Figura 6.8 resumem os dois principais temas sobre os relacionamentos da organização-ambiente discutidos neste capítulo. Um deles, o volume de complexidade e mudança no domínio de uma organização, influencia a necessidade de informação e, consequentemente, a incerteza sentida dentro dela. A maior incerteza nas informações é resolvida por meio de maior flexibilidade estrutural (um projeto orgânico) e a criação de mais departamentos e papéis de fronteira. Quando a incerteza é baixa, as estruturas gerenciais podem ser mais mecanicistas e o número de departamentos e papéis de fronteira, menor. O segundo tema tem a ver com a escassez de recursos materiais e financeiros. Quanto mais dependente de outras uma organização for para esses recursos, mais importante será estabelecer conexões favoráveis com essas organizações ou controlar a entrada no domínio. Se a dependência de recursos externos for baixa, a organização poderá manter a autonomia e não precisará estabelecer conexões ou controlar o ambiente externo.

FIGURA 6.8
Relação entre características ambientais e ações organizacionais

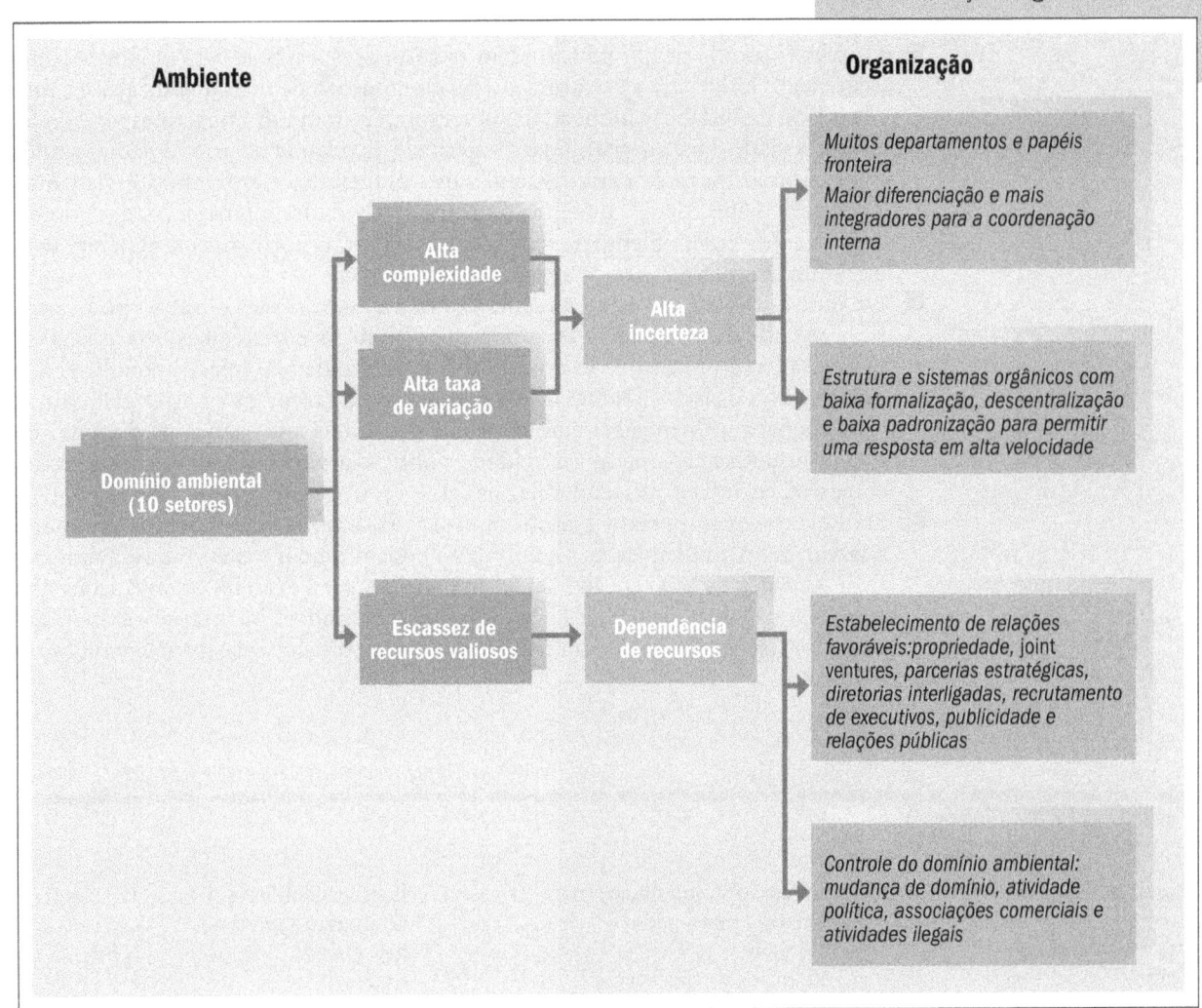

Ambiente

Domínio ambiental (10 setores)
- Alta complexidade
- Alta taxa de variação
→ Alta incerteza

- Escassez de recursos valiosos
→ Dependência de recursos

Organização

- *Muitos departamentos e papéis fronteira*
- *Maior diferenciação e mais integradores para a coordenação interna*

- *Estrutura e sistemas orgânicos com baixa formalização, descentralização e baixa padronização para permitir uma resposta em alta velocidade*

- *Estabelecimento de relações favoráveis: propriedade, joint ventures, parcerias estratégicas, diretorias interligadas, recrutamento de executivos, publicidade e relações públicas*

- *Controle do domínio ambiental: mudança de domínio, atividade política, associações comerciais e atividades ilegais*

© Cengage Learning 2013

Fundamentos do projeto

■ As mudanças e a complexidade no ambiente externo têm implicações importantes para o projeto organizacional e a ação gerencial. As organizações são sistemas sociais abertos. A maioria está envolvida com centenas de elementos no ambiente externo, tais como clientes, fornecedores, concorrentes, órgãos reguladores do governo, grupos de interesses especiais e assim por diante. Setores ambientais importantes com os quais as organizações lidam são a indústria, matérias-primas, recursos humanos, recursos financeiros, mercado, tecnologia, condições econômicas, setor governamental, sociocultural e internacional.

■ Os ambientes organizacionais diferem em termos de incerteza e dependência de recursos. A incerteza organizacional é o resultado das dimensões estável-instável e simples-complexa do ambiente. A dependência de recursos é o resultado da escassez de recursos materiais e financeiros necessários para as organizações.

■ O projeto organizacional assume uma perspectiva lógica quando o ambiente é levado em consideração. As organizações tentam sobreviver e alcançar eficiências em um mundo marcado pela incerteza e pela escassez. Funções e departamentos específicos são criados para lidar com as incertezas. A organização pode ser conceituada como um núcleo técnico e departamentos que amortecem a incerteza ambiental. Os papéis de administração de fronteira trazem informações a respeito do ambiente para a organização e enviam informações sobre a organização para o ambiente externo.

■ Os conceitos neste capítulo fornecem estruturas específicas para entender como o ambiente influencia a estrutura e o funcionamento de uma organização. Complexidade e mudanças ambientais, por exemplo, têm um impacto específico na complexidade e na adaptabilidade interna. Sob grande incerteza, são alocados mais recursos para os departamentos que planejarão e enfrentarão elementos ambientais específicos e integrarão diversas atividades internas. Além disso, as organizações em ambiente de rápida transformação normalmente refletem uma estrutura simples e orgânica e processos de gestão.

■ Quando o risco é alto ou os recursos são escassos, a organização pode estabelecer conexões por meio de aquisições, alianças estratégicas, diretorias interligadas, recrutamento de executivos ou publicidade e relações públicas que minimizarão o risco e manterão o fornecimento de recursos escassos. Há outras técnicas para influenciar o ambiente, entre as quais a mudança de domínio no qual a organização opera, a atividade política, a participação em associações comerciais e, talvez, atividades ilegais.

■ Há dois temas importantes neste capítulo: as organizações podem aprender e adaptar-se ao ambiente e as organizações podem mudar e controlar o ambiente. Essas estratégias são especialmente verdadeiras para grandes organizações que controlam muitos recursos. Essas organizações podem adaptar-se quando necessário, mas também podem neutralizar ou modificar áreas problemáticas no ambiente.

Conceitos-chave

- ambiente da tarefa
- ambiente geral
- ambiente organizacional
- cooptação
- dependência de recursos
- diferenciação
- dimensão estável-instável
- dimensão simples-complexa
- diretoria interligada
- domínio
- equipe de inteligência
- incerteza
- integração
- inteligência empresarial
- interligação direta
- interligação indireta
- mecanicista
- orgânico
- papéis de amortecimento
- papéis de transposição de fronteiras
- setores

Questões para discussão

1. Defina *ambiente organizacional*. O ambiente de tarefas de uma nova empresa baseada na internet seria o mesmo que o de uma grande agência governamental? Discuta.
2. Quais são algumas das forças que influenciam a incerteza ambiental? Qual delas têm, normalmente, o maior impacto na incerteza – complexidade ambiental ou mudança ambiental? Por quê?
3. Liste alguns fatores que causam complexidade ambiental para uma organização de sua escolha. Como essa complexidade ambiental leva à complexidade organizacional? Explique.
4. Discuta a importância do setor internacional para as organizações atuais quando comparado aos setores domésticos. Quais são algumas das formas com que o setor internacional afeta as organizações em sua cidade ou comunidade?
5. Descreva diferenciação e integração. Em qual tipo de incerteza ambiental a diferenciação e a integração serão as maiores? E as menores?
6. Como você acha que o planejamento nas organizações de hoje em dia se compara ao planejamento 25 anos atrás? Você acredita que o planejamento se torna mais importante ou menos importante em um mundo onde tudo se transforma rapidamente e as crises são uma parte normal da vida organizacional? Por quê?
7. O que é uma organização orgânica? E uma organização mecanicista? Como o ambiente influencia o projetos orgânico e mecanicista?

8. Por que as organizações se envolvem em relações inter-organizacionais? Essas relações afetam a dependência de uma organização? E o desempenho?
9. Suponha que você tenha sido chamado para calcular a proporção entre funcionários de escritório e funcionários de produção em duas organizações — uma em um ambiente simples e estável e a outra em um ambiente complexo e em transformação. Que diferenças são esperadas nessas proporções? Por quê?
10. O domínio da organização está mudando de uma estratégia comum para uma estratégia diferenciada em um ambiente ameaçador? Explique. Você pode pensar em uma organização nos noticiários recentes que mudou seu domínio?

Capítulo 6 Caderno de exercícios

Organizações em que você confia[84]

A seguir, enumere oito organizações com as quais, de alguma forma, você pode contar em sua vida cotidiana. Entre os exemplos possíveis podem estar um restaurante, uma loja de roupas, uma universidade, sua família, o correio, a companhia telefônica, uma companhia aérea, uma pizzaria que faz serviço de entrega, seu lugar de trabalho e assim por diante. Na primeira coluna, enumere essas oito organizações. Em seguida, na coluna 2, escolha uma outra organização que você possa usar caso as da coluna 1 não estarem disponíveis. Na coluna 3, avalie seu nível de dependência em relação às organizações enumeradas na coluna 1 como Forte, Média ou Fraca. Finalmente, na coluna 4, classifique a certeza daquela organização como apta a atender às suas necessidades como Alta (certeza), Média ou Baixa.

Organização	Organização-reserva	Nível de dependência	Nível de certeza
1.			
2.			
3.			
4.			
5.			
6.			
7.			
8.			

Questões
1. Você possui organizações-reserva adequadas para aquelas de alta dependência? Como você pode criar ainda mais reservas?
2. O que você faria se uma organização classificada como altas dependência e certeza repentinamente se tornasse alta dependência e baixa certeza? Como seria seu comportamento relacionado ao conceito de dependência de recursos?
3. Você alguma vez utilizou qualquer comportamento semelhante àqueles apresentados na Figura 6.7 para gerenciar suas relações com as organizações enumeradas na coluna 1?

CASO PARA ANÁLISE   As gêmeas paradoxais: Acme e Omega Electronics[85]

Parte I

Em 1986, a Technological Products de Erie, na Pensilvânia, foi comprada por um fabricante de Cleveland. A empresa de Cleveland não tinha interesse no setor de eletrônicos da Technological Products e, em seguida, vendeu duas plantas de fabricação de chips e placas de circuito impresso para diferentes investidores. Circuitos integrados, ou chips, eram o primeiro passo em direção à microminiaturização na indústria de eletrônicos e ambas as fábricas haviam desenvolvido alguma especialização no conhecimento na tecnologia, juntamente com a habilidade superior de fabricar placas de circuito impresso. Uma das fábricas, localizada próxima a Waterford, foi renomeada como Acme Electronics, e a outra, nos limites da cidade de Erie, foi renomeada como Omega Electronics, Inc.

A Acme manteve sua administração original e promoveu seu gerente geral a presidente. A Omega, por sua vez, contratou um novo presidente que havia sido diretor de um grande laboratório de pesquisa eletrônica e promoveu diversas pessoas que já estavam na fábrica. A Acme e a Omega com frequência competiam pelo mesmo contrato. Como subcontratadas, ambas as empresas beneficiaram-se com a explosão nos eletrônicos e tinham anseio por crescimento e expansão futuros. O mundo estava se tornando digital e ambas as empresas passaram a produzir microprocessadores digitais juntamente com a produção de placas de circuito. A Acme vendia $ 100 milhões por ano e empregava 550 pessoas. A Omega, por sua vez, vendia $ 80 milhões por ano e empregava 480 pessoas. A Acme atingia maiores lucros líquidos com regularidade, para desconforto da administração da Omega.

Por dentro da Acme

John Tyler, presidente da Acme, estava confiante que, se a demanda não tivesse sido tão grande, os concorrentes não teriam sobrevivido. "Na realidade", disse ele, "conseguimos derrubar a Omega regularmente nos contratos mais lucrativos, aumentando, desse modo, nosso lucro". Tyler creditava a maior eficácia de sua empresa à habilidade de seus gerentes em comandar um "barco apertado". Ele explicou que havia mantido a estrutura básica desenvolvida pela Technological Products porque era mais eficiente para um alto volume de produção. A Acme possuía organogramas organizacionais detalhados e descrições de cargos. Tyler acreditava que todos deveriam ter responsabilidades claras e cargos estreitamente definidos, o que levaria a um desempenho eficiente e altos lucros para a empresa. De modo geral, as pessoas estavam satisfeitas com seu trabalho na Acme, embora alguns dos gerentes tivessem declarado o desejo de ter um pouco mais de espaço em seus cargos.

Por dentro da Omega

Jim Rawls, presidente da Omega, não acreditava em organogramas. Ele tinha impressão de que sua organização possuía departamentos semelhantes aos da Acme, mas na sua opinião a planta da Omega era pequena o suficiente para que coisas como organogramas apenas colocassem barreiras artificiais entre especialistas que deveriam trabalhar juntos. Por isso, memorandos não eram permitidos. Conforme Rawls declarava: "A planta é pequena o suficiente para que, se as pessoas quiserem se comunicar, elas possam simplesmente aparecer e conversar".

O chefe do departamento de engenharia mecânica dizia: "Jim gasta boa parte do seu tempo e do meu assegurando que todo mundo entenda o que estamos fazendo e ouvindo sugestões". Rawls estava interessado na satisfação dos funcionários e queria que todos se sentissem parte da organização. A equipe da alta administração refletia as atitudes de Rawls. Eles também acreditavam que os funcionários deveriam estar familiarizados com as atividades de toda a organização para que a cooperação entre os departamentos aumentasse. Um membro mais novo do departamento de engenharia industrial afirmou: "Quando eu cheguei aqui, não tinha certeza daquilo que devia fazer. Um dia eu trabalhava com uns engenheiros mecânicos e, no dia seguinte, eu ajudava o departamento de entregas a desenhar embalagens. Os primeiros meses de trabalho foram agitados, mas pelo menos eu pude sentir de verdade o que faz a Omega funcionar".

Parte II

Nos anos 1990, dispositivos com um mix de características analógicas e digitais ameaçaram a demanda pela fabricação de complexas placas de circuito impresso da Acme e da Omega. Essa tecnologia de "sistema em um chip" combinava algumas funções analógicas, como som, gráficos e gerenciamento de energia, juntamente com circuitos digitais, como lógica e memória, o que os tornava bastante úteis para novos produtos como telefones celulares e computadores *wireless*. Tanto a Acme quanto a Omega perceberam a ameaça a seus futuros e começaram a buscar agressivamente novos clientes.

Em julho de 1992, um grande fabricante de fotocopiadoras estava procurando subcontratar uma empresa para montar as unidades de memória digital de sua nova copiadora experimental. Estimava-se que o contrato para o trabalho renderia entre $ 7 e $ 9 milhões em vendas anuais.

Tanto a Acme quanto a Omega estavam geograficamente próximas desse fabricante e ambas apresentaram propostas bastante competitivas para a produção de 100 protótipos. A oferta da Acme era ligeiramente mais baixa que a da Omega, mas, mesmo assim, as duas empresas receberam pedidos para a produção de 100 unidades. O fabricante da fotocopiadora disse às duas empresas que a rapidez era um fator decisivo, pois seu presidente havia anunciado a outros fabricantes que a empresa teria uma copiadora viável até o Natal. Esse anúncio, para a tristeza do projetista, fazia pressão para que as empresas subcontratadas iniciassem a produção do protótipo antes que o projeto final da copiadora estivesse concluído. Isso significava que a Acme e a Omega teriam no máximo duas semanas para produzir os protótipos ou atrasariam a produção final da copiadora.

Parte III

Por dentro da Acme

Assim que John Tyler recebeu os projetos (segunda-feira, 13 de julho de 1992), ele enviou um memorando para o departamento de compras requisitando que este providenciasse a

Capítulo 6: O impacto no meio ambiente

compra de todo o material necessário. Ao mesmo tempo, ele enviou os esquemas para o departamento de projetos solicitando a preparação das estampas para fabricação. O departamento de engenharia industrial recebeu ordens para projetar o método de trabalho a ser empregado pelos supervisores do departamento de produção. Tyler também enviou um memorando a todos os chefes de departamentos e executivos chamando a atenção para as restrições de prazo críticas desse trabalho e como ele esperava que todos os funcionários trabalhassem de maneira tão eficiente quanto o haviam feito no passado.

Os departamentos tiveram pouco contato entre si durante vários dias e cada um parecia trabalhar em seu próprio ritmo. Cada departamento também deparou-se com problemas. O departamento de compras não conseguiu adquirir todas as peças a tempo. A engenharia industrial teve dificuldade em providenciar uma sequência de montagem eficiente. A engenharia mecânica não levou o prazo a sério e parcelou seu trabalho para os fornecedores de modo que os engenheiros pudessem trabalhar em outras funções programadas previamente. Tyler fez questão de manter-se em contato com o fabricante da fotocopiadora para que ele soubesse como as coisas estavam evoluindo e ser informado sobre qualquer novo acontecimento. Tradicionalmente, ele trabalhava para manter clientes importantes satisfeitos. Tyler ligava para a fábrica da copiadora pelo menos duas vezes por semana e isso fez com que ele ficasse conhecendo bem o projetista-chefe.

Em 17 de julho, Tyler soube que a engenharia mecânica estava bastante atrasada em seu trabalho de desenvolvimento e se irritou muito. Para piorar as coisas, o departamento de compras não tinha conseguido todos os componentes, o que fez com que os engenheiros industriais decidissem montar o produto sem um deles, o qual seria inserido por último. Na quinta-feira, 23 de julho, as unidades finais estavam em montagem, embora o processo tivesse sido adiado diversas vezes. Na sexta-feira, 24 de julho, as últimas unidades estavam em fase final enquanto Tyler caminhava pela fábrica. Ao final daquele tarde Tyler recebeu uma ligação do projetista-chefe do fabricante da copiadora, que disse a Tyler ter recebido um telefonema de Jim Rawls, da Omega, na quarta-feira. Ele explicou que os trabalhadores de Rawls tinham encontrado um erro no projeto do cabo conector e haviam tomado medidas corretivas em seus protótipos. Ele disse a Tyler que havia confirmado o erro no projeto e que a Omega estava certa. Tyler, um pouco desarmado com essa informação, informou ao projetista que todas as unidades de memória estavam prontas para ser entregues e que, assim que recebessem os componentes que faltavam, na segunda ou terça-feira, poderiam entregar as unidades finais. O projetista explicou que o erro no projeto seria retificado em um novo esquema que seria enviado por um entregador e que aguardaria a entrega da Acme na terça-feira.

Quando o esquema chegou, Tyler chamou o supervisor de produção para avaliar o prejuízo. As alterações no projeto exigiriam a total desmontagem e remoção da solda de diversas conexões. Tyler instruiu o supervisor que, como primeira providência, colocasse trabalhadores extras para fazer as alterações na segunda-feira de manhã e tentasse terminar o trabalho até terça-feira. No fim da tarde de terça-feira, as alterações estavam finalizadas e os componentes que faltavam haviam sido entregues. Na quarta-feira de manhã, o supervisor de produção descobriu que as unidades teriam de ser desmontadas novamente para que fosse instalado o componente que faltava. Quando John Tyler ficou sabendo disso, ele novamente "subiu pelas paredes". Ele chamou a engenharia industrial e perguntou se poderiam ajudar. O supervisor de produção e o engenheiro de métodos não conseguiam chegar a um acordo sobre como instalar o componente. John Tyler resolveu a discussão ordenando que todas as unidades fossem desfeitas mais uma vez e que o componente que faltava fosse instalado. Ele avisou o pessoal da expedição para preparar as caixas para entrega na tarde de sexta-feira.

Na sexta-feira, 31 de julho, 50 protótipos foram despachados pela Acme sem uma inspeção final. Preocupado com a reputação de sua empresa, John Tyler dispensou a inspeção final depois de ter testado pessoalmente uma unidade e assegurado que ela funcionava. Na terça-feira, 4 de agosto, a Acme despachou as últimas 50 unidades.

Por dentro da Omega

Na sexta-feira, 10 de julho, Jim Rawls marcou uma reunião com os chefes de departamentos para comunicar-lhes sobre um contrato potencial que eles estavam prestes a aceitar. Ele disse que assim que recebesse os esquemas, o trabalho teria início. Na segunda-feira, 13 de julho, os esquemas chegaram e mais uma vez os chefes de departamento se reuniram para discutir o projeto. Ao final da reunião, o departamento de projetos ficou de preparar as estampas para fabricação, enquanto a engenharia industrial e a produção começariam o projeto dos métodos.

Surgiram dois problemas na Omega, semelhantes àqueles da Acme. Componentes específicos não puderam ser entregues a tempo e a sequência de montagem era difícil para a engenharia. No entanto, os departamentos propuseram ideias para ajudarem-se entre si e os chefes de departamento e funcionários-chave reuniam-se todos os dias para discutir o progresso. O chefe da engenharia eletrônica conhecia uma fonte japonesa para os componentes que não poderiam ser comprados de fornecedores normais. A maioria dos problemas estava solucionada no sábado, 18 de julho.

Na segunda-feira, 20 de julho, o engenheiro de métodos e o supervisor de produção desenvolveram os planos de montagem e a produção estava pronta para começar na terça-feira de manhã. Na tarde de segunda-feira, a equipe da engenharia mecânica, da engenharia elétrica, da produção e da engenharia industrial se reuniu para produzir um protótipo apenas para assegurar que não haveria empecilhos na produção. Enquanto montavam a unidade, descobriram um erro no projeto do cabo conector. Depois de confirmar e reconfirmar os esquemas, todos os engenheiros estavam de acordo que o cabo havia sido projetado erroneamente. A equipe da engenharia mecânica e da engenharia elétrica passou a noite de segunda-feira reprojetando o cabo e, na terça pela manhã, o departamento de projetos finalizou as mudanças nas estampas de fabricação. Na terça de manhã, Rawls estava um pouco apreensivo quanto às mudanças no projeto e decidiu obter uma aprovação formal. Na quarta de manhã ele recebeu a aprovação do projetista-chefe da empresa da fotocopiadora para que prosseguissem com as mudanças no projeto discutidas ao telefone. Na sexta-feira, 24 de julho, as unidades finais foram inspecionadas pelo controle de qualidade e então despachadas.

Parte IV

Dentre as unidades de memória finais da Acme havia 10 defeituosas, enquanto todas as unidades da Omega passaram nos testes da empresa da fotocopiadora. A empresa estava desapontada com o atraso na entrega da Acme e pelo atraso adicional para reparar as unidades defeituosas. Em vez de passar o contrato inteiro para uma única empresa, no entanto, o contrato final foi dividido entre a Acme e a Omega com o adendo de duas diretrizes: manter um nível zero de defeitos e reduzir o custo final. Em 1993, por meio de extensos esforços para o corte de custos, a Acme reduziu os custos de suas unidades em 20% e, por fim, conseguiu o contrato total.

Notas

1. Tim Arango, "A Hot Social Networking Site Cools as Facebook Flourishes," *The New York Times*, 12de janeiro, 2011, A1; and Geoffrey A. Fowler, "Facebook's Web of Frenemies," *The Wall Street Journal*, 15 de fevereiro, 2011, B1..

2. Tim Arango and David Carr, "Netflix's Move Onto the Web Stirs Rivalries," *The New York Times*, 25 de novembro, 2010, A1; and Cecilia Kang, "Netflix Could Upend Telecom Industry," *Pittsburg Post-Gazette*, 6 de março, 2011, A4.

3. Dana Milbank, "Aluminum Producers, Aggressive and Agile, Outfight Steelmakers," *The Wall Street Journal*, 1 de julho, 1992, A1

4. Roman Friedrich, Michael Peterson, and Alex Koster, "The Rise of Generation C," *Strategy + Business*, Issue 62 (Spring 2011), http://www.strategy-business.com/article/11110 (Acesso em: 25 de julho de 2011).

5. Dexter Roberts, "A New Labor Movement is Born in China," *BusinessWeek* (De 14 a 20 de julho de 2010), 7–8.

6. Nicholas Zamiska, "U.S. Opens the Door to Chinese Pills," *The Wall Street Journal*, 9 de outubro 2007, B1.

7. "What's In Health Care Bill? Take a Dose," CBS News. com (19 de março de 2010), http://www.cbsnews.com/stories/2010/03/19/politics/main6314410.shtml (Acesso em: 1 de junho de 2010); "Another View: Full Speed Ahead on Banking Reforms," *San Gabriel Valley Tribune*, 25 de fevereiro de 2010; and "Government and Regulatory Reform," *National Federation of Independent Business*, http://www.nfib.com/issueselections/government-and-regulatory-reform?gclid=CIf_5oW LpKoCFc-jAKgodhh2GYA& (Acesso em: 28 de julho de 2011).

8. Reena Jana, "Nike Goes Green. Very Quietly," *BusinessWeek* (22 de junho de 2009), 56; Ana Campoy, "Valero Harnesses Wind Energy to Fuel Its Oil-Refining Process," *The Wall Street Journal*, 29 de junho de 2009, B1; Ann Zimmerman, "Retailer's Image Moves from Demon to Darling," *The Wall Street Journal* (16 de julho de,2009), http://online.wsj.com/article/SB124770244854748495.ht ml?KEYWORDS=%22Retailer%E2%80%99s+Image+Moves+from+Demon+to+Darling%22 (Acesso em: 24 de julho de 2009).

9. Simona Covel, "Briggs Retains Clients by Helping Them Cut Costs," *The Wall Street Journal Online* (2 de maio de 2008), http://online.wsj.com/article/SB120943805522951855.html (Acesso em: 2 de maio de 2008).

10. Andrew Pollack, "Not Just Pond Scum," *The New York Times*, 26 de julho de 2010, B1.

11. Jane J. Kim, "Where Either a Borrower or a Lender Can Be," *The Wall Street Journal*, 12 de março de 2008, D1, D3.

12. Norihiko Shirouzu, "Chinese Inspire Car Makers' Designs," *The Wall Street Journal*, 28 de outubro de 2009.

13. Alex Salkever, "Anatomy of a Business Decision; Case Study: A Chocolate Maker Is Buffeted by Global Forces Beyond His Control," *Inc.* (Abril de2008), 59–63.

14. Scott Kilman, "Consumers Feel Impact of Rising Grain Costs," *The Wall Street Journal*, 8 de agosto de,2008, A1, A11.

15. Mireya Navarro, "Changing U.S. Audience Poses Test for a Giant of Spanish TV," *The New York Times*, 10 de março de 2006, A1; Sam Schechner, "Univision to Add Two New Channels," *The Wall Street Journal*, 13 de abril de 2011, B8; and Yvonne Villarreal, "Television; Embracing English Subtitles; Spanish-Language Stations Hope to Hook Younger Generations by Taking the Fluency Requirement Off Telenovelas and Other Shows," *The Los Angeles Times*, 3 de outubro de 2010, D1.

16. Sam Schechner, "Univision to Make More Shows Itself," *The Wall Street Journal*, 19 de maio de 2011, B7.

17. Randall D. Harris, "Organizational Task Environments: An Evaluation of Convergent and Discriminant Validity," *Journal of Management Studies* 41, no. 5 (July 2004), 857–882; Allen C. Bluedorn, "Pilgrim's Progress: Trends and Convergence in Research on Organizational Size and Environment," *Journal of Management* 19 (1993), 163–191; Howard E. Aldrich, *Organizations and Environments* (Englewood Cliffs, N.J.: Prentice-Hall, 1979); and Fred E. Emery and Eric L. Trist, "The Casual Texture of Organizational Environments," *Human Relations* 18 (1965), 21–32.

18. Gregory G. Dess e Donald W. Beard, "Dimensions of Organizational Task Environments," *Administrative Science Quarterly* 29 (1984), 52–73; Ray Jurkovich, "A Core Typology of Organizational Environments," *Administrative Science Quarterly* 19 (1974), 380–394; and Robert B. Duncan, "Characteristics of Organizational Environments and Perceived Environmental Uncertainty," *Administrative Science Quarterly* 17 (1972), 313–327.

19. Christine S. Koberg e Gerardo R. Ungson, "The Effects of Environmental Uncertainty and Dependence on Organizational Structure and Performance: A Comparative Study," *Journal of Management* 13 (1987), 725–737; and Frances J. Milliken, "Three Types of Perceived Uncertainty about the Environment: State, Effect, and Response Uncertainty," *Academy of Management Review* 12 (1987), 133–143.

20. Alex Pham and Ben Fritz, "Game Over? Consoles Lose Ground in Video Gaming as Players Turn to Tablets, Smartphones," *The Los Angeles Times*, June 5, 2011, B1; Alex Pham and Ben Fritz, "Nintendo Unveils New Wii Model: The Company Hopes the Upgraded Game Console Reverses Its Slumping Sales," *The Los Angeles Times*, 8 de junho de 2011, B2; "Sega Corporation," Hoovers Company Information, http://www.hoovers.com/company/SEGA_Corporation/ctfrif-1.html (Acessado em 28 de junho de 2011); and Daisuke Wakabayashi, "Nintendo's Profit Drops As Rivals Move In," *The Wall Street Journal*, 7 de maio de 2010, B5.

21. Reported in Pekka Aula, "Social Media, Reputation Risk and Ambient Publicity Management," *Strategy & Leadership* 38, no. 6 (2010), 43–49.

22. Jay Stuller, "The Need for Speed," *The Conference Board Review* (Fall 2009), 34–41; and Richard S. Levick, "Domino's Discovers Social Media," *BusinessWeek* (21 de abril de 2009), http://www.businessweek.com/print/managing/content/ pr2009/ca20090421_555468.htm (Acesso em: 21 de abril de 2009).

23. See Ian P. McCarthy, Thomas B. Lawrence, Brian Wixted, and Brian R. Gordon, "A Multidimensional Conceptualization of Environmental Velocity," *Academy of Management Review* 35, no. 4 (2010), 604–626, for an overview of the numerous factors that are creating environmental instability for organizations.
24. J. A. Litterer, *The Analysis of Organizations*, 2 ed. (New York: Wiley, 1973), 335.
25. Constance L. Hays, "More Gloom on the Island of Lost Toy Makers," *The New York Times*, 23 de fevereiro de 2005, C1; and Nicholas Casey, "Fisher-Price Game Plan: Pursue Toy Sales in Developing Markets," *The Wall Street Journal*, 29 de maio de 2008, B1, B2.
26. Rosalie L. Tung, "Dimensions of Organizational Environments: An Exploratory Study of Their Impact on Organizational Structure," *Academy of Management Journal* 22 (1979), 672–693.
27. Joseph E. McCann and John Selsky, "Hyper-turbulence and the Emergence of Type 5 Environments," *Academy of Management Review* 9 (1984), 460–470.
28. McCarthy et al., "A Multidimensional Conceptualization of Environmental Velocity."
29. Susan Carey and Melanie Trottman, "Airlines Face New Reckoning as Fuel Costs Take Big Bite," *The Wall Street Journal*, 20 de março de 2008, A1, A15.
30. James D. Thompson, *Organizations in Action* (New York: McGraw-Hill, 1967), 20–21.
31. Jennifer A. Marrone, "Team Boundary Spanning: A Multilevel Review of Past Research and Proposals for the Future," *Journal of Management* 36, no. 4 (julho de 2010), 911–940.
32. Darren Dahl, "Strategy: Managing Fast, Flexible, and Full of Team Spirit," *Inc.* (maio de 2009), 95–97.
33. David B. Jemison, "The Importance of Boundary Spanning Roles in Strategic Decision-Making," *Journal of Management Studies* 21 (1984), 131–152; and Mohamed Ibrahim Ahmad at-Twaijri and John R. Montanari, "The Impact of Context and Choice on the Boundary-Spanning Process: An Empirical Extension," *Human Relations* 40 (1987), 783–798.
34. Reported in Michelle Cook, "The Intelligentsia," *Business 2.0* (julho de 1999), 135–136.
35. Robert C. Schwab, Gerardo R. Ungson, and Warren B. Brown, "Redefining the Boundary-Spanning Environment Relationship," *Journal of Management* 11 (1985), 75–86.
36. Tom Duffy, "Spying the Holy Grail," *Microsoft Executive Circle* (inverno de 2004), 38–39.
37. Reported in Julie Schlosser, "Looking for Intelligence in Ice Cream," *Fortune* (17 de março de 2003), 114–120.
38. Ken Western, "Ethical Spying," *Business Ethics* (setembro/outubro de 1995), 22–23; Stan Crock, Geoffrey Smith, Joseph Weber, Richard A. Melcher, and Linda Himelstein, "They Snoop to Conquer," *BusinessWeek* (28 de outubro de 1996), 172–176; and Kenneth A. Sawka, "Demystifying Business Intelligence," *Management Review* (outubro de 1996), 47–51.
39. Liam Fahey and Jan Herring, "Intelligence Teams," *Strategy & Leadership* 35, no. 1 (2007), 13–20.
40. Jay W. Lorsch, "Introduction to the Structural Design of Organizations," in Gene W. Dalton, Paul R. Lawrence, and Jay W. Lorsch, eds., *Organizational Structure and Design* (Homewood, IL: Irwin and Dorsey, 1970), 5.
41. Paul R. Lawrence and Jay W. Lorsch, *Organization and Environment* (Homewood, IL: Irwin, 1969).
42. Lorsch, "Introduction to the Structural Design of Organizations," 7.
43. Jay W. Lorsch and Paul R. Lawrence, "Environmental Factors and Organizational Integration," in J. W. Lorsch and Paul R. Lawrence, eds., *Organizational Planning: Cases and Concepts* (Homewood, IL: Irwin and Dorsey, 1972), 45.
44. Tom Burns and G. M. Stalker, *The Management of Innovation* (London: Tavistock, 1961).
45. John A. Courtright, Gail T. Fairhurst, and L. Edna Rogers, "Interaction Patterns in Organic and Mechanistic Systems," *Academy of Management Journal* 32 (1989), 773–802.
46. Dennis K. Berman, "Crunch Time," *BusinessWeek Frontier* (24 de abril de 2000), F28–F38.
47. Thomas C. Powell, "Organizational Alignment as Competitive Advantage," *Strategic Management Journal* 13 (1992), 119–134; Mansour Javidan, "The Impact of Environmental Uncertainty on Long-Range Planning Practices of the U.S. Savings and Loan Industry," *Strategic Management Journal* 5 (1984), 381–392; Tung, "Dimensions of Organizational Environments," and Thompson, *Organizations in Action*.
48. Peter Brews and Devavrat Purohit, "Strategic Planning in Unstable Environments," *Long Range Planning* 40 (2007), 64–83; and Darrell Rigby and Barbara Bilodeau, "A Growing Focus on Preparedness," *Harvard Business Review* (julho/agosto de 2007), 21–22.
49. Bain & Company Management Tools and Trends Survey, reported in Darrell Rigby and Barbara Bilodeau, "A Growing Focus on Preparedness," *Harvard Business Review* (July–August 2007), 21–22; William J. Worthington, Jamie D. Collins, and Michael A. Hitt, "Beyond Risk Mitigation: Enhancing Corporate Innovation with Scenario Planning," *Business Horizons* 52 (2009), 441–450; Cari Tuna, "Pendulum Is Swinging Back on 'Scenario Planning,'" *The Wall Street Journal*, July 6, 2009, B6; and "Strategic Planning in a risis: A McKinsey Quarterly Survey," *The McKinsey Quarterly: The Online Journal of McKinsey & Co.* (abril de 2009), http://www.mckinseyquarterly.com (Acesso em: 20 de abril de 2009).
50. Ian Wylie, "There Is No Alternative To...," *Fast Company* (julho de 2002), 106–110.
51. General Colin Powell, quoted in Oren Harari, "Good/Bad News About Strategy," *Management Review* (julho de 1995), 29–31.
52. Jeffrey Pfeffer and Gerald Salancik, *The External Control of Organizations: A Resource Dependent Perspective* (New York: Harper & Row, 1978); David Ulrich and Jay B. Barney, "Perspectives in Organizations: Resource Dependence, Efficiency, and Population," *Academy of Management Review* 9 (1984), 471–481; and Amy J. Hillman, Michael C. Withers, and Brian J. Collins, "Resource Dependence Theory: A Review," *Journal of Management* 35, no. 6 (2009), 1404–1427.
53. Andrew H. Van de Ven and Gordon Walker, "The Dynamics of Interorganizational Coordination," *Administrative Science Quarterly* (1984), 598–621; and Huseyin Leblebici and Gerald R. Salancik, "Stability in Interorganizational Exchanges: Rule-making Processes of the Chicago Board of Trade," *Administrative Science Quarterly* 27 (1982), 227–242.
54. Mike Esterl and Corey Dade, "DHL Sends an SOS to UPS in $1 Billion Parcel Deal," *The Wall Street Journal*, 29 de maio de 2008, B1.
55. Judith A. Babcock, *Organizational Responses to Resource Scarcity and Munificence: Adaptation and Modification in Colleges within a University* (Ph.D. diss., Pennsylvania State University, 1981).
56. Peter Smith Ring and Andrew H. Van de Ven, "Developmental Processes of Corporative Interorganizational Relationships," *Academy of Management Review* 19 (1994), 90–118; Jeffrey Pfeffer, "Beyond Management and the Worker: The Institutional

Function of Management," *Academy of Management Review* 1 (abril de 1976), 36–46; and John P. Kotter, "Managing External Dependence," *Academy of Management Review* 4 (1979), 87–92.

58. Julie Appleby "As More Hospital Systems Consolidate, Experts Say Health Care Prices Will Jump," *The Washington Post* 25 de setembro de 2010), http://www.washingtonpost.com/wp-dyn/content/article/2010/09/25/AR2010092503006.html (Acesso em: 28 de julho de 2011); and Steven Pearlstein, "Connect These Dots to Form a Hospital Chain," *The Washington Post*, 9 de julho de 2010, A13.

59. Julie Cohen Mason, "Strategic Alliances: Partnering for Success," *Management Review* (maio de 1993), 10–15.

60. Teri Agins and Alessandra Galloni, "After Gianni; Facing a Squeeze, Versace Struggles to Trim the Fat," *The Wall Street Journal*, 30 de setembro de 2003, A1, A10.

61. Borys and Jemison, "Hybrid Arrangements as Strategic Alliances."

62. Donald Palmer, "Broken Ties: Interlocking Directorates and Intercorporate Coordination," *Administrative Science Quarterly* 28 (1983), 40–55; F. David Shoorman, Max H. Bazerman, and Robert S. Atkin, "Interlocking Directorates: A Strategy for Reducing Environmental Uncertainty," *Academy of Management Review* 6 (1981), 243–251; and Ronald S. Burt, Toward a Structural Theory of Action (New York: Academic Press, 1982).

63. James R. Lang and Daniel E. Lockhart, "Increased Environmental Uncertainty and Changes in Board Linkage Patterns," *Academy of Management Journal* 33 (1990), 106–128; and Mark S. Mizruchi and Linda Brewster Stearns, "A Longitudinal Study of the Formation of Interlocking Directorates," *Administrative Science Quarterly* 33 (1988), 194–210.

64. Miguel Bustillo and Joann S. Lublin, "Board Ties Begin to Trip Up Companies," *The Wall Street Journal*, April 8, 2010, B1.

65. Claudia H. Deutsch, "Companies and Critics Try Collaboration," *The New York Times*, 17 de maio de 2006, G1.

66. Tom McGinty, "SEC 'Revolving Door' Under Review; Staffers Who Join Companies They Once Regulated Draw Lawmakers' Ire," *The Wall Street Journal*, 16 de junho de 2010, C1.

67. Keith J. Winstein and Suzanne Vranica, "Drug Ads' Impact Questioned," *The Wall Street Journal*, 3 de setembro de 2008, B7; and Jon Kamp, "Pfizer Drops Celebrity Pitch in New Lipitor Spots," *The Wall Street Journal*, 2 de setembro de 2008, B8.

68. Aula, "Social Media, Reputation Risk and Ambient Publicity Management."

69. John D. Stoll, "Repair Job: GM Urges, 'Tell Fritz,' " *The Wall Street Journal Online* (20 de julho de 2009), http://online.wsj.com/article/SB124804822336763843.html?mod=djem_jiewr_LD (Acesso em: 27 de julho de 2010).

70. Kotter, "Managing External Dependence."

71. Miguel Bustillo, "Wal-Mart Sees Small Stores in Big Cities," *The Wall Street Journal Online* (13 de outubro de 2010), http://online.wsj.com/article/SB10001424052748703673604575550243762557882.html (Acesso em: 14 de outubro de 2010).

72. Matt Rosoff, "Google's 15 Biggest Acquisitions and What Happened to Them," *Business Insider* (14 de março de 2011), http:// www.businessinsider.com/googles-15-biggest-acquisitions-andwhat- happened-to-them-2011-3 (Acesso em: 28 de julho de 2011).

73. Jeffrey A. Trachtenberg, "E-Books Rewrite Bookselling," *The Wall Street Journal*, 21 de maio de 2010, A1; and Jeffrey A. Trachtenberg, "Firing Bookworms, Hiring Tech Jocks, Barnes & Noble Strives to Survive," *The Wall Street Journal*, 20 de julho de 2011, B1.

74. Trachtenberg, "E-Books Rewrite Bookselling."

75. Robert Pear, "Health Insurance Companies Try to Shape Rules," *The New York Times* (15 de maio de 2010), http://www.nytimes.com/2010/05/16/health/policy/16health.html (Acesso em: 15 de maio de 2010); Miguel Bustillo and Stu Woo, "Retailers Push Amazon on Taxes; Wal-Mart, Target and Others Look to Close Loophole for Online Sellers," *The Wall Street Journal*, March 17, 2011, B1; and Sara Forden, "Facebook Seeks Friends in Washington Amid Privacy Talk," *BusinessWeek* (2 de dezembro de 2010), http://www.businessweek. com/news/2010-12-02/facebook-seeks-friends-inwashington- amid-privacy-talk.html (Acesso em: 28 de julho de2011).

76. David B. Yoffie, "How an Industry Builds Political Advantage," *Harvard Business Review* (Maio – junho de 1988), 82–89; and Jeffrey H. Birnbaum, "Chief Executives Head to Washington to Ply the Lobbyist's Trade," *The Wall Street Journal*, 19 de março de 1990, A1, A16.

77. Spencer E. Ante and Shayndi Raice, "Dignitaries Come on Board to Ease Huawei into U.S.," *The Wall Street Journal Online* (21 de setembro de 2010), http://online.wsj.com/article/SB10001424052748704416904575501892440266992.html (Acesso em:23 de setembro de 2010); P. Goldstein, "Former Defense Official Joins Amerilink in Huawei Lobbying Bid," *FierceWireless.com* (22 de outubro de 2010), http://www. fiercewireless.com/story/former-defense-official-joinsamerilink- huawei-lobbing-bid/2010-10-22 (Acesso em: 26 de julho de 2011); Joann S. Lublin and Shayndi Raice, "U.S. Security Fears Kill Huawei, ZTE Bids," *The Asian Wall Street Journal*, 8 de novembro de 2010, 17; and Shayndi Raice, " Huawei and U.S. Partner Scale Back Business Tie-Up," *The Wall Street Journal*, 10 de fevereiro de2011, B5.

78. Ante and Raice, "Dignitaries Come on Board to East Huawei into U.S."

79. Leslie Scism, "Insurer Pushes to Weaken License Test," *The Wall Street Journal*, 25 de abril de 2011, A1.

80. Anthony J. Daboub, Abdul M. A. Rasheed, Richard L. Priem, and David A. Gray, "Top Management Team Characteristics and Corporate Illegal Activity," *Academy of Management Review* 20, no. 1 (1995), 138–170.

81. Barry M. Staw and Eugene Szwajkowski, "The Scarcity-Munificence Component of Organizational Environments and the Commission of Illegal Acts," *Administrative Science Quarterly* 20 (1975), 345–354; and Kimberly D. Elsbach and Robert I. Sutton, "Acquiring Organizational Legitimacy through Illegitimate Actions: A Marriage of Institutional and Impression Management Theories," *Academy of Management Journal* 35 (1992), 699–738.

82. Russell Gold, "Halliburton Ex-Official Pleads Guilty in Bribe Case," *The Wall Street Journal*, 4 de setembro de 2005, A1, A15.

83. G. Thomas Sims, "German Industry Would Alter Law Requiring Labor Seats on Boards," *The New York Times*, 6 de abril de 2007, C3. © Cengage Learning 2013

84. Adapted by Dorothy Marcic from "Organizational Dependencies," in Ricky W. Griffin and Thomas C. Head, *Practicing Management*, 2nd ed. (Dallas: Houghton Mifflin), 2–3.

85. Adapted from John F. Veiga, "The Paradoxical Twins: Acme and Omega Electronics," in John F. Veiga and John N. Yanouzas, *The Dynamics of Organizational Theory* (St. Paul, MN: West, 1984), 132–138.

ESTUDO DE CASO 5.0
IKEA: estilo escandinavo

"Por trás da montanha há pessoas também". Antigo Provérbio Sueco

Como um dos empresários mais bem-sucedidos do mundo, Ingvar Kamprad nunca esqueceu os sonhos, aspirações e trabalho duro dos habitantes rurais, ou a sua capacidade para encontrar soluções para problemas difíceis. Crescendo na zona agrícola do sul da Suécia, Kamprad incorporava muitos dos traços dos homens e mulheres calorosos que o cercavam e, como um garoto trabalhador e ambicioso, revelava as características de negócios que contribuiriam para seu posterior sucesso e reputação. Quando criança, Kamprad aprendeu o conceito de atender às necessidades de pessoas comuns ao comprar fósforos a granel, os quais ele depois vendia para clientes rurais obtendo um lucro. Quando ainda era adolescente, ele expandiu sua operação de varejo para vender tudo, de lápis a cartões de Natal, e aprimorou a eficiência de sua distribuição utilizando o sistema de entrega regional de leite.

O começo

Em 1943, aos 17 anos, Kamprad formou a IKEA com as iniciais representando seu primeiro e último nomes, juntamente com o nome da fazenda da família (Elmtaryd) e da vila próxima (Agunnaryd). Prevendo o consumismo crescente em meio à rápida expansão da reconstrução que acompanharia a guerra, IKEA agiu rapidamente para fornecer às famílias projetos de mobília de baixo custo através da conveniência das vendas por catálogo. Com a abertura do primeiro *showroom* da empresa em 1953, Kamprad criou um modelo de integração vertical, unindo uma variedade de fornecedores sob a égide da IKEA, coordenando agendas de produção em longo prazo e controlando a distribuição. Esse modelo expandiu em 1964 com a introdução do primeiro armazém, eliminando toda uma etapa na distribuição de produtos ao permitir que os clientes coletassem os produtos dos contêineres do armazém.

As lições de negócios que Kamprad dominava como um jovem empreendedor foram evidenciadas no nível corporativo de muitas formas. Por exemplo, a compra a granel de fósforos em sua juventude foi uma precursora à compra a granel de tecidos que expandiu as opções de estofamento para consumidores e tornou o luxo das opções de tecidos, anteriormente limitadas aos ricos, disponíveis a todos os clientes. Do mesmo modo, a IKEA utilizou a distribuição imaginativa e opções de entrega, como quando um funcionário da IKEA inteligentemente descobriu a abordagem de "caixas achatadas" da empresa em 1955. Ao tentar colocar uma mesa no automóvel de um cliente, um funcionário simplesmente removeu as pernas da mesa, possibilitando uma nova visão da venda de móveis desmontados. Soluções práticas aliadas a uma promessa de baixo custo criaram uma nova fórmula da IKEA referente à desmontagem de móveis, armazenamento e transporte em caixas achatadas e montagem pelos consumidores munidos de ferramentas de montagem desenvolvidas pela IKEA e instruções visuais. A fórmula revolucionou a indústria de mobília doméstica.

Um ponto forte importante da IKEA consiste em sua distribuição pioneira criada por meio das relações exclusivas entre a corporação e o fornecedor. Nos primeiros dias da empresa, fabricantes suecos de móveis finos tentaram boicotar a IKEA e tirá-la de atividade por vender móveis a um custo baixo. Kamprad os manipulou ao forjar novas parcerias com outros fabricantes escandinavos, oferecendo garantias em longos ciclos de produção. Além disso, os altos gestores descobriram que móveis acessíveis podem ser fornecidos sem a necessidade de se ter propriedade das fábricas. A IKEA é uma espécie de corporação "oca" ou virtual pelo fato de quase toda sua produção ser terceirizada. A IKEA utiliza contratos normais de aquisição de curto prazo com fornecedores, o que significa que ela pode ajustar rapidamente os pedidos a mudanças na demanda e não ficar oprimida com um enorme estoque não vendido. Os fornecedores também estão em uma competição uns com os outros para manter os custos baixos. A IKEA exerce controle indireto sobre os fornecedores pelo fato de ela, muitas vezes, comprar de 90 a 100% da produção de um fornecedor. Ciente da importância das relações com os fornecedores, a IKEA mantém uma supervisão constante ao trabalhar com eles a fim de encontrar formas de reduzir custos ao mesmo tempo que mantém os padrões de qualidade elevados, ocasionalmente até mesmo concordando em garantir a assistência técnica do fornecedor. Essa atitude de boa vontade com os fornecedores serviu bem a IKEA ao longo do tempo.

Relações com fornecedores

Hoje, com 1.300 fornecedores em 53 países, o projeto integrado, produção e distribuição da IKEA enfrentam alguns problemas. Os números absolutos podem enfraquecer longos ciclos de produção e dispersar as linhas de abastecimento. O alcance global também significa que os requisitos internos variam de acordo com a região ou que determinadas áreas, como o leste europeu, têm poucos fornecedores capazes de produzir com alta qualidade e baixo custo. Ademais, os concorrentes da área de móveis não ficaram ociosos, mas aprenderam lições com a gigante da mobília. Em face a esses desafios, a IKEA continua acreditando no poder de sua engenhosidade. As equipes de design trabalham com os fornecedores de maneiras criativas. Por exemplo, a necessidade de conhecimentos no design de madeira curvada (*bent-wood*) para uma poltrona popular resultou em uma parceria com fabricantes de esqui. De forma semelhante, a necessidade de toda a Escandinávia de ter habitações com preços acessíveis resultou na expansão da IKEA para casas pré-fabricadas, construídas no chão de fábrica do fornecedor e entregues aos locais de construção, prontas para receberem os móveis da IKEA, convenientemente assistidas por US$ 500 em vale-presentes da IKEA para o proprietário da casa.

Desde o início, a IKEA representa mais que frases feitas como preço baixo e conveniência. Voltar-se a famílias de renda mais baixa leva à constante adesão da IKEA à frugalidade, o que se reflete na aversão cultural a regalias de escritórios corporativos, tais como estacionamento especial ou instalações para refeições. Espera-se que os executivos da IKEA "voem na classe econômica". Na tentativa de levar "um pouco da Suécia para o mundo", Kamprad criou um modelo de estilo de vida que moldaria os hábitos e atitudes do consumidor. Fiel aos valores rurais de sua terra natal, Kamprad alimentou o ideal da *família* IKEA, referindo-se aos funcionários como *colegas de trabalho* e ao centro corporativo o nome *Tillsammans* ("Juntos" em sueco).

Missão e cultura

O mais elevado propósito cultural da IKEA foi reafirmado em 1976 com a publicação do testamento de Kamprad – *Testamento de um Comerciante de Móveis* – que declara explicitamente que a IKEA diz respeito a "criar um vida cotidiana melhor para a maioria das pessoas". E ele continuou, "em nosso ramo de negócios, por exemplo, muitos produtos novos e lindamente projetados podem ser comprados somente por um pequeno grupo de pessoas abastadas. O objetivo da IKEA é mudar essa situação". O objetivo de fornecer móveis atraentes para as massas deveria ser alcançado por meio de uma cultura interna que Kamprad descreveu com as seguintes palavras: "informalidade, frugalidade, humildade, pés no chão, simplicidade, força de vontade, fazer acontecer, honestidade, bom senso, enfrentar a realidade e entusiasmo". Atingir esses propósitos significa que os funcionários tinham de ter experiência pessoal com as necessidades da maioria dos clientes.

Visualizando as necessidades em constante transformação de uma clientela compreendida por agricultores e estudantes universitários, jovens profissionais e famílias ocupadas, Kamprad definiu a missão empresarial da IKEA como "*oferecer uma ampla variedade de móveis com um bom design e funcionalidade a preços muito baixos para que a maioria das pessoas possa comprá-los*". Esses são móveis "marcadores de espaço", que atendem às necessidades em constante transformação nas vidas de indivíduos e famílias. Mas a empresa iria além de meramente oferecer a solução para as necessidades imediatas de um consumidor. Do *design* de móveis ao *layout* do catálogo ou disposição dos *showrooms* do armazém, Kamprad e seus colaboradores imprimiram gentilmente o estilo e os valores culturais suecos referentes ao lar, frugalidade e praticidade. Como o CEO Anders Dahvig explicou em uma entrevista de 2005 para a *Business Week*, "A IKEA não é apenas mobília. É um estilo de vida".

Esse estilo de vida reflete na experiência de compra do consumidor. A conveniência de toques úteis – o fornecimento de fitas métricas e lápis, um espaço de recreação infantil que permite que os pais façam suas compras com tranquilidade, um restaurante na área central do prédio para proporcionar um intervalo nas compras – é uma parte-chave da experiência na IKEA. Também conhecido é o percurso cinza, que guia o comprador pelos amplos corredores através da loja de 91.440 metros quadrados. Um verdadeiro labirinto, o trajeto propicia o encanto da surpresa à medida que os compradores se aventuram pelos *showrooms* ou confunde aqueles que se aventuram fora do caminho pretendido. Tudo é cuidadosamente orquestrado, as etiquetas de preço são sempre colocadas à esquerda do objeto, grandes recipientes com a promessa de "itens obrigatórios" e as disposições nos espaços incluem toques especiais que atraem o olhar e estimulam compras adicionais.

A atenção da IKEA aos detalhes é apurada por meio de uma variedade de estratégias que ligam a administração e os colaboradores aos seus clientes em todos os níveis. A semana antiburocracia coloca os executivos nos depósitos e no setor de vendas, cuidando de registros, respondendo questionamentos dos clientes, ou descarregando mercadorias dos caminhões. O Programa de Fidelidade e o programa de Visitas Residenciais da IKEA permitem que pesquisadores da companhia entrem nas casas dos consumidores a fim de determinar com maior precisão as necessidades dos indivíduos e da comunidade para projetos de mobília. Os resultados desses esforços podem ser práticos, tais como unidades de armazenamento especialmente projetadas para moradores de apartamentos urbanos, ou gavetas mais fundas para atender às necessidades de espaço para roupas dos norte-americanos. Eles também podem ajudar na detecção ou prever mudanças culturais. A IKEA foi a primeiro varejista a reconhecer por meio de sua publicidade a definição em expansão de família a fim de incluir estruturas familiares multirraciais, multi geracionais e homo afetivas e promover sua abertura para "todas as famílias".

Desafios

Ao longo das décadas, os esforços para fortalecer a IKEA e os laços familiares do consumidor e encorajar a repetição da empresa à medida que os clientes passavam de uma fase da vida para outra produziram uma marca global singular conhecida pela inovação. A devoção da empresa a soluções de estilo de vida levaram ao rápido movimento de duas frentes, a expansão das linhas de produto (agora, com mais de 9.500 produtos) e a expansão dos mercados globais. Em 2010, havia 332 lojas da IKEA em 41 países. As dificuldades econômicas globais nos últimos anos – incluindo quedas nas bolsas de valores mundiais, desemprego em ascensão e falta de segurança financeira pessoal – aumentaram as vendas e os lucros da IKEA. À medida que os consumidores buscavam formas de cortar despesas gerais e reduzir os custos com móveis para o lar, a companhia continuava passando por um crescimento contínuo com um aumento nas vendas de 7,7% para 23,1 bilhões de Euros.

Contudo, a rápida expansão global da empresa e o surgimento de imitadores oferecendo móveis residenciais de baixo custo e qualidade levaram alguns críticos a acreditar que a

Estudo de caso

IKEA tinha abandonado seus métodos dissidentes e renunciado a sua vantagem inovadora. Eles detectaram um afrouxamento dos valores centrais da empresa, estabelecidos mais de meio século atrás e reforçados no treinamento de colaboradores do *Jeito IKEA*.

Outros críticos têm uma opinião contrária e alegam que a IKEA é provinciana. Os problemas desse ponto de vista são o resultado desses valores centrais rígidos, monitorados regularmente por meio de *Análises Comerciais*, mensurando o quanto as diversas lojas aderem ao *Jeito IKEA*.

A IKEA repetidamente questiona seus clientes, visitantes, fornecedores e colaboradores quanto a sua satisfação com a relação com a IKEA. A repetição das pesquisas oferece um *feedback* claro e também mede tendências importantes, especialmente se os resultados se aventuram do esperado 5 ao temido 1. Os críticos argumentam que a constante pressão para o "um pouco da Suécia" de Kamprad cria uma cultura que despreza o planejamento estratégico, é lenta para reagir à nuance cultural em novos locais e oferece oportunidade limitada para o crescimento profissional ou avanço para os não suecos. Eles poderiam salientar que a noção de *pessoas atrás da montanha* deve funcionar das duas formas.

Globalização

A expansão global para mercados não europeus, incluindo os Estados Unidos, Japão e China, aumentou a magnitude dos problemas e a necessidade de flexibilidade. Os exemplos disso são muitos. O foco na padronização em vez da adaptação causa problemas para uma gigante da indústria como a IKEA, particularmente à medida que ela entra em mercados asiáticos que são culturalmente diferentes. A dependência por parte da IKEA de padronização para tudo, desde o *layout* da loja até os nomes suecos de todos os produtos, provocou problemas de tradução ao informar os consumidores asiáticos sobre procedimentos de compra e envio. Abordar diferenças culturais (as mulheres são as principais tomadoras de decisão e compradoras para o lar), especificações da loja e do produto (por exemplo, reduzir a altura das prateleiras das lojas e ajustar o comprimento das camas), ou o poder de compra do consumidor (um trabalhador pode precisar de até um ano e meio para comprar um produto) foi essencial para o sucesso da companhia na China. Além disso, os gestores da IKEA perceberam a necessidade de mudar o foco da venda de móveis para a prestação de consultoria em decoração para o lar ao descobrir que muitos consumidores qualificados poderiam utilizar fitas métricas e lápis que estivessem à mão para fazer o esboço de peças que eles mesmos poderiam construir em casa.

No mercado norte-americano, a IKEA demorou a fazer concessões, como a mudança da medição em metros para pés e polegadas. Ao passo que os consumidores abraçaram os preços baixos e a conveniência dos móveis desmontáveis, a demora da empresa na designação do tamanho das camas para os conhecidos king, queen e solteiro deixou os clientes norte-americanos malucos já que "160 centímetros" não significava quase nada para eles. Também surgiram problemas com os colaboradores. Trabalhadores norte-americanos irritados em locais como Danville, Virgínia, passaram a formar sindicatos em meio a reclamações de discrepâncias salariais (US$ 8,00 por hora em comparação aos US$ 19,00 por hora para os trabalhadores da Suécia), férias (12 dias ao ano para os trabalhadores norte-americanos em comparação a cinco semanas para seus equivalentes na Suécia) e as constantes exigências de, por exemplo, horas extras obrigatórias por parte de gerentes rígidos.

Autoridades da IKEA admitiram que "quase estragaram tudo" nos Estados Unidos e que estão comprometidas em ser globais e locais. Elas insistem que são responsivas a problemas e pessoas. A empresa faz alusão a uma história de posicionar-se contra a corrupção e a sua própria resposta rápida quando a tentativa de suborno por parte de uma subcontratada levou à porta da IKEA uma insinuação de escândalo. O CEO Mikael Ohlsson orgulhosamente indica um registro recente da companhia concernente a cuidar das necessidades de pessoas comuns através de projetos de caridade como as Iniciativas Sociais da IKEA, beneficiando mais de 10 milhões de crianças. Prestar serviços a pessoas "atrás da montanha" também requer o reconhecimento da montanha. A IKEA tem como prioridade a sustentabilidade, trabalhando para melhorar a eficiência energética da empresa como um reflexo de seu compromisso com a frugalidade, a utilização consciente dos recursos naturais e uma atenção em nível familiar com relação à administração da terra. Da eliminação de estrados de madeira e proibição do uso de sacolas plásticas à instalação de painéis solares e eliminação progressiva das vendas de lâmpadas incandescentes, a IKEA guia os consumidores e os concorrentes através do exemplo e da demonstração de seus valores centrais.

Por trás das cortinas

Apesar das preocupações dos críticos, aqueles valores estabelecidos por Kamprad permanecem intactos por meio da combinação de treinamento dos colaboradores do *Jeito IKEA* e de uma estrutura organizacional cuidadosamente criada que deixa pouco espaço para a mudança cultural ou corporativa. Embora aposentado (desde 1986), Kamprad permanece como conselheiro sênior de um conselho dominado por colegas suecos. A estrutura da organização se assemelha à caixa achatada da IKEA, com apenas quatro camadas separando o CEO e o caixa da seção de vendas. E a cultura está em boas mãos com o atual CEO Mikael Ohlsson, que diz sem rodeios, "odiamos desperdício", enquanto aponta com orgulho para um sofá o qual seus engenheiros descobriram uma maneira de transportar em metade do espaço do contêiner cortando, assim, € 100 do preço – e reduzindo acentuadamente as emissões de dióxido de carbono ao transportá-lo.

Historicamente, os detalhes financeiros sobre a IKEA têm sido mantidos restritos e em ordem e, até pouco tempo, secretos. A divulgação ao grande público de informações como vendas, lucros, ativos e passivos surgiu pela primeira vez em 2010 logo após um documentário Sueco. A capacidade de manter uma organização tão opaca dura 30 anos. O ano de 1982 marcou a transferência da propriedade da IKEA para a

Ingka Holding, mantida pela Stichting INGKA Foundation (uma organização sem fins lucrativos). Kamprad preside o comitê executivo de cinco membros da fundação. A marca IKEA é de propriedade da IKEA Systems, outra companhia holandesa privada cuja controladora, a IKEA Holding, é registrada em Luxemburgo e de propriedade da Interogo, uma fundação de Liechtenstein controlada pela família Kamprad. Essa complexa configuração organizacional permite que a IKEA minimize impostos, evite a divulgação e, por meio de diretrizes rígidas, proteja a visão de Kamprad enquanto minimiza o potencial de aquisição.

O futuro

A visão permanece, mas com a expansão global, a cultura corporativa da IKEA aventurou-se em maneiras de utilizar a tecnologia para unir os clientes fiéis da IKEA enquanto explora suas ideias e *feedback* valioso. A companhia expandiu suas vendas de *e-commerce* e iniciou o *Clube da Família IKEA* a fim de fortalecer os vínculos com os clientes existentes e construir relações de longo prazo. Os membros do clube da família auxiliam no compartilhamento de valores e ideias e agregando valor de cocriação para tudo, desde o desenvolvimento do produto até melhorias em lojas e serviços. Os membros são encorajados a aumentar a frequência de suas visitas às lojas, às "salas de experiência" no local e ao site para se familiarizarem com produtos e estabelecer laços de desenvolvimento compartilhado ao tentar encontrar soluções da vida real para desafios com relação à mobília doméstica com os quais deparam em diversas fases de suas vidas. Esse mais recente desenvolvimento na longa história da IKEA reforça a antiga meta do fundador de continuar a olhar atrás da montanha e atender às necessidades das pessoas comuns.

Fontes

Laura Collins, "House Perfect: Is the IKEA Ethos Comfy or Creepy?" *The New Yorker* (outubro de 2011), 54–66.

Colleen Lief, "IKEA: Past, Present & Future," *IMD International* (18 de junho de 2008), http://www.denisonconsulting.com/Libraries/Resources/IMDIKEA.sflb.ashx (acessado em 4 de janeiro de 2012).

Kerry Capell, "IKEA: How the Swedish Retailer Became a Global Cult Brand," *BusinessWeek* (14 de novembro de 2005), 96–106.

Bo Edvardsson e Bo Enquist, "'The IKEA Saga': How Service Culture Drives Service Strategy," *The Services Industry Journal* 22, no. 4 (outubro de 2002), 153–186.

Katarina Kling e Ingela Goteman, "IKEA CEO Anders Dahlvig on International Growth and IKEA's Unique Corporate Culture and Brand Identity," *Academy of Management Executive* 17, no. 1(2003), 31–37.

Anônimo, "The Secret of IKEA's Success: Lean Operations, Shrewd Tax Planning, and Tight Control," *The Economist* (26 de fevereiro de 2011), 57–58.

"IKEA: Creativity Key to Growth," Marketing Week (19 de julho de 2007), 30.

Gareth Jones, "IKEA Takes Online Gamble," *Marketing* (25 de maio de 2007), 14.

Bob Trebilcock, "IKEA Thinks Global, Acts Local," *Modern Material Handling* 63 no. 2 (fevereiro de 2008), 22.

Anônimo, "IKEA Focuses on Sustainability," *Professional Services Close-Up* (26 de setembro de 2011).

D. Howell, "IKEA 'LEEDS' the Way," Chain Store Age edição especial (2006), 97–98.

Ulf Johansson e Asa Thelander, "A Standardized Approach to the World," *International Journal of Quality & Service Sciences* 1, no. 2 (2009), 199–219.

Anônimo, "IKEA Aims to Have 15 Stores in China by 2015," *Asia Pulse* (24 de junho de 2011).

Mei Fong, "IKEA Hits Home in China: The Swedish Design Giant, Unlike Other Retailers, Slashes Prices For the Chinese," *The Wall Street Journal* (3 de março de 2006), B.1.

Ali Yakhlef, "The Trinity of International Strategy: Adaptation, Standardization, and Transformation," *Asian Business & Management* 19, no. 1(novembro de 2009), 47–65.

M. Roger, P. Grol e C. Schoch, "IKEA: Culture as Competitive Advantage," *ECCH Collection* (1998), disponível para compra em http://www.ecch.com/edu-cators/products/view?id=22574 (Caso de referência número 398-173-1).

ESTUDO DE CASO 6.0
Perdue Farms*

O pano de fundo e a história da empresa

"Eu tenho uma teoria que você pode distinguir entre aqueles que herdaram uma fortuna e aqueles que fizeram uma fortuna. Aqueles que fizeram sua própria fortuna não se esquecem de onde vieram e estão menos propensos a perder contato com a realidade do homem comum" (Bill Sterling, da coluna "Just Browsin" no Eastern Shore News, 2 de março de 1998).

A história da Perdue Farms, Inc. é dominada por sete temas: qualidade, crescimento, expansão geográfica, integração vertical, inovação, *branding* e serviços. Perdue, um agente da Railway Express, descendente de uma família francesa de Huguenot chamada Perdeaux, fundou a empresa em 1920 quando deixou seu emprego na Railway Express e passou a dedicar-se em tempo integral aos negócios de ovos, perto da pequena cidade de Salisbury, em Maryland. Salisbury, também conhecida como "a Margem Oriental" ou "a Península de DelMar Va", está localizada em uma região imortalizada por James Michener em *Chesapeake*. Ela inclui partes de *Delaware, Maryland* e *Virgínia*. Franklin Parsons Perdue, filho único de Arthur Perdue, nasceu em 1920.

Um rápido olhar na declaração da missão da Perdue Farms (Figura 1) revela a ênfase que a empresa sempre deu à qualidade. Em meados de 1920, o "Sr. Arthur," como era chamado, comprou uma criação de galinhas da raça Leghorn do Texas para melhorar a qualidade de seus animais. Logo expandiu seu mercado de ovos e começou a enviar carregamentos para Nova Iorque. Economizando em pequenas coisas, como na preparação de sua própria mistura de ração para as galinhas e na utilização do couro de seus sapatos velhos para fazer as dobradiças dos viveiros, ele se manteve longe das dívidas e prosperou. Ele tentava aumentar um novo viveiro de galinhas todos os anos.

Em 1940, a Perdue Farms já eram conhecidas pela qualidade de seus produtos e negociação justa num mercado difícil e altamente competitivo. A empresa passou a vender frangos quando o Sr. Arthur percebeu que o futuro estava na venda de frangos, e não na venda de ovos. Em 1944, o Sr. Arthur montou uma sociedade com seu filho Frank na A.W. Perdue & Son Inc.

Em 1950, Frank assumiu a liderança da empresa, que empregava 40 pessoas. Em 1952, a receita foi de US$ 6 milhões com a venda de 2.600.000 frangos. Durante esse período, a empresa começou a se integrar verticalmente, operando sua própria chocadeira, começando a misturar suas próprias fórmulas de ração e operando seus próprios silos. Também nos anos 1950, a Perdue Farms começou a contratar terceiros para a criação de frangos. Ao fornecer os pintos e a ração para os criadores, a empresa estava mais bem preparada para controlar a qualidade.

Nos anos 1960, a Perdue Farms continuou a se integrar verticalmente, graças à construção de suas primeiras instalações para o recebimento e o armazenamento de grãos e a primeira planta de processamento de soja em grão de Maryland. Em 1967, as vendas anuais tinham aumentado para cerca de US$ 35 milhões. Contudo, ficou claro para Frank que os lucros estavam no processamento de frangos. Numa entrevista para a *BusinessWeek* (15 de setembro de 1972), Frank recordou que "os processadores estavam nos pagando US$ 0,10 pelo quilo do frango vivo que nos custava US$ 0,14 para a produção. De repente, os processadores estavam ganhando até US$ 0,07 por quilo".

Arthur Perdue, sendo um planejador cauteloso e conservador, não estava ansioso para se expandir, e Frank Perdue estava relutante para entrar no processamento de aves. No entanto, questões econômicas o influenciaram e, em 1968, a empresa comprou sua primeira planta de processamento, uma operação da Swift and Company, em Salisbury.

Desde o primeiro lote de frangos processados, os padrões de Perdue foram mais elevados que aqueles do governo federal. O inspetor do estado no primeiro lote lembrava com frequência de como estava preocupado por ter rejeitado muitos frangos como não sendo da Classe A. Assim que ele terminou suas inspeções para aquele primeiro dia, ele viu Frank Perdue caminhando em direção a ele e notou que Frank não estava feliz. Frank começou a inspecionar os frangos, sem argumentar nenhuma vez contra os que haviam sido rejeitados. A seguir, viu Frank começar a repassar aqueles que o inspetor tinha aprovado e a atirar alguns deles para junto das aves rejeitadas. Finalmente, ao perceber que poucas estavam dentro de seus padrões, Frank colocou todas as aves na pilha dos rejeitados. Entretanto, em breve a planta estaria apta a processar 14.000 frangos de nível A por hora.

Desde o começo, Frank Perdue recusou-se a permitir que seus frangos fossem congelados para o transporte, alegando que isso resultava em ossos escuros sem atrativos e sem sabor e umidade depois de cozidos. Em vez disso, os frangos Perdue eram (e alguns ainda são) enviados ao mercado empacotados em gelo, justificando a propaganda da empresa na época, de que somente vendia "frangos frescos". Contudo, essa política também limitava o mercado da empresa para aquelas localidades que pudessem ser atendidas de um dia para o outro a partir da Margem Oriental de Maryland. Por isso, a Perdue escolheu as cidades densamente povoadas da Costa Leste como seus principais mercados, em especial a cidade de Nova Iorque, que consome mais frangos da Perdue que os de todas as outras marcas juntas.

---

*Adaptado de George C. Rubenson e Frank M. Shipper, Departamento de Administração e Marketing, Escola de Administração Franklin P. Perdue, Universidade de Salisbury. Copyright 2001 por George C. Rubenson e Frank M. Shipper.

FIGURA 1
A Missão da Perdue em 2000

Manter a tradição
Fundada com base na qualidade, uma tradição descrita em nossa Política de Qualidade...

Nossa política de qualidade:

"Produziremos produtos e forneceremos serviços em tempo integral que atinjam ou excedam as expectativas de nossos clientes."

"Não nos contentaremos em ter a mesma qualidade que os nossos concorrentes."

"Nosso compromisso é o de sermos continuamente superiores."

"A contribuição com a qualidade é uma responsabilidade compartilhada por todos na organização Perdue."

Foco sobre o hoje
Nossa missão nos lembra do propósito ao qual servimos...

Nossa missão

"Melhorar a qualidade de vida com bons produtos alimentícios e agrícolas."
Enquanto nos empenhamos para realizar nossa missão, usamos nossos valores para orientar nossas decisões...

Nossos valores

- **Qualidade:** valorizamos as necessidades de nossos clientes. Nossos altos padrões exigem que trabalhemos com segurança, que produzamos alimentos seguros e que sustentemos o nome Perdue.
- **Integridade:** fazemos aquilo que é correto e vivemos pautados por nossos compromissos. Não fazemos compromissos escusos ou falsas promessas.
- **Confiança:** confiamos uns nos outros e nos tratamos com respeito mútuo. As habilidades e os talentos de cada indivíduo são valorizados.
- **Trabalho em equipe:** valorizamos uma sólida ética de trabalho e a habilidade de fazer com que cada um seja bem-sucedido. Nós nos preocupamos com o que cada um pensa e incentivamos seu envolvimento, criando um sentimento de orgulho, lealdade, propriedade e família.

Olhar no futuro
Nossa visão descreve aquilo que seremos e as qualidades que nos permitirão vencer...

Nossa visão

"Ser a empresa líder em alimentos de qualidade com US$ 20 bilhões em vendas em 2020."

Perdue no ano de 2020

- **Aos nossos clientes:** forneceremos soluções indispensáveis em alimentos e serviços para atender às necessidades esperadas dos clientes.
- **Aos nossos consumidores:** um portfólio de alimentos e produtos agrícolas de confiança será sustentado por múltiplas marcas ao redor do mundo.
- **Aos nossos associados:** em todo o mundo, nosso pessoal e nosso lugar de trabalho serão reflexo de nossa reputação de qualidade, colocando a Perdue entre os melhores lugares para se trabalhar.
- **Às nossas comunidades:** seremos conhecidos na comunidade como um cidadão corporativo competente, um parceiro de negócios confiável e o empregador favorito.
- **Aos nossos acionistas:** guiados pela inovação, nossa liderança de mercado e nosso espírito criativo renderão os maiores lucros na indústria.

Estudo de caso

O empenho de Frank Perdue por qualidade tornou-se lendário tanto dentro quanto fora da indústria avícola. Em 1985, Frank e a Perdue Farm, Inc. se destacou no livro *A passion for excelence*, de Tom Peters e Nancy Austin.

Em 1970, a Perdue estabeleceu seus principais programas de procriação e pesquisa genética. Por meio da procriação seletiva, a Perdue desenvolveu um frango com mais carne branca de peito do que o frango normal. A procriação seletiva tem sido tão bem-sucedida que os frangos da Perdue Farms são desejados por outros processadores. Há até mesmo rumores sugerindo que numa ocasião os frangos da Perdue tivessem sido roubados, numa tentativa de melhorar a qualidade dos animais do concorrente.

Em 1971, a Perdue Farms iniciou uma extensa campanha de marketing com destaque para Frank Perdue. Em suas campanhas publicitárias iniciais, ele ficou famoso por dizer coisas como "se você quiser comer tão bem quanto meus frangos, basta comê-los". Ele é frequentemente citado como o primeiro a construir uma marca no que havia sido um produto *commodity*. Durante os anos 1970, a Perdue Farms também se expandiu geograficamente para áreas ao norte da cidade de Nova York, como Massachussetts, Rhode Island e Connecticut.

Em 1977, o "Sr. Arthur" morreu aos 91 anos de idade, deixando para trás uma empresa com as vendas anuais próximas dos US$ 200 milhões, um crescimento anual médio de 17%, comparado à média da indústria de 1% ao ano, o potencial para processar 78 mil frangos por hora e uma produção anual de quase 350 milhões quilos de aves por ano. Sobre seu pai, Frank Perdue simplesmente disse: "Eu aprendi tudo com ele".

Em 1981, Frank Perdue estava em Boston para sua posse na Academia de Empreendedores Destacados do Babson College, uma premiação instituída em 1978 para reconhecer o espírito de empreendimento livre e a liderança nos negócios. Ralph Z. Sorenson, presidente do Babson College, empossou Perdue na academia, que, na época, contava com 18 homens e mulheres dos quatro continentes. Perdue disse o seguinte aos estudantes da faculdade:

"Não há nem nunca haverá passos simples para o empreendedor. Nada, absolutamente nada, substitui a disposição de trabalhar séria e inteligentemente em prol de uma meta. Você tem que estar disposto a pagar o preço. Você precisa ter um apetite insaciável pelo detalhe, estar disposto a aceitar críticas construtivas, fazer perguntas, ser responsável do ponto de vista fiscal, rodear-se de pessoas de bem e, acima de tudo, ouvir" (Frank Perdue, discurso no Babson College, 28 de abril de 1981).

Os primeiros anos da década de 1980 viram a Perdue Farms se expandir em direção ao sul pela Virgínia, Carolina do Norte e Georgia. Ela também começou a adquirir outros produtores, como a Carroll's Foods, as Purvis Farms, a Shenandoah Valley Poultry Company e a Shenandoah Farms. As duas últimas diversificaram o mercado da empresa ao incluir o peru. Entre os novos produtos estavam itens de valor agregado como o "Perdue done it!" ("Foi a Perdue que fez!"), uma linha de produtos prontos para servir a partir de frango fresco.

James A. (Jim) Perdue, filho único de Frank, juntou-se à empresa como gerente *trainee* em 1983 e tornou-se um gerente de fábrica. O final dos anos 1980 testou o vigor da empresa. Seguindo um período de expansão considerável e diversificação de produtos, uma empresa de consultoria recomendou que a empresa formasse unidades estratégicas de negócios, responsáveis por suas próprias operações. Em outras palavras, a empresa devia ser descentralizada. Logo depois, o mercado de frangos se estabilizou e, então, entrou em um período de declínio. Em 1988, a empresa experimentou seu primeiro ano no vermelho. Infelizmente, a descentralização criou duplicação e vultosos custos administrativos. A rápida imersão da empresa no mercado de perus e no processamento de outros alimentos, em que tinha pouca experiência, contribuíram para as perdas. Caracteristicamente, a empresa encontrou um novo foco, concentrando-se na eficiência das operações e prestando muita atenção aos detalhes.

Em 2 de junho de 1989, Frank celebrou 50 anos com a Perdue Farms, Inc. Em uma recepção matutina no centro de Salisbury, o governador de Maryland proclamou o "Dia Frank Perdue". Os governadores de Delaware e Virgínia fizeram o mesmo. Em 1991, Frank foi nomeado presidente do Conselho Executivo e Jim Perdue tornou-se presidente. Mais calado, moderado e com mais anos de educação formal, Jim Perdue colocou o foco nas operações, inspirando na empresa uma devoção ainda mais forte por controle de qualidade e um compromisso maior com o planejamento estratégico. Frank Perdue continuou a cuidar da publicidade e das relações públicas. À medida que Jim Perdue amadurecia como líder da empresa, ele assumiu o papel de porta-voz e passou a aparecer nas campanhas publicitárias.

Sob a liderança de Jim Perdue, os anos 1990 foram dominados pela expansão do mercado para o sul, em direção à Flórida e para oeste, em direção aos estados de Michigan e Missouri. Em 1992, o segmento internacional de negócios foi formalizado, atendendo clientes em Porto Rico, América do Sul, Europa, Japão e China. No ano fiscal de 1998, as vendas internacionais estavam em US$ 180 milhões por ano. Mercados internacionais são benéficos para a empresa porque os clientes norte-americanos preferem a carne branca, enquanto os clientes na maioria dos outros países preferem a carne vermelha.

As vendas de serviços alimentícios para clientes comerciais também se tornaram um mercado importante. Novas linhas de produtos para o varejo dão enfoque aos itens de valor agregado, itens de rápido congelamento, itens de substituição da refeição caseira e produtos para as *delicatessen*. A marca "Fit & Easy" ("Conveniente e fácil") continua como parte de uma campanha nutricional que utiliza produtos de frango e peru sem pele e sem osso.

A década de 1990 também testemunhou o aumento no uso de tecnologia e a construção de centros de distribuição para servir melhor o cliente. Por exemplo, todos os caminhões de transporte eram equipados com comunicação via satélite de duas vias e posicionamento geográfico, permitindo o rastreamento em tempo real, reencaminhando se necessário, e informando com precisão os clientes sobre a data de entrega do produto.

Atualmente, quase 20 mil funcionários fazem com que as receitas aumentem para mais de US$ 2,5 bilhões.

Gestão e organização

"De 1950 a 1991, Frank Perdue foi a principal força por trás do crescimento e do sucesso da Perdue Farms. Durante os anos em que foi líder da empresa, a indústria entrou em seu período de crescimento elevado. Executivos da indústria se desenvolveram profissionalmente durante os primórdios da indústria. Muitos tinham poucos anos de estudo na educação formal e iniciaram sua carreira ao redor do celeiro, construindo e fazendo a limpeza dos viveiros de galinhas. Muitas vezes passavam toda a carreira em uma empresa, progredindo de supervisor das instalações de crescimento para o gerenciamento de plantas de processamento e, a partir disso, para cargos corporativos executivos. A Perdue Farms não foi diferente nesse aspecto. Empreendedor completo, Frank condizia com sua imagem de marketing de que "é preciso um homem duro para fazer um frango macio". Ele aplicou, principalmente, um estilo de gerenciamento centralizado, que centralizava a tomada de decisão em suas próprias mãos ou nas de poucos executivos seniores de confiança que ele conhecia há muito tempo. Dos trabalhadores, esperava-se que cumprissem com seus trabalhos.

Nos últimos anos Frank enfatizava cada vez mais o envolvimento dos funcionários (ou "associados" como são chamados atualmente) quanto à qualidade e a decisões operacionais. Sem dúvida, essa ênfase na participação dos funcionários facilitou a transferência de poder para seu filho Jim, em 1991, que parece ter sido surpreendentemente calma. Embora Jim tenha crescido no negócio da família, investiu quase 15 anos em um curso de graduação em Biologia pela Wake Forest University, um mestrado em Biologia Marinha pela University of Massachusetts, em Dartmouth, e um doutorado na Indústria da Pesca pela University of Washington, em Seattle. Ao retornar para a Perdue Farms, em 1983, ele cursou um EMBA da Salisbury State University e foi designado como gerente de fábrica, gerente de divisão de controle de qualidade e vice-presidente do Processo para a Melhoria da Qualidade (PMQ), antes de tornar-se presidente.

Jim possui um estilo de administração que prioriza as pessoas. As metas da empresa estão centradas em três quesitos: pessoas, produtos e lucratividade. Ele acredita que as taxas de sucesso do negócio depende da satisfação das necessidades do cliente com produtos de qualidade. É importante colocar os associados em primeiro lugar, diz ele, porque "se (associados) vierem primeiro, se empenharão em assegurar um produto de qualidade superior – e clientes satisfeitos". Essa visão tem causado um profundo impacto na cultura da empresa, a qual se baseia na visão de Tom Peter, na qual "ninguém conhece os dois metros quadrados de uma pessoa melhor do que aqueles que trabalham ali". A ideia consiste em reunir ideias e informações de todos na organização e maximizar a produtividade, transmitindo essas ideias por toda a organização.

A estabilidade da força de trabalho é a chave para realizar essa política de "funcionários em primeiro lugar", uma difícil tarefa em uma indústria que emprega um número crescente de associados que trabalham em condições fisicamente extenuantes e, às vezes, estressantes. Um número significativo de associados é constituído de imigrantes hispânicos que podem ter pouco domínio da língua inglesa, às vezes baixo nível de escolaridade e, com frequência, sem assistência básica de saúde. Para incrementar as oportunidades de progresso para esses associados, a Perdue Farms se empenhou em auxiliá-los a superar essas desvantagens.

A empresa oferece, por exemplo, aulas de inglês para ajudar a adaptação daqueles associados que não falam o idioma. No fim, os associados podem obter um diploma equivalente ao de colegial. Para lidar com o estresse físico, a empresa possui um comitê de ergonomia em cada planta, que estuda as exigências do trabalho e busca maneiras de redesenhar aqueles trabalhos que colocam os trabalhadores sob maior risco. A empresa também dispõe de um impressionante programa de bem-estar que atualmente inclui consultórios médicos em dez plantas. As equipes das clínicas são compostas por profissionais da área médica que trabalham para convênios sob contrato com as Perdue Farms. Os associados têm acesso universal a todos os consultórios operados na Perdue e podem procurar um médico por qualquer sintoma, desde uma tensão muscular e cuidados pré-natal até uma série de exames para uma variedade de doenças. Há assistência disponível aos dependentes. Enquanto os benefícios para os funcionários são óbvios, a empresa também se beneficia pela redução de tempo despendido em visitas a consultórios médicos fora da empresa, menor rotatividade e uma força de trabalho mais feliz, saudável, produtiva e estável.

Marketing

A princípio, o frango era vendido para os açougues e as mercearias da vizinhança como *commodity*, isto é, os produtores vendiam no atacado e os açougueiros cortavam e embalavam. O cliente não tinha ideia qual era a empresa que criava ou processava o frango. Frank Perdue estava convencido de que lucros mais altos poderiam ser alcançados se os produtos da empresa pudessem ser vendidos a um preço *premium*. Entretanto, a única razão para que um produto possa conseguir um preço *premium* é que os clientes o peçam pelo nome – e isso significa que o produto precisa ser diferenciado e "ter um nome". Por isso, a ênfase, ao longo dos anos, em qualidade superior, frangos com maior peito e uma saudável cor dourada (na verdade, o resultado da adição de pétalas de tagetes na ração para realçar o amarelo natural do milho usado).

Hoje em dia, os frangos de marca são onipresentes. A nova tarefa para a Perdue Farms é criar um tema unificado para comercializar uma ampla variedade de produtos (p. ex., tanto para carne fresca quanto para produtos preparados e congelados), para uma ampla variedade de clientes (p. ex., varejo, serviços de alimentação e internacionais). Os especialistas da indústria acreditam que o mercado para aves frescas teve um pico, enquanto as vendas de produtos com valor agregado e de produtos congelados continuam a crescer a uma taxa

Estudo de caso

saudável. Embora as vendas para o varejo doméstico tenham sido responsáveis por 60% da receita da Perdues Farms no ano fiscal de 2000, as vendas para os serviços de alimentação são, agora, responsáveis por 20%, as vendas internacionais, por 5%, e os grãos e óleo de sementes contribuem com os 15% restantes. A empresa espera que as vendas aos serviços de alimentação, internacional e as de grãos e óleo de sementes continuem a crescer como uma porcentagem da receita total.

Varejo doméstico

O cliente atual do varejo está buscando, cada vez mais, facilidade e rapidez de preparação, isto é, produtos de valor agregado. A mudança para produtos de valor agregado transformou de maneira significativa o departamento de carnes na loja moderna. Agora, há cinco tipos diferentes de carnes em pontos de venda de produtos avícolas:

1. A gôndola de carne fresca – carne fresca tradicional – traz frango inteiro e em pedaços.
2. A *delicatessen* – peru processado, frango de rotisseria.
3. A gôndola de congelados – itens individuais de congelamento rápido como frangos inteiros, perus e galinhas Cornish.
4. Substitutos da refeição caseira – entradas totalmente preparadas como as da marca "*Perdue Shortcuts*" e as da marca *Deluca* (a marca *Deluca* foi adquirida e é vendida sob seu próprio nome), que são vendidas junto com as saladas e as sobremesas para que você monte seu próprio jantar.
5. Não perecíveis de prateleira – produtos enlatados.

Pelo fato de a Perdue Farms sempre ter usado a frase "frango fresco" como peça central de sua estratégia de marketing, produtos de valor agregado e os congelados para as gôndolas do varejo criam um possível conflito com os temas de marketing anteriores. Esses produtos são compatíveis com a imagem de marketing da empresa e, em caso afirmativo, como a empresa expressa a noção de qualidade nesse ambiente de produtos mais amplo? Para responder a essa pergunta, a Perdue Farms estudou o significado do termo "frango fresco" para os clientes que de maneira coerente requerem uma preparação mais rápida e mais fácil e que admitem congelar a maior parte de suas compras de carne fresca assim que chegam em casa. Uma visão é que a importância do termo "frango fresco" vem da percepção de que "qualidade" e "frescor" estão intimamente associados. Assim, a verdadeira questão pode ser confiança, isto é, o cliente precisa acreditar que o produto, seja ele fresco ou congelado, é o mais recente e o da mais alta qualidade possível e os temas futuros de marketing precisam desenvolver esse conceito.

Operações

Duas palavras revelam a abordagem da Perdue para as operações – qualidade e eficiência – com ênfase na primeira sobre a segunda. A Perdue, mais do que a maioria das outras empresas, representa o slogan do Gerenciamento pela Qualidade Total (GQT), "Qualidade, uma jornada sem fim". Alguns dos eventos-chave no processo de melhoria de qualidade da Perdue estão enumerados na Figura 2.

1924 — Arthur Perdue comprou galos da raça Leghorn por US$ 25
1950 — Adotou o logo da empresa de um frango abaixo de uma lente de aumento
1984 — Frank Perdue frequentou a Faculdade de Qualidade Philip Crosby
1985 — A Perdue foi reconhecida por sua busca pela qualidade no livro *A Passion for Excellence*
— 200 gerentes da Perdue frequentaram a Faculdade de Qualidade
— Adotou o Processo de Melhoria de Qualidade (QIP)
1986 — Estabeleceu Equipes de Ação Corretiva (CAT's)
1987 — Estabeleceu Treinamento de Qualidade para todos os associados
— Implementou o Processo de Remoção da Causa de Erros (ECR)
1988 — Formado o Comitê de Direção
1989 — Realizada a primeira Conferência Anual de Qualidade
— Implementou Gestão de Equipes
1990 — Realizada a segunda Conferência Anual de Qualidade
— Decodificou Valores e Missão Corporativa
1991 — Realizada a terceira Conferência Anual de Qualidade
— Definição de satisfação do cliente
1992 — Realizada a quarta Conferência Anual de Qualidade
— Explicou como implementar a Satisfação do Cliente para líderes de equipe e Equipes para Melhoria da Qualidade (QIT)
— Criou Índice de Qualidade
— Criou Índice de Satisfação do Cliente (CSI)
— Criou o programa de qualidade "Farm to Fork"
1999 — Lançou Índice de Qualidade para Matérias-Primas
2000 — Iniciou Processo de Alto Desempenho de Equipe

FIGURA 2 Marcos no processo de melhoria de qualidade na Perdue Farms

Tanto a qualidade quanto a eficiência ficam melhores por meio do gerenciamento de detalhes. A Figura 3 mostra a estrutura e o fluxo de produto de uma empresa de frangos genérica, integrada verticalmente. Uma empresa de frangos pode escolher os passos do processo que ela deseja realizar internamente e deseja que os fornecedores realizem. Por exemplo, a empresa de frangos poderia comprar todos os grãos, óleos de sementes, farinhas e outros produtos para ração. Ou poderia contratar outras chocadeiras para fornecer as aves matrizes e plantéis de abastecimento para as chocadeiras.

A Perdue Farms escolheu a máxima integração vertical para controlar todos os detalhes. Ela cultiva e incuba seus próprios ovos (19 incubadoras), seleciona seus produtores contratados, constrói galinheiro próprios projetados pela Perdue, formula e fabrica sua própria ração (12 fábricas de ração avícola, 1 fábrica de ração especializada, 2 operações de mistura de ingredientes), supervisiona o cuidado e a alimentação dos frangos, opera suas próprias plantas de processamento (21 plantas de processamento e processamento adicional), distribui por meio de sua própria frota de caminhões, e promove os produtos (ver Figura 3). O controle total do processo formou a base para a reivindicação primordial de Frank Perdue de que as aves da Perdue Farms apresenta, de fato, uma qualidade maior que outras aves. Quando dizia, em seus primeiros anúncios, que "um frango é aquilo que come... Eu armazeno meu próprio grão e misturo minha própria ração... e dou aos meus frangos, na Perdue, apenas água de poço para beber...", ele sabia que sua afirmação era honesta e que podia respaldá-la.

O processo de controle total também permite que a Perdue Farms garanta que nada seja desperdiçado. Oito itens mensuráveis – capacidade das chocadeiras, rotação de estoque, conversão de ração, índice de sobrevivência, rendimento, aves por homem durante uma hora, utilização e classificação – são rastreados habitualmente.

A Perdue Farms continua a assegurar que nada artificial acabe na alimentação, ou seja, injetado nas aves. Nenhum atalho é utilizado. As aves são alimentadas à base de uma dieta livre de químicos e esteroides. Quando jovens, as aves são vacinadas contra doenças. A criação seletiva é usada para melhorar a qualidade dos animais. As aves são cruzadas para apresentar mais carne branca de peito, aquilo que o consumidor deseja.

Para assegurar que as aves da Perdue Farms continuem a liderar a indústria no quesito qualidade, a empresa compra e analisa os produtos dos concorrentes com regularidade. Os inspetores associados classificam esses produtos e compartilham a informação com o mais alto escalão da administração. Além disso, a Política de Qualidade da empresa é exibida em todos os locais e ensinada para todos os associados em treinamentos de qualidade (Figura 4).

Pesquisa e desenvolvimento

A Perdue é uma indústria líder, reconhecida pelo uso de pesquisa e tecnologia para fornecer produtos e serviços de qualidade aos seus consumidores. A empresa gasta mais em termos percentuais de receita com pesquisa do que qualquer outro processador avícola. Essa prática teve origem na insistência de Frank Perdue de encontrar caminhos baseados na qualidade e no valor para diferenciar seus produtos. Foi a pesquisa em criação seletiva que resultou em peitos mais amplos, um atributo dos frangos da Perdue Farms, e que foi a base de suas primeiras campanhas publicitárias. Embora os outros processadores também tenham melhorado a qualidade dos animais, a Perdue Farms acredita que ainda seja a líder da indústria. Uma lista com algumas das realizações tecnológicas da Perdue Farms é apresentada na Figura 5.

Assim como com todos os outros aspectos do negócio, a Perdue Farms tenta assegurar a precisão da Pesquisa e Desenvolvimento. A empresa emprega especialistas em ciência avícola, microbiologia, genética, nutrição, e ciência veterinária. Devido a sua capacidade de Pesquisa e Desenvolvimento (P&D), a Perdue Farms está, com frequência, envolvida em testes de campo com fornecedores farmacêuticos da United States Drug Administration (USDA – Departamento de Agricultura Norte-americano). O conhecimento e a experiência adquiridos nesses testes podem levar a uma vantagem competitiva. Por exemplo, a Perdue possui o programa de vacinação mais extenso e caro da indústria. Atualmente a empresa está estudando e trabalhando as práticas de muitos produtores europeus que utilizam métodos totalmente diferentes.

A empresa tem utilizado a pesquisa para aumentar de modo significativo a produtividade. Por exemplo, nos anos 1950, demorava 14 semanas para se obter um frango de 1,5 kg. Hoje em dia, são necessárias apenas sete semanas para se obter um frango de 2,3 kg. Esse ganho em eficiência se deve principalmente a melhorias na taxa de conversão de ração em frangos. A ração representa quase 65% do custo de criação de um frango. Desse modo, se a pesquisa adicional conseguir melhorar em apenas 1% a taxa de conversão de ração em frangos, isso poderia representar um ganho adicional estimado entre US$ 2,5 e US$ 3 milhões de dólares por semana ou US$ 130 a US$ 156 milhões por ano.

Ambiente

As questões ambientais apresentam um desafio constante para todos os processadores avícolas. Criar, abater e processar aves é um processo difícil e tedioso, que exige absoluta eficiência para manter os custos operacionais em níveis aceitáveis. Inevitavelmente, os detratores alegam que o processo é perigoso para os trabalhadores, cruel para as aves, oneroso para o meio ambiente e resulta em alimentos que podem não ser seguros. Portanto, manchetes da mídia como "Custo humano da indústria avícola revelado", "Defensores dos direitos dos animais protestam as condições de confinamento de frangos," "Plantas de processamento deixam rastro tóxico", ou "EPA define regulamentos para avicultura" são comuns.

A Perdue Farms tenta ser proativa no gerenciamento de questões ambientais. Em abril de 1993, a empresa criou um Comitê de Direção Ambiental. Sua missão é "... fornecer a todos os locais de trabalho da Perdue Farms visão, direção, e liderança para que eles possam ser bons cidadãos corporativos de uma perspectiva ambiental, hoje e no futuro". O comitê

Estudo de caso

FIGURA 3
Operações integradas da Perdue Farms

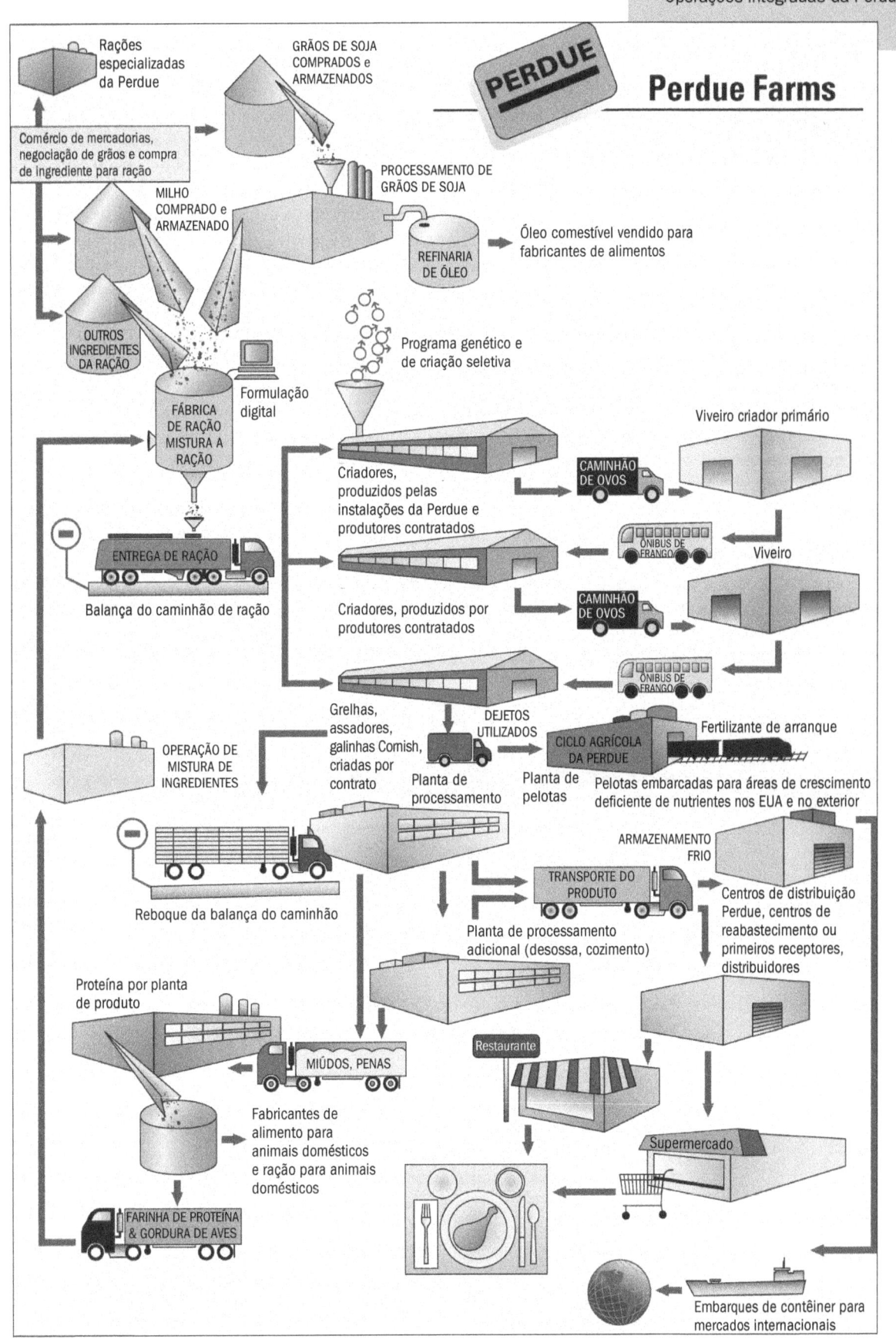

é responsável por monitorar como a empresa está atuando em nessas áreas ambientalmente sensíveis como desperdício de água, águas pluviais, resíduos tóxicos, resíduos sólidos, reciclagem, biossólidos, e saúde e segurança humanas.

Por exemplo, o descarte de aves mortas tem sido um problema para a indústria há muito tempo. A Perdue Farms desenvolveu pequenas compostores para utilização para cada fazenda. Com essa abordagem, as carcaças são reduzidas a um produto final que se assemelha a solo em questão de dias. O descarte de lixo da chocadeira é outro desafio ambiental. Historicamente, ovos fertilizados ou não chocados eram transportados para um aterro. Contudo, a Perdue Farms criou uma maneira de reduzir o desperdício em 50% com a venda da porção líquida para um processador de ração para animais domésticos que a cozinha para obter proteína. Os outros 50% são reciclados por meio de um processo de recuperação. Em 1990, a Perdue Farms gastou US$ 4,2 milhões para modernizar as instalações de tratamento com um sistema de última geração em suas plantas em Accomac, na Virgínia, em Showell e em Maryland. Essas instalações utilizam ar forçado aquecido a 120 graus para fazer com que micróbios façam a digestão de todos os traços de amônia, mesmo durante os meses frios de inverno.

Há mais de 10 anos a Occupational Safety and Health Administration (Administração da segurança ocupacional e de saúde) da Carolina do Norte multou a Perdue Farms por um nível inaceitável de danos por estresse repetitivo em suas plantas de processamento de Lewinston e Robersonville, na Carolina do Norte. Isso foi o pontapé inicial para um importante programa de pesquisa no qual a Perdue Farms trabalhou com a Health and Hygiene Inc. de Greensboro, na Carolina do Norte, para aprender mais sobre ergonomia e os movimentos necessários para concluir trabalhos específicos. Os resultados foram dramáticos. Lançado em 1991, dois anos após o desenvolvimento, o programa filma os funcionários em todas as plantas da Perdue Farms enquanto eles trabalham para descrever e localizar níveis de estresse em várias tarefas. Embora os custos para a Perdue tenham sido significativos, os resultados têm sido dramáticos, com uma queda de 44% em reclamações trabalhistas, um histórico de tempo desperdiçado de apenas 7,7% da média da indústria, uma diminuição de 80% de casos sérios de lesões por esforço repetitivo e uma redução de 50% em tempo despendido para cirurgia por danos às costas (Shelley Reese, "Helping employees get a grip", *Business and Health*, ago. 1998).

Apesar desses avanços, sérios problemas continuam a ocorrer. Alguns especialistas têm clamado por medidas de conservação que possam limitar a densidade de granjas em certas áreas ou mesmo exigir que granjas existentes sejam retiradas de produção periodicamente. Obviamente, isso seria muito duro para as fazendas familiares que possuem granjas em atividade e poderia resultar em menos hectares de terras destinadas à agricultura. Trabalhando junto com a AgriRecycle Inc., de Springfield, no Missouri, a Perdue Farms criou uma solução possível. O plano visualiza as empresas avícolas processando o excesso de esterco em pelotas para serem usados como fertilizantes. Isso faria com que fossem possíveis as vendas fora da região de criação de aves, equilibrando melhor a entrada de

---

FIGURA 4
Política de qualidade

- NÃO NOS CONTENTAREMOS com a mesma qualidade de nossos concorrentes.
- NOSSO COMPROMISSO é sermos continuamente superiores.
- CONTRIBUIÇÃO À QUALIDADE é uma responsabilidade compartilhada por todos na organização Perdue.

FIGURA 5
Perdue Farms conquistas tecnológicas

- Realiza mais pesquisas que todos os concorrentes juntos.
- Cria consistentemente frangos com mais carne de peito do que qualquer outra ave na indústria.
- Foi a primeira a usar balanças digitais para garantir o peso aos consumidores.
- Foi a primeira a embalar produtos de frango cozido em embalagens para micro-ondas.
- Foi a primeira a adquirir um laboratório para definir a qualidade das caixas de diferentes fornecedores
- Primeira a testar tanto seus frangos quanto os frangos dos concorrentes quanto a 52 fatores de qualidade toda semana
- Melhorou o tempo de entrega em 20% entre 1987 e 1993.
- Construiu laboratórios analíticos e microbiológicos de última geração para a análise de ração e produtos finais.
- Foi a primeira a desenvolver melhores práticas de gerenciamento para segurança de alimentos por todas as áreas da empresa.
- Foi a primeira a desenvolver resíduos de aves comercialmente viáveis.

Estudo de caso

A Perdue Farms está comprometida com a administração ambiental e compartilha esse compromisso com seus parceiros da agricultura familiar. Estamos orgulhosos do fato de nossa indústria ser líder no tratamento de toda a variedade de desafios ambientais relacionados com a agricultura animal e o processamento de alimentos. Investimos – e continuamos a investir – milhões de dólares em pesquisas, novas tecnologias, atualizações de equipamentos e consciência e educação, como parte de nosso contínuo comprometimento com a proteção do meio ambiente.

- A Perdue Farms esteve entre as primeiras empresas avícolas com um departamento dedicado aos serviços ambientais. Nossa equipe de gerentes ambientais é responsável por garantir que toda instalação da Perdue opere dentro dos 100% de cumprimento de todas as regulamentações e licenças ambientais aplicáveis.
- Por meio de nossa *joint venture*, a Pedue AgriRecycle, a Perdue Farms está investindo US$ 12 milhões para construir em Delaware a primeira planta de grânulos desse tipo, que converterá excesso de dejeto avícola em um fertilizante a ser comercializado internacionalmente para regiões deficientes em nutrientes. A instalação, que serviria a toda região de DelMarVa, estava prevista para começar a operar em abril de 2001.
- Continuamos a explorar novas tecnologias que reduzirão o uso de água em nossas plantas de processamento sem comprometer a segurança ou a qualidade dos alimentos.
- Investimos milhares de homens-hora na educação de produtores para dar assistência aos nossos parceiros de agricultura familiar no gerenciamento de suas operações avícolas independentes da maneira mais responsável possível do ponto de vista ambiental. Além disso, exigimos que todos os nossos produtores de aves tenham planos para o gerenciamento de nutrientes e compostores de aves mortas.
- A Perdue Farms foi uma das quatro empresas avícolas que operam em Delaware a assinar um acordo com os representantes do governo delineando o compromisso voluntário de nossa empresa para ajudar os produtores avícolas independentes a descartar o excesso de resíduos de frango.
- Nosso departamento de serviços técnicos está realizando uma pesquisa sobre tecnologia de rações como meio de reduzir os nutrientes no esterco avícola. Sempre conseguimos alcançar reduções em fósforo que em muito excedem a média da indústria.
- Reconhecemos que o impacto ambiental da agricultura animal é mais evidente em áreas em que o desenvolvimento está diminuindo a quantidade de terras agrícolas disponíveis para produzir grãos para ração e acolher nutrientes. É por isso que vemos produtores independentes de ração e aves como parceiros comerciais vitais e nos empenhamos para preservar a viabilidade econômica da fazenda familiar.

Na Perdue Farms, acreditamos que é possível preservar a agricultura familiar, fornecer um suprimento seguro, abundante e disponível de alimentos e proteger o meio ambiente. Contudo, acreditamos que isso pode ocorrer com mais eficácia quando há cooperação e confiança entre a indústria avícola, a agricultura, os grupos de defesa do meio ambiente e os representantes do Estado. Esperamos que o esforço de Delaware se torne um modelo para que outros estados façam o mesmo.

FIGURA 6
Declaração da política ambiental da Perdue Farms

grãos. Os porta-vozes estimam que quase 120 mil toneladas, aproximadamente um terço do excesso de nutrientes do esterco produzidos a cada ano na península de Delmarva, poderia ser vendido para cultivadores de milho em outras partes do país. Os preços seriam os de mercado, mas poderiam alcançar de US$ 25 a US$ 30 por tonelada, o que sugeriria um pequeno lucro potencial. Ainda assim, praticamente qualquer tentativa de controlar o problema tem o potencial de elevar os custos da criação de frangos, forçando os processadores de aves a buscar locais em que a população de frangos é menos densa.

Em geral, para solucionar os problemas ambientais da indústria, há pelo menos cinco desafios importantes para os processadores de aves:

- Como manter a confiança do consumidor de aves
- Como garantir que as aves continuem saudáveis
- Como proteger a segurança dos funcionários e do processo
- Como satisfazer as necessidades dos legisladores que precisam mostrar aos seus eleitores que estão agindo com firmeza quando ocorrem problemas ambientais
- Como manter os custos em níveis aceitáveis

Jim Perdue resume a posição da Perdue Farms da seguinte forma: "...devemos nos adequar às leis ambientais não apenas como elas existem hoje, mas olhar para o futuro para nos certificarmos de que não teremos quaisquer surpresas. Precisamos garantir que nossa declaração de política ambiental [Figura 6] é realista, que é bem fundamentada e que fazemos aquilo que dizemos que iremos fazer".

Sistemas de informação e logística

A explosão dos produtos avícolas e o número crescente de clientes durante os últimos anos colocaram uma forte sobrecarga no sistema de logística existente, desenvolvido quando havia menos produtos, menos pontos de entrega e um volume menor. Consequentemente, a empresa tinha uma capacidade limitada para melhorar os níveis de serviços, não poderia suportar um crescimento adicional nem introduzir serviços inovadores que pudessem fornecer uma vantagem competitiva.

Na indústria avícola, as empresas enfrentam dois problemas importantes: tempo e previsão. As aves frescas têm vida de prateleira limitada – medida em dias. Desse modo, as previsões têm de ser extremamente precisas e as entregas devem ser pontuais. Por um lado, estimar a demanda de modo muito conservador resulta na falta de produtos. Mega clientes, como o Wal-Mart, não tolerarão a falta de produtos que resultem em prateleiras vazias e vendas perdidas. Por outro, se as estimativas são exageradas, resultam em produtos fora da data de validade, que não podem ser vendidos, e prejuízos para a Perdue Farms. Uma expressão comum na indústria avícola é "ou você vende, ou sente o cheiro".

A previsão tem sido sempre extremamente difícil na indústria avícola porque o processador precisa saber, com aproximadamente 18 meses de antecedência, quantos frangos serão necessários para providenciar pintos para as chocadeiras e contratar criadores para fornecer frangos. A maioria dos clientes (por exemplo, mercados e compradores dos serviços alimentícios) possui uma janela de planejamento muito mais limitada. Além disso, não é possível para a Perdue Farms saber quando um processador avícola concorrente colocará um produto específico em promoção, o que reduz as vendas da Perdue Farms, ou quando o mau tempo e outros problemas incontroláveis podem reduzir a demanda.

A curto prazo, a tecnologia de informação (TI) tem ajudado a diminuir a distância entre o cliente e a Perdue Farms. Já em 1987, computadores pessoais (PCs) haviam sido colocados diretamente sob a mesa de cada associado da área de atendimento ao cliente, o que possibilitava a cada um entrar diretamente nos pedidos dos clientes. A seguir, foi desenvolvido um sistema para colocar o expedidor em contato direto com cada caminhão, de modo que eles tivessem informações precisas sobre o inventário dos produtos e a localização dos caminhões em tempo integral. Atualmente, a TI está encurtando ainda mais a distância entre o cliente e o representante de serviços da Perdue Farms, ao colocar um PC na mesa dos clientes. Todos esses passos melhoraram a comunicação e fizeram com que o tempo entre o pedido e a entrega diminuísse.

Para controlar o processo de gerenciamento de toda a cadeia de suprimentos, a Perdue Farms adquiriu um sistema de tecnologia da informação cujo custo está na casa dos milhões de dólares e que representa a maior despesa em bens intangíveis na história da empresa. Esse sistema de informação integrado e de última geração exigiu um completo processo de reengenharia, um projeto que levou 18 meses e exigiu o treinamento de 1.200 associados. As principais metas deste sistema foram: (1) tornar mais fácil e mais desejável para o cliente fazer negócios com a Perdue Farms; (2) tornar a realização do trabalho mais fácil para os associados da Perdue Farms; e (3) retirar o máximo de custos possíveis do processo.

Tendências da indústria

A indústria avícola é afetada pelas tendências dos consumidores, da indústria e pela tendência regulatória do governo. Atualmente, o frango é a carne mais consumida nos Estados Unidos, com uma participação no mercado de 40%. O americano típico consome cerca de 40 quilos de frango, 33 quilos de carne bovina, e 26 quilos de carne de porco por ano (dados do USDA). Além disso, o frango está se tornando a carne mais popular no mundo. Em 1997, a exportação avícola bateu um recorde de US$ 2,5 bilhões. Embora as exportações caíssem 6% em 1998, a queda foi atribuída à crise financeira na Rússia e na Ásia, e os especialistas na indústria alimentícia esperam que este seja apenas um retrocesso temporário. Por isso, o mercado mundial é claramente uma oportunidade de crescimento para o futuro.

Entre as agências governamentais que impelem a indústria com regulamentações estão a Occupational Safety and Health Administration (OSHA – Administração de Saúde e Segurança Ocupacional) em relação à segurança dos trabalhadores e o Immigration and Naturalization Service (INS – Serviço de Naturalização e Imigração) em relação aos trabalhadores estrangeiros ilegais. A OSHA exerce sua influência por meio de inspeções periódicas e aplica multas quando são encontradas

Estudo de caso

não conformidades. A processadora avícola Hudson Foods, por exemplo, foi multada em mais de um milhão de dólares sob a alegação de as violações terem causado danos ergonômicos a trabalhadores. A INS também se utiliza de inspeções periódicas para encontrar trabalhadores sem documentos. Ela estima que da força de trabalho em cada planta na indústria haja entre 3% e 78% estrangeiros ilegais. Plantas encontradas que empregam trabalhadores ilegais, especialmente as reincidentes, podem ser pesadamente multadas.

O futuro

O mercado para o setor avícola no século XXI será bastante diferente do que foi no passado. Entender os desejos e as necessidades da geração X (os nascidos entre 1961 e 1981) e dos *echo-boomers* (os nascidos entre 1977 e 2003) será a chave para responder com sucesso a essas diferenças.

A qualidade continuará a ser fundamental. Nos anos 1970, a qualidade era a pedra de toque de Frank Perdue no bem-sucedido programa de marketing para o "*branding*" de suas aves. No entanto, no século XXI, a qualidade por si só não será suficiente. Atualmente, os clientes esperam – e até exigem – que todos os produtos sejam de alta qualidade. Deste modo, a Perdue Farms planeja usar o atendimento ao cliente ara diferenciar ainda mais sua empresa. O foco estará em aprender como tornar-se indispensável para o cliente, cortando custos do produto e entregando-o exatamente da maneira como o cliente o deseja, onde e quando ele quiser. Em resumo, como diz Jim Perdue, "a Perdue Farms quer tornar-se de fácil acesso de forma que não haja motivos para os clientes fazerem negócios com qualquer outro".

Agradecimentos: Os autores têm uma dívida com Frank Perdue, Jim Perdue e os numerosos associados da Perdue Farms, Inc., que generosamente compartilharam seu tempo e informações sobre a empresa. Além disso, eles gostariam de agradecer aos bibliotecários anônimos da Blackwell Library, da Salisbury State University, que normalmente fazem a resenha dos jornais da região e arquivam artigos sobre a indústria avícola – a indústria mais importante na península de DelMar Va. Sem a assistência deles, este caso não teria sido possível.

Parte 4
Gerenciando os processos organizacionais

Capítulo 7 Conflito, poder e política
Capítulo 8 Processos de tomada de decisão
Capítulo 9 Cultura organizacional e valores éticos
Capítulo 10 Inovação e mudança

Capítulo 7

Conflito, poder e política

Objetivos de aprendizagem
Após a leitura deste capítulo, você estará apto a:
1. Descrever as fontes de conflito entre grupos nas organizações.
2. Explicar o modelo racional *versus* o modelo político.
3. Descrever o poder *versus* a autoridade e suas fontes nas organizações.
4. Explicar o conceito de *empowerment*.
5. Compreender as fontes horizontais de poder nas organizações.
6. Definir política e entender quando a atividade política é necessária.
7. Identificar táticas para aumentar e utilizar o poder.

Conflito entre departamentos nas organizações
Fontes de conflito · Modelo político *versus* modelo racional · Táticas para melhorar a colaboração

Poder e organizações
Poder individual contra organizacional · Poder contra autoridade · Fontes verticais de poder · O poder do *empowerment* das fontes horizontais de poder

Processos políticos nas organizações
Definição · Quando a atividade política é usada

Usando o poder flexível e a política
Táticas para aumentar o poder político · Táticas para uso do poder

Fundamentos do projeto

Antes de ler este capítulo, verifique se você concorda ou discorda com cada uma das seguintes afirmações:

GESTÃO POR PERGUNTAS DE PROJETO

1 Uma certa quantidade de conflito faz bem para uma organização.

CONCORDO _____   DISCORDO _____

2 Um operário na linha de montagem está em uma posição de pouco poder e deve aceitar que ele ou ela terá pouca influência sobre o que acontece.

CONCORDO _____   DISCORDO _____

3 Quando os gerentes usam a política, ela geralmente leva ao conflito e à desarmonia e provavelmente prejudicará o bom funcionamento da organização.

CONCORDO _____   DISCORDO _____

Há uma batalha acontecendo dentro dos escritórios executivos da Research in Motion Ltda. (RIM). A empresa deve fazer produtos concebidos e comercializados principalmente para profissionais ou deve atingir um mercado de consumo em massa? A RIM faz o BlackBerry, que foi durante muito tempo o *smartphone* preferido por empresas, agências governamentais e militares, e muitos empresários. No início de 2011 a empresa apresentou seu primeiro computador tablet, o PlayBook. Mas os executivos não pareciam concordar para o que o produto foi projetado. Alguns gerentes viram o PlayBook como uma extensão do BlackBerry, descrevendo-o como um "tablet profissional", destinado a clientes corporativos. Outros, no entanto, queriam que o PlayBook focasse de forma agressiva em consumidores comuns interessados em jogar e acessar música e filmes. O conflito chegou a um ponto em torno da questão de como comercializar o produto. O próprio nome sugere o foco em consumidores comuns, e um anúncio no início da campanha planejava usar humor e celebridades como o *quarterback* Tom Brady do New England Patriots para conquistar a um mercado amplo. No entanto, a campanha incluiu o slogan "Go Pro" para satisfazer aqueles que queriam direcionar aos profissionais de negócios. A campanha foi desfeita, mas a batalha continua. "Há uma guerra interna em curso, em torno da mensagem de marketing", disse um executivo. "Mesmo os caras lá de cima não concordam." No momento em que o PlayBook foi colocado à venda, a RIM havia dispensado duas agências de publicidade diferentes, e o diretor de marketing da companhia e dois executivos se demitiram. O chefe de vendas e marketing global da empresa diz que o PlayBook é destinado a ambos os consumidores comuns e usuários corporativos, que querem melhorar as habilidades de um BlackBerry. Até agora, ele não está alcançando nenhum objetivo.[1]

Todas as organizações, como a Research in Motion, são uma mistura complexa de indivíduos e grupos que perseguem vários objetivos e interesses. A batalha sobre o PlayBook reflete um conflito entre os gestores sobre a direção futura da empresa. As vendas do BlackBerry têm diminuído devido à popularidade dos *smartphones* iPhone e Android, e alguns executivos acreditam que a RIM pode permanecer bem-sucedida apenas por atender aos desejos dos consumidores comuns de varejo. Outros executivos, no entanto, estão resistindo à tendência do consumidor e acreditam que a empresa deve manter o seu foco corporativo e profissional.

Um conflito como o da RIM é um resultado natural da estreita interação de pessoas que podem ter diferentes opiniões e valores, que buscam objetivos diferentes, e têm acesso diferenciado à informação e recursos dentro da organização. Indivíduos e grupos usam o poder e a atividade política para lidar com suas diferenças e administrar os conflitos inevitáveis que surgem.[2] Muitos conflitos podem ser prejudiciais a uma organização. No entanto, o conflito também pode ser uma força positiva porque desafia o *status quo*, incentiva novas ideias e abordagens, e leva à mudança necessária.[3] Algum grau de conflito ocorre em todos os relacionamentos humanos, entre amigos, namorados e companheiros de equipe, bem como entre pais e filhos, professores e alunos, e patrões e empregados. O conflito não é necessariamente uma força negativa, ele resulta da interação normal de interesses humanos diferentes. Dentro das organizações, indivíduos e grupos frequentemente têm diferentes interesses e objetivos que pretendem alcançar através da organização. Os gestores podem utilizar eficazmente o poder e a política para gerir conflitos, tirar o máximo proveito dos funcionários, melhorar a satisfação no trabalho e a identificação da equipe, atingir metas importantes, e perceber o alto desempenho organizacional.

Objetivo deste capítulo

Neste capítulo, discutiremos a natureza do conflito e do uso do poder e as táticas políticas para gerenciar e reduzir os conflitos entre indivíduos e grupos. As noções de conflito, poder e política apareceram nos capítulos anteriores. No Capítulo 2, falamos sobre ligações horizontais, tais como as forças-tarefas e as equipes que incentivam a colaboração entre os departamentos funcionais. O Capítulo 6 introduziu o conceito de diferenciação, que significa que diferentes departamentos perseguem objetivos diferentes e podem ter atitudes e valores diferentes. O Capítulo 4 tocou no conflito e relações de poder entre as organizações. O Capítulo 9 discutirá o surgimento de subculturas, e o Capítulo 8 vai propor a construção de coalizões como uma forma de resolver as divergências entre os gestores e os departamentos.

As primeiras seções deste capítulo exploram a natureza do conflito intergrupal, características de organizações que contribuem para o conflito, o uso de um modelo de organização político contra um modelo racional para gerenciar conflitos de interesses, e algumas táticas para reduzir conflitos e melhorar a colaboração. As seções subsequentes examinam o poder individual e organizacional, as fontes verticais e horizontais de poder para gerentes e outros funcionários, e como o poder é utilizado para atingir os objetivos organizacionais. Analisaremos também a tendência para o *empowerment* (delegação de autoridade), a partilha de poder com os empregados de nível inferior. A última parte do capítulo focará a política, que é a aplicação do poder e da influência para alcançar os resultados desejados. Discutiremos formas de como os gerentes aumentam o seu poder e várias táticas políticas para usar o poder de influenciar os outros e alcançar os objetivos desejados.

Conflito entre departamentos nas organizações

O conflito entre os departamentos e grupos nas organizações, chamado *conflito intergrupal*, requer três ingredientes: identificação do grupo, diferenças observáveis entre os grupos e frustração. Em primeiro lugar, os empregados têm de perceber-se como parte de um grupo capaz ou de um departamento identificável.[4] Em segundo lugar, tem de haver uma diferença no grupo visível de alguma forma. Os grupos podem ser localizados em diferentes andares do edifício, os membros podem ter diferentes origens sociais ou educacionais, ou os membros podem trabalhar em diferentes departamentos. A capacidade de identificar-se como parte de um grupo e observar diferenças em comparação com outros grupos é necessária para o conflito.[5]

O terceiro ingrediente é a frustração. A frustração significa que, se um grupo atinge seu objetivo, o outro não; ele será bloqueado. A frustração não precisa ser necessariamente severa e só deve ser antecipada para instigar o **conflito intergrupal**.

O conflito intergrupal aparecerá quando um grupo tentar avançar a sua posição em relação a outros grupos. O conflito intergrupal pode ser definido como o comportamento que ocorre entre os grupos organizacionais quando os participantes se identificam com um grupo e percebem que outros grupos podem bloquear a realização ou expectativas do objetivo do seu grupo.[6] O conflito significa que os grupos se confrontam diretamente, que estão em oposição fundamental. O conflito é semelhante à concorrência, porém mais grave. A **competição** é a rivalidade entre os grupos na busca de um prêmio comum, ao passo que o conflito pressupõe a interferência direta com a realização do objetivo.

O conflito intergrupal dentro das organizações pode ocorrer horizontalmente através de departamentos ou verticalmente entre diferentes níveis da organização.[7] O departamento de produção de uma empresa manufatureira pode ter uma disputa com o controle de qualidade porque os novos procedimentos de qualidade reduzem a eficiência da produção. Os gerentes de Pesquisa e Desenvolvimento (P&D), muitas vezes estão em conflito com os gerentes financeiros porque a pressão dos gerentes financeiros para controlar os custos reduz a quantidade de financiamento para novos projetos de P&D. Companheiros de equipe podem argumentar sobre a melhor maneira de realizar tarefas e atingir metas. Quando Matthew Barrett tornou-se CEO do Barclays PLC descobriu que os membros da equipe executiva estavam frequentemente em conflito porque cada membro queria defender os interesses de sua parte da organização. Barrett levou o time para jantar e disse-lhes que pretendia dissolver a equipe executiva, a menos que os membros colocassem toda a empresa em primeiro lugar.[8]

O conflito vertical pode ocorrer quando os funcionários colidem com os chefes sobre novos métodos de trabalho, sistemas de recompensa ou atribuições de trabalho. Outra área típica de conflito está entre grupos, tais como sindicatos e gestão ou proprietários de franquia e sede. Por exemplo, os proprietários das franquias do McDonald's, Taco Bell, Burger King e KFC se chocaram com a sede por causa do aumento de lojas próprias nos bairros que competem diretamente com franqueados.[9]

O conflito também pode ocorrer entre diferentes divisões ou unidades de negócio dentro de uma organização, tal como entre a auditoria e as unidades de consultoria de grandes empresas como a PricewaterhouseCoopers (PWC).[10] Nas organizações mundiais, os conflitos entre os gestores regionais e os gerentes de divisão de negócios, entre as diferentes divisões, ou entre divisões e sede são comuns devido à complexidade dos negócios internacionais, conforme descrito no Capítulo 5. Problemas similares ocorrem entre organizações distintas. Como brevemente discutido no Capítulo 4, com tantas empresas envolvidas em colaboração interorganizacional, os conflitos e as relações de poder de mudança são inevitáveis.

Fontes de conflito

Algumas características específicas da organização podem gerar conflito. Essas **fontes de conflito intergrupal** são incompatibilidade de meta, diferenciação, interdependência de tarefas e recursos limitados. Essas características dos relacionamentos organizacionais são determinadas pela estrutura organizacional e pelos fatores de contingência do ambiente, tamanho, tecnologia e estratégia e objetivos, que foram discutidos nos capítulos anteriores. Essas características, por sua vez, ajudam a moldar a extensão em que um modelo de comportamento racional contra um modelo de comportamento político é utilizado para realizar objetivos.

Incompatibilidade de objetivos. As metas de cada departamento refletem os objetivos específicos que os membros estão tentando alcançar. A realização de um objetivo do departamento, muitas vezes interfere com as metas de outro departamento, levando a conflitos. A polícia da universidade, por exemplo, têm o objetivo de proporcionar um campus seguro. Eles podem conseguir seu objetivo, bloqueando todos os edifícios à noite e nos finais de semana e não distribuírem chaves. Sem a facilidade do acesso aos edifícios, no entanto, o progresso em direção às metas de pesquisa do departamento de ciências prosseguirá lentamente. Por outro lado, se os cientistas vêm e vão em todas as horas e a segurança é ignorada, os objetivos da polícia sobre a segurança não serão atendidos. A incompatibilidade de objetivos joga os departamentos em conflito uns contra os outros.

AVALIE SUA RESPOSTA

1 Uma certa quantidade de conflito é boa para uma organização.

RESPOSTA: *Concordo.* O conflito é inevitável em todos os relacionamentos humanos, inclusive aqueles nas organizações, e muitas vezes é uma coisa boa. Alguns conflitos podem ser saudáveis, pois contribuem para o pensamento diverso e a mudança. Se não há conflito algum, é provável que também não exista nenhum crescimento e desenvolvimento.

Nas organizações empresariais, o potencial de conflito é, talvez, maior entre o marketing e a fabricação do que entre outros departamentos, pois os objetivos desses dois departamentos estão frequentemente em desacordo. A Figura 7.1 mostra exemplos do típico conflito de objetivos entre os departamentos de marketing e de fabricação. O marketing se esforça no aumento da amplitude da linha de produtos para atender os gostos dos clientes por conta da variedade. A ampla linha de produtos significa pequenas tiragens de produção, de modo que a fabricação tem de suportar custos maiores.[11] As áreas típicas de conflito de objetivo são qualidade, controle de custos e novos produtos ou serviços. Nos jornais e em outras organizações de mídia, há conflito frequentemente grave entre o lado comercial (controle de custos, atraindo anunciantes) e do lado do jornalismo (jornalismo de alta qualidade, livre de distorções). O objetivo em compatibilidade é provavelmente a maior causa de conflitos intergrupais nas organizações.[12]

FIGURA 7.1
Áreas potenciais de conflito de objetivos – marketing e fabricação

	MARKETING	versus	FABRICAÇÃO
Conflito de objetivo	Objetivo operativo é a satisfação do cliente		Objetivo operativo é a eficiência de produção
Área de conflito	**Comentário típico**		**Comentário típico**
1. Amplitude da linha de produtos	"Nossos clientes exigem variedade."		"A linha de produtos é muito ampla – tudo o que temos é pouco e economicamente inviável."
2. Nova programação do produto	"Novos produtos são a nossa força vital."		"Alterações desnecessárias do projeto são proibitivamente caras."
3. Programação do produto	"Precisamos de uma resposta mais rápida. Nossos prazos de entrega para os clientes são muito longos."		"Precisamos de compromissos realistas que não mudem como a direção do vento."
4. Distribuição física	"Por que nunca teremos a mercadoria certa no inventário?"		"Nós não podemos nos dar ao luxo de manter grandes estoques."
5. Qualidade	"Por que não podemos ter uma qualidade razoável a um custo menor?"		"Por que devemos sempre oferecer opções que são muito caras e oferecem pouca utilidade ao cliente?"

Fonte: Com base em Benson S. Shapiro, "Can Marketing and Manufacturing Coexist?" *Harvard Business Review* 55 (Stembro – Outubro de 1977). 104-114; and Victoria L. Crittenden, Lorraine R. Gardiner, and Antonie Stam, "Reducing Conflit between Marketing and Manufacturin", *Industrial Marketing Management* 22 (1993), 299-309.

Diferenciação. A diferenciação foi definida no Capítulo 6 como "diferenças nas orientações cognitivas e emocionais entre gestores em diferentes departamentos funcionais e a diferença na estrutura formal entre esses departamentos". A especialização funcional requer pessoas com formação, habilidades, atitudes específicas e horizontes atemporais. Por exemplo, as pessoas podem participar de um departamento de vendas porque elas têm capacidade e aptidão consistentes com o trabalho de vendas. Depois de se tornarem membros do departamento de vendas, elas são influenciadas por normas e valores departamentais.

Departamentos ou divisões dentro de uma organização muitas vezes diferem em valores, atitudes e padrões de comportamento, e essas diferenças subculturais levam aos conflitos.[13] Considere um encontro entre um gerente de vendas e um cientista em pesquisa e desenvolvimento (P&D) sobre um novo produto:

> *O gerente de vendas pode ser extrovertido e preocupado com a manutenção de uma relação calorosa e amigável com o cientista. Ele pode ser colocado de lado porque o cientista parece distante e sem vontade de falar sobre outra coisa que não seja sobre os problemas nos quais ele está interessado. Ele também pode ficar irritado porque o cientista parece ter essa liberdade de escolher no que ele vai trabalhar. Além disso, o cientista está, provavelmente, muitas vezes atrasado para os compromissos, o que, do ponto de vista do vendedor, não é maneira de gerir uma empresa. Nosso cientista, por sua vez, pode se sentir desconfortável porque o vendedor parece estar pressionando por respostas imediatas às questões técnicas que levarão um longo tempo para investigar. Todos os desconfortos são manifestações concretas das diferenças relativamente grandes entre estes dois homens no que diz respeito ao seu estilo de trabalho e de pensar.*[14]

Interdependência de tarefas. A interdependência de tarefas refere-se à dependência de uma unidade em outra por materiais, recursos ou informações. Conforme será descrito no Capítulo 13, a interdependência agrupada significa que há pouca interação; a interdependência sequencial significa a saída de um departamento que vai para o departamento seguinte, e a interdependência recíproca significa que os departamentos trocam materiais e informações entre si.[15]

Geralmente, à medida que aumenta a interdependência, o potencial de conflito aumenta.[16] No caso da interdependência agrupada, as unidades têm pouca necessidade de interagir. O conflito é mínimo. A interdependência sequencial e recíproca exige que os empregados passem o tempo coordenando e trocando informações. Os funcionários devem se comunicar com frequência e as diferenças de objetivos ou atitudes virão à tona. Os conflitos provavelmente ocorrerão quando um acordo sobre a coordenação dos serviços para o outro não seja alcançado. Maior interdependência significa que os departamentos externam pressão muitas vezes para obter uma resposta rápida porque o trabalho departamental tem que esperar por outros departamentos.[17]

Recursos limitados. Outra grande fonte de conflito envolve a competição entre grupos pela qual os membros percebem como recursos limitados.[18] As organizações têm dinheiro, instalações físicas, recursos de pessoal e recursos humanos limitados para compartilhar entre os departamentos. No desejo de alcançar as metas, os grupos querem aumentar seus recursos. Isso vai lançá-los ao conflito. Os gerentes podem desenvolver estratégias, como inflar as necessidades orçamentárias ou trabalhando nos bastidores, para obterem um nível desejado de recursos.

Os recursos também simbolizam poder e influência dentro de uma organização. A capacidade para obter recursos aumenta o prestígio. Os departamentos geralmente acreditam que têm uma reivindicação legítima sobre recursos adicionais. No entanto, o exercício da reivindicação resulta em conflito. Conflitos sobre recursos limitados também ocorrem com frequência entre as organizações sem fins lucrativos e associações. Considere os sindicatos do país, que estão lutando entre si nos dias de hoje, tanto ou mais do que eles em gestão empresarial.

ANOTAÇÕES

Como administrador de uma organização, tenha essas diretrizes em mente:

Reconheça que algum conflito intergrupal é natural e pode beneficiar a organização. Associe as características do projeto organizacional da incompatibilidade da meta, diferenciação, interdependência de tarefas e a escassez de recursos com maior conflito entre os grupos. Prepare-se para dedicar mais tempo e poder para resolver o conflito nessas situações.

Sindicato dos Empregados (em) Serviço Internacional

NA PRÁTICA

Em seu site, o Sindicato dos Empregados em Serviço Internacional (SEIU) diz que é o sindicato que cresce mais rápido na América do Norte. Os líderes de outros sindicatos podem dizer que é porque o SEIU fez alguns truques sujos. O Sindicato dos Empregados em Serviço Internacional representa cerca de 2,1 milhões de membros em cerca de 100 diferentes ocupações. A organização recentemente gastou milhões de dólares em uma campanha na Califórnia, mas não estava destinado a ganhar uma legislação favorável ou mudanças nas práticas de gestão. Os objetivos foram desencorajar alguns trabalhadores de aderir a um sindicato rival e incitar outros trabalhadores para saírem seu sindicato e fazerem parte do SEIU.

O SEIU não é o único sindicato envolvido em um tipo diferente de luta nos dias de hoje. Os sindicatos têm diminuído (de tamanho) por anos e os grupos estão competindo por membros e dinheiro. O conflito tem tomado muitas formas, tais como a luta interna nos sindicatos, a luta entre sindicatos e a luta de vários sindicatos unindo forças contra outro. Este não é o primeiro período de lutas internas dentro do movimento trabalhista, é claro, mas desta vez o conflito é menor sobre as diferenças filosóficas, e maior sobre a disputa de poder e de crescimento em uma época de declínio de recursos.

Muitos líderes sindicais abraçaram Mary Kay Henry, a nova presidente do SEIU, como uma construtora do consenso, que pode ajudar a aliviar os conflitos. Henry negociou rapidamente um acordo com o sindicato Unite Here rival que tinha atingido o nível de litígio. No entanto, os conflitos dentro e entre os sindicatos têm continuado, com os líderes de vários grupos que acusam uns aos outros de mentir, intimidar e fraudar na disputa por novos membros. Os líderes empresariais, entretanto, estão sorrindo. Eles sabem que o tempo, poder e dinheiro dos sindicatos gastos lutando entre si deixam menos tempo e dinheiro para lutar contra a América corporativa e os candidatos políticos que são desfavoráveis aos objetivos dos sindicatos. "O outro lado não tem de tomar todos os tiros por nós", disse Amy B. Dean, um líder trabalhista de longa data. "Nós estamos nos matando."[19]

Modelo racional *versus* político

As fontes de conflito intergrupal estão listadas na Figura 7.2. O grau de incompatibilidade do objetivo, a diferenciação, a interdependência e a competição por recursos limitados determinam se um modelo racional ou político de comportamento é usado dentro da organização para alcançar os objetivos.

Quando as metas estão em alinhamento, há pouca diferenciação, os departamentos são caracterizados pela interdependência agrupada e os recursos parecem abundantes, os gerentes podem usar um **modelo racional** de organização, conforme descrito na Figura 7.2. Tal como acontece com a abordagem racional para a tomada de decisão descrita no Capítulo 8, o modelo racional de organização é um ideal que não é totalmente viável no mundo real, apesar de os gestores se esforçarem para usar processos racionais, sempre que possível. Na organização racional, o comportamento não é aleatório ou acidental. Os objetivos são claros e as escolhas são feitas de uma maneira lógica. Quando uma decisão é necessária, o objetivo é definido, as alternativas são identificadas e a escolha com a maior probabilidade de sucesso é a selecionada. O modelo racional também é caracterizado por poder e controle centralizados, sistemas de informação extensos e uma orientação eficiente.[20]

A visão oposta dos processos organizacionais é o **modelo político**, também descrito na Figura 7.2. Quando as diferenças são grandes, os grupos da organização têm interesses, objetivos e valores separados. A divergência e o conflito são normais, então o poder e a influência são necessários para tomar decisões. Os grupos vão se envolver em realizar debates para decidir as metas e tomar decisões. A informação é ambígua e incompleta. O modelo político descreve a maneira como as organizações operam na maior parte do tempo. Embora os gerentes se esforcem para usar uma abordagem racional, o modelo político prevalece, pois cada departamento tem diversos interesses e quer encontrar e alcançar diferentes objetivos. Os procedimentos puramente racionais não funcionam por muitas circunstâncias.

FIGURA 7.2
Fontes de conflito e uso do modelo racional contra o político

Fontes de potencial conflito intergrupal	Quando o conflito é baixo, o modelo racional descreve a organização		Quando o conflito é alto, o modelo político descreve a organização
· Incompatibilidade de objetivo · Diferenciação · Interdependência de tarefa · Recursos limitados	Consistente entre os participantes	Objetivos	Inconsistente, pluralista dentro da organização
	Centralizada	Poder e controle	Descentralizada, deslocando coligações e grupos de interesse
	Ordenada, lógica, racional	Processo decisório	Desordenada, resultado de negociação e interação entre interesses
	Norma de eficiência	Regras e normas	Jogo livre das forças de mercado; o conflito é legítimo e esperado
	Extensiva, sistemática e precisa	Informação	Ambígua; a informação utilizada é retida estrategicamente

© Cengage Learning 2013

Normalmente, tanto os modelos racionais quanto políticos são usados nas organizações. Nem o modelo racional nem o modelo político caracterizam as coisas completamente, mas cada um deles será usado em alguma parte do tempo. Os gerentes podem se esforçar para adotar procedimentos racionais, mas acharão que a política é necessária para alcançar os objetivos. Quando os gerentes não conseguem aplicar efetivamente o modelo político, o conflito pode aumentar e proibir a organização de alcançar resultados importantes.

Considere o que aconteceu no Premio Foods, em que o CEO Marc Cinque e o vice-presidente de operações, Charlean Gmunder, tentaram usar um modelo racional, mas descobriram que era necessário um modelo político. Gmunder sugeriu a implementação de um novo sistema informatizado que iria rever o método ultrapassado da empresa relacionado à previsão e pedidos e exigiu mudanças em todos os departamentos. Ela apresentou fatos e estatísticas para Cinque mostrando que o sistema aumentaria o fluxo de caixa anual de USS$ 500.000 e economizaria até US$ 150.000 por ano, cortando o desperdício de material. Mas, apesar de "os números deixarem claro," Cinque hesitou principalmente porque muitos de seus dirigentes expressaram fortes objeções. Depois de Cinque finalmente decidir optar pelo sistema, o conflito se intensificou. Gmunder não poderia obter as informações que ela precisava de alguns gestores, e alguns compareciam muito tarde em reuniões ou as ignoravam completamente. Gmunder não conseguiu construir uma coalizão para apoiar o novo sistema. Para salvar o projeto, Cinque formou uma equipe que incluía os gerentes seniores de vários departamentos para discutir suas preocupações e envolvê-los na determinação de como o novo sistema deveria funcionar.[21]

A maioria das organizações tem pelo menos conflito moderado entre os departamentos ou outros grupos organizacionais. Quando o conflito se torna muito forte e os gerentes não trabalham juntos, ele cria muitos problemas para as organizações. A Figura 7.3 lista os 10 principais problemas causados pela falta de cooperação que foram identificados por uma pesquisa com gerentes.[22]

FIGURA 7.3
Os 10 problemas principais de muito conflito

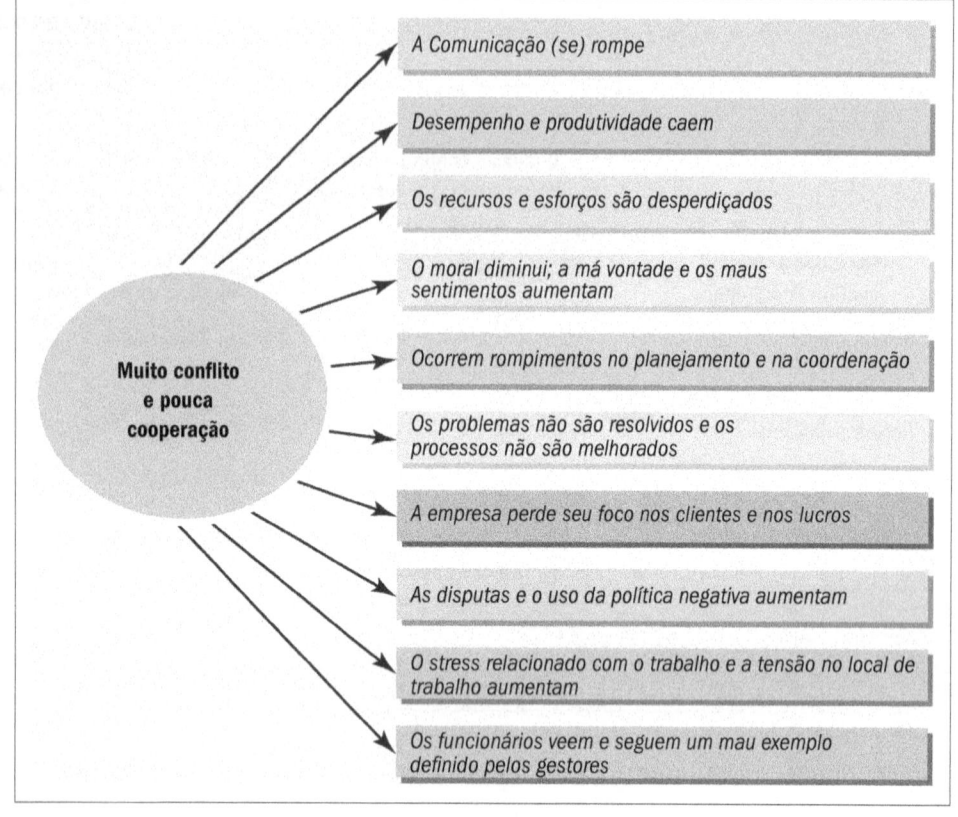

- A Comunicação (se) rompe
- Desempenho e produtividade caem
- Os recursos e esforços são desperdiçados
- O moral diminui; a má vontade e os maus sentimentos aumentam
- Ocorrem rompimentos no planejamento e na coordenação
- Os problemas não são resolvidos e os processos não são melhorados
- A empresa perde seu foco nos clientes e nos lucros
- As disputas e o uso da política negativa aumentam
- O stress relacionado com o trabalho e a tensão no local de trabalho aumentam
- Os funcionários veem e seguem um mau exemplo definido pelos gestores

(Muito conflito e pouca cooperação)

Fonte: Com base nos resultados da pesquisa em Clinton O. Longenecker and Mitchel Neubet, "Barriers and Gateways to Management Cooperation and Teamwork", *Business Horizons* (Novemrbo-Dezembro de 2000), 37-44.

ANOTAÇÕES

Como administrador de uma organização, tenha essas diretrizes em mente:

Use um modelo político de organização, quando as diferenças entre os grupos são grandes, os objetivos são mal definidos, ou se houver concorrência por recursos limitados. Use o modelo racional quando as alternativas são claras, os objetivos são definidos e os gestores podem estimar os resultados com precisão. Nessas circunstâncias, a construção de coalizão, cooptação ou outras táticas políticas não são necessárias e não levarão a melhores decisões.

Táticas para melhorar a colaboração

Bons gerentes se esforçam para minimizar o conflito e evitar que ele prejudique o desempenho organizacional e alcance a meta. A gestão eficaz de conflitos pode ter um efeito direto e positivo na equipe e no desempenho da organização.[23] Assim, os gestores aplicam conscientemente uma variedade de técnicas para superar o conflito, estimulando a cooperação e a colaboração entre os departamentos para apoiar a consecução dos objetivos organizacionais. As **táticas para melhorar a colaboração** incluem as seguintes:

1. *Criar dispositivos de integração*. Conforme descrito no Capítulo 2, as equipes, forças-tarefa e gerentes de projetos que abrangem as fronteiras entre os departamentos podem ser usados como dispositivos de integração. Reunir representantes dos departamentos em conflito em equipes de solução de problemas comuns é uma forma eficaz de melhorar a colaboração porque os representantes aprendem a entender o ponto de vista de cada um.[24] Às vezes, um integrador é nomeado para a concretização da cooperação e colaboração, reunindo os membros dos respectivos departamentos e trocando informações. O integrador tem de compreender os problemas de cada grupo e deve ser capaz de mover-se em ambos os grupos para obter uma solução que seja aceita mutuamente.[25]

   Equipes e força-tarefa de integração também podem ser usadas para reforçar a cooperação porque integram pessoas de diferentes departamentos. **Equipes de gestão de trabalho**, que são projetadas para aumentar a participação dos trabalhadores e fornecer um modelo cooperativo para resolver problemas de gestão sindical, estão sendo cada vez mais utilizadas em empresas como Goodyear, Ford Motor Company e Alcoa. Na planta da International Specialty Products

Corporation em Calvert City, Kentucky, uma parceria de gestão sindical permitiu à empresa melhorar a qualidade, reduzir custos e aumentar a rentabilidade. A equipe de liderança da planta é composta por dois gerentes e dois sindicalistas, e cada uma das sete áreas operacionais da planta é dirigida conjuntamente por um representante da direção e um representante do sindicato.[26] Embora os sindicatos continuem a lutar por questões tradicionais, tais como salários, esses dispositivos de integração estão criando um nível de cooperação que muitos gestores não teriam acreditado ser possível há poucos anos atrás. Bob King, presidente do United Auto Workers, disse que a UAW aprendeu da maneira mais difícil e que a cooperação é importante para ajudar a manter as montadoras rentáveis. A velha mentalidade do "Nós contra eles" é uma relíquia do passado, diz King.[27]

2. *Use o confronto e negociação*. O **confronto** ocorre quando as partes em conflito se envolvem diretamente uma com a outra e tentam resolver suas diferenças. A **negociação** é o processo de barganha, que muitas vezes ocorre durante o confronto e que permite que as partes cheguem a uma solução sistemática. Essas técnicas trazem representantes designados dos departamentos em conjunto para trabalhar sério na disputa. Confronto e negociação envolvem algum risco. Não há garantia de que as discussões vão se concentrar em um conflito ou que as emoções não vão sair do controle. No entanto, se os membros são capazes de resolver o conflito com base em discussões cara a cara, eles encontrarão um novo respeito pelo outro, e a colaboração futura torna-se mais fácil. Os primórdios da mudança de atitude relativamente permanente são possíveis através da negociação direta.

Confronto e negociação são bem-sucedidos quando os gerentes se envolvem em uma *estratégia ganha-ganha*. *Ganha-ganha* significa que ambos os lados adotam uma atitude positiva e se esforçam para resolver o conflito de uma maneira que irá beneficiar cada uma.[28] Se as negociações se deterioraram em uma estratégia estritamente *ganha-perde* (cada grupo quer derrotar o outro), o confronto será ineficaz. As diferenças entre as estratégias de negociação *ganha-ganha* e *ganha-perde* são apresentadas na Figura 7.4. Com uma estratégia *ganha-ganha* – que inclui a definição do problema como mútuo, comunicação aberta e evitando ameaças –, o entendimento pode ser modificado enquanto a disputa é resolvida.

Um tipo de negociação, usado para resolver um desentendimento entre os trabalhadores e a administração, é referido como **negociação coletiva**. O processo de negociação é normalmente realizado através de um sindicato e resulta em um acordo que especifica as responsabilidades de cada parte para os próximos dois a três anos.

Estratégia ganha-perde	Estratégia ganha-ganha
1. Define o problema como uma situação ganha-perde.	1. Define o conflito como um problema mútuo.
2. Prossegue os resultados do próprio grupo.	2. Busca resultados conjuntos.
3. Força o outro grupo em sua apresentação.	3. Encontra acordos criativos que satisfaçam ambos os grupos.
4. É enganosa, incorreta em comunicar as necessidades, objetivos e propostas do grupo.	4. É aberta, honesta e precisa ao comunicar as necessidades, objetivos e propostas do grupo.
5. Usa ameaças (para forçar a submissão).	5. Evita ameaças (para reduzir a defesa do outro).
6. Comunica forte empenho (rigidez) sobre a posição de cada um.	6. Comunica flexibilidade de posição.

FIGURA 7.4
Estratégias de negociação

Fonte: Adaptado de David W. Johnson and Frank P. Johnson, *Joing Together: Group Theory and Group Skills* (Englewood Cliffs, NJ: Prentice-Hall, 1975), 182-183.

3. *Consulta de agenda intergrupal.* Quando o conflito é intenso e duradouro e os membros do departamento são suspeitos e não cooperativos, os gerentes superiores podem intervir como terceiros para ajudar a resolver o conflito ou trazer consultores terceirizados de fora da organização.[29] Esse processo, às vezes chamado de *mediação no local de trabalho*, é uma forte intervenção para reduzir o conflito, pois envolve trazer as partes juntas em litígio, permitindo que cada lado apresente sua versão da situação. A técnica tem sido desenvolvida por psicólogos tais como Robert Blake, Jane Mouton e Richard Walton.[30]

   Membros do departamento participam de um *workshop*, que pode durar vários dias, longe dos problemas do dia a dia do trabalho. Essa aproximação é semelhante à abordagem de desenvolvimento da organização (OD), que será descrita no Capítulo 10. Os grupos em conflito são separados e cada grupo é convidado a discutir e fazer uma lista de suas percepções de si mesmo e do outro grupo. Representantes dos grupos compartilham publicamente essas percepções e, juntos, os grupos discutem os resultados. A consulta intergrupal pode ser bastante exigente para todos os envolvidos, mas, se tratada corretamente, essas sessões podem ajudar os funcionários do departamento a entenderem um ao outro muito melhor e chegarem a melhores atitudes e melhores relações de trabalho para os próximos anos.

4. *Prática da rotatividade do membro.* A rotatividade significa que os indivíduos de um departamento podem ser convidados para trabalhar em outro departamento em caráter temporário ou permanente. A vantagem é que os indivíduos tornam-se submersos em valores, atitudes, problemas e objetivos do outro departamento. Além disso, os indivíduos podem explicar os problemas e objetivos de seus departamentos originais aos seus novos colegas. Isso permite uma troca precisa e franca de opiniões e informações. A rotatividade trabalha lentamente para reduzir conflitos, mas é muito eficaz para mudar as atitudes e percepções subjacentes que promovem o conflito.[31]

5. *Criar uma missão compartilhada e criar objetivos hierarquicamente superiores.* Outra estratégia é o gerenciamento superior criar uma missão compartilhada e estabelecer objetivos hierarquicamente superiores que exigem cooperação entre departamentos.[32] Como será discutido no Capítulo 9, as organizações com culturas construtivas, fortes, onde os funcionários compartilham uma visão mais ampla para a sua empresa, são mais propensas a ter uma força de trabalho unida e cooperativa. Estudos têm mostrado que, quando os funcionários de diferentes departamentos observam que seus objetivos estão ligados, eles vão compartilhar abertamente recursos e informação.[33] Para ser eficaz, os objetivos hierarquicamente superiores devem ser substanciais e devem ser concedidos tempo e incentivos aos funcionários para trabalharem cooperativamente em busca dos objetivos hierarquicamente superiores ao invés de submetas departamentais.

Poder e organizações

O poder é uma força intangível nas organizações. Ele não pode ser visto, mas o seu efeito pode ser sentido. O *poder* é muitas vezes definido como a capacidade potencial de uma pessoa (ou departamento) de influenciar outras pessoas (ou departamentos) para realizar pedidos[34] ou fazer algo que não teriam feito.[35] Outras definições enfatizam que o poder é a capacidade de atingir as metas ou resultados que os detentores do poder desejam.[36] A conquista dos resultados desejados é a base da definição aqui utilizada: o **poder** é a capacidade de uma pessoa ou de um departamento em uma organização para influenciar outras pessoas para trazer os resultados desejados. É o potencial de influenciar os outros dentro da organização, com o objetivo de alcançar os resultados desejados para os detentores do poder. Gerentes poderosos, por exemplo, são muitas vezes capazes de obter maiores orçamentos para seus departamentos, programações de produção mais favoráveis, e mais controle sobre a agenda da organização.[37]

O poder existe apenas em uma relação entre duas ou mais pessoas, e pode ser exercido quer no sentido vertical ou no horizontal. A fonte do poder, muitas vezes, decorre de uma relação de troca em que uma posição, departamento ou organização fornece os recursos escassos ou valorizados para outras pessoas, departamentos ou organizações. Quando a pessoa é dependente de outra, uma relação de poder emerge no lado que com recursos tem maiores poderes.[38] Os detentores de poder podem atingir a conformidade com os seus pedidos.

Como ilustração de uma crescente dependência do poder, considere o show da AMC "Mad Men". O criador da série, Matthew Weiner, teve um tremendo poder no relacionamento com a AMC e pode praticamente ditar os termos de seu contrato. Até recentemente, a AMC tinha pouca programação original e era dependente de "Mad Men" para as receitas de publicidade e prestígio que ela trouxe para a rede a cabo. Em recentes negociações, Weiner saiu com um contrato de três anos no valor de US$ 30 milhões, um dos grandes gestos do seu tipo na televisão a cabo e a rede também declinou de algumas de suas demandas sobre os cortes no orçamento e elenco e *slots* de publicidade. Weiner é considerado o coração e a alma de "Mad Men", assim a AMC era dependente dele para manter o seriado andando.[39]

Poder individual contra poder organizacional

Na literatura popular, o poder é frequentemente descrito como uma característica pessoal. Um tema frequente é como uma pessoa pode influenciar ou dominar outra.[40] Você provavelmente se lembra de uma gestão anterior ou de um curso de comportamento organizacional que os gerentes têm cinco fontes de poder pessoal.[41] O *poder legítimo* é a autoridade concedida pela organização para a posição formal de gestão que um gerente detém. O *poder de recompensa* decorre da capacidade de conceder recompensas – a promoção, o crescimento ou o tapinha nas costas de outras pessoas. A autoridade para punir ou recomendar a punição é chamada de *poder coercitivo*. O *poder especializado* deriva de uma maior habilidade de uma pessoa ou conhecimento sobre as tarefas que estão sendo realizadas. O último, o *poder de referência*, é derivado das características pessoais: as pessoas admiram o gerente e querem ser como ou identificar-se com o gerente por respeito e admiração. Cada uma destas fontes pode ser usada pelos indivíduos nas organizações.

O poder nas organizações, no entanto, é muitas vezes o resultado de características estruturais.[42] As organizações são sistemas grandes e complexos que podem conter centenas, talvez milhares de pessoas. Esses sistemas têm uma hierarquia formal em que algumas tarefas são mais importantes, independentemente de quem as executa. Além disso, alguns cargos têm acesso a mais informações e mais recursos, ou a sua contribuição para a organização é mais crítica. Assim, os processos de poder importantes nas organizações refletem as relações organizacionais maiores, tanto horizontais como verticais.

Poder contra autoridade

Qualquer pessoa em uma organização pode exercer o poder de alcançar os resultados desejados. Por exemplo, quando o Discovery Channel queria estender sua marca além da televisão a cabo, Tom Hicks começou a forçar para um foco na internet. Apesar de o CEO da Discovery favorecer a exploração da televisão interativa, Hicks organizou uma campanha que eventualmente persuadiu o CEO a se concentrar na publicidade da internet, indicando que Hicks tinha poder dentro da organização. Eventualmente, Hicks foi encarregado de executar o Discovery Channel Online.[43]

O conceito de autoridade formal está relacionado com o poder, porém é mais estrito em seu escopo. A **autoridade** é também uma força para alcançar os resultados desejados, mas apenas como prescrito pela hierarquia formal e pelas relações de subordinação. Três propriedades identificam a autoridade:

ANOTAÇÕES

Como administrador de uma organização, tenha essas diretrizes em mente:

Se o conflito se tornar muito forte, use táticas para aumentar a colaboração, incluindo dispositivos de integração, o confronto, a consulta intergrupal, a rotatividade de membros e os objetivos hierarquicamente superiores. Escolha a técnica que se encaixa na organização e no conflito.

1. *A autoridade é investida nas posições organizacionais.* As pessoas têm autoridade por causa dos cargos que ocupam, não por causa de características pessoais ou recursos.
2. *A autoridade é aceita por seus subordinados.* Os subordinados cumprem porque acreditam que os detentores de posição têm o direito legítimo de exercer autoridade.[44] Na maioria das organizações norte-americanas, os funcionários aceitam que os supervisores podem legitimamente dizer-lhes o horário para chegar ao trabalho, as tarefas a executar, enquanto eles estão lá, e qual o horário em que eles podem ir para casa.
3. *Autoridade flui para baixo da hierarquia vertical.*[45] A autoridade vertical existe ao longo da cadeia formal de comando, e as posições no topo da hierarquia estão investidas de autoridade mais formal do que estão as posições na parte inferior.

A autoridade formal é exercida para baixo ao longo da hierarquia. O poder organizacional, por outro lado, pode ser exercido para cima, para baixo e horizontalmente nas organizações. Além disso, os gestores podem ter autoridade formal, mas pouco poder real. Considere o que aconteceu quando Bill Gates entregou o cargo de CEO na Microsoft para Steven Ballmer. Embora Ballmer tenha o cargo e a autoridade formal, Bill Gates manteve o poder. Ele continuou a ter influência sobre muitas decisões do dia a dia e, às vezes, o seu poder pessoal minou Ballmer na frente de outros executivos. Embora Gates, agora tenha se afastado totalmente do gerenciamento da empresa e apoiar publicamente as decisões de Ballmer, os especialistas dizem que a luta pelo poder deixou a empresa em uma posição enfraquecida, sem uma direção estratégica clara.[46] Nas seções seguintes, vamos examinar como os funcionários da organização podem tocar em ambas as fontes verticais e horizontais de poder.

Fontes verticais de poder

Todos os funcionários ao longo da hierarquia vertical têm acesso a algumas fontes de poder. Apesar de uma grande quantidade de poder ser normalmente atribuída aos gerentes superiores pela estrutura da organização, as pessoas em toda a organização, muitas vezes, obtêm o poder desproporcional as suas posições formais e podem exercer influência no sentido ascendente, como Tom Hicks fez no Discovery Channel. Existem quatro principais fontes de poder vertical: posição formal, recursos, controle de informações e centralidade de rede.[47]

Posição formal. Certos direitos, responsabilidades e prerrogativas revertem para posições de topo. As pessoas da organização aceitam o direito legítimo dos gestores superiores para definirem metas, tomarem decisões e dirigirem as atividades. Este é o poder legítimo, como definido anteriormente. Os gerentes seniores costumam usar símbolos e linguagem para perpetuar o seu poder legítimo. Por exemplo, o novo administrador em um hospital de grande porte na área de São Francisco simbolizava o seu poder de posição legítima mediante a emissão de um boletim de notícias com a sua foto na capa e levando ao ar um vídeo 24 horas por dia para receber pessoalmente os pacientes.[48]

A quantidade de poder fornecida para os gerentes de nível médio e participantes de nível inferior pode ser construída no desenho estrutural da organização. A alocação de poder para gerentes de nível médio e o pessoal é importante porque o poder permite que os funcionários sejam produtivos. Quando as tarefas de trabalho são rotineiras e quando os empregados participam em equipes autodirigidas e forças-tarefa de resolução de problemas, os incentiva a serem flexíveis e criativos e usarem seus próprios critérios. Permitir que as pessoas tomem suas próprias decisões aumenta seu poder.

O poder também é aumentado quando a posição estimula o contato com pessoas de alto nível. O acesso às pessoas poderosas e ao desenvolvimento de um relacionamento com elas fornecem uma base sólida de influência.[49] Por exemplo, em algumas organizações, um assistente administrativo do presidente pode ter mais poder do que um gerente de departamento porque o assistente tem acesso ao executivo sênior em uma base diária.

A lógica de concepção de posições de mais poder assume que uma organização não tem uma quantidade limitada de poder a ser alocada entre os funcionários de alto nível e de baixo nível. A quantidade total de poder em uma organização pode ser aumentada através da concepção de tarefas e interações ao longo da hierarquia para que todos possam exercer mais influência. Se a distribuição de poder é desviada excessivamente em direção ao topo, a pesquisa sugere que a organização será menos eficaz.[50]

Recursos. As organizações alocam enormes quantias de recursos. Edifícios são construídos, salários são pagos e equipamentos e suprimentos são comprados. A cada ano, novos recursos são alocados na forma de orçamentos. Esses recursos são alocados para baixo, dos gestores superiores. Os gestores superiores, muitas vezes possuem ações, o que lhes confere direitos de propriedade sobre a alocação de recursos. Em muitas das organizações de hoje, como sempre, os funcionários de toda a organização também possuem participação na propriedade, o que aumenta seu poder.

Na maioria dos casos, os gestores superiores controlam os recursos e, portanto, podem determinar a sua distribuição. Os recursos podem ser utilizados como recompensas e punições, que são fontes adicionais de poder. A alocação de recursos cria uma relação de dependência. Os participantes de nível inferior dependem dos gestores superiores para recursos físicos e financeiros necessários para executarem suas tarefas. A gestão superior pode trocar recursos, na forma de salários e bônus, pessoal, promoções e instalações físicas para cumprir com os resultados que desejam.

Controle da informação. O controle da informação pode ser uma importante fonte de poder. Os gerentes reconhecem que a informação é uma fonte importante do negócio e que, ao controlar quais informações são coletadas, como elas são interpretadas e como elas são compartilhadas, eles podem influenciar a forma pela qual as decisões são tomadas.[51] Em muitas empresas de hoje, a informação é compartilhada aberta e amplamente, o que aumenta o poder de pessoas em toda a organização.

No entanto, os gerentes superiores geralmente têm acesso a mais informações do que os outros funcionários. Esta informação pode ser liberada conforme necessário para moldar as decisões de outras pessoas. Em uma organização, a Clark Ltda., o gerente de tecnologia da informação sênior controlou as informações dadas ao conselho de administração e, assim, influenciou a decisão do conselho de comprar um computador de sistema sofisticado.[52] O conselho de administração tem autoridade formal para decidir de qual empresa o sistema seria comprado. O grupo de serviços de gestão foi convidado a recomendar quais dos seis fabricantes de computadores deveriam receber o pedido. Jim Kenny estava no comando do grupo de serviços de gestão, e Kenny discordou de outros gerentes sobre qual sistema comprar. Outros gestores tiveram que passar por Kenny para terem suas opiniões ouvidas pela diretoria. Kenny formou o pensamento do conselho para selecionar o sistema que ele preferia, controlando as informações que lhes foram dadas.

Os gerentes de nível médio e os funcionários de nível mais baixo também podem ter acesso a informação que pode aumentar o seu poder. Um assistente de um executivo sênior muitas vezes pode controlar a informação que outras pessoas querem e, assim, será capaz de influenciar as pessoas. Altos executivos dependem de pessoas em toda a organização para obterem informações sobre problemas ou oportunidades. Gerentes de nível médio ou funcionários de nível inferior pode manipular a informação que fornecem aos gestores superiores, a fim de influenciar os resultados das decisões.

Centralidade da rede. A **centralidade da rede** significa estar localizado centralmente na organização e ter acesso a informações e pessoas que são críticas para o sucesso da companhia. Gerentes, bem como funcionários de nível mais baixo, são mais eficazes e mais influentes quando se colocam no centro de um trabalho de

---

ANOTAÇÕES

Como administrador de uma organização, tenha essas diretrizes em mente:

Compreenda e use as fontes verticais de poder nas organizações, incluindo a posição formal, recursos, controle da informação e a centralidade da rede.

rede de comunicação, construção de conexões com pessoas em toda a empresa. Por exemplo, na Figura 7.5, Radha tem uma rede de comunicação bem desenvolvida, partilhando informações e assistência com muitas pessoas em todo o marketing, produção, engenharia e departamentos. Os contatos de Radha se contrastam com os de Jasmim ou Kirill. Quem você acha que provavelmente tenha maior acesso a recursos e mais influência na organização?

Pessoas de todos os níveis da hierarquia podem usar a ideia de centralidade da rede para cumprir objetivos e serem mais bem-sucedidas. Um exemplo da vida real vem da Xerox Corporation. Há vários anos atrás, Cindy Casselman, que tinha pouco poder formal e autoridade, começou a vender a sua ideia para um site de intranet para todos os gerentes da empresa. Casselman tinha uma rede bem desenvolvida e ela trabalhou nos bastidores, ganhando gradualmente o poder que precisava para tornar sua visão uma realidade e ganhar uma promoção no processo.[53]

As pessoas podem aumentar a sua centralidade da rede, tornando-se conhecedoras e especialistas sobre determinadas atividades ou assumindo tarefas difíceis e aquisição de conhecimento especializado que se tornam indispensáveis para os gerentes acima delas. Pessoas que mostram iniciativa, que trabalham além do que é esperado, assumem projetos indesejáveis, mas importantes, e mostram interesse em aprender sobre a empresa e a indústria encontram-se frequentemente com influência. A localização física também ajuda, porque alguns locais estão no centro das coisas. A localização central permite que uma pessoa esteja visível para as pessoas-chave e se torne parte das redes de interação importantes.

AVALIE SUA RESPOSTA

2 Um operário na linha de montagem está em uma posição de pouco poder e deve aceitar que ele ou ela terá pouca influência sobre o que acontece.

RESPOSTA: *Discordo.* Embora um trabalhador de linha de montagem normalmente tenha pouco poder formal e autoridade, todos os funcionários têm acesso a algumas fontes de poder. Cabe ao indivíduo relacionar-se ou reunir informações para expandir seu poder na organização. Além disso, quando os funcionários se unem, eles podem ter uma quantidade enorme de poder. Os gerentes não podem alcançar os objetivos, a menos que os trabalhadores cooperem e façam o trabalho que eles deveriam fazer.

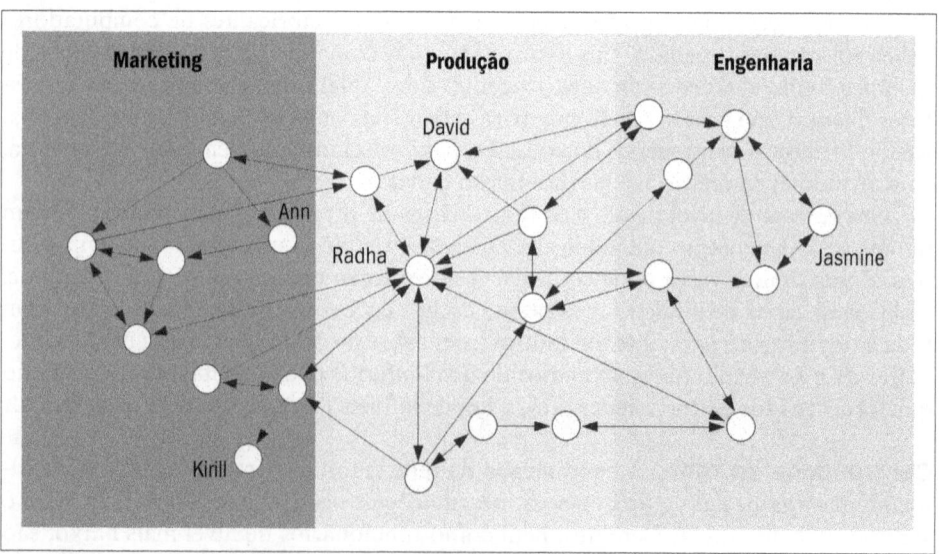

FIGURA 7.5
Uma ilustração da centralidade da rede

© Cengage Learning 2013

Pessoas. Os principais líderes, muitas vezes, aumentam o seu poder ao se cercar de um grupo de executivos leais.[54] Os gestores leais mantêm o líder informado e em contato com eventos e relatam possível desobediência ou problemas na organização. Altos executivos podem usar suas posições centrais para construírem alianças e exercerem poder substancial quando eles têm uma equipe de gestão que é totalmente a favor de suas decisões e ações.

Muitos executivos se esforçam para construir um quadro de executivos leais e de suporte para ajudá-los a alcançar seus objetivos para a organização. Os gestores inteligentes também trabalham ativamente para a construção de pontes e conquistar potenciais adversários. Gary Loveman, que deixou o cargo de professor associado da Harvard Business School para ser o diretor chefe de operações da empresa de casino Harrah, fornece um bom exemplo. Alguns executivos da Harrah, incluindo o CFO, se ressentiram com a nomeação de Loveman e poderiam ter descarrilado seus planos para a empresa. Como ele sabia que as informações, conhecimento e apoio do CFO seriam fundamentais para a realização de seus planos, Loveman colocou a construção de uma relação positiva com o CFO como uma prioridade. Ele parava no seu gabinete com frequência para falar, mantinha-o informado sobre o que ele estava fazendo e o por quê, e teve o cuidado de envolvê-lo em reuniões e decisões importantes. A construção de relações positivas habilitaram Loveman para atingir objetivos que eventualmente o levaram a ser nomeado CEO da Harrah.[55]

Essa ideia funciona para os funcionários de nível inferior e também para os gestores. As pessoas de nível mais baixo têm maior poder quando têm relações positivas e conexões com seus superiores. Por serem leais e solidários aos seus chefes, os empregados ganham algumas vezes um status favorável e exercem maior influência.

O poder da descentralização do poder

Nas organizações com visão de futuro, os gestores superiores querem que os funcionários de nível mais baixo tenham maior poder para que eles possam fazer o seu trabalho de forma mais eficaz. Esses gestores concedem poder intencionalmente para descer a hierarquia e compartilhá-lo com os funcionários para capacitá-los no alcance de seus objetivos. A descentralização dos poderes (*empowerment*) é o compartilhamento de poder, a delegação de poder ou autoridade para os subordinados em uma organização.[56] Aumentar o poder do empregado pode ser a motivação para a realização da tarefa, porque as pessoas melhoram a sua própria eficácia, a escolha de como fazer uma tarefa e usarem sua criatividade.[57]

A capacitação dos funcionários envolve dar-lhes três elementos que permitem agir com mais liberdade para realizar seus trabalhos: informação, conhecimento e poder.[58]

1. *Os funcionários recebem informações sobre o desempenho da empresa*. Nas empresas onde os funcionários estão totalmente capacitados, todos os funcionários têm acesso a todas as informações financeiras e operacionais.
2. *Os funcionários têm conhecimento e habilidades para contribuir com os objetivos da empresa*. As empresas usam programas de treinamento e outras ferramentas de desenvolvimento para ajudar as pessoas a adquirir os conhecimentos e as habilidades que elas precisam para contribuir para o desempenho organizacional.
3. *Os funcionários têm o poder de tomar decisões substantivas*. Funcionários capacitados têm autoridade para influenciar diretamente os procedimentos de trabalho e desempenho organizacional, tais como através de círculos de qualidade ou equipes de trabalho autodirigida.

Muitas das organizações de hoje estão implementando programas de capacitação, mas elas estão capacitando os funcionários em diferentes graus. Em algumas empresas, a capacitação significa incentivar as ideias dos funcionários enquanto os gerentes mantêm a autoridade final pelas decisões; para os outros significa dar às pessoas a liberdade quase completa e poder para tomarem decisões e exercitar a iniciativa e a imaginação.[59] A continuidade da capacitação pode ser executada a partir

ANOTAÇÕES

Como administrador de uma organização, tenha essas diretrizes em mente:

Não deixe os níveis mais baixos da organização impotentes. Se o poder vertical é muito pesado em favor da gestão superior, capacite os níveis mais baixos, dando às pessoas as ferramentas necessárias para um melhor desempenho: em formação, conhecimentos e habilidades, o poder de tomar decisões substantivas.

de uma situação em que funcionários da linha de frente não tenham quase nenhum critério, como em uma linha de montagem tradicional, para a plena capacitação, onde os empregados até mesmo participam na formulação da estratégia organizacional. Uma organização que leva a capacitação ao máximo é a Semco.

Semco NA PRÁTICA

O principio operacional fundamental da empresa Semco com sede no Brasil é aproveitar a sabedoria de todos os seus empregados. Ela o faz permitindo que as pessoas controlem as suas horas de trabalho, localização e até mesmo façam planos. Os funcionários também participam em todas as decisões da organização, incluindo quais negócios a Semco deve buscar.

Os líderes da Semco acreditam que o sucesso econômico exige a criação de um ambiente que coloca o poder e o controle diretamente nas mãos dos funcionários. As pessoas podem vetar qualquer nova ideia de produto ou empreendimento. Elas escolhem seus próprios líderes e gerenciam-se para cumprir metas. A informação é aberta e amplamente compartilhada para que todos saibam onde eles e a empresa permanecem. Em vez de ditar a identidade e a estratégia da Semco, os líderes permitem que sejam moldadas por interesses e esforços individuais. As pessoas são incentivadas a buscar desafios, explorar novas ideias e oportunidades de negócios, e questionar as ideias de alguém na empresa.

Este alto nível de capacitação dos funcionários ajudou a Semco a alcançar décadas de alta rentabilidade e crescimento, apesar das flutuações na economia e mudança dos mercados. "Na Semco, não jogamos pelas regras", diz Ricardo Semler. Semler, cujo pai fundou a empresa em 1950, diz que não o desencoraja a "dar um passo para trás e não ver nada no horizonte da empresa". Ele tem o prazer de assistir a empresa e seus empregados "divagarem por meio de seus dias, correndo por instinto e oportunidade..."[60]

Fontes horizontais de poder

O poder horizontal diz respeito às relações de poder entre departamentos, divisões ou outras unidades. Todos os vice-presidentes são geralmente do mesmo nível no organograma. Isso significa que cada departamento tem a mesma quantidade de poder? Não. O poder horizontal não é definido pela hierarquia formal ou organograma. Cada departamento faz uma contribuição única para o sucesso organizacional. Alguns departamentos terão mais voz e atingirão os seus resultados desejados, enquanto outros não. O pesquisador e estudioso Charles Perrow entrevistou gestores em várias empresas industriais.[61] Ele perguntou sem rodeios: "Qual departamento tem mais poder?" entre os quatro grandes departamentos: produção, vendas e marketing, P&D e finanças e contabilidade.

Na maioria das empresas, as vendas tiveram o maior poder. Em algumas empresas, a produção também foi bastante poderosa. Em média, os departamentos de vendas e de produção foram mais poderosos que P&D e finanças, embora existisse uma variação substancial. As diferenças na quantidade de poder horizontal ocorreram claramente nessas empresas. Em outro estudo recente de 55 decisões de nível superior em 14 organizações no Reino Unido, os pesquisadores descobriram que a produção, finanças e marketing tiveram maior influência sobre as decisões estratégicas em relação ao P&D, RH e compras.[62] O poder muda entre os departamentos, dependendo das circunstâncias. Hoje, os departamentos de finanças ganharam força em muitas empresas devido à necessidade urgente de controlar os custos em uma economia resistente. As obrigações de ética e cumprimento podem ter maior poder, porque ajudam a reduzir a incerteza dos lideres em relação aos escândalos éticos e a prevaricação financeira. No governo federal, as agências de vigilância e reguladoras para Wall Street têm aumentado o poder por causa da crise financeira de 2008. Sob a liderança da ex-presidente Sheila Bair, por exemplo, o *Federal Deposit Insurance Corporation* (FDIC) ganhou novos poderes amplos para policiar grandes instituições financeiras, incluindo a instalação de examinadores em empresas financeiras para monitorar as atividades dos seus gestores.[63]

O poder horizontal é difícil de medir, porque as diferenças de poder não são definidas no organograma. No entanto, algumas explicações iniciais para as diferenças de poder, tais como aquelas mostradas na Figura 7.7, foram encontradas. O conceito teórico que explica o poder relativo é chamado de contingências estratégicas.[64]

Contingências estratégicas. As **contingências estratégicas** são eventos e atividades dentro e fora da organização, que são essenciais para a consecução dos objetivos organizacionais. Os departamentos envolvidos com contingências estratégicas para a organização tendem a ter maior poder. As atividades departamentais são importantes quando elas fornecem valor estratégico através da resolução de problemas ou crises para a organização. Por exemplo, se uma organização enfrenta uma intensa ameaça de ações judiciais e regulamentos, o departamento jurídico vai ganhar poder e influência sobre as decisões organizacionais, pois lida com uma ameaça. Se a inovação do produto é a questão estratégica, espera-se o aumento do poder de P&D.

A abordagem de contingência estratégica para o poder é semelhante ao modelo de dependência de recursos descrito nos Capítulos 4 e 6. Lembre-se que as organizações tentam reduzir a dependência do ambiente externo. A abordagem de contingência estratégica para o poder sugere que os departamentos ou organizações mais responsáveis para lidar com questões de recursos-chave e dependências no ambiente se tornem mais poderosos. A Liga Nacional de Futebol, por exemplo, fez uma reverência ao poder das empresas a cabo e arranjou seus parceiros de televisão, a CBS e a NBC, para transmitirem simultaneamente juntamente com a NFL Network o tão aguardado jogo de dezembro de 2007 entre os invictos Patriots e os Giants. A NFL tentou durante anos obter das empresas a cabo a adição da sua rede nos pacotes básicos junto com a ESPN e a ESPN2, mas as empresas a cabo se recusaram, porque o preço era muito alto. A NFL tem um produto popular, mas com opções limitadas de distribuição, que se encontram em posição de baixo poder comparado com as operadoras a cabo.[65]

Fontes de poder. Jeffrey Pfeffer e Gerald Salancik, entre outros, têm sido fundamentais para a realização de pesquisas sobre a teoria das contingências estratégicas.[66] Seus resultados indicam que um departamento avaliado como poderoso pode possuir uma ou mais das características ilustradas na Figura 7.6.[67] Em algumas organizações essas cinco fontes de poder se sobrepõem, mas cada uma fornece uma maneira útil para avaliar as fontes horizontais de poder.

1. *Dependência*. A **dependência** intergrupal é um elemento fundamental subjacente do poder relativo. O poder é derivado de ter algo que alguém quer. O poder do departamento A sobre o departamento B é maior quando o departamento B depende do departamento A.[68] Materiais, informações e recursos podem fluir entre os departamentos em uma direção, como no caso da interdependência sequencial de tarefa (ver Capítulo 13). Em tais casos, o departamento que recebe recursos está numa posição mais baixa de poder do que o departamento que os fornece. O número e força de dependências também são importantes. Quando sete ou oito departamentos devem vir para ajudar o departamento de engenharia, por exemplo, a engenharia está em uma posição de forte poder. Em contraste, um departamento que depende de muitos outros serviços se encontra numa posição de baixo poder. Da mesma forma, um departamento em uma posição contraria de baixo poder pode ganhar poder através de dependências. Se uma fábrica não pode produzir sem o conhecimento dos trabalhadores da manutenção para manter as máquinas funcionando, o departamento de manutenção está em uma posição de forte poder porque tem o controle sobre uma contingência estratégica.

2. *Recursos financeiros*. O controle sobre os recursos é uma fonte de poder importante nas organizações. O dinheiro pode ser convertido em outros tipos de recursos que são necessários para outros departamentos. O dinheiro gera dependência; os departamentos que oferecem recursos financeiros têm algo que outros departamentos querem. Os departamentos que eram renda para uma organização têm maior poder. Vendas, por exemplo, pode ser a unidade mais potente na maioria das empresas industriais. Isso ocorre porque os vendedores encontram clientes e trazem dinheiro, eliminando assim um problema importante para a organização. A capacidade de fornecer recursos financeiros também explica porque alguns departamentos são poderosos em outras organizações, como as universidades.

Universidade de Illinois

NA PRÁTICA

Você pode esperar que a dotação orçamentária em uma universidade estadual seja um processo simples. A necessidade de recursos financeiros pode ser determinada por coisas como o número de alunos de graduação, o número de estudantes da pós-graduação, bem como o número de docentes em cada departamento.

Na verdade, a alocação de recursos na Universidade de Illinois não é clara. A Universidade de Illinois tem uma entrada de recursos relativamente fixa do governo do Estado. Além disso, recursos importantes vêm das bolsas de pesquisa e qualidade de estudantes e professores. Os departamentos universitários que oferecem mais recursos para a universidade são classificados como tendo mais poder. Alguns departamentos têm mais poder devido a sua contribuição de recursos para a universidade. Os departamentos que geram grandes bolsas de pesquisa são mais poderosos, por exemplo, porque bolsas de pesquisa contêm um pagamento de custo fixo considerável para a administração da universidade. Esse dinheiro do custo fixo paga uma grande parte do pessoal e das instalações da universidade. O tamanho do corpo discente do departamento de pós-graduação e o prestígio nacional do departamento também adicionam poder. Os estudantes de graduação e o prestígio nacional são recursos não financeiros que contribuem para a reputação e eficácia da universidade.

Como os departamentos universitários usam o seu poder? Geralmente, usam-no para obter ainda mais recursos do resto da universidade. Departamentos muito poderosos recebem recursos da universidade, tais como bolsas de pós-graduação de estudantes, apoio na pesquisa interna, e os salários do corpo docente (dos cursos) de verão, muito além de suas necessidades com base no número de alunos e professores.[69]

Como mostrado no exemplo da Universidade de Illinois, o poder reverte para os departamentos que trazem ou fornecem recursos que são altamente valorizados por uma organização. O poder permite àqueles departamentos obter mais dos recursos escassos alocados dentro da organização. "O poder derivado de aquisição de recursos é usado para obter mais recursos, que por sua vez podem ser empregados para produzir mais poder – os ricos ficam mais ricos." [70]

3. *Centralidade*. A **centralidade** reflete o papel de um departamento na atividade principal de um organização.[71] Uma medida de centralidade é a medida na qual o trabalho do departamento afeta o resultado final da organização. Por exemplo, o departamento de produção é mais central e, geralmente, tem mais poder do que os grupos de pessoas (assumindo que não há outras contingências críticas). A centralidade está associada ao poder, pois reflete a contribuição para a organização. O departamento de finanças corporativas de um banco de investimento em geral tem mais poder do que o departamento de pesquisa de ações. Por outro lado, nas empresas de fabricação, finanças tende a ser baixa no poder. Quando o departamento de finanças tem a tarefa limitada de arquivamento de dinheiro e gastos, não é responsável pela obtenção de recursos críticos ou pela produção

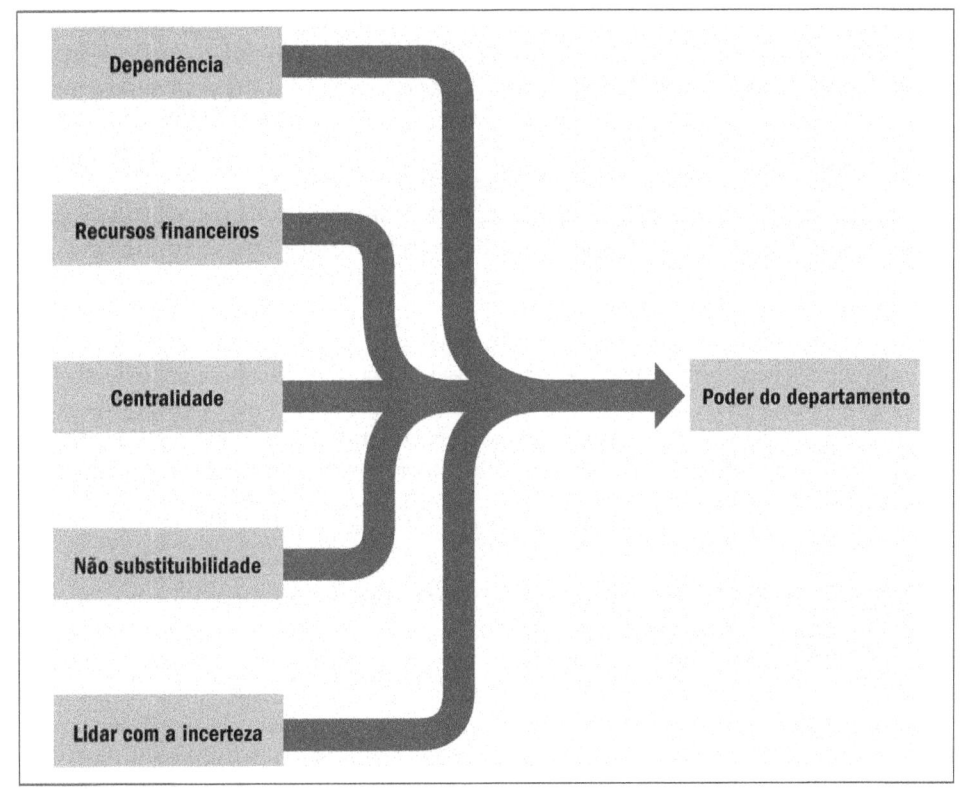

FIGURA 7.6
Contingências estratégicas que influenciam o poder horizontal entre departamentos

- Dependência
- Recursos financeiros
- Centralidade
- Não substituibilidade
- Lidar com a incerteza

→ Poder do departamento

© Cengage Learning 2013

dos produtos da organização. Hoje, no entanto, os departamentos de finanças têm maior poder em muitas organizações devido à maior necessidade de controle de custos.

4. *Não substituibilidade*. O poder também é determinado pela **não substituibilidade**, o que significa que a função de um departamento não pode ser realizada por outros recursos prontamente disponíveis. Se uma organização não tem fontes alternativas de habilidade e informação, o poder de um departamento será maior. Isso pode ser uma das razões principais pelas quais os gerentes usam consultores externos. Os consultores podem ser usados como substitutos para as pessoas da equipe para reduzirem o poder dos grupos de pessoal.

O impacto da substituibilidade no poder foi estudado para departamentos de programadores de computador.[72] Quando os computadores foram introduzidos pela primeira vez, a programação era uma profissão rara e especializada. Os programadores controlaram o uso de computadores organizacionais porque só eles possuíam o conhecimento de programá-los. Ao longo de um período de cerca de 10 anos, a atividade de um programador de computador tornou-se mais comum. As pessoas poderiam ser substituídas facilmente e o poder dos departamentos de programação caiu. A substituibilidade afeta o poder das organizações também. As grandes gravadoras já tiveram um enorme poder sobre os artistas na indústria da música, porque elas tinham o controle quase total sobre quais artistas tinham a sua música gravada e na frente dos consumidores. Hoje, porém, as bandas novas e estabelecidas podem lançar álbuns diretamente na internet, sem passar por um rótulo. Além disso, o Walmart, o maior varejista de música nos Estados Unidos, entrou para fazer música e marketing da empresa, comprando diretamente os álbuns dos artistas como o Eagles e Journey. O marketing intenso ajudou a "Long Road Out of Eden", do Eagles a vender 711 mil cópias através do Walmart em sua primeira semana, sem que uma gravadora tradicional estivesse sempre envolvida.[73]

ANOTAÇÕES

Como administrador de uma organização, tenha essas diretrizes em mente:

Esteja ciente das relações de poder horizontais importantes que vêm da capacidade de um departamento para lidar com contingências estratégicas que confrontam a organização. Aumente o poder horizontal de um departamento, aumentando a participação em contingências estratégicas.

5. *Lidando com a incerteza.* Elementos no ambiente podem mudar rapidamente e podem ser imprevisíveis e complexos. Em face da incerteza, pouca informação está disponível para gestores em cursos de ação apropriados. Os departamentos que reduzem a incerteza para a organização aumentarão seus poderes.[74] Quando o pessoal de pesquisa de mercado prevê com precisão as mudanças na demanda por novos produtos, eles ganham poder e prestígio, porque eles reduziram a incerteza crítica. Mas é apenas uma previsão técnica. Às vezes, a incerteza pode ser reduzida através de uma ação rápida e adequada após a ocorrência de um evento imprevisível.

Os departamentos podem lidar com incertezas críticas pela (1) obtenção de informação prévia (2) prevenção e (3) absorção.[75] A *obtenção de informação prévia* significa que um departamento pode reduzir a incerteza de uma organização, *prevendo* um evento. Os departamentos aumentam seus poderes através da prevenção, prevendo e antecipando os acontecimentos negativos. A *absorção* ocorre quando um departamento entra em ação depois de um evento para reduzir suas consequências negativas. Considere o seguinte caso da indústria de cuidados de saúde.

Carilion Health System

NA PRÁTICA

Pelo fato de que os hospitais e outros prestadores de cuidados de saúde têm de lidar com tantos assuntos legais e complexos, o departamento jurídico está geralmente em uma posição de alto poder. Esse é certamente o caso no Carilion Health System, com sede em Roanoke, Virginia. Alguns anos atrás, o departamento jurídico combateu com sucesso uma ação antitruste do Departamento de Justiça dos EUA e desempenhou um papel crucial na negociação de uma fusão entre o Carilion e o único outro hospital de Roanoke.

Desde então, o departamento jurídico tem estado ocupado não só com questões de regulamentação, mas também com a tentativa de obter o pagamento de pacientes que dizem que não podem pagar suas altas contas médicas. Pelo fato de Roanoke ser agora uma "cidade mercado" em termos de cuidados de saúde, os críticos dizem que o Carilion está escapando ao cobrar taxas excessivas, prejudicando, assim, pacientes, empresas, seguradoras e toda a comunidade. O Tribunal de Roanoke dedica uma manhã por semana para os casos apresentados pelo Carilion, que durante um recente ano fiscal processou cerca de 10.000 pacientes, contrastando os salários de mais de 5.000 pessoas e hipotecando cerca de 4.000 casas.

As notícias negativas resultantes disso, juntamente com uma reação dos médicos independentes que dizem que o Carilion está sufocando intencionalmente a concorrência, o que significa que o departamento de relações públicas tem a chance de aumentar o seu poder também. O departamento está envolvido ativamente nos esforços para reforçar a imagem do Carillon como um bom cidadão corporativo, enfatizando que só processa pacientes que acredita terem a capacidade de pagar e apontando os milhões de dólares dispensados pelo Carilion aos cuidados caritativos a cada ano.[76]

No Carilion, o departamento jurídico absorveu uma incerteza crítica lutando contra o processo antitruste e ajudando o Carilion a crescer em tamanho e poder. Ele continua a tomar atitudes depois que as incertezas aparecem (como pacientes que não pagam).

Relações horizontais de poder nas organizações se transformam como mudanças de contingências estratégicas. Considerando que o departamento jurídico, provavelmente, continue em uma posição de alto poder no Carilion, a necessidade do hospital para melhorar sua reputação e afastar cada vez mais o criticismo poderia levar a um aumento no poder do departamento de relações públicas. O departamento de relações públicas pode ganhar força por estar envolvido em atividades direcionadas para a prevenção e absorção. Os departamentos que ajudam as organizações a lidar com novas questões estratégicas irão aumentar seu poder.

Capítulo 7: Conflito, poder e política

Processos políticos nas organizações

A política, como o poder, é intangível e difícil de medir. Ela está escondida da vista e é difícil de observar de forma sistemática. Duas pesquisas descobriram as seguintes reações dos gestores em comportamento político.[77]

1. A maioria dos gestores tem uma visão negativa em relação à política e acreditam que a política vai prejudicar mais frequentemente do que ajudar uma organização a alcançar seus objetivos.
2. Os gerentes acreditam que o comportamento político é comum em praticamente todas as organizações.
3. A maioria dos gestores acha que o comportamento político ocorre mais frequentemente no topo ao invés de níveis mais baixos nas organizações.
4. Os gerentes acreditam que o comportamento político surge em certos domínios de decisão, tais como a mudança estrutural, mas está ausente nas outras decisões, como lidar com as queixas de funcionários.

Com base nesses estudos, a política parece mais provável ocorrer nos níveis superiores de uma organização e em torno de certas questões e decisões. Além disso, os gestores não aprovam o comportamento político. O restante deste capítulo explora mais profundamente o comportamento político, quando ele deve ser usado, o tipo de questões e decisões com maior probabilidade de serem associadas à política e algumas táticas políticas que podem ser eficazes.

Definição

O poder tem sido descrito como a força disponível ou potencial para alcançar os resultados desejados. A *política* é o uso do poder para influenciar as decisões para alcançar esses resultados. O exercício do poder de influenciar os outros tem levado a duas maneiras de definir a política: como o comportamento egoísta ou como um processo natural de decisão organizacional. A primeira definição enfatiza que a política é autosserviço e envolve atividades que não são sancionadas pela organização.[78]

Neste ponto de vista, a política envolve engano e desonestidade para fins de autointeresse e leva ao conflito e desarmonia no ambiente de trabalho. Essa visão obscura da política é amplamente alcançada pelos leigos, e a atividade política, certamente, pode ser usada desta forma. Os estudos têm demonstrado que os trabalhadores que percebem esse tipo de atividade política dentro de suas empresas muitas vezes têm sentimentos relacionados a ansiedade e insatisfação no trabalho. A pesquisa também suporta a crença de que um uso inadequado da política está relacionado com a baixa moral dos funcionários, o desempenho organizacional inferior e a má tomada de decisão.[79] Este ponto de vista da política explica porque os gerentes das já mencionadas pesquisas não aprovavam o comportamento político.

Embora a política possa ser usada de uma forma negativa, no caminho do autosserviço, o uso apropriado do comportamento político pode servir aos objetivos organizacionais.[80] A segunda visão vê a política como um processo organizacional natural para resolver as diferenças entre os interesses organizacionais dos grupos.[81] A política é o processo de barganha e negociação, que é usado para superar os conflitos e diferenças de opinião. Neste ponto de vista, a política é similar aos processos de construção de decisão e de coalizão que serão descritos no Capítulo 8.

A perspectiva da teoria da organização vê a política conforme descrito na segunda definição. A política é simplesmente a atividade através da qual o poder é exercido na resolução de conflitos e incertezas. A política é neutra e não é necessariamente prejudicial para a organização. A definição formal de política organizacional é a seguinte: a **política organizacional** envolve atividades de aquisição, desenvolvimento e utilização do poder e outros recursos para influenciar os outros e obter o resultado desejado, quando há incerteza ou desacordo sobre as escolhas.[82]

O comportamento político pode ser uma força positiva ou negativa. A política é o uso do poder para fazer coisas boas, coisas realizadas, bem como coisas ruins. A incerteza e os conflitos são naturais e inevitáveis, e a política é o mecanismo para chegar a um acordo. A política inclui discussões informais que permitem às pessoas chegarem a um consenso e tomarem decisões que de outra forma poderiam ser paralisantes ou insolúveis.

> **AVALIE SUA RESPOSTA**
>
> **3** Quando os gerentes usam a política, ela geralmente leva ao conflito e a desarmonia e provavelmente prejudicará o bom funcionamento da organização.
>
> **RESPOSTA:** *Discordo.* A política é um processo organizacional natural para resolver as diferenças e fazer as coisas. Embora a política possa ser usada para fins negativos e autosserviço, a atividade política é também a forma como os gestores principais estão reunidos para realizar coisas boas. Ser político é parte do trabalho de um gerente, mas os gestores devem ter o cuidado de usar a política para servir os interesses da organização, em vez de a si mesmos.

Quando a atividade política é usada?

A política é um mecanismo para se chegar a um consenso quando a incerteza é elevada e há desacordo sobre as metas e prioridades do problema. Lembre-se dos modelos racionais contra os políticos descritos na Figura 7.2. O modelo político está associado aos conflitos sobre objetivos, deslocando coligações e grupos de interesse, informações ambíguas e incertezas. Assim, a atividade política tende a ser mais visível quando os gerentes enfrentam decisões não programadas, conforme será descrito no Capítulo 8, e está relacionada com o modelo de tomada de decisão de Carnegie. Pelo fato de os gerentes no topo de uma organização geralmente lidarem com decisões não mais programadas do que fazem os gestores em níveis mais baixos, a atividade mais política aparecerá nos níveis mais elevados. Além disso, algumas questões estão associadas com o desacordo inerente. Os recursos, por exemplo, são fundamentais para a sobrevivência e eficácia dos serviços, então a alocação de recursos, muitas vezes torna-se uma questão política. Os métodos racionais de alocação não satisfazem os participantes. Três **domínios de atividade política** (áreas em que a política desempenha um papel) na maioria das organizações são a mudança estrutural, a sucessão de gestão e a alocação de recursos.

As reorganizações estruturais atacam o coração das relações de poder e de autoridade. As reorganizações, tais como as discutidas no Capítulo 2, modificam as responsabilidades e tarefas de mudança, o que também afeta a base de poder subjacente de contingências estratégicas. Por essas razões, uma grande reorganização pode levar a uma explosão de atividades políticas.[83] Os gestores podem negociar ativamente para manter as responsabilidades e as bases de poder que eles têm. As fusões e as aquisições também frequentemente criam atividade política tremenda.

As mudanças organizacionais, tais como a contratação de novos executivos, promoções e transferências têm um grande significado político, especialmente nos níveis mais altos da organização, em que a incerteza é grande e as redes de confiança, cooperação e comunicação entre os executivos são importantes.[84] As decisões de contratação podem gerar incerteza, discussão e discordância. Os gestores podem utilizar a contratação e a promoção para fortalecer alianças e coligações de rede, colocando suas próprias pessoas em posições de destaque.

A terceira área de atividade política é a alocação de recursos. As decisões de alocação de recursos abrangem todos os recursos necessários para o desempenho organizacional, incluindo salários, orçamentos operacionais, funcionários, instalações do escritório, equipamentos, avião de uso da empresa e assim por diante. Os recursos são tão vitais que o desacordo sobre as prioridades existe e os processos políticos ajudam a resolver os dilemas.

Usando o poder flexível e a política

Um dos temas deste capítulo foi que o poder nas organizações não é primariamente um fenômeno do indivíduo. Ele está relacionado com o comando de recursos de departamentos, com o papel desempenhado pelos departamentos em uma organização e com as contingências ambientais com que os departamentos têm que lidar. A posição e a responsabilidade, mais de personalidade e estilo, podem determinar a capacidade de um gerente para influenciar os resultados da organização.

No entanto, o poder é usado através de um comportamento político individual. Para entender completamente o uso do poder dentro das organizações é importante olhar para ambos os componentes estruturais e de comportamento individual.[85] Apesar de o poder muitas vezes vir de formas organizacionais e processos maiores, o uso político do poder envolve atividades e habilidades em nível individual. Para saber mais sobre suas habilidades políticas, preencha o questionário no quadro "Como você se encaixa no projeto?". Os gestores com habilidade política são mais eficazes em

Como você se encaixa no projeto?

HABILIDADES POLÍTICAS

Você é bom em influenciar as pessoas em uma organização? Para aprender algo sobre suas habilidades políticas, responda às perguntas que se seguem. Responda se cada item é *Em maior parte verdadeiro* ou *Em maior parte falso* para você.

	Em maior parte verdadeiro	Em maior parte falso
1. Eu sou capaz de me comunicar facilmente e eficazmente com os outros.		
2. Eu passo muito tempo no trabalho desenvolvendo ligações com as pessoas fora da minha área.		
3. Eu sei instintivamente a coisa certa para se dizer ou fazer para influenciar os outros.		
4. Eu sou bom em usar minhas ligações fora da minha área para fazer as coisas no trabalho.		
5. Ao me comunicar com os outros, sou absolutamente genuíno naquilo que digo e falo.		
6. É fácil para eu chegar a pessoas novas.		
7. Eu faço os estranhos se sentirem confortáveis e à vontade ao meu redor.		
8. Eu sou bom em sentir as motivações e as agendas ocultas dos outros.		

Pontuação: Dê-se um ponto para cada item marcado como mais verdadeiro.

Interpretação: Ter alguma habilidade política básica ajuda um gerente a ganhar amplo apoio e influência. As habilidades políticas ajudam um gerente a construir relações pessoais e organizacionais que melhoram os resultados da sua equipe. A pontuação em 6 ou superior sugere habilidades políticas ativas e um bom começo para a sua carreira, especialmente em uma organização em que as coisas são feitas politicamente. Se você marcou três ou menos, você pode querer se concentrar mais na construção de relacionamentos de coleguismo e de apoio conforme você progride em sua carreira. Se não, talvez participe de uma organização em que as decisões e ações são realizadas por meio de procedimentos racionais em vez de apoio das coligações principais.

Fonte: Adaptado de Gerald R. Ferris, Darren C. Treadway, Robert W. Kolodinsky, Wayne A. Hochwarter, Charles J. Kacmer, Ceasar Douglas, and Dwight D. Frink, "Development and Validation of the Political Skill Inventory," *Journal of Management* 31 (Fevereiro de 2005), 126-152.

influenciar os outros e, assim, conseguem o que querem para a organização e para a sua própria carreira.⁸⁶ Esses gerentes afiaram suas habilidades para observar e compreender os padrões de interação e influência na referência na organização. Eles são especializados em desenvolver relacionamentos com uma ampla rede de pessoas e podem adaptar o seu comportamento e a abordagem de diversas pessoas e situações. Os gestores politicamente eficazes entendem que a influência é sobre relacionamentos.⁸⁷

Os gerentes podem desenvolver competência política, e eles podem aprender a usar uma grande variedade de táticas de influência, dependendo do seu próprio cargo, bem como da situação específica. Algumas táticas contam com o uso de "poder duro*", que é o poder que deriva em grande parte da posição de autoridade de uma pessoa. Esse é o tipo de poder que permite um supervisor influenciar seus subordinados com o uso de recompensas e punições, permite ao gerente emitir ordens e esperar que elas sejam obedecidas, ou permite a força dominante de um CEO através de suas próprias decisões sem levar em conta o que ninguém pensa. No entanto, os gerentes mais eficazes usam frequentemente o "poder flexível" que se baseia nas características pessoais e de construção de relacionamentos.⁸⁸ Considere que Jeffrey Immelt, CEO da General Electric, se considera um fracasso caso exerça a sua autoridade formal, mais do que sete ou oito vezes por ano. O resto do tempo, Immelt está usando os meios mais flexíveis para persuadir e influenciar os outros e para resolver ideias e opiniões conflitantes.⁸⁹

Mesmo os militares dos EUA estão falando sobre a importância da construção de relacionamentos ao invés de usar a força bruta. O ex-secretário de Defesa, Robert Gates, por exemplo, diz que na batalha por corações e mentes no exterior, os Estados Unidos têm que ser "bons para ouvir os outros", ao invés de apenas ser bom em arrombar as portas, e fala abertamente sobre o valor do poder flexível na nova estabilidade manual de operações de campo do Exército.⁹⁰ Wesley Clark, ex-comandante supremo da NATO, que liderou a missão contra o presidente sérvio Slobodan Milosevic, sugere para os líderes nas empresas, bem como as nações, que a construção de uma comunidade de interesses compartilhados deve ser a primeira escolha, ao invés de usar ameaças, intimidação e poder bruto.⁹¹ A eficácia do poder flexível é revelada em um estudo de 49 negociadores profissionais ao longo de um período de tempo de nove anos. Os pesquisadores descobriram que os negociadores mais eficazes passaram 400% mais tempo do que seus contendores menos eficazes à procura de áreas de interesse mútuo e interesse comum, em vez de apenas tentar forçar seus próprios interesses.⁹²

As seções a seguir resumem várias táticas que os gerentes podem usar para aumentar o seu próprio poder ou o poder do seu departamento, e as táticas políticas que podem ser usadas para alcançar os resultados desejados. A maioria dessas táticas, resumidas na Figura 7.7, contam com o uso do poder flexível ao invés do poder bruto.

Táticas para aumentar o poder

Quatro **táticas para aumentar o poder** são as seguintes:

1. *Entrar nas áreas de elevada incerteza.* Uma fonte de poder individual ou departamental é identificar as principais incertezas e tomar medidas para remover essas incertezas.⁹³ As incertezas podem surgir a partir das paradas em uma linha de montagem, desde a qualidade exigida de um novo produto ou da incapacidade de prever a demanda por novos serviços. Uma vez que a incerteza seja identificada, o departamento pode tomar medidas para lidar com ela. Pela sua própria natureza, as tarefas incertas não serão resolvidas imediatamente. Para isto, são necessários a tentativa e o erro, que são as vantagens do departamento. O processo de tentativa e erro fornece experiência e conhecimento que não pode facilmente ser repetida por outros departamentos.
2. *Criar dependências.* Dependências são outra fonte de poder.⁹⁴ Quando a organização depende de um departamento ou indivíduo para informações, materiais,

Capítulo 7: Conflito, poder e política

Táticas para aumentar a base do poder	Táticas políticas para o uso do poder
1. Entrar em áreas de elevada incerteza.	1. Construir coalizões e expandir as redes.
2. Criar dependências.	2. Indicar pessoas leais para posições-chave.
3. Fornecer recursos escassos.	3. Controlar a instalação de decisão.
4. Satisfazer contingências estratégicas.	4. Aumentar a legitimidade e competência.
5. Fazer um apelo direto.	5. Criar metas hierarquicamente superiores.

© Cengage Learning 2013

FIGURA 7.7
táticas de poder e política nas organizações

conhecimentos ou habilidades, aquele departamento ou indivíduo vai manter o poder sobre os outros. Um exemplo um pouco divertido vem da empresa de produtos de consumo Evan Steingart. Um funcionário de transferência de inventário de baixo nível no departamento de expedição teve que assinar a remessa de todos os bens. Os vendedores dependiam do funcionário pela sua assinatura. Aqueles que queriam os seus pedidos enviados rapidamente aprenderam a aproximar-se ao funcionário. Os arrogantes que o trataram mal se encontravam em desvantagem, já que o funcionário teria uma longa lista de coisas a fazer antes que o transporte pudesse chegar ao seu fim, e os vendedores não tinham recursos, a não ser esperar.[95] Uma estratégia igualmente eficaz e relacionada é reduzir a dependência de outros departamentos através da aquisição de informação ou habilidades quando possível e necessário, para que seu departamento não fique em uma posição dependente. Por exemplo, o gerente de vendas pode buscar autoridade de assinatura para eliminar a dependência dos vendedores sobre o funcionário do departamento de inventário e transporte.

3. *Fornecer recursos escassos*. Os recursos são sempre importantes para a sobrevivência organizacional. Os departamentos que acumulam recursos e os fornecem para uma organização sob a forma de dinheiro, informações ou instalações será poderoso. Um exemplo anterior "Na prática" descreveu como os departamentos da universidade com maior poder são os que obtêm fundos de pesquisa externos para as contribuições de custos fixos da universidade. Da mesma forma, os departamentos de vendas são poderosos nas empresas industriais, porque eles trazem recursos financeiros.

4. *Satisfazer as contingências estratégicas*. A teoria das contingências estratégicas diz que alguns elementos do ambiente externo e dentro da organização são especialmente importantes para o sucesso organizacional. A contingência poderia ser um evento crítico, uma tarefa para a qual não há substitutos, ou uma tarefa central que é interdependente com muitas outras pessoas na organização. Uma análise da organização e do seu ambiente em mudança revelará contingências estratégicas. Na medida em que as contingências são novas ou não estão sendo satisfeitas, não há espaço para um departamento mudar para as áreas críticas e aumentar a sua importância e poder.

Em resumo, a distribuição de poder em uma organização não é aleatória. O poder é o resultado de processos organizacionais que podem ser compreendidos e previstos. As habilidades para reduzir a incerteza, aumentar a dependência de seu próprio departamento, obter recursos e lidar com todas as contingências estratégicas aumentará o poder de um departamento. Uma vez que o poder estiver disponível, o próximo desafio é usá-lo para atingir os resultados desejados.

---

* Poder duro: capacidade de coagir ou induzir outra pessoa a executar um curso de ação. Este termo é proveniente do Poder nas Relações Internacionais e refere-se ao poder nacional dos meios militares e econômicos. Contrasta-se com o termo Soft Power, que representa o poder da diplomacia, da cultura e da história. (N.R.T.)

Táticas políticas para o uso do poder

O uso do poder nas organizações requer habilidade e disposição. Muitas decisões são tomadas através de processos políticos, porque os processos de decisão racional não se encaixam. A incerteza ou o desacordo é muito alto. A **tática política para usar o poder** de influenciar os resultados das decisões inclui o seguinte:

1. *Construir alianças e expandir as redes*. Os gerentes eficazes desenvolvem relacionamentos positivos em toda a organização, e eles passam o tempo conversando com os outros para aprender sobre seus pontos de vista e construir alianças e coalizões mutuamente benéficas.[96] As decisões mais importantes são tomadas fora das reuniões formais. Os gestores discutem questões uns com os outros e chegam a um acordo. Os gerentes eficazes são aqueles que se amontoam, reunidos em grupos de dois e três para resolver questões-chaves.[97] Eles também certificam-se de suas redes atravessando as fronteiras hierárquicas, funcionais e até mesmo organizacionais. Um projeto de pesquisa descobriu que a capacidade de construir redes tem um impacto positivo sobre a percepção do empregado da eficácia de um gerente e da capacidade do gestor de influenciar a performance.[98] As redes podem ser expandidas (1) chegando a estabelecer contato com os gestores adicionais e (2) cooptando dissidentes. Estabelecer contato com os gestores adicionais significa construir boas relações interpessoais com base na simpatia, confiança e respeito. A confiabilidade e a motivação para trabalhar ao invés de explorar os outros são parte tanto, da construção de rede quanto da coalização.[99] A segunda abordagem para a expansão de redes, a cooptação, é o ato de trazer um dissidente para a sua rede. Um exemplo de cooptação envolveu uma comissão da universidade cuja composição foi baseada na promoção e estabilidade. Vários professores que eram críticos do processo de posse e promoção foram nomeados para o comitê. Uma vez que uma parte do processo era administrativo, eles podiam ver do ponto de vista administrativo. A cooptação efetivamente os trouxe para a rede administrativa.[100]

2. *Indicar pessoas leais para posições-chave*. Outra tática política é indicar pessoas leais para posições-chave na organização ou departamento. Os gestores superiores, bem como chefes de departamento costumam usar a contratação, transferência e processos de promoção para colocar em posições-chave pessoas que simpatizam com os resultados do departamento, contribuindo assim para alcançar objetivos departamentais.[101] Os líderes superiores frequentemente usam essa tática, como discutido anteriormente. Quando um chefe de polícia de fora foi contratado para assumir um grande departamento de polícia metropolitana, ele trouxe três chefes adjuntos com ele, porque o seu pensamento e as competências de gestão eram compatíveis com seus objetivos de transformar o departamento.

3. *Usar reciprocidade*. Há muitas pesquisas que indicam que a maioria das pessoas sente uma sensação de obrigação de dar algo em troca de favores a outros que lhe fazem.[102] Esse *princípio de reciprocidade* é um dos principais fatores que afetam as relações de influência nas organizações. Quando um gerente faz um favor para um colega, o colega se sente obrigado a retribuir o favor no futuro. Fazendo o trabalho adicional que ajuda outros departamentos, obriga os outros departamentos a responder em uma data futura. A "regra não escrita de reciprocidade" é uma razão porque as organizações como Northrup Grumman, Kraft Foods e Pfizer fazem doações para instituições de caridade favoritas dos membros da Câmara e do Senado. Os líderes tentam agradar os parlamentares cujas decisões podem afetar significativamente seus negócios.[103] Tal como acontece com outras táticas políticas, os gestores às vezes usam a reciprocidade para fins egoístas que podem prejudicar a organização e seus participantes. Por exemplo, os pesquisadores culparam as conexões apertadas e favores recíprocos entre os gestores da indústria nuclear, funcionários das agências regulatórias e autoridades governamentais no Japão para contribuir para o desastre na usina Daiichi Fukushima.

ANOTAÇÕES

Como administrador de uma organização, tenha essas diretrizes em mente:

Espere e permita o comportamento político nas organizações. A política proporciona a discussão e o confronto de interesses necessários para cristalizar os pontos de vista e chegar a uma decisão. Construa coalizões, expanda trabalhos líquidos, use reciprocidade, aumente a legitimidade e faça um apelo direto para atingir os resultados desejados.

Capítulo 7: Conflito, poder e política

NA PRÁTICA

Fukushima Daiichi (Tokyo Electric Power)

Após um grande terremoto e tsunami que atingiram o Japão na primavera de 2011, a tragédia foi agravada quando os reatores da usina nuclear Daiichi Fukushima foram danificados, causando o pior desastre desse tipo desde Chernobyl. Como o Japão se esforçou para manter a planta sob controle, muitas pessoas começaram a questionar se uma "cultura de cumplicidade", que envolve funcionários da indústria, gestores de empresas de eletricidade, políticos e reguladores fazendo favores uns para os outros tinham desempenhado um papel no acidente. Considere que, em 2000, Kei Sugaoka, um inspetor nuclear japonês-americano que tinha feito um trabalho para a General Electric em Daiichi, contou à principal agência reguladora nuclear do Japão sobre uma infração de segurança que ele acreditava que estava sendo escondida pelos gestores. Em vez de investigar, a agência disse que os gerentes da planta fariam sua própria investigação e permitiu que a planta continuasse operando. A identidade de Sugaoka foi revelada à operadora da usina, a Tokyo Electric Power (Tepco), e ele foi efetivamente banido da indústria nuclear japonesa.

As conexões apertadas na indústria nuclear do Japão são conhecidas como a "aldeia de poder nuclear". Gerentes, funcionários da indústria nuclear, burocratas, políticos e cientistas que compartilham objetivos e interesses semelhantes "prosperaram gratificando-se uns aos outros com projetos de construção, posições lucrativas e apoio político, financeiro e regulatório". Por exemplo, os políticos e reguladores influentes que estavam ao lado da indústria nuclear, tais como regulamento de diluição de água, puderam manter empregos cômodos como executivos ou consultores nas empresas de energia. Por sua vez, os políticos recompensaram seus apoiadores institucionais nucleares com assentos no Parlamento. Tokio Kano, um vice-presidente anterior da Tepco, foi nomeado pelo Partido Democrata Liberal com dois mandatos de seis anos na Câmara Alta do Parlamento e, mais tarde, retornou à Tepco como conselheiro. Um crítico diz que Kano trabalhou no Parlamento para reescrever "tudo em favor das empresas de energia". [104]

O padrão de favores revelado por investigações na indústria nuclear no Japão reflete o papel importante que a reciprocidade nas relações de influência desempenha. Alguns pesquisadores argumentam que o conceito de intercâmbio – troca algo de valor para o que você quer –, é a base de todas as outras táticas de influência. Por exemplo, a persuasão racional funciona porque a outra pessoa vê um benefício de ir junto com o plano, e fazer pessoas gostarem de você é bom porque a outra pessoa recebe agrados e atenção em retorno.[105] A "Dica de livro" deste Capítulo discute ainda a reciprocidade e outros princípios fundamentais de influência.

4. *Melhorar a legitimidade e a competência.* Os gerentes podem exercer maior influência nas áreas em que eles tiveram a legitimidade e competência reconhecidas. Essa tática é altamente eficaz com a nova geração de gerentes e funcionários. Os jovens trabalhadores de hoje definem o poder com base em conhecimentos e habilidades de um indivíduo, em vez de uma posição de autoridade sobre as pessoas. Eles não apreciam a forte utilização da política e esperam que as pessoas confiem em seus conhecimentos para influenciarem outras.[106] Quando os gerentes fazem um pedido que está dentro do domínio da tarefa de um departamento e é consistente com o interesse do departamento, outros departamentos tenderão a cumprir. Os membros também podem identificar consultores externos ou outros peritos dentro da organização para apoiarem a sua causa.[107] Por exemplo, uma vice-presidente financeiro de uma grande empresa de varejo queria demitir o diretor de gestão de RH. Ela contratou um consultor para avaliar os projetos de RH realizados até à data. Um relatório negativo do consultor forneceu legitimidade suficiente para demitir o diretor, que foi substituído por um diretor fiel à vice-presidente financeira.

5. *Faça um apelo direto.* Se os gestores não perguntam, eles raramente recebem. Um exemplo de apelo direto vem da Drugstore.com, onde Jessica Morrison usou apelo direto para obter um novo cargo e um aumento de salário. Morrison pesquisou as escalas de pagamento na PayScale.com e se aproximou de seu chefe

DICA DE LIVRO 7.0 — VOCÊ JÁ LEU ESTE LIVRO?

Influência: ciência e prática
Por Robert B. Cialdini

Os gerentes usam uma variedade de táticas políticas para influenciar os outros e trazer os resultados desejados. Em seu livro *Influência: ciência e prática*, Robert Cialdini examina as pressões sociais e psicológicas que levam às pessoas a responder favoravelmente a estas várias táticas. Ao longo de anos de estudo, Cialdini, Professor Regente de Psicologia da Universidade Estadual do Arizona, identificou alguns princípios básicos de influência, "aqueles que trabalham em uma variedade de situações, para uma variedade de praticantes, em uma variedade de tópicos, para uma variedade de perspectivas".

PRINCÍPIOS DE INFLUÊNCIA
Ter um conhecimento de trabalho do conjunto básico de ferramentas de persuasão pode ajudar os gestores a prever e influenciar o comportamento humano, o que é valioso para interagir com os colegas, funcionários, clientes, parceiros e até mesmo amigos. Alguns princípios psicológicos básicos que regem o sucesso das táticas de influência são os seguintes:

- *Reciprocidade*. O princípio da reciprocidade refere-se ao sentimento de obrigação que as pessoas sentem para devolver na mesma moeda o que receberam. Por exemplo, um gerente que faz favores para os outros cria neles um senso de obrigação de devolver os favores no futuro. Os gestores inteligentes encontram maneiras de ser útil aos outros, seja ajudando um colega a terminar uma tarefa desagradável ou oferecendo compaixão e preocupação pelos problemas pessoais de um subordinado.

- *Gosto*. As pessoas dizem sim mais vezes para aqueles que gostam. Empresas como a Tupperware ou Pampered Chef têm a percepção de que os rostos familiares e características propícias vendem produtos. As festas em casa permitem que os clientes comprem de um amigo em vez de comprarem de um vendedor desconhecido. Vendedores em todos os tipos de empresas muitas vezes tentam capitalizar sobre este princípio, encontrando interesses que partilham com os clientes como uma maneira de estabelecer ligação. Em geral, os gestores que são agradáveis, generosos com elogios, cooperativos e têm consideração pelos sentimentos de outras pessoas acham que têm maior influência.

- *Autoridade crível*. Autoridades legítimas são fontes particularmente influentes. No entanto, a pesquisa descobriu que a chave para o sucesso do uso de autoridade é ser entendido, crível e de confiança. Os gerentes que se tornaram conhecidos por sua experiência, que são honestos e diretos com os outros e que inspiram confiança podem exercer maior influência do que aqueles que dependem só da posição formal.

- *Validação social*. Uma das principais maneiras de as pessoas decidirem o que fazer em qualquer situação é considerar o que os outros estão fazendo. Ou seja, as pessoas examinam as ações dos outros para validar as escolhas corretas. Por exemplo, quando foi mostrada uma lista de vizinhos aos proprietários, que tinham doado para uma instituição de caridade local durante uma festa beneficente, a frequência de contribuições aumentou dramaticamente. Ao demonstrar, ou mesmo implicar, que os outros já tenham cumprido um pedido, os gestores ganham maior cooperação.

O PROCESSO DE INFLUÊNCIA SOCIAL
Pelo fato de como um gerente é sobre influenciar os outros, aprender a ser verdadeiramente convincente é uma habilidade de gestão valiosa. O livro de Cialdini ajuda os gestores a compreender as regras psicológicas básicas de persuasão, como e por que as pessoas são motivadas a mudar suas atitudes e comportamentos. Quando os gerentes usam essa compreensão de uma forma honesta e ética, melhoram a sua eficácia e o sucesso de suas organizações.

Influencie: Science and Practice (4a. edição), por Robert B. Cialdini, publicado por Allyn & Bacon.

---

armada com essa e outras informações pertinentes. Seu apelo direto, apoiado com a pesquisa, fez com que ela ganhasse a promoção.[108] A atividade política só é eficaz quando as metas e as necessidades são feitas de modo explícito e a organização pode responder. Uma proposta assertiva pode ser aceita porque outros gestores não têm alternativas melhores. Além disso, uma proposta explícita, muitas vezes, recebe tratamento favorável porque outras alternativas são ambíguas e menos definidas. O comportamento político eficaz requer contundência suficiente e a assunção de riscos, pelo menos, pedir o que você precisa para alcançar os resultados desejados.

Capítulo 7: Conflito, poder e política

Os gestores podem utilizar uma compreensão dessas táticas para afirmar influência e fazer as coisas dentro da organização. Quando os gerentes ignoraram o poder flexível e as táticas políticas, eles podem se encontrar falhando sem entender por qual motivo. Por exemplo, no Banco Mundial, Paul Wolfowitz tentou utilizar o poder bruto sem construir as relações necessárias que precisava para afirmar influência.

NA PRÁTICA

Banco Mundial

Depois que o ex-vice-secretário de Defesa, Paul Wolfowitz, perdeu seus lances para se tornar secretário de Defesa ou conselheiro de segurança nacional do governo Bush, ele aproveitou a chance para ser o novo presidente do Banco Mundial. Mas Wolfowitz condenou sua carreira no Banco Mundial, desde o início ao não desenvolver relacionamentos e construir alianças.

Muitos foram os líderes do Banco Mundial em seus cargos há muitos anos, quando Wolfowitz chegou, e eles estavam acostumados a "promover os interesses uns dos outros e coçar as costas uns dos outros", como um membro do conselho colocou isso. Wolfowitz chegou e tentou fazer valer suas próprias ideias, metas e autoridade formal sem considerar os interesses, ideias e objetivos dos outros. Ele alienou rapidamente tanto a equipe de liderança do Banco Mundial e a diretoria adotando uma posição sincera sobre questões-chave e recusando-se a considerar pontos de vista alternativos. Ao invés de tentar persuadir os outros sobre a sua maneira de pensar, Wolfowitz emitiu diretrizes para altos funcionários do banco, pessoalmente ou através de seus gestores escolhidos a dedo. Vários oficiais de alto nível renunciaram após disputas com o novo presidente.

Eventualmente, o conselho pediu a renúncia de Wolfowitz. "O que Paul não entendeu é que a presidência do Banco Mundial não é inerentemente um trabalho forte", disse um ex-colega. "Um presidente do banco só é bem-sucedido se ele puder formar alianças com muitos feudos do banco. Wolfowitz não aliou-se com os feudos. Ele os alienou."[109]

Wolfowitz percebeu tarde demais que ele precisava usar uma abordagem de poder flexível político, em vez de tentar forçar seus próprios interesses. Mesmo quando um gestor tem uma grande quantidade de poder, o uso de poder não deve ser obvio.[110] Se um gerente chamar formalmente sua base de poder em uma reunião, dizendo: "Meu departamento tem mais poder, então vocês têm de fazer do meu jeito", seu poder será diminuído. O poder funciona melhor quando é utilizado em silêncio. Chamar atenção sobre o poder é perdê-lo. As pessoas sabem quem tem o poder. As reivindicações explícitas do poder não são necessárias e podem até mesmo prejudicar o gerente da causa ou do departamento.

Além disso, quando se usa qualquer das táticas anteriores, lembre que a maioria das pessoas pensa que o comportamento de autosserviço fere ao invés de ajudar de uma organização. Se for percebido que os gerentes estão jogando seu peso ao redor ou na perseguição de objetivos que são autosserviço ao invés de benefício para a organização, eles perderão o respeito. Por outro lado, os gestores devem reconhecer os aspectos de relações e político do seu trabalho. Não basta ser racional e tecnicamente competente. O desenvolvimento e a utilização da habilidade política é uma parte importante de ser um bom gestor.

Fundamentos do projeto

- A mensagem central deste capítulo é que o conflito, o poder e a política são resultados naturais da organização. As diferenças nas metas, experiências e as tarefas são necessárias para a excelência organizacional, mas essas diferenças pode jogar grupos em conflito. Os gerentes usam o poder e a política para gerir e resolver conflitos.

- Foram apresentados dois pontos de vista de organização. O modelo racional de organização pressupõe que as organizações têm objetivos específicos e que os problemas podem ser logicamente resolvidos. O outro ponto de vista, o modelo político da organização, é a base para a grande parte do capítulo. Essa visão pressupõe que os objetivos de uma organização não são específicos ou acordados. Os departamentos têm diferentes valores e interesses, então os gerentes entram em conflito. As decisões são tomadas com base no poder e na influência política. A negociação, barganha, persuasão e a construção de coalizão decidem os resultados.
- Embora o conflito e o comportamento político sejam naturais e possam ser utilizados para fins benéficos, os gestores também se esforçam para melhorar a colaboração para que o conflito entre os dois grupos não se torne muito forte. Táticas para melhorar a colaboração incluem dispositivos de integração, de confronto e negociação, consulta intergrupal, rotatividade de membros, missão compartilhada e objetivos hierarquicamente superiores.
- O capítulo também discutiu as fontes verticais e horizontais de poder. Fontes verticais de poder incluem a posição formal, recursos, controle da informação e a centralidade da rede. Em geral, os gestores superiores da hierarquia organizacional têm mais poder do que as pessoas com níveis mais baixos. No entanto, as posições ao longo de toda a hierarquia podem ser concebidas para aumentar o poder dos empregados. Como as organizações enfrentam o aumento da concorrência e da incerteza ambiental, os altos executivos estão descobrindo que o aumento do poder dos gerentes de nível médio e funcionários de nível mais baixo pode ajudar a organização a ser mais competitiva. O *empowerment* é uma tendência popular. A capacitação de funcionários significa dar-lhes três elementos-chave: informações e recursos, o conhecimento e as habilidades necessárias e o poder de tomar decisões substantivas.
- A investigação sobre os processos de força horizontal revelou que certas características fazem alguns departamentos mais poderosos que outros. As diferenças de poder podem ser entendidas utilizando o conceito de contingências estratégicas. Os departamentos responsáveis em lidar com questões de recursos-chave e as dependências são mais poderosos. Fatores como a dependência, recursos, não substituibilidade e lidar com a incerteza determinam a influência dos departamentos.
- Os gerentes precisam de habilidades políticas para exercer o poder flexível. Muitas pessoas desconfiam do comportamento político, temendo que ele será usado para fins egoístas que beneficiam o indivíduo, mas não a organização. No entanto, a política é muitas vezes necessária para atingir os objetivos legítimos de um departamento ou organização. Três áreas em que o comportamento político, muitas vezes desempenha um papel são a mudança estrutural, a sucessão de gestão e a alocação de recursos, porque essas são áreas de alta incerteza. Os gerentes usam táticas políticas, incluindo a formação de coalizões, redes em expansão, através da reciprocidade, melhorando a legitimidade, e fazendo um apelo direto para ajudar os seus departamentos a alcançarem os resultados desejados.

Conceitos-chave

autoridade
centralidade
centralidade da rede
competição
conflito intergrupal
confronto
contingências estratégicas
dependência

domínios de atividade política
empowerment
equipes de gestão de trabalho
fontes de conflito intergrupal
fontes de poder
modelo político
modelo racional
poder

premissas de decisão
não substituibilidade
negociação
negociação coletiva
políticas organizacionais
táticas para aumentar o poder
táticas para melhorar a colaboração
táticas políticas para o uso de poder

Capítulo 7: Conflito, poder e política

Questões para discussão

1. Dê um exemplo de sua experiência pessoal de como as diferenças de tarefas, antecedentes pessoais e treinamento levam a um conflito entre grupos. Como poderia a interdependência ter influenciado esse conflito?
2. Os produtos de consumo da gigante Procter & Gamble e a líder da internet Google firmaram uma parceria de marketing. Quais os fatores organizacionais e ambientais podem determinar qual organização terá mais poder no relacionamento?
3. Em uma organização em rápida mudança, as decisões mais propensas a serem tomadas são aquelas utilizando o modelo racional ou o político da organização? Discutam.
4. Qual é a diferença entre poder e autoridade? É possível que uma pessoa tenha autoridade formal, mas não tenha nenhum poder real? Discutam.
5. Discutam maneiras em que um departamento de uma empresa de seguro de saúde pode ajudar a organização a lidar com o aumento do poder de sistemas de hospital de grande porte, tais como o Carilion pela obtenção de informação prévia, de prevenção ou de absorção.
6. A Universidade Estadual X recebe 90% de seus recursos financeiros do Estado e está superlotada com alunos. Ela está tentando passar regulamentos para limitar a matrícula de aluno. A Universidade privada Y recebe 90% de sua receita de mensalidades dos alunos e tem alunos apenas o suficiente para fazer face às despesas. Ele está recrutando alunos ativamente para o próximo ano. Em qual universidade os estudantes têm maior poder? Que implicações isso terá para professores e administradores? Discutam.
7. Um analista financeiro da Merrill Lynch tentou durante vários meses expor os riscos de investimentos em hipotecas *subprime*, mas ele não conseguia que ninguém prestasse atenção às suas reivindicações. Como você avalia o poder deste empregado? O que ele poderia ter feito para aumentar seu poder e sua convocação para os problemas iminentes na empresa?
8. A faculdade de engenharia de uma grande universidade traz em três vezes o número de dólares de pesquisa do governo assim como o resto da universidade combinados. A engenharia parece rica e tem muitos professores na situação de pesquisa em tempo integral. No entanto, quando os fundos de pesquisa internos são alocados, a engenharia recebe uma fatia maior do dinheiro, mesmo que ela já tenha fundos de pesquisa externos substanciais. Por que isso acontece?
9. Alguns pesquisadores argumentam que o conceito de troca subjacente ao princípio da reciprocidade (negociando alguma coisa de valor por outra que você quer) é a base de toda a influência. Você concorda? Discutir. Até que ponto você se sente obrigado a retribuir um favor que é feito para você?

Capítulo 7 Caderno de exercícios — Como você gerencia o conflito?

Pense em como você costuma lidar com uma disputa com um membro da equipe, amigo ou colega de trabalho e, em seguida, responda às seguintes afirmações com base se elas são verdadeiras ou falsas para você. Não existem respostas certas ou erradas, por isso responda honestamente.

Na maior parte	Na maior parte verdadeiro	Na maior parte falso
1. Sinto que não vale a pena discutir sobre as diferenças.	___	___
2. Gostaria de evitar uma pessoa que queira discutir um desentendimento.	___	___
3. Eu prefiro manter meus pontos de vista para mim ao invés de discutir.	___	___
4. Eu normalmente evito tomar posições que criem uma disputa.	___	___
5. Eu tento ganhar minha posição.	___	___
6. Eu afirmo veementemente minha opinião em desacordo.	___	___
7. Eu levanto a minha voz para que outras pessoas aceitem a minha posição.	___	___
8. Eu sou firme em expressar o meu ponto de vista.	___	___
9. Eu cedo um pouco se as outras pessoas fizerem o mesmo.	___	___
10. Eu vou dividir a diferença para chegar a um acordo.	___	___
11. Eu ofereço trocas para chegar a uma solução.	___	___
12. Eu desisto de alguns pontos em troca de outros.	___	___
13. Eu não quero ferir os sentimentos dos outros.	___	___

14. Eu sou rápido ao concordar quando alguém com quem estou discutindo faz um bom ponto.
15. Eu tento aparar as divergências, minimizando a sua gravidade.
16. Quero ser atencioso com as emoções das outras pessoas.
17. Eu sugiro uma solução que inclui o ponto de vista da outra pessoa.
18. Eu combino argumentos para uma nova solução de ideias levantadas na disputa.
19. Eu tento incluir ideias da outra pessoa para criar uma solução que irão aceitar.
20. Eu avalio os méritos de outros pontos de vista como sendo iguais aos meus.

Pontuação e interpretação: Cinco categorias de estratégias de tratamento de conflito são medidas por essas 20 questões: evitar, dominar, negociar, acomodar e colaborar. Essas cinco estratégias refletem diferentes níveis de desejo pessoal como assertividade ou cooperação. Quanto maior a sua pontuação para a estratégia, mais provável é a sua abordagem preferida do tratamento de conflito. A pontuação mais baixa sugere que você provavelmente não use essa abordagem.

Estilo dominador (do meu jeito) reflete um alto grau de assertividade para obter o seu próprio caminho e cumprir o seu interesse próprio. Some um ponto para cada *Na maior parte verdadeiro* para os itens 5-8: _____.

Estilo acomodado (à sua maneira) reflete um alto grau de cooperativismo e um desejo de obrigar ou ajudar os outros como mais importantes. Some um ponto para cada *Na maior parte verdadeiro* para os itens 13-16: _____.

Estilo evitando (de jeito nenhum) reflete nem assertividade nem cooperativismo, o que significa que o conflito é evitado sempre que possível. Some um ponto para cada *Na maior parte verdadeiro* para os itens 1-4: _____.

Estilo de negociação (no meio do caminho) reflete uma tendência para atender a metade do caminho, usando uma quantidade moderada de ambos assertividade e cooperativismo. Some um ponto para cada *Na maior parte verdadeiro* para os itens 9-12: _____.

Estilo colaborativo (nossa maneira) reflete um alto grau de assertividade e cooperativismo para atender às necessidades de ambas as partes. Some um ponto para cada *Na maior parte verdadeiro* para os itens 17-20: _____.

Perguntas
1. Qual estratégia você acha mais fácil de usar? Mais difícil?
2. Como é que as suas respostas mudam se a outra parte do conflito for um amigo, familiar ou colega de trabalho?
3. Como você se sente sobre a sua abordagem para lidar com o conflito? Que mudanças você gostaria de fazer?

CASO PARA ANÁLISE — The Daily Tribune[111]

O *Daily Tribune* é o único jornal diário que serve uma região de seis condados ao leste do Tennessee. Mesmo que a sua equipe seja pequena e sirva uma região de maioria de pequenas cidades e áreas rurais, o *Tribune* já ganhou inúmeros prêmios por notícias de capa e fotojornalismo da Associação de imprensa do Tennessee e outras organizações.

Rick Arnold tornou-se editor de notícias há quase 20 anos. Ele passou toda a sua carreira com o *Tribune* e sente um grande orgulho, que ele foi reconhecido por sua integridade jornalística e cobertura equilibrada de questões e eventos. O jornal tem sido capaz de atrair talentosos e brilhantes jovens escritores e fotógrafos, graças em grande parte ao compromisso de Rick e seu apoio à equipe de notícias. Em seus primeiros anos, a redação era um lugar emocionante, dinâmico ao trabalho de jornalistas que prosperou em ritmo acelerado e, ocasionalmente, a chance de colher o maior jornal diário em Knoxville.

Mas os tempos mudaram no *Daily Tribune*. Nos últimos cinco anos ou mais, o departamento de publicidade continuou a crescer, tanto em termos de pessoal e orçamento, ao passo que o departamento de notícias começou a encolher. "A publicidade paga as contas", lembrou o editor John Freeman a todos na reunião dos gestores deste mês. "Hoje, os anunciantes podem ir para o e-mail direto, TV a cabo, até mesmo a internet, se eles não gostarem do que estamos fazendo para eles."

Rick regularmente entra em confronto com o departamento de publicidade sobre as notícias que são críticas de grandes anunciantes, mas os conflitos têm aumentado dramaticamente nos últimos anos. Agora, Freeman está incentivando uma "colaboração horizontal" maior, como ele chama, pedindo que os gerentes do departamento de notícias e do departamento de publicidade se consultem um com o outro a respeito de questões ou histórias que envolvem grandes anunciantes do jornal. A mudança foi motivada, em parte, por um número crescente de reclamações de anunciantes sobre histórias que eles consideraram injustas. "Nós imprimimos a notícia", disse Freeman, "e eu entendo que às vezes temos que imprimir coisas que algumas pessoas não vão gostar. Mas nós temos que encontrar maneiras de ter mais anunciantes. Se trabalharmos juntos, podemos desenvolver estratégias que apresentem tanto boa cobertura de notícias e sirvam para atrair mais anunciantes".

Rick deixou a reunião furioso, e ele não deixou de mostrar o seu desprezo pela nova abordagem "anunciante-amigável" conhecida de todos, incluindo o gerente de publicidade, Fred Thomas, enquanto se dirige para o corredor de volta para a redação. Lisa Lawrence, sua editora-chefe, calmamente concordou, mas ressaltou que os anunciantes eram os leitores também, e o jornal teve que ouvir a todos os seus participantes. "Se não lidar com isso com cuidado, vamos ter Freeman e Thomas aqui ditando para nós o que podemos escrever e o que não podemos."

Lawrence já trabalhou com Rick desde que ele veio pela primeira vez para o jornal, e mesmo que os dois tivessem a sua quota de conflitos, a relação é principalmente de respeito e confiança mútuas. "Vamos ter cuidado", enfatizou. "Leia as histórias sobre os grandes anunciantes com um pouco mais de cuidado, certifique-se de que podemos defender o que nós imprimimos, e tudo vai dar certo. Eu sei que isso é uma indefinição da linha entre a publicidade e o editorial e o empurra para o caminho errado, mas Thomas é um homem razoável. Nós só precisamos mantê-lo no circuito."

No final daquela tarde, Rick recebeu uma história de um de seus repórteres correspondentes que estava a trabalho por um par de dias. O East Tennessee Healthcorp (ETH), que operava uma série de postos de saúde em toda a região, estava para fechar três de suas clínicas rurais por causa de problemas de montagens financeiras. A repórter, Elisabeth Fraley, morava em uma das comunidades e soube sobre o fechamento pelo seu vizinho, que trabalhava como contador para o ETH, antes que o anúncio fosse feito apenas nesta tarde. Fraley tinha escrito uma história de interesse humano convincente sobre como os fechamentos deixariam as pessoas em dois condados com praticamente nenhum acesso aos cuidados de saúde, enquanto as clínicas em cidades maiores, que realmente não precisam deles estavam sendo mantidas abertas. Ela cuidadosamente entrevistou os ex-pacientes das clínicas e os funcionários do ETH, incluindo o diretor de uma das clínicas e dois gerentes de alto nível no escritório corporativo, e ela documentou cuidadosamente suas fontes. Após o encontro desta manhã, Rick sabia que ele devia lançar com a história de Lisa Lawrence, já que o East Tennessee Healthcorp foi um dos maiores anunciantes da *Tribuna*, mas Lawrence tinha deixado para o dia. E ele simplesmente não conseguia se consultar com o departamento de publicidade – que disparate político foi para Lawrence gerenciar. Se ele segurasse a história para a aprovação de Lawrence, não faria a edição de domingo. Sua única outra opção era escrever uma breve história e simplesmente relatar os fechamentos e, deixar de fora o aspecto de interesse humano. Rick tinha certeza de que os principais jornais de Knoxville e outras cidades próximas teriam o relatório em seus jornais de domingo, mas nenhum deles teria tempo para desenvolver como abrangente e interessante uma conta como Fraley tinha apresentado. Com algumas teclas rápidas para fazer algumas pequenas alterações editoriais, Rick enviou a história para a produção.

Quando ele chegou ao trabalho no dia seguinte, Rick foi chamado imediatamente para o escritório da editora. Ele sabia que era uma má notícia para Freeman por ser um domingo. Depois de alguns gritos gerais e gritando, Rick soube que dezenas de milhares de cópias do jornal de domingo haviam sido destruídas e uma nova edição impressa. O gerente de publicidade tinha chamado Freeman em casa nas primeiras horas da manhã de domingo e informou-o da história do ETH, que estava aparecendo no mesmo dia em que a empresa estava executando um anúncio de página inteira divulgando seu serviço para as pequenas cidades e comunidades rurais do Leste do Tennessee.

"A história é precisa, e eu achei que você ia querer tirar proveito de uma oportunidade para colher os grandes jornais", Rick começou, mas Freeman cortou o seu breve argumento. "Você poderia ter apenas relatado os fatos básicos, sem implicar que a empresa não se preocupa com as pessoas desta região. A próxima vez que algo assim acontecer, você vai encontrar-se e aos seus repórteres em pé na fila do desemprego!"

Rick tinha ouvido isso antes, mas de alguma forma esse tempo, ele quase acreditou. "O que aconteceu com os dias em que o objetivo principal de um jornal foi apresentar as novidades?" Rick resmungou. "Agora, parece que temos que dançar conforme a música tocada pelo departamento de publicidade."

CASO PARA ANÁLISE   A Iniciativa New Haven

Quando Burton Lee assumiu o cargo de gerente da fábrica para a divisão New Haven de uma grande empresa, ele viu a oportunidade de transformar a unidade de menor desempenho como um caminho para a sua promoção na gerência superior.

Burton estava ciente de sua reputação dentro da empresa como um intelectual, que ele acreditava, em parte, ser devido a sua graduação menor em filosofia. Quinze anos depois de obter seu MBA, ele manteve uma paixão pela leitura dos clássicos como Homero, Tácito, Platão, Heródoto e Cícero, no original grego e latim. Como Thomas Jefferson, ele carregava uma gramática grega de bolso com ele. Os colegas de trabalho se acostumaram com admiração e contragosto – com suas frases familiares, "*Quando você olha para esta lógica...*" ou "*deve ser óbvio que isso...*".

Era óbvio a Burton que as mudanças tinham que ser feitas em New Haven. A reputação da divisão como o elo mais fraco na empresa, com o tempo de inatividade excessiva de máquinas, *backlogs* e reclamações sobre qualidade afetou negativamente o moral dos funcionários. Em uma economia em baixa, muitas vezes circularam rumores de que a planta New Haven podia ser fechada.

"Minha formação acadêmica me ensinou que há um caminho lógico para abordar e resolver problemas. A fabricação está muitas vezes presa no passado, do *jeito que sempre foi feito*. Mais e mais na fabricação, você acha que os indivíduos da gestão se veem através das fileiras e relutam em mudar, muitas vezes, mesmo em face de irresistível evidência. Pelo fato de eles estarem presos nesta mentalidade, eles estão relutantes em explorar ideias, para ficarem no topo das tendências de produção, ou para verem a foto maior. Eu acredito que a inovação no pensamento, na tecnologia, na racionalização de processos e na capacitação de funcionários é fundamental para o sucesso na New Haven.

"Quando eu vim aqui para assumir a New Haven, a planta era uma bagunça, para ser franco. Estávamos inundados em papel. Ficamos presos na linha de montagem tradicional. Quando falei com os supervisores de linha, eu me senti como se fossem a canalização Henry Ford. Precisávamos de um novo paradigma, uma nova cultura que não estava presa no passado. Nós tivemos que acabar com os atrasos, mover o produto mais rápido e melhorar a qualidade. Eu não posso fazer isso. Os trabalhadores na planta têm que fazer isso. Mas eles precisam de ferramentas para trabalhar com isso. O que foi que Churchill disse à FDR na Segunda Guerra Mundial? "Dê-nos as ferramentas e vamos terminar o trabalho." Essa foi a cultura que eu queria aqui em New Haven.

"Eu explorei tudo, conversei com todos, e investiguei o que estava acontecendo em outras indústrias. Eu sabia que teria que tomar essas tarefas individualmente e construir um sistema complexo, mas não complicado para coordená-los nas interações com metas específicas que aumentam a eficácia global do equipamento. A pergunta foi como poderíamos fazer isso?

"Você olha para isso, logicamente, quando você se aventura fora de sua zona de conforto e vê o que as outras indústrias têm feito, você descobre uma série de modelos e você acha que há recursos na forma de tecnologia e software lá que podem ajudar. De alguma forma eu consegui convencer a alta administração para investir em um projeto-piloto com software que nos permitiu criar uma fábrica virtual para olhar para todos os aspectos da operação de planta, do layout, fluxo de materiais, máquinas, tudo. Inicialmente, a minha equipe de gestão local realmente entrou nessa. Com este software, podemos simular vários problemas e fazer algumas análises "what-if". A ideia era criar clusters de manufatura enxuta que poderiam servir como uma referência para o resto da empresa.

"Na linha, nós nos mudamos para dividir a linha de montagem em células de equipes autogeridas. A ideia é capacitar e motivar os trabalhadores para tomar decisões em tempo real.

Os funcionários pareciam entusiasmados e ansiosos para ter mais controle sobre as operações do dia a dia. Os supervisores foram os primeiros a recusar, temendo que eles estavam perdendo prestígio e que a antiguidade foi sendo deixada de lado, como um supervisor de longa data havia reclamado de modo que "Joe Blow, que só tinha estado na linha por 10 meses, pode começar a tomar decisões". Da mesma forma, houve alguns trabalhadores da linha que empacaram. Você poderia pensar que a oportunidade de mudar, de ser essencialmente um dente na engrenagem para se tornar parte de uma equipe autogerenciada dinâmica seria atraente para todos. Mas eu acho que alguns têm medo da tomada de decisão e sentem a necessidade de orientação constante. Para alguns trabalhadores a menção de equipes autogeridas produziu uma reação de espanto.

"Deveria ser óbvio que estas medidas trariam melhorias, mas para que todo esse processo funcione, é necessária a cooperação dos trabalhadores e apoio à gestão plena. Tínhamos começado a fazer algum progresso, vendo alguma melhoria na produção e qualidade, quando, de repente, era como se a gestão superior colocasse freios. Precisamos de recursos e tempo para fazer as alterações. Os gerentes de outras plantas queixaram-se de um tratamento preferencial para a New Haven e argumentaram que eles deveriam produzir e entregar, enquanto nós estávamos sentados em torno de "jogos de vídeo" e "de mãos dadas" – uma referência, tenho certeza, para o novo software e às equipes autogeridas. O financiamento corporativo foi sucessivamente adiada para o novo equipamento e o treinamento que poderia transformar esta planta em uma divisão de fabricação do século XXI.

"Eu admito que estou chocado e desapontado que tantas pessoas nesta organização não conseguem ver a lógica aqui, o que é óbvio para qualquer um com olhos e um cérebro, e que não apoiam os nossos esforços. Estou lhes mostrando dados que suportam tudo o que estamos tentando aqui em New Haven. Estamos chegando a reflexos súbitos quando precisamos de uma liderança esclarecida. Agora eu estou me perguntando, qual é o próximo passo para ir para a frente? Um grande sucesso está sendo tirado de mim. E ouvi informalmente que não sou um candidato para a promoção."

Notas

1. Phred Dvorak, Suzanne Vranica, and Spencer E. Ante, "BlackBerry Maker's Issue: Gadgets for Work or Play?" *The Wall Street Journal Online* (30 de setembro de 2011), http://online.wsj.com/article/SB10001424052970204422404576597061591715344.html (Acesso em: 30 de setembro de 2011).
2. Lee G. Bolman and Terrence E. Deal, *Reframing Organizations: Artistry, Choice, and Leadership* (San Francisco: Jossey-Bass, 1991).
3. Paul M. Terry, "Conflict Management," *The Journal of Leadership Studies* 3, n. 2 (1996), 3–21; Kathleen M. Eisenhardt, Jean L. Kahwajy, and L. J. Bourgeois III, "How Management Teams Can Have a Good Fight," *Harvard Business Review* (julho-agosto 1997), 77–85; and Patrick Lencioni, "How to Foster Good Conflict," *The Wall Street Journal Online* (13 de novembro de 2008), http://online.wsj.com/article/SB122661642852326187.html (Acesso em: 18 de novembro de 2008).
4. Clayton T. Alderfer and Ken K. Smith, "Studying Intergroup Relations Imbedded in Organizations," *Administrative Science Quarterly* 27 (1982), 35–65.
5. Muzafer Sherif, "Experiments in Group Conflict," *Scientific American* 195 (1956), 54–58; e Edgar H. Schein, *Organizational Psychology*, 3 ed. (Englewood Cliffs, NJ: Prentice Hall, 1980).
6. M. Afzalur Rahim, "A Strategy for Managing Conflict in Complex Organizations," *Human Relations* 38 (1985), 81–89; Kenneth Thomas, "Conflict and Conflict Manage ment," in M. D. Dunnette, ed., *Handbook of Industrial and Organizational Psychology* (Chicago: Rand McNally, 1976); and Stuart M. Schmidt and Thomas A. Kochan, "Conflict: Toward Conceptual Clarity," *Administrative Science Quarterly* 13 (1972), 359–370.
7. L. David Brown, "Managing Conflict among Groups," in David A. Kolb, Irwin M. Rubin, and James M. McIntyre, eds., *Organizational Psychology: A Book of Readings* (Englewood

Cliffs, NJ: Prentice-Hall, 1979), 377–389; and Robert W. Ruekert and Orville C. Walker, Jr., "Interactions between Marketing and R&D Departments in Implementing Different Business Strategies," *Strategic Management Journal* 8 (1987), 233–248.
8. Ken Favaro and Saj-nicole Joni, "Getting Tensions Right," *Strategy + Business*, Issue 60 (outono 2010), http://www.strategy-business.com/article/10301?gko=4c378 (Acesso em: 3 de outubro de 2011).
9. Amy Barrett, "Indigestion at Taco Bell," *BusinessWeek* (14 e dezembro de 1994), 66–67; and Greg Burns, "Fast-Food Fight," *BusinessWeek* (2 junho 1997), 34–36.
10. Nanette Byrnes, with Mike McNamee, Ronald Grover, Joann Muller, and Andrew Park, "Auditing Here, Consulting Over There," *BusinessWeek* (8 abril 2002), 34–36
11. Victoria L. Crittenden, Lorraine R. Gardiner, and Antonie Stam, "Reducing Conflict between Marketing and Manu facturing," *Industrial Marketing Management* 22 (1993), 299–309; and Benson S. Shapiro, "Can Marketing and Manufacturing Coexist?" *Harvard Business Review* 55 (setembro–outubro 1977), 104–114.
12. Thomas A. Kochan, George P. Huber, and L. L. Cummings, "Determinants of Intraorganizational Conflict in Collective Bargaining in the Public Sector," *Administrative Science Quarterly* 20 (1975), 10–23.
13. Eric H. Neilsen, "Understanding and Managing Intergroup Conflict," in Jay W. Lorsch and Paul R. Lawrence, eds., *Managing Group and Intergroup Relations* (Homewood, IL: Irwin and Dorsey, 1972), 329–343; and Richard E. Walton and John M. Dutton, "The Management of Interdepartmental Conflict: A Model and Review," *Administrative Science Quarterly* 14 (1969), 73–84.
14. Jay W. Lorsch, "Introduction to the Structural Design of Organizations," in Gene W. Dalton, Paul R. Lawrence, and Jay W. Lorsch, eds., *Organization Structure and Design* (Homewood, IL: Irwin and Dorsey, 1970), 5.
15. James D. Thompson, *Organizations in Action* (New York: McGraw-Hill, 1967), 54–56.
16. Walton and Dutton, "The Management of Interdepartmental Conflict."
17. Joseph McCann and Jay R. Galbraith, "Interdepartmental Relations," in Paul C. Nystrom and William H. Starbuck, eds., *Handbook of Organizational Design*, vol. 2 (New York: Oxford University Press, 1981), 60–84.
18. Roderick M. Cramer, "Intergroup Relations and Organi zational Dilemmas: The Role of Categorization Processes," in L. L. Cummings and Barry M. Staw, eds., *Research in Organizational Behavior*, vol. 13 (New York: JAI Press, 1991), 191–228; Neilsen, "Understanding and Managing Intergroup Conflict"; and Louis R. Pondy, "Organizational Conflict: Concepts and Models," *Administrative Science Quarterly* 12 (1968), 296–320.
19. Steven Greenhouse, "Divided, They Risk It All," *The New York Times* (July 9, 2009), B1; "About SEIU," http://www. seiu.org/our-union/ (Acesso em: 3 de outubro de 2011); S. Green house, "New Union Leader Wants Group to Be More of a Political Powerhouse," *The New York Times* (9 de maio de 2010), A23; S. Greenhouse, "Service Unions Agree to End a Long Dispute," *The New York Times* (July 27, 2010), B7; and S. Greenhouse, "Big Union Wins Vote Against a Rival in California," *The New York Times* (9 de outubro de 2010), B2.
20. Jeffrey Pfeffer, *Power in Organizations* (Marshfield, MA: Pitman, 1981).
21. Amy Barrett, "Marc Cinque Hired a Corporate Pro to Upgrade His Sausage Company. Will the Move Pay Off?" *Inc.* (dezembro 2010 – janeiro 2011), 74–77.
22. Clinton O. Longenecker and Mitchell Neubert, "Barriers and Gateways to Management Cooperation and Teamwork," *Business Horizons* (novembro-dezembro 2000), 37–44.
23. Amanuel G. Tekleab, Narda R. Quigley, and Paul E. Tesluk, "A Longitudinal Study of Team Conflict, Conflict Management, Cohesion, and Team Effectiveness," *Group and Organization Management* 34, no. 2 (abril 2009), 170–205.
24. Robert R. Blake and Jane S. Mouton, "Overcoming Group Warfare," *Harvard Business Review* (novembro-dezembro 1984), 98–108.
25. Blake and Mouton, "Overcoming Group Warfare"; and Paul R. Lawrence and Jay W. Lorsch, "New Management Job: The Integrator," *Harvard Business Review* 45 (novembro-dezembro 1967), 142–151.
26. Jill Jusko, "Nature vs. Nurture," *Industry Week* (julho 2003), 40–46.
27. Neal E. Boudette and Jeff Bennett, "UAW Boss Makes Nice, Touts End of Us vs. Them," *The Wall Street Journal* (4 agosto, 2011), B1.
28. Robert R. Blake, Herbert A. Shepard, and Jane S. Mouton, Managing Intergroup Conflict in Industry (Houston: Gulf Publishing, 1964); and Doug Stewart, "Expand the Pie before You Divvy It Up," *Smithsonian* (novembro 1997), 78–90.
29. Patrick S. Nugent, "Managing Conflict: Third-Party Interven tions for Managers," *Academy of Management Executive* 16, no. 1 (2002), 139–155.
30. Blake and Mouton, "Overcoming Group Warfare"; Schein, *Organizational Psychology*; Blake, Shepard, and Mouton, "Managing Intergroup Conflict in Industry"; and Richard E. Walton, *Interpersonal Peacemaking: Confrontation and Third Party Consultations* (Reading, MA: Addison-Wesley, 1969).
31. Neilsen, "Understanding and Managing Intergroup Conflict"; and McCann and Galbraith, "Interdepartmental Relations."
32. Ibid.
33. Dean Tjosvold, Valerie Dann, and Choy Wong, "Managing Conflict between Departments to Serve Customers," *Human Relations* 45 (1992), 1035–1054.
34. Robert A. Dahl, "The Concept of Power," *Behavioral Science* 2 (1957), 201–215.
35. W. Graham Astley and Paramijit S. Sachdeva, "Structural Sources of Intraorganizational Power: A Theoretical Synthesis," *Academy of Management Review* 9 (1984), 104–113; and Abraham Kaplan, "Power in Perspective," in Robert L. Kahn and Elise Boulding, eds., *Power and Conflict in Organizations* (London: Tavistock, 1964), 11–32.
36. Gerald R. Salancik and Jeffrey Pfeffer, "The Bases and Use of Power in Organizational Decision-Making: The Case of the University," *Administrative Science Quarterly* 19 (1974), 453–473.
37. Rosabeth Moss Kanter, "Power Failure in Management Circuits," *Harvard Business Review* (juho-agosto 1979), 65–75.
38. Richard M. Emerson, "Power-Dependence Relations," *American Sociological Review* 27 (1962), 31–41.
39. Brian Stelter, "Creator of 'Mad Men' Agrees to Deliver Multiple Seasons," *The New York Times* (1 abril, 2011), B2; Lauren A.E. Schuker, "'Mad Men' Put on Ice; AMC's Hit Drama Postponed to 2012 Amid Contract Talks," *The Wall Street Journal* (30 de março, 2011) B8; and "Count on AMC to Make it a 'Mad,' 'Mad,' 'Mad,' 'Mad,' 'Mad' World," *The Washington Post* (30 de março, 2011), C1.
40. Examples are Robert Greene and Joost Elffers, *The 48 Laws of Power* (New York: Viking, 1999); and Jeffrey J. Fox, How to Become CEO (New York: Hyperion, 1999).
41. John R. P. French, Jr. and Bertram Raven, "The Bases of Social Power," in D. Cartwright and A. F. Zander, eds. *Group Dynamics* (Evanston, IL: Row Peterson, 1960), 607–623.
42. Ran Lachman, "Power from What? A Reexamination of Its Relationships with Structural Conditions," *Administrative Science Quarterly* 34 (1989), 231–251; and Daniel J. Brass, "Being in the Right Place: A Structural Analysis of Individual

Influence in an Organization," *Administrative Science Quarterly* 29 (1984), 518–539
43. Michael Warshaw, "The Good Guy's Guide to Office Politics," *Fast Company* (abril-maio 1998), 157–178.
44. A. J. Grimes, "Authority, Power, Influence, and Social Control: A Theoretical Synthesis," *Academy of Management Review* 3 (1978), 724–735.
45. Astley and Sachdeva, "Structural Sources of Intraorganizational Power."
46. Robert A. Guth, "Gates-Ballmer Clash Shaped Microsoft's Coming Handover," *The Wall Street Journal* (5 de junho, 2008), A1.
47. Jeffrey Pfeffer, Managing with Power: Politics and Influence in Organizations (Boston: Harvard Business School Press, 1992).
48. Monica Langley, "Columbia Tells Doctors at Hospital to End Their Outside Practice," *The Wall Street Journal* (2 de maio de 1997), A1, A6.
49. Richard S. Blackburn, "Lower Participant Power: Toward a Conceptual Integration," *Academy of Management Review* 6 (1981), 127–131.
50. Kanter, "Power Failure in Management Circuits," 70.
51. Erik W. Larson and Jonathan B. King, "The Systemic Distortion of Information: An Ongoing Challenge to Management," *Organizational Dynamics* 24, no. 3 (Winter 1996), 49–61; and Thomas H. Davenport, Robert G. Eccles, and Laurence Prusak, "Information Politics," *Sloan Management Review* (outono 1992), 53–65.
52. Andrew M. Pettigrew, The Politics of Organizational Decision-Making (London: Tavistock, 1973).
53. Warshaw, "The Good Guy's Guide to Office Politics."
54. Astley and Sachdeva, "Structural Sources of Intraorganizational Power"; and Noel M. Tichy and Charles Fombrun, "Network Analysis in Organizational Settings," *Human Relations* 32 (1979), 923–965.
55. Jeffrey Pfeffer, "Power Play," *Harvard Business Review* (julho-agosto 2010), 84–92.
56. Edwin P. Hollander and Lynn R. Offermann, "Power and Leadership in Organizations," *American Psychologist* 45 (fevereiro 1990), 179–189.
57. Jay A. Conger and Rabindra N. Kanungo, "The Empowerment Process: Integrating Theory and Practice," *Academy of Management Review* 13 (1988), 471–482.
58. David E. Bowen and Edward E. Lawler III, "The Empowerment of Service Workers: What, Why, How, and When," *Sloan Management Review* (primavera 1992), 31–39; and Ray W. Coye and James A. Belohav, "An Exploratory Analysis of Employee Participation," *Group and Organization Management* 20, no. 1, (março 1995), 4–17.
59. Robert C. Ford and Myron D. Fottler, "Empowerment: A Matter of Degree," *Academy of Management Executive* 9, n. 3 (1995), 21–31.
60. Ricardo Semler, "Out of This World: Doing Things the Semco Way," *Global Business and Organizational Excellence* (julho-agosto 2007), 13–21.
61. Charles Perrow, "Departmental Power and Perspective in Industrial Firms," in Mayer N. Zald, ed., *Power in Organizations* (Nashville, TN: Vanderbilt University Press, 1970), 59–89.
62. Susan Miller, David Hickson, and David Wilson, "From Strategy to Action: Involvement and Influence in Top Level Decisions," *Long Range Planning* 41 (2008), 606–628.
63. Deborah Solomon, "Bair's Legacy: An FDIC With Teeth," *The Wall Street Journal* (7 julho, 2011), C1.
64. D. J. Hickson, C. R. Hinings, C. A. Lee, R. E. Schneck, and J. M. Pennings, "A Strategic Contingencies Theory of Intraorganizational Power," *Administrative Science Quarterly* 16 (1971), 216–229; and Gerald R. Salancik and Jeffrey Pfeffer, "Who Gets Power–and How They Hold onto It: A Strategic Contingency Model of Power," *Organizational Dynamics* (inverno 1977), 3–21.
65. William C. Rhoden, "The N.F.L. Backed Down for All the World to See," *The New York Times* (30 dezembro de 2007), Sunday Sports section, 1, 3.
66. Pfeffer, Managing with Power; Salancik and Pfeffer, "Who Gets Power"; C. R. Hinings, D. J. Hickson, J. M. Pennings, and R. E. Schneck, "Structural Conditions of Intraorganizational Power," *Administrative Science Quarterly* 19 (1974), 22–44.
67. Also see Carol Stoak Saunders, "The Strategic Contingencies Theory of Power: Multiple Perspectives," *Journal of Management Studies* 27 (1990), 1–18; Warren Boeker, "The Development and Institutionalization of Sub-Unit Power in Organizations," *Administrative Science Quarterly* 34 (1989), 388–510; and Irit Cohen and Ran Lachman, "The Generality of the Strategic Contingencies Approach to Sub-Unit Power," *Organizational Studies* 9 (1988), 371–391.
68. Emerson, "Power-Dependence Relations."
69. Jeffrey Pfeffer and Gerald Salancik, "Organizational Decision-Making as a Political Process: The Case of a University Budget," *Administrative Science Quarterly* (1974), 135–151.
70. Salancik and Pfeffer, "Bases and Use of Power in Organizational Decision-Making," 470.
71. Hickson et al., "A Strategic Contingencies Theory."
72. Pettigrew, The Politics of Organizational Decision-Making.
73. Robert Levine, "For Some Music, It Has to Be Wal-Mart and Nowhere Else," *The New York Times* (9 junho, 2008), C1.
74. Hickson et al., "A Strategic Contingencies Theory."
75. Ibid.
76. John Carreyrou, "Nonprofit Hospitals Flex Pricing Power – In Roanoke, Va., Carilion's Fees Exceed Those of Competitors," *The Wall Street Journal* (28 de agosto, 2008), A1.
77. Jeffrey Gantz and Victor V. Murray, "Experience of Workplace Politics," *Academy of Management Journal* 23 (1980), 237–251; and Dan L. Madison, Robert W. Allen, Lyman W. Porter, Patricia A. Renwick, and Bronston T. Mayes, "Organizational Politics: An Exploration of Managers' Perceptions," *Human Relations* 33 (1980), 79–100.
78. Gerald R. Ferris and K. Michele Kacmar, "Perceptions of Organizational Politics," *Journal of Management* 18 (1992), 93–116; Parmod Kumar and Rehana Ghadially, "Organizational Politics and Its Effects on Members of Organizations," *Human Relations* 42 (1989), 305–314; Donald J. Vredenburgh and John G. Maurer, "A Process Framework of Organizational Politics," *Human Relations* 37 (1984), 47–66; and Gerald R. Ferris, Dwight D. Frink, Maria Carmen Galang, Jing Zhou, Michele Kacmar, and Jack L. Howard, "Perceptions of Organizational Politics: Prediction, Stress-Related Implications, and Outcomes," *Human Relations* 49, no. 2 (1996), 233–266.
79. Ferris et al., "Perceptions of Organizational Politics: Prediction, Stress-Related Implications, and Outcomes"; John J. Voyer, "Coercive Organizational Politics and Organizational Outcomes: An Interpretive Study," *Organization Science* 5, no. 1 (February 1994), 72–85; and James W. Dean, Jr., and Mark P. Sharfman, "Does Decision Process Matter? A Study of Strategic Decision-Making Effectiveness," *Academy of Management Journal* 39, no. 2 (1996), 368–396.
80. Jeffrey Pfeffer, Managing with Power: Politics and Influence in Organizations (Boston: Harvard Business School Press, 1992); and Pfeffer, "Power Play."
81. Amos Drory and Tsilia Romm, "The Definition of Organizational Politics: A Review," *Human Relations* 43 (1990), 1133–1154; Vredenburgh and Maurer, "A Process Framework of Organizational Politics"; and Lafe Low, "It's Politics, As Usual," *CIO* (1º de abril de 2004), 87–90.
82. Pfeffer, Power in Organizations, 70.
83. Madison et al., "Organizational Politics"; and Jay R. Galbraith, *Organizational Design* (Reading, MA: Addison Wesley, 1977).

84. Gantz and Murray, "Experience of Workplace Politics"; and Pfeffer, *Power in Organizations*.
85. Daniel J. Brass and Marlene E. Burkhardt, "Potential Power and Power Use: An Investigation of Structure and Behavior," *Academy of Management Journal* 38 (1993), 441–470.
86. Pfeffer, "Power Play."
87. Gerald R. Ferris, Darren C. Treadway, Pamela L. Perrewé, Robyn L. Brouer, Ceasar Douglas, and Sean Lux, "Political Skill in Organizations," *Journal of Management* (junho de 2007), 290–320; "Questioning Authority; Mario Moussa Wants You to Win Your Next Argument" (Mario Moussa interviewed by Vadim Liberman), *The Conference Board Review* (novembro-dezembro 2007), 25–26; and Samuel B. Bacharach, "Politically Proactive," *Fast Company* (maio de 2005), 93.
88. Joseph S. Nye, Jr. Bound to Lead: The Changing Nature of American Power (New York: Basic Books, 1990); and Diane Coutu, "Smart Power: A Conversation with Leadership Expert Joseph S. Nye, Jr.," *Harvard Business Review* (novembro de 2008), 55–59.
89. Reported in Liberman, "Questioning Authority; Mario Moussa Wants You to Win Your Next Argument."
90. Anna Mulrine, "Harnessing the Brute Force of Soft Power," *US News & World Report* (1 de dezembro a 8 de dezembro, de 2008), 7.
91. Wesley Clark, "The Potency of Persuasion," *Fortune* (12 de novembro de 2007), 48.
92. Study reported in Robert Cialdini, "The Language of Persuasion," *Harvard Management Update* (setembro de 2004), 10–11.
93. Hickson et al., "A Strategic Contingencies Theory."
94. Pfeffer, Power in Organizations.
95. Jared Sandberg, "How Office Tyrants in Critical Positions Get Others to Grovel," *The Wall Street Journal* (21 agosto, 2007), B1.
96. Ferris et al., "Political Skill in Organizations"; and Pfeffer, *Power in Organizations*.
97. V. Dallas Merrell, *Huddling: The Informal Way to Management Success* (New York: Amacon, 1979).
98. Ceasar Douglas and Anthony P. Ammeter, "An Examination of Leader Political Skill and Its Effect on Ratings of Leader Effectiveness," *The Leadership Quarterly* 15 (2004), 537–550.
99. Vredenburgh and Maurer, "A Process Framework of Organizational Politics."
100. Pfeffer, *Power in Organizations*.
101. Ibid.
102. Robert B. Cialdini, *Influence: Science and Practice*, 4 ed. (Boston: Allyn & Bacon, 2001); R. B. Cialdini, "Harnessing the Science of Persuasion," *Harvard Business Review* (outubro 2001), 72–79; Allan R. Cohen and David L. Bradford, "The Influence Model: Using Reciprocity and Exchange to Get What You Need," *Journal of Organizational Excellence* (Invverno 2005), 57–80; and Jared Sandberg, "People Can't Resist Doing a Big Favor–Or Asking for One," (Cubicle Culture column), *The Wall Street Journal* (18 dezembro, 2007), B1.
103. Raymond Hernandez and David W. Chen, "Keeping Lawmakers Happy Through Gifts to Pet Charities," *The New York Times* (19 outubro, 2008), A1.
104. Norimitsu Onishi and Ken Belson, "Culture of Complicity Tied to Stricken Nuclear Plant," *The New York Times* (27 abril, 2011), A1.
105. Cohen and Bradford, "The Influence Model."
106. Marilyn Moats Kennedy, "The Death of Office Politics," *The Conference Board Review* (setembro-outubro 2008), 18–23.
107. Pfeffer, *Power in Organizations*.
108. Damon Darlin, "Using the Web to Get the Boss to Pay More," *The New York Times* (3 março, 2007), C1.
109. Steven R. Weisman, "How Battles at Bank Ended 'Second Chance' at a Career," *The New York Times* (18 maio, 2007), A14.
110. Kanter, "Power Failure in Management Circuits"; and Pfeffer, *Power in Organizations*.
111. This case was inspired by G. Pascal Zachary, "Many Journalists See a Growing Reluctance to Criticize Advertisers," *The Wall Street Journal* (6 fevereiro, 1992), A1, A9; and G. Bruce Knecht, "Retail Chains Emerge as Advance Arbiters of Magazine Content," *The Wall Street Journal* (22 outubro, 1997), A1, A13.

Capítulo 8

Processos de tomada de decisão

Objetivos de aprendizagem
Após a leitura deste capítulo, você estará apto a:
1. Definir a tomada de decisão organizacional.
2. Explicar o que são decisões programadas e decisões não programadas.
3. Discutir as abordagens racional e da racionalidade limitada para a tomada de decisão.
4. Descrever a abordagem da ciência da administração para a tomada de decisão.
5. Entender os modelos de decisão de Carnegie e incremental.
6. Explicar o modelo da lata de lixo para e tomada de decisão.
7. Discutir o quadro contingencial de tomada de decisão.
8. Explicar o papel dos ambientes de alta velocidade, erros e vieses cognitivos na tomada de decisão.

Tipos de decisões
Tomada de decisão individual
 Abordagem racional • Perspectiva da racionalidade limitada
Tomada de decisão organizacional
 Abordagem da ciência da administração • Modelo Carnegie • Modelo de decisão incremental
Mudança e decisões organizacionais
 Combinando os modelos incremental e Carnegie • Modelo da lata de lixo
Quadro contingencial de tomada de decisão
 Consenso sobre o problema • Conhecimento técnico sobre soluções • Teoria da contingência
Circunstâncias de decisões especiais
 Ambientes de alta velocidade • Erros de decisão e aprendizagem • Vieses cognitivos • Superando vieses pessoais
Fundamentos do projeto

Antes de ler este capítulo, verifique se você concorda ou discorda com cada uma das seguintes declarações:

GESTÃO POR PERGUNTAS DE PROJETO

1 Gerentes devem usar o processo mais objetivo e racional possível ao tomar uma decisão.

CONCORDO _____   DISCORDO _____

2 Quando um gerente conhece a melhor solução para um problema organizacional sério e tem a autoridade necessária, é melhor simplesmente tomar a decisão e implementá-la em vez de envolver outros gerentes no processo de tomada de decisão.

CONCORDO _____   DISCORDO _____

3 Tomar uma decisão ruim pode ajudar o gerente e a organização a aprender e ficar mais forte.

CONCORDO _____   DISCORDO _____

Qual é a atividade que todo gerente – independentemente do nível de hierarquia, indústria, ou do tamanho ou tipo de organização – se engaja todos os dias? A tomada de decisões. Gerentes são normalmente considerados os *tomadores de decisão*, e cada organização cresce, prospera ou falha como resultado das escolhas que fazem os gerentes. Porém, muitas decisões podem ser arriscadas e incertas, sem qualquer garantia de sucesso. A decisão de gerentes de empresas como Bear Stearns, Merrill Lynch e Lehman Brothers de investir em securitizar hipotecas virtualmente destruiu as empresas. Gerentes no Walt Disney Studios decidiram gastar US$ 175 milhões para produzir e promover "Mars Needs Moms", mas o filme acabou se tornando um dos maiores sucessos de bilheteria da história do cinema.[1] Ou considere os danos que a Toyota sofreu quando as investigações sobre os problemas de qualidade e segurança revelaram que gerentes adiaram decisões que poderiam ter salvados vidas. Altos executivos na Toyota conheciam o defeito conhecido como "acelerador grudento" pelo menos quatro meses antes de o reconhecerem publicamente e anunciar o *recall* de milhões de veículos. Na primavera de 2010, a U.S. National Highway Traffic Safety Administration arrecadou um recorde em multas no valor de US$ 16,4 milhões depois que documentos revelaram o atraso.[2] Em retrospectiva, a decisão de lançar um *recall* pareceu óbvia, mas a situação não parecia tão clara naquele momento. A tomada de decisão é feita em meio a fatores em constante modificação, informações imprecisas e pontos de vista conflitantes, e até mesmo os melhores gerentes nas empresas mais bem-sucedidas ocasionalmente cometem erros graves.

A despeito disso, os gerentes também tomam muitas decisões bem-sucedidas todos os dias. A Apple, que parecia bem de vida em meados dos anos 1990, foi a primeira empresa na lista da revista *Fortune* das empresas mais admiradas do mundo durante quatro anos consecutivos (2008–2011) graças às decisões tomadas pelo CEO falecido Steve Jobs e outros gerentes executivos. Na Amazon.com, a decisão de lançar o *e-reader* Kindle apesar da previsão dos críticos de que seria esmagado pelo iPad foi uma jogada de mestre. O CEO Jeff Bezos e seus gerentes mais influentes tomaram uma série de decisões bem-sucedidas que mantiveram o crescimento e o sucesso da Amazon mesmo durante a recessão.[3] Administradores na General Mills são conhecidos por tomar centenas de pequenas decisões que se acumulam. Por exemplo, a decisão de consolidar as compras de itens como óleos, farinha, açúcar na divisão de cozimento economizou US$ 12 bilhões para a empresa por ano.[4]

Objetivo deste capítulo

A qualquer momento, uma organização pode estar identificando problemas e implementando alternativas para centenas de decisões. De alguma forma, administradores e organizações se atrapalham durante estes processos.[5] O objetivo aqui é analisar esses processos para aprender o que é realmente a tomada de decisão em ambiente organizacional. Os processos de tomada de decisão podem se pensados como o cérebro e o sistema nervoso de uma organização. A tomada de decisão é o uso final das informações e dos sistemas de controle que serão descritos no Capítulo 11.

Em primeiro lugar, o capítulo define a tomada de decisão e os tipos diferentes de decisões que administradores costumam tomar. A próxima parte descreve um modelo ideal de tomada de decisão e, em seguida, examina como administradores individuais realmente tomam decisões. O capítulo explora diversos modelos de tomada de decisão organizacional, cada qual é apropriado em uma situação organizacional diferente. A próxima parte combina os modelos em um único quadro teórico que descreve quando e como as várias abordagens devem ser usadas. Finalmente, o capítulo discute questões especiais relacionadas à tomada de decisão, como ambientes de alta velocidade, erros de decisão e aprendizado, e formas de superar os vieses cognitivos que impedem a tomada de decisão eficaz.

Tipos de decisões

ANOTAÇÕES

Como administrador de uma organização, tenha essas diretrizes em mente:

Adaptar os processos de decisão para se adaptarem a uma situação organizacional. Entender como os processos diferem para decisões programadas e não programadas.

A **decisão organizacional** é formalmente definida como o processo para identificar e solucionar problemas. O processo possui dois estágios principais. No estágio de **identificação do problema**, as informações sobre as condições e o ambiente organizacional são monitoradas para determinar se o desempenho é satisfatório e para diagnosticar a causa dos defeitos. O estágio da **solução do problema** é aquele em que os cursos de ação alternativos são considerados e um deles é selecionado e implantado.

Decisões organizacionais variam em complexidade e podem ser categorizadas como programadas ou não programadas.[6] **Decisões programadas** são repetitivas e bem definidas, e existem procedimentos para solucionar o problema. Elas são estruturadas porque os critérios de desempenho são geralmente claros, boas informações sobre os desempenhos atuais estão disponíveis, as alternativas são facilmente especificadas e há uma relativa certeza de que a alternativa escolhida será bem-sucedida. Exemplos de decisões programadas incluem regras para tomada de decisões, como quando substituir uma máquina copiadora do escritório, quando reembolsar os gerentes pelos gastos de viagem, ou se um candidato tem qualificações para o trabalho na linha de produção. Muitas companhias adotam regras baseadas na experiência com decisões programadas. Por exemplo, uma regra para o número de funcionários em banquetes de um grande hotel é destinar um funcionário para 30 convidados sentados, e um funcionário para 40 convidados em bufês.

Decisões não programadas são decisões novas e indefinidas, e não existe nenhum procedimento para resolver o problema. Elas são empregadas quando uma organização não percebeu um problema e pode não saber como solucioná-lo. Critérios para facilitar e identificar decisões que não existem. As alternativas são confusas e não claramente expressas. Há incertezas sobre se uma solução proposta resolverá o problema. Normalmente, poucas alternativas podem ser desenvolvidas para uma decisão não programada; assim, uma única solução é especialmente elaborada para aquele problema.

Muitas decisões não programadas envolvem planejamento de estratégias, porque a incerteza é grande e as decisões são complexas. Um exemplo vem da empresa finlandesa Nokia, onde administradores estão sofrendo com decisões sobre como reavivar a empresa em crise.

Capítulo 8: Processos de tomada de decisão

NA PRÁTICA

Nokia

Até 2007, a Nokia era a rainha indiscutível dos telefones celulares, com mais da metade do mercado global de telefones móveis de alta e baixa tecnologia. De repente, a Apple apresentou o iPhone. Alguns anos depois, a plataforma de operação do Google Android negociou outro golpe. A fatia do mercado de *smartphones* da Nokia despencou. Além disso, empresas asiáticas de custo baixo estavam se infiltrando no mercado da gigante Nokia para telefones comuns e mais simples.

Stephen Elop foi contratado como CEO em 2010 para tentar mudar o rumo das coisas. Uma das primeiras decisões que ele enfrentou foi como reverter a diminuição da fatia de mercado para *smartphones*. A Nokia foi virtualmente expulsa de alguns dos maiores e mais lucrativos mercados, incluindo os Estados Unidos, pelo iPhone e por telefones que utilizam o Android. Muitos investidores e membros da indústria acreditavam que a Nokia deveria pegar carona no Android. (O Google permite que qualquer empresa use suas plataformas de operação Android.) No entanto, Elop e outros altos gerentes tomaram uma decisão estratégica para trabalhar exclusivamente com o sistema operacional da própria empresa, Symbian, e uma nova plataforma de software chamada MeeGo, desenvolvida em parceria com a Intel. Elop acreditava que a adoção do Android limitaria a ação da empresa em termos de sua capacidade de diferenciar seus produtos com novas inovações. "Seríamos apenas mais uma empresa distribuindo o Android", afirmou. "Não parecia estar correto."

A decisão de seguir sozinha, no entanto, não funcionou. A Apple e o Android já tinham ganhado uma vantagem muito grande. O software Symbian da Nokia ficou muito atrás para que pudesse acompanhar a evolução dos outros programas, e o novo sistema MeeGo não estava pronto para compensar a diferença. No início de 2011, Elop aprendeu que a empresa estava no caminho certo para introduzir apenas três modelos com base no MeeGo antes de 2014, que era muito lento para manter a Nokia competitiva na indústria de *smartphones*. Então, Elop tomou outra decisão estratégica em meados de 2011: a Nokia abandonaria seu software de fabricação própria e formou uma parceria com a Microsoft para utilizar seu sistema operacional Windows Phone7 em seu lugar. Embora o Windows Phone7 tinha apenas uma pequena fatia do mercado de *smartphones*, a parceria deu a Nokia os direitos de adicionar qualquer tipo de inovação que quisesse implantar nos telefones de base Windows (algo que não seria possível com o Android). Elop está convencido que a flexibilidade, combinada ao design do hardware de nível mundial da Nokia e uma forte rede de distribuição, pode levar a Nokia de volta ao topo.[8]

A decisão de produzir *smartphones* com base Windows é apenas uma parte do plano de transformação de Elop. Ele também quer investir intensamente no desenvolvimento e proteção da área de telefones de baixa tecnologia da Nokia em países emergentes e por emergir na Ásia e África e financiar um verdadeiro trabalho de guerrilha, comandado por técnicos de alto nível que terão a liberdade e os recursos para criar dispositivos e tecnologias completamente novas. Elop está bastante otimista de que suas decisões estratégicas terão um efeito significativo para a Nokia nos próximos anos. Porém, esses tipos de decisões são muito complexas, e não há garantia de que uma escolha específica tenha sucesso. Por exemplo, embora as parcerias tecnológicas possam ser altamente bem-sucedidas, elas também podem ocasionalmente se tornarem pesadelos.

A decisão de investir intensamente em um trabalho de guerrilha é arriscada em um momento em que a Nokia está se esforçando para simplesmente se manter viva no mercado. A Nokia "entrou em um período de incerteza", disse Elop. "Quando você passa por uma transição como esta, haverá obstáculos na estrada."[9]

As decisões não programadas particularmente complexas têm sido referidas como decisões "problemáticas", porque o simples fato de definir o problema pode se transformar na tarefa principal. Problemas graves são associados com conflitos gerenciais sobre objetivos e alternativas, mudanças rápidas das circunstâncias e ligações obscuras entre os elementos da decisão. Administradores enfrentando uma decisão problemática podem chegar a uma solução que simplesmente prove que ele falhou em definir o problema corretamente.[10] Em condições de extrema incerteza, mesmo uma boa escolha pode produzir um resultado ruim.[11] A decisão de transformar uma empresa como a Nokia poderia ser considerada uma decisão problemática, assim como as decisões sobre assuntos como, por exemplo, como resolver a crise da dívida europeia, enviar ou não mais tropas ao Afeganistão, ou como recuperar a reputação da Agência de Notícias de Rupert Murdoch.

Os administradores e as organizações estão lidando com uma porcentagem maior de decisões não programadas em razão do ambiente de negócios em rápida mudança. Conforme descrito na Figura 8.1, o ritmo acelerado, a complexidade e a incerteza do ambiente de hoje criam novas demandas para tomadores de decisão. Por um lado, as decisões deve ser tomadas mais rapidamente quando o ambiente estava mais estável. Nenhum administrador possui a informação necessária para tomar todas as decisões importantes, o que significa que a tomada de boas decisões depende de cooperação e do compartilhamento de informações. As decisões dependem menos de dados brutos, e há menos incerteza sobre os resultados. Muitas decisões evoluem por tentativa e erro. Por exemplo, gerentes do Walmart eliminaram 9% das mercadorias em um esforço de simplificar e otimizar lojas desorganizadas e aumentar as vendas de itens de maior valor, mas a decisão poderia prejudicar as vendas. O Walmart perdeu uma fatia do mercado pela primeira vez em uma década. Os gerentes recentemente anunciaram uma campanha chamada "Voltou" para apresentar o retorno de aproximadamente 8.500 itens para as prateleiras das lojas e adotaram um novo slogan – "Preços baixos. Todos os dias. Em tudo".[12]

Tomada de decisão individual

A tomada de decisão individual pelos gerentes pode ser descrita de duas maneiras. A primeira é a **abordagem racional**, que sugere um método ideal de como os dirigentes devem tentar tomar decisões. A segunda é a **perspectiva de racionalidade limitada**, que descreve como as decisões devem realmente ser tomadas em tempos difíceis com limitação de recursos. A abordagem racional é um ideal em cuja direção os gerentes podem trabalhar, mas raramente o alcançam.

FIGURA 8.1
Tomada de decisões no ambiente de hoje

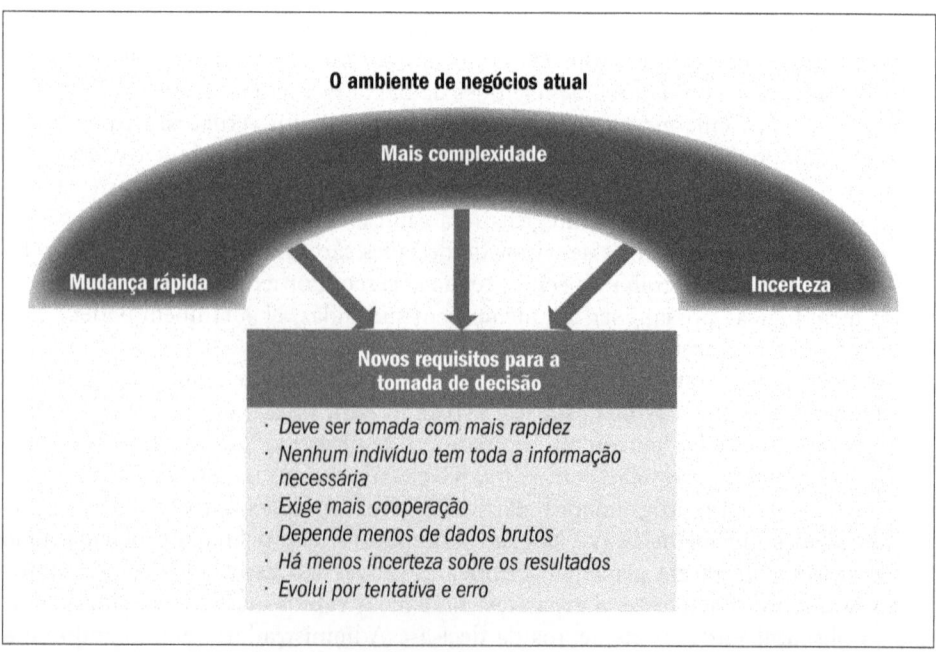

O ambiente de negócios atual

Mudança rápida — Mais complexidade — Incerteza

Novos requisitos para a tomada de decisão
- Deve ser tomada com mais rapidez
- Nenhum indivíduo tem toda a informação necessária
- Exige mais cooperação
- Depende menos de dados brutos
- Há menos incerteza sobre os resultados
- Evolui por tentativa e erro

Fonte: Baseado em John P. Kotter, *Leading Change* (Boston, MA: Harvard Business School Press, 1996), p. 56.

Abordagem racional

A abordagem racional para a tomada de decisão individual enfatiza a necessidade da análise sistemática de um problema, seguida pela escolha e implementação em uma sequência lógica e gradual. Quando o político e diplomata do século XVIII Benjamin Franklin se deparava com um problema difícil, por exemplo, ele dividia uma folha de papel em duas colunas chamadas "Prós" e "Contras" e escrevia a várias razões a favor ou contra uma decisão específica. Durante vários dias, Franklin diminuia a lista com base em um sistema que pesava o valor de cada pró e contra até que ele chegasse à definição da melhor decisão. Franklin acreditava que ao utilizar esta abordagem racional, ele estava "menos arriscado a tomar um passo precipitado".[13] Para administradores, também, abordagem racional foi desenvolvida para orientar a tomada de decisão porque muitos gerentes são não sistemáticos e arbitrários em sua abordagem das decisões organizacionais.

Embora o modelo racional seja um ideal não totalmente atingível no mundo real de incerteza, complexidade e rápida mudança destacado na Figura 8.1, ele ajuda os gerentes a pensarem sobre suas decisões de maneira mais clara e racional. Os gerentes devem usar procedimentos sistemáticos para tomar decisões sempre que possível. Uma profunda compreensão do processo racional de tomada de decisão pode ajudar os gerentes na escolha de decisões melhores mesmo quando há falta de informações claras. Os autores de um livro popular sobre tomada de decisões usam o exemplo da Marinha dos Estados Unidos, que tem a reputação de lidar rápida e decisivamente com problemas complexos. Os fuzileiros navais são treinados para experimentar rapidamente uma série de rotinas mentais que os ajuda a analisarem a situação e entrar em ação.[14]

De acordo com a abordagem racional, a tomada de decisão pode ser subdividida em oito passos, conforme ilustra a Figura 8.2 e demonstra a gerente da loja de departamentos Linda Koslow na discussão a seguir.[15] Koslow foi gerente geral do Marshall Field's Oakbrook, em Illinois, loja anterior à compra da cadeia pela Macy's.[16]

1. *Monitore o ambiente da decisão*. No primeiro passo, um gerente monitora informações internas e externas que irão indicar desvios do comportamento planejado ou aceitável. Ele ou ela conversa com os colegas e revê as demonstrações financeiras, avaliações de desempenho, índices da indústria, atividades dos concorrentes e assim por diante. Por exemplo, durante as cinco semanas de muita agitação e trabalho da época de Natal, Linda Koslow examina os concorrentes em todo o shopping, verificando se eles estão baixando os preços das mercadorias. Ela também verifica cuidadosamente a lista impressa das vendas do dia anterior de sua loja para saber o que está ou o que não está vendendo.
2. *Defina o problema da decisão*. O gerente reage aos desvios identificando detalhes essenciais do problema: onde, quando, quem está envolvido, quem foi afetado, e como as atuais atividades são influenciadas. Para Koslow, isso significa definir se os lucros da loja estão baixos em razão de toda a venda estar menor do que o esperado ou por causa de certas linhas de mercadorias que não estão vendendo conforme o espera.
3. *Especifique os objetivos da decisão*. O administrador determina quais são os resultados que deverão ser alcançados em decorrência de uma decisão.
4. *Diagnosticar o problema*. Neste passo, o administrador se aprofunda na análise da causa do problema. Ele ou ela pode reunir dados adicionais para facilitar esse diagnóstico. Entender as causas possibilita um tratamento adequado. Para Koslow, da Marshall Field's, a causa da venda baixa pode ser a remarcação das mercadorias dos concorrentes ou a falha da Marshall Field's em expor os itens mais vendáveis em um lugar visível.
5. *Desenvolver soluções alternativas*. Antes que um administrador possa seguir adiante com um plano de ação decisivo, deve ter um entendimento claro das várias opções disponíveis para alcançar os objetivos desejados. O administrador pode buscar ideias ou sugestões de outras pessoas. As alternativas de Koslow

FIGURA 8.2
Etapas da abordagem racional da tomada de decisão

IDENTIFICAÇÃO DO PROBLEMA
- Monitorar o ambiente da decisão (1)
- Definir o problema para decisão (2)
- Especificar os objetivos da decisão (3)
- Diagnosticar o problema (4)

SOLUÇÃO DO PROBLEMA
- Desenvolver soluções alternativas (5)
- Avaliar as alternativas (6)
- Escolher a melhor alternativa (7)
- Implementar a alternativa escolhida (8)

© Cengage Learning 2013

para aumentar os lucros poderiam incluir comprar novas mercadorias, organizar uma venda ou reduzir o número de empregados.

6. *Avaliar as alternativas.* Esse passo pode envolver o uso de técnicas estatísticas ou experiência pessoal para estimar a probabilidade de sucesso. O administrador avalia os méritos de cada alternativa, assim como a probabilidade da alternativa atingir os objetivos desejados.

7. *Escolher a melhor alternativa.* Esse passo ocorre quando o administrador usa a sua análise do problema, os seus objetivos e as suas alternativas para selecionar uma única alternativa com a melhor chance de sucesso. Na Marshall Field's, Koslow pode escolher reduzir o número de auxiliares como meio para atingir as metas de lucro, em lugar de aumentar a publicidade e reduzir preços.

8. *Implementar a alternativa escolhida.* Finalmente, o administrador usa a capacidade gerencial, administrativa e persuasiva e dá direção para assegurar que a decisão seja executada, ocasionalmente chamada de execução da decisão. Este pode ser considerado o cerne do processo de decisão porque qualquer decisão que não possa ser implementada com sucesso é uma decisão falha, independentemente de quão boa seja a decisão escolhida.[17] Administradores precisam mobilizar pessoas e recursos para por a decisão em prática. A execução pode ser o passo mais difícil do processo de tomada de decisão. A atividade de monitoramento (Passo 1) começa novamente assim que a solução é implementada. Para muitos administradores, o ciclo da decisão é um processo contínuo, com novas decisões sobre problemas e oportunidades tomadas diariamente com base no monitoramento de seu ambiente.

Capítulo 8: Processos de tomada de decisão

Os primeiros quatro passos nessa sequência são o estágio de identificação do problema, e os quatro passos seguintes são o estágio da tomada de decisão para a solução dos problemas, como indicado na Figura 8.2. Um administrador normalmente passa pelos oito passos para tomar uma decisão, embora cada passo possa não ser um elemento distinto. Por experiência, administradores podem saber exatamente o que fazer em uma situação, então um ou mais passos serão minimizados. O seguinte exemplo ilustra como a abordagem racional é usada para tomar uma decisão sobre um problema pessoal.

NA PRÁTICA

Saskatchewan Consulting

1. *Monitorar o ambiente da decisão*. É segunda-feira de manhã, e Joe DeFoe, gerente de contas a receber da Saskatchewan Consultoria, está novamente ausente.
2. *Definir o problema para decisão*. É a quarta segunda-feira consecutiva que DeFoe falta ao trabalho. A política da companhia proíbe ausência não justificada, e DeFoe foi advertido da excessiva falta ao serviço nas duas últimas vezes. Um aviso final está preparado, mas pode ser adiado, se houver justificativa.
3. *Especifique os objetivos da decisão*. DeFoe deve comparecer regularmente ao trabalho e estabelecer os níveis de acúmulo de faturas de que é capaz de dar conta. O período de tempo para resolver o problema é de duas semanas.
4. *Diagnosticar o problema*. Discussões discretas com seus colegas de trabalho e informações colhidas do próprio DeFoe indicam que ele tem um problema com bebida. Aparentemente, usa as segundas-feiras para se curar da bebedeira do fim de semana. A discussão com outras pessoas da companhia confirma que DeFoe é um alcoólatra problemático.
5. *Desenvolver soluções alternativas*. (1) Despedir DeFoe. (2) Emitir uma advertência final sem comentários. (3) Emitir uma advertência e acusar DeFoe de ser um alcoólatra para deixá-lo ciente de seu problema. (4) Conversar com DeFoe para saber se ele estaria disposto a discutir seu alcoolismo. Se ele admitir que tem um problema com bebida, adie o aviso final e sugira que ele se inscreva no programa de assistência aos empregados da empresa para ajuda em seus problemas pessoais, incluindo alcoolismo. (5) Conversar com DeFoe para saber se ele estaria disposto a discutir seu alcoolismo. Se ele não admitir que tem um problema de bebida, informe-o de que uma nova ausência lhe custará o emprego.
6. *Avaliar as alternativas*. O custo de treinar o substituto é o mesmo para cada alternativa. A alternativa 1 ignora os custos e outros critérios. As alternativas 2 e 3 não se coadunam com a política da companhia, que defende aconselhamento onde é apropriado. A alternativa 4 é planejada para beneficiar tanto DeFoe quanto a companhia. Ela pode salvar o empregado se DeFoe quiser buscar assistência. A alternativa 5 é principalmente para o benefício da companhia. Um aviso final pode fornecer algum incentivo para DeFoe admitir que possui problemas com bebida. Se assim ocorrer, a demissão pode ser evitada, mas ausências futuras não serão toleradas.
7. *Escolher a melhor alternativa*. DeFoe não admite que tem um problema de bebida. Escolha a alternativa 5.
8. *Implementar a alternativa escolhida*. Descreva o caso e emita a advertência final.[18]

No exemplo dado, a emissão da advertência final a Joe DeFoe foi uma decisão programada. O padrão de comportamento esperado foi claramente definido, as informações sobre a frequência e a causa da ausência de DeFoe estavam prontamente disponíveis, e as alternativas e os procedimentos aceitáveis foram descritos. O procedimento racional funciona melhor em tais casos, quando o tomador de decisão tem tempo suficiente para um processo sério e organizado. Além do mais, a Saskatchewan Consultoria possuía mecanismos para a implementação bem-sucedida da decisão, uma vez tomada.

Quando as decisões são não programadas, mal definidas e empilhadas uma em cima de outra, o administrador deve tentar ainda usar os passos da abordagem racional, mas, muitas vezes, terá de tomar atalhos, dependendo de sua intuição e experiência. Os desvios da abordagem racional são explicados pela perspectiva da racionalidade limitada.

Perspectiva da racionalidade limitada

A ideia principal da abordagem racional é a de que os gerentes devem tentar usar procedimentos sistemáticos para chegar a uma boa decisão. Quando os administradores estão lidando com questões claramente entendidas, eles geralmente usam os procedimentos racionais para tomar decisões.[19] Mesmo assim, pesquisas sobre a tomada de decisão gerencial demonstram que administradores são frequentemente incapazes de seguir um procedimento ideal. Muitas decisões devem ser tomadas imediatamente. A pressão do tempo, muitos fatores internos e externos afetando a decisão e a natureza mal definida de muitos problemas tornam virtualmente impossível uma análise sistemática. Os gerentes não têm tempo nem capacidade mental ilimitadas e, portanto, não podem avaliar cada meta, cada problema e cada alternativa. A tentativa de ser racional é restringida (limitada) pela enorme complexidade de muitos problemas. Há um limite para a racionalidade dos administradores.

Para entender a abordagem da racionalidade limitada, pense sobre como a maioria dos administradores seleciona uma posição depois de se formar na faculdade. Mesmo decisões aparentemente simples podem tornar-se rapidamente tão complexas que a abordagem de racionalidade limitada é usada. Estudantes recém-formados procuram por emprego até que tenham duas ou três ofertas de trabalho aceitáveis. Neste ponto, sua atividade de busca diminui rapidamente. Centenas de empresas podem estar disponíveis para a entrevista, e duas ou três ofertas de trabalho estão longe do número máximo que seria possível se os estudantes tomassem a decisão baseados na racionalidade perfeita.

Restrições e *trade-offs**. Não só as grandes decisões organizacionais são complexas para serem completamente compreendidas, mas várias restrições se aplicam aos tomadores de decisões, conforme ilustra a Figura 8.3. Para muitos tomadores de decisão, as circunstâncias organizacionais são ambíguas e exigem apoio social, uma perspectiva comum sobre o que acontece, aceitação e acordo. Outras restrições organizacionais sobe a tomada de decisão descritas na Figura 8.3 incluem a cultura corporativa e os valores éticos, e a estrutura e o design da organização. Por exemplo, a cultura corporativa da BP agiu como uma restrição para as decisões que tomaram os administradores que contribuiu para a desastrosa explosão em Deepwater Horizon e o vazamento de óleo no Golfo do México. Pegar atalhos arriscados foi um procedimento impregnado na cultura da empresa. A BP (Bristish Petroleum) estava escavando um dos mais profundos poços de petróleo da história, por exemplo, mas seus administradores decidiram usar apenas um cabo de aço ao invés de seguir a recomendação de dois ou mais. Em vez de usar os 21 "centralizadores" recomendados, que garantem que o poço não desvie do curso à medida que a escavação se aprofunda, os administradores da BP decidiram usar apenas seis. Eles também pularam um teste crucial para verificar a robustez do cimento fixando o poço no fundo do mar, decidindo, em vez disso, depender exclusivamente do preventor de ruptura como garantia. Tipicamente, outras empresas de petróleo se equiparam com garantias adicionais para que os problemas pudessem ser resolvidos antes que o preventor de rupturas fosse necessário, mas a cultura agressiva e inclinada a riscos da BP impediu seus administradores de adotarem uma abordagem mais cuidadosa e demorada.[20]

ANOTAÇÕES

Como administrador de uma organização, tenha essas diretrizes em mente:

Use processos racionais de decisão quando possível, mas reconheça que muitas restrições podem ser impostas a tomadores de decisão e impedirem uma decisão perfeitamente racional. Aplique a perspectiva da racionalidade limitada e use a intuição e a experiência ao confrontar decisões não programadas e mal definidas.

---

* Escolher uma alternativa significa sacrificar as outras. É uma situação de troca. (N.R.T.)

FIGURA 8.3
Restrições e *trade-offs* durante a tomada de decisão não programada

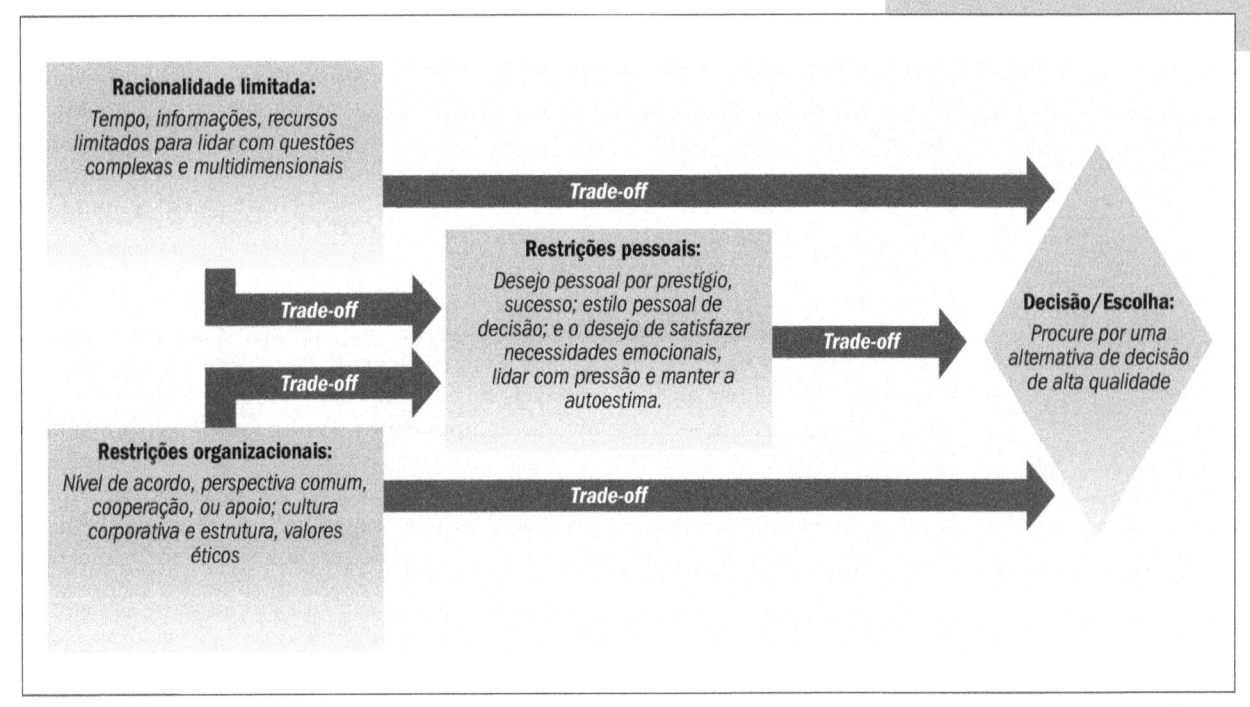

Racionalidade limitada:
Tempo, informações, recursos limitados para lidar com questões complexas e multidimensionais

Restrições pessoais:
Desejo pessoal por prestígio, sucesso; estilo pessoal de decisão; e o desejo de satisfazer necessidades emocionais, lidar com pressão e manter a autoestima.

Restrições organizacionais:
Nível de acordo, perspectiva comum, cooperação, ou apoio; cultura corporativa e estrutura, valores éticos

Decisão/Escolha:
Procure por uma alternativa de decisão de alta qualidade

Fonte: Adaptado de Irving L.Janis, *Crucial Decisions* (New York: Free Press, 1989); e A. L. Geroge, *Presidential Decision Making in Foreign Policy: The Effective Use of Information and Advice* (Boulder, CO: Westview Press, 1980).

Restrições também existem em nível pessoal. Restrições pessoais – como estilo de decisão, pressão do trabalho, desejo de prestígio ou simples sentimentos de insegurança – podem limitar tanto a busca por alternativas quanto a aceitabilidade de uma alternativa. Todos esses fatores restringem uma abordagem perfeitamente racional que deveria levar a uma escolha obviamente ideal.[21] Alguns administradores, por exemplo, tomam muitas de suas decisões com base em uma mentalidade de agradar superiores, pessoas que são percebidas como poderosas dentro da organização, ou outras que eles respeitam e querem impressionar.[22] Outros administradores são restringidos por um estilo de decisão inadaptável. Michael Dell tem um estilo de decisão conhecidamente cauteloso que restringiu sua aceitação de alternativas para resolver os problemas que sua empresa de computadores tem enfrentado. Durante muitos anos, a Dell obteve muito sucesso, mas enquanto outras empresas como a IBM, Hewlett-Packard e a Apple moviam para negócios totalmente novos, a Dell ficou estagnada no comércio de computadores pessoais e oferta de serviços de nicho. A Dell falhou em perceber as alterações na indústria para além do hardware de computador e em buscar alternativas para mover sua empresa para novas áreas. Além disso, os colaboradores da empresa bloquearam repetidamente os esforços do antigo CEO Kevin Rollins de expandir os negócios para além dos PCs, desde 2002. Sua aversão ao risco e à incerteza agiram como restrições pessoais na tomada de decisão.[23]

O papel da intuição. A perspectiva da racionalidade limitada é associada frequentemente aos processos de decisão intuitivos. Na **tomada de decisão intuitiva**, a experiência e o julgamento, ao invés da lógica sequencial ou da racionalidade explícita, são usados para a tomada de decisões.[24] A maioria dos pesquisadores descobriu que administradores eficazes usam uma combinação de análise racional e intuição ao tomar decisões complexas sob pressão de tempo.[25] Vá até o quadro "Como você se encaixa no projeto?" para algumas ideias sobre o uso da racionalidade contra a intuição ao tomar decisões.

A intuição não é arbitrária ou irracional porque é baseada em anos de prática e experiência próprias, muitas vezes armazenadas no subconsciente. Quando os gerentes usam sua intuição baseada em longa experiência de assuntos organizacionais, percebem e compreendem os problemas mais rapidamente e desenvolvem uma reação instintiva ou um palpite sobre qual alternativa resolverá o problema, aumentando a velocidade do processo de tomada de decisão.[26] O valor da intuição para a tomada de decisão eficaz é apoiada por um corpo crescente de pesquisa em psicologia, ciência organizacional e outras disciplinas.[27]

Quando alguém tem experiência e conhecimento profundos em uma área específica, a decisão certa sempre ocorre de forma rápida e sem muito esforço porque o indivíduo reconhece os padrões com base nas informações que foram significativamente esquecidas na mente consciente. Essa capacidade pode ser vista entre soldados no Iraque que têm sido responsáveis por impedir muitos ataques de bomba nas estradas porque reconheciam padrões. Equipamentos de alta tecnologia projetados para detectar dispositivos explosivos improvisados, ou IEDs, são meramente um suplemento ao invés de um substituto para a capacidade do cérebro humano de sentir perigo e fazer alguma coisa. Soldados com experiência no Iraque sabem inconscientemente quando algo não parece certo. Pode ser uma pedra que não estava lá no dia anterior, um pedaço de concreto que parece muito simétrico, padrões de

Como você se encaixa no projeto?

TOMANDO DECISÕES IMPORTANTES

Como você toma decisões importantes? Para descobrir, pense sobre um momento em que você tomou uma importante decisão sobre sua carreira ou fez uma compra ou investimento significativos. Em que medida cada uma das palavras a seguir descreve o modo como você chegou à decisão final? Selecione as cinco palavras que melhor descrevem como você chegou a sua escolha final.

1. Lógica _____
2. Conhecimento interno _____
3. Dados _____
4. Sensação _____
5. Fatos _____
6. Instintos _____
7. Conceitos _____
8. Intuição _____
9. Razão _____
10. Sentimentos _____

Pontuação: Dê um ponto a si mesmo para cada item de número ímpar selecionado e subtraia um ponto para cada número par selecionado. A pontuação mais alta possível é +5 e a mais baixa é –5.

Interpretação: Os itens de número ímpares estão associados a um estilo de decisão linear e os itens de números pares estão associados a uma abordagem de decisão não linear. Linear significa utilizar a racionalidade lógica para tomar decisões, o que seria semelhante ao processo de decisão na Figura 8.2. Não linear significa utilizar principalmente a intuição para tomar decisões, conforme já foi descrito no livro. Se você fez de –3 a –5 pontos, então a intuição e um modelo de satisfação é sua abordagem dominante para tomada de decisão. Se você fez de +3 a +5, então o modelo racional de tomada de decisão, conforme descrito no livro, é sua abordagem dominante. A abordagem racional é ensinada nas escolas de administração, mas muitos administradores usam a intuição baseada na experiência, especialmente nos níveis mais altos de gerência, quando há poucos dados tangíveis para avaliar.

Fonte: Adaptado de Charles M. Vance, Kevin S. Groves, Yong-sun Paik, e Herb Kindler, "Understanding and Measuring LinearNonlinear Thinking Style for Enhanced Management Education and Professional Practice,' *Academy of Management Learning & Education* 6, no. 2 (2007), 167-185.

comportamento estranhos, ou apenas uma sensação de tensão diferente no ar.[28] Da mesma forma, no mundo dos negócios, administradores percebem e processam informações continuamente sobre as quais podem não estar conscientes, e sua base de conhecimento e experiência os ajuda a tomar decisões que podem ser caracterizadas por incerteza e ambiguidade.

Os administradores utilizam experiências e julgamentos anteriores para incorporar elementos intangíveis tanto nos estágios de identificação quanto na solução do problema.[29] Um estudo sobre a descoberta de problemas por administradores descobriu que 30 de 33 problemas eram ambíguos e mal definidos.[30] Porções e restos de informações não relacionadas de fontes informais resultaram em um padrão na mente dos administradores. Eles não podiam provar que o problema existia, mas sabiam instintivamente que uma área precisava de atenção. Uma visão muito simples de um problema complexo é frequentemente associada à falha da decisão,[31] então, administradores aprendem a escutar sua intuição ao invés de aceitar que as coisas estão indo bem.

Os processos intuitivos também são usados no estágio de solução de problemas. Executivos frequentemente tomam decisões sem referência explícita ao impacto sobre os lucros ou outros resultados mensuráveis.[32] Conforme vimos na Figura 8.3, muitos fatores intangíveis – como a preocupação de uma pessoa sobre o apoio de outros executivos, medo da derrota e atitudes sociais – influenciam a seleção da melhor alternativa. Esses fatores não podem ser quantificados de modo sistemático; assim, a intuição guia a escolha da solução. Administradores podem tomar uma decisão baseados naquilo que sentem ser correto em lugar de decidir com base naquilo que podem documentar com dados sólidos.

> **1** Gerentes devem usar o processo mais objetivo e racional possível ao tomar uma decisão.
>
> **RESPOSTA:** *Discordo.* Buscar a racionalidade perfeita na tomada de decisão é a atitude ideal, mas não a mais realista. Muitas decisões complexas não servem para um processo analítico passo a passo. Existem também numerosas restrições sobre os tomadores de decisões. Ao tomar decisões não programadas, administradores podem tentar seguir os passos no processo racional de tomada de decisão, mas eles também precisam contar com a intuição e a experiência.

AVALIE SUA RESPOSTA

A "Dica de livro" deste capítulo discute como os gerentes podem dar a sua intuição uma melhor oportunidade para conduzir a decisões bem-sucedidas. Lembre-se de que a perspectiva de racionalidade limitada e o uso da intuição se aplicam principalmente a decisões não programadas. Os aspectos novos, complexos e obscuros das decisões não programadas significam que dados sólidos e procedimentos lógicos não estão disponíveis. Estudos sobre a tomada de decisão descobriram que administradores não podem simplesmente usar a abordagem racional para as decisões estratégicas não programadas, como promover ou não um novo medicamento polêmico, investir ou não em um novo projeto complexo, ou se uma cidade precisa ou não adotar um sistema de planejamento de recursos da empresa.[33] Para decisões como estas, administradores limitaram seu tempo e recursos, e alguns fatores simplesmente não podem ser medidos e analisados. Tentar quantificar tais informações poderia causar erros porque poderia simplificar demais os critérios de decisão. A intuição também pode equilibrar e suplementar a análise racional para ajudar os administradores a tomar melhores decisões.

DICA DE LIVRO
8.0 VOCÊ JÁ LEU ESTE LIVRO?

Blink: o poder de pensar sem pensar
Por Malcolm Gladwell

Decisões repentinas podem ser tão boas quanto – e algumas vezes melhores do que – decisões tomadas cautelosa e deliberadamente. No entanto, elas podem ser seriamente defeituosas ou mesmo perigosamente erradas. Esta é a promessa do *Blink: o poder de pensar sem pensar*, de Malcolm Gladwell, em que ele explora como nosso "inconsciente adaptativo" chega a decisões complexas e importantes em um instante – e como podemos treiná-lo para fazer com que aquelas decisões sejam as corretas.

AGUÇANDO SUA INTUIÇÃO
Mesmo quando pensamos que a nossa tomada de decisão é o resultado de análise cuidadosa e consideração racional, diz Gladwell, a maior parte dela ocorre de fato subconscientemente em segundos. Esse processo, ao qual ele se refere como "rápida cognição", fornece possibilidade tanto para um *insight* surpreendente quanto para um grave erro. Aqui estão algumas dicas para melhorar a "rápida cognição":

- *Lembrar que mais não é melhor.* Gladwell argumenta que fornecer a uma pessoa muitos dados e informações pode tolher sua capacidade para tomar boas decisões. Ele cita um estudo que mostra que os médicos da sala de emergência, que são os melhores em diagnosticar o ataque cardíaco, reúnem menos informações dos seus pacientes do que os outros médicos. Em vez de sobrecarregar-se de informações, procure suas partes mais significativas.

- *Praticar o* thin-slicing. O processo a que Gladwell chama de *thin-slicing* é aquele que aproveita o poder do inconsciente adaptativo e nos capacita a tomar decisões inteligentes com um mínimo de tempo e de informações. *Thin-slicing* significa enfocar uma fina fatia de dados ou informações pertinentes e permitir que sua intuição faça o trabalho para você. Gladwell cita o exemplo do jogo de guerra Pentagon, no qual uma equipe inimiga de negociantes de *commodities* derrota o exército norte-americano – que tem "uma quantidade sem precedentes de informações e de inteligência" – por realizar "uma análise totalmente racional e rigorosa que cobriu cada contingência concebível". Os negociantes de *commodities* estavam acostumados a tomar milhares de decisões instantâneas por hora, baseados em informações limitadas. Administradores podem praticar a tomada de decisões espontâneas até que ela se torne sua segunda natureza.

- *Conheça seus limites.* Nem toda decisão deve ser baseada na intuição. Quando você possui um profundo conhecimento e experiência na área, pode confiar mais em seus sentimentos. Gladwell também avisa para tomar cuidado com os vieses que interferem na boa tomada de decisão. *Blink* sugere que podemos ensinar a nós mesmos a examinar as primeiras impressões e descobrir quais são importantes e quais são baseadas em vieses subconscientes, como a bagagem estereotipada ou emocional.

COLOQUE PARA FUNCIONAR
Blink é recheado de casos vívidos e interessantes, por exemplo, o modo como os bombeiros experientes "param as atividades por um momento" e criam um ambiente em que a tomada de decisão espontânea possa ocorrer. Gladwell afirma que uma melhor compreensão do processo de tomada de decisão muito rápida pode ajudar as pessoas a tomarem decisões melhores em todas as áreas de suas vidas, assim como a antecipar e evitar estimativas erradas.

Blink: o poder de pensar sem pensar, por Malcolm Gladwell, é publicado por Little, Brown.

Tomada de decisão organizacional

As organizações são formadas por gerentes que tomam decisões usando tanto o processo racional quanto o intuitivo, mas as decisões em âmbito organizacional geralmente não são tomadas por um único gerente. Muitas decisões organizacionais envolvem vários gerentes. A identificação e a solução de problemas envolvem muitos departamentos, múltiplos pontos de vista e mesmo outras organizações, que estão além do escopo de um gerente individual.

Os processos, pelos quais as decisões nas organizações são tomadas, são influenciados por inúmeros fatores, especialmente pelas próprias estruturas internas e pelo grau de estabilidade do ambiente externo. [34] As pesquisas sobre a tomada de decisão de nível organizacional identificaram quatro tipos principais de processos de tomada de decisão organizacional: a abordagem da ciência da administração, o modelo Carnegie, o modelo de decisão incremental e o modelo da lata de lixo.

Abordagem da ciência da administração

A **abordagem da ciência da administração** quanto à tomada de decisão organizacional é análoga à abordagem racional dos gerentes individualmente. A ciência da administração foi criada durante a II Guerra Mundial.[35] Naquela época, as técnicas matemáticas e estatísticas eram aplicadas para problemas militares urgentes e em grande escala que ficavam além da capacidade individual dos tomadores de decisão.

Matemáticos, físicos e pesquisadores operacionais usavam análises de sistemas para desenvolver trajetórias de artilharia, estratégias antissubmarinos e estratégias de bombardeio, como salvas (descarregar múltiplas munições simultaneamente). Considere o problema de um navio de guerra tentando afundar um navio inimigo há várias milhas de distância. O cálculo para alvejar as armas do navio de guerra deve considerar a distância, a velocidade do vento, o tamanho do projétil, a velocidade e a direção de ambos os navios, o balanço do navio que dispara e a curvatura da terra. Métodos para realizar esses cálculos usando tentativa e erro e intuição não são precisos, levam tempo demais e podem não alcançar sucesso jamais.

Foi onde a ciência da administração entrou. Os analistas eram capazes de identificar as variáveis relevantes envolvidas no ato de alvejar as armas do navio e poderiam modelá-las usando equações matemáticas. Distância, velocidade, o balanço do navio, o tamanho do projétil etc. poderiam ser calculados e entravam na equação. A resposta era imediata e as armas poderiam começar a disparar. Fatores como os balanços vertical e horizontal do navio eram rapidamente calculados mecanicamente e alimentavam diretamente o mecanismo de alvejar. Hoje, o elemento humano está completamente removido do processo de alvejar. Um radar capta o alvo e toda a sequência é computada automaticamente.

A ciência da administração produziu um sucesso surpreendente para muitos problemas militares. Essa abordagem da tomada de decisão difundiu-se nas corporações e nas escolas de negócios, onde as técnicas foram estudadas e elaboradas. Os departamentos de pesquisas operacionais usam modelos matemáticos para quantificar variáveis relevantes e desenvolver uma representação quantitativa das soluções alternativas e a probabilidade de cada uma resolver o problema. Esses departamentos também usam metodologias tais como a programação linear, a estatística bayesiana, o gráfico de PERT e as simulações no computador.

A ciência da administração é um método excelente para a tomada de decisão organizacional quando os problemas são analisáveis e quando as variáveis podem ser identificadas e medidas. Modelos matemáticos podem conter mil ou mais variáveis, cada uma relevante de algum modo para o resultado definitivo. As técnicas da ciência da administração têm sido usadas para resolver corretamente problemas tão diversos quanto descobrir o lugar certo para o acampamento da igreja, testar mercado de uma nova família de produtos, perfurar por petróleo e alterar radicalmente a distribuição dos serviços de telecomunicações.[36] Outros problemas solúveis pelas técnicas da ciência de administração são o agendamento de técnicos de ambulância, coletores de pedágio e membros de tripulação aérea.[37]

A ciência da administração, especialmente com a tecnologia cada vez mais sofisticada dos computadores e software, pode resolver problemas com mais precisão e rapidez que possuem muitas variáveis explícitas para o processamento humano adequado. Imagine que você é um gerente de uma companhia aérea durante e depois de uma interrupção de cinco dias dos voos europeus devido a uma erupção na geleira na Islândia em 2010. O pesadelo teria sido agravado se as companhias não tivessem sistemas computadorizados para auxiliar os gerentes a tomar decisões sobre onde atribuir aviões e tripulação à medida que eles lutavam para levar mais de 9 milhões de passageiros encalhados a seus destinos.[38] A Alaska Airlines tem usado técnicas de ciência da administração para tomar decisões sobre voos desde 1980, quando o Monte St. Helens, próximo da base da empresa, entrou em erupção e prejudicou a companhia aérea durante vários dias. Uma equipe especialistas em aviação e clima desenvolveram os modelos de computador para prever a trajetória de cinzas vulcânicas e frequentemente permitem que os voos circulem ao redor delas.[39]

ANOTAÇÕES

Como administrador de uma organização, tenha essas diretrizes em mente:

Utilize uma abordagem de decisão racional – computação, ciência da administração – quando uma situação problemática é compreendida e pode ser subdividida em variáveis que podem ser medidas e analisadas.

A ciência da administração está cobrindo uma variedade mais ampla de problemas do que nunca. Considere o beisebol e a história contada no filme de 2011 "Moneyball".[40] Brad Pitt interpreta Billy Beane, o legendário treinador do Oakland As, que em 2002 reuniu um dos times mais vencedores da Liga Especial de Beisebol com um dos menores orçamentos. Ao invés de depender da intuição de observadores que às vezes rejeitam um jogador porque ele "não se parecia com um jogador da liga principal", Beane se baseou intensamente nos dados e análises estatísticas. Se a análise diz que um rebatedor com excesso de peso que ninguém mais pensava que poderia ser uma escolha para o time principal, Beane o selecionaria. Desde aquela época, a maioria dos outros times adotou técnicas de ciência da administração para analisar vários tipos de dados para a tomada de decisão. "Ainda há lugar para (caras com cronômetros ou palpites sobre jogadas), mas a tecnologia mudou o esporte para sempre", disse Steve Greenberg, antigo comissário geral da Liga Principal de Beisebol.[41]

Administradores em outros tipos de organizações também estão aplicando a tecnologia para tomar mais decisões. Empresas de publicidade otimizam campanhas de anúncios on-line usando um software que pode calcular facilmente a resposta e o retorno do investimento para cada anúncio. Muitos varejistas, incluindo Home Depot, Bloomingdale's e Gap, usam agora um software para analisar os dados de vendas atuais e históricos e determinar quando, onde e quanto reduzir os preços. No Walt Disney World, em Orlando, na Flórida, administradores usam sistemas computadorizados sofisticados para analisar dados e tomar decisões que minimizam tempos de espera para visitantes, maximizam a capacidade dos brinquedos, otimizam a eficiência da equipe e aumentam as oportunidades de venda de *souvenirs*.[42] Empresas de alimentos e bebidas usam fórmulas matemáticas para estudar precisamente os dados e tomar decisões sobre quais novos produtos desenvolver e como promovê-los. Mesmo consultórios médicos estão aderindo à ciência da administração para gerenciar suas práticas com mais eficiência, como prevenir a demanda por consultas com base no número de pacientes em sua prática, a taxa média de ausências, e outros fatores.[43]

Um problema com a abordagem da ciência da administração é que dados quantitativos não são ricos e não transmitem conhecimento tácito, como será descrito no Capítulo 11.

Pistas informais que indicam a existência de problemas que devem ser percebidos de forma mais pessoal por administradores.[44] A análise matemática mais sofisticada não tem valor algum se os fatores importantes não puderem ser quantificados e incluídos no modelo. Fatores como reação da concorrência, preferências do consumidor e atratividade do produto são dimensões qualitativas. Nessas situações, o papel da ciência da administração é suplementar a tomada de decisão do gerente. Resultados quantitativos podem ser encaminhados aos administradores para discussão e interpretação junto com suas opiniões informais, julgamento e intuição. A decisão final pode incluir tanto fatores qualitativos quanto cálculos quantitativos.

Modelo Carnegie

O modelo Carnegie de tomada de decisão organizacional é baseado no trabalho de Richard Cyert, James March e Herbert Simon, que eram associados à Universidade Carnegie-Mellon.[45] Sua pesquisa ajudou a formular a abordagem limitada da tomada de decisão individual, assim como fornecer novas ideias sobre as decisões organizacionais.

Até o surgimento desse trabalho, a pesquisa em economia presumia que as firmas de negócios tomavam decisões como uma entidade única, isto é, como se todas as informações relevantes fossem afuniladas para a escolha do tomador de decisão final. A pesquisa realizada pelo grupo de Carnegie demonstrou que as decisões no âmbito da organização envolviam muitos gerentes e que uma escolha final era baseada em uma coalizão entre esses gerentes. Uma **coalizão** é uma aliança entre diversos administradores que concordam sobre os objetivos organizacionais e problemas prioritários.[46]

Capítulo 8: Processos de tomada de decisão

Poderia incluir gerentes de departamentos de linha, especialistas em pessoal e até mesmo grupos externos, tais como clientes poderosos, banqueiros ou representantes de sindicatos.

Coalizões de gerentes são necessárias durante a tomada de decisão por duas razões. Primeiro, as metas organizacionais são frequentemente ambíguas e as metas operativas dos departamentos são inconsistentes. Quando as metas são ambíguas e inconsistentes, os gerentes divergem sobre as prioridades dos problemas. Eles precisam negociar sobre os problemas e construir uma coalizão em torno da questão de quais problemas resolver. Por exemplo, Randy Komisar, um parceiro da Kleiner Perkins Caufield & Byers, aconselha o uso de uma técnica chamada "balancete" quando uma empresa estiver enfrentando decisões sobre quais novas oportunidades investir ou quais problemas resolver. Gerentes de vários departamentos sentam-se ao redor de uma mesa e cada pessoa lista os pontos bons e ruins, por escrito, sobre uma oportunidade específica. Isto é semelhante à lista de "Prós" e "Contras" que Benjamin Franklin usava para tomar decisões racionais como um indivíduo. Neste caso, no entanto, gerentes compartilham seus pensamentos e ideias com os outros e, então, descobrem seus interesses comuns. O processo "atenua muito da fricção que tipicamente aumenta quando as pessoas ordenam os fatos que apoiam seu caso enquanto ignoram aqueles que não", afirma Komisar.[47]

A segunda razão para as coalizões é que os gerentes individualmente pretendem ser racionais, mas funcionam com as limitações cognitivas humanas e outras restrições, como descrito anteriormente. Os gerentes não têm o tempo, recursos e capacidade mental para identificar todas as dimensões e processar todas as informações relevantes para uma decisão. Essas limitações levam ao comportamento de formação de coalizão. Os gerentes conversam entre si e mudam pontos de vista para juntar informações e reduzir a ambiguidade. As pessoas que possuem informações relevantes ou interesse no resultado da decisão são consultadas. Construir uma coalizão levará a uma decisão apoiada pelas partes interessadas. Considere como os gerentes no *The New York Times* chegaram a uma decisão para começar um plano de pagamento de assinaturas para o site do jornal.

> **ANOTAÇÕES**
>
> **Como administrador de uma organização, tenha essas diretrizes em mente:**
>
> Use uma abordagem de formação de coalizão quando os objetivos organizacionais e problemas prioritários estiverem em conflito. Quando administradores discordam sobre as prioridades ou a verdadeira natureza do problema, eles devem discutir e buscar um acordo sobre as prioridades.

NA PRÁTICA

The New York Times

Em março de 2011, o *The New York Times* deu um salto estratégico – pediu aos leitores que começassem a pagar pelo acesso de seu jornalismo on-line. A decisão não foi tomada com facilidade. De fato, executivos e editores-chefe passaram a maior parte do ano de 2009 debatendo a questão, analisando várias opções e chegando a um acordo sobre a implementação de um novo plano de assinaturas.

A recessão econômica afetou muito a receita do jornal. O volume de anúncios impressos já tinha caído drasticamente, e com a recessão, o mesmo ocorreu com a publicidade on-line. A empresa teve que tomar dinheiro emprestado a altas taxas de juros, e pela primeira vez em sua história, o jornal implementou uma rodada de demissões na redação. Isso deu mais urgência às emergentes discussões dentro da organização sobre um modelo de assinaturas on-line. Arthur Sulzberger, Jr., presidente da empresa, e vários outros altos executivos apoiaram a ideia de um modelo pago. Porém, outros gerentes e editores seniores se opuseram veementemente ao plano. Estes gerentes e editores levaram anos para fazer do *NYTimes.com* o site mais visitado de um jornal no mundo. Eles argumentaram que um modelo de assinaturas iria ameaçar o alcance on-line do jornal e não acompanhava a era digital. Alguns gerentes de publicidade estavam preocupados que isto também iria ameaçar as receitas com anúncios, que estavam apenas começando a se recuperar. Outros argumentaram que o jornal precisava de uma fonte de assinaturas ou que mais demissões seriam necessárias.

Os debates e as discussões continuaram, tanto os formais quanto os informais. Gerentes estudaram as respostas de pesquisas com consumidores para tentar entender como os leitores reagiriam a um plano de assinaturas. Eventualmente, uma coalizão foi formada ao redor da ideia de um serviço hierárquico de assinaturas que permitia que visitantes ao site lessem 20 artigos por mês sem custos antes que se solicitasse a seleção de um de três modelos de assinatura a vários níveis de preço. Artigos que fossem acessados por meio de redes sociais como o *Facebook* e o *Twitter* ou ferramentas de busca como o Google não iriam contar para o limite mensal (há um limite de cinco artigos por dia para aqueles que acessam o site através do Google). O fato de o conteúdo ainda poder ser facilmente "compartilhado, 'twitado', blogado" amenizou algumas das preocupações dos gerentes digitais e ajudou a conquistar seu apoio na decisão. Como Martin A. Nisenholtz, vice-presidente sênior de operações digitais colocou, "Por um lado, eu penso que [ainda] existe algum nível de ansiedade sobe o tema. Por outro, eu acho que o modelo que escolhemos atenua 90% dela".[48]

A *The New York Times Company* relatou no final de julho de 2011 que cerca de 250 mil pessoas compraram assinaturas on-line, mas ainda não se sabe se a decisão de cobrar pelo acesso irá valer a pena para o *The Times* no longo prazo.[49] No entanto, gerentes construíram uma coalizão bem-sucedida para apoiar a decisão dentro da organização engajando-se em debates e discussões sobre as preocupações de todas as partes interessadas.

O processo de formação de coalizão tem várias implicações para o comportamento da decisão organizacional. Em primeiro lugar, as decisões são tomadas mais pela satisfatoriedade do que para a otimização da solução de problemas. **Satisfatoriedade** significa aceitação, pelas organizações, de níveis satisfatórios em lugar de níveis máximos de desempenho, capacitando-as a atingir várias metas simultaneamente. Na tomada de decisão, a coalizão aceitará uma solução que é percebida como satisfatória por todos os membros da coalizão.

Em segundo lugar, os gerentes estão preocupados com problemas imediatos e soluções de curto prazo. Eles se engajam no que Cyert e March chamou de *busca problemática*.[50] **Busca problemática** significa que os gerentes buscam no ambiente imediato uma solução para resolver rapidamente um problema. Embora gerentes no *The Times* estudaram várias opções que estavam sendo usadas por outras empresas, eles não consideraram todas as abordagens possíveis que poderia ser adotadas para um modelo de assinaturas on-line. Eles não esperam uma solução perfeita quando a situação é mal definida e carregada de problemas. Isso vai contra a abordagem da ciência da administração, que supõe que a análise pode revelar cada alternativa razoável. O modelo Carnegie diz que o comportamento de busca é igualmente suficiente para produzir uma solução satisfatória e que os gerentes geralmente adotam a primeira solução satisfatória que surge.

Em terceiro lugar, a discussão e a negociação são especialmente importantes no estágio da tomada de decisão de identificação de problemas. A ação não será executada a não ser que os membros da coalizão percebam o problema. Entretanto, uma coalizão de gerentes dos departamentos-chave também é importante para uma implementação sem atritos de uma decisão. Quando altos gerentes percebem um problema ou querem tomar uma decisão importante, eles precisam chegar a um acordo com outros gerentes para apoiar a decisão.[51]

O processo da decisão descrito no modelo Carnegie está resumido na Figura 8.4. O modelo Carnegie indica que a construção da concordância por meio de uma coalizão é a parte mais importante da tomada de decisão organizacional. Isso é especialmente verdadeiro nos níveis mais altos da gerência. A discussão e a negociação consomem tempo, então os procedimentos de busca são geralmente mais simples e a alternativa escolhida mais satisfaz do que otimiza a solução do problema. Quando os problemas são programados – são claros e foram vistos antes –, a organização confia nos procedimentos e nas rotinas prévios. Regras e procedimentos dispensam a necessidade de formação da coalizão renovada e da negociação política. Decisões não programadas, no entanto, exigem negociação e solução de conflitos.

FIGURA 8.4
Processo de escolha no modelo Carnegie

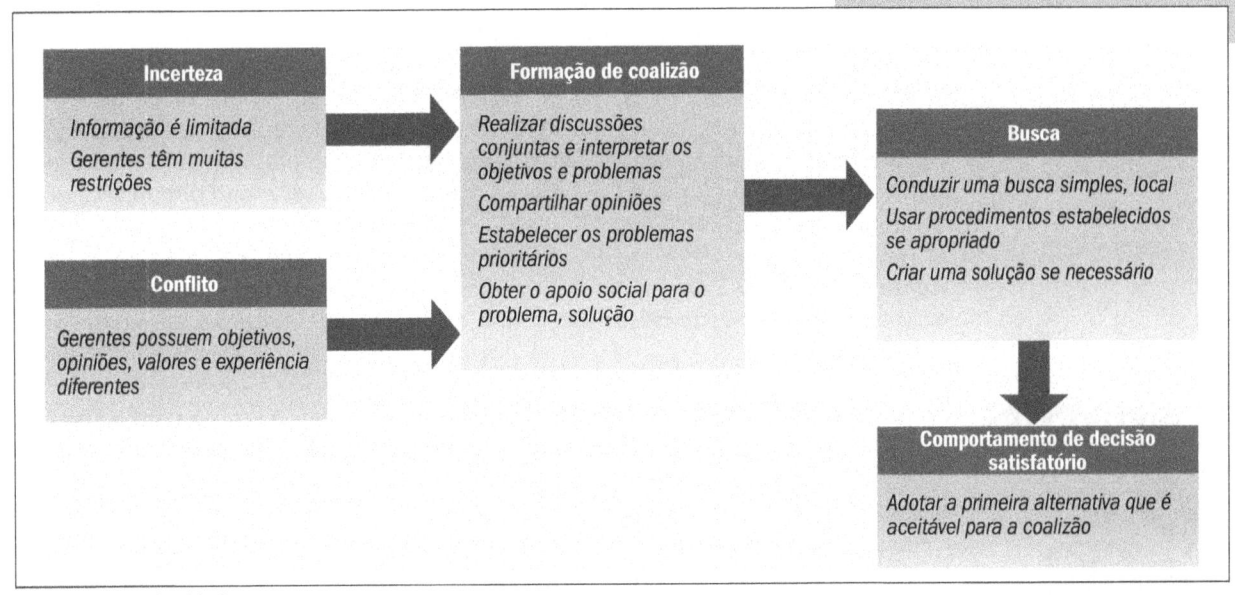

Incerteza
- Informação é limitada
- Gerentes têm muitas restrições

Conflito
- Gerentes possuem objetivos, opiniões, valores e experiência diferentes

Formação de coalizão
- Realizar discussões conjuntas e interpretar os objetivos e problemas
- Compartilhar opiniões
- Estabelecer os problemas prioritários
- Obter o apoio social para o problema, solução

Busca
- Conduzir uma busca simples, local
- Usar procedimentos estabelecidos se apropriado
- Criar uma solução se necessário

Comportamento de decisão satisfatório
- Adotar a primeira alternativa que é aceitável para a coalizão

© Cengage Learning 2013

---

2 Quando um gerente conhece e melhor solução para um problema organizacional sério e tem a autoridade necessária, é melhor simplesmente tomar a decisão e implementá-la ao invés de envolver outros gerentes no processo de tomada de decisão.

RESPOSTA: *Discordo*. Poucas decisões organizacionais são tomadas por um único gerente. A tomada de decisão organizacional é um processo social que combina múltiplas perspectivas. Gerentes precisam conversar uns com os outros sobre os problemas prioritários e trocar opiniões e pontos de vista para chegar a um acordo. Quando os gerentes não formam coalizões, problemas importantes podem ficar sem solução e boas decisões podem falhar porque outros gerentes não aderem as decisões e as implementam de forma eficaz.

AVALIE SUA RESPOSTA

Modelo de decisão incremental

Henry Mintzberg e seus sócios da McGill University em Montreal abordaram a tomada de decisão organizacional de uma perspectiva diferente. Eles identificaram 25 decisões tomadas nas organizações e reconstituíram os acontecimentos associados com essas decisões, do começo ao fim.[52] Sua pesquisa identificou cada passo na sequência de decisão. Essa abordagem da tomada de decisão, chamada de **modelo de decisão incremental**, coloca menos ênfase nos fatores políticos e sociais descritos no modelo Carnegie, mas conta mais sobre a sequência estrutural das atividades

Uma amostra das decisões da pesquisa de Mintzberg incluiu a escolha do tipo de avião a jato a adquirir para uma linha aérea regional, desenvolver um novo clube de jantar, desenvolver um novo terminal para contêiner em um porto, identificar um novo mercado para um desodorante, implantar um novo e controverso tratamento médico em um hospital e demitir um famoso locutor de rádio.[54] O escopo e a importância destas decisões são revelados no decorrer do tempo usado para completá-las. A maior parte dessas decisões levou mais de um ano, e um terço delas levou mais de dois anos. A maioria dessas decisões foi de decisões não programadas e exigiu soluções sob medida para os clientes.

Uma descoberta dessa pesquisa é que as escolhas de importantes organizações são normalmente uma série de pequenas escolhas que se combinam para produzir uma grande decisão. Portanto, muitas decisões organizacionais são antes uma série de mordidinhas do que uma grande mordida. As organizações se movem no correr de vários momentos decisivos e podem colidir com barreiras ao longo do caminho. Mintzberg chamou essas barreiras de *interrupção da decisão*. Uma interrupção pode significar que uma organização deve retornar à decisão anterior e tentar algo novo. Os retornos ou ciclos na decisão são um meio pelo qual a organização aprende qual a alternativa que irá funcionar. A solução definitiva pode ser muito diferente daquela que foi inicialmente antecipada.

O padrão dos estágios de decisão descoberto por Mintzberg e seus sócios é dividido em células. Cada uma indica um passo possível na sequência de decisão. Os passos têm lugar nas três fases importantes da decisão: identificação, desenvolvimento e seleção.

Fase da identificação. A fase da identificação começa com o reconhecimento. Reconhecimento significa que um ou mais gerentes tomaram conhecimento de um problema e da necessidade de tomar uma decisão. O reconhecimento é geralmente estimulado por um problema ou uma oportunidade. Um problema existe quando os elementos do ambiente externo mudam ou quando o desempenho interno é percebido como estando abaixo do padrão. No caso da demissão do locutor de rádio, os comentários sobre o locutor vieram dos ouvintes, outros locutores e conselheiros. Os gerentes interpretaram essas pistas até que um padrão surgiu, indicando que um problema teria de ser tratado.

O segundo passo é o *diagnóstico*, no qual mais informações são reunidas, se necessário, para definir a situação do problema. O diagnóstico pode ser sistemático ou informal, dependendo da gravidade do problema. Problemas graves não permitem um diagnóstico de longo prazo; a resposta deve ser imediata. Problemas não muito graves são, em geral, diagnosticados de uma maneira mais sistemática.

Fase do desenvolvimento*. Na fase do desenvolvimento, uma solução é concebida para resolver o problema definido na fase de identificação do problema. O desenvolvimento de uma solução toma uma ou mais direções. Inicialmente, os procedimentos de busca de soluções já existentes podem ser usados para descobrir alternativas dentro do repertório de soluções da organização. No caso da demissão do locutor de rádio, os gerentes perguntaram o que a estação de rádio havia feito na última vez em que um locutor teve de ser demitido. Para conduzir a busca, os participantes da organização podem recorrer as suas próprias memórias, falar com outros gerentes ou examinar os procedimentos formais da organização.

A segunda direção do desenvolvimento é *criar* uma solução *personalizada* para o cliente. Isso ocorre quando o problema é novo, de modo que a experiência anterior não tem valor. Mintzberg descobriu que, nesses casos, o principal tomador da decisão tem somente uma vaga ideia da solução ideal. Gradualmente, por meio do processo de tentativa e erro, uma alternativa personalizada irá surgir. O desenvolvimento de uma solução é um procedimento incremental que envolve alternativas e a construção de uma solução tijolo por tijolo.

Fase de seleção**. A fase de seleção é quando a solução é escolhida. Essa fase nem sempre é uma questão de tomar uma decisão clara entre alternativas. No caso

---

ANOTAÇÕES

Como administrador de uma organização, tenha essas diretrizes em mente:

Tome riscos e mova a empresa para frente por meio de incrementos quando um problema é definido, mas as soluções são incertas. Tente soluções passo a passo para aprender se elas funcionam.

---

* Na etapa de desenvolvimento pode ocorrer a busca de uma solução já existente ou a criação de uma solução personalizada. (N.R.T.)

** No modelo original de Mintzberg há três fases inseridas na seleção: sondagem: para identificar novas alternativas que podem ser úteis mesmo que nunca foram usadas, ou para reduzi-las a um número razoável para o seu processamento em menor tempo e custo; avaliação das alternativas: determina-se a solução, usando o julgamento, a análise e/ou a barganha; autorização: visa obter apoio interno e/ou externo na implementação da solução escolhida. (N.R.T.)

Capítulo 8: Processos de tomada de decisão

das soluções voltadas para os clientes, a seleção é mais uma avaliação do que uma simples alternativa que parece viável. A avaliação e escolha podem ser alcançadas de três formas. O modo julgamento de seleção é usado quando a escolha final recai sobre um único tomador de decisão e a escolha envolve julgamento baseado em experiência. Em análise, as alternativas são avaliadas em uma base mais sistemática, como as técnicas da ciência da administração. Mintzberg descobriu que a maior parte das decisões não envolvia análise sistemática e avaliação das alternativas. A barganha ocorre quando a seleção envolve um grupo de tomadores de decisão. Cada tomador de decisão pode ter um interesse distinto no resultado, então conflitos podem surgir. A discussão e a negociação ocorrem até que uma coalizão seja formada, como descreveu o modelo Carnegie anteriormente.

Quando a decisão é formalmente aceita pela organização, ocorre a *autorização*. A decisão pode ser passada para o nível do responsável hierarquicamente superior. A autorização muitas vezes é uma rotina porque a especialização e o conhecimento ficam com os tomadores de decisão de nível mais baixo que identificaram o problema e desenvolveram a solução. Algumas decisões são rejeitadas porque há implicações não antecipadas pelos gerentes de nível mais baixo.

Fatores dinâmicos. Decisões organizacionais não seguem uma progressão ordenada do reconhecimento à autorização. Problemas menores surgem forçando a volta para um estágio anterior. Essas são decisões interrompidas. Se uma solução voltada ao cliente é percebida como insatisfatória, a organização pode ter de voltar ao início e reconsiderar se o problema é verdadeiramente digno de solução. Os retornos em razão do *feedback* podem ser causados por problemas de escolha do momento oportuno, políticas, desacordo entre os gerentes, incapacidade de identificar uma solução viável, rotatividade de gerentes ou súbito aparecimento de uma nova alternativa. Por exemplo, quando uma pequena companhia de aviação canadense tomou a decisão de adquirir um avião a jato, o conselho autorizou a decisão, mas logo depois um novo diretor executivo foi contratado e cancelou o contrato, conduzindo a decisão de volta à fase de identificação. Ele aceitou o diagnóstico do problema, mas insistiu em nova busca de alternativas. Então, uma companhia de aviação estrangeira saiu do negócio e dois aviões usados foram disponibilizados a um preço de barganha. Isso se apresentou como uma opção inesperada e o diretor executivo usou seu próprio discernimento para autorizar a aquisição das aeronaves.[55]

Em razão de muitas decisões ocorrerem em um período prolongado de tempo, as circunstâncias mudam. A tomada de decisão é um processo dinâmico que pode requerer algumas voltas antes de o problema ser resolvido. Um exemplo do processo incremental e de voltas que podem ocorrer é ilustrado na decisão da Gillette de criar novos aparelhos de barbear.

NA PRÁTICA

Gillette Company

A Gillette Company usa a tomada de decisão incremental para aperfeiçoar o projeto de aparelhos de barbear como o Mach 3 Turbo, o vibrante Mach3 Power, ou o sistema de barbear Fusion. Considere o desenvolvimento do Mach 3. Enquanto buscava uma nova ideia para aumentar as vendas da Gillette no maduro mercado de aparelhos de barbear, pesquisadores do laboratório inglês da companhia surgiram com uma brilhante ideia de criar um aparelho de barbear com três lâminas para produzir um barbear mais rente, mais suave e mais confortável (reconhecimento e diagnóstico). Dez anos mais tarde, o Mach 3 chegou ao mercado, após milhares de testes, numerosas modificações no projeto, e um custo de desenvolvimento e de equipamentos de US$ 750 milhões, aproximadamente a quantia que uma companhia farmacêutica investe no desenvolvimento de um remédio de grande sucesso.

As demandas técnicas de construir um aparelho de barbear com três lâminas que poderiam seguir a face do homem e também ser de fácil limpeza apresentavam vários becos sem saída. Os engenheiros tentaram primeiro encontrar técnicas estabelecidas (busca, sondagem), mas nenhuma delas se adequou ao orçamento. Por último, um protótipo chamado Manx foi construído (projeto) e bateu no teste de barbear o Sensor Excel da Gillette, o aparelho de barbear da companhia mais vendido naquele tempo. Entretanto, o CEO da Gillette insistiu que o aparelho necessitava ter um fio de lâmina radicalmente novo; em consequência, o aparelho pôde usar lâminas mais finas (interrupção interna), e então os engenheiros começaram a buscar uma nova tecnologia que pudesse produzir uma lâmina mais forte (busca, sondagem). Finalmente, o novo corte, conhecido como DLC – revestido de carbono semelhante ao diamante – seria aplicado átomo por átomo com tecnologia de fabricação de chips (projeto).

O problema seguinte foi a produção (diagnóstico), que exigiu um processo inteiramente novo para lidar com a complexidade do aparelho de barbear de três lâminas (projeto). Embora o conselho houvesse dado o aval para desenvolver o equipamento de produção (julgamento, autorização), alguns membros ficaram preocupados por causa das novas lâminas, que são três vezes mais fortes do que o aço inoxidável, durariam mais tempo e fariam com que a Gillette vendesse menos cartelas (interrupção interna). O conselho eventualmente tomou a decisão de continuar com as novas lâminas, que têm uma faixa azul indicadora que fica branca e assinala quando é chegado o momento de comprar uma nova cartela.

O conselho deu a aprovação final para a produção do Mach 3, e o novo aparelho de barbear foi introduzido alguns meses depois, e começou a sumir das prateleiras lentamente. A Gillette recuperou o seu enorme investimento em um tempo recorde. Ela então retomou o processo de buscar um novo produto que mudasse radicalmente o barbear, usando nova tecnologia que poderia examinar a lâmina de barbear em nível atômico e um vídeo de alta velocidade capaz de capturar o ato de cortar um único fio de barba. A empresa cresceu em incrementos e desenvolveu seu próximo grande produto de barbear, o Fusion com cinco lâminas, após apenas 8 anos ao contrário da década que levou o lançamento do Mach3.[56]

Na Gillette, a fase de identificação ocorreu porque os executivos estavam cientes da necessidade de um novo barbeador e ficaram alertas para a ideia de usar três lâminas para produzir um barbear mais rente. A fase do desenvolvimento foi caracterizada pelo projeto voltado ao cliente por meio de tentativa e erro para levar ao Mach 3. Durante a fase da seleção, certas abordagens foram tidas como inaceitáveis, causando à Gillette o retorno e um redesenho do aparelho, incluindo usar lâminas mais finas e mais fortes. Avançando uma vez mais para a fase da seleção, o Mach 3 passou no julgamento dos altos executivos e membros do conselho e o orçamento para produção e publicidade foi rapidamente autorizado.

Mudança e decisões organizacionais

No início deste capítulo, discutimos como o ambiente de negócios que muda rapidamente está criando uma maior incerteza para os tomadores de decisão. Muitas organizações estão marcadas por uma imensa quantidade de incertezas nos estágios tanto de identificação quanto de solução de problemas. Duas abordagens da tomada de decisão têm evoluído para ajudar os gerentes a enfrentar essa incerteza e complexidade. Uma abordagem é combinar o modelo Carnegie e os modelos incrementais que acabaram de ser descritos. A segunda abordagem é chamada de modelo da lata de lixo.

Combinando os modelos incremental e Carnegie

A descrição de Carnegie da construção de coalizão é especialmente relevante para o estágio de identificação de problemas. Quando as questões são ambíguas ou os gerentes discordam sobre a gravidade do problema, são necessárias discussão, negociação e formação de coalizão. O modelo incremental tende a enfatizar os passos usados para alcançar uma solução. Após os gerentes concordarem sobre um pro-

---

ANOTAÇÕES

Como administrador de uma organização, tenha essas diretrizes em mente:

Aplicar tanto o modelo Carnegie e o modelo de decisão incremental em uma situação com alto grau de incerteza tanto sobre os problemas quanto as soluções. A tomada de decisão também pode empregar os procedimentos do modelo da lata de lixo. Mover a organização em direção a um melhor desempenho propondo novas ideias, gastando mais tempo trabalhando em áreas importantes, e persistindo em potenciais soluções.

blema, o processo gradual é um meio de tentar várias soluções para ver qual irá funcionar. Quando a solução do problema não está clara, uma solução de tentativa e erro pode ser seguida.

A aplicação do modelo de Carnegie e do modelo incremental aos estágios do processo de decisão é ilustrada na Figura 8.5. Os dois modelos não entram em conflito. Eles descrevem abordagens diferentes para como a organização toma decisões quando não se tem certeza sobre a identificação ou a solução de um problema. Quando ambas as partes do processo de decisão estão bastante e simultaneamente incertas, a organização se encontra em uma posição extremamente difícil. Os processos de decisão nessa situação podem ser uma combinação dos modelos Carnegie e incremental, e essa combinação que pode evoluir para uma situação descrita no modelo da lata de lixo.

Modelo da lata de lixo

O **modelo da lata de lixo** é uma das mais recentes e interessantes descrições dos processos decisórios organizacionais. Ele não é diretamente comparável aos modelos anteriores, em razão de lidar com o padrão ou o fluxo das decisões múltiplas dentro das organizações, enquanto os modelos Carnegie e incremental têm foco no modo como uma única decisão é tomada. O modelo da lata de lixo ajuda a pensar sobre a organização como um todo, e as frequentes decisões são tomadas pelos gerentes de todas as áreas da empresa.

Anarquia organizada. O modelo da lata de lixo foi desenvolvido para explicar o padrão da tomada de decisão em organizações que experimentam grandes incertezas. Michael Cohen, James March e Johan Olsen, os criadores do modelo, chamaram as condições de alta incerteza de anarquia organizada, que é uma organização extremamente orgânica.[57] Anarquias organizadas não dependem na hierarquia vertical normal de autoridade e as regras burocráticas de decisão. Elas resultam de três características:

1. *Preferências problemáticas*. Metas, problemas, alternativas e soluções são mal definidos. A ambiguidade caracteriza cada passo do processo de decisão.

FIGURA 8.5
Processo de decisão quando a identificação e a solução do problema são incertas

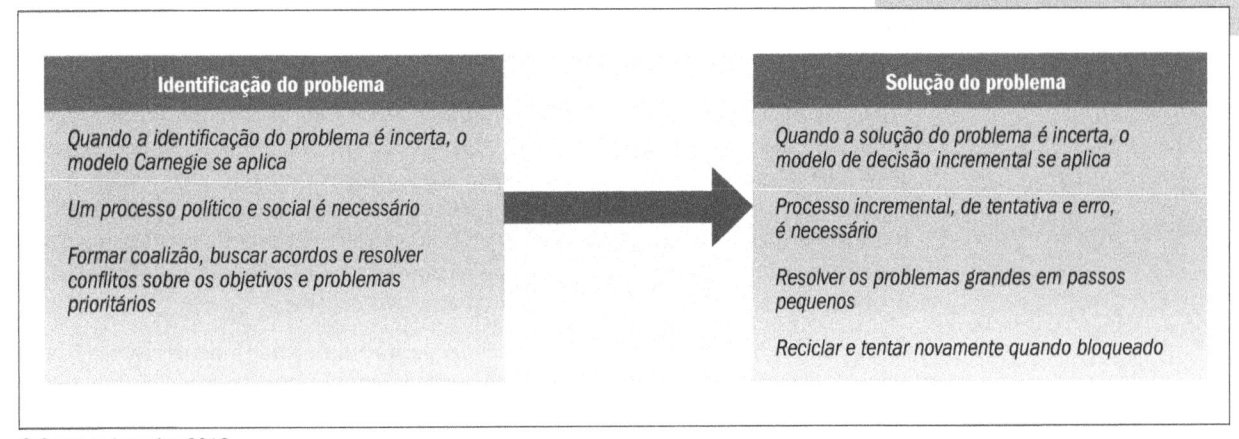

Identificação do problema	Solução do problema
Quando a identificação do problema é incerta, o modelo Carnegie se aplica	Quando a solução do problema é incerta, o modelo de decisão incremental se aplica
Um processo político e social é necessário	Processo incremental, de tentativa e erro, é necessário
Formar coalizão, buscar acordos e resolver conflitos sobre os objetivos e problemas prioritários	Resolver os problemas grandes em passos pequenos
	Reciclar e tentar novamente quando bloqueado

© Cengage Learning 2013

2. *Tecnologia obscura, não muito esclarecida.* Relacionamentos de causa e efeito dentro da organização são difíceis de identificar. Um banco de dados explícito que se aplica a decisões não está disponível.
3. *Rotatividade.* Rotatividade dos participantes nas várias posições da organização. Além disso, os empregados estão ocupados e têm somente um tempo limitado para alocar qualquer problema ou decisão. A participação em qualquer decisão dada será fluida e limitada.

Uma anarquia organizada é caracterizada por rápida mudança e ambiente colegiado, não burocrático. Nenhuma organização se ajusta a essa circunstância extremamente orgânica o tempo todo, embora as empresas atuais baseadas na internet, assim como as organizações em rápida transformação, possam passar por isso durante uma boa parte do tempo. Muitas organizações ocasionalmente se encontrarão em posições de tomar decisões sob circunstâncias obscuras e problemáticas. O modelo da lata de lixo é útil para entender o padrão dessas decisões.

Fluxo dos acontecimentos. A característica única do modelo da lata de lixo é que o processo de decisão não é visto como uma sequência de passos que começa com um problema e termina com uma solução. De fato, a identificação e a solução do problema podem não estar relacionadas. Pode-se propor uma ideia como solução mesmo sem nenhum problema especificado. Um problema pode existir e nunca gerar uma solução. Decisões são o resultado de fluxos de acontecimentos independentes dentro da organização. Os quatro fluxos relevantes para uma tomada de decisão importante são os seguintes:

1. *Problemas.* Problemas são sinais de insatisfação com as atuais atividades e com o desempenho. Representam um abismo entre o desempenho desejado e as atuais atividades. Os problemas são percebidos para exigir atenção. No entanto, são distintos das soluções e escolhas. Um problema pode levar a uma solução proposta ou não. Os problemas podem não ter sido resolvidos quando as soluções são adotadas.
2. *Potenciais soluções.* Uma solução é uma ideia que alguém propõe para adoção. Tais ideias formam uma corrente de soluções alternativas na organização. Ideias podem ser trazidas para a organização por um pessoal novo ou serem inventadas pelo pessoal existente na casa. Os participantes podem ser simplesmente atraídos por certas ideias e promovê-las como escolhas lógicas independentes dos problemas. A atração por uma ideia faz que um empregado procure um problema ao qual a ideia possa ser vinculada e, portanto, justificada. A questão é que as soluções existem independentemente dos problemas.
3. *Participantes.* Os participantes são empregados que vão e vêm na organização. As pessoas são contratadas, transferidas e demitidas. Os participantes variam amplamente em suas ideias, na percepção dos problemas, em experiências, valores e treinamento. Os problemas e soluções reconhecidos por um gerente diferirão daqueles reconhecidos por outro gerente.
4. *Oportunidades de escolha.* As oportunidades de escolha são ocasiões em que uma organização normalmente toma uma decisão. Elas ocorrem quando os contratos são assinados, as pessoas são contratadas ou um novo produto é autorizado. Também ocorrem quando existe uma mistura correta de participantes, soluções e problemas. Portanto, um gerente que tinha uma boa ideia pode subitamente tornar-se ciente de um problema para o qual ela se aplica e, desse modo, oferecer à organização uma oportunidade de escolha. A combinação de problemas e soluções resulta frequentemente em decisões.

Com o conceito dos quatro fluxos, todo o padrão da tomada de decisão adquire uma qualidade randômica. Problemas, soluções, participantes e escolhas, tudo flui pela organização. Por um lado, a organização é uma grande lata de lixo na qual esses fluxos estão sendo agitados, conforme ilustra a Figura 8.6. Quando um problema, solução e participante se encontram em um ponto, uma decisão pode ser tomada e o problema, resolvido; mas se a solução não se ajusta ao problema, ele não está resolvido.

Portanto, olhando a organização como um todo e considerando o alto nível de incerteza, observa-se o surgimento de um problema que não foi solucionado e que as soluções tentadas não funcionaram. As decisões organizacionais são desordenadas, e não resultam de uma sequência lógica e gradual. Os acontecimentos podem ser tão mal definidos e complexos que as decisões, os problemas e as soluções agem como acontecimentos independentes. Quando eles se conectam, alguns problemas são resolvidos, mas muitos não o são.[58]

Consequências. Há quatro consequências específicas ao processo de decisão da lata de lixo para a tomada de decisão da organização:

1. *Soluções podem ser propostas mesmo quando os problemas não existem.* Um empregado pode ter comprado uma ideia e tentado vendê-la para o resto da organização. Um exemplo foi a adoção de computadores por muitas organizações durante a década de 1970. O computador foi uma solução empolgante e foi impulsionada tanto pelos fabricantes de computadores quanto pelos analistas de sistemas dentro das organizações. O computador não resolveu nenhum problema naquelas aplicações iniciais. De fato, alguns computadores geraram mais problemas do que soluções.
2. *As escolhas são feitas sem resolver problemas.* Uma escolha, por exemplo, a criação de um novo departamento ou a revisão de procedimentos de trabalho, pode ter sido feita com a intenção de resolver um problema; mas, sob condições de grande incerteza, a escolha pode ser incorreta. Além disso, muitas escolhas

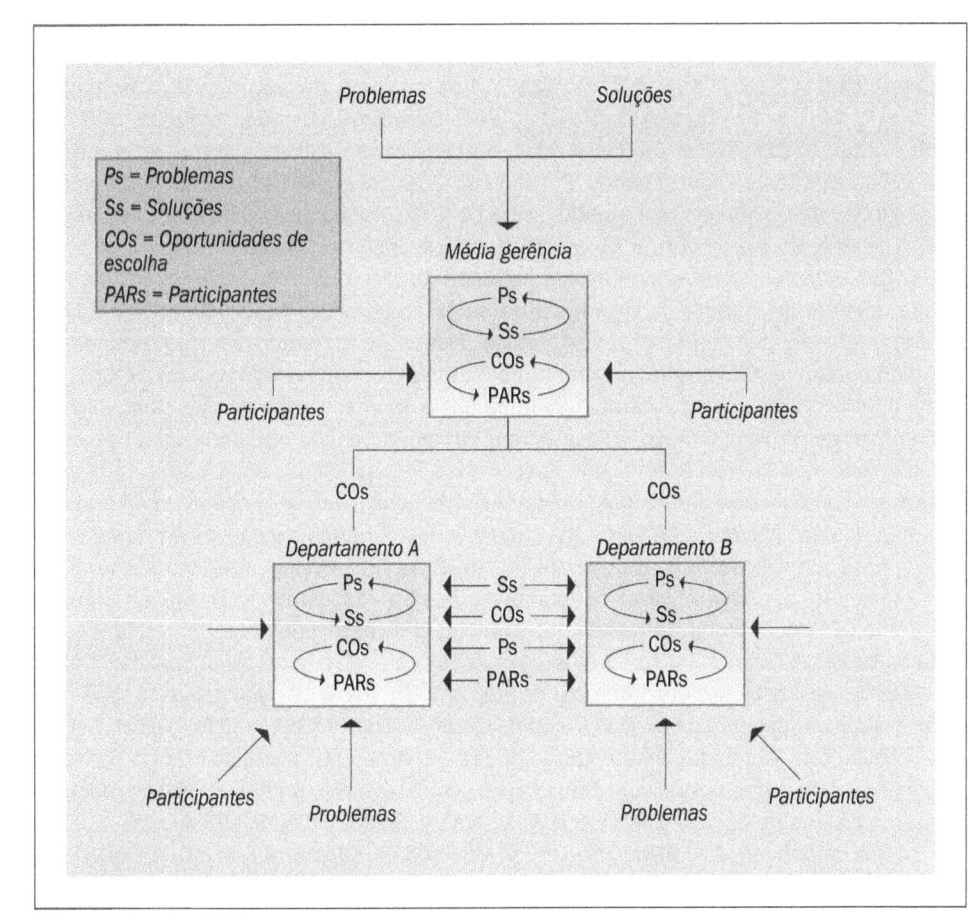

FIGURA 8.6
A ilustração de fluxos independentes de eventos no modelo da lata de lixo de tomada de decisão

simplesmente só parecem acontecer. As pessoas decidem demitir-se, o orçamento da organização é cortado, ou um comunicado sobre uma nova política é emitido. Essas escolhas podem ser orientadas para os problemas, mas não os solucionam necessariamente.

3. *Problemas podem persistir sem serem resolvidos.* Participantes de organizações acostumam-se com certos problemas e desistem de tentar resolvê-los; ou podem não saber como resolver certos problemas porque a tecnologia não está clara. Uma universidade no Canadá foi submetida a uma avaliação pela Associação Americana de Professores Universitários porque um professor teve sua posse negada sem o devido processo. A avaliação foi uma inconveniência incômoda da qual os administradores queriam se livrar. Quinze anos mais tarde, o professor não empossado faleceu. O período de avaliação continua porque a universidade não aquiesceu à demanda dos sucessores da associação para reavaliar o caso. A universidade gostaria de resolver o problema, mas os administradores não estão seguros quanto à maneira de fazê-lo e não têm recursos para alocar para a solução da questão. O problema da avaliação persiste sem uma solução.

4. *Poucos problemas foram resolvidos.* O processo de decisão funciona no conjunto. Em simulação no computador do modelo da lata de lixo, muitas vezes, importantes problemas foram resolvidos. As soluções se conectam com problemas apropriados e participantes para que uma boa escolha seja feita. Naturalmente, nem todos os problemas são resolvidos quando as escolhas são feitas, mas a organização avança na direção da redução de problemas.

Os efeitos dos fluxos independentes e os processos um tanto caóticos do modelo de decisão da lata de lixo podem ser vistos no seguinte exemplo do mercado de educação para fins lucrativos. Problemas, ideias, oportunidades e pessoas parecem surgir e se combinar desordenadamente para produzir resultados decisórios.

Kaplan/ The Washington Post Company

NA PRÁTICA

A Kaplan, uma divisão da *The Washington Post Company*, foi criada para ser uma empresa relativamente pequena que preparava estudantes para testes padronizados. Por volta de 2010, já era um empreendimento educacional global, multibilionário que atendia cerca de 100.000 alunos on-line e em 70 *campi*.

A *The Post Company* entrou no mercado da educação quase que por acidente. Em 1984, Dick Simmons, que era então o presidente da empresa, ouviu falar que um antigo colega, que era o fundador de uma lucrativa empresa de preparação educativa em Nova Iorque, queria vender sua empresa. A notícia chegou no momento em que Simmons, a presidente interino, CEO Katherine Graham e outros gerentes estavam buscando por uma forma de diversificar os negócios para além da mídia impressa. Embora eles nunca tinham ouvido falar da Kaplan, o preço estava bom e Simmons pensou que seria uma boa escolha. Ele consultou Warren Buffett, que gostou da ideia. Depois da aquisição, a Kaplan se esforçou durante muitos anos à medida que as empresas rivais de preparação para testes padronizados conquistaram fatias do mercado e vários diretores executivos entraram e saíram da firma. Os líderes da Post Company quase fecharam a Kaplan e faliram, mas em vez disso decidiram convidar o diretor de marketing da empresa, Jonathan N. Grayer, para ser o próximo CEO. O ex-aluno de Harvard, o carismático Grayer, implementou mudanças no sistema de gestão que recuperou a empresa e a colocou de volta no caminho certo. Então, em 1997, Jack Goetz, um dos gerentes da Kaplan baseada em Los Angeles, propôs uma ideia: por que a Kaplan não oferece cursos de direito on-line? A Califórnia foi o único Estado que permitiu que formandos de cursos de direito on-line ou por correspondência fizessem o exame da ordem dos advogados. Grayer e seu representante, Andrew S. Rosen, deram a Goetz um orçamento de US$ 100.000 e disseram a ele que não pedisse mais.

Dentro de dois anos, a Escola de Direito Concord da Kaplan, a primeira escola de direito on-line do país, já tinha 600 alunos. O sucesso da escola estimulou seus administradores a buscar por novas oportunidades. Em 2000, a Kaplan adquiriu a Quest Education, uma cadeia de 30 escolas pequenas com fins lucrativos que atendia estudantes de baixa renda. A Kaplan não atuava mais apenas no mercado de preparação para testes padronizados para admissão na universidade; ela mesma estava oferecendo diplomas. A entrada da Kaplan no mercado da educação superior coincidiu com o projeto piloto do governo norte-americano no qual os estudantes poderiam utilizar empréstimos federais para pagar pelos cursos on-line. O sucesso e o crescimento da Kaplan dispararam. Outras mudanças políticas fortuitas também beneficiaram a Kaplan. O presidente George W. Bush apontou uma nova equipe no Departamento de Educação que era favorável às empresas educacionais com fins lucrativos. O departamento facilitou as regulamentações e aboliu várias restrições às escolas com fins lucrativos, o que levou a um número maior de matrículas e uma quantidade muito maior de capital federal para a Kaplan.

Com o crescimento rápido vieram as tensões. Durante este período, Grayer deixou a empresa e Rosen assumiu seu lugar. Ao mesmo tempo, uma nova equipe foi contratada para o Departamento de Educação norte-americano na administração Obama. Ao contrário dos líderes anteriores, a nova equipe não era favorável à educação com fins lucrativos e começou a impor restrições novamente. Por exemplo, o departamento propôs 14 novas regras para proteger estudantes de práticas de recrutamento enganosas. O Escritório de Responsabilidade Governamental enviou investigadores equipados com câmeras escondidas para passarem por candidatos em 15 escolas, incluindo alguns dos *campi* da Kaplan, e descobriram o que eles chamaram de padrão de táticas de vendas enganosas. A gerência da Kaplan entrou rapidamente em clima de crise e começou suas próprias investigações. Várias pessoas foram demitidas ou suspensas, e a empresa desenvolveu novos programas de treinamento para recrutadores. Mas novos problemas continuaram a surgir. Grupos de veteranos começaram a criticar a empresa pelo recrutamento agressivo de antigos militares aproveitando-se de seus receios e incertezas sobre o futuro. Quatro ex-empregados entraram com processos judiciais acusando a empresa de infringir a lei para recrutar mais alunos. A confluência de eventos desmoralizou a equipe da Kaplan, danificou a reputação da empresa e colocou executivos em maus lençóis.

No final de 2010, a Kaplan anunciou o Compromisso Kaplan, um plano que permite que as pessoas assistam às aulas por cerca de um mês e, então, deixem o curso sem qualquer dívida se decidirem que não era exatamente o que queriam. Outras mudanças também estão à caminho. A Kaplan dispensou aproximadamente 700 funcionários e está se afastando de sua ênfase primária no atendimento de estudantes de baixa renda. As mudanças farão grande diferença na receita da Kaplan, que foi aproximadamente US$ 2,9 bilhões em 2010, em sua maior parte proveniente das escolas. O negócio de preparação para testes padronizados foi gradativamente perdendo dinheiro e fechando centros. "A história da Kaplan foi uma história de reinvenção no decorrer do tempo", disse Andrew Rosen.[59]

A alteração no destino da divisão Kaplan da Washington Post Company ilustra o modelo da lata de lixo de tomada de decisão e o fluxo de pessoas, problemas, oportunidades e ideias através de uma organização. Muitos eventos ocorreram por acaso e foram entrelaçados. Administradores compraram a Kaplan porque ela estava disponível em um momento em que eles estavam querendo diversificar. A empresa entrou no mercado da educação superior quase que por acidente, quando Jack Goetz teve a ideia de oferecer cursos de direito on-line. A Kaplan foi capaz de crescer devido às ações legislativas favoráveis, mas a nova administração trouxe novos problemas para a empresa. Administradores tentam várias soluções, e alguns problemas serão resolvidos. Outros podem persistir por anos. Novas escolhas serão feitas e outras oportunidades aproveitadas ou rejeitadas à medida que as pessoas com diferentes ideias passam pela empresa e forças externas continuam mudando.

Quadro contingencial de tomada de decisão

Este capítulo cobriu várias abordagens para a tomada de decisão organizacional, incluindo a ciência da administração, o modelo Carnegie, o modelo de decisão incremental e o modelo da lata de lixo. Discutiu também os processos de decisão racional e intuitivo usados pelos gerentes individualmente. Cada abordagem de decisão é uma descrição relativamente acurada do processo real de decisão, embora todas difiram entre si. A ciência da administração, por exemplo, reflete um conjunto de pressupostos e procedimentos diferente daquele do modelo da lata de lixo.

Uma razão para se ter diferentes abordagens é que elas aparecem em diferentes situações organizacionais. O uso de uma abordagem depende do contexto da organização. Duas características das organizações que determinam o uso das abordagens para decisão são: (1) consenso do problema; e (2) conhecimento técnico sobre os meios para resolver esse problema.[60] Analisar as organizações através dessas duas dimensões sugere qual abordagem é mais apropriada para a tomada de decisões.

Consenso de problema

Consenso de problema refere-se ao acordo entre gerentes sobre a natureza de um problema ou oportunidade e sobre quais metas e resultados devem ser perseguidos. Essa variável oscila da concordância total à discordância total. Quando os gerentes concordam, há pouca incerteza – os problemas e metas da organização estão claros, bem como os padrões de desempenho. Quando os gerentes discordam, a direção da organização e as expectativas de desempenho estão em disputa, criando uma situação de grande incerteza. Um exemplo de incerteza de problema ocorreu no Sistema de Saúde Rockford. Gerentes de recursos humanos queriam implementar um novo sistema de benefícios *self-service*, que permitiria que os empregados gerenciassem seus próprios benefícios e liberassem empregados do RH para atividades mais estratégicas. Gerentes financeiros, por outro lado, argumentaram que o custo das licenças de software era muito alto e iria prejudicar o limite estabelecido pela empresa. Gerentes de outros departamentos também discordaram do novo sistema porque eles temiam que a adoção de um novo e custoso sistema de RH significava que eles não teriam os projetos de seus departamentos aprovados.[61]

O consenso sobre o problema tende a ser baixo quando as organizações são diferenciadas, como descreve o Capítulo 4. Lembre-se que ambientes incertos fazem que os departamentos de uma organização diferenciem-se uns dos outros em metas e atitudes para se especializarem em setores ambientais específicos. Essa diferenciação leva à discordância e ao conflito; assim, os gerentes devem fazer um esforço especial para formar coalizões durante a tomada de decisão. Por exemplo, a NASA foi gravemente criticada por falhar na identificação dos problemas do ônibus espacial *Columbia*, o que poderia ter evitado o desastre de fevereiro de 2003. Parte da razão se deveu à grande diferenciação e às opiniões conflitantes entre os gerentes de segurança e os gerentes de programação, o que fez a pressão para o lançamento no prazo estabelecido superar as preocupações com a segurança. Além disso, após o lançamento, os engenheiros requisitaram três vezes – e lhes foram negadas – fotos melhores para avaliar os danos causados por um pedaço do fragmento de espuma que bateu na asa esquerda do ônibus segundos depois de a nave ser lançada. Posteriormente, as investigações indicaram que os danos causados pelos fragmentos podem ter sido a primeira causa física da explosão. Os mecanismos para ouvir opiniões dissidentes e construir uma coalizão podem melhorar a tomada de decisão na NASA e outras organizações que tratam de problemas complexos.[62]

O consenso do problema é especialmente importante para o estágio de identificação do problema do processo de tomada de decisão. Quando os problemas estão claros e há concordância, há padrões e expectativas claras de desempenho. Quando as pessoas não concordam sobre um problema, sua identificação é incerta e a atenção do gerente deve estar focada em ganhar a concordância sobre metas e prioridades.

Conhecimento técnico sobre soluções

Conhecimento técnico refere-se ao entendimento e à concordância sobre como resolver os problemas e alcançar as metas da organização. Essa variável pode oscilar da concordância e certeza totais para a discordância e a incerteza totais sobre as relações de causa e efeito que conduzem à solução do problema. Um exemplo de baixo conhecimento técnico ocorreu na divisão do Dr. Pepper/Seven-Up Inc. Os gerentes concordaram sobre o problema a ser resolvido – eles queriam aumentar a participação no mercado de 6% para 7%. No entanto, os meios para atingir esse aumento não eram conhecidos ou não havia concordância sobre eles. Alguns gerentes queriam usar desconto nos preços nos supermercados. Outros gerentes acreditavam que deveriam aumentar o número de balcões que vendem refrigerantes em restaurantes e cadeias de *fast-food*. Alguns outros gerentes insistiam que a melhor abordagem seria aumentar a publicidade no rádio e na televisão. Os gerentes não sabiam o que poderia causar um aumento na participação do mercado. Eventualmente, o julgamento sobre a publicidade prevaleceu, mas ele não funcionou muito bem. A falha de sua decisão refletiu o pouco conhecimento técnico dos gerentes sobre como resolver o problema.

Quando os meios são compreendidos, as alternativas apropriadas podem ser identificadas e calculadas com algum grau de certeza. Quando os meios não são compreendidos, as soluções potenciais são mal definidas e incertas. Intuição, julgamento e tentativa e erro tornam-se a base para as decisões.

Teoria da contingência

A Figura 8.7 descreve a **teoria da contingência da tomada de decisão**, que compreende as dimensões: consenso do problema e conhecimento técnico sobre as soluções. Cada célula representa uma situação organizacional apropriada para as abordagens de tomada de decisão descritas neste capítulo.

Célula 1. Na célula 1 da Figura 8.7, os procedimentos racionais de decisão são usados porque os problemas têm a concordância e as relações de causa e efeito são bem entendidas. Há, portanto, pouca incerteza. As decisões podem ser tomadas por meio de computadores. As alternativas podem ser identificadas, e a melhor solução, adotada por meio da análise e de cálculos. Os modelos racionais descritos anteriormente neste capítulo, tanto para os indivíduos como para a organização, são apropriados quando os problemas e os meios para resolvê-los estão bem definidos.

Célula 2. Na célula 2, há uma grande incerteza sobre os problemas e as prioridades, então, são usados a barganha e o compromisso para atingir o consenso. Atacar um problema pode significar que a organização deve adiar a ação em outras questões. As prioridades dadas aos respectivos problemas são decididas mediante discussão, debate e construção de coalizão.

Gerentes nessa situação devem usar uma ampla participação para alcançar consenso no processo de decisão. As opiniões devem ser trazidas à tona e discutidas até que o acordo seja alcançado. De outra forma, a organização não avançará como uma unidade integrada. O modelo Carnegie aplica-se quando há uma divergência sobre os problemas organizacionais. Quando os grupos dentro da organização discordam ou quando a organização está em conflito com os constituintes (reguladores governamentais, fornecedores e sindicatos), a barganha e a negociação são necessárias. A estratégia da barganha é especialmente relevante no estágio de identificação do problema do processo de decisão. Uma vez completadas, a barganha e a negociação, a organização terá apoio para tomar uma direção.

Célula 3. Na situação da célula 3, os problemas e os padrões de desempenho são conhecidos, mas as soluções técnicas alternativas são vagas e incertas. As técnicas

FIGURA 8.7
Estrutura da contingência para a utilização de modelos de decisão

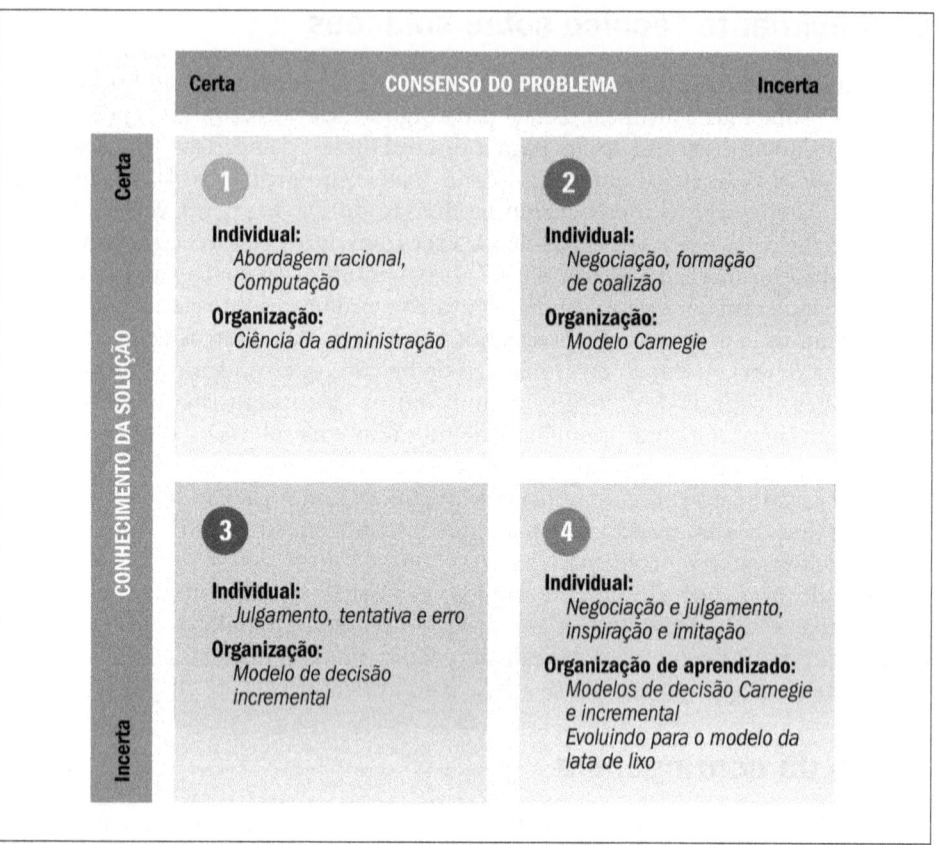

	CONSENSO DO PROBLEMA	
	Certa	**Incerta**
Certa (CONHECIMENTO DA SOLUÇÃO)	**1** **Individual:** Abordagem racional, Computação **Organização:** Ciência da administração	**2** **Individual:** Negociação, formação de coalizão **Organização:** Modelo Carnegie
Incerta	**3** **Individual:** Julgamento, tentativa e erro **Organização:** Modelo de decisão incremental	**4** **Individual:** Negociação e julgamento, inspiração e imitação **Organização de aprendizado:** Modelos de decisão Carnegie e incremental Evoluindo para o modelo da lata de lixo

© Cengage Learning 2013

para resolver um problema estão mal definidas e pouco entendidas. Quando um gerente individual enfrenta essa situação, a intuição irá orientar a decisão. O gerente irá se basear nas experiências e julgamentos passados para tomar uma decisão. As abordagens racional e analítica não são efetivas porque as alternativas não podem ser identificadas e calculadas. Fatos consistentes e informações precisas não estão disponíveis.

O modelo de decisão incremental reflete a tentativa e erro por parte da organização. Uma vez identificado o problema, uma sequência de pequenos passos permite à organização encontrar uma solução. Quando um novo problema surgir, a organização pode voltar a um ponto anterior e começar de novo. Finalmente, depois de um período de meses ou anos, a organização adquirirá experiência suficiente para resolver o problema de uma maneira satisfatória.

A situação de célula 3, de gerentes mais velhos concordarem com o problema mas não saberem como resolvê-lo, ocorre frequentemente nas organizações de negócios. Se os gerentes usarem decisões incrementais em tais situações, irão definitivamente adquirir o conhecimento técnico para atingir metas e resolver os problemas.

Célula 4. A situação na célula 4, caracterizada pela grande incerteza tanto sobre o problema quanto sobre a solução, dificulta a tomada de decisão. Um gerente individual tomando uma decisão em uma situação de grande nível de incerteza pode empregar tanto as técnicas da célula 2 quanto da célula 3. O gerente pode tentar formar uma coalizão para estabelecer metas e prioridades e usar julgamento, intuição ou tentativa e erro para resolver problemas. Técnicas adicionais como inspiração e imitação também podem ser necessárias. A **Inspiração** se refere a uma solução inovadora e criativa que não é alcançada por meios lógicos. A inspiração, algumas vezes, vem como um estalo de *insight*, mas – semelhante à intuição – é frequentemente baseada no conhecimento e no entendimento profundos de um problema sobre o qual a mente inconsciente teve tempo de refletir.[63] A **imitação** significa a adoção de uma decisão testada em outra situação na esperança de que irá funcionar nesta situação.

Por exemplo, em uma universidade, os professores do departamento de contabilidade estavam insatisfeitos com as circunstâncias atuais, mas não conseguiam decidir que direção o departamento deveria tomar. Alguns membros do corpo docente queriam uma maior orientação para a pesquisa, enquanto outros desejavam maior orientação em direção às empresas de negócios e aplicações em contabilidade. O desacordo sobre as metas ocorreu porque nenhum dos grupos estava seguro sobre a melhor técnica para atingi-las. A solução definitiva foi inspirada pelo reitor. Um centro de pesquisa sobre contabilidade foi estabelecido com financiamento de importantes empresas de contabilidade. O fundo foi usado para financiar atividades de pesquisa para os membros do corpo docente interessados em pesquisa básica e proporcionou contatos com empresas de negócios para outros docentes. A solução forneceu uma meta comum e unificou as pessoas dentro do departamento.

Quando a organização inteira é caracterizada por um alto grau de incerteza em relação tanto aos problemas quanto às soluções, os elementos do modelo da lata de lixo irão aparecer. Os gerentes podem, primeiro, tentar as técnicas das células 2 e 3, mas as sequências lógicas de decisão começando com a identificação do problema e terminando com a solução do problema não ocorrerão. Soluções potenciais precederão os problemas tantas vezes quanto os problemas precederão as soluções. Nessa situação, os gerentes devem encorajar uma discussão ampla de problemas e propostas de ideias para facilitar a oportunidade de fazer escolhas. Finalmente, por meio da tentativa e erro, a organização resolverá alguns problemas.

Uma pesquisa descobriu que as decisões tomadas seguindo as prescrições do quadro de contingência da tomada de decisão tendem a obter mais sucesso. Entretanto, o estudo observou que quase seis das dez estratégias de tomada de decisão gerencial falharam em seguir o quadro, conduzindo a uma situação na qual as informações enganosas ou a falta delas diminuíram a oportunidade de uma escolha de decisão efetiva.[64] Gerentes podem usar a estrutura de contingência na Figura 8.7 para melhorar a probabilidade de decisões organizacionais bem-sucedidas.

Circunstâncias de decisões especiais

Em um mundo altamente competitivo e de rápidas mudanças, a tomada de decisão raramente se encaixa no modelo tradicional de tomada de decisão, racional e analítico. Os gerentes de hoje são obrigados a tomar decisões de alto risco com mais frequência e mais rapidamente do que nunca, em um ambiente que é crescentemente menos previsível. Por exemplo, entrevistas com CEOs nas indústrias de alta tecnologia descobriram que eles se esforçam em seguir algum tipo de processo, mas a incerteza e a mudança na indústria, muitas vezes, tornam inútil essa abordagem. A forma com que estes gerentes realmente chegam a decisões ocorre por meio da complexa interação com outros gerentes, subordinados, fatores ambientais e eventos organizacionais.[65] Questões de preocupação específica para os tomadores de decisão de hoje estão lidando com ambientes de alta velocidade, aprendendo com os erros de decisão e entendendo e superando os vieses cognitivos na tomada de decisão.

Ambientes de alta velocidade

Em algumas indústrias, a velocidade da mudança competitiva e tecnológica é tão extrema que os dados de mercado ou não estão disponíveis ou estão obsoletos, as aberturas estratégicas abrem e fecham rapidamente, talvez dentro de alguns meses, e o custo de decisões erradas é a falência. Pesquisas têm examinado o modo como as companhias bem-sucedidas tomam decisões nesses **ambientes de alta velocidade**,

ANOTAÇÕES

Como administrador de uma organização, tenha essas diretrizes em mente:

Procure a informação em tempo real, desenvolva as múltiplas alternativas simultaneamente, e tente envolver a todos. Entretanto, siga em frente de qualquer forma quando tomar decisões em um ambiente de alta velocidade.

---

especialmente para saber se as organizações abandonam as abordagens racionais ou se têm tempo para a implementação incremental.[66]

Uma comparação de decisões bem-sucedidas e malsucedidas em ambientes de alta velocidade descobriu os seguintes padrões:

- Tomadores de decisões bem-sucedidos rastreavam informações em tempo real para desenvolver um profundo e intuitivo domínio do negócio. Eram normais duas ou três intensivas reuniões por semana com todos os atores-chave. Os tomadores de decisão levantaram dados estatísticos operacionais para sentir constantemente o andamento do negócio. Firmas malsucedidas estavam mais preocupadas com o planejamento futuro e informações voltadas para o futuro, tendo apenas um controle frouxo dos acontecimentos imediatos.
- Em fase de uma importante decisão, empresas bem-sucedidas começavam imediatamente a construir múltiplas alternativas. A implementação de alternativas, algumas vezes, corria em paralelo antes que finalmente se decidisse por uma escolha final. As empresas que tomavam decisões lentamente desenvolveram apenas uma alternativa, mudando para outra somente após a primeira ter fracassado.
- Tomadores de decisão rápidos e bem-sucedidos buscavam conselhos de todos e dependiam muito de um ou dois colegas sensatos e de confiança como conselheiros. Empresas lentas não foram capazes de construir confiança e concordância entre os seus melhores profissionais.
- Empresas rápidas envolviam todos na decisão e tentavam o consenso; mas, se o consenso não surgia, o gerente principal fazia a escolha e seguia adiante. Esperar que todos estivessem a bordo criaria mais demora do que garantia. Companhias lentas adiaram decisões para alcançar um consenso uniforme.
- Escolhas rápidas e bem-sucedidas foram integradas com outras decisões e a direção da estratégia geral da companhia. Escolhas menos bem-sucedidas consideraram a decisão isoladamente das outras decisões; a decisão foi tomada em abstrato.

Quando a velocidade é importante, uma decisão lenta é tão ineficaz quanto uma decisão errada. Gerentes podem aprender a tomar decisões mais rapidamente. Para melhorar as chances de uma boa decisão sob condições de alta velocidade, algumas organizações estimulam o conflito construtivo com uma técnica chamada **ponto-contraponto**, que divide os tomadores de decisão em dois grupos e lhes atribui responsabilidades diferentes e frequentemente competitivas.[68] Os grupos desenvolvem e compartilham propostas e discutem opções até que cheguem a um conjunto comum de entendimento e recomendações. Com frequência, grupos podem tomar melhores decisões em razão das múltiplas e diversas opiniões a serem consideradas. Diante da complexidade e incerteza, quanto mais pessoas tiverem a dizer sobre a tomada de decisão, melhor.

Na tomada de decisão em grupo, um consenso pode não ser alcançado, mas o exercício dá a cada um a oportunidade de considerar as opções e declarar suas opiniões, e isso proporciona aos altos gerentes uma compreensão mais ampla. Geralmente, os envolvidos apoiam a escolha final. No entanto, se uma decisão muito rápida é necessária, os altos gerentes desejarão tomar a decisão e seguir adiante.

Erros de decisão e aprendizagem

Decisões organizacionais resultam em muitos erros, especialmente quando tomadas em condições de grande incerteza. Os gerentes simplesmente não podem determinar ou predizer qual alternativa resolverá o problema. Nesses casos, a organização deve tomar a decisão – e correr o risco – muitas vezes no espírito de tentativa e erro. Se uma alternativa falha, a organização pode aprender com isso e tentar uma alternativa que se ajuste melhor à situação. Cada fracasso fornece novas informações e *insight*. A questão para os gerentes é seguir adiante com o processo de decisão a despeito do potencial para erros. "Uma ação caótica é preferível a uma inação ordenada."[69]

Em algumas organizações, os gerentes são encorajados a incitar um clima de experimentação para facilitar uma tomada de decisão criativa. Se uma ideia falha, uma alternativa deverá ser tentada. A falha, muitas vezes, reside no trabalho preparatório para o sucesso, como quando os técnicos na 3M desenvolveram os bilhetes Post-it com base em um produto que fracassou – uma cola não muito grudenta. Gerentes nas empresas mais inovadoras acreditam que, se todos os novos produtos obtivessem sucesso, elas estariam fazendo alguma coisa errada, não correndo os riscos necessários para desenvolver novos mercados. Em outras palavras, eles reconhecem que quando a falha ensina algo novo para a empresa, ela define o alicerce para o sucesso.

Somente cometendo erros, os gerentes e as organizações podem passar pelo processo de **aprendizagem da decisão** e adquirir experiência e conhecimentos suficientes para um desempenho mais efetivo no futuro. Algumas empresas, como a Intuit, oferecem até prêmios para falhas que levam ao aprendizado. Um grupo recentemente premiado na Intuit foi a equipe que desenvolveu uma campanha de marketing agressiva para atingir contribuintes jovens. Por meio de um site chamado RockYourRefund.com, a Intuit ofereceu descontos na Best Buy e outras empresas e a capacidade de depositar os reembolsos do imposto de renda em cartões de crédito Visa pré-pagos emitidos pela estrela do hip-hop e empresário Russell Simmons. A campanha foi um fracasso, com "muitos poucos reembolsos" feitos por meio do site. Uma autópsia do projeto ofereceu à equipe lições que foram aplicadas em projetos futuros, como por exemplo o fato de que pessoas jovens rejeitam sites que se parecem muito com uma publicidade. "É apenas uma falha se falhamos em aprender algo", disse o presidente da Intuit, Scott Cook.[70]

Com base no que foi dito sobre a tomada de decisão neste capítulo, pode-se esperar que companhias sejam definitivamente bem-sucedidas em sua tomada de decisão adotando uma abordagem de aprendizagem voltada para as soluções. Elas irão cometer erros ao longo do caminho, mas resolverão a incerteza através do processo de tentativa e erro.

3 Tomar uma decisão ruim pode ajudar o gerente e a organização a aprender e ficar mais forte.

RESPOSTA: *Concordo.* Gerentes não querem que as pessoas tomem decisões ruins intencionalmente, é claro, mas gerentes inteligentes encorajam as pessoas a assumirem riscos e a experimentar, o que pode levar a decisões falhas. Aprender com as falhas é a chave para o crescimento e o aperfeiçoamento. Além disso, embora os gerentes trabalhem duro para tomar boas decisões, eles entendem que, às vezes, as decisões devem ser tomadas rapidamente com base em informações limitadas e que a tentativa e erro é uma forma importante através da qual a organização pode aprender e se fortalecer.

Vieses cognitivos

Enquanto encorajar a tomada de riscos e aceitar os erros podem levar ao aprendizado, um erro que gerentes procuram evitar é permitir que vieses cognitivos influenciem sua tomada de decisão. Os **vieses cognitivos** são erros graves de julgamento aos quais todos os humanos estão propensos e que tipicamente levam a escolhas ruins.[71] Três vieses comuns são compromisso intensificado, aversão à perda e pensamento de grupo.

Compromisso intensificado. Um viés cognitivo muito famoso é conhecido como **compromisso intensificado**. Uma pesquisa sugere que organizações frequentemente continuam a investir tempo e dinheiro em uma solução a despeito de forte evidência de que não vai funcionar. Várias explicações são oferecidas para explicar porque gerentes aumentam seu compromisso com uma decisão incorreta.[72] Com frequência, gerentes simplesmente seguem esperando que possam recuperar suas perdas. Por exemplo, depois que a planta nuclear Fukushima Daiichi foi danificada pelo terremoto de 2011 no Japão, gerentes da Tokyo Electric Power Company retardaram o uso da água do mar para resfriar os reatores nucleares danificados porque eles queriam proteger seu investimento e sabiam que usar a água do mar poderia acarretar em reatores permanentemente inoperáveis. A empresa reverteu sua decisão e começou a utilizar a água do mar somente quando o primeiro-ministro do Japão ordenou que ela o fizesse depois de uma explosão na instalação.[73]

Além disso, os gerentes bloqueiam ou distorcem as informações negativas quando são pessoalmente responsáveis pela decisão negativa. Outra explicação é que a consistência e a persistência são valorizadas na sociedade contemporânea. Gerentes consistentes são considerados melhores líderes que aqueles que mudam de um curso de ação para outro, por isso gerentes têm dificuldade em voltarem atrás apesar de evidências de que a decisão estava errada.

Teoria dos prospectos*. A maioria das pessoas é naturalmente avessa à perda. A dor que alguém sente com a perda de uma nota de 10 dólares é normalmente muito mais poderosa do que a felicidade que se sente quando se encontra uma nota de 20 dólares. A **teoria dos prospectos**, desenvolvida pelos psicólogos Daniel Kahneman e Amos Tversky, sugere que a ameaça de uma perda tem um impacto maior sobre uma decisão que a possibilidade de um ganho equivalente.[74] Portanto, a maioria dos gerentes têm a tendência de analisar os problemas em termos do que temem perder ao invés do que podem ganhar. Ao enfrentar uma decisão específica, eles sobrevalorizam o valor de potenciais perdas e subvalorizam os potenciais ganhos. Além disso, pesquisas indicam que o arrependimento com uma decisão que resulta em uma perda é mais forte que o arrependimento provocado por uma oportunidade perdida. Assim, gerentes podem evitar oportunidades com excelente potencial, mas que também apresentam risco de resultados negativos. Esta tendência pode criar um padrão de decisões excessivamente cautelosas que levam a um sub desempenho crônico na organização.[75] A teoria da prospecção também ajuda a explicar o fenômeno do compromisso intensificado, discutido na seção anterior. Gerentes não querem perder ou estarem associados a um projeto que falhou, então eles continuam tentando prosperar depois dos erros.

Pensamento coletivo. Muitas decisões em organizações são tomadas em grupo, e o desejo de ir ao encontro do grupo pode influenciar as decisões. Pressões sutis por conformidade existem em quase qualquer grupo, e especialmente quando pessoas gostam umas das outras, elas tendem a evitar qualquer coisa que possa gerar desarmonia. O **pensamento coletivo** se refere à tendência dos participantes de grupos em suprimir opiniões contrárias.[76] Quando as pessoas caem no pensamento coletivo, o desejo de harmonia ultrapassa as preocupações com a qualidade da decisão. Membros do grupo enfatizam a unidade ao invés de enfrentar os problemas e alternativas de forma realista. As pessoas censuram suas opiniões pessoais e são relutantes em criticar as opiniões das outras.

Superando vieses pessoais

Como os gerentes podem evitar os problema do pensamento coletivo, compromisso intensificado e a influência da aversão à perda? Diversas ideias foram propostas que

---

* Teoria dos Prospectos ou *Efeito Framing*. A teoria dos prospectos foi elaborada por Kahneman e Tversky (1979), ao seguirem a pesquisa de Herbert Simon, prêmio Nobel de Economia de 1978, verificando que os vieses cognitivos têm grande influência no processo decisório. Suas pesquisas relevaram a reversão de uma preferência entre algumas alternativas em decisões ao alterar a apresentação do problema. Este fenômeno foi designado como *Efeito Framing*. (N.R.T.)

ajudam gerentes a serem mais realistas e objetivos ao tomarem decisões. Duas das mais eficazes são usar a gestão baseada em evidências e encorajar a diversidade e a divergência.

Gestão baseada em evidências. A **gestão baseada em evidências** significa um compromisso com a tomada de decisões mais informada e inteligente com base nos melhores fatos e evidências disponíveis.[77] Significa estar ciente dos preconceitos de cada um, buscando e examinando as evidências com rigor. Gerentes praticam a tomada de decisão baseada em evidências sendo cautelosos e conscientes ao invés de se basear descuidadamente em suposições, experiências passadas, regras óbvias ou intuição. Por exemplo, o Serviço de Testes Educacionais (ETS), que desenvolve e administra testes como o SAT e o GRE, criou uma força-tarefa para examinar os processos de tomada de decisão da empresa quanto a novos produtos e serviços. A equipe descobriu que muitas decisões sobre produtos eram feitas sem informações claras sobre propriedade intelectual, tempos de ciclo ou oportunidades de mercado almejadas. A equipe, então, trabalhou com gerentes para criar um processo de tomada de decisão mais sistemático e baseado em evidências, incluindo o uso de formulários que exigiam métricas e informações específicas sobre cada proposta e padrões definidos para o que constituía uma evidência relevante de que o produto ou serviço seria compatível com a estratégia da ETS e provável demanda do mercado.[78]

Uma pesquisa global conduzida por McKinsey & Company descobriu que, quando gerentes incorporam uma análise consciente ao processo de decisão, eles obtêm melhores resultados. Ao estudar as respostas de mais de 2.000 executivos sobre como suas empresas tomavam decisões, McKinsey concluiu que técnicas como a análise detalhada, a avaliação de riscos, modelos financeiros, e considerando situações comparáveis tipicamente contribuem para melhores resultados financeiros e operacionais.[79] A gestão baseada em evidências pode ser especialmente útil para superar o medo da perda e o problema da intensificação do compromisso. Para praticar a gestão baseada em evidências, gerentes usam dados e fatos à medida do possível para informar suas decisões. Muitos problemas de gerentes são incertos, e fatos brutos e dados não estão disponíveis, mas ao buscar por evidências gerentes podem evitar a dependência de suposições falsas. Tomadores de decisão também podem fazer uma autópsia das decisões para avaliar o que funcionou, o que não funcionou e como fazer as coisas da melhor forma possível. Os melhores tomadores de decisão têm uma apreciação saudável por aquilo que não sabem. Eles estão sempre questionando e encorajando os outros a questionar seu conhecimento e suposições. Eles incentivam uma cultura de indagação, observação e experimentação.

Encorajar a divergência e a diversidade. A divergência e a diversidade podem ser especialmente úteis em circunstâncias complexas porque elas abrem o processo de decisão para uma variedade de ideias e opiniões ao invés de estarem restritas por vieses pessoais ou pelo pensamento coletivo.[80] Uma forma de encorajar a divergência é assegurar que o grupo é diversificado em termos de idade e gênero, área funcional de especialidade, nível de hierarquia e experiência com o negócio. Alguns grupos nomeiam um advogado do diabo, que tem o papel de desafiar as suposições e afirmações feitas pelo grupo.[81] O advogado do diabo pode forçar o grupo a repensar sua abordagem do problema e evitar decisões prematuras. Considere a situação de soldados envolvidos em operações militares voláteis no Iraque e Afeganistão, onde decisões incorretas podem ser fatais. Na Universidade de Estudos Culturais e Militares Estrangeiros de Fort Leavenworth, o Exército Norte-americano começou a treinar um grupo de soldados para agirem como advogados do diabo. Membros da "Equipe Vermelha", como são chamados os formandos, são nomeados para várias brigadas para questionar suposições prevalecentes e assegurar que as decisões sejam consideradas de pontos de vistas alternativos. "Isto é como ter alguém lá dentro que diz, 'Espere um minuto, vamos mais devagar'", afirma Greg Fontenot, o diretor do programa. O objetivo, diz ele, é evitar "ser sugado pelo pensamento coletivo".[82]

ANOTAÇÕES

Como administrador de uma organização, tenha essas diretrizes em mente:

Não deixe que vieses cognitivos influenciem a sua tomada de decisão. Para evitar os problemas do pensamento coletivo, compromisso intensificado e a influência do medo da perda, aplique a gestão baseada em evidência e use técnicas para encorajar a diversidade e a divergência.

Outra abordagem, conhecida como o *ritual de divergência*, coloca equipes paralelas para trabalharem no mesmo problema em uma grande reunião coletiva. Cada equipe aponta um porta-voz que apresenta as descobertas e ideias da equipe para a outra equipe, que deve ouvir atentamente. Então, o porta-voz se afasta do grupo, que dilaceram a apresentação enquanto o porta-voz é obrigado a ouvir em silêncio. O porta-voz de cada equipe faz isso com cada equipe diferente, para que ao final da sessão, todas as ideias tenham sido dissecadas e discutidas.[83] O método do ponto-contraponto descrito anteriormente também é eficaz para encorajar a divergência. Qualquer que seja a técnica utilizada por eles, bons gerentes encontram formas de obter uma grande diversidade de ideias e opiniões ao tomar decisões complexas.

Fundamentos do projeto

■ A maior parte das decisões organizacionais não é tomada de maneira lógica e racional. A maioria das decisões não começa com uma cuidadosa análise do problema, seguida pela análise sistemática das alternativas e, finalmente, implementação da solução. Pelo contrário, os processos de decisão são caracterizados por conflito, construção de coalizão, tentativa e erro, velocidade e enganos. Gerentes operam sob muitas restrições que limitam a racionalidade; por isso, eles usam a satisfatoriedade e a intuição assim como a análise racional em sua tomada de decisão.

■ Uma outra ideia importante é que os indivíduos tomem decisões, mas as decisões organizacionais não são tomadas por um único indivíduo. A abordagem da tomada de decisão organizacional inclui a ciência da administração, o modelo Carnegie, o modelo do processo de decisão incremental e o modelo da lata de lixo.

■ Somente em circunstâncias raras os gerentes analisam os problemas e encontram soluções por si mesmos. Muitos problemas não estão claros, assim, ocorre uma ampla discussão e a formação de coalizão. Uma vez que as metas e as prioridades são estabelecidas, as alternativas para atingir essas metas podem ser tentadas. Quando um gerente toma uma decisão individual, essa frequentemente é uma pequena parte de um processo de decisão maior. As organizações resolvem grandes problemas através de uma série de pequenos passos. Um único gerente pode iniciar um passo, mas deve estar consciente do processo de decisão mais amplo ao qual ele pertence.

■ A maior quantidade de conflitos e formação de coalizão ocorre quando não há concordância sobre os problemas. As prioridades devem ser estabelecidas para indicar quais metas são importantes e quais problemas devem ser resolvidos primeiro. Se um gerente atacar um problema com o qual outras pessoas não concordam, perderá apoio para a solução a ser implementada. Portanto, tempo e atividade devem ser gastos construindo uma coalizão no estágio da identificação do problema da tomada de decisão. Então, a organização pode caminhar para as soluções. Sob condições de baixo conhecimento técnico, a solução desdobra-se como uma série de tentativas que levará gradualmente a uma solução completa.

■ A descrição mais incomum da tomada de decisão é o modelo da lata de lixo. Este modelo descreve como os processos de decisão podem parecer quase aleatórios em organizações altamente orgânicas. Decisões, problemas, ideias e pessoas fluem através das organizações e se misturam em várias combinações. Nesse processo, a organização gradualmente aprende. Alguns problemas podem não ser resolvidos nunca, mas muitos o são, e a organização caminhará para manter e melhorar seu nível de desempenho.

■ Muitas organizações que operam em ambientes de alta velocidade devem tomar decisões com rapidez, o que significa permanecer em contato imediato com as operações e com o ambiente. Mais ainda, em um mundo incerto, as organizações

cometerão erros, e erros feitos através da tentativa e erro devem ser encorajados. Encorajar incrementos por tentativa e erro facilita a aprendizagem da organização.
- Por outro lado, permitir que vieses cognitivos influenciem a tomada de decisão pode trazer consequências negativas para uma organização. Gerentes podem evitar os vieses do compromisso intensificado, aversão à perda e pensamento coletivo usando a gestão baseada em evidências e encorajando a diversidade e a divergência no processo de tomada de decisão.

Conceitos-chave

abordagem da ciência da administração
abordagem racional
advogado do diabo
ambientes de alta velocidade
anarquia organizada
aprendizado da decisão
busca problemática
coalizão
compromisso intensificado
conhecimento técnico
consenso de problema

decisão
decisão não programada
decisões programadas
gestão baseada em evidências
identificação do problema
imitação
inspiração
modelo Carnegie
modelo da lata de lixo
modelo de decisão incremental
pensamento coletivo

perspectiva da racionalidade limitada
ponto–contraponto
quadro contingencial de tomada decisão
satisfação
solução do problema
teoria do prospecto
tomada de decisão intuitiva
tomada de decisão organizacional
vieses cognitivos

Questões para discussão

1. Quando você se encontra na situação de escolher entre várias opções válidas, como geralmente toma decisão? Como você acha que os gerentes normalmente escolhem entre várias opções? Quais são as semelhanças entre seu processo de decisão e o que você acha que os gerentes fazem?
2. Um economista profissional disse certa vez para sua classe: "Um tomador de decisão individual deve processar todas as informações relevantes e selecionar a alternativa economicamente racional". Você concorda? Por que sim ou por que não?
3. Se gerentes frequentemente usam a experiência e a intuição para tomar decisões não programadas e complexas, como eles aplicam a gestão baseada em evidências, o que parece sugerir que gerentes deveriam se basear em fatos e dados?
4. O modelo Carnegie enfatiza a necessidade de uma coalizão política no processo de tomada de decisão. Quando e como as coalizões são necessárias?
5. Quais são as três fases importantes no modelo do processo incremental de Mintzberg? Por que uma organização deveria reciclar uma ou mais fases do modelo?
6. Um teórico de organização disse uma vez a sua classe: "As organizações nunca tomam grandes decisões. Elas tomam pequenas decisões que finalmente constituem uma grande ideia". Explique a lógica por trás dessa afirmação.
7. Como você tomaria a decisão de selecionar um local para construir uma nova fábrica de tratamento de resíduos nas Filipinas? Por onde começaria nessa complexa decisão e quais passos tomaria? Explique qual modelo de decisão do capítulo descreve melhor a sua abordagem.
8. Por que os gerentes em um ambiente de alta velocidade deveriam preocupar-se mais com o presente do que com o futuro? Um gerente individual que trabalhasse neste tipo de ambiente teria mais chance sucesso com a abordagem racional ou uma abordagem intuitiva? Discuta.
9. Você pode pensar em uma decisão que você tomou em sua vida pessoal, escolar e profissional que reflete um desejo mais forte de evitar uma perda que obter um ganho? E quando você aderiu a uma ideia ou projeto por muito tempo, talvez até mesmo a intensificando seu compromisso, para evitar uma falha? Discuta.
10. Por que os erros na tomada de decisão são normalmente aceitos nas organizações, mas penalizados nos cursos universitários e exames que são planejados para treinar os gerentes?

Capítulo 8 Caderno de exercícios   Estilos de decisão[84]

Pense em algumas decisões recentes que você tomou, como comprar um carro, mudar sua área de estudos, integrar uma organização voluntária ou aceitar um novo emprego. Agora pense em duas decisões tomadas por outras pessoas que influenciaram sua vida, tal como um novo procedimento no trabalho, uma mudança em um relacionamento pessoal, uma mudança na escola ou uma decisão de sua família. Preencha a tabela seguinte usando a Figura 8.7 para determinar os estilos das decisões.

Suas decisões	Abordagem usada	Vantagens e desvantagens	Seu estilo de decisão recomendado
1.			
2.			

Decisões dos outros

1.			
2.			

Questões

1. Como uma abordagem para a tomada de decisão pode influenciar o resultado da decisão? O que acontece quando a abordagem se encaixa na decisão? E quando ela não se encaixa?

2. Como você pode saber qual das abordagens é a melhor?

CASO PARA ANÁLISE — Estalando o chicote[85]

Harmon Davidson olhava fixa e desalentadoramente para a figura que ia embora, seu líder da equipe de análise de gerenciamento. A reunião com ele não havia sido boa. Davidson colocara de novo para Al Pitcher as queixas sobre sua maneira de conduzir o levantamento. Pitcher tinha reagido com negativas inflexíveis e indisfarçável menosprezo.

Davidson, diretor da gerência da sede, estava preparado para dar um desconto à crítica encarando-a como ressentimento de pessoas de fora, misturado com "o modo como nós sempre fazemos nosso serviço", exacerbado pela turbulência da reorganização contínua. Mas ele não poderia ignorar o imenso volume de queixas ou sua grande atenção a algumas de suas fontes. "Será que eu não estava percebendo os sinais de perigo sobre Pitcher desde o início?", Davidson se perguntava. "Ou estava dando a uma pessoa que eu não conhecia uma oportunidade justa com uma tarefa inerentemente controversa?"

Com sua divisão dizimada na última rodada de redução de pessoal no Departamento de Serviços Técnicos (DTS) no início do ano, Davidson tinha solicitado para voltar ao escritório de administração da sede após um hiato de cinco anos. O diretor, Walton Drummond, aposentara-se abruptamente.

Uma das primeiras coisas que Davidson tinha compreendido sobre seu novo trabalho era que seria responsável pelo levantamento abrangente, de seis meses, da estrutura e do processo de gerenciamento da sede. A secretária do departamento tinha prometido o levantamento para a Casa Branca como um prelúdio da nova fase da reforma administrativa da agência. Drummond já havia escolhido uma equipe de cinco pessoas para o levantamento, constituída de dois analistas experientes em gerenciamento, um assistente mais jovem e promissor, um estagiário, e Pitcher, o líder da equipe. Pitcher era novo no Departamento do Tesouro, onde havia participado de um levantamento semelhante. Mas, tendo viajado após a aposentadoria para uma expedição longa de escalada de montanha na Ásia, Drummond não estava disponível para explicar os seus planos para o levantamento ou quaisquer entendimentos a que tivesse chegado com Pitcher.

Davidson tinha ficado impressionado com a energia e a motivação de Pitcher. Ele trabalhava longas horas, escrevia volumosamente, embora de maneira desajeitada e transbordava a última teoria organizacional. No entanto, Pitcher tinha outras características que eram inquietantes. Parecia desinteressado da história e da cultura do Departamento de Serviços Técnicos (DTS) (e era paternalista com os altos gerentes, presumindo que eles não eram sofisticados nem preocupados com a moderna administração.

Uma série de instruções informativas pré-levantamento para os chefes da sede dirigida por Davidson e Pitcher parecia ir às mil maravilhas. Pitcher submetia-se ao seu chefe em questões de filosofia e limitava suas observações à programação e a procedimentos. Ele fechou sua parte com uma simpática nota, dizendo: "Se encontrarmos oportunidades para melhorar, tentaremos ter recomendações para vocês".

Mas o levantamento começara havia apenas uma semana quando o diretor recebeu sua primeira chamada de um cliente ultrajado. Era a secretária assistente dos negócios públicos, Erin Dove, e ela não estava falando em seu tom entusiástico usual. "Vocês fizeram com que toda a minha equipe de supervisores ficasse fora de si com seus comentários sobre como temos de mudar nossa organização e nossos métodos", disse. "Eu pensei que vocês fossem fazer um estudo de reconhecimento dos fatos. Esse cara, Pitcher, parece querer refazer a sede do departamento da noite para o dia. Quem ele pensa que é?"

Quando Davidson lhe perguntou sobre o encontro com o departamento de negócios públicos, Pitcher expressou perplexidade pelo fato de um resumo das observações compartilhado com os supervisores no interesse do "*feedback* informal imediato" ter sido interpretado com tais conclusões perturbadoras.

"Eu disse a eles como consertar as coisas", assegurou ao seu supervisor.

"Escute, Al", Davidson protestou gentilmente. "Esses são gerentes formados que não estão acostumados a que lhes digam como consertar nada. Esta agência tem sido bem-sucedida por anos e a necessidade de reinvenção não está ressoando tão bem ainda. Precisamos colher e analisar as informações e juntar um caso convincente para mudança ou estaremos clamando no deserto. Vamos segurar o *feedback* até que eu e você tenhamos revisado o material juntos."

Mas, duas semanas depois, o diretor do desenvolvimento de tecnologia, Phil Canseco, um velho e querido colega, encontrava-se na porta de Davidson aparentando estar tão infeliz quanto Erin Dove parecia ao telefone. "Harmon, amigo, penso que você tem de deter um pouco a sua equipe de levantamento", ele disse. "Vários gerentes programados para responder à entrevista estavam trabalhando 24 horas seguidas para fornecer um projeto com orçamento revisado para o subcomitê de dotações naquele dia. Meu vice me contou que foi dito a Pitcher para adiar as entrevistas e ele resmungou sobre se entendemos as novas prioridades. Ele está vivendo no mundo real?"

Os comentários de Canseco impeliram Davidson a chamar alguns de seus colegas respeitados que haviam lidado com a equipe de levantamento. Com graus variados de relutância, todos criticaram o líder da equipe e, em alguns casos, os membros da equipe, chamando-os irritantes e desinteressados das razões oferecidas para as estruturas e os processos existentes.

E assim, Davidson usou todo o seu tato para uma revisão com o líder da equipe de levantamento. Mas Pitcher não estava disposto a uma introspecção ou uma reconsideração. Ele se apegou à visão de que havia sido trazido como ponta de lança para a iniciativa de aperfeiçoamento do gerenciamento de uma agência glamorosa, inspirada na Casa Branca, que nunca havia pensado muito em eficiência. Lembrou a Davidson que mesmo ele havia reconhecido que os gerentes precisavam de uma dura lição a esse respeito. Pitcher não via nenhuma maneira de atingir o prazo final, exceto aderindo a uma programação rigorosa, uma vez que estava trabalhando com gerentes não inclinados a cooperar com uma pessoa de fora pressionando com um exercício impopular. Ele sentiu que o papel de Davidson era o de aguentar as críticas vindas de prima donas que tentavam desacreditar a pesquisa.

Muitas questões surgiram na cabeça de Davidson sobre o plano de levantamento e a capacidade de sua divisão de realizá-lo. Será que eles haviam assumido muito com muito pouco? As pessoas certas foram selecionadas para a equipe de pesquisa? Será que foram escolhidas as pessoas certas para a equipe de levantamento?

Mas a questão mais imediata era se Al Pitcher poderia ajudá-lo com esses problemas.

CASO PARA ANÁLISE — O Dilema da Faculdade de Aliesha State: Competência vs Necessidade[86]

Até a década de 1990, Aliesha era uma universidade estadual para professores, de boa reputação, um tanto lenta, localizada na periferia de uma importante área metropolitana. Então, com a rápida expansão das matrículas na universidade, o Estado converteu Aliesha em uma universidade estadual com cursos de graduação de quatro anos (e o plano era transformá-la em uma universidade estadual com cursos de pós-graduação e talvez até com um curso de Medicina no final da década de 2000). Em 10 anos, a Aliesha cresceu em número de alunos de 1.500 para 9.000. Seu orçamento se expandiu ainda mais rapidamente do que as matrículas, crescendo 20 vezes durante esse período.

A única parte de Aliesha que não cresceu foi a parte original, a faculdade para os professores; lá, na realidade, as matrículas diminuíram. Tudo o mais parecia prosperar. Além da constituição da nova escola de quatro anos de Artes, Negócios, Medicina Veterinária e Odontologia, Aliesha desenvolveu muitos programas de serviço à comunidade. Entre esses serviços, estava um programa noturno em rápido crescimento, uma clínica de saúde mental e um centro de fonoaudiologia para crianças com problemas de fala – o único na área. Mesmo no campo da educação, uma área cresceu – o colégio de aplicação anexo à velha universidade para professores. Embora o colegial possuísse somente 300 alunos matriculados, seus professores eram os especialistas principais na formação de professores, e era considerado o melhor da área.

Então, em 1992, o orçamento foi subitamente cortado pelo Legislativo do Estado. Ao mesmo tempo, o corpo docente exigiu e conseguiu um aumento salarial maior do que o esperado. Estava claro que algo teria de ser cortado – o déficit no orçamento era muito grande para ser coberto pela redução normal de custos. Quando o comitê dos docentes sentou-se com o presidente e o conselho de curadores, dois serviços candidatos ao corte surgiram após longa e acirrada disputa: o programa de fonoaudiologia e o colégio de aplicação. Ambos tinham um custo semelhante – e ambos eram extremamente caros. A clínica de fonoaudiologia, todos concordaram, era dirigida para uma necessidade real e uma das prioridades. Mas, e todos tiveram de concordar porque a evidência era esmagadora, não estava fazendo um bom trabalho. De fato, ela estava realizando um trabalho tão pobre, descuidado e desorganizado que os pediatras, psiquiatras e psicólogos hesitavam em encaminhar seus pacientes para a clínica. A razão era que a clínica era um programa universitário usado mais para ensinar os alunos de psicologia do que para ajudar as crianças com problemas graves de fala.

O oposto aplicava-se ao colégio. Ninguém questionava sua excelência e o impacto que causava sobre os estudantes de educação que frequentavam suas aulas e sobre muitos jovens professores da região que o frequentavam como ouvintes. Mas qual a necessidade que o colégio satisfazia? Havia uma grande quantidade de colégios perfeitamente adequados na área.

"Como podemos justificar", perguntou um dos psicólogos ligados à clínica de fonoaudiologia, "administrar um colégio desnecessário, no qual cada criança custa tanto quanto um estudante de pós-graduação em Harvard?"

"Mas como podemos justificar", perguntou o reitor da escola de educação, ele mesmo um dos excelentes professores na escola de aplicação, "uma clínica de fala que não obtém resultados mesmo que cada paciente custe ao estado tanto quanto um dos estudantes do nosso colégio de aplicação, ou mais?"

Notas

1. Brooks Barnes, "Many Culprits in Fall of a Family Film," *The New York Times* (14 de março 14 de 2011).
2. Micheline Maynard, "Toyota Delayed a U.S. Recall, Documents Show," The New York Times (12 de abril de 2010), A1.
3. Betsy Morris, "What Makes Apple Golden?" *Fortune* (17 de março de 2008), 68–74; "World's Most Admired Companies 2011," *Fortune*, http://money.cnn.com/magazines/fortune/mostadmired/2011/index.html (Acesso em: 23 de setembro de 2011); and "Most Admired Tech Companies 2011: Amazon.com," *Fortune*, http://money.cnn.com/galleries/2011/fortune/1103/gallery.most_admired_tech_companies.fortune/5.html (Acesso em: 23 de setembro de 2011).
4. "World's Most Admired Companies: Cereal Cost Cutters" (Top Performers series), *Fortune* (10 de novembro de 2008), 24.
5. Charles Lindblom, "The Science of 'Muddling Through,'" *Public Administration Review* 29 (1954), 79–88.
6. Herbert A. Simon, The New Science of Management Decision (Englewood Cliffs, NJ: Prentice-Hall, 1960), 1–8.
7. Paul J. H. Schoemaker and J. Edward Russo, "A Pyramid of Decision Approaches," *California Management Review* (Outono de 1993), 9–31.
8. Christopher Lawton, "Nokia's Go-It-Alone Strategy," *The Wall Street Journal* (17 de novembro de 2010), http://online.wsj.com/article/SB10001424052748703628204575618711287993790.html (Acesso em: 16 de setembro de 2011); e Peter Burrows, "Elop's Fable," *Bloomberg BusinessWeek* (June 6–June 12 2011), 56–61.
9. Burrows, "Elop's Fable."
10. Michael Pacanowsky, "Team Tools for Wicked Problems," *Organizational Dynamics* 23, no. 3 (Inverno de 1995), 36–51.
11. The idea of a good choice potentially producing a bad outcome under uncertain conditions is attributed to Robert Rubin, reported in David Leonhardt, "This Fed Chief May Yet Get a Honeymoon," *The New York Times* (23 de agosto de 2006), C1.
12. Ylan Q. Mui, "Wal-Mart to Reinstate Dropped Products, Emphasize Price," *The Washington Post* (11 de abril de 2011), http://www.washingtonpost.com/business/economy/wal-mart-to-reinstate-products-emphasize-price/2011/04/11/AFrwLWMD_story.html (Acesso em: 26 de setembro de 2011).
13. Conforme descrito na carte que Franklin escreveu em 1772, citado em J. Edward Russo e Paul J. H. Shoemaker, Decision Traps: Ten Barriers to Brilliant Decision-Making and How to Over come Them, (New York Fireside/Simon & Schuster, 1989).
14. Karen Dillon, "The Perfect Decision" (an interview with John S. Hammond and Ralph L. Keeney), *Inc.* (outubro de 1998), 74–78; and John S. Hammond and Ralph L. Keeney, Smart Choices: A Practical Guide to Making Better Decisions (Boston: Harvard Business School Press, 1998).
15. Earnest R. Archer, "How to Make a Business Decision: An Analysis of Theory and Practice," Management Review 69 (fevereiro de 1980), 54–61; Boris Blai, "Eight Steps to Successful Problem Solving," *Supervisory Management* (janeiro de 1986), 7–9; e Thomas S. Bateman, "Leading with Competence: Problem-Solving by Leaders and Followers," Leader to Leader (verão de 2010), 38–44.
16. Francine Schwadel, "Christmas Sales' Lack of Momentum Tests Store Manager's Mettle," *The Wall Street Journal* (16 de dezembro de 1987), 1.
17. Noel M. Tichy and Warren G. Bennis, "Making Judgment Calls: The Ultimate Act of Leadership," *Harvard Business Review* (outubro de 2007), 94–102.
18. Adaptado de Archer, "How to Make a Business Decision," 59–61.
19. James W. Dean, Jr., e Mark P. Sharfman, "Procedural Rationality in the Strategic Decision-Making Process," *Journal of Management Studies* 30 (1993), 587–610.
20. Joe Nocera, "BP Ignored the Omens of Disaster," *The New York Times* (19 de junho de 2010), B1.
21. Irving L. Janis, Crucial Decisions: Leadership in Policymaking and Crisis Management (New York: The Free Press, Chapter 12: Decision-Making Processes 1989); e Paul C. Nutt, "Flexible Decision Styles and the Choices of Top Executives," *Journal of Management Studies* 30 (1993), 695–721.
22. Art Kleiner, "Core Group Therapy," *Strategy + Business*, Issue 27 (Segundo trimestre, 2002), 26–31.
23. Katie Benner, "Michael Dell's Dilemma," *Fortune* (13 de junho de 2011), 41–44.
24. Herbert A. Simon, "Making Management Decisions: The Role of Intuition and Emotion," *Academy of Management Executive* 1 (Fevereiro de 1987), 57–64; e Daniel J. Eisenberg, "How Senior Managers Think," *Harvard Business Review* 62 (novembro–dezembro de 1984), 80–90.
25. Jaana Woiceshyn, "Lessons from 'Good Minds': How CEOs Use Intuition, Analysis, and Guiding Principles to Make Strategic Decisions," *Long Range Planning* 42 (2009), 298–319.
26. Eduardo Salas, Michael A. Rosen, e Deborah DiazGranados, "Expertise-Based Decision Making in Organizations," *Journal of Management* 36, no. 4 (Julho de 2010), 941–973; Kurt Matzler, Franz Bailom, e Todd A. Mooradian, "Intuitive Decision Making," *MIT Sloan Management Review* 49, no. 1 (Outono de 2007), 13–15; Stefan Wally e J. Robert Baum, "Personal and Structural Determinants of the Pace of Strategic Decision Making," *Academy of Management Journal* 37, no. 4 (1994), 932–956; e Orlando Behling e Norman L. Eckel, "Making Sense Out of Intuition," *Academy of Management Executive* 5, no. 1 (1991), 46–54.
27. Para uma revisão recente da pesquisa sobre a intuição baseada em experiência, ver Salas et al., "Expertise-Based Decision Making in Organizations." Veja também Eric Dane e Michael G. Pratt, "Exploring Intuition and Its Role in Managerial Decision Making," *Academy of Management Review* 32, no. 1 (2007), 33–54; Gary Klein, Intuition at Work: Why Developing Your Gut Instincts Will Make You Better at What You Do (New York: Doubleday, 2002); Milorad M. Novicevic, Thomas J. Hench, e Daniel A. Wren, "'Playing By Ear... In an Incessant Din of Reasons': Chester Barnard and the History of Intuition in Management Thought," *Management Decision* 40, no. 10 (2002), 992–1002; Alden M. Hayashi, "When to Trust Your Gut," *Harvard Business Review* (Fevereiro de 2001), 59–65; Brian R. Reinwald, "Tactical Intuition," Military Review 80, no. 5 (setembro–outubro de 2000), 78–88; Thomas A.Stewart, "How to Think with Your Gut," *Business 2.0* (November 2002), http://www.business2.com/articles (Acesso em: 7 de novembro de 2002); Henry Mintzberg e Frances Westley, "Decision Making: It's Not What You Think," *MIT Sloan Management Review* (Primavera de 2001), 89–93; e Carlin Flora, "Gut Almighty," *Psychology Today* (Maio–Junho 2007), 68–75.
28. Benedict Carey, "Hunches Prove To Be Valuable Assets in Battle," *The New York Times* (28 de Julho, 2009), A1.
29. Thomas F. Issack, "Intuition: An Ignored Dimension of Management," Academy of Management Review 3 (1978), 917–922.
30. Marjorie A. Lyles, "Defining Strategic Problems: Subjective Criteria of Executives," *Organizational Studies* 8 (1987), 263–280; e Marjorie A. Lyles e Ian I. Mitroff, "Organizational Problem Formulation: An Empirical Study," *Administrative Science Quarterly* 25 (1980), 102–119.

31. Marjorie A. Lyles e Howard Thomas, "Strategic Problem Formulation: Biases and Assumptions Embedded in Alterna tive Decision-Making Models," *Journal of Management Studies* 25 (1988), 131–145.
32. Ross Stagner, "Corporate Decision-Making: An Empirical Study," *Journal of Applied Psychology* 53 (1969), 1–13.
33. W. A. Agor, "The Logic of Intuition: How Top Executives Make Important Decisions," Organizational Dynamics 14, no. 3 (1986), 5–18; e Paul C. Nutt, "Types of Organiza tional Decision Processes," *Administrative Science Quarterly* 29 (1984), 414–450.
34. Nandini Rajagopalan, Abdul M. A. Rasheed, e Deepak K. Datta, "Strategic Decision Processes: Critical Review and Future Directions," *Journal of Management* 19 (1993), 349–384; Paul J. H. Schoemaker, "Strategic Decisions in Organizations: Rational and Behavioral Views," *Journal of Management Studies* 30 (1993), 107–129; Charles J. McMillan, "Qualitative Models of Organizational Decision Making," *Journal of Management Studies* 5 (1980), 22–39; e Paul C. Nutt, "Models for Decision Making in Organizations and Some Contextual Variables Which Stimulate Optimal Use," *Academy of Management Review* 1 (1976), 84–98.
35. Hugh J. Miser, "Operations Analysis in the Army Air Forces in World War II: Some Reminiscences," *Interfaces* 23 (setembro–outubro 1993), 47–49; e Harold J. Leavitt, William R. Dill, e Henry B. Eyring, *The Organizational World* (New York: Harcourt Brace Jovanovich, 1973), cap. 6.
36. Stephen J. Huxley, "Finding the Right Spot for a Church Camp in Spain," *Interfaces* 12 (Outubro 1982), 108–114; and James E. Hodder e Henry E. Riggs, "Pitfalls in Evaluating Risky Projects," *Harvard Business Review* (janeiro–fevereiro 1985), 128–135.
37. Edward Baker e Michael Fisher, "Computational Results for Very Large Air Crew Scheduling Problems," *Omega* 9 (1981), 613–618; e Jean Aubin, "Scheduling Ambulances," *Interfaces* 22 (Março–Abril, 1992), 1–10.
38. Dan Milmo, Ian Sample, e Sam Jones, "Volcano Chaos: How the Battle for the Skies Ended in Victory for Airlines," *The Guardian* (22 de abril de 2010), 4; e Daniel Michaels, Sara Schaefer Munox, e Bruce Orwall, "Airlines Rush to Move Millions," *The Wall Street Journal Europe* (22 de abril de 2010), 1.
39. Scott McCartney, "The Middle Seat: How One Airline Skirts the Ash Cloud," *The Wall Street Journal* (22 de abril de 2010), D1.
40. O filme é baseado no best-seller de Michael Lewis, Moneyball: The Art of Winning an Unfair Game (Nova Iorque: W. W. Norton & Company, 2003).
41. Matthew Futterman, "Friday Journal—Baseball After Moneyball," *The Wall Street Journal* (23 de setembro de 2011), D1.
42. Stephen Baker, "Math Will Rock Your World," *Business Week* (23 de janeiro de 2006), 54–60; Julie Schlosser, "Mark-down Lowdown," *Fortune* (12 de janeiro de 2004), 40; and Brooks Barnes, "Disney Technology Tackles a Theme Park Headache: Lines," *The New York Times* (28 de dezembro de 2010), B1.
43. Baker, "Math Will Rock Your World; e Laura Landro, "The Informed Patient: Cutting Waits at the Doctor's Office—New Programs Reorganize Practices to Be More Efficient," *The Wall Street Journal* (19 de abril de 2006), D1.
44. Richard L. Daft e John C. Wiginton, "Language and Organization," *Academy of Management Review* (1979), 179–191.
45. Baseado em Richard M. Cyert e James G. March, A Behavioral Theory of the Firm (Englewood Cliffs, NJ: Prentice Hall, 1963); e James G. March e Herbert A. Simon, Organizations (Nova Iorque: Wiley, 1958).
46. William B. Stevenson, Joan L. Pearce, e Lyman W. Porter, "The Concept of 'Coalition' in Organization Theory and Research," *Academy of Management Review* 10 (1985), 256–268.
47. Anne Mulcahy, Randy Komisar, and Martin Sorrell, "How We Do It: Three Executives Reflect on Strategic Decision Making," *McKinsey Quarterly* (Março de 2010), 46–57.
48. Jeremy W. Peters, "The Times's Online Pay Model Was Years in the Making," *The New York Times* (20 de março de 2011), http://www.nytimes.com/2011/03/21/business/media/21times.html?pagewanted=all (Acesso em: 27 de setembro de 2011); e J. W. Peters, "New York Times is Set to Begin Charging for Web Access; Chairman Concedes Plan is Risky But Says It's an 'Investment in Our Future,'" *International Herald Tribune* (18 de março de 2011), 15.
49. Jeremy W. Peters, "Optimism for Digital Plan; But Times Co. Posts Loss," *The New York Times* (22 de julho de 2011), B3.
50. Cyert e March, A Behavioral Theory of the Firm, 120–222.
51. Lawrence G. Hrebiniak, "Top-Management Agreement and Organizational Performance," *Human Relations* 35 (1982), 1139–1158; e Richard P. Nielsen, "Toward a Method for Building Consensus during Strategic Planning," *Sloan Management Review* (verão de 1981), 29–40.
52. Baseado em Henry Mintzberg, Duru Raisinghani, e André Théorêt, "The Structure of 'Unstructured' Decision Pro cesses," Administrative Science Quarterly 21 (1976), 246–275.
53. Lawrence T. Pinfield, "A Field Evaluation of Perspectives on Organizational Decision Making," *Administrative Science Quarterly* 31 (1986), 365–388.
54. Mintzberg et al., "The Structure of 'Unstructured' Decision Processes."
55. Ibid., 270.
56. William C. Symonds com Carol Matlack, "Gillette's Edge," *BusinessWeek* (19 de janeiro de 1998), 70–77; William C. Symonds, "Would You Spend $1.50 for a Razor Blade?" *BusinessWeek* (27 de abril de 1998), 46; e Peter J. Howe, "Innovative; For the Past Half Century, 'Cutting Edge' Has Meant More at Gillette Co. Than a Sharp Blade," *Boston Globe* (30 de janeiro de 2005), D1.
57. Michael D. Cohen, James G. March, e Johan P. Olsen, "A Garbage Can Model of Organizational Choice," *Administrative Science Quarterly* 17 (Março de 1972), 1–25; e Michael D. Cohen e James G. March, Leadership and Ambiguity: The American College President (Nova Iorque: McGraw-Hill, 1974).
58. Michael Masuch e Perry LaPotin, "Beyond Garbage Cans: An AI Model of Organizational Choice," *Administrative Science Quarterly* 34 (1989), 38–67.
59. Steven Mufson e Jia Lynn Yang, "Hard Lessons: The Trials of Kaplan Higher Ed and the Education of the Wash ington Post Co.," *The Washington Post* (10 de abril de 2011), G1.
60. Adaptado de James D. Thompson, *Organizations in Action* (New York: McGraw-Hill, 1967), cap. 10; McMillan, "Qualitative Models of Organizational Decision Making," 25; and Clayton M. Christensen, Matt Marx, e Howard H. Stevenson, "The Tools of Cooperation and Change," *Harvard Business Review* (outubro de 2006), 73–80.
61. Ben Worthen, "Cost Cutting Versus Innovation: Reconcilable Difference," *CIO* (1 de outubro de 2004), 89–94.
62. Beth Dickey, "NASA's Next Step," *Government Executive* (15 de abril de 2004), 34–42; e Jena McGregor, "Gospels of Failure," *Fast Company* (Fevereiro de 2005), 61–67.
63. Mintzberg e Westley, "Decision Making: It's Not What You Think."
64. Paul C. Nutt, "Selecting Decision Rules for Crucial Choices: An Investigation of the Thompson Framework," *The Journal of Applied Behavioral Science* 38, no. 1 (Março de 2002), 99–131; e Paul C. Nutt, "Making Stra tegic Choices," *Journal of Management Studies* 39, no. 1 (janeiro de 2002), 67–95.
65. George T. Doran e Jack Gunn, "Decision Making in High Tech Firms: Perspectives of Three Executives," *Business Horizons* (novembro–dezembro 2002), 7–16.

66. L. J. Bourgeois III e Kathleen M. Eisenhardt, "Strategic Decision Processes in High Velocity Environments: Four Cases in the Microcomputer Industry," *Management Science* 34 (1988), 816–835.
67. Kathleen M. Eisenhardt, "Speed and Strategic Choice: How Managers Accelerate Decision Making," *California Management Review* (Primavera de 1990), 39–54.
68. David A. Garvin e Michael A. Roberto, "What You Don't Know about Making Decisions," *Harvard Business Review* (setembro de 2001), 108–116.
69. Karl Weick, The Social Psychology of Organizing, 2 ed. (Reading, MA: Addison-Wesley, 1979), 243.
70. Jena McGregor, "How Failure Breeds Success," *Business Week* (10 de julho de 2006), 42-52.
71. Para discussões sobre vários vieses cognitivos, veja Daniel Kahneman, Dan Lovallo, e Olivier Sibony, "Before You Make That Big Decision...," Harvard Business Review (June 2011), 50–60; John S. Hammond, Ralph L. Keeney, e Howard Raiffa, Smart Choices: A Practical Guide to Making Better Decisions (Boston: Harvard Business School Press, 1999); Max H. Bazerman e Dolly Chugh, "Decisions Without Blinders," *Harvard Business Review* (janeiro de 2006), 88–97; J. S. Hammond, R. L. Keeney, e H. Raiffa, "The Hidden Traps in Decision Making," Harvard Business Review (setembro–outubro 1998), 47–58; Oren Harari, "The Thomas Lawson Syndrome," Management Review (Fevereiro de 1994), 58–61; e Max H. Bazerman, Judgment in Managerial Decision Making, 5 ed. (Nova York: John Wiley & Sons, 2002).
72. Helga Drummond, "Too Little Too Late: A Case Study of Escalation in Decision Making," *Organization Studies* 15, n. 4 (1994), 591–607; Joel Brockner, "The Escalation of Commitment to a Failing Course of Action: Toward Theoretical Progress," Academy of Management Review 17 (1992), Capítulo 12: Decision-Making Processes 39–61; Barry M. Staw e Jerry Ross, "Knowing When to Pull the Plug," *Harvard Business Review* 65 (Março-Abril 1987), 68–74; e Barry M. Staw, "The Escalation of Commitment to a Course of Action," Academy of Management Review 6 (1981), 577–587.
73. Norihiko Shirouzu, Phred Dvorak, Yuka Hayashi, e Andrew Morse, "Bid to 'Protect Assets' Slowed Reactor Fight," *The Wall Street Journal* (19 de março de 2011), A1.
74. Daniel Kahneman e Amos Tversky, "Prospect Theory: An Analysis of Decision Under Risk," *Econometrica* 47 (1979), 263–292.
75. Kahneman et al., "Before You Make That Big Decision...."
76. Irving L. Janis, Groupthink: Psychological Studies of Policy Decisions and Fiascoes, 2nd ed. (Boston: Houghton Mifflin, 1982).
77. Esta seção é baseada em Jeffrey Pfeffer e Robert I. Sutton, "Evidence-Based Management," *Harvard Business Review* (janeiro de 2006), 62–74; Rosemary Stewart, Evidence-based Management: A Practical Guide for Health Professionals (Oxford: Radcliffe Publishing, 2002); e Joshua Klayman, Richard P. Larrick, e Chip Heath, "Organizational Repairs," *Across the Board* (fevereiro de 2000), 26–31.
78. Thomas H. Davenport, "Make Better Decisions," Harvard Business Review (novembro de 2009), 117–123.
79. "How Companies Make Good Decisions: McKinsey Global Survey Results," *The McKinsey Quarterly* (janeiro de 2009), http://www.mckinseyquarterly.com/How_companies_make_good_decisions_McKinsey_Global_Survey_Results_2282 (Acesso em: 3 de fevereiro de 2009).
80. Michael A. Roberto, "Making Difficult Decisions in Turbulent Times," Ivey Business Journal (Maio–Junho 2003), 1–7; Kathleen M. Eisenhardt, "Strategy as Strategic Decision Making," *Sloan Management Review* (primavera de 1999), 65–72; e Garvin and Roberto, "What You Don't Know About Making Decisions."
81. David M. Schweiger e William R. Sandberg, "The Utilization of Individual Capabilities in Group Approaches to Strategic Decision Making," *Strategic Management Journal* 10 (1989), 31–43; e "The Devil's Advocate," Small Business Report (dezembro de 1987), 38–41.
82. Anna Mulrine, "To Battle Groupthink, the Army Trains a Skeptics Corps," *U.S. News & World Report* (26 de maio–2 de junho de 2008), 30–32.
83. "Tools for Managing in a Complex Context," sidebar in David J. Snowden e Mary E. Boone, "A Leader's Framework for Decision Making," *Harvard Business Review* (novembro de 2007), 69–76.
84. Adaptado de Dorothy Marcic from "Action Assignment" in Jennifer M. Howard e Lawrence M. Miller, Team Management (Miller Consulting Group, 1994), 205.
85. Este caso foi preparado por David Hornestay e apareceu em Government Executive, vol. 30, No. 8 (Agosto de 1998), 45–46, como parte de uma série de estudos de caso examinando o dilema do local de trabalho confrontando administradores Federais. Reimpresso com permissão de Executivo do Governo.
86. Drucker, Management Cases, 1a Ed., © 1977, pp. 23–24. Reimpresso e reproduzido eletronicamente com permissão da Pearson Education, Inc., Upper Saddle River, Nova Jersey.

Capítulo 9

Cultura organizacional e valores éticos

Objetivos de aprendizagem
Após a leitura deste capítulo, você estará apto a:
1. Conhecer a natureza da cultura organizacional e suas demonstrações.
2. Descrever os quatro tipos de cultura organizacional.
3. Explicar a relação entre desempenho e cultura.
4. Descrever as fontes dos valores e princípios éticos.
5. Definir a responsabilidade social corporativa.
6. Explicar como os gestores moldam a cultura organizacional e os valores éticos.

Cultura organizacional
   O que é cultura? · Surgimento e propósito da cultura · Interpretando a cultura

Projeto organizacional e cultura
   A cultura de adaptabilidade · A cultura de missão · A cultura de clã · A cultura burocrática · A força da cultura e as subculturas organizacionais

Cultura organizacional, aprendizagem e desempenho

Valores éticos e responsabilidade social
   Fontes de princípios éticos individuais · Ética empresarial · Responsabilidade social corporativa · Vale a pena ser bom?

Como os administradores moldam a cultura e a ética
   Liderança baseada em valores · Estrutura e sistemas formais

Cultura corporativa e ética em um ambiente global

Fundamentos do projeto

Antes de ler este capítulo, verifique se você concorda ou discorda com cada uma das seguintes declarações:

GESTÃO POR PERGUNTAS DE PROJETO

1 Normalmente, os executivos deveriam concentrar mais sua energia na estratégia e na estrutura do que na cultura corporativa.

CONCORDO _____   DISCORDO _____

2 Ser ético e socialmente responsável não é apenas a coisa certa para uma empresa fazer; é uma questão fundamental para o sucesso comercial.

CONCORDO _____   DISCORDO _____

3 A única melhor forma de se certificar de que uma organização tem uma base ética sólida é ter um poderoso código de ética e fazer que todos os funcionários estejam familiarizados com suas diretrizes.

CONCORDO _____   DISCORDO _____

Ande pela sede da Patagônia e provavelmente você verá pessoas calçando chinelos e vestindo bermudas. E por que não? Eles podem ir surfar mais tarde. O vendedor bem-sucedido de roupas e equipamentos para atividades ao ar livre é guiado por valores de criatividade, colaboração, simplicidade e cuidado com o meio ambiente. Os funcionários que são elegíveis podem tirar dois meses com tudo pago para trabalhar para grupos ambientalistas. A sensação dentro da sede é amena, porém empolgante; as pessoas trabalham duro, mas também se divertem. Compare-a com a sede em Exxon Mobil, na qual a maioria dos funcionários usa o tradicional terno e gravata, e a atmosfera é tingida com competitividade e uma abordagem rigorosa e analítica para tomar conta do negócio. Antes da explosão da BP Deepwater Horizon no Golfo do México em 2010, o epítome de um derramamento de óleo desastroso foi o aterramento de Exxon Valdez na Enseada do Príncipe Guilherme fora da costa do Alasca. Depois do desastre, os gerentes da Exxon analisaram sua abordagem para a segurança e criaram um sistema de regras e protocolos para as operações que pecam pelo excesso de precaução. Essa abordagem cuidadosa e analítica infunde toda a empresa e ajudou a Exxon a se destacar dentre seus colegas por sua atenção obsessiva para a segurança e alto desempenho. "Eles não estão no negócio da diversão", disse um analista da indústria petrolífera. "Eles estão no negócio dos lucros". Nada de surfe para esses rapazes (ou garotas). Como um investidor disse com admiração: "Eles nunca tiram um dia de folga".[1]

Patagônia e Exxon representam duas culturas corporativas bem diferentes. Ainda assim, ambas as empresas são bem-sucedidas e têm funcionários que gostam de seus empregos e, geralmente, gostam da forma como as coisas são feitas em sua empresa. Cada organização, como Patagônia e Exxon, possui um conjunto de valores que caracteriza a maneira como as pessoas se comportam e como a organização conduz seu negócio diariamente. Um dos mais importantes trabalhos que os líderes organizacionais realizam é insinuar e apoiar os tipos de valores necessários para que a companhia prospere.

Culturas fortes podem ter um profundo impacto sobre a empresa, positivo ou negativo. Na J. M. Smucker & Company, a primeira indústria a ganhar o primeiro lugar na lista "As cem melhores companhias para trabalhar", da revista *Fortune*, fortes valores de cooperação, cuidado com os empregados e clientes e a atitude "um por todos e todos por um" capacitam a empresa a consistentemente alcançar as metas de produtividade, qualidade e serviço ao consumidor no ambiente desafiador da indústria da alimentação.² Normas culturais negativas, entretanto, podem prejudicar a companhia tão poderosamente quanto as positivas podem fortalecê-la. Considere agora a extinta Bear Stearns, que tem uma forte e altamente competitiva cultura corporativa que apoiou exceder os limites na busca de riqueza. Contanto que um funcionário estivesse fazendo dinheiro para a empresa, os gerentes detinham uma abordagem de "lavar as mãos", que permitia um comportamento cada vez mais arriscado e, às vezes, antiético.³

Um conceito relacionado à influência das normas e valores sobre o modo como as pessoas trabalham juntas e como elas tratam umas às outras e ao cliente é chamado de capital social. **Capital social** refere-se à qualidade das interações entre pessoas e se elas compartilham uma perspectiva comum. Em organizações com alto grau de capital social, por exemplo, os relacionamentos são baseados em confiança, acordos mútuos, normas e valores compartilhados que propiciam às pessoas cooperar e coordenar suas atividades para alcançar as metas organizacionais.⁴ Uma organização pode possuir alto ou baixo nível de capital social. Uma forma de pensar o capital social é com a boa vontade. Quando os relacionamentos tanto dentro da empresa quanto com clientes, fornecedores e parceiros são baseados em honestidade, confiança e respeito, existe um espírito de boa vontade e as pessoas cooperam de bom grado para alcançar benefícios mútuos. Um alto grau de capital social possibilita interações e intercâmbios sociais sem atritos e que facilitam um funcionamento organizacional sem problemas. Relacionamentos com base na competição agressiva, no interesse próprio e no subterfúgio podem ser devastadores para uma empresa. O capital social relaciona-se à cultura corporativa e à ética, que é tópico deste capítulo.

Objetivo deste capítulo

Este capítulo explora ideias sobre cultura corporativa e valores éticos associados e como esses são influenciados pelos gerentes organizacionais. A primeira seção descreve a natureza da cultura corporativa, suas origens e objetivo, e como identificar e interpretar a cultura ao olhar para os ritos e cerimoniais da organização, histórias e mitos, símbolos, estruturas organizacionais, relações de poder e sistemas de controle. Em seguida, examinamos como a cultura reforça a estratégia e o projeto estrutural que a organização necessita para ser efetiva em seu ambiente, discutindo o importante papel da cultura na aprendizagem organizacional e no desempenho ótimo. Em seguida, o capítulo se volta para os valores éticos e para a responsabilidade social corporativa. Consideramos como os gerentes implantam as estruturas e os sistemas que influenciam o comportamento de responsabilidade ética e social. O capítulo também discute como os gerentes moldam os valores culturais e éticos em uma direção favorável para os resultados da estratégia e desempenho. Encerramos com um breve resumo das questões culturais e éticas complexas que os gerentes enfrentam em um ambiente internacional.

Cultura organizacional

A popularidade do tema *cultura corporativa* levanta algumas questões. Podemos identificar culturas? Pode a cultura alinhar-se com a estratégia? Como as culturas podem ser gerenciadas ou alteradas? O melhor lugar para começar é definir cultura e explicar como ela é refletida nas organizações.

O que é cultura?

Cultura é o conjunto de valores, normas, crenças orientadoras, entendimentos e modos de pensar que são compartilhados pelos membros de uma organização e transmitidos aos novos membros como sendo as maneiras certas de pensar, sentir e se comportar.[5] Representa a parte não escrita de sentimentos da organização. A cultura representa a organização informal, ao passo que os tópicos como estrutura, tamanho e estratégia representam a organização formal. Todas as organizações têm dois lados no trabalho: estruturas e sistemas formais e os valores informais, normas e suposições da cultura corporativa.[6] Todos participam na cultura, mas a cultura normalmente passa despercebida. Somente quando os gerentes tentam implantar novas estratégias, estruturas ou sistemas que vão contra as normas e valores culturais básicos é que eles ficam cara a cara com o poder da cultura.

A cultura organizacional existe em dois níveis, conforme ilustrado na Figura 9.1. Na superfície ficam visíveis os artefatos e os comportamentos observáveis – as formas como as pessoas se vestem e agem, os *layouts* do escritório, o tipo de sistemas de controle e estruturas de poder utilizados pela empresa e os símbolos, histórias e cerimoniais que os membros da organização compartilham. Os elementos visíveis da cultura, entretanto, refletem valores mais profundos das mentes dos membros da organização. Esses valores, suposições, crenças e processos de pensamento subjacentes operam inconscientemente para definir a cultura.[7] Por exemplo, a Steelcase construiu um novo centro de desenvolvimento corporativo em forma de pirâmide que possui "estações de pensamento" dispersas, abertas, com quadros brancos e outros recursos que inspiram ideias. Há um átrio aberto de cima a baixo com um enorme relógio de pêndulo. O novo prédio é um símbolo visível; os valores subjacentes são a abertura, a colaboração, o trabalho em equipe, a inovação e uma constante mudança.[8] Os atributos da cultura exibem-se por si só de muitas formas, mas normalmente evoluem para um conjunto padronizado de atividades realizadas por meio de interações sociais.[9] Esses padrões podem ser usados para interpretar a cultura.

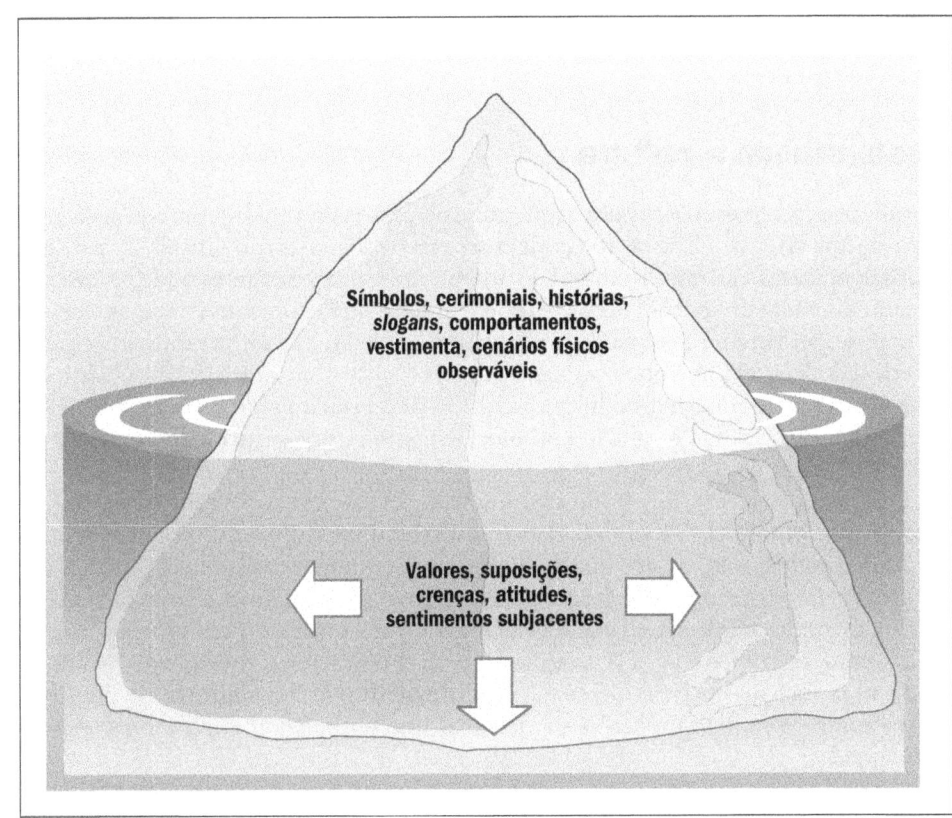

FIGURA 9.1
Níveis da cultura corporativa

© Cengage Learning 2013

Surgimento e propósito da cultura

A cultura fornece aos membros um senso de identidade organizacional e produz um comprometimento com as crenças e valores que é maior do que eles mesmos.[10] Embora as ideias que se tornam parte da cultura possam vir de qualquer lugar dentro da organização, uma cultura organizacional geralmente começa com o fundador ou antigo líder, que articula e implementa ideias e valores particulares como visão, filosofia ou estratégia de negócios.

Quando essas ideias e valores levam ao sucesso, eles se tornam institucionalizados, e a cultura organizacional emerge refletindo a visão e a estratégia do fundador ou do líder. Por exemplo, a cultura na In-N-Out Burger, uma rede *fast-food* com 232 lojas no oeste dos Estados Unidos, reflete os valores e a filosofia dos fundadores Harry e Esther Snyder. Os Snyders criaram uma cultura corporativa com base na ideia de que gerenciar um negócio de sucesso depende de uma coisa: tratar bem as pessoas. A In-N-Out foi fundada em 1948, mas os valores de qualidade, serviço e atenção para com os funcionários permaneceram o núcleo da cultura da empresa, uma cultura que inspirou a lealdade intensa entre os funcionários e os clientes.[11]

As culturas têm duas funções fundamentais nas organizações: (1) integrar os membros para que eles possam saber como se relacionar entre si e (2) ajudar a organização a se adaptar ao meio externo. A **integração interna** significa que os membros desenvolvem uma identidade coletiva e sabem como trabalhar juntos eficientemente. É a cultura que conduz as relações diárias de trabalho e determina como as pessoas se comunicam dentro da organização, que comportamento é aceitável ou não e como o poder e o *status* são atribuídos. A **adaptação externa** refere-se à maneira como a organização chega às suas metas e lida com as pessoas de fora. A cultura ajuda a conduzir as atividades diárias dos funcionários para atingir certas metas. Pode ajudar a organização a responder rapidamente às necessidades do cliente ou aos movimentos do concorrente.

A cultura organizacional também conduz a tomadas de decisão dos empregados na ausência de políticas ou de regras escritas.[12] Portanto, as duas funções da cultura estão relacionadas à construção do capital social da organização, forjando tanto os relacionamentos positivos como os negativos dentro da organização ou com as pessoas de fora dela.

Interpretando a cultura

Identificar e interpretar a cultura requer que as pessoas façam inferências com base nos aspectos visíveis. Os aspectos podem ser estudados, mas são difíceis de ser decifrados com precisão. Um cerimonial de premiação em uma empresa pode ter um significado diferente do que em outra. Para entender o que realmente está acontecendo em uma organização é necessário um trabalho de detetive e provavelmente alguma experiência de quem já trabalhou nela. Alguns aspectos da organização podem ser observados para ajudar a decodificar a cultura organizacional.[13] Estes incluem ritos e cerimoniais, histórias e mitos, símbolos, estruturas organizacionais, relações de poder e sistemas de controle.[14]

Ritos e cerimoniais. Os valores culturais normalmente podem ser identificados em **ritos e cerimoniais**, as atividades elaboradas e planejadas que constituem um acontecimento especial e são frequentemente realizadas para o benefício de uma plateia. Gerentes organizam ritos e cerimoniais para fornecer exemplos importantes do valor da companhia. Há ocasiões especiais que reforçam valores específicos, criam uma ligação entre as pessoas que compartilham um importante conhecimento e ungem e celebram heróis ou heroínas que simbolizam importantes crenças e atividades.[15]

Um tipo de rito que aparece nas organizacionais é um rito de passagem, que facilita a transição de funcionários em novas funções sociais. Organizações tão diversas quanto as

Capítulo 9: Cultura organizacional e valores éticos

ordens religiosas e fraternidades, comércios e o exército usam os ritos para iniciar novos membros e comunicam os valores importantes. Outro tipo frequentemente usado é um rito de integração, que cria elos comuns e bons sentimentos entre empregados e aumentam o comprometimento com a organização. Considere os seguintes exemplos:

- Um rito de passagem na Gentle Giant, uma empresa de mudanças em Somerville, Massachusetts, que venceu nove prêmios *Best of Boston* da revista *Boston*, é a "corrida de estádio". O CEO Larry O'Toole decidiu fazer os novos funcionários correrem nos limites do estádio da Universidade de Harvard como forma de enfatizar que as pessoas na empresa trabalham duro, desafiam uns aos outros e vão longe em vez de deixar as coisas ficarem difíceis. Após a corrida, O'Toole fornece um substancioso café da manhã e dá uma palestra de orientação. "Você não é Gentle Giant até que você tenha feito a corrida", disse o funcionário Kyle Green.[16]
- Toda vez que um executivo do Walmart visita uma das lojas, ele conduz os empregados nos vivas ao Walmart: "Me dê um W! Me dê um A! Me dê um L! Me dê uma dancinha! (Todos fazem uma versão do *twist*.) Me dê um M! Me dê um A! Me dê um R! Me dê um T! O que que é? Walmart! E o que que é? Walmart! Quem é o melhor? O CLIENTE!" "Os vivas fortalecem os laços entre os funcionários e reforçam seu comprometimento com a meta comum".[17] Este é um rito de integração.

Histórias e mitos. **Histórias** são narrativas baseadas em acontecimentos reais frequentemente compartilhadas entre os empregados da organização e que, contadas aos novos empregados, passam informações sobre a organização. Muitas histórias são sobre os **heróis** da companhia que servem como modelos ou ideais para defender as normas e valores culturais. Algumas histórias são consideradas **lendas** porque os acontecimentos são históricos e podem ter sido embelezados com detalhes ficcionais. Outras histórias são **mitos** consistentes com os valores e crenças da organização, mas que não são sustentados por fatos.[18] As histórias mantêm vivos os valores primários da organização e fornecem um entendimento compartilhado entre todos os empregados. Exemplos de como as histórias moldam a cultura são apresentados a seguir:

- Nos hotéis Ritz-Carlton, uma história sobre um atendente de praia que estava empilhando cadeiras para noite quando um hóspede perguntou se ele deixaria duas cadeiras. O hóspede queria voltar à praia à noite e pedir a mão de sua namorada em casamento. Embora o atendente estivesse terminando seu expediente, ele não só deixou as cadeiras como também ficou até mais tarde, vestiu um smoking e acompanhou o casal até as cadeiras, entregou-lhes flores e champanhe e acendeu velas em sua mesa. A história ficou enraizada no folclore do Ritz-Carlton e simboliza o valor de ir além do convencional para satisfazer os hóspedes.[19]
- Os empregados da IBM ouvem frequentemente a história de uma mulher, guarda de segurança, que desafiou o presidente da empresa. Embora soubesse quem ele era, a segurança insistia que ele não podia entrar em uma área particular, pois não tinha consigo uma autorização apropriada. Em vez de ser repreendida ou despedida, a segurança foi elogiada por sua diligência e comprometimento para manter a segurança dos prédios da IBM.[20] Ao contar sua história, os funcionários enfatizam tanto a importância de seguir as regras quanto as contribuições críticas de todos os funcionários de toda a organização.

Símbolos. Outra ferramenta para interpretar a cultura é o símbolo. Um símbolo é o que representa outra coisa. Em certo sentido, cerimoniais, histórias e ritos são símbolos porque simbolizam valores mais profundos. Outro símbolo é um aspecto físico da organização. Símbolos físicos são poderosos porque concentram atenção em um item específico. Exemplos de símbolos físicos são:

ANOTAÇÕES

Como administrador de uma organização, tenha essas diretrizes em mente:

Preste atenção à cultura corporativa. Compreenda os valores, suposições e crenças subjacentes em que a cultura é fundamentada, bem como seus aspectos visíveis. Avalie a cultura corporativa com base nos ritos e cerimoniais, histórias e mitos, símbolos e estruturas, sistemas de controle e relações de poder que você pode organizar na organização.

- Na sede da Mother, uma pequena agência de publicidade londrina conhecida por sua forte cultura e anúncios não convencionais, não há escritórios particulares. Na verdade, exceto pelos banheiros, não há portas em nenhuma parte. O *design* desta sede simboliza e reforça os valores culturais da comunicação aberta, da colaboração, da criatividade e da igualdade.[21]
- Quando os funcionários da Foot Levelers, fabricante de produtos quiropráticos, viram a placa "Rudy em Exibição" colocada na porta da sala de conferências, eles sabiam que havia um grupo de novos funcionários assistindo um DVD de Rudy, o drama inspirador sobre futebol norte-americano de 1993 que conta a história do pouco dotado, mas determinado Rudy Ruettiger, jogador do Notre Dame, que finalmente entrou no campo nos últimos minutos de uma partida contra o Georgia Tech e acabou com o *quarterback*. O filme é um símbolo de alto valor em que a empresa coloca em determinação, paixão, comprometimento e tenacidade. Sempre que um funcionário aborda um gerente com um problema complicado, o gerente perguntará "Você Rudeou aquilo?", o que significa se você fez tudo o que pôde para tentar resolver o problema.[22]

Estruturas organizacionais. O modo como a organização é projetada também é um reflexo de sua cultura. Uma estrutura mecanicista rígida ou uma estrutura orgânica flexível, conforme descrito nos Capítulos 1 e 6? Existe uma hierarquia de altura ou uma hierarquia estável, conforme discutido no Capítulo 2? A forma em que as pessoas ou departamentos são dispostos em um todo, e o grau de flexibilidade e autonomia que as pessoas têm, diz muito sobre quais valores culturais são enfatizados na organização. A seguir estão alguns exemplos:

- A estrutura da Nordstrom reflete a ênfase que a cadeia de lojas de departamento coloca na capacitação e no suporte dos funcionários de nível inferior. A Nordstrom é conhecida por seu extraordinário atendimento ao cliente. Seu organograma, mostrado na Figura 9.2, simboliza que os gerentes devem apoiar os funcionários que mostram serviço em vez de exercer um controle rígido sobre eles.[23]
- Para fazer uma Chrysler em luta se erguer novamente logo após uma reorganização de falência, o CEO Sergio Marchionne cortou diversas camadas de gerenciamento para estabilizar a estrutura e aproximar os altos executivos do negócio de produzir e vender automóveis. Marchionne também escolheu um escritório no quarto andar no centro técnico, em vez de ocupar a suíte executiva no piso superior, para simbolizar a importância de os altos executivos estarem próximos dos engenheiros.[24]

Relações de poder. Olhar para as relações de poder significa decifrar quem influencia ou manipula ou quem tem a habilidade de fazê-lo. Quais pessoas e departamentos são os principais detentores de poder na organização? Em algumas empresas, as pessoas de finanças são bem poderosas, ao passo que outros engenheiros e *designers* têm a maior parte do poder. Outro aspecto é considerar se as relações de poder são formais ou informais, se as pessoas têm poder com base, principalmente, em sua posição na hierarquia ou em outros fatores, como sua experiência ou caráter admirável. Considere os seguintes exemplos:

- Uma empresa de investimentos em Atlanta, Georgia, tem um "cenáculo" com escritórios especiais, banheiros e uma sala de jantar para os executivos seniores. A porta de entrada possui uma trava eletrônica que somente os membros podem acessar. Os gestores de nível médio detêm o título de "diretor" e comem em uma sala de jantar separada. Os supervisores de primeiro nível e outros funcionários dividem uma cafeteria geral. Os refeitórios e os títulos sinalizam quem tem mais poder na hierarquia vertical da organização.
- Na W. L. Gore, poucas pessoas têm títulos e nenhuma têm um patrão. Em vez de as pessoas terem o poder com base em sua posição, os líderes surgem com base em quem tem uma boa ideia e pode recrutar as pessoas para trabalharem nela.[25]

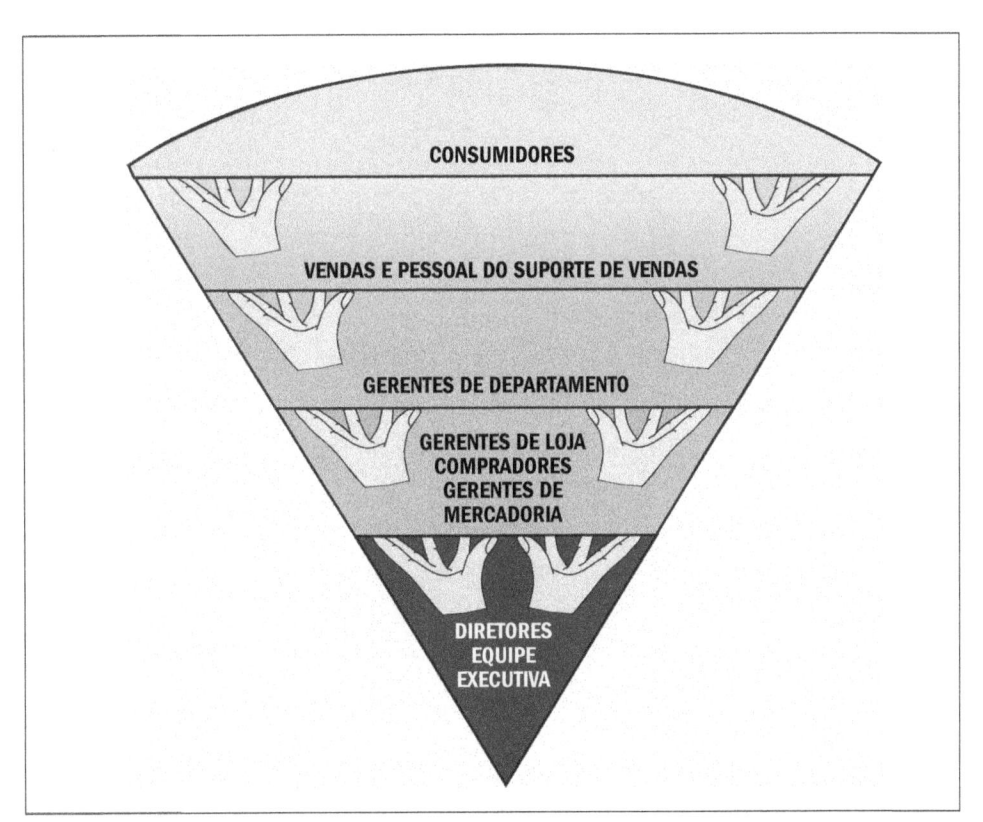

FIGURA 9.2
Organograma da Nordstrom Inc.

Fonte: Usada com permissão da Nordstrom, Inc.

Sistemas de controle. Os sistemas de controle, ou os trabalhos internos de como a organização controla as pessoas e as operações incluem olhar para coisas como o modo que as informações são gerenciadas, se os gerentes aplicam o comportamento ou controle do resultado relacionado às atividades do funcionário, os sistemas de controle de qualidade, os métodos de controle financeiro, os sistemas de recompensa e como as decisões são tomadas. Dois exemplos de como os sistemas de controle refletem a cultura são:

- Na Anheuser-Busch InBev, os gerentes do centro de distribuição frequentemente iniciam o dia com um tipo de *pep rally* (um reunião de estudantes antes de um jogo) para revisar os alvos de vendas do dia e motivar as pessoas a saírem e beberem mais cerveja. O sistema de compensação com base no incentivo da empresa e seu foco no aumento das vendas enquanto incansavelmente corta os custos são elementos essenciais de uma cultura corporativa altamente competitiva.[26]
- A Netflix deixa os funcionários fazerem a maioria de suas próprias escolhas – mesmo no caso de como compensar a si mesmos e quanto tempo de férias eles irão tirar. Esta liberdade combinada com a responsabilidade reflete o que a gerente de marketing Heather McIlhany refere-se como uma cultura difícil, compensadora, "adulta completamente formada".[27]

Lembre que a cultura existe em dois níveis – os valores subjacentes e suposições e os artefatos visíveis e comportamentos observáveis. Os ritos e cerimoniais, histórias, símbolos, estruturas organizacionais, relações de poder e sistemas de controle descritos são manifestações visíveis dos valores subjacentes da empresa. Esses artefatos e comportamentos visíveis podem ser usados pelos gerentes para interpretar a cultura, mas também podem ser usados pelos gerentes para moldar os valores da empresa e fortalecer a cultura corporativa desejada. Dessa forma, o resumo de artefatos culturais

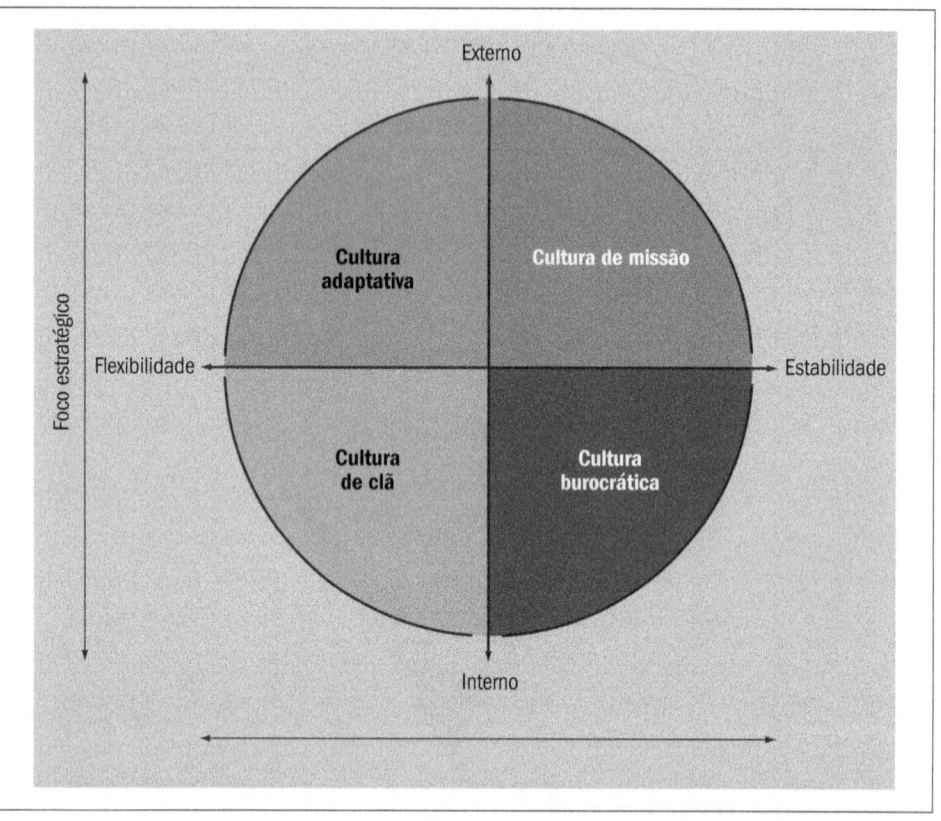

FIGURA 9.3
Quatro tipos de cultura organizacional

Diagrama: Círculo dividido em quatro quadrantes, com eixos "Foco estratégico" (Externo-Interno, vertical) e Flexibilidade-Estabilidade (horizontal).
- Quadrante superior esquerdo (Externo/Flexibilidade): **Cultura adaptativa**
- Quadrante superior direito (Externo/Estabilidade): **Cultura de missão**
- Quadrante inferior esquerdo (Interno/Flexibilidade): **Cultura de clã**
- Quadrante inferior direito (Interno/Estabilidade): **Cultura burocrática**

Fonte: Com base em Daniel R. Denison e Aneil K. Mishra, "Toward a Theory of Organizational Culture and Effectiveness," *Organization Science* 6, n. 2 (março a abril de 1995), 204–223; R. Hooijberg e F. Petrock, "On Cultural Change: Using the Competing Values Framework to Help Leaders Execute a Transformational Strategy," *Human Resource Management* 32 (1993), 29–50; e R. E. Quinn, *Beyond Rational Management: Mastering the Paradoxes and Competing Demands of High Performance* (San Francisco: Jossey-Bass, 1988).

pode servir como um mecanismo para interpretação e uma diretriz para ação quando os gerentes precisam mudar ou fortalecer os valores culturais.[28]

Projeto organizacional e cultura

Os gerentes querem uma cultura corporativa que reforce a estratégia e o *design* estrutural que a organização precisa para ser eficaz em seu ambiente. Por exemplo, se o ambiente externo exige flexibilidade e capacidade de resposta, como o ambiente de empresas *on-line* como Twitter, Netflix, Facebook ou Hulu, a cultura deve encorajar a adaptabilidade. A relação correta entre os valores culturais, a estratégia organizacional e a estrutura e o ambiente podem aumentar o desempenho organizacional.[29]

As culturas podem ser avaliadas ao longo de muitas dimensões, como a extensão da colaboração *versus* o isolamento entre as pessoas e os departamentos, a importância do controle e onde o controle é concentrado, ou se a orientação de tempo da organização é de curto ou longo alcance.[30] Aqui, concentramos-nos em duas dimensões específicas: (1) a extensão em que o ambiente competitivo exige flexibilidade ou estabilidade; e (2) a extensão em que o foco estratégico e a força da organização são internos ou externos. Quatro categorias de cultura associadas com essas diferenças, como ilustradas na Figura 9.3, são: adaptativa, de missão, de clã e burocrática.[31] Essas quatro categorias relacionam-se ao ajuste entre os valores culturais, a estratégia, a estrutura e o ambiente. Cada uma pode obter êxito, dependendo das necessidades do ambiente externo e do foco estratégico da organização.

Capítulo 9: Cultura organizacional e valores éticos

> **1** Normalmente, os executivos deveriam concentrar mais sua energia na estratégia e na estrutura do que na cultura corporativa.
>
> **RESPOSTA:** *Discordo.* Os altos executivos inteligentes sabem que, para a organização ser bem-sucedida, a cultura correta deve apoiar e reforçar a estratégia e a estrutura deve ser eficaz em seu ambiente. Alguém uma vez disse: "A cultura come a estratégia no almoço". Os gerentes podem investir todo o tempo e recursos que tiverem em negar uma estratégia-líder, porém implantá-la será impossível se os valores culturais estiverem desalinhados.

AVALIE SUA RESPOSTA

A cultura de adaptabilidade

A **cultura de adaptabilidade** é caracterizada pela colocação do foco estratégico no ambiente externo por meio da flexibilidade e de mudanças para satisfazer as necessidades do cliente. A cultura encoraja valores de empreendedorismo, normas e crenças que sustentam a capacidade da organização em detectar, interpretar e traduzir sinais do ambiente em novos comportamentos reativos. Esse tipo de companhia, entretanto, não somente reage rapidamente às mudanças ambientais, mas cria ativamente mudanças. Inovação, criatividade e assumir riscos são valorizados e premiados.

A maior parte das companhias de comércio eletrônico, assim como as companhias de marketing, eletrônicos e indústrias de cosméticos, usam esse tipo de cultura porque devem ser ágeis para satisfazer os clientes. Zappos.com tornou-se um varejista altamente bem-sucedido na Internet com uma cultura adaptativa que encoraja a mente aberta, o trabalho em equipe e um pouco de esquisitice. A Dica de livro deste capítulo diz mais sobre a cultura bem-sucedida e levemente excêntrica da Zappos.

A cultura de missão

Uma organização preocupada em atender clientes específicos do ambiente externo, mas sem a necessidade de mudanças rápidas, é apropriada para uma cultura de missão. A **cultura de missão** é caracterizada pela ênfase em uma visão clara do objetivo da organização e no alcance de metas, como o crescimento das vendas, lucratividade ou participação no mercado. Empregados individualmente podem ser responsáveis por um nível específico de desempenho, e a empresa promete prêmios específicos em troca. Os gerentes moldam o comportamento, imaginando e comunicando um estado futuro desejado para a organização. Em razão da estabilidade do ambiente, eles podem traduzir a visão em metas mensuráveis e avaliar o desempenho do empregado pelo alcance delas. Em alguns casos, as culturas de missão refletem um elevado nível de competitividade e uma orientação para a obtenção de lucro.

A Anheuser-Busch InBev, mencionada anteriormente no capítulo, reflete uma cultura de missão. Profissionalismo, ambição e agressividade são os valores-chave. Os gerentes mantêm os empregados concentrados em alcançar um grande volume de vendas e elevado nível de lucro, e aqueles que alcançam as metas exigidas são generosamente premiados. Bônus e promoções são fundamentados no desempenho, não no tempo de trabalho, e os altos executivos não se incomodam em dar tratamento especial àqueles com conquistas mais altas.[32]

A cultura de clã

A **cultura de clã** tem como foco mais importante o envolvimento e a participação dos membros da organização e expectativas de mudança rápida do meio externo. Essa cultura é semelhante à forma de controle do clã. Mais do que qualquer outra, ela concentra-se em atender as necessidades dos funcionários como uma estrada para o alto desempenho. Envolvimento e participação criam um senso de responsabilidade e posse e, por essa razão, um maior compromisso com a organização.

Em uma cultura de clã, um valor importante é cuidar dos empregados e assegurar que eles tenham tudo de que necessitam para ajudá-los a ficar satisfeitos, bem como produtivos. Embora muitas empresas na indústria de software enfatizem os valores associados com uma cultura adaptativa, o SAS Institute foi altamente bem-sucedido com uma forte cultura de clã, conforme descrito no seguinte exemplo Na Prática.

SAS Institute

NA PRÁTICA

Apenas em janeiro de 2009, as maiores empresas demitiram 160.000 funcionários, e mais demissões em massa ocorreram. Mas Jim Goodnight, cofundador e CEO do SAS Institute, o líder do software analítico comercial, fez uma clara e definitiva promessa aos seus 11.000 funcionários no início de 2009: "Não haverá demissões".

No SAS, as pessoas são verdadeiramente consideradas o ativo mais valioso da empresa, e os valores culturais enfatizam o respeito, a igualdade e o carinho para os funcionários. Cada funcionário – seja um engenheiro, um assistente administrativo, um servente ou um paisagista – é tratado da mesma forma. A empresa não terceiriza nenhuma função para que as pessoas se sintam seguras em seus cargos. O papel dos gerentes é apoiar as necessidades dos funcionários de nível inferior. Uma reflexão sobre como a empresa cuida de sua equipe é a gama de benefícios que ela oferece, e o SAS vai direto para o topo. Paga 90% de cobertura do plano de saúde *premium*, tem uma clínica médica gratuita no local, uma academia de 66.000 m², uma creche de baixo custo no local, um acampamento de verão para crianças e um centro de atendimento com uma equipe de oito assistentes sociais. Os funcionários têm escalas de trabalho bem flexíveis, licença médica ilimitada e três semanas de férias remuneradas (sem incluir a semana entre o Natal e o Ano Novo) A empresa também oferece outros serviços para "eliminar o estresse e atrair o talento", como um salão de beleza, um serviço de detalhamento de carros, um restaurante e padaria, e salas de descanso repletas de lanches e bebidas.

"O valor do SAS sai do prédio às 17h00min todos os dias", diz Goodnight. "Meu emprego é certificar que eles queiram voltar". A rotatividade do SAS é de cerca de 2%, a menor da indústria. Mesmo quando a economia estava próspera e havia cinco empregos para cada funcionário na indústria de softwares, o SAS chegou a uma média de 5% de rotatividade em comparação com 20% de toda a indústria. O SAS esteve na lista de "As cem melhores empresas para trabalhar" da revista *Fortune* todos os anos desde que foi compilada pela primeira vez e chegou ao Número 1 em 2010 e 2011.[33]

A cultura de clã no SAS ajudou a empresa a prosperar e continuar a crescer mesmo durante a recessão econômica. Os analistas da indústria dizem que a recessão excepcionalmente baixa possibilitou que o SAS economizasse centenas de milhões de dólares no ano em que outras empresas tiveram de gastar nos processos de recrutamento e treinamento de novas pessoas quando o mercado de trabalho estava apertado.

A cultura burocrática

A **cultura burocrática** tem foco interno e orientação consistente para um ambiente estável. Esse tipo de cultura apoia uma abordagem metódica de fazer negócios. Símbolos, heróis e cerimoniais reforçam os valores de cooperação, tradição e seguem as políticas e práticas estabelecidas como formas de atingir metas. O envolvimento pessoal é um tanto inferior aqui, mas isto é compensado por um alto nível de consistência, conformidade e colaboração entre os membros. Essa organização obtém sucesso em virtude do alto grau de integração e eficiência.

Hoje, a maior parte dos gerentes está abandonando a cultura burocrática em razão da necessidade de maior flexibilidade. Entretanto, a Pacific Edge Software (agora parte da Serena Software) implementou com êxito alguns elementos da cultura burocrática, assegurando que todos os seus projetos estejam em dia e de acordo com a previsão orçamentária. O casal de cofundadores, Lisa Hjorten e Scott Fuller, estabeleceu intencionalmente uma cultura de ordem, disciplina e controle. Esta ênfase na ordem e no foco significa que os empregados podem geralmente ir para casa por volta das 18 horas, em vez de trabalhar a noite inteira para acabar um projeto importante.

DICA DE LIVRO 9.0 — VOCÊ JÁ LEU ESTE LIVRO?

Entregando felicidade: um caminho para lucros, paixões e propósitos
Por Tony Hsieh

Quantas empresas pagam os funcionários para se demitir? A Zappos.com paga, porque o CEO Tony Hsieh acredita que pagar alguém para sair é igual a US$2.000 bem gastos quando se livra de uma pessoa que não se adapta e pode destruir a cultura da empresa. A vendedora de calçados (e agora de outros produtos) bem-sucedida da Internet é renomada por seu atendimento ao cliente excepcional, mas os gerentes dizem que eles nem mesmo falam sobre atendimento ao cliente na empresa. Em vez disso, eles concentram-se na cultura e o atendimento excepcional e alto desempenho acontecem como resultado.

DISTRIBUIR FELICIDADE DO JEITO DA ZAPPOS

Tony Hsieh entrou na Zappos.com em 2000 e colocou praticamente todos seus ativos no negócio para mantê-lo funcionando durante a explosão ponto com. Em 2009, quando a Amazon comprou a empresa por $1,2 bilhão, a Zappos foi um dos varejistas *on-line* mais bem-sucedidos de todos os tempos. Hsieh acredita que isso se deve à principal meta da empresa, que não era vender calçados, mas distribuir felicidade, tanto para os funcionários quanto para os clientes.

Hsieh sabia de primeira mão quão importante é uma cultura forte e construtiva quando ela resulta na felicidade do funcionário e do cliente. Ele havia vivenciado a triste rotina de estar em um trabalho que não tinha significado, em que a habilidade técnica é que importa. Hsieh decidiu escrever Entregando Felicidade para falar sobre sua jornada em busca de "lucros e paixão", suas lições da vida e como aplicá-las na Zappos. Alguns pontos-chave para os líderes comerciais:

- *Conseguir os valores certos.* A Zappos tem um grupo de 10 valores centrais que incluem: criar diversão e um pouco de esquisitice; distribuir admiração por meio do atendimento; abraçar e direcionar a mudança; ser aventureiro, criativo e mente aberta; buscar crescimento e aprendizagem; e ser humilde. Mas Hsieh não ditou esses valores. Ele enviou um e-mail a todos os funcionários perguntando a eles quais valores deveriam guiar a empresa. As respostas foram discutidas, condensadas e combinadas para compor a lista final.

- *Conseguir as pessoas certas.* A Zappos fez dois grupos de entrevistas. O primeiro concentra-se na experiência relevante, habilidades profissionais e técnicas e a habilidade de trabalhar com a equipe. O segundo concentra-se puramente na adequação da cultura. Há dúvidas para cada um dos valores principais, como: você é muito estranho? As pessoas são cuidadosamente selecionadas para se adequarem à cultura da Zappos, mesmo se isso significar rejeitar as pessoas com habilidades técnicas mais fortes.

- *Fazer da cultura a maior prioridade.* Todos os funcionários participam de uma sessão de treinamento de quatro semanas e memorizam os principais valores. No final do treinamento, eles recebem $2.000 para se demitirem se acreditam que não se adequaram bem à cultura. Todos os anos, a Zappos lança um Livro da Cultura, em que os funcionários compartilham suas próprias histórias sobre o que a cultura da Zappos significa para eles. Os valores principais são apoiados por estruturas, processos e sistemas que lhes dão a realidade concreta e os mantém na linha de frente da atenção dos funcionários, e as análises de desempenho são fundamentadas, em parte, na participação positiva das pessoas na cultura.

LUCROS, PAIXÃO E PROPÓSITO

O livro, escrito em um estilo narrativo, é dividido em três seções. Na primeira, "Lucros", Hsieh traça seus empreendimentos empresariais da fazenda de minhocas que ele teve quando criança (ela falhou quando todas as minhocas escaparam), pela faculdade e para a fundação e venda da LinkExchange no início de sua vida adulta. Na segunda seção, "Lucros e Paixão", concentra-se, principalmente, em sua experiência na Zappos, e na seção final, "Lucros, Paixão e Finalidade", destaca as maiores lições de vida e a filosofia de Hsieh de disseminar a felicidade. O livro é uma leitura rápida e oferece entretenimento, informação e inspiração.

Delivering Happiness: A Path to Profits, Passion, and Purpose, por Tony Hsieh, é publicado por Business Plus, Hatchette Book Group, Inc.

ANOTAÇÕES

Como administrador de uma organização, tenha essas diretrizes em mente:

Certifique-se que a cultura corporativa seja consistente com a estratégia e o ambiente. Molde a cultura para se adequar às necessidades de ambos. Quatro tipos de cultura nas organizações: cultura de adaptabilidade, cultura de missão, cultura de clã e cultura burocrática.

Embora algumas vezes ser cuidadoso signifique ser lento, a Pacific Edge tem conseguido manter-se alinhada com as exigências do ambiente externo.[34]

Algumas pessoas gostam de ordem e previsibilidade de uma cultura burocrática, ao passo que outras se sentiriam sufocadas e limitadas por muita disciplina e seriam mais felizes trabalhando em algum outro tipo de cultura. Complete o questionário no quadro "Como você se encaixa no projeto?" para ter uma ideia de qual tipo de cultura – de adaptabilidade, de missão, de clã ou burocrática – você ficaria mais confortável e teria mais êxito trabalhando.

A força da cultura e as subculturas organizacionais

A **força da cultura** refere-se ao grau de concordância entre os membros de uma organização sobre a importância de valores específicos. Se existe amplo consenso sobre a importância desses valores, a cultura é coesiva e forte; se existe pouca concordância, a cultura é fraca.[35]

Uma cultura forte é normalmente associada ao uso frequente de cerimoniais, símbolos e histórias, conforme descrito anteriormente, e os gerentes alinham as estruturas e os processos para apoiar os valores culturais. Esses elementos aumentam o comprometimento do empregado com os valores e estratégias da empresa. Entretanto, a cultura não é sempre uniforme em toda a organização, particularmente em grandes empresas. Mesmo em organizações que possuem culturas fortes poderá haver vários conjuntos de subculturas. As **subculturas** se desenvolvem para refletir problemas comuns, metas e experiências que os membros de uma equipe, departamento ou outra unidade compartilham. Um escritório, ramo ou unidade de uma empresa que está fisicamente separada das principais operações desta pode também criar uma subcultura distinta.

Por exemplo, embora a cultura dominante de uma organização possa ser uma cultura de missão, vários departamentos também podem refletir as características das culturas adaptativas, de clã ou burocráticas. O departamento de produção de uma grande organização pode desenvolver-se em um ambiente que enfatize ordem, eficiência e obediência às regras, enquanto o departamento de pesquisa e desenvolvimento (P&D) pode ser caracterizado por dar poderes aos empregados, pela flexibilidade e estar focado no cliente. Isso é semelhante ao conceito de diferenciação descrito no Capítulo 6, em que os empregados dos departamentos de produção, vendas e pesquisa estudados por Paul Lawrence e Jay Lorsch[36] desenvolveram valores diferentes em relação ao horizonte temporal, relacionamentos interpessoais e formalidade para desempenhar mais eficientemente o trabalho de cada departamento isoladamente. Considere como a divisão de crédito da Pitney Bowes, uma enorme corporação que produz máquinas digitais de franqueamento, copiadoras e outros equipamentos para escritório, desenvolveu uma subcultura distinta para encorajar a inovação e o assumir riscos.

Pitney Bowes Credit Corporation

NA PRÁTICA

Pitney Bowes, um fabricante de máquinas de franquear e de outros equipamentos para escritório, há muito tem prosperado em um ambiente de ordem e previsibilidade. Sua sede reflete um ambiente corporativo típico e uma cultura ordenada com suas paredes brancas e carpetes brandos. Mas, vá até o terceiro andar do edifício da Pitney Bowes em Shelton, Connecticut, e você pode achar que está em uma empresa diferente. O domínio da Pitney Bowes Credit Corporation (PBCC) parece mais com um parque temático *indoor*, com carpetes com estampas de paralelepípedos, lâmpadas a gás falso e um relógio no estilo da praça da cidade. Também tem um café em estilo francês, um jantar estilo anos 1950 e a "Cozinha Craniana" onde os funcionários sentam-se em cabines confortáveis para navegar na Internet ou assistir vídeos de treinamento. Os corredores amigáveis encorajam conversas improvisadas, onde as pessoas podem trocar informações e compartilhar ideias que normalmente não compartilhariam.

Como você se encaixa no projeto?

PREFERÊNCIA DA CULTURA CORPORATIVA

O ajuste entre um gerente ou o funcionário e a cultura corporativa pode determinar tanto o sucesso pessoal e a satisfação. Para entender a preferência da cultura, classifique os seguintes itens de 1 a 8 com base na sua preferência (1 = maior preferência; 8 = menor preferência).

1. A organização é bastante pessoal, como uma grande família. ____
2. A organização é dinâmica e mutável, em que as pessoas assumem os riscos. ____
3. A organização é orientada pela conquista, com foco na competição e na execução dos trabalhos.
4. A organização é estável e estruturada, com clareza e procedimentos estabelecidos.
5. O estilo de gestão é caracterizado pelo trabalho em equipe e pela participação.
6. O estilo de gestão é caracterizado pela inovação e assunção de riscos.
7. O estilo de gestão é caracterizado pelas demandas de alto desempenho e conquista.
8. O estilo de gestão é caracterizado por segurança e previsibilidade.

Pontuação: Para calcular sua preferência por cada tipo de cultura, some os pontos para cada grupo de duas perguntas, conforme a seguir:

Cultura de clã — total para as perguntas 1, 5:
Cultura adaptativa — total para as perguntas 2, 6:
Cultura de missão — total para as perguntas 3, 7:
Cultura burocrática — total para as perguntas 4, 8:

Interpretação: Cada uma das perguntas precedentes pertence a um dos quatro tipos de cultura na Figura 9.3. Uma pontuação mais baixa significa uma preferência maior por aquele tipo de cultura específica. Você provavelmente ficaria mais confortável e seria mais efetivo como um gerente em uma cultura corporativa que é compatível com suas preferências pessoais. Uma pontuação mais alta significa que a cultura não se ajustaria às suas expectativas, e você teria de mudar seu estilo para ser eficaz. Analise a discussão do texto dos quatro tipos de cultura. Suas pontuações sobre preferência cultural parecem corretas para você? Você consegue pensar nas empresas que se ajustariam na sua preferência de cultura?

Fonte: Adaptado de Kim S. Cameron e Robert E. Quinn, *Diagnosing and Changing Organizational Culture* (Reading, MA: Addison-Wesley, 1999).

A PBCC tradicionalmente ajudou os clientes a financiarem seus negócios com a matriz. No entanto, Matthew Kisner, presidente e CEO da PBCC, trabalhou com outros gerentes para redefinir a divisão como um criador de serviços em vez de somente um prestador de serviços. Em vez de apenas financiar as vendas e locação dos produtos existentes, a PBCC agora cria novos serviços para os clientes comprarem. Por exemplo, a Purchase Power é uma linha de crédito rotativo que ajuda as empresas a financiar seus custos de postagem. Isso ficou rentável durante nove meses e agora tem mais de 400.000 clientes. Quando a PBCC redefiniu seu trabalho, ela começou redefinindo sua subcultura por enfatizar a combinação dos valores da equipe de trabalho, assunção de riscos e criatividade "Queríamos um espaço divertido que incorporaria nossa cultura", disse Kisner. "Sem linhas retas, sem pensamento linear. Como somos uma empresa de serviços financeiros, nossa maior vantagem é a qualidade de nossas ideias". Até agora, a nova abordagem da PBCC é o trabalho. Em um ano, a divisão, cujos 600 funcionários compõem menos de 2% da força de trabalho total da Pitney Bowes, gerou 36% dos lucros líquidos da empresa.[37]

As subculturas incluem, basicamente, os valores básicos da cultura organizacional dominante, além dos valores adicionais específicos dos membros da subcultura. Entretanto, diferenças subculturais levam algumas vezes a conflitos entre departamentos, especialmente em organizações que não possuem fortes culturas corporativas que envolvam toda a companhia. Quando os valores da subcultura se tornam muito fortes e se sobrepõem aos valores culturais corporativos, os conflitos podem emergir e prejudicar o desempenho organizacional. Os conflitos foram discutidos detalhadamente no Capítulo 7.

Cultura organizacional, aprendizagem e desempenho

A cultura pode desempenhar um importante papel na criação de um clima organizacional que possibilite aprendizado e respostas inovadoras aos desafios, ameaças competitivas ou novas oportunidades. Uma cultura forte que encoraja adaptação e mudanças melhora o desempenho organizacional por energizar e motivar os empregados, unificando pessoas em torno de metas compartilhadas e uma missão mais elevada, moldando e guiando o comportamento do empregado para que as ações de todos sejam alinhadas com as prioridades estratégicas. Assim, criar e influenciar uma *cultura construtiva* são um dos trabalhos mais importantes do gerente. A cultura correta pode conduzir a grandes desempenhos.[38]

Inúmeros estudos descobriram uma relação positiva entre a cultura e o desempenho.[39] Em *Corporate Culture and Performance* (Cultura Corporativa e Desempenho), Koter e Heskett apresentaram evidências de que as companhias que administraram conscientemente seus valores culturais alcançaram melhores resultados do que as outras que não o fizeram. Algumas empresas desenvolveram meios sistemáticos de medir e administrar os impactos da cultura sobre o seu desempenho. Na Caterpillar Inc., os dirigentes usaram uma ferramenta chamada Processo de Avaliação Cultural (PAC), que dá aos executivos do alto escalão dados sólidos documentando os milhões de dólares poupados que poderiam ser atribuídos diretamente a fatores culturais.[40] Mesmo o Governo Federal dos EUA está reconhecendo o *link* entre a cultura e a eficácia. O departamento de administração pessoal dos Estados Unidos criou um estudo da Avaliação Organizacional como um meio para que as agências federais meçam os fatores culturais e a mudança de valores tendo em vista um ótimo desempenho.[41]

Culturas fortes que não encorajam a adaptação construtiva, entretanto, podem prejudicar a organização. Um perigo para muitas organizações de sucesso é que a cultura torna-se rígida e a empresa falha em se adaptar às mudanças ambientais. Quando as empresas são bem-sucedidas, os valores, ideias e práticas que as ajudaram a atingir o sucesso tornam-se institucionalizados. Quando o ambiente muda, esses valores podem ser prejudiciais ao desempenho futuro. Muitas organizações tornam-se vítimas de seu próprio sucesso, apegando-se a um modelo ultrapassado e até mesmo a valores e comportamentos destrutivos. Considere que apenas dois meses após a explosão e derramamento de petróleo em massa da Deepwater Horizon no Golfo do México, Tony Hayward, o CEO da BP na época, foi à Inglaterra para assistir seu iate competir em uma corrida pela Ilha de Wight. A jogada provocou indignação e foi uma reflexão de uma cultura corajosa e arrogante que se tornou destrutiva à medida que a BP se envolveu em empreendimentos cada vez mais arriscados. Uma longa série de violações de segurança, acidentes e erros dispendiosos foram precursores do desastre da Deepwater Horizon. Hayward logo foi convidado a renunciar, e um novo CEO e outros altos executivos começaram a examinar de perto o modo de corrigir uma cultura que já foi eficaz e deu errado.[42]

Portanto, o impacto de uma cultura forte não é sempre positivo. Culturas saudáveis não somente possibilitam uma integração interna sem problemas, mas também encorajam a adaptação ao ambiente externo. Culturas não construtivas encorajam rigidez e estabilidade. Culturas fortemente construtivas em geral incorporam os seguintes valores:

1. *O todo é mais importante que as partes e as fronteiras entre as partes são minimizadas.* As pessoas são conscientes de todo o sistema, de como todas as coisas se ajustam umas às outras e dos relacionamentos entre as várias partes da organização. Todos os membros levam em conta o modo como suas ações afetam outras partes e a organização como um todo. Essa ênfase no todo reduz as fronteiras tanto dentro da organização quanto com as outras organizações. Embora as subculturas possam ser formadas, atitudes e comportamentos primários de todo

---

ANOTAÇÕES

Como administrador de uma organização, tenha essas diretrizes em mente:

Gerenciar a cultura conscientemente para deslocar os valores em torno do alto desempenho e realização de metas.

ANOTAÇÕES

Como administrador de uma organização, tenha essas diretrizes em mente:

Para apoiar uma orientação de aprendizagem, enfatizar os valores culturais de abertura e colaboração, igualdade e confiança, melhoria contínua e assunção de riscos. Construir uma cultura interna forte que encoraja a adaptação para mudar as condições ambientais.

mundo refletem a cultura dominante da organização. O fluxo livre de pessoas, ideias e informações permitem a ação coordenada e aprendizagem contínua.

2. *Igualdade e confiança são valores fundamentais.* A cultura cria um senso de comunidade e cuidado entre todos os membros. A organização é um lugar para criar uma rede de relacionamentos que permita às pessoas assumir riscos e desenvolver seu potencial por completo. A ênfase em tratar todos com cuidado e respeito cria um clima de segurança e confiança que permite experimentações, erros frequentes e aprendizado. Os administradores enfatizam as comunicações honestas e abertas como meio para construir a confiança.

3. *A cultura encoraja a assunção de riscos, mudança e melhoria.* Um valor básico existe para questionar o *status quo*. Questionamento constante das pressuposições abre os portões da criatividade e do aperfeiçoamento. A cultura premia e celebra os criadores de novas ideias, produtos e processos de trabalho. Para simbolizar a importância de correr riscos, uma cultura construtiva pode também premiar aqueles que falham, para aprender e crescer.

Conforme ilustrado na Figura 9.4, as culturas corporativas construtivas têm mais valores diferentes e padrões de comportamento do que as culturas não construtivas.[43] Nas culturas construtivas, os gerentes estão preocupados com os clientes e funcionários, assim como com os processos e procedimentos internos que trazem uma mudança útil. O comportamento é flexível e os gerentes iniciam a mudança quando necessário, mesmo se ela envolve o risco. Em culturas não construtivas, os gerentes são mais preocupados com eles mesmos ou seus próprios projetos especiais, e seus valores desencorajam correr riscos e mudar. Portanto, culturas saudáveis e

FIGURA 9.4
Culturas construtivas *versus* Culturas não construtivas

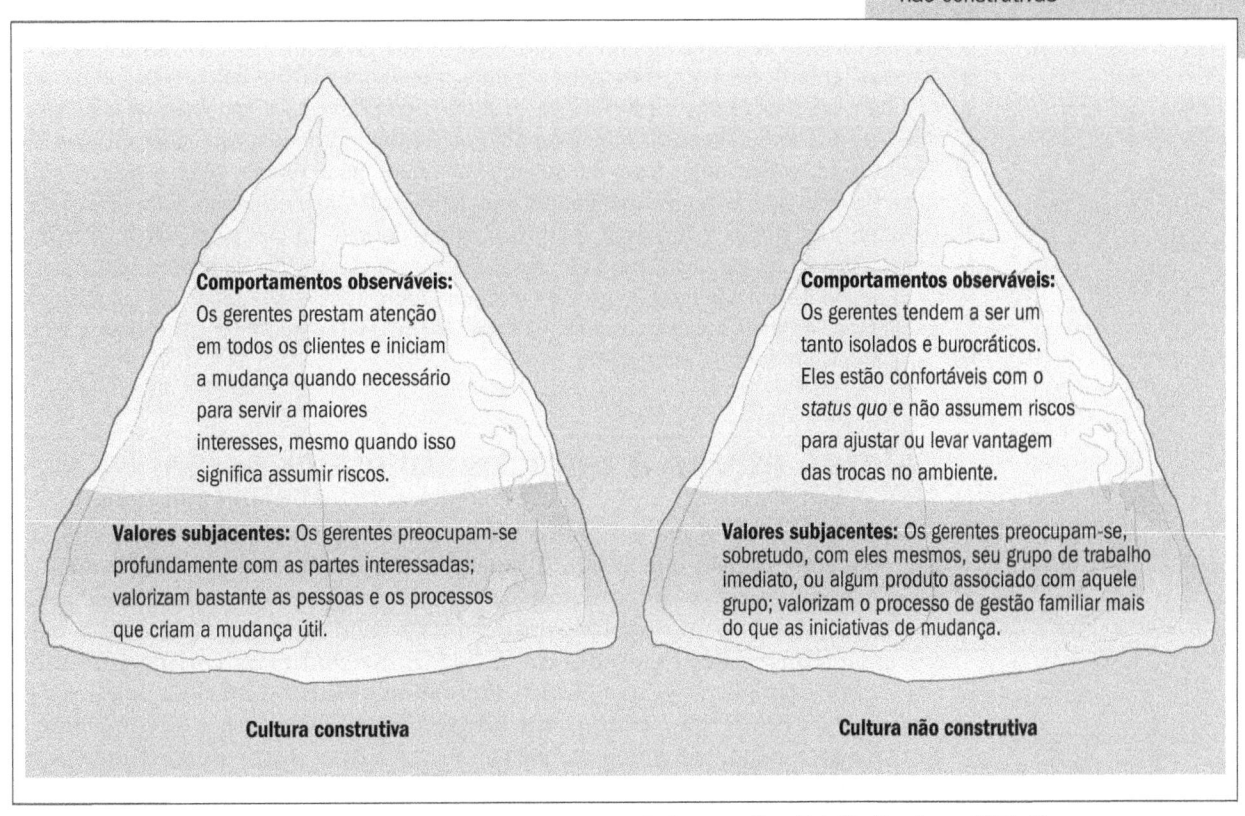

Cultura construtiva

Comportamentos observáveis: Os gerentes prestam atenção em todos os clientes e iniciam a mudança quando necessário para servir a maiores interesses, mesmo quando isso significa assumir riscos.

Valores subjacentes: Os gerentes preocupam-se profundamente com as partes interessadas; valorizam bastante as pessoas e os processos que criam a mudança útil.

Cultura não construtiva

Comportamentos observáveis: Os gerentes tendem a ser um tanto isolados e burocráticos. Eles estão confortáveis com o *status quo* e não assumem riscos para ajustar ou levar vantagem das trocas no ambiente.

Valores subjacentes: Os gerentes preocupam-se, sobretudo, com eles mesmos, seu grupo de trabalho imediato, ou algum produto associado com aquele grupo; valorizam o processo de gestão familiar mais do que as iniciativas de mudança.

Fonte: Com base em John P. Kotter e James L. Heskett, *Corporate Culture and Performance* (Nova York: The Free Press, 1992), 51.

fortes ajudam as organizações a se adaptar ao ambiente externo, enquanto culturas fortes, mas não saudáveis, podem encorajar uma organização a marchar resolutamente na direção errada. Os fundadores da Menlo Innovations começaram sua empresa com a meta de criar uma forte cultura construtiva.

Menlo Innovations

NA PRÁTICA

Richard Sheridan, James Goebel, Robert Simms e Thomas Meloche fundaram a Menlo Innovations para criar softwares personalizados para organizações, mas uma de suas metas principais era criar uma cultura exclusiva que abraça os valores de igualdade, trabalho em equipe e diversão. Os fundadores contam que se inspiraram no ambiente de trabalho colaborativo e criativo demonstrado no Thomas Edison's Menlo Park, Nova Jersey, "Invention Factory" há mais de 120 anos.

Em muitas empresas de softwares, os desenvolvedores trabalham sozinhos, mas na Menlo a colaboração é valorizada acima de qualquer outra coisa. Todos trabalham em uma grande sala aberta sem divisórias de nenhum tipo para limitar a comunicação e o compartilhamento de informações. Os funcionários trabalham em pares, dividindo um único computador enquanto desenvolvem ideias e resolvem problemas. Quando uma dupla relata seu trabalho nas reuniões matinais, cada parceiro segura um chifre de um capacete viking. As duplas continuam juntas por uma semana e, depois, trocam de parceiros. Os representantes do cliente para quem o software está sendo desenvolvido também são trazidos para misturarem-se e trabalharem em pares com os desenvolvedores. Alguns produtos complexos podem levar anos para serem desenvolvidos, e a variedade de parceiros e tarefas ajuda a manter a energia alta, assim como traz novas perspectivas para os projetos em constante evolução.

Curiosidade, vontade de aprender e habilidade para "se dar bem com os outros" são as qualidades que a Menlo quer em seus funcionários. A meta para cada pessoa não é conseguir a resposta certa, fazer a conexão certa, ser o mais inteligente ou saber mais coisas, mas sim extrair o melhor de seu parceiro. As pessoas que se candidatam para seus trabalhos são divididas em pares e recebem um exercício, então são avaliadas sobre o quão eficazes elas são para fazer o outro candidato parecer bom. É difícil para algumas pessoas tentar fazer que um concorrente pareça bom o suficiente para conseguir o trabalho que você quer. Porém na Menlo, se você não pode fazer isso, você não se encaixa na cultura – e isso é essencial. A Menlo não quer heróis individuais. Qualquer um que diz: "Estou certo, então vamos fazer desse jeito" não dura muito tempo. "A colaboração constante significa que estamos transferindo constantemente conhecimento entre si", declara Sheridan. "Eu cultivo minha equipe um pouquinho por dia". A cultura da Menlo tem sido uma vantagem competitiva para a empresa, possibilitando que ela se adapte rapidamente a um ambiente em constante mudança e atenda às necessidades tecnológicas mutáveis de clientes variados, incluindo Domino's Pizza, Thomson Reuters, Pfizer, Nationwide Financial e a Universidade de Michigan.[44]

Valores éticos e responsabilidade social

Dos valores que compõem uma cultura organizacional, valores éticos agora são considerados entre os mais importantes e ganharam uma ênfase renovada na era atual de escândalos financeiros e lapsos morais. Um estudo de notícias comerciais relacionadas às cem maiores corporações norte-americanas descobriu que expressivos 40% delas estiveram recentemente envolvidas em atividades que podem ser consideradas antiéticas.[45] Por exemplo, a gigante News Corporation, nos EUA, dona de uma série de jornais, redes de televisão, estúdios cinematográficos e outros meios de comunicação ao redor do mundo, sofreu um ataque generalizado após a descoberta de que os repórteres em Londres haviam *hackeado* as linhas telefônicas das vítimas de assassinato, famílias de soldados mortos, políticos e outros. O escândalo levou a uma enxurrada de revelações sobre os anos de comportamento preguiçoso, antiético e até mesmo criminoso nos jornais da empresa, o que refletiu uma cultura corporativa que encorajou pegar atalhos e quebrar as regras.[46] E o problema não está limitado às corporações norte-americanas. Líderes comerciais em países como Alemanha e Japão também têm cambaleado nos últimos anos de um escândalo nas manchetes após o outro.[47] Os altos executivos das corporações estão sob escrutínio do público como nunca antes, e mesmo pequenas companhias estão descobrindo a necessidade de colocar maior ênfase na ética para restaurar a confiança entre seus clientes e a comunidade.

Fontes de princípios éticos individuais

A **ética** refere-se ao código dos princípios morais e valores que governa os comportamentos de uma pessoa ou grupo com respeito ao que é certo ou errado. Os valores éticos estabelecem padrões como o que é bom ou ruim na conduta e tomada de decisão.[48] A ética é pessoal e única para cada indivíduo, embora em qualquer grupo, organização ou sociedade haja muitas áreas de consenso sobre o que constitui um comportamento ético. A Figura 9.5 ilustra as fontes variadas de princípios éticos individuais.[49] Cada pessoa é uma criação de seu tempo e lugar na história. Cultura nacional, herança religiosa, antecedentes históricos e assim por diante levam ao desenvolvimento da moralidade social ou à visão da sociedade do que é certo e errado. A moralidade da sociedade está muitas vezes refletida nas normas de comportamentos e valores acerca do que faz sentido para uma sociedade organizada. Alguns princípios são codificados em leis e regulamentos, como as leis contra dirigir alcoolizado, roubar e assassinar.

Essas leis, assim como as normas e valores da sociedade não escritos, modelam o ambiente local dentro do qual cada indivíduo age, como a comunidade de uma pessoa, família e local de trabalho. Os indivíduos absorvem as crenças e valores de sua

FIGURA 9.5
Fontes de princípios éticos e ações individuais

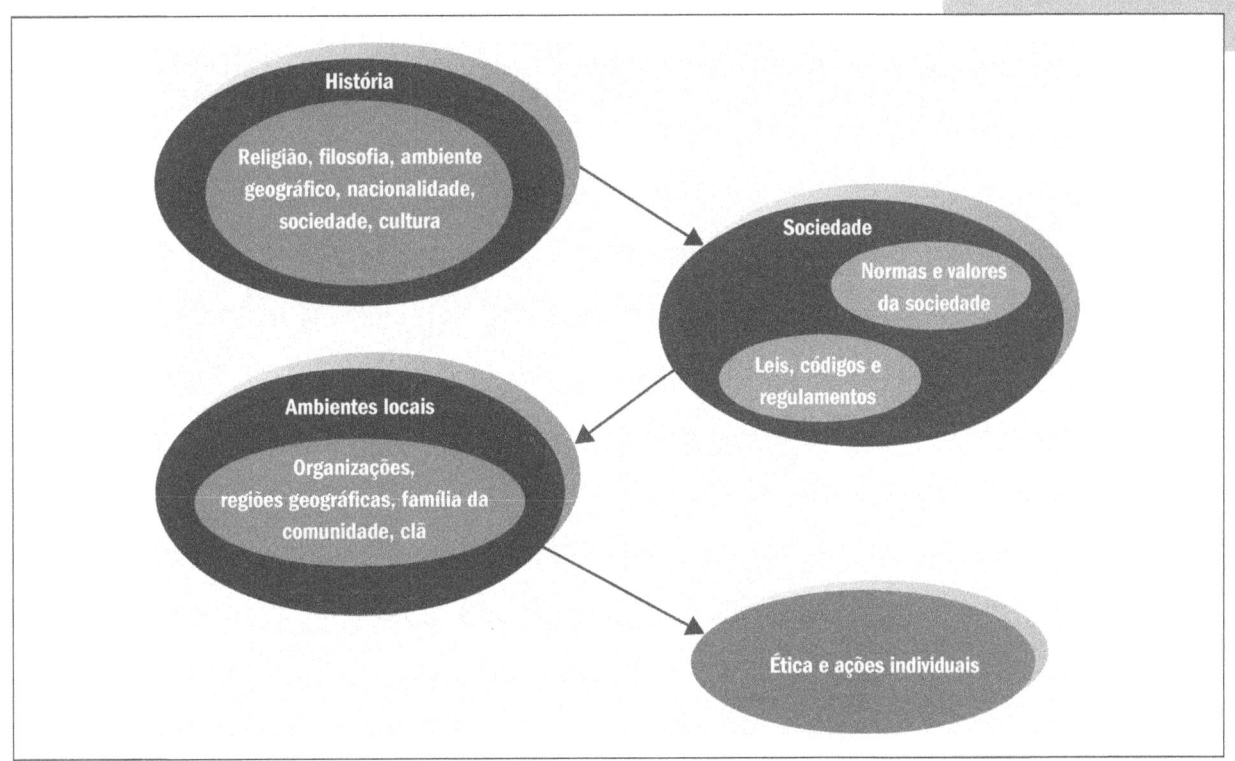

Fonte: Agradecimentos a Susan H. Taft e Judith White por oferecer esta figura, com base em seu artigo, "Ethics Education: Using Inductive Reasoning to Develop Individual, Group, Organizational, and Global Perspectives," *Journal of Management Education* 31, n. 5 (outubro de 2007), 614–646.

família, comunidade, cultura, sociedade, comunidade religiosa e ambiente geográfico, descartando alguns e incorporando outros em seus padrões éticos pessoais. A postura ética de cada pessoa é, assim, uma mistura de seu histórico cultural, social, antecedentes e influências familiares, conforme ilustrado na Figura 9.5.

É importante olhar para a ética individual porque a ética sempre envolve uma ação individual, seja uma decisão para agir ou seja a renúncia a agir contra o erro dos outros. Nas organizações, a postura ética do indivíduo pode ser afetada pelos pares, subordinados e supervisores, assim como pela cultura organizacional. A cultura organizacional tem frequentemente uma influência profunda sobre as escolhas individuais e pode apoiar e encorajar ações éticas ou promover comportamento antiético e socialmente irresponsável.

Ética empresarial

Muitos dos escândalos recentes publicados nos jornais trataram de pessoas e corporações que desrespeitaram a lei. Os executivos da Tyson Foods estão no banco dos réus por autorizar alegadamente o pagamento de propinas no México, por exemplo, que é uma violação da lei dos EUA.[50] Porém, é importante lembrar que as decisões éticas vão além dos comportamentos regidos pela lei.[51] A **regra da lei** vem de um conjunto de princípios e regulamentos codificados que descrevem como as pessoas devem agir, que são geralmente aceitos na sociedade e executáveis nos tribunais.[52]

A relação entre os padrões éticos e requisitos legais é ilustrada na Figura 9.6. Os padrões éticos, para a maioria, aplicam-se a comportamentos não cobertos pela lei e a regra da lei aplica-se a comportamentos não necessariamente cobertos pelos padrões éticos. As leis atuais muitas vezes refletem julgamentos morais combinados, mas nem todos os julgamentos morais são codificados em lei. A moralidade de ajudar uma pessoa se afogando, por exemplo, não é especificada em lei, e dirigir no lado da mão direita da estrada não tem base moral; mas em atos como roubo ou assassinato, as regras e padrões morais se sobrepõem. Muitas pessoas acreditam que, se não estão infringindo a lei, estão agindo de maneira ética, mas isso nem sempre é verdadeiro. Muitos comportamentos não foram codificados, e os administradores devem ser sensíveis às normas e valores emergentes sobre esses assuntos. Por exemplo, antes do colapso de Wall Street que acabou sendo a causa de milhões de maus empréstimos hipotecários de *subprime**, não havia leis que

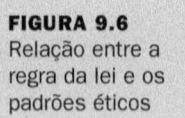

FIGURA 9.6
Relação entre a regra da lei e os padrões éticos

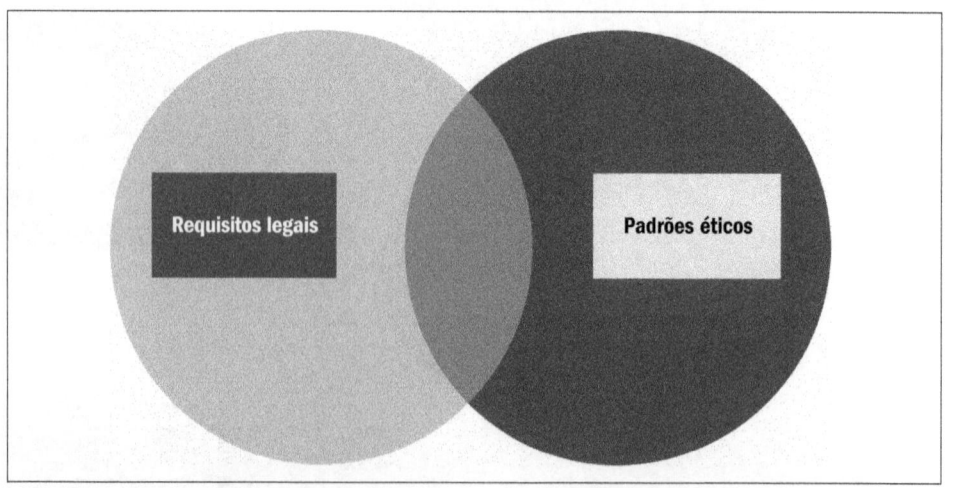

Fonte: LaRue Tone Hosmer, *The Ethics of Management*, 2nd ed. (Homewood, IL: Irwin, 1991).

* Um título de crédito de altos riscos e juros, concedido a um tomador que não oferece garantias suficientes. (NRT)

impedissem que as empresas hipotecárias fizessem o que é chamado de "empréstimos ninjas**" (nenhuma renda, nenhum trabalho, nenhum ativo).[53] No entanto, os gerentes éticos que mantêm esses empréstimos para pessoas que normalmente não podem bancar os pagamentos para poder aumentar seu volume de empréstimos agem de maneira antiética.

Éticas gerenciais são princípios que guiam as decisões e comportamentos de gerentes com relação a se eles estão agindo corretamente ou não. Os exemplos a seguir ilustram a necessidade da ética empresarial:[54]

- Os altos executivos estão considerando promover um gerente de vendas em ascensão que fatura consistentemente US$ 70 milhões por ano e abriu novos mercados em lugares como o Brasil e a Turquia, que são importantes para o crescimento internacional da organização. Entretanto, as trabalhadoras vêm se queixando, há anos, de que o gerente abusa verbalmente delas, conta piadas ofensivas e tem acessos de raiva se elas não fazem exatamente o que ele pede.
- Foi dito à gerente de uma loja que fornece artigos de beleza que ela e suas vendedoras podem receber grandes bônus se venderem um número específico de caixas de um novo produto, uma solução para permanentes que custa duas vezes mais do que aquela que a maioria das suas clientes dos salões normalmente usa. Ela pede que as vendedoras escondam o produto velho e digam aos clientes que houve um atraso na entrega.
- Uma fábrica norte-americana operando no exterior foi solicitada a fazer pagamento em dinheiro (propina) para os funcionários do governo e foi-lhe dito que isso era consistente com os costumes locais, apesar de ser ilegal nos Estados Unidos.

Como esses exemplos ilustram, ser ético é tomar decisões. Gerentes fazem escolhas todos os dias sobre ser honesto ou fraudulento com fornecedores, tratar os empregados com respeito ou desdém, ser um cidadão corporativo bom ou prejudicial. Alguns assuntos são extremamente difíceis de resolver e muitas vezes representam dilemas éticos. Um dilema ético surge em uma situação que diz respeito a certo ou errado, em que os valores estão em conflito.[55] Certo e errado não podem ser claramente identificados nessas situações. Para uma vendedora em uma perfumaria, por exemplo, o conflito do valor fica entre ser honesta com os clientes e aderir às expectativas do patrão. O gerente de produção pode sentir-se dividido entre respeitar e seguir os costumes locais em um país estrangeiro ou aderir às leis norte-americanas a respeito das propinas. Algumas vezes, qualquer escolha alternativa ou comportamento parece indesejável. Dilemas éticos não são fáceis de resolver, mas os altos executivos podem contribuir para o processo, estabelecendo valores organizacionais que forneçam uma linha de conduta às pessoas para tomar a melhor decisão do ponto de vista moral.

Responsabilidade social corporativa

A noção de **responsabilidade social corporativa (RSC)** é uma extensão dessa ideia e refere-se à obrigação do gerente em fazer escolhas e agir de forma que a organização contribua para o bem-estar e interesse de todas as partes envolvidas, como empregados, clientes, acionistas, a comunidade e a sociedade mais ampla.[56] Noventa por cento das empresas pesquisadas por Mckinsey & Company disseram que estavam fazendo mais do que fizeram cinco anos atrás para incorporar as questões de responsabilidade social em suas estratégias centrais.[57]

A RSC já foi vista como o alcance de empresas pequenas e excêntricas como a Patagonia ou a The Body Shop, mas mudou-se firmemente para o *mainstream* do pensamento e comportamento organizacional. A Ernst & Young empresta os funcionários para

ANOTAÇÕES

Como administrador de uma organização, tenha essas diretrizes em mente:

Assumir o controle dos valores éticos na organização e comprometer-se com a responsabilidade social corporativa. Reconhecer que ética não é a mesma coisa que cumprir a lei e ajudar as pessoas a aprender como tomar decisões éticas.

** Ninja é um tipo de *subprime*; um crédito concedido aos tomadores *no income, no job, no assets* (sem renda, sem trabalho ou sem ativos). (NRT)

prestar serviços de contabilidade gratuitos para organizações sem fins lucrativos ou pequenas empresas em dificuldade ao redor do mundo, pagando seus salários e despesas de viagens. A Whirlpool doa uma geladeira e visita todas as casas construídas pela Habitat for Humanity na América do Norte. A PepsiCo. comprometeu-se em retirar voluntariamente as bebidas doces com alto teor calórico das escolas em mais de 200 países em 2012. Corporações gigantes de Walmart a General Electric anunciaram metas de responsabilidades ambientais ambiciosas. Mais de mil empresas ao redor do mundo publicaram relatórios proclamando sua preocupação com os funcionários, ambiente e suas comunidades locais.[58]

Além disso, muitas empresas, incluindo GE, Nestlé, IBM, PepsiCo e Johnson & Johnson, estão em busca de estratégias e oportunidades comerciais que englobem um *modelo do valor compartilhado*. O valor **compartilhado** refere-se às políticas e práticas organizacionais que aumentam o sucesso econômico de uma empresa e avancem as condições econômicas e sociais das comunidades em que a empresa opera.[59] Hindustan Unilever, por exemplo, usa um sistema de distribuição direta de seus produtos de higiene em partes da Índia, em que mulheres carentes nas vilas de menos de 2.000 pessoas recebem microempréstimos e treinamento para começar suas próprias pequenas empresas. O sistema beneficia as comunidades ao proporcionar habilidades e oportunidades às mulheres, o que, às vezes, duplica sua renda domiciliar, bem como reduz a propagação de doenças ao trazer produtos de higiene para áreas isoladas. Também beneficia a empresa ao estender seu mercado e construir sua marca em áreas de difícil acesso. O projeto agora conta com 5% da receita da Hindustan Unilever na Índia.[60]

AVALIE SUA RESPOSTA

2 Ser ético e socialmente responsável não é apenas a coisa certa para uma empresa fazer; é uma questão fundamental para o sucesso comercial.

RESPOSTA: *Concordo.* Após anos de escândalo, os funcionários e o público estão exigindo uma abordagem mais ética e socialmente responsável para o negócio. Os negócios, assim como as organizações sem fins lucrativos e governamentais, estão buscando formas de restaurar a confiança. Uma nova geração de candidatos leva a responsabilidade social de uma empresa em consideração quando analisa as ofertas de emprego, portanto as empresas que querem contratar os melhores estão prestando atenção.

Vale a pena ser bom?

Por que muitas empresas abraçam a RSC? Por um lado, funcionários, clientes, investidores e outras partes interessadas estão exigindo cada vez mais que as corporações se comportem de forma socialmente responsável. As pessoas estão prestando mais atenção do que nunca ao que as organizações fazem, e os gerentes reconhecem que ser um bom cidadão corporativo pode aumentar sua reputação na empresa e até mesmo sua lucratividade.[61] No Oriente Médio, 75% dos líderes pesquisados acreditam que a RSC ajuda a atrair novos investimentos, aumenta a participação de mercado e ganha novos mercados.[62] Um estudo feito por pesquisadores na MIT, Universidade do Estado de Michigan, e Faculdade de Administração IE em Madri indica que ter uma boa reputação para a RSC também pode ajudar a proteger as empresas dos efeitos nocivos da publicidade negativa. Isto é, os clientes estão mais dispostos a dar a empresa o benefício da dúvida quando tem uma sólida reputação de RSC, em vez de aceitar automaticamente que os relatórios negativos são verdadeiros.[63]

A relação de uma ética organizacional e responsabilidade social com o seu desempenho preocupa tanto os gerentes das organizações quanto os estudiosos da área. Estudos forneceram resultados variados, mas geralmente mostram que há uma pequena relação positiva entre comportamento ético e socialmente responsável e resultados financeiros.[64] Por exemplo, um estudo do desempenho financeiro de grandes corporações norte-americanas consideradas "os melhores cidadãos corporativos" demonstrou que estas possuíam reputação e desempenho financeiro superiores.[65] Igualmente, a Governance Metrics Inc., uma agência independente de classificação da atividade governamental, descobriu que as companhias administradas com base em princípios altruístas têm melhor desempenho do que aquelas administradas com base em princípios egoístas. As companhias mais bem classificadas também superaram as empresas pior classificadas em aspectos como retornos em ativos, retorno de investimentos e retorno de capital.[66]

Como discutido no início do capítulo, o sucesso organizacional de longo prazo depende em grande parte do capital social, o que significa que as companhias precisam construir uma reputação de honestidade, justiça e fazer a coisa certa. Há evidências de que as pessoas preferem trabalhar para companhias que demonstram um alto grau de ética e de responsabilidade social, de modo que essas companhias podem atrair e manter empregados bem qualificados.[67] Sarah Antonette conta que se juntou a PNC Financial Services em vez de a outras duas empresas que lhe ofereceram emprego por causa do forte programa de voluntariado para os funcionários da PNC.[68] Uma vice-presidente da Timberland diz que recusou uma oferta lucrativa de outras companhias porque prefere trabalhar em uma empresa que coloca a ética e a responsabilidade social acima do lucro.[69] E uma pesquisa com jovens entre 13-25 anos de idade descobriu que 79% dizem que querem trabalhar em uma empresa que se preocupa em como afeta ou contribui com a sociedade.[70]

Os clientes prestam atenção à ética e responsabilidade social da empresa também. Um estudo da Walker Research indica que, sendo o preço e a qualidade iguais, dois terços das pessoas dizem que mudariam de marca para negociar com uma companhia que apresenta um grande comprometimento com a ética.[71] Outra série de experimentos realizados por Remi Trudel e June Cotte da University of Western Ontario's Ivey School of Business descobriu que os clientes estavam dispostos a pagar um pouco mais por produtos que eles souberam haviam sido produzidos com o uso de altos padrões éticos.[72]

Empresas que colocam a ética no incinerador em favor de um crescimento rápido e lucro de curto prazo acabam por sofrer em longo prazo. Para ganhar e manter a confiança dos empregados, clientes, investidores e do público em geral, as organizações devem colocar a ética em primeiro lugar.

Como os administradores moldam a cultura e a ética

Em um estudo sobre política e prática ética em empresas bem-sucedidas e éticas, como Johnson & Johnson e General Mills, nenhum ponto emergiu mais claramente do que o papel da alta administração em garantir comprometimento, liderança e exemplos para o comportamento ético.[73] O CEO e outros altos executivos devem ser comprometidos com valores específicos e fornecer constante liderança no cuidado e renovação dos valores. Valores podem ser comunicados de algumas formas – discursos, publicações da empresa, declarações políticas e, especialmente, ações pessoais. As pessoas seguem e modelam o que elas veem os gerentes fazendo. Se os gerentes mentem e quebram as regras, os funcionários também o farão. Os altos dirigentes são responsáveis por criar e sustentar uma cultura que enfatize a importância do comportamento ético por todos os empregados, todos os dias. Quando Vic Sarni era CEO da PPG Industries, ele muitas vezes se chamava de executivo-chefe de ética. Sarni não acreditava em usar o departamento especial de pessoal para investigar queixas éticas; em vez disso, ele pessoalmente liderava o comitê de ética da firma.

ANOTAÇÕES

Como administrador de uma organização, tenha essas diretrizes em mente:

Aja como um líder para a cultura interna e os valores éticos que são importantes para a organização. Trate as pessoas com justiça, mantenha a si mesmo e aos outros nos altos padrões éticos e comunique uma visão ao colocar a ética antes dos interesses em longo prazo. Lembre-se de que as ações falam mais do que as palavras.

Isso passou uma mensagem simbólica poderosa de que a ética era importante na organização.[74] No entanto, os gerentes de todas as organizações também precisam aderir e modelar os valores éticos. Os funcionários são muitas vezes influenciados pelos gerentes e supervisores com quem eles trabalham de perto, em vez dos altos dirigentes distantes. Os programas éticos formais são inúteis se os administradores não viverem nos altos padrões da conduta ética.[75]

As seções a seguir examinam como os gerentes sinalizam e implantam os valores por meio da liderança, assim como por meio de sistemas formais da organização.

Liderança baseada em valores

O sistema subjacente de valores de uma organização não pode ser administrado de modo tradicional. Emitir uma diretriz oficial, por exemplo, tem pouco ou nenhum impacto no sistema de valores da organização. Os valores organizacionais são desenvolvidos e fortalecidos pela **liderança baseada em valores,** uma relação entre um líder e seguidores que está baseada em valores compartilhados e fortemente internalizados, que são defendidos e seguidos pelo líder em sua atuação.[76] Sanjiv Das, presidente e CEO da CitiMortgage, representa as qualidades de um líder que se baseia em valores.

Sanjiv Das, CitiMortgage

NA PRÁTICA

O indiano Sanjiv Das, que assumiu como presidente e CEO da CitiMortgage em julho de 2008 no meio da crise imobiliária, tinha duas metas primárias quando ele iniciou o trabalho: (1) elevar a moral de 10.000 funcionários que estavam lidando com a agonia da crise juntamente com a diminuição do respeito público por sua indústria; e (2) evitar que as pessoas perdessem suas casas. Na sua mente, as duas metas estavam relacionadas. Mantendo as pessoas concentradas na ajuda que elas poderiam oferecer para aliviar a pressão financeira de outros que ficaram presas em um turbilhão econômico, Das ajudou os funcionários a encontrar propósito, significado e respeito próprio. Para Das, os negócios não são apenas uma questão de dinheiro, e sim de relações de respeito mútuo.

Como muitas empresas, a CitiMortgage trabalhou com mutuários que atrasaram vários pagamentos para reestruturar seus empréstimos. No entanto a Citi foi mais além do que muitos bancos. Das foi o pioneiro de um programa inédito na época para reduzir temporariamente os pagamentos e dispensar os juros e as multas para mutuários que haviam perdido seus empregos. Além disso, ele implantou um programa para preventivamente atingir cerca de 500.000 proprietários de imóveis que não eram inadimplentes, mas poderiam ser a qualquer momento. "Estes proprietários frequentemente são constrangidos ou preocupados, ou simplesmente não sabem como pedir... ajuda", disse Das. Ele acredita que a intervenção precoce é uma das melhores formas de abaixar a taxa de encerramento, manter as pessoas em suas casas, ajudar as comunidades em dificuldade e impulsionar a economia.

Das diz que sua abordagem de liderança é fundamentada nos valores espirituais que ele aprendeu crescendo em Delhi – como manter o propósito e a integridade durante os tempos difíceis e ajudar os outros em vez de tentar adquirir mais bens materiais para si. "A primeira coisa sobre o que eu falo [para os funcionários] são os clientes. Todos os dias, meu negócio é mantê-los em suas casas, não importa como. Isso volta para os valores que eu apresentei".[77]

Claramente, Sanjiv Das enfrenta uma situação de liderança difícil, e CitiMortgage, como muitas outras empresas nas indústrias financeiras e imobiliárias, está lutando por sua própria sobrevivência. Entretanto, a liderança com base nos valores teve uma influência positiva significativa na moral do funcionário e nos resultados comerciais. Sua abordagem em fazer negócio é ajudar a facilitar a ansiedade e sentimento de falha que minou a moral do funcionário.

Capítulo 9: Cultura organizacional e valores éticos

O general Norman Schwarzkopf, uma vez, disse: "A liderança é uma combinação de estratégia e caráter. Se você tiver de ficar sem um, fique sem a estratégia".[78] Os bons líderes sabem que todos os seus atos têm um impacto na cultura e valores. Empregados aprendem sobre valores, crenças e metas observando os gerentes, assim como os estudantes aprendem quais tópicos são importantes para um exame, do que o professor gosta e como conseguir uma boa nota observando os professores. As ações falam mais alto que as palavras, portanto os líderes que se baseiam em valores "fazem o que falam".[79] "Apenas dizer que você é ético não é muito útil", diz Charles O. Holliday Jr., ex-presidente e CEO da DuPont. "Você tem de ganhar a confiança pelo que você faz todos os dias".[80]

A Figura 9.7 destaca algumas das características que definem os líderes que se baseiam em valores.[81] Os líderes que se baseiam em valores tratam os outros com cuidado, são úteis e dão apoio aos outros e se esforçam em manter as relações interpessoais positivas. Eles tratam a todos bem e com respeito. Os líderes que se baseiam em valores aceitam os erros e falhas dos outros e nunca são condescendentes. Eles se mantêm nos altos padrões éticos, esforçam-se continuamente para serem honestos, humildes e confiáveis e consistentemente éticos tanto na vida pública quanto na particular. Entretanto, eles estão abertos e aceitam a responsabilidade por suas próprias falhas éticas.

Os líderes que se baseiam nos valores também articulam e comunicam claramente uma visão descompromissada para altos padrões éticos na organização, e eles institucionalizam a visão ao manter a si mesmos e outros responsáveis e colocar a ética acima dos interesses pessoais em curto prazo ou da empresa. Eles fortalecem continuamente os valores éticos nos comportamentos, rituais, cerimoniais e símbolos diários, assim como nos sistemas e políticas organizacionais.

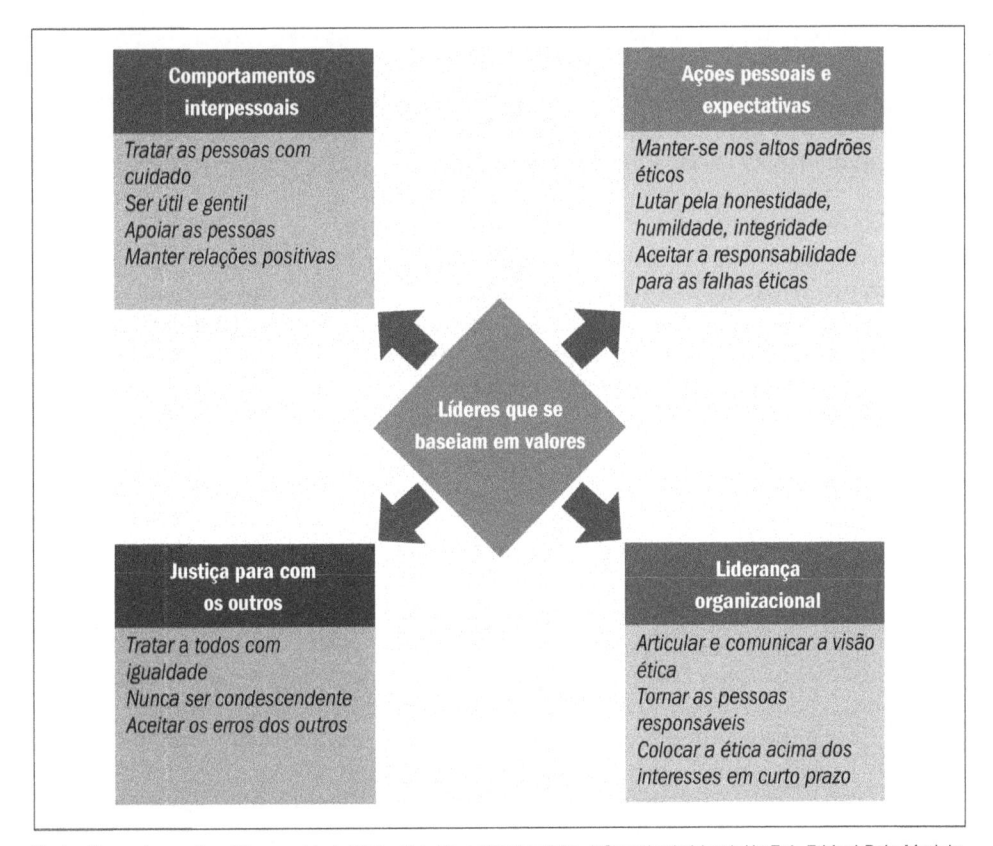

FIGURA 9.7
Características dos líderes que se baseiam em valores

Comportamentos interpessoais
- Tratar as pessoas com cuidado
- Ser útil e gentil
- Apoiar as pessoas
- Manter relações positivas

Ações pessoais e expectativas
- Manter-se nos altos padrões éticos
- Lutar pela honestidade, humildade, integridade
- Aceitar a responsabilidade para as falhas éticas

Justiça para com os outros
- Tratar a todos com igualdade
- Nunca ser condescendente
- Aceitar os erros dos outros

Liderança organizacional
- Articular e comunicar a visão ética
- Tornar as pessoas responsáveis
- Colocar a ética acima dos interesses em curto prazo

(centro: Líderes que se baseiam em valores)

Fonte: Baseado em Gary Weaver, Linda Klebe Treviño e Bradley Agle, "'Somebody I Look Up To': Ethical Role Models in Organizations," *Organizational Dynamics* 34, n. 4 (2005), 313–330.

Estrutura e sistemas formais

Outro conjunto de ferramentas que os líderes podem usar para moldar os valores culturais e éticos é a estrutura formal e sistemas da organização. Esses sistemas podem ser especialmente eficientes por influenciar a ética empresarial.

Estrutura. Os altos executivos podem atribuir responsabilidade por valores éticos a uma posição específica. Isso não somente aloca tempo e energia da organização para o problema, mas simboliza para todos a importância da ética. Um exemplo é um **comitê de ética**, que é um grupo interfuncional de executivos que supervisiona a ética da empresa. O comitê oferece decisões sobre as questões éticas e assume responsabilidade por disciplinar os infratores. Indicando executivos de alto nível para fazer parte do comitê, a organização sinaliza a importância da ética.

Hoje muitas organizações têm departamentos de ética que gerenciam e coordenam todas as atividades éticas da corporação. Esses departamentos são chefiados pelos **diretores de ética**, executivos de alto nível da companhia que supervisionam todos os aspectos da ética, inclusive estabelecendo e disseminando amplamente os padrões éticos, estabelecendo programas de treinamento sobre ética, supervisionando a investigação de problemas éticos, aconselhando os gerentes sobre os aspectos éticos das decisões corporativas.[82] O título de diretor de ética quase não era ouvido há uma década, mas recentes problemas éticos e legais criaram uma crescente demanda por esses especialistas.

Escritórios de ética algumas vezes também trabalham como centros de aconselhamento para ajudar os empregados a resolver dilemas éticos difíceis. O foco é tanto ajudar empregados a tomar a decisão certa, como disciplinar aqueles que cometem erros. Muitos escritórios de ética têm **linhas diretas de ética** confidenciais que os empregados podem usar para procurar a direção correta ou para relatar comportamentos questionáveis. Uma organização chama sua linha direta de "manual de orientação" para enfatizar seu uso como instrumento para tomar decisões éticas, assim como para relatar lapsos.[83] De acordo com Gary Edwards, presidente do Centro de Recursos Éticos, entre 65% e 85% das chamadas nas linhas diretas das organizações que ele orienta são sobre questões éticas. A "linha aberta" da Northrup Grumman responde a cerca de 1.400 chamadas por ano, das quais somente um quarto são relatórios de iniquidades.

Mecanismos de denúncia. Uma linha direta é também um importante mecanismo para os empregados verbalizarem preocupações sobre práticas éticas. Manter a empresa irrepreensível depende em algum grau de indivíduos que desejem contar se suspeitam de algo ilegal, perigoso ou de atividades antiéticas. **Informante** é o empregado que denuncia práticas ilegais, imorais ou ilegítimas em alguma parte da organização.[85] Como os problemas éticos nas corporações crescem no mundo, as empresas estão procurando formas de proteger os informantes. Além disso, solicitações para uma proteção legal mais forte para aqueles que relatam atividades ilegais ou não éticas nos negócios estão aumentando.[86] Quando não há medidas protetoras, os informantes sofrem, e a companhia pode continuar suas práticas não éticas ou ilegais. Por exemplo, Matthew Lee, um ex-vice-presidente sênior da divisão contábil da Lehman Brothers, perdeu seu emprego apenas algumas semanas após ter levantado preocupações sobre como a empresa estava escondendo os riscos por "estacionar" temporariamente US$50 bilhões em ativos de empréstimos de risco de seu balancete. Lawrence McDonald, um ex-negociador da Lehman que escreveu um livro sobre o enorme colapso da firma, conta que Lehman sempre demitia ou afastava os informantes, o que permitiu que a empresa continuasse seu comportamento arriscado e antiético.[87]

Muitos governos, incluindo os Estados Unidos e o Japão, aprovaram leis voltadas para a proteção dos denunciantes, mas isso não é o suficiente. Os gerentes esclarecidos empenham-se em criar um clima e uma cultura organizacionais nos quais as pessoas se sintam livres para apontar problemas, e gerentes agem rapidamente para lidar com as preocupações sobre atividades antiéticas ou ilegais. As organizações podem ver as denúncias como um benefício para a empresa, ajudando a evitar o tipo de desastre que atingiu empresas como Enron, Bear Stearns, Countrywide, News Corporation e Lehman Brothers.

Código de ética. Um **código de ética** é uma declaração formal dos valores da empresa a respeito da responsabilidade ética e social; ele esclarece aos funcionários o que a empresa defende e suas expectativas pela conduta do funcionário. O código de ética da Lockheed Martin, por exemplo, afirma que a organização "visa estabelecer o padrão para a conduta ética" ao aderir a valores de honestidade, integridade, respeito, confiança, responsabilidade e cidadania. O código de ética especifica os tipos de comportamentos esperados para honrar esses valores e encoraja os funcionários a utilizar os recursos disponíveis da empresa para ajudar a fazer e tomar escolhas e decisões éticas.[88] O código de ética pode cobrir uma ampla gama de questões, incluindo afirmações dos valores que orientam a empresa, diretrizes relacionadas às questões como a segurança no local de trabalho, a segurança nas informações sobre os direitos de propriedade ou privacidade do funcionário; e comprometimento com a responsabilidade ambiental, segurança do produto e outras questões relativas às partes interessadas. O banco suíço UBS AG, por exemplo, desenvolveu um código de ética forte que aborda questões como crime financeiro, concorrência e confidencialidade, incluindo o destaque das sanções contra funcionários que violam o código. O código proíbe explicitamente que a equipe ajude os clientes a trapacear em seus impostos, em resposta à investigação no uso de contas secretas no exterior. Em uma etapa importante, o novo código proíbe a retaliação por gerentes contra os funcionários que relatam má conduta.[89]

Algumas companhias usam declarações de valores mais amplas dentro das quais a ética é uma parte. Essas declarações definem os valores éticos, bem como a cultura corporativa, e contêm comunicações sobre responsabilidade da companhia, qualidade do produto e tratamento dos empregados. Uma declaração formal dos valores pode servir como um documento organizacional fundamental que define o que a organização apoia e legitima a escolha dos valores para os empregados.[90]

Entretanto, é essencial que os altos dirigentes apoiem e reforcem os códigos por meio de ações, incluindo prêmios por obediência e medidas disciplinares para as violações. De outra forma, um código não é mais que um pedaço de papel. Realmente, um estudo descobriu que empresas com um código de ética escrito são tão sujeitas a se tornarem culpadas de atividades ilegais quanto outras que não o possuem.[91]

> **ANOTAÇÕES**
>
> **Como administrador de uma organização, tenha essas diretrizes em mente:**
>
> Utilize os sistemas formais de organização para implantar os valores éticos e culturais desejados. Esses sistemas incluem um comitê de ética, um escritório de ética principal, mecanismos de divulgação, um código de ética e programas de treinamento de ética.

3 A única melhor forma de se certificar de que uma organização tem uma base sólida ética é ter um poderoso código de ética e fazer que todos os funcionários estejam familiarizados com suas diretrizes.

RESPOSTA: *Discordo.* Ter um forte código de ética pode ser uma parte importante de criar uma organização ética, porém as ações dos gerentes são mais poderosas para determinar se as pessoas vivem em altos padrões éticos. Se os gerentes e os altos executivos são desonestos, não têm princípios ou são impiedosos e criam uma cultura que suporta ou ignora esses comportamentos em outros, os funcionários colocarão pouca fé no código ético formal.

AVALIE SUA RESPOSTA

Programas de treinamento. Para garantir que as questões éticas sejam consideradas na tomada de decisão diária, muitas empresas complementam um código de ética com os programas de treinamento do funcionário.[92] Todos os funcionários da Texas Instruments (TI) passam por um curso de treinamento de ética que inclui exemplos de caso, dando às pessoas a chance de lutar com os dilemas éticos. Além disso, a TI incorpora um componente ético em todos os cursos que oferece.[93]

Alguns programas de treinamento também incluem estruturas para a tomada de decisão ética. Aprender esse conjunto de valores ajuda os funcionários a agir autonomamente e ainda encontrar seu caminho diante de uma decisão difícil. Em algumas empresas, os gerentes também aprendem sobre os estágios do desenvolvimento moral, que ajuda a levá-los a um alto nível de tomada de decisão ética. Esse treinamento foi um importante catalisador para estabelecer o comportamento ético e integridade como os componentes críticos de competitividade estratégica.[94]

Esses sistemas e estruturas formais podem ser altamente eficientes. Entretanto, somente eles não são suficientes para construir e sustentar uma companhia ética. Os gerentes devem integrar ética na cultura organizacional e apoiar e renovar valores éticos por meio de palavras e atos. Somente quando os empregados estão convencidos de que os valores éticos desempenham um papel-chave em todas as decisões e ações gerenciais, eles se tornam comprometidos em fazer deles parte do seu comportamento diário.

Cultura corporativa e ética em um ambiente global

Organizações que operam em diferentes áreas do mundo têm vivido tempos difíceis em razão dos vários fatores culturais e de mercado com que têm de lidar. A maior complexidade do ambiente e domínio organizacional amplia a possibilidade de problemas éticos ou mal-entendidos.[95] Considere que na Europa a privacidade tem sido definida como um direito humano básico e há leis que limitam a quantidade e o tipo de informação que uma companhia pode coletar, determinando como irá usá-las. Uma nova lei da União Europeia, por exemplo, exige que os sites obtenham o consentimento do usuário antes de coletar os dados sobre as identidades e hábitos dos usuários da Internet por meio de arquivos de rastreamento comumente conhecidos como *cookies*. Nas organizações norte-americanas, a coleta de dados, a sua negociação com parceiros, usá-los para marketing e mesmo vendê-los são todas práticas comuns. O rastreamento móvel está em ascensão à medida que as empresas tentam comercializar com os clientes em seus *smartphones*.[96]

Empregados vindos de diferentes países muitas vezes têm atitudes variadas e crenças que dificultam estabelecer um sentido de comunidade e coesão baseado na cultura corporativa. De fato, uma pesquisa indicou que a cultura nacional tem um impacto maior sobre os empregados do que a cultura corporativa, e diferenças na cultura nacional também criam uma tremenda variância nas atitudes éticas.[97] Portanto, como os gerentes traduzem as ideias para desenvolver culturas corporativas fortes e éticas em um ambiente global complexo?

Vijay Govindarajan, um professor de comércio internacional e diretor da "Global Leadership 2020", programa de gerenciamento no Dartmouth College, oferece alguma orientação. Sua pesquisa indica que, embora as culturas organizacionais possam variar amplamente, há componentes específicos que caracterizam uma cultura global. Esses componentes incluem uma ênfase em valores multiculturais em vez de nacionais, baseando o *status* antes em mérito do que na nacionalidade, sendo abertos para as novas ideias de outras culturas, demonstrando excitação em lugar de trepidação quando entram em novos ambientes culturais e sendo sensíveis às diferenças culturais sem serem limitados por elas.[98]

Os gerentes também devem pensar mais amplamente em termos das questões éticas. A Accenture, uma empresa de consultoria de gestão, serviços tecnológicos e terceirização com 140.000 funcionários em 48 países, trabalhou com contatos por região chamada "Geographic Ethics Leads," para se certificar de que o código de ética fora escrito no idioma e era endereçado às necessidades dos funcionários nas diferentes regiões. Esses contatos recebiam a entrada de funcionários nas sessões do grupo-foco realizadas em cada país. Dessa forma, embora haja valores éticos centrais em comum, o código de ética da empresa é personalizado para cada país onde a Accenture tem escritórios.[99]

As empresas estão usando uma ampla variedade de mecanismos para apoiar e reforçar suas iniciativas éticas em escala global. Um dos mecanismos mais úteis para construir a ética global é a **auditoria social**, que mede e relata o impacto ético, social e ambiental das operações de uma empresa.[100] As preocupações sobre as práticas trabalhistas e condições de trabalho dos fornecedores de além-mar de muitas corporações norte-americanas importantes originalmente estimularam a CEPAA (*Council on Economic Priorities Accreditation Agency*) a propor um conjunto de padrões sociais globais para tratar de assuntos como o trabalho infantil, baixos salários e condições inseguras de trabalho. Hoje, o *Social Accountability 8000*, ou SA 8000, é o único padrão social auditável no mundo. O sistema é projetado para funcionar como o sistema de auditoria de qualidade ISO 9000. Muitas companhias, como Avon, Eileen Fisher e Toys "R" Us, estão se preparando para assegurar que suas fábricas e fornecedores satisfaçam os padrões da SA 8000.[101] Mesmo assim, os gerentes enfrentam desafios éticos significativos quando trabalham internacionalmente. O suborno, em especial, continua sendo um enorme problema. Avon, Ikea, Halliburton, IBM, Tyson Foods, General Electric e Daimler são apenas algumas das empresas que foram investigadas nos últimos anos por supostamente pagarem subornos para ganhar comércio ou circunstâncias favoráveis em países estrangeiros como Rússia, Nigéria, Coreia do Sul, China e México, onde algumas empresas ainda consideram o suborno uma parte normal de fazer negócios.[102]

Fundamentos do projeto

- Este capítulo cobriu uma gama de questões sobre a cultura corporativa, a importância dos valores culturais e éticos e técnicas que os gerentes podem usar para influenciar esses valores. Valores culturais e éticos ajudam a determinar o capital social da organização e os valores certos podem contribuir para o seu sucesso.
- A cultura é o conjunto de valores-chave, crenças e normas compartilhados pelos membros de uma organização. As culturas organizacionais servem a duas funções importantes – para integrar os membros para que eles saibam como se relacionar uns com os outros e ajudar a organização a se adaptar ao ambiente externo. A cultura pode ser interpretada ao olhar para os ritos e cerimoniais, histórias, símbolos, estruturas, sistemas de controle e relações de poder da organização. Os gerentes também usam esses elementos para influenciar a cultura.
- A cultura organizacional deve reforçar a estratégia e a estrutura que a organização necessita para ser bem-sucedida no seu meio. Podem existir quatro tipos de cultura nas organizações: cultura adaptativa, cultura de missão, cultura de clã e cultura burocrática. Quando existe um consenso sobre a importância de valores específicos, a cultura organizacional é forte e coesa. Entretanto, mesmo em organizações com culturas fortes, muitos conjuntos de subculturas podem surgir, particularmente nas grandes organizações.
- Culturas fortes podem ser construtivas ou não construtivas. Culturas construtivas têm diferentes valores e diferentes padrões de comportamento do que as culturas não construtivas. Culturas fortes, mas não saudáveis, podem ser prejudiciais às oportunidades de sucesso da companhia. Por outro lado, culturas adaptativas fortes podem desempenhar um papel importante, criando excelentes desempenhos e respostas inovadoras aos desafios, ameaças competitivas ou novas oportunidades.

■ Um aspecto importante dos valores organizacionais é a ética gerencial, um conjunto de valores que governam o comportamento com respeito ao que é certo e ao que é errado. A responsabilidade social corporativa (RSC) é uma extensão da ética empresarial e refere-se à responsabilidade da gestão em fazer escolhas que contribuam com o bem-estar da sociedade, assim como com a organização. Muitas empresas estão incorporando o conceito do valor compartilhado, o que significa adotar políticas e práticas que aprimorem a competitividade de uma empresa enquanto avançam simultaneamente as condições econômicas e sociais das comunidades em que opera.

■ O capítulo também discutiu como os gerentes podem moldar a cultura e a ética. Uma ideia importante é a liderança baseada em valores, o que significa que os dirigentes definem a visão do que são valores apropriados, comunicam-na a toda a organização e a institucionalizam por meio do seu comportamento diário, rituais, cerimônias e símbolos. Discutimos também sistemas formais que são importantes para moldar os valores éticos. Sistemas formais incluem comitê de ética, departamento de ética, mecanismos revelados por informantes, programas de treinamento de ética e um código de ética ou declaração de valores que especifica valores éticos.

■ À medida que os negócios atravessam as fronteiras geográficas e culturais, os dirigentes têm desafios difíceis para estabelecer valores culturais e éticos fortes com os quais todos os empregados podem se identificar e concordar. Companhias que desenvolvem culturas globais enfatizam valores multiculturais, baseiam o *status* em mérito em lugar da nacionalidade, são animadas sobre novos meios culturais, permanecem abertas às ideias de outras culturas e são sensíveis aos diferentes valores culturais sem parecerem limitadas por eles. As auditorias sociais são uma importante ferramenta para as companhias que tentam manter um alto padrão ético em bases globais.

Conceitos-chave

adaptação externa
auditoria social
capital social
código de ética
comitê de ética
cultura
cultura burocrática
cultura de adaptabilidade
cultura de clã
cultura de missão

denúncia
dilema ético
diretor de ética
ética
ética empresarial
extensão da cultura
heróis
integração interna
lendas
liderança baseada em valores

linhas diretas de ética
mitos
regra da lei
responsabilidade social corporativa (RSC)
ritos e cerimoniais
subcultura das histórias
símbolo
valor compartilhado

Questões para discussão

1. Quanto você acha que é possível uma pessoa de fora discernir sobre os valores culturais subjacentes de uma organização ao analisar os símbolos, cerimoniais, vestuário ou outros aspectos observáveis da cultura, em comparação com uma pessoa da área com muitos anos de experiência? Especifique uma porcentagem (por exemplo, 10%, 70%) e discuta seu raciocínio.

2. Muitas das empresas na lista da revista *Fortune* das empresas mais admiradas também estão na lista das mais rentáveis. Algumas pessoas dizem que isso prova que o alto capital social se traduz em lucros. Outras pessoas sugerem que a alta rentabilidade é a principal razão por que as empresas têm uma boa cultura e são admiradas em primeiro lugar. Discuta seu pensamento sobre essas duas interpretações diferentes.

3. Uma cultura burocrática forte também pode ser uma cultura construtiva, conforme definido no texto e na Figura 9.4? Discuta.
4. Por que a liderança baseada em valores é tão importante como influência para a cultura? Um ato simbólico pode comunicar mais sobre os valores da companhia do que uma declaração explícita? Discuta.
5. Você se lembra de uma situação em que ou você ou alguém que você conhece foi confrontado com um dilema ético, como ser encorajado a aumentar uma conta de despesa ou respostas comerciais em um teste? Você acha que a decisão foi mais influenciada por valores morais individuais ou valores comumente aceitos na equipe ou na empresa? Explique.
6. Em uma equipe de 20.000 pessoas em 16 países europeus além da Rússia, Turquia e Estados Unidos, 55% dos participantes disseram que trapacear nos negócios é mais comum do que era há 10 anos. Você acredita que este é realmente o caso, ou ter novas formas de mídia simplesmente tornaram as trapaças mais visíveis? Discuta.
7. Que importância você atribuiria à declaração e ações da liderança para influenciar os valores éticos e tomadas de decisão em uma organização?
8. Por que a globalização contribuiu com questões éticas mais complexas? Você acha que é possível para uma empresa em operação em muitos países diferentes ter uma cultura corporativa coesa? Ter valores éticos uniformes?
9. Explique o conceito do valor compartilhado. Você acha que os gerentes nas empresas que assumem uma abordagem do valor compartilhado são mais passíveis de se comportar de forma ética e socialmente responsável? Discuta.
10. Códigos de ética foram criticados por transferir a responsabilidade pelo comportamento ético da organização para os empregados individualmente. Você concorda? Você acha que um código de ética é importante para uma organização?

Capítulo 9 Caderno de exercícios — Compre até cair: cultura corporativa no *retail world*[103]

Para entender melhor a cultura corporativa, visite duas lojas de varejo e as compare de acordo com vários fatores. Vá para uma loja de artigos populares e de descontos, como Kmart ou Walmart, e para outra de artigos de luxo, como Saks Fifth Avenue ou a Macy's. Não faça entrevista com nenhum funcionário. Ao contrário, seja um observador ou um comprador. Após sua visita, preencha a tabela, a seguir, para cada loja. Permaneça pelo menos duas horas em cada loja em um dia de muito movimento e seja muito observador.

Item da cultura	Loja de descontos	Loja de artigos de luxo
1. Missão da loja: Qual é? Está clara para os empregados?		
2. A iniciativa pessoal é incentivada?		
3. Sistema de premiação: o que dá direito a prêmio para o empregado?		
4. Trabalho em equipe: As pessoas de um departamento ou entre os departamentos trabalham juntas ou falam entre si?		
5. Lealdade à companhia: Há evidência de lealdade ou de entusiasmo pelo fato de trabalharem nela?		

continua

Item da cultura	Loja de descontos	Loja de artigos de luxo
6. Vestuário: Há uniformes? Existe um código em relação à vestimenta? Qual a força dele? Como você classifica a aparência pessoal dos empregados em geral?		
7. Diversidade ou homogeneidade dos empregados: Há diversidade ou homogeneidade em idade, educação, raça, personalidade e assim por diante?		
8. Orientação do serviço: O cliente é valorizado ou tolerado?		
9. Desenvolvimento do recurso humano: Há oportunidade para crescimento e avanço?		

Perguntas

1. Como a cultura parece influenciar o comportamento do empregado em cada loja?
2. Qual o efeito que o comportamento dos empregados tem sobre os clientes?
3. Em qual das duas lojas é mais agradável estar? Como isso se relaciona à missão da loja?

CASO PARA ANÁLISE Implantar mudanças na National Industrial Products[104]

Curtis Simpson sentou-se encarando a janela de seu escritório. O que você diria para Tom Lawrence quando eles se encontrassem nessa tarde? Tom havia claramente vencido os desafios que Simpson lhe havia colocado quando o contratou como presidente da National Industrial Products (National), há pouco mais de um ano. Mas a companhia estava indo muito mal e provavelmente pararia de funcionar completamente. Como presidente e CEO da Simpson Industries, que havia adquirido a National há alguns anos, Simpson enfrentava a tarefa de entender o problema e comunicar claramente suas ideias e crenças a Lawrence.

A National Industrial Products é uma indústria de porte médio de selos mecânicos, bombas e outros produtos para controle de fluxo. Quando a Simpson Industries adquiriu a companhia, ela se encontrava sob a liderança de Jim Carpenter, que fora seu CEO por quase três décadas e era muito estimado pelos empregados. Carpenter sempre tratou seus empregados como família. Ele conhecia a maioria deles pelo nome, visitava-os frequentemente em suas casas, quando estavam doentes, e passava parte de seu dia conversando com os trabalhadores no chão da fábrica. A National patrocinava para seus trabalhadores uma festa anual, assim como piqueniques e outros eventos sociais, várias vezes por ano, e Carpenter estava sempre presente. Ele considerava essas atividades tão importantes quanto suas visitas aos clientes e negociações com seus fornecedores. Carpenter acreditava que era importante tratar as pessoas corretamente, pois assim elas teriam um sentido de lealdade para com a companhia. Se os negócios não estivessem indo muito bem, em lugar de demitir as pessoas, ele acharia alguma outra coisa para os trabalhadores fazerem, ainda que fosse varrer o estacionamento vazio. Ele imaginava que a companhia não poderia perder trabalhadores habilitados, tão difíceis de serem substituídos. "Se você trata as pessoas corretamente", dizia, "elas farão um bom trabalho para você, sem que você tenha de forçá-las a isso".

Carpenter nunca estabeleceu metas e padrões de desempenho para os diversos departamentos e confiava que seus gerentes conduziriam seus departamentos como achassem adequado. Ele oferecia várias vezes por ano programas de treinamento em comunicação e RH para gerentes e líderes de equipe. A forma de administrar de Carpenter parece ter funcionado bem na maior parte da história da National. Os empregados eram muito leais a ele e à companhia. Houve muitos casos em que trabalhadores fizeram esforços acima e além do que o seu dever requeria. Por exemplo, quando duas bombas da National que forneciam água para um navio da Marinha dos Estados Unidos falharam em um domingo à noite, justamente antes da partida programada, dois empregados trabalharam a noite inteira para fazer os reparos e entregá-las para instalação antes que o navio deixasse o porto. A maioria dos gerentes e empregados estava na companhia havia muitos anos, e a National se orgulhava do menor índice de rotatividade na indústria.

Entretanto, quando a economia começou a mudar, em anos recentes, a competitividade da National começou a decair. Quatro dos maiores rivais da National se fundiram em duas grandes companhias mais capacitadas para satisfazer as necessidades do cliente, o que foi um fator que levou a National a ser comprada pela Simpson Industries. Após a aquisição, as vendas e o lucro da National continuaram a cair, enquanto os custos mantiveram elevação. Além disso, os altos executivos da Simpson Industries estavam preocupados com a baixa produtividade da National. Embora eles estivessem felizes em ter Carpenter durante o período de transição, dentro de um ano começaram a pressioná-lo gentilmente para uma aposentadoria precoce. Alguns dos altos executivos acreditavam que Carpenter tolerava desempenho ruim e baixa produtividade para manter uma atmosfera amigável. "No mundo de hoje você não pode fazer isso", disse um deles. "Temos de trazer alguém que possa implementar mudanças e transformar esta companhia rapidamente ou a National vai falir." Foi quando Tom Lawrence foi contratado com a autoridade para cortar custos e melhorar a produtividade e os lucros.

Lawrence tinha uma reputação, em ascensão, de ser um gerente jovem e dinâmico, capaz de fazer as coisas acontecerem rapidamente. De imediato, começou a fazer mudanças na National. Inicialmente cortou os custos, descontinuando as atividades sociais patrocinadas pela empresa, e recusou-se a permitir celebrações de aniversário improvisadas que outrora haviam sido uma parte regular da vida da National. Ele cortou os programas de treinamento em comunicação e RH, argumentando que era uma perda de tempo e dinheiro. "Não estamos aqui para fazer as pessoas se sentirem bem", ele disse para os seus gerentes. "Se as pessoas não quiserem trabalhar, livre-se delas e encontre outras que queiram." Ele frequentemente se referia aos trabalhadores que se queixavam das mudanças na National como "bebês chorões".

Lawrence estabeleceu rígidos padrões de desempenho para seus vice-presidentes e gerentes de departamento e mandou que eles fizessem o mesmo com seus subordinados. Realizava reuniões semanais com cada gerente para analisar o desempenho do departamento e discutir problemas. Todos os empregados eram agora submetidos a análises de desempenho regulares. Qualquer trabalhador que tivesse desempenho abaixo do padrão deveria receber uma advertência e depois ser demitido se o desempenho não melhorasse dentro de duas semanas. Anteriormente gerentes e representantes eram remunerados rigorosamente em bases salariais, sendo a antiguidade o único critério para promoção; Lawrence implantou um sistema que os premiava por atingir metas de produtividade, vendas e lucro. Para aqueles que atingiam os padrões, os prêmios eram generosos, incluindo grandes abonos e gratificações, como carro da companhia, viagens aéreas de primeira classe para encontros da indústria. Aqueles que não alcançavam as metas eram criticados diante de seus colegas, para servir de exemplo, e se não se empenhassem logo em melhorar o desempenho, Lawrence não hesitava em demiti-los.

Ao final do primeiro ano de Lawrence como presidente da National, os custos da produção tinham sido reduzidos em quase 20%, enquanto a produção havia aumentado 10% e as vendas haviam aumentado em quase 10% também. Entretanto, três gerentes muito respeitados e experientes da National saíram da companhia para trabalhar com os concorrentes, e a rotatividade entre os trabalhadores da produção tinha aumentado de forma alarmante. No reduzido mercado de trabalho, os substitutos não eram facilmente encontrados. Mas o mais perturbador para Simpson foram os resultados do levantamento que ele havia encomendado a um consultor externo. O levantamento indicou que o moral da National estava assustadoramente baixo. Os trabalhadores viam seus supervisores com antagonismo e um toque de medo. Eles expressaram a crença de que os gerentes estavam obcecados por lucros e quotas e não se preocupavam absolutamente com as necessidades e sentimentos dos trabalhadores. Também notaram que a atmosfera amigável que havia feito da National um bom lugar para trabalhar havia sido substituída por um ambiente interno de competição agressiva e desconfiança.

Simpson estava satisfeito que Lawrence houvesse elevado os lucros e a produtividade da National aos padrões que Simpson Industries esperava. No entanto, estava preocupado que o moral baixo e a elevada rotatividade pudessem prejudicar a companhia em longo prazo. Será que Lawrence estava correto quanto ao fato de que muitos empregados da National pareciam apenas "bebês chorões"? Eles estavam acostumados a ser tão bem tratados por Carpenter que não desejavam fazer as mudanças necessárias para manter a empresa competitiva? Finalmente, Simpson imaginou se um espírito de competição poderia existir em uma atmosfera de camaradagem e cooperação, tal como a promovida por Carpenter.

Exercícios do Capítulo 9 — O poder da ética[105]

Estes exercícios ajudarão você a entender melhor o conceito de ética e o que ela significa para você.
1. Gaste cerca de cinco minutos respondendo individualmente as questões a seguir na coluna direita.
2. Divida a classe em grupos de quatro a seis pessoas.
3. Cada grupo deve tentar alcançar o consenso respondendo a cada uma das quatro questões. Para a questão 3, escolha um cenário para destacar. Vocês terão 20 a 40 minutos para este exercício, dependendo do instrutor.
4. Faça os grupos compartilharem suas respostas com a classe toda, depois disso o instrutor coordenará a discussão sobre ética e seu poder nos negócios.

Perguntas
1. Defina o conceito de ética em duas ou três sentenças usando as suas próprias palavras.
2. Se você fosse um gerente, como motivaria seus empregados a seguir um comportamento ético? Não use mais que duas sentenças.
3. Descreva uma situação na qual você enfrentou um dilema ético. Quais foram sua decisão e comportamento? Como você decidiu fazer isso? Você pode relacionar sua decisão a algum conceito neste capítulo?
4. O que você pensa é uma mensagem ética poderosa para outros? De onde você a tirou? Como isso irá influenciar seu comportamento no futuro?

Notas

1. Steve Hamm, "A Passion For the Planet," *BusinessWeek* (21-28 de agosto de 2006), 92–94; "Our Reason for Being," Patagonia website, http://www.patagonia.com/us/patagonia.go?assetid=2047&ln=140 (Acesso em: 8 de setembro de 2011); Geoff Colvin, "The Defiant One," *Fortune* (30 de abril de 2007), 86–92; e Jad Mouawad, "New Culture of Caution at Exxon after Valdez," *The New York Times* (12 de julho de 2010), http://www.nytimes.com/2010/07/13/business/13bpside.html (Acesso em: 8 de setembro de 2011).
2. Julia Boorstin, "Secret Recipe: J. M. Smucker," *Fortune* (12 de janeiro de 2004), 58–59.
3. Para a história de Bear Stearns e sua cultura, veja William D. Cohan, *House of Cards: A Tale of Hubris and Wretched Excess on Wall Street* (Nova York: Doubleday, 2009); Chuck Leddy, "When Wall Street Bet the House," *Boston Globe*, 28 de março de 2009, G8; e Robin Sidel e Kate Kelly, "Bear Stearns a Year Later: From Fabled to Forgotten – Bear's Name, and Culture, Fade Away After J.P. Morgan's Fire-Sale Deal," *The Wall Street Journal*, 14 de março de 2009, B1.
4. Mark C. Bolino, William H. Turnley, e James M. Bloodgood, "Citizenship Behavior and the Creation of Social Capital in Organizations," *Academy of Management Review* 27, n. 4 (2002), 505–522; e Don Cohen and Laurence Prusak, in *Good Company: How Social Capital Makes Organizations Work* (Boston: Harvard Business School Press, 2001), 3–4.
5. W. Jack Duncan, "Organizational Culture: 'Getting a Fix' on an Elusive Concept," *Academy of Management Executive* 3 (1989), 229–236; Linda Smircich, "Concepts of Culture and Organizational Analysis," *Administrative Science Quarterly* 28 (1983), 339–358; e Andrew D. Brown e Ken Starkey, "The Effect of Organizational Culture on Communication and Information," *Journal of Management Studies* 31, n. 6 (novembro de 1994), 807–828.
6. Veja Jon Katzenbach and Zia Khan, "Leading Outside the Lines," *Strategy + Business* (26 de abril de 2010), http://www.strategy-business.com/article/10204?gko=788c9 (Acesso em: 9 de setembro de 2010) para a ideia de organizações formais e informais.
7. Edgar H. Schein, "Organizational Culture," *American Psychologist* 45 (fevereiro de 1990), 109–119.
8. James H. Higgins e Craig McAllaster, "Want Innovation? Then Use Cultural Artifacts That Support It," *Organizational Dynamics* 31, n. 1 (2002), 74–84.
9. Harrison M. Trice e Janice M. Beyer, "Studying Organizational Cultures through Rites and Ceremonials," *Academy of Management Review* 9 (1984), 653–669; Janice M. Beyer e Harrison M. Trice, "How an Organization's Rites Reveal Its Culture," *Organizational Dynamics* 15 (primavera 1987), 5–24; Steven P. Feldman, "Management in Context: An Essay on the Relevance of Culture to the Understanding of Organizational Change," *Journal of Management Studies* 23 (1986), 589–607; e Mary Jo Hatch, "The Dynamics of Organizational Culture," *Academy of Management Review* 18 (1993), 657–693.
10. Esta discussão é baseada em Edgar H. Schein, *Organizational Culture and Leadership*, 2 ed. (Homewood, IL: Richard D. Irwin, 1992); e John P. Kotter e James L. Heskett, *Corporate Culture and Performance* (Nova York: Free Press, 1992).
11. Stacy Perman, "The Secret Sauce at In-N-Out Burger" (excerto de *In-N-Out Burger: A Behind-the-Counter Look at the Fast-Food Chain That Breaks All the Rules*, HarperBusiness, 2009), *BusinessWeek* (20 de abril de 2009), 68–69.
12. Larry Mallak, "Understanding and Changing Your Organization's Culture," *Industrial Management* (março – abril de 2001), 18–24.
13. Baseado em Gerry Johnson, "Managing Strategic Change– Strategy, Culture, and Action," *Long Range Planning* 25, n. 1 (1992), 28–36.
14. Para a lista completa dos vários elementos que podem ser usados para acessar ou interpretar a cultura corporativa, veja "10 Key Cultural Elements," sidebar in Micah R. Kee, "Corporate Culture Makes a Fiscal Difference," *Industrial Management* (novembro – dezembro de 2003), 16–20.
15. Gazi Islam e Michael J. Zyphur, "Rituals in Organizations: A Review and Expansion of Current Theory," *Group & Organization Management* 34, n. 1 (2009), 114–139; Trice e Beyer, "Studying Organizational Cultures through Rites and Ceremonials"; e Terrence E. Deal e Allan A. Kennedy, "Culture: A New Look through Old Lenses," *Journal of Applied Behavioral Science* 19 (1983), 498–505.
16. Leigh Buchanan, "Managing: Welcome Aboard. Now, Run!" Inc. (março de 2010), 95–96.
17. Exemplo reportado em Don Hellriegel e John W. Slocum, Jr., *Management*, 7 ed. (Cincinnati, OH: South-Western, 1996), 537.
18. Trice e Beyer, "Studying Organizational Cultures through Rites and Ceremonials."

19. Chip Jarnagan e John W. Slocum, Jr., "Creating Corporate Cultures Through Mythopoetic Leadership," *Organizational Dynamics* 36, n. 3 (2007), 288–302
20. Joanne Martin, *Organizational Culture: Mapping the Terrain* (Thousand Oaks, CA: Sage Publications, 2002), 71–72.
21. Joann S. Lublin, "Theory & Practice: Keeping Clients by Keeping Workers; Unique Efforts to Encourage Employee Loyalty Pay Off for U.K. Ad Shop Mother," *The Wall Street Journal*, 20 de novembro de 2006, B3.
22. Buchanan, "Managing: Welcome Aboard. Now, Run!"
23. "FYI: Organization Chart of the Month," Inc.(abril de 1991), 14.
24. Neal E. Boudette, "Fiat CEO Sets New Tone at Chrysler," *The Wall Street Journal Online* (19 de junho de 2009) http://online.wsj.com/article/SB124537403628329989.html?utm_source=feedburner&utm_medium=feed&utm_campaign=Feed%3A+wsj%2Fxml%2Frss%2F3_7011+%28WSJ.com%3A+What%27s+News+US%29#mod=rss_whats_news_us (Acesso em: 12 de setembro de 2011).
25. Gary Hamel com Bill Breen, *The Future of Management* (Boston: Harvard Business School Press, 2007).
26. Matt Moffett, "At InBev, a Gung-Ho Culture Rules; American Icon Anheuser, A Potential Target, Faces Prospect of Big Changes," *The Wall Street Journal*, 28 de maio de 2008, B1; e Matt Moffett, "InBev's Chief Built Competitive Culture," *The Wall Street Journal*, 13 de junho de 2008, B6.
27. Michelle Conlin, "Netflix: Flex to the Max," *BusinessWeek* (24 de setembro de 2007), 72–74
28. Johnson, "Managing Strategic Change–Strategy, Culture, and Action."
29. Jennifer A. Chatman e Sandra Eunyoung Cha, "Leading by Leveraging Culture," *California Management Review* 45, n. 4 (verão de 2003), 20–34; e Abby Ghobadian e Nicholas O'Regan, "The Link between Culture, Strategy, e Performance in Manufacturing SMEs," *Journal of General Management* 28, n. 1 (outono de 2002), 16–34.
30. James R. Detert, Roger G. Schroeder e John J. Mauriel, "A Framework for Linking Culture and Improvement Initiatives in Organizations," *Academy of Management Review* 25, n. 4 (2000), 850–863.
31. Baseado em Daniel R. Denison, *Corporate Culture and Organizational Effectiveness* (Nova York: Wiley, 1990), 11–15; Daniel R. Denison e Aneil K. Mishra, "Toward a Theory of Organizational Culture and Effectiveness," *Organization Science* 6, n. 2 (março–abril de 1995), 204–223; R. Hooijberg e F. Petrock, "On Cultural Change: Using the Competing Values Framework to Help Leaders Execute a Transformational Strategy," *Human Resource Management* 32 (1993), 29–50; e R. E. Quinn, *Beyond Rational Management: Mastering the Paradoxes and Competing Demands of High Performance* (San Francisco: Jossey-Bass, 1988).
32. Moffett, "InBev's Chief Built Competitive Culture."
33. Janet Wiscombe, "SAS," *Workforce Management* (outubro de 2010), 36–38; e "100 Best Companies to Work For 2011: SAS," *Fortune*, http://money.cnn.com/magazines/fortune/bestcompanies/2011/snapshots/1.html (Acesso em: 12 de setembro de 2011).
34. Rekha Balu, "Pacific Edge Projects Itself," *Fast Company* (outubro de 2000), 371–381.
35. Bernard Arogyaswamy e Charles M. Byles, "Organizational Culture: Internal and External Fits," *Journal of Management* 13 (1987), 647–659.
36. Paul R. Lawrence e Jay W. Lorsch, *Organization and Environment* (Homewood, IL: Irwin, 1969).
37. Scott Kirsner, "Designed for Innovation," *Fast Company* (novembro de 1998), 54, 56.
38. Chatman e Cha, "Leading by Leveraging Culture"; e Jeff Rosenthal e Mary Ann Masarech, "High-Performance Cultures: How Values Can Drive Business Results," *Journal of Organizational Excellence* (primavera de 2003), 3–18.
39. Ghobadian e O'Regan, "The Link between Culture, Strategy and Performance"; G. G. Gordon e N. DiTomaso, "Predicting Corporate Performance from Organizational Culture," *Journal of Management Studies* 29, n. 6 (1992), 783–798; e G. A. Marcoulides e R. H. Heck, "Organizational Culture and Performance: Proposing e Testing a Model," *Organization Science* 4 (1993), 209–225.
40. John P. Kotter and James L. Heskett, *Corporate Culture and Performance* (Nova York: The Free Press, 1992); e Kee, "Corporate Culture Makes a Fiscal Difference."
41. Tressie Wright Muldrow, Timothy Buckley e Brigitte W. Schay, "Creating High-Performance Organizations in the Public Sector," *Human Resource Management* 41, n. 3 (outono de 2002), 341–354.
42. Liz Robbins, "Embattled BP Chief Takes In Yacht Race," *The New York Times*, 20 de junho de 2010, A20; Sarah Lyall, "In BP's Record, A History of Boldness and Blunders," *The New York Times*, 13 de julho de 2010, A1; e Guy Chazan, "BP's Safety Drive Faces Rough Road," *The Wall Street Journal*, 1 de fevereiro de 2011, A1.
43. Kotter e Heskett, *Corporate Culture and Performance*.
44. "Core Value: Teamwork," trecho em Leigh Buchanan, "2011 Top Small Company Workplaces: Core Values," Inc. (junho de 2011), 60–74; e "Our Story," Menlo Innovations website, http://www.menloinnovations.com/our-story/history and http://www.menloinnovations.com/our-story/culture (Acesso em: 12 de setembro de 2011).
45. Robert W. Clement, "Just How Unethical Is American Business?" *Business Horizons* 49 (2006), 313–327.
46. David Carr, "Troubles That Money Can't Dispel," *The New York Times*, 18 de julho de 2011, B1.
47. Mike Esterl, "Executive Decision: In Germany, Scandals Tarnish Business Elite," *The Wall Street Journal*, 4 de março de 2008, A1; e Martin Fackler, "The Salaryman Accuses," *The New York Times*, 7 de junho de 2008, C1.
48. Gordon F. Shea, *Practical Ethics* (Nova York: American Management Association, 1988); Linda K. Treviño, "Ethical Decision Making in Organizations: A Person–Situation Interactionist Model," *Academy of Management Review* 11 (1986), 601–617; e Linda Klebe Treviño e Katherine A. Nelson, *Managing Business Ethics: Straight Talk about How to Do It Right*, 2 ed. (Nova York: John Wiley & Sons Inc., 1999).
49. Esta discussão de fontes de ética individual é baseada em Susan H. Taft e Judith White, "Ethics Education: Using Inductive Reasoning to Develop Individual, Group, Organizational, and Global Perspectives," *Journal of Management Education* 31, n. 5 (outubro de 2007), 614–646.
50. James B. Stewart, "Bribery, But Nobody Was Charged," *The New York Times*, 25 de junho de 2011, B1.
51. Dawn-Marie Driscoll, "Don't Confuse Legal and Ethical Standards," *Business Ethics* (julho – agosto de 1996), 44.
52. LaRue Tone Hosmer, *The Ethics of Management*, 2 ed. (Homewood, IL: Irwin, 1991).
53. Brian Griffiths, "Markets Can't Be Improved by Rules, Only by Personal Example," *The Times*, 9 de abril de 2009, 30.
54. Alguns desses incidentes são de Hosmer, *The Ethics of Management*.
55. Linda K. Treviño e Katherine A. Nelson, *Managing Business Ethics: Straight Talk about How to Do It Right* (Nova York: John Wiley & Sons, Inc., 1995), 4.
56. N. Craig Smith, "Corporate Social Responsibility: Whether or How?" *California Management Review* 45, n. 4 (verão de 2003), 52–76; e Eugene W. Szwajkowski, "The Myths and Realities of Research on Organizational Misconduct," in James E. Post, ed., *Research in Corporate Social Performance and Policy*, vol. 9 (Greenwich, CT: JAI Press, 1986), 103–122.

57. Reportado in Beckey Bright, "How More Companies Are Embracing Social Responsibility as Good Business," *The Wall Street Journal*, 10 de março de 2008, R3.
58. Sarah E. Needleman, "The Latest Office Perk: Getting Paid to Volunteer," *The Wall Street Journal*, 29 de abril de 2008, D1; "Habitat for Humanity," Whirlpool Corporation website, http://www.whirlpoolcorp.com/responsibility/building_communities/habitat_for_humanity.aspx (Acesso em: 13 de setembro de 2011); Bruce Horovitz, "Pepsi Is Dropping Out of Schools Worldwide by 2012," *USA Today* (16 de março de 2011), http://www.usatoday.com/money/industries/food/2010-03-16-pepsicutsschoolsoda_N.htm (Acesso em: 13 de setembro de 2011); Kate O'Sullivan, "Virtue Rewarded," *CFO* (outubro de 2006), 46–52.
59. Michael E. Porter e Mark R. Kramer, "Creating Shared Value: How to Reinvent Capitalism–and Unleash a Wave of Innovation and Growth," *Harvard Business Review* (janeiro – fevereiro de 2011), 62–77.
60. Ibid.
61. Geoffrey B. Sprinkle e Laureen A. Maines, "The Benefits and Costs of Corporate Social Responsibility," *Business Horizons* 53 (2010), 445–453; O'Sullivan, "Virtue Rewarded"; Bright, "How More Companies Are Embracing Social Responsibility as Good Business"; e Oliver Falck e Stephan Heblich, "Corporate Social Responsibility: Doing Well By Doing Good," *Business Horizons* 50 (2007), 247–254.
62. Pesquisa feita pelo Grupo de Alerta de Sustentabilidade em "What Regional Leaders in the Middle East Think About Corporate Social Responsibility," reportado em "75 Percent of Business Leaders Believe That CSR Grows Business," *Al Bawaba*, 31 de maio de 2010.
63. Estudo reportado em B. Eisingerich e Gunjan Bhardwaj, "Does Social Responsibility Protect the Company Name?" *National Post*, 31 de maio de 2011, FP7.
64. Philipp Schreck, "Reviewing the Business Case for Corporate Social Responsibility: New Evidence and Analysis," *Journal of Business Ethics* (outubro de 2011), 167–188; Curtis C. Verschoor e Elizabeth A. Murphy, "The Financial Performance of Large U.S. Firms and Those with Global Prominence: How Do the Best Corporate Citizens Rate?" *Business and Society Review* 107, n. 2 (outubro de 2002), 371–381; Homer H. Johnson, "Does It Pay to Be Good? Social Responsibility and Financial Performance," *Business Horizons* (novembro – dezembro de 2003), 34–40; Quentin R. Skrabec, "Playing By the Rules: Why Ethics Are Profitable," *Business Horizons* (setembro – outubro de 2003), 15–18; Marc Gunther, "Tree Huggers, Soy Lovers, and Profits," *Fortune* (23 de junho de 2003), 98–104; e Dale Kurschner, "5 Ways Ethical Business Creates Fatter Profits," *Business Ethics* (março – abril de 1996), 20–23. Veja também vários outros estudos reportados em Lori Ioannou, "Corporate America's Social Conscience," *Fortune*, special advertising section (26 de maio de 2003), S1–S10.
65. Verschoor e Murphy, "The Financial Performance of Large U.S. Firms."
66. Phred Dvorak, "Theory & Practice: Finding the Best Measure of 'Corporate Citizenship,'" *The Wall Street Journal*, 2 de julho de 2007, B3; and Gretchen Morgenson, "Shares of Corporate Nice Guys Can Finish First," *The New York Times*, 27 de abril de 2003, Seção 3, 1.
67. Sprinkle e Maines, "The Benefits and Costs of Corporate Social Responsibility"; e Daniel W. Greening e Daniel B. Turban, "Corporate Social Performance as a Competitive Advantage in Attracting a Quality Workforce," *Business and Society* 39, n. 3 (setembro de 2000), 254.
68. Needleman, "The Latest Office Perk."
69. Christopher Marquis, "Doing Well and Doing Good," *The New York Times*, 13 de julho de 2003, Seções 3, 2; e Joseph Pereira, "Career Journal: Doing Good and Doing Well at Timberland," *The Wall Street Journal*, 9 de setembro de 2003, B1.
70. Reportado em Needleman, "The Latest Office Perk."
71. "The Socially Correct Corporate Business," trecho em Leslie Holstrom e Simon Brady, "The Changing Face of Global Business," *Fortune*, special advertising section (24 de julho de 2000), S1–S38.
72. Remi Trudel e June Cotte, "Does Being Ethical Pay?" *The Wall Street Journal*, 12 de maio de 2008, R4.
73. *Corporate Ethics: A Prime Business Asset* (Nova York: The Business Round Table, fevereiro de 1988).
74. Treviño e Nelson, *Managing Business Ethics*, 201.
75. Gary R. Weaver, Linda Klebe Treviño e Bradley Agle, "'Somebody I Look Up To': Ethical Role Models in Organizations," *Organizational Dynamics* 34, n. 4 (2005), 313–330; Andrew W. Singer, "The Ultimate Ethics Test," *Across the Board* (março de 1992), 19–22; Ronald B. Morgan, "Self and Co-Worker Perceptions of Ethics and Their Relationships to Leadership and Salary," *Academy of Management Journal* 36, n. 1 (fevereiro de 1993), 200–214; e Joseph L. Badaracco Jr. e Allen P. Webb, "Business Ethics: A View from the Trenches," *California Management Review* 37, n. 2 (inverno de 1995), 8–28.
76. Esta definição é baseada em Robert J. House, Andre Delbecq, e Toon W. Taris, "Value Based Leadership: An Integrated Theory and an Empirical Test" (working paper).
77. Stephanie Armour, "CEO Helps People Keep Their Homes; That's CitiMortgage Chief's Personal Goal," *USA Today*, 27 de abril de 2009, B4; Ruth Simon, "Citi to Allow Jobless to Pay Less on Mortgages for a Time," *The Wall Street Journal Europe*, 4 de março de 2009, 17; e Sanjiv Das, "Viewpoint: Early Intervention Can Stem Foreclosures," *American Banker* (10 de dezembro de 2008), 11.
78. Como citado em Arkadi Kuhlmann, "Culture-Driven Leadership," Ivey Business Journal (março – abril de 2010), http://www.iveybusinessjournal.com/topics/leadership/culturedriven-leadership (Acesso em: 13 de setembro de 2011).
79. Thomas J. Peters e Robert H. Waterman, Jr., *In Search of Excellence* (Nova York: Harper & Row, 1982); e Kuhlmann, "Culture-Driven Leadership."
80. Carol Hymowitz, "CEOs Must Work Hard to Maintain Faith in the Corner Office" (In the Lead column), *The Wall Street Journal*, 9 de julho de 2002, B1.
81. Baseado em Weaver et al., "'Somebody I Look Up To.'"
82. Alan Yuspeh, "Do the Right Thing," CIO (1 de agosto de 2000), 56–58.
83. Treviño e Nelson, *Managing Business Ethics*, 212.
84. Beverly Geber, "The Right and Wrong of Ethics Offices," *Training* (outubro de 1995), 102–118.
85. Janet P. Near e Marcia P. Miceli, "Effective Whistle-Blowing," *Academy of Management Review* 20, n. 3 (1995), 679–708.
86. Jene G. James, "Whistle-Blowing: Its Moral Justification," em Peter Madsen e Jay M. Shafritz, eds., *Essentials of Business Ethics* (Nova York: Meridian Books, 1990), 160–190; e Janet P. Near, Terry Morehead Dworkin e Marcia P. Miceli, "Explaining the Whistle-Blowing Process: Suggestions from Power Theory and Justice Theory," *Organization Science* 4 (1993), 393–411.
87. Christine Seib e Alexandra Frean, "Lehman Whistleblower Lost Job Month After Speaking Out," *The Times*, 17 de março de 2010.
88. "Setting the Standard," Lockheed Martin's website, http://www.lockheedmartin.com/exeth/html/code/code.html (Acesso em: 7 de agosto de 2001).
89. Katharina Bart, "UBS Lays Out Employee Ethics Code," *The Wall Street Journal* (12 de janeiro de 2010), http://online.wsj.com/article/SB10001424052748704586504574653901865050062.html?KEYWORDS=%22Ubs+lays+out+employee+ethics+code%22 (Acesso em: 15 de janeiro de 2010).

90. Carl Anderson, "Values-Based Management," *Academy of Management Executive* 11, n. 4 (1997), 25–46.
91. Ronald E. Berenbeim, *Corporate Ethics Practices* (Nova York: The Conference Board, 1992).
92. James Weber, "Institutionalizing Ethics into Business Organizations: A Model and Research Agenda," *Business Ethics Quarterly* 3 (1993), 419–436.
93. Mark Henricks, "Ethics in Action," *Management Review* (janeiro de 1995), 53–55; Dorothy Marcic, *Management and the Wisdom of Love* (San Francisco: Jossey-Bass, 1997); e Beverly Geber, "The Right and Wrong of Ethics Offices," *Training* (outubro de 1995), 102–118.
94. Susan J. Harrington, "What Corporate America Is Teaching about Ethics," *Academy of Management Executive* 5 (1991), 21–30.
95. Jerry G. Kreuze, Zahida Luqmani e Mushtaq Luqmani, "Shades of Gray," *Internal Auditor* (abril de 2001), 48.
96. David Scheer, "For Your Eyes Only; Europe's New HighTech Role: Playing Privacy Cop to the World," *The Wall Street Journal* (10 de outubro de 2003), A1, A16; John W. Miller, "Yahoo Cookie Plan in Place," *The Wall Street Journal* (19 de março de 2011), http://online.wsj.com/article/SB1000142 4052 748703512404576208700813815570.html (Acesso em: 13 de setembro de 2011); e Jennifer Valentino-Devries e Emily Steel, "'Cookies' Cause Bitter Backlash," *The Wall Street Journal*, setembro de 2010, B1.
97. S. C. Schneider, "National vs. Corporate Culture: Implications for Human Resource Management," *Human Resource Management* (verão de 1988), 239; e Terence Jackson, "Cultural Values and Management Ethics: A 10-Nation Study," *Human Relations* 54, n. 10 (2001), 1267–1302.
98. Vijay Govindarajan, reportado em Gail Dutton, "Building a Global Brain," *Management Review* (maio 1999), 34–38.
99. K. Matthew Gilley, Christopher J. Robertson e Tim C. Mazur, "The Bottom-Line Benefits of Ethics Code Commitment," *Business Horizons* 53 (2010), 31–37.
100. Homer H. Johnson, "Corporate Social Audits – This Time Around," *Business Horizons* (maio – junho de 2001), 29–36.
101. Cassandra Kegler, "Holding Herself Accountable," *Working Woman* (maio de 2001), 13; e Louisa Wah, "Treading the Sacred Ground," *Management Review* (julho–agosto de1998), 18–22.
102. David S. Hilzenrath, "Justice Department, SEC Cracking Down on U.S. Companies Engaging in Bribery Abroad," *The Washington Post* (21 de março de 2011), http://www.washingtonpost.com/business/economy/justice-departmentsec-cracking-down-on-us-companies-engaging-in-briberyabroad/2011/03/21/ABMlMXLB_story.html (Acesso em: 24 de março de 2011); Andrew E. Kramer, "Ikea Fires 2 Officials in Russia Bribe Case," *The New York Times* (16 de fevereiro de 2010), http://www.nytimes.com/2010/02/16/business/ global/16ikea.html (Acesso em: 13 de setembro de 2011); e Ellen Byron, "Avon Bribe Investigation Widens," *The Wall Street Journal*, 5 de maio de 2011, B1.
103. Copyright 1996 by Dorothy Marcic. Todos os direitos reservados.
104. Baseado em Gary Yukl, "Consolidated Products," em *Liderança nas Organizações*, 4. ed. (Englewood Cliffs, NJ: Prentice-Hall, 1998), 66–67; John M. Champion 3 John H. James, "Implementing Strategic Change," in *Critical Incidents in Management: Decision and Policy Issues*, 6. ed. (Homewood, IL: Irwin, 1989), 138–140; e William C. Symonds, "Where Paternalism Equals Good Business," *Business Week* (20 de julho de 1998), 16E4, 16E6.
105. Adaptado de Dorothy Marcic de Allayne Barrilleaux Pizzolatto's "Ethical Management: An Exercise in Understanding Its Power," *Journal of Management Education* 17, n. 1 (fevereiro de 1993), 107–109.

Capítulo 10

Inovação e mudança

Objetivos de aprendizagem
Após a leitura deste capítulo, você estará apto a:
1. Descrever os tipos de mudança estratégica.
2. Explicar os elementos necessários para uma mudança organizacional bem-sucedida.
3. Entender as técnicas para encorajar mudanças tecnológicas.
4. Discutir o modelo de coordenação horizontal para novos produtos.
5. Demonstrar como a velocidade da inovação proporciona a vantagem competitiva.
6. Descrever a abordagem de núcleo dual para a mudança organizacional.
7. Explicar as técnicas para provocar a mudança cultural nas organizações.
8. Compreender as barreiras para a mudança e técnicas para superar a resistência.

O papel estratégico da mudança
  Inovar ou perecer • Tipos estratégicos de mudança
Elementos para uma mudança bem-sucedida
Mudança tecnológica
  A abordagem ambidestra • Técnicas para encorajar mudanças tecnológicas
Novos produtos e serviços
  O índice de sucesso do novo produto • Razões para o sucesso de um novo produto • Modelo de coordenação horizontal • Alcançando a vantagem competitiva: a exigência da rapidez
Estratégia e mudança estrutural
  A abordagem de núcleo dual • Projeto da organização para implementar mudança na gestão
Mudança cultural
  Forças para a mudança cultural • Intervenções do desenvolvimento organizacional em mudanças culturais
Estratégias para implementação da mudança
  Liderança para mudança • Barreiras para a mudança • Técnicas de implementação • Técnicas para superar a resistência
Fundamentos do projeto

Antes de ler este capítulo, verifique se você concorda ou discorda de cada uma das seguintes declarações:

GESTÃO POR PERGUNTAS DE PROJETO

1 O aspecto mais importante para a criação de uma empresa inovadora é exigir que as pessoas proponham novas ideias.

CONCORDO _____   DISCORDO _____

2 Perguntar aos clientes o que eles querem é a melhor forma de criar novos produtos que serão bem-sucedidos no mercado.

CONCORDO _____   DISCORDO _____

3 Mudar a cultura da empresa é provavelmente uma das funções mais difíceis que um gestor pode exercer.

CONCORDO _____   DISCORDO _____

Denise Chudy é líder de uma equipe de vendas do Google e Aaron Lichtig é um gerente de marca da Procter & Gamble (P&G), mas recentemente os dois têm passado muito tempo juntos. Eles estão entre as duas dezenas ou mais de funcionários do Google e da P&G envolvidos em um programa de troca de funções, em que eles participam dos programas de treinamento profissional uns dos outros e de reuniões de negócios de alto nível. Qual é o objetivo? A estratégia de troca de funções consiste inteiramente em estimular a inovação. A P&G, uma das empresas de maior sucesso do mundo em marketing tradicional, sabe que precisa de novas abordagens para alcançar uma nova geração de consumidores, enquanto o Google sabe que precisa encontrar melhores formas de aproveitar o investimento em publicidade de empresas grandes e tradicionais como a P&G.[1]

Toda empresa enfrenta um desafio em acompanhar as mudanças no ambiente externo. Novas descobertas, novas invenções e novas abordagens rapidamente substituem as formas padronizadas de fazer as coisas. Saltos tremendos na tecnologia revolucionaram a maneira que vivemos. Muitos de nós enviam mensagens de textos, comunicamo-nos pelo twitter e fazemos amizade com pessoas *on-line* com mais frequência do que interagimos com elas face a face. O ritmo da mudança revela-se no fato de que os pais dos estudantes em idade escolar da atualidade cresceram sem iPods, redes sociais, sistemas de posicionamento global, Kindles, *streaming* de vídeo e até mesmo a internet. Quando adolescentes, eles não poderiam conceber a ideia de se comunicar instantaneamente com pessoas de todo o mundo, levar todas as suas músicas favoritas aonde quer que fossem, ou fazer o *download* de um livro inteiro para um dispositivo tão pequeno quanto um bloco de notas. Os setores de alta tecnologia parecem mudar a cada nanossegundo, de modo que empresas como Apple, Google, Facebook, Intel e Twitter estão inovando continuamente para manter-se em alta. Porém, atualmente, empresas de todos os setores enfrentam pressões maiores para a inovação. Organizações como Procter & Gamble, Tata Group, Walmart, Sony e McDonald's estão buscando qualquer vantagem em inovação que possam encontrar. Bob Jordon, chefe de tecnologia e estratégia da Southwest Airlines, falou para os gestores de todo o mundo ao dizer "Temos de inovar para sobreviver".[2]

Objetivo deste capítulo

Este capítulo examina detalhadamente como as organizações mudam e como os administradores dirigem o processo de inovação e mudança. Primeiro, analisamos as forças motrizes de uma necessidade de mudança nas organizações de hoje. A próxima seção descreve os quatro tipos de mudanças – tecnológicas, de produto, de estrutura e de pessoas – que estão ocorrendo nas organizações e como administrar as mudanças com sucesso. O capítulo, então, descreve a estrutura organizacional e a abordagem gerencial para facilitar cada tipo de mudança. São também abordadas as técnicas de gerenciamento para influenciar tanto a criação como a implementação da mudança. A seção final do capítulo analisa as barreiras à mudança e as técnicas de implementação que os gestores podem utilizar para superar a resistência.

O papel estratégico da mudança

Se existe um tema ou lição que emerge dos capítulos anteriores é que as organizações devem ser ágeis para acompanhar as mudanças que acontecem ao seu redor. As grandes empresas devem encontrar meios para agir como as organizações pequenas e flexíveis. As indústrias precisam realizar grandes esforços para adquirir tecnologias novas de produção digitais e as empresas de serviço, novas tecnologias de informação (TI). As organizações atuais devem manter-se em posição de inovação contínua, não somente para prosperar, mas para, ao menos sobreviver em um mundo de mudanças disruptivas e com alto grau de competição.

Inovar ou perecer

Conforme ilustrado na Figura 10.1, uma série de forças ambientais impulsionam essa necessidade de uma importante mudança organizacional.[3] Forças poderosas associadas ao progresso da tecnologia, integração econômica internacional, condições econômicas em transformação e dívida soberana, além do poder crescente dos países árabes e das nações BRIC (Brasil, Rússia, Índia e China), provocaram uma economia globalizada incerta que afeta todas as empresas, da maior à menor, criando mais ameaças e também mais oportunidades.

De acordo com a Figura 10.1, o ambiente cria demandas para três tipos de mudança.[4] A *mudança episódica* (em contraposição à mudança contínua) é algo com que muitos gestores de longa data estão acostumados. Esse tipo de mudança ocorre ocasionalmente, com períodos de relativa estabilidade, e os gestores podem responder com mudanças técnicas, de produto ou estruturais, conforme necessário. A maioria das organizações hoje, porém, vivencia *mudanças contínuas* por causa de um ambiente que passa por rápidas transformações. Esse tipo de mudança ocorre com frequência, com períodos de estabilidade menos constantes ou mais curtos. Os gestores aceitam a mudança como um processo organizacional contínuo, utilizando pesquisa e desenvolvimento (P&D) para construir um fluxo de novos produtos e serviços, a fim de atender às necessidades em transformação. Atualmente, em muitos setores, o ambiente tornou-se tão turbulento que os gestores se deparam com *mudanças disruptivas*. Mudanças disruptivas resultam de choques repentinos e surpresas que mudam radicalmente as regras do jogo para produtores e consumidores de um setor. Algumas mudanças disruptivas resultam de uma nova concorrência. Os CDs praticamente dizimaram a indústria dos toca-discos e, agora, o iPod da Apple e o *streaming* de música de empresas como a Europe's Spotify estão ameaçando fazer que os CDs tenham o mesmo destino. A abordagem do Netflix de fornecer filmes pelo correio e por *streaming* foi uma mudança disruptiva para a Blockbuster, que acabou falindo. O modelo de venda de livros pela internet da Amazon.com criou uma mudança disruptiva nos setores de venda de livros e editorial, e o Kindle e

Capítulo 10: Inovação e mudança

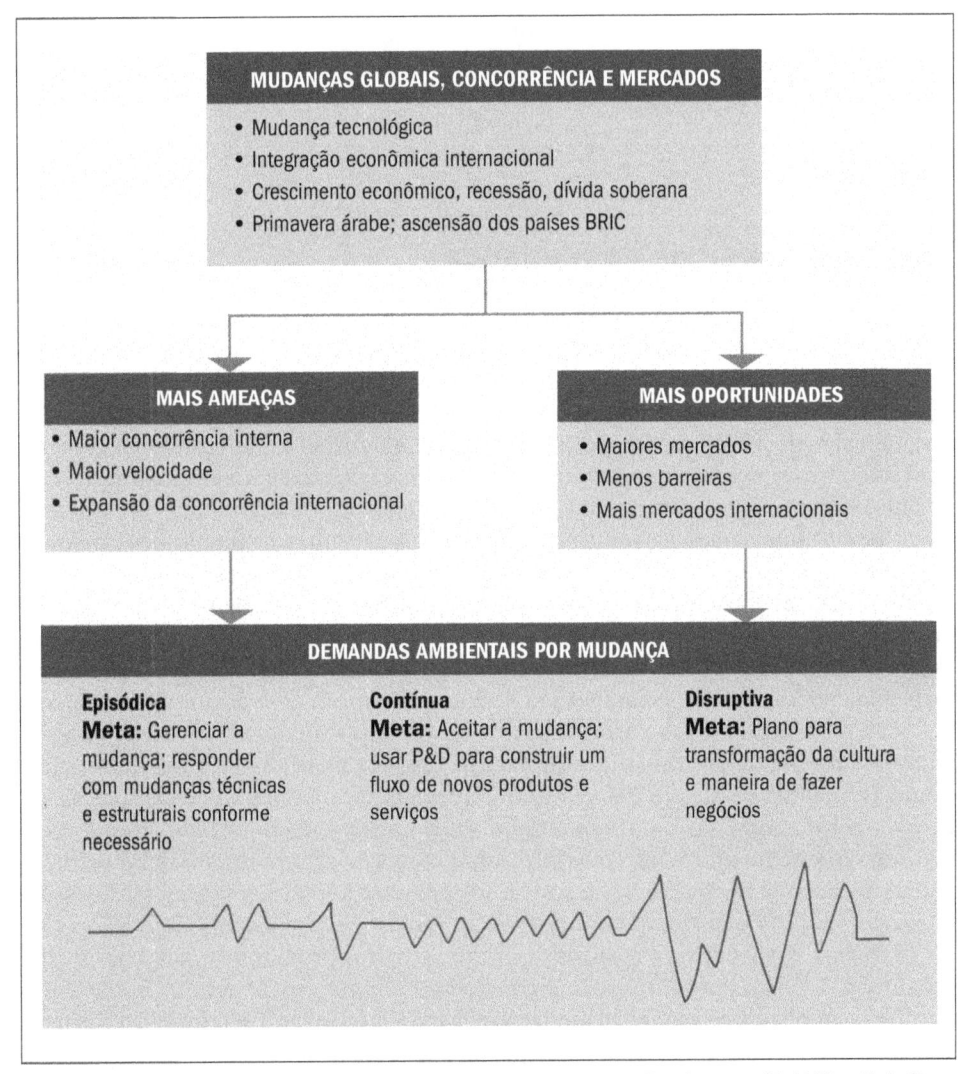

FIGURA 10.1
Forças motrizes da necessidade de uma importante mudança organizacional

MUDANÇAS GLOBAIS, CONCORRÊNCIA E MERCADOS
- Mudança tecnológica
- Integração econômica internacional
- Crescimento econômico, recessão, dívida soberana
- Primavera árabe; ascensão dos países BRIC

MAIS AMEAÇAS
- Maior concorrência interna
- Maior velocidade
- Expansão da concorrência internacional

MAIS OPORTUNIDADES
- Maiores mercados
- Menos barreiras
- Mais mercados internacionais

DEMANDAS AMBIENTAIS POR MUDANÇA

Episódica
Meta: Gerenciar a mudança; responder com mudanças técnicas e estruturais conforme necessário

Contínua
Meta: Aceitar a mudança; usar P&D para construir um fluxo de novos produtos e serviços

Disruptiva
Meta: Plano para transformação da cultura e maneira de fazer negócios

Fonte: Baseado em John P. Kotter, *The New Rules: How to Succeed in Today's Post-Corporate World* (Nova York: The Free Press, 1995); e Joseph McCann, "Organizational Effectiveness: Changing Concepts for Changing Environments," *Human Resource Planning* 27, n. 1 (2004), 42–50.

outros *e-readers* estão impulsionando ainda mais essa perturbação de mercado.[5] Mudanças disruptivas também podem resultar de desastres naturais e causados pelo homem, tais como o terremoto e o tsunami no Japão, os atentados terroristas de 11 de setembro de 2001 nos Estados Unidos ou a crise hipotecária e o colapso no setor de serviços financeiros. Quando uma organização enfrenta uma mudança disruptiva, os dirigentes muitas vezes devem planejar uma transformação total na cultura da empresa e na forma de fazer negócios.

Para a maioria das empresas, a norma hoje é mudança, e não estabilidade. Outrora a mudança ocorria raramente e de forma incremental, ao passo que hoje é dramática e constante. Um ingrediente-chave do sucesso de empresas como a Hyundai, Coca-Cola, Amazon, Samsung Electronics e o Tata Group, empresa indiana em rápido crescimento, tem sido a paixão por aceitar e criar a mudança. A cada ano, a *BusinessWeek* publica uma lista das 50 Empresas mais inovadoras e essas empresas ficaram entre as 25 primeiras na lista mais recente. A lista nomeou as organizações a seguir como as dez empresas mais inovadoras do mundo:[6]

1. Apple
2. Google
3. Microsoft
4. IBM
5. Toyota
6. Amazon
7. LG Electronics
8. BYD (a primeira empresa chinesa a compor a lista)
9. General Electric
10. Sony

Tipos estratégicos de mudança

Os dirigentes podem enfocar quatro tipos de mudança dentro das organizações para alcançar um avanço estratégico. Esses quatro tipos de mudança são os seguintes: tecnologia, produtos e serviços, estratégia e estrutura e cultura. A liderança e a visão organizacional, de modo geral, foram abordadas no Capítulo 3 e no capítulo anterior, que aborda a cultura corporativa. Esses fatores fornecem um contexto geral no qual os quatro tipos de mudança servem como instrumentos para alcançar uma vantagem competitiva no ambiente internacional. Cada empresa tem uma configuração única de produtos e serviços, estratégia e estrutura, cultura e tecnologias que pode ser concentrada para um impacto máximo sobre os mercados escolhidos.[7]

As **mudanças tecnológicas** são transformações no processo de produção de uma organização, incluindo sua base de conhecimento e habilidade, que a torna capaz de uma competência própria. Essas mudanças são projetadas para tornar a produção mais eficiente ou para aumentar o seu volume. Alterações em tecnologia envolvem técnicas para fabricar produtos ou realizar serviços e incluem métodos, equipamentos e um fluxo de trabalho. Por exemplo, a Hammond's Candies economiza centenas de milhares de dólares por ano implementando mudanças tecnológicas sugeridas pelos funcionários. Um exemplo foi o ajuste feito no mecanismo de uma máquina que reduziu o número de funcionários necessários em uma linha de montagem de cinco para quatro. Outra ideia foi uma nova maneira de embalar bastões doces que evitaria que eles quebrassem enquanto estivessem a caminho das lojas.[8]

Mudanças nos produtos e serviços dizem respeito aos produtos ou serviços de uma organização. Novos produtos incluem pequenas adaptações de produtos existentes ou linhas de produtos inteiramente novos. Novos produtos e serviços são normalmente desenvolvidos para aumentar a participação de mercado ou para desenvolver novos mercados ou clientes. Para expandir a participação de mercado, a chinesa BYD (sigla para *build your dreams* – construa seus sonhos) apresentou um novo carro híbrido que pode ser recarregado conectando-o a uma tomada doméstica padrão, bem como um carro totalmente elétrico construído em parceria com a alemã Daimler. A BYD tem vendido carros convencionais movidos a gasolina principalmente na China há 15 anos, mas agora está vendendo tanto carros elétricos quanto híbridos nos Estados Unidos e na Europa.[9] Um exemplo de um novo serviço desenvolvido para atingir novos mercados e clientes vem da indiana Tata Consultancy Services. O serviço da empresa mKrishi fornece informações sobre o clima e aconselhamento sobre colheitas a agricultores na zona rural da Índia por celular. O serviço reúne tecnologias existentes, tais como sensores remotos, mensagens de texto ativadas por voz e telefones com câmera em uma nova forma de atender a um novo mercado.[10]

Mudanças estratégicas e estruturais dizem respeito ao domínio administrativo de uma organização. O domínio administrativo envolve a supervisão e a gestão da organização. Essas alterações incluem mudanças na estrutura, no gerenciamento estratégico, nas políticas, nos sistemas de premiação, nas relações trabalhistas, nos métodos de coordenação, nos sistemas de informações e de controle gerencial, contabilidade e orçamento. Mudanças de estratégia, estrutura e sistemas são realizadas, em geral, de cima para baixo – isto é, comandadas pela alta gerência – enquanto as mudanças de produto e de tecnologia podem frequentemente vir de baixo para cima. Na StockPot, uma divisão dentro da Campbell Soup Company que produz sopas refrigeradas frescas para a indústria de serviços alimentícios, o ex-gerente geral Ed Carolan e sua equipe de gestão mudaram a estratégia a fim de se concentrar

ANOTAÇÕES

Como administrador de uma organização, tenha esta diretriz em mente:

Reconheça que os quatro tipos de mudança são interdependentes e que as mudanças em uma área muitas vezes exigem mudanças em outras.

Capítulo 10: Inovação e mudança

mais em varejistas de gêneros alimentícios. Para fazer que uma estratégia tivesse sucesso, eles identificaram um conjunto de indicadores-chave para monitorar com que eficácia a empresa estava atingindo metas de custos competitivos, alta qualidade e excelência no serviço. As mudanças foram altamente eficazes para melhorar o desempenho financeiro da divisão.[11] Um exemplo de uma estrutura de cima para baixo vem da ICU Medical Inc., em que o Dr. George Lopez, fundador e CEO, tomou a decisão de implementar equipes autodirecionadas, embora alguns gestores e funcionários, a princípio, tenham odiado a ideia. Essa mudança também provou ser um sucesso em longo prazo.[12]

Mudanças culturais dizem respeito às mudanças nos valores, atitudes, expectativas, crenças, capacidades e comportamento dos empregados. As mudanças culturais referem-se à maneira como os empregados pensam; são mudanças de mentalidade e não mudanças tecnológicas, estruturais ou de produtos. O perfil a seguir descreve como Cathy Lanier está mudando a cultura do Departamento de Polícia Metropolitana de Washington, D.C.

NA PRÁTICA

Polícia Metropolitana de Washington, D.C.

"Fomos de censurar pessoas, lutar com elas e algemá-las para 'Como evitamos que essas coisas ocorram'?", disse Al Durham, assistente-chefe de polícia em Washington, D.C. Sua chefe, Cathy Lanier, assumiu o cargo de chefe de polícia com o objetivo de mudar a cultura de combate ao crime. Ela se esforçou bastante para não deixar que os supervisores e administradores ficassem entre ela e os policiais de ronda. Ela leva todos do departamento a se aproximar das pessoas envolvidas em crimes e que foram prejudicadas por eles. "Mesmo como uma policial de patrulha, se você trabalha duro, se tiver foco, você pode fazer grandes mudanças nas vidas das pessoas todos os dias", diz Lanier.

Lanier entrega seu cartão de visita (e muitas vezes o número do seu celular pessoal) para todos que encontra e ela busca o aconselhamento de pessoas nas linhas de frente do combate ao crime. "Eu odeio a cadeia de comando," diz Lanier sobre seu estilo de liderança. Ela quer se assegurar de que as pessoas dentro e fora do departamento possam levar suas preocupações, queixas ou conselhos diretamente para ela. Lanier tem sido duramente criticada por algumas de suas decisões, mas ela não se importa. As metas com as quais ela se preocupa estão construindo a confiança com vizinhanças locais e policiais de ronda e detendo o crime.

Alterar as atitudes e os hábitos arraigados é difícil, mas Lanier trouxe mudanças significativas para a cultura da Polícia Metropolitana ao acreditar e apoiar policiais do nível mais baixo ao mais elevado da força policial, articular valores que enfatizam a construção da confiança e prevenção do crime e ter a coragem de fazer o que ela acredita ser certo.[13]

A mudança na cultura pode ser particularmente difícil pelo fato de as pessoas não mudarem suas atitudes e crenças facilmente. A cultura foi discutida detalhadamente no capítulo anterior e nós falaremos sobre a mudança na cultura em detalhes posteriormente neste capítulo.

Os quatro tipos de mudanças são interdependentes – a mudança em um tipo, frequentemente, implica a mudança em outro. Um novo produto pode exigir mudanças na tecnologia de produção, ou uma mudança na estrutura pode exigir novas habilidades dos empregados. Por exemplo, quando a Shenandoah Life Insurance Company adquiriu novas tecnologias de computação para processar os pedidos de pagamento de seguro, a tecnologia não foi totalmente utilizada até que os funcionários fossem reestruturados em equipes de cinco a sete membros, que eram compatíveis com a tecnologia. A mudança estrutural foi uma consequência da mudança tecnológica. As organizações são sistemas interdependentes e mudar uma parte frequentemente tem implicações sobre as suas outras partes.

Elementos para uma mudança bem-sucedida

Independentemente do tipo ou escopo da mudança, existem estágios identificáveis de inovação, que geralmente ocorrem como uma sequência de eventos, embora os estágios da inovação possam se sobrepor.[14] Na literatura de pesquisa sobre inovação, a **mudança organizacional** é considerada a adoção de uma nova ideia ou comportamento por uma organização.[15] A **inovação organizacional**, em contrapartida, é a adoção de uma ideia ou comportamento que é novo para o setor, mercado ou ambiente geral da organização.[16] A primeira organização a introduzir um novo produto é considerada a inovadora e as organizações que a copiam são consideradas aquelas que adotam mudanças. Para os propósitos de gerenciamento da mudança, entretanto, os termos *inovação* e *mudança* serão usados como sinônimos em razão de o **processo de mudança** dentro das organizações tender a ser idêntico, não importando se a mudança foi anterior ou posterior em relação às outras organizações no ambiente. Em geral, as inovações são assimiladas pelas organizações por meio de uma série de passos ou elementos. Os membros da organização primeiro tornam-se conscientes de uma possível inovação, avaliam sua adequação e, então, avaliam e escolhem a ideia.[17] Os elementos necessários da mudança bem-sucedida são resumidos na Figura 10.2. Para uma mudança ser implementada com sucesso, os gestores devem se certificar de que cada elemento ocorre na organização. Se um elemento estiver faltando, o processo de mudança falhará.

1. *Ideias*. A mudança é uma expressão externa de ideias. Nenhuma empresa pode permanecer competitiva sem novas ideias.[18] Uma ideia é uma nova forma de fazer as coisas. Pode ser um novo produto ou serviço, um novo conceito de gerenciamento ou um novo sistema de trabalhar juntos na organização. Ideias podem vir de dentro ou de fora da organização. A criatividade interna é um aspecto dramático da mudança organizacional. A **criatividade** é a geração de novas ideias que podem satisfazer necessidades percebidas ou responder às oportunidades. Por exemplo, um empregado da Boardroom Inc., uma editora de livros e boletins informativos, propôs a ideia de reduzir as dimensões dos livros da companhia em um quarto de polegada. Os gestores descobriram que o tamanho menor reduziria as tarifas de transporte e a implementação da ideia levaria a economias anuais de mais de US$500.000.[19] Algumas técnicas para estimular a criatividade interna são aumentar a diversidade dentro da organização, certificar-se de que os funcionários têm muitas oportunidades de interagir com pessoas diferentes deles mesmos, dar às pessoas tempo e liberdade para experimentação e apoiar a tomada de riscos e o aprendizado.[20] Eli Lilly, uma companhia farmacêutica com sede em Indianápolis, realiza *"festas do fracasso"* para comemorar trabalhos científicos brilhantes e eficientes que, no entanto, resultaram em fracasso. Os cientistas da companhia são encorajados a se arriscar e procurar usos alternativos para os remédios que não deram certo. O remédio para osteoporose Evista, da Lilly, era um contraceptivo que falhou. O Strattera, que trata do distúrbio de déficit de atenção/hiperatividade, tinha sido mal sucedido como antidepressivo. O Viagra, um medicamento de grande sucesso para impotência, foi originalmente desenvolvido para tratar dor no peito.[21]

2. *Necessidade*. As ideias geralmente não são seriamente consideradas até que haja uma necessidade de mudança perceptível. Uma necessidade perceptível para mudança ocorre quando os dirigentes veem uma distância entre o desempenho atual e o esperado pela organização. Dirigentes tentam estabelecer um sentido de urgência para que os outros entendam a necessidade de mudança. Algumas vezes, uma crise fornece um indubitável sentido de urgência. Em muitos casos, no entanto, não há crise, de modo que os gestores têm de reconhecer uma necessidade e comunicá-la aos demais.[22] Um estudo sobre a capacidade de inovação em empresas industriais, por exemplo, sugere que as organizações que incentivam uma atenção especial aos clientes e às condições de mercado e que apoiam ativamente a atividade empreendedora produzem mais ideias e são mais inovadoras.[23]

FIGURA 10.2
Sequência de elementos para uma mudança bem-sucedida

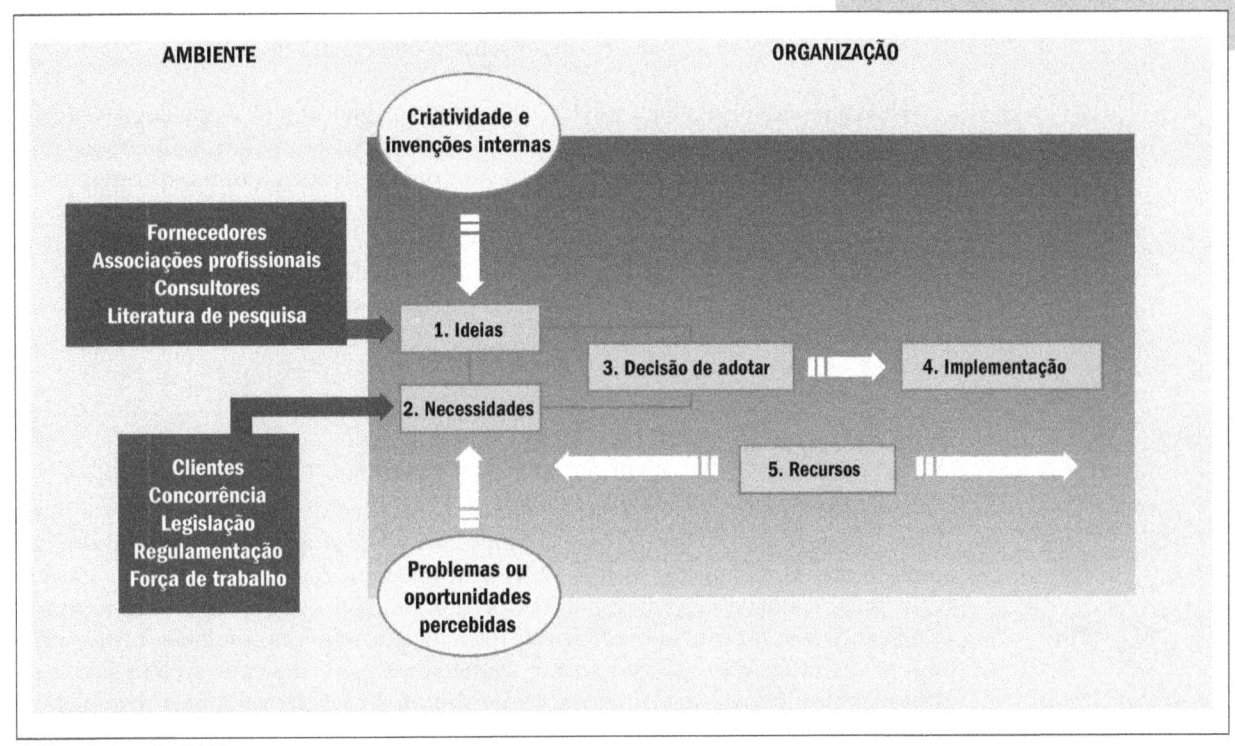

AMBIENTE — **ORGANIZAÇÃO**

- Criatividade e invenções internas
- Fornecedores / Associações profissionais / Consultores / Literatura de pesquisa → 1. Ideias
- Clientes / Concorrência / Legislação / Regulamentação / Força de trabalho → 2. Necessidades
- 3. Decisão de adotar → 4. Implementação
- 5. Recursos
- Problemas ou oportunidades percebidas

© Cengage Learning 2013

Os gestores da Walt Disney Company estão tentando criar essas condições para manter os parques temáticos da Disney relevantes para uma nova geração de visitantes com conhecimentos do mundo digital. Eles perceberam que a empresa tinha perdido o contato com os clientes de hoje, oferecendo passeios maçantes e passivos em uma era na qual as pessoas esperam por gratificação imediata e experiências personalizadas.[24]

3. *Decisão de adotar*. A decisão de adotar ocorre quando os gestores ou outros tomadores de decisão escolhem avançar com uma ideia proposta. Os gerentes-chave e empregados precisam estar de acordo em apoiar a mudança. Para uma grande mudança organizacional, a decisão pode exigir a assinatura de um documento legal pelo conselho de diretores. Para uma pequena mudança, um gerente médio ou de nível inferior pode obter a permissão de tomar a decisão de adotar uma ideia.

4. *Implementação*. A implementação ocorre quando os membros da organização utilizam realmente uma nova ideia, técnica ou comportamento. Talvez seja necessário que materiais e equipamentos sejam adquiridos e que os trabalhadores sejam treinados para utilizar a nova ideia. A implementação é um passo muito importante porque, sem ela, os passos anteriores são inúteis. A implementação de uma mudança é, com frequência, a parte mais difícil do processo de mudança. Até que as pessoas usem a nova ideia, nenhuma mudança ocorreu de fato.

5. *Recursos*. Energia e atividade humana são exigidas para fazer acontecer uma mudança. A mudança não acontece por si própria; ela requer tempo e recursos, tanto para criar como para implementar uma nova ideia. Os empregados devem canalizar energia para enxergar tanto a necessidade quanto a ideia para satisfazer essa necessidade. Alguém tem de desenvolver uma proposta e fornecer tempo e esforço para implementá-la. Muitas inovações vão além das alocações comuns do orçamento e exigem um fundo especial. Algumas companhias usam forças-tarefa,

como descrito no Capítulo 2, para focar recursos em uma mudança. Outras arranjam fundos para iniciar negócios ou para desenvolver ou expandir negócios para que os empregados com ideias promissoras possam fazer uso. Na Eli Lilly, um *blue sky fund* ("fundo de céu azul") paga pesquisadores para trabalharem em projetos que não parecem fazer sentido comercial imediato.[25]

Uma questão sobre a Figura 10.2 é especialmente importante. Necessidades e ideias são listadas simultaneamente no começo da sequência de mudança. Qualquer uma delas pode ocorrer em primeiro lugar. Muitas organizações adotaram o computador, por exemplo, porque parecia ser uma ideia promissora para melhorar a eficiência. A busca por uma vacina contra o vírus HIV, por outro lado, foi estimulada por uma necessidade urgente. Para que a mudança seja completa, quer ocorra a necessidade ou a ideia em primeiro lugar, cada um dos passos mostrados na Figura 10.2 deve ser dado até o fim.

Mudança tecnológica

No mundo dos negócios de hoje, qualquer companhia que não esteja em contínuo desenvolvimento, adquirindo ou adotando nova tecnologia, estará provavelmente fora dos negócios em poucos anos. Os gestores podem criar as condições para incentivar mudanças tecnológicas. No entanto, as organizações enfrentam uma contradição quando vão fazer uma mudança de tecnologia, porque as condições que promovem novas ideias não são geralmente as melhores para implementar tais ideias na rotina da produção. Uma organização inovadora é caracterizada pela flexibilidade e maior autonomia dos empregados e pela ausência de regras rígidas de trabalho.[26] Como já discutido neste livro, uma organização orgânica, de fluxo mais livre, está normalmente associada à mudança e é considerada a melhor forma de organização para se adaptar a um ambiente caótico. Responda o questionário da seção "Como você se encaixa no projeto?" deste capítulo para ver se você tem as características associadas à capacidade de inovação.

A flexibilidade de uma organização orgânica é atribuída à liberdade das pessoas de serem criativas e de introduzirem novas ideias. Organizações orgânicas encorajam o processo de inovação de baixo para cima. As ideias transbordam a partir dos empregados de níveis médio e baixo porque eles têm a liberdade de propor ideias e experimentar. Uma estrutura mecanicista, em contrapartida, reprime a inovação com ênfase em regras e regulamentos, mas é com frequência a melhor estrutura para produzir eficientemente produtos de rotina. O desafio para os gestores é criar condições orgânicas e mecanicistas dentro da organização para obter tanto inovação quanto eficiência. Para atingir ambos os aspectos da mudança tecnológica, muitas organizações usam uma abordagem ambidestra*.

A abordagem ambidestra

Ideias recentes têm refinado a noção de estrutura orgânica *versus* mecanicista em relação à criação inovadora *versus* utilização inovadora. Características orgânicas como a descentralização e a liberdade do empregado são excelentes para iniciar ideias; mas essas mesmas condições frequentemente tornam difícil implantar uma mudança porque os empregados provavelmente são menos propensos a obedecer.

ANOTAÇÕES

Como administrador de uma organização, tenha esta diretriz em mente:

Certifique-se de que cada mudança empreendida possui uma necessidade, ideia, decisão de adoção, estratégia de implementação e recursos definidos. Evite o fracasso por não prosseguir até que cada elemento seja contabilizado.

---

* Uma organização ambidestra lida com as tensões que são decorrentes da disponibilidade de recursos, reconcilia as estratégias que podem apontar para direções divergentes e integra os resultados esperados de *exploitation* e *exploration*. *Exploitation* tem a ver com o aumento da eficácia e desempenho dos produtos, processos e serviços existentes, por meio da reutilização do conhecimento já dominado. A exploração de novos mercados, novas tecnologias e criação de produtos, serviços e processos novos constituem a base do *exploration*. (NRT)

Como você se encaixa no projeto?

VOCÊ É INOVADOR?

Pense em sua vida atual. Indique se cada um dos itens a seguir é Verdadeiro ou Falso para você.

	Verdadeiro	Falso
1. Estou sempre buscando novas formas de fazer as coisas.	____	____
2. Considero-me criativo e original em meu pensamento e comportamento.	____	____
3. Raramente confio em novos aparelhos até ver se eles funcionam para as pessoas ao meu redor.	____	____
4. Em um grupo ou no trabalho, geralmente sou cético em relação a novas ideias.	____	____
5. Normalmente compro novos alimentos, equipamentos e outras inovações antes das outras pessoas.	____	____
6. Gosto de passar tempo experimentando coisas novas.	____	____
7. Meu comportamento influencia os outros a experimentarem coisas novas.	____	____
8. Entre meus colegas de trabalho, estarei entre os primeiros a testar uma ideia ou método novo.	____	____

Pontuação: para calcular sua pontuação na escala de *capacidade de inovação pessoal*, adicione o número de respostas Verdadeiras aos itens 1, 2, 5, 6, 7 e 8 e os de respostas Falsas aos itens 3 e 4.

Interpretação: a *capacidade de inovação pessoal* reflete a consciência de uma necessidade de inovar e uma predisposição para tentar coisas novas. A capacidade de inovação também é considerada o grau em que uma pessoa adota inovações antes de outras pessoas no grupo de colegas. Essa capacidade é considerada uma qualidade positiva para pessoas em empresas criativas, departamentos criativos, equipes de risco ou empreendimento corporativo. Uma pontuação de 6 a 8 indica que você é bastante inovador e é provavelmente a primeira pessoa a adotar mudanças. Uma pontuação de 4 a 5 sugere que você está na média ou um pouco acima da média em relação à capacidade de inovação em comparação aos demais. Uma pontuação de 0 a 3 significa que você pode preferir aquilo que é testado e comprovado e, portanto, não se empolga com novas ideias ou inovações. Como gestor, uma pontuação alta sugere que você dará ênfase à inovação e à mudança.

Fonte: com base em H. Thomas Hurt, Katherine Joseph e Chester D. Cook, "Scales for the Measurement of Innovativeness," *Human Communication Research* 4, n. 1 (1977), 58–65; e John E. Ettlie e Robert D. O'Keefe, "Innovative Attitudes, Values, and Intentions in Organizations," *Journal of Management Studies* 19, n. 2 (1982), 163–182.

Os empregados podem ignorar a inovação por causa da descentralização e de uma estrutura geralmente frouxa.

Como a organização resolve esse dilema? Uma solução é a organização utilizar uma **abordagem ambidestra** – incorporar estruturas e processos de gestão que sejam apropriados tanto para a criação quanto para a implementação da inovação.[27] Outra maneira de pensar sobre a abordagem ambidestra é analisar os elementos de projeto da organização que são importantes para a *exploração* de novas ideias *versus* os elementos de projeto que são mais apropriados para a *utilização* das capacidades atuais.[28] Exploração significa incentivar a criatividade e o desenvolvimento de novas ideias, enquanto utilização significa implementar essas ideias para produzir produtos de rotina. A organização pode ser projetada para se comportar de uma forma orgânica para explorar novas ideias e de uma forma mecanicista para analisar e usar as ideias. A Figura 10.3 ilustra como um departamento é estruturado organicamente para explorar e desenvolver novas ideias e outro é estruturado de

FIGURA 10.3
A divisão do trabalho na organização ambidestra

[Diagrama: Gerente geral → Departamento criativo (Expandir capacidades – Explorar e desenvolver novas ideias – Estrutura orgânica) e Departamento de utilização (Explorar capacidades – Aplicação rotineira de novas ideias – Estrutura mecanicista)]

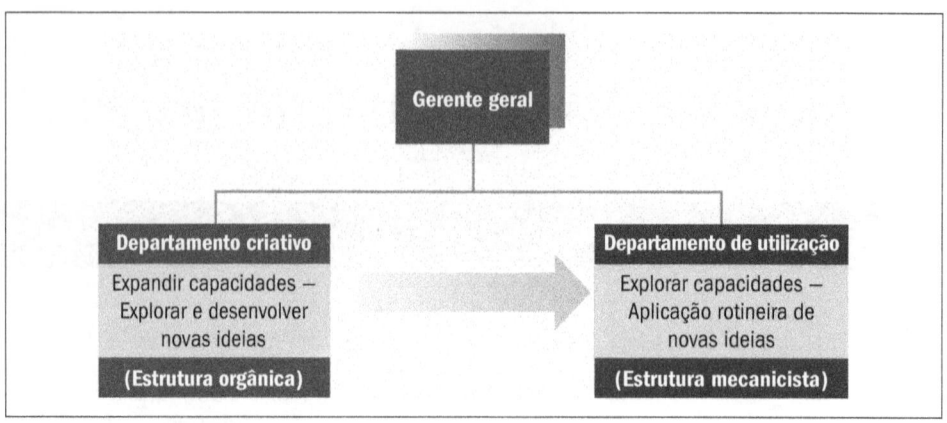

© Cengage Learning 2013

forma mecanicista para a implementação rotineira das inovações. Pesquisas indicam que as organizações que utilizam uma abordagem ambidestra, projetando para a exploração e a utilização, têm melhor desempenho e são significativamente mais bem-sucedidas em lançar produtos ou serviços inovadores.[29]

Por exemplo, um estudo de empresas japonesas estabelecidas há bastante tempo, como a Honda e a Canon, que tiveram êxito em inovações revolucionárias, constatou que essas empresas utilizam uma abordagem ambidestra.[30] Para desenvolver ideias relacionadas a uma nova tecnologia, as empresas designam equipes de funcionários jovens que não estejam arraigados na "velha maneira de fazer as coisas" para trabalharem no projeto. As equipes são chefiadas por uma pessoa mais velha e respeitada e são encarregadas de fazer o que for necessário para o desenvolvimento de novas ideias e produtos, mesmo que isso signifique quebrar regras importantes na organização maior, desde que seja para implantar essas novas ideias.

Técnicas para encorajar mudanças tecnológicas

Algumas das técnicas usadas pelas companhias para manter uma abordagem ambidestra consistem em mudar as estruturas, isolar departamentos criativos, equipes de risco (*venture teams*), empreendedorismo corporativo e equipes colaborativas.

Mudar estruturas. Mudar estruturas significa que uma organização cria uma estrutura orgânica quando essa estrutura é necessária para dar início a novas ideias.[31] Algumas das formas pelas quais as organizações mudaram as estruturas para atingir a abordagem ambidestra são as seguintes:

- A Philips Manufacturing, um fabricante de material de construção de Ohio, cria a cada ano até 150 equipes transitórias – constituídas de membros de vários departamentos – para desenvolverem ideias para melhorar os produtos e os métodos de trabalho da Philips. Após cinco dias de *brainstorming* orgânico e de resolução de problemas, a companhia reverte para uma estrutura mais mecanicista para implementar as mudanças.[32]
- Os gestores da Gardetto's, uma empresa de salgadinhos adquirida pela General Mills em 1999, enviava pequenas equipes de trabalhadores para o Rancho Eureka por dois dias e meio de "diversão e liberdade". Parte de cada dia destinava-se a brincadeiras, como batalhas com armas Nerf. Em seguida, as equipes participavam de exercícios de *brainstorming* com o objetivo de gerar a maior quantidade possível de novas ideias até o fim do dia. Após dois dias e meio, o grupo retornava à estrutura organizacional normal para colocar as melhores ideias em ação.[33]

- A fábrica Nummi, uma *joint venture* da Toyota-GM localizada em Fremont, Califórnia, que operou de 1984 a 2010, criou uma subunidade separada, organicamente organizada e multifuncional, chamada Equipe Piloto, para projetar processos de produção para novos modelos de carros e caminhões. Quando o modelo ia para a produção, os trabalhadores voltavam para seus trabalhos corriqueiros no chão de fábrica.[34]

Cada uma dessas organizações encontrou modos criativos de ser ambidestra, estabelecendo condições orgânicas para desenvolver novas ideias no meio de condições mais mecanicistas para implementar e usar essas ideias.

Departamentos criativos. Em muitas grandes organizações, o início da inovação é atribuído a **departamentos criativos** em separado.[35] Departamentos-meio, como o departamento de pesquisa e desenvolvimento (P&D), de engenharia, de projetos e de análise de sistemas, criam mudanças a serem adotadas por outros departamentos. Departamentos que iniciam mudanças são organicamente estruturados para facilitar a geração de novas ideias e técnicas. Departamentos que usam essas inovações tendem a ter uma estrutura mecanicista mais apropriada para a produção eficiente.

Um exemplo de um departamento criativo é o laboratório de pesquisa da Oksuka Pharmaceutical Company. Para conseguir o tipo de espírito criativo disposto a experimentar coisas novas e a esperar pelo inesperado, o presidente da Oksuka, Tatsuo Higuchi, diz que seus laboratórios de pesquisa "atribuem um alto valor a pessoas estranhas".[36] No entanto, no departamento que produz medicamentos, em que rotina e precisão são importantes, uma companhia farmacêutica preferiria contar com pessoas menos incomuns que se sintam confortáveis em seguir regras e procedimentos-padrão.

Outro tipo de departamento criativo é a **incubadora de ideias**, um modo cada vez mais popular de facilitar o desenvolvimento de novas ideias dentro da organização. Uma incubadora de ideias proporciona um porto seguro no qual as ideias dos funcionários de toda a organização possam ser desenvolvidas sem a interferência da burocracia ou das políticas da empresa.[37] Empresas tão diversas quanto Boeing, Adobe Systems, Yahoo!, Ziff-Davis e UPS estão utilizando incubadoras a fim de oferecer apoio ao desenvolvimento de ideias criativas.

Equipes de risco. Equipes de risco é uma técnica usada para dar liberdade à criatividade dentro das organizações. Essas equipes frequentemente recebem um local separado e facilidades para que não sejam limitadas pelos procedimentos da organização. Uma equipe de risco é como uma pequena companhia dentro de uma companhia maior. Inúmeras organizações têm utilizado o conceito de equipe de risco para libertar pessoas criativas da burocracia de uma grande corporação.[38] Mike Lawrie, CEO da companhia de software Misys sediada em Londres, por exemplo, criou uma unidade separada para a Misys Open Source Solutions, um empreendimento que se destina à criação de uma tecnologia potencialmente disruptiva no setor da saúde. Mesmo no auge da crise financeira, Lawrie protegeu a autonomia da equipe de Open Source de modo que pessoas criativas tivessem tempo e recursos para trabalhar em um novo software que cumprisse a promessa de uma troca de dados contínua entre hospitais, médicos, planos de saúde e outras partes envolvidas no sistema de saúde.[39]

Um tipo de equipe de risco é chamado de *skunkworks* (grupos "guerrilheiros").[40] Um **skunkworks** é um grupo separado, pequeno, informal, altamente anônimo e frequentemente secreto que se concentra em ideias que "arrebentem" nos negócios. O *skunkworks* original foi criado pela Lockheed Martin mais de 50 anos atrás e ainda está em operação. A essência do *skunkworks* é oferecer tempo e liberdade para pessoas excepcionalmente talentosas soltarem sua criatividade.

Uma variação do conceito de equipe de risco é o **new-venture fund** (fundo de risco), que fornece recursos financeiros para os empregados desenvolverem novas ideias, produtos ou negócios. Na Pitney Bowes, por exemplo, o programa New Business

ANOTAÇÕES

Como administrador de uma organização, tenha esta diretriz em mente:

Facilite mudanças frequentes na tecnologia interna adotando uma estrutura organizacional orgânica. Dê liberdade ao pessoal técnico para analisar os problemas e desenvolver soluções ou crie um departamento ou grupo de risco estruturado organicamente para conceber e propor novas ideias. Incentive um fluxo de ideias de baixo para cima e se certifique de que elas sejam ouvidas e colocadas em prática pela administração.

Opportunity (NBO) oferece financiamento para equipes explorarem ideias potencialmente lucrativas, mas não comprovadas. O programa NBO destina-se a gerar um canal de novos negócios para a empresa de serviços de gerenciamento postal e de documentos. De forma semelhante, a Royal Dutch Shell destina 10% de seu orçamento de P&D para o programa GameChanger, que oferece capital inicial para projetos de inovação que sejam altamente ambiciosos, radicais ou de longo prazo e que se perderiam no sistema mais amplo de desenvolvimento de produto.[41]

Empreendedorismo corporativo. O empreendedorismo corporativo tenta desenvolver um espírito, uma filosofia e uma estrutura empreendedora interna, que produzirão um número de inovações acima da média. O empreendedorismo corporativo pode envolver o uso de departamentos criativos e de novas equipes de risco, mas ele também se esforça para liberar a energia criativa de todos os funcionários na organização. As empresas mais bem-sucedidas no longo prazo são aquelas em que a inovação é uma forma cotidiana de pensamento, um processo contínuo, e não um evento isolado. A ING Direct construiu empreendedorismo na cultura corporativa. A lista de princípios orientadores da empresa inclui a diretriz "Nós nunca estaremos terminados". Os gestores querem que as pessoas sempre estejam idealizando o que vem a seguir.[42] O Google realiza centenas de pequenos experimentos a qualquer momento. A empresa lança intencionalmente produtos imperfeitos ou inacabados para testar a resposta e ter ideias de como aperfeiçoá-los.[43] Muitas inovações de sucesso começam com pequenos experimentos em vez de grandes ideias. A Dica de livro do capítulo descreve como uma inovação bem-sucedida resulta não das "epifanias dos gênios", mas, em vez disso, de um processo metódico de experimentação e aprendizado.

Um importante resultado do empreendedorismo corporativo é facilitar o surgimento de **campeões de ideias**. Eles recebem vários nomes, incluindo *defensor*, *intrapreneur* ou *agente de mudança*. Os campeões de ideias fornecem tempo e energia para fazer as coisas acontecerem. Lutam para vencer a resistência natural à mudança e convencer os outros sobre o mérito de uma nova ideia.[44] A importância do campeão de ideias é ilustrada por um fato fascinante descoberto pela Texas Instrument (TI): Quando a TI revisou 50 projetos técnicos bem-sucedidos e fracassados, descobriu que cada fracasso era caracterizado pela ausência de um campeão voluntário. Não havia ninguém que acreditasse apaixonadamente na ideia, que trabalhasse por ela enfrentando todos os obstáculos para fazê-la funcionar. A TI levou essa descoberta tão a sério que o seu critério número um para a aprovação de novos projetos técnicos é a presença de um campeão entusiasta.[45] De modo semelhante, na SRI International, uma empresa de pesquisa e desenvolvimento de contratos, os gestores usam a frase "sem campeão, sem produto, sem exceção".[46] Pesquisas confirmam que novas ideias bem-sucedidas geralmente são aquelas que são apoiadas por alguém que acredita na ideia com todo o coração e que está determinado a convencer os demais de seu valor. Numerosos estudos apoiam a importância dos campeões de ideias como um fator para o sucesso de novos produtos.[47]

As companhias encorajam os campeões de ideias fornecendo liberdade e um tempo livre fora da organização para pessoas criativas. Companhias como IBM, Texas Instruments, General Electric e 3M permitem que empregados desenvolvam novas tecnologias sem a sua aprovação. Às vezes denominada *bootlegging* (pirata), a pesquisa não autorizada geralmente paga grandes dividendos. O brinquedo educativo falante Speak & Spell foi desenvolvido "por baixo dos panos" na TI no início dos anos 1970. O produto foi um sucesso, mas o mais importante é que ele continha o primeiro *chip* de processamento de sinal digital da TI, que cresceu para se tornar um negócio enorme e altamente lucrativo quando celulares e outros dispositivos portáteis surgiram anos mais tarde.[48]

Abordagem de baixo para cima. Em sintonia com o conceito de promover o empreendedorismo corporativo, empresas inovadoras reconhecem que muitas ideias

DICA DE LIVRO 10.0 — VOCÊ JÁ LEU ESTE LIVRO?

Little Bets: How Breakthrough Ideas Emerge from Small Discoveries
Por Peter Sims

Por que algumas empresas são tão boas em criar novos produtos e serviços excelentes enquanto outras lutam para descobrir ideias inovadoras que se conectem no mercado? Em *Little Bets*, Peter Sims enfatiza que a inovação bem-sucedida não é resultado de um momento de "Eureca!" vivido por um único funcionário criativo, mas, em vez disso, é resultado de uma abordagem disciplinada de experimentação que depende de se fazer uma série de pequenas apostas. Uma pequena aposta é uma medida de baixo risco tomada para descobrir, testar e desenvolver uma ideia a um custo acessível. Pequenas apostas "começam como possibilidades criativas que são reiteradas e aperfeiçoadas ao longo do tempo e elas são especialmente valiosas ao tentar navegar em meio à incerteza, criar algo novo ou abordar problemas em aberto".

DE CHRIS ROCK ÀS FORÇAS ARMADAS DOS EUA
Sims conduziu uma pesquisa extensa acerca de alguns grandes feitos e inovações históricos, bem como da psicologia da criatividade e da área de pensamento de projeto. Ele também entrevistou ou observou dezenas de pessoas com relação a sua abordagem à criatividade e inovação, incluindo o comediante Chris Rock, o arquiteto Frank Gehry, dirigentes da Amazon, Pixar, Procter & Gamble e Google e estrategistas contra insurgências das Forças Armadas dos Estados Unidos. Sims descreve inúmeros exemplos de pequenas apostas dessas fontes, incluindo o seguinte:

- *Seja vaiado fora do palco.* Quando Chris Rock, um dos comediantes mais populares do mundo, está planejando uma nova rotina para uma turnê mundial ou uma grande apresentação, ele começa a experimentar ideias em pequenos clubes de comédia perante públicos de 40 a 50 pessoas. Rock se apresenta sem ser anunciado, fala com o público em tom de conversa e busca pistas de onde as boas ideias podem estar. A maioria das piadas que ele conta nos primeiros shows não provoca nenhuma reação e pode ser doloroso ver como Rock perde sua linha de pensamento, conta piadas incoerentes que não fazem sentido e suporta a sensação de desilusão do público. Porém, normalmente, todas as noites há algumas piadas que se mostram "ridiculamente boas". No momento em que Rock sai em turnê, ele já experimentou milhares de ideias preliminares, das quais somente algumas compõem a versão final e se tornam parte de sua rotina.

- *Utilize protótipos baratos.* O pessoal da Procter & Gamble geralmente monta às pressas ideias de produtos utilizando papelão e fita adesiva e as mostra a potenciais usuários. Eles obtêm um *feedback* melhor quando os usuários têm algo concreto que possam ver e sentir. Outras empresas também exibem versões preliminares brutas de produtos ou serviços para ver como eles funcionariam na prática ou poderiam ser recebidos no mercado.

- *Esteja disposto a entrar em becos sem saída.* Tentar coisas novas continuamente por meio de pequenas apostas é tão importante na Amazon.com que as tentativas dos funcionários entram para suas análises de desempenho. O fundador e CEO Jeff Bezos chama isso de "plantar sementes" ou "entrar em becos sem saída". Se você entra em becos sem saída, geralmente se depara com um impasse, mas isso faz parte do processo de aprendizagem crítica. Bezos e a Amazon têm sofrido críticas intensas ao longo dos anos por experimentos que falharam. Mas, ah, há aqueles que tiveram êxito! A Amazon é agora uma empresa de enorme sucesso – e ainda faz muitas pequenas apostas.

- *Mantenha sua mente bem aberta.* Ao fazer algo novo ou incerto, aceite que "raramente sabemos o que não sabemos". Muitos de nós têm sido ensinados a buscar soluções para problemas, uma abordagem que enfatiza minimizar erros e evitar o fracasso. A inovação, no entanto, depende de um processo de descoberta acerca de problemas que não compreendemos ou nem sabemos que existem. Não saber que problemas eles estavam tentando resolver foi "a situação que as Forças Armadas dos Estados Unidos tiveram de enfrentar ao confrontar rebeldes do Oriente Médio", escreveu Sims. O General H. R. McMaster e outros estrategistas contra insurgências utilizaram uma série de pequenas apostas, "fazendo coisas para descobrir o que eles deveriam fazer".

TOME ATITUDES E APRENDA COM ELAS
Qualquer um pode utilizar pequenas apostas para iniciar o potencial criativo. A ideia básica é continuamente experimentar e aprender na prática. Sims descreve seis elementos-chave da abordagem das pequenas apostas: falhar rapidamente para aprender rápido; explorar o poder de jogar; mergulhar no mundo a fim de obter novas ideias e *insights*; utilizar *insights* para definir problemas ou necessidades específicas; ser flexível em buscar soluções; e repetir, aperfeiçoar e testar com frequência. Pequenas apostas "estão no cerne de uma abordagem para obter a ideia certa sem ser impedido pelo perfeccionismo, aversão aos riscos ou planejamento específico".

Little Bets: How Breakthrough Ideas Emerge from Small Discoveries, de Peter Sims, é publicado por The Free Press.

úteis vêm de pessoas que diariamente executam o trabalho, atendem os clientes, lutam contra a concorrência e pensam na melhor forma de desempenhar suas tarefas. Portanto, as empresas que desejam apoiar a inovação implementam uma variedade de mecanismos, sistemas e processos que incentivam um fluxo de ideias de baixo para cima e se certificam de que elas são ouvidas e executadas pelos altos executivos.[49] Mike Hall, CEO da Borrego Solar Systems, realiza competições internas de "desafio da inovação" na intranet da empresa para fazer que seus engenheiros tímidos e introvertidos falem suas ideias para melhorar o negócio. Os funcionários votam nos seus favoritos e o vencedor leva para casa um prêmio em dinheiro. Uma ideia rapidamente implementada foi o uso de software que permite que as equipes de vendas e engenharia colaborem.[50] Na Intuit, os gestores patrocinam fóruns Design for Delight (D4D), normalmente frequentados por mais de mil funcionários. Após os fóruns, as equipes são solicitadas a identificar aquilo que fariam de outra forma dentro da empresa. Dois funcionários que estavam na Intuit havia apenas alguns meses sugeriram a ideia de uma rede social *on-line* para a iniciativa D4D. No primeiro ano, a rede gerou 32 ideias que chegaram ao mercado.[51]

Outras empresas também utilizam essa abordagem, às vezes denominada "comunidades de inovação". A empresa farmacêutica japonesa Eisai Company, por exemplo, realizou mais de 400 fóruns de comunidades de inovação desde 2005 a fim de enfocar questões específicas relacionadas à área da saúde. Uma ideia que está atualmente no mercado do Japão é a tecnologia para a distribuição de medicamentos em uma substância gelatinosa que pacientes com Alzheimer podem engolir facilmente.[52] Muitos dos inovadores bem-sucedidos de hoje em dia inclusive levam pessoas de fora para dentro da organização. A IBM realizou uma reunião no estilo de uma câmara municipal, chamada Reunião de Inovação, convidando funcionários, bem como clientes, consultores e familiares dos funcionários para uma sessão de *brainstorming on-line* interativa sobre novas ideias de tecnologia.[53]

Tão importante quanto criar ideias é transformá-las em ação. "Não há nada pior para o moral do que quando os funcionários sentem que suas ideias vão para lugar nenhum", diz Larry Bennett, um professor de empreendedorismo. Na Borrego Solar Systems, o CEO atribui cada ideia que ele deseja implementar a um patrocinador executivo e os funcionários podem acompanhar o progresso de implementação na intranet.[54] No Google, que permite que os engenheiros gastem 20% do seu tempo em projetos de sua própria escolha, os gestores perceberam que muitas das ideias dos funcionários estavam sendo perdidas pelo fato de a companhia não ter processos para analisar, priorizar e implementar as ideias. Funcionários com uma nova ideia poderiam influenciar seu superior imediato a fim de obter tempo e recursos, mas o projeto poderia ser protelado ou morrer sem receber nenhuma atenção da alta administração. Em resposta, executivos estabeleceram reuniões de "análise da inovação", nas quais os gestores apresentam ideias de produtos que borbulham de suas divisões para os altos executivos. Essa é uma maneira de forçar a administração a focar ideias promissoras em estágio inicial e de lhe dar os recursos necessários para transformá-las em produtos e serviços de sucesso.[55]

AVALIE SUA RESPOSTA

1 O aspecto mais importante para a criação de uma empresa inovadora é exigir que as pessoas proponham novas ideias.

RESPOSTA: *Discordo*. Novas ideias são essenciais para a inovação, mas os gestores não podem simplesmente emitir diretivas ordenando que as pessoas deem novas ideias. Os gestores criam as condições propícias tanto para a criação de novas ideias quanto para a sua implementação. Organização para sustentar a inovação é tão importante quanto organizar para estimular a criatividade.

Novos produtos e serviços

Embora os conceitos que acabaram de ser discutidos sejam importantes para os produtos e serviços e para as mudanças tecnológicas, outros fatores também precisam ser considerados. De muitas maneiras, novos produtos e serviços são um caso especial de inovação porque são usados por clientes de fora da organização. Uma vez que os novos produtos são projetados para serem vendidos no ambiente, a incerteza sobre a adequação e o sucesso de uma inovação é muito grande.

O índice de sucesso do novo produto

Pesquisas têm explorado a enorme incerteza associada ao desenvolvimento e à venda de novos produtos.[56] Para compreender o que essa incerteza pode significar para as organizações, leve em consideração o fato de a Microsoft ter levado dois anos e gasto milhões de dólares para criar uma nova linha de *smartphones*, chamada Kin One e Kin Two, e, em seguida, tê-la retirado do mercado após menos de dois meses pelo fato de ninguém estar comprando. E se lembra do Zune, um *player* de música da Microsoft desenvolvido para competir com o iPod? Se não, tudo bem, ninguém se lembra mesmo. A Hewllet-Packard estava perdendo tanto dinheiro ao tentar competir com o iPad da Apple que ela cancelou o TouchPad três meses após o lançamento. Somente a varejista de produtos eletrônicos Best Buy devolveu centenas de milhares dos produtos por causa da baixa demanda.[57] Produtos de empresas de outros setores podem ter o mesmo destino. A Pfizer investiu mais de US$ 70 milhões em desenvolvimento e teste de um remédio antienvelhecimento antes de ele fracassar nas fases finais dos testes. O hambúrguer do McDonald's Arch Deluxe, desenvolvido para apelar ao "paladar adulto", fracassou apesar dos milhões investidos em pesquisas e desenvolvimento e de uma campanha publicitária de US$100 milhões.[58] Desenvolver e produzir produtos que fracassam faz parte do negócio em todos os setores. Empresas de brinquedos apresentam milhares de novos produtos todos os anos e muitos deles fracassam. Empresas de alimentos norte-americanas colocam aproximadamente 5.000 novos produtos nos supermercados a cada ano, mas o índice de insucesso de novos produtos alimentícios gira em torno de 70% a 80%.[59] As organizações assumem o risco pelo fato de a inovação do produto ser uma das formas mais importantes de as empresas se adaptarem a mudanças nos mercados, nas tecnologias e na concorrência.[60]

Embora seja complicado mensurar o sucesso de novos produtos, um levantamento da Product Development and Management Association – PDMA (Associação de Desenvolvimento e Gestão do Produto) lança alguma luz sobre as taxas de sucesso na comercialização de novos produtos em uma variedade de setores.[61] A PDMA compilou resultados do levantamento de mais de 400 membros da PDMA. Essas descobertas sobre os índices de sucesso são apresentadas na Figura 10.4. Na média, somente 28% de todos os projetos pesquisados pelos laboratórios de P&D passaram pela fase de testes, o que significa que todos os problemas técnicos foram solucionados e os projetos seguiram para a produção. Menos de um quarto de todas as ideias de produtos (24%) foi plenamente colocado no mercado e comercializado e apenas 14% alcançou o sucesso econômico.[62]

Razões para o sucesso de um novo produto

A próxima questão a ser considerada é: "Por que alguns produtos são mais bem-sucedidos que outros"? Outros estudos indicam que o sucesso de uma inovação está relacionado à colaboração entre os departamentos técnicos e de marketing. Novos produtos e serviços de sucesso parecem ser tecnologicamente confiáveis e também cuidadosamente moldados às necessidades do cliente.[63] Um estudo chamado Project SAPPHO examinou 17 pares de inovações de produto, com um sucesso e um fracasso em cada par e concluiu o seguinte:

FIGURA 10.4
Índice de sucesso do novo produto

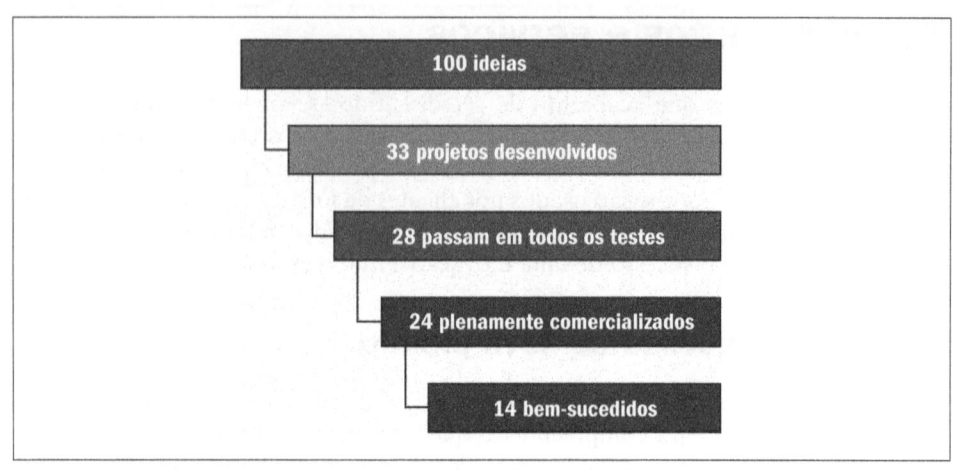

- 100 ideias
- 33 projetos desenvolvidos
- 28 passam em todos os testes
- 24 plenamente comercializados
- 14 bem-sucedidos

Fonte: Com base em M. Adams e the Product Development and Management Association, "Comparative Performance Assessment Study 2004," disponível para compra em http://www.pdma.org (buscar no CPAS). Resultados relatados em Jeff Cope, "Lessons Learned–Commercialization Success Rates: A Brief Review," *RTI Tech Ventures* newsletter 4, n. 4 (dezembro de 2007).

1. Companhias que inovam com sucesso têm um conhecimento bem melhor das necessidades do cliente e prestam muito mais atenção ao marketing.
2. Companhias que inovam com sucesso fizeram uso mais efetivo de tecnologia externa e de assessoria externa, mesmo que tivessem trabalhado mais internamente.
3. O apoio da alta gerência em companhias que inovam com sucesso foi de pessoas mais velhas e que possuiam mais autoridade.

Portanto, há um padrão distinto de adaptar as inovações às necessidades do cliente, fazer uso eficiente da tecnologia e ter o apoio de altos executivos influentes. Essas ideias tomadas em conjunto indicam que o projeto efetivo de inovação de um novo produto está associado à coordenação horizontal dos diferentes departamentos.

Modelo de coordenação horizontal

O projeto da organização para alcançar a inovação de produtos envolve três componentes – especialização departamental, transposição de fronteiras e coordenação horizontal. Esses componentes são similares aos mecanismos de coordenação horizontal discutidos no Capítulo 2, como equipes, forças-tarefa e gerentes de projeto, e ideias de diferenciação e integração discutidas no Capítulo 6. A Figura 10.5 ilustra esses componentes no **modelo de coordenação horizontal**.

Especialização. Os departamentos-chave no desenvolvimento de um novo produto são os de P&D, marketing e produção. O componente da especialização significa que o pessoal em todos os três departamentos é altamente competente em suas próprias tarefas. Os três departamentos são diferenciados entre si e possuem habilidades, metas e atitudes apropriadas para as suas funções especializadas.

Transposição de fronteiras. Esse componente significa que cada departamento envolvido com os novos produtos tem excelente ligação com setores relevantes no meio externo. O pessoal da P&D é vinculado às associações profissionais e aos colegas em outros departamentos de P&D. Eles estão conscientes dos avanços científicos recentes. O pessoal de marketing está estreitamente ligado às necessidades do cliente. Ele ouve o que os clientes têm a dizer e analisa os produtos dos concorrentes e as sugestões dos distribuidores. Um estudo comparou empresas com bons regis-

FIGURA 10.5
Modelo de coordenação horizontal para inovações de novos produtos

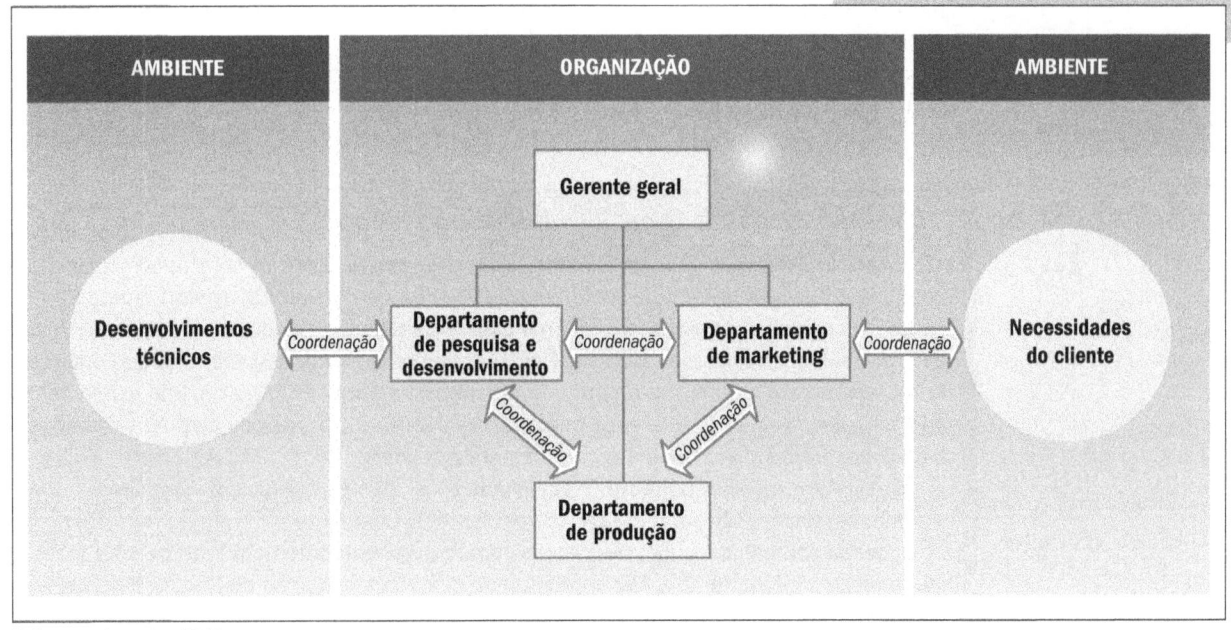

```
AMBIENTE              ORGANIZAÇÃO                    AMBIENTE

                      Gerente geral

Desenvolvimentos   Departamento         Departamento      Necessidades
    técnicos   ⇄   de pesquisa e   ⇄    de marketing  ⇄    do cliente
                   desenvolvimento
                           ⇘          ⇙
                          Departamento
                          de produção
```
© Cengage Learning 2013

tros de acompanhamento de desenvolvimento do produto àquelas com registros de desempenho ruins e constatou que aquelas com melhor desempenho mantêm-se em estreito contato com os clientes ao longo de todo o processo de desenvolvimento do produto e pesquisam cuidadosamente o que os clientes querem e do que precisam.[64] A Kimberly-Clark teve um sucesso surpreendente com a Huggies Pull-Ups porque os pesquisadores de mercado trabalharam junto com os clientes em suas próprias casas e reconheceram o apelo emocional das fraldas inteiriças (sem as abas laterais) para crianças que começam a andar. Até que os concorrentes a alcançassem, a Kimberly-Clark estava vendendo o equivalente a US$ 400 milhões de Huggies anualmente.[65] As equipes de desenvolvimento de produto da Procter & Gamble conduz "experimentos de aprendizagem de transação", nos quais elas produzem e vendem pequenas quantidades de um novo produto *on-line*, em quiosques de shopping centers e em parques de diversão a fim de mensurar o interesse do cliente, permitindo, assim, que os consumidores "votem com suas carteiras" na desejabilidade de um novo produto.[66]

Coordenação horizontal. Esse componente significa que o pessoal das áreas técnica, de marketing e de produção compartilham ideias e informação. O pessoal da pesquisa informa o pessoal do marketing a respeito de novos avanços tecnológicos para saber se estes são aplicáveis aos clientes. O pessoal do marketing repassa as queixas e as informações dos clientes à P&D para que esta as utilize no projeto de novos produtos. O pessoal da P&D e do marketing ficam em coordenação com a produção pelo fato de novos produtos terem de se adequar às capacidades de produção de modo que os custos não sejam exorbitantes. A decisão de lançar um produto é, em última análise, uma decisão conjunta dos três departamentos. Na Avocent, uma companhia de gestão de tecnologia da informação, os gestores reprojetaram o processo de desenvolvimento de produto de modo que programadores, testadores e clientes trabalhassem na mesma equipe e acompanhassem um projeto do início ao fim. Depois de uma enxurrada de problemas com qualidade e segurança e do *recall* de 8,5 milhões de veículos, a Toyota reformulou seu processo para o desenvolvimento de novos carros a fim de melhorar a comunicação entre os departamentos.[67] A coordenação horizontal, o uso de mecanismos tais como equipes multifuncionais, aumenta tanto a quantidade quanto a variedade de informações para o desenvolvimento de novos produtos, possibilitando o desenvolvimento de produtos que atendam às necessidades do cliente e contornarem problemas de fabricação e marketing.[68] A Corning utilizou um modelo de conexão horizontal para criar um novo produto para o setor de telefonia móvel.

Corning, Inc.

NA PRÁTICA

Se você já teve um celular com uma tela de plástico, provavelmente sabe que o plástico pode riscar e até quebrar facilmente. Uma pequena equipe da divisão de materiais especializados da Corning avistou uma oportunidade. Eles começaram a buscar uma maneira de as telas dos celulares poderem ser feitas de um vidro superresistente, mas flexível, que a empresa tinha originalmente tentado (sem êxito) vender para para-brisas de automóveis nos anos 1960. Produzir um lote experimental apenas para mensurar o interesse custaria até US$300.000, mas os gestores assumiram o risco porque o projeto tinha um forte campeão de ideia.

Quando a execução do teste foi concluída e os clientes potenciais expressaram entusiasmo, os gestores tiveram de agir rapidamente. A Corning levou o projeto da concepção ao sucesso comercial em um período de tempo surpreendentemente curto. Uma razão é que a empresa tinha tanto a cultura adequada quanto os sistemas certos. As divisões e os departamentos da Corning sabem que os altos dirigentes esperam, apoiam e recompensam a colaboração em lançamentos de novos produtos promissores. A inovação na Corning é gerenciada não por inventores isolados ou pequenas equipes em silos, mas sim por grupos multidisciplinares por toda a organização. A empresa possui duas unidades – o Conselho de Tecnologia Corporativa e o Conselho de Crescimento e Estratégia – que são encarregados de supervisionar o processo de inovação e certificar-se de que os departamentos cooperam efetivamente nos esforços para o desenvolvimento de novos produtos que são sancionados pela administração. Desse modo, os funcionários da P&D, da produção e de vendas rapidamente concordaram em trabalhar na equipe desenvolvendo o novo produto de vidro.

Até 2010, o vidro para celulares da Corning, chamado Gorilla Glass, foi usado em mais de três dezenas de celulares, bem como em alguns *laptops* e outros dispositivos. O Gorilla Glass é projetado para ser um negócio de US$500 milhões até 2015.[69]

Ao utilizar um modelo de conexão horizontal para o desenvolvimento de um novo produto, a Corning tem sido altamente eficaz em levar produtos da ideia ao sucesso no mercado. Fracassos de inovação conhecidos – como a New Coke, o Zune, *player* de música da Microsoft, e a moeda de um dólar de Susan B. Anthony da Casa da Moeda dos Estados Unidos, talvez a moeda menos popular na história norte-americana – normalmente violam o modelo de conexão horizontal. Empregados falham em conectar-se com as necessidades do consumidor e as forças do mercado ou os departamentos internos falham em compartilhar adequadamente as necessidades e manter a coordenação entre si. Pesquisas confirmaram que existe uma conexão entre a transposição efetiva das fronteiras que mantêm a organização em contato com as forças do mercado, a coordenação sem atritos entre os departamentos e o desenvolvimento de produtos de sucesso.[70]

Inovação aberta. Muitas empresas bem-sucedidas incluem clientes, parceiros estratégicos, fornecedores e outras partes externas à companhia diretamente no processo de desenvolvimento do produto e do serviço. Uma das mais recentes tendências é a inovação aberta.[71] No passado, a maioria das empresas gerava suas próprias ideias internamente e, depois, as desenvolvia, produzia, comercializava e distribuía, o que representa uma abordagem de inovação fechada. Atualmente, porém, empresas inovadoras estão tentando um método diferente. Inovação aberta significa estender a busca e a comercialização de novos produtos além das fronteiras da organização e até mesmo além das fronteiras da indústria.[72] A colaboração com outras empresas e com os clientes e outras partes externas à empresa oferece muitos benefícios, incluindo um menor tempo de comercialização, menores custos com desenvolvimento do produto, maior qualidade e melhor adaptação dos produtos às necessidades do cliente. Ela também pode estimular uma coordenação interna mais forte entre os departamentos. Pelo fato de a inovação aberta exigir o envolvimento de pessoas de diferentes áreas da empresa, ela força os gestores a estabelecer uma coordenação interna mais forte e mecanismos de compartilhamento de conhecimentos.[73]

Uma pesquisa da Booz & Company mostra que empresas com capacidades robustas de inovação aberta são sete vezes mais eficazes em termos de geração de retornos sobre seu investimento geral em pesquisa e desenvolvimento do que empresas com capacidades fracas.[74] A gigante de produtos de consumo Procter & Gamble é provavelmente a defensora mais conhecida da inovação aberta. Alguns dos produtos mais vendidos da empresa, incluindo a vassoura elétrica Swiffer, a linha de produtos anti-idade Olay Regenerist e a linha de produtos de limpeza Mr. Clean Magic Eraser, foram desenvolvidos em sua totalidade ou em parte por alguém de fora da empresa. A P&G obtém mais de 50% de sua inovação de fora das paredes da companhia.[75] Até mesmo a Apple, que sempre foi conhecidamente "fechada" em muitos aspectos, descobriu uma maneira de explorar o poder da inovação aberta. O CEO, falecido recentemente, Steve Jobs manteve um rígido controle sobre todo o projeto e desenvolvimento do produto da empresa e a companhia mantém silêncio a respeito dos princípios que guiaram sua jornada ao longo da década, que foi da quase irrelevância como fabricante de computadores à maior companhia de tecnologia, com produtos líderes nos setores de hardware, software, música, vídeo, comunicação e *e-publishing*. Os gestores sabiam que o sucesso em alguns desses setores requer uma abordagem mais aberta. Por exemplo, embora a companhia estabeleça diretrizes e restrições tecnológicas, ela permite que qualquer um crie e comercialize aplicativos móveis para o iPhone em troca de uma pequena parcela da receita gerada pelos apps. A Apple gera cerca de US$75 milhões em receita por meio da App Store.[76]

A Eli Lilly and Company estabeleceu uma norma na indústria farmacêutica com sua abordagem da InnoCentive, "pesquisa sem paredes". A Lilly desenvolveu uma rede de parceiros externos nas áreas de biotecnologia, acadêmica e outras áreas. Desde 2001, mais de 170.000 pessoas de mais de 175 países participaram dos esforços para resolver problemas que perturbaram as equipes internas de P&D da Lilly. Durante esse período, mais de 800 problemas foram postados no site da InnoCentive e quase 400 soluções foram encontradas.[77]

A internet tornou possível para empresas como a Eli Lilly, Procter & Gamble, IBM e General Electric aproveitar ideias de todo o mundo e permitir que centenas de milhares de pessoas contribuíssem para o processo de inovação, que é o motivo pelo qual algumas abordagens para a inovação aberta são denominadas *crowdsourcing*.[78] Uma empresa que levou o *crowdsourcing* ao extremo é a Threadless, uma varejista *on-line* de camisetas, atualmente propriedade da skinnyCorp. Os patrocinadores da Threadless desenvolvem competições em uma rede social *on-line*, em que as pessoas se socializam, participam de *blogs* e discutem ideias. Os membros enviam centenas de *designs* de camisetas a cada semana e, então, votam naquelas de que mais gostam. Os gestores também construíram um site que permite que os seguidores do Twitter sugiram seus tweets favoritos para que sejam considerados como *slogans* de camisetas. Nos cinco primeiros meses, o experimento no Twitter atraiu 100.000 envios e 3,5 milhões de votos, gerando novos *designs* que resultaram em centenas de milhares de dólares em receita adicional.[79]

ANOTAÇÕES

Como administrador de uma organização, tenha esta diretriz em mente:

Incentive os departamentos de marketing, pesquisa e produção a desenvolver conexões uns com os outros e com os ambientes quando novos produtos ou serviços são necessários. Considere trazer clientes, fornecedores e outros de fora das fronteiras da organização para o processo de desenvolvimento do produto.

AVALIE SUA RESPOSTA

2 **Perguntar aos clientes o que eles querem é a melhor forma de criar novos produtos que serão bem-sucedidos no mercado.**

RESPOSTA: *Concordo ou discordo.* Depende da organização. Trazer os clientes para o processo de desenvolvimento do produto tem sido altamente benéfico para muitas empresas. Entretanto, muitos produtos desenvolvidos com base naquilo que os clientes dizem que querem não foram bem-sucedidos. Ademais, algumas empresas altamente inovadoras, como a Apple, acreditam que confiar demasiadamente em informações do cliente limita o pensamento utópico necessário para criar produtos verdadeiramente inovadores.

Alcançando a vantagem competitiva: a exigência da rapidez

Em um levantamento realizado pela IBM e pela revista *Industry Week*, 40% dos participantes identificaram a colaboração com clientes e fornecedores como tendo o impacto mais significativo sobre o tempo de desenvolvimento do produto até seu lançamento no mercado.[80] O rápido desenvolvimento de novos produtos e serviços pode ser uma importante arma estratégica em um mercado global em constante transformação.[81]

Competição baseada no tempo significa entregar produtos e serviços mais rapidamente do que os concorrentes, dando às companhias uma margem competitiva. Por exemplo, a varejista de roupas Zara insere novos estilos em duas lojas duas vezes por semana. A Russell Stover conseguiu colocar uma linha de balas de baixa caloria chamada Net Carb nas prateleiras das lojas três meses após aperfeiçoar a receita, em vez dos doze meses que as empresas de doces normalmente levariam para apresentar ao mercado um novo produto.[82] A velocidade é a pedra angular da estratégia do CEO da Fiat-Chrysler Sergio Marchionne para reviver a Chrysler. A redução de custos pelos antigos gestores levou à escassez de novos produtos e Marchionne sabe que a Chrysler deve recuperar o tempo perdido rapidamente a fim de permanecer competitiva. A empresa lançou vários novos modelos em 2011 e 2012 e também renovou modelos antigos a fim de mantê-los modernos e elegantes. Urgência e tomada de decisão rápida são os novos lemas da Chrysler.[83]

Algumas companhias usam o que é chamado de *fast cycle teams* (equipes de ciclo rápido) como um meio para apoiar projetos muito importantes e entregar produtos e serviços mais rapidamente que os competidores. Uma equipe de ciclo rápido é multifuncional e algumas vezes multinacional e trabalha com prazos rígidos, provida de recursos abundantes e autoridade para terminar rapidamente um projeto de desenvolvimento de produto.[84]

Outra questão crítica é criar produtos que possam competir em escala global e fazer a divulgação bem-sucedida desses produtos internacionalmente. As companhias estão tentando melhorar a comunicação horizontal e a colaboração das várias regiões geográficas, reconhecendo que elas podem conseguir, dos clientes de outros países, ideias de produtos bem-sucedidos. Muitas equipes de desenvolvimento de produtos são hoje equipes globais porque as organizações têm de desenvolver produtos que satisfaçam as necessidades dos consumidores em todo o mundo.[85]

Estratégia e mudança estrutural

A discussão precedente focou os novos processos de produção e produtos, que são baseados na tecnologia de uma organização. A especialização para tal inovação se localiza no núcleo tecnológico e nos grupos de profissionais, como os de pesquisa e engenharia. Esta seção se volta para o exame das estratégias e mudanças estruturais.

Todas as organizações necessitam, de tempos em tempos, fazer mudanças em suas estratégias, estruturas e procedimentos gerenciais e nos procedimentos administrativos. No passado, quando o ambiente era relativamente estável, a maior parte das organizações enfocava mudanças pequenas e incrementais para resolver problemas imediatos ou para aproveitar novas oportunidades. No entanto, ao longo das duas últimas décadas, as companhias no mundo inteiro enfrentaram a necessidade de fazer mudanças radicais em estratégia, estrutura e processos de gerenciamento para se adaptarem a novas demandas competitivas.[86] Muitas organizações estão reduzindo os níveis de gerenciamento e descentralizando a tomada de decisão. Essa é uma maneira pela qual Sergio Marchionne está acelerando as coisas na Chrysler, por exemplo. Marchionne cortou camadas da hierarquia e criou uma organização chata na qual os 25 mais altos executivos da Chrysler reportam-se diretamente a ele. Eles podem contatá-lo por telefone ou e-mail 24 horas por dia, sete dias por semana, e Marchionne toma decisões que costumavam levar semanas ou meses viajando pela hierarquia em minutos. Ele também reformulou a equipe de gestão, demitindo alguns gestores que estavam comprometidos em permanecer presos à velha forma de fazer as coisas e promovendo gestores jovens que estavam sedentos por uma rápida mudança e dispostos a dedicar bastante de seu tempo para fazer isso acontecer.[87]

Há uma forte mudança dentro das organizações em direção a estruturas mais horizontais, com equipes de trabalhadores da linha de frente autorizadas a tomar decisões e resolver problemas por si mesmas. Algumas companhias estão rompendo totalmente com as formas tradicionais e mudando para estratégias e estruturas de rede virtual. Numerosas companhias estão se reorganizando e mudando suas estratégias para incorporar o *e-business*. Esses tipos de mudanças são responsabilidade dos altos executivos das organizações, e todo o processo de mudança é, em geral, diferente dos processos de inovação em tecnologia ou novos produtos.

A abordagem de núcleo dual

A **abordagem de núcleo dual** para a mudança organizacional compara a gestão e a inovação técnica. A **inovação de gestão** refere-se à adoção e à implementação de uma prática de gestão, processo, estrutura, estratégia ou técnica que seja novidade para a organização e que se destine a outras metas organizacionais.[88] Esse tipo de mudança diz respeito ao projeto e à estrutura da organização em si, incluindo reestruturação, *downsizing*, equipes, sistemas de controle, sistemas de informação e agrupamento departamental. A implementação de um *balanced scorecard*, por exemplo, seria uma inovação de gestão, assim como o estabelecimento de uma *joint venture* para expansão global, conforme descrito no Capítulo 5, ou a mudança para uma estrutura organizacional em rede virtual, descrita no Capítulo 2. Uma inovação de gestão recente que muitas empresas estão adotando é a *jugaad*. A *jugaad* refere-se basicamente a uma mentalidade de gestão amplamente usada por companhias indianas como o Tata Group e a Infosys Technologies, que lutam para atender às necessidades imediatas dos clientes de forma rápida e barata. Com os orçamentos de pesquisa e desenvolvimento prejudicados por uma economia difícil, essa é uma abordagem que está sendo escolhida por gestores norte-americanos.[89]

Pesquisas sobre mudanças gerenciais sugerem duas coisas. Primeiro, as mudanças gerenciais ocorrem menos frequentemente do que as mudanças técnicas. Em segundo lugar, as mudanças de gestão ocorrem em resposta a diferentes setores ambientais e seguem um processo interno diferente daquele das mudanças baseadas na tecnologia.[90] A abordagem de núcleo dual para a mudança organizacional identifica os processos únicos associados à mudança de gestão.[91] As organizações – escolas, hospitais, governos municipais, órgãos de assistência social, burocracias governamentais e muitas empresas de negócios – podem ser conceitualizadas como tendo dois núcleos: um *núcleo técnico* e um *núcleo de gestão*. Cada núcleo tem seus

ANOTAÇÕES

Como administrador de uma organização, tenha esta diretriz em mente:

Facilite mudanças na estratégia e na estrutura adotando uma abordagem de cima para baixo. Utilize uma estrutura mecanicista quando a organização precisar adotar mudanças de gestão frequentes de cima para baixo.

próprios empregados, tarefas, domínio ambiental. A inovação pode originar-se em qualquer um dos núcleos.

O núcleo gerencial está acima do núcleo técnico em hierarquia. A responsabilidade do núcleo de gestão inclui a estrutura, o controle e a coordenação da organização em si e diz respeito aos setores ambientais do governo, recursos financeiros, condições econômicas, recursos humanos e concorrentes. O núcleo técnico diz respeito à transformação da matéria-prima em produtos e serviços organizacionais e envolve os setores ambientais de clientes e tecnologia.[92]

A razão da abordagem de núcleo dual é que muitas organizações – especialmente as que não visam o lucro e organizações governamentais – devem adotar frequentes mudanças gerenciais e necessitam ser estruturadas diferentemente das organizações que dependem de mudanças frequentes de técnicas e de produtos para obter vantagem competitiva.

Projeto da organização para implementar mudança na gestão

As descobertas de pesquisas comparando a mudança de gestão e a mudança técnica sugerem que uma estrutura organizacional mecanicista é apropriada para mudanças de gestão frequentes, incluindo mudanças em metas, estratégia, estrutura, sistemas de controle e recursos humanos.[93] Organizações que adotam muitas mudanças de gestão de maneira bem-sucedida muitas vezes possuem um quociente administrativo mais elevado, são de maior tamanho e são centralizadas e formalizadas se comparadas a organizações que adotam muitas mudanças técnicas.[94] A razão é a implementação de cima para baixo de mudanças em resposta a mudanças nos setores governamentais, financeiros e jurídicos do ambiente. Em uma organização que possui uma estrutura orgânica, empregados do baixo escalão têm mais liberdade e autonomia; consequentemente, podem resistir às iniciativas de cima para baixo.

As abordagens inovadoras associadas com mudança gerencial *versus* técnica são resumidas na Figura 10.6. Mudanças técnicas, como mudanças nas técnicas de produção e inovação tecnológica para novos produtos, são facilitadas por uma estrutura orgânica, que permite que ideias novas borbulhem dos níveis de cima para os empregados de níveis médio ou baixo. Organizações que devem adotar mudanças gerenciais frequentes, em contraste, tendem a usar um processo de cima para baixo e uma estrutura mecanicista. Por exemplo, mudanças como a implementação de métodos Seis Sigma, aplicação do *balanced scorecard*, descentralização da tomada de decisão, ou *downsizing* e reestruturação são facilitados por uma abordagem de cima para baixo.

Pesquisa sobre a reforma do serviço público nos Estados Unidos descobriu que a implantação de inovações gerenciais foi extremamente difícil em organizações que possuem um núcleo técnico orgânico. Os empregados profissionais de uma agência descentralizada puderam resistir a mudanças no serviço público. Em contraste, organizações que foram consideradas mais burocráticas e mecanicistas no sentido de uma grande formalização e centralização adotaram prontamente as mudanças gerenciais.[95]

O que se pode dizer de organizações comerciais que são tecnologicamente inovadoras que funcionam normalmente de baixo para cima, mas subitamente enfrentam uma crise e necessitam de reorganização? Ou uma firma de alta tecnologia, tecnicamente inovadora, que deve reorganizar-se frequentemente para acomodar mudanças na tecnologia de produção ou no ambiente? Empresas tecnicamente inovadoras podem subitamente ter de se reestruturar, reduzir o número de empregados, alterar sistemas de pagamento, dispersar equipes ou formar uma nova divisão.[96] A resposta é utilizar um processo de mudança de cima para baixo. A autoridade para mudar estratégias e estruturas é da alta gerência, que deve iniciar e implantar a nova estratégia e estrutura para satisfazer circunstâncias ambientais. A contribuição do empregado pode ser buscada, mas os altos executivos têm a responsabilidade de dirigir a mudança. Por exemplo, os altos gestores da GlaxoSmithKline, a grande companhia

Capítulo 10: Inovação e mudança

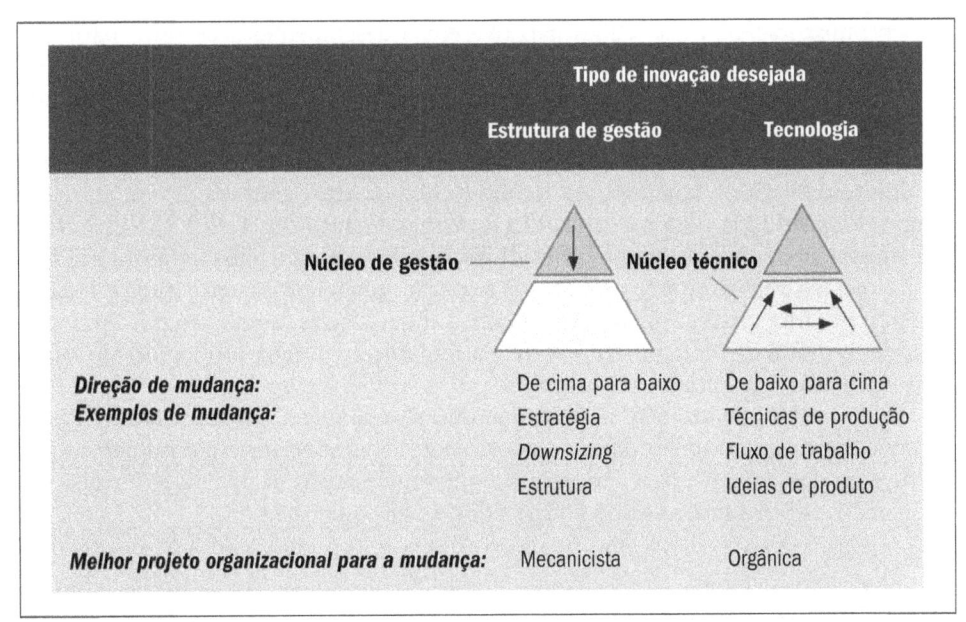

FIGURA 10.6
Abordagem de núcleo dual para a mudança organizacional

	Tipo de inovação desejada	
	Estrutura de gestão	Tecnologia
Direção de mudança:	De cima para baixo	De baixo para cima
Exemplos de mudança:	Estratégia	Técnicas de produção
	Downsizing	Fluxo de trabalho
	Estrutura	Ideias de produto
Melhor projeto organizacional para a mudança:	Mecanicista	Orgânica

© Cengage Learning 2013

farmacêutica com sede no Reino Unido, implementou uma mudança de baixo para cima a fim de aprimorar a descoberta de medicamentos.

NA PRÁTICA

Glaxo SmithKline

Grandes companhias farmacêuticas como a Pfizer, AstraZeneca e GlaxoSmithKline se tornaram ainda maiores ao longo da última década ou mais por meio de fusões e aquisições. Porém, ao passo que o tamanho crescente trouxe poder às vendas e marketing, a burocracia crescente dificultou os esforços da pesquisa e desenvolvimento (P&D). A quantia de dinheiro que grandes empresas investiram na P&D de novos medicamentos triplicou ao longo dos últimos 15 anos, mas o número de novos medicamentos diminuiu, com a maioria dos produtos farmacêuticos sendo inventada por pequenas *start-ups* de biotecnologia.

Andrew Witty, CEO da GlaxoSmithKline, decidiu tentar uma abordagem experimental que faria seus cientistas da P&D pensar e agir mais como aquelas *start-ups*. Ele dividiu a unidade de P&D em dois pequenos grupos de 20 a 60 pessoas, chamados Discovery Performance Units – DPUs (Unidades de Desempenho de Descoberta). Cada grupo tem cientistas de todas as disciplinas trabalhando em conjunto e concentrando seus conhecimentos combinados para descobrir novos medicamentos para tipos específicos de doenças, tais como o câncer ou doenças autoimunes. Anteriormente, o químico David Wilson diz que poderia passar dias a fio sem nunca ver um biólogo. Agora, diz ele, o *mix* de disciplinas levou a decisões rápidas e *brainstorming* produtivo.

Witty deu às DPUs orçamentos de três anos com metas específicas e definiu um comitê de análise para acompanhar o progresso e decidir se continua a financiá-las. As unidades eram informadas que, se não produzissem, elas poderiam ser dissolvidas e os funcionários demitidos. "Se fracassarmos, deverá haver consequências que podem acarretar a rescisão", disse Moncef Slaoui, chefe de P&D da Glaxo.[97]

A maior parte dos pesquisadores da Glaxo recebeu bem a criação das DPUs. Witty diz que o moral na unidade de pesquisa estava "terrível" quando ele chegou. Implementar a nova abordagem de P&D estimulou uma orientação empreendedora e deu às pessoas uma oportunidade de concentrar suas energias nas áreas de pesquisa mais promissoras. Se as unidades não tiverem o desempenho necessário para ajudar a empresa a descobrir medicamentos inovadores, Witty e outros altos gestores podem ter de implementar mudanças de cima para baixo mais difíceis, demitindo funcionários e terceirizando mais trabalhos de P&D.

Mudanças de cima para baixo relativas à reestruturação e ao *downsizing* podem ser dolorosas para os funcionários, de modo que os altos gestores devem agir com rapidez e autoridade para torná-las tão humanas quanto possível.[98] Um estudo de transformações corporativas bem-sucedidas, que frequentemente envolvem mudanças dolorosas, constatou que os gestores seguiram uma abordagem rápida e focada. Quando os altos gestores divulgam mudanças difíceis como a redução por um longo período, o moral dos funcionários sofre e a mudança tem uma probabilidade muito menor de levar a resultados positivos.[99]

Os altos gestores também deveriam lembrar-se de que a mudança de cima para baixo significa que o início da ideia ocorre em níveis superiores e é implementada em direção descendente. Isso não significa que funcionários de nível inferior não são informados sobre a mudança ou autorizados a participar dela.

Mudança cultural

As organizações são formadas por pessoas e seus relacionamentos. Mudanças em estratégias, estruturas, tecnologias e produtos não acontecem por si mesmas, e as mudanças em qualquer uma dessas áreas envolvem mudanças nas pessoas também. Os empregados precisam aprender a usar novas tecnologias ou comercializar novos produtos no mercado, ou trabalhar eficientemente em equipes interdisciplinares, como na GlaxoSmithKline. Alcançar uma nova forma de pensar requer, algumas vezes, uma mudança focada nos valores e normas culturais corporativos subjacentes. Mudar a cultura corporativa significa fundamentalmente mudar a forma como o trabalho é feito em uma organização e pode levar a um compromisso renovado, a uma maior autonomia dos empregados, bem como a uma ligação mais forte entre a companhia e seus clientes.[100]

Entretanto, mudar a cultura pode ser particularmente difícil por desafiar os valores centrais das pessoas e as formas estabelecidas de pensar e fazer as coisas. Fusões e aquisições muitas vezes ilustram quão difícil pode ser a mudança da cultura. Considere um exemplo do Japão. Yasuhiro Sato, o novo CEO e presidente do Mizuho Financial Group, que foi formado pela fusão da Dai-Ichu, Fuji Bank e Industrial Bank of Japan em 2002, diz que as diferenças culturais entre as unidades criaram uma grande barreira à integração das operações. A estrutura, cultura e sistemas de gestão do Mizuho têm estado sob escrutínio desde que o banco sofreu um prolongado colapso no sistema de computadores após o terremoto de 11 de março de 2011 que atingiu o Japão. Sato prometeu criar uma cultura corporativa unificada e acelerar a integração a fim de prevenir problemas similares e melhorar o desempenho financeiro do Mizuho, que está em desvantagem em relação ao de outros grandes bancos japoneses.[101] Embora questões culturais possam, às vezes, construir ou acabar com o sucesso de uma fusão, muitos gestores falham em considerar a cultura como parte de seus planos de fusão e aquisição, diz Chuck Moritt, um parceiro sênior da empresa de consultoria Mercer's M&A.[102]

Forças para a mudança cultural

Além das fusões, uma série de outras tendências recentes contribuiu para a necessidade de reformas culturais em muitas empresas. Por exemplo, a reengenharia e a mudança para formas horizontais de organização, que discutimos no Capítulo 2, requerem um maior foco na capacitação do funcionário, colaboração, compartilhamento de informações e atendimento às necessidades do cliente, o que significa que gestores e funcionários necessitam de uma nova mentalidade. Confiança mútua, correr riscos e tolerar erros tornam-se valores-chave na organização horizontal.

Outra força para a mudança da cultura é a atual diversidade da força de trabalho. A diversidade é um fato da vida para as atuais organizações, e muitas estão implantando novos métodos de recrutamento, monitoria e promoção, programas de treinamento em diversidade, duras políticas com relação a assédio sexual e discriminação racial e novos programas de benefícios que respondam à maior diversidade da força de trabalho. No entanto, se a cultura subjacente de uma organização não mudar, todos os outros esforços para apoiar a diversidade falharão.

Por fim, uma ênfase crescente no aprendizado e na adaptação em organizações requer valores culturais. Lembre-se do Capítulo 1, no qual falamos que organizações flexíveis e orgânicas que apoiam o aprendizado e a adaptação normalmente têm mais estruturas horizontais com equipes capacitadas trabalhando diretamente com os clientes. Há poucas regras e procedimentos para o desempenho de tarefas, e o conhecimento e o controle das tarefas estão com os empregados e não com supervisores. As informações são amplamente compartilhadas e todos os empregados, clientes, fornecedores e parceiros desempenham um papel na determinação da direção estratégica da organização. Quando os gestores querem mudar para um projeto organizacional orgânico, eles têm de instilar muitos valores, novas atitudes e novas formas de pensar e trabalhar em conjunto.

> **3** Mudar a cultura da empresa é provavelmente uma das funções mais difíceis que um gestor pode exercer.
>
> **RESPOSTA:** Concordo. Mudar as pessoas e a cultura normalmente é muito mais difícil do que mudar qualquer outro aspecto da organização. Os gestores geralmente subestimam a dificuldade de mudar a cultura e falham em reconhecer que é necessário um esforço determinado e planejado conscientemente por um longo período de tempo.

AVALIE SUA RESPOSTA

Intervenções do desenvolvimento organizacional em mudanças culturais

Gerentes usam uma variedade de abordagens e técnicas para mudar a cultura corporativa, algumas das quais foram discutidas no Capítulo 9. Um método de realizar rapidamente uma mudança cultural é conhecido como **desenvolvimento organizacional** (DO), que enfoca os aspectos humanos e sociais da organização como meio para melhorar a capacidade da organização de adaptar-se e resolver problemas. O DO enfatiza os valores do desenvolvimento humano, equidade, abertura, ausência de coerção e autonomia individual que permitem que os trabalhadores desempenhem a função da forma que acharem melhor, dentro de limites organizacionais razoáveis.[103] Nos anos 1970, o DO evoluiu como um campo separado que aplicava as ciências comportamentais em um processo de mudança planejada em toda a organização, com o objetivo de aumentar a eficácia organizacional. Hoje, o conceito foi ampliado para examinar como as pessoas e os grupos podem mudar para uma cultura adaptativa em um ambiente complexo e turbulento. O desenvolvimento organizacional não é um procedimento passo a passo para solucionar um problema específico, mas sim um processo de mudança fundamental nos sistemas humanos e sociais da organização, incluindo a cultura organizacional.[104]

O DO usa o conhecimento e as técnicas das ciências do comportamento para criar um ambiente de aprendizado por meio de confiança crescente, confrontação aberta dos problemas, dar poder e participação ao empregado, compartilhamento de conhecimentos e informações, um projeto de trabalho significativo, cooperação e colaboração entre grupos e o uso total do potencial humano.

As intervenções do DO envolvem treinamento de grupos específicos ou de todos na organização. Para que as intervenções do DO sejam bem-sucedidas, os gerentes mais velhos da organização precisam enxergar a necessidade de DO e fornecer apoio entusiástico para a mudança. As técnicas usadas por muitas organizações para melhorar as habilidades das pessoas com o DO são as seguintes:

Intervenção em grupos grandes. A maior parte das atividades iniciais de DO envolvia pequenos grupos e concentrava-se na mudança incremental. No entanto, nos últimos anos, há um interesse crescente na aplicação das técnicas de DO a ambientes de grupos grandes, que estão em maior sintonia para provocar uma mudança transformacional em organizações que operam em ambientes complexos.[105] A abordagem de **intervenção em grupos grandes**, às vezes denominada "todo o sistema na sala",[106] reúne participantes de todas as partes da organização – muitas vezes incluindo também partes interessadas de fora da organização – em um ambiente externo para discutir problemas ou oportunidades e planejar a mudança. Uma intervenção em grandes grupos pode envolver de 50 a 500 pessoas e durar vários dias. Por exemplo, a varejista mundial de móveis IKEA utilizou a abordagem de intervenção de grupos grandes para reconceituar completamente o modo como a empresa opera. Durante 18 horas de reuniões realizadas ao longo de vários dias, 52 partes interessadas criaram um novo sistema para o projeto, fabricação e distribuição do produto, que envolveu o corte de camadas da hierarquia e a descentralização da organização.[107] Todos os departamentos que possuíam informações, recursos ou um interesse no resultado do projeto trabalharam juntos para criar e implementar o novo sistema.

A localização externa à organização limita a interferência e distrações, permitindo aos participantes concentrarem-se em novas formas de executar coisas. O programa Work Out da General Electric, um processo em andamento para resolver problemas, aprender e melhorar, começa com reuniões de grande escala em ambientes fora da organização que fazem que as pessoas falem através das fronteiras funcionais, hierárquicas e organizacionais. Trabalhadores horistas e mensalistas das diferentes partes da organização se juntam e reúnem-se com clientes e fornecedores para discutir e resolver problemas específicos.[108] O processo força uma análise rápida das ideias, a criação de soluções e o desenvolvimento de um plano a ser implantado. Com o tempo, o Work Out cria uma cultura em que as ideias são rapidamente traduzidas em ação e resultados positivos no negócio.[109]

Formação das equipes. A **formação de equipes** promove a ideia de que as pessoas que trabalham juntas trabalham como uma equipe. Uma equipe de trabalho pode ser formada para discutir conflitos, metas, o processo de tomada de decisão, comunicação, criatividade e liderança. A equipe pode, então, planejar para superar os problemas e melhorar os resultados. As atividades de formação de equipe também são usadas em muitas companhias para treinar forças-tarefa, comitês e grupos de desenvolvimento de um produto. Essas atividades melhoram a comunicação e a colaboração e fortalecem a coesão dos grupos e equipes da organização.

Atividades interdepartamentais. Representantes dos diversos departamentos são reunidos em um lugar neutro para expor problemas ou conflitos, diagnosticar as causas e planejar melhorias na comunicação e na coordenação. Esse tipo de intervenção tem sido aplicado a conflito gerencial-sindical, conflitos entre os escritórios central e de campo, conflitos interdepartamentais e fusões.[110] Uma empresa de armazenamento de registros arquivísticos descobriu que reuniões interdepartamentais são um meio-chave de construir uma cultura baseada no espírito de equipe e foco no cliente. Pessoas de diferentes departamentos reuniam-se em longas sessões a cada duas semanas e compartilhavam seus problemas, contavam histórias sobre seus sucessos e falavam sobre as coisas que observavam na companhia. As reuniões ajudavam as pessoas a entender os problemas enfrentados em outros departamentos e a enxergar como cada um dependia do outro para realizar seus trabalhos com sucesso.[111]

ANOTAÇÕES

Como administrador de uma organização, tenha esta diretriz em mente:

Trabalhe com consultores de desenvolvimento organizacional para mudanças em larga escala nas atitudes, valores ou habilidades dos funcionários e ao tentar mudar a cultura geral para uma mais adaptável.

Estratégias para implementação da mudança

Gerentes e empregados podem pensar em meios inventivos para melhorar a tecnologia da organização, em ideias criativas para novos produtos e serviços, em novas abordagens para estratégias e estruturas ou ideias para promover valores culturais adaptativos, mas, até que as ideias sejam postas em ação, elas não têm valor para a organização. Implantar é a parte crucial do processo de mudança, e também a mais difícil. A mudança frequentemente significa rompimento e desconforto para os gerentes, assim como para os empregados. A mudança é complexa, dinâmica e difícil de lidar e a implementação requer liderança forte e persistente. Nesta seção final, discute-se brevemente o papel da liderança na mudança, algumas razões para a resistência e técnicas que os gerentes podem usar para vencer a resistência e implementar a mudança com sucesso.

Liderança para mudança

Um levantamento constatou que, entre empresas inovadoras bem-sucedidas, 80% têm líderes de alta cúpula que são campeões de inovação, isto é, eles frequentemente reforçam o valor e a importância da inovação. Esses líderes pensam na inovação, demonstram sua importância por meio de suas ações e seguem até o fim para se certificar de que as pessoas estão investindo tempo e recursos em questões de inovação.[112]

O estilo de liderança do alto executivo define o tom para quão eficaz uma organização é em relação à adaptação e inovação contínuas. Um estilo de liderança, referido como *liderança transformacional*, é particularmente adequado para levar à mudança. Os líderes que usam um estilo de liderança transformacional estimulam a inovação organizacional tanto diretamente, criando uma ideia compulsiva, quanto indiretamente, criando um ambiente que apoia a exploração, a experimentação, o correr riscos e o compartilhar ideias.[113]

Mudanças com sucesso somente podem acontecer quando gestores e empregados estão dispostos a devotar tempo e energia necessários para atingir novas metas. Além disso, as pessoas precisam das habilidades de enfrentamento para suportar um possível estresse e dificuldade. Compreender e apreciar a *curva de mudança* permite que os gestores orientem as pessoas de maneira bem-sucedida pelas dificuldades de mudança. A curva de mudança, ilustrada na Figura 10.7, é o processo psicológico pelo qual as pessoas passam durante uma mudança significativa.

Por exemplo, um gestor vê uma necessidade de mudança nos procedimentos de trabalho em seu departamento e inicia a mudança com altas expectativas para uma implementação sem percalços e um resultado positivo. À medida que o tempo avança, as pessoas apresentam dificuldade em modificar suas atitudes e comportamentos. Os funcionários podem questionar se precisam fazer as coisas de uma nova maneira, o supervisor pode começar a se sentir oprimido e frustrado e todos podem potencialmente atingir um ponto de sentirem-se desesperançados em relação à mudança ser realmente possível. O desempenho pode cair drasticamente à medida que as pessoas lutam com os novos procedimentos e resistem à transição para uma nova forma de trabalhar. Bons líderes de mudança conduzem através desse período de desesperança em vez de permitir que ele sabote o esforço de mudança. Com a liderança de mudança eficaz, as mudanças podem se estabelecer e levar a um melhor desempenho. Os gestores da Procter & Gamble se preparam para uma "resposta imunológica de 60 dias" dos usuários de um novo processo de trabalho. Eles esperam que sejam necessários 60 dias para superar a resistência, trabalhar os erros do novo processo e chegar à luz no fim do túnel, quando todos começam a ver resultados os positivos da mudança.[114] Ter uma visão claramente comunicada que incorpora flexibilidade e abertura a novas ideias, métodos e estilos define o estágio para uma organização orientada para a mudança e ajuda os funcionários a lidar com o caos e a tensão associados à mudança.

FIGURA 10.7
A curva de mudança

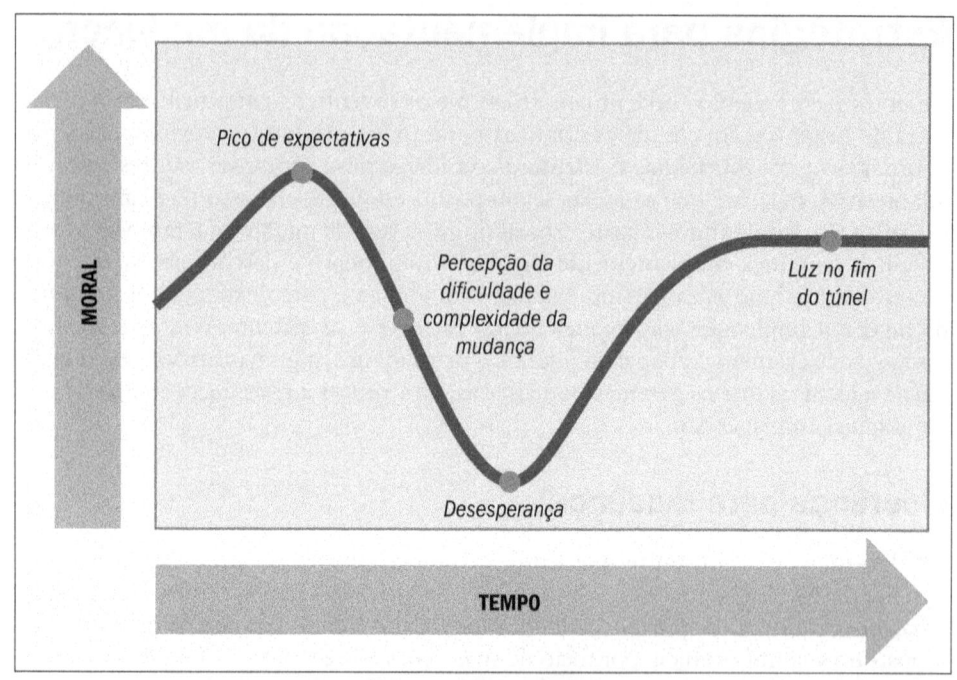

[Gráfico: eixo vertical MORAL, eixo horizontal TEMPO. A curva sobe até "Pico de expectativas", desce passando por "Percepção da dificuldade e complexidade da mudança", atinge o ponto mínimo em "Desesperança" e sobe novamente até "Luz no fim do túnel".]

Fonte: Baseado em "Gartner Hype Cycle: Interpreting Technology Hype," Gartner Research, http://www.gartner.com/technology/research/methodologies/hype-cycle.jsp (Acesso em: 20 de maio de 2011); "The Change Equation and Curve," 21st Century Leader, http://www.21stcenturyleader.co.uk/change_equation (Acesso em: 20 de maio de 2011); David M. Schneider e Charles Goldwasser, "Be a Model Leader of Change," *Management Review* (março de 1998), 41–45; e Daryl R. Conner, *Managing at the Speed of Change* (Nova York: Villard Books, 1992).

Barreiras para a mudança

A liderança visionária é crucial para a mudança, porém, os gestores devem esperar encontrar resistência à medida que conduzem a organização ao longo da curva de mudança. É natural para as pessoas resistirem à mudança e existem muitas barreiras à mudança nos níveis individual e organizacional.[115]

1. *Foco excessivo em custos.* A gerência pode possuir uma ideia fixa de que os custos são o mais importante de tudo e podem falhar em avaliar a importância de uma mudança que não enfoque os custos – por exemplo, uma mudança para aumentar a motivação dos empregados ou a satisfação dos clientes.
2. *Falha em perceber benefícios.* Qualquer mudança significativa produzirá reações tanto positivas quanto negativas. O esclarecimento pode ser necessário para ajudar gerentes e empregados a perceberem mais os aspectos positivos do que os negativos da mudança. Além disso, se o sistema de premiação da organização desencoraja correr riscos, isso pode enfraquecer o processo de mudança porque os empregados pensam que o risco de fazer mudanças é muito alto.
3. *Falta de coordenação e cooperação.* O conflito e a fragmentação da organização frequentemente resultam em falta de coordenação para a implementação da mudança. Mais ainda, no caso de nova tecnologia, o sistema novo e o velho precisam ser compatíveis.
4. *Evitar incertezas.* Em âmbito individual, muitos empregados receiam as consequências incertas associadas à mudança. Uma comunicação constante é necessária para que os empregados saibam o que está acontecendo e entendam como seu trabalho pode ser afetado.
5. *Medo da perda.* Gerentes e empregados podem recear a perda do poder e do *status* – ou mesmo do emprego. Nesses casos, a implementação deve ser cuidadosa e incremental, e todos os empregados devem ser envolvidos tanto quanto possível no processo de mudança.

A implementação pode ser projetada para superar muitas barreiras organizacionais e individuais à mudança.

Técnicas de implementação

Os altos dirigentes articulam a ideia e dão o cenário, mas os gerentes e empregados de toda a organização são envolvidos no processo de mudança. Algumas técnicas podem ser usadas para o sucesso da implementação da mudança.[116]

1. *Estabeleça um sentido de urgência para a mudança.* Uma vez que os gerentes identifiquem uma verdadeira necessidade de mudança, vencem a resistência criando um sentido de urgência nos demais de que a mudança é realmente necessária. Crises organizacionais podem ajudar a convencer os empregados e fazê-los desejar investir tempo e energia necessários para adotar novas técnicas ou procedimentos. Quando não há uma crise óbvia, os gestores devem encontrar maneiras criativas de tornar os demais conscientes da necessidade de mudança.
2. *Estabeleça uma aliança para orientar a mudança.* Gerentes de mudança eficazes constroem uma aliança de pessoas por toda a organização que tenha suficientes poder e influência para conduzir o processo de mudança. Para a implementação ser bem-sucedida, deve haver um comprometimento compartilhado com a necessidade e com as possibilidades de mudança. O apoio da alta administração é crucial para qualquer grande projeto de mudança e a falta dele é uma das causas mais frequentes de fracasso na implementação.[117] Além disso, a coligação deve envolver supervisores de níveis inferiores e gestores intermediários de toda a organização. Para mudanças menores, o apoio de gerentes influentes nos departamentos afetados é importante.
3. *Crie uma ideia e estratégia para a mudança.* Líderes que levaram suas companhias por transformações bem-sucedidas têm, muitas vezes, uma coisa em comum: eles se concentram em formular e articular uma ideia e estratégia persuasivas que irão guiar o processo de mudança. Uma ideia de como o futuro pode ser melhor e estratégias para chegar lá são importantes motivações mesmo para uma pequena mudança.
4. *Encontre uma ideia que se ajuste à necessidade.* Encontrar a ideia certa muitas vezes envolve procedimentos de busca – falar com outros gerentes, designar uma força-tarefa para investigar o problema, enviar um pedido para os fornecedores ou solicitar que as pessoas criativas dentro da organização criem uma solução. Essa é uma boa oportunidade para encorajar a participação dos empregados, pois eles necessitam de liberdade para pensar e explorar novas oportunidades.[118]
5. *Crie equipes de mudança.* Este capítulo enfatizou a necessidade de recursos e energia para fazer que a mudança aconteça. Separe departamentos criativos, novos grupos de risco e equipes para essa finalidade ou forças-tarefa como meios para concentrar energia tanto na criação como na implementação. Um departamento separado tem a liberdade de criar uma nova tecnologia que seja apropriada a uma necessidade genuína. Uma força-tarefa pode ser criada para verificar se a implementação foi completada. A força-tarefa pode ser responsável pela comunicação, pelo envolvimento dos usuários, treinamento e por outras atividades necessárias à mudança.
6. *Promova os campeões de ideias.* Uma das armas mais eficazes na batalha para a mudança é o campeão de ideia. O campeão mais eficaz é um campeão voluntário profundamente comprometido com uma nova ideia. O campeão de ideia vê que todas as atividades técnicas estão corretas e completas. Um campeão adicional, como um gerente patrocinador, pode também ser necessário para persuadir as pessoas sobre a implementação, usando até mesmo a coerção, se necessário.

ANOTAÇÕES

Como administrador de uma organização, tenha esta diretriz em mente:

Compreenda a curva de mudança de modo que você possa evitar que você e os demais se tornem vítimas da frustração e da desesperança durante a implementação de uma mudança importante. Para alcançar uma implementação bem-sucedida, utilize técnicas como a obtenção de apoio da alta administração, implementação da mudança em uma série de etapas e designação de equipes de mudança e campeões de ideia.

Técnicas para superar a resistência

Muitas ideias boas nunca são usadas porque os gerentes falham em antecipar ou se preparar para a resistência à mudança por parte de consumidores, empregados ou outros gerentes. Não importa quão impressionantes sejam as características do desempenho de uma inovação, sua implementação conflitará com alguns interesses e prejudicará algumas alianças na organização. Para aumentar a chance de uma implementação bem-sucedida, os gerentes reconhecem o conflito, as ameaças e as perdas potenciais percebidas pelos empregados. Várias estratégias podem ser usadas por gerentes para superar a resistência:

1. *Alinhamento com as necessidades e metas dos usuários.* A melhor estratégia para vencer a resistência é assegurar-se de que a mudança satisfaz uma necessidade real. Funcionários de P&D frequentemente apresentam grandes ideias que resolvem problemas inexistentes. Isso acontece porque o pessoal criativo falha em consultar os prováveis usuários. A resistência pode ser frustrante para os gerentes, mas a resistência branda à mudança é boa para uma organização. A resistência constitui em uma barreira às mudanças frívolas e à mudança pela mudança. O processo de superar a resistência à mudança normalmente requer que a mudança seja boa para seus usuários. Quando David Zugheri quis fazer a transição para um sistema sem papéis na First Houston Mortgage, ele enfatizou para os funcionários que armazenar registros dos clientes eletronicamente significava que agora eles poderiam trabalhar de casa quando precisassem cuidar de uma criança doente ou tirar férias e ainda assim acompanhar as contas importantes. "Eu podia ver literalmente suas atitudes mudarem pela sua linguagem corporal", diz Zugheri.[119]

2. *Comunicação e treinamento.* Comunicação significa informar aos usuários sobre a necessidade da mudança e as consequências da mudança proposta, evitando boatos, mal-entendidos e ressentimentos. Em um estudo sobre os esforços para mudança, a razão mais comumente citada para o fracasso foi que os empregados ficaram sabendo da mudança por pessoas de fora. Os altos dirigentes concentraram-se na comunicação com o público e os acionistas, mas falharam em se comunicar com as pessoas que seriam mais intimamente envolvidas e mais afetadas pela mudança – seus próprios empregados.[120] Comunicação aberta frequentemente dá aos gerentes a oportunidade para explicar quais passos serão dados e assegurar que a mudança não trará consequências adversas para os empregados. O treinamento também é necessário para ajudar os empregados a entenderem – e lidar com – seu papel no processo de mudança.

3. *Um ambiente que proporcione segurança psicológica.* Segurança psicológica significa que as pessoas sentem confiança de que não serão constrangidas ou rejeitadas por outras na organização. As pessoas necessitam sentir-se seguras e capazes de fazer a mudança que lhes está sendo pedida.[121] A mudança exige que os funcionários queiram correr riscos e façam as coisas de forma diferente, mas muitos têm receio de tentar algo novo quando sentem que podem ser constrangidos por erros ou falhas. Os gerentes oferecem segurança psicológica criando um clima de confiança e respeito mútuo na organização. "Não recear que alguém esteja rindo de você ajuda-o a correr riscos genuínos", diz Andy Law, um dos fundadores da St. Luke's, uma agência de publicidade de Londres.[122]

4. *Participação e envolvimento.* Uma participação ampla e desde o início da mudança deve ser parte da implementação. A participação dá àqueles que estão envolvidos um sentido de controle sobre a atividade da mudança. Eles a entendem melhor e se tornam comprometidos com o sucesso da sua implementação. Um estudo sobre a implementação e a adoção de sistemas de tecnologia da informação em duas companhias demonstrou um processo muito mais suave de implementação na companhia que introduziu a nova tecnologia usando uma abordagem participativa.[123] Na Domino's Pizza, alguns donos de franquias resistiram à mudança para um novo sistema de ponto de venda que foi exigida

pelos gestores da sede como parte de uma iniciativa para melhorar a precisão, aumentar a eficiência e elevar os lucros. Os franqueados não tinham sido envolvidos no processo de desenvolvimento e configuração do novo sistema e muitos deles queriam permanecer com o sistema com o qual estavam acostumados. "Foi difícil para muitos de nós aceitar", disse Tony Osani, que é proprietário de 16 restaurantes Domino's na área de Huntsville, Alabama.[124] A formação de equipe e atividades de intervenção em um grupo grande, descritas anteriormente, podem ser meios eficientes de envolver os empregados no processo de mudança.

5. *Força e coerção.* Como último recurso, os gerentes podem vencer a resistência ameaçando os empregados com a perda de emprego ou promoções, demitindo-os ou transferindo-os. Em outras palavras, o poder do gerente é usado para superar resistências. Lembre-se de que Sergio Marchionne demitiu alguns executivos da Chrysler que se recusaram a cooperar com suas novas ideias para a companhia. De acordo com alguns informantes, Marchionne "injetou um elemento de medo nos postos (da Chrysler)" a fim de fazer as pessoas mudarem.[125] Na maioria dos casos, essa abordagem não é aconselhável porque deixa as pessoas zangadas com os gerentes de mudança e esta pode ser sabotada. Entretanto, tal técnica pode ser necessária quando a velocidade é essencial, como quando a organização enfrenta uma crise, como na Chrysler. Também pode ser exigida por mudanças administrativas necessárias que fluem de cima para baixo, como a redução da força de trabalho.[126]

Aprender a gerenciar a mudança de forma eficaz, incluindo a compreensão de por que as pessoas resistem à mudança e maneiras de superar a resistência, é crucial, especialmente quando mudanças de cima para baixo são necessárias. A falha em reconhecer e superar a resistência é uma das principais razões pelas quais os gestores falham ao implementar novas estratégias que podem manter suas empresas competitivas.[127] Gestores inteligentes abordam o processo de mudança de forma consciente e consistente, planejando a implementação e preparando-se para a resistência.

ANOTAÇÕES

Como administrador de uma organização, tenha esta diretriz em mente:

Supere a resistência à mudança comunicando-se ativamente com os trabalhadores e encorajando sua participação no processo de mudança.

Fundamentos do projeto

- As organizações enfrentam um dilema. Os gerentes preferem organizar as atividades diárias de uma maneira previsível e rotineira. Entretanto, a mudança – não a estabilidade – é a ordem natural das coisas no ambiente global de hoje. Portanto, as organizações necessitam incorporar tanto a mudança quanto a estabilidade para facilitar a inovação, assim como a eficiência. O ambiente de hoje cria demandas para três tipos de mudança – mudança episódica, mudança contínua e mudança disruptiva.
- Quatro tipos de mudança – tecnológica, de produtos e serviços, de estratégia e de estrutura e cultura – podem fornecer à organização uma vantagem competitiva, e os gerentes devem assegurar que cada um dos ingredientes para a mudança esteja presente.
- Para a inovação tecnológica, que é a preocupação da maior parte das organizações, uma estrutura orgânica que encoraje a autonomia do empregado funciona melhor porque promove um fluxo de ideias em toda a organização. Outras abordagens devem estabelecer um departamento separado responsável por criar novas ideias técnicas, estabelecer equipes de risco ou incubadoras de ideias, aplicar uma variedade de mecanismos, sistemas e processos que incentivem um fluxo de ideias de baixo para cima e se certificar de que elas sejam ouvidas e colocadas em prática pelos altos executivos e estimular os campeões de ideias. Novos produtos e serviços geralmente exigem cooperação entre os vários departamentos; assim, a ligação horizontal é uma parte essencial do processo de inovação. A mais nova tendência é a inovação aberta, que traz clientes, fornecedores e outros agentes externos diretamente para a pesquisa e desenvolvimento de novos produtos.

- Para as mudanças em estratégia e estrutura, uma abordagem de cima para baixo geralmente é melhor. Essas inovações estão na alçada dos altos administradores que são responsáveis pelo recrutamento, pela redução de mão de obra e por mudanças nas políticas, metas e nos sistemas de controle.
- Mudanças culturais são também, em geral, responsabilidade dos altos executivos. Algumas tendências recentes que podem criar necessidade de mudança cultural em grande escala na organização são reengenharia, mudança para formas horizontais de organização, maior diversidade organizacional e organização de aprendizagem. Todas essas mudanças demandam transformações significativas nas atitudes dos empregados e gerentes e na maneira de trabalharem juntos. Um método para fazer acontecer esse nível de mudança cultural é o desenvolvimento organizacional (DO). O DO tem foco nos aspectos humano e social da organização e usa o conhecimento da ciência comportamental para fazer acontecer mudanças em atitudes e relacionamentos.
- Finalmente, a implantação da mudança pode ser difícil. Uma liderança forte é necessária para guiar os empregados na turbulência e na incerteza e construir uma mudança em que haja amplo comprometimento de toda a organização. Compreender a curva de mudança pode ajudar os líderes a superar a desesperança e a frustração muitas vezes associadas a uma mudança importante.
- Existem algumas barreiras para a mudança, incluindo foco excessivo no custo, falha na percepção dos benefícios, falta de coordenação organizacional, evitar incerteza individual e medo de perda. Os gerentes podem planejar ponderadamente como lidar com a resistência para aumentar a probabilidade de sucesso. As técnicas de implementação devem estabelecer um senso de urgência em relação à mudança ser necessária; criar uma coligação poderosa para guiar a mudança; formular uma visão e estratégia a fim de alcançar a mudança; e promover equipes de mudança e campeões de ideias. Para superar a resistência, os gestores podem alinhar a mudança às necessidades e metas dos usuários, incluir os usuários no processo de mudança, oferecer segurança psicológica e, em casos raros, forçar a inovação, se necessário.

Conceitos-chave

- abordagem ambidestra
- abordagem de núcleo dual
- campeões de ideias
- competição com base no tempo
- construção de equipe
- criatividade
- departamentos criativos
- desenvolvimento organizacional
- equipes de risco
- fundo de risco (*new venture fund*)
- incubadora de ideias
- inovação aberta
- inovação de gestão
- inovação organizacional
- intervenção em grupos grandes
- processo de mudança
- modelo de coordenação horizontal
- mudanças culturais
- mudanças de estratégia e estrutura
- mudanças de produto e serviço
- mudar estruturas
- mudança organizacional
- mudanças tecnológicas
- *skunkworks*

Questões para discussão

1. Por que a inovação aberta tornou-se popular nos últimos anos? Quais passos podem levar uma empresa a ser mais "aberta" à inovação? Quais podem ser desvantagens de adotar uma abordagem de inovação aberta?
2. Descreva a abordagem de núcleo dual. De que modo o processo de inovação de gestão normalmente difere da mudança tecnológica? Discuta.
3. O que significa dizer que os gestores devem se organizar tanto para a exploração quanto para a utilização?
4. Você acredita que os funcionários de uma fábrica normalmente seriam mais resistentes a mudanças nos métodos de produção, na estrutura ou na cultura? Por quê? Quais os passos que os gerentes poderiam dar para vencer a resistência?
5. "A mudança requer mais coordenação do que a realização das tarefas organizacionais normais. Sempre que muda algo, você descobre suas conexões com outras partes da organização, que também devem ser modificadas." Discuta se você concorda ou não com essa afirmação e por quê.

Capítulo 10: Inovação e mudança

6. Um conhecido teórico da organização disse: "A pressão para mudança se origina no ambiente; a pressão para estabilidade se origina dentro da organização". Você concorda? Discuta.
7. Dos cinco elementos da Figura 10.2 exigidos para uma mudança bem-sucedida, qual é o elemento, em sua opinião, do qual o gerente provavelmente se descuidará mais? Discuta.
8. Como se comparam os valores subjacentes do desenvolvimento organizacional com os valores subjacentes de outros tipos de mudança? Por que motivo os valores subjacentes ao DO o tornam particularmente útil para a cultura construtiva conforme descrito no Capítulo 9 (Figura 9.4)?
9. O gerente de P&D de uma empresa farmacêutica disse que somente 5% dos novos produtos da companhia sempre alcançam sucesso de mercado. Ele disse também que a média da indústria farmacêutica é de 10% e imagina como sua organização poderá aumentar o seu índice de sucesso. Se você estivesse atuando como consultor, que conselhos daria a ele em relação a projetar a estrutura da organização para aumentar o sucesso de mercado?
10. Examine a curva de mudança ilustrada na Figura 10.7 e as cinco técnicas para superar a resistência à mudança discutidas no fim do capítulo. Descreva em que ponto ao longo da curva de mudança os gestores poderiam usar cada uma das cinco técnicas para implementar uma mudança importante de maneira bem-sucedida.

Capítulo 10 Caderno de exercícios — Clima de inovação[128]

Para examinar as diferenças nos níveis de encorajamento para inovação das organizações, você será solicitado a classificar duas organizações. A primeira deve ser uma em que você trabalhou ou a universidade. A segunda deve ser o local de trabalho de outra pessoa – que pode ser um membro da família, um amigo ou um conhecido. Você terá de entrevistar essa pessoa para responder as questões a seguir. Você deve colocar as suas próprias respostas na coluna A, as respostas do seu entrevistado na coluna B e o que você pensa que seria o ideal na coluna C.

Medidas de inovação

Item de medição	A Sua organização	B Outra organização	C Seu ideal
Classifique os itens de 1 a 5 de acordo com esta escala: 1 = *não concordo de jeito nenhum* a 5 = *concordo plenamente*			
1. Aqui a criatividade é encorajada.[†]			
2. Permite-se que as pessoas resolvam os mesmos problemas de diferentes maneiras.[†]			
3. Consigo perseguir ideias criativas.[†]			
4. A organização reconhece publicamente e também premia aqueles que são inovadores.[‡]			
5. Nossa organização é flexível e sempre aberta às mudanças.[†]			
Classifique os itens de 6 a 10 de acordo com esta escala: 1 = *concordo plenamente* a 5 = *não concordo de jeito nenhum*			
6. O primeiro trabalho das pessoas aqui é seguir ordens que vêm de cima.[†]			
7. A melhor forma de se dar bem aqui é pensar e agir como os outros.[†]			
8. Esse lugar parece estar mais preocupado com o *status quo* do que com mudança.[†]			
9. As pessoas são mais premiadas se não causarem problemas.[‡]			
10. Novas ideias são ótimas, mas não temos pessoas ou dinheiro suficiente para realizá-las.[‡]			

[†]Esses itens indicam clima de inovação e organização.   [‡]Esses itens mostram apoio de recursos.

Questões
1. Que comparações em termos de clima de inovação você pode fazer entre essas duas organizações?
2. Como a produtividade pode diferir entre um clima que apoia inovação e um que não apoia?
3. Onde você prefere trabalhar? Por quê?

CASO PARA ANÁLISE   Shoe Corporation of Illinois[129]

A SCI produz uma linha de sapatos para mulheres que é vendida no mercado popular por US$ 27,99 a US$ 29,99 o par. Os lucros médios eram de 30 centavos a 50 centavos por par há 10 anos, mas, de acordo com o presidente e superintendente, os custos da mão de obra e dos materiais aumentaram tanto nesses anos que os lucros médios de hoje são apenas de 25 a 30 centavos por par.

A produção nas duas fábricas da companhia totaliza 12.500 pares de sapatos por dia. As duas fábricas estão localizadas dentro de um raio de 60 milhas (aproximadamente 100 km) de Chicago: uma em Centerville, que produz 4.500 pares por dia, e a outra em Meadowvale, que produz 8.000 pares por dia. A sede da companhia localiza-se em um prédio adjacente à fábrica de Centerville.

É difícil fornecer um retrato preciso do número de itens na linha de produtos de uma empresa. Os calçados mudam de estilo talvez com mais rapidez que qualquer outro produto que segue a moda, incluindo vestuário. Isso se deve principalmente ao fato de ser possível alterar rapidamente os processos de produção e porque, historicamente, cada empresa, ao tentar manter-se à frente dos seus concorrentes, faz mudanças no estilo cada vez mais frequentemente. No presente, incluindo mudanças de estilo mais ou menos significativas, a SCI oferece ao consumidor 100 a 120 produtos diferentes a cada ano.

Na Figura 10.9, um organograma parcial da empresa mostra os departamentos envolvidos neste caso.

Estrutura competitiva da indústria

As maiores lojas de sapatos, como a International e a Brown, mantêm uma linha de sapatos femininos e possuem condições de vender sapatos a preços mais baixos do que os cobrados pela SCI, principalmente em razão da política das grandes companhias de produzir um grande número de sapatos cujo estilo perdura ao longo dos anos, como sapatos baixos e sapatos de couro do tipo mocassim. Elas não tentam mudar de estilo tão rapidamente como os seus concorrentes menores. Assim, sem mudanças constantes nos processos produtivos e apresentações comerciais de novos estilos, conseguem manter seus custos substancialmente inferiores aos demais.

Charles F. Allison, presidente da SCI, considera que a única forma de pequenas companhias independentes tornarem-se competitivas é mudando o estilo frequentemente, beneficiando-se da flexibilidade de uma pequena empresa para criar modelos que atraiam os consumidores. Assim, pode-se criar uma demanda e fixar preços suficientemente altos para obter lucro. Durante muitos anos Allison, inclusive, parece ter tido talento artístico para desenhar novos estilos e um recorde de sucesso na aprovação de estilos de grande aceitação.

A respeito de como a SCI se distingue de seus grandes concorrentes, Allison disse:

> Veja você, a Brown e a International Shoe Company, ambas, produzem centenas de milhares do mesmo modelo de sapato. Elas os estocam em suas fábricas. Seus consumidores, grandes atacadistas e varejistas, simplesmente conhecem a linha e mandam pedidos. Eles não têm de mudar o estilo tão frequentemente como nós o fazemos.

> Às vezes, queria que também pudéssemos fazer isso. Isso induz a um sistema mais estável e mais organizado. Também há menos atrito entre pessoas dentro da empresa. Os vendedores sempre sabem o que estão vendendo; o pessoal da produção sabe o que se espera dele. O pessoal da fábrica não se abala com tanta frequência com alguém que aparece certa manhã e interfere em suas linhas de máquina ou programações. Os estilistas não são perturbados tão frequentemente pelo pessoal da fábrica que diz "Não podemos fazer seu novo modelo do jeito que você quer".

Para ajudar a SCI a se tornar mais competitiva em relação às grandes empresas, Allison criou um departamento de comércio eletrônico. Apesar de seu maior interesse ser a comercialização pela internet, ele também esperava que a nova tecnologia ajudasse a reduzir alguns dos atritos internos, fornecendo ao pessoal um meio mais fácil para se comunicar. Investiu em um novo e sofisticado sistema de computação e contratou consultores para organizar a intranet da empresa e oferecer alguns dias de treinamento para a alta e média gerência. Katherine Olsen veio para a empresa como diretora de comércio eletrônico, encarregada principalmente da coordenação de marketing e vendas via internet. Quando ela assumiu o cargo, sonhava um dia poder oferecer aos consumidores a opção de modelos personalizados. No entanto, Olsen ficou algo surpresa ao perceber que a maioria dos empregados continuava a se recusar a usar a intranet, mesmo para as comunicações internas e coordenação. O processo para a tomada de decisão sobre novos estilos, por exemplo, não mudou desde os anos 1980.

Grandes mudanças de estilo

A decisão de colocar um determinado modelo em produção requer informações de diferentes pessoas. Eis o que normalmente acontece na companhia. Pode ser útil acompanhar o organograma da organização (veja a Figura 10.8), seguindo o procedimento.

M. T. Lawson, gerente de estilo, e seu *designer* John Flynn originam a maior parte das ideias sobre o formato, o tamanho do salto, o uso de solado sem salto ou com, e *findings* (termo usado para designar ornamentos adicionados aos sapatos, mas não parte deles – laços, fivelas e assim por diante). Eles tiravam suas ideias principalmente de revistas de moda e revistas especializadas ou copiavam os *designers* de primeira linha. Lawson se corresponde com editores e amigos de grandes lojas de Nova York, Roma e Paris para obter fotos e amostras das inovações de estilo mais recentes. Embora use e-mails ocasionalmente, Lawson prefere contato telefônico e recebe desenhos ou amostras pelo correio expresso. Então, ele e Flynn discutem várias ideias e aparecem com as opções de desenho.

Quando Lawson decide sobre um desenho, leva um esboço para Allison, que aprova ou desaprova. Se Allison aprova, ele (Allison), então, passa o esboço para L. K. Shipton, o gerente de vendas, para ver quais formatos (larguras) devem ser escolhidos. Shipton, por sua vez, encaminha o desenho para Martin Freeman, estatístico do departamento de vendas, que mantém um resumo informativo sobre a demanda dos clientes para cores e formatos.

FIGURA 10.8
Organograma parcial da Shoe Corporation of Illinois

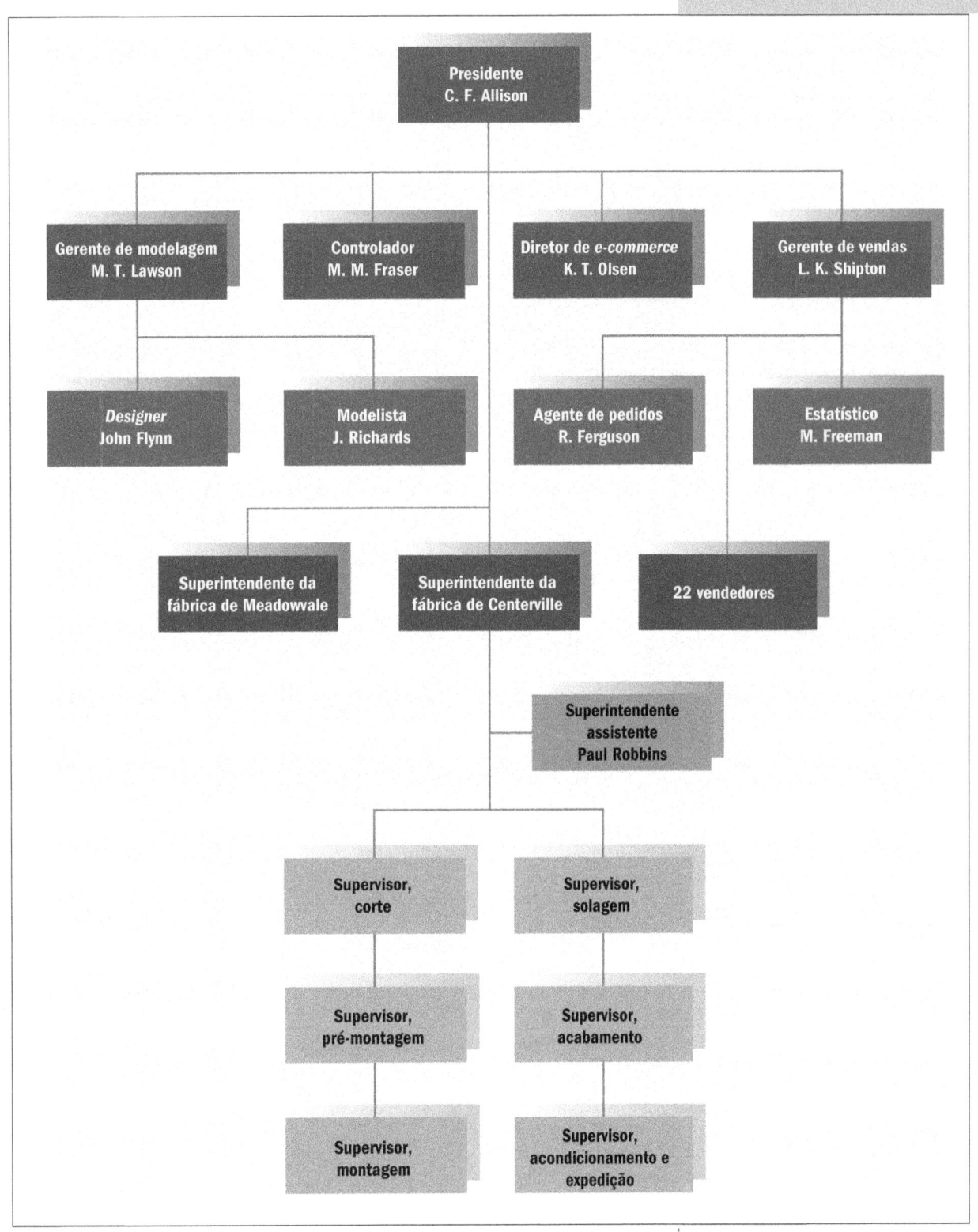

- Presidente — C. F. Allison
  - Gerente de modelagem — M. T. Lawson
    - *Designer* — John Flynn
    - Modelista — J. Richards
      - Superintendente da fábrica de Meadowvale
      - Superintendente da fábrica de Centerville
        - Superintendente assistente — Paul Robbins
          - Supervisor, corte
            - Supervisor, pré-montagem
              - Supervisor, montagem
          - Supervisor, solagem
            - Supervisor, acabamento
              - Supervisor, acondicionamento e expedição
  - Controlador — M. M. Fraser
  - Diretor de *e-commerce* — K. T. Olsen
    - Agente de pedidos — R. Ferguson
  - Gerente de vendas — L. K. Shipton
    - Estatístico — M. Freeman
    - 22 vendedores

Para compilar essas informações, Freeman visita o pessoal de vendas duas vezes por ano para saber suas opiniões sobre as cores e os formatos que estão vendendo mais. Ele mantém registros das remessas de cores e formatos. Para isso, simplesmente soma os dados que lhe são enviados pelo encarregado da expedição de cada uma das duas fábricas.

Após decidir sobre formatos e cores, Freeman encaminha para Allison um formulário contendo uma lista de cores e formatos segundo os quais os sapatos deverão ser produzidos. Se aprovar essa lista, Allison encaminha as informações para Lawson, que, por sua vez, encaminha para Jeena Richards, especialista em moldes. Richards faz um molde em papel e em seguida constrói um protótipo em couro e papel. Ela o envia a Lawson, que, por sua vez, o aprova ou não. Ele encaminha qualquer protótipo aprovado para Allison. Se Allison também aprovar, informa Lawson, que leva o protótipo a Paul Robbins, assistente do superintendente da fábrica de Centerville. Apenas essa fábrica produz pequenas quantidades de sapatos com estilos novos ou experimentais. Esse processo é considerado pelos executivos da fábrica como uma "corrida-piloto".

Robbins literalmente conduz o protótipo pelos seis departamentos de produção da fábrica – do corte até o acabamento – discutindo com cada encarregado, que, por sua vez, trabalha com os empregados nas máquinas para obter um lote de amostras de vários milhares de pares. Quando o lote fica pronto, é entregue pelo encarregado de acabamento ao encarregado de expedição (por causa da importância da modelagem, Allison estabeleceu que cada encarregado, pessoalmente, entregue os produtos em desenvolvimento ao encarregado do departamento seguinte), o qual mantém o estoque armazenado e envia um par de cada novo sapato para Allison e Lawson. Se eles ficarem satisfeitos com o produto acabado, Allison instrui o encarregado da expedição para enviar uma amostra de cada tipo aos 22 vendedores da companhia nos Estados Unidos. Olsen também recebe amostras, fotos e desenhos para colocá-los no site da empresa e mede o interesse dos consumidores.

Os vendedores são instruídos a levar as amostras imediatamente (dentro de uma semana) para, pelo menos, dez consumidores. Pedidos de modelos já conhecidos são normalmente enviados a Ralph Ferguson, um funcionário do escritório de Shipton, que os registra e envia aos superintendentes da fábrica para produção. No entanto, os vendedores descobriram por experiência que Martin Freeman tem maior interesse no sucesso das novas tentativas e, portanto, enviam esses pedidos a ele pelo correio expresso. Freeman, por sua vez, envia aos superintendentes das fábricas os primeiros pedidos de um novo modelo pela correspondência interna. Ele então manda pelo correio uma cópia do pedido que lhe foi enviado pelos vendedores para Ferguson para que entre nos registros estatísticos de todos os pedidos recebidos pela companhia.

Três semanas após os vendedores receberem as amostras, Allison solicita a Ralph Ferguson que lhe forneça a tabulação dos pedidos. Nesse momento, ele decide se os vendedores e o site devem forçar esse item e os superintendentes devem produzir grandes quantidades ou se dirá a eles que, apesar de os pedidos existentes serem atendidos, o item será em breve descontinuado.

Esse procedimento aqui descrito, de acordo com Allison, funcionou razoavelmente bem.

> O tempo médio entre a decisão de Lawson sobre o desenho até que ele informe a fábrica de Centerville para produzir a corrida-piloto é de duas semanas a um mês. Com certeza, se pudéssemos acelerar esse processo, a empresa teria muito mais segurança em permanecer no jogo contra as grandes companhias e tomaria uma fração maior do mercado de nossos concorrentes. Essa parece uma discussão inútil infindável entre as pessoas daqui, envolvidas na fase de modelagem do negócio. Deve-se esperar isso quando você tem de agir rápido – não há muito tempo para parar e observar as instalações sociais. Eu nunca pensei que um organograma formal seria bom nessa empresa – elaboramos um sistema comumente utilizado que funciona bem.

M. T. Lawson, gerente de modelagem, disse que dentro do seu departamento todo trabalho parece ser feito em um mínimo de tempo; também declarou que tanto Flynn quanto Richards são bons empregados e habilitados para o seu trabalho. Ele mencionou que Flynn viera vê-lo duas vezes no último ano

> para perguntar sobre o seu futuro [de Flynn] na companhia. Ele tem 33 anos de idade e três filhos. Sei que ele está ansioso para ganhar dinheiro, e eu lhe assegurei que no decorrer dos anos poderemos elevar consideravelmente seus ganhos em relação aos US$ 60 mil que lhe estamos pagando agora. De fato, ele aprendeu muito sobre estilos de sapato desde que o contratamos, trazendo-o do departamento de projetos de uma fábrica de tecidos, há seis anos.

John Flynn revelou:

> Eu estava de fato ficando insatisfeito com esse trabalho. Todas as fábricas de sapatos copiam os estilos – é uma prática geralmente aceita dentro da indústria. Mas conseguimos captar o verdadeiro sentido para o design e várias vezes sugeri que a companhia produza sapatos com seu próprio estilo. Poderíamos fazer da SCI uma líder em estilos e também aumentar nosso volume. Quando perguntei a Lawson sobre isso, ele disse que levaria tempo demais para o designer criar modelos originais – que tudo que temos são as condições necessárias para pesquisar nas revistas especializadas e manter contratos que nos informem sobre os resultados dos especialistas. Além disso, ele diz que nossos modelos estão resistindo ao teste de mercado.

Projetos X e Y

Flynn também disse que ele e Martin Freeman têm conversado frequentemente sobre o problema da modelagem. Eles sentem que:

> Allison é realmente um grande presidente, e que a companhia ficaria perdida sem ele. No entanto, temos visto ocasiões em que ele perdeu muito dinheiro em julgamentos errados sobre os modelos. Poucas vezes, apenas seis ou sete vezes nos últimos dezoito meses. Ele também é de fato extremamente ocupado como presidente da corporação. Ele deve cuidar de tudo, desde o financiamento dos bancos até a negociação com o sindicato. O resultado é que às vezes ele fica indisponível durante vários dias para fazer suas aprovações de estilo, ou até mesmo por duas semanas. Em um negócio assim, esse tipo de demora pode custar dinheiro. E também o torna ligeiramente impaciente. Quando ele tem muitas outras coisas a fazer, isso tende

a fazer que olhe muito rapidamente para os modelos que lhe submetemos ou para os protótipos que Richards faz, ou mesmo para os sapatos acabados que são enviados pelo encarregado da expedição. Algumas vezes, receio que ele cometa dois tipos de erro. Allison simplesmente aprova sem questionar o que fazemos, então, mandar essas coisas para ele é uma perda de tempo. Outras vezes ele faz um julgamento precipitado, passando por cima daquele que gastou tanto tempo no sapato. Acreditamos que Allison faz julgamentos corretos, mas ele mesmo já disse algumas vezes que gostaria de ter mais tempo para se concentrar nos modelos e na aprovação dos protótipos e nos produtos finais.

Flynn explicou mais adiante (e isso foi corroborado por Freeman) que os dois prepararam dois planos, aos quais se referem como "projeto X" e "projeto Y". No primeiro, Flynn criou um desenho original que não foi copiado de estilos existentes. Freeman deu atenção especial à cor e à pesquisa do formato para os sapatos e recomendou uma linha de cores que não se ajustava exatamente àquelas cores mais vendidas no passado – mas uma que Flynn e ele acreditavam que tinha um "grande apelo comercial". Esse desenho e a cor foram aceitos por Lawson e Allison; o sapato foi para a produção e foi um dos três mais vendidos no ano-calendário. Lawson e Allison não sabiam que o sapato fora desenhado de um modo diferente do procedimento habitual.

O resultado do segundo projeto, "projeto Y", foi colocado em produção no ano seguinte, mas dessa vez as vendas foram descontinuadas em três semanas.

Problemas entre Lawson e Robbins

Frequentemente, talvez de 10 a 12 vezes por ano, desentendimentos surgem entre Mel Lawson, gerente de modelagem, e Paul Robbins, assistente do superintendente da fábrica de Centerville. Robbins disse:

O pessoal da modelagem não entende o que significa produzir um sapato nas quantidades que produzimos e fazer as mudanças na produção que temos de fazer. Eles sonham com um modelo e rapidamente o tiram do ar. Eles não percebem que temos muitas máquinas que devem ser ajustadas e que algo que eles imaginam leva mais tempo em certas máquinas do que em outras, criando um gargalo na linha de produção. Se colocam um laço ou uma tira em uma posição em vez de em outra, isso pode significar que temos de manter pessoas ociosas em máquinas posteriores enquanto há um acúmulo nas máquinas de costura nas quais essa pequena e complexa operação é realizada. Isso custa dinheiro da fábrica. Também há ocasiões em que eles trazem o protótipo aqui tarde, e tanto o encarregado como eu fazemos horas extras ou a corrida-piloto não ficará pronta em tempo para que a produção de novos modelos ocupe a capacidade da fábrica liberada pela parada na produção dos velhos modelos. Lawson não sabe muito a respeito de produção e vendas e da companhia como um todo. Eu acho que tudo que ele faz é trazer os calçados para a fábrica, mais ou menos como um mensageiro. Por que é tão difícil conviver com ele? Ele não ganha mais do que eu e meu cargo na fábrica é tão importante quanto o dele.

Lawson, por sua vez, disse que tem tido dificuldades de trabalhar sem atritos com Robbins:

Há muitos momentos em que Robbins é simplesmente irracional. Eu levo os protótipos para ele cinco ou seis vezes por mês e outras mudanças secundárias de estilo seis ou oito vezes. Eu o informo toda vez que temos problemas em aprontá-los, mas ele só conhece a fábrica e informá-lo a esse respeito não parece ter nenhuma utilidade. Quando entramos na fábrica, trabalhamos juntos muito bem, mas está se tornando cada vez mais difícil trabalhar com ele.

Outros problemas

Ralph Ferguson, o funcionário do departamento de vendas que recebe as encomendas e envia a programação de produção para os dois superintendentes, queixou-se que o pessoal de vendas e Freeman estão passando por cima dele na prática de enviar pedidos de sapatos experimentais. Ele insiste que a descrição de suas tarefas (uma das duas únicas descrições escritas na companhia) o responsabiliza por receber todos os pedidos da companhia e por manter estatísticas históricas de expedição.

Tanto o pessoal de vendas quanto Freeman, por outro lado, disseram que, antes de eles começarem a nova prática (isto é, quando Ferguson ainda recebia os pedidos de sapatos experimentais), havia pelo menos oito ou dez exemplos por ano em que esses pedidos demoravam de um a três dias na mesa de Ferguson. Eles disseram que Ferguson simplesmente não estava interessado em novos modelos e, portanto, o pessoal de vendas "simplesmente começou a mandá-los para Freeman". Ferguson reconheceu que houve oportunidades em que aconteceram pequenos atrasos, mas que tinha bons motivos para isso:

Eles (o pessoal de vendas e Freeman) estão tão interessados nos novos modelos, cores e formatos que não podem entender a importância de lidar sistematicamente com o procedimento do pedido todo, incluindo os modelos de sapato tanto velhos como novos. Deve haver precisão. Certamente, dou alguma prioridade para pedidos experimentais, mas algumas vezes, quando pedidos urgentes para os produtos existentes na companhia estão se acumulando e quando há muito planejamento que devo fazer para alocar a produção entre Centerville e Meadowvale, decido qual vem primeiro – produzir os pedidos dos produtos existentes ou do sapato experimental. O meu chefe é Shipton, não o pessoal de vendas ou Freeman. Vou insistir para que esses pedidos venham para mim.

A pressão para a nova tecnologia

Katherine Olsen acredita que muitos desses problemas poderiam ser resolvidos com um melhor uso da tecnologia. Ela abordou Charles Allison várias vezes sobre a necessidade de fazer um uso maior do sistema computadorizado de informações caro e sofisticado que ele havia instalado. Embora Allison sempre concorde com ela, até agora ele não fez nada para resolver o problema. Olsen acredita que a nova tecnologia poderia melhorar dramaticamente a coordenação na SCI.

Todos precisam trabalhar sobre os mesmos dados, ao mesmo tempo. Tão logo Lawson e Flynn sugerem um novo design, ele deve ser postado na intranet de modo que todos nós possamos ficar informados. E todos precisam ter acesso a informações de vendas e pedidos, agendas de produção e prazos de envio. Se todos – de Allison até o pessoal de produção das fábricas – estivessem atualizados com os dados do processo inteiro, não teríamos toda essa confusão e discussão inútil. Mas ninguém aqui quer desistir de qualquer controle – todos têm suas próprias operaçõezinhas e não querem dividir suas informações com ninguém. Por exemplo, eu às vezes nem mesmo sei que um novo modelo está sendo desenvolvido até receber amostras acabadas ou fotos. Ninguém parece reconhecer que uma das maiores vantagens da internet é ajudar a estar um passo adiante nos modelos em mudança. Sei que Flynn tem jeito para desenho e que não estamos aproveitando as suas habilidades. Mas eu também possuo informações e ideias que poderiam ajudar essa empresa a acompanhar as mudanças e a realmente se sobressair na multidão. Eu não sei quanto tempo vamos esperar para permanecermos competitivos utilizando esse processo complicado e lento e lançando calçados ultrapassados.

CASO PARA ANÁLISE   Desconforto sulista[130]

Jim Malesckowski lembrava-se do telefonema de duas semanas atrás como se tivesse acabado de desligar o telefone: "Acabei de ler a sua análise e quero que você vá para o México agora", Jack Ripon, seu chefe e também CEO, havia falado abruptamente em seu ouvido. "Você sabe, não podemos mais deixar a fábrica de Oconomo funcionando – os custos são muito altos. Então vá lá, verifique quais seriam os nossos custos operacionais se mudássemos e mande um relatório para mim em uma semana."

Como presidente da Wisconsin Specialty Products Division da Lamprey, Inc., Jim conhecia muito bem o desafio de tratar com uma indústria norte-americana de mão de obra de alto custo, de terceira geração de trabalhadores e sindicalizada. E, embora ele tivesse feito a análise que levou à reação imediata e sem muita reflexão do seu chefe, o telefonema ainda o deixava perplexo. Havia 520 pessoas que dependiam da fábrica da Lamprey em Oconomo para viver, e se ela fosse fechada, a maioria delas não teria oportunidade de encontrar outro emprego na cidade de 9.900 pessoas.

No lugar do salário médio de US$ 16 por hora que era pago na fábrica de Oconomo, os salários pagos para os trabalhadores do México – que viviam em uma cidade sem serviços sanitários e com um efluente inacreditavelmente tóxico de poluição industrial – seriam de US$ 1,60 por hora, em média. Isso constituiria uma economia de quase US$ 15 milhões por ano para a Lamprey, a ser gasta em parte pelo aumento de custo para treinamento, transporte e outras questões.

Após dois dias de conversações com os representantes do governo mexicano e dirigentes de outras companhias na cidade, Jim conseguiu informações suficientes para elaborar um conjunto de números comparativos de custos de produção e expedição. No caminho para casa, ele começou a esboçar o relatório, sabendo muito bem que, a não ser que ocorresse um milagre, estaria iniciando uma tempestade de cartas de demissão para as pessoas de quem ele aprendera a gostar.

A fábrica em Oconomo estava em operação desde 1921, fazendo aparelhos especiais para pessoas que sofriam lesões e outras condições médicas. Jim tinha falado tão frequentemente com os empregados que poderia contar histórias sobre seus pais e avós que haviam trabalhado na mesma fábrica da Lamprey – a última das indústrias pioneiras que operavam na cidade.

Mas, à parte a amizade, os concorrentes já haviam levado uma margem de vantagem sobre a Lamprey em termos de preço e estavam perigosamente perto de ultrapassá-la na qualidade do produto. Embora tanto Jim quanto o gerente da fábrica tivessem tentado convencer o sindicato a aceitar salários menores, os dirigentes sindicais resistiam. De fato, em uma ocasião em que Jim e o gerente da fábrica tentaram discutir a mudança da estrutura da fábrica para operar em células, que permitiria realizar multitreinamentos para que os empregados pudessem desempenhar três diferentes tipos de tarefas, os dirigentes sindicais locais quase não conseguiram segurar sua raiva. Jim achou que percebera um medo subjacente, significando que os representantes do sindicato estavam conscientes ao menos de alguns dos problemas, mas foi incapaz de fazê-los reconhecer isso e prosseguir em uma discussão aberta.

Passou-se uma semana e Jim acabara de submeter seu relatório ao seu chefe. Embora ele não tivesse levantado o assunto especificamente, estava patente que a Lamprey poderia colocar seus dólares investidos em um banco e receber um retorno melhor do que a operação deles em Oconomo produzia atualmente.

No dia seguinte, ele discutiria o relatório com o CEO. Jim não queria ser o responsável pelo desmantelamento da fábrica, uma ação que pessoalmente acreditava que seria errada, desde que houvesse uma oportunidade para que seus custos fossem reduzidos. "Mas Ripon está certo", disse para si mesmo, "Os custos são muito altos, o sindicato não quer cooperar e a companhia precisa ter um retorno melhor dos seus investimentos, se for para continuar. Parece certo, mas sinto que está errado. O que eu devo fazer?"

Notas

1. Ellen Byron, "A New Odd Couple: Google, P&G Swap Workers to Spur Innovation," *The Wall Street Journal* (19 de novembro de 2008), A1, A18.
2. Quoted in Anne Fisher, "America's Most Admired Companies," *Fortune* (17 de março de 2008), 65–67.
3. Baseado em John P. Kotter, *Leading Change* (Boston: Harvard Business School Press, 1996), 18–20.
4. A discussão dos três tipos de mudança baseia-se parcialmente em Joseph McCann, "Organizational Effectiveness: Changing Concepts for Changing Environments," *Human Resource Planning* 27, n. 1 (2004), 42–50.
5. Baseado parcialmente em David W. Norton e B. Joseph Pine II, "Unique Experiences: Disruptive Innovations Offer Customers More 'Time Well Spent,'" *Strategy & Leadership* 37, n. 6 (2009), 4–9; e "The Power to Disrupt," *The Economist* (17 de abril de 2010), 16.
6. Michael Arndt e Bruce Einhorn, "The 50 Most Innovative Companies," *Bloomberg BusinessWeek* (25 de abril de 2010), 34–40.
7. Joseph E. McCann, "Design Principles for an Innovating Company," *Academy of Management Executive* 5, n. 2 (maio de 1991), 76–93.
8. Teri Evans, "Entrepreneurs Seek to Elicit Workers' Ideas—Contests with Cash Prizes and Other Rewards Stimulate Innovation in Hard Times," *The Wall Street Journal* (22 de dezembro de 2009), B7.
9. Relatado em Arndt e Einhorn, "The 50 Most Innovative Companies."
10. Michael Totty, "The Wall Street Journal 2008 Technology Innovation Awards," *The Wall Street Journal* (29 de setembro de 2008), R1, R4, R6.
11. Jon Katzenbach e Zia Khan, "Leading Outside the Lines," *Strategy + Business* (26 de abril de 2010), http://www.strategy business.com/article/10204?gko=788c9 (Acesso em: 9 de setembro de 2010).
12. Erin White, "How a Company Made Everyone a Team Player," *The Wall Street Journal* (13 de agosto de 2007), B1, B7.
13. Judy Oppenheimer, "A Top Cop Who Gets It," *More* (junho de 2009), 86–91, 144.
14. Richard A. Wolfe, "Organizational Innovation: Review, Critique and Suggested Research Directions," *Journal of Management Studies* 31, n. 3 (maio de 1994), 405–431.
15. John L. Pierce e Andre L. Delbecq, "Organization Structure, Individual Attitudes and Innovation," *Academy of Management Review* 2 (1977), 27–37; e Michael Aiken e Jerald Hage, "The Organic Organization and Innovation," *Sociology* 5 (1971), 63–82.
16. Richard L. Daft, "Bureaucratic versus Non-bureaucratic Structure in the Process of Innovation and Change," em Samuel B. Bacharach, ed., *Perspectives in Organizational Sociology: Theory and Research* (Greenwich, CT: JAI Press, 1982), 129–166.
17. Alan D. Meyer e James B. Goes, "Organizational Assimilation of Innovations: A Multilevel Contextual Analysis," *Academy of Management Journal* 31 (1988), 897–923.
18. Richard W. Woodman, John E. Sawyer e Ricky W. Griffin, "Toward a Theory of Organizational Creativity," Academy of Management Review 18 (1993), 293–321.
19. John Grossman, "Strategies: Thinking Small," *Inc.* (agosto de 2004), 34–36.
20. Robert I. Sutton, "Weird Ideas That Spark Innovation," *MIT Sloan Management Review* (inverno de 2002), 83–87; Robert Barker, "The Art of Brainstorming," *BusinessWeek* (26 de agosto de 2002), 168–169; Gary A. Steiner, ed., *The Creative Organization* (Chicago: University of Chicago Press, 1965), 16–18; e James Brian Quinn, "Managing Innovation: Controlled Chaos," *Harvard Business Review* (maio a junho de 1985), 73–84.
21. Thomas M. Burton, "Flop Factor: By Learning from Failures, Lilly Keeps Drug Pipeline Full," *The Wall Street Journal* (21 de abril de 2004), A1, A12.
22. Kotter, *Leading Change*, 20–25; e John P. Kotter, "Leading Change," *Harvard Business Review* (março a abril de 1995), 59–67.
23. G. Tomas M. Hult, Robert F. Hurley e Gary A. Knight, "Innovativeness: Its Antecedents and Impact on Business Performance," *Industrial Marketing Management* 33 (2004), 429–438.
24. Brooks Barnes, "Will Disney Keep Us Amused?" *The New York Times* (10 de fevereiro de 2008), BU1.
25. Burton, "Flop Factor."
26. D. Bruce Merrifield, "Intrapreneurial Corporate Renewal," *Journal of Business Venturing* 8 (setembro de 1993), 383–389; Linsu Kim, "Organizational Innovation and Structure," *Journal of Business Research* 8 (1980), 225–245; e Tom Burns e G. M. Stalker, *The Management of Innovation* (Londres: Tavistock Publications, 1961).
27. Robert B. Duncan, "The Ambidextrous Organization: Designing Dual Structures for Innovation," em Ralph H. Killman, Louis R. Pondy e Dennis Slevin, eds., *The Management of Organization*, vol. 1 (Nova York: North Holland, 1976), 167–188; Constantine Andriopoulos e Marianne W. Lewis, "Managing Innovation Paradoxes: Ambidexterity Lessons from Leading Product Design Companies," *Long Range Planning* 43 (2010), 104–122; Charles A. O'Reilly III e Michael L. Tushman, "The Ambidextrous Organization," *Harvard Business Review* (abril 2004), 74–81; M. L. Tushman e C. A. O'Reilly III, "Building an Ambidextrous Organization: Forming Your Own 'Skunk Works,'" *Health Forum Journal* 42, n. 2 (março a abril de 1999), 20–23; e J. C. Spender e Eric H. Kessler, "Managing the Uncertainties of Innovation: Extending Thompson (1967)," *Human Relations* 48, n. 1 (1995), 35–56.
28. J. G. March, "Exploration and Exploitation in Organizational Learning," *Organization Science* 2 (1991), 71–87; e R. Duane Ireland e Justin W. Webb, "Crossing the Great Divide of Strategic Entrepreneurship: Transitioning Between Exploration and Exploitation," *Business Horizons* 52 (2009), 469–479. Para uma análise da pesquisa sobre exploração e utilização, veja A. K. Gupta, K. G. Smith e C. E. Shalley, "The Interplay Between Exploration and Exploitation," *Academy of Management Journal* 49, n. 4 (2006), 693–706.
29. M. H. Lubatkin, Z. Simsek, Y. Ling e J. F. Veiga, "Ambidexterity and Performance in Small to Medium-Sized Firms: The Pivotal Role of Top Management Team Behavioral Integration," *Journal of Management* 32, n. 5 (outubro de 2006), 646–672; e O'Reilly e Tushman, "The Ambidextrous Organization."
30. Tushman e O'Reilly, "Building an Ambidextrous Organization."
31. Edward F. McDonough III e Richard Leifer, "Using Simultaneous Structures to Cope with Uncertainty," *Academy of Management Journal* 26 (1983), 727–735.
32. John McCormick e Bill Powell, "Management for the 1990s," *Newsweek* (25 de abril de 1988), 47–48.
33. Todd Datz, "Romper Ranch," *CIO Enterprise Section* 2 (15 de maio de 1999), 39–52.
34. Paul S. Adler, Barbara Goldoftas e David I. Levine, "Ergonomics, Employee Involvement, and the Toyota Production System: A Case Study of NUMMI's 1993 Model Introduction," *Industrial and Labor Relations Review* 50, n. 3 (abril de 1997), 416–437.
35. Judith R. Blau e William McKinley, "Ideas, Complexity, and Innovation," *Administrative Science Quarterly* 24 (1979), 200–219.

36. Peter Landers, "Back to Basics; With Dry Pipelines, Big Drug Makers Stock Up in Japan," *The Wall Street Journal* (24 de novembro de 2003), A1, A7.
37. Sherri Eng, "Hatching Schemes," *The Industry Standard* (27 de novembro a 4 de dezembro de 2000), 174–175.
38. Donald F. Kuratko, Jeffrey G. Covin e Robert P. Garrett, "Corporate Venturing: Insights from Actual Performance," *Business Horizons* 52 (2009), 459-467.
39. Michael L. Tushman, Wendy K. Smith e Andy Binns, "The Ambidextrous CEO," *Harvard Business Review* (junho de 2011), 74–80.
40. Christopher Hoenig, "Skunk Works Secrets," *CIO* (1º de junho de 2000), 74–76.
41. David Dobson, "Integrated Innovation at Pitney Bowes," *Strategy + Business Online* (26 de outubro de 2009), http://www.strategy-business.com/article/09404b?gko=f9661 (Acesso em: 30 de dezembro de 2009); e James I. Cash, Jr., Michael J. Earl e Robert Morison, "Teaming up to Crack Innovation and Enterprise Integration," *Harvard Business Review* (novembro de 2008), 90–100.
42. Arkadi Kuhlmann, "Reinventing Innovation," *Ivey Business Journal* (maio a junho de 2010), 6.
43. Erik Brynjolfsson e Michael Schrage, "The New, Faster Face of Innovation; Thanks to Technology, Change Has Never Been So Easy or So Cheap," *The Wall Street Journal* (17 de agosto de 2009); e Vindu Goel, "Why Google Pulls the Plug," *The New York Times* (15 de fevereiro de 2009).
44. Jane M. Howell e Christopher A. Higgins, "Champions of Technology Innovation," *Administrative Science Quarterly* 35 (1990), 317–341; e Jane M. Howell e Christopher A. Higgins, "Champions of Change: Identifying, Understanding, and Supporting Champions of Technology Innovations," *Organizational Dynamics* (verão de 1990), 40–55.
45. Thomas J. Peters e Robert H. Waterman, Jr., *In Search of Excellence* (Nova York: Harper & Row, 1982).
46. Curtis R. Carlson e William W. Wilmot, *Innovation: The Five Disciplines for Creating What Customers Want* (Nova York: Crown Business, 2006).
47. Robert I. Sutton, "The Weird Rules of Creativity," *Harvard Business Review* (setembro de 2001), 94–103; e Julian Bir Kinshaw e Michael Mol, "How Management Innovation Happens," *MIT Sloan Management Review* (verão de 2006), 81–88. Veja Lionel Roure, "Product Champion Characteristics in France and Germany," *Human Relations* 54, n. 5 (2001), 663–682, para uma análise da literatura relacionada a criadores de produtos.
48. Peter Lewis, "Texas Instruments' Lunatic Fringe," *Fortune* (4 de setembro de 2006), 120–128.
49. J. C. Spender e Bruce Strong, "Who Has Innovative Ideas? Employees." *The Wall Street Journal* (23 de agosto de 2010), R5; e Rachel Emma Silverman, "How to Be Like Apple," *The Wall Street Journal* (29 de agosto de 2011), http://online.wsj.com/article/SB10001424053111904009304576532842667854706.html (Acesso em: 16 de setembro de 2011).
50. Darren Dahl, "Technology: Pipe Up, People! Rounding Up Staff Ideas," *Inc.* (fevereiro de 2010), 80–81.
51. Roger L. Martin, "The Innovation Catalysts," *Harvard Business Review* (junho de 2011), 82–87.
52. Spender e Strong, "Who Has Innovative Ideas?"
53. Jessi Hempel, "Big Blue Brainstorm," *BusinessWeek* (7 de agosto de 2006), 70.
54. Dahl, "Technology: Pipe Up, People!"
55. Jessica E. Vascellaro, "Google Searches for Ways to Keep Big Ideas at Home," *The Wall Street Journal* (18 de junho de 2009), B1.
56. G. A. Stevens e J. Burley, "3,000 Raw Ideas = 1 Commercial Success!" *Research Technology Management* 40, n. 3 (maio a junho de 1997), 16–27; R. P. Morgan, C. Kruyt Bosch e N. Kannankutty, "Patenting and Invention Activity of U.S. Scientists and Engineers in the Academic Sector: Comparisons with Industry," *Journal of Technology Transfer* 26 (2001), 173–183; Edwin Mansfield, J. Rapaport, J. Schnee, S. Wagner e M. Hamburger, *Research and Innovation in Modern Corporations* (Nova York: Norton, 1971); Christopher Power com Kathleen Kerwin, Ronald Grover, Keith Alexander e Robert D. Hof, "Flops," *BusinessWeek* (16 de agosto de 1993), 76–82; e Modesto A. Maidique e Billie Jo Zirger, "A Study of Success and Failure in Product Innovation: The Case of the U.S. Electronics Industry," *IEEE Transactions in Engineering Management* 31 (novembro de 1984), 192–203.
57. Nic Fildes, "Savvy Customers Make the Profit on the Tab that Flopped," *The Times* (1º de setembro de 2011), 43; e Holman W. Jenkins, Jr., "The Microsoft Solution," *The Wall Street Journal Europe* (29 de julho de 2010), 13.
58. Scott Hensley, "Bleeding Cash: Pfizer 'Youth Pill' Ate Up $71 Million Before It Flopped," *The Wall Street Journal* (2 de maio de 2002), A1, A8; Andrew Bordeaux, "10 Famous Product Failures and the Advertisements That Did Not Sell Them," *Growthink.com* (17 de dezembro de 2007), http://www.growthink.com/content/10-famous-product-failures-and-advertisements-did-not-sell-them (Acesso em: 16 de setembro de 2011); e Jane McGrath, "Five Failed McDonald's Menu Items," *HowStuffWorks.com*, http://money.howstuffworks.com/5-failed-mcdonalds-menu-items3.htm (Acesso em: 16 de setembro de 2011).
59. Linton, Matysiak & Wilkes Inc. study results reported in "Market Study Results Released: New Product Introduction Success, Failure Rates Analyzed," *Frozen Food Digest* (1º de julho de 1997).
60. Deborah Dougherty e Cynthia Hardy, "Sustained Product Innovation in Large, Mature Organizations: Overcoming Innovation-to-Organization Problems," *Academy of Management Journal* 39, n. 5 (1996), 1120–1153.
61. M. Adams e the Product Development and Management Association, "Comparative Performance Assessment Study 2004," disponível para compra em http://www.pdma.org. Resultados informados em Jeff Cope, "Lessons Learned–Commercialization Success Rates: A Brief Review," *RTI Tech Ventures Newsletter* 4, n. 4 (dezembro de 2007).
62. Ibid.
63. Shona L. Brown e Kathleen M. Eisenhardt, "Product Development: Past Research, Present Findings, and Future Directions," *Academy of Management Review* 20, n. 2 (1995), 343–378; F. Axel Johne e Patricia A. Snelson, "Success Factors in Product Innovation: A Selective Review of the Literature," *Journal of Product Innovation Management* 5 (1988), 114–128; Antonio Bailetti e Paul F. Litva, "Integrating Customer Requirements into Product Designs," *Journal of Product Innovation Management* 12 (1995), 3–15; Jay W. Lorsch e Paul R. Lawrence, "Organizing for Product Innovation," *Harvard Business Review* (janeiro a fevereiro de 1965), 109-122; e Science Policy Research Unit, University of Sussex, *Success and Failure in Industrial Innovation* (Londres: Centre for the Study of Industrial Innovation, 1972).
64. Estudo relatado em Mike Gordon, Chris Musso, Eric Rebentisch e Nisheeth Gupta, "Business Insight (A Special Report): Innovation—The Path to Developing Successful New Products," *The Wall Street Journal* (30 de novembro de 2009), R5.
65. Dorothy Leonard e Jeffrey F. Rayport, "Spark Innovation through Empathic Design," *Harvard Business Review* (novembro a dezembro de 1997), 102–113.
66. Bruce Brown e Scott D. Anthony, "How P&G Tripled Its Innovation Success Rate," *Harvard Business Review* (junho de 2011), 64–72.
67. Janet Rae-Dupree, "Even the Giants Can Learn to Think Small," *The New York Times* (3 de agosto de 2008), BU4; e Mike

68. Brown e Eisenhardt, "Product Development"; e Dan Dimancescu e Kemp Dwenger, "Smoothing the Product Development Path," *Management Review* (janeiro de 1996), 36–41.
69. William J. Holstein, "Five Gates to Innovation," *Strategy + Business* (1º de março de 2010), http://www.strategy-business.com/article/00021?gko=0bd39 (Acesso em: 16 de setembro de 2011).
70. Kenneth B. Kahn, "Market Orientation, Interdepartmental Integration, and Product Development Performance," *The Journal of Product Innovation Management* 18 (2001), 314–323; e Ali E. Akgün, Gary S. Lynn e John C. Byrne, "Taking the Guesswork Out of New Product Development: How Successful High-Tech Companies Get That Way," *Journal of Business Strategy* 25, n. 4 (2004), 41–46.
71. A discussão da inovação aberta baseia-se em Henry Chesbrough, *Open Innovation* (Boston, MA: Harvard Business School Press, 2003); Henry Chesbrough, "The Era of Open Innovation," *MIT Sloan Management Review* (primavera de 2003), 35–41; Julian Birkinshaw e Susan A. Hill, "Corporate Venturing Units: Vehicles for Strategic Success in the New Europe," *Organizational Dynamics* 34, n. 3 (2005), 247–257; Amy Muller e Liisa Välikangas, "Extending the Boundary of Corporate Innovation," *Strategy & Leadership* 30, n. 3 (2002), 4–9; e Navi Radjou, "Networked Innovation Drives Profits," *Industrial Management* (janeiro a fevereiro de 2005), 14–21.
72. Chesbrough, *Open Innovation*.
73. Martin W. Wallin e Georg Von Krogh, "Organizing for Open Innovation: Focus on the Integration of Knowledge," *Organizational Dynamics* 39, n. 2 (2010), 145–154; Bettina von Stamm, "Collaboration with Other Firms and Customers: Innovation's Secret Weapon," *Strategy & Leadership* 32, n. 3 (2004), 16–20; e Bas Hillebrand e Wim G. Biemans, "Links between Internal and External Cooperation in Product Development: An Exploratory Study," *The Journal of Product Innovation Management* 21 (2004), 110–122.
74. Barry Jaruzelski e Richard Holman, "Casting a Wide Net: Building the Capabilities for Open Innovation," *Ivey Business Journal* (março a abril de 2011), http://www.iveybusinessjournal.com/topics/innovation/casting-a-wide net-building-the-capabilities-for-open-innovation (Acesso em: 19 de setembro de 2011).
75. A. G. Lafley e Ram Charan, *The Game Changer: How You Can Drive Revenue and Profit Growth with Innovation* (Nova York: Crown Business, 2008); Larry Huston e Nabil Sakkab, "Connect and Develop; Inside Procter & Gamble's New Model for Innovation," *Harvard Business Review* (março de 2006), 58–66; e G. Gil Cloyd, "P&G's Secret: Innovating Innovation," *Industry Week* (dezembro de 2004), 26–34.
76. Farhad Manjoo, "Apple Nation," *Fortune* (julho a agosto de 2010), 68–112; e Jorge Rufat-Latre, Amy Muller e Dave Jones, "Delivering on the Promise of Open Innovation," *Strategy & Leadership* 38, n. 6 (2010), 23–28.
77. John Hagel e John Seely Brown, "The Next Wave of Open Innovation," *BusinessWeek* (8 de abril de 2009), http://www.businessweek.com/innovate/content/apr2009/id2009048_360417.htm (Acesso em: 19 de setembro de 2011); e Lawrence Owne, Charles Goldwasser, Kristi Choate e Amy Blitz, "Collaborative Innovation throughout the Extended Enterprise," *Strategy & Leadership* 36, n. 1 (2008), 39–45.
78. David Lerman e Liz Smith, "Wanted: Big Ideas from Small Fry," *Bloomberg BusinessWeek* (30 de agosto a 5 de setembro de 2010), 49–51; Steve Lohr, "The Crowd Is Wise (When It's Focused)," *The New York Times* (19 de julho de 2009), BU4; e S. Lohr, "The Corporate Lab As Ringmaster," *The New York Times* (16 de agosto de 2009), BU3.
79. Max Chafkin, "The Customer Is the Company," *Inc.* (junho de 2008), 88–96; e Max Chafkin, "5 Ways to Actually Make Money on Twitter," *Inc.* (dezembro de 2009 a janeiro de 2010), 96–101.
80. Relatado em Jill Jusko, "A Team Effort," *Industry Week* (janeiro de 2007), 42, 45.
81. John A. Pearce II, "Speed Merchants," *Organizational Dynamics* 30, n. 3 (2002), 191–205; Kathleen M. Eisenhardt e Behnam N. Tabrizi, "Accelerating Adaptive Processes: Product Innovation in the Global Computer Industry," *Administrative Science Quarterly* 40 (1995), 84–110; Dougherty e Hardy, "Sustained Product Innovation in Large, Mature Organizations"; e Karne Bronikowski, "Speeding New Products to Market," *Journal of Business Strategy* (setembro a outubro de 1990), 34–37.
82. Cecilie Rohwedder e Keith Johnson, "Pace-Setting Zara Seeks More Speed to Fight Its Rising Cheap-Chic Rivals," *The Wall Street Journal* (20 de fevereiro de 2008), B1; Janet Adamy, "Leadership (A Special Report); Catch the Wave: Russell Stover Candies Wanted to Get a Piece of the Low-Carb Craze; But to Do So It Had to Be Quick–and Smart," *The Wall Street Journal* (25 de outubro de 2004), R8.
83. Alex Taylor III, "Chrysler's Speed Merchant," *Fortune* (6 de setembro de 2010), 77–82; e "Upcoming Chryslers, Dodges, Rams, and Jeeps," *Allpar.com*, http://www.allpar.com/model/upcoming.html (Acesso em: 20 de setembro de 2011).
84. V. K. Narayanan, Frank L. Douglas, Brock Guernsey e John Charnes, "How Top Management Steers Fast Cycle Teams to Success," *Strategy & Leadership* 30, n. 3 (2002), 19–27.
85. Edward F. McDonough III, Kenneth B. Kahn e Gloria Barczak, "An Investigation of the Use of Global, Virtual, and Colocated New Product Development Teams," *The Journal of Product Innovation Management* 18 (2001), 110–120.
86. Raymond E. Miles, Henry J. Coleman, Jr. e W. E. Douglas Creed, "Keys to Success in Corporate Redesign," *California Management Review* 37, n. 3 (primavera de 1995), 128–145.
87. Alex Taylor III, "Chrysler's Speed Merchant"; e Kate Linebaugh e Jeff Bennett, "Marchionne Upends Chrysler's Ways," *The Wall Street Journal* (12 de janeiro de 2010), B1.
88. Julian Birkinshaw, Gary Hamel e Michael J. Mol, "Management Innovation," *Academy of Management Review* 33, n. 4 (2008), 825–845.
89. Reena Jana, "From India, The Latest Management Fad," *BusinessWeek* (14 de dezembro de 2009), 57.
90. Fariborz Damanpour e William M. Evan, "Organizational Innovation and Performance: The Problem of 'Organizational Lag,'" *Administrative Science Quarterly* 29 (1984), 392–409; David J. Teece, "The Diffusion of an Administrative Innovation," *Management Science* 26 (1980), 464–470; John R. Kimberly e Michael J. Evaniski, "Organizational Innovation: The Influence of Individual, Organizational and Contextual Factors on Hospital Adoption of Technological and Administrative Innovation," *Academy of Management Journal* 24 (1981), 689–713; Michael K. Moch e Edward V. Morse, "Size, Centralization, and Organizational Adoption of Innovations," *American Sociological Review* 42 (1977), 716–725; e Mary L. Fennell, "Synergy, Influence, and Information in the Adoption of Administrative Innovation," *Academy of Management Journal* 27 (1984), 113–129.
91. Richard L. Daft, "A Dual-Core Model of Organizational Innovation," *Academy of Management Journal* 21 (1978), 193–210.
92. Daft, "Bureaucratic versus Nonbureaucratic Structure"; e Robert W. Zmud, "Diffusion of Modern Software Practices: Influence of Centralization and Formalization," *Management Science* 28 (1982), 1421–1431.
93. Daft, "A Dual-Core Model of Organizational Innovation"; e Zmud, "Diffusion of Modern Software Practices."

94. Fariborz Damanpour, "The Adoption of Technological, Administrative, and Ancillary Innovations: Impact of Organizational Factors," *Journal of Management* 13 (1987), 675–688.
95. Gregory H. Gaertner, Karen N. Gaertner e David M. Akinnusi, "Environment, Strategy, and the Implementation of Administrative Change: The Case of Civil Service Reform," *Academy of Management Journal* 27 (1984), 525–543.
96. Claudia Bird Schoonhoven e Mariann Jelinek, "Dynamic Tension in Innovative, High Technology Firms: Managing Rapid Technology Change through Organization Structure," em Mary Ann Von Glinow e Susan Albers Mohrman, eds., *Managing Complexity in High Technology Organizations* (Nova York: Oxford University Press, 1990), 90–118.
97. Jeanne Whalen, "Glaxo Tries Biotech Model to Spur Drug Innovations," *The Wall Street Journal* (1º de julho de 2010), A1.
98. David Ulm e James K. Hickel, "What Happens after Restructuring?" *Journal of Business Strategy* (julho a agosto de 1990), 37–41; e John L. Sprague, "Restructuring and Corporate Renewal: A Manager's Guide," *Management Review* (março de 1989), 34–36.
99. Stan Pace, "Rip the Band-Aid Off Quickly," *Strategy & Leadership* 30, n. 1 (2002), 4–9.
100. Benson L. Porter e Warrington S. Parker, Jr., "Culture Change," Human Resource Management 31 (primavera ao verão de 1992), 45–67.
101. Atsuko Fukase, "New CEO, New Mizuho Culture," *The Asian Wall Street Journal* (23 de junho de 2011), 22.
102. Relatado em "Mergers Don't Consider Cultures," *ISHN* (setembro de 2011), 14.
103. W. Warner Burke, "The New Agenda for Organization Development," em Wendell L. French, Cecil H. Bell, Jr. e Robert A. Zawacki, *Organization Development and Transformation: Managing Effective Change* (Burr Ridge, IL: Irwin McGraw-Hill, 2000), 523–535.
104. W. Warner Burke, *Organization Development: A Process of Learning and Changing*, 2nd ed. (Reading, MA: Addison Wesley, 1994); e Wendell L. French e Cecil H. Bell, Jr., "A History of Organization Development," em French, Bell e Zawacki, *Organization Development and Transformation*, 20–42.
105. French e Bell, "A History of Organization Development."
106. As informações sobre a intervenção baseiam-se em Kathleen D. Dannemiller e Robert W. Jacobs, "Changing the Way Organizations Change: A Revolution of Common Sense," *The Journal of Applied Behavioral Science* 28, n. 4 (dezembro de 1992), 480–498; Barbara B. Bunker e Billie T. Alban, "Conclusion: What Makes Large Group Interventions Effective?" *The Journal of Applied Behavioral Science* 28, n. 4 (dezembro de 1992), 570–591; e Marvin R. Weisbord, "Inventing the Future: Search Strategies for Whole System Improvements," em French, Bell e Zawacki, *Organization Development and Transformation*, 242–250.
107. Marvin Weisbord e Sandra Janoff, "Faster, Shorter, Cheaper May Be Simple; It's Never Easy," *The Journal of Applied Behavioral Science* 41, n. 1 (março de 2005), 70–82.
108. J. Quinn, "What a Workout!" *Performance* (novembro de 1994), 58–63; e Bunker e Alban, "Conclusion: What Makes Large Group Interventions Effective?"
109. Dave Ulrich, Steve Kerr e Ron Ashkenas, com Debbie Burke e Patrice Murphy, *The GE Work Out: How to Implement GE's Revolutionary Method for Busting Bureaucracy and Attacking Organizational Problems – Fast!* (Nova York: McGraw-Hill, 2002).
110. Paul F. Buller, "For Successful Strategic Change: Blend OD Practices with Strategic Management," *Organizational Dynamics* (inverno de 1988), 42–55.
111. Norm Brodsky, "Everybody Sells," (Street Smarts column), *Inc.* (junho de 2004), 53–54.
112. Pierre Loewe e Jennifer Dominiquini, "Overcome the Barriers to Effective Innovation," *Strategy & Leadership* 34, n. 1 (2006), 24–31.
113. Bernard M. Bass, "Theory of Transformational Leadership Redux," *Leadership Quarterly* 6, n. 4 (1995), 463–478; e Dong I. Jung, Chee Chow e Anne Wu, "The Role of Transformational Leadership in Enhancing Organizational Innovation: Hypotheses and Some Preliminary Findings," *The Leadership Quarterly* 14 (2003), 525–544.
114. Todd Datz, "No Small Change," *CIO* (15 de fevereiro de 2004), 66–72.
115. Baseiam-se parcialmente em Carol A. Beatty e John R. M. Gordon, "Barriers to the Implementation of CAD/CAM Systems," *Sloan Management Review* (verão de 1988), 25–33.
116. Essas técnicas são baseadas em John P. Kotter's eight-stage model of planned organizational change, Kotter, *Leading Change*, 20–25.
117. Everett M. Rogers e Floyd Shoemaker, *Communication of Innovations: A Cross Cultural Approach*, 2 ed. (Nova York: Free Press, 1971); e Stratford P. Sherman, "Eight Big Masters of Innovation," *Fortune* (15 de outubro de 1984), 66–84.
118. Richard L. Daft e Selwyn W. Becker, *Innovation in Organizations* (Nova York: Elsevier, 1978); e John P. Kotter e Leonard A. Schlesinger, "Choosing Strategies for Change," *Harvard Business Review* 57 (1979), 106–114.
119. Darren Dahl, "Trust Me: You're Gonna Love This; Getting Employees to Embrace New Technology," *Inc.* (novembro de 2008), 41.
120. Peter Richardson e D. Keith Denton, "Communicating Change," *Human Resource Management* 35, n. 2 (verão de 1996), 203–216.
121. Edgar H. Schein e Warren Bennis, *Personal and Organizational Change via Group Methods* (Nova York: Wiley, 1965); e Amy Edmondson, "Psychological Safety and Learning Behavior in Work Teams," *Administrative Science Quarterly* 44 (1999), 350–383.
122. Diane L. Coutu, "Creating the Most Frightening Company on Earth; An Interview with Andy Law of St. Luke's," *Harvard Business Review* (setembro a outubro de 2000), 143–150.
123. Philip H. Mirvis, Amy L. Sales e Edward J. Hackett, "The Implementation and Adoption of New Technology in Organizations: The Impact on Work, People, and Culture," *Human Resource Management* 30 (primavera de 1991), 113–139; Arthur E. Wallach, "System Changes Begin in the Training Department," *Personnel Journal* 58 (1979), 846–848, 872; e Paul R. Lawrence, "How to Deal with Resistance to Change," *Harvard Business Review* 47 (janeiro a fevereiro de 1969), 4–12, 166–176.
124. Julie Jargon, "Business Technology: Domino's IT Staff Delivers Slick Site, Ordering System," *The Wall Street Journal* (24 de novembro de 2009), B5.
125. Linebaugh, "Marchionne Upends Chrysler's Ways."
126. Dexter C. Dunphy e Doug A. Stace, "Transformational and Coercive Strategies for Planned Organizational Change: Beyond the O.D Model," *Organizational Studies* 9 (1988), 317–334; e Kotter e Schlesinger, "Choosing Strategies for Change."
127. Lawrence G. Hrebiniak, "Obstacles to Effective Strategy Implementation," *Organizational Dynamics* 35, n. 1 (2006), 12–31.
128. Adaptado por Dorothy Marcic de Susanne G. Scott e Reginald A. Bruce, "Determinants of Innovative Behavior: A Path Model of Individual Innovation in the Work place," *Academy of Management Journal* 37, n. 3 (1994), 580–607.
129. Escrito por Charles E. Summer. Copyright 1978.
130. Doug Wallace, "What Would You Do?" *Business Ethics* (março a abril de 1996), 52–53. Reimpresso com permissão de Business Ethics, PO Box 8439, Minneapolis, MN 55408; telefone: 612-879-0695.

ESTUDO DE CASO 7.0
Custom Chip, Inc.*

Introdução

Eram 7h50min de uma manhã de segunda-feira. Frank Questin, gerente de engenharia de produto da Custom Chip, Inc., estava sentado em seu escritório fazendo uma lista de afazeres para o dia. Das 8h às 9h30min ele teria a reunião semanal com sua equipe de engenheiros. Após a reunião, Frank pensou que começaria a desenvolver uma proposta para solucionar o que ele chamou de "problema na documentação de fabricação da Custom Chip" – informações técnicas inadequadas com relação às etapas para a fabricação de muitos dos produtos da empresa. Antes que ele pudesse concluir sua lista de afazeres, ele atendeu a uma ligação do gerente de recursos humanos da Custom Chip, que o questionou sobre a situação de duas avaliações de desempenho em atraso e o lembrou de que o quinto aniversário de Bill Lazarus na empresa era naquele dia. Após essa ligação, Frank apressou a sua reunião de segunda-feira de manhã com sua equipe.

Frank era gerente de engenharia de produto na Custom Chip há 14 meses. Esse era seu primeiro cargo de gerência e, às vezes, ele perguntava à sua equipe a respeito de sua eficácia como gerente. Muitas vezes ele não conseguia concluir as tarefas que definia para si em decorrência de interrupções e problemas levados ao seu conhecimento pelos outros. Embora ele não tivesse sido informado exatamente sobre quais resultados deveria alcançar, tinha uma sensação incômoda de que deveria ter realizado mais após esses 14 meses. Por outro lado, ele pensava que estava se saindo muito bem em algumas de suas áreas de responsabilidade dada a complexidade dos problemas com os quais seu grupo lidava e as mudanças imprevisíveis na indústria de semicondutores – mudanças causadas não apenas pelos rápidos avanços na tecnologia, mas também pelo aumento da concorrência estrangeira e por uma recente queda na demanda.

Histórico da empresa

A Custom Chip, Inc., era uma fabricante de semicondutores, especializada em *chips* e componentes personalizados utilizados em radares, transmissores por satélite e outros dispositivos de frequência de rádio. A companhia foi fundada em 1977 e cresceu rapidamente com as vendas ultrapassando US$25 milhões em 1986. A maior parte dos 300 funcionários estava localizada na fábrica principal no Vale do Silício, porém, as instalações de produção na Europa e Extremo Oriente estavam crescendo em tamanho e importância. Essas instalações em outros continentes montavam produtos menos complexos e de maior volume. Os produtos mais novos e os mais complexos eram montados na fábrica principal. Aproximadamente um terço dos funcionários de montagem ficava nas instalações no exterior.

Enquanto os produtos e mercados especializados da Custom Chip ofereciam um nicho de mercado que tinha protegido a empresa da grande crise na indústria de semicondutores até aquele momento, o crescimento havia chegado a um impasse. Por esse motivo, a redução de custos tinha se tornado prioridade.

O processo de fabricação

Os fabricantes de *chips* padrão têm longos ciclos de produção de alguns produtos. Seu custo por unidade é baixo e o controle de custo é o principal determinante do sucesso. Em contrapartida, os fabricantes de *chips* personalizados têm extensas linhas de produtos e fazem pequenos ciclos de produção de aplicações especiais. A Custom Chip, Inc., por exemplo, tinha fabricado mais de 2.000 produtos diferentes nos últimos cinco anos. Em um trimestre, a empresa pode programar 300 ciclos de produção para diferentes produtos e até um terço deles pode ser produtos novos ou modificados que a companhia não tinha antes. Pelo fato de precisarem ser eficientes em projetar e fabricar muitas linhas de produtos, todos os fabricantes de *chips* personalizados são altamente dependentes de seus engenheiros. Os clientes, muitas vezes, primeiro perguntam se a Custom Chip pode projetar e fabricar o produto necessário, depois, se podem entregá-lo no prazo e, somente por último, preocupam-se com o custo.

Após um produto ser projetado, existem duas fases para o processo de fabricação. (Veja a Figura 1) A primeira é a fabricação de pastilhas de silício. Esse é um processo complexo no qual os circuitos são gravados nas diversas camadas adicionadas a uma pastilha de silício. O número de etapas pelas quais a pastilha passa somado aos problemas inerentes ao controle de diversos processos químicos torna muito difícil atender às especificações exatas exigidas para a pastilha final. As pastilhas, que normalmente têm "só algumas" polegadas de diâmetro quando o processo de fabricação é concluído, contêm centenas, às vezes milhares, de minúsculos moldes idênticos. Uma vez que a pastilha foi testada e cortada para produzir esses moldes, cada um deles será usado como um componente de circuito.

Se a pastilha acabada passa pelos diversos testes de qualidade, ela passa para a fase de montagem. Na montagem, o molde das pastilhas, fios muito pequenos e outros componentes são ligados a um circuito em uma série de operações precisas. O circuito finalizado é o produto final da Custom Chip, Inc.

Cada produto passa por muitas operações independentes e delicadas e cada etapa está sujeita ao erro do operador ou da máquina. Por causa do número de etapas e testes envolvidos, a fabricação da pastilha leva de oito a 12 semanas e o processo de montagem leva de quatro a seis semanas. Por causa das especificações exatas, os produtos são rejeitados pela menor falha. A probabilidade de cada produto iniciando o ciclo passar por todos os processos e ainda atender às especificações é frequentemente bem baixa. Para alguns produtos, o rendimento[1] médio é de 40% e os rendimentos reais podem variar consideravelmente de um ciclo para o outro. Na Custom Chip, o rendimento médio de todos os produtos está na faixa de 60% a 70%.

---

* Copyright Murray Silverman, San Francisco State University. Reimpresso com permissão.

[1] Taxa de produtos finalizados de acordo com as especificações em relação ao produto inicial do processo de fabricação. (N.R.T.)

FIGURA 1
Processo de fabricação

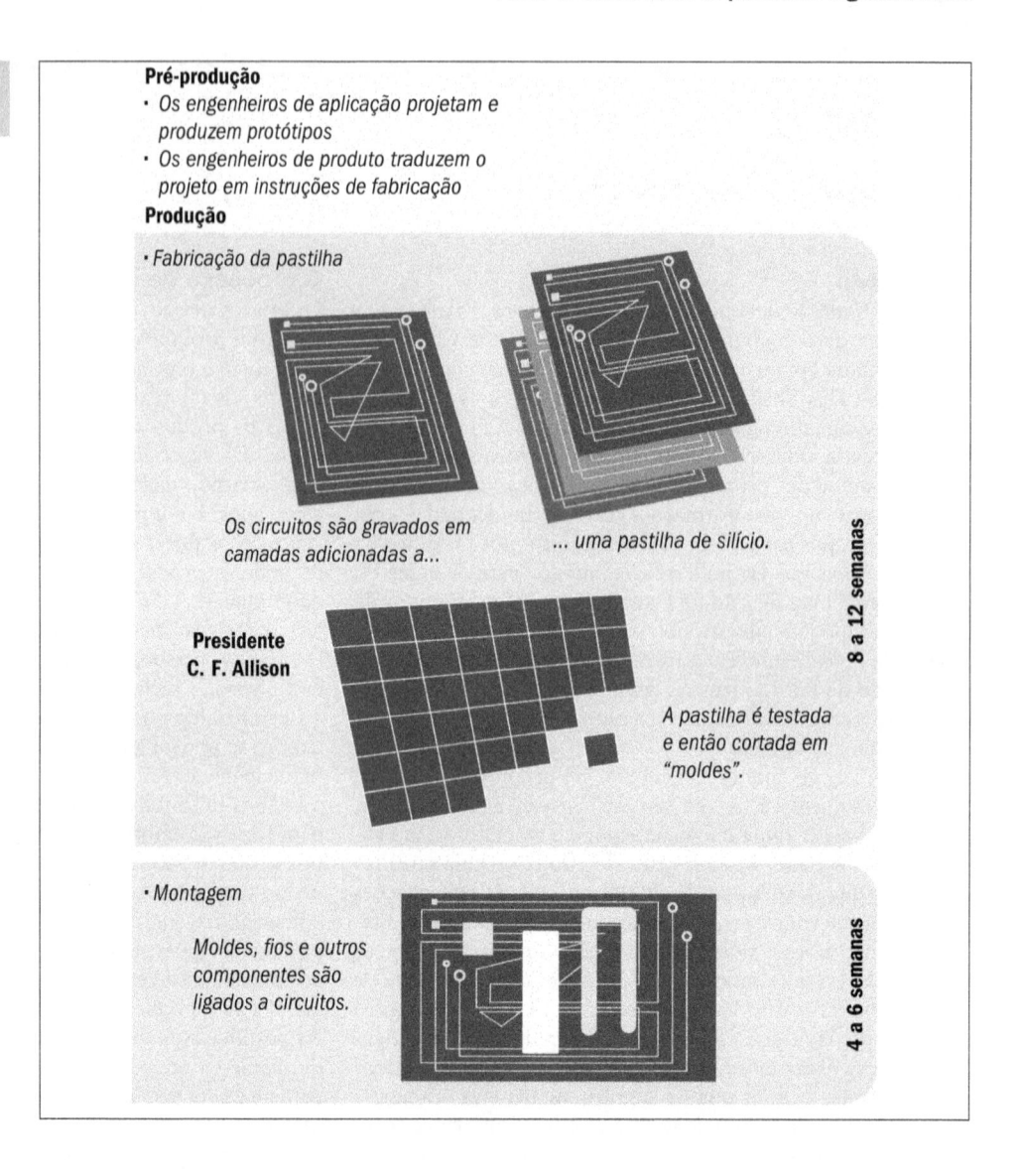

Pré-produção
- Os engenheiros de aplicação projetam e produzem protótipos
- Os engenheiros de produto traduzem o projeto em instruções de fabricação

Produção
- *Fabricação da pastilha*

Os circuitos são gravados em camadas adicionadas a...

... uma pastilha de silício.

Presidente
C. F. Allison

A pastilha é testada e então cortada em "moldes".

8 a 12 semanas

- *Montagem*

Moldes, fios e outros componentes são ligados a circuitos.

4 a 6 semanas

Pelo fato de demorar tanto para fazer um *chip* personalizado, é especialmente importante ter algum controle desses rendimentos. Por exemplo, se um cliente encomendar mil unidades de um produto e os rendimentos típicos para aquele produto giram em torno de 50%, a Custom Chip programará um lote inicial de 2.200 unidades. Com essa abordagem, mesmo que o rendimento caia para 45,4% (45,4% de 2.200 é 1.000) a empresa ainda pode atender ao pedido. Se o rendimento real cair para menos de 45,4%, o pedido não será concluído naquele ciclo e um ciclo bastante pequeno e dispendioso do item será necessário para concluir o pedido. A única maneira de a empresa poder controlar efetivamente esses rendimentos e permanecer dentro da programação consiste na cooperação e coordenação eficiente dos esforços dos grupos e das operações de engenharia.

Papel do engenheiro do produto

A função do engenheiro de produto é definida por sua relação com a engenharia e operações de aplicações. Os engenheiros de aplicações são responsáveis por projetar e desenvolver protótipos quando os pedidos recebidos são de produtos novos ou modificados. O papel do engenheiro de produto é traduzir o projeto do grupo de engenharia de aplicações em um conjunto de instruções de fabricação e, então, trabalhar juntamente com a produção a fim de se certificar de que problemas relativos à engenharia sejam resolvidos. A eficácia dos engenheiros de produto é medida de forma definitiva por sua capacidade de controlar os rendimentos em seus produtos designados. O organograma da Figura 2 mostra os departamentos de engenharia e operações. A Figura 3 resume os papéis e objetivos da produção, engenharia de aplicações e engenharia de produto.

Os engenheiros de produtos estimam que 70% a 80% de seu tempo seja gasto na resolução de problemas cotidianos de fabricação. Os engenheiros de produto têm cubículos em uma sala que fica de frente para o *hall* da fábrica. Se um supervisor de produção tiver uma pergunta com relação a como construir um produto durante um ciclo, esse supervisor ligará para o engenheiro designado para aquele produto. Se o engenheiro estiver disponível, ele irá ao chão de fábrica para ajudar a responder a pergunta. Se não estiver, o ciclo de produção pode ser interrompido e o produto colocado à parte de modo que os demais pedidos possam ser fabricados. Isso resulta em atrasos e custos adicionais. Um motivo pelo

Estudo de caso

qual os engenheiros de produto são consultados é que a documentação – as instruções para a fabricação do produto – não é clara ou está incompleta.

O engenheiro de produto também será chamado se um produto for testado e não atender às especificações. Se ele não atender às especificações do teste, a produção para e o engenheiro tem de diagnosticar o problema e tentar encontrar uma solução. Do contrário, o pedido para aquele produto pode ser apenas parcialmente atendido. Falhas no teste são um problema bastante sério e podem resultar em consideráveis aumentos no custo e atrasos na programação para os clientes. Os produtos não são testados de modo adequado por muitos motivos, incluindo erros do operador, materiais de má qualidade, um projeto muito difícil de fabricar, um projeto que oferece uma margem de erro muito pequena, ou uma combinação desses fatores.

Em um dia comum, os engenheiros de produto podem responder a meia dúzia de perguntas do chão de fábrica e de dois a quatro chamados para as estações de teste. Quando entrevistados, os engenheiros expressaram certa frustração com essa situação. Eles achavam que passavam tempo demais resolvendo problemas de curto prazo e, consequentemente, estavam negligenciando outras partes importantes de suas funções. Especificamente, eles sentiam que tinham pouco tempo para:

- *Entrar em coordenação com os engenheiros de aplicações durante a fase de projeto.* Os engenheiros de produto declararam que seus conhecimentos de fabricação poderiam oferecer uma valiosa contribuição para os engenheiros de aplicações. Juntos, eles poderiam melhorar a fabricação e, por conseguinte, os rendimentos dos produtos novos ou modificados.

FIGURA 2
Organograma parcial da Custom Chip, Inc.

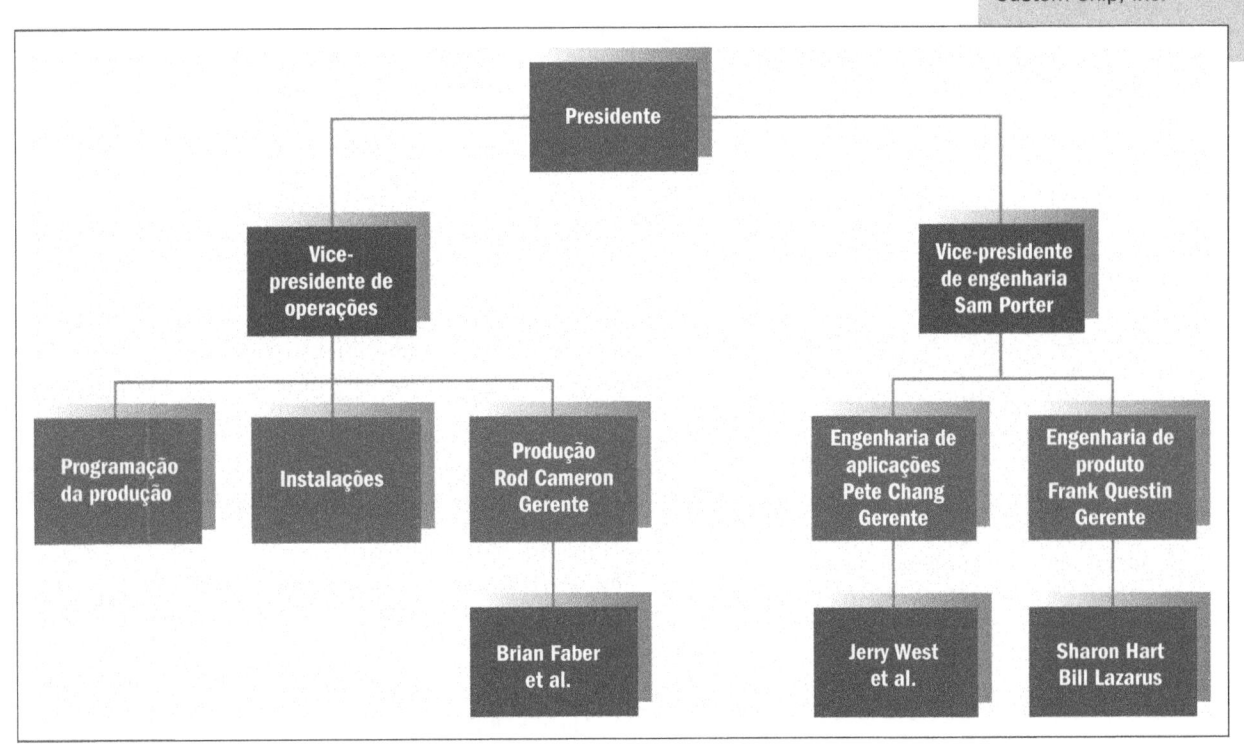

```
                        Presidente
                       /          \
        Vice-presidente           Vice-presidente
        de operações              de engenharia
                                  Sam Porter
       /      |      \           /            \
Programação  Instalações  Produção   Engenharia de    Engenharia de
da produção              Rod Cameron  aplicações       produto
                         Gerente      Pete Chang       Frank Questin
                                      Gerente          Gerente
                             |              |              |
                        Brian Faber     Jerry West      Sharon Hart
                        et al.          et al.          Bill Lazarus
```

Departamento	Papel	Objetivo primário
Engenharia de aplicações	Projeta e desenvolve protótipos para produtos novos e modificados	Satisfaz as necessidades do cliente por meio de projetos inovadores
Engenharia de produto	Traduz projetos em instruções de fabricação e trabalha juntamente com a produção para resolver problemas "relativos à engenharia"	Mantém e controla os rendimentos de produtos designados
Produção	Executa projetos	Atende aos padrões de produção e aos prazos

FIGURA 3
Papéis e objetivos do departamento

- *Envolver-se em projetos para melhorar o rendimento.* Isso envolveria um estudo aprofundado do processo existente para um produto específico juntamente com uma análise de falhas anteriores do produto.
- *Documentar com precisão as etapas de produção para os produtos designados, especialmente para aqueles que tendem a ter encomendas grandes e repetidas.* Eles alegaram que o estado da documentação naquele momento era bastante precário. Os operadores muitas vezes têm de construir produtos utilizando somente um desenho mostrando o circuito final, juntamente com algumas observações rabiscadas nas margens. Embora operadores e supervisores experientes possam ser capazes de trabalhar com essas informações, muitas vezes eles fazem palpites e suposições incorretos. Operadores inexperientes podem não ser capazes de proceder com determinados produtos em decorrência dessa documentação ruim.

Reunião semanal

Como gerente do grupo de engenharia de produto, Frank Questin tinha oito engenheiros reportando-se a ele, cada qual responsável por um grupo diferente de produtos da Custom Chip. Segundo Frank:

Quando assumi o cargo de gerente, os engenheiros de produto passavam muito tempo reunidos como um grupo. Eles tinham de lidar com problemas operacionais em um curto espaço de tempo. Isso dificultava que o grupo todo se reunisse em decorrência das constantes solicitações de assistência feitas pela área de produção.

Eu acreditava que meus engenheiros poderiam oferecer mais assistência e suporte uns aos outros se passassem mais tempo reunidos como um grupo e uma das minhas primeiras iniciativas como gerente foi instituir uma reunião semanal regular. Eu informei ao pessoal da produção que minha equipe não atenderia a solicitações de assistência durante a reunião.

A reunião dessa segunda-feira específica seguia o padrão usual. Frank falou a respeito dos próximos planos, projetos e outras novidades da empresa que poderiam interessar ao grupo. Ele, então, forneceu dados sobre os rendimentos de cada produto naquele período e elogiou os engenheiros que tinham mantido ou melhorado os rendimentos da maior parte de seus produtos. Essa fase inicial da reunião durou até as 8h30min. O restante da reunião foi uma discussão sinuosa de uma variedade de tópicos. Como não havia pauta, os engenheiros sentiam-se confortáveis em levantar questões de seu interesse.

A discussão começou com um dos engenheiros descrevendo um problema técnico na montagem de um dos seus produtos. Foi feita uma série de perguntas a ele e foram dados alguns conselhos. Outro engenheiro levantou o tópico da necessidade de um novo equipamento de teste e descreveu uma unidade de teste que tinha visto em uma demonstração recente. Ele alegou que as economias na mão de obra e melhores rendimentos dessa máquina permitiriam que ela pagasse por si em menos de nove meses. Frank imediatamente respondeu que as limitações no orçamento tornavam essa aquisição inviável e a discussão passou para outra área. Eles discutiram brevemente a crescente falta de acessibilidade dos engenheiros de aplicações e, depois, conversaram sobre alguns outros tópicos.

De modo geral, os engenheiros valorizavam essas reuniões. Um deles comentou o seguinte:

As reuniões de segunda-feira me dão a oportunidade de ouvir o que se passa pela cabeça de todos e de ficar sabendo das novidades de toda a empresa e discuti-las. É difícil chegar a conclusões pelo fato de a reunião ser uma discussão livre. Mas eu realmente aprecio a atmosfera amigável com meus colegas.

Coordenação com os engenheiros de aplicações

Após a reunião daquela manhã, ocorreu um evento que salientou a questão da falta de acessibilidade dos engenheiros de aplicações. Uma encomenda de 300 unidades do *chip* personalizado 1210A para um cliente importante já estava em atraso. Pelo fato de o rendimento projetado desse produto ser de 70%, eles tinham começado com um ciclo de 500 unidades. Uma amostra testada em um dos pontos de montagem iniciais indicou um grande problema de desempenho que poderia reduzir o rendimento para menos de 50%. Bill Lazarus, o engenheiro de produto designado para o 1210A, examinou a amostra e determinou que o problema poderia ser resolvido por meio da reorganização da fiação. Jerry West, o engenheiro de aplicações designado para aquela categoria de produto, era responsável por revisar o projeto. Bill tentou entrar em contato com Jerry, mas ele não estava imediatamente disponível e não retornou para Bill até mais tarde naquele dia. Jerry explicou que estava com uma agenda apertada tentando finalizar um projeto para um cliente que estava vindo para a cidade em dois dias e não poderia reservar um tempo para tratar do "problema do Bill".

A atitude de Jerry de dizer que o problema pertencia à engenharia de produto era típica dos engenheiros de aplicações. Do seu ponto de vista, havia uma série de razões para tornar a necessidade de assistência dos engenheiros de produtos uma prioridade secundária. Em primeiro lugar, os engenheiros de aplicações eram recompensados e reconhecidos principalmente por satisfazer as necessidades do cliente por meio do desenvolvimento de produtos novos e modificados. Eles obtinham pouco reconhecimento por solucionar problemas de fabricação. Em segundo lugar, a engenharia de aplicações era tida como mais glamorosa que a engenharia de produto por causa das oportunidades a serem confiadas com projetos inovadores e pioneiros. Por fim, o tamanho do grupo de engenharia de aplicações tinha diminuído durante o último ano, fazendo que a carga de trabalho sobre cada engenheiro aumentasse consideravelmente. Naquele momento, eles tinham ainda menos tempo para responder às solicitações dos engenheiros de produto.

Quando Bill Lazarus contou a Frank sobre a situação, ele agiu rápido. Ele queria que esse pedido estivesse em processo novamente até o dia seguinte e sabia que a produção também estava tentando atingir esse objetivo. Ele foi até Pete Chang, chefe de engenharia de aplicações (veja o organograma na Figura 2). Reuniões como essa com Pete para discutir e resolver problemas interdepartamentais eram comuns.

Frank encontrou Pete em uma bancada de trabalho conversando com um de seus engenheiros. Ele perguntou a Pete se poderia falar com ele em particular e eles foram para a sala de Pete.

Frank: *Estamos com um problema de produção para atender a uma encomenda de 1210As. Bill Lazarus está recebendo pouca ou nenhuma assistência de Jerry West. Espero que você possa fazer Jerry cooperar e ajudar Bill. Isso não deve tomar mais que algumas horas de seu tempo.*

Estudo de caso

Pete: *De fato tenho mantido Jerry em rédeas curtas na tentativa de mantê-lo focado em concluir um projeto para a Teletronics. Nós não podemos nos dar ao luxo de aparecer de mãos vazias na nossa reunião com eles em dois dias.*

Frank: *Bem, vamos acabar perdendo um cliente na tentativa de agradar outro. Não podemos satisfazer todos?*

Pete: *Você tem alguma ideia?*

Frank: *Você não pode oferecer um suporte adicional no projeto da Teletronics?*

Pete: *Vou chamar o Jerry aqui para ver o que podemos fazer.*

Pete levou Jerry ao escritório e, juntos, eles discutiram os problemas e possíveis soluções. Quando Pete deixou claro que considerava o problema com os 1210As uma prioridade, Jerry se ofereceu para trabalhar nesse problema com Bill. Ele disse, "Isso significa que terei de ficar algumas horas depois das 17h hoje, mas farei o que for preciso para concluir o trabalho".

Frank estava contente por ter desenvolvido uma relação colaborativa com Pete. Ele sempre fez questão de manter Pete informado a respeito das atividades do grupo de engenharia de produto que poderiam afetar os engenheiros de aplicações. Além disso, muitas vezes ele conversava com Pete informalmente durante o café ou almoço no refeitório da empresa. Essa relação com Pete facilitou o trabalho de Frank. Ele gostaria de ter a mesma afinidade com Rod Cameron, o gerente de produção.

Coordenação com fabricação

Os engenheiros de produto trabalhavam próximos aos supervisores e trabalhadores da produção diariamente. Os problemas entre esses dois grupos provinham de um conflito inerente entre seus objetivos (veja a Figura 3). O objetivo dos engenheiros de produto era manter e melhorar os rendimentos. Eles tinham a autoridade de interromper a produção de qualquer ciclo que não tenha sido testado corretamente. A produção, por outro lado, estava tentando ficar em conformidade com as normas de produtividade e prazos. Quando um engenheiro de produto interrompia um ciclo de fabricação, ele estava possivelmente impedindo que o grupo de produção atingisse seus objetivos.

Rod Cameron, o então gerente de produção, tinha sido promovido de seu cargo como supervisor de produção há um ano. Suas opiniões sobre os engenheiros de produto:

Os engenheiros de produto são perfeccionistas. No momento que o resultado de um teste parece um tanto suspeito eles já querem fechar a fábrica. Estou sob muita pressão para expedir os produtos. Se eles retirarem da linha alguns pedidos de US$50.000 quando estiverem a alguns dias do envio, estou sujeito a perder US$100.000 naquele mês.

Além disso, estamos fazendo um péssimo trabalho de documentação das etapas de fabricação. Tenho uma grande rotatividade e sempre devo falar ou mostrar aos meus funcionários exatamente o que fazer para cada produto. As instruções para grande parte dos nossos produtos são uma piada.

Em um primeiro momento, Frank achou Rod uma pessoa bastante difícil de lidar. Rod culpou os engenheiros de produto por muitos problemas e, às vezes, pareceu rude para Frank enquanto conversavam. Por exemplo, Rod pode falar para Frank: "Seja breve, não tenho muito tempo". Frank tentou não levar as atitudes de Rod para o lado pessoal e por meio da persistência foi capaz de desenvolver uma relação mais amigável com ele. Segundo Frank:

Às vezes, meu pessoal irá parar de trabalhar em um produto por ele não satisfazer os resultados do teste na fase de fabricação. Se estudarmos a situação, podemos ser capazes de manter os rendimentos ou até mesmo salvar um ciclo inteiro ajustando os procedimentos de fabricação. Rod tenta me intimidar ao mudar as decisões dos meus engenheiros. Ele grita comigo ou critica a competência do meu pessoal, mas eu não permito que seu temperamento ou desvarios influenciem meu melhor julgamento de uma situação. Minha estratégia ao lidar com Rod é tentar não responder a ele de forma defensiva. Por fim, ele se acalma e podemos ter uma discussão razoável a respeito da situação.

Apesar dessa estratégia, Frank nem sempre podia resolver seus problemas com Rod. Nessas ocasiões, Frank levava o problema para o seu próprio chefe, Sam Porter, o vice-presidente responsável pela engenharia. Entretanto, Frank não estava satisfeito com o suporte que obteve de Sam. Frank disse:

Sam evita confrontos com o vice-presidente de operações. Ele não possui influência com relação aos demais vice-presidentes ou presidente para fazer jus às necessidades da engenharia na organização.

Mais cedo naquela tarde, Frank se viu novamente tentando resolver um conflito entre a engenharia e a produção. Sharon Hart, uma de suas engenheiras de produto mais eficazes, era responsável por uma série de produtos utilizados em radares – a série 3805A-3808A. Naquele dia, ele havia interrompido um grande ciclo de 3806As. O supervisor de produção, Brian Faber, foi até Rod Cameron para reclamar do impacto dessa interrupção sobre a produtividade do seu grupo. Brian achava que os rendimentos estavam baixos naquele produto em particular pelo fato de as instruções de produção serem confusas para os operadores e que mesmo com instruções mais claras, seus operadores precisariam de treinamento adicional para construí-lo de forma satisfatória. Ele salientou que a responsabilidade do engenheiro de produto era documentar adequadamente as instruções de produção e fornecer treinamento. Por esses motivos, Brian afirmava que a engenharia de produto, e não a produção, deveria ser responsável pela perda de produtividade no caso desses 3806As.

Rod chamou Frank ao seu escritório, onde ele se juntou à discussão com Sharon, Brian e Rod. Após ouvir os problemas, Frank admitiu que a engenharia de produto tinha a responsabilidade de documentar e oferecer um treinamento. Ele também explicou, embora todos estivessem cientes disso, que o grupo de engenharia de produto vinha operando com pessoal reduzido havia mais de um ano, de modo que o treinamento e a documentação eram prioridades secundárias. Em função dessa situação da equipe, Frank sugeriu que a produção e a engenharia de produto trabalhassem juntas e unissem seus recursos limitados para resolver o problema da documentação e treinamento. Ele estava especialmente interessado em utilizar alguns dos trabalhados com longa experiência para auxiliarem no treinamento de novos trabalhadores. Rod e Brian se opuseram a sua sugestão. Eles não queriam tirar operadores experientes da linha, pois isso diminuiria a produtividade. A reunião terminou quando Brian saiu furioso, dizendo que era melhor que Sharon colocasse os 3806As em funcionamento novamente naquela manhã.

Frank estava particularmente frustrado por esse episódio com a produção. Ele sabia perfeitamente bem que seu grupo tinha responsabilidade primária por documentar as etapas de fabricação para cada produto. Um ano antes ele havia dito a Sam Porter que os engenheiros de produto precisavam atualizar e padronizar toda a documentação para a fabricação dos produtos. Naquela ocasião, Sam disse a Frank que ele apoiaria seus esforços para desenvolver a documentação, mas não aumentaria seu pessoal. Na verdade, Sam tinha negado a autorização para preencher uma vaga para engenharia de produto desocupada recentemente. Frank estava relutante em levar o problema de pessoal adiante por causa de sua persistência em reduzir custos. "Talvez", Frank pensou, " se eu desenvolver uma proposta mostrando claramente os benefícios de um programa de documentação da produção e detalhando as etapas e recursos necessários para implementá-lo, posso ser capaz de convencer Sam a nos fornecer mais recursos". Mas Frank jamais teria tempo para desenvolver a proposta. E, então, ele permaneceu frustrado.

No fim do dia

Frank estava refletindo a respeito da complexidade do seu trabalho quando Sharon foi até a porta perguntar se poderia falar com ele. Antes que ele pudesse dizer "entre", o telefone tocou. Ele olhou para o relógio. Eram 16h10min. Pete estava do outro lado da linha com uma ideia que ele queria tentar com Frank, então Frank disse que logo retornaria. Sharon estava chateada e disse que estava pensando em deixar a empresa, pois o trabalho não a estava satisfazendo.

Sharon disse que, embora gostasse muito de trabalhar com projetos para melhorar o rendimento, ela não tinha tempo para eles. Ela estava cansada dos engenheiros de aplicações agindo como "primas-donas", ocupados demais para ajudá-la a resolver o que eles pareciam considerar problemas de fabricação cotidianos e triviais. Ela também achava que, para começar, muitos dos problemas cotidianos com os quais ela lidava não existiriam se houvesse tempo suficiente para documentar os procedimentos de fabricação.

Frank não queria perder Sharon, por isso, ele tentou ficar em um estado de espírito que pudesse demonstrar empatia para com ela. Ele a ouviu e disse que podia compreender sua frustração com essa situação. Ele disse a ela que a situação mudaria conforme as condições da indústria melhorassem. Ele falou que apreciava que ela se sentisse confortável em contar-lhe suas frustrações e que esperava que ela permanecesse na Custom Chip.

Depois que Sharon saiu, Frank lembrou que tinha dito a Pete que lhe retornaria a ligação. Ele deu uma olhada na lista de afazeres e se deu conta de que não tinha dedicado tempo a sua prioridade máxima – desenvolver uma proposta concernente à resolução do problema de documentação da produção. Então, ele se lembrou de que tinha esquecido de parabenizar Bill Lazarus por seu aniversário de cinco anos na empresa. Ele pensou consigo mesmo que seu trabalho parecia um passeio de montanha-russa e mais uma vez ponderou sobre sua eficácia como gerente.

ESTUDO DE CASO 8.0
Iniciativas enxutas e crescimento na Orlando Metering Company*

Era fim de agosto de 2002 e Ed Cucinelli, vice-presidente da Orlando Metering Company (OMC), estava sentado em seu escritório em um fim de tarde de sábado. Ele tinha ido se preparar para algumas reuniões de planejamento estratégico que estavam agendadas para a semana seguinte. Quando notou o silêncio incomum no prédio, Ed contemplou a situação da empresa naquele momento.

A Orlando Metering Company era uma entre várias instalações de propriedade de uma empresa líder na fabricação de hidrômetros para o setor público de todo o mundo. A unidade era especializada na montagem, realização de testes e reparos de hidrômetros utilizados para medir a quantidade de água consumida por residências, organizações e grandes cidades. Em 1999, a OMC deu início ao processo de transição entre uma organização de fabricação tradicional e uma organização de fabricação enxuta com uma força de trabalho plenamente capacitada. Em decorrência do tremendo sucesso que a organização alcançou, a sede corporativa decidiu transferir quatro linhas de produto para a unidade de Orlando em 2001. Essa transferência resultou em uma considerável expansão da empresa, duplicando o número de funcionários e turnos necessários na fábrica e quadruplicando as receitas da organização. Enquanto Ed olhava para as fotos antigas em sua mesa, ele refletia sobre como estava orgulhoso de tudo que sua equipe de liderança e funcionários tinham sido capazes de realizar no curto período de um ano e meio dado a eles pela sede.

Entretanto, naquele momento, a organização estava enfrentando alguns desafios bastante difíceis em função de uma mudança e expansão recentes. Embora a OMC tenha prosperado no novo negócio, Ed e sua equipe de gestão cometeram alguns erros durante a transição. Quando atravessou o chão de fábrica, Ed pôde sentir que a energia e o comprometimento dos funcionários estavam em um nível mais baixo. Ele sabia que seus 108 funcionários estavam estressados e infelizes. A rotatividade e o absenteísmo estavam em alta e a produtividade e a qualidade estavam sofrendo. A organização havia perdido grande parte do impulso que tinha conquistado na implementação da fabricação enxuta. Na semana anterior, Ed tinha recebido uma ligação do seu supervisor na corporação expressando preocupações acerca da situação atual da OMC. A sede corporativa tinha dado a Ed e sua equipe de liderança três meses para reverter as coisas e apresentar algumas melhorias.

Ed sabia que era o momento de tomar medidas sérias. Ele sabia que o lado processual do planejamento de estoque e montagem física dos medidores de acordo com os princípios da fabricação enxuta estava funcionando bem em sua unidade. No entanto, a empresa tinha perdido a cultura de fabricação enxuta baseada na equipe na qual os funcionários tomavam posse e trabalhavam juntos como uma equipe para resolver problemas e executar suas próprias células de trabalho. Ele sabia que para aproveitar verdadeiramente o potencial do *layout* e dos processos enxutos em operação em sua fábrica, a empresa precisava ter uma cultura que o apoiasse. Ed sabia que era a decisão certa manter o processo de produção enxuto na operação, planejamento de estoque e montagem dos medidores. Entretanto, ele precisava decidir entre reorientar o foco da organização para restabelecer a *cultura enxuta baseada na equipe e pensar* no que ela havia perdido ou retornar aos métodos tradicionais de gestão de cima para baixo do passado.

Histórico

Recém-saído da faculdade, Ed iniciou sua carreira na OMC em 1993 como engenheiro mecânico. A companhia foi fundada originalmente em Orlando, Flórida, em 1974. O grupo PMG, empresa controladora da OMC com sede na Europa, estava buscando oportunidades de crescimento e viu os Estados Unidos como uma ótima oportunidade dado o tamanho do mercado e o fato de que o produto da OMC oferecia uma nova tecnologia em comparação àqueles disponíveis naquele momento. Existem muitos estilos de hidrômetros para diferentes aplicações e o novo produto da OMC naquele momento oferecia uma solução para problemas no mercado, sobretudo sólidos suspensos (ou seja, areia) na água. Os medidores tradicionais desacelerariam em função de sólidos suspensos, reduzindo, assim, as receitas de serviços de abastecimento de água. Esse novo medidor permitiu que os sólidos suspensos passassem e proporcionou uma melhor precisão para a medição do uso de água, aumentando as receitas. Portanto, o medidor rapidamente conquistou aceitação em muitos mercados e a empresa tinha crescido desde o lançamento do novo medidor.

À medida que as vendas continuaram a aumentar, o número de funcionários e a necessidade de mais espaço também cresceram. Ed era responsável por projetar e supervisionar a construção de uma nova unidade. Como não tinha experiência anterior em trabalhar dentro de uma empresa enxuta, Ed projetou a nova unidade como um modelo maior da antiga. Adicionar mais espaço e mais equipamentos não criava um espaço de trabalho mais eficiente, mas com as pessoas certas, a companhia ainda cumpria seu trabalho. Enquanto estava sentado em seu escritório, Ed lembrou das longas noites trabalhando lado a lado com o pessoal de manutenção, qualidade e produção, todos tentando assegurar que a nova mudança da unidade seria bem-sucedida. O poder do trabalho de

---

* Esse caso foi preparado por Wanda Chaves do Ringling College of Art and Design e Ed Cucinelli da Crummer Business School. As opiniões aqui apresentadas são as dos autores de casos e não necessariamente refletem os pontos de vista da Sociedade de Pesquisa de Caso. As opiniões dos autores são baseadas em seus próprios julgamentos profissionais. Copyright © 2008 pela Sociedade de Pesquisa de Caso e os autores. Nenhuma parte desse trabalho pode ser reproduzida ou usada de qualquer forma ou por qualquer meio sem a permissão por escrito da Sociedade de Pesquisa de Caso.

equipe ficava evidente conforme os funcionários concluíam o projeto em tempo hábil e as eficiências de produção permaneciam estáveis. A essa altura, muitos dos funcionários da OMC estavam na companhia havia quase dez anos. Os funcionários conheciam uns aos outros e suas respectivas famílias e tinham um senso de responsabilidade uns para com os outros. Muito embora a OMC não possuísse as melhores ferramentas, oferecesse um pacote de remuneração que não superava a média de mercado e não tivesse ar-condicionado, os funcionários tinham a sensação de pertencer a algo especial.

A decisão de se tornar enxuta

Em 1998, a controladora da OMC tinha adquirido um concorrente muito maior. Logo depois, os diretores foram a Orlando para uma reunião com a diretoria. A diretoria decidiu seguir uma cultura de fabricação enxuta dentro da organização. Naquele momento, no entanto, nenhuma das unidades da empresa operava de maneira enxuta. Como teste e experiência de aprendizado, a diretoria decidiu desafiar a fábrica de Orlando e deu à unidade um prazo agressivo de nove semanas para implementar a reconstrução do chão de fábrica e mudar o processo de fabricação para enxuto.

Nesse momento, Ed aceitou a posição de Campeão Enxuto, tornando-se responsável por implementar as mudanças e iniciativas enxutas. Ed sabia que todos os funcionários da OMC precisariam estar envolvidos se a organização quisesse atingir essa meta em nove semanas. Imediatamente, os líderes da fábrica fizeram uma reunião abrangendo todo o setor e definiram as metas. Todos perceberam rapidamente que a pequena unidade de Orlando seria fechada e transferida para uma das grandes unidades irmãs se a mudança não fosse bem-sucedida.

Ed organizou os funcionários em equipes, conduziu um treinamento enxuto e gerenciou o projeto e os prazos de forma constante. Todos os funcionários responderam e, com muitas horas e semanas de trabalho, além de muito suor, todas as linhas de produção e metade dos processos administrativos foram transformados para utilizar os conceitos enxutos.

A Figura 1 detalha o cronograma específico que foi desenvolvido e realizado.

Histórico da produção enxuta

Os objetivos de implementar a produção enxuta nas instalações da OMC incluíam a melhoria do manuseio do material, inventário, qualidade, cronograma, pessoal e satisfação do cliente. Em geral, os principais objetivos do *layout* e fluxo das instalações deveriam ser entregar alta qualidade e produtos de baixo custo com rapidez enquanto mantém um ambiente de trabalho agradável e seguro (Henderson & Larco, 1999). Ao implementar a produção *just-in-time* (JIT), um fluxo único, equipes de trabalho autodirecionadas e fabricação celular, os líderes esperavam que as seguintes melhorias ocorressem como parte de um novo ambiente enxuto:

1. uma diminuição do custo do espaço, inventário e equipamentos chave;
2. uma redução no tempo de rendimento, tempo de ciclo, ou *lead time*;
3. um aumento na utilização da capacidade;
4. uma redução nos acidentes com afastamento.

A Figura 2 detalha as vantagens estratégicas da implementação da produção enxuta.

Enxuto não é apenas um sistema de produção para o aperfeiçoamento contínuo de ferramentas e processos, mas envolve também a implementação de uma cultura e atmosfera na qual os sistemas e ferramentas possam ser utilizados da melhor forma possível. Sem a cultura e o apoio de todas as pessoas, os benefícios não podem ser maximizados. A Figura 3 ilustra os principais componentes da produção enxuta e a Figura 4 fornece detalhes sobre a gestão enxuta e os elementos-chave necessários para sustentar a cultura de produção enxuta.

Transformando a empresa em uma vitrine enxuta

A seguir, os empregados e líderes juntos precisaram transformar a empresa em uma vitrine enxuta. Ed sabia que fazer mudanças

FIGURA 1
Cronograma do projeto de nove semanas

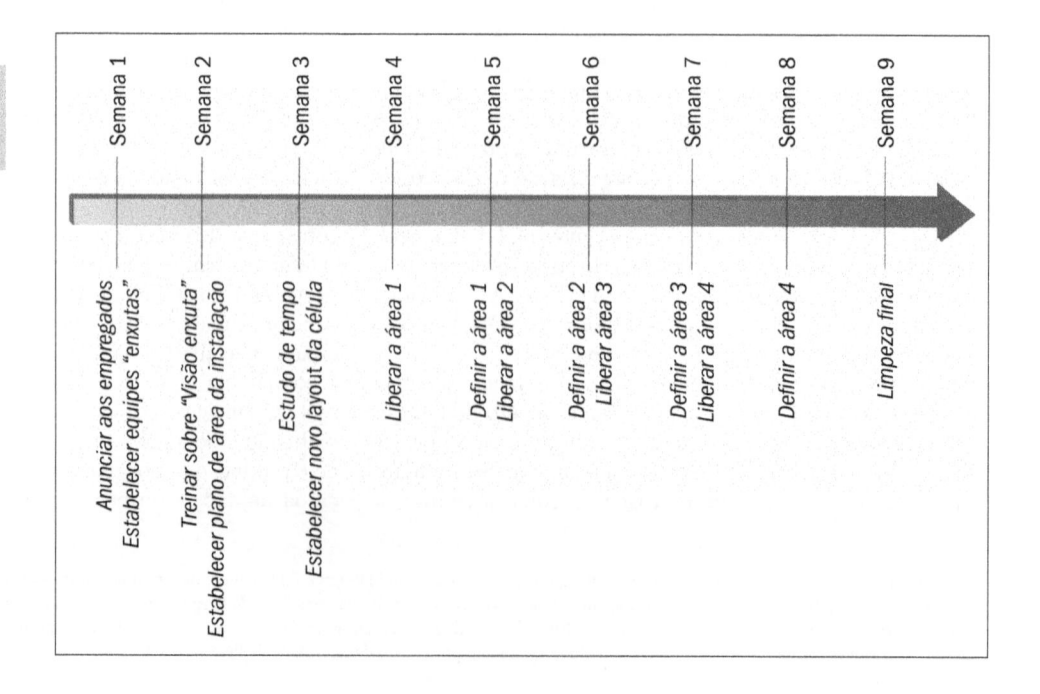

Estudo de caso

Lead time de produção	Reduzido em um dia
Qualidade entregue	três partes por milhão (PPM)
Desempenho na entrega	99+ por cento
Giros de estoque	Maior que 50
Custo de conversão (materiais e produtos acabados)	25% a 40% menor que produtores em massa
Espaço industrial	35% a 50% menor que produtores em massa
Desenvolvimento de novos produtos	Inferior a 6 meses

FIGURA 2
Vantagens estratégicas da produção enxuta

Fonte: B. A. Henderson e J. L. Larco, *Lean Transformation: How to Change Your Business into a Lean Enterprise* (Richmond, VA: The Oaklea Press, 1999), 42.

FIGURA 3
Componentes principais da produção enxuta

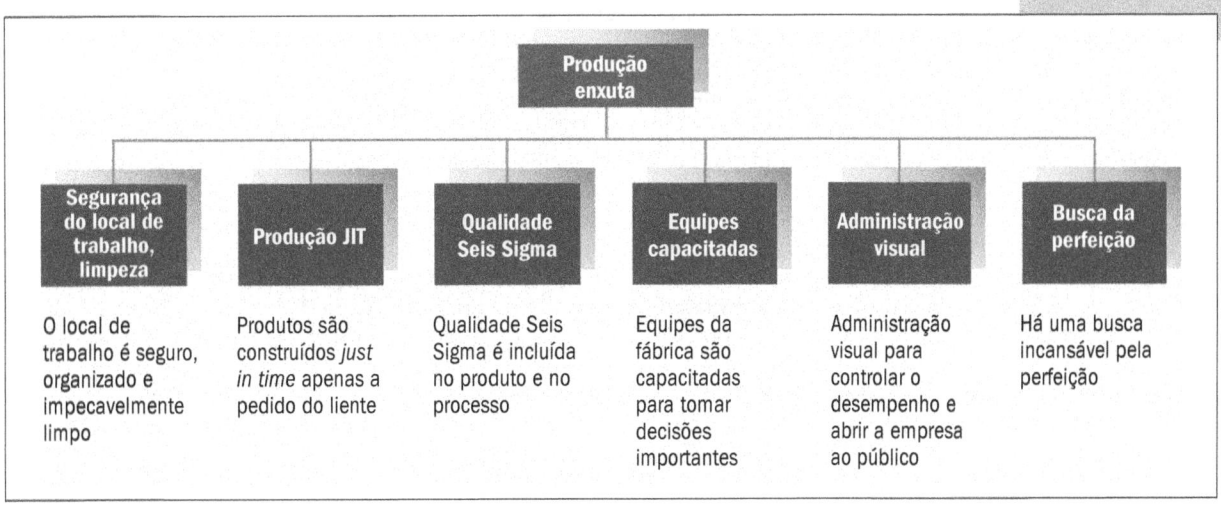

```
                            Produção
                             enxuta
    ┌──────────┬─────────┬────────┬─────────┬──────────┬─────────┐
 Segurança   Produção  Qualidade  Equipes  Administração  Busca da
 do local de    JIT    Seis Sigma capacitadas  visual    perfeição
 trabalho,
 limpeza
```

Segurança do local de trabalho, limpeza	Produção JIT	Qualidade Seis Sigma	Equipes capacitadas	Administração visual	Busca da perfeição
O local de trabalho é seguro, organizado e impecavelmente limpo	Produtos são construídos *just in time* apenas a pedido do liente	Qualidade Seis Sigma é incluída no produto e no processo	Equipes da fábrica são capacitadas para tomar decisões importantes	Administração visual para controlar o desempenho e abrir a empresa ao público	Há uma busca incansável pela perfeição

Fonte: B. A. Henderson e J. L. Larco, *Lean Transformation: How to Change Your Business into a Lean Enterprise*, 46.

FIGURA 4
Principais elementos da gestão enxuta

Elemento	Características principais
Trabalho-padrão do líder	*Checklists* diários para os líderes da linha de produção – chefes de equipe, supervisores e gerentes de fluxo – que definem expectativas explícitas para o que significa o foco no processo.
Controles visuais	Gráficos de rastreamento e outras ferramentas visuais que refletem o desempenho atual comparado ao desempenho esperado em praticamente qualquer processo em uma operação enxuta, seja de produção ou não.
Processo diário de contabilidade	Reuniões breves, estruturadas, que estejam baseadas no desempenho com atribuições visuais de ação e *follow-up* para preencher lacunas entre os resultados reais e o desempenho esperado.
Disciplina	Os próprios líderes monitorando e fazendo o *follow-up* da aderência dos outros aos processos que definem os primeiros três elementos.

Fonte: D. Mann, *Creating a Lean Culture: Tools to Sustain Lean Conversions* (Nova York: Productivity Press, 2005), vi.

nos processos de produção não criaria a vitrine enxuta que o conselho esperava. Embora os empregados fossem solidários e dedicados, a equipe de gestão forneceu a maior parte das orientações e liderou a mudança. Conforme discutido anteriormente, um os elementos críticos para a implementação bem-sucedida de um ambiente enxuto é o desenvolvimento e a manutenção de uma força de trabalho capacitada e autônoma. (Henderson e Larco, 1999). Ed percebeu que havia chegado a hora da transição para as linhas de produção em equipe. No decorrer dos próximos meses, Ed e a equipe de liderança da OMC, com a ajuda de um instrutor, começaram um programa de treinamento intensivo baseado em equipes. Os empregados passaram por um treinamento sobre qualidades de equipe, incluindo sessões sobre *feedback* e comunicação, solução de problemas, habilidades de reunião, dinâmica de equipes e uma sessão informal sobre as finanças da empresa. As equipes começaram a ver os resultados do treinamento e do trabalho duro. Elas começaram a dirigir suas próprias reuniões e sugeriram e implementaram de 8 a 10 melhorias por semana em áreas como qualidade, segurança e produtividade. Os empregados eram motivados e encorajados por todo o progresso e sucesso.

Ao mesmo tempo, os líderes na OMC focavam em proporcionar um ambiente de trabalho mais agradável e confortável. Isto foi possível com a adição de uma nova iluminação, que triplicou a claridade da instalação; a pintura do piso, paredes e equipamentos; e a instalação de ar condicionado. Até plantas foram colocadas por toda a instalação por iniciativa dos líderes. Essas mudanças ajudaram a promover o conceito de que os empregados desempenhavam um papel fundamental no sucesso da OMC. A instalação parecia limpa e bonita.

Depois de um ciclo de implementação de 18 meses (que incluiu as mudanças físicas na área de fabricação, assim como a implementação da produção de fabricação enxuta e processos administrativos), a organização foi capaz de conquistar os seguintes benefícios:

- Os gerentes e empregados foram capazes de reduzir o estoque em 50% e eliminar completamente os produtos acabados.
- As mudanças no controle de qualidade resultaram na conversão de 100% dos testes de todos os produtos sem a adição de mais empregados ou equipamento.
- A fábrica foi capaz de reduzir os tempos do ciclo de produção total de dias para minutos (geralmente um a dois dias de processamento reduzidos para 5 a 15 minutos).
- O espaço total da área foi reduzido em 41% (tanto que uma quadra de basquete foi adicionada dentro da facilidade), como mostra a Figura 5.

A Figura 6 detalha o custo envolvido durante as nove semanas de transformação da área física de fabricação para produção enxuta.

Trabalhando juntos, empregados e líderes estabeleceram com sucesso uma vitrine enxuta, e o conselho de diretores soube tirar vantagem. Membros de empresas irmãs ao redor do mundo vieram para Orlando. Eles visitaram a instalação para aprender sobre a produção enxuta e os melhores métodos de implementá-la. Visitas eram conduzidas pelos empregados. Não havia melhor evidência do poder na produção enxuta e da capacitação que ver um empregado que trabalha por hora fazer uma apresentação ao vice-presidente de outra organização. A moral nunca esteve tão alta. Não havia obstáculos que essa instalação de Orlando não pudesse superar. Nesse momento, Ed e a equipe de liderança sabiam que as instalações da OMC estavam sendo subutilizadas. Eles precisavam ampliar os negócios.

FIGURA 5
Redução do espaço da área na OMC

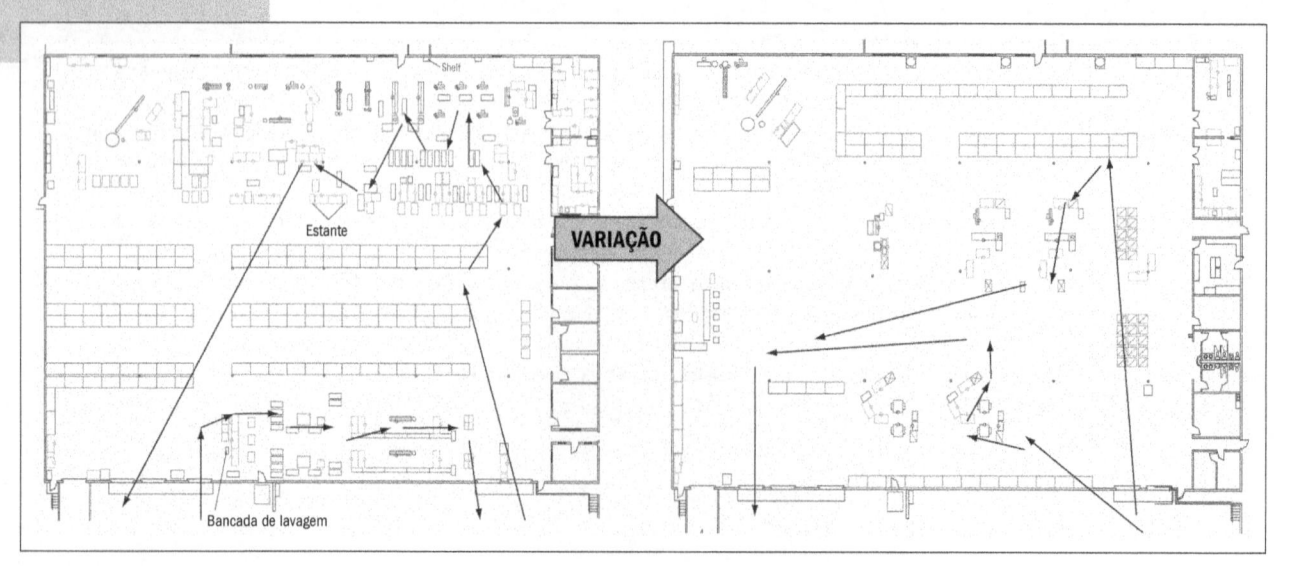

Estudo de caso

Custos da fase de "nove semanas"		Custos da fase de "vitrine"	
Equipamento e ferramentas	$ 15.000	Ar condicionado	$ 250.000
Produtividade perdida	$ 10.000	Revestimento do piso	$ 120.000
Iluminação	$ 10.000	Equipamento e ferramentas	$ 45.000
Treinamento	$ 6.000	Pintura	$ 33.000
Materiais	$ 4.000	Treinamento	$ 12.000
	$ 45.000	Materiais	$ 10.000
			$ 470.000

FIGURA 6 Custos do projeto

FIGURA 7 Economias feitas por meio da produção enxuta na OMC

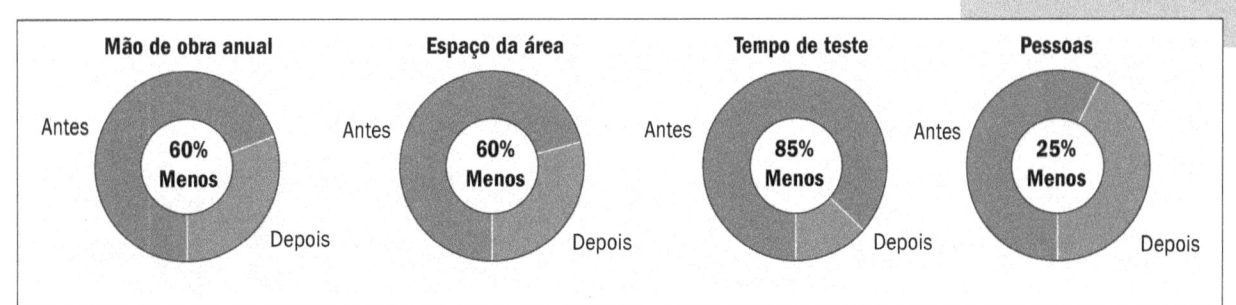

Mão de obra anual — Antes / 60% Menos / Depois
Espaço da área — Antes / 60% Menos / Depois
Tempo de teste — Antes / 85% Menos / Depois
Pessoas — Antes / 25% Menos / Depois

No decorrer do ano seguinte, a instalação de Orlando continuou a ser a vitrine. O desempenho continuou a melhorar. O rápido sucesso da OMC chamou a atenção dos clientes da OMC, assim como de outros diretores corporativos. Em 2001, o conselho decidiu relocar quatro novas linhas de produtos de uma instalação irmã para a OMC. Embora a OMC já tivesse instalado linhas de produção no passado, esta mudança representava uma escala muito maior. Ela exigiria a duplicação da força de trabalho, quadruplicar as vendas, e converter as linhas de produção existentes para utilizar os conceitos enxutos, tudo isso em 18 meses.

Crescimento rápido na OMC

Ed era o gerente de projetos responsável pela transição no novo negócio para a instalação de Orlando. No entanto, com nove meses de projeto, o atual vice-presidente de Operações foi promovido e Ed tornou-se o vice-presidente de Operações, responsável por toda a instalação de Orlando.

Embora um pouco atrasado no cronograma, Ed e sua equipe de liderança e os empregados concluíram o projeto em 20 meses e excederam as economias projetadas. A produção enxuta resultou novamente em benefícios significativos para as operações da OMC. Por meio da mudança, a OMC alcançou economias significativas nos custos com mão de obra, espaço e tempos de processo, como mostra a Figura 7.

Ed liderou a nova mudança com entusiasmo, mas os desafios técnicos da transição desse novo produto se mostraram mais difíceis do que se esperava. A instalação para a qual o produto foi transferido dependia exclusivamente da experiência do profissional na fabricação de medidores, por isso a instalação manteve uma documentação limitada sobre o produto e o processo. Os engenheiros na OMC construíram novos equipamentos de teste para substituir a tecnologia de quatro anos utilizada anteriormente. Havia também muitos desafios com relação aos produtos, já que muitos deles foram projetados há quase 50 anos, e atingir os padrões de qualidade atuais se provou difícil. O projeto tinha imposto uma grande pressão sobre os recursos na instalação de Orlando, e muitos sacrifícios foram feitos. Para garantir que o projeto fosse concluído a tempo e que a mudança fosse imperceptível para o cliente, a equipe de liderança focou intensamente na superação dos obstáculos técnicos com a produção de novos medidores. Ao fazer isso, a equipe falhou na solução do impacto sobre os empregados e outras questões pessoais importantes que surgiram durante o processo de mudança. A equipe de liderança aprendeu rapidamente que o sucesso que havia experimentado no passado recente teria vida curta, à medida que a cultura enxuta já havia deteriorado e a estrutura de equipe não mais existia na OMC. As Figuras 8, 9, e 10 detalham as mudanças longitudinais na entrega dentro do prazo, volume de negócios e giros de estoque como uma função das vendas da OMC.

FIGURA 8
Mudanças na entrega no prazo

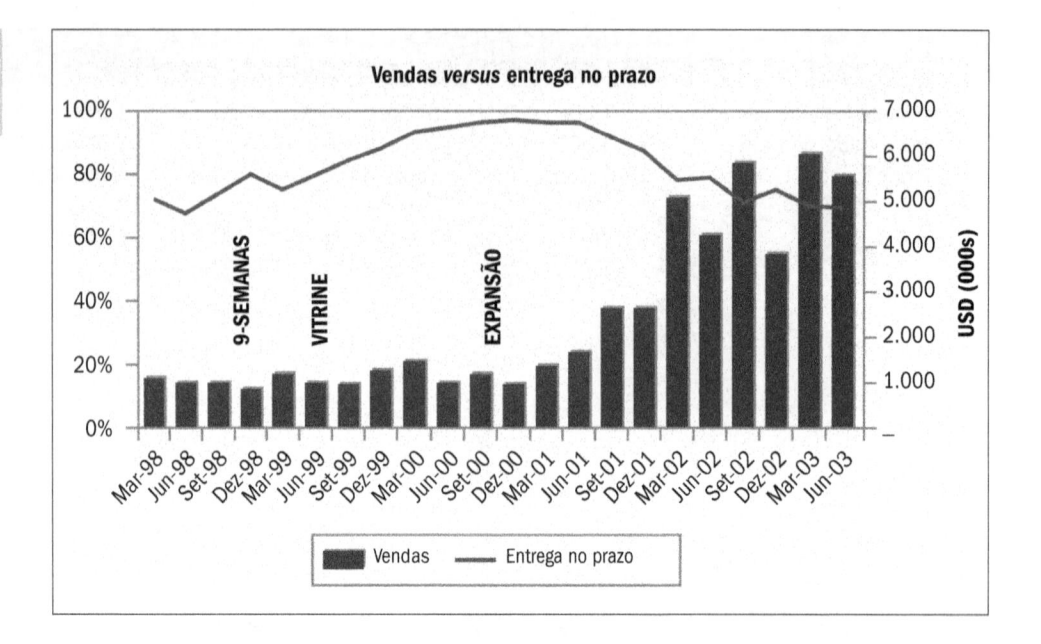

Vendas versus entrega no prazo

FIGURA 9
Mudanças no volume de negócios

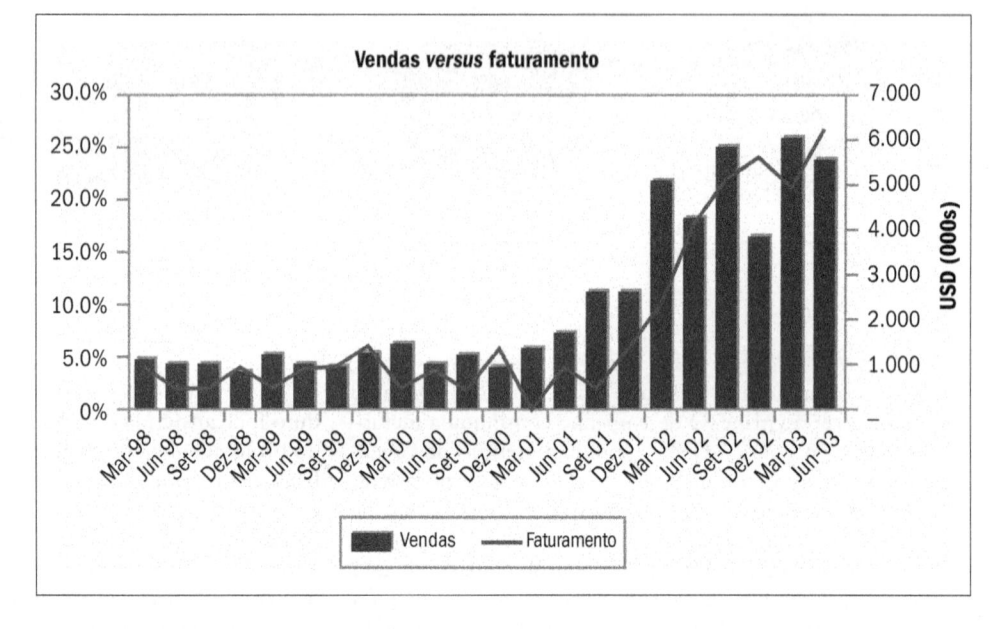

Vendas versus faturamento

A Figura 11 resume o cronograma geral das mudanças que ocorreram na OMC desde que a instalação foi construída em 1996.

Situação atual na OMC

Ed agora sentava em seu escritório contemplando o estado atual da organização. Foram 20 meses para concluir o projeto, e a OMC tinha aumentado seu número de empregados de 50 para o número atual de 108. Ed e sua equipe de liderança tinham contado intensamente com o uso de agências temporárias para fornecer a eles os novos empregados. Ed avaliou as últimas fichas de pessoal na sua mesa e calculou que 40% dos atuais empregados da OMC eram trabalhadores temporários contratados por meio de agências de emprego. A decisão de usar empregados temporários não representava a preferência de Ed. Sem um departamento de recursos humanos para acomodar o rápido crescimento, Ed não possuía a equipe qualificada o suficiente para ajudar no recrutamento, entrevista e contratação rápida de 58 empregados adicionais. Portanto, ele e a equipe de liderança apelaram para o uso de agências temporárias. Sua esperança era de que a agência temporária faria a pré-seleção para a OMC e recrutaria indivíduos qualificados os quais a OMC poderia contratar futuramente para posições de período integral. Porém, a falta de qualificações adequadas, baixos níveis de lealdade e a alta rotatividade do pessoal temporário, assim como as taxas e custos envolvidos na manutenção dos empregados temporários, causou um grande contratempo para a OMC na manutenção de sua cultura enxuta baseada na equipe que começou a se desenvolver quando a organização era muito menor.

Ed também reavaliou a decisão tomada por ele e sua equipe de liderança com relação ao treinamento e integração de novos empregados à força de trabalho. Ed e sua equipe decidiram dispersar os empregados existentes ao longo de várias linhas de produção, tanto novos quanto antigos.

Estudo de caso

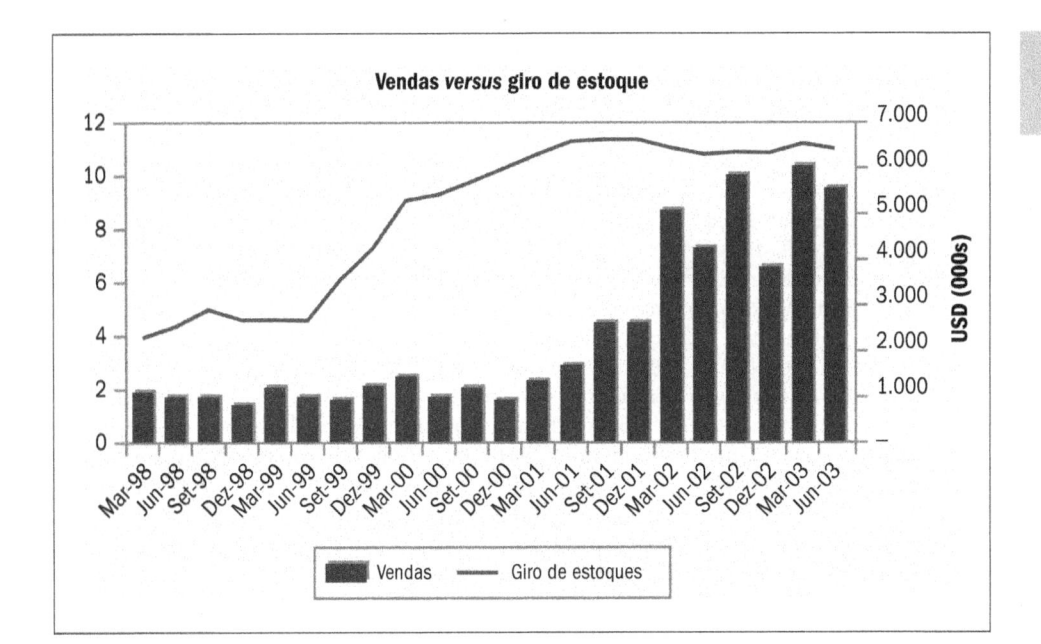

FIGURA 10 Mudanças no giro de estoque

Vendas *versus* giro de estoque

FIGURA 11 Cronograma geral para as mudanças na OMC

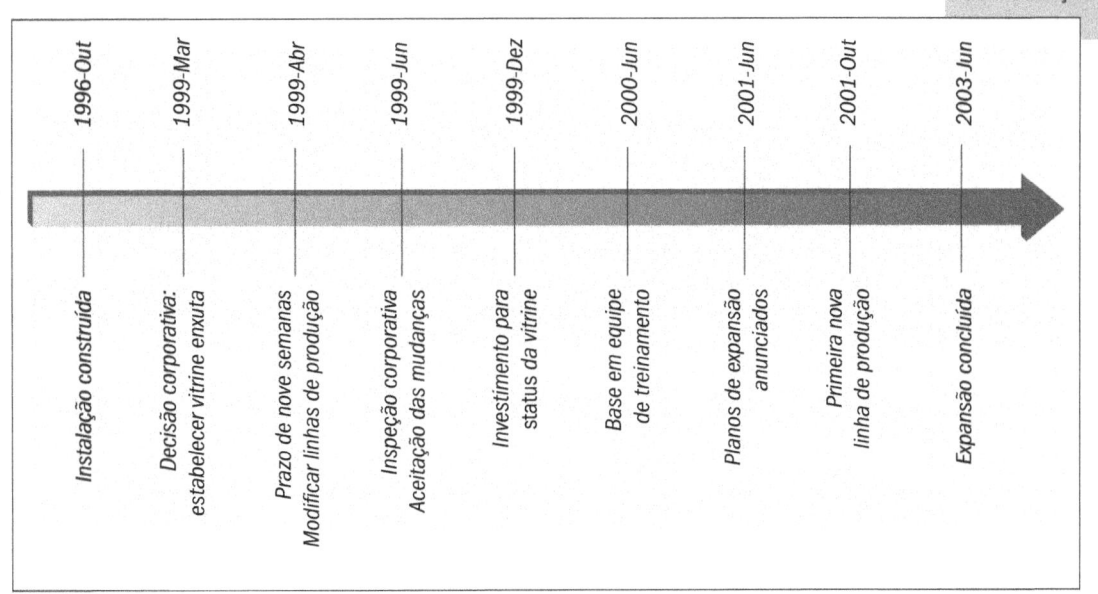

1996-Out: Instalação construída
1999-Mar: Decisão corporativa: estabelecer vitrine enxuta
1999-Abr: Prazo de nove semanas Modificar linhas de produção
1999-Jun: Inspeção corporativa Aceitação das mudanças
1999-Dez: Investimento para status da vitrine
2000-Jun: Base em equipe de treinamento
2001-Jun: Planos de expansão anunciados
2001-Out: Primeira nova linha de produção
2003-Jun: Expansão concluída

A intenção era fornecer uma base sólida de empregados experientes e autônomos dentro de cada célula, empregados de "pensamento enxuto" em cada nova área de produção, assim como reter alguma experiência das linhas de produção existentes. No entanto, a equipe de liderança falhou ao fornecer o treinamento adequado e a atenção necessários aos empregados e dependeu exageradamente dos empregados experientes para ajudar e compartilhar informalmente seu conhecimento e experiência na produção enxuta e em processos de produção com os novos empregados. Os novos empregados receberam pouco treinamento informal sobre os aspectos técnicos de seu trabalho e sobre a cultura e equipes enxutas. Em vez disso, eles foram alocados dentro das células de trabalho e requisitados a aprender principalmente por meio da observação e da ação. Isto teria funcionado bem para a OMC no passado, quando ainda era uma empresa muito menor; porém, as mudanças que ocorreram na OMC no passado não foram mudanças em grande escala que precisavam ser concluídas dentro de um prazo muito apertado. Em retrospectiva, Ed percebia agora a importância do treinamento formal e do apoio constante aos empregados para uma mudança tão grande e rápida. A falta de ambos resultava agora no prejuízo da cultura enxuta baseada em equipes que tinha sido estabelecida anteriormente na OMC. A empresa ainda mantinha processos de produção enxutos em vigor, mas o fato de que tinha deixado de sustentar a cultura enxuta no decorrer de todos os processos de crescimento gerou sérios problemas que a OMC agora tinha que enfrentar.

A cultura da organização mudou drasticamente devido ao enorme crescimento porque a OMC passou. A organização passou de uma organização familiar pequena, de um único turno, para uma organização de médio porte, de dois turnos nos quais muitos de seus empregados não sabiam os nomes ou funções dos colegas. Neste momento, 60% da mão de obra trabalhava com a OMC há menos de um ano, incluindo a maioria da equipe de gestão. Esta foi uma mudança especialmente difícil para aqueles que faziam parte da organização por 10 anos ou mais e tinham visto a cultura da organização mudar de forma tão significativa. Este fluxo constante de novos empregados, a falta de treinamento eficaz, e a comunicação limitada tinham desafiado, frustrado, e estressado os empregados em todas as equipes na instalação todos os dias. Ed se lembrou de quando a OMC era a vitrine enxuta, há apenas um ano e meio. Naquele momento, as equipes eram tão bem-sucedidas e confiantes que as equipes e os líderes sentiam que não havia nada que as equipes não pudessem realizar. Hoje, ele pensou com receio, que toda equipe na instalação estava hesitante.

Até mesmo os membros da equipe de gestão tinha perdido o foco na cultura enxuta à medida que as atividades diárias consumiam todos seus esforços. Com mais de metade da equipe de gestão chegando depois da transformação enxuta, o compromisso do pessoal e os estilos de gestão variavam. O gerente de produção tinha estado na OMC por um ano. Ele tinha experiência em organizações baseadas em equipes e lentamente ganhou o apoio dos empregados da produção. Sua preferência era por uma gestão de alto nível baseada em equipes. O gerente de engenharia trabalhou na empresa por sete anos. Ele foi um contribuinte importante para o sucesso no crescimento e desenvolvimento de novos equipamentos e tinha excelentes habilidades técnicas e de design. Sua preferência era por uma gestão *top-down* e o controle intenso dos departamentos de engenharia e manutenção. A gerente financeira da OMC estava em seu sexto ano na organização. Ela tinha muita experiência, entendia o conceito geral de negócios e via o impacto financeiro da implementação de uma cultura enxuta. Sua preferência era por uma abordagem de gestão baseada em equipes.

O gerente de materiais estava com a OMC por um ano e tinha muita experiência em materiais e processamento. Entretanto, ele sofreu com a falta de informação nos sistemas administrativos obsoletos da OMC. Ele apoiou as funções da gestão baseada em equipes com mão de obra assalariada; no entanto, ele não acreditava que empregados que trabalhavam por hora teriam um desempenho ideal sem supervisão direta. O gerente de qualidade estava há seis meses na OMC. Sua experiência anterior se baseava em indústrias intensamente controladas onde equipes existiam, mas controles restritos limitavam a capacidade destas equipes de fazer mudanças significativas. Dada sua experiência, ele preferia operações baseadas em equipes com um escopo limitado sobre a capacidade das equipes. Finalmente, o gerente de recursos humanos estava em seu primeiro mês na OMC e tinha experiência grande experiência anterior em recrutamento e desenvolvimento de pessoal; porém, ele tinha experiência limitada na produção enxuta. Seu foco era a forte dependência de políticas, procedimentos, e benefícios fornecidos pela direção corporativa. De forma geral, Ed sentiu que a equipe tinha a capacidade técnica necessária para mover a organização para o próximo nível em termos de produção. Mesmo assim, ele sofreu para unir a equipe em termos de seu entendimento e apoio de uma cultura enxuta, baseada em equipes, que ele estava tentando manter em sua organização.

Ed examinou novamente os dados sobre o pessoal em sua mesa e revisou os volumes de rotatividade e absentismo que vinha monitorando. A rotatividade na organização tinha aumentado para números alarmantes, com uma média de um novo empregado temporário ou integral deixando a empresa todos os dias nos primeiros seis meses após a mudança. Ed se arrepiou ao pensar nos custos que a OMC estava incorrendo devido à rotatividade e as taxas temporárias da agência que a empresa ainda estava pagando. As taxas de ausência e absentismo também estavam muito altas, chegando a uma média de quase 50 indivíduos ausentes em todos os meses.

Esta instabilidade na mão de obra também tinha elevado os custos trabalhistas os quais, por sua vez, aumentaram os custos da produção ao ponto de levar a direção corporativa a começar a mostrar preocupação e exigir melhorias imediatas. A produtividade caiu 25% em comparação com o desempenho passado da organização. Esta instabilidade também impactou a qualidade do produto e as entregas dentro do prazo, e como resultado, houve um aumento do número de reclamações dos clientes.

Ed recebeu um telefonema da diretoria na semana passada. As expectativas eram de que a organização precisava melhorar os resultados dentro de três meses; caso contrário, a diretoria iria ditar as mudanças para o pessoal de Orlando. Ed estava agora parado em frente à janela de seu escritório refletindo sobre quão rapidamente o sucesso e o desempenho podem diminuir e desaparecer. Ele estava confiante de que a OMC iria alcançar a meta definida pela sede, como já havia feito no passado. Desta vez, no entanto, a situação era diferente, dados os níveis atuais de baixa moral e instabilidade na mão de obra. Ele precisava adotar uma ação imediata. A questão era: ele deveria tentar reimplementar a cultura de produção enxuta e o pensamento enxuto na nova organização ou ele deveria abandonar este objetivo e, em vez disso, focar no restabelecimento dos métodos tradicionais de gestão do passado?

Fontes

B. A. Henderson e J. L. Larco, *Lean Transformation: How to Change Your Business into a Lean Enterprise* (Richmond, VA: The Oaklea Press, 1999).

D. Mann, *Creating a Lean Culture: Tools to Sustain Lean Conversions* (Nova York: Productivity Press, 2005).

Estudo de caso

ESTUDO DE CASO 9.0
Sistemas Cisco: evolução de estrutura

A evolução da Cisco de uma solução para a integração do *campus* universitário idealizada pelo casal de Stanford Len Bosack e Sandy Lerner para uma líder em tecnologia global foi um processo dinâmico. A velocidade da inovação tecnológica significa que gerentes já estão falando sobre "a próxima novidade" durante o lançamento de cada novo produto ou serviço. Paralelas à rápida evolução tecnológica na Cisco foram as mudanças na estrutura da organização necessárias para satisfazer as necessidades da gerência e a tomada de decisão do gigante corporativo.

Crescimento

Diante do desafio de desenvolver um sistema que permitiria que as redes de computador da Universidade de Stanford se comunicassem, Bosack e Lerner criaram um roteador multiprotocolo para ultrapassar as barreiras à comunicação. A necessidade percebida pelas organizações de roteadores tão sofisticados e produtos relacionados levaram à fundação da geradora de energia de alta tecnologia Cisco Systems, no Vale do Silício, em 1984. Como uma empresa em fase de *start-up*, a Cisco tinha uma visão, oito empregados e inúmeros desafios. Os primeiros dias foram financiados por cartões de crédito, hipotecas e períodos em que as folhas de pagamento se atrasaram, mas em 1986 a Cisco embarcou seu primeiro roteador. A empresa se tornou um empreendimento capitalista, a Sequoia Capital, que moveu a Cisco em direção à estabilidade financeira, mas os fundadores Bosack e Lerner tiveram de sair. A Cisco se estabeleceu rapidamente como um negócio viável e, armada com uma crescente reputação na indústria, se popularizou em 1990.

Líder no desenvolvimento de roteadores, a Cisco enfrentou novos desafios com o surgimento de concorrentes para tecnologia rápida e mais acessível. Diante da ameaça da perda de clientes importantes e da liderança na indústria, a direção da Cisco deu um passo ousado em sua estratégia de inovação por meio da aquisição de empresas pequenas e inovadoras, como a Crescendo Communication, uma empresa que vinha atraindo a atenção de grandes clientes, incluindo a Boeing.

A Cisco foi seletiva em suas aquisições, focando em pequenas empresas em fase de *start-up* trabalhando em um grande produto que poderia ser transferido do desenvolvimento para a produção dentro de seis a 12 meses. A meta da empresa era comprar o *futuro* adquirindo os engenheiros que estavam trabalhando na *próxima geração* de produtos e serviços. Portanto, a retenção de empregados era fundamental para uma aquisição bem-sucedida. Como sua parte do negócio, a Cisco poderia oferecer à empresa em fase de *start-up* o poder de seus recursos financeiros, estrutura de produção e canais de distribuição. A reputação da Cisco de encontrar e integrar as melhores das pequenas empresas fez seus admiradores e críticos se lembrarem do *Borg*, o notório ser alienígena da série Star Trek que absorvia espécies à medida que se expandia pelo universo.

À medida que a Cisco se expandiu no mundo dos negócios e dos dispositivos *wireless* residenciais (Linksys), sistemas de comutação, equipamento de redes, material de comunicação e aparato de segurança de redes, o visionário John Chambers assumiu a posição de CEO. Um dos mais importantes gurus de sua geração a defender soluções práticas e poderosas em tecnologia, Chambers expandiu a empresa para tecnologias avançadas, incluindo a voz e dados digitais, web-conferência, e produtos de segurança mais diversificados. Em 2000, a Cisco tinha obtido uma breve designação como a empresa mais valiosa do mundo.

Cisco 1

Durante o período inicial que seria considerado mais tarde como Cisco 1, a organização criou uma estrutura organizacional de três divisões. As três divisões autônomas de produtos estavam, cada uma delas, focadas em um segmento distinto de clientes: Produtos de Serviço (como a AT&T), Empreendimentos (geralmente corporações multinacionais) e Pequenas a Médias Empresas Comerciais. Cada uma das três divisões era responsável por suas próprias atividades de engenharia, produção e marketing. As metas eram estabelecidas pelo gerente de cada divisão para desenvolver produtos e serviços personalizados para satisfazer as necessidades específicas e flexíveis dentro de cada grupo de clientes.

Com a sede corporativa em San José e um domínio das vendas nos EUA, a Cisco descobriu que poderia minimizar os custos com um passo em direção à terceirização da produção de dentro de cada divisão para fabricantes contratados. A Cisco tinha, de fato, uma estrutura em que os gerentes eram recompensados pelo desempenho de sua própria divisão. A flexibilidade e a coordenação ocorreram em outros departamentos funcionais dentro de cada divisão, mas houve pouca colaboração ao longo das três divisões. Essa estrutura descentralizada parecia funcionar bem em uma empresa próspera e em rápida expansão.

Que diferença um ano pode fazer. Em 2001, um ano depois de uma breve designação como a empresa mais valiosa do mundo, uma crise econômica aguda atingiu a Cisco e outras empresas na indústria de alta tecnologia. A bolha tecnológica dos anos 1990 tinha explodido. Ao longo do Vale do Silício, as ações de tecnologia despencaram, as demissões se proliferar, e as empresas se esforçaram para se ajustar e sobreviverem. Ao mesmo tempo, o aumento da complexidade do produto e a avanço técnico da área levou a gerência da Cisco a reconsiderar se a estrutura divisional da organização era suficiente para garantir o futuro da empresa.

Cisco 2

Revendo a estrutura de três divisões, Chambers e sua equipe de gestão detectaram sérias sobreposições das atividades de departamentos nos grupos de produtos. Um exemplo evidente foi a sobreposição de grupos de engenheiros, em cada uma das três divisões em que todos eles trabalhavam em produtos semelhantes sem saber. Isto significava que havia um excesso de talento focado em novos produtos relativamente simples.

A falta de comunicação entre as três divisões criou uma falta de consciência e cooperação necessária para a descoberta de soluções compartilhadas, evitando a repetição e acelerando o tempo de processo necessário para a apresentação de um produto novo. Da mesma forma, a independência e a separação completas de cada divisão resultaram em uma fartura de vendedores e fornecedores independentes para as divisões, além da duplicação de empregados trabalhando em projetos semelhantes – tudo isso era acrescido aos custos da empresa.

Para abordar a necessidade do uso eficiente de recursos e ao mesmo tempo tentar satisfazer a necessidade de novos produtos e da expansão geográfica, a Cisco partiu em direção à estrutura funcional. As mudanças ocorreram rapidamente em direção às operações simples e à diminuição de custos. Entre 2001 e 2006, a empresa passou por uma fase de reorganização, chamada de Cisco 2, cortando a mão de obra em 8.000 empregados, reduzindo o número de vendedores (1.500 para 200) e fornecedores (600 para 95), e cortando a produção terceirizada de 13 plantas para 4. Os custos da empresa, também a sobreposição, foram posteriormente cortados, assim como as principais funções dos departamentos de vendas, contabilidade e engenharia, e foram combinadas em grupos centralizados que se reportavam à sede. As três divisões separadas e autônomas haviam desaparecido. A numerosa equipe de engenharia foi dividida em 11 grupos funcionais que refletiam as principais tecnologias nas quais trabalhavam, resultando em mais eficiência e menos sobreposição.

A Cisco 2 forneceu à gerência superior de cada função mais controle vertical sobre o trabalho de seus engenheiros, vendedores e assim por diante. Gerentes poderiam definir metas e esperar alcançar essas metas, juntamente com bônus de desempenho, em função do controle direto de seus departamentos funcionais e dos projetos nos quais os empregados estavam trabalhando. A Cisco se tornou muito mais eficiente com menos pessoas necessárias para cada função, mas estava se tornando também mais hierárquica e menos coordenada à medida que cada departamento agia mais como um silo independente, com pessoas focadas em suas próprias metas e projetos com pouca preocupação com as necessidades de outros grupos.

Cisco 3

Em 2006, a expansão da globalização e das linhas de produção e a contínua necessidade e movimento em direção à colaboração horizontal trouxeram uma nova fase de evolução estrutural, chamada de Cisco 3. A nova estrutura adicionou 12 conselhos comerciais, um em cada segmento-chave de clientes. Cada conselho era composto de aproximadamente 14 vice-presidentes executivos e vice-presidentes seniores – cerca de um para cada função principal. A intenção da nova estrutura era incentivar uma cultura de colaboração que iria fornecer uma melhor coordenação horizontal das funções. Os conselhos comerciais trabalhavam no nível de políticas, envolvendo representantes de cada função para selecionar e coordenar novos programas e produtos para satisfazer as necessidades dos clientes em seu segmento. Abaixo do nível do conselho comercial, 47 conselhos foram criados, consistindo de vice-presidentes que iriam colaborar ao longo das funções para implementar as decisões dos conselhos sobre o novo produto. Abaixo do nível do vice-presidente, "grupos de trabalho" temporários foram criados conforme a necessidade, compostos de aproximadamente dez pessoas cada, para executar os detalhes da implementação. A nova estrutura do tipo matriz era vista como uma forma mais adequada de abordar um ambiente complexo caracterizado pela incerteza e rápida transformação que precisava de trabalho interno de equipe, coordenação, inovação e compartilhamento de informações.

A evolução tecnológica dos gigantes do século XXI exigiu ajustes culturais difíceis. Enquanto as metas de crescimento e desempenho permaneceram, a ênfase era colocada agora na colaboração para a descoberta de soluções para as necessidades do cliente envolvendo pessoas de outras funções. A compensação executiva mudou do alcance das metas do próprio departamento para a cooperação com outros departamentos, e bônus para alguns executivos seniores, como Chambers admite, "sumiram." Não dependendo mais exclusivamente do alcance de metas dentro de uma função estritamente controlada, a organização experimentou resistência executiva quanto à renúncia de controle, compartilhamento de informações e recursos e a tomada conjunta de decisões. O novo foco para a avaliação de desempenho estava na classificação dos colegas com base no eficiente trabalho de equipe. Chambers estimava uma perda de aproximadamente 20% da gerência superior, que "não conseguia fazer a transição" para o trabalho colaborativo, mas a nova estrutura foi eventualmente assimilada à medida que seus benefícios ficaram aparentes, e a Cisco superou a perda de gerentes-chave.

A estrutura continuou a evoluir à medida que a Cisco evoluía. Cinco anos depois, em 2011, o número de conselhos comerciais tinha sido reduzido para três e o número de conselhos para 15. Isto foi suficiente para a tomada de decisões colaborativas em novos produtos-chave para segmentos de clientes. A Cisco anunciou uma simplificação adicional de sua estrutura ao redor de zonas geográficas internacionais (Américas, Ásia/Pacífico, Europa, África e Oriente Médio) e segmentos de clientes dentro dessas zonas. Os anos anteriores tinham presenciado a necessidade de reduzir o número de conselhos comerciais de 12 para nove e então para três. A Cisco também cortou o número de conselhos internos e grupos de trabalho à medida que membros da gerência reclamavam do número exagerado de conselhos e reuniões de conselho tomando seu tempo.

Simultaneamente, a Cisco planejou fortalecer ainda mais a coordenação de funções e departamentos penetrando nas mídias sociais. Desde 2006, os executivos da empresa usaram o TelePresence, um sistema de videoconferência, para conectar clientes e colegas ao redor do globo. Hoje, com a introdução do *Ciscopedia*, a organização está permitindo um nível maior de compartilhamento de informações e consultas entre os empregados e entre os membros dos conselhos comerciais e conselhos restantes. Empregados usam as mídias sociais, *blogs*, vídeos e *bookmarking* para postar ideias, coordenar equipes, compartilhar informações e evitar a duplicação ao longo dos departamentos, linhas de produtos e áreas geográficas.

A evolução da Cisco deve continuar? Se sim, como será ela? A história da empresa indica que, assim como uma resposta rápida é necessária na rápida evolução de produtos e serviços de tecnologia, a empresa deve permanecer consciente das mudanças estruturais necessárias dentro da organização para manter sua posição de liderança.

Fontes

Dick Clark e Shara Tibkin, "Corporate News: Cisco to Reduce Its Bureaucracy," *The Wall Street Journal* (6 de maio de 2011), B.4.

Hau Lee e Maria Shao, "Cisco Systems, Inc.: Collabo rating on New Product Introduction," *Harvard Business Review*, Product #GS66-PDF-ENG (5 de junho de 2009), http://hbr.org/product/cisco-systems-inc-collaborating-on-new-product-int/an/GS66-PDF-ENG (Acesso em: 4 de janeiro de 2012).

Matt Rosoff, "Cisco's Crazy Management Structure Wasn't Working, So Chambers Is Changing It," *Business Insider* (5 de maio de 2011), http://articles.busi-nessinsider.com/2011-05-05/tech/30062558_1_cisco ceo-john-chambers-councils-structure (Acesso em: 4 de janeiro de 2012).

Craig Matsumoto, "Cisco Cuts Down On Councils," *News Analysis, LightReading.com* (5 de maio de 2011) http://www.lightreading.com/document.asp?doc_id=207537 (Acesso em: 4 de janeiro de 2012).

Ranjay Gulati, "Cisco Business Councils (2007): Unifying a Functional Enterprise with an Internal Governance System," Harvard Business School, *Case* N5-409-062 (11 de junho de 2010).

Brad Reese, "Cisco's Restructuring Embeds Operating Committee, Councils, Boards, and Working Groups Deeper into Cisco's New Management Structure," (5 de maio de 2011), http://bradreese.com/blog/5-5-2011.htm (Acesso em: 4 de janeiro de 2010).

Mina Kimes, "Cisco Systems Layers It On," *Fortune* (8 de dezembro de 2008).

Rik Kirkland, "Cisco's Display of Strength," *Fortune* (12 de novembro de 2007).

Jay Galbraith, "How Do You Manage in a Downturn?" *Talent Management Magazine* (agosto de 2009), 44–46.

Nir Breuller e Laurence Capron, "Cisco Systems: New Millennium – New Acquisition Strategy?" *INSEAD Case* 03/2010-5669 (março de 2010), http://www.insead.edu/facultyresearch/faculty/personal/lcapron/teaching/documents/CiscoIronPort.pdf (Acesso em: 4 de janeiro de 2012).

Parte 5
Fatores internos e projetos

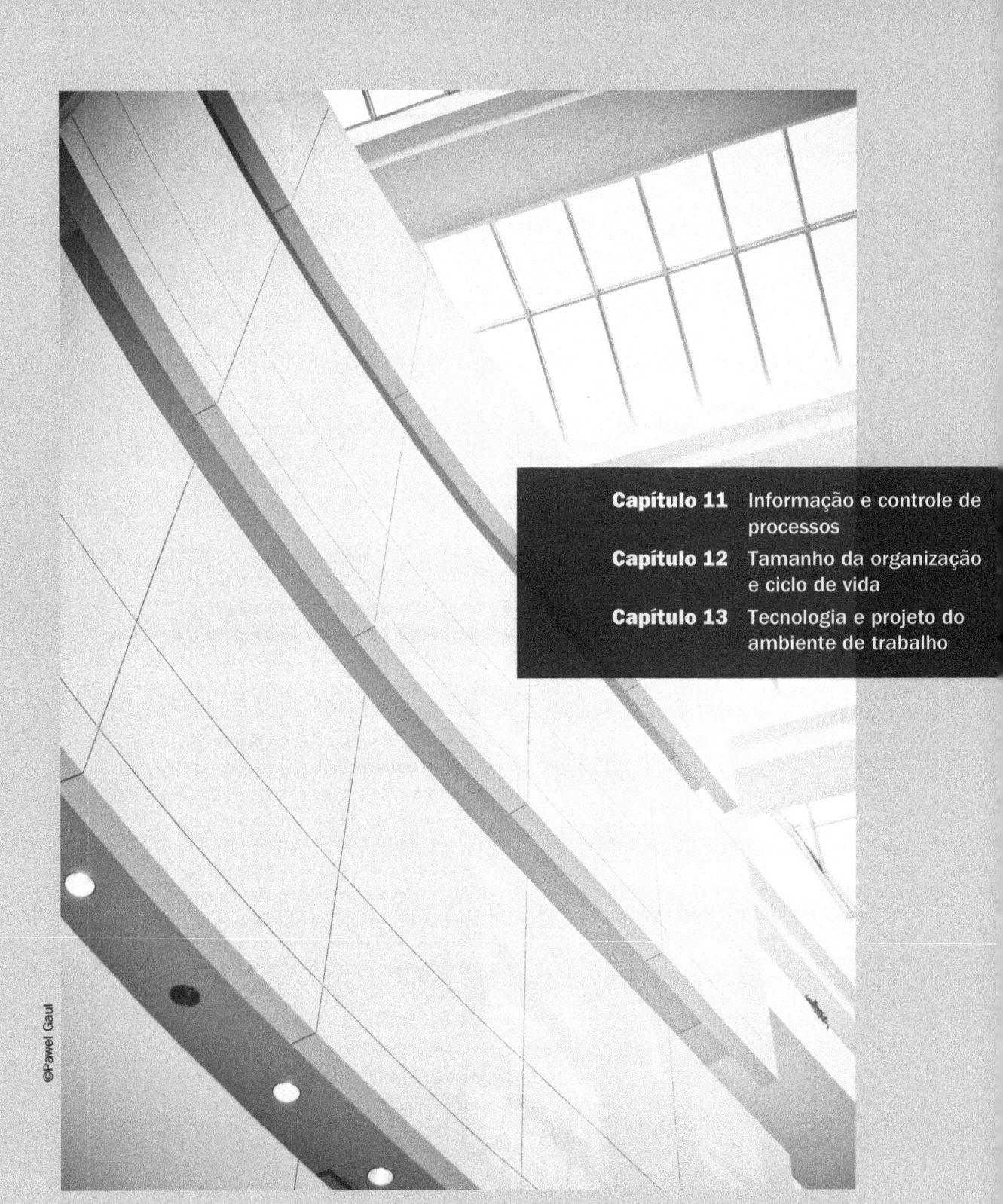

Capítulo 11 Informação e controle de processos

Capítulo 12 Tamanho da organização e ciclo de vida

Capítulo 13 Tecnologia e projeto do ambiente de trabalho

Capítulo 11

Informação e controle de processos

Objetivos de aprendizagem
Após a leitura deste capítulo, você estará apto a:

1. Explicar como as aplicações tecnológicas de informação evoluíram.
2. Definir dois níveis de sistema de administração de informações.
3. Explicar o modelo de controle de *feedback* e painel executivo.
4. Descrever o valor do *balanced scorecard* equilibrado para o controle organizacional.
5. Especificar os mecanismos de TI para coordenação interna.
6. Descrever os mecanismos de TI para atingir a coordenação com outras organizações.
7. Indicar como o *e-business* afeta o projeto da organização.

Evolução da tecnologia da informação
Informação para a tomada de decisões e o controle
• Sistemas de tomada de decisões organizacionais Modelo de *feedback* de controle • Sistemas de controle gerencial
O nível e foco dos sistemas de controle
Nível de organização: *balanced scorecard* • Nível de departamento: comportamento *versus* controle de saída
Abordagem estratégica I: reforçando a coordenação e eficiência de funcionários
• Intranets • Gestão do conhecimento • Redes sociais • Planejamento dos recursos do empreendimento
Abordagem estratégica II: reforçando a coordenação e eficiência de funcionários
• O empreendimento Integrado • Relacionamentos dos clientes
Projeto da organização de *e-business*
Negócios separados • Divisão interna • *Design* integrado
Impacto da TI sobre o projeto da organização
Fundamentos do projeto

Antes de ler este capítulo, verifique se você concorda ou discorda de cada uma das seguintes declarações:

GESTÃO POR PERGUNTAS DE PROJETO

1 Para um gestor, não importa muito como ou quando as pessoas conseguem fazer o trabalho desde que tragam bons resultados

CONCORDO _____   DISCORDO _____

2 Todo gestor deve ter um *blog*.

CONCORDO _____   DISCORDO _____

3 A melhor maneira para uma empresa de grande porte ajustar uma divisão de internet é criar uma unidade separada e independente porque a unidade terá autonomia e flexibilidade para operar na velocidade da internet, em vez de ser impedida pelas regras e pelos procedimentos da organização de porte maior.

CONCORDO _____   DISCORDO _____

A Wood Flooring International (WFI), com sede em Delran, Nova Jersey, usa um sofisticado sistema na internet para administrar cada elo da cadeia de suprimentos, desde revendedores até os clientes de seus clientes. A empresa compra madeira exótica no exterior, principalmente de pequenas oficinas familiares na América Latina, transforma a madeira em tábuas para pisos e vende-as a distribuidores. Sempre que a empresa recebe um pedido, o revendedor pode ver uma atualização instantaneamente no site e ajustar os níveis de produção de acordo. As pequenas oficinas também podem verificar os relatórios em tempo real do histórico de venda, se os envios chegaram, além garantir que a contabilidade da empresa se enquadre na própria.[1] Olive Garden, uma cadeia de restaurantes, utiliza os sistemas computadorizados para medir e controlar tudo, da limpeza do banheiro ao tempo de preparação dos alimentos. E o Memorial Health Services, em Long Beach, Califórnia, usa cartões de identificação médica (disponíveis na internet) que podem ser inseridos em um computador para acelerar o registro e dar ao pessoal das salas de emergência acesso imediato às informações vitais sobre o paciente, que significa mais cuidados e menos erros.[2]

Como esses exemplos ilustram, muitas organizações são transformadas pela tecnologia de informação (TI). Usar efetivamente a TI em empresas com base em conhecimento, como a empresa de consultoria KPMG, a Amerex Energy, corretora especializada em recursos energéticos, e a Business Wire, empresa que fornece informações corporativas e de negócios, há muito tempo é fundamental. Hoje, a TI tornou-se um fator crucial para ajudar empresas em todos os setores a manter uma vantagem competitiva em face da crescente concorrência global e do aumento da demanda dos clientes por velocidade, conveniência, qualidade e valor. Os principais benefícios da TI para as empresas inclui o potencial para aprimoramento de tomadas de decisão, assim como para aprimorar o controle, a eficiência e a coordenação da empresa internamente com parceiros externos e clientes. Alguns teóricos organizacionais acreditam que a TI está substituindo gradualmente a hierarquia tradicional na coordenação e controle das atividades organizacionais.[3]

Objetivo deste capítulo

Os gerentes passam, no mínimo, 80% do tempo trocando informações ativamente. Eles precisam dessas informações para manter a organização sólida. Os elos verticais e horizontais descritos no Capítulo 2 são projetados para fornecer aos gerentes informações relevantes para a tomada de decisões, a coordenação, a avaliação e o controle. Não são apenas instalações, equipamentos e até produtos e serviços que definem o sucesso da organização, mas as informações que os gerentes têm e como são utilizadas. Organizações altamente bem-sucedidas de hoje normalmente são aquelas que aplicam as informações de modo mais eficaz.

Este capítulo analisa a evolução da TI. Ele começa visualizando os sistemas de TI aplicados às operações organizacionais, para depois examinar o modo como ela é utilizada para a tomada de decisões e o controle da organização. As seções seguintes consideram como a TI pode adicionar valor estratégico por meio do uso de aplicações de coordenação interna, como intranets, planejamento de recursos empresariais, sistemas de gestão do conhecimento e redes sociais, bem como aplicações para a coordenação e colaboração externa, como extranets, sistemas de gerenciamento do relacionamento com clientes, *e-business* e o empreendimento integrado. A seção final do capítulo apresenta uma visão geral de como a TI afeta o projeto das organizações e os relacionamentos interorganizacionais.

Evolução da tecnologia da informação

A Figura 11.1 ilustra a evolução de TI. O gerenciamento da linha de frente costuma se preocupar com problemas bem definidos acerca de questões operacionais e eventos passados. A alta administração, por outro lado, lida principalmente com questões ambíguas e incertas, como a estratégia e o planejamento. À medida que os sistemas de TI computadorizados aumenta de modo sofisticado, as aplicações vêm crescendo para ser um apoio eficaz para a coordenação, o controle e a tomada de decisão da administração com relação a problemas complexos.

Inicialmente, os sistemas de TI em organizações eram aplicados às operações. Essas aplicações iniciais tiveram como base a noção da eficiência da sala de máquinas, isto é, as operações atuais poderiam ser realizadas com mais eficiência com o uso da tecnologia de computadores. O objetivo era reduzir os custos de mão de obra fazendo que os computadores assumissem algumas tarefas. Esses sistemas ficaram conhecidos como **sistemas de processamento de transações** (*transaction processing systems*, TPS), que automatizam a rotina da organização, as transações de negócios cotidianas. Um TPS coleta dados de transações, como vendas, compras de fornecedores e alterações no estoque, e armazena-os em um banco de dados. Por exemplo, na empresa Rent-a-Car, um sistema computadorizado mantém um registro com faixa de 1,4 milhão de transações a cada hora para a empresa. O sistema pode fornecer funcionários de linha de frente com informações atualizadas a cada minuto sobre a disponibilidade do carro e outros dados, permitindo fornecer serviços excepcionais ao cliente.[4] O Midland Memorial Hospital no Texas adotou recentemente a tecnologia de informação para registros médicos eletrônicos. O sistema ajudou a Midland a recuperar US$ 16,7 milhões em codificação e o acúmulo de faturamento para 4.500 registros de pacientes em somente quatro semanas, um processo que, sem sistema, provavelmente levaria pelo menos seis meses.[5]

Nos últimos anos, o uso de software de repositório de dados e de inteligência de negócios expandiu a utilidade desses dados armazenados. O **repositório de dados** (*data warehousing*) é o uso de bancos de dados gigantescos que acumulam todos os dados de uma empresa e permitem que os usuários tenham acesso direto a eles, criem relatórios e obtenham respostas a perguntas do tipo "e se". Construir um banco de dados em uma grande corporação é uma tarefa hercúlea, que inclui definir centenas de *gigabytes* de dados de muitos sistemas existentes, proporcionar um modo de atualizar continuamente os dados, tornar tudo compatível e ligá-lo ao software que torne possível aos usuários buscar e analisar os dados e gerar relatórios úteis. O software para inteligência de negócios, também chamado de software analítico, ajuda os usuários a dar sentido a todos esses dados. A **inteligência de negócios** ou *business intelligence* refere-se às análises de alta tecnologia de dados da empresa para tomar decisões estratégicas melhores.[6] Às vezes denominada *data mining*, a inteligência de negócios diz respeito à busca e à análise de dados de diversas fontes em toda a empresa, e até mesmo de fora dela, para identificar padrões e relacionamentos que podem ser significativos. Os varejistas são alguns dos maiores usuários do software de inteligência de negócios. Os gerentes de empresas como a Wet Seal, uma loja especialista em roupas principalmente para adolescentes, e Elie Tahari, uma estilista, precisavam identificar as rápidas tendências de mudanças, então eles exploravam continuamente a mineração de dados. A Wet Seal criou uma característica pela internet chamada *Outfitter*, que permite montar as próprias roupas *on-line*; minar as 300.000 roupas geradas pelos usuários proporciona aos gerentes uma liderança precoce na tendência de roupas tops com calças e jeans casuais.[7]

Ao coletar os dados corretos e usar o software de inteligência de negócios para analisá-los e identificar tendências e padrões, os gerentes são capazes de tomar decisões mais inteligentes. Por exemplo, a 1-800-Flowers.com utiliza a mineração de dados para ajustar o marketing. Por mais de seis meses, a empresa aprimorou a taxa de conversão (transformar navegadores em compradores) em 20% por conta das páginas direcionadas e promoções.[8] Assim, a TI evoluiu para sistemas mais complexos para tomada e controle de decisões gerenciais da organização, o segundo estágio ilustrado da Figura 11.1. Avanços adicionais conduzem à utilização de TI para adicionar o valor estratégico, fornecendo coordenação firme tanto para clientes internos quanto externos, fornecedores e sócios, o nível mais alto de aplicações na Figura 11.1. O resto deste capítulo focará nesses dois estágios de nível mais alto na evolução de TI.

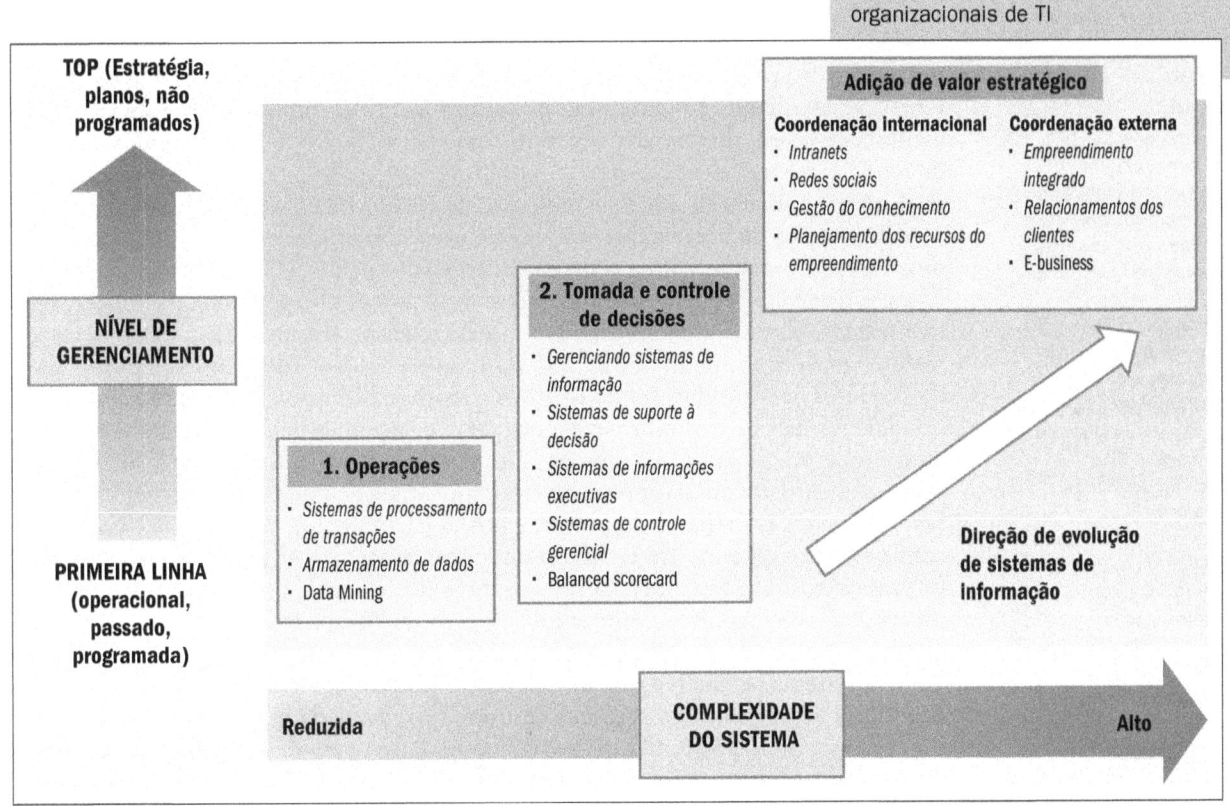

FIGURA 11.1
Avaliação de aplicações organizacionais de TI

TOP (Estratégia, planos, não programados)

NÍVEL DE GERENCIAMENTO

PRIMEIRA LINHA (operacional, passado, programada)

1. Operações
- Sistemas de processamento de transações
- Armazenamento de dados
- Data Mining

2. Tomada e controle de decisões
- Gerenciando sistemas de informação
- Sistemas de suporte à decisão
- Sistemas de informações executivas
- Sistemas de controle gerencial
- Balanced scorecard

Adição de valor estratégico

Coordenação internacional
- Intranets
- Redes sociais
- Gestão do conhecimento
- Planejamento dos recursos do empreendimento

Coordenação externa
- Empreendimento integrado
- Relacionamentos dos clientes
- E-business

Direção de evolução de sistemas de informação

COMPLEXIDADE DO SISTEMA: Reduzida → Alto

© Cengage Learning 2013

Informação para a tomada de decisões e o controle

Por meio de aplicações de sistemas computadorizados mais sofisticados, os gerentes possuem ferramentas para melhorar o desempenho de departamentos e da organização como um todo. Essas aplicações usam informações armazenadas em bancos de dados corporativos para ajudar os gerentes a controlar a organização e tomar decisões importantes. A Figura 11.2 ilustra os diversos elementos dos sistemas de informação usados na tomada de decisões e no controle. Os sistemas de gerenciamento de informação – incluindo sistemas de relatórios de informações, de apoio à decisão e de informações executivas – facilitam a tomada de decisões rápida e eficaz. Os elementos para o controle incluem diversos sistemas de controle gerencial, como os painéis executivos, e um procedimento conhecido como *balanced scorecard*. Em uma organização, esses sistemas são interconectados, como ilustram as linhas pontilhadas na Figura 11.2. Os sistemas de tomada e controle de decisões normalmente compartilham os mesmos dados essenciais, mas os dados e os relatórios são projetados e usados para um objetivo principal de tomada de decisão *versus* controle.

Sistemas de tomada de decisões organizacionais

Um **sistema de gerenciamento de informação** (*management information system* ou MIS) é um sistema computadorizado que fornece informações e suporte para a tomada de decisões gerenciais. O SGI é suportado pelos sistemas de processamento de transação de organização pelas bases de dados organizacionais e externas. O **sistema de relatório de informações**, a forma mais comum de SGI, fornece aos gerentes de nível médio relatórios que resumem os dados e suportam a tomada de decisão diária. Por exemplo, quando os gerentes precisam tomar decisões acerca da programação de produção, eles podem analisar os dados nos pedidos antecipados para o próximo mês, o nível de estoque e a disponibilidade de recursos humanos.

Nos cassinos Harrah's, um sistema de relatórios de informações mantém registros de informações detalhadas sobre cada jogador e usa modelos quantitativos para prever o valor potencial de longo prazo de cada cliente. A informação ajuda os gerentes a criar planos de marketing padronizados, bem como fornecer aos clientes a combinação certa de serviços e recompensas para fazer que voltem sempre, em vez de mudarem para outro cassino. "Quase tudo que fazemos no marketing e tomada de decisão é influenciado pela tecnologia," diz o CEO da Harrah's Gary Loveman.[9]

Um **sistema de informações executivas** (*executive information system* ou EIS) é uma aplicação que facilita a tomada de decisões nos níveis mais altos da gerência. Esses sistemas normalmente se baseiam em softwares que podem converter grandes quantidades de dados complexos em informações pertinentes, além de fornecer essas informações à alta administração no momento adequado. Por exemplo, o Setor de Produtos Semicondutores da Motorola, com sede em Austin, Texas, tinha quantidades enormes de dados armazenados, mas os gerentes não conseguiam encontrar aquilo que precisavam. A empresa implementou um SIE usando um software de processamento analítico *on-line*, de modo que mais de mil executivos seniores, bem como gerentes e analistas de projetos nos departamentos de finanças, marketing, vendas e contabilidade em todo o mundo, pudessem obter de modo rápido e fácil informações sobre as tendências de compras dos clientes, a fabricação e assim por diante, em seus próprios computadores, sem ter de aprender comandos de busca complexos e misteriosos.[10]

Um **sistema de apoio à decisão** (*decision support system* ou DSS) proporciona benefícios específicos aos gerentes em todos os níveis da organização. Esses sistemas computadorizados interativos têm como base os modelos de decisão e bancos de dados integrados. Utilizando software de apoio à decisão, os usuários podem elaborar uma série de perguntas do tipo "e se" para testar as alternativas possíveis.

ANOTAÇÕES

Como administrador de uma organização, tenha essas diretrizes em mente:

Aprimorar o desempenho da organização utilizando a TI para melhor tomada de decisão. Implementar sistemas de informação gerencial, sistemas de suporte de decisão e sistemas de relatório de informações para fornecer aos gerentes de nível mais baixo e médio relatórios e informações que suportem a tomada de decisão diária. Utilizar os sistemas de informação executiva para facilitar as melhores tomadas de decisão nos níveis mais altos da organização.

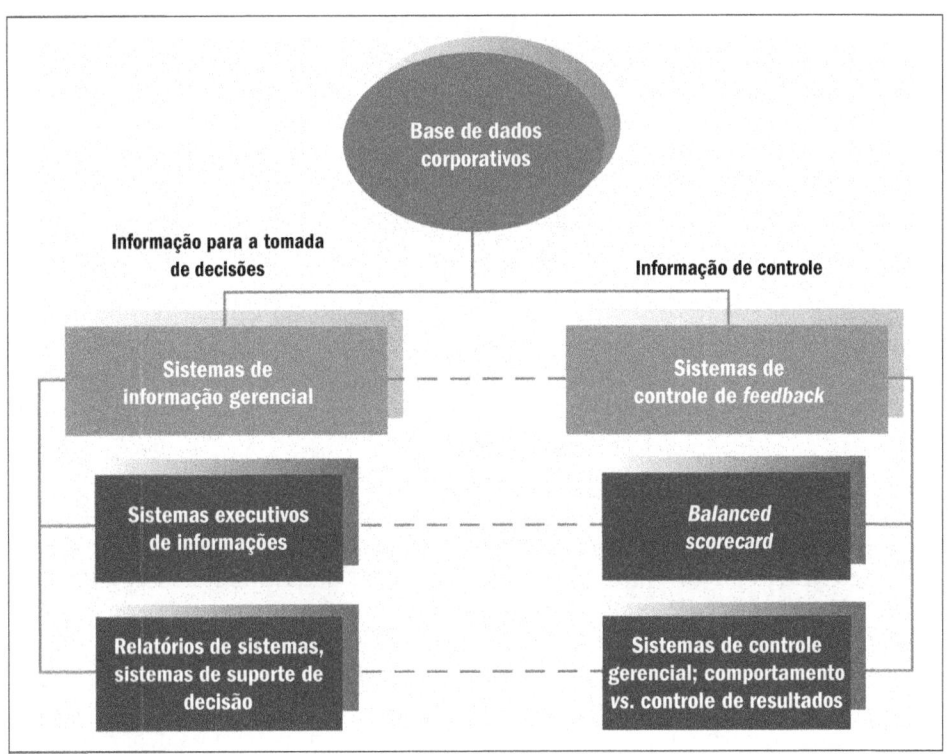

Capítulo 11: Informação e controle de processos

FIGURA 11.2
Sistemas de informações para a tomada de decisão e controle gerencial

[Diagrama: Base de dados corporativos ramifica-se em duas vertentes — "Informação para a tomada de decisões" (Sistemas de informação gerencial; Sistemas executivos de informações; Relatórios de sistemas, sistemas de suporte de decisão) e "Informação de controle" (Sistemas de controle de *feedback*; Balanced scorecard; Sistemas de controle gerencial; comportamento vs. controle de resultados).]

© Cengage Learning 2013

Com base nas premissas usadas no software ou especificadas pelo usuário, os gerentes podem explorar diversas alternativas e receber informações para ajudá-los a escolher a alternativa que provavelmente gerará o melhor resultado. A companhia de aviação alemã Deutsche Lufthansa AG e Fraport AG, proprietárias do aeroporto hub de Lufthansa, colaboraram no sistema computadorizado disponível que ajuda a tomar decisões para aprimorar o manuseio das malas.

NA PRÁTICA

Deutsche Lufthansa AG e Fraport AG

As pessoas têm muitas reclamações sobre viagens de avião nos dias de hoje, mas uma das maiores é a perda de bagagem. Não existe nada tão frustrante quanto chegar no seu destino e descobrir que sua mala foi extraviada. Os passageiros têm a impressão de que as empresas aéreas não ligam, mas, na verdade, eles lidam com um grande desafio – porque perda de bagagem significa perda de dinheiro. A empresa aérea gasta em média US$ 100 por mala negligenciada, para rastreamento, envio e reembolso dos passageiros.

A transportadora alemã Deutsche Lufthansa AG manuseia 100.000 bagagens por dia no Aeroporto de Frankfurt, e 80% deles tem de trocar de avião, que é quando as malas são provavelmente extraviadas. A Lufthansa e a Fraport AG, proprietária do Aeroporto de Frankfurt, decidiram que era hora de atacar o problema seriamente. Um importante aspecto do melhor manuseio da bagagem é utilizar os códigos de barra nas etiquetas no *check-in*, mas a maioria das empresas aéreas tem sistemas computadorizadas que não se comunicam. A Lufthansa e a Fraport se conectaram primeiro nos computadores e depois ao sistema que ajuda a rastrear as bagagens e decidem o que fazer com elas. Os funcionários utilizam os escâneres para registrar todas as bagagens ou contêineres que entram ou saem do avião. As malas são escaneadas novamente à medida que são registradas no sistema de triagem automatizada do aeroporto, e são escaneadas repetidamente pelo sistema para decidir para onde devem ser enviadas.

O sistema realmente lida com as malas que fazem conexões de voo curtas. Dois funcionários, cada um com seis telas de computador, monitoram continuamente os dados de chegada e partida de passageiros que tem pouco tempo entre as conexões de voo. O software suporte de decisão escaneia pelas milhares de reservas e dados de tráfego aéreo em tempo real para localizar os problemas potenciais e identificar as "malas extraviadas", aquelas que são propensas a perder uma conexão. Os funcionários podem etiquetar as malas e notificar o carregador de bagagens para transferir o voo de chegada para o próximo voo.[11]

A Lufthansa e o Aeroporto de Frankfurt são excepcionalmente bem-coordenados no uso da tecnologia para manuseio de bagagem. O fluxo constante de informações permite que a Lufthansa localize quase todas as bagagens em questão de segundos para tomar decisões para pegá-la.

Modelo de *feedback* de controle

Outro uso fundamental da informação em organizações é o controle. Sistemas de controle eficazes envolvem o uso de *feedback* para determinar se o desempenho organizacional atende aos padrões estabelecidos para ajudar a organização a atingir suas metas. Os gerentes criam sistemas de controle organizacional que consistem nas quatro etapas fundamentais do **modelo de *feedback* de controle** (ou modelo de retroalimentação) ilustrado na Figura 11.3.

O ciclo de controle inclui estabelecer metas estratégicas para os departamentos ou a organização como um todo; estabelecer as medidas e os padrões de desempenho; comparar as medidas do desempenho atual com os padrões; e corrigir ou alterar as atividades quando necessário. Um exemplo da Jefferson Pilot Financial, uma empresa de seguro de vida e pensão vitalícia, ilustra o modelo de controle de *feedback*. Os executivos estabeleceram metas para um departamento para reduzir o tempo entre o recebimento de uma aplicação e a emissão de uma apólice em 60% e para reduzir a quantidade de apólices emitidas com erro em 40%. Quando o desempenho foi medido, a unidade atendeu à meta de reduzir as remissões em 40% e

FIGURA 11.3
Modelo de *feedback* de controle simplificado

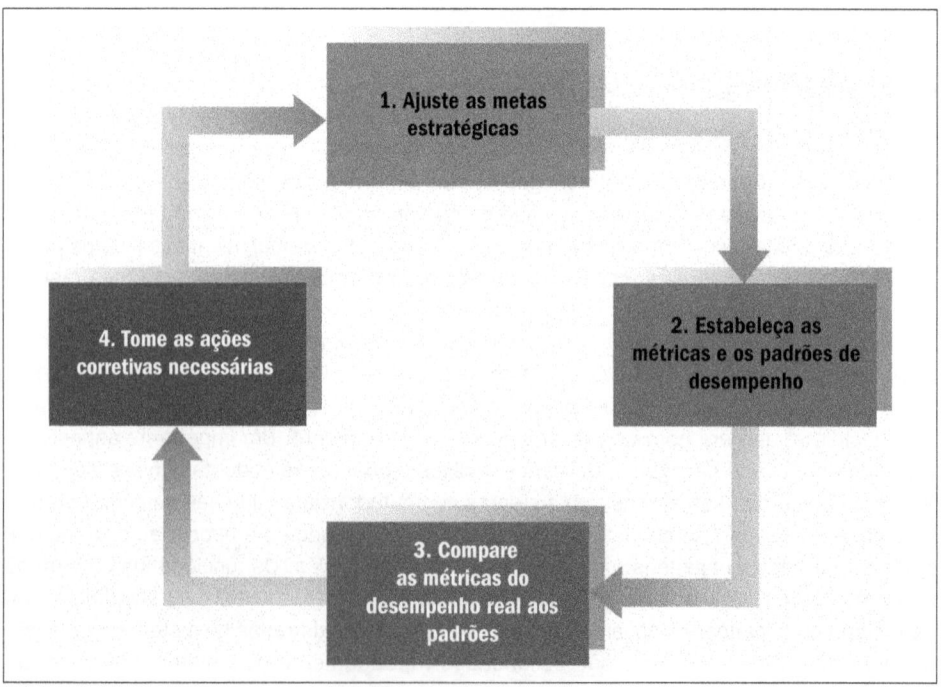

1. Ajuste as metas estratégicas
2. Estabeleça as métricas e os padrões de desempenho
3. Compare as métricas do desempenho real aos padrões
4. Tome as ações corretivas necessárias

© Cengage Learning 2013

ultrapassou a meta de aplicação de apólice, reduzindo o tempo de uma execução de serviço em 70%.[12] O controle de *feedback* ajuda os gerentes a realizarem os ajustes necessários nas atividades do trabalho, padrões de desempenho ou metas para ajudar a organização a ter êxito. Finalize o questionário na caixa "Como você se encaixa no projeto?" para ver qual a sua eficácia nas metas ajustadas.

Os gerentes avaliam cuidadosamente o que eles medirão e como as métricas serão definidas. Na Sprint Nextel Corporation, um novo CEO descobriu que a empresa estava em um período de dificuldades porque os gerentes estavam fazendo medições equivocadas. Por exemplo, os gerentes no departamento de atendimento ao cliente focavam nas métricas que controlavam os custos, mas não resolviam os problemas. Consequentemente, a Sprint ficou com uma reputação terrível de serviço de atendimento ao cliente, que estava perdendo clientes e não estava atendendo às metas financeiras. Quando Dan Hesse entrou na empresa como CEO, ele disse aos gerentes para pararem de se preocupar sobre quanto tempo um representante negocia na ligação e começar a focar em como o agente resolveu efetivamente o

Como você se encaixa no projeto?

DEFINIÇÃO DE METAS É O SEU ESTILO?

Como seus hábitos de trabalho se ajustam com os seus preparos de planos e estabelecimento de metas? Responda às seguintes perguntas à medida que se aplicam ao seu trabalho ou ao comportamento de estudo. Responda se cada item é Verdadeiro ou Falso.

	Verdadeiro	Falso
1. Ajusto metas claras e específicas em mais de uma área do meu trabalho e da minha vida.	___	___
2. Tenho um resultado definido na vida e quero alcançá-lo.	___	___
3. Prefiro metas gerais a específicas.	___	___
4. Trabalho melhor sem prazos específicos de entrega.	___	___
5. Reservo um tempo diária ou semanalmente para planejar meu trabalho.	___	___
6. Sou claro sobre as medidas que indicam em quanto tempo alcanço uma meta.	___	___
7. Trabalho melhor quando ajusto mais metas desafiadoras.	___	___
8. Ajudo as pessoas a clarearem e definirem as metas delas.	___	___
9. A tentativa de metas específicas faz que a vida seja mais divertida do que não ter metas.	___	___

Pontuação: Atribua um ponto para cada item marcado como Verdadeiro, exceto para os itens 3 e 4. Para os itens 3 e 4, marque um ponto para cada item marcado como Falso. Se você marcou no máximo 4 pontos, o comportamento de ajuste de meta pode não ser natural para você. Uma marcação de pelo menos 6 pontos sugere um nível positivo de comportamento de ajuste de meta e um melhor preparo para um papel gerencial em uma organização.

Interpretação: Uma parte importante da vida organizacional é ajustar metas, medir resultados e rever o progresso para pessoas e departamentos. A maioria das organizações tem ajuste de metas e sistemas de revisão. As questões anteriores indicam até que ponto você adotou o uso disciplinado de metas na sua vida e no seu trabalho. A pesquisa indica que o ajuste de metas claras, específicas e desafiadoras nas áreas principais produzirão um desempenho melhor. Nem todos crescem sob um sistema de ajuste de meta disciplinada, mas como um gerente organizacional, ajustar metas, avaliar os resultados e responsabilizar as pessoas aprimorará o seu impacto. O ajuste de meta pode ser aprendido.

problema do cliente. Logo, a Sprint mudou o seu trajeto até mesmo na avaliação de satisfação do cliente, além de ganhar novos clientes.[13] Na indústria automotiva, as avaliações do teste de colisão proporcionam um padrão de desempenho estabelecido na Administração Nacional de Segurança de Tráfego em Rodovias. Quando as avaliações de teste de colisão estavam abaixo do padrão, os gerentes repensavam os processos de projeto e de fabricação para aprimorar os resultados dos testes de colisão.[14] Para empresas farmacêuticas como a Wyeth, conseguir mais produtividade de pesquisa e desenvolvimento é a principal prioridade; então a Wyeth ajusta seus objetivos e mede quantos componentes avançam em cada estágio do processo de desenvolvimento do medicamento. Os gerentes em muitas empresas, como a Wyeth e a Sprint Nextel, utilizam uma quantidade de métricas operacionais diferentes para rastrear o desempenho e controle da organização em vez de confiar somente nas medições financeiras. Eles rastreiam as métricas de tais áreas, como satisfação do cliente, qualidade do produto, comprometimento do cliente e movimento de vendas, desempenho operacional, inovação e responsabilidade social corporativa, por exemplo, assim como resultados financeiros.

Sistemas de controle gerencial

Os **sistemas de controle gerencial** são amplamente definidos como as rotinas formais, relatórios e procedimentos que utilizam informações para manter ou alternar padrões nas atividades organizacionais.[15] Esses sistemas de controle de *feedback* incluem as atividades com base em informações formalizadas para planejamento, orçamento, avaliação de desempenho, alocação de recursos e prêmios de funcionários. As metas são estabelecidas com antecedência, os resultados são comparados às metas e a variação é relatada aos gerentes para uma ação corretiva. A Figura 11.4 lista quatro elementos dos sistemas de controle que normalmente são considerados a essência dos sistemas de controle gerencial: o orçamento e os relatórios financeiros; relatórios estatísticos periódicos não financeiros; sistemas de recompensas; e sistemas de controle da qualidade.[16]

O *orçamento* normalmente é usado para estabelecer objetivos aos gastos da organização para o ano e depois registrar os custos reais mensal ou trimestralmente. Como meio de controle, os orçamentos registram tanto os gastos reais quanto os planejados em relação a dinheiro em caixa, ativos, matéria-prima, salários e outros recursos, de modo que os gerentes possam agir para corrigir as variações. Às vezes, a variação entre os valores projetados e reais para cada item é listada como parte do orçamento. Os gerentes também dependem de uma variedade de outros relatórios financeiros. O *balanço patrimonial* mostra a posição financeira de uma empresa em relação a ativos e passivos em um ponto específico do tempo. Uma Demonstração do Resultado do Exercício (DRE), às vezes denominada *demonstração de lucros e*

FIGURA 11.4
Sistemas de controle gerencial

Subsistema	Conteúdo e frequência
Orçamento, relatórios financeiros	Despesas financeiras e de recursos, lucro ou prejuízo; mensalmente
Relatórios estatísticos	Resultados não financeiros, semanal ou mensalmente, frequentemente computadorizados
Sistemas de recompensa	Avaliação dos gerentes com base nas metas e desempenho do departamento, ajustar recompensas; anualmente
Sistema de controle de qualidade	Participação, diretrizes de *benchmark*, meta Seis Sigma, contínuo

Fonte: Com base em Richard L. Daft e Norman B. Macintosh, "The Nature and Use of Formal Control Systems for Management Control and Strategy Implementation," *Journal of Management* 10 (1984), 43–66.

perdas (L&P), resume o desempenho financeiro da empresa em determinado intervalo de tempo, como uma semana, um mês ou um ano. Essa demonstração mostra as receitas que entram na organização de todas as fontes e diminui todas as despesas, como custo dos bens vendidos, juros, impostos e depreciação. A *linha de lucro* ou prejuízo indica o resultado líquido – lucro ou prejuízo – para o tempo determinado.

Os gerentes utilizam relatórios estatísticos periódicos para avaliar e monitorar o desempenho não financeiro, como a satisfação dos clientes, o desempenho dos funcionários ou a taxa de rotatividade destes. Em organizações de *e-commerce*, as medidas importantes do desempenho não financeiro incluem itens como *permanência* no site (quanta atenção um site obtém ao longo do tempo), *taxa de conversão*, a relação entre compradores e visitantes do site e dados de desempenho do site, como quanto tempo leva para carregar uma página ou para fechar um pedido.[17] Regularmente, os gerentes de *e-commerce* revisam os relatórios nas taxas de conversão, diminuição de cliente e outras métricas para identificar os problemas e aprimorar os negócios. Para todas as organizações, os relatórios não financeiros costumam ser computadorizados e podem estar disponíveis diária, semanal ou mensalmente.

Frequentemente os gerentes rastreiam os dados não financeiros e financeiros pelos painéis executivos. Um **painel executivo**, às vezes chamado de *painel de desempenho empresarial*, é um software que apresenta as informações empresariais principais de forma gráfica e de fácil interpretação, além de alertar os gerentes a respeito de quaisquer desvios ou padrões não usuais nos dados. Os painéis puxam dados de uma variedade de sistemas e base de dados organizacionais, avaliam os dados contra as métricas de desempenho principal e tiram as pepitas certas de informações para liberar a análise e a ação para os *notebooks* ou PCs dos gerentes.[18] Por exemplo, na Associação Médica Emergencial, grupo médico proprietário que gerencia as salas de emergência em hospital em Nova York e Nova Jersey, os painéis permitem que os gerentes vejam rapidamente quando os limites de desempenho relacionados ao tempo de espera do paciente ou outras métricas não foram atendidas em diversos hospitais.[19]

Nesse tipo de painel, os gerentes podem ver de relance os indicadores principais de controle, como as vendas em relação às metas, preenchimento das taxas sobre vendas, quantidade de produtos em pedidos em carteira, *status* de produção ou porcentual de ligações de serviço de atendimento ao cliente resolvidas e depois reduzir os detalhes adicionais.[20] Os sistemas de painel coordenam, organizam e mostram as métricas que os gerentes consideram a mais importante para monitorar uma base regular, com atualização de figuras automática do software. Os gerentes na Erickson Retirement Communities utilizam um painel para monitorar e controlar os custos em áreas como salários e refeições residentes. Na Verizon Communications, um sistema de painéis mantém o registro de mais de 300 medidas diferentes de desempenho do negócio em três categorias mais amplas: ritmo do mercado (incluindo quantidade de vendas e participação de mercado diárias), serviço ao cliente (por exemplo, o tempo de espera no *call center* e os problemas resolvidos na primeira chamada) e fatores que impulsionam os custos (como a quantidade de caminhões de reparo em campo). Os gerentes das diversas unidades escolhem quais métricas o painel deles mostrarão com base no que se refere à unidade deles.[21]

Outros elementos do sistema geral de controle listados na Figura 11.4 são sistemas de premiação e sistemas de controle de qualidade. Os primeiros oferecem incentivos para os gerentes e funcionários melhorarem o desempenho e atingirem as metas departamentais. Os gerentes e funcionários avaliam até que ponto as metas anteriores foram atingidas, estabelecem novas metas e propõem recompensas por atingir as novas metas. Essas recompensas normalmente são vinculadas ao processo anual de avaliação do desempenho, durante o qual os gerentes analisam o desempenho dos funcionários e fornecem *feedback* para ajudar a melhorar e obter recompensas.

Os sistemas de controle de qualidade envolvem treinar funcionários nos métodos controle da qualidade, estabelecer metas para a participação dos funcionários, estabelecer instruções de *benchmarking* e determinar e medir objetivos do *Seis*

ANOTAÇÕES

Como administrador de uma organização, tenha essas diretrizes em mente:

Os sistemas de controle de planejamento consistem de quatro etapas essenciais de modelo de controle de *feedback*: ajustar metas, estabelecer padrões de desempenho, medir o desempenho real e corrigir ou modificar as atividades conforme necessárias. Utilize painéis executivos para que os gerentes possam manter o controle sobre métricas de desempenho importantes.

Sigma. **Benchmarking** significa o processo de produtos, serviços e práticas persistentemente medidos contra concorrentes fortes ou outras organizações reconhecidas como líderes da indústria.[22] **Seis Sigma** significa especificamente um padrão de qualidade altamente ambicioso que especifica a meta de, no máximo, 3,4 defeitos por milhões de partes. No entanto, desviou-se do significado exato para referir-se ao conjunto todo de procedimentos de controle que enfatizam a perseguição implacável de qualidade maior e custos menores.[23] A disciplina tem como base a metodologia referida como DMAIC (do inglês, Definir, Medir, Analisar, Melhorar e Controlar, pronunciado como de-MAY ick), que fornece uma maneira estruturada para organizações para abordar e resolver problemas.[24] Empresas como General Electric, ITT Industries, Dow Chemical, ABB Ltd. e 3M economizam milhões de dólares erradicando ineficiências e desperdícios pelos processos de Seis Sigma.[25]

Uma descoberta das pesquisas de sistemas de controle gerencial é que cada um dos quatro elementos de sistemas de controle listados na Figura 11.4 concentra-se em um aspecto diferente do processo de produção. Esses quatro sistemas, portanto, formam um sistema geral de controle gerencial que fornece aos gerentes médios informações de controle sobre a entrada de recursos, a eficiência do processo e os resultados.[26] Além disso, o uso específico de sistemas de controle depende das metas estratégicas ajustadas pela alta administração.

O orçamento é utilizado principalmente para alocar entradas de recursos. Os gerentes utilizam-no para planejar o futuro e reduzir a incerteza acerca da disponibilidade dos recursos materiais e humanos necessários para realizar tarefas do departamento. Relatórios estatísticos computadorizados são usados para controlar os resultados. Esses relatórios contêm dados sobre o volume e a qualidade da produção, além de outros indicadores que fornecem *feedback* para a gerência do nível intermediário sobre os resultados do departamento. Os sistemas de recompensas e os de controle da qualidade são direcionados ao processo de produção. Os sistemas de controle da qualidade especificam os padrões para a participação dos funcionários, o trabalho em equipe e a solução de problemas. Os sistemas de recompensas fornecem incentivos por atingir objetivos e podem ajudar a guiar e corrigir o comportamento dos funcionários. Os gerentes também usam a supervisão direta para manter as atividades profissionais do departamento dentro dos limites desejados.

O nível e foco dos sistemas de controle

Os gerentes consideram tanto o controle da organização geral quanto o controle de departamentos, equipes e pessoas. Algumas estratégias de controle aplicam-se aos níveis altos de uma organização, em que a preocupação é com a organização toda ou as divisões principais. O controle é também uma questão para níveis operacionais mais baixos, nos quais os gerentes e supervisores de departamento focam no desempenho de equipes e funcionários individuais.

Nível de organização: *balanced scorecard*

Conforme discutido anteriormente, a maioria das empresas utiliza a combinação de métricas para medir o desempenho organizacional e controlar a organização efetivamente. Uma inovação no sistema de controle recente é integrar as medições financeiras internas e relatórios estatísticos com a preocupação em mercados e clientes, assim como em funcionários. O **balanced scorecard** (BSC) é um sistema de controle abrangente de gerenciamento que equilibra as medidas financeiras tradicionais com as medições operacionais relacionadas aos fatores de sucesso crítico da empresa.[27] Um *balanced scorecard* contém quatro perspectivas principais conforme ilustrado na Figura 11.5: desempenho financeiro, serviço de atendimento ao cliente, processos de negócios internos e a capacidade da organização em aprender e crescer.[28]

FIGURA 11.5
Principais perspectivas do *balanced scorecard*

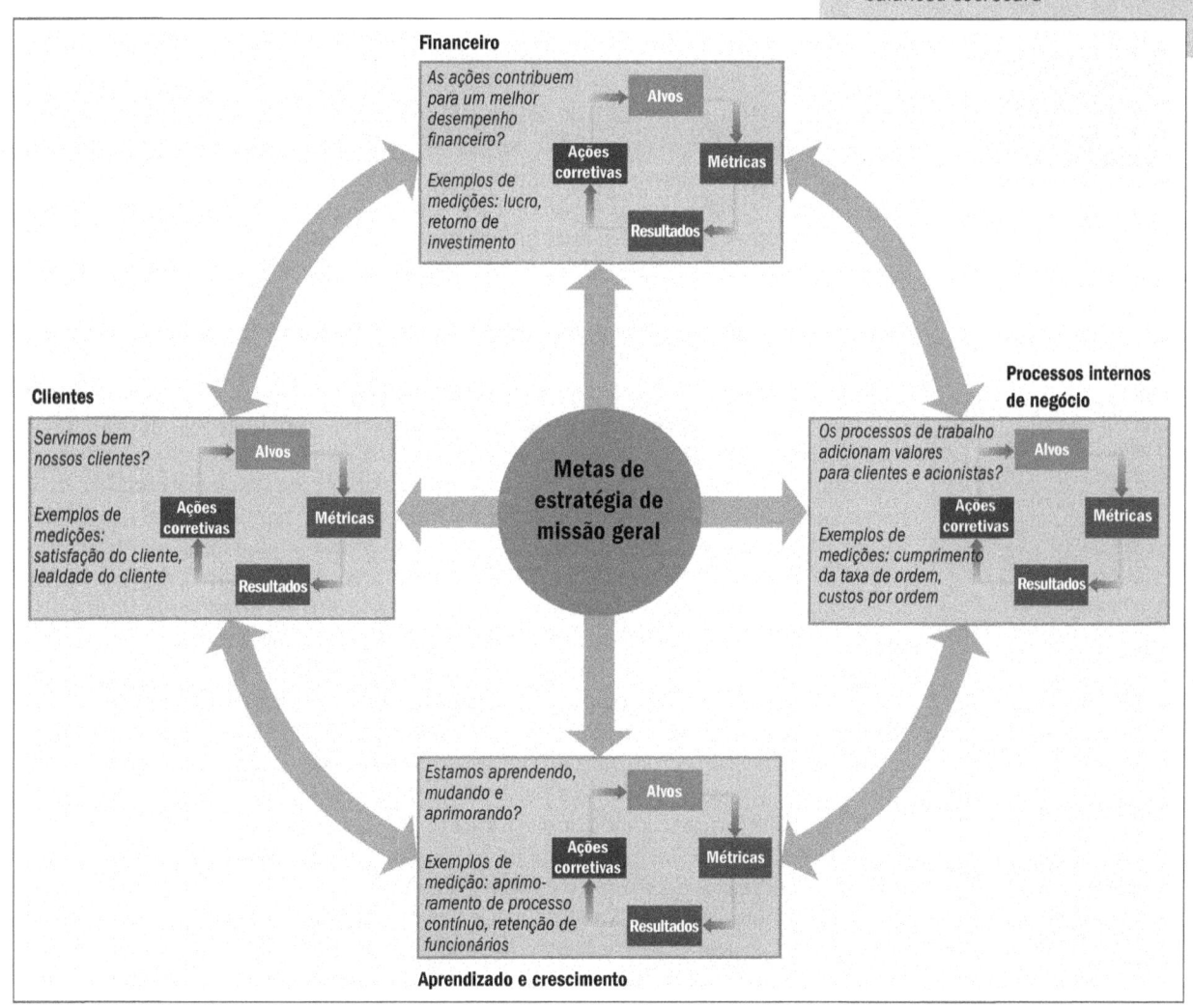

Financeiro
- As ações contribuem para um melhor desempenho financeiro?
- Exemplos de medições: lucro, retorno de investimento

Clientes
- Servimos bem nossos clientes?
- Exemplos de medições: satisfação do cliente, lealdade do cliente

Processos internos de negócio
- Os processos de trabalho adicionam valores para clientes e acionistas?
- Exemplos de medições: cumprimento da taxa de ordem, custos por ordem

Aprendizado e crescimento
- Estamos aprendendo, mudando e aprimorando?
- Exemplos de medição: aprimoramento de processo contínuo, retenção de funcionários

Cada perspectiva inclui: Alvos, Métricas, Resultados, Ações corretivas — vinculados às **Metas de estratégia de missão geral**.

Fonte: Com base em Robert S. Kaplan e David P. Norton, "Using the Balanced Scorecard as a Strategic Management System," *Harvard Business Review* (janeiro a fevereiro de 1996), 75–85; Chee W. Chow, Kamal M. Haddad e James E. Williamson, "Applying the Balanced Scorecard to Small Companies," *Management Accounting* 79, n. 2 (agosto de 1997), 21–27; e Cathy Lazere, "All Together Now," CFO (fevereiro de 1998), 28–36.

Dentro dessas quatro áreas, os gerentes identificam os indicadores de desempenho fundamentais que a organização acompanhará. A *perspectiva financeira* reflete uma preocupação de que as atividades da organização contribuam para melhorar o desempenho financeiro de curto e de longo prazos. Inclui medidas tradicionais, como receita líquida e retorno sobre o investimento. Os *indicadores de serviço ao cliente* medem, por exemplo, como os clientes veem a organização, bem como a retenção e a satisfação deles. O *processo de negócio* indica o foco na produção e nas estatísticas de operação, como cumprimento de pedido ou custo por pedido. O componente final observa o *aprendizado e crescimento potenciais* da empresa, focando em como os recursos e o capital humano estão sendo gerenciados para o futuro da empresa. As medições incluem retenção de funcionário, aprimoramento de processo de negócio e introdução de novos produtos. Os componentes do *scorecard* são projetados de modo integrado, para reforçar um ao outro e vincular ações de curto prazo com objetivos estratégicos de longo prazo, conforme ilustrado na Figura 11.5. Os gerentes podem usar o *balanced scorecard* para estabelecer objetivos, alocar recursos, planejar orçamentos e determinar recompensas.

> **ANOTAÇÕES**
>
> **Como administrador de uma organização, tenha essas diretrizes em mente:**
>
> Utilize um *balanced scorecard* para integrar as diversas dimensões de controle e conseguir uma imagem mais completa do desempenho organizacional. Selecione os indicadores nas áreas de desempenho financeiro, serviço de atendimento ao cliente, processos internos e aprendizagem e crescimento e considere o mapa estratégico para visualizar como os resultados são ligados.

Os sistemas de informação e painéis executivos facilitam o uso do *balanced scorecard* permitindo que os altos administradores rastreiem facilmente as métricas em diversas áreas, analisando rapidamente os dados e convertendo grandes quantidades de dados em relatórios claros de informações. O *scorecard* tornou-se o sistema principal de controle de gerenciamento para muitas organizações, incluindo Hilton Hotels, Allstate, British Airways e Cigna Insurance. A British Airways claramente vincula seu uso do *balanced scorecard* ao modelo de controle do *feedback* mostrado anteriormente na Figura 11.3. Os *scorecards* servem de programação para reuniões gerenciais mensais e para estabelecer novos objetivos para diversas categorias de BSC.[29]

Nos últimos anos, o *balanced scorecard* evoluiu para um sistema que ajuda os gerentes a verem como o desempenho organizacional resulta das relações de causa-e-feito entre as quatro áreas mutuamente apoiadas. A efetividade geral é um resultado de como esses quatro elementos são alinhados, assim as pessoas, as equipes e os departamentos trabalham em conjunto para alcançar metas específicas que causam alto desempenho organizacional.[30]

A técnica de controle de causa-efeito é um mapa estratégico. Um **mapa estratégico** fornece uma representação visual dos condutores principais do sucesso de uma organização e mostra como resultados específicos de cada área são conectados.[31] Uma maneira poderosa para os gerentes verem as relações de causa-efeito entre diversas métricas de desempenho. O mapa estratégico simplificado na Figura 11.6 ilustra as quatro áreas principais que contribuem para um sucesso a longo prazo da empresa – aprendizagem e crescimento, processos internos, serviços de atendimento ao cliente e desempenho financeiro – e como os diversos resultados em uma área se ligam diretamente para desempenhar em outras áreas. A ideia é que o desempenho eficaz em termos de aprendizagem e crescimento sirva como uma base para ajudar a alcançar excelentes processos de negócio interno. Os excelentes processos de negócios, por sua vez, permitem que a organização alcance serviços de atendimento ao cliente e satisfação mais altos, que possibilitam que a empresa alcance as metas financeiras e otimizem os valores para os investidores.

No mapa estratégico indicado na Figura 11.6, a organização tem objetivos de aprendizagem e crescimento que incluem treinamento e desenvolvimento de funcionários, aprendizagem contínua e compartilhamento de conhecimento, além de construir uma cultura de inovação. Alcançar esses itens ajudará a organização a construir processos eficientes de negócio interno que promovem boas relações com fornecedores e sócios, aprimorar a qualidade e flexibilidade de operações e distinguir no desenvolvimento de produtos e serviços inovadores. Realizar as metas de processo interno, por sua vez, permite com que a organização mantenha relações fortes com os clientes, seja um líder na qualidade e na confiança, além de fornecer soluções inovadoras para desenvolver as necessidades do cliente. Na parte superior do mapa estratégico, a realização dessas metas de nível mais baixo ajuda a organização aumentar as receitas nos mercados existentes, reduzir os custos por uma produtividade e eficiência melhores e crescer vendendo novos produtos e serviços em novos segmentos de mercado.

Em uma organização na vida real, o mapa estratégico geralmente seria mais complexo e declararia metas concretas e específicas, resultados desejados e métricas relevantes aos negócios particulares. No entanto, o mapa genérico na Figura 11.6 proporciona uma ideia de como os gerentes podem utilizar os mapas estratégicos para ajustar metas, rastrear métricas, avaliar desempenho e fazer mudanças conforme necessário.

Nível de departamento: comportamento *versus* controle de saída

O *balanced scorecard* e o mapa estratégico são técnicas utilizadas principalmente pelos administradores de alto nível. Os administradores de nível inferior focam no

Capítulo 11: Informação e controle de processos

FIGURA 11.6
Um mapa estratégico para a administração de desempenho

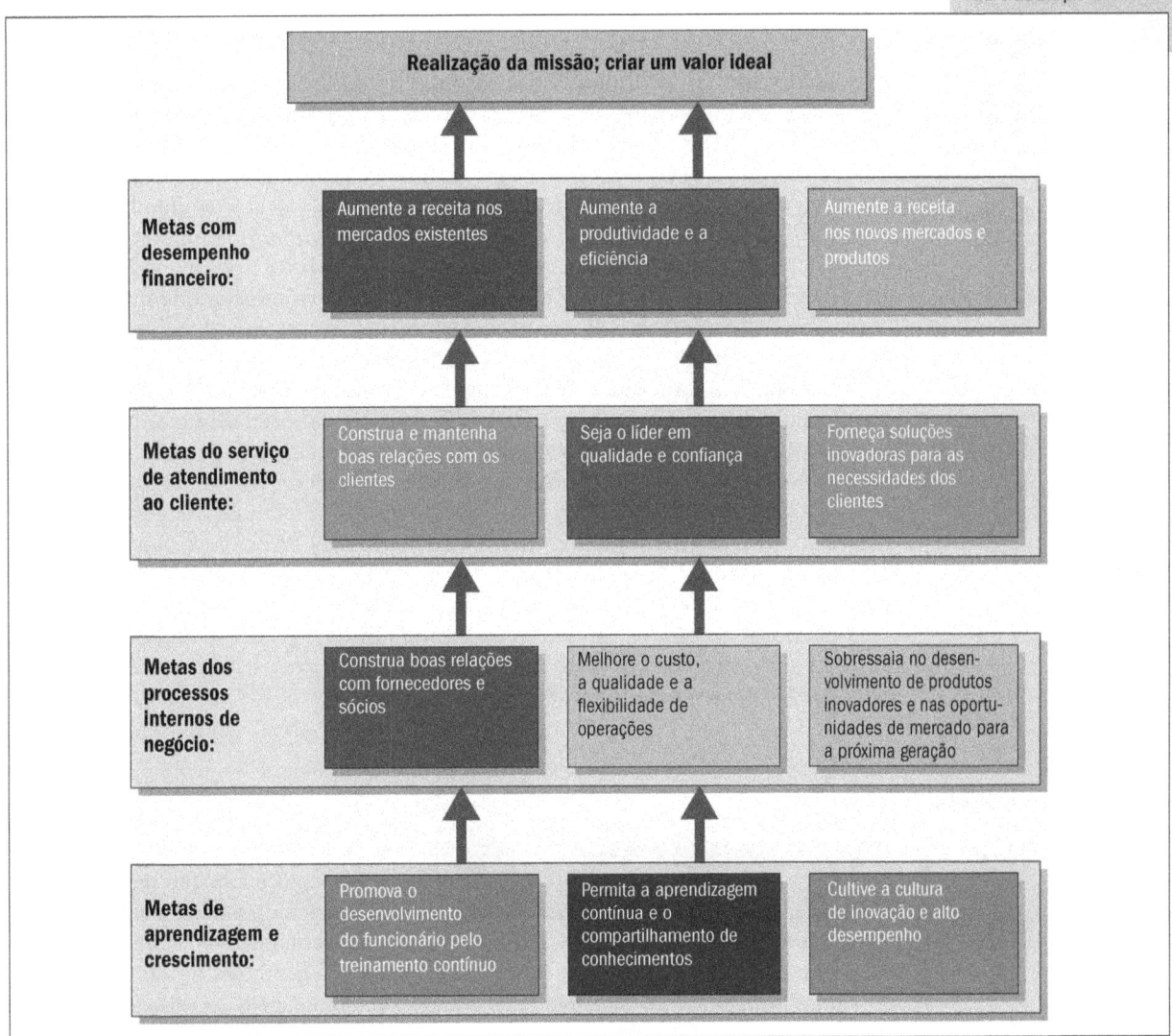

Realização da missão; criar um valor ideal

Metas com desempenho financeiro:
- Aumente a receita nos mercados existentes
- Aumente a produtividade e a eficiência
- Aumente a receita nos novos mercados e produtos

Metas do serviço de atendimento ao cliente:
- Construa e mantenha boas relações com os clientes
- Seja o líder em qualidade e confiança
- Forneça soluções inovadoras para as necessidades dos clientes

Metas dos processos internos de negócio:
- Construa boas relações com fornecedores e sócios
- Melhore o custo, a qualidade e a flexibilidade de operações
- Sobressaia no desenvolvimento de produtos inovadores e nas oportunidades de mercado para a próxima geração

Metas de aprendizagem e crescimento:
- Promova o desenvolvimento do funcionário pelo treinamento contínuo
- Permita a aprendizagem contínua e o compartilhamento de conhecimentos
- Cultive a cultura de inovação e alto desempenho

Fonte: Com base em Robert S. Kaplan e David P. Norton, "Mastering the Management System," *Harvard Business Review* (janeiro de 2008), 63–77; e R. S. Kaplan e D. P. Norton, "Having Trouble with Your Strategy? Then Map It," *Harvard Business Review* (setembro a outubro de 2000), 167–176.

desempenho das pessoas no nível do departamento, que deve atender às metas e aos padrões se a organização quer alcançar as metas gerais. Embora os administradores de nível inferior possam utilizar qualquer um dos sistemas de controle listados anteriormente na Figura 11.4, o sistema de recompensa é muitas vezes a preocupação primordial no nível de supervisão.

Existem duas abordagens diferentes para avaliar e controlar o desempenho em equipe ou individual e determinar as recompensas. Uma abordagem foca principalmente em *como* as pessoas realizam os trabalhos, enquanto os outros focam principalmente nos resultados de produção das pessoas.[32] O **controle comportamental** tem como base a observação das ações de funcionários do gerente para verificar se as pessoas seguem os procedimentos desejados e realizam as tarefas conforme instruídas. As pessoas chegam no trabalho a tempo? Elas ficam focadas nas tarefas ou passam muito tempo se socializando com os colegas? Elas se vestem apropriadamente

ANOTAÇÕES

Como administrador de uma organização, tenha essas diretrizes em mente:

Não exagere no uso de controle de comportamento. Ajuste algumas diretrizes razoáveis para o comportamento e atividades de trabalho, mas enfatize o controle de resultado focando em resultados e permitindo aos funcionários alguma discrição e autonomia sobre como realizam os resultados.

para o trabalho? Elas realizam os trabalhos de acordo com os métodos e instruções estabelecidos pelo supervisor? Com controle comportamental, os gerentes fornecem supervisão e monitoramento pesados, prestam atenção aos métodos utilizados pelas pessoas para realizar seus trabalhos, além de avaliar e recompensar as pessoas com base em critérios específicos, que podem incluir áreas como aparência, pontualidade, habilidades, atividades etc.

A tecnologia de informação aumentou o potencial para os gerentes utilizarem o controle de comportamento. Por exemplo, os dispositivos de rastreamento GPS instalados nos veículos do governo estão ajudando muitas comunidades a reduzir o desperdício e o abuso, ao pegar os funcionários fazendo compras, indo malhar ou normalmente vagando sem destino. Em Denver, 76 veículos equipados com GPS dirigiram 8 mil km a menos do que a frota que não tinha o equipamento durante o mesmo período do ano anterior, indicando o valor desse tipo de medição quantitativa.[33] Os gerentes em muitas empresas monitoram os e-mails dos funcionários e outras atividades *on-line*. Alguns varejistas utilizam o software de administração de registro de colisão que monitora as atividades de caixa em tempo real.[34]

Uma segunda abordagem para controle é prestar menos atenção ao que as pessoas fazem e mais ao que elas realizam. O **controle de resultados** tem como base o monitoramento e os resultados de recompensa, e os gerentes podem prestar mais atenção em como esses resultados são obtidos. Com controle de resultado, os gerentes não supervisionam os funcionários no sentido tradicional. As pessoas tem um grande acordo de autonomia em termos de como elas fazem os seus trabalhos – e às vezes, em termos de onde e quando elas fazem seus trabalhos – à medida que surtem os resultados desejados. Em vez de monitorar quantas horas um funcionário trabalha, por exemplo, os gerentes focam em quantos trabalhos os funcionários realizam. O programa *Results-Only Work Environment* na Best Buy proporciona uma ilustração de controle de resultado levado ao extremo.

Best Buy

NA PRÁTICA

Quando os gerentes da Best Buy perceberam um aumento alarmante na rotatividade dos funcionários da matriz, eles começaram a procurar maneiras de reverter a tendência. Eles perceberam que a cultura da Best Buy que enfatizava longas horas, procedimentos obrigatórios e gerentes "agindo como vigias" não estava mais funcionando. Então, qual era a melhor abordagem para deixar as pessoas talentosas fora da rotatividade?

A resposta seria uma iniciativa inovadora conhecida como Ambientes de Trabalho Focados em Resultados (*Results-Only Work Environment* ou ROWE*), que permite que as pessoas trabalhem quando e onde queiram desde que façam o seu trabalho. O experimento começou em um departamento, em que o moral alcançou um nível baixo. Sob o sistema ROWE, os processadores de reclamações e os digitadores, agora, focam em quantos modelos podem ser processados em uma semana em vez de quantas horas eles levam para inseri-las por dia ou quantas vezes as teclas são pressionadas para finalizar um modelo. O programa trabalhou tão bem que rapidamente se espalhou para outros departamentos.

Os resultados? De 2005 a 2007, a taxa de rotatividade nos departamentos que utilizam ROWE diminuiu aproximadamente 90%, enquanto aumentou a produtividade em 41%. Agora, os gerentes implementaram ROWE por toda a matriz corporativa. Não existem horas ajustadas de trabalho, nenhuma reunião obrigatória e nenhum gerente designando as atividades dos funcionários. O vice-presidente sênior John Thompson, que era o primeiro cético do ROWE, acreditou fortemente quando viu os primeiros resultados. "Por anos foquei no costume errado," disse Thompson. "Estava sempre vendo se as pessoas estavam aqui. Eu deveria olhar para o que as pessoas estavam fazendo."[35]

---

* Estratégia criada por Jody Thompson e Cali Ressler, na qual os empregados são remunerados pelos seus resultados (*outputs*), e não pelo número de horas trabalhadas. (N.R.T.)

A mudança de controle de comportamento para controle de resultados teve efeitos significantes positivos na matriz da Best Buy, e os gerentes, agora, implementam um modelo do sistema ROWE nos varejos. Com controle de resultados, a TI é utilizada não para monitorar e controlar o comportamento dos funcionários, mas para avaliar os resultados de desempenho. Por exemplo, na Best Buy, o gerente do departamento de pedidos *on-line* pode utilizar a TI para medir quantos pedidos por hora a sua equipe processa, mesmo se um membro da equipe não está trabalhando na sala, outro está trabalhando em casa, outro está folgando no período da tarde e outro está trabalhando nas férias há mais de 600 km.[36] As boas métricas de desempenho são a chave para fazer que o sistema de controle de resultados trabalhe eficientemente.

DICA DE LIVRO 11.0 — VOCÊ JÁ LEU ESTE LIVRO?

Checklist: como fazer as coisas bem feitas
De Atul Gawande

Os edifícios desmoronam porque as modificações de projeto não são levadas em conta nas especificações críticas de engenharia. Incêndio nas fábricas, explosões das plataformas petrolíferas e acidentes em minas ocorrem porque medidas importantes de segurança são ignoradas. E a cada ano somente nos Estados Unidos aproximadamente 100.000 pessoas morrem de infecções hospitalares porque as etapas simples de esterilização não são tomadas. "O volume e a complexidade do que sabemos excedeu nossa habilidade individual de entregar os benefícios correta, segura ou confiavelmente", diz Atul Gawande, médico e autor de *Checklist: como fazer as coisas bem feitas*.

UMA MANEIRA SIMPLES DE CONTROLAR UM TRABALHO COMPLEXO

O livro de Gawande descreve que utilizar uma lista de checagem pode reduzir e eliminar muitos erros de trabalhos complexos tornando as prioridades claras, ajudando as pessoas a se lembrarem de etapas específicas importantes que podem ser facilmente esquecidas em meio à complexidade, além de evitar a desorientação de comunicação. Utilizando exemplos de cirurgia, inteligência estrangeira, construção, aviação, show de rock, projeto de software e outras áreas, Gawande mostra que a lista de checagem correta aprimora os resultados atraindo as "falhas mentais inerentes em todos nós – falhas de memória e de atenção e perfeição." Aqui está como utilizar eficientemente uma lista de checagem:

- *Mantenha-a simples*. Uma lista de checagem não deve detalhar as etapas envolvidas no processo, como condução de cirurgia, criação de um show de rock ou projeção de uma nova peça de software. Em vez disso, deve ser simples e precisa, citando "somente as etapas mais críticas e importantes" que são propensas a erros. Uma boa lista de checagem faz que as prioridades sejam claras para todos que a utilizam.

- *Lembre-se de que a complexidade deixa dúvidas*. Uma lista de checagem deve garantir que as pessoas não cometerão erros idiotas porque estavam esgotadas pela situação complexa. Um especialista em cuidados intensivos criou uma lista de verificação de cinco etapas projetadas para reduzir as infecções de linha IV em pacientes na Unidade de Terapia Intensiva: Lavar as mãos com sabão, esterilizar a pele do paciente, colocar campo estéril em todo o paciente, utilizar uma máscara, um jaleco e luvas, colocar uma roupa esterilizada ao entrar no local. A taxa de infecções caiu de 11% para zero em um ano.

- *Prepare uma ferramenta de comunicação*. Uma lista de verificação força a comunicação onde é necessária. Por exemplo, em construção, mesmo uma mudança pequena na estrutura de suporte pode afetar uma extensão de outras etapas planejadas, como encanamento e instalação elétrica. As listas de checagem podem ser utilizadas para se certificar de que as pessoas encarregadas de diferentes aspectos de um projeto serão consultadas sobre qualquer decisão que afeta potencialmente a parte do projeto. "O objetivo final não é apenas marcar as caixas," escreve Gawande. "mas sim abraçar uma cultura de trabalho em equipe e disciplina."

LISTAS DE CHECAGENS AJUDAM A DESCENTRALIZAR OS PODERES

Boas listas de checagem permitem que os gerentes "empurram o poder de tomada de decisão para a periferia e longe do centro", diz Gawande. Listas de checagem significam que os gerentes focam menos nas formas severas de controle de comportamento. "Elas fornecem um conjunto de checagens para garantir que as informações cansativas, porém críticas, não sejam negligenciadas e fornecem outro conjunto de checagens para garantir que as pessoas conversam, coordenam e aceitam a responsabilidade, vão deixando de lado o poder para gerenciar as nuances e as imprevisibilidades."

Checklist: como fazer as coisas bem feitas, por Atul Gawande, é publicado pela Metropolitan Books.

No entanto, o controle de resultados não é necessariamente o melhor para todas as situações. Em alguns casos, o controle de comportamento é mais apropriado e eficaz, mas, no geral, os gerentes das organizações de sucesso estão se afastando do monitoramento próximo e do comportamento de controle, permitindo que os funcionários tenham mais discrição e autonomia em como realizam o trabalho. A Dica de livro descreve uma ferramenta simples que os gerentes podem utilizar para proporcionar aos funcionários mais autonomia e, ao mesmo tempo, manter o controle das atividades de trabalhos críticos. Na maioria das organizações, os gerentes utilizam tanto o comportamento quanto o controle de resultados.

AVALIE SUA RESPOSTA

Para um gerente, não importa muito exatamente como ou quando as pessoas conseguem fazer o trabalho enquanto trazem bons resultados

RESPOSTA: *Concordo.* O foco em resultados pode ser uma abordagem altamente eficaz para o controle de nível de departamento em muitas organizações. Os funcionários se ressentem sendo meticulosamente administrados e não gostam de ser tratados como criança. A maioria dos gerentes acha necessário estabelecer alguns limites razoáveis para o comportamento correto, mas a ênfase de controle maior é colocada no controle de resultado para alcançar o desempenho mais alto.

Abordagem estratégica I: reforçando a coordenação e eficiência de funcionários

Seguindo o uso dos sistemas de informação para tomada e controle de decisão gerencial, a TI evoluiu como uma ferramenta estratégica tanto para aumentar a coordenação e a eficiência interna quanto para aprimorar a coordenação com clientes e sócios externos. Esse é o nível mais alto de aplicação, como ilustra a Figura 11.1 no início do capítulo. As aplicações primárias de TI para aumentar a coordenação e a eficiência interna são intranets, gerenciamento de conhecimento, rede social e planejamento de recurso do empreendimento (ERP). O aprimoramento da coordenação com partes externas será discutido na próxima seção.

Intranets

As **redes**, que ligam pessoas e departamentos dentro de uma instalação específica ou em diferentes escritórios corporativos, permitindo-lhes compartilhar informação e cooperar em projetos, são uma importante ferramenta estratégica para muitas empresas. Por exemplo, um sistema de prontuário médico eletrônico em rede conecta os funcionários aos hospitais do Partners HealthCare System, a maior rede de hospitais na Nova Inglaterra, com escritórios com mais de 4.000 médicos com privilégios. O sistema aproxima os médicos, as enfermeiras, especialistas de equipe e outros em uma equipe coordenada para fornecer melhores cuidados, evitar testes redundantes e prescrições potencialmente conflitantes. Ao explicar o raciocínio por trás do sistema, o chefe do grupo de médicos da Partners diz "não quero médicos apenas por trabalharem bem. Quero que trabalhem melhor com os seus colegas."[37]

Uma forma predominante de rede corporativa é uma **intranet**, um sistema privativo para toda a empresa que usa os protocolos e padrões de comunicação da internet, mas só pode ser acessada por pessoas de dentro da empresa. Para visualizar arquivos e informações, os usuários simplesmente navegam pelo site com um navegador Web padrão, clicando em *links*. Hoje, a maioria das empresas com intranets alterou seus

ANOTAÇÕES

Como administrador de uma organização, tenha essas diretrizes em mente:

Aprimore a coordenação interna e o compartilhamento de informações com intranets, gerenciamento de conhecimento, rede social e sistemas de planejamento de recurso do empreendimento.

sistemas de informações gerenciais, de informações executivas e assim por diante para a intranet, de modo que eles sejam acessados por qualquer pessoa que deles necessite. Além disso, manter esses sistemas como parte da intranet significa que as novas características e aplicações podem ser facilmente adicionadas e acessadas por meio de um navegador-padrão. As intranets podem melhorar as comunicações internas e revelar informações escondidas. Elas permitem que os funcionários se mantenham atualizados em relação ao que acontece na organização, encontrem de modo rápido e fácil as informações de que necessitam, compartilhem ideias e trabalhem em projetos de modo colaborativo.

Gestão do conhecimento

A **gestão de conhecimento** refere-se aos esforços para encontrar, organizar e tornar disponível sistematicamente um capital intelectual da empresa e para estimular uma cultura de aprendizagem contínua e o compartilhamento de conhecimento.[38] O **capital intelectual** da empresa é a soma de conhecimento, experiência, compreensão, relações, processos, inovações e descobertas.

As empresas precisam de maneiras para transferir tanto o conhecimento codificado quanto o conhecimento tácito pela organização.[39] O **conhecimento codificado** é um conhecimento formal e sistemático que pode ser articulado, escrito e passado adiante em documentos, regras ou instruções gerais. Por outro lado, o conhecimento tácito é frequentemente difícil de colocar em palavras. O **conhecimento tácito** tem como base a experiência pessoal, regras práticas, intuição e julgamento. Inclui o *know-how* e a experiência profissional, o *insight* e a experiência individuais e soluções criativas que são difíceis de transmitir e passar adiante. Tanto quanto 80% do conhecimento valioso da organização pode ser de conhecimento tácito que não é facilmente capturado e transferido.[40] Assim, um tópico quente na TI corporativa preocupa-se com sistemas localizadores de especialistas que identificam e catalogam os especialistas na base de dados investigável, assim as pessoas podem identificar rapidamente quem tem conhecimentos que elas podem utilizar.[41]

Duas abordagens para conhecer a administração são destacadas na Figura 11.7.[42] A primeira trata principalmente da coleta e do compartilhamento de conhecimento codificado, em grande parte por meio do uso de sofisticados sistemas de TI. O conhecimento codificado pode incluir propriedades intelectuais, como patentes e licenças, processos de trabalho, como políticas e procedimentos, informações específicas sobre clientes, mercados, fornecedores ou concorrentes, relatórios de inteligência competitiva, dados de *benchmarking*, e assim por diante. A segunda abordagem foca na influência de especialidade individual e no *know-how* – conhecimento tácito – conectando os indivíduos "pessoalmente" pela mídia interativa. O conhecimento tácito inclui *know-how* profissional, *insights* e criatividade individuais e experiência pessoal e intuição. Com essa abordagem, os gerentes concentram-se em desenvolver redes pessoais que conectam os indivíduos para compartilhar o conhecimento tácito. A organização usa sistemas de TI principalmente para facilitar a conversação e o compartilhamento pessoal de experiências, *insights* e ideias.

Considere o exemplo da Converteam, uma empresa com matriz no Reino Unido que mantém a geração de energia e os sistemas de propulsão para milhares de navios e plataformas de exploração de petróleo ao redor do mundo. Os funcionários que trabalham na China, na Índia, no Brasil, nos Estados Unidos e na Noruega precisam de uma maneira de compartilhar conhecimento e especialidade entre eles e com as matrizes. Um sistema de TI inclui detalhes do contato para engenheiros que trabalham em diversos países junto com o inventário de especialidade. Os engenheiros podem contatar um ao outro diretamente com relação aos novos produtos, desafios, e assim por diante, em vez de ter de passar pelas matrizes.[43]

ANOTAÇÕES

Como administrador de uma organização, tenha essas diretrizes em mente:

Estabeleça sistemas para facilitar o compartilhamento de conhecimento codificado e tácito para ajudar na organização, no aprendizado e no aprimoramento.

FIGURA 11.7
Duas abordagens à gestão do conhecimento

	Codificado Fornecer rápidos sistemas de informação de alta qualidade, confiável para acessar o conhecimento explícito e reutilizável		**Tácito** Canalizar a competência individual para fornecer um conselho criativo nos problemas estratégicos
Abordagem de documentos para pessoas Desenvolver sistemas eletrônicos de documentos que codificam, armazenam, disseminam e permitem a reutilização de conhecimento		**Estratégia de gestão do conhecimento**	**Abordagem centrada na pessoa** Desenvolver redes para conectar pessoas para que o conhecimento tácito seja compartilhado
Investem pesadamente em tecnologia da informação, com uma meta de conectar pessoas com conhecimento reutilizáveis e codificados		**Abordagem da tecnologia da informação**	Investir moderadamente na tecnologia de informação, com a meta de facilitar conversas e a troca pessoal de conhecimento tácito

Fonte: Com base em Morten T. Hansen, Nitin Nohria e Thomas Tierney, "What's Your Strategy for Managing Knowledge?" *Harvard Business Review* (março – abril 1999), 106–116.

Redes sociais

Incentivar e facilitar o compartilhamento de conhecimento tácito não é fácil. Além de as empresas gastarem bilhões em software e outras tecnologias para gestão de conhecimento, existe alguma indicação que o compartilhamento de conhecimento tem sido aquém das metas dos gerentes. Por exemplo, 60% dos funcionários pesquisados por Harris Poll disseram que o trabalho era frequentemente duplicado nas organizações porque as pessoas não têm ciência do trabalho da outra pessoa; 54% disseram que as empresas faltavam com oportunidades para inovar por conta da colaboração e compartilhamento de informações fracos e 51% disseram que os gerentes regularmente tomam decisões fracas porque o conhecimento de funcionários não é efetivamente aproveitado.[44]

Uma abordagem recente que é uma promessa para compartilhamento mais eficaz de conhecimento tácito é a utilização de *mídia social*, incluindo a rede social corporativa e outras ferramentas de tecnologia social, como *blogs* e *wikis*.[45] Um *blog* é uma página que permite que uma pessoa poste opiniões e ideias sobre projetos e processos de trabalho. A simplicidade e a informalidade dos *blogs* fazem que seja fácil e confortável para as pessoas se comunicarem e compartilharem ideias. Além disso, o serviço de microblog *Twitter* está sendo cada vez mais utilizado pelas empresas como uma maneira rápida de resolver problemas. As pessoas podem enviar uma pergunta e obter respostas rapidamente de todas as organizações e de estrangeiros. Um *wiki* é semelhante a um *blog* e utiliza um software para criar um site que permite que as pessoas criem, compartilhem e editem o conteúdo por toda a interface com base no *browser*. Em vez de simplificar o compartilhamento de opiniões e de ideias com um *blog*, os *wikis* têm formato livre, permitindo que as pessoas editem o que encontram no site e adicionem o conteúdo.[46] Em Rosen Law, a Raleigh, escritório de advocacia localizada na Carolina do Norte, os gerentes migraram todos os contratos, ordens judiciais, arquivos de caso e outros documentos para um *wiki* seguro. Se as pessoas virem uma melhor maneira de organizar informações, elas seguem em frente e fazem isso. Advogados e técnicos jurídicos, por exemplo, tem necessidades diferentes, então os dois grupos editam a inserção de informações do outro até que as duas partes estejam contentes com algumas categorizações.[47] Outro benefício além da coordenação aprimorada é que os engenheiros podem minar os *blogs* de empresas e *wikis* para ajudar as pessoas a identificar quem é especialista em uma área ou conhecimento específico que seria útil para um projeto particular.

As **redes sociais** são uma extensão dos *blogs* e dos *wikis*. O sites de redes sociais fornecem um canal de comunicação ponto a ponto sem precedentes no qual as pessoas interagem em uma comunidade *on-line*, compartilham informações e fotos pessoais e profissionais e produzem e compartilham uma variedade de ideias e opiniões. Em razão da popularidade do Facebook na vida particular das pessoas, a maioria dos funcionários é confortável com a ideia de "seguir" e se comunicar com os colegas *on-line*. Utilizar redes sociais para um negócio permite que as pessoas se conectem facilmente umas com as outras pelos limites organizacionais e geográficos com base nas relações profissionais, interesses compartilhados, problemas e outros critérios. Um vendedor da Symantec em Dubai criou um grupo na rede social da empresa que troca dicas de vendas de funcionários ao redor do mundo.[48] As pessoas podem utilizar a rede social para procurar por marcadores que identifiquem os outros com conhecimento e recursos que podem ajudá-los a resolver um problema ou fazer melhor os seus trabalhos. Além disso, a natureza da rede social constrói a confiança para que as pessoas sejam mais propensas a colaborar e compartilhar informações.[49]

Muitas organizações, desde pequenas empresas empreendedoras e agências sem fins lucrativos a grandes corporações, estão vivenciando o uso da mídia social para negócios. Uma organização que implementa uma estratégia de mídia social claramente pensada é a Cognizant.

NA PRÁTICA

Cognizant

Poucas empresas aplicam a mídia social tão eficientemente quanto a Cognizant, localizada em Teaneck, Nova Jersey, e com funcionários em centros de desenvolvimento ao redor do mundo. A Cognizant fornece tecnologia de informação, consulta e serviços terceirizados de processos de negócio para empresas que abrangem os cinco continentes e cada indústria principal.

Muitos funcionários da Cognizant são jovens e apreciam a oportunidade de utilizar a mídia social para construir redes pessoais e profissionais tanto dentro quanto fora da empresa. Todos os projetos e gerentes de projeto são avaliados se utilizam bem a mídia social, e a Cognizant regularmente analisa a força das redes do funcionário. Olhando para quem tem uma grande quantidade de seguidores, os gerentes podem acessar essas pessoas para ajudar a divulgar novas ideias ou conseguir o *feedback* pela organização. O CEO Frank D'Souza contribui regularmente para fóruns e utiliza o *blog* para comunicar novas iniciativas e obter *feedback*.

Muito do conhecimento na Cognizant é conhecimento tácito que não pode ser facilmente capturado de maneira estruturada. Em vez disso, precisa ser localizado e acessado pelos laços sociais e pessoais entre colegas. Um aspecto do sistema de mídia social é uma plataforma de gestão de conhecimento chamada Aplicação de Gestão de Conhecimento, que inclui a habilidade de "rotular" documentos e pessoas para que um funcionário possa buscar facilmente por pessoas com a especialidade relacionada a tecnologias ou projetos específicos. Além das questões e respostas, os funcionários postam nos *blogs*, comentários e mensagens como Twitter que ajudam a construir os elos. A KM Appliance é integrada com a iniciativa da Cognizant C2, que é projetada para fornecer às pessoas o acesso ao conhecimento específico codificado no contexto de um processo particular de trabalho. Para qualquer tarefa, um usuário pode ver dependências de tarefas, informações de diretrizes, modelos, instrumentos semelhantes de projeto, notas e listas de checagem.

O aspecto final é utilizar a mídia social para se conectar com investidores externos, como clientes, especialistas da indústria e acadêmicos. Um ponto importante é que a Cognizant não utiliza essa forma para vendas ou marketing, mas para a construção de um ambiente *on-line* confiável em que as pessoas podem se conectar com as outras, compartilhar conteúdo e opiniões, seguir a atividade de outras pessoas e ter um diálogo sobre questões importantes do negócio.[50]

Na Cognizant, a mídia social é utilizada para criar um ambiente de aprendizagem e compartilhamento de conhecimento tanto pelos funcionários quanto por sócios e clientes. Conforme declarado no site da empresa, o uso de alto nível das mídias sociais permite que a Cognizant "acesse habilidades especializadas da nossa equipe de talentos em qualquer lugar do mundo, para resolver qualquer problema". Clientes e especialistas da indústria concordam que essa abordagem proporcionou à Cognizant uma vantagem competitiva na indústria.

Planejamento dos recursos do empreendimento

Outra abordagem ao gerenciamento de informações e de conhecimentos une diversos tipos de informações para ver como as decisões e ações em uma parte da organização afetam as outras partes. Muitas empresas estão utilizando sistemas de informações em larga escala que apresentam uma visão abrangente das atividades da organização. O planejamento destes **sistemas de recurso do empreendimento (ERP)** coleta, processa e fornece informações sobre todo o empreendimento da empresa, incluindo processamento de pedidos, *design* de produtos, compras, inventário, fabricação, distribuição, recursos humanos (RH), recibo de pagamentos e previsão de demandas futuras.[51] Os sistemas ERP podem ser caros e difíceis de implementar, mas quando aplicados com êxito podem servir como a espinha dorsal de uma organização pela integração e otimização de todos os diversos processos de negócio por toda a empresa.[52]

Tal sistema liga todas essas áreas de atividade em uma rede, como ilustra a Figura 11.8. Quando um vendedor tem um pedido, o sistema ERP verifica como o pedido afeta os níveis de inventário, agendamento, RH, compra e distribuição. O sistema repete os processos organizacionais no software, guia os funcionários etapa por etapa e automatiza quantas forem possíveis. Por exemplo, o software ERP pode cortar automaticamente uma verificação de contas a pagar assim que uma recepcionista confirma que as mercadorias foram recebidas no inventário, envia um pedido de compra *on-line* imediatamente após o gerente ter autorizado a compra ou agenda a produção na planta mais apropriada após o pedido ter sido recebido.[53] Além disso, em razão de o sistema integrar os dados sobre todos os aspectos das operações, os gerentes e os funcionários de todos os níveis podem ver como decisões e ações em uma parte da organização afetam as outras partes utilizando essas informações para tomar melhores decisões. O ERP pode fornecer o tipo de informação gerada por sistemas de processamento de transações, bem como a gerada por sistemas de

ANOTAÇÕES

Como administrador de uma organização, tenha essas diretrizes em mente:

Utilize os aplicativos de IT como extranets, sistemas de gestão de cadeia de suprimento e sistemas de *e-business* para reforçar as relações com clientes, fornecedores e sócios de negócios.

FIGURA 11.8
Exemplo de uma rede ERP

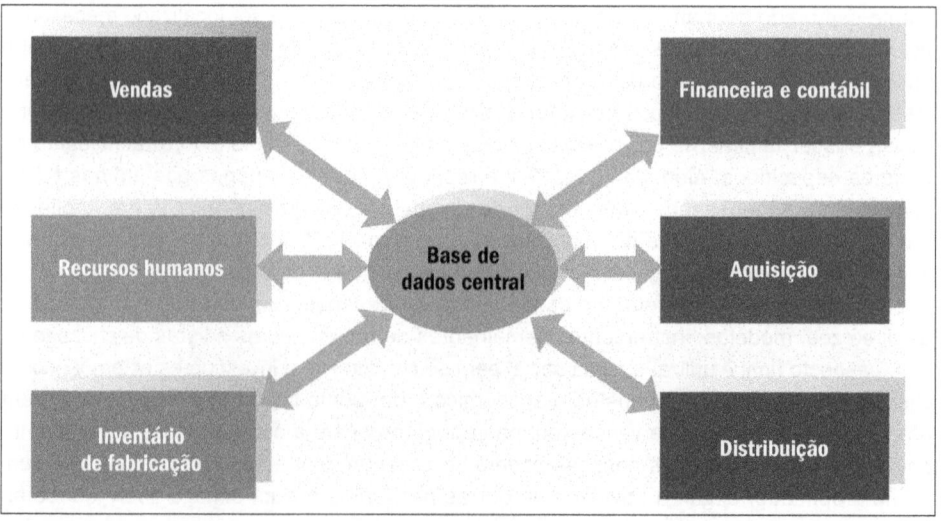

© Cengage Learning 2013

relatórios de informações, sistemas de apoio à decisão ou sistemas de informações executivas. A chave é que o ERP une todos esses sistemas de modo que as pessoas possam ver o quadro geral e agir rapidamente, ajudando a organização a ser mais inteligente e mais eficaz. Mais recentemente, o ERP incorporou ferramentas à gestão de cadeia de suprimento para que a coordenação pelos limites organizacionais seja também reforçada.[54]

Abordagem estratégica II: reforçando a coordenação e eficiência de funcionários

As aplicações externas de TI para fortalecer a coordenação com clientes, fornecedores e parceiros incluem sistemas para gestão da cadeia de suprimentos e o empreendimento integrado, ferramentas para aprimorar o relacionamento com clientes e o projeto de organizações de *e-business*. Uma abordagem básica é estender a intranet corporativa para incluir clientes e parceiros. Uma **extranet** é um sistema de comunicações externas que usa a internet e é compartilhado por duas ou mais organizações. Cada organização retira de sua intranet privativa alguns dados, mas os torna disponíveis apenas para as outras empresas que compartilham a extranet.

O empreendimento integrado

As Extranets desempenham um papel crítico no empreendimento integrado de hoje. O **empreendimento integrado** é uma organização que usa TI avançada para permitir uma coordenação rigorosa dentro da empresa, bem como com fornecedores, clientes e parceiros. Um aspecto importante do empreendimento integrado é utilizar os sistemas de *gestão da cadeia de suprimentos*, que administra a sequência de fornecedores e compradores, cobrindo todos os estágios do processamento, desde obter matéria-prima até distribuir os produtos prontos aos consumidores.[55]

Elos de informação. A aplicação de sistemas de gestão de cadeia de suprimento permite que as organizações alcancem o equilíbrio correto de níveis baixos de inventário e correspondência de cliente. A Figura 11.9 ilustra os elos de informação horizontal no empreendimento integrado. Ao estabelecer elos eletrônicos entre a organização e parceiros-chave para compartilhar e trocar dados, o empreendimento integrado cria uma linha integrada sutil entre os consumidores finais e os fornecedores de matéria-prima.[56] Por exemplo, no quadro, à medida que os consumidores compram produtos no varejo, os dados são automaticamente alimentados no sistema de informação de cadeia de varejo. Em seguida, a rede dá acesso a esses dados constantemente atualizados para a empresa fabricante por meio de uma extranet segura. Conhecendo esses dados de demanda, o fabricante pode produzir e entregar os produtos quando necessário. Quando os produtos são feitos pelo fabricante, os dados sobre a matéria-prima usada no processo de produção, informações atualizadas de estoque e demanda prevista atualizada são eletronicamente enviados aos fornecedores do fabricante, e estes automaticamente reabastecem o estoque de matéria-prima do fabricante quando necessário.

Relações horizontais. O objetivo de integrar a cadeia de suprimentos é que todos trabalhem em conjunto, em passos encadeados, para atender às demandas dos clientes em termos de produto e tempo. A Honeywell Garrett Engine Boosting Systems, que fabrica turbocompressores para carros, caminhões e pequenos aviões, utiliza uma extranet para proporcionar aos fornecedores o acesso a seus dados de estoque e produção para que possam responder rapidamente às necessidades do fabricante em termos de peças. A Honeywell está trabalhando com grandes clientes como a Ford e a Volkswagen para integrar seus sistemas de modo que a empresa também

ANOTAÇÕES

Como administrador de uma organização, tenha essas diretrizes em mente:

Transforme sua organização em um empreendimento integrado estabelecendo as conexões de informações horizontais entre a organização e os parceiros externos principais. Crie uma expansão de linha contínua e integrada desde os clientes finais a fornecedores de matéria-prima que atenderão às demandas de produto e tempo dos clientes.

FIGURA 11.9
O empreendimento integrado

Fonte: Com base em Jim Turcotte, Bob Silveri e Tom Jobson, "Are You Ready for the E-Supply Chain?" *APICS–The Performance Advantage* (agosto de 1998), 56–59.

obtenha informações mais completas sobre a demanda dos clientes em termos de turbocompressores. "Nossa meta", diz Paul Hopkins da Honeywell, "é uma conectividade de cadeia de valor contínua da demanda de cliente para os fornecedores."[57] Outra organização que faz ótimo uso da tecnologia para avançar as relações horizontais integradas é a Corrugated Supplies.

Corrugated Supplies

NA PRÁTICA

Você pode não esperar que um fabricante de papelão tenha uma tecnologia de informação de ponta, mas a Rick Van Horne transformou a Corrugated Supplies na primeira planta de produção com base total em internet. O equipamento de planta alimenta continuamente os dados para a internet, onde o resto da empresa, assim como os fornecedores e os clientes, podem rastrear o que está acontecendo em tempo real. Utilizando uma senha, os clientes podem puxar as agendas de produção da Corrugated para verificar exatamente em qual etapa estão os pedidos e quando chegarão. Fornecedores entram no sistema para gerenciar o estoque.

A Figura 11.10 ilustra como o sistema trabalha para o cliente que coloca o pedido: o cliente loga no site e digita um pedido de papelão precisamente cortado e dobrado para 20.000 caixas. É feito o pedido na base de dados e os computadores da fábrica da Corrugated determinam a melhor maneira de combinar aquele pedido com outros, desde algumas dúzias a 50.000 caixas. O computador vem com a agenda ideal – ou seja, tira a maioria dos pedidos de um registro com o pouco papel que sobrou. Um operador humano verifica a agenda em uma das diversas telas de computador conectadas em torno da planta e pressiona o botão *send*. O software do computador direciona o corrugador massivo, aparador, cortadores e outros equipamentos, que começam a lançar pedidos de papéis a 240 metros por minuto. As correias de acionamento controladas pelo computador realizam o pedido para a doca de carga, onde as empilhadeiras com PCs sem fio pegam a carga para o *trailer* designado. Os carreteiros conectam-se no site e recebem informações do reboque a transportar para maximizar a eficiência de viagem. O pedido é geralmente entregue ao cliente no dia seguinte.

Cerca de 70% dos pedidos da Corrugated são enviados pela internet e encaminhados eletronicamente para a fábrica. O sistema economiza tempo e dinheiro para a Corrugated pelos detalhes de pedidos especiais automaticamente agendados e pela economia de papel. Para clientes, isso significa um serviço mais rápido e menos confusões. Um cliente, Gene Mazurek, coproprietário da Suburban Corrugated Box Co., diz "é a melhor coisa que já aconteceu... É como se Rick colocasse a máquina corrugadora ao lado da minha fábrica."[58]

FIGURA 11.10
Sistema da Corrugated Supplies

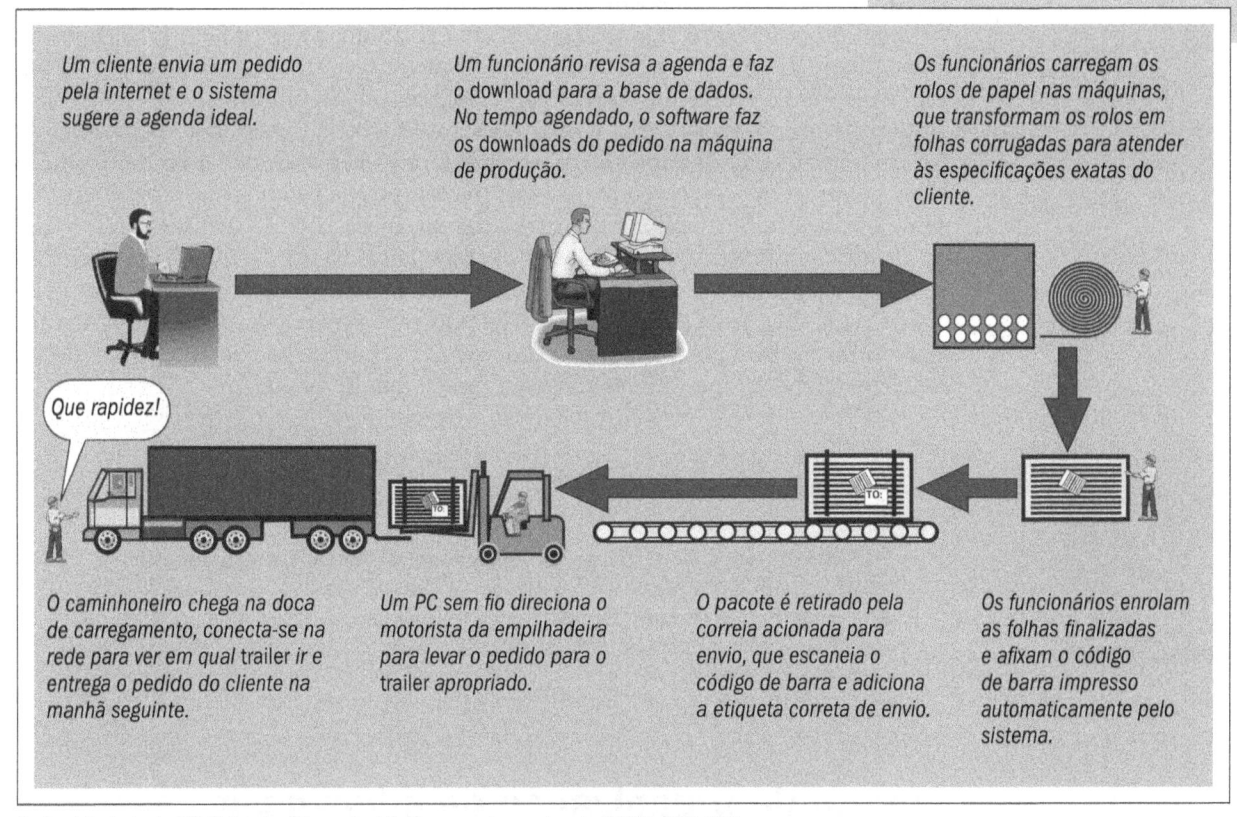

Um cliente envia um pedido pela internet e o sistema sugere a agenda ideal.	Um funcionário revisa a agenda e faz o download para a base de dados. No tempo agendado, o software faz os downloads do pedido na máquina de produção.	Os funcionários carregam os rolos de papel nas máquinas, que transformam os rolos em folhas corrugadas para atender às especificações exatas do cliente.
Que rapidez!		
O caminhoneiro chega na doca de carregamento, conecta-se na rede para ver em qual trailer ir e entrega o pedido do cliente na manhã seguinte.	Um PC sem fio direciona o motorista da empilhadeira para levar o pedido para o trailer apropriado.	O pacote é retirado pela correia acionada para envio, que escaneia o código de barra e adiciona a etiqueta correta de envio.	Os funcionários enrolam as folhas finalizadas e afixam o código de barra impresso automaticamente pelo sistema.

Fonte: Adaptado de Bill Richards, "Superplant," *eCompany* (novembro de 2000), 182–196.

Para o empreendimento integrado funcionar, as relações horizontais, como as entre a Corrugated e os fornecedores e clientes, tem de conseguir mais ênfase do que as relações verticais. A integração do empreendimento pode criar um nível de cooperação jamais imaginado se os gerentes abordarem a prática com uma atitude de confiança e parceria, como nos relacionamentos interorganizacionais descritos no Capítulo 4.

Relacionamentos dos clientes

Lembre-se das seções anteriores do exemplo da Cognizant, que estende o uso da mídia social aos clientes e parceiros. Não é somente a empresa que está aplicando a nova tecnologia para construir relações mais fortes. Muitas organizações, incluindo a Ford Motor Company, Harrah's Entertainment, McDonald's, Petco e AT&T, têm contratado *diretores de mídias sociais* que estão no comando de uma combinação de atividades como marketing e promoções, o serviço de cliente e suporte.[59] Os diretores de mídia social utilizam *blogs*, Twitter, Facebook, sites de empresas e outras tecnologias principalmente para fazer outra coisa – fortalecer as relações com os clientes. Os gerentes que respondem a uma pesquisa dizem que utilizam essas tecnologias para aprimorar o serviço de atendimento ao cliente, desenvolvendo novos mercados, conseguindo participação do cliente no desenvolvimento do produto e oferecendo oportunidades para os clientes interagirem.[60] Por exemplo, o Dr. Pepper constrói uma base de fãs do Facebook de 8,5 milhões de pessoas. Os gerentes postam duas mensagens por dia na *fan page* da empresa e depois garimpam os dados para ver o que as pessoas estão pensando.[61]

As redes sociais e os *blogs* são tecnologias voltadas para o cliente particularmente populares. Em 2011, 65% dos negócios pesquisados relataram ter um *blog* da empresa para se comunicar com os clientes, um aumento dos 48% em 2009.[62] Os *blogs* proporcionam às organizações uma voz humana, permite que as empresas influenciem nas opiniões e forneçam uma maneira fácil de compartilhar as notícias com a empresa diretamente com as partes externas. Para muitos CEOs, ter um *blog* ou uma conta no Twitter não é uma questão de escolha, mas uma necessidade de ser um bom líder. Para aumentar as vendas para os negócios de vinho da família, a Wine Library, Gary Vaynerchuk ofereceu fretes grátis de pedidos *on-line* e promoveu de três maneiras. Um *mailing* de marketing direto de US$ 15.000,00 e atraiu 200 novos consumidores. Um anúncio de *outdoor* custou US$ 7.500,00 e trouxe 300 novos consumidores. Quando Vaynerchuk lançou uma promoção no Twitter, não custou nada e atraiu 1.800 novos consumidores. Vaynerchuk, que ganhou muitos seguidores, também posta um *webcast* diário para conectar-se com os consumidores. Ele chama isso de "aperto de mão virtual, trabalhando na sala."[63]

AVALIE SUA RESPOSTA

2 Todo gerente deve ter um blog.

RESPOSTA: *Discordo.* Os *blogs* são uma maneira popular para os gerentes se comunicarem tanto com funcionários como com os clientes. O *blog* se tornou praticamente tão comum para alguns gerentes quanto utilizar e-mails. Mas *blogs* não são necessariamente apropriados para todos os gerentes em cada ambiente de trabalho.

Projeto da organização de *e-business*

O *e-business* pode ser definido como qualquer negócio que acontece por meio de processos digitais em uma rede de computadores, em vez de em um espaço físico. No entanto, o *e-business* refere-se de modo mais comum à conexão eletrônica na internet com clientes, parceiros, fornecedores, funcionários ou outros componentes principais. O *e-commerce* é um termo mais limitado que se refere especificamente às mudanças de negócio ou transações que ocorrem eletronicamente. Hoje, o *e-commerce* está transformando em *m-commerce*, que simplesmente significa a habilidade de conduzir transações de negócios por um dispositivo móvel. O mundo está se tornando móvel. Para muitas pessoas, o celular está sempre ao alcance e o utilizam para tudo, desde pedir uma pizza a acessar a conta de banco.[64] Um estudo da ABI Research sugere que até 2015 os compradores ao redor do mundo gastem aproximadamente US$ 119 bilhões em mercadorias e serviços comprados pelo celular.[65] Desde que a quantidade de celulares se sobrepôs à quantidade de PCs nos mercados em desenvolvimento como na China, na Índia e na Tailândia, os celulares são a conexão principal de internet para muitos clientes.

Muitas organizações tradicionais estabeleceram operações na internet, mas os gerentes têm de tomar uma decisão sobre como integrar melhor a loja física e a virtual – isto é, como mesclar suas operações tradicionais com uma iniciativa na internet. Nos primórdios do *e-business*, muitas empresas estabeleceram iniciativas ponto-com sem saber muito bem como essas atividades poderiam e deveriam ser integradas à empresa em geral. À medida que a realidade do *e-business* evoluiu, as empresas receberam lições valiosas sobre como mesclar as atividades *on-line* e as *off-line*.[66]

A faixa de estratégias para estabelecer uma operação na internet é ilustrada na Figura 11.11. Uma opção é ajustar a divisão de internet como uma cisão*, ou criando

---

* *Spin-off company*: criação de uma empresa independente, por meio da venda ou da distribuição de novas ações de um negócio ou divisão existente. (N.R.T.)

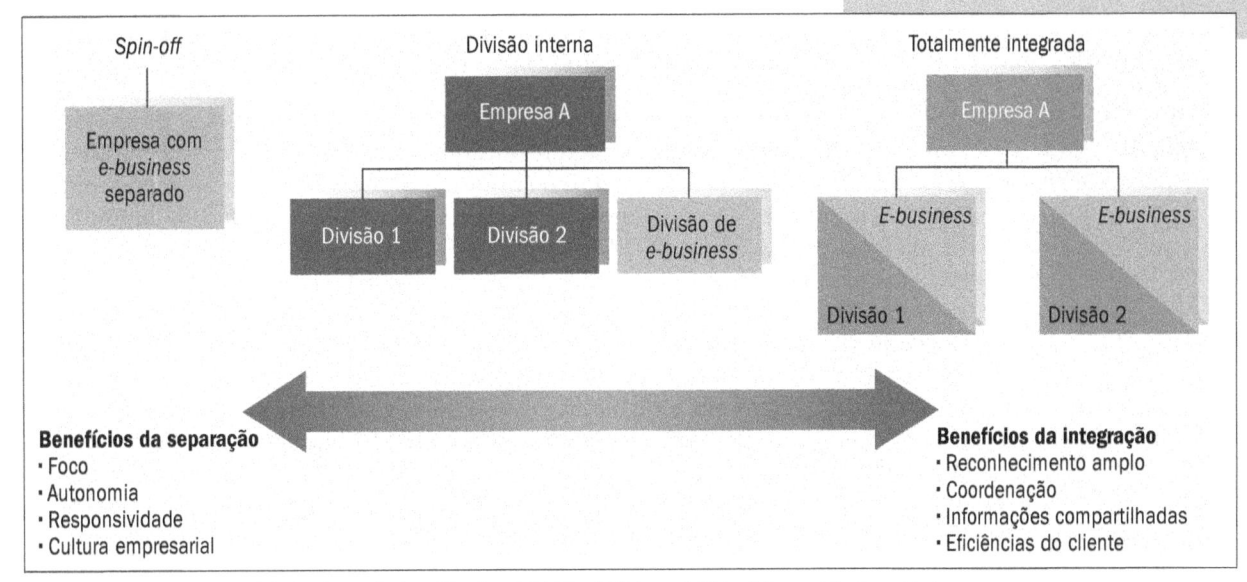

FIGURA 11.11
Estratégias para integrar a loja física com a virtual

Spin-off
- Empresa com e-business separado

Divisão interna
- Empresa A
  - Divisão 1
  - Divisão 2
  - Divisão de e-business

Totalmente integrada
- Empresa A
  - E-business / Divisão 1
  - E-business / Divisão 2

Benefícios da separação
- Foco
- Autonomia
- Responsividade
- Cultura empresarial

Benefícios da integração
- Reconhecimento amplo
- Coordenação
- Informações compartilhadas
- Eficiências do cliente

Fonte: Com base em Ranjay Gulati e Jason Garino, "Get the Right Mix of Bricks and Clicks," *Harvard Business Review* (maio a junho de 2000), 107–114.

---

uma empresa de segregação, ou participando em uma *joint venture* com outra organização. Algumas empresas escolhem estabelecer-se em uma divisão interna que é mais proximamente integrada com os negócios tradicionais. Como a internet continua evoluindo, outras empresas estão se movendo para a terceira opção, que é combinar as operações tradicionais com as do *e-business* em um projeto totalmente integrado. Cada uma dessas opções apresenta vantagens e desvantagens distintas.[67]

Negócios separados

Para proporcionar autonomia e flexibilidade de operação de internet, algumas organizações escolheram criar uma empresa *spin-off*, utilizando uma empresa separada ou uma *joint venture*. Um negócio separado é um negócio de internet independente que compete com outras empresas de internet. As vantagens de um negócio *spin-off* incluem tomada de decisões mais rápida, maior flexibilidade e sensibilidade às condições de mercado em constante mudança, uma cultura empreendedora e uma administração totalmente voltada para o sucesso da operação *on-line*. As desvantagens potenciais são a perda do reconhecimento da marca e de oportunidades de marketing, maiores custos iniciais e perda das vantagens com fornecedores. Por exemplo, o varejista K-mart criou originalmente uma divisão *spin-off* chamada Bluelight.com, e a farmácia CVS originalmente lançada como CVS.com como um negócio separado. Em ambos os casos, a operação de *e-business* como uma unidade separada provou ser ineficiente para os varejistas em longo prazo. Os gerentes começaram a trazer as operações *on-line* sob o teto do negócio tradicional para que as funções, como marketing, merchandising e compras, pudessem ser tratadas de maneira mais eficiente. A autonomia, a flexibilidade e o foco da *spin-off* era uma vantagem durante a fase inicial, mas as organizações posteriormente ganharam em eficiência trazendo de volta os negócios da internet internamente para uma melhor coordenação com outros departamentos.[68] Outra abordagem para criar um negócio separado é se juntar a uma *joint venture* ou a uma parceria. Particularmente para as empresas que têm pouca experiência em internet, forma uma *joint venture* com uma parceria

ANOTAÇÕES

Como administrador de uma organização, tenha essas diretrizes em mente:

- Utilize a divisão interna de *e-business* para fornecer uma integração mais próxima entre a operação de internet e a operação tradicional e alavanque o nome de marca, as informações de cliente, os fornecedores e a força de marketing da empresa-matriz.

ANOTAÇÕES

Como administrador de uma organização, tenha essas diretrizes em mente:

• Crie uma empresa separada se a unidade de *e-business* precisar de uma autonomia e flexibilidade maior para adaptar-se às condições de marketing que mudam rapidamente.

• Considere um projeto combinado que integra totalmente o *e-business* com o negócio tradicional se sua empresa está em uma indústria que concorre pesadamente com as empresas com base na internet.

vivenciada pode ter mais êxito do que se for isolada. Por exemplo, em 2011, a Belle International Holdings Ltd., a maior varejista em calçados femininos da China, formou uma *joint venture* com Baidu, o maior provedor de busca da internet na China, para lançar uma loja *on-line* para vendas de sapatos.[69]

Divisão interna

Uma divisão interna oferece uma integração próxima entre a operação na internet e a operação tradicional da organização. A organização cria uma unidade separada dentro da empresa que funciona dentro da estrutura e da liderança da organização tradicional. Por exemplo, a Disney.com é uma divisão sob a orientação e controlada Walt Disney Company, e a Lowes.com é totalmente separada e controlada pela Lowe's. *The New York Times* adotou a internet antes da divisão interna que hoje fornece uma porcentagem crescente do negócio e receita de publicidade do grupo do jornal.[70] A abordagem interna proporciona à nova divisão diversas vantagens adicionando a empresa estabelecida. Essas vantagens incluem reconhecimento da marca, vantagem nas compras com fornecedores, informações sobre clientes e oportunidades de marketing compartilhadas, além de eficiência na distribuição. Um problema potencial com a divisão interna, no entanto, é que a nova operação não tem a flexibilidade necessária para se mover rapidamente para o mundo da internet.

Design integrado

Uma terceira opção é o projeto totalmente integrado. Com esta abordagem, não existe separação entre o que é definido como parte tradicional do negócio e o que é definido como parte do *e-business*. O *e-business* é incorporado em cada parte do trabalho do funcionário. Ou seja, o que pode ter começado como uma divisão interna está fragmentada e determinada para diversos departamentos e unidades de negócios como parte da maneira diária da operação. Virtualmente todos os funcionários são envolvidos nas atividades tradicionais e de *e-business*. A revista *The Atlantic* é um bom exemplo.

The Atlantic

NA PRÁTICA

Era a revista que primeiro publicou o "Hino de Batalha da República" e liderou as primeiras estórias de Mark Twain, Henry James e Ernest Hemingway para impressão – 153 anos e não parece ser tão velha quando Justin Smith chegou em 2007. Smith teve de encontrar uma maneira de reinventar *The Atlantic* (originalmente era *The Atlantic Monthly*) para o século XXI. Smith e o editor James Bennet juntaram os gerentes e o pessoal editorial para um debate: "O que faríamos," eles perguntaram, "se a meta fosse de nos reciclarmos agressivamente?"

O resultado era que *The Atlantic* se tornou uma das primeiras revistas a combinar assertivamente a impressão com a digitalização. As paredes entre a equipe de impressão e a digital literal e figuradamente caíram. Foi dito que os vendedores de publicidade não se importavam qual era a porcentagem de vendas para a parte digital impressa. Jovens escritores astutos de internet foram contratados para escrever *blogs* e colunas de opinião, um movimento assustador para uma revista acostumada a preparar artigos sem erros, com verificação total dos fatos além de ser altamente polidos. Para ter certeza de que as pessoas estavam lendo, os gerentes tiraram a assinatura do acesso pago do site para que todos pudessem navegar livremente pela *The Atlantic Online*. Em três anos, a empresa estava bem financeiramente, e Smith e Bennett foram saudados como uma maravilha no mundo editorial por conta das decisões tomadas para chegar nesse ponto. A parte impressa e a digital totalmente integradas (o lado do negócio tradicional e o lado do *e-business*) provou que estavam certos em se mexerem para renovar *The Atlantic* para uma nova geração.[71]

À medida que a internet se desenvolve como um lugar para fazer negócios, mais empresas são mudando para um projeto totalmente integrado. A Walmart, por exemplo, está reestruturando suas operações de *e-commerce* à medida que se depara com a pressão crescente para concorrer com as concorrentes na internet como a Amazon. Os gerentes de *e-commerce* da Walmart nos Estados Unidos, no Japão, no Reino Unido e no Canadá, agora, relatarão aos executivos responsáveis das lojas físicas em cada país em vez de serem gerenciados e coordenados pela equipe de *e-commerce* global. O *e-commerce* nos mercados emergentes ainda é tratado separadamente por que a marca é menos bem-estabelecida nesses países. Os executivos da Walmart dizem que a razão principal para a reestruturação é que "nossos clientes (nos mercados desenvolvidos) demandam continuidade entre ambos os canais – uma experiência integrada das lojas físicas com a da internet."[72]

> **3** A melhor maneira para uma empresa de grande porte ajustar uma divisão de internet é criar uma unidade separada e independente, porque a unidade terá autonomia e flexibilidade para operar na velocidade da internet, em vez de ser impedida pelas regras e pelos procedimentos da organização de porte maior.
>
> **RESPOSTA:** *Discordo*. Cada abordagem para criação de uma operação de *e-business* tem vantagens e desvantagens. A criação de um negócio independente pode proporcionar uma nova unidade com mais autonomia e flexibilidade, mas também pode reduzir a eficiência, além de exigir custos iniciais mais altos. Os gerentes consideram cuidadosamente se utilizam uma divisão interna, um negócio separado ou um projeto integrado: qualquer uma das escolhas pode funcionar melhor dependendo das circunstâncias da organização.

AVALIE SUA RESPOSTA

Impacto da TI sobre o projeto da organização

Os gerentes e os teóricos organizacionais estudam a relação entre o projeto de tecnologia e o organizacional e o funcionamento há mais de 50 anos. Nos últimos anos, os avanços na tecnologia de informação tiveram um impacto maior na maioria das organizações.[73] Algumas implicações específicas dessas vantagens para o projeto da organização são empresas menores, estruturas descentralizadas, melhor coordenação interna e externa, além de novas estruturas de rede nas organizações.

1. *Organizações menores*. Algumas empresas na internet existem quase totalmente no ciberespaço; não há organização formal em termos de um prédio com escritórios, mesas de trabalho e assim por diante. Uma ou poucas pessoas podem manter o site em suas casas ou em uma área de trabalho alugada. Mesmo nas empresas tradicionais, a nova TI permite que a organização trabalhe mais com menos pessoas. Os clientes podem comprar seguros, roupas, ferramentas e equipamentos, praticamente tudo pela internet sem mesmo falar com o vendedor. Além disso, o ERP e outros sistemas de TI automaticamente realizam muitas tarefas administrativas dentro das organizações, reduzindo a necessidade de funcionários administrativos. O Departamento de Transportes de Michigan costumava precisar de um exército de trabalhadores para verificar o trabalho de construtores. Grandes projetos muitas vezes exigiam até 20 inspetores no local diariamente para acompanhar centenas de itens de trabalho. Hoje, a MDOT raramente envia mais de um técnico para o local. O funcionário insere os dados no *notebook* utilizando o software de gestão de construção de rodovias ligado a computadores das matrizes. O sistema pode automaticamente gerar as estimativas de pagamento e manusear outros processos administrativos que demandam horas de trabalho.[74] Graças à TI, as empresas de hoje também podem terceirizar muitas funções e, assim, utilizar poucos recursos internos.

> **ANOTAÇÕES**
>
> **Como administrador de uma organização, tenha essas diretrizes em mente:**
>
> Com uso maior da TI, considere as unidades organizacionais menores, as estruturas descentralizadas, a coordenação interna aprimorada e uma colaboração maior entre organizações, incluindo a possibilidade de terceirização ou a estrutura de rede.

2. *Estruturas organizacionais descentralizadas.* Embora a filosofia gerencial e a cultura corporativa tenham um impacto substancial sobre o fato de a TI ser usada para descentralizar informações e autoridade ou para reforçar uma estrutura de autoridade centralizada,[75] a maioria das organizações hoje utiliza tecnologia para maior descentralização. Com a IT, as informações que antigamente podiam estar disponíveis apenas para a alta administração na sede podem ser compartilhadas de modo rápido e fácil com toda a organização, mesmo em grandes distâncias geográficas. Os gerentes de diversas divisões ou escritórios da empresa têm a informação de que necessitam para tomar decisões rapidamente, em vez de ficarem esperando as decisões vindas da sede. As tecnologias que permitem que as pessoas se reúnam, coordenem e colaborem de modo *on-line* facilitam a comunicação e a tomada de decisões entre grupos distribuídos e autônomos de trabalhadores, como em equipes virtuais. Além disso, a tecnologia permite o teletrabalho, por meio do qual os trabalhadores podem realizar, de seus computadores em casa ou em outras localizações remotas, trabalhos que antes só podiam ser feitos no escritório. Margaret Hooshmand mudou-se para o Texas, mas ainda trabalha como assistente executiva do Vice-Presidente da Cisco Senior Marthin De Beer na Califórnia. "Hooshmand relata os trabalhos virtualmente, aparecendo a cada manhã em uma tela de plasma de alta definição de 65'" que fica no escritório do De Beer. Ela recepciona as ligações dele, organiza as reuniões e pode ver e ouvir o que está acontecendo no corredor da Silicon Valley.[76]

3. *Melhor coordenação interna.* Talvez um dos maiores resultados da TI seja seu potencial para melhorar a coordenação e a comunicação dentro da empresa. As aplicações de TI podem conectar pessoas mesmo quando seus escritórios, fábricas ou lojas são espalhados pelo mundo. A IBM, por exemplo, faz uso abrangente de equipes virtuais, cujos membros utilizam uma grande variedade de ferramentas de IT para comunicar-se e colaborar facilmente. Uma equipe composta de membros dos Estados Unidos, Alemanha e Reino Unido utilizou um software de colaboração como uma sala de reunião virtual para resolver os problemas técnicos do cliente resultante do furacão Katrina em um espaço de alguns dias.[77] A Siemens utiliza uma intranet global que conecta 450.000 funcionários ao redor do mundo para compartilhar o conhecimento e colaborar com os projetos.[78] A MITRE Corporation, uma organização que fornece serviços de consultoria, de pesquisa e de desenvolvimento, principalmente aos clientes do governo norte-americano, como o Departamento de Defesa e Administração de Aviação Federal, utiliza a rede social para superar barreiras tradicionais, como estabilidade, localização e afiliação funcional, que foi previamente limitada ao compartilhamento de informações e colaboração na empresa.[79]

4. *Melhores relacionamentos interorganizacionais.* A TI também pode melhorar a coordenação horizontal e a colaboração com partes externas, como fornecedores, clientes e parceiros. A Figura 11.12 mostra as diferenças entre as características do relacionamento interorganizacional tradicional e as do relacionamento emergente. Tradicionalmente, as organizações tinham um relacionamento próximo com os fornecedores. No entanto, como descrevemos no Capítulo 4, os fornecedores estão se tornando parceiros mais próximos, conectados eletronicamente à organização para receber pedidos, faturas e pagamentos.

Estudos indicam que as redes de informação interorganizacionais tendem a aumentar a integração, confundir os limites organizacionais e criar contingências e estratégias compartilhadas entre as empresas.[80] Um bom exemplo de colaboração interorganizacional é a aliança PulseNet, patrocinada pelos Centros de Controle e Prevenção de Doenças (CDC). A rede de informação PulseNet usa tecnologia colaborativa para ajudar agências norte-americanas estaduais e federais a antecipar, identificar e prevenir surtos de doenças originadas em alimentos. Por meio de comunicações mais frequentes e do compartilhamento de informações em tempo real, os relacionamentos valiosos entre as diversas agências têm evoluído. Os laboratórios de saúde estaduais e o CDC antes tinham contato pouco

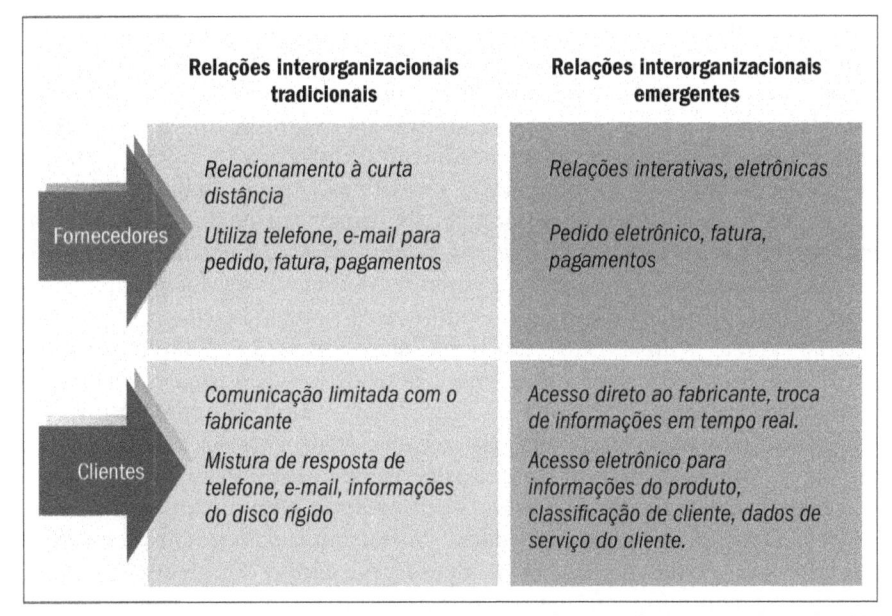

	Relações interorganizacionais tradicionais	Relações interorganizacionais emergentes
Fornecedores	Relacionamento à curta distância Utiliza telefone, e-mail para pedido, fatura, pagamentos	Relações interativas, eletrônicas Pedido eletrônico, fatura, pagamentos
Clientes	Comunicação limitada com o fabricante Mistura de resposta de telefone, e-mail, informações do disco rígido	Acesso direto ao fabricante, troca de informações em tempo real. Acesso eletrônico para informações do produto, classificação de cliente, dados de serviço do cliente.

FIGURA 11.12
Características principais dos relacionamentos interorganizacionais tradicionais *versus* emergentes

Fonte: Com base em Charles V. Callahan e Bruce A. Pasternack, "Corporate Strategy in the Digital Age," *Strategy 1 Business*, Issue 15 (segundo trimestre de 1999), 10–14.

frequente, mas agora estão envolvidos no planejamento estratégico conjunto acerca do projeto PulseNet.[81]

5. *Estruturas de rede melhoradas*. O alto nível de colaboração interorganizacional necessário em uma estrutura de organização em rede, descrito no Capítulo 2, não seria possível sem o uso de TI avançada. No mundo dos negócios, essas estruturas às vezes são chamadas de estruturas modulares ou organizações virtuais. A terceirização tornou-se uma grande tendência graças à tecnologia de computadores, que pode unir empresas em um fluxo de informações sutil. Por exemplo, Li & Fung, de Hong Kong, é um dos principais fornecedores de roupas para varejistas como Abercrombie & Fitch, Guess, Ann Taylor, Limited e Disney, mas a empresa não possui fábricas, máquinas ou tecidos. Li & Fung especializou-se em gerenciar informações, dependendo de uma internet conectada eletronicamente, de 7.500 sócios em 37 países para fornecer matéria-prima e montagem de roupas. Utilizar uma extranet permite que Li & Fung permaneça em contato com os sócios do mundo e mova os itens rapidamente da fábrica para os varejistas. Também permite os pedidos de rastreamento de varejistas à medida que se movem pela produção e façam mudanças e acréscimos de último minuto.[82] Com uma estrutura de rede, a maioria das atividades é terceirizada para que as diferentes empresas realizem as funções variadas necessárias pela organização. A velocidade e a facilidade da comunicação eletrônica tornam a estrutura de rede uma opção viável para empresas que desejam manter os custos baixos, mas expandir as atividades ou a presença no mercado.

Fundamentos do projeto

■ As organizações mais bem-sucedidas de hoje normalmente são aquelas que aplicam as informações de modo mais eficaz. Os sistemas de TI evoluíram para uma variedade de aplicações para atender às necessidades de informação das organizações. As aplicações em operações ocorem em tarefas bem-definidas nos níveis

- mais baixos da organização e ajudam a aumentar a eficiência. Incluem sistemas de processamento de transações, repositório de dados e *data mining**.
- Os sistemas computadorizados avançados também são usados para melhorar a tomada de decisão, a coordenação e o controle da organização. Os sistemas de tomada de decisão incluem os de gerenciamento de informação, os de relatórios, os de apoio à decisão e os de informações executivas, que normalmente são usados nos níveis médio e alto da organização. Os sistemas de controle gerencial incluem orçamentos e relatórios financeiros, relatórios estatísticos não financeiros periódicos, sistemas de recompensas e sistemas de controle da qualidade.
- No nível organizacional de controle, uma inovação denominada *balanced scorecard* fornece aos gerentes uma visão equilibrada da organização ao integrar as medições financeiras e os relatórios estatísticos tradicionais a uma preocupação com mercados, clientes e funcionários. Os gerentes também podem utilizar os mapas estratégicos para ver as relações de causa-efeito entre os fatores críticos de sucesso. No nível de departamento, os gerentes utilizam o controle de comportamento ou controle de resultados. O controle de comportamento envolve o monitoramento próximo das atividades do funcionário, enquanto o controle de resultado mede e recompensa os resultados. A maioria dos gerentes utiliza a combinação de comportamento e controle de resultado, com uma ênfase maior em controle de resultado por conta do melhor desempenho e motivação maior.
- Hoje, todos os sistemas computadorizados começam a mesclar um sistema geral de TI que adiciona valor estratégico, permitindo uma coordenação próxima internamente e com as partes terceirizadas. Intranets, sistemas de gestão do conhecimento, mídia social e ERP são usados principalmente para apoiar uma coordenação interna e uma flexibilidade maiores. Os sistemas que suportam e reforçam as relações externas incluem extranets e sistemas de gerenciamento de cadeia de suprimento, sistemas de relações de atendimento ao cliente e *e-business*. O empreendimento integrado utiliza uma TI avançada para permitir uma coordenação mais próxima dentro da empresa, bem como com fornecedores, clientes e parceiros. Para estabelecer um *e-business*, as empresas podem escolher ajustar um negócio separado, utilizar uma divisão interna ou combinar duas partes do negócio em uma só integrada.
- A TI avançada tem um impacto significativo no projeto organizacional, e alguns especialistas sugerem que substituirá eventualmente a hierarquia tradicional como um significado primário de coordenação e controle. A tecnologia permitiu a criação de uma estrutura de organização em rede, na qual uma empresa terceiriza a maioria de suas funções para empresas separadas. Além disso, a maioria das organizações também evolui rapidamente para uma maior colaboração interorganizacional. Outras implicações específicas dos avanços na tecnologia para o projeto da organização incluem as empresas menores, as estruturas organizacionais descentralizadas e a melhoria na coordenação interna e externa.

---

* *Data mining* é a busca automática em grandes bancos de dados para descobrir padrões e tendências, por meio do uso de algoritmos para segmentá-los e do cálculo de probabilidades de eventos futuros. Também é conhecida como *knowledge discovery in data* (KDD). (N.R.T.)

Conceitos-chave

balanced scorecard
benchmark
blog
capital intelectual
conhecimento codificado
conhecimento tácito
controle de comportamento
controle de resultados
e-business
empreendimento (*enterprise resource planning*)
empreendimento integrado
extranet
gerenciamento dos sistemas de informação
gestão do conhecimento
inteligência de negócios (*business intelligence*)
intranet
mapa de estratégias
modelo de *feedback* de controle
painel executivo
planejamento dos recursos do redes
redes sociais
repositório de dados (*data warehouse*)
Seis Sigma
sistema de apoio à decisão
sistema de informações executivas
sistemas de processamento de transações
sistema de relatórios de informação
sistemas de controle gerencial
wiki

Questões para discussão

1. Você acha que a tecnologia acabará permitindo que a alta administração realize suas tarefas com pouca comunicação pessoal? Discuta.
2. Quais tipos de tecnologia da informação você como estudante utiliza com base regular? Sua vida seria diferente se essa tecnologia não estivesse disponível?
3. De que modo um sistema de planejamento de recursos empresariais pode ser usado para melhorar a gestão de uma organização de fabricação?
4. Discuta algumas maneiras como grandes seguradoras, como a Allstate, Progressive ou State Farm, podem utilizar a mídia social como *blogs*, *wikis* ou rede social. Você acha que essas ferramentas são mais aplicáveis a uma empresa de serviços do que uma fabricante? Discuta.
5. Descreva de que modo os quatro componentes do *balanced scorecard* discutidos no capítulo podem ser usados para o controle do *feedback* em organizações. Quais desses componentes é mais semelhante ao controle de resultados? Controle de comportamento?
6. Descreva seu uso do conhecimento codificado quando você faz uma pesquisa e redige um trabalho. Você também usa o conhecimento tácito para realizar essa atividade? Discuta.
7. Por que a gestão de conhecimento é particularmente importante para uma empresa que quer aprender e modificar continuamente em vez de operar em um estado estável?
8. O que significa o *empreendimento integrado*? Descreva de que modo as organizações podem usar as extranets para ampliar e melhorar os relacionamentos horizontais necessários para a integração do empreendimento.
9. Quais são algumas das questões competitivas que podem conduzir a uma empresa de operações de *e-business* totalmente integradas com os negócios tradicionais? Quais questões podem conduzir para manter o seu *e-business* como uma unidade ou divisão separada? Discuta as vantagens e desvantagens de cada abordagem.
10. Por que a aplicação da TI avançada geralmente conduz a uma descentralização maior? Poderia ser utilizada para uma centralização maior em algumas organizações? Explique.

Capítulo 11 Caderno de exercícios — Exercício de *balanced scorecard*

Leia as medidas e os objetivos listados abaixo para uma empresa de negócios e uma empresa de assistência médica. Faça uma verificação de cada objetivo/medição na coluna correta de *balanced scorecard*. Se você acha que um objetivo/medição se ajusta a duas categorias de *balanced scorecards*, escreva os números 1 e 2 para sua primeira *versus* segunda preferência.

	Financeiro	Clientes	Processos de negócio	Aprendizado e crescimento
Empresa de negócios				
Retorno sobre capital empregado (ROCE)				
Construir um local de recreação de funcionários até dezembro de 2014				
Desenvolver novos produtos dentro de um período de oito meses				
Fornecer um programa de treinamento de líder de equipe até julho de 2012				
Alcançar 98% de satisfação de cliente até dezembro de 2014				
Quantidade de reclamações mensais de clientes				
Reduzir os custos por unidade vendida em 10%				
Aumentar a retenção de clientes em 15%				
Aprimorar o resultado de satisfação de funcionários em 20%				
Liderar o mercado em velocidade de entrega até 2013				
Custo mais baixo da indústria até 2014				
Aprimorar os lucros em 12% no próximo ano				
Precisão de previsão de orçamento				
Introduzir três novos produtos até dezembro de 2013				
Treinamento porcentual finalizado				
Quantidade de líderes prontos para promoção				
Plano de sucessão finalizada				
Porcentagem de treinamento finalizado				
Número de líderes preparados para promoção				
Porcentagem de funcionários de meio período				
Crescimento das vendas para aumentar 1% mensalmente				
Quantidade de reclamações de funcionários				
Pontuações de compromisso de funcionário				
Quantidade de desligamento de funcionários				
Intervalo de tempo de implementação de política				
Taxa de entrega no prazo do vendedor				
Receita anual total				
Custo de consumo utilitário				
Reclamações de recompensa dos trabalhadores				
Empresa de assistência médica				
Metas de angariação de recursos				
Satisfação do paciente				
Compromisso acomodado na hora				
Porcentagem de pacientes recuperados para um funcionamento completo				
Quantidades de pacientes que querem serviço				
Porcentagem da equipe de suporte clínico				
Satisfação de enfermeira				
Duração do trabalho médico				
Satisfação do paciente com agendamento				
Satisfação no tempo de espera				
Percepção de qualidade de paciente				

continua

continuação

	Financeiro	Clientes	Processos de negócio	Aprendizado e crescimento
Custo de cuidados do paciente	___	___	___	___
Rentabilidade	___	___	___	___
Conformidade dos funcionários com regulamentos de privacidade	___	___	___	___
Taxa de utilização de leitos	___	___	___	___
Quedas a cada 100 pacientes	___	___	___	___
Porcentagem de enfermeiras com mestrado	___	___	___	___
Tempo de entrada e liberação de pacientes	___	___	___	___
Educação dos membros da família	___	___	___	___
Qualidade no controle da dor	___	___	___	___
Porcentagem dos medicamentos precisamente preenchidos	___	___	___	___
Taxa de rotatividade de enfermeira	___	___	___	___
Taxa da falta de enfermeira	___	___	___	___
Taxa de finalização de serviços prescritos	___	___	___	___
Custos totais de trabalho	___	___	___	___
Margens operacionais	___	___	___	___
Quantidade de cuidados de caridade	___	___	___	___
Custo não remunerado dos programas públicos	___	___	___	___
Eficácia do programa para parar de fumar	___	___	___	___
Resultados de auditoria do reembolso de cuidados médicos	___	___	___	___
Taxa de finalização de ensino	___	___	___	___

CASO PARA ANÁLISE   Century Medical[83]

Sam Nolan clicou o *mouse* para jogar mais uma rodada de paciência no computador em sua baia. Ele ficou por mais de uma hora e a esposa já havia desistido há muito tempo de persuadi-lo para ver um filme ou para ter um raro sábado à noite na cidade. O jogo entorpecente acalmou tanto Sam que ele parou de pensar sobre o trabalho e de como o trabalho parecia ficar pior a cada dia.

Nolan era CIO da Century Medical, uma grande empresa de produtos médicos com sede em Connecticut. Ele foi contratado há quatro anos e desse momento em diante a Century fez grandes progressos na integração da tecnologia a seus sistemas e processos. Nolan já liderava projetos para planejar e construir dois sistemas altamente bem-sucedidos para a Century. Um era um sistema de administração de benefícios para o departamento de recursos humanos da empresa. O outro era um sistema complexo de compras pela internet que tornava mais eficaz o processo de compra de suprimentos e bens de capital. Embora o sistema estivesse funcionando há apenas um mês, as projeções modestas eram de que ele economizaria cerca de US$ 2 milhões por ano para a Century.

Anteriormente, os processos dos gerentes de compras da Century eram atrasados porque folheavam papéis. O processo de compras começava quando um funcionário preenchia um formulário de solicitação de materiais. Então, o formulário se deslocaria por diversos escritórios para aprovação e assinaturas antes de ser eventualmente transformado em pedido de compra. O novo sistema com base em internet permite que os funcionários preencham os formulários eletrônicos de solicitação que são automaticamente enviados por e-mail para todos cuja aprovação é necessária. O tempo para o processamento dos formulários de solicitação foi diminuído de semanas para dias ou até mesmo horas. Quando a autorização estava completa, o sistema automaticamente emitia um pedido de compra para o fornecedor adequado. Além disso, como o novo sistema havia reduzido drasticamente o tempo que os gerentes de compra gastavam folheando papéis, eles agora tinham mais tempo para trabalhar de maneira colaborativa com os principais investidores a fim de identificar e selecionar os melhores fornecedores e fazer negociações melhores.

Nolan pensava com cansaço em todas as horas que passara desenvolvendo a confiança de pessoas em toda a empresa e mostrando-lhes como a tecnologia podia economizar não apenas tempo e dinheiro, mas também apoiar o trabalho em equipe e dar a cada indivíduo maior controle sobre sua função. Sorriu levemente quando se lembrou de uma antiga funcionária do departamento de RH, Ethel Moore, de 61 anos de idade. Ela ficara apavorada quando Nolan começou a lhe mostrar a intranet da empresa, mas agora era uma de suas maiores simpatizantes. Na verdade, foi Ethel que inicialmente se aproximara dele com a ideia de um sistema de recrutamento na internet. Os dois haviam criado uma equipe e desenvolvido uma ideia para ligar os gerentes da Century, recrutadores internos e candidatos a emprego usando inteligência artificial em cima de um sistema integrado na internet.

Quando Nolan apresentou a ideia à chefe, a Vice-presidente executiva Sandra Ivey o apoiou de modo entusiasta, e em poucas semanas a equipe recebeu autorização para continuar o projeto.

Mas tudo começou a mudar quando Ivey pediu demissão de seu cargo seis meses depois para assumir um emprego invejável em Nova York. O sucessor de Ivey, Tom Carr, demonstrou pouco interesse pelo projeto. Durante a primeira reunião entre eles, Carr se referiu abertamente ao projeto como uma perda de tempo e dinheiro. Imediatamente desaprovou diversas novas características sugeridas pelos recrutadores internos da empresa, mesmo quando a equipe do projeto argumentou que as características poderiam duplicar o recrutamento interno e economizar milhões em custos de treinamento. "Simplesmente mantenham o plano original e terminem logo com isso. Todo esse trabalho tem de ser feito pessoalmente de qualquer jeito", argumentou Carr. "Não se pode saber mais por um computador do que conversando com a pessoa ao vivo – e quanto ao recrutamento interno, não deve ser tão difícil falar com as pessoas, já que elas estão trabalhando aqui mesmo na empresa." Carr pareceu não compreender como e por que a tecnologia estava sendo usada. Ficou irritado quando Ethel Moore disse que o sistema era "tinha como base a internet". Ele declarou com orgulho que jamais havia visitado a intranet da Century e deu a entender que "essa moda de internet" ia acabar de qualquer jeito. Nem mesmo o entusiasmo de Ethel conseguiu contagiá-lo. Ela tentou mostrar a ele alguns dos recursos de RH disponíveis na intranet e explicar como havia beneficiado o departamento e a empresa, mas ele a desprezou.

"Tecnologia é para o pessoal do departamento de TI. Meu trabalho é lidar com pessoas, e o seu também deveria ser." Ethel ficou desolada, e Nolan percebeu que tentar persuadir Carr a ver o ponto de vista da equipe seria bater com a cabeça em uma parede de tijolos. Perto do fim da reunião, Carr até sugeriu de modo jocoso que a equipe do projeto deveria simplesmente comprar alguns armários para arquivo e economizar o tempo e o dinheiro de todos.

Quando a equipe achou que as coisas não podiam piorar, Carr lançou outra bomba. Eles não poderiam mais coletar informações dos usuários do novo sistema. Nolan percebeu que, sem os dados dos usuários potenciais, o sistema não atenderia às necessidades da empresa, ou que os próprios usuários boicotariam o sistema porque não teriam permissão de participar. Sem dúvida isso colocou um grande sorriso do tipo "eu avisei" no rosto de Carr.

Nolan suspirou e se inclinou na cadeira. O projeto começou com a sensação de piada. A equipe do departamento vibrante e inovador de RH imaginou agora que não parecia ser nada mais que um sonho. Mas, apesar da frustração, um novo pensamento surgiu em sua mente: "Carr é simplesmente teimoso e conservador ou ele tem razão em dizer que o RH é relacionado a pessoas e não precisa de um sistema de recrutamento de alta tecnologia?"

CASO PARA ANÁLISE — Tem alguém me ouvindo?

Bart Gaines olhou no painel de identificação de chamada e respondeu relutantemente ao telefone.

"Bart, você, Craig e eu precisamos discutir o que devemos planejar sobre o trinco T."

De novo? Bart pensou, mas respondeu "Claro, LeRon. Você organiza algo. Estou dentro."

O trinco T era um trinco de porta para banco traseiro especialmente inovador e com característica de segurança altamente agenciada para uma nova linha da montadora principal de veículos para família. Para uma indústria incomodada por diversos anos com *recall* mecânico, relatórios desastrosos de mídia investigativa e processos de alto perfil, a alta gerência e o marketing adotaram entusiasticamente a ênfase na segurança familiar. Em uma economia resistente, um novo veículo para família de preço médio e alta quilometragem apelou para os consumidores, e uma série de anúncios emocionantes acalmou os compradores potenciais das montadoras com foco renovado na "segurança para quem você ama."

No entanto, no meio da mídia publicitária blitz, os primeiros rumores nervosos sobre a segurança do trinco T começaram estranhamente de três dos gerentes de fábrica da montadora: Bart Gaines, LeRon Cathy e Craig Langley. O problema é que eles descobriram, quase que simultaneamente, que as temperaturas extremas causariam rachaduras, resultando em falha no produto mesmo durante o menor contratempo, colocando os passageiros do banco traseiro (particularmente as crianças) em risco de ferimentos ou morte. Nestes estágios iniciais de preocupação, os três concordaram que qualquer discussão da questão seria feita por telefone em vez de ser por e-mails até que soubessem da extensão do problema.

"Quando estes veículos trafegam mais na estrada, é uma questão de tempo até que a imprensa e o público peçam investigações e processos", LeRon mencionou durante uma videoconferência. "Uma enorme parte da responsabilidade está conosco, pessoal."

"Mas precisamos verificar diversas questões aqui," apontou Craig. "Não podemos apenas passar a alta administração uma bomba como esta quando as vendas estão disparando ou quando a nossa própria evidência for mínima. Isso não será bem-recebido e não podemos proporcionar um cenário "*e se*". Digo, nossos funcionários dizem que isso pode acontecer, mas precisamos de mais testes ou o quê?" "Vamos fazer," sugeriu Bart. "Vamos ter um tempo e formular cuidadosamente um memorando para alguns funcionários da média administração, dizendo que detectamos um problema potencial que aparece em condições extremas e sugerindo que eles determinem a próxima etapa antes de contatar a alta administração."

"Parece ser bom," disse Craig. "Mas vamos limitar uma conversa sobre esse memorando e não soando como se estivéssemos aterrorizando sobre. Apenas queremos que eles vejam o que deve ser feito aqui e faremos o que eles sugerirem."

O trio preparou cuidadosamente um memorando descrevendo as preocupações e o enviaram para a cadeia de comando dos médios administradores nas matrizes corporativas. Com rapidez, eles receberam uma breve frase "Verificaremos." Um relatório subsequente mostrou que a equipe não viu nenhum problema com o trinco T e surpreendeu os gerentes da fábrica. "Vocês verificaram a temperaturas extremas?" contrapôs o trio.

"Está tudo bem," eles responderam. "Olha, este é o melhor veículo de família produzido em anos. A alta administração está agitada com as vendas, o público ama, e não vimos nenhuma evidência de problema de segurança maior."

Quando os gerentes da planta fizeram a teleconferência dias depois, Bart disse aos amigos que ele se sentia como os engenheiros da NASA que reclamam repetidamente sobre os anéis "O" antes da trágica explosão do *Challenger* em 1986. "Aquele também era um problema com temperatura e, lembrem-se, ninguém os escutou antes," ele advertiu. Depois Bart adicionou, "Por que as pessoas acima de nós não sabem sobre este problema a partir dos próprios sistemas de informação? Estão distraídos com as grandes vendas ou os sistemas de informação não fornecem dados detalhados desse tipo de problema?"

Dos três, Craig foi o menos convencido do perigo ou da necessidade de continuar persistindo com a questão. "Sabe, talvez estejamos exagerando. Claro, existe um certo perigo que foi mostrado, mas não é mais do que um perigo presente a qualquer momento que você dirige?"

"Fala, Craig," disse LeRon. "Sabendo do que sabemos, você colocaria seus filhos no banco traseiro desse veículo?"

"Isso não é justo, LeRon. Eu acredito na nossa empresa e tudo que estou dizendo é que lhe devemos enviar nossas preocupações e que os administradores superiores da cadeia olhem para isso e se eles estão satisfeitos, vamos dar um tempo."

"Talvez ele esteja certo," disse Bart. "O problema pode resolver por si só ou a média administração pode enviar algo para o projeto. Eles certamente emitirão um *recall* para os compradores para levar o veículo para a concessionária para ajustes caso haja um problema maior."

O fato é que *alguém* da corporação que sabia das preocupações e que a alta administração provavelmente não responderia às más notícias sobre o veículo com as vendas indo tão bem, convenceu o trio a desistir e deixar a média administração tratar disso.

Durante o inverno, dois acidentes trágicos (um em Minnesota e outro em Colorado) resultaram em mortes de três crianças; enquanto as investigações pela Administração Nacional de Tráfego de Estradas ainda estava em andamento, ninguém fez conexão das tragédias com os problemas do trinco T. Todavia, Bart fez uma ligação para LeRon.

"O que você acha, LeRon?"

"Estou um passo a frente, Bart. Já fiz uma ligação para a média administração, os mesmos funcionários com que conversamos antes, e disseram que era muito cedo para precipitar-se sobre isso. Mas estão dispostos a emitir algumas versões resumidas dos memorandos para o alto escalão. Eles as terão em formato resumido em *bullets*, como eles gostam. Isso os deixarão cientes dos problemas potenciais sem ir para o lado negativo sobre a nova linha principal."

"Isso significa mais atrasos."

"A produção está a todo vapor e a empresa está agarrando todos os prêmios possíveis. Os funcionários acham que não temos evidências o suficiente de um problema maior e que ainda é muito cedo para forçar a empresa a emitir um aviso ou mudanças no veículo. Escute, não estamos tentando colocar ninguém em risco. O principal foco aqui é a segurança da família. Mas não existe informação definitiva sobre, mesmo da NHTSA. A informação será emitida conforme necessário. Acho que talvez concorde com isso e tenho certeza de que Craig também concordará."

"OK." Bart desligou o telefone, pegou uma amostra do trinco T da mesa e o examinou. "Bem, vamos esperar para ver o *que acontece*", ele pensou e guardou-o na gaveta.

Notas

1. Leigh Buchanan, "Working Wonders on the Web," *Inc. Magazine*, novembro de 2003, 76–84, 104.
2. James Cox, "Changes at Olive Garden Have Chain Living 'La Dolce Vita,' " *USA Today*, 18 de dezembro de 2000, B1; e Bernard Wysocki Jr., "Hospitals Cut ER Waits," *The Wall Street Journal*, 3 de julho de 2002, D1, D3.
3. Raymond F. Zammuto, Terri L. Griffith, Ann Majchrzak, Deborah J. Dougherty e Samer Faraj, "Information Technology and the Changing Fabric of Organization," *Organization Science* 18, n. 5 (setembro – outubro de 2007), 749–762.
4. Erik Berkman, "How to Stay Ahead of the Curve," *CIO*, 1 de fevereiro de 2002, 72–80; e Heather Harreld, "Pick-Up Artists," *CIO* (1 de novembro de 2000), 148–154.
5. Laura Landro, "An Affordable Fix for Modernizing Medical Records," *The Wall Street Journal*, 30 de abril de 2009, A11.
6. "Business Intelligence," special advertising section, *Business 2.0*, fevereiro de 2003, S1–S4; Alice Dragoon, "Business Intelligence Gets Smart," *CIO*, setembro 15, 2003, 84–91; e Steve Lohr, "A Data Explosion Remakes Retailing," *The New York Times*, 3 de janeiro de 2010, BU3.
7. Lohr, "A Data Explosion Remakes Retailing."
8. Ibid.
9. Gary Loveman, "Diamonds in the Data Mine," *Harvard Business Review* (maio de 2003), 109–113; Joe Ashbrook Nickell, "Welcome to Harrah's," *Business 2.0*, abril de 2002, 48–54; e Meridith Levinson, "Harrah's Knows What You Did Last Night," *Darwin Magazine*, maio de 2001, 61–68.
10. Megan Santosus, "Motorola's Semiconductor Products Sector's EIS," Working Smart column, *CIO*, Section 1, 15 de novembro de, 1998, 84.
11. Daniel Michaels, "Airline Industry Gets Smarter with Bags–Carriers, Airports Use Scanners, Radio Tags, and Software to Improve Tracking of Luggage," *The Wall Street Journal*, 30 de setembro de 2009, B5.
12. Cynthia Karen Swank, "The Lean Service Machine," *Harvard Business Review* (outubro de 2003), 123–129.
13. Shayndi Raice, "Sprint Tackles Subscriber Losses; Carrier Stems Defections as Customer-Service Gains Take Root," *The Wall Street Journal Online* (17 de dezembro de 2010), http://online.wsj.com/article/SB10001424052748704073804576023572789952028.html (Acesso em: 17 de dezembro de 2010).
14. Peter Valdes-Dapena, "Tiny Smart Car Gets Crash Test Kudos," *Fortune* (14 de maio de 2008), http://money.cnn.com/2008/05/14/autos/smart_fortwo_iihs_crash_test/index.htm (Acesso em: 14 de maio de 2008).
15. Robert Simons, "Strategic Organizations and Top Management Attention to Control Systems," *Strategic Management Journal* 12 (1991), 49–62.
16. Richard L. Daft e Norman B. Macintosh, "The Nature and Use of Formal Control Systems for Management Control and

Strategy Implementation," *Journal of Management* 10 (1984), 43–66.

17. Susannah Patton, "Web Metrics That Matter," *CIO*, 14 de novembro de 2002, 84–88; e Ramin Jaleshgari, "The End of the Hit Parade," *CIO*, 14 de maio de 2000, 183–190.
18. Spencer E. Ante, "Giving the Boss the Big Picture," *BusinessWeek* (13 de fevereiro de 2006), 48–51; Doug Bartholomew, "Gauging Success," *CFO-IT* (verão de 2005), 17–19; e Russ Banham, "Seeing the Big Picture: New Data Tools Are Enabling CEOs to Get a Better Handle on Performance Across Their Organizations," *Chief Executive* (novembro de 2003), 46.
19. Bartholomew, "Gauging Success."
20. Kevin Ferguson, "Mission Control," *Inc. Magazine*, novembro de 2003, 27–28; e Banham, "Seeing the Big Picture."
21. Carol Hymowitz, "Dashboard Technology: Is It a Helping Hand or a New Big Brother?" *The Wall Street Journal*, 26 de setembro, de 2005, B1; e Christopher Koch, "How Verizon Flies by Wire," *CIO*, 1 de novembro de 2004, 94–96.
22. Howard Rothman, "You Need Not Be Big to Benchmark," *Nation's Business* (dezembro de 1992), 64–65.
23. Tom Rancour e Mike McCracken, "Applying 6 Sigma Methods for Breakthrough Safety Performance," *Professional Safety* 45, n. 10 (outubro de 2000), 29–32; e Lee Clifford, "Why You Can Safely Ignore Six Sigma," *Fortune*, 22 de janeiro de 2001, 140.
24. Michael Hammer e Jeff Goding, "Putting Six Sigma in Perspective," *Quality* (outubro de 2001), 58–62; e Michael Hammer, "Process Management and the Future of Six Sigma," *Sloan Management Review* (inverno de 2002), 26–32.
25. Michael Arndt, "Quality Isn't Just for Widgets," *Business-Week*, 22 de julho de 2002, 72–73.
26. Daft e Macintosh, "The Nature and Use of Formal Control Systems for Management Control and Strategy Implementation;" e Scott S. Cowen e J. Kendall Middaugh II, "Matching an Organization's Planning and Control System to Its Environment," *Journal of General Management* 16 (1990), 69–84.
27. Robert Kaplan e David Norton, "The Balanced Scorecard: Measures That Drive Performance," *Harvard Business Review* (janeiro–fevereiro de 1992), 71–79; "On Balance," a CFO Interview with Robert Kaplan and David Norton, *CFO* (fevereiro de 2001), 73–78; Chee W. Chow, Kamal M. Haddad e James E. Williamson, "Applying the Balanced Scorecard to Small Companies," *Management Accounting* 79, n. 2 (agosto de 1997), 21–27; e Meena Chavan, "The Balanced Scorecard: A New Challenge," *Journal of Management Development* 28, n. 5 (2009), 393–406.
28. Baseado em Kaplan e Norton, "The Balanced Scorecard;" Chow, Haddad, e Williamson, "Applying the Balanced Scorecard;" e C. A. Latshaw e Y. Choi, "The Balanced Scorecard and the Accountant as a Valued Strategic Partner," *Review of Business* 23, n. 1 (2002), 27–29.
29. Nils–Göran Olve, Carl-Johan Petri, Jan Roy e Sofie Roy, "Twelve Years Later: Understanding and Realizing the Value of Balanced Scorecards," *Ivey Business Journal* (maio –junho 2004), 1–7.
30. Geary A. Rummler e Kimberly Morrill, "The Results Chain," *TD* (fevereiro de 2005), 27–35; Chavan, "The Balanced Scorecard: A New Challenge;" e John C. Crotts, Duncan R. Dickson, e Robert C. Ford, "Aligning Organizational Processes with Mission: The Case of Service Excellence," *Academy of Management Executive* 19, n. 3 (agosto de 2005), 54–68.
31. Esta discussão foi baseada em Robert S. Kaplan e David P. Norton, "Mastering the Management System," *Harvard Business Review* (janeiro de 2008), 63–77; e Robert S. Kaplan e David P. Norton, "Having Trouble with Your Strategy? Then Map It," *Harvard Business Review* (setembro–outubro de 2000), 167–176.
32. Esta discussão de comportamento *versus* controle de saída é baseada em Erin Anderson e Vincent Onyemah, "How Right Should the Customer Be?" *Harvard Business Review* (julho – agosto de 2006), 59–67.
33. Frank Eltman, "Tracking Systems Help Cities Monitor Employees, Save," *The Tennessean*, 16 de novembro de 2007.
34. Pui-Wing Tam, Erin White, Nick Wingfield e Kris Maher, "Snooping E-Mail by Software Is Now a Workplace Norm," *The Wall Street Journal*, 9 de março de 2005, B1; e Jennifer S. Lee, "Tracking Sales and the Cashiers," *The New York Times*, 11 de julho de 2001, C1, C6.
35. Bill Ward, "Power to the People: Thanks to a Revolutionary Program Called ROWE, Best Buy Employees Can Lead Lives–Professional and Personal–On Their Own Terms," *Star Tribune*, 1 de junho de 2008, E1; Michelle Conlin, "Smashing the Clock," *BusinessWeek*, 11 de dezembro de 2006, 60ff; e Jyoti Thottam, "Reworking Work," *Time*, 25 de julho de 2005, 50–55.
36. Conlin, "Smashing the Clock."
37. Catherine Arnst, "Upsetting the Caste System," *Business-Week*, 4 de maio de 2009, 36.
38. Baseado em Andrew Mayo, "Memory Bankers," *People Management* (22 de janeiro de 1998), 34–38; William Miller, "Building the Ultimate Resource," *Management Review* (janeiro de 1999), 42–45; e Todd Datz, "How to Speak Geek," *CIO Enterprise*, Section 2 (15 de abril de 1999), 46–52.
39. A discussão de conhecimento codificado e tácito é baseada em Gustavo Guzman e Luiz F. Trivelato, "Transferring Codified Knowledge: Socio-technical Versus Top-Down Approaches," *The Learning Organization* 15, n. 3 (2008), 251–276; Ikujiro Nonaka e Hirotaka Takeuchi, *The Knowledge-Creating Company: How Japanese Companies Create the Dynamics of Innovation* (Nova York: Oxford University Press, 1995), 8–9; Robert M. Grant, "Toward a Knowledge-Based Theory of the Firm," *Strategic Management Journal* 17 (inverno de 1996), 109–122; e Martin Schulz, "The Uncertain Relevance of Newness: Organizational Learning and Knowledge Flows," *Academy of Management Journal* 44, n. 4 (2001), 661–681.
40. C. Jackson Grayson, Jr. e Carla S. O'Dell, "Mining Your Hidden Resources," *Across the Board* (abril de 1998), 23–28. 41. Dorit Nevo, Izak Benbasat e Yair Wand, "Knowledge Management; Who Knows What?" *The Wall Street Journal*, 26 de outubro de 2009.
42. Baseado em Morten T. Hansen, Nitin Nohria e Thomas Tierney, "What's Your Strategy for Managing Knowledge?" *Harvard Business Review* (março – abril de 1999), 106–116.
43. Mark Easterby-Smith e Irina Mikhailava, "Knowledge Management: In Perspective," *People Management* (junho de 2011), 34–37.
44. David Gilmore, "How to Fix Knowledge Management," *Harvard Business Review* (outubro de 2003), 16–17.
45. Esta discussão é baseada em Verne G. Kopytoff, "Companies Stay in the Loop by Using In-House Social Networks," *The New York Times*, 27 de junho de 2011, B3; Daniel Burrus, "Social Networks in the Workplace: The Risk and Opportunity of Business 2.0," *Strategy & Leadership* 38, n. 4 (2010), 50–53; Evelyn Nussenbaum, "Tech to Boost Teamwork," *Fortune Small Business* (fevereiro de 2008), 51–54; Nevo et al., "Who Knows What?"; e "Building the Web 2.0 Enterprise: McKinsey Global Survey Results," *The McKinsey Quarterly* (julho de 2008), http://www.mckinseyquarterly.com/Building_the_Web_20_Enterprise_McKinsey_Global_Survey_2174 (Acesso em: 18 de outubro de 2011).
46. Cindy Waxer, "Workers of the World—Collaborate," *Fortune Small Business* (abril de 2005), 57–58.
47. Nussenbaum, "Tech to Boost Teamwork."
48. Kopytoff, "Companies Stay in the Loop."

49. Nevo et al., "Who Knows What?"
50. Bala Iyer, Salvatore Parise, Sukumar Rajagopal e Thomas H. Davenport, "Putting Social Media to Work at Cognizant," *Ivey Business Journal* (julho – agosto de 2011), http://www.iveybusinessjournal.com/topics/strategy/putting-social-media-towork-at-cognizant (Acesso em: 15 de agosto de 2011); e "About Us," Cognizant Website, http://www.cognizant.com/aboutus/about-us (Acesso em: 25 de agosto de 2011).
51. Derek Slater, "What Is ERP?" *CIO Enterprise*, Section 2 (15 de maio de 1999), 86; e Jeffrey Zygmont, "The Ties That Bind," *Inc. Tech* n. 3 (1998), 70–84.
52. Vincent A. Mabert, Ashok Soni e M. A. Venkataramanan, "Enterprise Resource Planning: Common Myths Versus Evolving Reality," *Business Horizons* (maio – junho de 2001), 69–76.
53. Slater, "What Is ERP?"
54. Zammuto et al., "Information Technology and the Changing Fabric of Organization."
55. Steven A. Melnyk e David R. Denzler, *Operations Management: A Value-Driven Approach* (Burr Ridge, IL: Richard D. Irwin, 1996), 613.
56. Jim Turcotte, Bob Silveri e Tom Jobson, "Are You Ready for the E-Supply Chain?" *APICS – The Performance Advantage* (agosto de 1998), 56–59.
57. Sandra Swanson, "Get Together," *Information Week* (1 de julho de 2002), 47–48.
58. Bill Richards, "Superplant," *eCompany* (novembro de 2000), 182–196.
59. Felix Gillette, "Twitter, Twitter, Little Stars," *Bloomberg Businessweek* (19 a 25 de julho de 2010), 64–67.
60. "Building the Web 2.0 Enterprise: McKinsey Global Survey Results."
61. Geoffrey A. Fowler, "Leadership: Information Technology (A Special Report)–Are You Talking to Me?" *The Wall Street Journal* (25 de abril de 2011), R5.
62. Andreas M. Kaplan e Michael Haenlein," Users of the World, Unite! The Challenges and Opportunities of Social Media," *Business Horizons* 53 (2010), 59–68; e Hubspot marketing software company data, reported in Andrew Shafer, "Inc. Data Bank: Crunching the Numbers," *Inc.* (julho – agosto de 2011), 30.
63. Jan M. Rosen, "Be It Twittering or Blogging, It's All About Marketing," *The New York Times* (12 de março de 2009), http://www.nytimes.com/2009/03/12/business/smallbusiness/12social.ready.html (Acesso em: 12 de março de 2009).
64. Stephanie Marcus, "Top 5 Mobile Commerce Trends for 2010," Mobile Trends Series, Mashable.com (22 de julho de 2010), http://mashable.com/2010/07/22/2010-mobile-commerce-trends/ (Acesso em: 25 de agosto de 2011); e Julie Jargon, "Business Technology: Domino's IT Staff Delivers Slick Site, Ordering System," *The Wall Street Journal*, 24 de novembro de 2009, B5.
65. ABI Research study reported in Stephanie Marcus, "Top 5 Mobile Commerce Trends for 2010."
66. Christopher Barnatt, "Embracing E-Business," *Journal of General Management* 30, n. 1 (outono de 2004), 79–96.
67. This discussion is based in part on Ranjay Gulati e Jason Garino, "Get the Right Mix of Bricks and Clicks," *Harvard Business Review* (maio – junho de 2000), 107–114.
68. George Westerman, F. Warren McFarlan e Marco Iansiti, "Organization Design and Effectiveness Over the Innovation Life Cycle," *Organization Science* 17, n. 2 (março – abril de 2006), 230–238; e Miguel Bustillo e Geoffrey Fowler, "Struggling Sears Scrambles Online," *The Wall Street Journal*, 15 de janeiro de 2010, A1.
69. "Belle, Baidu Launch Online Shoe Market," *China Business News* (1 de julho de 2011).
70. Merissa Marr, "Updated Disney.com Offers Networking for Kids; Web Site's Strategic Revamp Encourages More Interaction — But Parents Will Be in Charge," *The Wall Street Journal*, 2 de janeiro de 2007, B1; John Heilemann, "All the News That's Fit for Bits," *Business 2.0* (setembro de 2006), 40–43.
71. Jeremy W. Peters, "Web Focus Helps Revitalize The Atlantic," *The New York Times*, dezembro 13, 2010, B1; e "A History of The Atlantic Monthly," de uma apresentação feita em 1994 por Cullen Murphy, *The Atlantic Online*, http://www.theatlantic.com/past/docs/about/atlhistf.htm (Acesso em: 25 de fevereiro de 2011).
72. Miguel Bustillo, "Wal-Mart Shakes Up Its Online Business," *The Wall Street Journal*, 13–14 de agosto de 2011, B1.
73. Zammuto et al., "Information Technology and the Changing Fabric of Organization."
74. Stephanie Overby, "Paving over Paperwork," *CIO* (1 de fevereiro de 2002), 82–86.
75. Siobhan O'Mahony e Stephen R. Barley, "Do Digital Telecommunications Affect Work and Organization? The State of Our Knowledge," *Research in Organizational Behavior* 21 (1999), 125–161.
76. Robert D. Hof, "The End of Work As You Know It," (The Future of Work: Technology on the March section), *BusinessWeek* (20 de agosto de 2007), 80–83.
77. "Big and No Longer Blue," *The Economist* (21 a 27 de janeiro de 2006), http://www.economist.com/node/5380442 (Acesso em: 18 de outubro de 2011).
78. "Mandate 2003: Be Agile and Efficient," *Microsoft Executive Circle* (primavera de 2003), 46–48.
79. Salvatore Parise, Bala Iyer, Donna Cuomo e Bill Donaldson, "MITRE Corporation: Using Social Technologies to Get Connected," *Ivey Business Journal* (janeiro – fevereiro de 2011), http://www.iveybusinessjournal.com/topics/strategy/mitre-corporation-using-social-technologies-to-get-connected (Acesso em: 25 de agosto de 2011).
80. O'Mahony e Barley, "Do Digital Telecommunications Affect Work and Organization?"
81. Michael A. Fontaine, Salvatore Parise e David Miller, "Collaborative Environments: An Effective Tool for Transforming Business Processes," *Ivey Business Journal* (maio – junho de 2004), http://wwwold.iveybusinessjournal.com/view_article.asp?intArticle_ID=489 (Acesso em: 18 de outubro de 2011).
82. Joanne Lee-Young e Megan Barnett, "Furiously Fast Fashions," *The Industry Standard* (11 de junho de 2001), 72–79.
83. Baseado em Carol Hildebrand, "New Boss Blues," *CIO Enterprise*, Section 2 (15 de novembro de 1998), 53–58; e Megan Santosus, "Advanced Micro Devices' Web-Based Purchasing System," *CIO*, Section 1 (15 de maio de 1998), 84.

Capítulo 12

Tamanho da organização e ciclo de vida

Objetivos de aprendizagem
Após a leitura deste capítulo, você estará apto a:
1. Explicar as vantagens e desvantagens de uma organização de grande porte.
2. Definir o ciclo de vida organizacional e explicar os quatro estágios.
3. Definir as características da burocracia.
4. Explicar como a burocracia é usada para controle.
5. Discutir as abordagens para a redução da burocracia em grandes organizações.
6. Contrastar controle de mercado e de clã com o controle burocrático.
7. Descrever o modelo de estágios de declínio e métodos de *downsizing*.

Tamanho da organização: maior é melhor?
Pressão para crescer • Os dilemas de ser grande

Ciclo de vida organizacional
Estágios do desenvolvimento do ciclo de vida • Características da organização durante o ciclo de vida

Tamanho, burocracia e controle organizacional
O que é burocracia? • Tamanho e controle estrutural

Burocracia em um mundo em constante mudança
Organizando sistemas temporários • Outras abordagens para reduzir a burocracia

Burocracia *versus* outras formas de controle
Controle burocrático • Controle de mercado • Controle de clã

Declínio organizacional e *downsizing*
Definição e causas • Um modelo dos estágios do declínio • Implementação do *downsizing*

Fundamentos do projeto

Antes de ler este capítulo, verifique se você concorda ou discorda de cada uma das seguintes declarações:

GESTÃO POR PERGUNTAS DE PROJETO

1 É prudente que o empreendedor que inicia uma nova empresa mantenha o controle prático de gestão à medida que a empresa cresce.

CONCORDO _____   DISCORDO _____

2 Um gestor deve enfatizar os valores compartilhados, a confiança e o compromisso para com a missão da organização como o meio principal de controlar o comportamento do funcionário.

CONCORDO _____   DISCORDO _____

3 Após um *downsizing* necessário, os dirigentes não devem passar muito tempo ajudando os trabalhadores demitidos, mas, em vez disso, devem concentrar-se em assegurar que os funcionários restantes tenham o apoio necessário para revitalizar a empresa.

CONCORDO _____   DISCORDO _____

Se você perguntasse a alguém no fim do século XX "Você usa o Google?" provavelmente você teria uma das duas respostas: um grande sorriso e um entusiasmado "*Não é maravilhoso?!*" Ou um olhar confuso e um frustrado "*Do que você está falando?*" Em 1999, o Google tinha oito funcionários e uma média de 500.000 buscas na internet por dia. Porém, não demorou muitos anos para quase todo o mundo saber o que era o Google – e muitos consideraram a ferramenta inovadora de busca a melhor coisa desde o pão em fatias. A empresa conquistou adeptos devotos. Em 2011, o Google tinha quase 27.000 funcionários em todo o mundo e mais de 3,6 bilhões de buscas por dia. Mas, para os fundadores Larry Page e Sergey Brin, algo desconcertante aconteceu: o Google perdeu seu fator cativante – ele se tornou uma grande corporação em vez de ser uma iniciante jovem e moderna. Page e Brin compreenderam que a mudança faz parte do "crescimento" como empresa, mas eles também sabem que com o crescimento surgem problemas, bem como oportunidades. À medida que organizações como o Google se tornam maiores, elas precisam de sistemas e procedimentos mais complexos para guiar e controlar seu funcionamento. Além disso, adicionar sistemas e procedimentos mais complexos pode causar problemas de ineficiência, rigidez e tempo de resposta lento, o que significa que a empresa passa por um momento difícil ao inovar ou adaptar-se rapidamente às necessidades do cliente. Page recentemente retornou ao cargo de CEO na tentativa de fazer o Google voltar as suas raízes empreendedoras e reacender a cultura de diversão, paixão e criatividade que inicialmente tornaram a empresa um nome familiar.[1]

Toda organização – de restaurantes e oficinas de automóveis de proprietários locais a grandes empresas internacionais, organizações sem fins lucrativos e departamentos de segurança pública – luta com questões acerca do tamanho, da burocracia e do controle organizacional. Durante o século XX, as grandes organizações se espalharam e a burocracia tornou-se um importante tópico de estudo em teoria organizacional.[2] A maioria das grandes organizações tem características burocráticas, que podem ser bastante eficazes.

Essas organizações nos fornecem bens e serviços em abundância e realizam fatos admiráveis – exploração do planeta Marte, entregas de pacotes no dia seguinte em qualquer local no mundo, agendamento e coordenação de milhares de companhias aéreas por dia –, que são o testemunho de sua eficácia. Por outro lado, a burocracia também é acusada de muitos erros, incluindo a ineficiência, a rigidez e o trabalho rotineiro aviltante, que alienam tanto os funcionários quanto os clientes que uma organização tenta servir.

Objetivo deste capítulo

Neste capítulo, exploramos a questão de organizações grandes *versus* pequenas e de que modo o tamanho está relacionado à estrutura e controle. O tamanho da organização é a principal contingência que influencia o projeto e o funcionamento da organização, assim como as contingências – tecnologia, ambiente, metas – discutidas nos capítulos anteriores. Na primeira seção, examinamos as vantagens do tamanho grande *versus* pequeno. Depois, exploramos o que se chama ciclo de vida da organização e as características estruturais de cada estágio. Em seguida, examinamos a necessidade histórica da burocracia como meio de controlar grandes organizações e comparamos o controle burocrático com outras estratégias de controle. Por fim, o capítulo avalia as causas do declínio organizacional e discute alguns métodos para lidar com o *downsizing*. Ao final do capítulo, você deve ser capaz de reconhecer quando o controle burocrático pode tornar uma organização eficaz e quando outros tipos de controle são mais adequados.

Tamanho da organização: maior é melhor?

A questão de ser grande ou pequeno começa com a noção de crescimento e as razões pelas quais tantas organizações sentem necessidade de crescer muito.

Pressão para crescer

Você sonha em abrir uma pequena empresa? Muitas pessoas sonham com isso e os novos empreendimentos são a força vital da economia norte-americana. Todavia, a esperança de praticamente todo empreendedor é fazer sua empresa crescer rapidamente e tornar-se grande e, quem sabe, integrar a lista *Fortune* 500.[3] Às vezes, essa meta é mais urgente do que produzir os melhores produtos ou apresentar os maiores lucros. No entanto, existem algumas companhias prósperas nas quais os gestores resistiram à pressão para o crescimento interminável a fim de se concentrar em metas diferentes, conforme discutido na Dica de livro deste capítulo.

Recentes problemas econômicos e demissões em muitas grandes empresas têm estimulado empreendedores iniciantes a aproveitar a oportunidade de abrir sua própria empresa ou atuar de forma independente em uma empresa individual. Ainda assim, apesar da proliferação de novas empresas de pequeno porte, gigantes como a Toyota, General Electric, Samsung e Walmart continuaram a crescer. Por exemplo, a base de funcionários do Walmart em 2010 era um pouco maior que a população de Houston, no Texas. A Apple, com 50.000 funcionários e receitas anuais de aproximadamente US$100 bilhões, continua crescendo 60% ao ano. Apesar de seus problemas e de ter acabado de sair da falência em novembro de 2010, as receitas da General Motors aumentaram quase 30%, colocando-a em 8ª posição na lista das maiores corporações dos EUA da revista *Fortune* de 2011.[4]

Empresas em todos os setores, de varejista a aeroespacial e mídia, esforçam-se para crescer e atingir o tamanho e os recursos necessários para competir em uma escala global, para investir em novas tecnologias e para controlar os canais de distribuição e garantir acesso a mercados.[5] Existe uma série de outras pressões para as organizações crescerem. Muitos executivos descobriram que as empresas devem crescer para se manter economicamente saudáveis. Parar de crescer significa estagnar.

DICA DE LIVRO
12.0 VOCÊ JÁ LEU ESTE LIVRO?

Pequenos gigantes: empresas que optam por ser excelentes em vez de grandes
Por Bo Burlingham

A mentalidade empresarial convencional é equiparar crescimento e sucesso, mas Bo Burlingham, editor geral da revista Inc., lembra-nos que há uma classe diferente de excelentes empresas que se concentram não em se tornar maiores, mas em se tornar melhores. Ele as chama de Pequenos Gigantes. Em seu livro de mesmo nome, Burlingham analisa 14 pequenas empresas que são admiradas em seus setores e reconhecidas por suas realizações – e nas quais os gestores tomaram uma decisão consciente de não expandir significativamente, tornar-se pública ou passar a ser parte de uma empresa maior.

O QUE DÁ ÀS PEQUENAS GIGANTES SEU ENCANTO?
As empresas que tiveram o perfil desenvolvido por Burlingham vêm de uma ampla gama de setores e variam muito em termos de número de funcionários, estrutura corporativa, abordagem gerencial e estágio do ciclo de vida. O que as torna semelhantes? Burlingham descreve sete características compartilhadas que conferem a essas empresas uma qualidade quase mágica. Eis três delas:

Os fundadores e líderes fizeram uma escolha consciente para construir o tipo de empresa na qual gostariam de "viver" em vez de acomodar uma empresa moldada por forças externas. Danny Meyer, proprietário do Union Square Café, diz que ele "ganhou mais dinheiro por escolher as coisas certas às quais dizer não do que por escolher as coisas às quais dizer sim". Fritz Maytag da Anchor Brewery, contentou-se em limitar sua distribuição para o norte da Califórnia e inclusive ajudou cervejarias rivais a desenvolver suas habilidades a fim de acomodar a crescente demanda por seu tipo de cerveja.

- *Cada uma das pequenas gigantes está intimamente conectada à comunidade na qual faz negócios.* A CitiStorage, a primeira empresa independente de armazenamento de registros dos Estados Unidos, construiu seu depósito em um bairro de uma cidade do interior com economia enfraquecida a fim de economizar. Porém, ela rapidamente criou vínculos com a comunidade ao contratar moradores locais, abrir as instalações para eventos da comunidade e fazer doações generosas para a escola local.

- *Seus líderes são apaixonados pela empresa.* Independentemente de estarem fazendo música, criando efeitos especiais, projetando e fabricando dobradiças de torque constante, produzindo cerveja ou planejando projetos de construção comercial, os líderes dessas companhias demonstram uma verdadeira paixão pelo assunto, bem como profundo comprometimento emocional com a empresa e seus funcionários, clientes e fornecedores.

VOCÊ DESEJA CONSTRUIR UM PEQUENO GIGANTE?
Um resultado benéfico do livro de Burlingham foi provar para novos empreendedores e aspirantes a tal que melhor não necessariamente quer dizer maior. Para alguns, essa estratégia ameniza o impulso de agarrar todas as oportunidades de expansão. Mas Burlingham adverte que resistir às pressões para o crescimento requer força de caráter. Esse livro, de leitura divertida, proporciona uma ótima compreensão em relação a alguns empreendedores e gestores que criaram coragem para fazer as escolhas certas para eles.

Pequenos Gigantes: Empresas que optam por ser excelentes em vez de grandes, por Bo Bulingham, é publicado pela Portfolio, uma divisão do grupo Penguin.

Ser estável significa que os consumidores podem não ter suas demandas totalmente atendidas ou que os concorrentes aumentarão sua participação de mercado às custas de sua empresa. Como disse Mark Hurd, ex-CEO da Hewlett-Packard, "se você não tem escala e se não tem alavancagem, não será capaz de dar ao cliente o que ele deseja".[6] No Walmart, os dirigentes se comprometeram a dar continuidade a uma ênfase no crescimento mesmo se isso significar uma redução no retorno sobre o investimento (ROI*). Eles têm a ideia arraigada de que parar de crescer significa estagnar e morrer. O CFO do Walmart, Tom Schoewe, disse que, mesmo se o ROI "diminuísse um pouco e pudéssemos crescer com mais rapidez, estaria ótimo para mim".[7]

---

* ROI é a taxa de retorno entre o lucro líquido e os investimentos da empresa. (N.R.T.)

O grande porte permite que as empresas assumam riscos que poderiam arruinar empresas menores e a escala é crucial para a saúde econômica em algumas empresas. Atualmente, por exemplo, há uma onda de fusões no setor de saúde dos EUA, à medida que hospitais, grupos médicos e seguradoras lutam para controlar os custos da saúde e enfrentar os desafios provocados pela lei de reforma na saúde federal.[8] Para empresas com marketing intensivo como a Coca-Cola e a Procter & Gamble, um tamanho maior confere poder no mercado e, portanto, maiores receitas.[9] Por meio de uma série de fusões e aquisições, a empresa cervejeira Interbrew (agora Anheuser-Busch InBev) tornou-se a maior cervejaria e distribuidora de cerveja, conferindo a ela um tremendo poder no setor. Além disso, as organizações em crescimento são lugares vibrantes e empolgantes para trabalhar, o que permite que atraiam e mantenham funcionários de alto nível. Quando o número de funcionários está em expansão, a empresa pode oferecer muitos desafios e oportunidades de avanço.

Os dilemas de ser grande

As organizações sentem-se compelidas a crescer, mas até que ponto? Em que tamanho uma organização está mais bem posicionada para concorrer em um ambiente global de rápida transformação? Os argumentos estão resumidos na Figura 12.1.

Grande. Enormes quantidades de recursos e economias de escala são necessárias para que muitas organizações concorram de forma global. Somente grandes organizações são capazes de construir um gigantesco oleoduto no Alasca. Somente uma grande corporação como a General Electric tem recursos para construir turbinas eólicas que contêm 8.000 peças diferentes.[10] Apenas uma grande Johnson & Johnson

FIGURA 12.1
Diferenças entre organizações grandes e pequenas

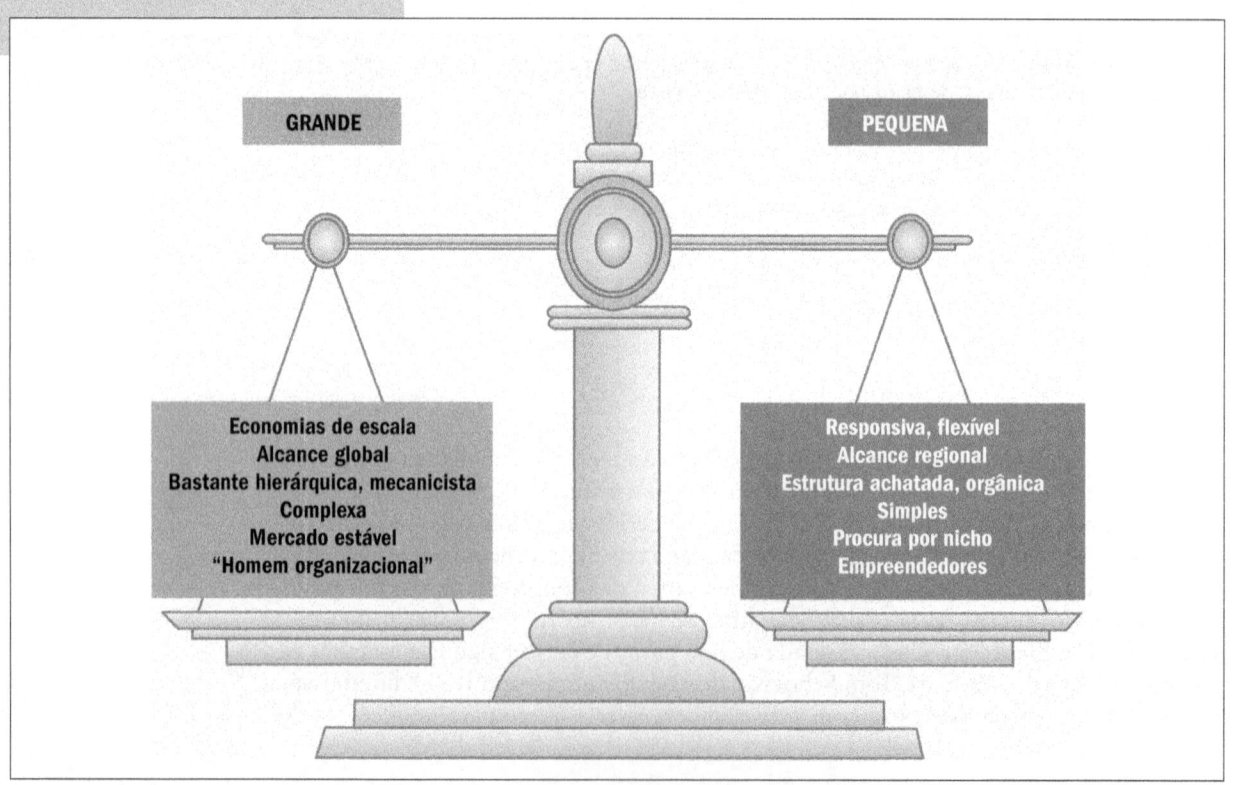

GRANDE
Economias de escala
Alcance global
Bastante hierárquica, mecanicista
Complexa
Mercado estável
"Homem organizacional"

PEQUENA
Responsiva, flexível
Alcance regional
Estrutura achatada, orgânica
Simples
Procura por nicho
Empreendedores

Fonte: Baseado em John A. Byrne, "Is your Company Too Big?" *BusinessWeek* (27 de março de 1989), 84–94.

pode investir centenas de milhões de dólares em novos produtos como lentes de contato bifocais e um emplastro que transmite contraceptivos pela pele. Além disso, as grandes organizações têm os recursos para ser uma força de apoio econômico e social em épocas difíceis. Depois do terremoto, tsunami e desastre nuclear de 2011 no Japão, a empresa de seguros Aflac, que obtém a maior parte de sua receita daquele país, deu aos clientes um período de carência de seis meses para o pagamento dos prêmios do seguro. Além disso, a Aflac doou milhões de dólares para esforços de auxílio.[11] As grandes organizações também são capazes de voltar a funcionar mais rapidamente depois de um desastre, dando aos funcionários e à comunidade uma sensação de segurança durante épocas de instabilidade. Após o terremoto Irene nos Estados Unidos, a Allstate foi capaz de estabelecer rapidamente centros móveis de sinistros equipados com geradores, tecnologia de satélites e conexões de internet em alta velocidade nas áreas mais atingidas, permitindo que as pessoas colocassem suas vidas em ordem mais rapidamente.[12]

As grandes empresas são padronizadas, normalmente administradas de modo mecanicista e complexas. A complexidade proporciona centenas de especialidades funcionais dentro das organizações para realizar tarefas multifacetadas e para fabricar produtos variados e complicados. Além do que, as grandes organizações, depois de estabelecidas, podem ser uma presença que também estabilize um mercado durante anos. Os administradores que entram para a empresa podem esperar uma carreira que se assemelha ao "homem organizacional" das décadas de 1950 e 1960. A organização chega a proporcionar longevidade, aumentos salariais e promoções.

Pequena. O argumento contrário diz que é bom ser pequeno porque as necessidades fundamentais para o sucesso em uma economia global são a reatividade e a flexibilidade nos mercados que mudam rapidamente. Uma escala pequena pode oferecer vantagens significativas em termos de reação rápida às necessidades em transformação dos clientes ou condições ambientais e de mercado que estão sempre mudando.[13] Além disso, organizações pequenas, muitas vezes, apreciam o maior comprometimento por parte do funcionário pelo fato de ser mais fácil para que as pessoas sintam que fazem parte de uma comunidade. Os funcionários normalmente trabalham em uma variedade de tarefas, em vez de possuir funções estreitas e especializadas. Para muitas pessoas, trabalhar em uma empresa pequena é mais empolgante e gratificante do que em uma organização enorme. Onde você seria mais feliz como gestor? Responda o questionário no quadro "Como você se encaixa no projeto?" deste capítulo na página 520 para uma melhor compreensão.

Muitas das grandes corporações cresceram ainda mais por meio de fusões ou aquisições em anos recentes, mas as pesquisas indicam que poucas alianças correspondem à expectativa de níveis de desempenho. Estudos feitos por empresas de consultaria como a McKinsey & Company, o Hay Group entre outras sugerem que o desempenho diminui em quase 20% das empresas adquiridas após a aquisição. Segundo algumas estimativas, 90% das fusões e aquisições nunca correspondem às expectativas. Considere o Pulte Group, o maior construtor de casas dos Estados Unidos, que comprou a Centex Corporation em 2009. Os desafios de integrar duas empresas, combinado com um mercado imobiliário enfraquecido, causaram estragos à rentabilidade do Pulte. Entre o momento da aquisição e meados de 2011, o Pulte teve apenas um trimestre lucrativo e tinha perdido milhões de dólares.[14] A Figura 12.2 lista algumas fusões e aquisições bastante conhecidas que deram errado. Embora existam inúmeros fatores envolvidos nos problemas que essas organizações vivenciaram, muitos pesquisadores e analistas concordam que, com frequência, ser grande não significa ter um desempenho melhor.[15]

Apesar do aumento de tamanho de muitas organizações, a vitalidade econômica dos Estados Unidos, bem como da maioria do restante do mundo desenvolvido, é vinculada a empresas pequenas e médias. De acordo com a Small Business Administration, pequenas empresas representam cerca de 99% de todas as empresas dos Estados Unidos e empregam mais da metade de todos os funcionários do setor privado.

ANOTAÇÕES

Como administrador de uma organização, tenha essas diretrizes em mente:

Decida se sua organização deve agir como uma empresa grande ou pequena. Uma vez que as economias de escala*, alcance global e complexidade são importantes, introduza uma maior burocratização à medida que a organização aumenta de tamanho. Conforme se tornar necessário, acrescente regras e regulamentos, documentação escrita, especialização de cargo, competência técnica na contratação e promoção e descentralização.

---

* Uma economia de escala significa aumentar a quantidade produzida sem aumentar proporcionalmente os custos. Como resultado, o custo médio do produto tende a ser menor com o aumento da produção. (N.R.T.)

Além disso, pequenas empresas geraram 64% dos novos empregos ao ano nos últimos 15 anos.[16] Uma grande porcentagem de exportadoras é constituída de pequenas empresas. O crescimento da internet e de outras tecnologias de informação facilitou a concorrência de pequenas empresas com empresas maiores. O setor de serviços em crescimento também contribui para uma redução no tamanho médio da organização, já que muitas empresas de serviços permanecem pequenas a fim de melhor atender aos clientes.

Empresas de pequeno porte têm uma estrutura horizontal e um estilo administrativo orgânico e livre que estimula o empreendedorismo e a inovação. Os medicamentos biotecnológicos líderes da atualidade, por exemplo, foram todos descobertos por pequenas empresas como a Gilead Sciences, que desenvolveu drogas antirretrovirais para tratar o HIV, e não por grandes companhias farmacêuticas como a Pfizer.[17]

Como você se encaixa no projeto?

QUAL É O TAMANHO DE ORGANIZAÇÃO PARA VOCÊ?

Como suas preferências de trabalho se ajustam ao tamanho da organização? Responda as seguintes perguntas refletindo sobre aquilo de que gosta e não gosta. Responda se cada item é em maior parte verdadeiro ou falso.

	Em maior parte verdadeiro	Em maior parte falso
1. Eu valorizo a estabilidade e previsibilidade na organização em que trabalho.	___	___
2. Regras são feitas para serem quebradas.	___	___
3. Os anos de serviço devem ser um determinante importante de remuneração e promoção.	___	___
4. Geralmente prefiro trabalhar em várias coisas diferentes em vez de me especializar em algumas coisas.	___	___
5. Antes de aceitar um trabalho, gosto de me certificar de que a empresa tem bons benefícios.	___	___
6. Preferiria trabalhar em uma equipe na qual a responsabilidade gerencial fosse compartilhada a trabalhar em um departamento com um único gerente.	___	___
7. Gostaria de trabalhar em uma empresa grande e bastante conhecida.	___	___
8. Eu preferiria ganhar US$90.000 por ano como vice-presidente de uma pequena empresa do que ganhar US$100.000 por ano como um gerente intermediário em uma grande empresa.	___	___

Pontuação: Atribua um ponto para cada item ímpar que você marcou como Verdadeiro e um ponto para cada item par que você marcou como Falso.

Interpretação: Trabalhar em uma grande organização é uma experiência muito diferente de trabalhar em uma organização pequena. A grande organização é bem estabelecida, oferece bons benefícios, é estável e possui regras, cargos bem definidos e uma hierarquia de autoridade de gestão clara. Uma pequena organização pode estar lutando para sobreviver, mas oferece empolgação, multitarefas, risco e compartilhamento da responsabilidade. Se você marcou 6 pontos ou mais, uma grande organização pode ser para você. Se você marcou 3 pontos ou menos, você pode ser mais feliz em uma organização menor e menos estruturada.

Fonte: De Don Hellriegel, Susan E. Jackson e John W. Slocum. *Managing*, 11E. Copyright 2008 South-Western, parte da Cengage Learning, Inc. Reproduzido com permissão. http://www.cengage.com/permissions.

FIGURA 12.2
Cinco famosas fusões e aquisições deram errado

Aquisição	Ano da negociação	Resultados
Bank of America/ Countrywide ($4,1 bilhões)	2008	No quarto trimestre de 2011, o Bank of America informou uma perda de US$5 bilhões em sua unidade de hipoteca, principalmente de empréstimos absorvidos da Countrywide.
Time Warner/AOL ($111 bilhões)	2001	A ação da Time Warner caiu 80%, destruindo US$148 bilhões de valor para o acionista. O "casamento" foi dissolvido em 2009.
Yahoo/Broadcast.com ($5,7 bilhões)	1999	O preço da ação do Yahoo caiu de mais de US$100 para menos de US$17.
Daimler/Chrysler ($37 bilhões)	1998	Após uma década de perdas pesadas, a Daimler vendeu a Chrysler por cerca de US$7 bilhões.
Quaker/Snapple ($1,7 bilhão)	1994	A marca Snapple não conseguir se manter em grandes supermercados. Depois de 27 meses, a Quaker a vendeu por meros US$300 milhões.

Fontes: Baseado em Mary DiMaggio, "The Top 10 Best (and Worst) Corporate Mergers of All Time... Or, the Good, the Bad, and the Ugly," Rasmussen.edu (15 de setembro de 2009), http://www.rasmussen.edu/degrees/business/ blog/best-and-worst-corporate-mergers/ (acessado em 31 de agosto de 2011); e Chris Roush, "10 Worst Deals of All Time," LifeGoesStrong.com (24 de janeiro de 2011), http://work.lifegoesstrong.com/news-corp-buys-dow-jones-co (acessado em 31 de agosto de 2011).

Além disso, o envolvimento pessoal dos funcionários em pequenas empresas estimula a motivação e o comprometimento pelo fato de os funcionários se identificarem pessoalmente com a missão da empresa. Com base em estudos de sociedades primitivas, seitas religiosas, organizações militares e algumas empresas, o antropólogo Robin Dunbar propôs que 150 é o tamanho ideal para qualquer grupo que esteja tentando atingir uma meta. Dunbar diz que, além desse tamanho, a eficácia do grupo diminui, pois o excesso de regras, procedimentos e burocracia desacelera as coisas e esgota o moral, entusiasmo e comprometimento do grupo.[18]

Combinação de empresa grande e empresa pequena. O paradoxo é que as vantagens das empresas pequenas às vezes permitem que elas sejam bem-sucedidas e, portanto, cresçam. Pequenas empresas podem tornar-se vítimas de seu próprio sucesso à medida que crescem, mudando para um projeto mecanicista que enfatiza a hierarquia vertical e gerando "homens organizacionais" em vez de empreendedores. Organizações gigantescas são "feitas para a otimização, não para a inovação".[19] Empresas grandes tornam-se comprometidas com seus produtos e tecnologias existentes e têm dificuldade de apoiar inovações para o futuro.

A solução é o que Jack Welch, *chairman* aposentado e CEO da General Electric, chamava de "combinação de empresa grande e empresa pequena", que combina os recursos e o alcance de uma grande corporação com a simplicidade e a flexibilidade de uma empresa pequena. A estrutura divisional, descrita no Capítulo 2, é um dos modos pelos quais algumas grandes organizações obtêm uma combinação de empresa grande e empresa pequena. Ao se reorganizarem em grupos de pequenas empresas, enormes corporações como a Johnson & Johnson captam o modo de pensar e as vantagens de ser pequeno. A Johnson & Johnson, na realidade, é um grupo de 250 empresas separadas operando em 60 países.[20]

O desenvolvimento de novas formas organizacionais, com ênfase na descentralização da autoridade e na eliminação de camadas da hierarquia, combinado com o aumento do uso da tecnologia da informação descrito no Capítulo 11, está tornando mais fácil do que nunca para empresas serem simultaneamente grandes e pequenas,

ANOTAÇÕES

Como administrador de uma organização, tenha essas diretrizes em mente:

Se a capacidade de resposta, flexibilidade, simplicidade e descoberta de nicho são importantes, subdividir a organização em divisões simples e autônomas que têm liberdade e uma abordagem de pequena empresa.

obtendo, assim, vantagens dos dois lados. A mudança pode ser vista até nas forças armadas norte-americanas. Diferentemente da Segunda Guerra Mundial, por exemplo, que foi travada por grandes massas de soldados guiadas por decisões tomadas nos níveis mais altos, a "guerra contra o terrorismo" de hoje depende da tomada de decisão descentralizada e de grupos menores de soldados altamente capacitados que têm acesso a informações atualizadas a cada minuto.[21] Grandes empresas também encontram uma variedade de formas de agir como grandes e como pequenas. Pense em como W. L. Gore & Associates mantém a mentalidade de uma pequena empresa.

W. L. Gore & Associates

NA PRÁTICA

Bill e Vieve Gore fundaram a W. L. Gore & Associates no porão de sua casa em 1958. Atualmente, ela é uma das 200 maiores empresas privadas dos Estados Unidos. A empresa, talvez mais conhecida pelos tecidos Gore-Tex e cordas de violão Elixir, tem 9.000 funcionários em 30 países em todo o mundo e US$2,5 bilhões em receitas anuais. A empresa não é enorme, mas é definitivamente grande o bastante para perder parte da criatividade e flexibilidade que tinha nos primeiros anos. Porém, os dirigentes da Gore, partindo da filosofia do fundador, certificaram-se de que isso não acontecesse.

A Gore possui um projeto extremamente frouxo, flexível e orgânico. De modo geral, a empresa possui quatro divisões que atuam em diferentes setores: eletrônico, têxtil, industrial e médico. A Gore estabelece conjuntos de pequenas fábricas em uma área em vez de usar uma grande fábrica, de modo que as pessoas possam conhecer umas as outras e estabelecer relacionamentos próximos. O trabalho é feito por equipes pequenas: algumas são contínuas, mas outras surgem com base na necessidade. A autoridade formal não cabe a líderes específicos. Em vez disso, os líderes surgem por ganharem credibilidade com outros colegas com base em seu conhecimento, especialidade ou habilidades especiais. A estrutura frouxa funciona bem quando um tempo de resposta rápido é necessário. Um líder especializado surge e monta uma equipe com base nos conhecimentos para examinar e resolver um problema com rapidez.

A atual CEO Terry Kelly e três outros líderes atuam em uma Equipe de Liderança Empresarial, que é responsável pela saúde geral e crescimento da empresa, mas há poucos cargos, organogramas ou outros arranjos estruturais que são normalmente usados por grandes empresas. Espera-se que as pessoas interajam com todos no sistema de trabalho em vez de ter de passar por uma cadeia de comando. A Gore possui uma forte orientação e programa de treinamento, que enfatiza a construção de relações. Espera-se que novos funcionários passem seus primeiros três a seis meses simplesmente construindo uma rede de relações em toda a empresa.[22]

Outras empresas também encontram maneiras de ser grandes e pequenas. O gigante do varejo Lowe's, por exemplo, usa a vantagem do tamanho em áreas como propaganda, compras e aumento de capital, mas também dá aos dirigentes de cada loja individual a autonomia necessária para atender aos consumidores como se fossem lojas pequenas do interior. Para evitar o problema de altos dirigentes isolados, a gestora de fundos mútuos Vanguard exige que todos – inclusive o CEO – passem algum tempo todo mês atendendo o telefone e falando diretamente com os clientes.[23] Pequenas empresas que estão crescendo podem usar essas ideias para ajudar suas organizações a manter a flexibilidade e o foco no cliente que estimularam seu crescimento.

Ciclo de vida organizacional

Um modo proveitoso de pensar no crescimento e na mudança organizacional é o conceito do **ciclo de vida** organizacional,[24] que sugere que as organizações nascem, crescem e acabam morrendo. A estrutura, o estilo de liderança e os sistemas administrativos da organização seguem um padrão razoavelmente previsível ao longo dos estágios do ciclo de vida. Esses estágios são sequenciais e seguem uma progressão natural.

Estágios do desenvolvimento do ciclo de vida

Pesquisas do ciclo de vida organizacional sugerem que quatro estágios principais caracterizam o desenvolvimento organizacional.[25] A Figura 12.3 ilustra esses quatro estágios e os problemas associados à transição para cada estágio.

Definições. Crescer não é fácil. Cada vez que uma organização entra em um novo estágio do ciclo de vida, inicia-se um jogo totalmente novo com um novo conjunto de regras sobre como a organização funciona internamente e como ela se relaciona com o ambiente externo.[26]

1. *Estágio empreendedor.* Quando uma organização nasce, a ênfase recai sobre criar um produto ou serviço e sobreviver no mercado. Os fundadores são empreendedores e dedicam todas as suas energias às atividades técnicas de produção e venda. A organização é informal e não burocrática. O horário de trabalho é longo. O controle é baseado na supervisão pessoal dos proprietários. O crescimento vem de um novo produto ou serviço criativo. Por exemplo, Dennis Crowley e Naveen Selvadurai criaram a primeira versão do Foursquare – um serviço de rede móvel que permite que os usuários compartilhem suas localizações com amigos, marquem como favoritas informações sobre locais que querem visitar e compartilhem dicas e experiências – na mesa da cozinha de Crowley no East Village em Nova York. Eles lançaram o serviço em 2009 em Austin, no Texas, e em abril de 2011, ele tinha 10 milhões de usuários em todo o mundo. Crowley atua como CEO e continua a supervisionar pessoalmente a empresa, que cresceu para 75 funcionários.[27]

    A fundação do Foursquare faz lembrar a fundação da Apple (originalmente Apple Computer), que estava no **estágio empreendedor** quando foi criada por Steve Jobs e Stephen Wozniak na garagem dos pais de Wozniak, em 1976.

    Crise: necessidade de liderança. À medida que a organização começa a crescer, o número maior de funcionários gera problemas. Os proprietários criativos e tecnicamente orientados são confrontados com questões administrativas, mas eles podem preferir concentrar suas energias em fabricar e vender o produto ou em inventar produtos e serviços. Nesse momento de crise, os empreendedores devem ajustar a estrutura da organização para acomodar o crescimento contínuo ou contratar administradores que possam fazer isso. Quando a Apple iniciou um período de rápido crescimento, A. C. Markkula foi contratado como líder porque nem Jobs nem Wozniak eram qualificados ou queriam administrar a empresa em expansão.

2. *Estágio de coletividade.* Se a crise de liderança é resolvida, uma forte liderança é conquistada e a organização começa a desenvolver objetivos e direcionamento claros. São estabelecidos departamentos, em conjunto com uma hierarquia de autoridade, especificação de cargos e o início de uma divisão do trabalho. No **estágio de coletividade**, os funcionários se identificam com a missão da organização e passam longas horas ajudando-a a ser bem-sucedida. Os membros se sentem parte de uma coletividade, e a comunicação e o controle são principalmente informais, embora alguns sistemas formais comecem a aparecer. A Apple estava no estágio de coletividade durante os anos de rápido crescimento entre 1978 e 1981. Jobs permaneceu como CEO e líder visionário, embora Markkula e outros executivos tratavam da maioria das responsabilidades de gestão. Os funcionários vestiam a camisa da empresa à medida que a principal linha de produtos era estabelecida e mais de dois mil distribuidores fechavam contrato com a empresa.

    Crise: necessidade de delegar. Se a nova administração é bem-sucedida, os funcionários dos níveis mais baixos gradualmente se sentem restritos pela forte

---

ANOTAÇÕES

Como administrador de uma organização, tenha essas diretrizes em mente:

Cresça quando for possível. Com o crescimento, você pode oferecer oportunidades de progresso aos funcionários e maior rentabilidade e eficácia. Aplique novos sistemas de gestão e configurações estruturais em cada estágio do desenvolvimento de uma organização. Interprete as necessidades da organização em crescimento e responda com a gestão e sistemas internos que levarão a organização para o próximo estágio de desenvolvimento.

FIGURA 12.3
Ciclo de vida organizacional

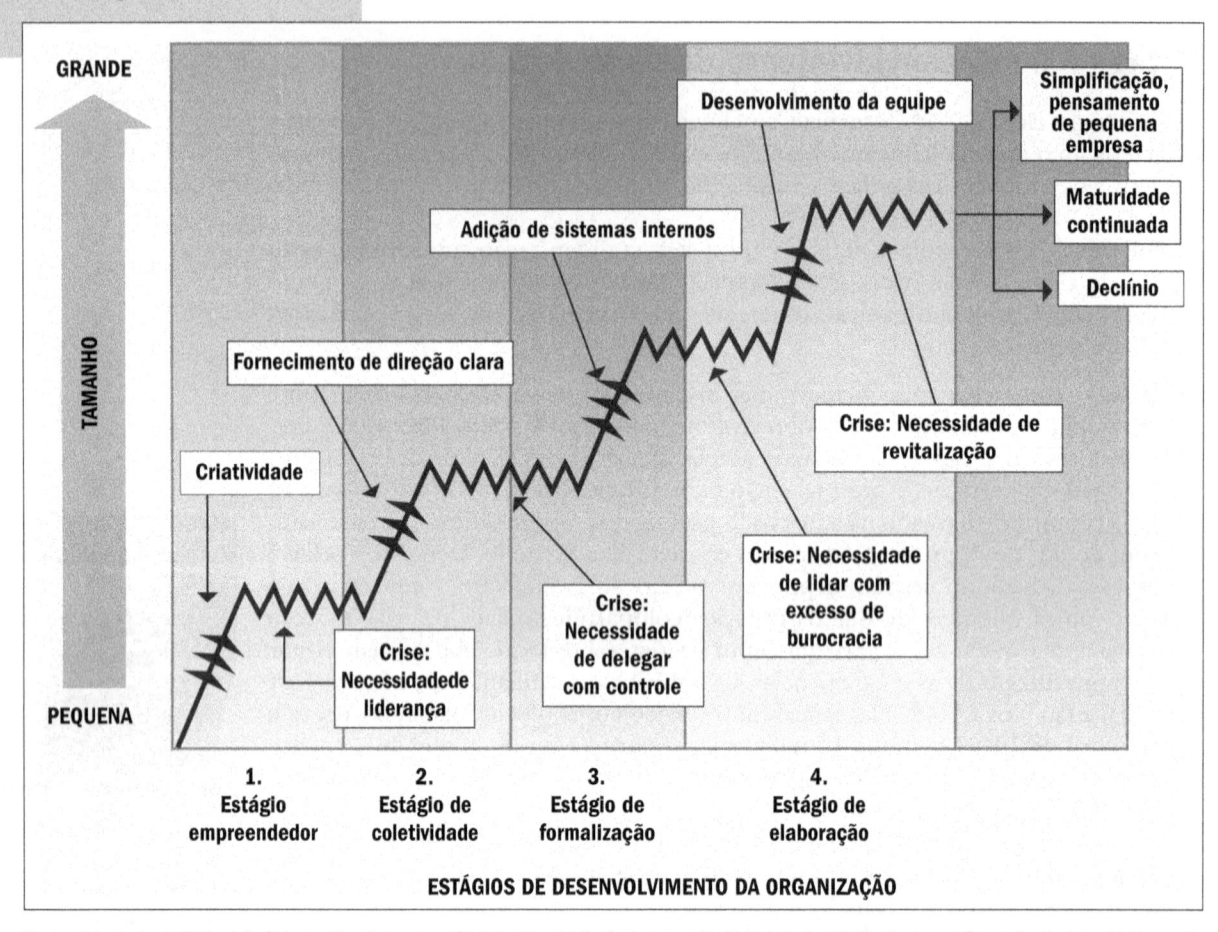

Fonte: Adaptado de Robert E. Quinn e Kim Cameron, "Organizational Life Cycles and Shifting Criteria of Effectiveness: Some Preliminary Evidence," *Management Science* 29 (1983), 33–51; e Larry E. Greiner, "Evolution and Revolution as Organizations Grow," *Harvard Business Review* 50 (julho-agosto de 1972), 37–46.

liderança de cima para baixo. Os gerentes dos níveis mais baixos começam a adquirir confiança em suas próprias áreas funcionais e querem mais autonomia. Uma crise de autonomia ocorre quando a alta administração – que era bem-sucedida por causa de sua forte liderança e visão – não quer abrir mão da responsabilidade. A alta administração quer garantir que todas as partes da organização sejam coordenadas e trabalhem em harmonia. A organização precisa encontrar mecanismos para controlar e coordenar os departamentos sem a supervisão direta do topo. Por exemplo, quando a Diamond Wipes International chegou ao ponto em que erros dispendiosos eram cometidos por causa da má comunicação entre os departamentos, a empreendedora taiwanesa Eve Yen contratou um gerente geral e o encarregou de coordenar o trabalho de todos os departamentos.[28]

AVALIE SUA RESPOSTA

1 É prudente que o empreendedor que inicia uma nova empresa mantenha o controle prático de gestão à medida que a empresa cresce.

RESPOSTA: *Discordo.* Os empreendedores normalmente gostam de usar sua criatividade para produzir e vender um novo produto ou serviço. Muitos continuam participando ativamente por terem passado por dificuldades durante a transição para o papel de gerenciar outras pessoas e definir procedimentos e sistemas dos quais a empresa necessita à medida que cresce. Na maioria dos casos, empreendedores bem-sucedidos trazem gestores qualificados para administrar a empresa e levar a organização para o próximo nível.

3. *Estágio de formalização*. O **estágio de formalização** envolve a instalação e o uso de regras, procedimentos e sistemas de controle. No estágio de formalização, a comunicação é menos frequente e mais formal, além de ter uma maior tendência de seguir a hierarquia de autoridade. Engenheiros, especialistas em recursos humanos e outros funcionários podem ser contratados. A alta administração passa a se preocupar com questões como estratégia e planejamento e deixa as operações da empresa para a gerência intermediária. Grupos de produtos ou outras unidades descentralizadas podem ser criados para melhorar a coordenação. Sistemas de incentivo com base nos lucros podem ser implementados para garantir que os gerentes trabalhem pelo que é melhor para a empresa em geral. Quando eficazes, os novos sistemas de coordenação e controle permitem que a organização continue a crescer ao estabelecer mecanismos de ligação entre a alta administração e as unidades de campo. Empresas da internet como o eBay e o Amazon.com atualmente estão no estágio de formalização do ciclo de vida, com os gestores concebendo novos sistemas para gerenciar a complexidade crescente das operações. A Apple estava no estágio de formalização na metade da década de 1980 até o início dos anos 1990.

Crise: excesso de regras. Neste ponto do desenvolvimento da organização, a proliferação de sistemas e programas pode começar a sufocar os gerentes do nível intermediário. A organização parece burocratizada. A gerência intermediária pode ressentir-se da intromissão dos assessores. A inovação pode ser restringida. A organização parece grande e complexa demais para ser administrada por meio de programas formais. O Google, descrito na abertura deste capítulo, atualmente está em seu ponto de crise, com o cofundador Larry Page voltando a tentar cortar a burocracia e trazer de volta um espírito empreendedor. Foi durante esse estágio de crise da Apple que Steve Jobs pediu demissão em 1985 e um novo CEO assumiu o controle para enfrentar seus próprios desafios administrativos.

4. *Estágio de elaboração*. A solução para a crise das regras em excesso é um novo senso de colaboração e trabalho em equipe. Em toda a organização, os gerentes desenvolvem habilidades para enfrentar os problemas e trabalhar em conjunto. A burocracia pode ter atingido seu limite. O controle social e a autodisciplina reduzem a necessidade de controles formais adicionais. Os gerentes aprendem a trabalhar dentro da burocracia sem acrescentar nada a ela. Os sistemas formais podem ser simplificados e substituídos por equipes de gerentes e forças-tarefa. Para alcançar a colaboração, as equipes são formadas por funcionários de diferentes funções ou divisões da empresa. A organização também pode ser dividida em vários departamentos para manter uma filosofia de empresa pequena. A Apple atualmente está no **estágio de elaboração** do ciclo de vida, assim como grandes empresas como a Toyota, General Electric e Caterpillar.

Crise: necessidade de revitalização. Depois que a organização chega à maturidade, ela pode entrar em períodos de declínio temporário.[29] Pode haver uma necessidade de renovação a cada 10 a 20 anos. A organização deixa de estar alinhada com o ambiente, ou talvez se torne lenta e excessivamente burocratizada, de modo que deve passar por um estágio de dinamização e inovação. A alta administração normalmente é substituída durante esse período. Na Apple, o cargo mais alto mudou de mãos algumas vezes à medida que a empresa lutou por se revitalizar. Os CEOs John Sculley, Micheal Spindler e Gilbert Amelio foram demitidos pelo conselho à medida que os problemas da Apple se aprofundaram. Steve Jobs retornou no meio de 1997 para administrar a empresa que ele fundara cerca de 25 anos antes. Jobs rapidamente reorganizou a empresa, eliminou as ineficiências e reorientou a Apple para produtos inovadores para o mercado consumidor. Jobs moveu a empresa para uma direção totalmente nova com o sistema de músicas iPod e o iPhone. As vendas e os lucros aumentaram e a Apple entrou em um longo período de sucesso.[30] Nos anos após sua saída da Apple, Jobs tinha adquirido habilidades e experiência em gestão, mas também era inteligente o bastante para trazer outros gestores qualificados. Por exemplo, tem-se referido a Timothy D. Cook, contratado por Jobs em 1998, como "a história por trás da história" e por muito tempo tratou das operações cotidianas enquanto Jobs proporcionava uma liderança visionária. Cook assumiu como CEO em meados de 2011 após a renúncia de Jobs e sua posterior morte.[31] A Apple está em alta atualmente, mas ela continua a enfrentar os problemas com os quais todas as organizações maduras lidam. Todas as organizações maduras têm de passar por períodos de revitalização ou entrarão em declínio, como mostra o último estágio da Figura 12.3.

Resumo. Oitenta e quatro por cento das empresas que sobrevivem ao primeiro ano ainda perecem nos primeiros cinco anos por não conseguirem fazer a transição do estágio empreendedor.[32] As transições tornam-se ainda mais difíceis à medida que as organizações progridem para estágios futuros do ciclo de vida. Organizações que não têm sucesso ao resolver os problemas associados a essas transições são restringidas em seu crescimento e podem até fracassar. Dentro da organização, as crises do ciclo de vida são muito reais. Pense nos desafios que os dirigentes do Google estão enfrentando à medida que a empresa cresce.

Facebook

NA PRÁTICA

Para empresas de tecnologia, os ciclos de vida estão se tornando mais curtos. Para permanecerem competitivas, empresas como o Facebook, o Netflix e o Google têm de avançar com êxito pelos estágios do ciclo mais rapidamente. A empresa de rede social Facebook, por exemplo, lançada em 2004 e originalmente restrita aos alunos da Harvard University, agora tem cerca de 750 milhões de usuários em todo o mundo. Com o rápido crescimento e a natureza de rápida transformação da internet, o Facebook passou rapidamente do estágio empreendedor para o de coletividade e, por fim, para o estágio de formalização. O fundador e CEO Mark Zuckerberg percebeu que sua empresa teria de "crescer à velocidade da internet" e, então, no início de 2008, ele começou a recrutar gestores experientes para ajudar a desenvolver os procedimentos e estruturas necessários para administrar a empresa em crescimento de forma eficaz.

Nos primeiros anos, a inteligência tecnológica, o entusiasmo, o comprometimento e a supervisão pessoal dos fundadores eram suficientes, mas o Facebook precisava de habilidades de gestão mais tradicionais para dar continuidade ao sucesso. Zuckerberg começou a consultar-se com investidores e mentores sobre como projetar a empresa e construir uma equipe de gestão. Ele recrutou uma alta executiva do Google, Sheryl Sandberg, para ser a segunda no comando como diretora operacional e também passou a contratar outros executivos qualificados para gerenciar diversas funções, tais como marketing, financeira, jurídica e de comunicações, além de políticas públicas. Os gerentes de recursos humanos ajudaram a instituir novas diretrizes para a avaliação de desempenho, processos de recrutamento e programas de treinamento.

Embora conheçam os procedimentos formais necessários nesse estágio de crescimento, Zuckerberg e outros executivos estão tentando encontrar maneiras de manter um espírito empreendedor na empresa. Por exemplo, um consultor imobiliário recentemente auxiliou na negociação de um acordo para a empresa transferir seus escritórios de Palo Alto para os antigos escritórios da Sun Microsystems em Menlo Park. Esse local, além de um "*Campus* Oeste" que o Facebook planeja construir, abrigará mais de 9.000 funcionários, aproximadamente o dobro do número de funcionários atualmente na empresa. Zuckerberg disse que planeja instalar portas basculantes de garagem em todo o complexo para reproduzir uma marca do Vale do Silício — a *start-up* de garagem. Isso servirá como "um símbolo da cultura criativa, colaborativa e fragmentária" que o Facebook deseja manter.[33]

Características da organização durante o ciclo de vida

À medida que as organizações evoluem pelos quatro estágios do ciclo de vida, ocorrem mudanças relacionadas à estrutura, aos sistemas de controle, à inovação e aos objetivos. As características da organização associadas a cada estágio estão resumidas na Figura 12.4.

Empreendedora. Inicialmente, a organização é pequena, não burocrática e apenas uma pessoa se destaca. A alta administração fornece a estrutura e o sistema de controle. A energia da empresa é dedicada à sobrevivência e à fabricação de um único produto ou serviço.

Coletividade. Essa é a juventude da organização. O crescimento é rápido e os funcionários estão animados e comprometidos com a missão da empresa. A estrutura ainda é basicamente informal, embora alguns procedimentos estejam surgindo. Líderes carismáticos fortes oferecem direcionamento e metas para a organização. Crescimento contínuo é a maior meta.

Formalização. Nesse ponto, a organização está entrando na meia-idade. Surgem as características burocráticas. A empresa adiciona grupos de apoio aos funcionários, formaliza procedimentos e estabelece uma hierarquia clara e uma divisão do trabalho. No estágio de formalização, as organizações também podem desenvolver itens

FIGURA 12.4
Características da organização durante o ciclo de vida

Característica	1. Empreendedora — Não burocrática	2. Coletividade — Pré-burocrática	3. Formalização — Burocrática	4. Elaboração — Muito burocrática
Estrutura	Informal, uma pessoa se destaca	Sobretudo informal, alguns procedimentos	Procedimentos formais, divisão de trabalho, novas especialidades adicionadas	Trabalho em equipe dentro da burocracia, pensamento de pequena empresa
Produtos ou serviços	Produto ou serviço único	Principal produto ou serviço, com variações	Linha de produtos ou serviços	Múltiplas linhas de produto ou serviço
Sistemas de recompensa e controle	Pessoal, paternalista	Pessoal, contribuição para o sucesso	Impessoal, sistemas formalizados	Amplos, moldados para o produto e departamento
Inovação	Pelo proprietário-gestor	Pelos funcionários e gestores	Por grupo de inovação separado	Pelo departamento de PFD institucionalizado
Metas	Sobrevivência	Crescimento	Estabilidade interna, expansão de mercado	Reputação, organização completa
Estilo da alta administração	Individualista, empreendedor	Carismático, orientador	Delegação com controle	Abordagem de equipe, burocracia de ataque

Fonte: Adaptado de Larry E. Greiner, "Evolution and Revolution as Organizations Grow," *Harvard Business Review* 50 (julho–agosto de 1972), 37–46; G. L. Lippitt e W. H. Schmidt, "Crises in a Developing Organization," *Harvard Business Review* 45 (novembro–dezembro de 1967), 102–112; B. R. Scott, "The Industrial State: Old Myths and New Realities," *Harvard Business Review* 51 (março–abril de 1973), 133–148; e Robert E. Quinn e Kim Cameron, "Organizational Life Cycles and Shifting Criteria of Effectiveness," *Management Science* 29 (1983), 33–51.

complementares para oferecer uma linha completa de produtos. A inovação pode ser alcançada por meio do estabelecimento de um departamento separado de pesquisa e desenvolvimento (P&D). Os principais objetivos são a estabilidade interna e a expansão no mercado. A alta administração delega, mas também implementa sistemas de controle formais.

Elaboração. A organização madura é grande e burocrática, com extensos sistemas de controle, regras e procedimentos. Os gerentes da organização tentam desenvolver uma orientação de equipe dentro da burocracia para evitar mais burocratização. A alta administração preocupa-se em estabelecer uma organização completa. O desenvolvimento e a reputação da organização são importantes. A inovação é institucionalizada por meio de um departamento de P&D. Os gerentes podem atacar a burocracia e dinamizá-la.

Resumo. Organizações em crescimento movem-se pelos estágios de um ciclo de vida e cada estágio está associado às características específicas de estrutura, sistemas de controle, metas e inovação. O fenômeno do ciclo de vida é um conceito poderoso usado para compreender problemas permanentes enfrentados pelas organizações e de que modo os gestores podem reagir de forma positiva para mover a organização para o próximo estágio.

Tamanho, burocracia e controle organizacional

À medida que as organizações progridem através do ciclo de vida, elas normalmente adquirem características burocráticas enquanto crescem e se tornam mais complexas. O estudo sistemático da burocracia foi iniciado por Max Weber, um sociólogo que estudava organizações governamentais na Europa e desenvolveu um quadro de características administrativas que tornaria as grandes organizações racionais e eficientes.[34] Weber queria compreender como as organizações poderiam ser projetadas para desempenhar um papel positivo na sociedade em geral.

O que é burocracia?

Embora Weber tenha percebido a **burocracia** como uma ameaça às liberdades pessoais essenciais, ele também a reconheceu como o sistema de organização mais eficiente possível. Weber previu o triunfo da burocracia por causa de sua capacidade de garantir um funcionamento mais eficiente das organizações, tanto em ambientes comerciais quanto governamentais. Ele identificou um conjunto de características organizacionais, mostradas na Figura 12.5, que podia ser encontrado em organizações burocráticas bem-sucedidas.

As regras e procedimentos padronizados permitiam que as atividades organizacionais fossem realizadas de modo previsível e rotineiro. As funções especializadas significam que cada funcionário tinha uma tarefa clara a desempenhar. A hierarquia de autoridade proporcionava um mecanismo sensível de supervisão e controle. A competência técnica era a base pela qual as pessoas eram contratadas, em vez da amizade, laços familiares e favoritismo. A separação do cargo e do ocupante dele significava que os indivíduos não possuíam nem tinham direito inerente ao cargo, o que promovia a eficiência. Os registros escritos forneciam memória organizacional e a continuidade ao longo do tempo.

Embora as características burocráticas levadas ao extremo sejam amplamente criticadas hoje, o controle racional introduzido por Weber foi uma ideia significativa e uma nova forma de organização. A burocracia proporciona muitas vantagens sobre as formas de organização baseadas no favoritismo, na posição social, nas conexões familiares ou no suborno. Considere a situação de muitos países da América Latina,

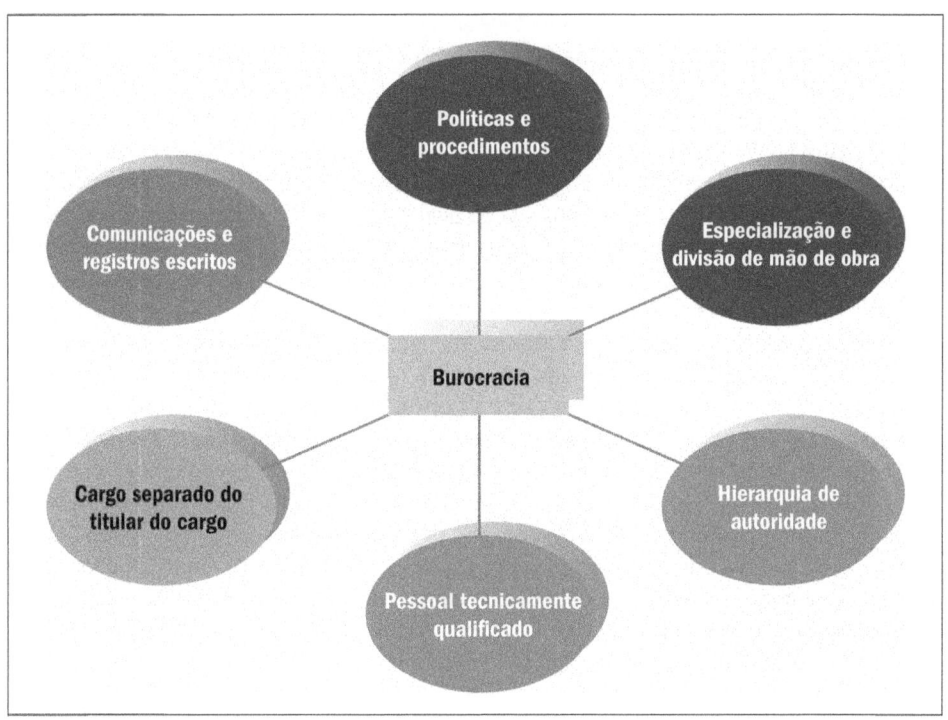

FIGURA 12.5
Dimensões burocráticas de Weber

Dimensões conectadas à **Burocracia**:
- Políticas e procedimentos
- Especialização e divisão de mão de obra
- Hierarquia de autoridade
- Pessoal tecnicamente qualificado
- Cargo separado do titular do cargo
- Comunicações e registros escritos

© Cengage Learning 2013

nos quais o suborno, a corrupção e o nepotismo assolam o governo e as instituições empresariais. No Brasil, por exemplo, autoridades do governo têm sido acusadas de subornar legisladores por seu apoio, favorecer contratadas que fizeram contribuições clandestinas para campanhas e usar sua influência para conseguir cargos ou circunstâncias favoráveis para familiares.[35] Na China, a tradição de oferecer postos no governo para parentes ainda é difundida, mas sua classe emergente de pessoas instruídas não aprova ver os melhores cargos indo para crianças e outros parentes de funcionários.[36] Os Estados Unidos também vê sua parcela de corrupção, conforme evidenciado pelo caso do governador de Illinois, Rod Blagojevich, que foi acusado de ampla corrupção que incluía a tentativa de vender a cadeira no Senado deixada pelo Presidente Barack Obama.[37] Pela comparação desses exemplos, a forma lógica e racional de organização descrita por Weber possibilita que o trabalho seja conduzido de forma justa, eficiente e em conformidade com as regras estabelecidas.

Um estudo de pesquisa organizacional empírica ao longo de quatro décadas confirma a validade e a persistência do modelo de burocracia de Weber, mostrando relações positivas entre elementos como especialização, formalização e padronização, conforme mostrado na Figura 12.5.[38] Características burocráticas podem ter um efeito positivo para muitas grandes organizações, como a United Parcel Service (UPS), uma das grandes corporações mais eficientes da atualidade.

NA PRÁTICA

United Parcel Service (UPS)

A UPS, às vezes chamada *Big Brown* pela cor dos caminhões de entrega e dos uniformes dos funcionários, é a maior empresa de distribuição de encomendas do mundo, entregando mais de 15 milhões de encomendas por dia, e uma líder global na cadeia de fornecimento, logística e serviços de informação. A empresa opera em mais de 200 países e territórios em todo o mundo.

Como a UPS se tornou tão bem-sucedida? Muitas eficiências foram percebidas por meio da adoção do modelo burocrático de organização. A UPS opera segundo uma montanha de regras e regulamentos. Ela ensina os motoristas espantosos 340 passos precisos para entregar corretamente uma encomenda. Por exemplo, ela diz como carregar seus caminhões, como prender seus cintos de segurança, como descer do caminhão, como andar e como segurar suas chaves. Códigos rígidos de vestimenta são aplicados – os uniformes (chamados *browns* [marrons]) lavados todos os dias, sapatos pretos ou marrons lustrados com solas antiderrapantes, não são permitidas camisas desabotoadas abaixo do primeiro botão nem pelos abaixo do colarinho da camisa ou barba ou ainda tatuagens visíveis durante as entregas etc. Antes de cada turno, os motoristas fazem uma "Z-scan", que é uma inspeção em forma de Z das laterais e da frente de seus veículos. Existem regras de segurança para motoristas, carregadores, atendentes e gerentes. Os funcionários são solicitados a limpar suas mesas no fim de cada dia de modo que possam começar do zero na manhã seguinte. Os gestores recebem cópias de livros de políticas na expectativa de que eles os utilizem regularmente, e memorandos com diversas políticas e regras circulam às centenas todos os dias.

Apesar das regras rígidas e das inúmeras políticas, os funcionários estão satisfeitos e a UPS possui uma alta taxa de retenção de funcionários. Os colaboradores são bem tratados e bem pagos e a empresa tem mantido um senso de igualdade e justiça. Todos se tratam pelo primeiro nome. O livro de políticas declara, "Um líder não tem de lembrar os demais de sua autoridade pelo uso de um título. Os conhecimentos, o desempenho e a capacidade devem ser evidências adequadas do cargo e da liderança". A qualificação técnica, não o favoritismo, é o critério para a contratação e promoção. Altos executivos começaram de baixo – o ex-CEO James Kelly iniciou sua carreira como um motorista temporário que cobria férias, por exemplo. A ênfase na qualidade, justiça e em uma mentalidade de promover os internos inspira fidelidade e comprometimento em todas as posições.[39]

A UPS ilustra como as características burocráticas aumentam quando a empresa é grande. A UPS é tão produtiva e confiável que domina o mercado de entrega de pequenos pacotes. À medida que se expande e se torna uma empresa de logística global com base no conhecimento, os gerentes da UPS podem ter de encontrar modos eficazes de reduzir a burocracia. A nova tecnologia e os novos serviços impõem maiores demandas sobre os trabalhadores, que precisam de mais autonomia e flexibilidade para desempenhar bem seus cargos. Agora, vamos dar uma olhada em alguns modos específicos pelos quais o tamanho afeta a estrutura e o controle organizacional.

Tamanho e controle estrutural

No campo da teoria organizacional, o tamanho da organização tem sido descrito como uma contingência importante que influencia o projeto estrutural e os métodos de controle. Será que uma organização deve se tornar mais burocrática à medida que cresce? Em que tamanhos de organização as características burocráticas são mais adequadas? Mais de cem estudos têm tentado responder a essas perguntas.[40] A maioria deles indica que as grandes organizações são diferentes das pequenas em diversas dimensões da estrutura burocrática, incluindo formalização, centralização e coeficientes de pessoal.

Formalização e centralização. A **formalização**, descrita no Capítulo 1, refere-se a regras, procedimentos e documentação escrita, como manuais de política e descrições de cargos, que declaram os direitos e deveres dos funcionários.[41] As evidências apoiam a conclusão de que as grandes organizações são mais formalizadas, como no caso da UPS. O motivo é que as grandes organizações confiam em regras, procedimentos e papelada para alcançar a padronização e o controle da grande quantidade de funcionários e departamentos, enquanto a alta administração pode usar a observação pessoal com o intuito de controlar uma pequena empresa.[42] Por exemplo, uma cafeteria de propriedade local em uma cidade pequena não necessita de manuais detalhados, políticas e procedimentos como os utilizados pela Starbucks para padronizar e controlar suas operações em todo o mundo.

A **centralização** refere-se ao nível de hierarquia com autoridade para tomar decisões. Nas organizações centralizadas, as decisões tendem a ser tomadas no topo. Nas descentralizadas, decisões semelhantes seriam tomadas em um nível mais baixo.

A descentralização representa um paradoxo porque, na burocracia perfeita, todas as decisões seriam tomadas pelo administrador de maior hierarquia, que teria um controle perfeito. No entanto, à medida que uma organização cresce e conta com mais pessoas e departamentos, as decisões não podem ser todas passadas para o nível mais alto porque os gerentes seniores ficariam sobrecarregados. Assim, as pesquisas sobre tamanho das organizações indicam que empresas maiores permitem uma descentralização maior.[43] Em empresas de pequeno porte novas, por outro lado, o fundador ou o executivo do mais alto escalão podem estar efetivamente envolvidos em todas as decisões, grandes e pequenas.

Coeficientes de pessoal. Outra característica da burocracia relaciona-se aos **coeficientes de pessoal** para funcionários administrativos, de escritório e de apoio profissional. O coeficiente estudado com mais frequência é o administrativo.[44] Surgiram dois padrões. O primeiro é que o coeficiente entre a alta administração e o total de funcionários é, na verdade, menor em grandes organizações,[45] indicando que as empresas experimentam economias administrativas à medida que crescem. O segundo padrão refere-se aos coeficientes entre funcionários de escritório e de apoio profissional.[46] Esses grupos tendem a aumentar na proporção do tamanho da organização. O coeficiente administrativo aumenta em função das maiores exigências de comunicação e informação necessárias à medida que a organização cresce. O coeficiente de pessoal profissional aumenta em função da maior necessidade de habilidades especializadas em organizações maiores e mais complexas.

ANOTAÇÕES

Como administrador de uma organização, tenha essas diretrizes em mente:

À medida que a organização cresce, ofereça uma maior formalização para alcançar padronização e controle. Proteja-se contra a sobrecarga excessiva ao manter custos com pessoal de gerência, administrativo e de apoio baixos.

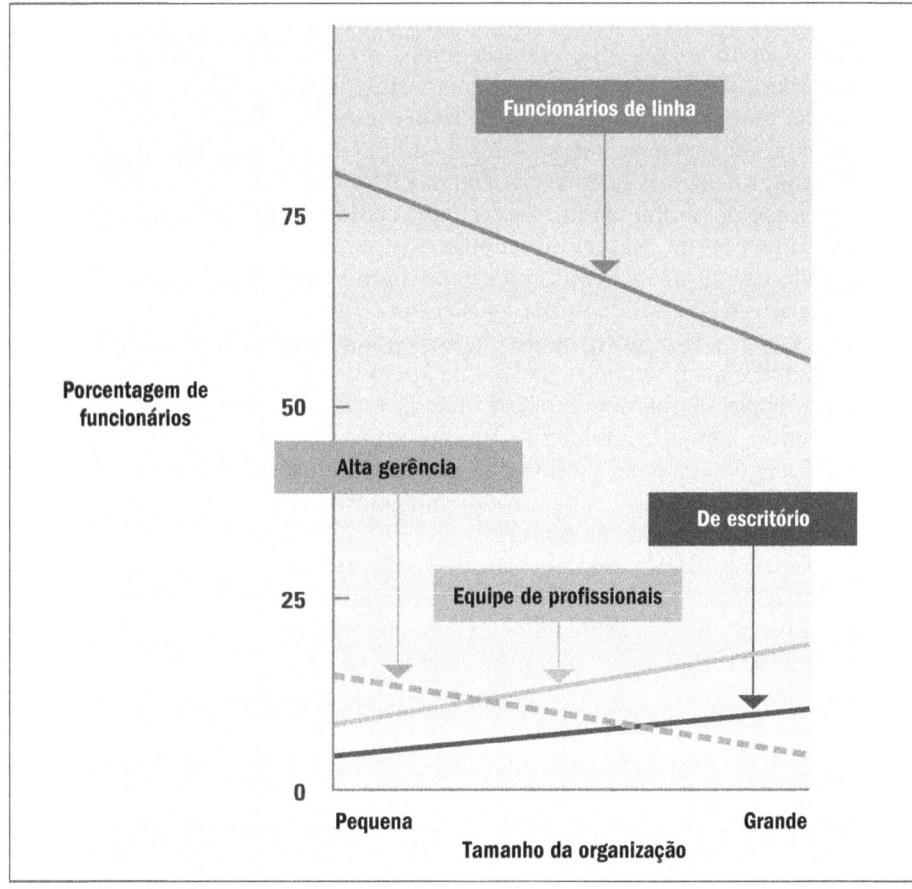

FIGURA 12.6
Porcentagem de pessoal alocado para atividades gerenciais e de apoio

© Cengage Learning 2013

A Figura 12.6 ilustra os coeficientes administrativo e de apoio em organizações pequenas e grandes. À medida que cresce o tamanho das organizações, o coeficiente administrativo diminui e o coeficiente de outros grupos de apoio aumenta.[47] O efeito líquido para os trabalhadores diretos é que eles diminuem como percentual do total de funcionários. Em resumo, enquanto a alta administração não constitui um número desproporcional de funcionários em grandes organizações, existe a ideia de que são necessários mais altos gerentes em grandes empresas. Com o declínio da economia norte-americana, muitas empresas têm lutado para cortar custos com despesas gerais. Manter baixos os custos com funcionários administrativos, de escritório e de apoio profissional representa um desafio constante para grandes organizações.

Burocracia em um mundo em constante mudança

A previsão de Weber acerca do triunfo da burocracia se mostrou exata. Características burocráticas possuem muitas vantagens e têm funcionado extremamente bem para muitas das necessidades da era industrial.[48] Ao estabelecer uma hierarquia de autoridade e regras e procedimentos específicos, a burocracia proporcionou uma maneira eficaz de levar a ordem a grandes grupos de pessoas e de minimizar abusos de poder. Relacionamentos impessoais baseados em papéis, e não em pessoas, reduziram o favoritismo e o nepotismo característicos de muitas organizações pré-industriais. A burocracia também proporcionou formas sistemáticas e racionais de organizar e gerenciar tarefas complexas demais para serem entendidas e conduzidas por poucos indivíduos, o que resultou em uma grande melhora na eficiência e na eficácia das grandes organizações.

No entanto, o mundo está em fluxo constante, e o mecânico sistema burocrático da era industrial não funciona mais tão bem tendo em vista que as organizações enfrentam novos desafios e precisam oferecer respostas rápidas. Considere a Microsoft, que é alvo de queixas de funcionários atuais e antigos, alegando que ela se tornou lenta e rígida pela burocracia pesada nos últimos anos. Eles dizem que praticamente toda ação importante requer a assinatura de um advogado e que obter aprovação até para assuntos de rotina pode levar semanas. Um funcionário deixou a empresa por estar cansado de ser inundado com trabalhos burocráticos. "O menor problema inflaria até se tornar um pesadelo de milhares de e-mails", diz ele.[49] Os dirigentes estão tentando encontrar maneiras de cortar a burocracia de modo que as pessoas possam fazer seus trabalhos de forma mais eficaz e ajudem a Microsoft a manter-se competitiva. Como a Microsoft, muitas empresas estão lutando contra o aumento da formalização e dos coeficientes de pessoal de apoio profissional. A ConAgra Foods, por exemplo, implementou uma iniciativa chamada *Road Map*, que reuniu pessoas de toda a empresa a fim de simplificar e agilizar os processos de informação, planejamento, gestão de desempenho e assim por diante. Os processos simplificados cortaram custos com despesas gerais, bem como aumentaram a qualidade e a velocidade da comunicação e da tomada de decisão.[50]

Os problemas causados pelo excesso de burocratização são evidentes nas ineficiências de algumas grandes organizações governamentais norte-americanas. Em resposta à exigência do Presidente Barack Obama de que seus secretários de gabinete encontrassem US$100 milhões em cortes orçamentários, o U.S. Office of Thrift Supervision (agência de supervisão de instituições de poupança norte-americana, uma divisão do Departamento do Tesouro) identificou linhas telefônicas não utilizadas que custavam US$320.000 ao ano.[51] Um estudo recente descobriu uma média de 18 camadas de gerenciamento federal entre o topo e a base da maioria das agências, como entre o secretário da agricultura e o guarda florestal ou o secretário do interior e o inspetor da plataforma de petróleo.[52] Algumas agências possuem tantos membros de equipe burocrática e cargos confusos que ninguém tem realmente certeza de quem faz o quê. Richard Cavanagh, que já foi assessor do Presidente Jimmy Carter, informa que seu cargo federal preferido é "assistente administrativo do administrador assistente para a administração da Administração de Serviços Gerais".[53] Alguns críticos culparam a burocracia do governo por falhas na inteligência, comunicação e responsabilidade final em relação aos ataques terroristas de 2001, ao desastre do ônibus especial Columbia, aos abusos da prisão de Abu Ghraib e às respostas lentas aos desastres do vazamento de petróleo no Golfo em 2010 e do terremoto Katrina, em 2005. "Toda vez que você acrescenta uma camada de burocracia, você atrasa a transmissão da informação para o topo da cadeia de comando... E você dilui a informação porque, a cada passo, alguns detalhes são omitidos", diz Richard A. Posner, um juiz da corte federal de apelação que escreveu um livro sobre a reforma na inteligência secreta.[54] Muitas organizações comerciais também precisam reduzir a formalização e a burocracia. Por exemplo, descrições de cargo minuciosamente detalhadas e regras excessivas tendem a limitar a criatividade, a flexibilidade e a resposta rápida necessárias nas organizações de hoje, baseadas no conhecimento.

Organizando sistemas temporários

De que modo as organizações podem superar os problemas da burocracia em ambientes que mudam rapidamente? Algumas estão implementando soluções estruturais inovadoras. Um conceito estrutural é o uso de sistemas ou estruturas temporárias para responder a uma emergência ou situação de crise. A abordagem é geralmente usada por organizações como a polícia e corpos de bombeiros ou outros órgãos de gestão de emergência para manter a eficiência e controlar os benefícios da burocracia e ainda evitar o problema da resposta lenta.[55] A abordagem está sendo adotada por outros tipos de organizações a fim de ajudá-las a responder rapidamente a novas oportunidades, ameaças competitivas imprevistas ou crises organizacionais.

A ideia básica é que a organização saia suavemente de uma estrutura altamente formalizada e hierárquica, que é eficaz em épocas de estabilidade, para um estilo mais flexível e com estrutura livre para reagir bem a condições ambientais inesperadas ou exigentes. O lado hierárquico com suas regras, procedimentos e cadeia de comando ajuda a manter o controle e a garantir a aderência às regras que foram desenvolvidas e testadas ao longo de muitos anos para lidar com problemas e situações bem compreendidos. No entanto, em épocas de grande incerteza, a estrutura mais eficaz é aquela que afrouxa as linhas de comando e permite que as pessoas trabalhem pelas linhas departamentais e hierárquicas para antecipar, evitar e resolver problemas singulares dentro do contexto de uma missão claramente entendida e de instruções relacionadas. A abordagem pode ser vista em ação no Exército da Salvação, que foi denominado a "organização mais eficaz do mundo".

NA PRÁTICA

Exército da Salvação

O Exército da Salvação presta assistência diária aos desabrigados e aos economicamente desfavorecidos. Além disso, sempre que ocorre um grande desastre, – seja um tornado, uma inundação, um furacão, um acidente aéreo, ou um ataque terrorista – a organização se apressa em estabelecer uma rede com outros órgãos para prestar socorro. A administração do Exército compreende que emergências demandam alta flexibilidade. Ao mesmo tempo, a organização deve ter um alto nível de controle e responsabilidade final para garantir a continuação de sua existência e cumprir suas responsabilidades diárias. Como certa vez disse um ex-comandante nacional, "Precisamos ter as duas coisas. Não podemos optar por sermos flexíveis e imprudentes ou responsáveis e responsivos... Temos de ser diferentes tipos de organização ao mesmo tempo".

Nos primeiros momentos emergenciais de uma crise, o Exército da Salvação implanta uma organização temporária que possui sua própria estrutura de comando. As pessoas precisam ter uma noção clara de quem está no comando para evitar que as demandas por uma resposta rápida degenerem-se para um caos. Por exemplo, se o Exército reage a uma inundação no Mississippi ou a um tornado em Oklahoma, os manuais especificam com antecedência e de forma clara quem é responsável por falar com a mídia, quem está a cargo dos estoques de suprimentos, quem estabelece contato com outros órgãos e assim por diante. O modelo para a organização temporária mantém o Exército da Salvação responsivo e consistente. No entanto, nas fases posteriores de recuperação e reconstrução em uma crise, os supervisores frequentemente dão às pessoas diretrizes gerais e permitem que elas improvisem as melhores soluções. Não há tempo para que os supervisores revisem e assinem cada decisão que precisa ser tomada para o restabelecimento das famílias e da comunidade.

Portanto, o Exército da Salvação, na verdade, tem pessoas trabalhando simultaneamente em todos os diferentes tipos de estruturas, desde estruturas de comando verticais tradicionais, equipes horizontais, a uma espécie de forma em rede que se baseia na colaboração com outros órgãos. Operar de forma tão fluida permite que a organização obtenha excelentes resultados. Em um ano, o Exército auxiliou mais de 2,3 milhões de pessoas afetadas por desastres nos Estados Unidos, além das muitas mais atendidas por programas cotidianos regulares. Ele foi reconhecido como um líder em fazer máximo uso do dinheiro, o que significa que os doadores estão dispostos a doar por confiarem que a organização é responsável e cumpridora dos seus deveres ao mesmo tempo em que é flexível e inovadora em atender às necessidades humanas.[56]

Outras abordagens para reduzir a burocracia

As organizações estão adotando uma série de outras medidas menos dramáticas para reduzir a burocracia, geralmente *impulsionadas por altos dirigentes*. Muitas estão cortando camadas da hierarquia, mantendo poucos funcionários de escritório na matriz e dando aos trabalhadores dos níveis mais baixos maior liberdade para tomar decisões, em vez de sobrecarregá-los com um excesso de regras e regulamentos. O comprometimento da alta gerência é essencial quando uma organização precisa reduzir a burocracia e tornar-se mais flexível e responsiva.[57] Considere os seguintes exemplos:

- Conforme descrito anteriormente, Larry Page voltou recentemente a ser CEO do Google na tentativa de acabar com a burocracia que foi construída à medida que o Google se tornava uma grande corporação. Um mecanismo que está sendo utilizado por Page para acelerar a tomada de decisão e restaurar a atmosfera de uma *start-up*[*] é uma sessão diária de *"bullpen"*. Todas as tardes, Page e outros altos executivos trabalham juntos em uma área pública da sede do Google para que os funcionários possam abordá-los diretamente a respeito de problemas ou preocupações. "Quanto mais as pessoas dizem que não é possível uma grande empresa agir como uma empresa pequena, mais determinado ele (Larry Page) fica para descobrir como fazê-lo", disse Steven Larry, o autor de um livro sobre o Google.[58]
- Os executivos de uma fabricante multinacional de bens de consumo criaram pequenas equipes com base em cada região geográfica para que se concentrassem nas necessidades e condições competitivas de cada área. Eles também agilizaram procedimentos para a forma de como as equipes e divisões se comunicam e trabalham com a sede. Isso reduziu pela metade o número de sessões de consultas relacionadas a um problema, levando a uma tomada de decisão mais rápida, a uma menor frustração e a menos tempo gasto por funcionários e clientes.[59] O ponto é reduzir a burocracia que inibe a flexibilidade e a autonomia de divisões e equipes.
- Na companhia farmacêutica GlaxoSmithKline PLC sediada em Londres, altos executivos concederam a cientistas de primeira linha, não a gestores ou ao comitê de pesquisa, a autoridade de definir prioridades e alocar recursos para medicamentos em desenvolvimento. A mudança em quem decide quais projetos de

---

[*] *Start-up* é uma empresa recém-criada, embrionária ou em fase de formação, em geral de caráter inovador. (N.R.T.)

pesquisa de medicamentos financiar trouxe um espírito empreendedor à gigante empresa, semelhante àquele de uma pequena empresa de biotecnologia.[60]

Outro ataque à burocracia vem do crescente profissionalismo dos funcionários. O *profissionalismo* é definido como a extensão da formação formal e da experiência dos funcionários. Mais funcionários necessitam de diplomas de graduação, MBAs e outros diplomas profissionais para trabalhar como advogados, pesquisadores, engenheiros ou médicos no Google, na Zurich Financial Services ou na GlaxoSmithKline. Algumas empresas virtuais são compostas exclusivamente de trabalhadores especializados com alto nível de formação acadêmica. Estudos de profissionais mostram que a formalização não é necessária pelo fato de a formação profissional regularizar um alto padrão de comportamento para os funcionários, que atua como um substituto da burocracia.[61] Empresas aumentam essa tendência ao oferecer formação contínua a *todos* os funcionários, desde o serviço de atendimento até o chão de fábrica, impulsionando o aprendizado individual e organizacional contínuo. A maior formação substitui regras e procedimentos burocráticos que podem restringir a criatividade dos funcionários na resolução de problemas e também aumenta a capacidade individual e da organização.

Surgiu uma forma de organização chamada *parceria profissional* que é totalmente constituída de profissionais específicos.[62] Essas organizações incluem empresas de contabilidade, consultórios médicos, empresas de advocacia e empresas de consultoria. A descoberta geral acerca das parcerias profissionais é que as filiais têm uma autonomia substancial e uma autoridade descentralizada para tomar as decisões necessárias. Eles trabalham de acordo com uma orientação consensual, em vez da direção de cima para baixo, típica das empresas e organizações governamentais tradicionais. Assim, a tendência de aumento do profissionalismo, em conjunto com ambientes que mudam rapidamente, está levando a menos burocracia nas corporações norte-americanas.

Burocracia *versus* outras formas de controle

Embora muitas organizações estejam tentando diminuir a burocracia e simplificar as regras e procedimentos que restringem os funcionários, toda empresa precisa de sistemas para guiá-la e controlá-la. Os funcionários podem ter mais liberdade nas empresas de hoje, mas o controle ainda é uma grande responsabilidade dos gerentes.

Os gerentes nos níveis alto e intermediário podem escolher entre três estratégias de controle gerais. Essas estratégias vêm de uma estrutura de controle organizacional proposta por William Ouchi da University of California em Los Angeles. Ouchi sugeriu três estratégias de controle que as organizações poderiam adotar – burocrático, de mercado e de clã.[63] Cada forma de controle utiliza tipos diferentes de informação. No entanto, todos os três tipos podem aparecer simultaneamente em uma organização. As exigências de cada estratégia de controle são apresentadas na Figura 12.7.

Controle burocrático

Controle burocrático é o uso de normas, políticas, hierarquia de autoridade, documentação escrita, padronização e outros mecanismos burocráticos para padronizar o comportamento e avaliar o desempenho. O controle burocrático utiliza as características burocráticas definidas por Weber e ilustradas no caso da UPS. A principal finalidade das regras e procedimentos burocráticos é padronizar e controlar o comportamento do funcionário.

Lembre-se de que, à medida que as organizações progridem no ciclo de vida e crescem, elas se tornam mais formalizadas e padronizadas. Em uma grande organização, milhares de comportamentos de trabalho e trocas de informação acontecem tanto vertical quanto horizontalmente. As regras e políticas evoluem por meio de

---

ANOTAÇÕES

Como administrador de uma organização, tenha essas diretrizes em mente:

Considere o uso da abordagem de sistemas temporários para manter a eficiência e controlar os benefícios da burocracia, mas prevenindo o problema da resposta lenta para a rápida mudança ambiental. Permitir que a organização faça uma transição suave de um sistema formalizado durante momentos de estabilidade para um sistema mais flexível e frouxamente estruturado ao enfrentar ameaças, crises ou mudanças ambientais inesperadas.

FIGURA 12.7 Três estratégias de controle organizacional

Tipo	Exigências
Burocrático	Regras, normas, hierarquia, autoridade legítima
Mercado	Preços, concorrência, relação de troca
Clã	Tradição, valores e crenças compartilhados, confiança

Fonte: Baseado em William G. Ouchi, "A Conceptual Framework for the Design of Organizational Control Mechanisms," *Management Science* 25 (1979), 833–848.

um processo de tentativa e erro para regular esses comportamentos. Algum grau de controle burocrático é usado em praticamente todas as organizações. Regras, regulamentos e diretrizes contêm informações sobre uma gama de comportamentos. Por exemplo, note a variedade de comportamentos que os gestores procuram controlar por meio de regras em um iate clube exclusivo, listados na Figura 12.8.

Para fazer que o controle burocrático funcione, os gerentes devem ter autoridade para manter o controle sobre a organização. Weber argumentava que a autoridade legítima e racional conferida aos gerentes era preferível em relação a outros tipos de controle (por exemplo, favoritismo ou subornos) como base para as decisões e atividades organizacionais. Dentro da sociedade mais ampla, no entanto, Weber identificou três tipos de autoridade que poderiam explicar a criação e o controle de uma grande organização.[64]

A **autoridade racional-legal** baseia-se na crença dos funcionários na legalidade das regras e no direito que aqueles em posições elevadas de autoridade têm de emitir comandos. A autoridade racional-legal é a base tanto para a criação quanto para o controle da maioria das organizações governamentais, e também é a base de controle mais comum nas organizações de todo o mundo. A **autoridade tradicional** é a crença nas tradições e na legitimidade do *status* de pessoas que exercem autoridade por meio dessas tradições. A autoridade tradicional é a base de controle para monarquias, igrejas e algumas organizações na América Latina e no Golfo Pérsico. A **autoridade carismática** baseia-se na devoção ao caráter exemplar ou ao heroísmo de uma pessoa específica e na ordem definida por essa pessoa. Organizações militares revolucionárias muitas vezes têm como base o carisma do líder, assim como organizações norte-americanas lideradas por indivíduos carismáticos como Steve Jobs, o

FIGURA 12.8 Exemplos de regras em um iate clube

Regras do Northeast Harbor Yacht Club para os funcionários

⊕ Os funcionários devem manter uma aparência asseada e bem-vestida no trabalho.
⊕ O uniforme de verão consiste em shorts verdes, cinto preto ou marrom, camisa branca por dentro da calça e sapatos de barco. Roupas desfiadas não são permitidas no clube.
⊕ Os funcionários devem chegar ao trabalho antes ou no horário do turno acordado.
⊕ Os funcionários não devem fumar ou ingerir álcool nas dependências do clube em nenhum horário.
⊕ Os funcionários devem ser educados e solícitos com os membros em todos os momentos.
⊕ Os funcionários devem permanecer a uma distância respeitosa dos membros e não devem aceitar convites sociais destes.
⊕ Os funcionários não devem permanecer nas dependências do clube quando não estiverem trabalhando.
⊕ Os funcionários não estão autorizados a usar telefones do clube para fazer ou receber ligações pessoais.
⊕ Os instrutores devem fornecer manuais e rádio próprios.
⊕ Os funcionários da manutenção devem fornecer e utilizar suas próprias ferramentas.

© Cengage Learning 2013

Capítulo 12: Tamanho da organização e ciclo de vida

CEO da Apple falecido recentemente, ou a empresária de mídia Oprah Winfrey, que administra uma revista de sucesso e uma rede televisiva, além de outras empresas.

Mais de um tipo de autoridade – como a tradição antiga e o carisma especial do líder – pode existir em organizações, mas a autoridade racional-legal é a forma mais amplamente usada para governar as atividades de trabalho e a tomada de decisões, especialmente em grandes organizações. O controle burocrático pode ser altamente eficaz, mas, quando levado ao extremo, também pode criar problemas. Considere os seguintes exemplos do Japão.

Shizugawa Elementary School Evacuation Center e Toyota Motors

NA PRÁTICA

O repórter de um jornal descreveu o Japão como "uma nação obcecada por regras com uma propensão para a criação de burocracia e designação de cargos e comitês até mesmo para a mais trivial das tarefas". Quando a aldeia de pescadores de Minamisanriku foi devastada por um tsunami na primavera de 2011, essa propensão serviu a um propósito valioso. A criação de regras, procedimentos e estruturas de autoridade ajudou a criar um senso de normalidade e conforto no Shizugawa Elementary School Evacuation Center. O grupo de refugiados criou seis divisões para supervisionar diversos aspectos da vida cotidiana, tais como cozinhar, limpar, controlar o estoque e dar assistência médica, e cada função detalhou regras e procedimentos a serem seguidos. As equipes de limpeza, por exemplo, seguiram um folheto de instruções descrevendo nos mínimos detalhes como separar os tipos de lixo e recicláveis, como substituir sacos de lixo e assim por diante. Os procedimentos exaustivos e meticulosos mantiveram o centro funcionando sem percalços e ajudaram as pessoas a lidar com uma situação devastadora. "O povo japonês é do tipo que se sente mais tranquilizado à medida que mais regras estão em vigor", disse Shintaro Goto, um ator e eletricista de 32 anos que voltou para a aldeia de Tóquio apenas meses antes do tsunami.

No entanto, enquanto regras, procedimentos e listas detalhadas foram altamente benéficos nos centros de refúgio do tsunami, eles foram parcialmente culpados pelos problemas de qualidade e segurança que assolaram a Toyota Motors do Japão nos últimos anos. "A conclusão é que sucumbimos à 'Doença da Grande Empresa'", disse Shinichi Sasaki, um membro da diretoria da Toyota e vice-presidente executivo responsável pela qualidade. "Isso nos levou a questionar alguns dos nossos pressupostos básicos." O vigoroso sistema burocrático do topo à base da Toyota ajudou a obscurecer os problemas. Por exemplo, a empresa queria que fornecedores, concessionárias e outros parceiros, bem como os funcionários, seguissem diretrizes rigorosas ao pé da letra. Contudo, as regras e listas de controle não permitiram que os executivos vissem quando as coisas começaram a dar errado e as queixas dos clientes começaram a se acumular. A Toyota, desde então, implementou uma série de reformas em suas operações, muitas das quais desenvolvidas para superar os problemas causados pelo grande porte e pela burocracia.[65]

A Toyota não é a única grande empresa a constatar que o excesso de regras pode atrapalhar o atendimentos aos clientes. Os funcionários da Starbucks, que cresceu rapidamente de seis lojas em 1987 para uma corporação enorme com milhares de lojas em todo o mundo, estão sendo sufocados por regras e políticas meticulosas que não funcionam mais. A consistência é importante para a empresa e regras e procedimentos que facilitaram resultados previsíveis possibilitaram a Starbucks crescer e ter sucesso. Entretanto, aplicar regras de forma cega e inflexível rapidamente passou a causar problemas. Um empreendedor de software e contribuidor da revista Inc. conta a história de um coletor de pedidos de uma loja da Starbucks que entrou em uma longa sessão de gritos com um cliente que queria pegar seu sanduíche no balcão da frente. "Eles não têm autorização de entregá-lo a você aqui!" gritava o funcionário para o cliente chocado e frustrado.[66]

Controle de mercado

O **controle de mercado** ocorre quando a concorrência pelo preço é usada para avaliar os resultados e a produtividade de uma organização ou seus principais departamentos e divisões. A ideia do controle de mercado originou-se na economia.[67] Um preço em dólares é uma forma eficiente de controle, visto que os gerentes podem comparar preços e lucros para avaliar a eficiência de sua empresa. A alta administração quase sempre usa o mecanismo do preço para avaliar o desempenho em suas corporações. As vendas e os custos corporativos são resumidos em uma demonstração de lucros e prejuízos que pode ser comparada com o desempenho em anos anteriores ou com o de outras corporações.

A utilização do controle de mercado exige que os resultados sejam suficientemente explícitos para que um preço seja estabelecido e exista concorrência. Sem a concorrência, o preço não reflete com exatidão a eficiência interna. Até mesmo algumas organizações governamentais e sem fins lucrativos estão utilizando o controle de mercado de maneira eficaz. Por exemplo, o *U.S. Federal Aviation Administration* fez uma licitação para operar seus computadores que fazem a folha de pagamento. O departmento de agricultura superou a IBM e outras duas empresas privadas para ganhar a licitação.[68] A cidade de Indianápolis exige que todos os seus departamentos concorram com empresas privadas. Quando o departamento de transportes perdeu para uma empresa privada uma licitação de contrato para fechar buracos, os trabalhadores sindicalizados da cidade fizeram uma contraproposta que envolveu eliminar a maioria dos gerentes intermediários do departamento e fazer uma reengenharia dos cargos sindicalizados para economizar dinheiro. Dezoito supervisores foram demitidos, os custos foram cortados em 25% e o departamento ganhou a licitação.[69]

O controle de mercado já foi utilizado principalmente na organização inteira, mas é cada vez mais frequente nas divisões relacionadas ao produto ou departamentos individuais. Os centros de lucro são divisões de produto independentes, como as descritas no Capítulo 2. Cada divisão contém entradas de recursos necessárias para produzir um produto. Cada divisão pode ser avaliada com base no lucro ou no prejuízo em comparação com outras divisões. A ABB, uma fornecedora de serviços elétricos e fabricante de equipamentos elétricos global, inclui três tipos diferentes de centros de lucro, todos funcionando de acordo com seu próprio resultado final e interagindo por meio da compra e venda entre eles e com consumidores externos.[70] A organização em rede, também descrita no Capítulo 2, também ilustra o controle de mercado. Empresas diferentes competem em relação ao preço para fornecer as funções e os serviços solicitados pela organização central. A organização normalmente contrata a empresa que oferece o melhor preço e o melhor valor.

Controle de clã

O **controle de clã** é o uso de características sociais, valores compartilhados, comprometimento, tradições e crenças para controlar o comportamento. Organizações que utilizam o controle de clã possuem fortes culturas que enfatizam valores compartilhados e confiança entre os funcionários.[71] O controle de clã é importante quando a ambiguidade e a incerteza são altas. A alta incerteza significa que a organização não pode atribuir um preço aos seus serviços e que as coisas mudam com tamanha rapidez que as regras e regulamentos não são capazes de especificar cada comportamento correto. Sob o controle de clã, as pessoas podem ser contratadas por estarem comprometidas com o propósito da organização, como em uma organização religiosa ou uma organização focada em uma missão social. Os novos funcionários geralmente são submetidos a um longo período de socialização para obter a aceitação dos colegas. Há uma forte pressão para o cumprimento das regras do grupo, que regem uma ampla gama de comportamentos do funcionário. Os gestores atuam principalmente como mentores, modelos a serem seguidos e agentes de transmissão de valores.[72]

ANOTAÇÕES

Como administrador de uma organização, tenha essas diretrizes em mente:

Implemente uma das três opções básicas – burocrática, de clã, de mercado – como o principal meio de controle organizacional. Utilize o controle burocrático quando as organizações são grandes, possuem um ambiente estável e usam tecnologia de rotina. Utilize o controle de clã em departamentos pequenos e incertos. Utilize o controle de mercado quando a produção puder ser precificada e quando houver competição de mercado.

> **2** Um gestor deve enfatizar os valores compartilhados, a confiança e o compromisso para com a missão da organização como o meio principal de controlar o comportamento do funcionário.
>
> **RESPOSTA:** *Concordo ou discordo.* O controle de clã, que tem como base a cultura, confiança, comprometimento e valores e tradições compartilhados, pode ser altamente eficaz e é particularmente útil em departamentos ou organizações que estão passando por elevada incerteza ou turbulência ambiental. Entretanto, outras formas de controle, tais como o controle burocrático e de mercado, também são eficazes e apropriadas sob as certas circunstâncias.

AVALIE SUA RESPOSTA

Os mecanismos tradicionais de controle que têm como base regras rígidas e supervisão rigorosa são inadequados para controlar o comportamento em condições de elevada incerteza e rápida transformação.[73] Além disso, o uso de redes de computadores e da internet, que muitas vezes leva a uma difusão democrática de informações por toda a organização, está influenciando as empresas a dependerem menos do controle burocrático e mais de valores compartilhados que orientam as ações individuais para o bem da corporação.[74] O controle de clã é usado com mais frequência em organizações pequenas e informais nas quais as pessoas estão fortemente comprometidas com o objetivo da organização. Algumas grandes empresas utilizam o controle de clã em vez de contarem com regras e regulamentos, porém, o grande porte aumenta a pressão sobre os gestores para manterem fortes valores culturais que dão suporte a esse tipo de controle.

Um conceito semelhante é o *autocontrole*. Enquanto o controle de clã é uma função de estar socializado em um grupo, o autocontrole decorre de valores, metas e padrões individuais. Os dirigentes tentam induzir uma mudança de modo que os valores internos e preferências de trabalho dos próprios funcionários sejam alinhados com os valores e metas da organização.[75] No caso do autocontrole, os funcionários geralmente estabelecem seus próprios objetivos e monitoram seu próprio desempenho, mas as empresas que se apoiam no autocontrole precisam de líderes fortes que possam deixar claras as fronteiras dentro das quais os funcionários exercitam seu próprio conhecimento e opinião.

O controle de clã ou o autocontrole também podem ser usados em alguns departamentos, como o de planejamento estratégico, em que a incerteza é alta e é difícil medir o desempenho. Gerentes de departamentos que se apoiam nesses mecanismos de controle informais não devem supor que a ausência de controle burocrático por escrito significa que não há nenhum controle. O controle de clã é invisível, mas muito poderoso. Um estudo descobriu que as ações dos funcionários eram controladas com mais pulso e mais completamente no controle de clã do que em uma hierarquia burocrática.[76] Quando o controle de clã funciona, o controle burocrático não é necessário.

Declínio organizacional e *downsizing*

No início deste capítulo, discutimos o ciclo de vida organizacional, que sugere que as organizações nascem, crescem e acabam morrendo. O tamanho pode tornar-se um fardo para muitas organizações. Por exemplo, a General Motors entrou em colapso sob seu próprio peso e teve de passar pela falência e por uma reestruturação forçada. A empresa não apenas estava trabalhando sob um encargo financeiro de enormes pensões e obrigações médicas, mas sua burocracia desconcertante tinha tornado difícil para a GM conectar-se às necessidades dos consumidores. Os dirigentes regionais disseram que suas ideias e sugestões para mudanças nos produtos ou abordagens publicitárias nunca chegaram aos tomadores de decisão ou foram ignoradas.[77] Toda organização passa por períodos de declínio temporário. Além disso, uma realidade no ambiente de hoje é que, no caso de algumas organizações, o crescimento e a expansão contínuos podem não ser possíveis.

Em toda parte vemos provas de que algumas organizações pararam de crescer e muitas estão em declínio. Enormes empresas de serviços, como a Lehman Brothers e a Bear Stearns, desintegraram-se em parte como resultado do crescimento desenfreado e do controle ineficaz. A Starbucks teve de dar um fim ao seu período de expansão desenfreada quando se tornou óbvio que ela estava canibalizando as vendas e ameaçando o sucesso da cadeia. Quando Howard Schultz voltou ao posto de CEO em 2008, ele imediatamente suspendeu a abertura de novas lojas e a Starbucks fechou 900 lojas nos três anos seguintes.[78] Com a economia em declínio, muitas grandes organizações fizeram cortes significativos de funcionários nos últimos anos. Governos locais têm sido forçados a fechar escolas, demitir policiais e fechar postos de bombeiros à medida que as receitas fiscais caíam. Faculdades e universidades instituíram o congelamento nas contratações, suspenderam projetos de construção e reduziram tarefas de manutenção, tais como o uso de lavadoras de alta pressão para lavar janelas e calçadas.[79]

Nesta seção, examinaremos as causas e as etapas do declínio organizacional e depois discutiremos de que modo os líderes podem efetivamente administrar o *downsizing*, que é realidade nas empresas de hoje.

Definição e causas

O termo **declínio organizacional** é usado para definir uma condição em que uma queda substancial e absoluta na base de recursos de uma organização ocorre ao longo de um período.[80] O declínio organizacional, muitas vezes, é associado ao declínio ambiental, no sentido de que o domínio organizacional experimenta uma redução no tamanho (como um encolhimento na demanda dos consumidores ou uma erosão na base de impostos de uma cidade) ou uma redução na forma (como uma mudança na demanda dos consumidores). Em geral, os três fatores a seguir são considerados responsáveis por causar o declínio organizacional.

1. *Atrofia organizacional*. A atrofia ocorre quando as organizações envelhecem e se tornam ineficientes e excessivamente burocratizadas. A capacidade da organização de se adaptar ao ambiente se deteriora. Frequentemente, a atrofia se dá após um longo período de sucesso pelo fato de uma organização considerá-lo algo garantido, ficar presa às práticas e estruturas que funcionaram no passado e não se adaptar às mudanças no ambiente.[81] Alguns sinais de alerta para a atrofia organizacional incluem o excesso de pessoal administrativo e de apoio, procedimentos administrativos complexos, falta de comunicação e coordenação eficazes e estrutura organizacional ultrapassada.[82]
2. *Vulnerabilidade*. A vulnerabilidade reflete uma incapacidade estratégica da organização de prosperar em seu ambiente. Isso acontece, muitas vezes, com empresas de pequeno porte que ainda não estão completamente estabelecidas. Elas são vulneráveis às mudanças nos gostos dos consumidores ou na saúde econômica da comunidade mais ampla. Pequenas empresas de comércio eletrônico que ainda não estavam estabelecidas foram as primeiras a fechar as portas quando o setor de tecnologia começou a cair. Algumas organizações são vulneráveis porque são incapazes de definir a estratégia ideal para se adequar ao ambiente. Organizações vulneráveis normalmente precisam redefinir seu domínio ambiental para entrar em novos setores ou mercados.
3. *Declínio ambiental ou concorrência*. O declínio ambiental refere-se à redução de energia e recursos disponíveis para apoiar uma organização. Quando o ambiente tem menos capacidade de dar suporte às organizações, a empresa tem de reduzir as operações ou passar para outro domínio.[83] Os gestores da *American Red Cross*, por exemplo, estão lutando para levantar fundos suficientes para cobrir as despesas. As doações têm diminuído ao longo de vários anos e os grandes

desastres recentes, como o terremoto do Haiti, o terremoto e o tsunami no Japão e o furacão Irene nos Estados Unidos, têm contraído os recursos da organização. Quedas acentuadas no mercado de ações, perdas generalizadas de emprego, elevação dos preços e o pessimismo geral acerca da economia norte-americana criaram um ambiente de arrecadação de fundos difícil para todas as entidades sem fins lucrativos.[84] A nova concorrência também pode ser um problema, especialmente para pequenas organizações. Considere o que está acontecendo com os fabricantes de ferramentas norte-americanos, empresas que produzem estampas, moldes, gabaritos, parafusos e aferidores usados nos chãos de fábrica para produzir tudo, desde portas de carros até bombas guiadas por laser. Centenas dessas empresas – incluindo uma das duas únicas nos Estados Unidos capazes de fabricar ferramentas usadas para construir componentes de aeronaves invisíveis – fecharam as portas nos últimos anos, incapazes de concorrer com os preços superbaixos oferecidos por empresas semelhantes na China À medida que cada vez mais fabricantes de ferramentas fecham as portas, a National Tooling and Machining Association exortou o Congresso a aprovar a legislação que "nivelaria o campo de atuação" e permitiria que essas pequenas empresas permanecessem competitivas em relação às empresas chinesas.[85]

Esses três fatores estiveram envolvidos no declínio da Borders Group, que já foi a segunda maior livraria do país.

NA PRÁTICA

Borders Group Inc.

Em 1971, Tom e Louis abriram uma livraria de livros usados de aproximadamente 240 metros quadrados em Ann Arbor, Michigan. No fim dos anos 1990, a pequena livraria tinha evoluído para a Borders Group, a segunda maior livraria dos Estados Unidos, com uma cadeia internacional de superlivrarias e livrarias Waldenbooks menores em shopping centers. O inovador sistema de gestão de estoque da empresa era considerado alvo de inveja no setor livreiro.

Em 2006, a Borders Group tinha 36.000 funcionários e mais de mil lojas. Em meados de 2011, a empresa estava morta, com gestores liquidando as 399 lojas restantes e fechando a cadeia para sempre. O que aconteceu? A Borders foi atingida simultaneamente pelos três fatores que causam o declínio organizacional. A principal causa foi o aumento da concorrência de lojas de desconto como o Walmart e de vendedores on-line. A Amazon. com mudou permanentemente as regras de venda de livros. As vendas de livros on-line dispararam, enquanto as vendas em livrarias começaram a diminuir. Os dirigentes da Borders não foram capazes de se adaptarem às mudanças, em parte por causa da atrofia organizacional. A empresa tinha sido muito bem-sucedida durante muitos anos e os gestores não puderam aceitar que sua forma de fazer negócios não era mais eficaz. Eles ficaram presos à estratégia de construir mais lojas grandes, optando por fazer uma parceria com a Amazon para vendas on-line em vez de estabelecer sua própria unidade de e-commerce. Quando a Borders decidiu suspender a expansão de lojas e "tornar-se uma força na venda de livros on-line", era tarde demais. A vulnerabilidade também foi um fator responsável pela morte da Borders. A crescente popularidade dos livros digitais deixou todos os vendedores de livros vulneráveis e os gestores da Borders não foram capazes de encontrar a estratégia certa e redefinir seu domínio organizacional para ir além da livraria tradicional. Estima-se que as vendas dos livros tradicionais tenham sofrido uma queda de 11,4% em 2011, ao passo que as vendas de livros digitais aumentou 111% durante o mesmo período.[86]

Os gestores da Borders foram incapazes de superar o triplo golpe da atrofia organizacional, da vulnerabilidade e da concorrência ambiental. Após a empresa entrar com o pedido de falência, houve sinais de que a Borders poderia sobreviver sob nova propriedade. Por fim, porém, o negócio se desfez e não havia nada a ser feito a não ser fechar a empresa. Na próxima seção, examinamos os estágios do declínio organizacional e alguns erros comuns cometidos por gestores que podem levar à dissolução, assim como ocorreu com a Borders Group.

Um modelo dos estágios do declínio*

Com base em uma extensa revisão de pesquisas sobre o declínio organizacional, foi proposto um modelo dos estágios do declínio. Esse modelo sugere que o declínio, se não for administrado adequadamente, pode passar por cinco estágios, resultando na dissolução da organização.[87]

1. *Estágio de cegueira*. O primeiro estágio do declínio é a mudança interna e externa que ameaça a sobrevivência de longo prazo e pode exigir que a organização fique mais unida. A organização pode ter excesso de pessoal, procedimentos inadequados ou falta de harmonia com os clientes. Os líderes muitas vezes não entendem os sinais de declínio neste ponto, e a solução é desenvolver sistemas de avaliação e controle eficazes que indicam quando algo vai mal. Com informações adequadas e no momento certo, os executivos em alerta podem levar a organização de volta ao desempenho máximo.

2. *Estágio de paralisia*. O segundo estágio do declínio é denominado paralisia. Nele ocorre a negação, apesar dos sinais de deterioração do desempenho. Os líderes podem tentar persuadir os funcionários e outras partes interessadas de que está tudo bem. Em 2008, por exemplo, com as vendas em declínio e as ações despencando, o então CEO da Borders falou ao repórter de um jornal que o entrevistou sobre a situação da empresa: "Não estamos em apuros, não estamos em apuros de jeito nenhum".[88] Em alguns casos, os gestores utilizam a "contabilidade criativa" para fazer as coisas parecerem bem durante esse período. A solução é os líderes reconhecerem o declínio e tomarem atitudes imediatas para realinhar a organização com o ambiente. As ações dos líderes podem incluir a adoção de novas abordagens de solução de problemas, aumento da participação na tomada de decisões e o encorajamento da comunicação da insatisfação por parte dos funcionários e clientes para que possam descobrir o que está errado.

3. *Estágio da ação falha*. No terceiro estágio, a organização está enfrentando sérios problemas e os indicadores de mau desempenho não podem ser ignorados. A falha em ajustar-se à espiral decrescente neste ponto pode levar à falência da empresa. Os líderes são forçados por circunstâncias graves a considerarem grandes mudanças. As ações podem envolver a redução de despesas, incluindo o *downsizing* de pessoal. Os líderes devem reduzir a incerteza dos funcionários ao deixar claros os valores e fornecer informações. Um grande erro neste estágio diminui a possibilidade de a organização virar o jogo.

4. *Estágio da crise*. No quarto estágio, a organização ainda não foi capaz de lidar com o declínio de modo eficaz e está enfrentando o pânico. A organização pode passar pelo caos, esforços para retornar ao básico, mudanças bruscas e raiva. É melhor para os gestores evitar uma crise de estágio 4; nesse estágio, a única solução é uma profunda reorganização. O tecido social da organização está erodindo e medidas drásticas são necessárias, como substituir os altos administradores e instituir mudanças revolucionárias na estrutura, estratégia e cultura. A redução de força de trabalho pode ser severa.

5. *Estágio de dissolução*. Este estágio do declínio é irreversível. A organização está sofrendo perda de mercado e de reputação, perda de seus melhores funcionários e esgotamento do capital. A única estratégia disponível é fechar a organização de modo ordenado e reduzir o trauma da separação dos funcionários.

> **ANOTAÇÕES**
>
> **Como administrador de uma organização, tenha essas diretrizes em mente:**
>
> Compreenda as causas e os estágios de declínio. Esteja vigilante para detectar sinais de declínio na organização e aja o mais rápido possível para reverter o curso. A ação rápida nos estágios iniciais evita que a organização se deteriore até chegar a crise de estágio 4, quando uma virada se torna muito mais difícil.

---

* Para maiores detalhes sobre os estágios de declínio de uma organização, veja o trabalho de Weitzel, W; Jonsson, E. 1989. Decline in Organizations: a Literature Integration and Extension. *Administrative Science Quarterly*, n. 34, p. 91-109. (N.R.T.)

Administrar adequadamente o declínio organizacional é necessário se a organização deseja evitar a dissolução. Os gestores têm a responsabilidade de detectar os sinais de declínio, reconhecê-los, implementar as ações necessárias e reverter o curso. Algumas das decisões mais difíceis relacionam-se ao *downsizing*, que trata de intencionalmente reduzir a força de trabalho de uma empresa.

Implementação do *downsizing*

A crise econômica fez que o *downsizing* se tornasse uma prática comum nas empresas norte-americanas. Além disso, o *downsizing* tem sido parte integrante da vida da organização nas duas últimas décadas, uma vez que as empresas fazem mudanças a fim de lidar com a concorrência global e com um ambiente em rápida transformação.[89] A reengenharia de projetos, fusões e aquisições, a implementação de tecnologia avançada e a tendência para a terceirização levaram a reduções de funções.[90]

Alguns pesquisadores descobriram que o *downsizing* maciço muitas vezes não atinge os benefícios pretendidos e, em alguns casos, prejudica significativamente a organização.[91] O CEO da Honeywell, David Cote, concorda que as demissões generalizadas prejudicam as empresas a longo prazo. Ele diz que a demissão em massa de 31.000 funcionários da Honeywell no início dos anos 2000 "dizimou nossa base industrial". Durante a recente recessão, a Honeywell adotou uma abordagem mais limitada e direcionada ao *downsizing*.[92] Há momentos em que o *downsizing* é uma parte necessária da gestão do declínio organizacional. Inúmeras técnicas podem ajudar a aliviar o processo de *downsizing* e amenizar as tensões dos funcionários que saem e dos que permanecem.[93]

1. *Busque alternativas.* Os gestores podem utilizar abordagens criativas para reduzir custos e limitar o número de pessoas que eles têm de demitir durante um declínio. A Honeywell utilizou licenças e cortes de benefícios para limitar as demissões durante a recente recessão. O governo estadual de Connecticut, a Tri-Star Industries e várias outras organizações estão utilizando programas de compartilhamento de trabalho, nos quais os funcionários trabalham menos horas. Outras organizações estão reduzindo o pagamento, oferecendo períodos sabáticos não pagos ou parcialmente pagos, tendo dias de parada obrigatória e aplicando outras técnicas para evitar demissões generalizadas.[94]
2. *Comunicar-se mais, não menos.* Alguns gestores parecem considerar que, quanto menos se fala sobre uma demissão em massa futura, melhor. Não é bem assim. Rumores podem ser muito mais prejudiciais do que a comunicação aberta. Na 3Com Corporation (agora parte da Hewlett Packard), os dirigentes criaram um plano de três etapas, à medida que preparavam as demissões em massa. Em primeiro lugar, avisaram aos funcionários meses antes que as demissões eram inevitáveis. Pouco tempo depois, realizaram apresentações em todos os locais de trabalho para explicar aos funcionários porque as demissões em massa eram necessárias e para fornecer o máximo de informações que podiam sobre o que os funcionários deveriam esperar.[95] Os dirigentes devem lembrar-se que é impossível "comunicar-se demais" durante épocas turbulentas. Os funcionários que permanecem precisam saber o que se espera deles, se há possibilidade de futuras demissões em massa e o que a organização está fazendo para ajudar os colegas que perderam os empregos.
3. *Fornecer ajuda aos funcionários demitidos.* A organização tem a responsabilidade de ajudar os funcionários demitidos a lidarem com a perda do emprego e se restabelecerem no mercado de trabalho. A organização pode fornecer treinamento, pacotes de rescisão contratual, benefícios estendidos e ajuda para recolocação. No eBay, os dirigentes permitiram que os funcionários demitidos permanecessem por até quatro semanas para cuidar de necessidades pessoais. A empresa ofereceu para cada funcionário demitido cinco meses de verbas rescisórias, quatro meses de benefícios médicos e alguns meses de serviços de recolocação. "O modo como você

ANOTAÇÕES

Como administrador de uma organização, tenha essas diretrizes em mente:

Quando demissões são necessárias, trate-as com cautela. Trate os funcionários que estão partindo de forma humana, comunique-se com os funcionários e forneça o maior número possível de informações, ofereça assistência aos trabalhadores demitidos e lembre-se das necessidades emocionais dos funcionários que permaneceram.

trata os que partem exerce um forte impacto na forma como os que permanecem sentem-se em relação à empresa", disse o executivo sênior de RH do eBay.[96] Serviços de aconselhamento para os funcionários e seus familiares podem amenizar o trauma associado à perda do emprego. Um número crescente de empresas está concedendo aos trabalhadores demitidos acesso contínuo a programas de assistência ao funcionário a fim de ajudá-los a lidar com o estresse, depressão e outros problemas.[97] Outra medida-chave é permitir que os funcionários saiam com dignidade, dando-lhes a oportunidade de despedir-se dos colegas e de reunir-se com os líderes a fim de expressar seu ressentimento e raiva.

4. *Ajudar os remanescentes a prosperarem.* Houve muita pesquisa acerca da "síndrome do sobrevivente de demissões".[98] Muitas pessoas sentem culpa, raiva, confusão e tristeza depois da perda de colegas, e os gestores devem reconhecer esses sentimentos. Os sobreviventes também podem ficar preocupados com a possibilidade de perderem seus próprios empregos, podem perder a confiança na gestão da empresa e ficar deprimidos e descrentes. As pessoas, às vezes, têm dificuldade em adaptar-se às mudanças nas funções do trabalho, responsabilidade e relações de subordinação após um *downsizing*. É de extrema importância que os gestores não se escondam atrás de portas fechadas, independentemente do quão deprimidos possam estar se sentindo. Eles precisam sair e interagir com os funcionários, fazendo tudo o que podem para reduzir a incerteza, o estresse e a confusão que as pessoas estão sentindo. "Uma das piores coisas que a administração pode fazer durante esse momento é não reconhecer a situação e o impacto que ela tem sobre os funcionários", aconselha a consultora de gestão Simma Lieberman.[99]

> **AVALIE SUA RESPOSTA**
>
> **3** Após um *downsizing* necessário, os dirigentes não devem passar muito tempo ajudando trabalhadores demitidos, mas, em vez disso, devem concentrar-se em assegurar que os funcionários restantes tenham o apoio necessário para revitalizar a empresa.
>
> **RESPOSTA:** *Discordo.* Uma maneira de cuidar dos funcionários remanescentes após um *downsizing* é cuidar das pessoas que foram demitidas. Ajudar os funcionários demitidos transmite uma mensagem aos trabalhadores remanescentes de que a organização zela pelos colegas e trabalhadores que deixaram a empresa, o que ajuda a empresa a começar de novo. Gerenciar o *downsizing* significa prestar assistência tanto aos funcionários que ficam quanto aos que partem.

Mesmo as mais bem administradas organizações podem, às vezes, precisar despedir funcionários em um ambiente turbulento ou revitalizar a organização para reverter o declínio. Os líderes podem alcançar resultados positivos se lidarem com o *downsizing* de um modo que permita que os funcionários demitidos saiam com dignidade e que os membros da organização que permanecem estejam motivados, produtivos e comprometidos com um futuro melhor.

Fundamentos do projeto

■ As organizações passam por muitas pressões para crescer e o tamanho grande é crucial para a saúde econômica em alguns setores. O tamanho possibilita economias de escala, oferece uma grande variedade de oportunidades aos funcionários e permite que as empresas invistam em projetos caros e arriscados. Entretanto, grandes organizações passam por dificuldades ao se adaptarem às mudanças rápidas no ambiente. As grandes organizações normalmente são padronizadas, administradas de modo mecanicista e complexas. Organizações pequenas normalmente possuem uma estrutura mais chata e uma gestão orgânica e de fluxo livre. Elas podem reagir com maior rapidez às mudanças ambientais e são mais adequadas ao incentivo à inovação e ao empreendedorismo. Os dirigentes de empresas grandes ou em crescimento tentam encontrar mecanismos para tornar suas organizações mais flexíveis e responsivas.

- As organizações evoluem por meio de estágios distintos do ciclo de vida à medida que crescem e amadurecem. A estrutura, os sistemas internos e as questões administrativas de uma organização são diferentes em cada estágio de desenvolvimento. O crescimento cria crises e revoluções ao longo do caminho para a empresa se tornar de grande porte. Uma importante tarefa dos gerentes é guiar a organização pelos estágios do desenvolvimento: empreendedor, de coletividade, formalização e elaboração.
- À medida que as organizações progridem pelo ciclo de vida e se tornam maiores e mais complexas, elas geralmente adquirem características burocráticas, como regras, divisão do trabalho, registros escritos, hierarquia de autoridade e procedimentos impessoais. A burocracia é uma forma lógica de organização que permite que as empresas usem os recursos de modo eficiente. No entanto, em muitas grandes corporações e organizações governamentais, a burocracia tem sido atacada com tentativas de descentralizar a autoridade, achatar a estrutura organizacional, reduzir as regras e procedimentos escritos e criar uma mentalidade de empresa pequena. Essas empresas estão dispostas a trocar as economias de escala por organizações adaptáveis e reativas. Muitas empresas estão se subdividindo para obter as vantagens de empresas pequenas. Outra abordagem para superar os problemas da burocracia é usar sistemas temporários, que permitem que a organização saia suavemente de um estilo altamente formalizado e hierárquico, que é eficaz em épocas de estabilidade, para um estilo mais flexível e com estrutura livre para reagir a condições ambientais inesperadas ou voláteis.
- Todas as organizações, pequenas e grandes, precisam de sistemas de controle. Os gerentes podem escolher entre três estratégias gerais de controle: de mercado, burocrática e de clã. O controle burocrático apoia-se em regras padronizadas e na autoridade racional-legal dos gerentes. O controle de mercado é usado quando os resultados de produtos ou serviços podem ter um preço e há concorrência. O controle de clã e o autocontrole são associados a processos organizacionais incertos e que mudam rapidamente. Apoiam-se no compromisso, na tradição e nos valores compartilhados para obter o controle. Os gerentes podem usar uma combinação das abordagens de controle para atender às necessidades da organização.
- Muitas organizações pararam de crescer, e outras estão em declínio. As organizações passam por estágios de declínio, e é responsabilidade dos dirigentes detectar os sinais desse declínio, implementar as ações necessárias e reverter o curso. Uma das mais difíceis decisões refere-se ao *downsizing* da mão de obra. Para suavizar o processo de *downsizing*, os dirigentes podem buscar alternativas criativas para demissões em massa, comunicar-se com os funcionários e transmitir o máximo possível de informações, fornecer ajuda aos funcionários demitidos e lembrar-se de lidar com as necessidades emocionais daqueles que permanecem na organização.

Conceitos-chave

autoridade carismática
autoridade racional-legal
autoridade tradicional
burocracia
centralização
ciclo de vida

coeficientes de pessoal
controle burocrático
controle de clã
controle de mercado
declínio organizacional
downsizing

estágio de coletividade
estágio de elaboração
estágio de formalização
estágio empreendedor
formalização

Questões para discussão

1. Por que as grandes organizações tendem a apresentar maiores índices de pessoal administrativo e gerencial de apoio? Por que elas normalmente são mais formalizadas do que as pequenas organizações?
2. Aplique o conceito de ciclo de vida a uma organização com a qual você esteja familiarizado, como uma empresa local. Em que estágio a organização se encontra? De que modo lidou com as crises do ciclo de vida ou passou por elas?
3. Por que você acha que as organizações se sentem pressionadas a crescer? De que modo você acredita que as empresas descritas na Dica de livro do capítulo, *Pequenos gigantes*, resistem à pressão?
4. Descreva as três bases de autoridade identificadas por Weber. É possível que cada um desses tipos de autoridade funcione ao mesmo tempo dentro de uma organização? Discuta.
5. Busque alguns problemas recentes de uma revista de negócios como a *Fortune*, a *BusinessWeek* ou a *Fast Company* e encontre exemplos de duas empresas que estão utilizando abordagens para acabar com a burocracia. Discuta as técnicas que essas empresas estão aplicando.
6. Ao escrever sobre tipos de controle, William Ouchi disse: "O Mercado é como a truta e o Clã é como o salmão, cada qual uma linda espécie altamente especializada que exige condições incomuns para sobreviver. Em comparação, o método de controle burocrático é o bagre – desajeitado e feio, mas capaz de viver na mais ampla gama de ambientes e, em última análise, a espécie dominante". Discuta o que Ouchi quis dizer com essa analogia.
7. Organizações governamentais muitas vezes parecem mais burocráticas do que aquelas com fins lucrativos. Isso poderia ser, em parte, resultado do tipo de controle usado nas organizações governamentais? Explique.
8. De que modo o Exército da Salvação consegue ser "vários tipos diferentes de organização ao mesmo tempo"? A abordagem do Exército da Salvação parece viável para uma grande empresa de mídia como a Time Warner ou a Disney, que deseja reduzir a burocracia?
9. Várias grandes instituições financeiras, incluindo a Lehman Brothers e a Merril Lynch, vivenciaram um declínio significativo ou a dissolução nos últimos anos. Quais das três causas de declínio organizacional descritas no capítulo parece se aplicar mais claramente a essas empresas?
10. Você acha que uma filosofia administrativa de "não crescimento" deveria ser ensinada nas faculdades de administração? Discuta.

Capítulo 12 Caderno de exercícios — Mecanismos de controle[100]

Pense em duas situações em sua vida: suas experiências acadêmicas e de trabalho. De que modo o controle é exercido? Preencha as tabelas.

No trabalho

Responsabilidades do seu cargo	Como seu chefe controla	Pontos positivos desse controle	Pontos negativos desse controle	Como você melhoraria o controle
1.				
2.				
3.				
4.				

Na universidade

Itens	Como o professor A (classe pequena) controla	Como o professor B (classe grande) controla	Como esses controles influenciam você	O que você acredita ser um controle melhor
1. Provas				
2. Tarefas e trabalhos				
3. Participação da classe				
4. Frequência				
5. Outros				

Questões

1. Quais são as vantagens e as desvantagens dos diversos controles?
2. O que acontece quando há controle em excesso? E de menos?
3. O tipo de controle depende da situação e da quantidade de pessoas envolvidas?
4. *Opcional:* De que modo os mecanismos de controle em suas tabelas são semelhantes aos de outros alunos?

CASO PARA ANÁLISE   Sunflower Incorporated[101]

A Sunflower Incorporated é uma grande empresa de distribuição com mais de 5 mil funcionários e vendas brutas de mais de US$ 700 milhões (2008). A empresa compra salgadinhos e bebidas e as distribui para lojas de varejo independentes em todos os Estados Unidos e Canadá. Os salgadinhos incluem os de milho, batatas fritas, os de milho sabor queijo, *tortillas*, *pretzels* e amendoins. Os Estados Unidos e o Canadá são divididos em 22 regiões, cada uma com seu próprio depósito central, vendedores, departamento financeiro e departamento de compras. A empresa distribui marcas nacionais e locais e empacota alguns itens com uma marca própria. A concorrência nesse setor é intensa. A demanda por bebidas tem diminuído, e concorrentes de petiscos como Procter & Gamble e Frito-Lay desenvolveram novos produtos e opções com pouco carboidrato para conquistar a participação de mercado de empresas menores como a Sunflower. O escritório central estimula cada região a ser autônoma em função do gosto e das práticas locais. No nordeste dos Estados Unidos, por exemplo, as pessoas consomem um percentual maior de uísque canadense e bourbon norte-americano, enquanto no oeste elas consomem mais bebidas leves, como vodka, gim e rum. No sudoeste, os salgadinhos normalmente são temperados para refletir o gosto mexicano, e os clientes no nordeste compram um percentual maior de *pretzels*.

No início de 2003, a Sunflower começou a usar um sistema de relatórios financeiros que comparava as vendas, os custos e os lucros de todas as regiões da empresa. Cada região era um centro de lucros, e a alta administração ficou surpresa ao descobrir que os lucros variavam enormemente. Em 2006, as diferenças eram tão grandes que os administradores decidiram que era necessário padronizar um pouco a empresa. Os gerentes acreditavam que as regiões altamente lucrativas às vezes usavam produtos de qualidade inferior, até mesmo de segunda linha, para aumentar as margens de lucro. Essa prática poderia prejudicar a imagem da Sunflower. A maioria das regiões estava enfrentando uma concorrência de preços absurda para manter a participação de mercado. Impulsionados pelos cortes de preço da divisão Eagle Snacks, os distribuidores nacionais, como Frito-Lay, Borden, Nabisco, Procter & Gamble (Pringles) e Kraft Foods (Planters Peanuts), estavam pressionando para manter ou aumentar a participação de mercado cortando preços e lançando produtos. Os distribuidores independentes de salgadinhos enfrentavam uma competição cada vez mais feroz, e muitos estavam fechando as portas.

À medida que esses problemas se acumulavam, Joe Steelman, presidente da Sunflower, decidiu criar um novo cargo para monitorar as práticas de preço e de compras. Loretta Williams foi contratada do departamento financeiro de uma organização concorrente. Seu novo cargo era de diretora de preços e compras, e ela respondia ao vice-presidente financeiro, Peter Langly. Langly deu a Williams muita liberdade para organizar o cargo e estimulou-a a estabelecer quaisquer regras e procedimentos que achasse necessários. Ela também estimulou a coleta de informações de cada região. Cada região foi notificada a respeito de sua nomeação por meio de um memorando oficial enviado a 22 diretores regionais. Uma cópia do memorando foi afixada no quadro de avisos de cada depósito. O anúncio também foi feito no jornal da empresa.

Depois de três semanas no cargo, Williams decidiu que dois problemas exigiam sua atenção. No longo prazo, a Sunflower deveria fazer um melhor uso da tecnologia da informação. Williams acreditava que a tecnologia da informação poderia fornecer mais informações para a sede com o objetivo de tomar decisões. A alta administração das divisões era conectada à sede por meio de uma intranet, mas os funcionários de níveis mais baixos não. Apenas alguns gerentes seniores em cerca de metade das divisões usavam o sistema regularmente.

No curto prazo, Williams decidiu que as decisões fragmentadas de preços e compras eram um problema e que essas decisões deveriam ser padronizadas em todas as regiões. Essa estratégia deveria ser realizada imediatamente. Como primeiro passo, ela solicitou que o executivo financeiro de cada região a avisasse sobre qualquer alteração de mais de 3% nos preços locais. Ela também decidiu que todos os novos contratos para compras locais acima de US$5.000 deveriam ser autorizados por seu escritório. "Aproximadamente 60% dos itens distribuídos nas regiões foram adquiridos em grandes quantidades e fornecidos pela sede. Os outros 40% foram comprados e distribuídos dentro da região." Williams acreditava que a única maneira de padronizar as operações era que cada região avisasse antecipadamente à sede sobre qualquer alteração nos preços ou compras. Ela discutiu a política proposta com Langly. Ele concordou, então ambos submeteram uma proposta formal ao presidente e ao conselho diretor, que aprovaram o plano. As mudanças representavam uma alteração complicada nos procedimentos da política da empresa, e a Sunflower estava entrando no pico das festas natalinas, por isso Williams quis implementar os novos procedimentos imediatamente. Decidiu enviar um e-mail seguido de um fax para os executivos financeiro e de compras de cada região, notificando-os sobre os novos procedimentos. A alteração seria inserida em todos os manuais de políticas e procedimentos da Sunflower em quatro meses.

Williams mostrou um rascunho da mensagem para Langly e pediu que fizesse comentários. Langly disse que a mensagem era uma boa ideia, mas duvidou se seria suficiente. As regiões lidavam com centenas de itens e estavam acostumadas à tomada de decisão descentralizada. Langly sugeriu que Williams visitasse as regiões e discutisse as políticas de preços e compras com os executivos. Williams recusou-se, explicando que tais viagens consumiriam tempo e dinheiro. Tinha muito a fazer na sede e disse que as viagens eram impossíveis de agendar. Langly também sugeriu esperar para implementar os procedimentos depois da reunião anual da empresa, dali a três meses, quando Williams poderia se encontrar pessoalmente com os diretores regionais. Williams disse que isso demoraria muito, porque dessa forma os procedimentos só teriam efeito depois da temporada de pico de vendas. Ela acreditava que os procedimentos eram necessários de imediato. As mensagens foram enviadas no dia seguinte.

Durante os poucos dias que se seguiram, foram recebidas respostas por e-mail de sete regiões. Os gerentes diziam que estavam de acordo e que ficariam felizes em colaborar.

Oito semanas depois, Williams não havia recebido notícia de nenhuma região sobre alterações nos preços e nas compras locais. Outros executivos que haviam visitado depósitos regionais informaram-lhe que as regiões estavam ocupadas como sempre. Os executivos regionais pareciam estar seguindo os procedimentos normais para aquela época do ano. Ela telefonou para um dos gerentes regionais e descobriu que ele não sabia quem ela era e nunca ouvira falar de seu cargo. Além disso, ele disse: "já temos muito com o que nos preocupar em relação a atingir os objetivos de lucro sem esses novos procedimentos vindos da sede". Williams ficou mortificada ao saber que seu cargo e suas mudanças propostas nos procedimentos não tiveram impacto algum. Ficou imaginando se os gerentes de campo eram desobedientes ou se ela deveria ter usado uma outra estratégia de comunicação.

Capítulo 12 *Workshop* Windsock Inc.[102]

1. *Introdução*. A turma é dividida em quatro grupos: escritório central, *design* de produtos, marketing/vendas e produção. O escritório central é um grupo ligeiramente menor. Se os grupos forem suficientemente grandes, coloque observadores para cada um. O Escritório Central recebe 500 canudos e 750 alfinetes. Cada pessoa lê apenas a descrição de papéis relevante a seu grupo. Material necessário: canudos foscos de plástico (500) e uma caixa de alfinetes simples (750).
2. *Realização da tarefa*. Dependendo da duração da aula, a segunda etapa pode levar de 30 a 60 minutos. Os grupos realizam as funções e preparam um relatório de dois minutos para os acionistas.
3. *Relatórios dos grupos*. Cada grupo faz uma apresentação de dois minutos para os acionistas.
4. *Relatório dos observadores (opcional)*. Os observadores relatam seus *insights* com os subgrupos.
5. Discussão da turma.
   a. O que ajudou ou bloqueou a cooperação e a coordenação entre os grupos?
   b. Até que ponto houve comunicação aberta *versus* fechada? Que impacto ela teve?
   c. Que estilos de liderança foram utilizados?
   d. Que tipos de interdependência entre equipes surgiram?

Papéis
Escritório central
Sua equipe constitui a direção central e a administração da Windsock, Inc. Vocês são o ritmo da organização, porque sem sua coordenação e sua alocação de recursos a organização fracassaria. Sua tarefa é gerenciar as operações da empresa, o que não é uma responsabilidade simples, pois vocês têm de coordenar as atividades de três grupos diferentes: o grupo de marketing/vendas, o grupo de produção e o grupo de *design* de produtos. Além disso, vocês precisam administrar os recursos, inclusive os materiais (alfinetes e canudos), os prazos, as comunicações e as exigências dos produtos.

Neste exercício, vocês devem fazer tudo que for necessário para realizar a missão e manter a organização funcionando de modo harmonioso e eficiente.

A Windsock, Inc. tem ao todo 30 minutos (ou mais, se o instrutor estipular) para planejar uma campanha de propaganda e um texto de anúncio, projetar um catavento e fabricar os primeiros protótipos de catavento para entregar. Boa sorte para todos.

Projeto de produto
Sua equipe é o grupo de pesquisa e *design* de produtos da Windsock, Inc. Vocês são o cérebro e o aspecto criativo da empresa, porque sem um produto inovador e bem projetado a organização fracassaria. Sua tarefa é projetar produtos que competirão com vantagem no mercado, mantendo em mente a função, a estética, os custos, a facilidade de produção e os materiais disponíveis.

Neste exercício, vocês devem criar um plano viável para um produto que será construído pela sua equipe de produção. Seu moinho de vento deve ser leve, portátil, fácil de montar e esteticamente bonito. O Escritório Central controla o orçamento e aloca materiais para sua divisão.

A Windsock, Inc., como organização, tem ao todo 30 minutos (ou mais, se o instrutor estipular) para planejar uma campanha de propaganda, projetar o catavento (tarefa do seu grupo) e fabricar os primeiros protótipos de catavento para entregar. Boa sorte para todos.

Marketing/vendas
Sua equipe é o grupo de marketing/vendas da Windsock, Inc. Vocês são a espinha dorsal da empresa, porque sem clientes e vendas a organização iria para o buraco. Sua tarefa é determinar o mercado, desenvolver uma campanha de propaganda para promover o produto exclusivo de sua empresa, produzir um texto de anúncio e desenvolver uma força de vendas e procedimentos de vendas para os clientes potenciais e o público em geral.

Para este exercício, você pode supor que foi realizada uma análise de mercado. Sua equipe agora está apta a criar uma campanha de propaganda e um texto de anúncio para o produto. Para serem eficazes, vocês precisam familiarizar-se com as características do produto e como ele difere dos demais que já estão no mercado. O escritório central controla seu orçamento e aloca os materiais que serão usados por seu departamento.

A Windsock, Inc. tem ao todo 30 minutos (ou mais, se o instrutor estipular) para planejar uma campanha de propaganda e um anúncio (tarefa do seu grupo), projetar o catavento e fabricar os primeiros protótipos de catavento para entregar. Boa sorte para todos.

Produção
Sua equipe é o grupo de produção da Windsock, Inc. Vocês são o coração da empresa, porque sem um grupo para fabricar o produto a organização fracassaria. Vocês têm a responsabilidade de coordenar e fabricar um produto a ser entregue. O produto envolve um *design* inovador para um catavento, que seja mais barato, mais leve, mais portátil, mais flexível e mais agradável em termos estéticos do que outros *designs* atualmente disponíveis no mercado. Sua tarefa é fabricar cataventos dentro do orçamento, de acordo com as especificações

fornecidas e dentro de um prazo estabelecido, usando materiais predeterminados.

Para este exercício, vocês devem organizar a equipe, estabelecer planejamentos de produção e construir os cataventos. O escritório central controla seu orçamento, materiais e especificações.

A Windsock, Inc. tem ao todo 30 minutos (ou mais, se o instrutor estipular) para planejar uma campanha de propaganda, projetar o catavento e fabricar os primeiros protótipos de catavento (tarefa do seu grupo) para entregar. Boa sorte para todos.

Notas

1. Beth Kowitt, "100 Million Android Fans Can't Be Wrong," *Fortune* (16 de junho de 2011), http://tech.fortune.cnn.com/2011/06/16/100-million-android-fans-cant-be-wrong/ (Acesso em: 2 de agosto de 2011); e Douglas Edwards, "Review–Google: The Beginning," *The Wall Street Journal*, 16 de julho de 2011, C1.
2. James Q. Wilson, *Bureaucracy* (Nova York: Basic Books, 1989); e Charles Perrow, *Complex Organizations: A Critical Essay* (Glenview, IL: Scott, Foresman, 1979), 4.
3. Tom Peters, "Rethinking Scale," *California Management Review* (outono de 1992), 7–29.
4. "1. Wal-Mart Stores," Global 500 Snapshots, *Fortune*, http://money.cnn.com/magazines/fortune/global500/2011/snapshots/2255.html (Acesso em: 31 de agosto de 2011); "New 2010 Census Numbers Document Houston's Trickle-In Decade," Houston's Real Estate Landscape, Swamplot.com, (17, de fevereiro de 2011), http://swamplot.com/new-2010-census-numbersdocumenthoustons-trickle-in-decade/2011-02-17/ (Acesso em: 31 de agosto de 2011); Adam Lashinsky, "Inside Apple," *Fortune* (23 de maio de 2011), 124–134; e "500 Largest U.S. Corporations," *Fortune* (23 de maio de 2011), F1–F26.
5. Donald V. Potter, "Scale Matters," *Across the Board* (julho – agosto de 2000), 36–39.
6. Ashlee Vance, "Does H.P. Need a Dose of Anarchy?" *The New York Times*, 26 de agosto de 2009, BU1.
7. Kris Hudson, "Wal-Mart Sticks with Fast Pace of Expansion Despite Toll on Sales," *The Wall Street Journal*, 13 de abril de 2006, A1.
8. Christopher Weaver, "Managed Care Enters the Exam Room as Insurers Buy Doctors Groups," *The Washington Post* (1 de julho de 2011), http://www.washingtonpost.com/insurers-quietly-gaining-control-of-doctors-covered-by-companies-plans/2011/06/29/AG5DNftH_story.html (Acesso em: 6 de setembro de 2011).
9. James B. Treece, "Sometimes, You Still Gotta Have Size," *BusinessWeek* (22 de outubro de 1993), 200–201.
10. Nelson D. Schwartz, "Is G.E. Too Big for Its Own Good?" *The New York Times*, 22 de julho de 2007, Seção 3, 1.
11. Ken Belson, "After the Disasters in Japan, a Stoic Response from Aflac," *The New York Times*, 16 de abril de 2011, B4.
12. "Allstate Assisting Homeowners After Hurricane Irene; Allstate Brings Mobile Claims Centers to North Carolina, Maryland, Virginia, New York, New Jersey and Connecticut," *U.S. Newswire* (30 de agosto de 2011).
13. Frits K. Pil e Matthias Holweg, "Exploring Scale: The Advantages of Thinking Small," *MIT Sloan Management Review* (inverno de 2003), 33–39; e David Sadtler, "The Problem with Size," *Management Today* (novembro de 2007), 52–55.
14. Chip Jarnagan and John W. Slocum, Jr., "Creating Corporate Cultures Through Mythopoetic Leadership," *Organizational Dynamics* 36, n. 3 (2007), 288–302; Robbie Whelan e Dawn Wotapka, "Corporate News: Home Builder Pulte to Lay Off Executives," *The Wall Street Journal*, 13 de maio de 2011, B2.
15. Veja Keith H. Hammonds, "Size Is Not a Strategy," *Fast Company* (setembro 2002), 78–86; David Henry, "Mergers: Why Most Big Deals Don't Pay Off," *BusinessWeek* (14 de outubro de 2002), 60–70; e Tom Brown, "How Big Is Too Big?" *Across the Board* (julho – agosto de 1999), 15–20, para uma discussão.
16. "How Important Are Small Businesses to the U.S. Economy?" U.S. Small Business Administration Office of Advocacy, http://www.sba.gov/advocacy/7495/8420 (Acesso em: 31 de agosto de 2011).
17. "The Hot 100," *Fortune* (5 de setembro de 2005), 75–80.
18. Visto em Sadtler, "The Problem with Size."
19. Gary Hamel, citado em Hammonds, "Size Is Not a Strategy."
20. "Our Company," Johnson & Johnson website, http://www.jnj.com/connect/about-jnj/ (Acesso em: 31 de agosto de 2011).
21. Michael Barone, "Not a Victory for Big Government," *The Wall Street Journal*, 15 de janeiro de 2002, A16.
22. Charles C. Manz, Frank Shipper e Greg L. Steward, "Everyone a Team Leader: Shared Influence at W.!L. Gore & Associates," *Organizational Dynamics* 38, n. 3 (2009), 239–244; e "About Gore," W.L. Gore website, http://www.gore.com/en_xx/aboutus/ (Acesso em: 31 de agosto de 2011).
23. Visto em Jerry Useem, "The Big… Get Bigger," *Fortune* (30 de abril de 2007), 81–84.
24. John R. Kimberly, Robert H. Miles, e associados, *The Organizational Life Cycle* (San Francisco: Jossey-Bass, 1980); Ichak Adices, "Organizational Passages–Diagnosing and Treating Lifecycle Problems of Organizations," *Organizational Dynamics* (verão de 1979), 3–25; Danny Miller e Peter H. Friesen, "A Longitudinal Study of the Corporate Life Cycle," *Management Science* 30 (outubro de 1984), 1161–1183; e Neil C. Churchill e Virginia L. Lewis, "The Five Stages of Small Business Growth," *Harvard Business Review* 61 (maio –junho de 1983), 30–50.
25. Larry E. Greiner, "Evolution and Revolution as Organizations Grow," *Harvard Business Review* 50 (julho – agosto de 1972), 37– 46; e Robert E. Quinn e Kim Cameron, "Organizational Life Cycles and Shifting Criteria of Effectiveness: Some Preliminary Evidence," *Management Science* 29 (1983), 33–51.
26. George Land e Beth Jarman, "Moving beyond Breakpoint," em Michael Ray e Alan Rinzler, eds., *The New Paradigm* (Nova York: Jeremy P. Tarcher/Perigee Books, 1993), 250–266; e Michael L. Tushman, William H. Newman e Elaine Romanelli, "Convergence and Upheaval: Managing the Unsteady Pace of Organizational Evolution," *California Management Review* 29 (1987), 1–16.
27. Sam Gustin, "The Next Tech Titan? 10 Hottest Technology Start-Ups of 2010," DailyFinance.com (12 de agosto de 2010), http://www.dailyfinance.com/2010/08/12/the-next-tech-tian-10-hottest-technology-start-ups-of-2010/ (Acesso em: 1 de setembro de 2011); e "About Foursquare," https://foursquare.com/ about (Acesso em: 1 de setembro de 2011).
28. Eve Yen, "Delegate Smart," *Fortune Small Business* (abril de 2009), 33–34.
29. David A. Whetten, "Sources, Responses, and Effects of Organizational Decline," in Kimberly, Miles, and Associates, *The Organizational Life Cycle*, 342–374.
30. Peter Burrows, "Opening Remarks; The Essence of Apple," *Bloomberg Businessweek* (24 a 30 de janeiro de 2011), 6–8;

Brent Schlender, "How Big Can Apple Get?" *Fortune* (21 de fevereiro de 2005), 67–76; e Josh Quittner com Rebecca Winters, "Apple's New Core–Exclusive: How Steve Jobs Made a Sleek Machine That Could Be the Home-Digital Hub of the Future," *Time* (14 de janeiro de 2002), 46.

31. Nick Wingfield, "Apple's N°. 2 Has Low Profile, High Impact," *The Wall Street Journal*, 16 de outubro de 2006, B1, B9; Garrett Sloane, "Apple Gets Cored; End of an Era as Legend Steve Jobs Resigns," *The New York Post*, 25 de agosto de 2011, 27.

32. Land e Jarman, "Moving beyond Breakpoint."

33. Vauhini Vara, "Facebook CEO Seeks Help as Site Grows – Google Veteran to Be Zuckerberg's N°. 2," *The Wall Street Journal*, 5 de março de 2008, A1; Robert A. Guth e Jessica E. Vascellaro, "At Facebook, Departures Seen as Part of Evolution," *The Wall Street Journal*, 6 de outubro de 2008, B1; Jon Swartz, "Facebook Says Membership Has Grown to 750 Million," *USA Today* (6 de julho de 2011), http://www.usatoday.com/tech/news/2011-07-06-facebook-skype-growth_n.htm (Acesso em: 5 de setembro de 2011); e Mike Swift, "Facebook Reveals Plans for Second Campus in Menlo Park," MercuryNews.com (22 de agosto de 2011), http://www.mercurynews.com/ci_18734322 (Acesso em: 5 de setembro de 2011).

34. Max Weber, *The Theory of Social and Economic Organizations*, tradução de A.M. Henderson e T. Parsons (New York: Free Press, 1947).

35. Larry Rohter e Juan Forero, "Unending Graft Is Threatening Latin America," The New York Times, 30 de julho de 2005, A1. 36. Barry Kramer, "Chinese Officials Still Give Preference to Kin, Despite Peking Policies," *The Wall Street Journal*, 29 de outubro de 1985, 1, 21. 37. John Chase, "Delay Requested for Indictment; 3 More Months Sought in Case against Governor," *The Chicago Tribune*, 1 de janeiro de 2009, 4.

38. Eric J. Walton, "The Persistence of Bureaucracy: A Meta-Analysis of Weber's Model of Bureaucratic Control," *Organization Studies* 26, n. 4 (2005), 569–600.

39. Nadira A. Hira, "The Making of a UPS Driver," *Fortune* (12 de novembro de 2007), 118–129; "Logistics: Squeezing More Green Out of Brown," *Bloomberg Businessweek* (20 – 26 de setembro de 2010), 43; David J. Lynch, "Thanks to Its CEO, UPS Doesn't Just Deliver," *USA Today*, 24 de julho de 2006, http://www.usatoday.com/money/companies/management/2006-07-23-ups_x.htm?tab1=t2 (Acesso em: 24 de julho de 2006); Kelly Barron, "Logistics in Brown," *Forbes* (10 de janeiro de 2000), 78–83; Scott Kirsner, "Venture Vèritè: United Parcel Service," *Wired* (Setembro de 1999), 83–96; Kathy Goode, Betty Hahn e Cindy Seibert, *United Parcel Service: The Brown Giant* (unpublished manuscript, Texas A&M University, 1981); e "About UPS," UPS corporate website, http://www.ups.com/content/ corp/about/index.html?WT.svl=SubNav (Acesso em: 27 de outubro de 2008).

40. Veja Allen C. Bluedorn, "Pilgrim's Progress: Trends and Convergence in Research on Organizational Size and Environment," *Journal of Management Studies* 19 (verão de 1993), 163–191; John R. Kimberly, "Organizational Size and the Structuralist Perspective: A Review, Critique, and Proposal," *Administrative Science Quarterly* (1976), 571–597; e Richard L. Daft e Selwyn W. Becker, "Managerial, Institutional, and Technical Influences on Administration: A Longitudinal Analysis," *Social Forces* 59 (1980), 392–413.

41. James P. Walsh and Robert D. Dewar, "Formalization and the Organizational Life Cycle," *Journal of Management Studies* 24 (maio de 1987), 215–231.

42. Nancy M. Carter e Thomas L. Keon, "Specialization as a Multidimensional Construct," J*ournal of Management Studies* 26 (1989), 11–28; Cheng-Kuang Hsu, Robert M. March e Hiroshi Mannari, "An Examination of the Determinants of Organizational Structure," *American Journal of Sociology* 88 (1983), 975–996; Guy Geeraerts, "The Effect of Ownership on the Organization Structure in Small Firms," *Administrative Science Quarterly* 29 (1984), 232–237; Bernard Reimann, "On the Dimensions of Bureaucratic Structure: An Empirical Reappraisal," *Administrative Science Quarterly* 18 (1973), 462–476; Richard H. Hall, "The Concept of Bureaucracy: An Empirical Assessment," *American Journal of Sociology* 69 (1963), 32–40; e William A. Rushing, "Organizational Rules and Surveillance: A Proposition in Comparative Organizational Analysis," *Administrative Science Quarterly* 10 (1966), 423–443.

43. Jerald Hage e Michael Aiken, "Relationship of Centralization to Other Structural Properties," *Administrative Science Quarterly* 12 (1967), 72–91.

44. Peter Brimelow, "How Do You Cure Injelitance?" *Forbes* (7 de agosto de 1989), 42–44; Jeffrey D. Ford e John W. Slocum, Jr., "Size, Technology, Environment and the Structure of Organizations," *Academy of Management Review* 2 (1977), 561–575; e John D. Kasarda, "The Structural Implications of Social System Size: A Three-Level Analysis," *American Sociological Review* 39 (1974), 19–28.

45. Graham Astley, "Organizational Size and Bureaucratic Structure," *Organization Studies* 6 (1985), 201–228; Spyros K. Lioukas e Demitris A. Xerokostas, "Size and Administrative Intensity in Organizational Divisions," *Management Science* 28 (1982), 854–868; Peter M. Blau, "Interdependence and Hierarchy in Organizations," *Social Science Research* 1 (1972), 1–24; Peter M. Blau e R. A. Schoenherr, *The Structure of Organizations* (Nova York: Basic Books, 1971); A. Hawley, W. Boland, and M. Boland, "Population Size and Administration in Institutions of Higher Education," *American Sociological Review* 30 (1965), 252–255; Richard L. Daft, "System Influence on Organization Decision-Making: The Case of Resource Allocation," *Academy of Management Journal* 21 (1978), 6–22; e B. P. Indik, "The Relationship between Organization Size and the Supervisory Ratio," *Administrative Science Quarterly* 9 (1964), 301–312.

46. T. F. James, "The Administrative Component in Complex Organizations," *Sociological Quarterly* 13 (1972), 533–539; Daft, "System Influence on Organization Decision-Making: The Case of Resource Allocation"; E. A. Holdaway e E. A. Blowers, "Administrative Ratios and Organization Size: A Longitudinal Examination," *American Sociological Review* 36 (1971), 278–286; e John Child, "Parkinson's Progress: Accounting for the Number of Specialists in Organizations," *Administrative Science Quarterly* 18 (1973), 328–348.

47. Richard L. Daft e Selwyn Becker, "School District Size and the Development of Personnel Resources," *Alberta Journal of Educational Research* 24 (1978), 173–187.

48. Baseado em Gifford e Elizabeth Pinchot, *The End of Bureaucracy and the Rise of the Intelligent Organization* (San Francisco: Berrett-Koehler Publishers, 1993), 21–29.

49. Victoria Murphy, "Microsoft's Midlife Crisis," *Forbes* (3 de outubro de 2005), 88.

50. Ron Ashkenas, "Simplicity-Minded Management," *Harvard Business Review* (dezembro de 2007), 101–109.

51. Jonathan Weisman, "In a Savings Shocker, the Government Discovers that Paper Has Two Sides," *The Wall Street Journal*, 29 de julho de 2009, A1.

52. Estudos feitos por Paul C. Light, escrito por Paul C. Light, "The Easy Way Washington Could Save $1 Trillion; How an Independent Agency Could Squeeze $1 Trillion in Savings from the Bureaucracy," *The Wall Street Journal* (7 de julho de 2011), http://online.wsj.com/article/SB10001424052702304760604576428262419935394.html (Acesso em: 6 de setembro de 2011).

53. Jack Rosenthal, "Entitled: A Chief for Every Occasion, and Even a Chief Chief," *New York Times Magazine* (26 de agosto de 2001), 16.

54. Scott Shane, "The Beast That Feeds on Boxes: Bureaucracy," *The New York Times*, 10 de abril de 2005, Section 4, 3.
55. Gregory A. Bigley e Karlene H. Roberts, "The Incident Command System: High-Reliability Organizing for Complex and Volatile Task Environments," *Academy of Management Journal* 44, n. 6 (2001), 1281–1299.
56. Robert A. Watson e Ben Brown, *The Most Effective Organization in the U.S.: Leadership Secrets of the Salvation Army* (Nova York: Crown Business, 2001), 159–181.
57. Julian Birkinshaw e Suzanne Heywood, "Putting Organizational Complexity in Its Place," *McKinsey Quarterly*, Issue 3 (2010), 122–127.
58. Amir Efrati, "At Google, Page Aims to Clear Red Tape," *The Wall Street Journal*, março 26, 2011, B1; e Jessica Guynn, "New CEO Stirs Up Google Ranks; Larry Page Promotes Seven Execs to Run the Company's Most Important Divisions," *Los Angeles Times*, 9 de abril de 2011, B1.
59. Birkinshaw e Heywood, "Putting Organizational Complexity in Its Place."
60. Jeanne Whalen, "Bureaucracy Buster? Glaxo Lets Scientists Choose Its New Drugs," *The Wall Street Journal*, 27 de março de 2006, B1.
61. Philip M. Padsakoff, Larry J. Williams e William D. Todor, "Effects of Organizational Formalization on Alienation among Professionals and Nonprofessionals," *Academy of Management Journal* 29 (1986), 820–831.
62. Royston Greenwood, C. R. Hinings e John Brown, "'P2-Form' Strategic Management: Corporate Practices in Professional Partnerships," *Academy of Management Journal* 33 (1990), 725–755; e Royston Greenwood e C.R. Hinings, "Understanding Strategic Change: The Contribution of Archetypes," *Academy of Management Journal* 36 (1993), 1052–1081.
63. William G. Ouchi, "Markets, Bureaucracies, and Clans," *Administrative Science Quarterly* 25 (1980), 129–141; idem, "A Conceptual Framework for the Design of Organizational Control Mechanisms," *Management Science* 25 (1979), 833–848; e Jay B. Barney, "An Interview with William Ouchi," *Academy of Management Executive* 18, n. 4 (novembro de 2004), 108–116.
64. Weber, The *Theory of Social and Economic Organizations*, 328–340.
65. Daisuke Wakabayashi e Toko Sekiguchi, "Disaster in Japan: Evacuees Set Rules to Create Sense of Normalcy," *The Wall Street Journal*, 26 de março de 2011, A8; e, Chester Dawson e Yoshio Takahashi, "A Year Later, Toyota Quietly Tackles Quality," *The Wall Street Journal*, 23 de fevereiro de 2011, B2.
66. Joel Spolsky, "Good System, Bad System; Starbucks' Meticulous Policy Manual Shows Employees How to Optimize Profits. Too Bad It Undercuts Basic Customer Service," *Inc.* (agosto de 2008), 67.
67. Oliver A. Williamson, *Markets and Hierarchies: Analyses and Antitrust Implications* (Nova York: Free Press, 1975).
68. David Wessel e John Harwood, "Capitalism Is Giddy with Triumph: Is It Possible to Overdo It?" *The Wall Street Journal*, 14 de maio de 1998, A1, A10.
69. Anita Micossi, "Creating Internal Markets," *Enterprise* (abril de 1994), 43–44.
70. Raymond E. Miles, Henry J. Coleman, Jr. e W. E. Douglas Creed, "Keys to Success in Corporate Redesign," *California Management Review* 37, n. 3 (primavera de 1995), 128–145.
71. Ouchi, "Markets, Bureaucracies, and Clans."
72. Jeffrey Kerr e John W. Slocum, Jr., "Managing Corporate Culture Through Reward Systems," *Academy of Management Executive* 19, n. 4 (2005), 130–138.
73. Richard Leifer e Peter K. Mills, "An Information Processing Approach for Deciding upon Control Strategies and Reducing Control Loss in Emerging Organizations," *Journal of Management* 22, n. 1 (1996), 113–137.
74. Stratford Sherman, "The New Computer Revolution," *Fortune* (14 de junho de 1993), 56–80.
75. Leifer e Mills, "An Information Processing Approach for Deciding upon Control Strategies"; e Laurie J. Kirsch, "The Management of Complex Tasks in Organizations: Controlling the Systems Development Process," *Organization Science* 7, n. 1 (janeiro – fevereiro de 1996), 1–21.
76. James R. Barker, "Tightening the Iron Cage: Concertive Control in Self-Managing Teams," *Administrative Science Quarterly* 38 (1993), 408–437.
77. Lee Hawkins Jr., "Lost in Transmission–Behind GM's Slide: Bosses Misjudged New Urban Tastes; Local Dealers, Managers Tried Alerting Staid Bureaucracy," *The Wall Street Journal*, 8 de março de 2006, A1.
78. Claudia H. Deutsch, "In 2007, Some Giants Went Smaller," *The New York Times*, 1 de janeiro de 2008, C1; Clair Cain Miller, "A Changed Starbucks. A Changed C.E.O.," *The New York Times*, 13 de março de 2011, BU1.
79. Deepak K. Datta, James P. Guthrie, Dynah Basuil e Alankrita Pandey, "Causes and Effects of Employee Downsizing: A Review and Synthesis," *Journal of Management* 36, n. 1 (janeiro de 2010), 281–348; Jack Healy, "Big Companies Around Globe Lay Off Tens of Thousands," *The New York Times*, 27 de janeiro de 2009; Kevin Sack, "A City's Wrenching Budget Choices," *The New York Times*, 4 de julho de 2011; Tamar Lewin, "For Colleges, Small Cutbacks Are Adding Up to Big Savings," *The New York Times*, 19 de junho de 2009, A19.
80. Kim S. Cameron, Myung Kim e David A. Whetten, "Organizational Effects of Decline and Turbulence," *Administrative Science Quarterly* 32 (1987), 222–240.
81. Danny Miller, "What Happens after Success: The Perils of Excellence," *Journal of Management Studies* 31, n. 3 (maio de 1994), 325–358.
82. Leonard Greenhalgh, "Organizational Decline," em Samuel B. Bacharach, ed., *Research in the Sociology of Organizations* 2 (Greenwich, CT: JAI Press, 1983), 231–276; e Peter Lorange e Robert T. Nelson, "How to Recognize—and Avoid—Organizational Decline," *Sloan Management Review* (primavera de 1987), 41–48.
83. Kim S. Cameron e Raymond Zammuto, "Matching Managerial Strategies to Conditions of Decline," *Human Resources Management* 22 (1983), 359–375; e Leonard Greenhalgh, Anne T. Lawrence, e Robert I. Sutton, "Determinants of 388 Part 4: Internal Design Elements Workforce Reduction Strategies in Organizations," *Academy of Management Review* 13 (1988), 241–254.
84. Stephanie Strom, "Short on Fund-Raising, Red Cross Will Cut Jobs," *The New York Times*, 16 de janeiro de 2008, A15.
85. Timothy Aeppel, "Die Is Cast; Toolmakers Know Precisely What's the Problem: Price," *The Wall Street Journal*, 21 de novembro de 2003, A1, A6; "NTMA Urges Congress to Level the Playing Field for U.S. Manufacturers," National Tooling and Machining Association press release (21 de julho de 2007), https://www.ntma.org/eweb/Dynamicpage. aspx?webcode=PRTemplate&wps_key=17e03068-0ad9- 4ef5-ae50-779610c5f025&post_year=2007&post_month_name=Jun (Acesso em: 29 de outubro de 2008).
86. Nathan Bomey, "Timeline: From the Founding of Borders in Ann Arbor to Chapter 11 Bankruptcy," *AnnArbor.com* (16 de fevereiro de 2011), http://www.annarbor.com/business-review/timeline-of-borders-groups-decline/ (Acesso em: 8 de setembro de 2011); Mike Spector e Jeffrey A. Trachtenberg, "Borders Succumbs to Digital Era in Books," *The Wall Street Journal* (20 de julho de 2011), http://online.wsj.com/article/SB1000142405 2702304567604576456430727129532.html (Acesso em: 8 de

setembro de 2011); Julie Bosman, "Struggling Borders to Meet with Publishers," *The New York Times*, 4 de janeiro de 2011, B2; e Jeffrey A. Trachtenberg, "Borders Business Plan Gets a Rewrite; It Will Reopen Web Site, Give Up Most Stores Abroad, Close Many Waldenbooks," *The Wall Street Journal*, 22 de março de 2007, B1. Informações sobre venda de livros de Albert N. Greco, Institute for Publishing Research, escritas em Spector and Trachtenberg, "Borders Succumbs to Digital Era in Books."

87. William Weitzel e Ellen Jonsson, "Reversing the Downward Spiral: Lessons from W. T. Grant and Sears Roebuck," *Academy of Management Executive* 5 (1991), 7–21; e William Weitzel e Ellen Jonsson, "Decline in Organizations: A Literature Integration and Extension," *Administrative Science Quarterly* 34 (1989), 91–109.
88. "Bookseller Borders Group Inc. Explores a Sale," *Capital*, 23 de março de 2008, B2.
89. Datta et al., "Causes and Effects of Employee Downsizing"; e William McKinley, Carol M. Sanchez e Allen G. Schick, "Organizational Downsizing: Constraining, Cloning, Learning," *Academy of Management Executive* 9, n. 3 (1995), 32–42.
90. Datta et al., "Causes e Effects of Employee Downsizing"; Gregory B. Northcraft and Margaret A. Neale, *Organizational Behavior: A Management Challenge*, 2 ed. (Fort Worth, TX: The Dryden Press, 1994), 626; e A. Catherine Higgs, "Executive Commentary" on McKinley, Sanchez, e Schick, "Organizational Downsizing: Constraining, Cloning, Learning," *Academy of Management Executive* 9, n. 3 (1995), 43–44.
91. Wayne Cascio, "Use and Management of Downsizing as a Corporate Strategy," *Society for Human Resource Management Foundation* (2009), http://www.shrm.org/about/foundation/products/Documents/609%20Exec%20Briefing-%20 Downsizing%20FINAL.pdf (Acesso em: 8 de setembro de 2011); Wayne Cascio, "Strategies for Responsible Restructuring," *Academy of Management Executive* 16, n. 3 (2002), 80–91; James R. Morris, Wayne F. Cascio e Clifford E. Young, "Downsizing after All These Years: Questions and Answers about Who Did It, How Many Did It, and Who Benefited from It," *Organizational Dynamics* (inverno de 1999), 78–86; Brett C. Luthans e Steven M. Sommer, "The Impact of Downsizing on Workplace Attitudes," *Group and Organization Management* 2, n. 1 (1999), 46–70; and Pat Galagan, "The Biggest Losers: The Perils of Extreme Downsizing," *T+D* (novembro de 2010), 27–29.
92. Scott Thurm, "Recalculating the Cost of Big Layoffs," *The Wall Street Journal*, 5 de maio de 2010, B1.
93. Estas técnicas são baseadas em Cascio, "Use and Management of Downsizing as a Corporate Strategy"; Mitchell Lee Marks e Kenneth P. De Meuse, "Resizing the Organization: Maximizing the Gain While Minimizing the Pain of Layoffs, Divestitures, and Closings," *Organizational Dynamics* 34, n. 2 (2005), 19–35; Bob Nelson, "The Care of the Un-Downsized," *Training and Development* (abril de 1997), 40–43; Joel Brockner, "Managing the Effects of Layoffs on Survivors," *California Management Review* (inverno de 1992), 9–28; Kim S. Cameron, "Strategies for Successful Organizational Downsizing," *Human Resource Management* 33, n. 2 (verão de 1994), 189–211; e Stephen Doerflein e James Atsaides, "Corporate Psychology: Making Downsizing Work," *Electrical World* (setembro – outubro de 1999), 41–43.
94. Thurm, "Recalculating the Cost of Big Layoffs"; Steven Greenhouse, "To Avoid Layoffs, Some Companies Turn to Work-Sharing," http://www.nytimes.com/2009/06/16/business/economy/16workshare.html?pagewanted=all (Acesso em: 8 de setembro de2011); Kathleen Madigan, "More Firms Cut Pay to Save Jobs," *The Wall Street Journal*, 9 de junho de 2009, A4; e Cascio, "Use and Management of Downsizing as a Corporate Strategy."
95. Matt Murray, "Stress Mounts as More Firms Announce Large Layoffs, But Don't Say Who or When" (Coluna: Your Career Matters), *The Wall Street Journal*, 13 de março de 2001, B1, B12.
96. Exemplo do Ebay escrito em Cascio, "Use and Management of Downsizing as a Corporate Strategy."
97. Joann S. Lublin, "Theory & Practice: Employers See Value in Helping Those Laid Off; Some Firms Continue Access to Programs That Assist Workers," *The Wall Street Journal*, 24 de setembro de 2007, B3.
98. Marks e De Meuse, "Resizing the Organization"; Jeanenne LaMarch, "How Companies Reduce the Downside of Downsizing," *Global Business e Organizational Excellence* 29, n. 1 (novembro – dezembro de 2009), 7–16; e Cascio, "Use and Management of Downsizing as a Corporate Strategy."
99. Matt Villano, "Career Couch: Dealing with Low Morale after Others Are Laid Off," *The New York Times*, 29 de julho de 2007, BU17.
100. Copyright 1996 Dorothy Marcic. Todos os direitos reservados.
101. Este caso foi inspirado em "Frito-Lay May Find Itself in a Competition Crunch," *BusinessWeek* (19 de julho de 1982), 186; Jim Bohman, "Mike-Sells Works to Remain on Snack Map," *Dayton Daily News*, 27 de fevereiro de 2005, D1; "Dashman Company" em Paul R. Lawrence e John A. Seiler, *Organizational Behavior and Administration: Cases, Concepts, and Research Findings* (Homewood, IL: Irwin and Dorsey, 1965), 16–17; e Laurie M. Grossman, "Price Wars Bring Flavor to Once Quiet Snack Market," *The Wall Street Journal*, 23 de maio de1991, B1, B3.
102. Adaptado de Dorothy Marcic com base em Christopher Taylor e Saundra Taylor em "Teaching Organizational Team-Building through Simulations," *Organizational Behavior Teaching Review* XI (3), 86–87.

Capítulo 13

Tecnologia e projeto do ambiente de trabalho

Objetivos de aprendizagem

Após a leitura deste capítulo, você estará apto a:

1. Identificar e definir a tecnologia núcleo de uma organização.
2. Explicar o impacto da tecnologia núcleo no projeto da organização.
3. Descrever o modelo de Woodward de complexidade técnica, estrutura e desempenho.
4. Entender a produção enxuta e a fábrica digital.
5. Descrever a natureza da tecnologia de serviço e seu impacto no projeto da organização.
6. Reconhecer a tecnologia departamental e seu relacionamento com o projeto do departamento.
7. Identificar três tipos de interdependência e a respectiva prioridade estrutural.
8. Entender o projeto de cargos e os sistemas sociotécnicos.

Tecnologia núcleo de produção da organização
  Empresas de produção • Estratégia, tecnologia e desempenho

Aplicações contemporâneas
  A fábrica digital • Produção enxuta • Desempenho e implicações estruturais

Tecnologia núcleo da indústria de serviços
  Empresas de serviços • Projetando a empresa de serviços

Tecnologia departamental não núcleo
  • Variedade • Analisabilidade • Estrutura

Projeto departamental

Interdependência do fluxo de trabalho entre departamentos
  Tipos • Prioridade estrutural • Implicações estruturais

Impacto da tecnologia no projeto de cargos
  Projeto de cargos • Sistemas sociotécnicos

Fundamentos do projeto

Antes de ler este capítulo, verifique se você concorda ou discorda de cada uma das seguintes declarações:

GESTÃO POR PERGUNTAS DE PROJETO

1 A produção enxuta é uma forma eficiente de produção que fabrica produtos de qualidade superior.

CONCORDO _____   DISCORDO _____

2 A melhor forma pela qual uma empresa fornece um bom serviço é possuir regras e procedimentos numerosos e claros e garantir que todos os sigam à risca.

CONCORDO _____   DISCORDO _____

3 As características do projeto e os processos de gestão que são eficazes para o departamento de vendas de um canal de TV, provavelmente não funcionariam tão bem para o departamento de notícias.

CONCORDO _____   DISCORDO _____

Uma fábrica de autopeças envia engenheiros para diversas partes do mundo para aprender sobre novos métodos de produção. Uma equipe de funcionários de uma companhia aérea estuda as técnicas de *pit stop* usadas pelas equipes de corrida da Nascar. Um pequeno fabricante de roupas em Nova York investe em uma máquina de costura computadorizada produzida na Alemanha. O que todas essas organizações têm em comum? Elas estão buscando maneiras de oferecer bens e serviços de forma mais efetiva e eficiente.

Para muitos fabricantes nos Estados Unidos, é uma situação "fazer ou morrer". A produção tem diminuído nos Estados Unidos e em outros países desenvolvidos durante anos. O setor de serviços cresceu três vezes mais rápido que o setor de produção na economia norte-americana. No entanto, algumas empresas de produção estão aplicando novas tecnologias para ganhar uma nova margem competitiva. Ao integrar equipamentos computadorizados de produção e sistemas sofisticados de informação, por exemplo, a *American Axle & Manufacturing* (AAM) melhorou dramaticamente a eficiência e a produtividade ao ponto de começar a ganhar contratos para a produção de componentes em Detroit os quais um competidor vinha fabricando anteriormente na China.[1] Empresas de serviço também precisam se manter atualizadas quanto às mudanças tecnológicas e buscar continuamente abordagens melhores. Muitas empresas de serviço estão lutando por sua sobrevivência à medida que a concorrência global se intensifica e o custo de tecnologias ultrapassadas ou ineficazes pode ser o declínio e a falência organizacional.

Este capítulo explora tanto as tecnologias de produção quanto as de serviços. A **tecnologia** refere-se aos processos, técnicas, equipamentos e ações de trabalho utilizados para transformar os insumos organizacionais (materiais, informações, ideias) em resultados (produtos e serviços).[2] A tecnologia é um processo de produção de uma organização e inclui procedimentos de trabalho, assim como equipamentos.

Um tema importante neste capítulo é como a tecnologia núcleo influencia o projeto de uma organização. O entendimento da tecnologia núcleo fornece um *insight* sobre como uma organização pode ser projetada para o desempenho eficiente.[3] Uma **tecnologia núcleo** de uma organização é o processo de trabalho que está diretamente relacionado com a missão da organização, tal como o ensino num colégio, serviços médicos numa clínica de saúde ou fabricação na AAM. Na AAM, a tecnologia núcleo começa com a matéria-prima (como aço, alumínio e compósitos). Os empregados executam ações sobre as matérias-primas para realizar mudanças nelas (eles cortam e forjam metais e montam componentes), daí transformam a matéria-prima nos produtos da empresa (por exemplo, eixos, caixas de direção, virabrequins e peças de transmissão). Para uma organização de serviços como a UPS, a tecnologia núcleo inclui os equipamentos para produção (máquinas de classificação, equipamento de manuseio de pacotes, caminhões e aviões) e procedimentos para a entrega de pacotes e para entrega de encomendas da noite para o dia. Além disso, assim como em empresas como a UPS e a AAM, os computadores e a tecnologia da informação têm revolucionado os processos de trabalho tanto em organizações de produção quanto de serviços. O impacto específico de novas tecnologias de informação em organizações é descrito no Capítulo 8.

A Figura 13.1 ilustra um exemplo de tecnologia para uma fábrica de produção. Note como a tecnologia núcleo consiste de insumos de matéria-prima, um processo de trabalho de transformação (por exemplo, trituração, inspeção, montagem) que muda e adiciona valor à matéria-prima e produz como resultado final um produto ou serviço que é vendido aos consumidores. Nas complexas e grandes organizações atuais, os processos núcleos de trabalho variam amplamente e às vezes podem ser difíceis de identificar. Uma tecnologia núcleo pode ser parcialmente entendida por meio do exame das matérias-primas fluindo para a organização,[4] a variedade das atividades de trabalho,[5] o grau no qual o processo de produção é mecanizado,[6] a extensão na qual uma tarefa depende de outra no fluxo de trabalho[7] ou o número de produtos ou serviços novos.[8]

Organizações também são formadas de muitos departamentos, cada qual podendo usar um processo (tecnologia) de trabalho diferente para fornecer um bem ou serviço em uma organização.

Uma **tecnologia não núcleo** é um processo de trabalho departamental que é importante para a organização, mas não relacionado diretamente com sua missão principal. Na Figura 13.1, processos de trabalho não núcleos são representados pelos

FIGURA 13.1
Processos núcleos de transformação para uma empresa de produção

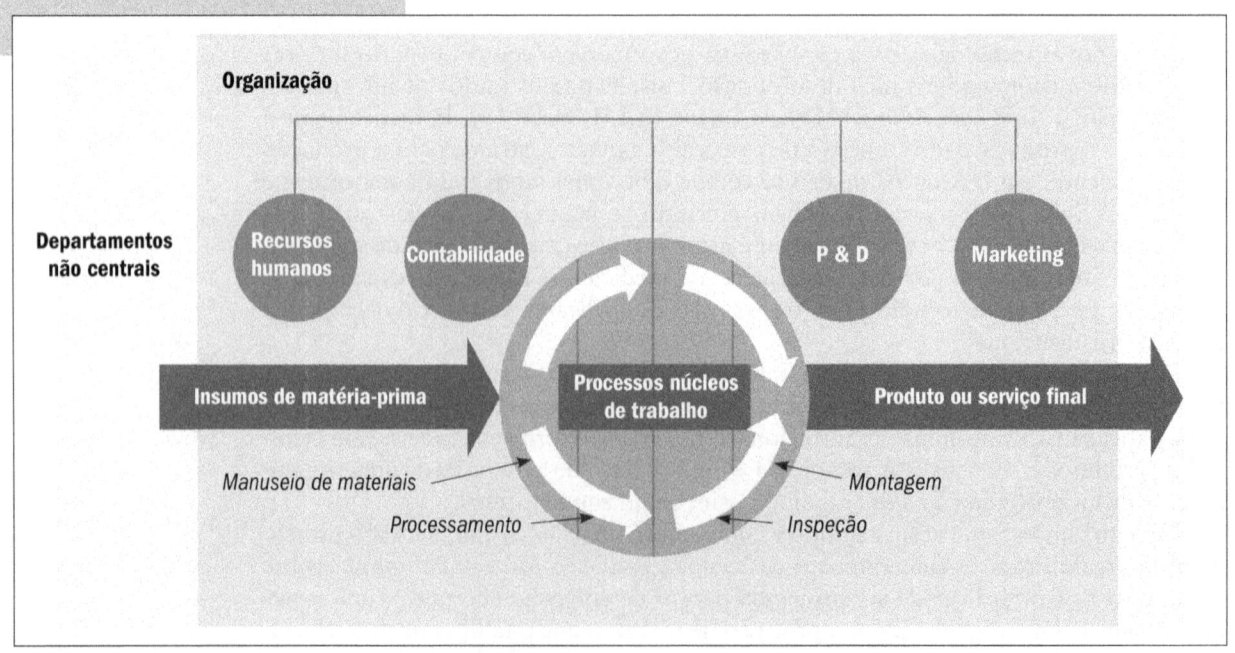

© Cengage Learning 2013

departamentos de recursos humanos (RH), de contabilidade, de pesquisa e desenvolvimento (P&D) e de marketing. Assim, o departamento de pesquisa e desenvolvimento transforma ideias em novos produtos e o de marketing transforma estoques em vendas, cada um utilizando um processo de trabalho diferente de alguma forma. A produção do departamento de RH é gente para trabalhar na organização e a contabilidade produz registros acurados sobre as condições financeiras da empresa.

Objetivos do capítulo

Neste capítulo, discutiremos tanto os processos de trabalho núcleo como os não núcleos e seu relacionamento com o projeto da organização. A natureza do processo de trabalho da organização deve ser considerada ao projetar a organização para a máxima eficiência e eficácia. A otimização do projeto organizacional é baseada em uma variedade de elementos. A Figura 13.2 mostra que as forças que afetam o projeto organizacional vêm de ambos os lados da organização, interno e externo. As necessidades estratégicas externas, como condições ambientais, direção estratégica e metas organizacionais, criam uma pressão de cima para baixo para projetar a organização de forma que se molde ao ambiente e atinja suas metas. Essa pressão no projeto foi discutida em capítulos anteriores. Entretanto, as decisões sobre o projeto devem levar em consideração também as pressões de baixo para cima – dos processos de trabalho que são desenvolvidos para produzir os serviços e produtos da organização. Os processos de trabalho operacional irão influenciar o projeto estrutural tanto com departamentos associados com a tecnologia núcleo quanto com os departamentos não núcleos. Portanto, o assunto que diz respeito a este capítulo é "Como a organização deve ser projetada para acomodar e facilitar seus processos de trabalho operacionais"?

O restante do capítulo está estruturado da seguinte maneira. Primeiro, examinaremos como a tecnologia da organização como um todo influencia a estrutura e o projeto organizacional. Esta discussão inclui as tecnologias tanto de produção quanto de serviço. A seguir, examinaremos as diferenças nas tecnologias departamentais e como as tecnologias influenciam o projeto e o gerenciamento das subunidades organizacionais. Terceiro, exploraremos como as interdependências – fluxos de materiais e informações – entre departamentos afetam o projeto da organização.

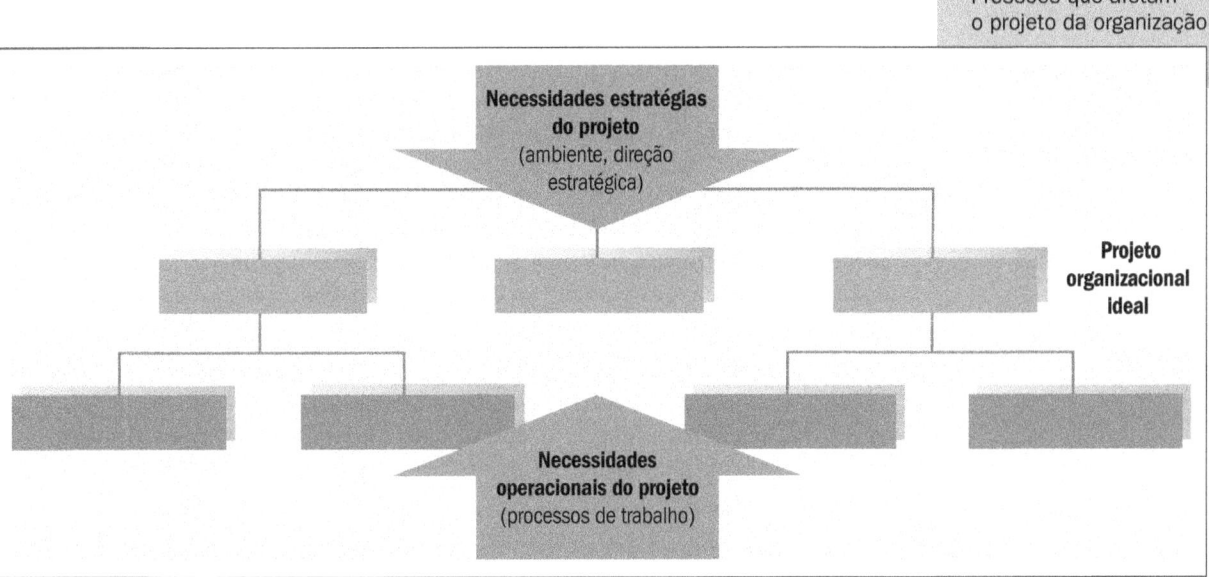

FIGURA 13.2
Pressões que afetam o projeto da organização

Fonte: Baseado em David A. Nadler e Michael L. Tushman com Mark B. Nadler, parte de *Design: The Power of Organizational Architecture* (Nova York: Oxford University Press, 1997), 54.

Tecnologia núcleo de produção da organização

As tecnologias de produção incluem os processos tradicionais de fabricação e as aplicações contemporâneas, como a fábrica digital e a produção enxuta.

Empresas de produção

O primeiro e mais influente estudo sobre tecnologia de produção foi conduzido por Joan Woodward, uma socióloga industrial britânica. Sua pesquisa começou como um estudo de campo sobre os princípios de gestão no sul de Essex. A sabedoria gerencial daquela época (anos 1950) estava contida no que era conhecido como princípios universais de gestão. Esses princípios eram "as melhores" prescrições que as organizações eficazes deveriam adotar. Woodward pesquisou 100 empresas de produção em primeira mão para aprender como elas estavam organizadas.[9] Ela e sua equipe de pesquisa visitaram cada empresa, entrevistaram gerentes, examinaram registros das empresas e observaram as operações de produção. Seus dados incluem uma ampla gama de características estruturais (amplitude de controle, níveis de gerência), dimensões de estilo de gerência (por exemplo, as comunicações escritas ou as verbais, o uso de recompensas) e o tipo de processo de fabricação. Ela também obteve dados que refletiam o sucesso comercial das empresas.

Woodward desenvolveu uma escala e organizou as empresas de acordo com a complexidade técnica do processo de fabricação. A **complexidade técnica** representa a extensão da mecanização do processo de produção. Uma alta complexidade técnica significa que a maior parte do trabalho é executada por máquinas. Baixa complexidade técnica significa que os trabalhadores desempenham um papel mais importante no processo de produção. A escala de complexidade técnica de Woodward originalmente tinha dez categorias, como resumido na Figura 13.3. Essas categorias foram posteriormente consolidadas em três grupos núcleos de tecnologia, a seguir:

- *Grupo I: Produção em pequenos lotes e unidades*. Estas empresas tendem a ser oficinas que produzem e montam pequenos pedidos para atender necessidades específicas de clientes. O trabalho personalizado é a norma. A **produção em pequenos lotes** depende muito do operador humano, não sendo, portanto, altamente mecanizada. Um exemplo da produção em lotes pequenos é a bolsa Kelly da Hermes International, nomeada em homenagem à atriz Grace Kelly. Artesãos costuraram à mão a maior parte de cada uma das bolsas com valor de 7 mil dólares cada e as assinaram quando concluídas.[10] Outro exemplo vem da Rockwell Collins, que fabrica equipamentos eletrônicos para aeronaves. Embora maquinário computadorizado seja utilizado em parte do processo de produção, a montagem final requer operadores humanos altamente especializados para garantir a confiabilidade absoluta dos produtos utilizados pelas empresas aeroespaciais, empresas contratadas pelo Departamento de Defesa ou pelas Forças Armadas dos EUA. A força de trabalho da empresa é dividida em células de produção, algumas delas produzindo apenas dez unidades por dia. Em uma fábrica, 140 trabalhadores montam Sistemas de Distribuição de Informação Tática Conjunta, para gerenciar a comunicação no campo de batalha a partir de um avião que o sobrevoa, a uma taxa de 10 peças por mês.[11]

- *Grupo II: Produção em massa e em grandes lotes*. A **produção em grandes lotes** é um processo de fabricação caracterizado por longas operações de produção de componentes padronizados. A produção geralmente é levada para o inventário do qual os pedidos são atendidos porque os clientes não têm necessidades especiais. Exemplos incluem as linhas tradicionais de montagem, como a automobilística.

- *Grupo III: Produção em processo contínuo*. Na **produção em processo contínuo**, o processo todo é mecanizado. Não existe início ou parada. Isto representa mecanização e padronização em um nível além da linha de montagem. Máquinas

---

ANOTAÇÕES

Como administrador de uma organização, tenha essas diretrizes em mente:

Use as categorias desenvolvidas por Woodward para diagnosticar se a tecnologia de produção em uma empresa é de produção em lotes pequenos, produção em massa ou processo contínuo. Use uma estrutura mais orgânica com lote pequeno ou tecnologias de processo contínuo com sistemas digitais de produção. Use uma estrutura mecanicista com tecnologias de produção em massa.

FIGURA 13.3
A classificação de Woodward das 100 empresas britânicas de acordo com seus sistemas de produção

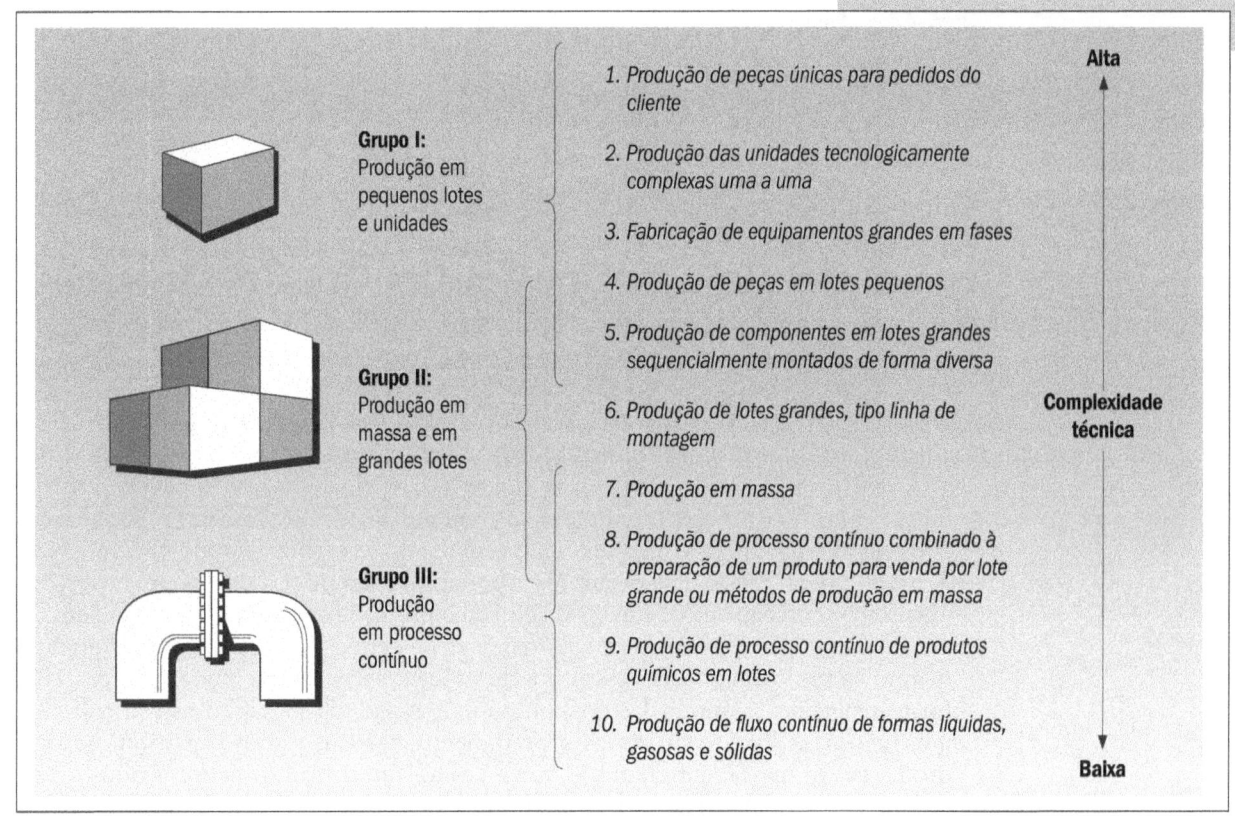

Grupo I: Produção em pequenos lotes e unidades
1. Produção de peças únicas para pedidos do cliente
2. Produção das unidades tecnologicamente complexas uma a uma
3. Fabricação de equipamentos grandes em fases

Grupo II: Produção em massa e em grandes lotes
4. Produção de peças em lotes pequenos
5. Produção de componentes em lotes grandes sequencialmente montados de forma diversa
6. Produção de lotes grandes, tipo linha de montagem
7. Produção em massa

Grupo III: Produção em processo contínuo
8. Produção de processo contínuo combinado à preparação de um produto para venda por lote grande ou métodos de produção em massa
9. Produção de processo contínuo de produtos químicos em lotes
10. Produção de fluxo contínuo de formas líquidas, gasosas e sólidas

Complexidade técnica: Alta → Baixa

Fonte: Adaptado de Joan Woodward, *Management and Technology* (London: Her Majesty's Stationery Office, 1958). Usado com a permissão do Escritório de Documentação da Sua Majestade Britânica.

automáticas controlam o processo contínuo e os produtos finais são altamente previsíveis. Os exemplos poderiam incluir fábricas químicas, refinarias de petróleo, fabricantes de bebidas alcoólicas, indústria farmacêutica e usinas nucleares. A fábrica do novo "Pearl GTL" (*gas-to-liquid*) da *Royal Dutch Shell* no Catar, programada para começar a operar no final de 2011, ilustra isso. Na nova instalação de processamento, o gás natural flui por meio de um labirinto de tubos, tanques de armazenamento, unidades de gasificação, destiladores, reatores e outros equipamentos, enquanto empregados altamente capacitados monitoram as operações de uma sala de controle central. O GTL utiliza processos químicos para modificar fisicamente a composição das moléculas do gás para produzir um combustível sem cor e sem odor, semelhante ao diesel, mas sem os seus poluentes.[12]

Usando essa classificação de tecnologia, os dados de Woodward fazem sentido. Algumas de suas descobertas principais são fornecidas na Figura 13.4. O número de níveis de gerência e a razão pessoal gerencial/pessoal total, por exemplo, mostra um crescimento bem definido quando a complexidade técnica aumenta de unidade de produção para processo contínuo. Isto indica que uma intensidade gerencial maior é necessária para gerenciar uma tecnologia complexa. A proporção da mão de obra direta para indireta decresce com a complexidade técnica, pois mais trabalhadores indiretos são necessários para dar suporte e manter um maquinário complexo. Outras características, como abrangência de controle, procedimentos formalizados e centralização, são altas para tecnologias de produção em massa porque o trabalho é padronizado, porém baixas para outras tecnologias. Tecnologias de produção unitária

FIGURA 13.4
Relacionamento entre a complexidade técnica e as características estruturais

Característica estrutural	Tecnologia		
	Produção unitária	Produção em massa	Processo contínuo
Número de níveis de gestão	3	4	6
Alcance do controle do supervisor	23	48	15
Proporção de mão de obra direta/indireta	9:1	4:1	1:1
Proporção de pessoal total/gerencial	Baixo	Médio	Alto
Nível de habilidade dos trabalhadores	Alto	Baixo	Alto
Procedimentos formalizados	Baixo	Alto	Baixo
Centralização	Baixo	Alto	Baixo
Quantidade de comunicação verbal	Alto	Baixo	Alto
Quantidade de comunicação escrita	Baixo	Alto	Baixo
Estrutura geral	Orgânica	Mecanicista	Orgânica

Baseado em: Management and Technology de Joan Woodward, (London: Her Majesty's Stationery Office, 1958).

(lotes pequenos) e processo contínuo requerem trabalhadores altamente especializados para operar as máquinas e comunicação verbal para se adaptar às condições mutáveis. A produção em massa é padronizada e rotinizada, assim ocorrem poucas exceções, pouca comunicação verbal é necessária e os empregados são menos especializados.

De forma geral, a estrutura e os sistemas de gestão tanto na produção unitária quanto na tecnologia de processo contínuo são caracterizados como orgânicos, conforme definem o Capítulo 1 e o Capítulo 6. Eles são mais adaptáveis e apresentam um fluxo mais livre, com menos procedimentos formais e menos padronização. A produção em massa, entretanto, é mecanicista, com trabalhos padronizados e procedimentos formalizados. A descoberta de Woodward sobre a tecnologia forneceu, desse modo, novas percepções substanciais sobre as causas da estrutura organizacional. Nas próprias palavras de Joan Woodward, "Tecnologias diferentes impõem tipos diferentes de demandas nos indivíduos e organizações e essas demandas tinham de ser satisfeitas por meio de uma estrutura apropriada."[13]

Estratégia, tecnologia e desempenho

Outra parte do estudo de Woodward examina o sucesso das empresas em dimensões como lucratividade, participação de mercado, preço das ações e reputação. Como indica o Capítulo 3, a medição de eficácia não é simples ou precisa, mas Woodward foi capaz de classificar as empresas com base em uma escala de sucesso comercial, dependendo se elas exibiram um desempenho dentro, acima ou abaixo da média quanto aos objetivos estratégicos.

Woodward comparou o relacionamento estrutura-tecnologia em relação ao sucesso comercial e descobriu que as empresas bem-sucedidas tendiam a ser aquelas com estruturas e tecnologias complementares. Muitas das características organizacionais das empresas de sucesso estavam próximas da média das suas categorias de tecnologia como mostrado na Figura 13.4. Empresas abaixo da média tenderam a se desviar das suas características estruturais para o seu tipo de tecnologia. Outra conclusão foi que as características estruturais poderiam ser interpretadas como agrupadas em sistemas de gestão orgânicos e mecanicistas, conforme definido nos Capítulos 1 e 6. Organizações bem-sucedidas de processo contínuo e pequenos lotes apresentam projetos orgânicos e organizações de produção em massa bem sucedidas apresentam projetos mecanicistas. Pesquisas subsequentes confirmaram esses dados.[14]

O que isto ilustra para as empresas de hoje é que a estratégia, a estrutura e a tecnologia precisam estar alinhadas, especialmente quando as condições de concorrência mudam.[15] Por exemplo, há alguns anos, quando a Dell criou um modelo de negócios para construir computadores pessoais de forma mais rápida e barata, outros fabricantes de computadores tiveram que realinhar sua estratégia e tecnologia para se manterem competitivas. A Dell fabricou PCs por encomenda para cada cliente e vendeu a maior parte deles diretamente os consumidores sem a despesa de distribuição ou venda no varejo. Fabricantes como a IBM, que uma vez tentaram diferenciar seus produtos e cobrar preços mais altos por isso, mudaram sua estratégia para uma de baixo custo e optaram por novas tecnologias que os capacitou a personalizar PCs, reformular as cadeias de suprimento e começarem a terceirizar a fabricação para outras empresas que poderiam fazer o trabalho com mais eficiência.

Deixar de adotar novas tecnologias adequadas à estratégia ou adotar uma nova tecnologia e deixar de realinhar a estratégia a fim de se adequar a ela podem conduzir a um desempenho deficiente. A crescente competição global de hoje significa mercados mais voláteis, produtos com ciclos de vida mais curtos e consumidores mais sofisticados e conhecedores; a flexibilidade para atender a essas novas demandas tornou-se um imperativo estratégico para muitas empresas.[16] Empresas de produção podem adotar novas tecnologias para apoiar a estratégia de flexibilidade. No entanto, as estruturas organizacionais e os processos gerenciais também têm de ser realinhados na medida em que estruturas mecanicistas mais desenvolvidas dificultam a flexibilidade e impedem que a empresa colha os benefícios da nova tecnologia.[17] gerentes devem lembrar-se sempre de que os sistemas tecnológicos e humanos de uma organização estão entrelaçados. A "Dica de livro" deste capítulo na página 568 oferece uma perspectiva diferente sobre a tecnologia ao observar os perigos da falta de compreensão do papel do homem no gerenciamento dos avanços tecnológicos altamente complexos.

ANOTAÇÕES

Como administrador de uma organização, tenha essas diretrizes em mente:

Ao adotar uma nova tecnologia, realinhe a estratégia, a estrutura e os processos de gestão para alcançar um desempenho superior.

Aplicações contemporâneas

Nos anos subsequentes à pesquisa de Woodward, novos desenvolvimentos ocorreram na tecnologia de produção. A fábrica de hoje em dia é muito diferente das empresas industriais que Wodward estudou nos anos 1950. Especialmente, os computadores e a tecnologia da informação revolucionaram todos os tipos de produção – pequenos lotes, grandes lotes e processo contínuo. Na fábrica da Marion, na Carolina do Norte, da Divisão de Sistemas de Automação da Rockwell, empregados altamente treinados podem rapidamente manusear uma unidade construída por encomenda graças aos computadores, tecnologia sem fio e sistemas de identificação por radiofrequência. Em certa ocasião, a fábrica da Marion construiu, embalou e entregou um rolamento de reposição para uma unidade de ar condicionado industrial no Texas apenas quinze horas depois que o cliente ligou pedindo ajuda.[18]

A produção em massa teve transformações similares. Duas aplicações contemporâneas significativas da tecnologia de produção são a fábrica digital e a produção enxuta.

A fábrica digital

A maioria das fábricas atuais utiliza uma variedade de novas tecnologias de produção, incluindo robôs, ferramentas mecânicas numericamente controladas, identificação por radiofrequência (RFID), tecnologia sem fio e software computadorizado para o projeto de produtos, análises de engenharia e controle remoto de equipamentos. Um estudo descobriu, por exemplo, que todos os produtores nos Estados Unidos usam mais de seis vezes a quantidade de equipamentos para o processamento de informações (computadores, por exemplo) do que usavam há 20 anos.[19] Este aumento reflete a crescente incerteza e os difíceis desafios que as organizações de produção enfrentam, incluindo a globalização de operações, o aumento da concorrência, maior complexidade dos produtos e a necessidade de coordenar um grande número de

DICA DE LIVRO
13.0 VOCÊ JÁ LEU ESTE LIVRO?

Inviting disaster: lessons from the edge of technology
Por James R. Chiles

Paris, França, 25 de julho de 2000. Menos de dois minutos depois da decolagem do *Concorde*, voo 4590 da Air France, do Aeroporto Charles DeGaulle, algo sai completamente errado. Deixando um rastro de fogo e soltando fumaça negra, o enorme avião desvia para a esquerda e se colide contra um hotel, matando todas as 109 pessoas a bordo e mais quatro no solo. Este é um dos desastres tecnológicos que James R. Chiles descreve em seu livro, *Inviting disaster: lessons from the edge of technology*.

Um dos argumentos principais de Chiles é que o avanço da tecnologia pode possibilitar a criação de máquinas que desafiam a capacidade humana de compreendê-las e operá-las com segurança. Por exemplo, o excesso de confiança dos gerentes de que eles entenderam a tecnologia para a prevenção de panes contribuiu com o desastre na plataforma de petróleo transoceânica Deepwater Horizon, da BP, em 2010, e a incapacidade de gerenciar tecnologia nuclear complexa com segurança levou a vazamentos radioativos perigosos na planta nuclear de Fukushima Daiichi no Japão, após um terremoto e um tsunami em 2011. Chiles afirma que as fronteiras da segurança estão ficando mais frágeis à medida que as energias que utilizamos se tornam mais poderosas e o período de tempo entre a invenção e o uso diminui. Ele acredita que hoje, "para cada vinte livros sobre a busca do sucesso, precisamos de um livro sobre como as coisas se despedaçam apesar de nossos maiores esforços e dos ideais mais elevados." Todos os sistemas complexos, ele nos lembra, são destinados a falhar em algum momento.

COMO AS COISAS DESPEDAÇAM: EXEMPLOS DE FALHAS DE SISTEMA

Chiles usa calamidades históricas, como o naufrágio do Titanic, e os desastres modernos, como a explosão do ônibus espacial *Challenger*, para ilustrar os perigos de falhas do sistema, uma cadeia de eventos que envolve erro humano em resposta ao mau funcionamento em máquinas complexas. O desastre começa quando um ponto fraco se liga a outros.

- *Sultana* (Barco à vapor norte-americano no rio Mississippi próximo à Memphis, Tennessee), 25 de abril de 1865. O barco, projetado para transportar no máximo 460 pessoas, estava levando mais de 2.000 ex-prisioneiros da União para o norte – assim como mais 200 membros da tripulação e passageiros – quando três das quatro caldeiras explodiram, matando 1.800 pessoas. Uma das caldeiras foi temporariamente remendada para cobrir uma rachadura, mas o remendo era muito fino. Operadores cometeram um erro ao compensar o problema ajustando a válvula de segurança.

- *Piper Alpha* (plataforma de extração no mar do Norte), 6 de julho de 1988. A plataforma processava grandes volumes de gás natural de outras plataformas por meio de tubulações. Uma equipe de trabalho diurna, que não completou o reparo de uma bomba de gás condensado, transmitiu uma mensagem verbal à equipe do próximo turno, mas os trabalhadores ligaram a bomba assim mesmo. Quando a vedação temporária da bomba falhou, um incêndio prendeu os funcionário sem rota de saída, matando 167 tripulantes e membros da equipe de resgate.

- *Union Carbide (Índia) Ltd.* (liberação de produto químico altamente tóxico em uma comunidade), Bhopal, Madhya Pradesh, Índia, 3 de dezembro de 1984. Três teorias concorrentes existem para a água quente que entra em um tanque de armazenamento, criando uma reação violenta que causou a emissão do altamente tóxico isocianato de metila (usado na fabricação de herbicidas) para o meio ambiente, provocando aproximadamente 7.000 mortes: (1) manutenção de segurança ineficiente, (2) sabotagem ou (3) erro humano.

O QUE PROVOCA FALHAS DO SISTEMA?

Há um catálogo verídico de causas que levam a tais desastres, de erros de projeto, treinamento insuficiente de operadores e falta de planejamento à ganância e má gestão. Chiles escreveu este livro como um lembrete de que a tecnologia nos leva a lugares arriscados, seja fora do espaço, no topo de uma torre de 2.000 pés ou em uma usina de processamento químico. Chiles também cita exemplos de potenciais desastres que foram evitados pelo raciocínio rápido e a resposta adequada. Para ajudar a prevenir as falhas do sistema, gerentes podem criar organizações na qual certas pessoas em uma organização sejam especialistas em detectar os sinais sutis de problemas reais – e onde quer que estejam possam relatá-los e tomar medidas imediatas.

Inviting disaster: lessons from the edge of technology, de James R. Chiles, é publicado pela HarperBusiness.

parceiros comerciais.[20] As fábricas completamente automatizadas são chamadas de **fábricas digitais**.[21] Também conhecidas como *produção integrada por computador, sistemas de produção flexível, fábricas inteligentes, tecnologia avançada de produção ou produção ágil*, as fábricas digitais unem componentes da produção que estavam previamente isolados. Assim, robôs, máquinas, projetos de produto e análise de engenharia são coordenados por um único sistema de computador.

A fábrica digital é normalmente o resultado de diversos subcomponentes:

- *Projeto assistido por computador (Computer-Aided Design – CAD)*. Os computadores são usados para o esboço, o projeto e a engenharia de novas peças. Os projetistas guiam os computadores para desenhar configurações específicas na tela, incluindo dimensões e detalhes de componentes. Centenas de alternativas de desenho podem ser exploradas, assim como podem ser produzidas versões em escalas maiores ou menores que o original.[22]
- *Produção assistida por computador (Computer-Aided Manufacturing – CAM)*. Máquinas controladas por computador no manuseio de materiais, fabricação, produção e montagem aumentam bastante a velocidade na quais os itens são manufaturados. A *CAM* permite também que uma linha de produção mude rapidamente da fabricação de um item para qualquer outra variedade de item ao alterar os códigos de software no computador. A *CAM* possibilita à linha de produção honrar rapidamente os pedidos dos clientes que procuram mudanças no desenho de produtos ou em seu *mix*.[23]
- *Processos de gestão de produção (Manufacturing Processes Management – MPM)*. Novos softwares de gestão de processos de produção oferecem aos gerentes a capacidade de "construir" uma fábrica virtual completa com layout de fabricação, robótica, máquinas e linhas de transporte antes do início da construção física. A planta virtual pode testar a produtividade e o desempenho no início, quando as coisas ainda podem ser alteradas, permitindo que as empresas alcancem processos ideais de produção.[24]
- *Rede integrada de informação*. Um sistema computadorizado conecta todos os aspectos da empresa – incluindo contabilidade, compras, marketing, controle de estoque, desenho, produção e assim por diante. Este sistema apoiado em dados comuns e numa base de informação permite aos gerentes tomar decisões e dirigir o processo de produção de forma realmente integrada.
- *Gestão do ciclo de vida do produto (Product Life-Cycle Management – PLM)*. O software *PLM* pode gerenciar um produto da ideia até o desenvolvimento, produção, testes e até mesmo manutenção em campo. Isto permite que as atividades de produtores, fornecedores e outros parceiros sejam fortemente integradas e coordenadas.[25] Ao usar o software *PLM*, gerentes podem avaliar produtos e processos de produção em uma simulação virtual e associar o projeto do produto a todos os departamentos e até mesmo aos fornecedores externos envolvidos no desenvolvimento do novo produto. O *PLM* tem sido usado para coordenar pessoas, ferramentas e instalações em todo o mundo para o projeto, desenvolvimento e produção de itens tão diversos quanto *skates* produzidos pela GID de Yorba Linda, na Califórnia, a embalagem de artigos para divisão de produtos de consumo da Procter & Gamble e o novo jato de passageiros 787 Dreamliner da Boeing.[26]

A combinação de *CAD, CAM, MPM*, redes integradas de informação e *PLM* significa que um novo produto pode ser projetado no computador e um protótipo pode ser produzido sem o toque de mãos humanas. A fábrica ideal pode rapidamente alternar de um produto para outro, trabalhando de forma rápida e com precisão, sem burocracia ou manutenção de registros que reduzem a eficiência do sistema.[27] Além disso, o novo software pode coordenar informações de múltiplos departamentos e organizações envolvidos em um projeto e os projetos virtuais podem incluir até mesmo toda uma fábrica nova.

Fabricantes de carros oferecem bons exemplos dos benefícios da fábrica digital. A planta da Ford de Kansas City, Missouri, uma das maiores fábricas do mundo, produz em torno de 490 mil Ford Escapes, F-150 e Mazda Tributes por ano. Com apenas um pequeno ajuste, as linhas de montagem podem ser programadas para produzir qualquer tipo de carro ou utilitário fabricado pela Ford. Robôs fazem a maior parte do trabalho, enquanto as pessoas atuam como assistentes, tomando medidas, reabastecendo peças e alterando o sistema, se alguma coisa dá errado. A montagem é sincronizada por computadores, até o último espelho retrovisor. A fábrica digital da Ford foi projetada para economizar 2 bilhões de dólares para a empresa nos próximo dez anos.[28] A Honda alcançou um grau ainda maior de flexibilidade em sua planta em East Liberty, Ohio. Considerada a fabricante de carros mais flexível da América do Norte, a planta da Honda pode mudar da produção dos compactos Civic para a produção do *crossover* CRV, maior e mais longo, em cerca de cinco minutos. A maioria dos veículos da empresa são projetados para serem montados da mesma forma, mesmo se suas partes são diferentes. Tudo o que é necessário para alterar a montagem de um tipo de veículo para outro é colocar "mãos" diferentes nos robôs para que manuseiem peças diferentes. A capacidade de ajustar os níveis de estoque rapidamente para diferentes tipos de veículos tem sido uma vantagem estratégia fundamental da Honda em uma era de preços voláteis da gasolina e mudança na popularidade de veículos.[29]

Produção enxuta

A fábrica digital atinge seu mais alto nível para a melhoria da qualidade, serviço ao cliente e corte de custos quando todas as partes são usadas de maneira interdependente e combinadas com processos de gerenciamento flexível, num sistema conhecido como produção enxuta. A **produção enxuta** utiliza empregados altamente treinados em cada estágio do processo de produção, que adotam uma abordagem minuciosa para os detalhes e resolução de problemas a fim de reduzir perdas e aumentar a qualidade. Em uma pesquisa feita pela *Industry Week* e o Manufacturing Performance Institute, que perguntou a 745 produtores quais os programas de melhoria que utilizavam, a produção enxuta foi a resposta mais comum, com mais de 40% relatando o uso de técnicas de produção enxuta.[30]

A produção enxuta incorpora elementos tecnológicos, como *CAD/CAM* e *PLM*, porém o coração da produção enxuta não são as máquinas ou os softwares, mas as pessoas. A produção enxuta requer mudanças no sistema organizacional, como no processo de tomada de decisão e no processo gerencial, assim como uma cultura organizacional que dê apoio à participação ativa dos empregados, à perspectiva da qualidade e ao foco no cliente. Empregados são treinados para combater o desperdício e buscar a melhoria contínua em todas as áreas.[31] Uma lição da produção enxuta é que sempre há espaço para melhorias. A Sealy, a maior fabricante de colchões do mundo, implementou a produção enxuta como uma forma de cortar custos e melhorar as operações.

Sealy | NA PRÁTICA

Diante das pressões de custo decorrentes da concorrência global, combinada à recessão, fabricantes não poderiam arcar com o investimento em centenas de milhões de dólares em matérias-primas que ficam paradas nas fábricas durante meses ou reter produtos parcialmente acabados ocupando espaço nas instalações da empresa. Os gerentes da Sealy posicionaram sua empresa para o sucesso em momentos difíceis utilizando técnicas de produção enxuta.

A Sealy opera 25 fábricas na América do Norte e vende colchões em milhares de redes de varejo. A empresa conduz um *kaizen** (melhoria contínua) todos os meses, em cada

---

* O *kaizen* significa melhoria contínua, visando reduzir os custos e aumentar a produtividade. Masaaki, o criador do *kaizen*, enfatiza o "local real", ou seja, o local de trabalho onde o verdadeiro valor é criado. O envolvimento de todos os colaboradores é fundamental para essa melhoria. O sistema de produção da Toyota (*lean manufacturing* ou produção enxuta) é conhecido por aplicar esse princípio. (N.R.T.)

fábrica. No início, a Sealy focou em acabar com a movimentação desnecessária de peças, eliminando o desperdício e o manuseio desnecessário de materiais. Empregados são treinados para "pensar enxuto" e procurar possíveis melhorias em qualquer área. Anteriormente, trabalhadores produziam dúzias de colchões inacabados de uma vez, que ficavam parados na fábrica esperando o próximo passo. Depois da implementação de processos enxutos, equipes de trabalho produzem um colchão completo de uma vez, ajustado ao pedido do cliente, o que diminui a quantidade de tempo de manuseio e movimentação dos materiais. Hoje, a Sealy avançou ainda mais seu pensamento enxuto, aplicando-o ao projeto de produtos, por exemplo, para eliminar o desperdício dos processos de engenharia e desenvolver produtos que possam ser fabricados em menos tempo e com menos desperdício.

A utilização da produção enxuta ajudou a Sealy a reduzir em 69% o descarte de materiais. O estoque de matérias-primas diminuiu 50%, para validade de 16 dias e a redução de pilhas de colchões parcialmente acabados liberaram espaço suficiente para que gerentes pudessem combinar dois turnos, cortando ainda mais os custos de produção. Durante a recente recessão, a Sealy manteve seu compromisso com a melhoria contínua e o envolvimento dos funcionários. "Devido à nossa cultura enxuta, continuamos melhorando ... apesar da redução do volume de vendas," afirmou Mike Hofmann, vice-presidente executivo de operações. "Tentamos manter nossas fábricas em ótimas condições impondo o *kaizen* e as iniciativas enxutas. Quando o mercado se reaquecer, se pudermos produzir produtos em 20% a 30% menos tempo que nossos concorrentes, poderemos conquistar importantes fatias do mercado."[32]

Hoffman e outros gerentes da Sealy partiram para a busca pela produção enxuta há alguns anos, assim como o fizeram muitas empresas norte-americanas que começaram a estudar as práticas da Toyota, pioneira em produção enxuta, e outras empresas japonesas. Um sistema de produção enxuta inclui técnicas tais como estoque *just-in-time*, gestão do ciclo de vida do produto, produção em fluxo contínuo, rápida mudança das linhas de montagem, melhorias contínuas e manutenção preventiva com um sistema gerencial que incentiva o envolvimento dos empregados, a criatividade e a solução de problemas. Apesar de instalar a metodologia para a operação de uma linha de montagem eficiente, gerentes incentivam as atitudes necessárias, como a preocupação com a qualidade e o desejo de inovar.[33] Por exemplo, quando a Milliken & Company, uma fabricante de têxteis e químicos, aplicou as técnicas de produção enxuta pela primeira vez, os ganhos em eficiência e melhoria foram mínimos porque os gerentes falharam em incorporá-los à cultura organizacional. Eles obtiveram sucesso quando gerentes assumiram um compromisso integral ao envolver e dar poder aos empregados.[34]

> **1** A produção enxuta é uma forma eficiente de produção que fabrica produtos de qualidade superior.
>
> **RESPOSTA:** *Concordo.* Técnicas de produção enxuta foram implementadas em centenas de organizações ao redor do mundo e levaram a grandes melhorias na qualidade, produtividade e eficiência. A produção enxuta continua a ser uma ferramenta importante para empresas de produção, e gerentes inteligentes nas empresas de serviços também estão aprendendo a se beneficiar do pensamento enxuto.

AVALIE SUA RESPOSTA

A produção enxuta e a fábrica digital pavimentaram o caminho para a **customização em massa**, que se refere ao uso da tecnologia de produção em massa para montar rapidamente e com eficácia de custos, bens que são projetados unicamente para atender a demanda de um cliente individual. O objetivo é oferecer aos clientes exatamente o que eles querem, quando eles quiserem.[35] A customização em massa tem sido aplicada a produtos tão diversificados quanto maquinário de agricultura, aquecedores de água, vestuário, computadores e detergentes industriais.[36] Um cliente pode pedir um *laptop* da Sony com uma das diversas capacidades de disco rígido, velocidades de processamento e pacotes de software ou um automóvel BMW com a combinação exata de recursos e componentes desejados. Aproximadamente 60% dos carros que a BMW vende na Europa são construídos sob encomenda.[37] A Oshkosh Truck Company prosperou durante uma crise generalizada de vendas na indústria ao oferecer caminhões personalizados para combate ao fogo, para o transporte de cimento, transporte de lixo e para uso militar. Os bombeiros costumam viajar à fábrica para ver seus novos veículos tomarem forma, algumas vezes levando amostras de tinta para personalizar a cor de sua frota.[38]

Desempenho e implicações estruturais

A incrível vantagem da fábrica digital é que produtos de diferentes tamanhos, tipos e diferentes exigências dos clientes se combinam livremente na linha de montagem, permitindo que grandes fábricas entreguem uma grande variedade de produtos customizados com custos baixos de produção em massa.[39] Máquinas computadorizadas podem fazer alterações instantâneas – como posicionar um grande parafuso em outro local – sem retardar a linha de produção. Um fabricante pode produzir uma variedade infinita de produtos, em um número ilimitado de tamanhos de lotes, como ilustrado na Figura 13.5. Nos sistemas de produção tradicionais estudados por Woodward, as escolhas estavam limitadas à diagonal. A produção em pequenos lotes permitia a alta flexibilidade de produtos e produção sob encomenda; porém, por causa do "artesanato" envolvido na produção sob encomenda, o tamanho dos lotes era necessariamente pequeno. A produção em massa pode ter um tamanho grande de lote, mas oferece uma flexibilidade limitada de produção. O processo contínuo poderia produzir um único produto padrão em quantidades ilimitadas. A fábrica digital permite que plantas se livrem dessa diagonal e aumentem tanto o tamanho do lote quanto a flexibilidade do produto ao mesmo tempo. Quando levada às últimas consequências, a fábrica digital permite a customização em massa com cada produto específico, talhado às especificações do cliente. Este alto nível de utilização dos sistemas digitais tem sido referido como *artesanato auxiliado por computador*.[40]

Estudos sugerem que em fábricas digitais, a utilização de máquinas é mais eficiente, a produtividade da mão de obra aumenta, as taxas de desperdício diminuem e a variedade de produtos e a satisfação do cliente aumentam.[41] Muitas empresas de produção dos EUA estão reinventando a fábrica utilizando sistemas digitais e técnicas de produção enxuta para aumentar a produtividade.

Pesquisas sobre o relacionamento entre a fábrica digital e as características organizacionais descobriram os padrões organizacionais resumidos na Figura 13.6. Comparada com as tecnologias tradicionais da produção em massa, a fábrica digital possui estreita abrangência de controle, poucos níveis hierárquicos, baixa especialização, descentralização e o ambiente geral é caracterizado como orgânico e autorregulado. Os empregados necessitam de habilidades para participar das equipes; o treinamento é abrangente (assim, os trabalhadores não são especialistas) e frequente (assim, os trabalhadores mantêm-se atualizados). A especialização tende a ser cognitiva para que os trabalhadores possam processar ideias abstratas e resolver problemas. Os relacionamentos interorganizacionais nas fábricas digitais são caracterizados pelas demandas mutáveis de clientes – facilmente resolvidas com a nova tecnologia – e um estreito relacionamento com alguns poucos fornecedores que suprem matérias-primas de alta qualidade.[42]

A tecnologia sozinha não pode fornecer às organizações os benefícios de flexibilidade, qualidade, produção aumentada e maior satisfação do cliente. Pesquisas sugerem que as estruturas organizacionais e processos de gestão também devem ser reprojetados para que possam tirar vantagem da nova tecnologia.[43] Quando gerentes

Capítulo 13: Tecnologia e projeto do ambiente de trabalho

FIGURA 13.5
Relacionamento da tecnologia de produção flexível com as tecnologias tradicionais

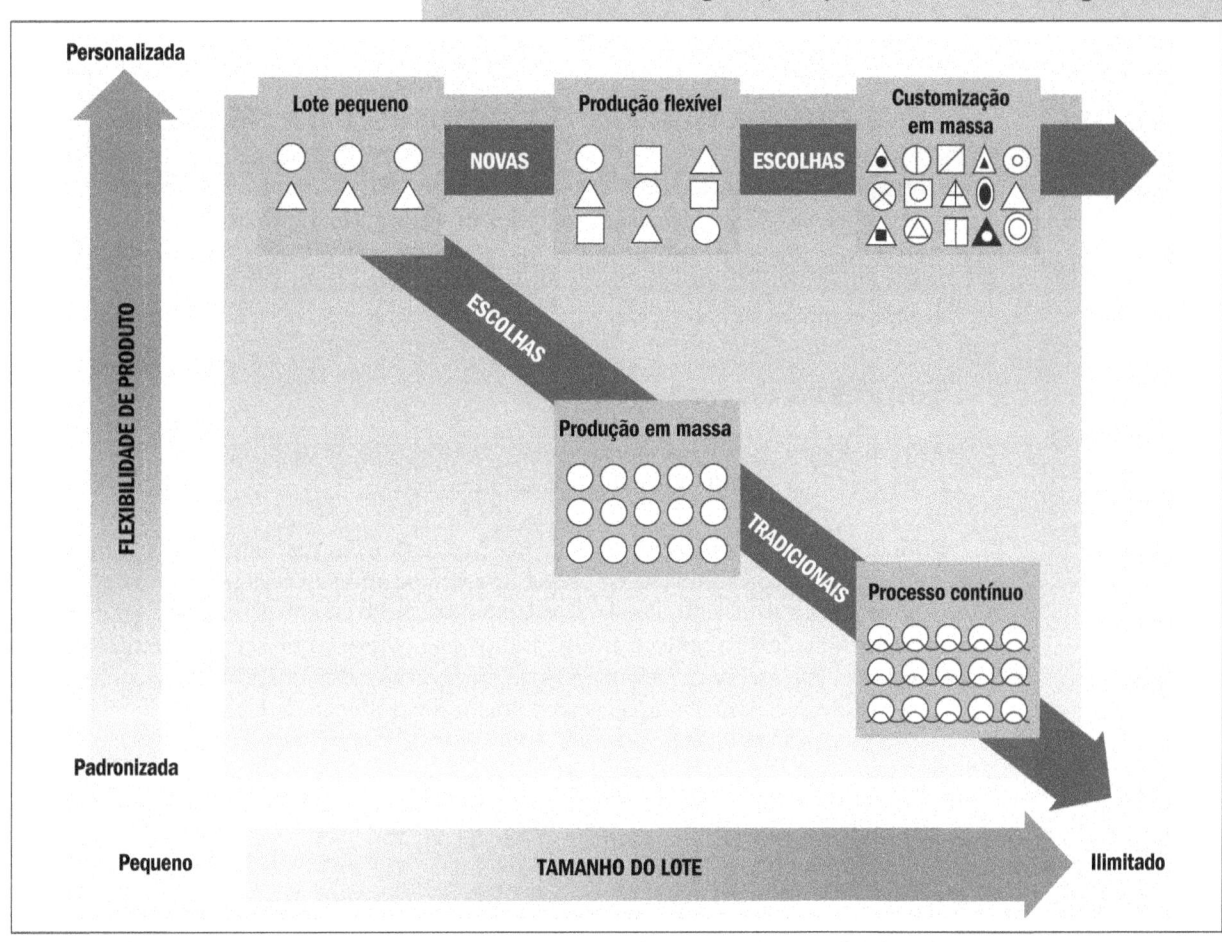

Fonte: Baseado em Jack Meredith, "The Strategic Advantages of New Manufacturing Technologies for Small Firms," *Strategic Management Journal* 8 (1987), 249–258; Paul Adler, "Managing Flexible Automation," *California Management Review* (primavera de 1988), 34–56; e Otis Port, "Custom-made Direct from the Plant," *BusinessWeek*/21st Century Capitalism (18 de novembro de 1994), 158–159.

Característica	Produção em massa	Fábrica digital
Estrutura		
Alcance do controle	Amplo	Curto
Níveis hierárquicos	Muitos	Poucos
Tarefas	Rotineiras, repetitivas	Adaptativas, artesanais
Especialização	Alta	Reduzida
Tomada de decisão	Centralizada	Descentralizada
Geral	Burocrática, mecanicista	Autorreguladora, orgânica
Recursos humanos		
Interações	Isolamento	Trabalho de equipe
Treinamento	Simples, uma vez	Amplo, frequente
Especialização	Manual, técnica	Cognitiva, social; resolução de problemas
Interorganizacional		
Demanda do cliente	Estável	Sofre mudanças
Fornecedores	Muitos, relacionamento profissional	Poucas, relacionamentos próximos

FIGURA 13.6
Comparação de características organizacionais associadas à produção em massa e fábricas digitais

Fonte: Baseado em Patricia L. Nemetz e Louis W. Fry, "Flexible Manufacturing Organizations: Implications for Strategy Formulation and Organization Design," *Academy of Management Review* 13 (1988), 627–638; Paul S. Adler, "Managing Flexible Automation," *California Management Review* (primavera de 1988), 34–56; e Jeremy Main, "Manufacturing the Right Way," *Fortune* (21 de maio de 1990), 54–64.

assumem o compromisso de implementar novas estruturas e processos que dão poder aos trabalhadores e apoiam um ambiente de aprendizagem e criação de conhecimento, a fábrica digital pode ajudar empresas a serem mais competitivas.[44]

Tecnologia núcleo da empresa de serviços

Outra grande mudança que ocorre nas tecnologias das organizações é o crescimento do setor de serviços. Mais de metade de todos os negócios nos Estados Unidos são organizações de serviço e, de acordo com uma estimativa, cerca de 9% da força de trabalho norte-americana é empregada no setor de serviços como restaurantes, hospitais, hotéis e *resorts*, companhias aéreas, varejo, serviços financeiros e serviços de informação.[45]

Empresas de serviços

As tecnologias de serviço são diferentes das tecnologias de produção e, por sua vez, requerem uma estrutura organizacional diferente.

Definição. Enquanto as empresas de produção atingem sua finalidade principal com a fabricação de produtos, as empresas de serviços atingem seus propósitos primários pela produção e provisão de serviços, como educação, serviços de saúde, transportes, serviços bancários e hotelaria. Os estudos nas empresas de serviços têm focado as dimensões exclusivas das tecnologias de serviço. As características das tecnologias de serviços são comparáveis àquelas tecnologias de produção da Figura 13.7.

FIGURA 13.7
Diferenças entre tecnologias de produção e serviços

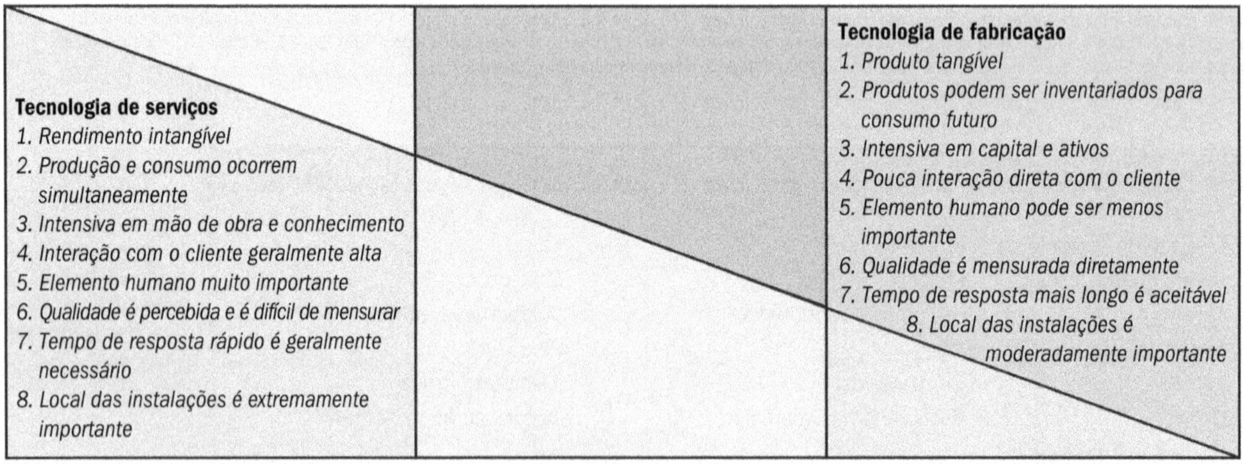

Tecnologia de serviços
1. Rendimento intangível
2. Produção e consumo ocorrem simultaneamente
3. Intensiva em mão de obra e conhecimento
4. Interação com o cliente geralmente alta
5. Elemento humano muito importante
6. Qualidade é percebida e é difícil de mensurar
7. Tempo de resposta rápido é geralmente necessário
8. Local das instalações é extremamente importante

Tecnologia de fabricação
1. Produto tangível
2. Produtos podem ser inventariados para consumo futuro
3. Intensiva em capital e ativos
4. Pouca interação direta com o cliente
5. Elemento humano pode ser menos importante
6. Qualidade é mensurada diretamente
7. Tempo de resposta mais longo é aceitável
8. Local das instalações é moderadamente importante

Serviço	Produto e Serviço	Produto
Companhias aéreas	Empresas de fast-food	Empresas de refrigerante
Hotéis	Cosméticos	Siderúrgicas
Consultores	Imobiliária	Fabricantes de automóveis
Assistência médica	Corretores de ações	Corporações de mineração
Escritórios de advocacia	Lojas de varejo	Fábricas de processamento de alimentos

Fonte: Baseado em F. F. Reichheld e W. E. Sasser, Jr., "Zero Defections: Quality Comes to Services," *Harvard Business Review* 68 (setembro–outubro de 1990), 105–111; e David E. Bowen, Caren Siehl e Benjamin Schneider, "A Framework for Analyzing Customer Service Orientations in Manufacturing," *Academy of Management Review* 14 (1989), 75–95.

A diferença mais óbvia é que a tecnologia de serviços produz um *resultado intangível*, em vez de um produto tangível, como um refrigerador produzido por uma empresa de fabricação. Um serviço é abstrato e frequentemente consiste em ideias e conhecimento, em vez de um produto físico. Assim, enquanto produtos de produção podem ser estocados para venda posterior, os serviços são caracterizados pela *produção e consumo simultâneos*. Um cliente se encontra com um médico ou advogado, por exemplo, e estudantes e professores se encontram numa sala de aula ou na internet. Um serviço é um produto intangível que não existe até ser requisitado por um cliente. Ele não pode ser armazenado, estocado ou visto como um produto acabado. Se um serviço não for consumido imediatamente após a produção, ele desaparece.[46] Isto significa que empresas de serviços são habitualmente intensivas em mão de obra e conhecimento, com muitos empregados necessários para satisfazer as necessidades dos clientes, enquanto empresas de produção tendem a ser intensivas em capital, confiando nas tecnologias de produção em massa, processo contínuo e manufatura flexível.[47]

A *interação direta entre cliente e empregado* é geralmente muito alta com os serviços, enquanto existe pouca interação direta entre clientes e empregados no núcleo técnico de uma empresa de produção. Essa interação direta significa que o elemento humano (empregados) tornou-se extremamente importante nas empresas de serviços. Enquanto a maioria das pessoas nunca conhece os trabalhadores que fabricaram seus carros, elas interagem diretamente com o vendedor que lhes vende um novo caminhão ou o funcionário da Enterprise que aluga um carro a elas quando estão de férias. O tratamento recebido de um vendedor – ou de um médico, advogado ou cabeleireiro – afeta a percepção do serviço recebido e o nível de satisfação do cliente. A *qualidade de um serviço é percebida* e não pode ser diretamente medida e comparada da mesma maneira que a qualidade de um produto tangível. Outra característica que afeta a satisfação do cliente e a percepção da qualidade do serviço é o *tempo de resposta rápido*. Um serviço tem de ser fornecido quando o cliente quer e precisa dele. Quando você leva um amigo para jantar, vocês querem ser acomodados e servidos de forma rápida; vocês não ficariam muito satisfeitos se o atendente ou o gerente lhes dissesse para voltar no dia seguinte, quando haveria mais mesas ou garçons disponíveis para acomodá-los.

A característica final definidora da tecnologia de serviços é que a *escolha do local é frequentemente muito mais importante* que a da produção. Dado que os serviços são intangíveis, eles devem estar onde o cliente quer ser servido. Os serviços estão dispersos e localizados geograficamente próximos aos clientes. Por exemplo, as franquias de *fast-food* geralmente espalham suas instalações em lojas locais. Muitas localidades, mesmo de tamanho moderado, possuem atualmente dois ou mais restaurantes McDonald's em vez de um maior, por exemplo, a fim de oferecer seus serviços onde os clientes o desejam e necessitam.

Na realidade é difícil encontrar organizações que apresentem características 100% de serviço ou 100% de produção. Algumas empresas de serviços adquirem características de produção e vice-versa. Muitas empresas de produção estão dando grande ênfase ao serviço ao cliente para diferenciá-las e torná-las mais competitivas. Além disso, as empresas de produção possuem departamentos de compras, recursos humanos e marketing baseados na tecnologia de serviços. Por outro lado, as organizações tais como postos de gasolina, corretoras de valores, lojas de varejo e restaurantes pertencem ao setor de serviço, mas o fornecimento de um produto é uma parte significativa da transação. A maioria absoluta de organizações envolve alguma combinação de produtos e serviços. O ponto importante é que toda organização pode ser classificada ao longo de um processo contínuo que inclui características de produção e de serviços, como ilustrado na Figura 13.7. O questionário "Como você se encaixa no projeto?" neste capítulo dará a você algumas ideias sobre se você está mais preparado para ser um gerente em uma organização de serviços ou em uma empresa de produção.

A tendência rumo aos serviços enxutos. As empresas de serviços sempre tenderam a fornecer resultados personalizados – isto é, fornecer exatamente o serviço que

ANOTAÇÕES

Como administrador de uma organização, tenha essas diretrizes em mente:

Use o conceito de tecnologia de serviços para avaliar o processo de produção em empresas de produção. Tecnologias de serviços são intangíveis e devem estar localizadas próximo ao cliente. Por isso, organizações de serviços podem ter um projeto de organização com menos cargos divisórios, maior dispersão geográfica, descentralização, empregados altamente qualificados em tecnologia núcleo e, geralmente, menos controle que as organizações de produção.

cada cliente deseja e precisa. Quando você visita um cabeleireiro, não recebe automaticamente o mesmo corte que ele deu aos três clientes anteriores. O cabeleireiro corta o seu cabelo do jeito que você pede. O site Pandora.com, cuja missão é "tocar somente músicas que você ama," oferece a seus 100 milhões ou mais de usuários registrados um canal de rádio personalizado que transmite uma seleção de músicas que se encaixam em suas preferências.[48]

As expectativas do cliente sobre o que constitui um bom serviço estão crescendo. O Zappos.com oferece envio grátis tanto para pedidos quanto para devoluções. A Amazon.com não só procura oferecer o preço mais baixo e a entrega mais rápida, como também ajuda os varejistas externos a fornecer a seus clientes um atendimento ao cliente de qualidade e cobrir suas falhas de serviço se eles não o fizerem. A gigante de serviços de seguro e financeiros USAA treinou seus agentes e representantes de *call center* para que os clientes possam obter respostas às suas perguntas sobre qualquer produto ou serviço em vez de serem transferidos de um agente para outro.[49]

A expectativa por melhores serviços tem pressionando empresas de serviços em setores que vão desde o envio de mercadorias até o setor de saúde para aprender lições sobre a produção. O Japan Post, sob pressão para cortar perdas de 191 milhões de dólares em operações, contratou Toshihiro Takahashi, da Toyota, para ajudá-los a aplicar os princípios do enxuto Sistema de Produção Toyota a fim de coletar, classificar e despachar correspondências. No total, a equipe de Takahashi apresentou 370 melhorias e reduziu o número de horas por pessoa no escritório de correio em 20%. Espera-se que a redução do desperdício diminua os custos em aproximadamente 350 milhões de dólares por ano.[51] Inúmeras outras empresas de serviço, nos Estados Unidos, assim como em outros países, também aplicaram princípios de produção enxuta nos últimos anos. A Starbucks Corporation contratou um vice-presidente com pensamento enxuto, que tem viajado pelo mundo com uma *equipe enxuta* para trabalhar com funcionários a fim de encontrar formas de diminuir o desperdício e melhorar o atendimento ao cliente. O rival Dunkin' Donuts usa as técnicas de pensamento enxuto "em todos os lugares, da produção à organização das lojas e o fluxo de trabalho," afirma Joe Scafido, diretor criativo e de inovação das Marcas Dunkin'.[52] Outro bom exemplo vem do Seattle Children's Hospital, que aplicou lições da produção para aumentar a eficiência e melhorar o atendimento ao paciente.

Seattle Children's Hospital

NA PRÁTICA

Há dez anos atrás, o Seattle Children's Hospital definiu uma meta de se tornar o melhor hospital de seu tipo no país. Mas com os custos da saúde subindo pelo país todo, os administradores precisaram encontrar formas de não só melhorar o atendimento dos pacientes, mas também cortar custos. Eles fizeram isto aplicando técnicas enxutas por meio de um programa chamado "Melhoria contínua de desempenho" (CPI – *Continuous Performance Improvement*). Os objetivos principais do CPI são reduzir o desperdício e aumentar o valor para os clientes (pacientes).

O CPI examina cada aspecto da experiência do paciente, do momento em que chega ao estacionamento até o momento em que recebem alta. Gerentes envolveram toda a equipe do hospital no estudo do fluxo de remédios, pacientes e informações, da mesma forma que os gerentes de uma fábrica estudam o fluxo de materiais na planta de produção, e pediram a eles que encontrassem formas de melhorar os processos. Os pacientes geralmente tinham que esperar por um exame de imagem por ressonância magnética não emergencial por quase um mês. Agora, esse tempo de espera foi diminuído para um ou dois dias graças ao agendamento mais eficiente. Padronizar os carrinhos de instrumentos para tipos específicos de cirurgias cortou custos de inventário e reduziu erros na preparação dos instrumentos. Uma equipe de sala de cirurgia viu que um procedimento de amigdalectomia exigia o preenchimento de 21 formulários diferentes e trabalhou para diminuir o número para 11. A revisão do procedimento de esterilização dos instrumentos cirúrgicos aumentou o número de cirurgias que o hospital era capaz de fazer. De forma geral, o programa CPI ajudou a

Como você se encaixa no projeto?

FABRICAÇÃO *VERSUS* SERVIÇOS

As perguntas a seguir pedem a você que descreva o seu comportamento. Para cada pergunta, verifique a resposta que melhor descreve você.

1. Estou geralmente atrasado para a aula e outros compromissos:
   a. Sim
   b. Não

2. Ao fazer um teste, eu prefiro:
   a. Perguntas subjetivas (discussão ou ensaio)
   b. Perguntas objetivas (múltipla escolha)

3. Ao tomar decisões, eu tipicamente:
   a. Ajo por instinto – o que parece certo
   b. Peso cuidadosamente cada opção

4. Ao resolver um problema, eu provavelmente iria:
   a. Fazer uma caminhada, ponderar as ideias e então discuti-las
   b. Escrever as alternativas, organizá-las em ordem de prioridade e então escolher a melhor

5. Eu considero o tempo gasto sonhando acordado como:
   a. Uma ferramenta para planejar meu futuro
   b. Uma perda de tempo

6. Para lembrar de instruções, eu normalmente:
   a. Visualizo a informação
   b. Faço anotações

7. Meu estilo de trabalho é mais:
   a. Faço muitas coisas ao mesmo tempo
   b. Concentro-me em uma tarefa por vez até que esteja completa

8. Minha mesa, área de trabalho e lavanderia estão normalmente:
   a. Desordenadas
   b. Limpas e organizadas

Pontuação: Conte o número de itens "a" e itens "b" marcados. Cada "a" representa um processamento pelo lado direito do cérebro e cada "b" representa o processamento pelo lado esquerdo. Se a sua pontuação foi 6 ou mais em qualquer um, você tem um estilo de processamento distinto. Se a sua pontuação foi menor que 6 para ambos, você provavelmente tem um estilo equilibrado.

Interpretação: As pessoas possuem dois processos de pensamento – um visual e intuitivo na metade direita do cérebro e outro verbal e analítico na metade esquerda do cérebro. O processo de pensamento que você prefere o predispõe a certos tipos de conhecimento e informação – relatórios técnicos, informações analíticas e dados quantitativos (lado esquerdo do cérebro) *versus* conversar com as pessoas, impressões temáticas e intuição pessoal (lado direito do cérebro) – como estímulo efetivo para o seu pensamento e tomada de decisão. Organizações de produção utilizam normalmente o processamento no lado esquerdo do cérebro para lidar com dados baseados na tecnologia física, mensurável. Organizações de serviço tipicamente usam o processamento no lado direito do cérebro para interpretar situações e servir pessoas de forma direta. O processamento no lado esquerdo do cérebro foi resumido como baseado na lógica; processamento no lado direito do cérebro foi resumido como baseado no amor.

Fonte: Adaptado de Carolyn Hopper, *Practicing Management Skills* (Houghton Mifflin, 2003) e Jacquelyn Wonder e Priscilla Donovan, "Mind Openers," *Self* (março de 1984).

---

cortar os custos por paciente em 3,7% em 2009, gerando uma economia de 23 milhões de dólares. O hospital também tem sido capaz de receber milhares de pacientes a mais sem expandir ou adicionar leitos.

Um aspecto fundamental do programa CPI era a transformação da cultura corporativa, treinando médicos, enfermeiras, administradores e outros em novos métodos e formas de pensar. Ao usar o CPI, equipes podem fazer mudanças a qualquer momento em que acreditam que possam melhorar um processo ou diminuir o desperdício (definido como qualquer coisa que não adicione valor ao paciente). Mesmo pequenas mudanças que aumentem a eficiência e melhorem o atendimento ao paciente são celebradas pelos administradores do hospital. "Seu apoio alimenta a ideia de que todos podem fazer mudanças positivas em seus departamentos", disse um médico.[53]

Com os custos crescentes do atendimento médico, outras organizações de saúde também estão adotando uma abordagem de melhoria contínua para diminuir os custos sem sacrificar a qualidade do atendimento. "Na saúde, você não pode fazer algo grande e reduzir o preço," diz o Dr. Devi Shetty, que dirige um hospital na Índia que faz cirurgias de coração por aproximadamente 10% do custo cobrado por hospitais nos Estados Unidos. "Temos que fazer mil coisas pequenas."[54]

Projetando a empresa de serviços

A característica das tecnologias de serviços com uma influência clara na estrutura organizacional e nos sistemas de controle é a necessidade de os empregados do núcleo técnico estarem próximos ao cliente.[55] As diferenças entre organizações de serviços e produtos necessitadas pelos contatos dos clientes são resumidas na Figura 13.8.

O impacto do contato do cliente no projeto da organização é refletido no uso de papéis de fronteira e desagregação estrutural.[56] Papéis de fronteira são usados extensivamente em empresas de produção para lidar com clientes e reduzir perturbações para o núcleo técnico. Eles são menos usados em empresas de serviços porque um serviço é intangível e não pode ser entregue por pessoas situadas nas fronteiras. Assim, o serviço ao cliente tem de interagir diretamente com empregados técnicos, como médicos ou corretores.

Uma empresa de serviços opera com informações e resultados intangíveis e não precisa ser grande. Suas maiores economias são alcançadas pela desagregação em unidades menores que possam estar localizadas próximas aos clientes. Corretores de ações, clínicas médicas, empresas de consultoria e bancos dispersam suas instalações em escritórios regionais e locais. Empresas de produção, por outro lado, tendem a agregar operações em uma única área que possua matérias-primas e mão de obra disponível. Uma grande empresa de produção pode tirar vantagem das economias derivadas de equipamentos caros e longos turnos de produção.

A tecnologia de serviços também influencia as características internas da organização usadas para dirigi-la e controlá-la. Um motivo é que as habilidades dos empregados do núcleo técnico normalmente necessitam ser mais altas. Esses empregados precisam de conhecimento e segurança suficientes para lidar com os problemas dos clientes, em vez de apenas o suficiente para executar tarefas mecânicas. Empregados precisam de habilidades sociais e interpessoais, assim como habilidades técnicas.[57] Devido às habilidades superiores e dispersão estrutural, a tomada de decisão tende a ser descentralizada em empresas de serviços e a formalização tende a ser baixa. Embora algumas empresas de serviços, tal como muitas cadeias de *fast-food*, definam regras e procedimentos para o atendimento ao cliente, empregados em organizações de serviços normalmente têm mais liberdade e discernimento no trabalho. Gerentes do Home Depot aprenderam que a forma como os empregados são gerenciados tem muito a ver com o sucesso de uma organização de serviços.

FIGURA 13.8
Configuração e características estruturais de organizações de serviços *versus* organizações de produto

	Serviço	Produto
Características estruturais		
1. Papéis de fronteira separados	Poucos	Muitos
2. Dispersão geográfica	Muita	Pouca
3. Tomada de decisão	Descentralizada	Centralizada
4. Formalização	Menor	Maior
Recursos humanos		
1. Nível de qualificação dos empregados	Maior	Menor
2. Ênfase da qualificação	Interpessoal	Técnica

© Cengage Learning 2013

NA PRÁTICA

Home Depot Inc.

O Home Depot cresceu para ser um dos maiores varejistas do mundo em material de construção graças principalmente a seus empregados. Muitas pessoas contratadas para trabalhar nas lojas eram ex-encanadores, carpinteiros ou outros prestadores de serviços qualificados que entendiam os produtos e se orgulhavam em ajudar os clientes do tipo "faça você mesmo" a encontrar as ferramentas e peças certas e explicar como utilizá-las.

Para cortar os custos, porém, a empresa começou a contratar empregados em meio período e instituiu um teto salarial que tornou os empregos menos atraentes para trabalhadores experientes. Como uma forma adicional de reduzir os custos, os gerentes começaram a medir cada aspecto da produtividade das lojas, como quanto tempo era necessário para descarregar um embarque de mercadorias ou quantas garantias estendidas cada empregado vendia por semana. O que foi ignorado, no entanto, foi como os empregados estavam prestando o serviço. Os clientes começaram a reclamar de que eles nunca encontravam ninguém para atendê-los – e mesmo se encontrassem, muitos empregados não tinham conhecimento e experiência para ajudar. Alguns clientes mudaram de fornecedor, mesmo se isto significou ir a lojas menores em que eles teriam de pagar preços mais altos, mas o serviço seria melhor.

Os gerentes do Home Depot têm trabalhado duro para ajustar as coisas. As lojas estão contratando mais empregados em período integral novamente, instituindo novos programas de treinamento e buscando novas formas de garantir que os empregados sejam bem preparados e solícitos. O CEO consultou até mesmo os fundadores da empresa, Bernie Marcus e Arthur Blank, para conselhos sobre como trazer o brilho de volta à reputação do atendimento ao cliente do Home Depot.[58]

Os gerentes no Home Depot podem aplicar um entendimento da natureza da tecnologia de serviço para ajudá-los a alinhar a estratégia, estrutura e os processos de gestão e deixar o varejo mais eficiente. Tecnologias de serviço exigem estruturas e sistemas que são bem diferentes daqueles de uma tecnologia de produção tradicional. Por exemplo, o conceito de separar tarefas complexas numa série de pequenos trabalhos e explorar as economias de escala é um dos fundamentos da produção tradicional, mas os pesquisadores descobriram que aplicá-lo às empresas de serviços frequentemente não funciona tão bem.[59] Algumas empresas de serviço têm reprojetado trabalhos para separar atividades de pouco e muito contato com o cliente, com mais regras e padronização para os trabalhos de pouco contato. Tarefas de muito contato, como as exercidas na seção de vendas do Home Depot, necessitam de mais liberdade e menos controle para satisfazer o cliente.

2. A melhor forma pela qual uma empresa fornece um bom serviço é possuir regras e procedimentos numerosos e claros e garantir que todos os sigam à risca.

RESPOSTA: *Discordo.* Os empregados de serviço precisam de boas habilidades interpessoais e um grau de autonomia para serem capazes de satisfazer as necessidades específicas do cliente. Embora muitas organizações de serviços possuam alguns procedimentos padrões para atender aos clientes, as empresas de serviços são tipicamente baixas em centralização e formalização. Regras abundantes podem prejudicar a autonomia pessoal e o toque pessoal.

AVALIE SUA RESPOSTA

Agora vamos nos voltar para outra perspectiva na tecnologia, que são as atividades de produção dentro de departamentos organizacionais específicos. Frequentemente, os departamentos possuem características similares às da tecnologia de serviços, fornecendo serviços para outros departamentos dentro da organização.

Tecnologia departamental não núcleo

Esta seção desloca-se para o nível departamental da análise para departamentos não necessariamente dentro do núcleo técnico. Por exemplo, consulte a Figura 13.1 na página 562, que ilustra os departamentos de recursos humanos, contabilidade, pesquisa e desenvolvimento e marketing, que estão fora do núcleo técnico. Cada um desses departamentos (e outros não núcleo) em uma organização possui um processo de produção que consiste de diferentes tecnologias. Uma empresa como a Tenneco, um fabricante de peças automotivas, pode ter departamentos de engenharia, pesquisa e desenvolvimento, recursos humanos, marketing, controle de qualidade, finanças e muitas outras funções. Esta seção analisa a natureza da tecnologia departamental e seu relacionamento com o projeto departamental.

O quadro teórico que teve o maior impacto no entendimento de tecnologias departamentais foi desenvolvido por Charles Perrow.[60] O modelo de Perrow tem sido útil para um grande número de tecnologias, que o fizeram ideal para a pesquisa sobre atividades departamentais.

Variedade

Perrow[*] especifica duas dimensões de atividades departamentais que são relevantes para a estrutura e o processo organizacional. A primeira é o número de exceções no trabalho. Isto se refere à **variedade** de tarefas, que é a frequência de eventos novos e inesperados que ocorrem no processo de conversão. A variedade de tarefas se preocupa se as atividades de trabalho são desempenhadas da mesma forma todas as vezes ou se diferem de tempos em tempos à medida que os empregados transformam as entradas[**] da organização em saídas.[61] Quando os indivíduos encontram um grande número de situações inesperadas, com problemas frequentes, a variedade é considerada alta. Quando há poucos problemas e os requisitos do trabalho do dia a dia são repetitivos, a tecnologia contém pequena variedade. A variedade nos departamentos pode ir da repetição de um único ato, como numa linha de montagem tradicional, ao trabalho numa série de problemas ou projetos não relacionados.

Analisabilidade

A segunda dimensão da tecnologia diz respeito à **analisabilidade** das atividades do trabalho. Quando o processo de conversão é analisável, o trabalho pode ser reduzido às etapas mecânicas e os participantes seguem um procedimento computacional objetivo para resolver problemas. A solução de problemas pode envolver o uso de procedimentos padronizados, como instruções e manuais, ou conhecimento técnico, como os de livros ou guias. Por outro lado, alguns trabalhos não são analisáveis. Quando os problemas aparecem, é difícil identificar a solução correta. Não existe nenhuma fonte de técnicas e procedimentos para dizer a uma pessoa exatamente o que fazer. A causa ou a solução de um problema não é clara; desse modo, os empregados recorrem à experiência acumulada, intuição e julgamento. A solução final para um problema é, muitas vezes, o resultado de conhecimento e experiência e não o resultado de procedimentos padronizados. Por exemplo, Philippos Poulos, um afinador na Steinway & Sons, possui uma tecnologia não analisável. Afinadores inspecionam cuidadosamente cada martelo de piano para garantir que eles produzam o "som Steinway" correto.[62] Estas atividades de controle de qualidade exigem anos de experiência e prática. Os procedimentos padronizados não dirão a essa pessoa como executar tais tarefas.

---

[*] Charles Perrow (1967) examinou a base do conhecimento em duas dimensões: variabilidade de tarefas e analisabilidade de problemas. A primeira é a quantidade de exceções em uma tarefa. Cargos muito rotinizados possuem poucas exceções à tarefa e maior padronização. A analisabilidade de problemas enfoca como são tomadas as decisões sobre o trabalho diante de suas variadas tarefas. (N.R.T.)

[**] Entradas e saídas da organização (produção). (N.R.T.)

Estrutura

As duas dimensões da tecnologia e exemplos de atividades departamentais no esquema de Perrow são mostradas na Figura 13.9. As dimensões de variedade e analisabilidade formam a base para quatro grandes categorias de tecnologia: rotineiras, artesanais, de engenharia e não rotineiras.

Categorias de tecnologia. Tecnologias rotineiras são caracterizadas por uma pequena variedade de tarefas e pelo uso de procedimentos computacionais objetivos. As tarefas são formalizadas e padronizadas. Os exemplos incluem uma linha de montagem automotiva e um departamento de caixas bancários.

Tecnologias artesanais são caracterizadas por um fluxo de atividades razoavelmente estáveis, mas o processo de conversão não é analisável ou bem entendido. As tarefas requerem um extenso treinamento e experiência porque os empregados respondem a fatores intangíveis com base no conhecimento, intuição e experiência. Embora os avanços na tecnologia de maquinários pareçam ter reduzido o número de tecnologias artesanais nas organizações, elas ainda são importantes. Por exemplo, os engenheiros nos fornos de aço continuam a misturar aço com base na intuição e experiência, os estilistas dos estúdios de moda como Louis Vuitton, Zara ou H&M convertem esquemas rústicos de desenho em roupas vendáveis e equipes de escritores para séries de televisão da Warner, como Glee ou The Mentalist, convertem ideias em roteiros.

Tecnologias de engenharia tendem a ser mais complexas porque existe uma variedade substancial de tarefas a desempenhar. Entretanto, as várias atividades são geralmente tratadas baseadas em fórmulas, procedimentos e técnicas já estabelecidos. Os empregados normalmente se apoiam em uma área bem desenvolvida de conhecimento para tratar os problemas. Tarefas de engenharia e contabilidade costumam se enquadrar nesta categoria.

Tecnologias não rotineiras possuem alta variedade de tarefas e o processo de conversão não é analisável ou bem compreendido. Na tecnologia não rotineira uma grande quantidade de esforço é destinada à análise de problemas e atividades. Várias opções igualmente aceitáveis podem ser normalmente encontradas. A experiência e o conhecimento técnico são usados para resolver problemas e fazer o trabalho. Pesquisa núcleo, planejamento estratégico e qualquer outro trabalho que envolva novos projetos e problemas inesperados são não rotineiros. A florescente indústria de biotecnologia também representa uma tecnologia não rotineira. Vencer barreiras no entendimento do metabolismo e da fisiologia no nível celular depende de empregados altamente treinados que utilizem sua experiência e intuição, assim como conhecimento científico.[63]

Rotina *versus* não rotina. A variedade e a analisabilidade podem ser combinadas numa única dimensão de tecnologia. Essa dimensão é chamada de *tecnologia rotineira* versus *não rotineira*. As dimensões de analisabilidade e variedade são constantemente correlacionadas em departamentos, significando que tecnologias altas em variedade tendem a ser baixas em analisabilidade e tecnologias baixas em variedade tendem a ser analisáveis. Os departamentos podem ser avaliados ao longo de uma dimensão única de rotina *versus* não rotina que combina tanto a analisabilidade quanto a variedade, o que é uma medida útil à mão para analisar a tecnologia departamental.

As seguintes questões mostram como a tecnologia departamental pode ser analisada para determinar sua localização no esquema de tecnologia de Perrow.[64] Empregados normalmente respondem um número de 1 a 7 a estas perguntas.

Variedade:
1. Até que ponto você diria que o seu trabalho é rotineiro?
2. A maioria do pessoal nesta unidade executa um mesmo trabalho da mesma maneira a maior parte do tempo?
3. Os membros da unidade fazem atividades repetitivas ao executar seus trabalhos?

Analisabilidade:
1. Até que ponto existe uma maneira claramente conhecida para executar a maioria dos tipos de trabalho que você normalmente encontra?
2. Até que ponto existe uma sequência de etapas bem compreendidas que possam ser seguidas na execução de seu trabalho?
3. Para executar o seu trabalho, até que ponto você pode se apoiar em procedimentos e práticas estabelecidos?

Se as respostas para as questões acima indicarem notas altas para a analisabilidade e baixas para a variedade, o departamento terá uma tecnologia rotineira. Se o oposto ocorrer, a tecnologia será não rotineira. Baixa variedade e baixa analisabilidade indicam uma tecnologia artesanal e altas variedades e analisabilidade indicam uma tecnologia de engenharia. De maneira prática, a maioria dos departamentos se encaixa em algum lugar ao longo da diagonal e pode ser facilmente caracterizada como rotineira ou não rotineira.

Projeto departamental

Uma vez que a natureza da tecnologia de um departamento tenha sido identificada, o projeto apropriado pode ser determinado. A tecnologia do departamento tende a ser associada a um conjunto de características departamentais como o nível de habilidade dos empregados, a formalização e os padrões de comunicação. Padrões definidos existem no relacionamento entre a unidade de trabalho e as características do projeto, que estão associadas com o desempenho departamental.[65] Relacionamentos fundamentais entre a tecnologia e outras dimensões de departamentos são descritas nesta seção e são resumidas na Figura 13.9.

O projeto geral dos departamentos pode ser caracterizado como orgânico ou mecanicista. As tecnologias rotineiras são associadas com um projeto mecanicista, com regras formais e rígidos processos de gerenciamento. As tecnologias não rotineiras estão associadas com um projeto orgânico e o gerenciamento departamental é mais flexível e flui mais livremente. As características específicas de projeto, como formalização, centralização, nível de capacitação dos trabalhadores, abrangência de controle e comunicação e coordenação, variam, dependendo da tecnologia na unidade de trabalho.

1. *Formalização*. A tecnologia de rotina é caracterizada pela padronização e divisão do trabalho em pequenas tarefas que são dirigidas por regras e procedimentos formais. Para tarefas não rotineiras a estrutura é menos formal e padronizada. Quando a variedade é alta, como em um departamento de pesquisa, poucas atividades são sujeitas a procedimentos formais.[66]
2. *Descentralização*. Em tecnologias rotineiras, a maior parte da tomada de decisão sobre atividades de trabalho está centralizada no gerenciamento.[67] Em tecnologias de engenharia os empregados com treinamento técnico tendem a adquirir autoridade moderada sobre decisões porque o conhecimento técnico é importante para a realização de tarefas. Empregados de produção que possuam anos de experiência ganham autoridade de decisão em tecnologias artesanais porque sabem como responder aos problemas. A descentralização para os empregados é maior em instalações não rotineiras, onde muitas decisões são tomadas pelos empregados.
3. *Nível de qualificação dos empregados*. A equipe de trabalho nas tecnologias de rotina normalmente requer pouca instrução ou experiência, o que é congruente com atividades de trabalho repetitivo. Em unidades de trabalho com maior variedade, o pessoal é mais qualificado e normalmente possui treinamento formal em escolas técnicas ou universidades. Treinamento para atividades artesanais, que são menos analisáveis, é mais provável de ser adquirido por meio da experiência

ANOTAÇÕES

Como administrador de uma organização, tenha essas diretrizes em mente:

Use as duas dimensões de variedade e analisabilidade para descobrir se o trabalho em um departamento for rotineiro ou não rotineiro. Se o trabalho em um departamento é rotineiro, use um projeto mecanicista, com uma estrutura e processos rígidos. Se o trabalho em um departamento for não rotineiro, use um projeto orgânico e processos de gestão flexíveis.

FIGURA 13.9
Relacionamento da tecnologia de departamento com as características estruturais e gerenciais

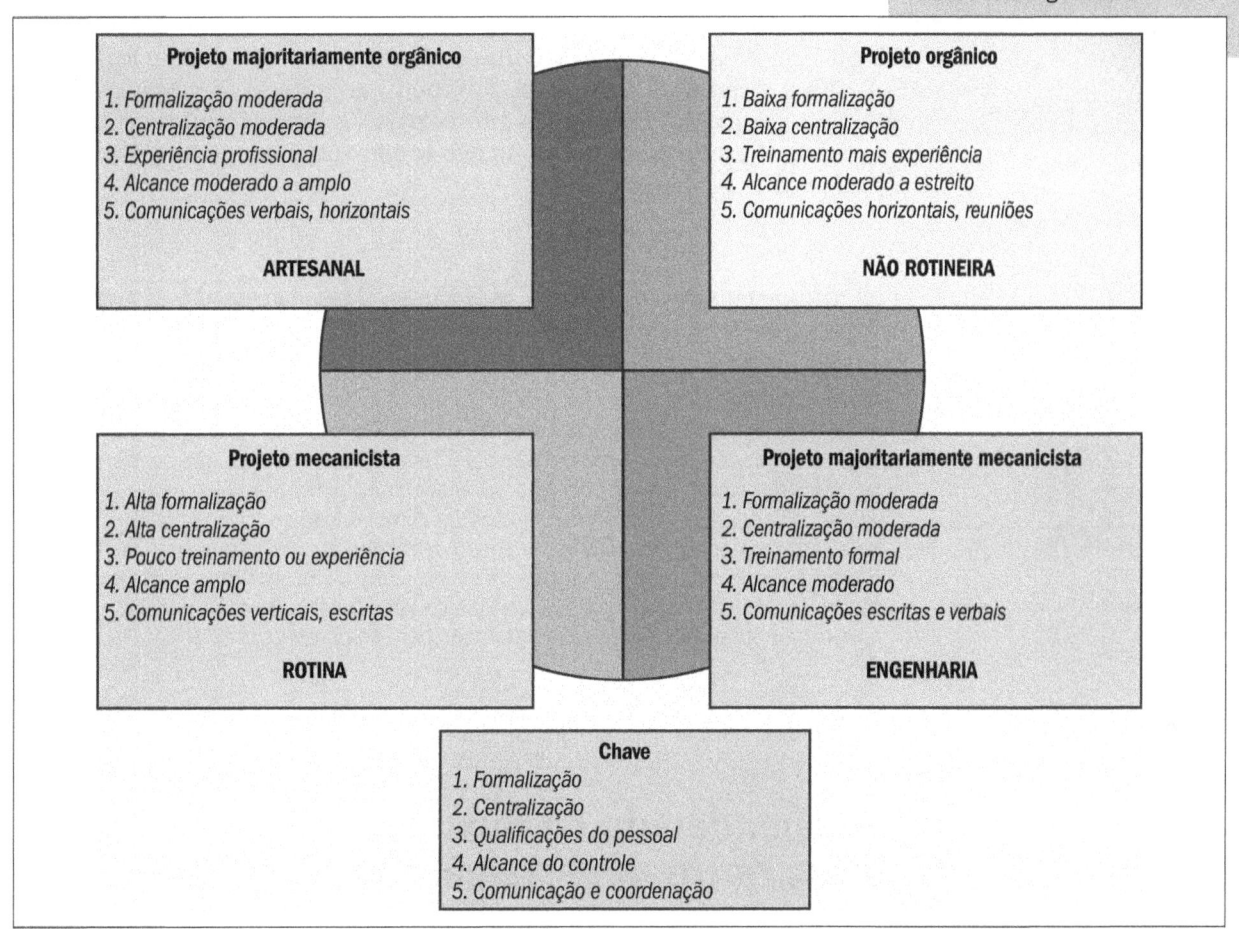

Projeto majoritariamente orgânico
1. Formalização moderada
2. Centralização moderada
3. Experiência profissional
4. Alcance moderado a amplo
5. Comunicações verbais, horizontais

ARTESANAL

Projeto orgânico
1. Baixa formalização
2. Baixa centralização
3. Treinamento mais experiência
4. Alcance moderado a estreito
5. Comunicações horizontais, reuniões

NÃO ROTINEIRA

Projeto mecanicista
1. Alta formalização
2. Alta centralização
3. Pouco treinamento ou experiência
4. Alcance amplo
5. Comunicações verticais, escritas

ROTINA

Projeto majoritariamente mecanicista
1. Formalização moderada
2. Centralização moderada
3. Treinamento formal
4. Alcance moderado
5. Comunicações escritas e verbais

ENGENHARIA

Chave
1. Formalização
2. Centralização
3. Qualificações do pessoal
4. Alcance do controle
5. Comunicação e coordenação

© Cengage Learning 2013

de trabalho. Atividades não rotineiras requerem tanto educação formal quanto experiência no trabalho.[68]

4. *Alcance do controle.* O alcance do controle refere-se ao número de empregados subordinados a um único gerente ou supervisor. Esta característica é normalmente influenciada pela tecnologia departamental. Quanto mais complexas e não rotineiras as tarefas, mais problemas aparecem nos quais o supervisor se envolve. Embora a abrangência de controle possa ser influenciada por outros fatores, como o nível de especialização dos empregados, ela deve ser habitualmente menor para tarefas complexas, pois essas tarefas requerem que o supervisor e o subordinado interajam frequentemente.[69]

5. *Comunicação e coordenação.* A atividade e a frequência da comunicação aumentam à medida que a variedade de tarefas aumenta.[70] Problemas frequentes requerem maior intercâmbio de informação para serem resolvidos e garantir a apropriada completude de atividades. A direção da comunicação é tipicamente horizontal em unidades de trabalho não rotineiras e vertical em unidades de trabalho rotineiras.[71] A forma de comunicação varia de acordo com a analisabilidade da tarefa.[72] Quando as tarefas são altamente analisáveis, formas estatísticas e escritas de comunicação (por exemplo, memorandos, relatórios, regras e procedimentos) são frequentes. Quando as tarefas são menos analisáveis, a informação é habitualmente conduzida face a face, ao telefone ou em reuniões de grupo.

Dois pontos importantes estão expressos na Figura 13.9. Primeiro, os departamentos diferem uns dos outros e podem ser categorizados de acordo com sua tecnologia de fluxo de trabalho.[73] Em segundo lugar, processos estruturais e gerenciais diferem com base na tecnologia departamental. Os gerentes devem projetar seus departamentos de tal forma que possam ser atingidos os requisitos com base em tecnologia. Problemas de projeto são mais visíveis quando este é claramente inconsistente com a tecnologia. Estudos descobriram que quando as características de estrutura e comunicação não refletem a tecnologia, os departamentos tendem a ser menos eficazes.[74] Empregados poderiam não se comunicar com a frequência necessária para resolver problemas.

AVALIE SUA RESPOSTA

3 As características do projeto e os processos de gestão que são eficazes para o departamento de vendas de um canal de TV provavelmente não funcionariam tão bem para o departamento de notícias.

RESPOSTA: *Concordo*. O departamento de notícias tem uma tecnologia não rotineira comparada ao departamento de vendas. Ninguém sabe quais eventos que devem ser noticiados irão ocorrer durante o dia, quando eles irão ocorrer ou como eles precisam ser cobertos. Atividades de vendas, especialmente as vendas pelo telefone para inúmeros clientes semelhantes envolvendo taxas padrão para publicidade, podem ser desempenhadas por meio de procedimentos padrão, mas reunir e relatar notícias de eventos não pode ser um procedimento padronizado. Um departamento de vendas seria caracterizado como rotineiro porque há pouca variedade e as tarefas são bem compreendidas.

Interdependência do fluxo de trabalho entre departamentos

A característica final da tecnologia que influencia o projeto organizacional é chamada interdependência. **Interdependência** significa a extensão com que um departamento depende de outro para obter informações, recursos ou materiais para completar suas tarefas. Baixa interdependência significa que os departamentos podem realizar seus trabalhos independentemente uns dos outros e tem pequena necessidade de interação, consultas ou permuta de materiais. A alta interdependência significa que os departamentos necessitam permutar recursos constantemente.

Tipos

James Thompson definiu três tipos de interdependência que influenciam a estrutura de uma organização.[75] Essas interdependências são ilustradas na Figura 13.10 e são discutidas nas seções seguintes.

Agrupada. A interdependência agrupada é a forma mais baixa de interdependência entre departamentos. Nesta forma, o trabalho não flui entre as unidades. Cada departamento é parte da organização e contribui para o bem comum dela, porém trabalha de forma independente. Os restaurantes Subway e as agências do Bank of America são exemplos de interdependência agrupada. Uma loja em Chicago não precisa interagir com outra loja em Urbana. A interdependência agrupada pode estar associada aos relacionamentos que fazem parte de uma estrutura divisional, definida no Capítulo 2. As divisões ou filiais compartilham recursos financeiros em comum e o sucesso de cada divisão contribui para o sucesso geral da organização.

FIGURA 13.10
Classificação de Thompson das implicações da interdependência e da gestão

Forma de interdependência	Demandas em comunicação horizontal, tomada de decisão	Tipo de coordenação necessária	Prioridade para posicionar unidades próximas umas das outras
Agrupada (banco) — Clientes	Baixa comunicação	Padronização, regras, procedimentos / Estrutura divisional	Baixa
Sequencial (linha de montagem) — Clientes	Média comunicação	Planos, cronogramas, feedback / Forças-tarefa	Média
Recíproca (hospital) — Clientes	Alta comunicação	Ajuste mútuo, coordenação relacional, trabalho em equipe / Estrutura horizontal	Alta

© Cengage Learning 2013

Thompson propõe que a interdependência agrupada existiria em empresas com aquilo que ele chama de tecnologia mediadora. Uma **tecnologia mediadora** fornece produtos ou serviços que conectam clientes de um ambiente externo e, assim fazendo, permite que cada departamento trabalhe independentemente. Bancos, corretoras e imobiliárias, todos intermedeiam compradores e vendedores, mas os escritórios trabalham independentemente dentro da organização.

As implicações gerenciais associadas com a interdependência agrupada são muito simples. Thompson argumenta que os gerentes devem usar regras e procedimentos para padronizar as atividades dentro dos departamentos. Cada departamento deve usar os mesmos procedimentos e declarações financeiras, de forma que a produção de todos os departamentos possa ser mensurada e compartilhada. Pouca coordenação do dia a dia é necessária entre as unidades.

Sequencial. Quando a interdependência é da forma serial, com peças produzidas em um departamento se tornando entradas para outro departamento, ela é chamada de **interdependência sequencial**. O primeiro departamento deve executar corretamente para que o segundo departamento também o faça. Isto é um nível mais alto de interdependência do que a interdependência agrupada, pois os departamentos intercambiam recursos e dependem dos outros para desempenhar bem suas funções. A interdependência sequencial cria uma grande necessidade de mecanismos horizontais, como integradores ou forças-tarefa.

A interdependência sequencial ocorre no que Thompson chama de **tecnologia de cadeia longa**, as quais "se referem à combinação de sucessivos estágios de produção em uma organização; cada estágio de produção utiliza como sua entrada a produção do estágio precedente e produz entradas para o estágio seguinte".[76] Um exemplo de interdependência sequencial vem da indústria de construção naval. Até recentemente os projetistas de navios faziam formas e moldes de papel e compensado, que eram passados para a montagem. O departamento de corte dependia de medições precisas de projetistas e o departamento de montagem dependia de peças precisas do departamento de corte. A interdependência sequencial significava que erros nas medições ou misturas de padrões costumavam provocar erros no processo de corte e montagem, levando a atrasos e custos mais elevados. O arquiteto naval Filippo Cali criou um programa de software complexo que digitaliza o processo de construção de padrões e moldes, eliminando assim muitos dos problemas entre o projeto e a montagem.[77] Outro exemplo de interdependência sequencial seria uma linha de montagem automobilística, que deve ter todas as peças que precisa para manter a produção funcionando, como motores, mecanismos de direção e pneus.

As necessidades de gerenciamento para a interdependência sequencial são mais severas que aquelas para a interdependência agrupada. É necessária a coordenação entre plantas associadas ou departamentos. Como a interdependência implica um fluxo de materiais em mão única, geralmente são necessários planejamento e cronograma extensivos. O Departamento B precisa saber o que esperar do Departamento A para que ambos possam desempenhar eficazmente suas tarefas. Alguma comunicação no dia a dia entre as fábricas ou departamentos também é importante para tratar de problemas inesperados e exceções que aparecem.

Recíproca. O nível mais alto de interdependência é a **interdependência recíproca**. Esta existe quando a saída da operação A é a entrada da operação B e a saída da operação B é novamente a entrada da operação A. A produção de departamentos influencia aqueles departamentos de forma recíproca.

A interdependência recíproca tende a ocorrer em organizações com o que Thompson chamou de **tecnologias intensivas**, as quais oferecem uma variedade de produtos ou serviços combinados para o cliente. Uma empresa desenvolvendo novos produtos oferece um exemplo de interdependência recíproca. É necessária coordenação intensa entre projeto, engenharia, fabricação e marketing para combinar todos os recursos a fim de se adequarem às necessidades de produto do cliente. Hospitais, como o Hospital Infantil de Seattle descrito anteriormente, também são exemplos excelentes porque eles fornecem serviços coordenados aos pacientes. No Hospital Infantil de Seattle, os gerentes do hospital estão trabalhando para que toda a organização seja considerada em seu projeto de melhoria contínua, em função do alto nível de interdependência à medida que um paciente passa pelos diferentes departamentos.

A interdependência recíproca exige que os departamentos trabalhem intimamente juntos e estejam proximamente coordenados. Um estudo sobre equipes de alta gerência confirma que o desempenho eficaz das equipes caracterizado por alta interdependência depende de boa comunicação e coordenação.[78] Com a interdependência recíproca, a estrutura deve permitir comunicação horizontal frequente e ajuste, talvez utilizando equipes funcionais integradas ou uma estrutura horizontal. Extenso planejamento é necessário, mas os planos não irão antecipar ou resolver todos os problemas. A interação diária e o ajuste mútuo entre os departamentos são necessários. Pessoas de diversos departamentos podem ver a necessidade de estarem envolvidos na coordenação face a face, nas equipes de trabalho e na tomada de decisões. Por esses motivos, gerentes em organizações caracterizadas pela interdependência recíproca sempre organizam o trabalho de tal forma para encorajar e apoiar a coordenação relacional, conforme descrito no Capítulo 2, para que as pessoas compartilhem informações e coordenem os departamentos como uma parte normal da sua rotina de trabalho diária. A coordenação e o compartilhamento de informações são construídas como uma parte intrínseca da organização.[79] A Southwest Airlines fornece um bom exemplo.

ANOTAÇÕES

Como administrador de uma organização, tenha essas diretrizes em mente:

Avalie as interdependências entre departamentos organizacionais. Use a regra geral de que, à medida que as interdependências aumentam, os mecanismos de coordenação também devem aumentar. Considere uma estrutura divisional para a interdependência agrupada. Para a interdependência sequencial, use forças-tarefa e integradores para maior coordenação horizontal. No nível mais alto de interdependência (interdependência recíproca), apoie a coordenação relacional e considere uma estrutura horizontal.

Capítulo 13: Tecnologia e projeto do ambiente de trabalho

NA PRÁTICA

Southwest Airlines

As companhias aéreas enfrentam muitos desafios, mas o desafio que enfrentam centenas de vezes por dia é carregar os aviões e fazer que decolem com segurança e na hora certa. A decolagem do avião é um processo altamente complexo. Ela envolve inúmeros empregados de vários departamentos, desempenhando múltiplas tarefas dentro de um período limitado de tempo, em condições específicas e constantemente mutáveis.

A natureza altamente interdependente do processo de decolagem do avião envolve agentes de viagem, pilotos, comissários de bordo, carregadores de bagagem, agentes de portão, mecânicos, limpadores de cabine, agentes de rampa, transportadores de carga, assistentes de combustível e fornecedores de alimentação. Se todos esses grupos não estiverem intimamente coordenados, uma decolagem bem-sucedida e na hora certa é difícil de alcançar.

A Southwest Airlines possui o tempo de resposta mais curto do setor. Como eles fizeram isto? A Southwest promove a coordenação relacional entre os grupos para alcançar um desempenho pontual e superior e um alto nível de satisfação do cliente. Em uma companhia aérea pode haver sérios desentendimentos entre empregados sobre quem é o culpado quando um voo atrasa, então os gerentes da Southwest criaram o que eles chamam de atraso de equipe. Em vez de procurar por um culpado quando algo dá errado, o atraso da equipe é usado para apontar os problemas na coordenação entre vários grupos. A ênfase na equipe faz que todos foquem em seus objetivos comuns de decolagem pontual, manuseio correto das bagagens, segurança e satisfação do cliente. Por causa dos atrasos se tornarem um problema da equipe, as pessoas são motivadas a trabalharem juntas e coordenar suas atividades em vez de se preocuparem consigo mesmas e tentar evitar ou transferir a culpa. Supervisores trabalham de perto com empregados, mas seu papel não é somente "ser o chefe", mas facilitar o aprendizado e ajudar as pessoas a realizar seus trabalhos. A Southwest utiliza um pequeno alcance do controle da supervisão – cerca de um supervisor para cada oito ou nove empregados de linha de frente – para que os supervisores tenham tempo de orientar e assistir os empregados, que são vistos como clientes internos.

A Southwest enfatiza de forma significativa a contratação de pessoas com uma atitude colaborativa. Em lugar de focar nas habilidades técnicas, a Southwest foca na contratação de pessoas que são orientadas para o trabalho em equipe. As atividades de treinamento e desenvolvimento e as histórias organizacionais reforçam o trabalho em equipe e o respeito mútuo. Uma história conhecida é a de que um piloto se apresentou para uma entrevista na Southwest e tratou um assistente administrativo de forma desrespeitosa. Ele não conseguiu o emprego. "Prosperamos todos juntos – e falhamos todos juntos," é a filosofia da Southwest, como definiu um gerente de campo.[80]

Ao utilizar práticas que apoiam o trabalho em equipe, objetivos compartilhados, respeito mútuo e responsabilidade comum, a Southwest facilita a coordenação relacional para que os departamentos interdependentes estejam intimamente coordenados. A interdependência recíproca é a interdependência mais complexa para organizações e a mais desafiadora para gerentes ao projetar a organização.

Prioridade estrutural

Conforme indicado na Figura 13.10, como os problemas com a tomada de decisão, comunicação e coordenação são maiores para a interdependência recíproca, a interdependência recíproca recebe prioridade na estrutura da organização. O desenvolvimento de novos produtos é uma área de interdependência recíproca que é cada vez mais preocupante para gerentes, à medida que as empresas enfrentam pressões crescentes para lançar novos produtos no mercado rapidamente. Muitas empresas estão reformulando o relacionamento projeto-produção integrando intimamente as tecnologias CAD e CAM e usando o software PLM, discutido anteriormente neste capítulo.[81] Atividades que são reciprocamente interdependentes devem ser agrupadas próximas na organização para que gerentes tenham fácil acesso uns aos outros para ajuste mútuo. Essas unidades devem subordinar-se à mesma pessoa no organograma organizacional e devem estar fisicamente próximas, de modo que o tempo e o esforço para a coordenação possam ser minimizados. Uma estrutura horizontal, com grupos de equipes trabalhando em processos centrais, pode fornecer a coordenação íntima necessária para dar suporte à interdependência recíproca. A coordenação deficiente resultará em um desempenho deficiente para a organização. Se as unidades reciprocamente interdependentes não estiverem localizadas proximamente, a organização deve projetar mecanismos para coordenação, como reuniões diárias entre departamentos ou uma intranet para facilitar a comunicação. A próxima prioridade é dada para a interdependência sequencial e, finalmente, para as interdependências agrupadas.

Esta estratégia organizacional mantém os canais de comunicação estreitos onde a coordenação é mais crítica para o sucesso organizacional. Por exemplo, os clientes da Boise Cascade Corporation experimentaram um mau atendimento ao cliente porque os atendentes localizados em Nova York não estavam em coordenação com os planejadores de produção nas fábricas do Oregon. Os clientes não recebiam as entregas conforme o necessário. A Boise foi reorganizada e os dois grupos foram consolidados sob um mesmo teto e começaram a subordinar-se ao mesmo supervisor na divisão da matriz. Agora as necessidades dos clientes são atendidas, pois os representantes de atendimento ao cliente trabalham com o planejamento da produção para programar os pedidos dos clientes.

Implicações estruturais

A maioria das organizações experimenta vários níveis de interdependência e a estrutura pode ser projetada para satisfazer essas necessidades, conforme ilustrado na Figura 13.11.[82] Em uma empresa de produção, o desenvolvimento de novos produtos envolve a interdependência recíproca entre o projeto, a engenharia, as compras,

FIGURA 13.11 Meios primários para atingir a coordenação para níveis diferentes de interdependência de tarefas em uma empresa de produção

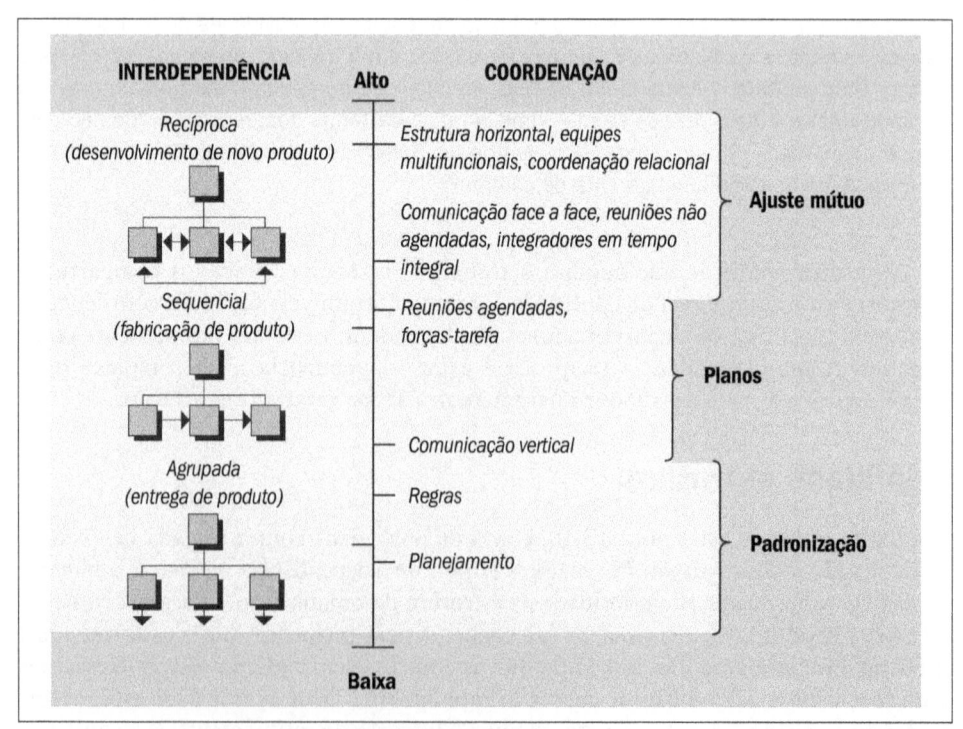

Fonte: Adaptado de Andrew H. Van de Ven, Andre Delbecq e Richard Koenig, "Determinants of Communication Modes within Organizations," *American Sociological Review* 41 (1976), 330.

a produção e o departamento de vendas. Talvez uma estrutura horizontal ou equipes interfuncionais possam ser utilizadas para lidar com o vai e vem de informações e recursos. Uma vez que um produto tenha sido projetado, sua produção traz a interdependência sequencial, com um fluxo de mercadorias de um departamento para o outro, como entre compras, estoque, controle de produção, fabricação e montagem. O processo atual de encomenda e entrega de produtos é de interdependência agrupada, com depósitos trabalhando de forma independente. Os clientes poderiam enviar um pedido para as instalações mais próximas, o que não requer coordenação entre os depósitos, exceto em casos incomuns de um indisponibilidade de estoque.

Os três níveis de interdependência estão ilustrados por um estudo de equipes atléticas que examinou a interdependência entre os jogadores e como isso influencia outros aspectos de equipes de beisebol, futebol e basquete.

NA PRÁTICA

Equipes esportivas

Uma diferença significativa entre o beisebol, o futebol norte-americano e o basquete é a interdependência entre os jogadores. O beisebol é baixo em interdependência, o futebol norte-americano é médio, e o basquete representa a maior interdependência entre jogadores. Os relacionamentos entre interdependência e outras características do trabalho em equipe são ilustradas na Figura 13.12.

Pete Rose disse, "O beisebol é um jogo de equipe, mas nove homens que alcancem suas metas individuais formam uma boa equipe." No beisebol, a interdependência entre jogadores é baixa e pode ser definida como agrupada. Cada membro age de forma independente, alternando sua posição como batedores e jogando em sua própria posição. Quando a interação ocorre, ela se dá apenas entre dois ou três jogadores, como em um *double play*. Jogadores são fisicamente dispersos e as regras do jogo são os meios principais para coordenar os jogadores. Jogadores praticam e desenvolvem suas habilidades de forma individual, como treinar em rebatidas e passar por condicionamento físico. A função da gerência é selecionar bons jogadores. Se cada jogador tem sucesso como indivíduo, a equipe deve ganhar.

No futebol norte-americano, a interdependência entre jogadores é maior e tende a ser sequencial. A linha primeiramente bloqueia os oponentes para permitir que os *quarterbacks* corram ou passem. As partidas são executadas de forma sequencial da primeira à quarta jogada. A dispersão física é média, o que permite que os jogadores funcionem como uma unidade coordenada. O mecanismo principal para coordenar jogadores é o desenvolvimento de um plano de jogo juntamente com regras que governem o comportamento dos membros da equipe. Cada jogador tem uma tarefa que se encaixa nas outras tarefas e a gerência desenvolve o plano de jogo para conquistar a vitória.

	Beisebol	Futebol norte-americano	Basquete
Interdependência	Agrupada	Sequencial	Recíproca
Dispersão física dos jogadores	Alta	Média	Baixa
Coordenação	Regras que governam o esporte	Plano de jogo e papéis de cada posição	Ajuste mútuo e responsabilidade compartilhada
Função gerencial principal	Selecionar jogadores e desenvolver suas habilidades	Preparar e executar o jogo	Influência no fluxo de jogo

FIGURA 13.12
Relacionamentos entre interdependência e outras características do jogo em equipe

Fonte: Baseado em William Pasmore, Carol E. Francis e Jeffrey Haldeman, "Sociotechnical Systems: A North American Reflection on the Empirical Studies of the 70s," *Human Relations* 35 (1982), 1179–1204.

No basquete, a interdependência tende a ser recíproca. O jogo flui livremente e a divisão é menos precisa que em outros esportes. Cada jogador está envolvido tanto no ataque quanto na defesa, manipulam a bola e tentam fazer pontos. A bola flui entre os jogadores. Membros da equipe interagem em um fluxo dinâmico para alcançar a vitória. Habilidades de gerência envolvem a capacidade de influenciar esse processo dinâmico, seja pela substituição de jogadores ou do trabalho com a bola em certas áreas. Jogadores devem aprender a se adaptar ao fluxo do jogo e uns aos outros à medida que os eventos ocorrem.

A interdependência entre jogadores é o fator principal que explica a diferença entre os três esportes. O beisebol é organizado ao redor de um indivíduo autônomo, o futebol norte-americano, ao redor de grupos que são interdependentes de forma sequencial e o basquete, ao redor do fluxo livre de jogadores recíprocos.[83]

Impacto da tecnologia no projeto de cargos

Até aqui, este capítulo descreveu modelos para analisar como os departamentos de produção, serviços e tecnologia influenciam a estrutura e os processos de gerenciamento. O relacionamento entre uma nova tecnologia e a organização parece seguir um padrão, começando com efeitos imediatos no conteúdo dos trabalhos que seguem (após um período mais longo) pelo impacto no projeto da organização. O impacto da tecnologia sobre os empregados pode ser parcialmente compreendido por meio dos conceitos de projeto de trabalho e sistemas sociotécnicos.

Projeto de cargos

O **projeto de cargos** inclui a atribuição de metas e tarefas a serem realizadas pelos empregados. Os gerentes podem conscientemente modificar o projeto de trabalho para melhorar a produtividade ou a motivação do trabalhador. No entanto, os gerentes também podem inconscientemente influenciar o projeto de trabalho por meio da introdução de novas tecnologias que modifiquem a maneira como os trabalhos são realizados e sua própria natureza.[84] Gerentes devem entender como a introdução de uma nova tecnologia pode afetar o trabalhos dos empregados. O tema comum das novas tecnologias no local de trabalho é que, de alguma forma, elas substituem o trabalho humano pelo maquinário na transformação de entradas em saídas. Máquinas de caixa eletrônico (*automatic teller machine* – ATM), por exemplo, substituíram milhares de caixas bancários humanos. Robôs usados em sistemas de produção digital estão substituindo trabalhadores na linha de produção e criando trabalhos que exigem pessoas com alto nível de qualificação para operar maquinário complexo.

Além de substituir de fato os trabalhadores humanos, a tecnologia pode ter diversos efeitos diferentes nos trabalhos humanos restantes. Pesquisas têm indicado que tecnologias de produção em massa tendem a produzir a **simplificação de cargos**, o que significa que a variedade e dificuldade de tarefas desempenhadas por uma única pessoa são reduzidas. As consequências são trabalhos repetitivos e monótonos que geralmente oferecem pouca satisfação. Ocasionalmente, gerentes introduzem a **rotatividade de cargos**, que significa transferir funcionários de um cargo para outro para lhes dar uma maior variedade de tarefas. Tecnologias mais avançadas tendem a provocar um **enriquecimento do cargo**, significando que o trabalho oferece maior responsabilidade, reconhecimento e oportunidades de crescimento e desenvolvimento. Tecnologias avançadas criam uma maior necessidade de treinamento e educação dos empregados, pois os trabalhadores devem ter qualificações de mais alto nível e maior competência para dominarem suas tarefas. Por exemplo, as ATMs tiraram a maioria das tarefas rotineiras (depósitos e retiradas) dos caixas bancários e os deixaram com tarefas mais complexas que exigem níveis de qualificação mais elevados. Estudos sobre a produção digital descobriram que ela produz três resultados notáveis para os empregados: mais oportunidades para o domínio intelectual e melhoria das habilidades cognitivas para os trabalhadores; mais responsabilidade do trabalhador pelos resultados e maior interdependência entre os trabalhadores, possibilitando maior interação social e o desenvolvimento de trabalho em equipe e coordenação de habilidades.[85] A produção digital e outras tecnologias avançadas também podem contribuir com a **expansão do cargo**, que é uma expansão do número de tarefas diferentes desempenhadas por um empregado. Menos pessoas são necessárias com a nova tecnologia e cada empregado tem de estar apto a desempenhar um número maior e mais variado de tarefas.

Com tecnologia avançada, os trabalhadores têm de continuar aprendendo novas habilidades, pois a tecnologia muda muito rapidamente. Avanços na tecnologia da informação, a serem discutidos no próximo capítulo, estão tendo um efeito significativo nos cargos na indústria de serviços, incluindo consultórios e clínicas médicas, empresas de advocacia, planejadores financeiros e bibliotecas. Os trabalhadores podem achar que seus cargos mudam quase que diariamente por causa de novos programas de software, mudanças no uso da internet e outros avanços na tecnologia da informação.

A tecnologia avançada nem sempre tem um efeito positivo sobre os empregados, porém os resultados das pesquisas são, em geral, encorajadores, sugerindo que os cargos para as pessoas são enriquecidos em vez de simplificados, engajando suas capacidades mentais mais altas, oferecendo oportunidades para aprendizagem e crescimento, fornecendo maior satisfação com o cargo.

Sistemas sociotécnicos

A **abordagem de sistemas sociotécnicos** reconhece a interação das necessidades técnicas e humanas no projeto eficaz de cargos, combinando as necessidades das pessoas com a necessidade de eficiência técnica da organização. A parte *socio* da abordagem refere-se às pessoas e aos grupos que trabalham na organização e como o trabalho é organizado e coordenado. A parte *técnica* refere-se aos materiais, ferramentas, máquinas e processos usados para transformar as entradas organizacionais em saídas.

A Figura 13.13 ilustra os três componentes principais do modelo de sistemas sociotécnicos.[86] O *sistema social* inclui todos os elementos humanos – como comportamento individual e de equipe, cultura organizacional, práticas gerenciais e grau de abertura na comunicação – que podem influenciar o desempenho do trabalho. O *sistema técnico* se refere ao tipo de tecnologia de produção, o nível de interdependência, a complexidade de tarefas e assim por diante. A meta da abordagem de sistemas sociotécnicos é projetar a organização para a **otimização conjunta**, que significa que uma organização funciona melhor apenas quando os sistemas sociais e técnicos são projetados para adequarem-se às necessidades um do outro. Projetar a organização para atender às necessidades humanas ao passo que se ignoram os sistemas técnicos ou mudar a tecnologia para melhorar a eficiência enquanto se ignoram as necessidades humanas, pode inadvertidamente causar problemas de desempenho. A abordagem de sistemas sociotécnicos tenta encontrar um equilíbrio entre o que os trabalhadores querem e precisam e os requerimentos técnicos do sistema de produção da organização.[87]

Um exemplo vem de um museu que instalou um sistema de circuito interno de televisão. Em lugar de ter diversos guardas patrulhando o museu e seus jardins, a televisão podia ser facilmente monitorada por um único guarda. Embora a tecnologia economizasse dinheiro, pois apenas um guarda fosse necessário por turno, ela levou a problemas inesperados de desempenho. Os guardas tinham anteriormente desfrutado da interação social propiciada pelo patrulhamento; monitorar um circuito interno de televisão levou à alienação e à monotonia. Quando uma agência federal realizou um teste de 18 meses no sistema, apenas 5% de milhares de casos simulados de invasões foram detectados pelo guarda.[88] O sistema foi inadequado porque as necessidades humanas não foram levadas em consideração.

ANOTAÇÕES

Como administrador de uma organização, tenha essas diretrizes em mente:

Esteja ciente de que a introdução de uma nova tecnologia tem um impacto significativo no projeto de trabalho. Considere usar a abordagem de sistemas sociotécnicos para equilibrar as necessidades de trabalhadores com os requisitos do novo sistema tecnológico.

FIGURA 13.13
Modelo de sistemas sociotécnicos

O sistema social
- Comportamentos individuais e de equipe
- Cultura organizacional/de equipe
- Práticas de gestão
- Estilo de liderança
- Grau de abertura na comunicação
- Necessidades e desejos individuais

Projeto de otimização conjunta
Papéis de trabalho, tarefas,
Fluxo de trabalho
Metas e valores
Qualificações e habilidades

O sistema técnico
- Tipo de tecnologia de produção (lote pequeno, produção em massa, digital, de serviços etc.)
- Nível de interdependência (agrupada, sequencial, recíproca)
- Ajuste físico do trabalho
- Complexidade do processo de produção (variedade e analisabilidade)
- Natureza de matérias-primas
- Pressão do tempo

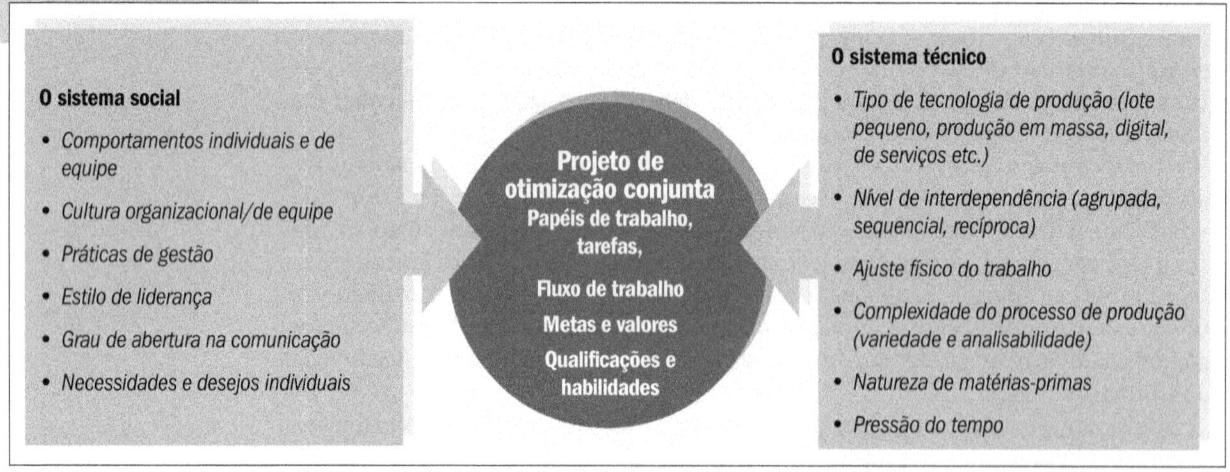

Fontes: Baseado em T. Cummings, "Self-Regulating Work Groups: A Socio-Technical Synthesis," *Academy of Management Review* 3 (1978), 625–634; Don Hellriegel, John W. Slocum e Richard W. Woodman, *Organizational Behavior*, 8. ed. (Cincinnati, OH: South-Western, 1998), 492; e Gregory B. Northcraft e Margaret A. Neale, Organizational Behavior: A Management Challenge, 2. ed. (Fort Worth, TX: The Dryden Press, 1994), 551.

Os princípios sociotécnicos evoluíram do trabalho do Tavistock Institute, uma organização de pesquisa na Inglaterra, durante os anos de 1950 e 1960.[89] Exemplos de mudança organizacional utilizando os princípios de sistemas sociotécnicos ocorreram em numerosas organizações, incluindo a GM, a Volvo, a Tennessee Valley Authority (TVA) e a Procter & Gamble.[90] Embora tenha havido falhas, em muitas dessas aplicações, a otimização conjunta de alterações na tecnologia e estrutura para satisfazer as necessidades das pessoas, assim como a eficiência, melhoraram o desempenho, a segurança e a rotatividade e diminuíram o absenteísmo. Em alguns casos, o projeto de trabalho baseado nos princípios técnicos e científicos não era o mais eficiente, porém o envolvimento e o compromisso dos empregados compensaram a diferença. Desse modo, mais uma vez a pesquisa demonstra que novas tecnologias não precisam ter um impacto negativo sobre os trabalhadores, pois a tecnologia muitas vezes requer nível mental e habilidades sociais mais elevados e pode ser organizada para incentivar o envolvimento e o compromisso dos empregados, dessa maneira beneficiando ambos, a organização e os empregados.

O princípio dos sistemas sociotécnicos que afirma que as pessoas devem ser vistas como recursos e lhes ser oferecidas as qualificações adequadas, trabalho significativo e recompensas apropriadas tornou-se ainda mais importante no mundo atual de crescente complexidade tecnológica.[91] Um estudo com fabricantes de papel descobriu que organizações que confiam muito em máquinas e tecnologia e prestam pouca atenção à gestão adequada de pessoas não alcançam avanços em produtividade e flexibilidade. As empresas mais bem-sucedidas hoje empenham-se para encontrar a mistura certa entre máquinas, sistemas digitais e pessoas e a maneira mais eficaz de coordená-los.[92]

Embora muitos princípios da teoria dos sistemas sociotécnicos ainda sejam válidos, acadêmicos e pesquisadores atuais também estão argumentando por uma expansão da abordagem para capturar a natureza dinâmica das organizações de hoje em dia, o ambiente caótico e passagem de trabalhos rotineiros para não rotineiros trazidos pelos avanços na tecnologia.[93]

Fundamentos do projeto

- Várias ideias importantes na literatura de tecnologia se sobressaem. A primeira é a pesquisa de Woodward sobre tecnologia de produção. Woodward visitou organizações e coletou dados práticos sobre características tecnológicas, estrutura organizacional e sistemas de gerenciamento. Ela descobriu claras relações entre tecnologia e estrutura no alto desempenho das organizações. Seus achados são tão claros que os gerentes podem analisar suas próprias organizações nas mesmas dimensões de tecnologia e estrutura. Além disso, estas podem ser alinhadas com a estratégia organizacional para atender às necessidades mutáveis e fornecer vantagens competitivas.
- A segunda ideia importante é que as tecnologias de serviços diferem de um modo sistemático das tecnologias de produção. As tecnologias de serviços são caracterizadas por resultados intangíveis e pelo envolvimento direto do cliente no processo produtivo. As empresas de serviços não possuem as tecnologias fixas baseadas em máquinas que aparecem nas empresas de produção; daí que o projeto organizacional frequentemente também difere.
- A terceira ideia significativa é a estrutura de Perrow aplicada às tecnologias departamentais. A compreensão da variedade e analisabilidade da tecnologia revela o estilo de gerenciamento, estrutura e processos que devem representar o departamento. Tecnologias de rotina são caracterizadas pela estrutura mecanicista e tecnologias não rotineiras, pela estrutura orgânica. A aplicação do sistema de gerenciamento errado em um departamento resultará em insatisfação e eficiência reduzida.
- A quarta ideia é a de interdependência entre os departamentos. A extensão em que os departamentos dependem uns dos outros para materiais, informação ou outros recursos determina a quantidade de coordenação exigida entre eles. À medida que a interdependência aumenta, as demandas na organização por coordenação aumentam. O projeto organizacional deve permitir a correta quantidade de comunicação e coordenação para lidar com a interdependência pelos departamentos.
- A quinta ideia importante é a de que as fábricas digitais e a produção enxuta avançada estão sendo adotadas pelas organizações e tendo impacto no projeto organizacional. Em sua maior parte, o impacto é positivo, com mudanças no sentido de projetos mais orgânicos tanto no chão de fábrica como na hierarquia gerencial. Essas tecnologias substituem cargos rotineiros, dão mais autonomia aos empregados e produzem cargos mais desafiadores, incentivando o trabalho em equipe e deixando que a organização seja mais flexível e receptiva. As novas tecnologias estão enriquecendo os cargos a ponto de as organizações se tornarem lugares mais agradáveis para trabalhar.
- Diversos princípios da teoria dos sistemas sociotécnicos, que tentam projetar os aspectos técnicos e humanos de uma organização para se ajustarem uns aos outros, são cada vez mais importantes à medida que avanços em tecnologia alteram a natureza dos cargos e a interação social nas empresas atuais.

Conceitos-chave

- abordagem de sistemas sociotécnicos
- ampliação dos cargos
- analisabilidade
- complexidade técnica
- customização em massa
- fábricas digitais
- interdependência
- interdependência agrupada
- interdependência recíproca
- interdependência sequencial
- otimização conjunta
- projeto de cargos
- produção de processo contínuo
- produção de grande lote
- produção de lote pequeno
- produção enxuta
- rotatividade dos cargos
- simplificação dos cargos
- tecnologias artesanais
- tecnologia núcleo
- tecnologia de associação longa

tecnologias de engenharia
tecnologia de serviço
tecnologias intensivas

tecnologia mediadora
tecnologia não núcleo
tecnologias não rotineiras

tecnologias rotineiras
variedade tecnológica
valorização dos cargos

Questões para discussão

1. Onde estariam localizadas a sua universidade ou departamento da faculdade na estrutura tecnológica de Perrow? Um departamento voltado exclusivamente ao ensino seria colocado em um quadrante diferente do de um departamento voltado exclusivamente à pesquisa?
2. Explique os níveis de interdependência de Thompson. Qual é o nível de interdependência entre os departamentos (financeiro, marketing) em uma escola de administração? Que tipos de mecanismos de coordenação podem ser usados para lidar com essa interdependência?
3. Quais as relações que Woodward descobriu entre o alcance do controle do supervisor e a complexidade tecnológica?
4. Como as fábricas digitais e a produção enxuta diferem de outras tecnologias de produção? Por que essas novas abordagens são necessárias no ambiente atual?
5. O que é uma tecnologia de serviços? Tipos diferentes de tecnologia de serviços tendem a ser associados com projetos organizacionais diferentes? Explique.
6. Conceitos enxutos como a melhoria contínua e a redução do desperdício têm sido usados por empresas de produção. Discuta como as empresas de serviços podem aplicar os mesmos conceitos. Por que você acredita que muitas empresas de serviços estão adotando essas ideias?
7. Por que os administradores em um hospital como o Hospital Infantil de Seattle, descritos na página 576, querem incentivar a coordenação relacional?
8. Um alto executivo sustentou que a alta administração é uma tecnologia artesanal porque o trabalho contém aspectos intangíveis, como lidar com pessoal, interpretar o ambiente e enfrentar situações incomuns que têm de ser aprendidas pela experiência. Se isto for verdade, é adequado ensinar gestão em uma escola de administração? O ensino de gestão por meio de um livro presume que o cargo de gerente é analisável e, portanto, que o treinamento formal, em vez da experiência, é mais importante?
9. Até que ponto o desenvolvimento de novas tecnologias simplifica e impõe uma rotina aos cargos dos empregados? Você pode dar um exemplo? Como novas tecnologias podem levar ao enriquecimento de cargos? Discuta.
10. Descreva o modelo de sistemas sociotécnicos. Por que alguns gerentes se opõem à abordagem dos sistemas sociotécnicos?

Capítulo 13 Caderno de exercícios Tecnologia Bistro[94]

Você estará analisando a tecnologia usada em três restaurantes diferentes – McDonald's, Subway e um restaurante típico familiar. Seu instrutor dirá se você deve fazer este exercício em grupo ou de forma individual.

Você deve visitar os três restaurantes e descobrir como o trabalho é feito, de acordo com os seguintes critérios. Não pode entrevistar nenhum empregado, mas em vez disso você será um observador. Faça muitas anotações quando estiver lá.

	McDonald's	Subway	Restaurante familiar
Metas organizacionais: Velocidade, atendimento, atmosfera etc.			
Estrutura de autoridade.			
Tipo de tecnologia usando o modelo de Woodward.			
Estrutura organizacional: mecanicista ou orgânica?			
Equipe versus indivíduo: As pessoas trabalham juntas ou sozinhas?			

continua

Capítulo 13: Tecnologia e projeto do ambiente de trabalho

continuação

	McDonald's	Subway	Restaurante familiar
Interdependência: Como os empregados dependem uns dos outros?			
Tarefas: Rotineiras *versus* não rotineiras.			
Especialização de tarefas pelos empregados.			
Padronização: Quão variados são as tarefas e os produtos?			
Especialização necessária: Técnica *versus* social.			
Tomada de decisão: Centralizada *versus* descentralizada.			

Perguntas

1. A tecnologia usada é a melhor para cada restaurante, considerando suas metas e ambiente?
2. Com base nos dados precedentes, determine se a estrutura e outras características se ajustam à tecnologia.
3. Se fosse parte de uma equipe de consultoria para melhorar as operações de cada organização, quais recomendações você faria?

CASO PARA ANÁLISE   Departamento de acetato[95]

O departamento de produtos de acetato produzia cerca de 20 tipos diferentes de acetato líquido viscoso usados por um outro departamento para fabricar películas transparentes a serem deixadas limpas ou revestidas com emulsão fotográfica ou óxido de ferro.

Antes da mudança: o departamento estava localizado em um velho edifício de quatro andares como na Figura 13.14. O fluxo de trabalho era o seguinte:

1. Vinte tipos de pó chegavam diariamente em sacos de papel de 25 kg. Além disso, tanques de armazenagem de líquido eram abastecidos semanalmente por caminhões-tanque.
2. Dois ou três ajudantes de acetato descarregavam juntos os paletes de sacos para a área de armazenamento usando uma empilhadeira.
3. Diversas vezes durante o turno, os ajudantes traziam o material ensacado para o elevador até o terceiro andar, onde ele era temporariamente armazenado junto às paredes.
4. Misturar os lotes ficava a cargo do líder do grupo e parecia-se mais como fazer um bolo. Seguindo a fórmula prescrita, o líder do grupo, os misturadores e ajudantes operavam válvulas para alimentar o solvente apropriado e despejavam manualmente a mistura e o material sólido na quantidade adequada. A massa seria misturada por uma batedeira gigante e aquecida de acordo com a receita.
5. Quando o lote estava completo, era bombeado para um tanque de armazenamento de produto acabado.
6. Depois de completar cada lote, a equipe limpava completamente a área de trabalho do pó e esvaziava os sacos, pois a limpeza era extremamente importante para o produto acabado.

Para realizar esse trabalho, o departamento estava estruturado como na Figura 13.15.

Em geral, os ajudantes eram homens jovens entre 18 e 25 anos; os misturadores tinham entre 25 e 40 anos; e o grupo de líderes e encarregados, de 40 a 60 anos. Os encarregados eram assalariados; o grupo de líderes, misturadores e ajudantes eram pagos por hora.

Para produzir 10 milhões de quilos de produto por ano, o departamento operava 24 horas por dia, 7 dias por semana. Quatro equipes faziam rodízio de turnos. Por exemplo, o encarregado A do turno e seus dois líderes de grupo e as equipes trabalhavam duas semanas no turno diurno (das 8 às 16 horas), depois duas semanas no turno noturno (das 16 à zero hora), depois duas semanas no turno da madrugada (da zero hora às 8 horas). Havia dois dias de folga entre as mudanças de turno.

Durante um turno típico, um líder de grupo e sua equipe completavam dois ou três lotes. Um lote frequentemente era iniciado em um turno e terminado pela próxima equipe de

FIGURA 13.14
Visão em corte do departamento de acetato antes da mudança

Armazenamento do solvente

Elevador

Escritórios do departamento e laboratório de testes

Piso de trabalho

Tanque de mistura e armazenamento do produto

Armazenamento de material

100 pés

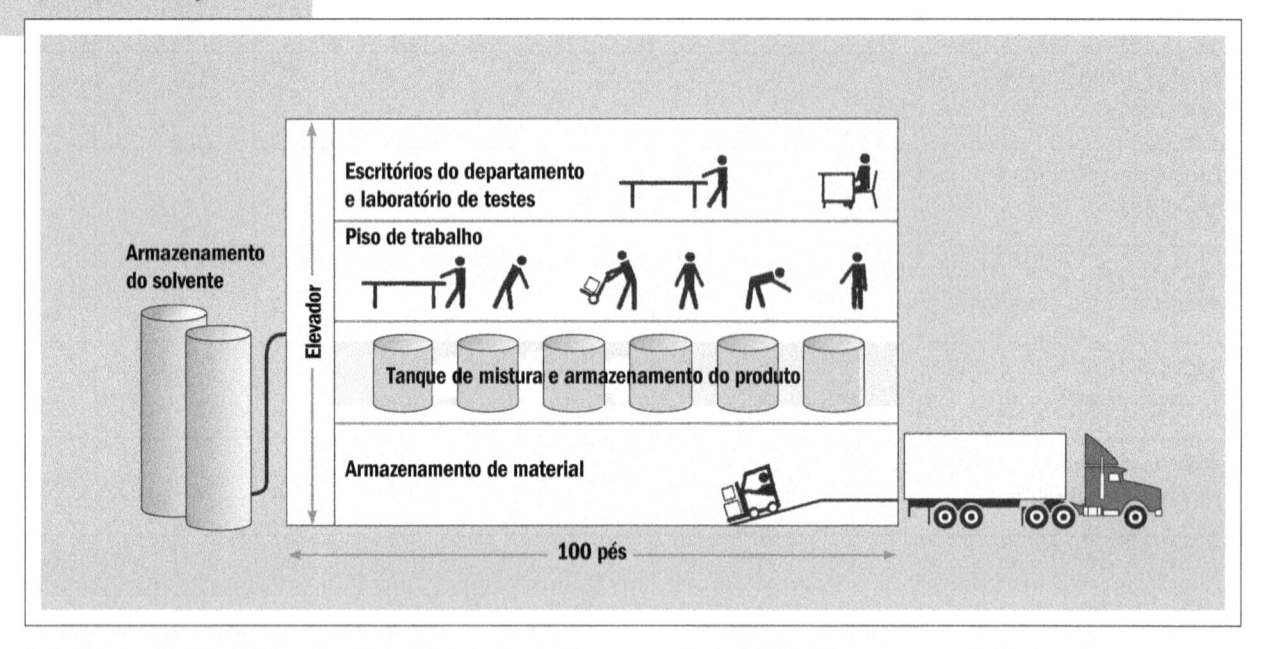

Fonte: Hampton/Summer/Webber, *Organizational Behavior Practice Management*, 4. ed., © 1982. Reimpresso e reproduzido eletronicamente com permissão da Pearson Education, Inc., Upper Saddle River, New Jersey.

FIGURA 13.15
Quadro organizacional do departamento de acetato antes da mudança

Chefe de departamento

Engenheiro da equipe

Técnico do laboratório

Assistente administrativo

Supervisor de turno A | Supervisor de turno B | Supervisor de turno C | Supervisor de turno D

Líder do grupo
2 Misturad.
2 Ajudantes

(Líder do grupo / 2 Misturad. / 2 Ajudantes — repetido para cada turno, dois grupos por supervisor)

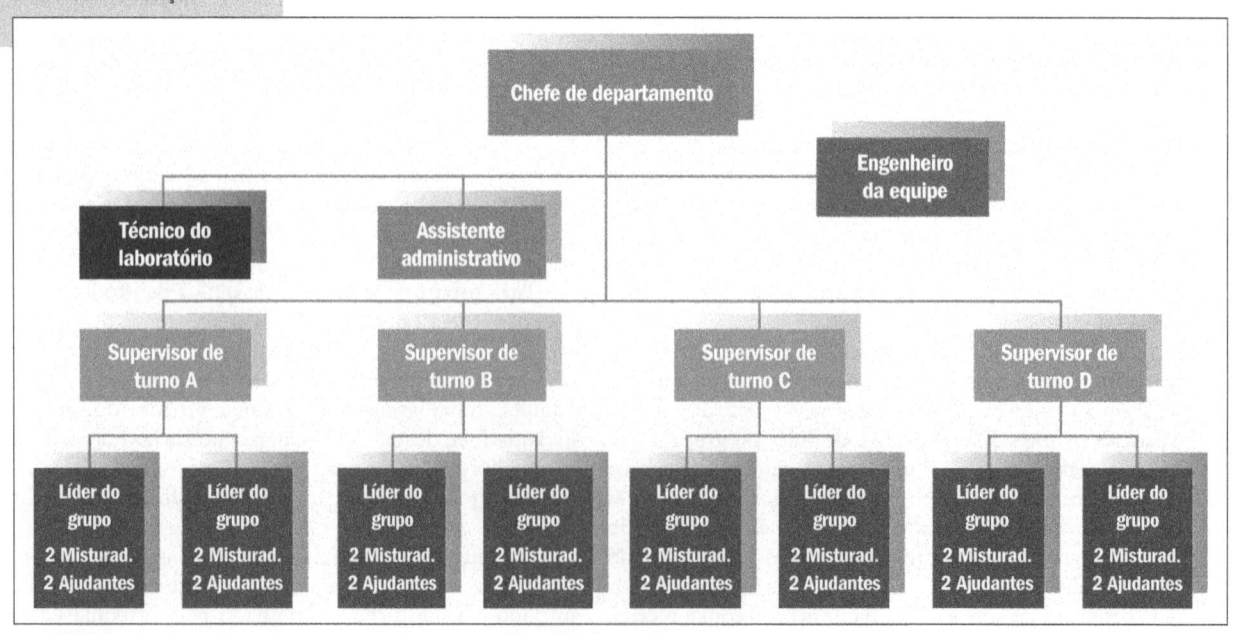

turno. Havia um pouco menos trabalho nos turnos de fim de tarde e da noite porque nenhuma entrega era feita, mas essas equipes se engajavam em um pouco mais na limpeza. O encarregado do turno dava instruções aos dois líderes de grupo no início de cada turno quanto à situação dos lotes em processo, dos lotes a serem misturados, que entregas eram esperadas e qual limpeza precisava ser feita. Periodicamente ao longo do turno, o encarregado coletaria amostras em pequenas garrafas, as quais ele deixaria para teste na mesa do técnico de laboratório.

A gerência e o pessoal do escritório (chefe do departamento, engenheiro, técnico do laboratório e assistente administrativo) apenas trabalhavam no turno diurno, embora, caso houvesse uma emergência em um dos outros turnos, o encarregado pudesse chamá-los.

De forma geral, o departamento era um lugar agradável de trabalhar. O local de trabalho era um pouco quente, mas bem iluminado, silencioso e limpo. Uma quantidade substancial de brincadeiras e jogos acontecia quando a equipe não estava de fato carregando lotes, particularmente nos turnos noturno e da madrugada. Havia um alvo de dardos na área de trabalho e a competição era acirrada e barulhenta. Frequentemente, uma equipe ia jogar boliche imediatamente após o trabalho, mesmo a uma da manhã, pois as pistas da comunidade ficavam abertas 24 horas por dia. A rotatividade e a ociosidade no departamento eram baixas. A maior parte dos empregados passava sua carreira inteira com a empresa, em um mesmo departamento. A corporação era grande, paternalista, pagava bem e oferecia benefícios complementares atraentes, incluindo bônus grandes e praticamente automáticos para todos. Então veio a mudança.

O novo sistema: Para melhorar a produtividade, o departamento de acetato foi completamente reformulado; a tecnologia mudou de lotes para o processo contínuo. A construção básica foi conservada, mas substancialmente modificada, como na Figura 13.16. O fluxo de trabalho modificado era o seguinte:

1. A maior parte das matérias-primas sólidas é entregue por caminhões em grandes latões de alumínio contendo 250 kg.

2. Um manipulador (antigo ajudante) está disponível em tempo integral no primeiro piso para receber as matérias-primas e descarregar os latões na espiral de alimentação semiautomática.

3. O operador-chefe (antigo líder de grupo) dirige as operações de mistura do seu painel de controle no quarto andar, localizado junto a uma parede transversal aos escritórios do departamento. A mistura é uma operação virtualmente automática, uma vez que o material sólido tenha sido enviado para a espiral de alimentação; um programa gravado abre e fecha as válvulas necessárias para acrescentar solvente, aquecer, misturar e assim por diante. Sentado à sua mesa com seu painel em frente, o operador-chefe monitora o processo para verificar se tudo está operando dentro das temperaturas e pressões especificadas.

Essa mudança técnica permitiu que o departamento reduzisse bastante sua força de trabalho. A nova estrutura está ilustrada na Figura 13.17. Um novo cargo foi criado, o de operador da bomba, que fica localizado em um pequeno barracão a cerca de 100 metros da construção principal. Esta pessoa opera a bomba e as válvulas que movimentam o produto acabado entre os vários tanques de armazenamento.

Sob o novo sistema, a capacidade produtiva foi aumentada para 12,5 milhões de quilos por ano. Todos os empregados remanescentes receberam um aumento de 15% no salário. O pessoal antigo que não permaneceu no departamento de acetato foi transferido para outros departamentos na empresa. Nenhum foi despedido.

Infelizmente, a produção real ficou bem abaixo da capacidade nos vários meses desde que o trabalho de construção e treinamento técnico foram completados. A produção real é virtualmente idêntica àquela sob a tecnologia antiga. A ociosidade aumentou marcadamente e vários erros de julgamento dos operadores resultaram em prejuízos substanciais.

FIGURA 13.16
Visão em corte do departamento de acetato depois da mudança

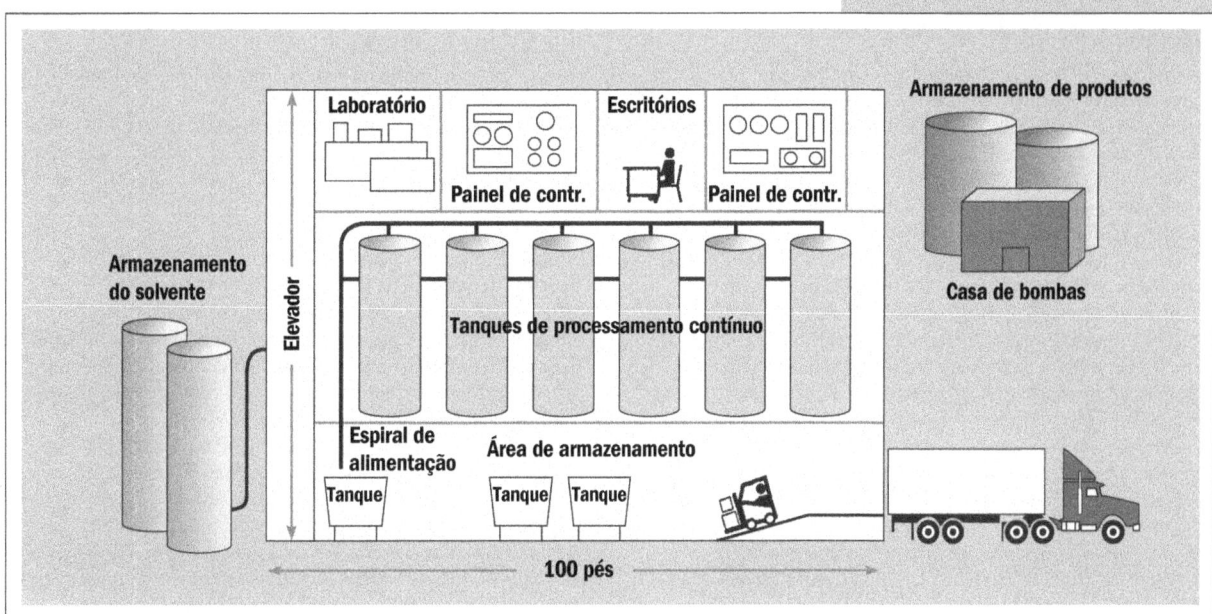

FIGURA 13.17
Quadro organizacional do departamento de acetato depois da mudança

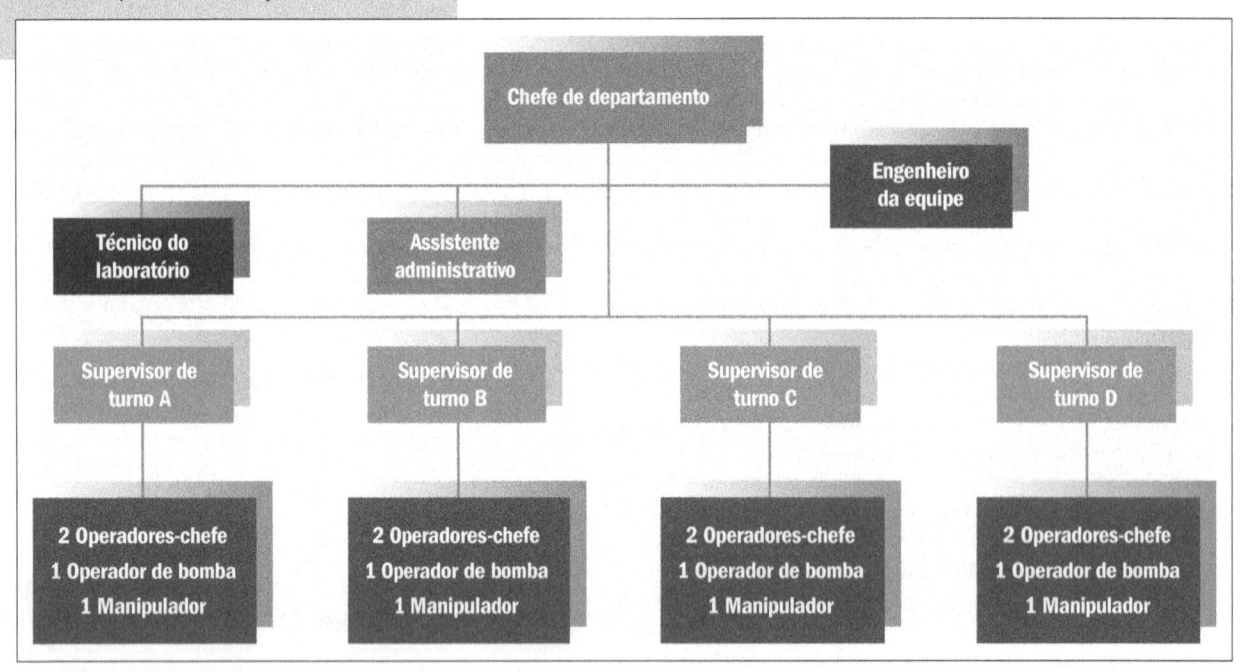

```
                        Chefe de departamento
                                 │
            ┌────────────┬───────┴──────────┐
            │            │               Engenheiro
            │            │               da equipe
       Técnico do    Assistente
       laboratório   administrativo
                         │
        ┌────────────┬───┴────────┬────────────┐
   Supervisor de  Supervisor de  Supervisor de  Supervisor de
     turno A        turno B        turno C        turno D
        │              │              │              │
  2 Operadores-chefe  2 Operadores-chefe  2 Operadores-chefe  2 Operadores-chefe
  1 Operador de bomba 1 Operador de bomba 1 Operador de bomba 1 Operador de bomba
  1 Manipulador       1 Manipulador       1 Manipulador       1 Manipulador
```

Notas

1. Gene Bylinsky, "Heroes of Manufacturing," *Fortune*, 8 de março de 2004, 190[B]–190[H].
2. Charles Perrow, "A Framework for the Comparative Analysis of Organizations," *American Sociological Review* 32 (1967), 194–208; e R. J. Schonberger, *World Class Manufacturing: The Next Decade* (Nova York: The Free Press, 1996).
3. Wanda J. Orlikowski, "The Duality of Technology: Rethinking the Concept of Technology in Organizations," *Organization Science* 3 (1992), 398–427.
4. Linda Argote, "Input Uncertainty and Organizational Coordination in Hospital Emergency Units," *Administrative Science Quarterly* 27 (1982), 420–434; Charles Perrow, *Organizational Analysis: A Sociological Approach* (Belmont, CA: Wadsworth, 1970); e William Rushing, "Hardness of Material as Related to the Division of Labor in Manufacturing Industries," *Administrative Science Quarterly* 13 (1968), 229–245.
5. Lawrence B. Mohr, "Organizational Technology and Organization Structure," *Administrative Science Quarterly* 16 (1971), 444–459; e David Hickson, Derek Pugh e Diana Pheysey, "Operations Technology and Organization Structure: An Empirical Reappraisal," *Administrative Science Quarterly* 14 (1969), 378–397.
6. Joan Woodward, *Industrial Organization: Theory and Practice* (London: Oxford University Press, 1965); e Joan Woodward, *Management and Technology* (London: Her Majesty's Stationery Office, 1958).
7. Hickson, Pugh e Pheysey, "Operations Technology and Organization Structure"; e James D. Thompson, *Organizations in Action* (Nova York: McGraw-Hill, 1967).
8. Edward Harvey, "Technology and the Structure of Organizations," *American Sociological Review* 33 (1968), 241–259.
9. Baseado em Woodward, *Industrial Organization and Management and Technology*.
10. Christina Passariello, "Brand-New Bag: Louis Vuitton Tried Modern Methods on Factory Lines – For Craftsmen, Multitasking Replaces Specialization," *The Wall Street Journal*, 9 de outubro de 2006, A1.
11. Philip Siekman, "A Big Maker of Tiny Batches," *Fortune*, 27 de maio de 2002, 152[A]–152[H].
12. Guy Chazan, "Clean-Fuels Refinery Rises in Desert," *The Wall Street Journal*, 16 de abril de 2010, B8; e "Renewed Optimism for the Future of GTL, CTL, and BTL," *Oil and Gas News*, 11 de julho de 2011.
13. Woodward, *Industrial Organization*, vi.
14. William L. Zwerman, *New Perspectives on Organizational Theory* (Westport, CT: Greenwood, 1970); e Harvey, "Technology and the Structure of Organizations."
15. Dean M. Schroeder, Steven W. Congden e C. Gopinath, "Linking Competitive Strategy and Manufacturing Process Technology," *Journal of Management Studies* 32, n. 2 (março de 1995), 163–189.
16. Fernando F. Suarez, Michael A. Cusumano e Charles H. Fine, "An Empirical Study of Flexibility in Manufacturing," *Sloan Management Review* (outono de 1995), 25–32.
17. Raymond F. Zammuto e Edward J. O'Connor, "Gaining Advanced Manufacturing Technologies' Benefits: The Roles of Organization Design and Culture," *Academy of Management Review* 17, n. 4 (1992), 701–728; e Schroeder, Congden e

Gopinath, "Linking Competitive Strategy and Manufacturing Process Technology."
18. John S. McClenahen, "Bearing Necessities," *Industry Week* (outubro de 2004), 63–65.
19. Estatística da Heritage Foundation, baseada em dados do U.S. Department of Labor, Bureau of Labor Statistics, "Multifactor Productivity, 1987–2007" e relatada em James Sherk, "Technology Explains Drop in Manufacturing Jobs," *Backgrounder* (12 de outubro de 2010), 1–8.
20. John Teresko, "Winning with Digital Manufacturing," *Industry Week* (julho de 2008), 45–47.
21. Jim Brown, "Leveraging the Digital Factory," *Industrial Management* (julho-agosto de 2009), 26–30; Teresko, "Winning with Digital Manufacturing"; Jack R. Meredith, "The Strategic Advantages of the Factory of the Future," *California Management Review* 29 (primavera de 1987), 27–41; e Althea Jones e Terry Webb, "Introducing Computer Integrated Manufacturing," *Journal of General Management* 12 (verão de 1987), 60–74.
22. Paul S. Adler, "Managing Flexible Automation," *California Management Review* (primavera de 1988), 34–56.
23. Bela Gold, "Computerization in Domestic and International Manufacturing," *California Management Review* (inverno de 1989), 129–143.
24. Brown, "Leveraging the Digital Factory."
25. Teresko, "Winning with Digital Manufacturing."
26. Graham Dudley e John Hassard, "Design Issues in the Development of Computer Integrated Manufacturing (CIM)," *Journal of General Management* 16 (1990), 43–53 e Tom Massung, "Manufacturing Efficiency," *Microsoft Executive Circle* (inverno de 2004), 28–29.
27. Dudley e Hassard, "Design Issues in the Development of Computer Integrated Manufacturing."
28. Grainger David, "One Truck a Minute," *Fortune*, 5 de abril de 2004, 252–258; e Scott McMurray, "Ford F-150: Have It Your Way," *Business 2.0*, março de 2004, 53–55.
29. Kate Linebaugh, "Honda's Flexible Plants Provide Edge; Company Can Rejigger Vehicle Output to Match Consumer Demand Faster Than Its Rivals," *The Wall Street Journal*, 23 de setembro de 2008, B1.
30. 2006 Census of Manufacturers, relatado em "Lean Choices," nota lateral em Jonathan Katz, "Back to School," *Industry Week* (maio de 2007), 14.
31. Jeffrey K. Liker e James M. Morgan, "The Toyota Way in Services: The Case of Lean Product Development," *Academy of Management Perspectives* (maio de 2006), 5–20 e Brian Heymans, "Leading the Lean Enterprise," *Industrial Management* (setembro-outubro de 2002), 28–33.
32. Jake Stiles, "Lean Initiatives Help Sealy Prepare for Market Rebound," *IndustryWeek.com* (6 de maio de 2009) http://www.industryweek.com/articles/lean_initiatives_help_sealy_prepare_for_market_rebound_19073.aspx?ShowAll=1(Acesso em: 17 de agosto de 2011); "Stiles Associates, LLC: Lean Companies Gain Even Greater Edge in Recessionary Times," *Science Letter* (17 de março de 2009), 4089; Paul Davidson, "Lean Manufacturing Helps Companies Survive Recession," *USA Today*, 1º de novembro de 2009; e "About Sealy: Environmental Footprint," Sealy.com, http://www.sealy.com/About-Sealy/Environmental-Footprint.aspx (Acesso em: 17 de agosto de 2011).
33. Art Kleiner, "Leaning Toward Utopia," *Strategy + Business*, n. 39 (segundo quadrimestre de 2005), 76–87; Fara Warner, "Think Lean," *Fast Company*, February 2002, 40, 42; Norihiko Shirouzu, "Gadget Inspector: Why Toyota Wins Such High Marks on Quality Surveys," *The Wall Street Journal*, 15 de março de 2001 e James P. Womack e Daniel T. Jones, *The Machine That Changed the World: The Story of Lean Production* (Nova York: Harper Collins, 1991).
34. Jonathan Katz, "Meeting of the Minds: Where Process and Discrete Manufacturing Converge," *Industry Week* (fevereiro de 2009), 34-36.
35. B. Joseph Pine II, *Mass Customization: The New Frontier in Business Competition* (Boston: Harvard Business School Press, 1999); e Fabrizio Salvador, Pablo Martin De Holan e Frank Piller, "Cracking the Code of Mass Customization," *Sloan Management Review* (primavera de 2009), 71–78.
36. Barry Berman, "Should Your Firm Adopt a Mass Customization Strategy?" *Business Horizons* (julho-agosto de 2002), 51–60.
37. Erick Schonfeld, "The Customized, Digitized, Have-It-Your- Way Economy," *Fortune*, 28 de setembro de 1998, 115–124.
38. Mark Tatge, "Red Bodies, Black Ink," *Forbes*, 18 de setembro de 2000, 114–115.
39. Zammuto e O'Connor, "Gaining Advanced Manufacturing Technologies' Benefits."
40. Joel D. Goldhar e David Lei, "Variety Is Free: Manufacturing in the Twenty-First Century," *Academy of Management Executive* 9, n. 4 (1995), 73–86.
41. Meredith, "The Strategic Advantages of the Factory of the Future."
42. Patricia L. Nemetz e Louis W. Fry, "Flexible Manufacturing Organizations: Implementations for Strategy Formulation and Organization Design," *Academy of Management Review* 13 (1988), 627–638; Paul S. Adler, "Managing Flexible Automation," *California Management Review* (primavera de 1988), 34–56; Jeremy Main, "Manufacturing the Right Way," *Fortune*, 21 de maio de 1990, 54–64; e Frank M. Hull e Paul D. Collins, "High-Technology Batch Production Systems: Woodward's Missing Type," *Academy of Management Journal* 30 (1987), 786–797.
43. Goldhar and Lei, "Variety Is Free: Manufacturing in the Twenty-First Century"; P. Robert Duimering, Frank Safayeni e Lyn Purdy, "Integrated Manufacturing: Redesign the Organization before Implementing Flexible Technology," *Sloan Management Review* (verão de 1993), 47–56 e Zammuto e O'Connor, "Gaining Advanced Manufacturing Technologies' Benefits."
44. Goldhar e Lei, "Variety Is Free: Manufacturing in the Twenty-First Century."
45. Estimate reported in "Services Firms Expand at Slowest Pace in 17 Months," *MoneyNews.com* (3 de agosto de 2011), http://www.moneynews.com/Economy/ism-economy-Service-Sector/2011/08/03/id/405915 (Acesso em: 15 de agosto de 2011).
46. Byron J. Finch e Richard L. Luebbe, *Operations Management: Competing in a Changing Environment* (Fort Worth, TX: The Dryden Press, 1995), 51.
47. Essa discussão foi baseada em David E. Bowen, Caren Siehl e Benjamin Schneider, "A Framework for Analyzing Customer Service Orientations in Manufacturing," *Academy of Management Review* 14 (1989), 79–95; Peter K. Mills e Newton Margulies, "Toward a Core Typology of Service Organizations," *Academy of Management Review* 5 (1980), 255–265 e Peter K. Mills e Dennis J. Moberg, "Perspectives on the Technology of Service Operations," *Academy of Management Review* 7 (1982), 467–478.
48. "Pandora Announces Listener Milestone," *Pandora Press Release* (12 de julho 2011), http://blog.pandora.com/archives/press/2011/07/pandora_announc_1.html (Acesso em: 17 de agosto de 2011).
49. Jena McGregor, "When Service Means Survival," *Business Week*, 2, 2009, 26–30; e Heather Green, "How Amazon Aims to Keep You Clicking," *BusinessWeek*, 2 de março de 2009, 37–40.
50. Liker e Morgan, "The Toyota Way in Services."
51. Paul Migliorato, "Toyota Retools Japan," *Business 2.0*, agosto de 2004, 39–41.

52. Julie Jargon, "Latest Starbucks Buzzword: 'Lean' Japanese Techniques," *The Wall Street Journal*, 4 de agosto de 2009.
53. Julie Weed, "Factory Efficiency Comes to the Hospital," *The New York Times*, 9 de julho de 2010.
54. Geeta Anand, "The Henry Ford of Heart Surgery," *The Wall Street Journal*, 25 de novembro de 2009, A16.
55. Richard B. Chase e David A. Tansik, "The Customer Contact Model for Organization Design," *Management Science* 29 (1983), 1037–1050.
56. Ibid.
57. David E. Bowen e Edward E. Lawler III, "The Empowerment of Service Workers: What, Why, How, and When," *Sloan Management Review* (primavera de 1992), 31–39; Gregory B. Northcraft e Richard B. Chase, "Managing Service Demand at the Point of Delivery," *Academy of Management Review* 10 (1985), 66–75; e Roger W. Schmenner, "How Can Service Businesses Survive and Prosper?" *Sloan Management Review* 27 (primavera de 1986), 21–32.
58. Ann Zimmerman, "Home Depot Tries to Make Nice to Customers," *The Wall Street Journal*, 20 de fevereiro de 2007, D1.
59. Richard Metters and Vincente Vargas, "Organizing Work in Service Firms," *Business Horizons* (julho-agosto de 2000), 23–32.
60. Perrow, "A Framework for the Comparative Analysis of Organizations" and *Organizational Analysis*.
61. Brian T. Pentland, "Sequential Variety in Work Processes," *Organization Science* 14, n· 5 (setembro–outubro de 2003), 528–540.
62. Jim Morrison, "Grand Tour. Making Music: The Craft of the Steinway Piano," *Spirit*, fevereiro de 1997, 42–49, 100.
63. Stuart F. Brown, "Biotech Gets Productive," *Fortune*, special section, "Industrial Management and Technology," 20 de janeiro de 2003, 170[A]–170[H].
64. Michael Withey, Richard L. Daft e William C. Cooper, "Measures of Perrow's Work Unit Technology: An Empirical Assessment and a New Scale," *Academy of Management Journal* 25 (1983), 45–63.
65. Christopher Gresov, "Exploring Fit and Misfit with Multiple Contingencies," *Administrative Science Quarterly* 34 (1989), 431–453 e Dale L. Goodhue e Ronald L. Thompson, "Task-Technology Fit and Individual Performance," *MIS Quarterly* (junho de 1995), 213–236.
66. Gresov, "Exploring Fit and Misfit with Multiple Contingencies;" Charles A. Glisson, "Dependence of Technological Routinization on Structural Variables in Human Service Organizations," *Administrative Science Quarterly* 23 (1978), 383–395; e Jerald Hage e Michael Aiken, "Routine Technology, Social Structure and Organizational Goals," *Administrative Science Quarterly* 14 (1969), 368–379.
67. Gresov, "Exploring Fit and Misfit with Multiple Contingencies;" A.J. Grimes e S. M. Kline, "The Technological Imperative: The Relative Impact of Task Unit, Modal Technology, and Hierarchy on Structure," *Academy of Management Journal* 16 (1973), 583–597; Lawrence G. Hrebiniak, "Job Technologies, Supervision and Work Group Structure," *Administrative Science Quarterly* 19 (1974), 395–410; e Jeffrey Pfeffer, *Organizational Design* (Arlington Heights, IL: AHM, 1978), capítulo 1.
68. Patrick E. Connor, *Organizations: Theory and Design* (Chicago: Science Research Associates, 1980); e Richard L.Daft e Norman B. Macintosh, "A Tentative Exploration into Amount and Equivocality of Information Processing in Organizational Work Units," *Administrative Science Quarterly* 26 (1981), 207–224.
69. Paul D. Collins e Frank Hull, "Technology and Span of Control: Woodward Revisited," *Journal of Management Studies* 23 (1986), 143–164; Gerald D. Bell, "The Influence of Technological Components of Work upon Management Control," *Academy of Management Journal* 8 (1965), 127–132; e Peter M. Blau e Richard A. Schoenherr, *The Structure of Organizations* (Nova York: Basic Books, 1971).
70. W. Alan Randolph, "Matching Technology and the Design of Organization Units," *California Management Review* 22–23 (1980–81), 39–48; Daft e Macintosh, "A Tentative Exploration into Amount and Equivocality of Information Processing"; e Michael L. Tushman, "Work Characteristics and Subunit Communication Structure: A Contingency Analysis," *Administrative Science Quarterly* 24 (1979), 82–98.
71. Andrew H. Van de Ven e Diane L. Ferry, *Measuring and Assessing Organizations* (New York: Wiley, 1980) e Randolph, "Matching Technology and the Design of Organization Units."
72. Richard L. Daft e Robert H. Lengel, "Information Richness: A New Approach to Managerial Behavior and Organization Design," em Barry Staw e Larry L. Cummings, eds., *Research in Organizational Behavior*, vol. 6 (Greenwich, CT: JAI Press, 1984), 191–233; Richard L. Daft e Norman B. Macintosh, "A New Approach into Design and Use of Management Information," *California Management Review* 21 (1978), 82–92; Daft e Macintosh, "A Tentative Exploration into Amount and Equivocality of Information Processing;" W. Alan Randolph, "Organizational Technology and the Media and Purpose Dimensions of Organizational Communication," *Journal of Business Research* 6 (1978), 237–259; Linda Argote, "Input Uncertainty and Organizational Coordination in Hospital Emergency Units," *Administrative Science Quarterly* 27 (1982), 420–434; e Andrew H. Van de Ven e Andre Delbecq, "A Task Contingent Model of Work Unit Structure," *Administrative Science Quarterly* 19 (1974), 183–197.
73. Peggy Leatt e Rodney Schneck, "Criteria for Grouping Nursing Subunits in Hospitals," *Academy of Management Journal* 27 (1984), 150–165 e Robert T. Keller, "Technology-Information Processing," *Academy of Management Journal* 37, nº 1 (1994), 167–179.
74. Gresov, "Exploring Fit and Misfit with Multiple Contingencies;" Michael L. Tushman, "Technological Communication in R&D Laboratories: The Impact of Project Work Characteristics," *Academy of Management Journal* 21 (1978), 624–645 e Robert T. Keller, "Technology-Information Processing Fit and the Performance of R&D Project Groups: A Test of Contingency Theory," *Academy of Management Journal* 37, n· 1 (1994), 167–179.
75. James Thompson, Organizations in Action (New York: McGraw-Hill, 1967).
76. Ibid., 40.
77. Gene Bylinsky, "Shipmaking Gets Modern," *Fortune*, special section, "Industrial Management and Technology," 20 de janeiro de 2003, 170[K]–170[L].
78. Murray R. Barrick, Bret H. Bradley, Amy L. Kristof-Brown e Amy E. Colbert, "The Moderating Role of Top Management Team Interdependence: Implications for Real Teams and Working Groups," *Academy of Management Journal* 50, n· 3 (2007), 544–557.
79. Jody Hoffer Gittell, "Organizing Work to Support Relational Coordination," *The International Journal of Human Resource Management* 11, n· 3 (junho de 2000), 517–539.
80. Jody Hoffer Gittell, "Paradox of Coordination and Control," *California Management Review* 42, n· 3 (primavera de 2000), 101–117.
81. Paul S. Adler, "Interdepartmental Interdependence and Coordination: The Case of the Design/Manufacturing Interface," *Organization Science* 6, n· 2 (março-abril de 1995), 147–167.
82. Essa discussão foi baseada em Christopher Gresov, "Effects of Dependence and Tasks on Unit Design and Efficiency," *Organization Studies* 11 (1990), 503–529; Andrew H. Van

de Ven, Andre Delbecq e Richard Koenig, "Determinants of Coordination Modes within Organizations," *American Sociological Review* 41 (1976), 322–338; Argote, "Input Uncertainty and Organizational Coordination in Hospital Emergency Units;" Jack K. Ito e Richard B. Peterson, "Effects of Task Difficulty and Interdependence on Information Processing Systems," *Academy of Management Journal* 29 (1986), 139–149 e Joseph L. C. Cheng, "Interdependence and Coordination in Organizations: A Role-System Analysis," *Academy of Management Journal* 26 (1983), 156–162.

83. Robert W. Keidel, "Team Sports Models as a Generic Organizational Framework," *Human Relations* 40 (1987), 591–612; Robert W. Keidel, "Baseball, Football, and Basketball: Models for Business," *Organizational Dynamics* (inverno de 1984), 5–18; e Nancy Katz, "Sports Teams as a Model for Workplace Teams: Lessons and Liabilities," *Academy of Management Executive* 15, n. 3 (2001), 56–67.

84. Michele Liu, Héléné Denis, Harvey Kolodny e Benjt Stymne, "Organization Design for Technological Change," *Human Relations* 43 (janeiro de 1990), 7–22.

85. Gerald I. Susman e Richard B. Chase, "A Sociotechnical Analysis of the Integrated Factory," *Journal of Applied Behavioral Science* 22 (1986), 257–270; e Paul Adler, "New Technologies, New Skills," *California Management Review* 29 (outono de 1986), 9–28.

86. Baseado em Don Hellriegel, John W. Slocum, Jr. e Richard W. Woodman, *Organizational Behavior*, 8. ed. (Cincinnati, OH: SouthWestern, 1998), 491–495; e Gregory B. Northcraft and Margaret A. Neale, Organizational Behavior: A Management Challenge, 2. ed. (Fort Worth, TX: The Dryden Press, 1994), 550–553.

87. F. Emery, "Characteristics of Sociotechnical Systems," *Tavistock Institute of Human Relations, document* 527 (1959); William Pasmore, Carol Francis e Jeffrey Haldeman, "Sociotechnical Systems: A North American Reflection on Empirical Studies of the 70s," *Human Relations* 35 (1982), 1179–1204; e William M. Fox, "Sociotechnical System Principles and Guidelines: Past and Present," *Journal of Applied Behavioral Science* 31, n. 1 (março de 1995), 91–105.

88. W.S. Cascio, *Managing Human Resources* (Nova York: McGraw-Hill, 1986), 19.

89. Eric Trist e Hugh Murray, eds., *The Social Engagement of Social Science: A Tavistock Anthology*, vol. II (Philadelphia: University of Pennsylvania Press, 1993) e William A. Pasmore, "Social Science Transformed: The Socio-Technical Perspective," *Human Relations* 48, n. 1 (1995), 1–21.

90. R.E. Walton, "From Control to Commitment in the Workplace," *Harvard Business Review* 63, n. 2 (1985), 76–84; E.E. Lawler, III, *High Involvement Management* (San Francisco: Jossey-Bass, 1986), 84; e Hellriegel, Slocum e Woodman, *Organizational Behavior*, 491.

91. William A. Pasmore, "Social Science Transformed: The Socio-Technical Perspective," *Human Relations* 48, n. 1 (1995), 1–21.

92. David M. Upton, "What Really Makes Factories Flexible?" *Harvard Business Review* (julho-agosto de 1995), 74–84.

93. Pasmore, "Social Science Transformed: The Socio-Technical Perspective"; e H. Scarbrough, "Review Article: The Social Engagement of Social Science: A Tavistock Anthology, Vol.!II," *Human Relations* 48, n. 1 (1995), 23–33.

94. Adaptação livre por Dorothy Marcic de "Hamburger Technology," em Douglas T. Hall et al., *Experiences in Management and Organizational Behavior*, 2. ed. (Nova York: Wiley, 1982), 244–247; assim como "Behavior, Technology, and Work Design" em A.B. Shani e James B. Lau, *Behavior in Organizations* (Chicago: Irwin, 1996), M16-23 a M16-26.

95. Hampton/Summer/Webber, *Organizational Behavior Practice Management*, 4. ed., © 1982. Reimpresso e reproduzido eletronicamente com permissão da Pearson Education, Inc., Upper Saddle River, New Jersey.

ESTUDO DE CASO 10.0
First Union: um escritório sem paredes[1]

Meg Rabb era uma mulher que alcançou o sucesso por mérito próprio. Tendo iniciado sua carreira de tempo integral aos 18 anos, ela estava no auge como vice-presidente de treinamento do First Union Federal (nome fictício), uma grande empresa de poupança e empréstimos localizada no leste dos Estados Unidos. A divisão de Meg era responsável tanto pelo treinamento quando pelo desenvolvimento de gestão, e os serviços que sua equipe prestava tinham bastante visibilidade na organização. Sua unidade era conhecida como a "equipe" número um da organização, isto é, a divisão de treinamento e desenvolvimento atendia às necessidades de outras unidades que estavam diretamente ligadas a atender os consumidores. Essas divisões de "linha" posteriores estavam mais próximas dos clientes finais e, portanto, gozavam de um elevado *status* na organização.

Tendo sobrevivido recentemente há vários anos de crise financeira e escrutínio regulamentar, o First Union estava embarcando em um novo foco no cliente, o qual ela estava levando muito a sério. Quantias significativas de recursos financeiros eram destinadas ao treinamento de funcionários. Todos os mecanismos e sistemas de prestação da filial destinavam-se a atingir um único alvo de serviço: atender às necessidades financeiras em transformação dos consumidores. Novas abordagens para o serviço concentravam-se nas necessidades de conveniência dos clientes e na prestação de serviços pessoais, sempre de alta qualidade. Paralelamente, a atenção à contenção de custo era necessária a fim de evitar outra crise financeira e agradar a diretoria. A organização gastava os recursos disponíveis em programas internos com muita cautela. Resumidamente, o fato da divisão de treinamento e desenvolvimento estar recebendo uma grande parte dos recursos disponíveis conferiu-lhe certo *status* na organização, bem como a influência que acompanhou esse *status*, muito embora a divisão ainda fosse uma função de *staff* e não estivesse envolvida em interações diretas com o cliente ou na prestação de serviços.

As conquistas de Meg eram financeiramente compensadoras e pessoalmente gratificantes. Ela se saia muito bem nas fases de projeto e implementação do processo de treinamento e os 12 treinadores e especialistas em desenvolvimento de gestão sob seu comando eram altamente qualificados e respeitavam seu estilo de liderança afetivo e focado no desenvolvimento. Os cargos de vice-presidente no First Union Federal eram difíceis de conquistar e Meg só tinha sido promovida recentemente para essa posição. Cinco anos antes, quando ela tinha sido contratada no nível de vice-presidente assistente, nenhuma mulher tinha tomado o posto e o cargo de vice-presidente e somente alguns poucos homens eram vice-presidentes, considerando-se uma força de trabalho total de 1.700 funcionários. Depois de cinco anos de trabalho árduo e sucesso mensurável em sua função, Meg foi promovida ao nível de vice-presidente. Um semana após o anúncio de sua promoção, seu chefe, Dan Cummings, disse-lhe que ela receberia um novo escritório e que móveis novos estariam disponíveis caso ela tivesse interesse em substituir sua mesa e outros acessórios, luminárias e equipamentos

O escritório como um incentivo

Ser vice-presidente do First Union trazia certos privilégios, ou recompensas não financeiras. Um escritório, subsídios para viagens, uma parcela maior dos recursos humanos e financeiros de outros departamentos e uma vaga no estacionamento da empresa – todos tradicionalmente acompanhados de um vice-presidente assistente subindo a escada corporativa até a vice-presidência.

Meg ansiava pela privacidade que seu novo escritório proporcionaria. O escritório era caracteristicamente barulhento, com muitas pessoas entrando e saindo da área do escritório durante todo o dia para participar das sessões de treinamento ou agendar programas.

O *layout* do escritório físico em seu departamento era descomplicado. Cada funcionário, de uma equipe de 12 pessoas, tinha seu próprio "setor", uma área separada por paredes com biombos móveis. Os funcionários tinham móveis de escritório de qualidade variável dentro de suas áreas, dependendo do seu nível na hierarquia da organização. Todas as áreas tinham mesas, porém, os funcionários do nível mais baixo recebiam os móveis mais baratos de segunda mão, uma cadeira de escritório e possivelmente uma cadeira para atendimento. Os funcionários de nível inferior normalmente tinham espaço suficiente apenas para se moverem em sua área e muitas vezes tinham de dividir o espaço dentro das áreas separadas com outros funcionários. A própria Meg já tinha estado sentada dentro de uma área separada localizada no canto de uma área de trabalho. Esse espaço tinha duas paredes de vidro que iam do chão ao teto com vista para a ampla cidade 10 andares abaixo. Seu plano era fazer desse mesmo espaço seu escritório.

As paredes vieram abaixo

A construção do escritório foi concluída rapidamente, dentro de três semanas após sua promoção. O escritório tinha uma decoração simples, com carpete cinza e decorações esparsas que incluíam algumas gravuras modernas de bom gosto (mas baratas), uma luminária de mesa de *design* moderno (escolhida do catálogo de materiais de escritório) e acessórios de mesa de *design* simples. Meg planejava utilizar sua mobília de escritório existente a fim de economizar. A mobília antiga combinava com a decoração do escritório novo e ela se sentia bem em economizar dinheiro para o First Union. Ela preferia uma decoração moderna – um forte contraste com os escritórios dos demais executivos, que tinham uma decoração colonial conservadora. Ela ocupou seu novo escritório confortavelmente por um dia.

---

[1] Esse caso foi escrito por Susan Stites-Doe e Melissa Waite, SUNY College/em Brockport, e Rajnandini Pillai, California State University em San Marcos. Uso autorizado. Publicado originalmente no Journal of Private Enterprise.

Ao chegar ao trabalho na semana seguinte, ela foi convocada a comparecer no escritório de seu chefe. Dan Cummings era o vice-presidente sênior de recursos humanos. Ele era muito estimado e estava bastante "sintonizado" com as regras políticas do jogo. Sua influência na organização parecia ter florescido depois que ele organizou o primeiro "Evento de Golfe para Convidados de Dan Cummings", então em seu quarto ano de existência. Golfistas da velha guarda do First Union, esses vice-presidentes e vice-presidentes assistentes próximos ao grupo de gestão sênior sempre se sentiam honrados por seus convites. Os convites denotavam *status* na organização. Meg tinha feito aulas de golfe no último verão na esperança de ser incluída no torneio do ano seguinte, apesar do fato de nenhuma funcionária do sexo feminino ter recebido um convite para o torneio. Embora seu chefe soubesse de suas aulas de golfe, ela não tinha sido convidada aquele ano e ela nunca tinha expressado a ninguém seu desapontamento por não ter sido incluída.

Ao entrar no escritório de Dan, Meg foi displicentemente informada que o presidente do First Union tinha expressado preocupação com o tamanho do seu escritório. Amigo próximo do gerente de construção, havia dois dias o presidente tinha descido até o canteiro de obras para almoçar com o gerente. O resultado final foi o seguinte: o presidente tinha decidido que o escritório era muito grande. Meg foi informada que o escritório existente teria de ser "modificado" para ficar em conformidade com os novos regulamentos de construção definidos naquela semana. O plano era derrubar as paredes do seu escritório e reconstruí-las utilizando as especificações adequadas de 3,048 m por 3,048 m detalhadas nos novos regulamentos. Seu escritório, infelizmente, tinha sido construído de acordo com as especificações de 3,6576 m por 3,6576 m considerados apropriados segundo o gerente de construção.

A reação imediata de Meg a essa notícia perturbadora foi de raiva. Ela dissimulou seus verdadeiros sentimentos através de uma conduta de resistência cooperativa. Ela ficou bastante preocupada com o que essa decisão significaria para os seus funcionários – como eles receberiam a notícia e como ela poderia transmiti-la de modo a atenuar o dano ao moral normalmente saudável do seu departamento. Ela também tinha outras preocupações. Ela temia que esse evento a fizesse perder poder e estima entre seus pares. Meg questionou o gerente de construção mais tarde naquela manhã para tentar entender como e porque um erro tão caro tinha sido cometido. Ele disse a ela que as especificações de 3,6576 m por 3,6576 m usados para o seu escritório tinham sido definidas por ele pessoalmente para aproveitar a vista e fazer o melhor uso da construção circundante. Outros contatos disseram a ela que os antigos regulamentos de construção que eram mais flexíveis que os novos, embora fossem semelhantes aos existentes, tinham sido ignorados com frequência para se adequarem à preferência pessoal de cada funcionário. Ela não pôde deixar de sentir pena do gerente de construção. Ele tinha usado suas habilidades em *design* de escritório para tentar combinar forma e função e sua amizade com o presidente aparentemente não tinha sido suficiente para protegê-lo de repercussões pessoais. O tom de sua voz e sua ânsia por encerrar a ligação telefônica sugeriram que ele estava irritado com toda a situação. Sua empatia por ele estava acompanhada de confusão. Ele não tinha assumido riscos no passado ao desviar-se da rígida observância aos regulamentos? Ele já não tinha considerado esses riscos? E por que ela tinha sido a primeira pessoa a se tornar vítima da rígida observância a esse regulamento?

A cultura e a base de poder no First Union

A cultura geral do banco era marcada pelo conservadorismo. Como se pode esperar, quando dinheiro está envolvido, a cautela e o conservadorismo eram valorizados, assim como o cuidado em manter um rígido controle sobre o dinheiro dos depositantes. Poder e influência no First Union ficavam agrupados principalmente nas unidades de linha e nos níveis executivos da organização. A divisão de hipotecas era particularmente poderosa. O First Union tinha recentemente reformado o espaço em que a divisão de hipotecas ficava localizada. Como "ganha-pão" da organização, a divisão de hipotecas tinha um poder substancial por causa das receitas que gerava e de sua contribuição para o resultado final. Os visitantes dos escritórios recentemente reformados nunca deixavam de observar a beleza dos escritórios de hipotecas e a diferença em relação ao restante do banco. Corriam rumores de que o presidente do banco tinha ficado incomodado com o custo das reformas, mas não tomou nenhuma atitude a esse respeito em função da elevada porcentagem de lucros que a divisão gerava.

Em termos de distribuição de poder entre os sexos, o First Union não tinha mulheres executivas em postos no nível de vice-presidente ou acima dele antes da promoção de Meg. Esse fato provocou a intervenção da Comissão de Oportunidades Iguais de Emprego (EEOC na sigla em inglês), que encorajou o First Union a buscar gerentes do sexo feminino qualificadas para serem promovidas ao *status* de executivas. O escrutínio da EEOC era uma informação pública e Meg muitas vezes se sentia incomodada por ter sido a primeira mulher a abrir o caminho. Meg não tinha um mentor em um posto superior ao seu na organização. Sua filosofia sempre tinha sido que o trabalho árduo compensa e ela não era particularmente sensível aos estímulos sociais e políticos do ambiente. Seus pares do sexo masculino eram bastante ativos e tinham considerável visibilidade em todo o terreno político do First Union, como atestavam as atividades do torneio de golfe do seu chefe. As amizades tinham grande importância na organização e muitos dos seus pares do sexo masculino de outras divisões ficavam socialmente conectados com seus superiores fora do trabalho.

Algumas das obras de arte do First Union pareciam revelar muito a respeito dos valores importantes para a organização. Uma litografia era particularmente indicativa dos valores de gênero na organização. Ela apresentava uma série de seios femininos flutuando livremente dispostos de modo decorativo. A gravura estava localizada na sala de conferências do presidente e ficava visível para os membros da diretoria, clientes externos e pessoal interno que participavam de reuniões regulares na sala. Uma gerente de nível inferior que tinha visitado a sala umas 15 vezes nunca tinha decifrado os objetos na litografia. Um colega em um posto mais elevado apontou orgulhosamente a identidade das formas para ela, rindo ao dizer, "Ei, você viu o que compõe essa gravura?". Ela ficou constrangida com sua observação, mas riu com ele para contornar a situação.

O que ela deveria fazer?

Meg se sentou e fez anotações de como deveria proceder. Uma coisa era certa: se ela quisesse sobreviver no First Union, ela teria de aprender a jogar o jogo. Como vice-presidente de uma

Estudo de caso

unidade de *staff*, ela tinha de fazer o possível para elevar o seu *status* político na organização. Seu maior medo era a possibilidade de perder seu emprego e sua sobrevivência podia depender do desenvolvimento de uma maior habilidade política. Ela não tinha ninguém na organização a quem pudesse pedir conselhos e sentia que não podia se dar ao luxo de cometer um único erro. Meg resolveu complementar suas aulas de golfe com um curso intensivo de política organizacional.

ESTUDO DE CASO 11.0
Costco: entre para o clube

Logo após o ensino médio, James Sinegal trabalhou para a rede de lojas de departamento Fed Mart descarregando colchões. Então, nos anos 1970 como funcionário da Price Club, com base na Califórnia, ele absorveu cada detalhe da fórmula de grande volume e baixo custo das lojas de departamento proposta por Sol Price.

Munido com conhecimento e ideias, Sinegal estabeleceu uma parceria com Jeffrey Brotman para criar a empresa Costco Wholesale. A dupla abriu sua primeira loja na cidade de Seattle, em 1983. Hoje, perto dos 30 anos de negócio, a visão e o sucesso de Sinegal não só encobriram as de seu mentor como levaram à fusão da Cotsco e Price Club.

Sem frescuras

Em 2010, a reputação da Cotsco em abaixar os preços ao limite e ter uma margem de lucro apertada ajudou a empresa a manter sua posição de quarta maior varejista nacional e primeira loja de departamentos varejista de afiliação com 572 lojas (425 nos Estados Unidos), 142.000 funcionários e 55 milhões de membros. As vendas alcançaram US$76 bilhões, um aumento de 9,1% e refletindo, em parte, uma tendência consumidora de se concentrar no valor quando a economia vai mal, mas, de forma mais significativa, uma cultura corporativa singular que dá valor aos seus funcionários não só da boca para fora, mas também mantém uma reputação de honrar este valor.

O conceito de lojas de departamento sem frescura exemplifica a muito criticada superloja – bens empilhados do chão ao teto em paletes de madeira, instalados em 150.000 m² de puro concreto, e iluminados por iluminação fluorescente. Os clientes associados apresentam suas carteirinhas e empurram carrinhos grandes ou de transporte de carga por ilhas amplas sem adornos de publicidade ou *displays*. A Costco reflete os padrões da indústria e as expectativas dos consumidores para oferecer uma seleção limitada, compra por volume e baixo preço.

Valorizando pessoas

Contudo, os donos acreditam que o segredo do sucesso da Costco está nas muitas maneiras em que a empresa se arrisca transformando a sabedoria convencional. Pelo fato de os proprietários verem as pessoas como a "vantagem competitiva" da organização, trabalho e benefícios compreendem 70% dos custos operacionais da Costco. Apesar da crítica de Wall Street, a empresa mantém a sua devoção a uma força de trabalho bem-compensada e zomba da ideia de sacrificar o bem-estar dos funcionários por causa dos lucros. O Relatório Anual de 2010 declara: "No que diz respeito às despesas relativas à compensação com os nossos funcionários, nossa filosofia não é buscar minimizar os salários e benefícios que ganham. Pelo contrário, acreditamos que alcançar nossos objetivos no longo prazo de redução de volume de negócios e aumento da satisfação do funcionário exige a manutenção de níveis de remuneração que são melhores do que a média da indústria." O relatório admite a vontade da Costco de "absorver os custos" de salários mais altos que outros varejistas rotineiramente espremem de sua força de trabalho. Como resultado, o que a empresa perde em margem por item, a administração acredita que compensa no volume, na manutenção da "autoridade de preços" por "consistentemente fornecer os valores mais competitivos" e em associações de fidelidade adquiridas que, Sinegal aponta, "força-os a fazer compras com você."

Sinegal não é um CEO despreparado, seu salário anual (US$ 550.000) é apenas uma fração da remuneração tradicional dos grandes executivos de empresas e reflete uma cultura organizacional que tenta minimizar a disparidade entre gerenciamento e trabalhadores. Escritórios corporativos luxuosos estão fora de questão. Sinegal se veste em traje casual, usa um crachá, atende seu próprio telefone, e como todos os membros da gerência, gasta uma quantidade significativa de tempo (mais de 200 dias por ano) no piso de vendas da loja.

Este relacionamento heterodoxo empregador-empregado está em nítido contraste com a norma da indústria, com os funcionários na maioria das empresas sentindo o estresse adicional de visitas esporádicas por executivos de empresas engravatados. Durante uma entrevista para a revista ABC "20/20" em 2006, Sinegal explicou de maneira simples a frequência de visita nas lojas. "Os funcionários sabem que eu quero dar um oi para eles, pois gosto deles." De fato, os funcionários Costco maravilham-se com a capacidade do CEO de se lembrar de nomes e se conectar com eles como indivíduos. É essa mentalidade de "juntos no mesmo barco" que define a cultura corporativa da Costco, contribuindo para um nível de suporte mútuo, trabalho em equipe, autonomia e resposta rápida que podem ser ativados para enfrentar qualquer situação. Um exemplo dramático ocorreu quando os funcionários criaram instantaneamente uma brigada de emergência Costco, armada com empilhadeiras e extintores de incêndio, cujos membros se organizaram e correram para oferecer primeiros socorros e resgatar passageiros presos nos destroços de um trem atrás de uma das lojas na Califórnia.

A abordagem de gestão benevolente e motivacional da Costco se manifesta de forma mais dramática em salários e benefícios. Os funcionários assinam um contrato de trabalho de uma página e, em seguida, juntam-se aos colegas de trabalho como parte da força de trabalho mais bem compensada no varejo. Salários de US$17,00 por hora esmagam os dos concorrentes (US$10 a US$11,50 por hora). Recompensas e bônus por implementação de ideias de economia de tempo submetidas por um funcionário podem fornecer até 150 ações da empresa. Além disso, os funcionários recebem um pacote de benefícios generoso incluindo cuidados de saúde (82% dos prêmios são pagos pela empresa), bem como planos de aposentadoria.

A generosidade da Costco com os funcionários bate de frente com a convenção das indústrias e de Wall Street em que as empresas tentam melhorar os lucros e os ganhos dos acionistas, mantendo os salários e benefícios baixos. Sinegal insiste que o investimento em capital humano é um bom negócio. "Você colhe o que você planta", afirma. Como resultado, a Costco desfruta da reputação de uma força de trabalho altamente produtiva e leal, e aberturas de lojas atraem milhares de candidatos bem-qualificados.

Ao aplicar um giro de estoque[1] em vez de pessoas, a Costco pode gabar-se de uma rotatividade anual de apenas 6%, em comparação com a média de 50% do varejo. Levando-se em consideração os custos de substituição de funcionários (1,5 a 2,5 vezes o salário anual individual), maiores salários e pacote de benefícios compensam no final das contas com níveis mais elevados de retenção, uma força de trabalho de alta qualidade, baixa redução da receita por roubo (0,2%) e mais vendas por funcionário. A combinação resulta em aumento de lucro operacional por hora. Quer seja utilizado para atrair clientes ou funcionários, a necessidade de um empregado de relações públicas ou publicidade é inexistente. Sinegal disse à ABC que a empresa não gasta um centavo em publicidade, uma vez que já tem mais de 140 mil embaixadores entusiastas espalhados pelas lojas da Costco.

Projetado para se encaixar

Igual atenção foi dada ao projeto de organização. A crença de Sinegal em uma organização "horizontal, rápida e flexível" incentiva o CEO a designar gerentes locais que têm a liberdade e autoridade para tomar decisões rápidas e independentes que atendam as necessidades locais dos clientes e funcionários. A única exigência é que qualquer decisão deve se adequar aos cinco códigos de ética organizacional. As decisões devem ser justas, servir ao interesse dos clientes e funcionários, respeitar os fornecedores e recompensar os acionistas. Da mesma forma, o treinamento de funcionários dá alta prioridade ao treinamento e capacitação em vez de comando e controle.

Todos estes elementos se encaixam em uma cultura e estrutura na qual o foco em atender às necessidades do cliente vai além dos preços baixos. Novos esforços de localização da loja Costco buscam o "ajuste" entre a organização e a comunidade em que atua. Localidades suburbanas típicas enfatizam as necessidades de compras em massa das famílias e pequenas empresas, e a Costco ampliou sua marca própria, Kirkland Signature. Enquanto outras empresas reduzem ou vendem as suas marcas próprias, a Costco trabalha para desenvolver a Kirkland, que agora responde por aproximadamente 400 dos 4.000 itens em estoque da Costco. A marca própria oferece uma economia adicional de até 20% de desconto de produtos produzidos pelos melhores fabricantes, como os pneus fabricados pela Michelin especialmente para a marca Kirkland. Esforços adicionais para melhor atender as necessidades dos clientes contribuíram para a decisão da Costco de usar lojas selecionadas como laboratórios de teste. Ao longo da última década, as lojas Costco abriram caminho para o lançamento de uma variedade de negócios secundários, incluindo farmácias, óticas e serviços de pequenas empresas para melhor servir as necessidades de compras realizadas em uma única parada de clientes em subúrbios.

Enquanto isso, Costcos em localidades urbanas reconhecem o desejo do cliente de comprar a granel ao mesmo tempo em que suprem os desejos de compras de luxo de moradores de condomínios. Nesses locais, a urgência de "comprar antes que acabe" tenta os consumidores a entrar em uma caça ao tesouro com ofertas especiais de itens de luxo, como champanhe Dom Perignon, cristais Waterford ou relógios Prada.

O rápido crescimento da Costco de uma loja em Seattle para o líder do clube de lojas de departamento da América veio com uma quota de problemas de crescimento conforme a organização tentava adaptar-se aos seus vários ambientes. A fusão com a Price Club trouxe uma infusão de trabalhadores sindicalizados, forçando Sinegal e a gestão a diminuir os salários e benefícios "superiores" da Costco como uma forma de negar a necessidade de sindicalização.

Novos problemas

A própria reputação da Costco por elevados padrões éticos e de autorregulação se deparou, em face da rápida expansão, com uma miríade de novos problemas que vão desde queixas sobre a falta de notificação para vagas de emprego para gestão até as queixas persistentes de uma barreira invisível que oferece poucas oportunidades para o avanço das mulheres dentro da organização. Em resposta, a empresa instituiu postagens de emprego on-line, recrutamento automatizado, o uso de um fornecedor externo para a contratação e um novo compromisso com a equidade na promoção.

Questões internacionais são frequentemente mais complexas e, muitas vezes, se deparam com necessidades e percepções locais. Por exemplo, os esforços para expandir em Cuernavaca, no México, eram vistos na perspectiva da empresa como uma situação vantajosa, abrindo um novo mercado e proporcionando empregos e itens de baixo preço e alta qualidade para os compradores da região. Quando o local de um cassino em ruínas se tornou disponível, a Costco se mudou para lá rapidamente, mas de repente viu-se acusada de insensibilidade cultural no México. Acusações em Cuernavaca de que a Costco estava locando um estacionamento em uma área com importância no patrimônio artístico e nacional levou a negociações em que a Costco desembolsou milhões de dólares para preservar a paisagem, restaurar murais e trabalhar ao lado de urbanistas e representantes do Instituto Mexicano de Belas Artes e Literatura na construção de um museu e centro cultural de última geração.

A história ilustra a ênfase na liderança moral que tem caracterizado a Costco e sua administração. Decisões de negócios com base estritamente nos termos financeiros se tornam secundárias a um critério mais abrangente: Estamos criando maior valor para o cliente? Será que estamos fazendo a coisa certa para os funcionários e outras partes interessadas? A gestão acredita que as respostas para essas questões mais amplas ajudam a manter a empresa relevante em questões e tendências que modelam o futuro dos negócios.

Indicações para o futuro da Costco são brilhantes, mas perguntas surgem no horizonte. O visionário Sinegal sinaliza planos de aposentar-se, mas todos, desde especialistas de Wall Street até os clientes, acionistas e funcionários se perguntam o quanto a organização pode mudar depois que ele deixar o cargo. Estariam os líderes futuros dispostos a manter os níveis modestos de compensação da gerência e os salários e benefícios da empresa para os funcionários acima da média? E como a crescente globalização altera a forte cultura corporativa?

---

[1] *Turning over inventory* (giro dos estoques): a razão entre receita e estoques. Quanto menor este índice, menor o estoque retido pela empresa e mais eficiente é sua gestão de ativos. (NRT)

Fontes

Richard L. Daft, "Costco Wholesale Corporation, Parts One-Six," in *Management*, 8. ed. (Mason, OH: Southwestern, 2008).

"Table of Contents, Item 7 – Management's Discussion and Analysis of Financial Conditions," *Costco 2010 Annual Report*.

Wayne F. Cascio, "The High Cost of Low Wages," *Harvard Business Review* 84, n. 2 (dezembro, 2006).

Alan B. Goldberg and Bill Ritter, "Costco CEO Finds Pro-Worker Means Profitability," *ABC News 20/20*, 2 de agosto de 2006, http://abcnews.go.com/2020/Business/story?id=1362779 (Acesso em: 4 de janeiro de 2012).

Doug Desjardins, "Culture of Inclusion: Where Top Executives Lead by Example and Honesty and Frugality Are Valued Virtues," *DSN Retailing Today* (dezembro, 2005).

Michelle V. Rafter, "Welcome to the Club," *Workforce Management* 84, n. 4 (abril, 2005), 40–46.

ESTUDO DE CASO 12.0
Hospital Hartland Memorial (A): um exercício sobre caixa de entrada*

Introdução

O Hospital Hartland Memorial, estabelecido há 85 anos quando o abastado benfeitor Sr. Reginald Hartland deixou uma propriedade avaliada em mais de US$2 milhões, é um hospital geral comunitário independente com 285 leitos, localizado em Westfield, uma comunidade de clubes de esqui de 85.000 pessoas. O Hospital Ridgeview é o único outro hospital na área, situado há cerca de 18 milhas de distância na vila de Easton. O Hartland Memorial é uma instituição completamente certificada que oferece uma gama completa de serviços médicos e cirúrgicos. Possui ainda uma excelente reputação quanto à entrega de alta qualidade em atendimento médico para os cidadãos de Westfield e das comunidades do entorno.

Você e o hospital

Você é Elizabeth Parsons, BSN**, MSN**, PhD, Vice-presidente de Serviços de Enfermagem no Hartland Memorial. Você aceitou este cargo há 17 meses e tem sido um instrumento na introdução de inúmeras inovações na prática e gestão dos serviços de enfermagem. Em particular, essas inovações incluíram o estabelecimento de divisão de trabalho, autoagendamento e uma semana de trabalho reduzida para todas as enfermeiras de atendimento geral. Além disso, você também desenvolveu um novo sistema de avaliação de desempenho e está pensando em usá-lo para criar um sistema de pagamento por mérito para a equipe de enfermagem.

Sua assistente administrativa é Wilma Smith, que administra sua correspondência, assim como agenda reuniões e conferências. Todas as manhãs ela abre toda a correspondência e memorandos que você recebeu e os coloca na sua mesa. Ela também dispõe na sua mesa as mensagens telefônicas das pessoas que optaram por não deixar uma mensagem na sua caixa postal. Embora ela tenha acesso a seus e-mails, mensagens de voz e calendário eletrônico, ela não os monitora rotineiramente. Wilma está apenas moderadamente confortável com as novas formas de comunicação, geralmente prefere as formas usadas na era "pré-eletrônica".

Sua segunda assistente é Anne Armstrong, que é a diretora-assistente de serviços de Enfermagem. Anne trabalha no Hartland Memorial há sete anos e é muito competente. Ela acaba de retornar ao trabalho, porém, depois de passar algum tempo no hospital se recuperando do suicídio do marido. Uma lista de funcionários chave no Hartland Memorial é apresentada na Figura 1, e resumos biográficos selecionados podem ser encontrados na Figura 2.

A situação

Você acabou de voltar ao trabalho depois de um longo final de semana de folga. Por insistência do seu marido, vocês dois saíram na quinta-feira à tarde para um *resort* nas montanhas, e voltaram somente na noite passada. Longos turnos de trabalho, muito estresse e a constante disponibilidade pelo telefone celular, caixa postal e e-mail têm começado a afetar seu bem-estar – você parece agora estar continuamente "à disposição" há meses. Além destas "maldições do trabalho moderno", há ainda as necessidades ("estar presente") de suas crianças em idade escolar e, recentemente, as demandas do atendimento das necessidades de seus pais à medida que envelhecem. Em particular, sua mãe que parece continuamente incapaz de cuidar de seu pai, para quem outros arranjos de moradia poderão ser necessários. Presa entre as responsabilidades com as crianças e seus pais (sem mencionar o marido), você faz parte da geração "sanduíche".

---

* Este caso foi escrito por Kent V. Rondeau, University of Alberta, Edmonton, John E. Paul, University of North Carolina at Chapel Hill, e Jonathon S. Rakich, Indiana University Southeast, New Albany. A intenção do caso é apenas ser um instrumento de discussão em sala de aula e não ilustrar formas eficazes ou ineficazes de abordar a situação descrita.

** Bachelor Science of Nursing (graduação em enfermagem), Master Science of Nursing (mestrado).

FIGURA 1 Lista de funcionários chave no Hospital Hartland

Nome	Posição
Allan Reid	Presidente e CEO
Scott Little	Assistente do presidente
Elizabeth Parsons	Vice-presidente – serviços de enfermagem
Anne Armstrong	Diretor assistente – serviços de enfermagem
Cynthia Nichols	Vice-presidente – recursos humanos
Clement Westaway, MD	Presidente – equipe médica
Janet Trist	Supervisora de enfermagem – 3 Leste
Sylvia Godfrey	Supervisora nos finais de semana
Jane Sawchuck	Especialista em enfermagem clínica
Norm Sutter	Vice-presidente – finanças
Marion Simpson	Secretário de auditoria
Fran Nixon	Diretor de relações com pessoal
George Cross	Representante do sindicato das enfermeiras
Bernard Stevens	Presidente do conselho
Wilma Smith	Assistente administrativo

FIGURA 2
Breves resumos biográficos dos atores-chave no Hartland

Elizabeth Parsons	Uma enfermeira certificada profissionalmente treinada e formada (BSN, MSN, PhD). 45 anos de idade, com 20 anos de experiência progressiva em gestão e enfermagem. Casada, dois filhos, 10 e 12 anos.
Allan Reid	CEO no Hospital Hartland há 2 anos. 35 anos de idade, com 6 anos de experiência como administrador assistente em um hospital rural de 100 leitos. Mestrado em Administração Hospitalar. Casado, dois filhos.
Bernard Stevens	Coronel, Infantaria do Exército dos EUA (aposentado). Presidente do conselho de administração do Hospital Hartland nos últimos 12 anos. 70 anos de idade. Viúvo, quatro filhos adultos.
Clement Westaway, MD	Com formação em medicina pela Universidade da Pensilvânia. Internista. Membro da equipe médica do Hartland por 30 anos e presidente da equipe médica nos últimos 10 anos. 64 anos de idade. Divorciado, dois filhos adultos.
Anne Armstrong	Diretora-assistente de Serviços de Enfermagem no Hartland nos últimos cinco anos. Mestrado em enfermagem. 35 anos de idade. Viúva recente, dois filhos.
Janet Trist	Supervisora de enfermagem. Carreira interrompida aos 26 anos para cuidar dos filhos. Voltou ao trabalho há dois anos. Enfermeira certificada (programa de diploma). 41 anos de idade. Casada.
Wilma Smith	Assistente administrativa em seu presente cargo nos últimos 15 anos. Tem trabalhado no Hartland por 28 anos. 50 anos de idade. Solteira, sem filhos.

O final de semana de folga, no entanto, foi maravilhoso. Você estava fora da área de cobertura do celular, e o hotel não deixava seu computador disponível para os hóspedes. De qualquer forma, seu marido teria provavelmente a abandonado se você tivesse se logado na internet ou se recebesse um telefonema. No domingo à noite depois de chegar em casa, você tinha planejado entrar na internet e avaliar a situação que a espera no trabalho, depois de quatro dias maravilhosos sem nenhum contato. As crianças, no entanto, precisavam de atenção, o cachorro precisava passear, e sua mãe ligou e conversou com você por mais de uma hora sobre o que fazer com seu pai. Você também nunca acessou sua caixa postal.

Agora são 7h45min da manhã de segunda-feira e você tem um pouco mais de uma hora até sua primeira reunião do dia com Norm Sutter, vice-presidente de Finanças. Você precisa ver seus e-mails, caixa postal e os itens em papel que Wilma deixou na sua mesa – cartas, mensagens telefônicas etc. – e tomar algumas medidas antes de começar a reunião com Norm. Você sabe que o resto do dia será uma confusão, e não terá outras oportunidades de se atualizar. Além disso, coisas novas estarão ocorrendo e constantemente se empilhando. O sentimento revigorante que sentiu no final de semana fora da cidade está desaparecendo rapidamente . . . Um cronograma impresso de seus compromissos para o dia que Wilma deixou em sua mesa na sexta-feira é exibido na Figura 3. Você sabe que provavelmente ela vai mudar.

O que precisa ser feito

Este caso inclui os vários e-mails, mensagens de voz e cartas e mensagens impressas em papel esperando por Elizabeth. Já que Wilma não chega até às 8h30min, Elizabeth tem o escritório só para ela. Note que o sistema de TI do Hospital Hartland faz um bom trabalho ao filtrar as mensagens de *spam* e o *junk mail*. Algum item pode eventualmente passar, os quais Elizabeth apaga imediatamente. Ademais, porém, há os *e-newsletters* da Fundação Kaiser Family, do Commonwealth Fund, ACHE etc. os quais Elizabeth acompanha, mas que ela raramente tem tempo para ler. Ela tende a deixar que eles se acumulem em sua caixa de entrada, ocasionalmente dificultando a visualização de materiais importantes. As *newsletters* que chegaram durante os dias de miniférias não estão incluídos.

Para cada item, indique o curso de ação que você acha que Elizabeth deveria adotar. Você pode escolher uma entre as seguintes alternativas. Uma vez que você não tem toda a informação necessária para tomar uma decisão, faça anotações que expliquem suas suposições, raciocínio e justificativa para aquele item. Esteja preparado para defender sua lógica. Quando delegar uma tarefa, identifique quem deve ser responsável por cada item. *Trabalhe em cada item de forma sequencial.*

Estudo de caso

FIGURA 3
Cronograma de compromissos, segunda-feira, 7 de outubro (às 7h45min; deixado na sua mesa por Wilma, sexta-feira à tarde, às 17h)

8h00	
8h30	
9h00	Reunião com Norm Sutter
9h30	
10h00	Reunião regular de segunda-feira com os supervisores de enfermagem
10h30	
11h00	Reunião com Clement Westaway
11h30	
12h00	Almoço com Anne Armstrong
12h30	
13h00	Apresentação de orientação para novas enfermeiras contratadas
13h30	
14h00	
14h30	Reunião do comitê de controle de infecções
15h00	
15h30	
16h00	Reunião com Allan Reid
16h30	
17h00	
17h30	

Caixa de entrada de Elizabeth Parson, segunda-feira, 7 de outubro

ITEM 1: E-mail

Para: Elizabeth Parsons, Vice-Presidente de Serviços de Enfermagem
De: Scott Little, Assistente do Presidente
Data: 4 de outubro, 8h00
Assunto: Pacientes Desaparecidos—IMPORTANTE!

Na tarde de quinta-feira, a Sra. Grace O'Brien, uma paciente com diabetes e Alzheimer, tinha desaparecido de seu quarto quando sua filha chegou para visitá-la. Foram necessárias mais de três horas para que a equipe finalmente a localizasse. Ela foi encontrada nua e inconsciente na lavanderia na ala anexa Stuart. Sua filha está extremamente irritada e está ameaçando processar o hospital. Não precisamos de mais um processo!!!
Scott

ITEM 2: Carta

26 de setembro Presidente, Hospital Hartland	*Eliz - Por favor notar quais ações são necessárias! A.*	

Caro senhor,
Tenho sido uma paciente em seu hospital em três ocasiões diferentes nos últimos quatro anos. No passado, eu tenho ficado satisfeita com o cuidado que tenho recebido das enfermeiras; no entanto, na minha última estadia, fiquei bastante decepcionada. Na maioria dos casos, eu acho que muitas de suas enfermeiras são grossas e arrogantes. Em inúmeras ocasiões, quando pedi a assistência dessas pessoas, elas se recusavam a ajudar, ou me diziam que estavam muito ocupadas, ou simplesmente me ignoravam.
Eu tenho grande respeito pelo Hospital Hartland e confio que você gostaria de corrigir este problema. Meu último marido, Horace, já foi um curador neste hospital e nunca teria permitido que isto ocorresse.
Atenciosamente,
Mable Coleman Westfield

ITEM 3: Mensagem de Voz

(Mensagem de voz deixada às 7h30min no telefone do escritório – você esqueceu de ligar seu telefone celular enquanto dirigia para o trabalho.)

"Elizabeth, é a mamãe. Eu tentei falar com você antes que você saísse de casa esta manhã – seu pai acordou chateado hoje dizendo que ele era um 'fardo.' Agora ele voltou a dormir. O que eu devo fazer? Me ligue por favor quando você puder!"

ITEM 4: E-mail

Para: Elizabeth Parsons, Vice-Presidente de Serviços de Enfermagem
De: Allan Reid, Presidente/CEO
Data: 4 de outubro
Hora: 14h10min
Assunto: EOM

Ouvi dizer que vários outros hospitais têm obtido sucesso ao motivar suas equipes implementando programas de reconhecimento dos funcionários. Esses programas podem ajudar muito a aumentar o compromisso e o moral dos funcionários. Gostaria de instituir uma premiação "Funcionário do Mês" aqui no Hartland. Eu tenho algumas ideias e gostaria de discuti-las com você.
A.

Estudo de caso

ITEM 5: E-mail

Para: Elizabeth Parsons, Vice-Presidente de Serviços de Enfermagem
De: Sylvia Godfrey, R.N., Supervisora de finais de semana
Data: 6 de outubro
Hora: 21h07min
Assunto: Equipe insuficiente

Novamente neste final de semana tivemos algumas enfermeiras ausentes e ficamos com poucos funcionários. Eu tenho de telefonar para as enfermeiras da "lista de disponibilidade" que foi fornecida pela Agência de Posicionamento Temporário. Eu não acho que essas enfermeiras são boas porque são insuficientemente treinadas e cometem muitos erros. Estou doente e cansada de ter de passar por esse transtorno todos os finais de semana!
Sylvia

ITEM 6: E-mail

Para: Elizabeth Parsons, Vice-Presidente de Serviços de Enfermagem
De: Janet Trist, R.N., Supervisora-3 Leste
Data: 4 de outubro
Hora: 13h23min
Assunto: Problemas de agendamento

Estou enfrentando um problema grave com o novo sistema de autoagendamento que adotamos no mês passado. Inúmeras enfermeiras seniores estão se recusando a seguir o sistema e estão ameaçando demitir-se a menos que voltemos ao sistema antigo. Isto está afetando o moral em minha unidade e deixando minha vida insuportável. Precisamos discutir isto o mais rápido possível.
Janet

ITEM 7: Carta

COLÉGIO WESTFIELD

28 de setembro
Elizabeth Parsons
Vice-Presidente de Serviços de Enfermagem Hospital Hartland Westfield

Cara Sra. Parsons,

   O Clube de Futuras Carreiras do Colégio Westfield gostaria de convidá-la a ser a palestrante em seu encontro de novembro. O encontro será realizado no dia 14 de novembro às 20h no auditório do colégio. Gostaríamos de discutir "A evolução do papel de um profissional de enfermagem."
   Acreditamos que sua apresentação será muito informativa porque vários de nossos(as) alunos(as) estão interessados(as) na carreira de enfermeiro(a).
   Esperamos que você possa aceitar nosso convite. Favor ligar para nossa patrocinadora, a Sra. Bonnie Tartabull, para confirmar à sua mais breve conveniência. Obrigada.

Sinceramente,
Kathy Muller
Presidente – Clube de Futuras Carreiras do Colégio Westfield

ITEM 8: E-mail

Para: Elizabeth Parsons, Vice-Presidente de Serviços de Enfermagem
De: Marion Simpson, Auditoria
Data: 4 de outubro
Hora: 9h45min
Assunto: Horas de trabalho das enfermeiras em serviço de meio período

Mais uma vez, muitas enfermeiras em serviço de meio-período estão trabalhando entre 25 e 30 horas por semana. Se permitirmos que isto continue, nos termos do acordo coletivo, teremos de oferecer benefícios de período integral para os envolvidos.
O acordo define que benefícios para trabalhadores em período integral devem ser oferecidos a todos os profissionais que trabalham mais de 25 horas por semana.
A média do número real de horas trabalhadas por semana para servidores em meio-período é de 24,5 horas para o mês de setembro.
Marion Simpson

ITEM 9: Nota escrita por Wilma

Para: Elizabeth Parsons
De: Scott Little, Assistente do Presidente
Hora: 10h20min
Sr. Little ligou, mas não deixou uma mensagem.

ITEM 10: E-mail

Para: Elizabeth Parsons, Vice-Presidente de Serviços de Enfermagem
De: Cynthia Nichols, Vice-Presidente de Recursos Humanos
Data: 2 de outubro
Hora: 16h45min
Assunto: Acusações de assédio sexual

COMPLETAMENTE CONFIDENCIAL
Acabamos de receber uma notificação de uma enfermeira empregada aqui pelo Hospital Hartland alegando assédio sexual por um dos médicos de nossa equipe. As acusações, se verificadas, são extremamente sérias. Eu gostaria de nomear você, ao lado de Fran Nixon, de nosso departamento de relações com pessoal, e George Cross, representante do sindicato da associação de enfermeiros, para formar um comitê para investigar essas acusações. Tenho sido informada que a pessoa que está alegando o assédio já deu início à ação legal, por isso precisamos agir com diligência.

Cynthia Nichols, Vice-Presidente

Estudo de caso

ITEM 11: Cópia impressa em papel

MEMORANDO
Para: Elizabeth Parsons, Vice-Presidente de Serviços de Enfermagem
De: Marion Simpson, Auditoria
Data: 3 de outubro
Assunto: Reembolso por viagem

Com relação ao seu pedido de reembolso de viagem para a sua futura conferência, lamento informar que você já utilizou seu orçamento de viagens para este ano e, portanto, não haverá reembolso a partir desta conta.
Marion Simpson

ITEM 12: Nota escrita por Wilma

Mensagem telefônica para: Elizabeth Parsons
De: Norm Sutter
Data: 4 de outubro
Hora: 15h05min

O Sr. Sutter ligou e perguntou se as projeções para o orçamento do próximo ano para o setor de enfermagem já foram concluídas. Ele precisa destes números até segunda-feira. Wilma

---

ITEM 13: Impresso

MEMORANDO
Para: Elizabeth Parsons, Vice-Presidente de Serviços de Enfermagem
De: Scott Little, Assistente do Presidente
Data: 3 de outubro
Assunto: Campanha United Way

Este é um *follow-up* da nossa discussão da semana passada a respeito da nomeação de alguém para servir como um representante do nosso hospital na campanha anual da United Way. Preciso ter o nome do seu representante até sexta-feira, 4 de outubro. – Scott

---

ITEM 14: Nota escrita por Wilma

Para: Betty Parsons
Data: 4 de outubro
Hora: 14h12min

O Sr. Stevens passou aqui procurando por você. Ele parecia bem aborrecido e estava resmungando algo sobre um processo legal. Ele quer que você telefone para ele o mais rápido possível, assim que voltar de sua viagem. Wilma

---

ITEM 15: E-mail

> 4 de outubro
> 16h45min
>
> Sra. Parsons Você poderia "por favor" trazer os salgados para o time no jogo do Jimmy de segunda-feira à noite? Várias outras mães já disseram que elas não podem! Por favor, confirme se está OK. Muito obrigada!! Você é uma verdadeira "Supermãe"!
> Atenciosamente, Técnica Bailey

ITEM 16: E-mail

> Para: Elizabeth Parsons, Vice-Presidente de Serviços de Enfermagem
> De: Jane Sawchuck, Especialista em Enfermagem Clínica
> Data: 3 de outubro
> Assunto: Infecção Nosocomial
>
> Fui informada que, novamente este mês, registramos altos índices de *Staphylococcus* e Pseudomonas nas salas de cirurgia B e C. Está se tornando aparente que precisamos revisar nossos procedimentos-padrão nessa área antes que uma epidemia se inicie.
> Jane

ITEM 17: E-mail

> Para: Betty Parsons
> De: Allan Reid
> Data: 3 de outubro
>
> Minha sobrinha, Jennifer, acabou de se formar em enfermagem e estará na cidade por apenas um dia, segunda-feira, 7 de outubro. Ela está procurando trabalho em seu campo e eu pedi que ela falasse com você. Ela é uma garota encantadora. Você poderia recebê-la?
> Allan

ITEM 18: E-mail

> Para: Elizabeth Parsons, Vice-Presidente de Serviços de Enfermagem
> De: Scott Little, Assistente do Presidente
> Data: 4 de outubro
> Assunto: Enfermeira trabalhando ilegalmente
>
> Carmen Espinoza, a mulher sobre a qual acabei de falar com você, estava trabalhando para nós ilegalmente. Ela estava usando um registro de pessoa física clonado. O Departamento de Imigração e Naturalização (INS) me contatou ontem e um representante virá até o hospital na segunda-feira à tarde para investigar a questão.
> Por favor, me ligue o quanto antes.
> Scott

Estudo de caso

ITEM 19: Mensagem telefônica
(Wilma interceptou a ligação e pegou a mensagem; colocou a nota na sua frente)

> Para: Elizabeth Parsons, Vice-Presidente de Serviços de Enfermagem
> De: Bernard Stevens, Presidente do conselho
> Data: 7 de outubro
> Hora: 8h55min
>
> O Sr. Stevens acabou de ligar e disse que precisa se encontrar com você e Allan Reid esta manhã às 10h.

ITEM 20: E-mail

> Para: Elizabeth Parsons, Vice-Presidente de Serviços de Enfermagem
> De: Dr. Clement Westaway, Presidente – Equipe Médica
> Data: 2 de outubro
> Assunto: Relações enfermeiras–médicos
>
> Para dar prosseguimento à nossa discussão da semana passada a respeito da crescente necessidade de melhorar a comunicação entre médicos e enfermeiras no Hartland Memorial, espero que as sugestões que dei a você sejam implementadas com sucesso pela sua equipe. Lembre-se, estamos todos tentando oferecer o melhor atendimento possível para nossos pacientes. C.W., MD

ITEM 21: E-mail

> Para: Elizabeth Parsons, Vice-Presidente de Serviços de Enfermagem
> De: Cynthia Nichols, Vice-Presidente de Recursos Humanos
> Data: 3 de outubro
> Assunto: Demissão da Srta. Jean White, R.N.
>
> Conforme discutimos ontem, precisamos conduzir a entrevista de demissão da enfermeira Jean White o mais breve possível. Seu último dia de trabalho no Hartland será 18 de outubro e, de acordo com nosso acordo coletivo, ela exige duas semanas de aviso prévio. Por favor me ligue assim que o ato for consumado.
> Cynthia Nichols, VP-HR

PARE!!
Não prossiga para a próxima página até que você tenha respondido todos os itens anteriores.

ITEM 22: Ligação telefônica (**LIVE**)

Hora: 9h45min, segunda-feira, 7 de outubro
Allan Reid acabou de ligar e disse que a Sra. Grace O'Brien, a paciente com e Alzheimer, desapareceu novamente de seu quarto, aparentemente desde ontem à noite. Ele avisou que acabou de ser informado do fato por um repórter de um jornal local que descobriu a história. Ele a instruiu a ligar para a filha da Sra. O'Brien para contar a ela o novo acontecimento antes que ela ouça ou leia sobre ele na mídia. Reid não deu uma oportunidade para você responder, dizendo, "Estou com o repórter na outra linha e preciso ir." Ele, então, desligou o telefone.

Alternativas de ação

- Ligar imediatamente
- Nota para ligar dentro de 2–3 dias
- E-mail imediatamente
- E-mail dentro de um dia
- Encontrar o mais rápido possível
- Encaminhar para:_____
- Nota para encontrar dentro de 2–3 dias
- Outro (Especificar:_____)
- Nenhuma resposta necessária

A Figura 4 é um diagrama parcial da estrutura formal de organização no Hospital Hartland.

Depois de completar suas alternativas de ação e justificativas para cada item em sua caixa de entrada, use seu conhecimento sobre relacionamentos para construir um organograma informal, ou sociograma, para o hospital. Use o organograma na Figura 4 para traçar as relações entre Elizabeth Parsons e as outras pessoas. Descreva relacionamentos positivos/neutros/negativos com linhas de cores ou espessuras diferentes. Indique também os relacionamentos de poder, o nível de confiança, frequência de comunicação e criticidade dos relacionamentos para o sucesso de seu desempenho. Inclua todos os atores sobre os quais você possui alguma informação. O que o seu diagrama revela sobre o que está acontecendo naquele dia?

FIGURA 4
Hospital Hartland Memorial (organograma parcial)

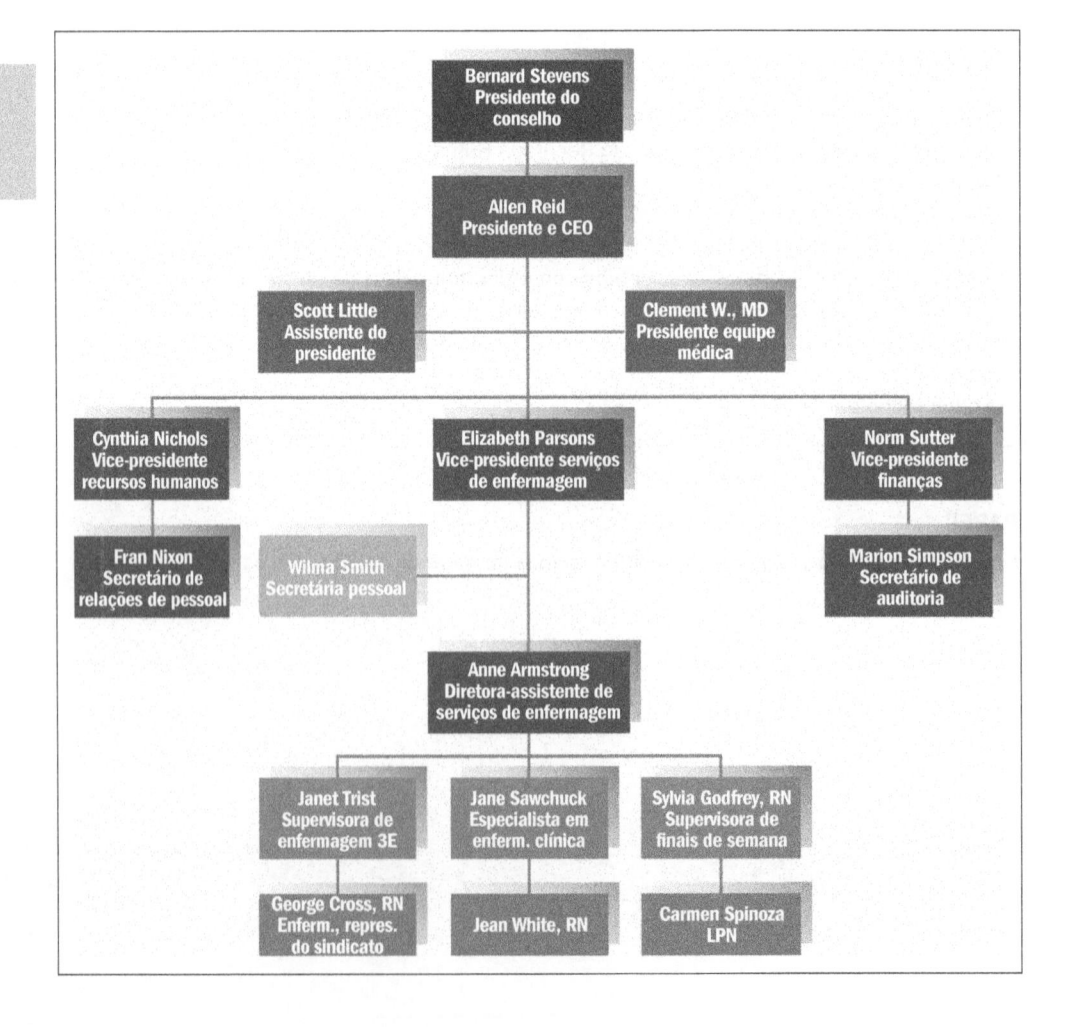

- Bernard Stevens — Presidente do conselho
- Allen Reid — Presidente e CEO
- Scott Little — Assistente do presidente
- Clement W., MD — Presidente equipe médica
- Cynthia Nichols — Vice-presidente recursos humanos
- Elizabeth Parsons — Vice-presidente serviços de enfermagem
- Norm Sutter — Vice-presidente finanças
- Fran Nixon — Secretário de relações de pessoal
- Wilma Smith — Secretária pessoal
- Marion Simpson — Secretário de auditoria
- Anne Armstrong — Diretora-assistente de serviços de enfermagem
- Janet Trist — Supervisora de enfermagem 3E
- Jane Sawchuck — Especialista em enferm. clínica
- Sylvia Godfrey, RN — Supervisora de finais de semana
- George Cross, RN — Enferm., repres. do sindicato
- Jean White, RN
- Carmen Spinoza — LPN

Glossário

A

abordagem ambidestra abordagem de projeto que incorpora estruturas e processos de gerenciamento que são apropriados tanto para a criação quanto para a implementação de inovações.

abordagem baseada em recursos perspectiva organizacional que avalia a eficácia pela observação do sucesso com que a organização obtém, integra e gerencia recursos valiosos.

abordagem da ciência da administração tomada de decisão organizacional que utiliza modelos quantitativos para analisar inúmeras variáveis e chegar à melhor solução; é análoga à abordagem racional dos gerentes individualmente.

abordagem das partes interessadas integra e equilibra diversas atividades organizacionais considerando as várias partes interessadas da organização e o que elas esperam dela.

abordagem de metas abordagem da eficácia organizacional que considera os resultados obtidos em relação às metas de produção da organização.

abordagem de núcleo dual perspectiva de mudança organizacional que identifica os processos exclusivos associados à mudança administrativa em comparação àqueles associados à mudança técnica.

abordagem de sistemas sociotécnicos abordagem que combina as necessidades das pessoas com as necessidades técnicas de eficiência.

abordagem do processo interno abordagem que valoriza as atividades internas e a eficácia pelos indicadores internos de solidez e eficiência.

abordagem dos constituintes estratégicos abordagem que mensura a eficácia concentrando-se na satisfação das partes-chave interessadas, aquelas que são essenciais para a capacidade da organização de sobreviver e prosperar.

abordagem racional processo de tomada de decisões que se baseia na análise sistemática de um problema seguida da escolha e implementação em uma sequência lógica.

adaptação externa maneira como a organização chega às suas metas e lida com as pessoas de fora.

administração científica enfatiza cientificamente os trabalhos determinados e as práticas de administração para aprimorar a eficiência e a produtividade de trabalho.

advogado do diabo papel de contestar os pressupostos e afirmações feitas pelo grupo.

agentes (*stakeholders*) qualquer grupo, dentro ou fora de uma organização que possui vantagens de acordo com o desempenho da empresa.

agrupamento departamental estrutura na qual os funcionários partilham um supervisor e recursos comuns, são conjuntamente responsáveis pelo desempenho e tendem a se identificar e a colaborar entre si.

agrupamento divisional agrupamento no qual os funcionários estão organizados de acordo com aquilo que a organização produz.

agrupamento funcional estrutura que consiste em funcionários que executam funções ou processos de trabalho similares ou que demonstram conhecimentos e habilidades afins.

agrupamento horizontal organização dos empregados ao redor de processos centrais de trabalho, trabalho ponta a ponta, informações e fluxos de materiais que agregam valor diretamente aos clientes.

agrupamento multifocado estrutura na qual uma organização adota duas ou mais alternativas de agrupamento estrutural simultaneamente, muitas vezes chamado *matricial* ou *híbrido*.

ampliação de cargos desenho de cargos para expandir o número de diferentes tarefas executadas por um empregado em um cargo.

ambiente de tarefas setores com os quais a organização interage diretamente e que têm um efeito direto na capacidade da organização de alcançar suas metas.

ambiente geral setores que podem não ter um impacto direto nas operações do dia a dia de uma empresa, mas que a influenciarão de maneira indireta.

ambiente institucional normas, valores e expectativas dos detentores de interesses (clientes, investidores, conselhos, governo, comunidade etc.).

ambiente organizacional todos os elementos que existem fora dos limites da organização e têm potencial para afetar a organização como um todo ou parte dela.

ambientes de alta velocidade indústrias nas quais as mudanças tecnológicas e competitivas são tão radicais que os dados de mercado são ou indisponíveis ou obsoletos, janelas estratégicas abrem-se e fecham-se rapidamente e as decisões devem ser tomadas rapidamente com informações limitadas.

analisabilidade uma dimensão de tecnologia na qual o trabalho pode ser reduzido a passos mecânicos e os participantes podem seguir um procedimento objetivo e computacional para solucionar problemas.

analítica estratégia de negócios que se baseia em manter uma empresa estável enquanto inova na periferia.

anarquia organizada organizações extremamente orgânicas caracterizadas por condições altamente incertas.

aprendizagem da decisão processo de reconhecimento e admissão de erros que permite aos gerentes adquirir a experiência e o conhecimento para o desempenho mais eficaz no futuro.

auditoria social mensura e relata o impacto ético, social e ambiental das operações de uma empresa.

autoridade carismática autoridade que se baseia na devoção ao caráter exemplar ou ao heroísmo de uma pessoa específica e na ordem definida por essa pessoa.

autoridade força para alcançar os resultados desejados, outorgada pela hierarquia formal e pelas relações de subordinação.

autoridade racional-legal autoridade que se baseia na crença dos funcionários na legalidade das regras e no direito que aqueles em posições elevadas de autoridade têm de emitir comandos.

autoridade tradicional autoridade baseada em uma crença nas tradições e na legitimidade do *status* de pessoas que exercem autoridade por meio dessas tradições.

aversão à incerteza dentro de um grupo cultural, grau em que os membros se sentem desconfortáveis com a incerteza e ambiguidade e, desse modo, apoiam crenças que prometem certeza.

B

balanced scorecard (sistema balanceado de indicadores) um sistema de controle gerencial abrangente que combina medidas financeiras tradicionais com medidas operacionais relacionadas aos fatores críticos de sucesso de uma organização.

benchmarking processo de medir continuamente produtos, serviços e práticas em relação a fortes concorrentes ou outras organizações reconhecidas como líderes do setor.

blog um registro de Web corrente que permite que um indivíduo poste opiniões e ideias.

burocracia forma de trabalho organizacional pautada por normas e procedimentos, especialização e divisão do trabalho, hierarquia de autoridade, ênfase em pessoal tecnicamente qualificado e comunicações e registros escritos.

busca problemática ocorre quando gerentes procuram uma solução no ambiente imediato para resolver um problema rapidamente.

business intelligence situação na qual todas as energias e recursos da organização são direcionados a uma meta focada, unificadora e convincente.

C

campeões de ideias membros organizacionais que fornecem tempo e energia para que as coisas aconteçam; às vezes chamados defensores, *intrapreneurs* e agentes de mudança.

capital intelectual a soma dos conhecimentos, experiências, entendimentos, relações, processos, inovações e descobertas de uma organização.

capital social qualidade das interações entre pessoas, o grau ao qual elas compartilham uma perspectiva comum.

centralidade fonte de poder horizontal para um departamento que está envolvido na atividade principal de uma organização.

centralidade na rede fonte de poder baseada em estar centralmente localizado na organização e em ter acesso a informações e pessoas que são essenciais para o sucesso da empresa.

centralização refere-se ao nível de hierarquia com autoridade para tomar decisões.

ciclo de vida conceito que sugere que as organizações nascem, crescem e, por fim, morrem.

coalizão uma aliança entre vários gerentes que entram em acordo sobre as metas organizacionais e os problemas prioritários.

código de ética uma declaração formal dos valores da empresa concernentes à ética e à responsabilidade social.

coeficientes de pessoal as proporções de pessoal administrativo, burocrático ou profissionais de apoio.

comitê de ética grupo interfuncional de executivos que supervisiona a ética da empresa.

competência primária (*core*) o que a organização faz especialmente bem em comparação a suas concorrentes.

competição baseada em tempo competição baseada em entregar produtos e serviços mais rapidamente que os concorrentes, dando uma margem competitiva às empresas.

competição rivalidade entre grupos na perseguição de um prêmio comum.

complexidade técnica extensão da mecanização do processo de produção.

comportamento organizacional microabordagem das organizações que enfoca os indivíduos dentro das organizações como unidades relevantes de análise.

compromisso intensificado persistência em investir tempo e dinheiro em uma solução apesar das fortes evidências de que ela não está dando certo.

conexão horizontal comunicação e coordenação horizontais entre os departamentos organizacionais.

conexões verticais comunicação e coordenação de atividades conectando o nível mais alto e o mais baixo da organização.

conflito intergrupal comportamento que ocorre entre grupos organizacionais quando os participantes se identificam com um grupo e têm a percepção de que outros grupos podem bloquear as realizações ou expectativas de seu próprio grupo.

confronto uma situação na qual as partes em conflito se enfrentam diretamente e tentam resolver suas diferenças.

conhecimento codificado conhecimento sistemático e formal que pode ser articulado, escrito e passado adiante em documentos, regras ou instruções gerais.

conhecimento tácito conhecimento baseado em experiência pessoal, regras práticas, intuição e julgamento; conhecimento que não pode ser facilmente codificado de forma escrita.

conhecimento técnico grau de entendimento e acordo sobre como solucionar problemas e alcançar metas organizacionais.

consenso de problema nível de concordância entre os gerentes sobre a natureza dos problemas ou oportunidades e sobre quais metas e resultados devem ser perseguidos.

consórcios grupos de empresas independentes (fornecedores, clientes e possivelmente concorrentes) que se unem para compartilhar habilidades, recursos, custos e acesso aos mercados uns dos outros.

construção de equipe atividades que promovem a ideia de que pessoas que trabalham juntas podem trabalhar como uma equipe.

construção social criado e definido por um indivíduo ou grupo em vez de existir independentemente no mundo externo.

contingência teoria que significa que uma coisa depende de outras coisas; para que as organizações sejam eficazes, é preciso que haja um "ajuste perfeito" entre sua estrutura e as condições no ambiente externo.

contingências estratégicas eventos e atividades dentro e fora de uma organização que são essenciais para o alcance das metas organizacionais.

controle burocrático o uso de normas, políticas, hierarquia de autoridade, documentação escrita, padronização e outros mecanismos burocráticos para padronizar o comportamento e avaliar o desempenho.

controle de clã uso de características sociais, valores culturais compartilhados, comprometimento, tradições e crenças para controlar o comportamento.

controle de comportamento observação por parte do gestor das ações do funcionário a fim de verificar se o indivíduo cumpre os procedimentos desejados e desempenha tarefas conforme instruído.

controle de mercado uso da concorrência de preços para avaliar os resultados e a produtividade de uma organização ou de seus principais departamentos e divisões.

controle de resultados foco da gestão em monitorar e recompensar resultados em vez da forma como esses resultados são obtidos.

cooptação ocorre quando líderes de setores importantes no ambiente tornam-se parte da organização e, desse modo, empenham-se nos interesses daquela organização.

coordenação relacional comunicação frequente e oportuna para a resolução de problemas realizada por meio de relações entre as metas compartilhadas, conhecimento compartilhado e respeito mútuo.

criatividade geração de novas ideias que podem atender às necessidades percebidas ou responder às oportunidades.

cultura de adaptabilidade cultura caracterizada pela colocação do foco estratégico no ambiente externo por meio da flexibilidade e de mudanças para satisfazer as necessidades do cliente.

cultura burocrática cultura com foco interno e orientação consistente para um ambiente estável.

cultura conjunto de valores, crenças orientadoras, entendimentos e modos de pensar que são compartilhados pelos membros de uma organização e transmitidos aos novos membros como sendo as maneiras certas de pensar, sentir e se comportar.

cultura de clã cultura que foca principalmente o envolvimento e a participação dos membros da organização e as expectativas em rápida transformação do ambiente externo.

cultura de missão cultura caracterizada pela ênfase em uma visão clara do objetivo da organização e no alcance de metas, como o crescimento das vendas, lucratividade ou participação no mercado, a fim de ajudar a atingir um objetivo.

D

decisões não programadas recentes e vagamente definidas, são necessárias quando não há procedimentos para solucionar o problema.

decisões programadas repetitivas e bem definidas, essas decisões são usadas quando existem procedimentos para resolver o problema.

declínio organizacional condição em que uma queda substancial e absoluta na base de recursos de uma organização ocorre ao longo de um período.

defensiva estratégia de negócios que procura estabilidade ou até mesmo recuo.

denúncia divulgação pelos empregados sobre práticas ilegais, imorais ou ilegítimas da parte da organização.

departamentos criativos departamentos que iniciam as mudanças, como os de pesquisa e desenvolvimento, engenharia, projeto e análise de sistemas.

dependência de recursos situação na qual as organizações dependem do ambiente, mas lutam para obter controle sobre os recursos a fim de minimizar sua dependência.

dependência um aspecto do poder horizontal, no qual um departamento depende de outro e o último detém uma posição de mais poder.

descentralização significa que a autoridade de tomada de decisão é empurrada para os níveis organizacionais mais baixos.

desenho de cargos atribuição de metas e tarefas a serem realizadas pelos empregados.

desenvolvimento organizacional campo da ciência comportamental voltado à melhoria do desempenho por meio da confiança, do confronto aberto dos problemas, do *empowerment* e da participação dos empregados, do desenvolvimento de trabalho significativo, cooperação entre grupos e uso completo do potencial humano.

diferenciação as diferenças cognitivas e emocionais entre gerentes em vários departamentos funcionais de uma organização e as diferenças formais de estrutura entre esses departamentos.

dilema ético resultado de quando cada opção ou comportamento alternativo parece indesejável por causa de consequências éticas potencialmente negativas.

dimensão estável-instável diz respeito ao fato de os elementos no ambiente serem dinâmicos ou não.

dimensão simples-complexa número e dissimilaridades dos elementos externos relevantes para as operações de uma organização.

dimensões estruturais descrevem as características internas de uma organização e criam uma base para a mensuração e comparação de organizações.

diretor de ética executivo de alto nível na empresa que supervisiona todos os aspectos éticos.

diretoria interligada conexão formal que ocorre quando um membro do conselho de diretores de uma empresa ocupa uma cadeira no conselho de diretores de outra empresa.

distância de poder o nível de desigualdade que as pessoas estão dispostas a aceitar dentro da organização.

divisão internacional divisão organizada para tratar de negócios em outros países.

domínio o campo ambiental de atividades escolhido; o território que uma organização demarca para si com respeito a produtos, serviços e mercados compreendidos.

domínios de atividade política áreas nas quais a política desempenha uma função. Três domínios em organizações são transformação estrutural, sucessão de gestão e alocação de recurso.

downsizing redução intencional no tamanho da força de trabalho de uma empresa por intermédio da demissão de empregados.

E

e-business qualquer negócio que acontece por meio de processos digitais em uma rede de computadores, em vez de em um espaço físico.

economias de escala conseguir custos mais baixos por meio de grande volume de produção; muitas vezes, possibilitadas pela expansão global.

economias de escopo atingir economias pela presença em muitas linhas de produtos, tecnologias ou áreas geográficas.

ecossistema organizacional sistema formado pela interação de uma comunidade de organizações e seus ambientes.

eficácia o grau em que uma organização alcança suas metas.

eficiência o volume de recursos utilizados para alcançar as metas de uma organização; baseia-se na quantidade de matéria-prima, dinheiro e funcionários necessários para produzir um dado nível de saída.

empowerment delegação de poder ou autoridade aos subordinados em uma organização, também chamado compartilhamento de poder.

empreendimento integrado uma organização que usa TI avançada para permitir uma coordenação rigorosa dentro da empresa, bem como com fornecedores, clientes e parceiros.

empresa global uma empresa que já não pensa em si mesma como tendo um país-sede; às vezes chamada *corporação desnacionalizada*.

ênfase em metas racionais apresenta os valores gerenciais de controle da estrutura e foco externo.

ênfase em processos internos reflete os valores de foco interno e controle estrutural.

ênfase em sistemas abertos abordagem conduzida por uma combinação de foco externo e estrutura flexível.

ênfase nas relações humanas incorpora os valores de um foco interno e de uma estrutura flexível.

equipe de inteligência grupo interfuncional de gerentes e funcionários, normalmente liderado por um profissional de inteligência competitiva, que trabalham em conjunto para obter um entendimento profundo de uma questão competitiva específica.

equipe virtual equipe composta por membros dispersos na organização ou em termos geográficos, que estão conectados principalmente por meio de avançadas tecnologias de informação e comunicação.

equipes de risco técnica usada para fomentar a criatividade dentro de uma organização montando uma pequena equipe como sua própria empresa para perseguir inovações.

equipes de trabalhadores-gerentes abordagem cooperativa desenhada para aumentar a participação dos trabalhadores e fornecer um modelo cooperativo para o gerenciamento de problemas sindicais.

equipes forças-tarefa permanentes, frequentemente utilizadas em conjunto com um integrador em tempo integral.

equipes globais grupos de trabalho compostos por membros com múltiplas habilidades e de múltiplas nações cujas atividades abrangem vários países; também chamadas equipes transnacionais.

especialista organização que oferece uma gama mais estreita de bens ou serviços, ou que atende a um mercado mais estreito.

estágio de coletividade fase do ciclo de vida no qual uma organização tem uma forte liderança e começa a desenvolver metas e direcionamento claros.

estágio de elaboração estágio de maturidade do ciclo de vida em que a crise burocrática é resolvida com o desenvolvimento de um novo sentido de trabalho em equipe e colaboração.

estágio de formalização estágio do ciclo de vida que envolve a instalação e o uso de regras, procedimentos e sistemas de controle.

estágio doméstico o primeiro estágio do desenvolvimento internacional, no qual uma empresa está orientada para o setor doméstico enquanto os gerentes estão conscientes do ambiente global.

estágio empreendedor fase do ciclo de vida na qual uma organização nasce e sua ênfase está na criação de um produto e na sobrevivência no mercado.

estágio global estágio de desenvolvimento internacional no qual a empresa transcende qualquer país.

estágio internacional o segundo estágio do desenvolvimento internacional, no qual a empresa leva a sério as exportações e começa a pensar de maneira multidoméstica.

estágio multinacional estágio de desenvolvimento internacional no qual a empresa possui instalações de produção e marketing em muitos países e mais de um terço das vendas fora de seu país-sede.

estratégia de diferenciação estratégia de negócios que procura distinguir os produtos ou serviços da organização de outros na indústria.

estratégia de globalização padronização do projeto, da fabricação e da estratégia de propaganda dos produtos para o mundo inteiro.

estratégia de liderança de baixo custo estratégia que procura incrementar a participação de mercado ao manter o baixo custo quando comparado com os concorrentes.

estratégia multidoméstica estratégia na qual a competição em cada país é tratada independentemente da competição em outros países.

estratégia plano para interagir com o ambiente competitivo, a fim de atingir as metas organizacionais.

estrutura de rede virtual empresa que contrata muitos ou a maioria de seus processos de uma empresa separada e coordena suas atividades a partir de uma pequena organização-matriz, às vezes chamada de estrutura modular.

estrutura divisional estrutura na qual as divisões podem ser organizadas segundo produtos individuais, serviços, grupos de produtos, grandes projetos ou programas, divisões, empresas ou centros de lucro; também chamada estrutura de produto ou unidades de negócios estratégicos.

estrutura funcional estrutura da organização na qual as atividades estão agrupadas por funções comuns de alto a baixo na organização.

estrutura geográfica global que divide o mundo em regiões geográficas, em que cada uma delas é subordinada ao CEO.

estrutura global por produto forma na qual as divisões de produtos assumem responsabilidade pelas operações globais nas suas áreas específicas de produtos.

estrutura híbrida estrutura que combina características de várias abordagens estruturais ajustadas às necessidades estratégicas específicas.

estrutura horizontal estrutura organizacional que dispõe os funcionários em torno dos processos básicos e não pela função, produto ou geografia.

estrutura matricial estrutura organizacional na qual tanto a divisão de produtos como a estrutura funcional (horizontal e vertical) são implementadas simultaneamente.

estrutura matricial global forma de conexão horizontal em uma organização internacional na qual tanto as estruturas de produto como as geográficas são implementadas simultaneamente para alcançar um equilíbrio entre padronização e globalização.

estrutura organizacional designa as relações formais de subordinação, incluindo o número de níveis na hierarquia e a amplitude de controle de gerentes e supervisores; identifica os agrupamentos coletivos de indivíduos nos departamentos e de departamentos na totalidade da organização; e inclui o projeto de sistemas que assegurem a comunicação, coordenação e integração eficaz de esforços por todos os departamentos.

estrutura relações de comunicação, agrupamentos e sistemas formais de uma organização.

Estudos de Hawthorne uma série de experiências sobre produtividade da mão de obra iniciadas em 1924, na fábrica de Hawthorne da Western Electric Company, em Illinois, que atribuiu o aumento na produção dos empregados ao melhor tratamento dado a eles pelos gerentes durante o estudo.

ética código dos princípios morais e valores que governa os comportamentos de uma pessoa ou grupo com respeito ao que é certo ou errado.

ética gerencial princípios que guiam as decisões e comportamentos de gerentes com relação a se eles estão agindo corretamente ou não.

extranet sistema de comunicações externas que usa a internet e é compartilhado por duas ou mais organizações.

F

fábricas digitais as últimas fábricas automatizadas que conectam componentes de produção que anteriormente ficavam isolados.

fatores de contingência abrangem os elementos maiores que influenciam nas dimensões estruturais, incluindo o porte, a tecnologia, o ambiente, a cultura e as metas da organização.

fatores de produção suprimentos necessários para a produção, como terreno, matérias-primas e mão de obra.

foco primeira dimensão de valor que indica se valores dominantes dizem respeito a questões dominantes que são internas ou externas à empresa.

fontes de conflitos intergrupais fatores que geram conflitos, incluindo incompatibilidade de metas, diferenciação, interdependência de tarefas e recursos limitados.

fontes de poder as cinco fontes de poder horizontal nas organizações são dependência, recursos financeiros, centralidade, não substitutibilidade e capacidade para lidar com incertezas.

força da cultura grau de concordância entre os membros de uma organização sobre a importância de valores específicos.

força-tarefa um comitê temporário formado por representantes de cada unidade organizacional afetada por um problema.

forças coercitivas pressões externas exercidas sobre uma organização para adotar estruturas, técnicas ou comportamentos similares aos de outras organizações.

forças miméticas a pressão para copiar ou usar como modelo outras organizações que parecem bem-sucedidas.

forças normativas pressões a fim de alcançar padrões de profissionalismo e adotar técnicas que sejam consideradas atualizadas e eficazes pela comunidade profissional.

forma organizacional tecnologia, estrutura, produtos, metas e pessoal específicos de uma organização.

formalização grau em que a organização possui regras, procedimentos e documentação escrita.

G

generalista organização que oferece uma ampla gama de produtos ou serviços ou que atende um amplo mercado.

gestão baseada em evidências comprometimento com a tomada de decisões mais informada e inteligente com base nos melhores fatos e evidências disponíveis.

gestão da cadeia de suprimentos administrar a sequência de fornecedores e compradores, cobrindo todos os estágios do processamento, desde obter matéria-prima até distribuir os produtos prontos aos consumidores.

gestão do conhecimento capacidade de sistematicamente encontrar, organizar e tornar disponível o capital intelectual de uma empresa e de fomentar uma cultura de aprendizagem contínua e de compartilhamento do conhecimento com o objetivo de que atividades organizacionais sejam construídas sobre o conhecimento existente.

H

heróis membros organizacionais que servem como modelos ou ideais por ilustrarem e atenderem às normas e aos valores culturais.

histórias narrativas baseadas em acontecimentos reais frequentemente compartilhadas entre os empregados da organização e que, contadas aos novos empregados, passam informações sobre a organização.

I

identificação do problema estágio na tomada de decisões no qual as informações sobre o ambiente e as condições organizacionais são monitoradas para determinar se o desempenho é satisfatório e diagnosticar a causa das deficiências.

imitação adoção de uma decisão testada em outro lugar na esperança de que ela funcione na situação presente.

incerteza condição que existe quando os tomadores de decisão não possuem informação suficiente sobre os fatores ambientais e têm dificuldade para prever as mudanças externas.

incubadora de ideias porto seguro em que as ideias dos empregados de toda a organização podem ser desenvolvidas sem a interferência da burocracia ou política da empresa.

informante empregado que revela práticas ilegítimas, ilegais ou imorais por parte da organização.

inovação aberta abordagem que estende a busca e comercialização de novos produtos para além dos limites da organização.

inovação da administração refere-se à adoção e implementação de uma prática, processo, estrutura, estratégia ou técnica de gestão que seja nova para a organização e que se destine a outras metas organizacionais.

inovação organizacional adoção de uma ideia ou comportamento que é novidade para a indústria, o mercado, ou para o ambiente geral de uma organização.

inspiração uma solução criativa e inovadora que não é alcançada por meios lógicos.

integração é a qualidade de colaboração entre departamentos ou organizações.

integração interna estado no qual os membros desenvolvem uma identidade coletiva e sabem como trabalhar juntos efetivamente.

integrador posição ou departamento criado apenas para coordenar vários departamentos.

interdependência agrupada a forma em que há menor interdependência, na qual o trabalho não flui entre os departamentos.

interdependência medida em que os departamentos dependem uns dos outros no tocante aos recursos ou materiais para realizar suas tarefas.

interdependência recíproca o mais alto nível de interdependência, na qual os resultados de uma operação são as entradas de uma segunda e os resultados da segunda operação são as entradas da primeira (por exemplo, um hospital).

interdependência sequencial forma serial de interdependência na qual as saídas de uma operação tornam-se as entradas de outra.

interligação direta ocorre quando um indivíduo é a conexão entre duas companhias, como quando um membro do conselho diretor de uma empresa faz parte do conselho de outra.

interligação indireta situação que ocorre quando o diretor da empresa A e o diretor da empresa B são diretores da empresa C.

intervenção em grupos numerosos abordagem que reúne participantes de todas as partes da organização, incluindo muitas vezes partes interessadas externas à organização, em um local externo para discutir problemas ou oportunidades e planejar mudanças.

intranet um sistema privativo para toda a empresa que usa os protocolos e padrões de comunicação da internet e da *world wide web*, mas só pode ser acessada por pessoas de dentro da empresa.

J

joint venture entidade separada, criada com duas ou mais empresas ativas como patrocinadoras.

L

legitimidade é definida como a percepção geral de que as ações de uma organização são desejáveis, corretas e apropriadas dentro do sistema de normas, valores e crenças do ambiente.

lendas histórias de eventos que podem ter sido embelezadas com detalhes fictícios.

liderança baseada em valores relação entre um líder e seguidores que está baseada em valores compartilhados e fortemente internalizados, que são defendidos e seguidos pelo líder.

linha direta da ética um número de telefone pelo qual os funcionários podem procurar orientação ou relatar comportamentos questionáveis.

luta pela sobrevivência princípio que defende que as organizações e populações de organizações estão envolvidas em uma batalha competitiva por recursos e que cada forma organizacional está lutando pela sobrevivência.

M

mapa estratégico representação visual dos fatores-chave que impulsionam o sucesso da organização que mostra como resultados específicos em cada área estão conectados.

matriz de produtos tipo de estrutura matricial em que os gerentes de projeto ou produto detêm a autoridade primária e os gerentes funcionais simplesmente alocam projetos para o pessoal técnico e fornecem consultoria especializada à medida que é necessária.

matriz funcional tipo de estrutura matricial na qual os chefes funcionais detêm a autoridade primária e os gerentes de produto ou projeto simplesmente coordenam as atividades de produto.

mecanicista sistema organizacional marcado por normas, procedimentos, uma clara hierarquia de autoridade e pela tomada de decisões centralizada.

meta organizacional estado desejável de coisas que uma organização tenta alcançar.

metas oficiais definição formalmente declarada do escopo de negócios e resultados que a organização está tentando alcançar.

metas operativas metas declaradas em termos de resultados buscados por meio dos procedimentos operacionais reais da organização.

missão a razão da existência de uma organização; descreve os valores e crenças compartilhados da organização e sua razão de existir.

mitos histórias consistentes com os valores e crenças da organização, mas que não estão apoiadas pelos fatos.

modelo Carnegie tomada de decisão organizacional envolvendo muitos gerentes e uma escolha final baseada em uma coalizão entre esses gerentes.

modelo da lata de lixo modelo de tomada de decisão que descreve o padrão ou fluxo de múltiplas decisões dentro de uma organização.

modelo de coordenação horizontal um modelo dos três componentes do projeto organizacional necessários para alcançar inovação num novo produto: especialização departamental, ampliação de fronteiras e conexões horizontais.

modelo de decisão incremental modelo que descreve a sequência estruturada de atividades empreendidas da descoberta de um problema até a sua solução.

modelo de *feedback* de controle ciclo de controle que envolve definição de metas, estabelecimento de padrões de desempenho, mensuração do desempenho real e sua comparação com padrões e mudança de atividades conforme necessário, com base no *feedback*.

modelo de valores concorrentes modelo que tenta levar em conta as várias partes da organização em vez de focalizar apenas uma.

modelo político definição de uma organização como sendo constituída de grupos que têm interesses, metas e valores separados no qual são necessários poder e influência para alcançar uma decisão.

modelo racional modelo de organização caracterizado por processos de decisão racionais, metas e escolhas claras, poder e controle centralizados, uma orientação de eficiência e pouco conflito entre os grupos; um ideal não totalmente alcançável no mundo real.

modelo transnacional forma de organização horizontal que tem múltiplos centros e gerentes de subsidiárias que iniciam estratégias e inovações para a empresa como um todo e a unidade e a coordenação são alcançadas por meio da cultura corporativa e de visões e valores compartilhados.

mudança organizacional a adoção de uma nova ideia ou comportamento pela organização.

mudanças culturais mudanças nos valores, atitudes, expectativas, crenças e comportamento dos empregados.

mudanças estratégicas e estruturais mudanças no domínio administrativo de uma organização.

mudanças nos produtos e serviços mudanças nas saídas de produtos ou serviços de uma organização.

mudanças tecnológicas mudanças no processo de produção de uma organização, incluindo sua base de conhecimentos e habilidades que possibilitam competências críticas.

mudar estruturas uma organização cria uma estrutura orgânica quando tal estrutura é necessária para a iniciação de novas ideias e a reverte para uma estrutura mais mecanicista a fim de implementar as ideias.

multidoméstica mentalidade do gestor na qual questões competitivas em cada país são vistas como independentes dos outros países; a empresa lida com cada país individualmente.

N

não substitutibilidade fonte de poder horizontal quando a função de um departamento não pode ser executada por outros recursos prontamente disponíveis.

negociação processo de barganha que, muitas vezes, ocorre durante confronto e que capacita as partes a sistematicamente alcançarem uma solução.

negociação coletiva negociação de um acordo entre a gerência e os trabalhadores.

new-venture fund (fundo de risco) fundo que fornece recursos financeiros aos empregados para que desenvolvam novas ideias, produtos ou negócios.

nicho domínio de necessidades e recursos ambientais únicos.

nível de análise na teoria de sistemas, o subsistema no qual é colocado o foco primário; normalmente, quatro níveis de análise caracterizam as organizações.

O

orgânico sistema organizacional caracterizado pelo fluxo livre de informações, processos adaptativos, hierarquia de autoridade sem claras definições e tomada de decisões descentralizada.

organizações burocráticas organizações que enfatizam o projeto e o gerenciamento das organizações numa base impessoal e racional, por meio de elementos como autoridade e responsabilidade claramente definidos, manutenção formal de registros e a aplicação uniforme de normas-padrão.

organizações entidades sociais orientadas por metas, projetadas como sistemas de atividade deliberadamente estruturados e coordenados e ligadas ao ambiente externo.

otimização conjunta a meta da abordagem de sistemas sociotécnicos, que significa que uma organização funciona melhor apenas quando os sistemas sociais e técnicos são projetados para adequarem-se às necessidades um do outro.

P

padronização política que assegura que todas as filiais da empresa, em todas as localidades, operem da mesma maneira.

painel executivo programa que apresenta informações empresariais chave de forma gráfica e de fácil interpretação e que alerta os gerentes a respeito de quaisquer desvios ou padrões não usuais nos dados; às vezes chamado painel de desempenho empresarial.

papéis de amortecimento atividades que absorvem a incerteza do ambiente.

papéis de transposição de fronteiras atividades que conectam e coordenam uma organização com elementos-chave no ambiente externo.

papel de contato função de uma pessoa posicionada em um departamento, mas que é responsável por comunicar e conseguir coordenação com outro departamento.

papel parte de um sistema social dinâmico que permite que um funcionário utilize seu critério e capacidade para atingir um resultado ou cumprir uma meta.

parte interessada qualquer grupo dentro ou fora de uma organização que tenha interesse no desempenho da organização.

pensamento de grupo tendência de pessoas em grupos suprimirem opiniões contrárias em prol da harmonia do grupo.

personalização em massa uso de tecnologia de produção em massa para produzir bens de forma rápida e com baixo custo que sejam desenvolvidos unicamente para se ajustar às demandas de clientes individuais.

perspectiva de ecologia populacional concentra-se na diversidade organizacional e na adaptação dentro de uma população das organizações.

perspectiva de racionalidade limitada perspectiva que descreve como as decisões são tomadas quando os problemas são mal definidos, um grande número de fatores internos e externos afeta uma decisão e o tempo é limitado.

perspectiva de rede colaborativa perspectiva na qual as organizações se unem a fim de se tornar mais competitivas e de compartilhar recursos escassos para aumentar o valor e a produtividade para todos.

perspectiva institucional visão de como as organizações sobrevivem e obtêm êxito por meio da congruência entre uma organização e as expectativas de seu ambiente institucional.

planejamento de recursos do empreendimento (*enterprise resource planning*) um sistema que coleta, processa e fornece informações sobre todo o empreendimento da empresa.

poder habilidade potencial de uma pessoa (ou departamento) influenciar outras pessoas (ou departamentos) a executar ordens ou fazer algo que de outro modo não teriam feito.

política organizacional atividades para adquirir, desenvolver e utilizar o poder e outros recursos para influenciar os outros e obter o resultado que se prefere quando há incertezas ou não há concordância sobre as escolhas.

ponto-contraponto técnica para a tomada de decisões que divide os tomadores de decisão em dois grupos e lhes atribui responsabilidades diferentes e, muitas vezes, conflitantes.

população conjunto de organizações envolvidas em atividades semelhantes, com padrões semelhantes de utilização de recursos e resultados.

premissas de decisão quadros de referência e diretrizes restritivas impostos pela alta administração às decisões tomadas em níveis mais baixos.

princípios administrativos perspectiva de administração que foca o projeto e funcionamento da organização como um todo.

processo contínuo de produção processo de fabricação completamente mecanizado em que não há paradas ou interrupções.

processo de mudança o modo como as mudanças ocorrem em uma organização.

processo um grupo organizado de tarefas e atividades relacionadas, que trabalham juntas para transformar as entradas em saídas que criam valor para os clientes.

produção em grandes lotes processo de fabricação caracterizado por longas corridas de produção de componentes padronizados.

produção em pequenos lotes processo de fabricação, frequentemente personalizado, que não depende pesadamente do operador humano e não é altamente mecanizado.

produção enxuta processo que utiliza empregados altamente treinados em cada estágio do processo de produção, que adotam uma abordagem minuciosa para os detalhes e resolução de problemas a fim de reduzir perdas e aumentar a qualidade.

projeto de cargos atribuição de objetivos e tarefas a serem desempenhados pelos empregados.

prospectora estratégia de negócios de inovação, assunção de riscos, busca de novas oportunidades e crescimento.

R

reativa resposta *ad hoc*, em vez de estratégica, às ameaças e oportunidades ambientais.

rede conectar pessoas e departamentos eletronicamente dentro de uma construção em particular ou em diferentes escritórios corporativos, permitindo-lhes compartilhar informações e cooperar em projetos.

rede de agrupamento virtual aglomerado frouxamente conectado de componentes separados.

redes sociais canais de comunicação ponto a ponto, em que pessoas interagem em uma comunidade *on-line*, compartilham dados e fotos pessoais e produzem e compartilham uma variedade de informações e opiniões.

reengenharia a reformulação de uma organização vertical em fluxos de trabalho e processos horizontais.

regra da lei aquela que surge de um conjunto de princípios codificados e regulamentos que descrevem como se exige que as pessoas ajam, são geralmente aceitos na sociedade e são implementados pelos tribunais.

relacionamentos interorganizacionais recursos de transações, fluxos e conexões relativamente duradouros que ocorrem entre duas ou mais organizações.

repositório de dados (*data warehouse*) uso de bancos de dados gigantescos que acumulam todos os dados de uma empresa e permitem que os usuários tenham acesso direto a eles, criem relatórios e obtenham respostas a perguntas do tipo "e se".

responsabilidade social corporativa (RSC) conceito de obrigação da administração em fazer escolhas e tomar medidas de modo que a organização contribua para o bem-estar e interesse de todas as partes interessadas da organização.

retenção é a preservação e institucionalização de formas organizacionais selecionadas.

ritos e cerimônias as atividades elaboradas e planejadas que constituem um acontecimento especial e são frequentemente realizadas para o benefício de uma plateia.

rotatividade de cargos transferência de funcionários de um cargo para outro para lhes dar uma maior variedade de tarefas.

S

satisfatoriedade aceitação de níveis satisfatórios em lugar de níveis máximos de desempenho, permitindo que uma organização atinja várias metas simultaneamente.

seleção processo pelo qual uma nova forma organizacional é determinada para se ajustar ao ambiente e sobreviver, ou é descartada e fracassa.

setores subdivisões do ambiente externo que contêm elementos semelhantes.

símbolo alguma coisa que representa outra coisa.

similaridade institucional emergência de estruturas e abordagens comuns entre organizações num mesmo campo; chamada de isomorfismo institucional na literatura acadêmica.

simplificação de cargos redução da variedade e da dificuldade das tarefas executadas por uma única pessoa.

sintomas de deficiência estrutural sinais de que a estrutura da organização está desalinhada, incluindo tomadas de decisões atrasadas ou de qualidade ruim, falha em responder de forma inovadora às mudanças ambientais e excesso de conflito.

sistema aberto sistema que deve interagir com o ambiente para sobreviver. Não pode ser isolado e precisa adaptar-se continuamente ao ambiente.

sistema de apoio à decisão sistema interativo e computadorizado que se baseia em modelos de decisão e bancos de dados integrados.

sistema de gerenciamento de informação um sistema computadorizado que fornece informações e suporte para a tomada de decisões gerenciais.

sistema de informação vertical estratégia para aumentar a capacidade vertical de informação.

sistema de informações executivas aplicativo de nível superior que facilita a tomada de decisão nos níveis mais elevados da administração, esse sistema normalmente se baseia em softwares que podem converter grandes quantidades de dados complexos em informações pertinentes, além de fornecer essas informações à alta administração no momento adequado.

sistema é um conjunto de partes inter-relacionadas que funcionam como um todo para alcançar uma proposta comum.

sistema fechado sistema que não depende do ambiente nem interage com ele. É autônomo, fechado e vedado ao mundo externo.

sistemas de controle gerencial amplamente definidos como as rotinas, relatórios e procedimentos formais que usam informações para manter ou alterar padrões nas atividades organizacionais.

sistemas de processamento de transações sistemas que automatizam a rotina da organização, as transações de negócios cotidianas.

sistemas de relacionamento com o cliente sistemas que ajudam as empresas a registrar as interações dos consumidores com a empresa e permitem que os funcionários tenham acesso aos registros de vendas e serviços anteriores de um cliente, pedidos extraordinários ou problemas não resolvidos.

sistemas de reporte de informações a forma mais comum dos sistemas de gerenciamento de informações, este tipo de sistema fornece aos gerentes de nível intermediário relatórios que resumem os dados e dão suporte para a tomada de decisões do dia a dia.

Seis Sigma (*Six Sigma*) padrão de qualidade bastante ambicioso que especifica uma meta de não mais que três a quatro peças defeituosas por um milhão; também refere-se a um conjunto de procedimentos de controle que enfatizam a busca incansável pela qualidade.

skunkworks um grupo separado, pequeno, informal, altamente autônomo e muitas vezes secreto que enfoca ideias inovadoras para a empresa.

solução do problema estágio na tomada de decisões no qual cursos alternativos de ação são considerados e uma alternativa é selecionada e implementada.

subculturas culturas que se desenvolvem dentro de uma organização para refletir problemas comuns, metas e experiências que os membros de uma equipe, departamento ou outra unidade compartilham.

subsistemas partes inter-relacionadas de um sistema que funcionam como um todo para alcançar uma finalidade comum.

sustentabilidade desenvolvimento econômico que gera riqueza e atende às necessidades da geração atual enquanto preserva o ambiente para que as gerações futuras também possam atender as suas necessidades.

T

tarefa porção de trabalho estreitamente definida atribuída a uma pessoa.

táticas para aumentar o poder incluem a entrada em áreas de alto nível de incerteza, criação de dependências, fornecimento de recursos e satisfação de contingências estratégicas.

táticas para melhorar a colaboração incluem técnicas como dispositivos de integração, confronto e negociação, consulta intergrupal, rotação de membros e missão compartilhada, e metas superordenadas que capacitem os grupos a superar diferenças e trabalhar coletivamente.

táticas políticas para o uso do poder incluem construir coalizões, expandir redes, controlar premissas de decisão, aumentar a legitimidade e a especialização e fazer apelos diretos.

tecnologia artesanal tecnologia caracterizada por um fluxo de atividades razoavelmente estável, mas no qual o processo de conversão não é analisável nem bem compreendido.

tecnologia básica processo de trabalho que está diretamente relacionado com a missão da organização.

tecnologia de cadeia longa combinação, dentro de uma organização, de estágios sucessivos de produção, com cada estágio utilizando a produção do estágio anterior como insumo.

tecnologia de serviços tecnologia caracterizada pela produção e pelo consumo simultâneos, produtos personalizados, participação do cliente, saídas intangíveis e uso intensivo de mão de obra.

tecnologia mediadora que permite que cada departamento trabalhe de forma independente em virtude de fornecer produtos ou serviços que mediam ou conectam clientes de um ambiente externo.

tecnologia não básica um processo de trabalho departamental que é importante para a organização, mas não relacionado diretamente com sua missão principal.

tecnologia processos, técnicas, máquinas e ações utilizadas para transformar entradas organizacionais em saídas.

tecnologias de engenharia tecnologias que tendem a ser complexas por haver uma variedade substancial nas tarefas desempenhadas, porém as atividades são normalmente tratadas de acordo com fórmulas, procedimentos e técnicas estabelecidos.

tecnologias intensivas tecnologias que fornecem uma variedade de produtos ou serviços em combinação para um cliente.

tecnologias não rotineiras tecnologias caracterizadas pela alta variedade de tarefas e o processo de conversão não é analisável ou bem compreendido.

tecnologias rotineiras tecnologias caracterizadas por uma pequena variedade de tarefas e pelo uso de procedimentos computacionais objetivos.

teoria da contingência da tomada de decisão perspectiva que reúne as duas dimensões organizacionais de consenso de problemas e conhecimento técnico sobre as soluções.

teoria da dependência de recursos teoria na qual as organizações tentam minimizar sua dependência de outras organizações para o fornecimento de recursos importantes e procuram influenciar o ambiente para tornar os recursos disponíveis.

teoria do caos teoria científica que sugere que as relações em sistemas adaptativos complexos – incluindo organizações – são não lineares e constituem-se de numerosas interconexões e escolhas divergentes que criam efeitos não intencionais e tornam o universo imprevisível.

teoria do prospecto teoria que sugere que a ameaça de uma perda exerce maior impacto sobre uma decisão do que a possibilidade de um ganho equivalente.

teoria organizacional um macroexame das organizações que analisa toda a organização como uma unidade.

terceirização contratar outras empresas para certas funções corporativas, como fabricação, tecnologia de informação ou processamento de cobrança.

tomada de decisão centralizada tomada de decisão na qual problemas e decisões são encaminhados para níveis superiores da hierarquia para resolução.

tomada de decisão descentralizada na qual a autoridade é empurrada para níveis organizacionais mais baixos.

tomada de decisões intuitiva tomada de decisão baseada na experiência e no julgamento em lugar de sequências lógicas ou raciocínio explícito.

tomada de decisões organizacionais o processo para identificar e solucionar problemas.

V

valor compartilhado políticas e práticas organizacionais que aumentam o sucesso econômico de uma empresa e desenvolvem as condições econômicas e sociais das comunidades nas quais a empresa opera.

valorização do cargo desenho de cargos para aumentar a responsabilidade, o reconhecimento e as oportunidades de crescimento e desenvolvimento.

vantagem competitiva o que coloca a organização além das demais e proporciona a esta uma vantagem distinta por atender às necessidades do cliente no mercado.

variação a aparição de formas novas e variadas numa população de organizações.

variedade em termos de tarefas, a frequência de eventos novos e inesperados que ocorrem no processo de conversão.

vieses cognitivos vários erros de julgamento aos quais todos os humanos estão propensos e que tipicamente levam a escolhas ruins.

W

wiki página ou coleção de páginas da Web desenvolvidas para permitir que pessoas criem, compartilhem e editem conteúdos gratuitamente utilizando o navegador da Web.

Índice remissivo

A
Abordagem ambidestra, 422
Abordagem baseada em recursos, 140-141
Abordagem da ciência da administração, 348-350
Abordagem de baixo para cima, 426-429
Abordagem de intervenção em grupos grandes, 440
Abordagem de megacomunidade, 170
Abordagem de meta, 138-140
Abordagem de núcleo dual, 435-436
Abordagem de processo interno, 141-143
Abordagem de sistemas sociotécnicos, 585-587
Abordagem dos constituintes estratégicos, 143
Abordagem dos investidores, 23
Abordagem racional, 341-343
Acordos de fornecimento, 267
Acordos de licença, 267
Acrescentando posições e departamentos, 258
Adaptação
 ao ambiente em transformação, 257-262
   ecologia populacional e, 183-185
   mecanismos para a adaptação institucional, 189
Adaptação externa, 382
Administração científica, 26-27
Advogado do Diabo, 369
Agente de Mudança, 426
Alianças, 210
Alinhamento estrutural, 106

Ambiente
 adaptação à transformação, 257-262
 alta velocidade, 365-366
 dependência de recursos externos, 265
 em transformação, 251-257
 estrutura integrativa de organização-ambiente, 272-273
 estrutura para avaliar a incerteza ambiental, 256
 estrutura para respostas ao ambiente em transformação, 265-266
 fator de contingência, 20
 geral, 248-250
 influenciando recursos externos, 266-273
 institucional, 187
 internacional, 250-251
 organizacional, 248-253
 organizando estratégias para controlar o ambiente externo, 266
 tarefa, 248-250
Ambiente de tarefa, 248-250, 252
Ambiente geral, 248-250
Ambiente internacional
 como elemento no ambiente da organização, 250-252
 construindo capacidades globais, 220-227
 desafio organizacional global, 220-225
 diferenças culturais na coordenação e controle, 228-232
 entrando na arena global, 204-211
 estágios de desenvolvimento internacional, 208-209
 expansão global através de alianças estratégicas internacionais, 210
 mecanismos de coordenação global, 225-228
 modelo para ajustar a estrutura organizacional às vantagens internacionais, 213
 modelo transnacional de organização, 232-234
 motivações para a expansão global, 204-207
 projetando a estrutura para se ajustar à estratégia global, 211-220
 projetando organizações para, 202-244
 unidades organizacionais internacionais e interconexões, 232
Ambiente organizacional, 248-252. Ver também Forma do Ambiente Organizacional, 184
Ambientes de alta velocidade, 365-366
Ampliação de cargo, 585
Amplitude de controle, 18, 577
Analisabilidade, 574
Análise, níveis de, 34-35
Anarquia organizada, 357
Apelos diretos, 325-328
Aprendizagem de decisão, 366
Aquisições, 266
Artesanato assistido por computador, 566
As estratégias competitivas de Porter, 129-131
A tipologia de estratégia de Miles e Snow, 132-135
Atividade política, 270-271

Atividades ilegítimas, 271-272
Atividades interdepartamentais, 440
Atrofia, 540
Auditoria social, 405
Autocontrole, 539
Autoridade, 309, 536
Autoridade carismática, 536
Autoridade racional-legal, 536
Autoridade tradicional, 536

B
Balanced scorecard (BSC), 487-488
Balanço de resultados, 485
Balanço patrimonial, 484
Barreiras à mudança, 442
Benchmarking, 486
Blink (Gladwell), 348
Blogues, 494
BSC. *Veja Balanced scorecard*
Burocracia
  dimensões de Weber de, 529
  em um mundo em constante mudança, 532-536
  organizando sistemas temporários, 533-535
  outras abordagens para reduzir, 534-536
  outras formas de controle versus, 535-540
  tamanho da organização, controle e, 528-530
Busca problemática, 352

C
CAD. *Veja* Projeto assistido por computador
CAM. *Veja* Produção assistida por computador
Campeões de ideias, 426-427, 443
Capital intelectual, 493
Capital social, 380
Centralidade, 316
Centralidade de rede, 312
Centralização
  como dimensão estrutural de organizações, 18
  descentralização *versus*, 30
  e coordenação em empresas japonesas, 229-231
  estrutura funcional e, 85-86
  flexíveis, 233
  tamanho e controle estrutural, 530
Centralização flexível, 233
Cerimoniais, 382-383
Chaebol, 211
Checklist Manifesto, The, (Gawande), 491
Ciclo de vida
  características organizacionais durante, 527-528
  estágio de coletividade, 523-524
  estágio de elaboração, 524-525
  estágio de formalização, 524
  estágio empreendedor, 523
  estágios de desenvolvimento, 523-526
Coalizão, 323, 350
Código de Ética, 403
Coeficientes de pessoal, 530-531
Coerção, 445
Colaboração
  horizontal, 72, 74-75, 87, 100
  táticas para aumentar, 306-309
Colaboração horizontal, 72, 74-75, 87, 100
Combinação de empresa grande e empresa pequena, 521-524
Companhia - Breve História de uma Ideia Revolucionária, A (Micklethwait e Wooldridge), 15
Competência principal, 124
Competição
  com base no tempo, 434
  como desafio atual, 9
  conexões interorganizacionais e, 180
  declínio organizacional e, 540-541
  definida, 301
  dependência de recursos, 178
  estratégia prospectiva, 131-133
  estratégias de sobrevivência, 186-187
  globalização e, 8
  morte da, 170-173
  na China, 9, 170
  na estrutura geográfica, 90
  papel estratégico da mudança e inovação, 416
  terceirização, 100
  tradição nas empresas chinesas, 231
Competição com base no tempo, 434
Complexidade, 221, 558
Complexidade técnica, 558
Comportamento organizacional, 35
Compromisso, intensificado, 367-369
Comunicação coordenação e, 577
  coordenação de relação e, 80-82
  horizontal, 75
Condições econômicas, 248-251
Conexões horizontais, 75, 77
Conexões interorganizacionais
  impacto de tecnologia da informação em, 504-506
Conexões verticais, 75
Confiança, 393
Configuração organizacional, 28-30
Conflito
  fontes de, 301-306
  problemas principais de, 305
  táticas para aumentar a colaboração para minimizar, 306-309
  uso do modelo racional *versus* político e fontes de, 305
Conflito intergrupal, 301
  fontes de, 301-305
Confronting Reality: Doing What Matters to Get Things Right (Bossidy & Charan), 255
Confronto, 307
Conhecimento codificado, 493
Conhecimentos, 223-225
Conhecimentos intensivos, 568
Conhecimento tácito, 493
Conhecimento técnico, 362-364
Consenso do problema, 361-363
Consórcios, 210
Construção de equipe, 440
Consulta intergrupal, 308
Contingência, 28
Contingências estratégicas, 315, 317, 323
Contratos, 267
Controle

abordagem descentralizada das empresas europeias, 231
abordagens nacionais para coordenação e, 229-232
amplitude de controle, 577
burocrático, 535-537
clã, 538-539
de informações, 311-312
diferenças culturais na coordenação e, 228-232
e coordenação centralizada em empresas japonesas, 229-231
estratégias organizacionais, 535
informação para a tomada de decisões e controle, 480-486
mercado, 538
por meio da formalização nos Estados Unidos, 231-232
regras em um iate clube, 536
tamanho da organização, burocracia e, 528-530
tradição nas empresas chinesas, 230-231
utilizando a tecnologia da informação para coordenação e, 476-511
Controle burocrático, 535-537
Controle comportamental, 489-490
Controle de clã, 538-539
Controle de mercado, 537-538
Controle de resultado, 489-490
Controle estrutural, tamanho e, 530-531
Cooptação, 267
Coordenação benefícios de, 227
abordagem descentralizada das empresas europeias, 231
compartilhamento horizontal de informações e, 76-83
comunicação e, 577
coordenação centralizada em empresas japonesas, 229-231
diferenças culturais no controle e, 228-232
fortalecendo eficiência e funcionários, 492-496
mecanismos globais, 225-227
meios para atingir diferentes níveis de interdependência da tarefa, 582

necessidade de, 222
papéis, 226
por meio da formalização nos Estados Unidos, 231-232
tradição nas empresas chinesas, 230-231
utilizando a tecnologia da informação para controle e, 476-514
Coordenação de relação, 80-82
Coordenadores de rede, 227
Criatividade, 420
Crime eletrônico, 169-170
CSR. *Veja* Responsabilidade social corporativa
Cultura
aprendizagem, desempenho e, 392
aspectos observáveis da cultura organizacional, 383
como fator contingencial, 19-21
como os gerentes moldam a ética e, 399-404
construtiva versus não construtiva, 393
cultura corporativa e ética no ambiente global, 404-405
definida, 380-381
interpretando, 382-386
níveis da cultura corporativa, 381
projeto organizacional e, 386-391
surgimento e propósito da, 382
tipos de, 386-390
valores éticos e cultura organizacional, 378-414
Cultura burocrática, 388-390
Cultura construtiva, 392-393
Cultura Corporativa e Desempenho (Kotter & Heskett), 392
Cultura da adaptabilidade, 387
Cultura de clã, 387-388
Cultura de missão, 387
Cultura não construtiva, 393

D

Decisão de adotar, 421
Decisões não programadas, 338-339

Decisões programadas, 338
Declaração de missão, 122
Declínio. *Veja* Declínio organizacional
Declínio ambiental, 540-541
Declínio organizacional
definição e causas, 540-541
downsizing e, 539-545
estágios do, 541-542
Defensores, 425
Demonstração de lucros e perdas (L&P), 485
Denúncia, 402-403
Departamentos criativos, 424
Dependência, 315, 323
Dependência de recursos
definida, 265
implicações de poderes, 177-178
modelo básico de cadeia de suprimento, 177
relações da cadeia de suprimentos, 176-177
teoria, 175
Desafio organizacional global, 220-225
Descentralização, 30, 504, 576
Desenvolvimento organizacional (DO), 308, 439
Design integrado, 502
Diferenciação
como fonte de conflito, 303
complexidade aumentada e, 221
integração e, 260-261
Dimensão estável-instável, 253-256
Dimensão simples--complexa, 253
Dimensões estruturais, 17-20
Diretor de ética, 402
Diretores de mídia social, 499
Dispositivos de integração, 306
integração, diferenciação e, 260-261
Divergência, 369
Divergência de ritual, 370
Diversidade, 11, 369
Divisão do trabalho, 18
Divisão interna, 501-503
Divisão internacional, 214, *214*
DO. *Veja* Desenvolvimento organizacional
Domínio, 248, 254, 269, 320

Downsizing
   declínio organizacional e, 539-545
   implementação do, 543

E

E-business
   como divisão interna, 501-503
   como empresa separada, 500-502
   design integrado de, 502
   estratégias para integrar a loja física com a virtual, 501

Ecologia populacional
   adaptação e, 183
   definida, 182-187
   elementos em, 186
   estratégias de sobrevivência, 186-187
   forma e nicho organizacional, 185
   processo de mudança ecológica, 185-186

Economia de custo, 227
Economias de escala, 86, 205-207
Economias de escopo, 206

Ecossistemas organizacionais
   definidos, 170
   estrutura interorganizacional e, 174-175
   papel de mudança da gestão, 173

Ecossistemas, papel de mudança organizacional de gestão, 172-173
   definidos, 170, 172-173
   estrutura interorganizacional e, 174-175

Eficácia
   abordagem baseada em recursos para medição, 140-141
   abordagem de meta para medição, 138-140
   abordagem de processo interno para medição, 141-143
   abordagem dos constituintes estratégicos para medição, 143
   abordagens dos valores de eficácia, 145
   abordagens para a medição, 138-144
   avaliando, 137-139
   como construto social, 137-139
   definida, 23, 137
   indicadores de, 138
   modelo integrado, 144-148
   valores para duas organizações, 146

Eficiência
   definida, 23, 137
   fortalecendo a coordenação do funcionário e, 492-496
   fortalecendo com parceiros externos, 497-500
   gestão científica e, 25-27
   relação do projeto organizacional para resultados de aprendizagem *versus*, 74
   relação para a necessidade de aprendizagem da organização versus, 106

Empowerment, 313
Empreendedores, 425
Empreendedorismo corporativo, 426
Empreendimento integrado, 497-499
Empresas globais, 209
ênfase em processos internos, 144-145
Ênfase em relações humanas, 145
Ênfase em sistemas abertos, 144
Ênfase na meta racional, 144
Enriquecimento de cargo, 584
Equidade, 393

Equipes
   definida, 77-79
   gestão de trabalho, 306
   global, 225-226
   inteligência, 259
   mudança de, 443
   risco, 425
   transnacional, 225
   usada para coordenação horizontal, 79
   virtual, 79

Equipes de gestão de trabalho, 306
Equipes de inteligência, 259
Equipes de Risco, 425
Equipes transnacionais, 225
Equipes virtuais, 79
ERP. *Veja* Planejamento de recursos empresariais

Erros, 366-368
Escala, 205-207
Escolha do local, 569
Escopo, 206
Especialização, 18, 430
Estágio cego, 542
Estágio da ação falha, 542
Estágio da crise, 542
Estágio de coletividade, 523-524
Estágio de dissolução, 542
Estágio de elaboração, 524-525
Estágio de formalização, 524
Estágio de inação, 542
Estágio doméstico, 208
Estágio empreendedor, 523
Estágio global, 208-209
Estágio internacional, 208

Estratégia, 20
   afeito no projeto organizacional, 135
   analisadora, 132
   as estratégias competitivas de Porter, 129-131
   a tipologia de estratégia de Miles e Snow, 132-135
   defensora, 132
   diferenciação, 129-130
   estratégias de controle organizacional, 535
   estrutura para selecionar o projeto e, 129-137
   fortalecendo a coordenação com parceiros externos, 497-500
   fortalecendo a coordenação e eficiência do funcionário, 492-496
   globalização, 211
   liderança de baixo custo, 130-131
   mudança estrutural e, 434-437
   mudanças, 418
   negociando, 307
   organizando estratégias para controlar o ambiente externo, 266
   papel estratégico e tipos de mudança, 416
   para implementar mudança, 441-445

Índice remissivo

para integrar lojas físicas e virtuais, 501
para oportunidades globais versus locais, 211-214
projeto da organização
resultados de, 135
prospectiva, 131-133
reativa, 132-135
táticas para aumentar a colaboração, 306-309
táticas para aumentar o poder, 322-323
táticas políticas para usar o poder, 324-327
tecnologia de fabricação, 560-561
Estratégia analisadora, 132
Estratégia de diferenciação, 129-130
Estratégia defensiva, 132
Estratégia de globalização, 211
Estratégia de liderança de baixo custo, 130-131
Estratégia do reator, 132-135
Estratégia ganha-ganha, 307
Estratégia multidoméstica, 211-213
Estratégia prospectora, 132-133
Estratégias especialistas, 187
Estratégias generalistas, 187
Estrutura
Estrutura, 144
de estrutura organizacional, 70
para avaliar a incerteza ambiental, 256-258
para respostas à mudança ambiental, 265
para tecnologias departamentais, 575
tecnologia departamental não essencial, 574-576
tomada de decisão contingencial, 361-365
Estrutura de autoridade dual, 91
Estrutura de produto global, *215*, 215-217
Estrutura de rede virtual
definida, 100
exemplo de, 102
pontos fortes e fracos de, 102-104
processo de, 100-101
terceirização e, 100-103
Estrutura divisional, 87-90
Estrutura funcional, 85-87
Estrutura geográfica, 90-91
Estrutura geográfica global, 217-219, *217*
Estrutura híbrida, 104-106, *105*, *215*
Estrutura híbrida global, 220
Estrutura horizontal, 96-100
características de, 97
ilustração de, 97
impacto da tecnologia da informação em, 504
pontos fortes e fracos de, 99
Estrutura integrativa de organização-ambiente, 272-273
Estrutura interorganizacional, 174-175, *175*
Estrutura matricial, 91-96
condições para, 92
estrutura de autoridade dual em, 91
pontos fortes e fracos de, 93-96
variações de, 92
Estrutura matricial global, 218-220
Estrutura M-form (multidivisional), 87-90
Estrutura mista, 219
Estrutura mista global, 219
Estrutura modular. *Veja* estrutura de rede virtual
Estrutura organizacional
alternativas de projeto, 82-85
aplicações de projeto estrutural, 106-108
compartilhamento de informações verticais, 75
compartilhamento e coordenação de informações horizontais, 75-80
componentes de, 70
coordenação de relação, 80-82
escada de mecanismos para o vínculo e a coordenação horizontal, 81
estrutura híbrida, 104-106
estrutura horizontal, 96-100
estrutura matricial, 91-96
fundamentos de, 68-118
localização do gerente de projeto em, 78
modelo para ajustar as vantagens internacionais a, 213
perspectiva do compartilhamento de informação e, 72-83
pontos fortes e fracos da estrutura divisional, 89
pontos fortes e fracos da estrutura funcional, 85
projetos funcionais, divisionais e geográficos, 85-91
redes virtuais e terceirização, 100-104
relação com a necessidade da organização de eficiência versus aprendizado, 106
Estruturas de rede, 505
Estrutura (unitária) de forma U (unitária), 85-86
Estudos de Hawthorne, 27
Ética
código de, 403
comitê, 402
como desafio atual, 9-10
como os gerentes moldam a cultura e, 399-404
cultura corporativa e ética no ambiente global, 404-405
definida, 395
denúncia, 402-403
diretor de ética, 402
fontes de princípios éticos individuais, 395-396
gerencial, 397
linhas diretas, 402
programas de treinamento, 403
relação entre a regra da lei e os padrões éticos, 396
valores éticos e responsabilidade social, 394-399
Ética gerencial, 396-397
Evolução, 184
Extranets, 496-498

F

Fábricas digitais, 561-564, *567*
Fase de desenvolvimento, 354
Fase de identificação, 354
Fase de seleção, 354

Fatores contingenciais que afetam o
  projeto organizacional, 135-137
  definidos, 17
  de projetos orgânicos e
    mecanicistas, 30-32
  do projeto organizacional, 20-22
Fatores de produção, 206-208
Fidelidade, 324
Flexibilidade, 27
Fluxos de eventos, 357-358
Foco, 144
Fontes de poder, 315-318
  centralidade, 316
  dependência, 315
  lidando com a incerteza, 318
  não substituibilidade, 317
  recursos financeiros, 315-317
Força cultural, 390-391
Forças coercitivas, 191
Forças miméticas, 189
Forças normativas, 191-192
Forças-tarefa, 77
Formalização, 18, 530, 576
Frustração, 300
Fusões, 266
Futuro da Administração, O
  (Hamel & Breen), 73

G

Gerentes de país, 227
Gestão
  científica, 26-27
  em configuração organizacional,
    28-30
  mudança, 435-437
  mudando o papel de, 173
Gestão baseada na evidência, 369
Gestão da cadeia de suprimentos,
  176-177
Gestão do ciclo de vida do produto
  (PLM), 563
Gestão do conhecimento, 493-494
Gestores funcionais, 226
Glee (série de televisão), 575
Globalização, 8
*Good Strategy Bad Strategy: The
  Difference and Why It Matters*
  (Rumelt, Richard), 134

H

Heróis, 383
Hierarquia de autoridade, 18
Hispânicos, 11
Histórias, 383

I

IC. *Veja* Inteligência competitiva
Ideias, 419-420
Identificação do problema, 338
Imitação, 364
Implementação, 421, 442-444
Incerteza
  definida, 252
  estrutura de contingência para
    respostas organizacionais e
    ambientais, 265
  estrutura para avaliar a incerteza
    ambiental, 256
  integradores organizacionais e
    incerteza ambiental, 261
  lidando com, 318
  papéis de amortecimento e, 258
  processo de decisão quando
    a identificação do problema
    e a solução do problema são
    incertas, 357
Incompatibilidade, 301-303
Incubadora de ideia, 425
Indicadores de processos
  empresariais, 487
Indicadores de serviço ao cliente,
  487
Industry Week, 564
Influência (Cialdini), 326
Inovação
  aberta, 432-433
  empresas mais inovadoras, 418
  exemplos de *trickle-up*, 223
  maior, 228
  mudança e, 414-457
  papel estratégico da mudança e,
    416-418
  transferência de conhecimentos e,
    223-225
Inovação aberta, 432-433
Inovação organizacional, 420. *Ver
  também* inovação
Inovação repercutida, 223-224

Inovação reversa, 223
Inspiração, 364
Institucionalismo, 187-192
  ambiente, 187
  perspectiva, 187
  similaridade institucional,
    189-192
  teoria, 187
  visão institucional e projeto
    organizacional, 188-189
Integração de diretorias, 268
Integração de negócios, 227
Integração interna, 382
Integradores, 77
Integradores em tempo integral, 77
Inteligência competitiva (IC), 259
Inteligência empresarial, 259, 478
Intenção estratégica, 121-123
  competência principal, 124
  missão, 121-123
  vantagem competitiva, 122-123
Intensificação de compromisso,
  367-369
Interações, 70
Interdependência, 232
  agrupada, 578-580
  classificação de Thompson de,
    579
  de departamentos, 581
  definida, 578
  implicações estruturais, 582
  meios para atingir coordenação
    para diferentes níveis de tarefa,
    582
  prioridade estrutural, 581-582
  recíproca, 579-581
  sequencial, 579
  tarefa, 303
  tipos de, 578-582
Interdependência agrupada, 578-580
Interdependência de tarefas, 303
Interdependência recíproca, 579-581
Interdependência sequencial, 579
Interligação direta, 268
Interligação indireta, 268
Internet, 10
Intervenção
  desenvolvimento organizacional
  mudança cultural, 439
  grupo grande, 440

Índice remissivo

Intranet, 492
Investidores, 23-24
Inviting Disaster: Lessons from the Edge of Technology (Chiles), 562
iPads, 207
iPhones, 204, 207
Isomorfismo, 189
Isomorfismo institucional, 189

J
Japão, 228-230
Joint ventures, 210, 267

K
Keiretsu, 211

L
Latinos, 251
Legitimidade, 188, 325
Leitor digital Kindle, 187
Lendas, 383
Liderança
    baseada em valores, 400-402
    para mudança, 440-442
Liderança, baseada em valores, 401
Liderança baseada em valores, 400-402
Little Bets (Sims), 427
Lobbying, 270-271
Local de trabalho digital, 10-11
Luta pela existência, 186-187

M
Mapa estratégico, 488-489
Matriz de produtos, 91
Matriz funcional, 91
Mecanismos de coordenação global, 225-228
Mecanismos de denúncia, 402-403
Meta organizacional, 120
Metas
    fatores contingênciais como, 20
    importância de, 126
    incompatibilidade de, 301-303
    operacional, 124-127
    organizacional, 120

Seis Sigma, 486
    táticas para aumentar a colaboração, 309
    tipos e finalidades, 127
Metas de desenvolvimento dos funcionários, 126
Metas de inovação, 125
Metas de mercado, 125
Metas de produtividade, 125
Metas oficiais, 121
Metas operacionais, 124-127
    metas de desempenho, 124
    metas de desenvolvimento dos funcionários, 126
    metas de inovação, 125-127
    metas de mercado, 125
    metas de produtividade, 125
    metas de recurso, 124-126
    típicas, 124
Mídia social, 494
Missão, 121-123, 308
Mitos, 383
Modelo Carnegie, 350-353
Modelo da lata de lixo, 357-361
    anarquia organizada, 357
    consequências, 359
    fluxos de eventos, 357-358
    fluxos independentes de eventos em, 359
Modelo de cadeia de suprimentos, 177
Modelo de coordenação horizontal, 430-434
Modelo de decisão incremental
    fase de desenvolvimento, 354
    fase de identificação, 354
    fase de seleção, 354
    fases de, 354
    fatores dinâmicos, 355
Modelo de *feedback* de controle, 482-484
Modelo dos valores concorrentes, 144-147
Modelo político, 304-306
Modelo racional, 304-306
    fontes de conflito e uso do modelo racional versus político, 305
    modelo político versus, 304-306
Modelo transnacional, 220, 232-234

MPM. *Veja* Fabricação gestão de processos
Mudança
    barreiras à, 442
    cultura, 438-440
    curva, 441
    elementos para a mudança bem-sucedida, 419-421
    equipes, 443
    estratégia e estrutura, 435-437
    estratégias para implementação da, 441-446
    forças motrizes da necessidade de uma importante mudança organizacional, 416
    inovação e, 414-455
    liderança para, 440
    novos produtos e serviços, 429-434
    papel estratégico da, 416-418
    processo, 420
    projeto organizacional para implementar a mudança na gestão, 435-437
    sequência de elementos para a mudança bem-sucedida, 420
    técnicas para a implementação, 443-444
    técnicas para superar a resistência a, 443-446
    tecnologia, 422-429
    tipos estratégicos de, 418-419
Mudança contínua, 416
Mudança disruptiva, 416
Mudança episódica, 416
Mudança organizacional, 434. *Veja* também Mudança
Mudanças culturais definidas, 419
    forças para, 438
    intervenções do desenvolvimento organizacional em mudanças culturais, 439
Mudanças de produto, 418
Mudanças de serviço, 418
Mudanças estruturais, 418
Mudanças tecnológicas, 418
    abordagem ambidestra, 422
    técnicas de encorajamento, 424-429
Mudando estruturas, 424

Mulheres, 11
Multidoméstico, 208
Mundo é Plano, O (Friedman), 205
Munificência, 252

N
Não substituibilidade, 317
Necessidade, 420-422
Negociação, 307
Negociação Coletiva, 307
New-venture fund (fundo de risco), 425
New York Times, 351
Nicho, 185
Níveis de análise, 34-35
Nível de qualificação dos empregados, 577
Novos produtos
   modelo de coordenação horizontal, 430-434
   razões para o sucesso, 429-431
   taxa de sucesso, 429
Núcleo técnico, 28-29

O
Objetivos do Seis Sigma, 486
O Mentalista (série de televisão), 575
Orçamento, 486
Organização sem fins lucrativos, 12-14
Organizações burocráticas, 27
Organizações multinacionais, 12-14
Organizações, partes básicas das, 28
   características diferenciadoras de, 22
   conflito interdepartamental em, 300-309
   definições, 12
   de multinacionais a sem fins lucrativos, 12-14
   importância das, 14
   níveis de análise nas, 34
   objetivo, 121-128
   poder e, 308-318
   poder e táticas políticas nas, 323
   processos políticos nas, 318-319
   usando poder flexível e política em, 321-327

Organogramas
   amostra, 71
   Aquarius Advertising Agency, 113
   departamento de acetato, 590-591
   de Shoe Corporation of Illinois, 449
   ilustrando a hierarquia de autoridade, 19
   para C & C Grocery Stores, Inc., 109
   para Erie Railroad, 71
   para Nordstrom Inc., 385
   Rhodes Industries, 238
   Rondell Data Corporation, 42
Otimização conjunta, 585

P
P&L. *Ver* Demonstração de lucro e prejuízo Parcerias, 179-180, 267
Padronização, 211
Painel de desempenho empresarial, 485
Painel executivo, 485
Países BRIC, 416
Papéis
   alta administração, 120
   amortecimento, 258
   colaborativo, 174
   operações, 173
   tarefas *versus*, 31
   transposição de fronteiras, 258
Papéis colaborativos, 174
Papéis da transposição de fronteiras, 258
Papéis de amortecimento, 258
Papéis de contato, 76
Papéis de operações, 174
Parceria estratégica, 8
Parceria profissional, 535
Pensamento coletivo, 368
Pequenos Gigantes (Burlingham), 517
Personalização em massa, 565
Perspectiva da racionalidade limitada, 344-348
Planejamento, 225-227, 262
Planejamento de cenário, 262

Planejamento de recursos empresariais (ERP), 495-496
Planejamento na Matriz, 225-227
Planos, 74-75
Plataforma de Petróleo Deepwater Horizon da BP Transocean, 18-20, 82
PLM. *Ver* Gestão de ciclo de vida do produto
Poder
   autoridade *versus*, 309
   avaliação de, 315
   de empowerment, 313
   fontes horizontais de, 314-318
   fontes verticais de, 310-313
   individual *versus* organizacional, 309
   organizações e, 308-318
   táticas para aumentar, 322-323
Poder coercitivo, 309
Poder de especialista, 310
Poder de recompensa, 309
Poder de referência, 309
Poder legítimo, 309
Política
   definida, 319
   domínios de atividade política, 320
   processos políticos nas organizações, 319-320
   usando poder flexível e, 321-327
Política organizacional, 319
Ponto-contraponto, 366
População, 183
Porte da Organização
   burocracia, controle e, 527-530
   burocracia em um mundo em constante mudança, 531-536
   burocracia *versus* outras formas de controle, 535-539
   ciclo de vida e, 523-528
   declínio organizacional e downsizing, 539-545
   diferenças entre organizações grandes e pequenas, 518
   dilemas de ser grande, 518-522
   empresa grande e empresa pequena, 520-524
   grande, 518
   pequeno, 518-520

pressões para crescer, 516-517
tamanho e controle estrutural, 530-531
Posição formal, 310
Previsão, 262
Principais intervenientes, 267
Princípio de reciprocidade, 324
Princípios administrativos, 27
Processo, 96
Processos de gestão de produção (MPM), 563
Produção assistida por computador (CAM), 563
Produção de grande lote, 559
Produção de lote pequeno, 558
Produção de processo contínuo, 559
Produção em massa, fábricas digitais versus, 567
Produção enxuta, 564-566
Profissionalismo, 535
Programas de treinamento, 403
Projeto assistido por computador (CAD), 563
Projeto de cargo, 584-585
Projeto departamental, 575-577
Projeto estrutural aplicações de, 106-108
  abordagens comuns a, 85-90
Projeto mecanicista, 30-32, 261-263, 384
Projeto orgânico, 30-32, 261-263, 384
Projetos Organizacionais
  abordagens flexíveis para, 27-28
  alternativos, 82-85
  configuração, 28
  cultura e, 386-394
  dimensões de, 17-23
  dimensões estratégicas de, 18-20
  escolha de estratégia e, 135
  evolução de, 24-26
  fatores contingenciais de, 20-22, 28
  fatores contingenciais que afetam, 135-137
  ideias de projeto contemporâneas, 32-34
  impacto da tecnologia da informação em, 503-506
  orgânicos e mecanicistas, 30-32

papel da direção estratégica em, 120-121
para implementar a mudança na gestão, 435-437
perspectivas históricas, 25-27
pressões que afetam, 557
resultados da estratégia, 135
resultados e desempenho e eficácia, 23-24
visão institucional e, 188-189
Propósito, organizacional, 122-127
Publicidade, 268-269
Quadro contingencial de tomada de decisão, 361-365
  conhecimento técnico sobre soluções, 363-364
  consenso de problema, 361-362
  para utilizar modelos de decisão, 364
  teoria da contingência, 364-365

R

Receitas, 227
Reciprocidade, 324
Recrutamento, 268
Recursos, 124-126, 271, 303-305, 310-311, 323, 421
Recursos financeiros, 250, 315-317
Recursos limitados, 303-305
Rede integrada de informação, 563
Redes, 324, 492
Redes colaborativas de adversários a parceiros, 180-182
  definidas, 178
  finalidade das, 179-181
Redes sociais, 494-495
Reengenharia, 96
Reengenharia de processos empresariais, 96
Referência hierárquica, 75
Regra de lei, 396
Regras, 74-75
Relacionamentos dos clientes, 499-500
Relacionamentos Estratégicos: a Chave do Sucesso nos Negócios (Greenhalgh), 182
Relações de poder, 384-385
Relações formais, 266-270

Relações interorganizacionais, 168-201
  definidas, 170-172
  dependência de recursos, 175-178
  ecologia populacional, 183-187
  ecossistemas organizacionais, 170-175
  institucionalismo, 187-192
  mudando as características de, 181
  redes colaborativas, 178-182
Relações públicas, 269
Repositório de dados, 478
Resistência, 443
Responsabilidade social corporativa (RSC), 397-399
Responsividade, 10, 262
Restrições, 344-345
Resultado de eficácia de desempenho, 23-24
  geral, 124
  tecnologia de fabricação, 560-561
Resultado final, 485
Resultado intangível, 569
Resultado personalizado, 569
Resultados organizacionais, 87
Retenção, 186
Ritos, 382-383
Rotação, 307
Rotação de cargo, 584

S

SAD. *Veja* Sistema de apoio à decisão
Satisfação Garantida (Hsieh), 389
Satisfatoriedade, 352
Seleção, 184, 186
Setor de matérias-primas, 248
Setor de mercado, 248
Setor de recursos humanos, 248
Setores
  definidos, 248
  influenciando, 269-273
  no ambiente de tarefa, 248-250
  no ambiente geral, 248-250
Setor governamental, 248
Setor industrial, 248
Setor internacional, 248

Setor sociocultural, 248
Setor tecnológico, 250
SIE. *Veja* Sistema de informações executivas
SIG. *Veja* Sistema de Informação de Gestão
Símbolos, 383
Similaridade institucional, 189-192
    forças coercitivas e, 191
    forças miméticas e, 189
    forças normativas e, 191-192
    mecanismos para a adaptação institucional, 189
Simplificação de cargo, 584
Sintomas da deficiência estrutural, 106-108
Sistema de apoio à decisão (SAD), 480
Sistema de gerenciamento de informação (SGI), 480
Sistema de informações executivas (SIE), 480
Sistema de reporte de informação, 480
Sistemas, 33
Sistemas abertos, 33
Sistemas de controle, 385
Sistemas de Controle Gerencial, 483-486
Sistemas de informação
    em compartilhamento e coordenação de informações horizontais, 75-76
    modelo de controle de feedback, 482-484
    para tomada de decisão e controle, 480-486
    sistemas de controle gerencial, 484-486
    sistemas de tomada de decisões organizacionais, 480-482
Sistemas de informação multifuncionais, 75-76
Sistemas de processamento de transação (SPT), 478
Sistemas de valor, 228-231
Sistemas fechados, 33
Sistemas temporários, organizando, 533-535
Sistema vertical de informação, 75

Skunkworks, 425
Software analítico, 479
SPT. *Veja* Sistemas de processamento de transação
Subculturas, 390
Subsistemas, 33
Suporte administrativo, 28
Suporte técnico, 28
Sustentabilidade, 9-10

T

Tamanho, 20, 530-554. *Veja* também Tamanho da organização
Tarefas, 31
Táticas
    para aumentar a colaboração, 306-309
    para aumentar o poder, 322-323
    poder e táticas políticas nas organizações, 323
    táticas políticas para usar o poder, 324-327
Tecnologia
    categorias de, 575
    categorias principais de, 575
    de cadeia longa, 579
    definida, 555
    departamental não básica, 574-576
    impacto sobre a definição de cargo, 584-587
    informação, 476-511
    interdependência do fluxo de trabalho entre departamentos e, 577-584
    mediadora, 579
    produção, 558-568
    projeto de departamento e, 576-577
    serviço, 568-573
Tecnologia básica, 555-556
Tecnologia da informação (TI)
    evolução, 478-479
    evolução de aplicações organizacionais de, 478
    fortalecendo a coordenação com parceiros externos, 497-500
    fortalecendo a coordenação e eficiência do funcionário, 492-496
    impacto sobre o projeto da organização, 503-506
    informação para a tomada de decisões e controle, 480-486
    nível e foco de sistemas de controle, 486-492
    projeto da organização de e-business, 500-503
    usando para controle e coordenação, 476-514
Tecnologia de associação longa, 579
Tecnologia departamental não essencial, 574-576
    analisabilidade, 574
    variedade, 574
Tecnologia de produção
    aplicações contemporâneas, 561-568
    desempenho e implicações estruturais, 566-570
    diferenças entre tecnologias de serviço e, 568
    empresas de produção, 558-560
    estratégia, tecnologia e desempenho, 560-561
    fábricas digitais, 561-563
    grupos de tecnologia básica, 558-559
    organização central, 558-561
    produção enxuta, 564-566
    relação das tecnologias tradicionais com a tecnologia de produção flexível, 567
    relacionamento entre a complexidade técnica e as características estruturais, 560
Tecnologia de serviço
    características de, 568-569
    configuração e características de organizações de serviço versus organizações de produto, 572
    definida, 567-571
    diferenças entre tecnologias de produção, 568
    empresas de serviços, 568-572
    organização central, 568-574
    projetando a organização de serviço, 572-573
    tendência rumo aos serviços

enxutos, 569-572
Tecnologia mediadora, 579
Tecnologia não básica, 557
Tecnologia organizacional, 20
Tecnologias artesanais, 575
Tecnologias de engenharia, 575
Tecnologias intensivas, 580
Tecnologias não rotineiras, 575-576
Tecnologias rotineiras, 574, 576
Tempo de resposta rápido, 569
Teoria do Caos, 33-34
Teoria do prospecto, 368
Teoria organizacional contingências, 28
    definida, 35
    desafios atuais, 8-11
    evolução de, 24-26
    perspectivas históricas, 25-27
    tópicos, 7-8
Terceirização
    como desafio atual, 8
    redes virtuais e, 100-104
TI. *Veja* Tecnologia da informação
Tomada de decisão centralizada, 72, 88
Tomada de decisão descentralizada, 72, 87, 231
Tomada de decisão individual
    abordagem racional, 341-343
    perspectiva da racionalidade limitada, 344-348
Tomada de decisão intuitiva, 345-348
Tomada de decisão melhor, 227
    centralizada, 72, 88
    circunstâncias de decisão especiais, 365-370
    decisões e mudança organizacionais, 357-361
    descentralizada, 72, 87, 231
    erros de decisão e aprendizagem, 366-367
    etapas na abordagem racional a, 341-343
    individual, 341-348
    informação para controle e, 480-486
    no ambiente de hoje, 340
    organizacional, 348-357
    processos, 336-377
    quadro contingencial de tomada de decisão, 361-365
    tipos de decisões, 337-338
Tomada de decisão organizacional. *Veja também* Tomada de decisão
    abordagem da ciência da administração para, 348-350
    consequências do processo de decisão da lata de lixo para, 358-361
    definida, 338
    modelo da lata de lixo, 357-361
    modelo de Carniege de, 350-353
    modelo de decisão incremental, 353-357
    mudança e, 356-361
Tornando-se verde, 9
Trabalho intensivo, 568
Trade-offs, 344-345
Transposição de fronteiras, 430-432

V

Valor compartilhado, 398
Vantagem competitiva, 122-123
Variação, 185-186
Variedade, 574
Velocidade, 10
Vieses
    cognitivos, 367-369
    superando vieses pessoais, 368-369
Vieses cognitivos, 367-369
Vieses pessoais, superando, 368-369
Vulnerabilidade, 540

W

Wall Street Journal, 9
Wikis, 494